Anja Oesterhelt
Geschichte der Heimat

Studien und Texte zur Sozialgeschichte der Literatur

―

Herausgegeben von
Norbert Bachleitner, Christian Begemann,
Walter Erhart, Gangolf Hübinger, Barbara Picht
und Meike Werner

Band 157

Anja Oesterhelt

Geschichte der Heimat

Zur Genese ihrer Semantik in Literatur,
Religion, Recht und Wissenschaft

DE GRUYTER

Die freie Verfügbarkeit der E-Book-Ausgabe dieser Publikation wurde durch 39 wissenschaftliche Bibliotheken ermöglicht, die die Open-Access-Transformation in der Deutschen Literaturwissenschaft fördern.

Diese Studie wurde 2019 als Habilitationsschrift im Fachbereich 05 – Sprache, Literatur, Kultur – der Justus-Liebig-Universität Gießen angenommen.

Teile dieser Arbeit beruhen auf Archivarbeiten, die mit Unterstützung eines Postdoktorandenstipendiums der Klassik Stiftung Weimar durchgeführt wurden.

Die Arbeit wurde mit dem Preis der Justus-Liebig-Universität Gießen des Jahres 2021 ausgezeichnet.

ISBN 978-3-11-135649-5
e-ISBN (PDF) 978-3-11-070784-7
e-ISBN (EPUB) 978-3-11-070788-5
ISSN 0174-4410
DOI https://doi.org/10.1515/9783110707847

Dieses Werk ist lizenziert unter der Creative Commons Attribution-NoDerivatives 4.0 International Lizenz. Weitere Informationen finden Sie unter
https://creativecommons.org/licenses/by-nd/4.0/

Ausgenommen davon sind die Abbildungen 1–14 auf den Seiten 5 und 6.

Library of Congress Control Number: 2021945486

Bibliografische Information der Deutschen Nationalbibliothek
Die Deutsche Nationalbibliothek verzeichnet diese Publikation in der Deutschen Nationalbibliografie; detaillierte bibliografische Daten sind im Internet über http://dnb.dnb.de abrufbar.

© 2023 Anja Oesterhelt, publiziert von Walter de Gruyter GmbH, Berlin/Boston
Dieser Band ist text- und seitenidentisch mit der 2021 erschienenen gebundenen Ausgabe.
Dieses Buch ist als Open-Access-Publikation verfügbar über www.degruyter.com.

Einbandabbildung: Hans Thoma: Hüter der Heimat. In: Lienhard, Friedrich: Meister der Menschheit. Beiträge zur Beseelung der Gegenwart. Bd. 1: Die Abstammung aus dem Licht. Stuttgart 1923 (2. Auflage). Klassik Stiftung Weimar
Druck und Bindung: CPI books GmbH, Leck

www.degruyter.com

Open-Access-Transformation in der Literaturwissenschaft

Open Access für exzellente Publikationen aus der Deutschen Literaturwissenschaft: Dank der Unterstützung von 39 wissenschaftlichen Bibliotheken können 2021 insgesamt neun literaturwissenschaftliche Neuerscheinungen transformiert und unmittelbar im Open Access veröffentlicht werden, ohne dass für Autorinnen und Autoren Publikationskosten entstehen.

Folgende Einrichtungen haben durch ihren Beitrag die Open-Access-Veröffentlichung dieses Titels ermöglicht:

Universitätsbibliothek Augsburg
Universitätsbibliothek Bayreuth
University of California, Berkeley Library
Staatsbibliothek zu Berlin – Preußischer Kulturbesitz
Universitätsbibliothek der Freien Universität Berlin
Universitätsbibliothek der Humboldt-Universität zu Berlin
Universitätsbibliothek Bielefeld
Universitäts- und Landesbibliothek Bonn
Universitätsbibliothek Braunschweig
Staats- und Universitätsbibliothek Bremen
Universitätsbibliothek der Technischen Universität Chemnitz
Universitäts- und Landesbibliothek Darmstadt
Sächsische Landesbibliothek – Staats- und Universitätsbibliothek Dresden
Universitätsbibliothek Duisburg-Essen
Universitäts- und Landesbibliothek Düsseldorf
Universitätsbibliothek Johann Christian Senckenberg, Frankfurt a. M.
Bibliothek der Pädagogischen Hochschule Freiburg
Niedersächsische Staats- und Universitätsbibliothek Göttingen
Universitätsbibliothek Greifswald
Universitätsbibliothek der FernUniversität in Hagen
Universitäts- und Landesbibliothek Sachsen-Anhalt, Halle (Saale)
Staats- und Universitätsbibliothek Hamburg Carl von Ossietzky
Gottfried Wilhelm Leibniz Bibliothek – Niedersächsische Landesbibliothek, Hannover
Universitäts- und Landesbibliothek Tirol, Innsbruck
Universitätsbibliothek Kassel – Landesbibliothek und Murhardsche Bibliothek der Stadt Kassel
Universitätsbibliothek der Universität Koblenz-Landau
Zentral- und Hochschulbibliothek Luzern
Universitätsbibliothek Marburg
Universitätsbibliothek der Ludwig-Maximilians-Universität München
Universitäts- und Landesbibliothek Münster
Bibliotheks- und Informationssystem der Carl von Ossietzky Universität Oldenburg
Landesbibliothek Oldenburg
Universitätsbibliothek Osnabrück
Universitätsbibliothek Trier
Universitätsbibliothek Vechta
Herzogin Anna Amalia Bibliothek, Weimar
Herzog August Bibliothek Wolfenbüttel
Universitätsbibliothek Wuppertal
Zentralbibliothek Zürich

Für Joris und Lorenz

Inhaltsübersicht

I Einführung

1 Geschichte der Heimat als Geschichte des 19. Jahrhunderts —— 11
1.1 Zu den Anfängen der Geschichte von Heimat —— 12
1.2 Heimat im langen 19. Jahrhundert —— 15
1.3 Geschichte der Heimat und Geschichte der Literatur —— 25
1.4 Forschung, Begriffe und Methoden —— 38

2 Grundfiguren —— 65
2.1 Heimat und Vaterland —— 66
2.2 Heimat, Volk und Biene —— 92
2.3 Heimatboden und Frauenleib —— 102
2.4 Heimat und Fremde: Exil, Migration, Diaspora —— 116
2.5 Heimat und Dichtung —— 136

II Geschichte der Heimat

1 Himmlische Heimat —— 149
1.1 Heimat in geistlicher Literatur —— 149
1.1.1 „Mein Heimat ist dort droben" —— 154
1.1.2 „Und unsre Heimath hier und dort" —— 164
1.2 Heimat und Religion in der Literatur —— 180
1.2.1 Jung-Stilling, Hölderlin, Brentano —— 186
1.2.2 Novalis, Kerner, Schubert —— 213
1.2.3 Ernst Moritz Arndt —— 225
1.2.4 Droste-Hülshoff und Eichendorff —— 234
1.2.5 Heimat zwischen Religion und Literatur —— 254
1.3 Heimat und Mythos —— 266
1.3.1 Odysseus —— 268
1.3.2 Ahasverus —— 291
1.3.3 Der fliegende Holländer —— 307

2	**Heimatrecht** —— **311**
2.1	Heimat als Rechtsbegriff —— 317
2.2	Heimatrecht und Literatur —— 344
2.2.1	Abschiebung und Heimatrecht: Tagelöhner, Bettler, Arme (Reuter, Riehl, Stifter, Viebig) —— 347
2.2.2	Migration und Heimatrecht: Auswanderer und Heimkehrer (Gerstäcker, Auerbach) —— 362
2.2.3	Heimatlosigkeit und Heimatrecht: Vaganten, Zigeuner, Juden (Kinkel, Schweichel, Kurz, Keller) —— 386
3	**Heimatkunde** —— **427**
3.1	Heimat und Pädagogik —— 431
3.1.1	Heimatkunde in Pädagogik und Unterrichtsdidaktik —— 433
3.1.2	Freytags *Ahnen*-Zyklus —— 449
3.2	Heimat und Volkskunde —— 469
3.2.1	Riehls volkskundliche Heimat —— 479
3.2.2	Heimat als soziale und ästhetische Integrationsformel —— 488
3.3	Heimatkunst und Literaturgeschichte —— 509
3.3.1	Bartels' völkische Heimat —— 516
3.3.2	Viebigs Heimaten zwischen Milieu und Scholle —— 538

III Schlussbemerkungen: Heimat und kein Ende

Literaturverzeichnis —— **573**
    Quellen der Abbildungen von Seite 5 und 6 —— 638

Personenverzeichnis —— **639**

I Einführung

> Wir gehen dir, Heimat, ins Garn.[1]

Über Heimat zu schreiben, gleicht dem Versuch, ein Netz zu entwirren, in das man sich währenddessen immer weiter verstrickt. Das verbindet Heimat mit anderen Großbegriffen wie Freiheit oder Nation, über die zu schreiben nicht minder maßlos ist. Sie gehören zum ideellen Setting moderner westlicher Gesellschaften. Ihre Polyvalenz und ihre Funktionalisierbarkeit erschwert ihre Bestimmung in dem Maße, in dem sie affektiv aufgeladen sind. Während aber Nation und Freiheit politische und philosophische Vorstellungen und daher als Geschichte ihres Denkens und teils auch als Geschichte ihrer Realisierung erzählbar sind, scheint das Wort Heimat zunächst sehr viel niederschwelligere Lebens- und Erfahrungsbezüge auszudrücken: den väterlichen Hof, die mütterliche Erde, den Ort, an dem man sich zu Hause fühlt, und so fort. Heimat wird daher immer wieder auch als phänomenologische, anthropologische oder ontologische Kategorie verstanden. Sie ist aber zugleich sehr viel unkonkreter: Heimat konstituiert sich geradezu darüber, kein Programm zu haben. Sie ist keine systematisierbare politisch-philosophische Idee wie die Freiheit und kein staatstragendes Konzept wie die Nation. Heimat beansprucht, subjektiv, unpolitisch und nicht rationalisierbar zu sein und verbindet sich wahlweise mit dem Gemüt, der Seele, dem Gefühl oder schlicht einer subjektiven Entscheidung. Heimat ist nicht ohne Ideengeschichte denkbar, denn sie hat Anteil an der Herausbildung von Ideen wie der Nation, aber allein als Idee ist sie auch nicht zu begreifen.

Wenn man die Geschichte der Heimat nicht entlang von großen Ideen schreiben kann und auch keine Naturalisierung von Heimat betreiben will, die nach historischen Realisierungsformen eines anthropologischen Faktums sucht, ist man auf die schlichte Frage zurückgeworfen, was der Begriff Heimat in seinen jeweiligen Redezusammenhängen bedeutet, und dabei wird man zu Befunden kommen, die in ihrer Widersprüchlichkeit den Begriff zu sprengen drohen. Heimat kann sich, muss sich aber nicht räumlich konkretisieren, statt in Haus und Hof kann Heimat auch in der Kunst gefunden werden und statt in der Landschaft auch in der Sprache und in der Religion. Heimat kann ideell oder materiell, metaphysisch oder physisch verstanden werden, oft – aber nicht zwingend – als

---

Anmerkung: Die Fußnoten in dieser Arbeit bringen Nachweise stets nur in der Kurzfassung: Name – Jahr – Seite. Falls ein Autor oder eine Autorin in einem Jahr mehrere Titel veröffentlicht hat, wird um einen Kurztitel ergänzt, dann: Name – Kurztitel – Jahr – Seite. Hervorhebungen in zitierten Texten werden hier stets kursiviert wiedergegeben; eigene Hervorhebungen der Autorin stets mit Fettdruck.

1 Paul Celan: Kermorvan (1963), in: Celan 1976, S. 61. Vgl. dazu Loewen 1982.

OpenAccess. © 2021 Anja Oesterhelt, publiziert von De Gruyter. Dieses Werk ist lizenziert unter der Creative Commons Attribution-NonCommercial-NoDerivatives 4.0 Lizenz.
https://doi.org/10.1515/9783110707847-001

Vorstellung der Zugehörigkeit. Solche Vorstellungen haben wie gesagt nicht immer ein politisches Programm, sind aber andererseits auch nicht zu trennen von den Ideologien ihrer Zeit. Die Frage, ob Heimatliebe allgemein-menschlich oder typisch deutsch ist, ob sie sich gegen ein Nationalbewusstsein richtet oder Teil von ihm ist, wurde historisch unterschiedlich beantwortet. Im 19. Jahrhundert lagern sich bestimmte Vorstellungen bürgerlicher Moral an den Begriff an, dazu gehört unter anderem auch ein polares Geschlechterverständnis; Heimat ist daher immer auch ein Wertbegriff. Und da die Literatur einen zentralen Anteil an der Herausbildung des modernen Heimatbegriffs hat, liegt es zudem in der Natur der Sache, dass sich Heimat nicht explizieren muss und will. Heimat verbindet sich also ideologisch und ästhetisch oft unausgesprochen mit anderen Wissensfeldern.

Aus der schlichten Frage nach der jeweiligen Bedeutung von Heimat wird ein gewaltiges Arbeitsprojekt, wenn man weiterfragt, welche Gruppierungen von Sinnzuschreibungen sich historisch und durch die Disziplinen und gesellschaftlichen Felder hindurch ergeben, wann es zu Neugruppierungen kommt und was ihre konkreten historischen Bedingungen sind. Es ist eine Rekonstruktionsarbeit, die die Sprache der Journale und der Literatur, des Rechts, der Religion und der Wissenschaft umfasst und die Bedingungen des Auftauchens und Verschwindens der Rede von Heimat im Sinne Foucaults archäologisch erforscht. Tatsächlich kann man Heimat als wirkmächtigen ordnungsstiftenden Diskurs der Moderne beschreiben, der quer zu einzelnen Disziplinen und gesellschaftlichen Funktionseinheiten verläuft. Es soll hier trotzdem vorsichtiger von einer Begriffsgeschichte gesprochen werden – freilich einer Begriffsgeschichte, die stärker als Reinhart Koselleck auch die Durchschlagskraft ästhetischer Formgebung und metaphorischer Bedeutung einkalkuliert –, weil der Begriff am Ende der einzige feste methodische Anker der Arbeit bleibt: Was ist historisch jeweils gemeint, wenn Heimat gesagt wird? Und wie fügen sich die unterschiedlichen semantischen Konstellationen zu einem umfassenderen historischen Bild, das uns Aufschluss über einen Begriff gibt, den wir immer noch mit uns herumtragen?

Was für das methodische Nachdenken die Zumutung, ist für die politische Rede attraktiv: Die Dehnbarkeit der Heimatsemantik. Dies konnte in den vergangenen Jahren eindrucksvoll studiert werden. In Zeiten von Globalisierung, Migration und neuem Nationalismus, aber auch der politischen Umbrüche, führen Parteien aller politischen Richtungen Deutschlands, Österreichs und der Schweiz den Begriff im Mund – und verbinden ihn mit sehr unterschiedlichen Versprechungen. Die Grünen werben mit ihm für das universelle „Recht auf ein Zuhause", die AfD hält ihn für das Gegenteil von „Multi-Kulti", die österreichischen Grünen verbinden mit ihm mehr „Menschlichkeit", die NPD setzt ihn gegen die „Homo-Ehe" ein, die FPÖ gegen „Brüssel", während die CDU/CSU sie zum

Interessenfaktor „in" Europa erklärt (alle Abb. 1–14). Im Parteiprogramm der Schweizer SVP, die sich „Partei des Mittelstands" nennt, ist „Wir sind Heimat"[2] in Majuskeln gesetzt. Die Schweizer Liberalen titeln auf ihrer Homepage: „Was ist Heimat für Sie?"[3] Und der Vizepräsident der linken Schweizer SP arbeitet derzeit an einem Buchprojekt mit dem Titel „Heimat für Linke".[4] Quer durch das politische Spektrum werden in den verschiedenen deutschsprachigen Staaten mit dem Begriff der Heimat starke Identifikationsangebote gemacht. Dass seit 2014 das bayerische Innenministerium als Heimatministerium firmiert und 2018 auch das Bundesministerium des Innern durch den Zusatz „für Bau und Heimat" bereichert wurde, lässt auf einen gewissen überparteilichen Konsens schließen, der Heimat zum buchstäblich staatstragenden Begriff werden lässt.[5]

Dass Heimat Zuspruch von so vielen Seiten findet, hat unterschiedliche Gründe. Wertkonservative, nationalistische und antidemokratische Milieus dürfte verbinden, dass sie Heimat als Teil einer durch christlich-abendländische Werte und Traditionen ausgezeichneten ‚Leitkultur' (Friedrich Merz) und damit als Gegenteil von Multikulturalismus verstehen.[6] Im Sinnverständnis von Heimat als Teil eines konservativen, christlichen, nationalen und patriarchalen bürgerlichen Wertehorizonts können diese Milieus an ein zweihundertjähriges Wortverständnis anknüpfen. Da sich der Begriff seit dem Kaiserreich auch mit völkischen Positionen, später dann mit der Ideologie des Nationalsozialismus und nach Kriegsende mit der von revanchistischen Positionen vereinnahmten Vertriebenenpolitik verbindet, ist er vor und nach 1989/90 affin für ausländerfeindliche und rechtsextreme Parolen und bis zum ‚Thüringer Heimatschutz' auch aktuell Vokabel antidemokratischer Milieus.

Auch linke Parteien wollen den Begriff gegenwärtig aus unterschiedlichen Gründen zurückgewinnen, was über viele Jahrzehnte in dieser offensiven Art und

---

[2] https://www.svp.ch/wp-content/uploads/Parteiprogramm_DE_19_23_190402.pdf (zuletzt abgerufen am 1. Juni 2019).
[3] https://www.fdp.ch/aktuell/medienmitteilungen/medienmitteilung-detail/news/was-ist-heimat-fuer-sie/ (zuletzt abgerufen am 1. Juni 2019).
[4] https://www.nzz.ch/meinung/die-svp-will-ihr-lieblingswort-zurueck-heimatland-ld.1450587 (zuletzt abgerufen am 1. Juni 2019).
[5] Auch die staatstragende Dimension von Heimat hat eine Vorgeschichte. Ab 1870 gab es ein „Bundesamt für Heimathwesen", das die Zuständigkeit bei Unterstützungsbedürftigkeit regelte (vgl. II.2.1). Und in den letzten Wochen des Ersten Weltkriegs wurde die „Zentrale für Heimatdienst" als Pendant zur „Zentrale für Frontdienst" gegründet; sie wurde 1919 in „Reichszentrale für Heimatdienst" umbenannt und bestand bis 1933. 1950 wurde die „Bundeszentrale für Heimatdienst" als Nachfolgeorganisation gegründet und später in „Bundeszentrale für politische Bildung" umbenannt. Vgl. Hentges 2013.
[6] Vgl. Ahrens 2021.

I Einführung — 5

Abb. 1–6: Wahlplakate der Grünen für die Landtagswahl in Hessen 2018, der AfD für die Landtagswahl in Schleswig-Holstein 2017, der Piraten für die Landtagswahl in Bayern 2018, der CDU/CSU für die Europawahl 2019, der SPD für die Kommunalwahl in Gelsenkirchen 2014 und der NPD für die Landtagswahl in Mecklenburg-Vorpommern 2016. Die Quellen der Abbildungen 1–6 finden Sie auf Seite 638.

Abb. 7 – 14: Wahlplakate der Linken für die Landtagswahl in Mecklenburg-Vorpommern 2016, der österreichischen Grünen für die Landtagswahl in Salzburg 2018, der ÖVP für die Nationalratswahl 2008, der Rechten zur Landtagswahl in Baden-Württemberg 2017, der CSU zur Landtagswahl in Bayern 2018, der FPÖ für die Nationalratswahl 2006, der österreichischen Grünen für die Bundespräsidentenwahl 2016 und der CDU für die Landtagswahl in Sachsen-Anhalt 2016. Die Quellen der Abbildungen 7 – 14 finden Sie auf Seite 638.

Weise nicht denkbar gewesen ist. Ein pragmatischer Grund dürfte – in Zeiten sich auflösender Grenzen zwischen links und rechts – sein, dass sich mit dem Begriff auch eine wertkonservative Wählerschaft ansprechen lässt. Wie weit sie dabei gehen, zeigt das Plakat der österreichischen Grünen: Heimat, blonde Kinder, Trachten und ‚Schutz' respektive Bedrohung (Abb. 14). Die Provokation, die sich für linke Wähler in Teilen mit dem Begriff einmal verbunden hat, erzeugt heute eine gewisse, Aufmerksamkeit fördernde Spannung.[7] Über Heimat kann gestritten werden und alle wollen mittun. „Heimat ist der Debattenbegriff der Zeit", formulierte die *Süddeutsche Zeitung*, die dem Thema 2018 eine ganze Artikelserie widmete.[8] Andererseits ist die auch linke Verwendung des Begriffs nicht neu. Für politische Exilanten wie Kurt Tucholsky diente die Berufung auf Heimat dem geistigen Überleben[9] und der österreichische Intellektuelle Jean Améry, der als Jude nach Auschwitz verschleppt wurde, wollte den Begriff vor seiner nationalsozialistischen Vereinnahmung retten.[10] Von den 1970er Jahren bis heute gibt es immer wieder neue Anläufe der Linken, Heimat zu ihrer Sache zu machen; Edgar Reitz' zwischen 1981 und 2013 entstandene *Heimat*-Trilogie und die angrenzenden Filmprojekte (sowie die starke Resonanz darauf) verdeutlichen das.[11] Auch in der DDR war Heimat einerseits Teil der Staatssprache,[12] andererseits etwas, das vor dieser Staatssprache gerettet werden sollte.[13]

---

7 Zur Debatte der Grünen über ihr Verhältnis zum Heimatbegriff vgl. https://www.deutschlandfunk.de/ausgeloest-von-katrin-goering-eckardt-gruene-debattieren.1773.de.html?dram:article_id=397435 (zuletzt abgerufen am 1. Juni 2019).
8 Jan Heidtmann: Heimat ist der Debattenbegriff der Zeit, in: Süddeutsche Zeitung, 29.04.2018, http://www.sueddeutsche.de/politik/deutschland-heimatkunde-1.3959332 (zuletzt abgerufen am 1. Juni 2019).
9 Kurt Tucholsky beendet sein 1929 im Exil veröffentlichtes Buch *Deutschland, Deutschland über alles*, das mit dem deutschen Nationalismus und Militarismus abrechnet, mit einem Lob auf die Heimatliebe, die nach Tucholsky alle politischen Gegensätze überwinden kann: „Deutschland ist ein zerspaltenes Land. Ein Teil von ihm sind wir. Und in allen Gegensätzen steht – unerschütterlich, ohne Fahne, ohne Leierkasten, ohne Sentimentalität und ohne gezücktes Schwert – die stille Liebe zu unserer Heimat." Tucholsky 1929, S. 226.
10 Vgl. Améry 2002. Zur jüdischen Exilsituation ab 1933 vgl. den Ausstellungskatalog *Heimat und Exil*. Stiftung Jüdisches Museum 2006.
11 Die drei Hauptteile von Edgar Reitz' *Heimat*-Trilogie erschienen 1984, 1992 und 2004, ein Epilog 2006, der Film *Die andere Heimat* von 2013 zeigt in der Zeitchronologie der Fiktion die Vorgeschichte. Reitz' für die Beschäftigung mit Heimat in den jeweiligen Jahrzehnten jeweils ausgesprochen wichtige und international vieldiskutierte Filme sind auch Gegenstand zahlreicher wissenschaftlicher Beiträge, vgl. exemplarisch Boa/Palfreyman 2000, Carré 2009 und Palfreyman 2019. Reitz selbst äußerte 2017 in Interviews, er würde wegen „der wiedererwachenden Neigung zu deutscher Heimathuberei seine Filme am liebsten im Nachhinein noch umbenennen", Dorn 2018, S. 135.
12 Vgl. den vom Deutschen Kulturbund herausgegebenen Band *Sozialistische Heimat. Beiträge zum sozialistischen Heimatbegriff*, der mit einem Bekenntnis zum „Arbeiter-und-Bauern-Staat, zu unserer sozialistischen Heimat" beginnt. Deutscher Kulturbund 1959, S. 3. Johannes R. Bechers Gedichtband *Schöne deutsche Heimat* erscheint 1952, zwei Jahre bevor Becher Kulturminister der DDR wird. Der Band ist herausgegeben vom *Kulturbund zur demokratischen Erneuerung Deutschlands, Sektion Natur- und Heimatfreunde*. In der Einleitung schreibt Becher, bei der Zusammenstellung der Gedichte habe ihn „der Gedanke bewegt, daß die Schönheit der Heimat preisen zugleich ein wesentlicher Beitrag ist zur Erhaltung des Friedens". Becher 1952, S. 5.

Die Attraktivität des Begriffs, das zeigt der gegenwärtige Umgang mit ihm, aber auch der historische Rückblick, liegt in der Dehnbarkeit seiner Semantik bei gleichzeitigem Anschein, dass sich für jeden konkret etwas damit verbinde. Und ein Teil seiner Attraktivität – auch und gerade für politische Kontexte – liegt in seinem Anspruch, unpolitisch, ja überpolitisch zu sein, eben kein politischer Begriff wie Staat und Nation, sondern ein gewissermaßen persönlicher, individueller. Auch dies lässt sich durch das ganze 19. Jahrhundert und das frühe 20. Jahrhundert sowie die BRD- und DDR-Geschichte und über die politischen Umbrüche von 1989/90 hinaus bis heute verfolgen. Der Heimatfilm und die Heimatliteratur der 1950er und 1960er Jahre in Ost und West leben genauso von der Behauptung, unpolitisch zu sein, wie ihre popkulturellen Verarbeitungen in den 2000er und 2010er Jahren. Die anhaltende Freude daran, Trachtenelemente in Modekollektionen aufzunehmen und auf das Label von Szenegetränken Hirschgeweihe zu drucken, ist kaum ernsthaft als politische Provokation lesbar, sondern viel eher als Ausdruck eines unpolitischen Eklektizismus, wie Karl Lagerfelds Aneignung von Stefan Strumbels Kunst beispielsweise gut zeigt. Heimat als Begriff der zeitgenössischen Konsumkultur beinhaltet ironische Varianten wie die erwähnte von Stefan Strumbel, die Kuckucksuhren in Pop-Art integriert und mit Slogans wie ‚What the fuck is Heimat?' kombiniert, oder Clubs von Basel bis Karlsruhe, die sich ‚Heimat' nennen.[14] Er tritt zudem in Varianten auf, die Nachhaltigkeit oder Bodenständigkeit signalisieren wollen, etwa in der Darstellung von Regionalprodukten von der Milch bis zum Bier. Mancherorts soll der Begriff dem daniederliegenden Einzelhandel aufhelfen, der fürs „Heimat-Shoppen" wirbt.[15] Doch auch in diesen Fällen steht die eher unpolitische Inszenierung urbaner Lebenskulturen im Vordergrund, wie sie Life-Art-Magazine zeigen.

Mit dieser zeitgenössischen Betonung des Unpolitischen von Heimat hängt eine weitere Attraktivität zusammen: ihre vermeintliche Überhistorizität. Die Frage nach Heimat ist demnach immer wieder neu und immer nur individuell zu beantworten. Wird Heimat in Magazinen und Talkshows, in Anthologien, Kunstprojekten, Fotoausstellungen und Musik-Filmen zur Debatte gestellt, frappiert, wie betont subjektiv die Antworten ausfallen. Heimat ist dann der Duft einer bestimmten Speise, der Klang einer Sprache, sind die Straßen einer bestimmten

---

13 Vgl. Monika Marons Essay *Die Zumutung, eine Heimat haben zu müssen*, der zuerst 1988 erschien. Maron 1995. Zum Heimat-Begriff in der DDR insgesamt vgl. Israel 2005.
14 Vanessa Geuen widmet ein ganzes Buch mit dem Titel *Kneipen, Bars und Clubs. Postmoderne Heimat- und Identitätskonstruktionen in der Literatur* dieser Frage, vgl. Geuen 2016.
15 https://www.heimat-shoppen.de/ (zuletzt abgerufen am 1. Juni 2019).

Großstadt; Heimat liegt im Freundeskreis oder im Computer[16] – jedenfalls in dezidiert nicht-nationalen Zusammenhängen. Die geradezu forciert subjektive Auslegung von Heimat wird dabei kaum einmal als Teil einer historischen Entwicklung begriffen, die über die übliche Abgrenzung von einer mit dem Nationalsozialismus assoziierten Blut-und-Boden-Heimat hinausginge. Dabei haben die zeitgenössisch virulenten Heimatsemantiken eine Geschichte, die vor über zweihundert Jahren begann. Der völkische Heimatbegriff des Nationalsozialismus, der Volk und Heimat als Einheit erklärt,[17] ist dabei nur trauriger Höhepunkt bestimmter Semantiken, die sich schon lange vorher ausbildeten, und er war auch zwischen 1933 und 1945 immer begleitet von Heimatsemantiken nicht nur des Exils, die in ganz andere Richtungen zielten[18] – und auch diese knüpfen an sehr

---

16 *Mein Computer* lautet Lars Gustafssons Beitrag zum von Gunhild Kübler herausgegebenen Band *Daheim&Daneben. Wo Schriftsteller zu Hause sind*. Darin heißt es: „Eine typische derartige Landschaft, *eine Heimat*, wenn man so will, ist der große, räumlich organisierte Komplex, der sich in meinem Computer befindet." Gustafsson 2001, S. 144. Weitere Beiträge finden andere Heimaten: Birgit Vanderbeke die Küche, Thomas Hürlimann den Zug, der Großteil der anderen Autoren wählt Großstädte von Zürich über Tel Aviv bis Wien zu ihrer jeweiligen Heimat.
17 1921 schreibt der im Nationalsozialismus hochgeschätzte Antisemit Karl Paumgarten in seiner Hetzschrift *Juda. Wesen und Wirken des Judentums*: „Der deutsche Wald, die deutschen Berge, das deutsche Meer, die deutschen Flüsse – wer die Natur der deutschen *Heimat* nur flüchtig auf sich wirken läßt, weiß und versteht sofort, was das Wesen des deutschen *Volkes* ist und bedeutet. Denn Heimat und Volk sind überhaupt zwei Begriffe, die in innigster Wechselbeziehung stehen und untrennbar sind. Die Seele der Heimat verbindet sich mit der Seele des Volkes zu einem Ganzen, und wenn ein Volk seiner Heimat entfremdet wird, kommt ihm auch seine ererbte Seele abhanden." Das Argument Paumgartens ist, dass die Juden Ursache dieser Entfremdung seien. Paumgarten 1921, S. 43.
18 So gut wie unbeforscht sind Heimatauffassungen, die in NS-Deutschland publiziert wurden, ohne Teil der Staatsideologie zu sein, so etwa die philosophischen Arbeiten von Paul Bommersheim *Heimat und All, Mensch und Heimat* sowie *Von der Einheit der Wirklichkeit in der Heimat. Untersuchungen zur Philosophie der Länderkunde*, vgl. Bommersheim 1936, 1938 und 1940. Auch der deutsch-baltische Philosoph Kurt Stavenhagen konnte im Jahr 1939 seine phänomenologische Schrift *Heimat als Grundlage menschlicher Existenz* veröffentlichen, in der er über die Vorzüge „übernationaler Landsmannschaften" schreibt. Diese seien „ein sehr buntscheckiges Ganzes", das durch den „Charakter des Heimatlichen [...], durch den die verschiedenen Arten-zu-sein in eine [...] persönliche Nähe gerückt werden", verbunden werde (Stavenhagen 1939, S. 71). Heimat ist für Stavenhagen ein „Einigungsgefüge" (Stavenhagen 1939, S. 72), das nationale und ethnische Grenzen überschreitet; damit steht er quer zu NS-konformen Auffassungen. Stavenhagens Studie erschien 1948 verändert und unter dem neuen Titel *Heimat als Lebenssinn*; die zitierten Passagen blieben unverändert. Außerhalb der Einflusssphäre des Nationalsozialismus publizierte der Schweizer Psychoanalytiker Ludwig Binswanger seine Studie zu *Grundformen und Erkenntnis menschlichen Daseins* (1942). Der Begriff der Heimat ist hier zentral, um die Liebe als eine der menschlichen Grundformen zu bestimmen. Nach Binswanger bestimmt sich „die *Heimatlichkeit* der Liebe" über „das Angekommen-sein und das Immer-schon-da-gewesen-sein" (Binswanger

viel ältere Semantiken an. Die unterschiedlichen Gebrauchsformen des Begriffs Heimat verbindet neben der Spekulation auf Identifikation und der Suggestion politischer Abstinenz, dass sie von ihrer Geschichte nichts wissen. Dem Nachdenken über Heimat als Resultat einer historischen Genese gilt deshalb dieses Buch.

1993, S. 83). Das produktive und kreative Wesen des Eros sei weder an Zeit noch an Raum gebunden, „sondern an die Ewigung und Räumlichung im Sinne der Heimat. Wahre *Produktivität* (in Leben, Kunst und Wissenschaft), zu deutsch *Geist*, ist nur möglich, wo das Dasein *ist* auf dem Grunde von Ewigkeit und Heimat, das aber heißt, wo es in-der-Welt über-die-Welt-hinaus ist. Das ist nur möglich im Gleichmaß von Selbstheit und Wirheit im Lieben." Ein gestörtes Gleichmaß führe zu ‚Heimatlosigkeit' eines Don Juan oder Amiel. Alle Zitate Binswanger 1993, S. 121.

1 Geschichte der Heimat als Geschichte des langen 19. Jahrhunderts

Die Geschichte der Heimat ist eine Geschichte des langen 19. Jahrhunderts.[1] In diesem Zeitraum wird Heimat eine neue semantische Dichte verliehen, die alle gesellschaftlichen Bereiche erfasst, und stiftet der Begriff jene begrifflichen Allianzen, die heute noch seinen Bedeutungshof eingrenzen. Der deutschsprachige Kulturraum entwickelt in dieser Zeit, zumindest in der Selbstwahrnehmung, ein besonders inniges Verhältnis zur Heimat: Heimatliebe galt im 19. Jahrhundert als spezifisch deutsch. Im 19. Jahrhundert verbindet sich die ältere, religiöse Bedeutung von Heimat auch mit irdischen Orten, die gleichwohl ins Licht der Unerreichbarkeit getaucht bleiben. Im Wort Heimat konstituiert sich ein bürgerliches Selbstverständnis, zu dem es gehört, bestimmte Bevölkerungsgruppen auszuschließen: die Armen und die Juden, aber auch den kosmopolitischen Adel. Bis heute arbeiten wir uns, meistens unbewusst, an diesem Heimatverständnis ab.

Auch wenn es das Wort Heimat schon länger gibt, beginnt die *Geschichte* des modernen Begriffs von Heimat in den drei Jahrzehnten vor 1800, um dann ab 1800 jene Wirksamkeit zu erlangen, die in unterschiedlichen Varianten bis heute anhält.[2] Die neue semantische Dichte von Heimat entsteht durch die Transformation alter in neue Bedeutungen und deren semantische Schichtung: Dass Heimat zugleich erinnerter Kindheitsort und Ausdruck einer „ferneren und tieferen Heimat, von welcher jene nur ein lieblicher Widerschein zu sein scheint" sein kann, ist neu.[3] Dass Heimat *zugleich* konkreter und transzendenter Ort ist, *zugleich* individuellen und religiösen oder auch mythologischen Ursprung bezeichnet, dass Heimat ein gefühlsbetontes, emphatisches Konzept wird und auch dass Heimat in ein komplexes, teils antagonistisches Verhältnis zum zeitgleich sich wandelnden Begriff des Vaterlandes bzw. der Nation tritt und damit den vermeintlich apoliti-

---

[1] Eric Hobsbawm verwendet 1987 den Begriff des langen 19. Jahrhunderts in *The Age of Empire. 1875–1914*, dem letzten seiner drei, postum als Trilogie unter dem Titel *Das lange 19. Jahrhundert* erschienenen Bände. Dabei diskutiert er zwei verschiedene Jahreszahlen als Epochenzäsur: 1776, den Beginn der Amerikanischen, und 1789, den Beginn der Französischen Revolution, als Anfang, 1914 als Ende; vgl. Hobsbawm 2017, S. 18. Der Begriff ist inzwischen fest in der deutschen Geschichtswissenschaft eingeführt, meist mit dem Beginn 1789, vgl. Kocka 2001, Bauer 2010. Wird hier im Folgenden verkürzt vom langen 19. Jahrhundert gesprochen, ist dieser Epochenzusammenhang gemeint, wobei sich in Bezug auf Heimat der frühere Beginn Mitte der 1770er Jahre anbietet.
[2] Zu einigen Grundthesen meiner Arbeit vgl. Oesterhelt: Topographien des Imaginären, 2016.
[3] So der Protagonist Friedrich in Joseph von Eichendorffs *Ahnung und Gegenwart* (1815); Eichendorff 2007, S. 100.

schen Part innerhalb eines tatsächlich hochpolitischen Begriffsgefüges übernimmt, sind neue semantische Entwicklungen der sogenannten Sattelzeit.[4]

1.1 Zu den Anfängen der Geschichte von Heimat

Natürlich gab es schon weitaus früher Bedeutungen und Praktiken, die sich mit dem Wort Heimat verbanden.[5] Wenn man nicht das Wort, sondern seine (dann jeweils zu bestimmende) Bedeutung sucht, so gehen die Auffassungen auseinander, was man historisch voraussetzen darf – die meisten gehen davon aus, dass es etwa das menschliche Bedürfnis nach einem emotional besetzten Lebensraum, nach raumbezogenen Identitäten immer schon gegeben haben dürfte. Sicher ist, dass das Wort Heimat dafür aber eher selten verwendet wurde.[6]

In einem definierten Textkorpus lässt sich das Wort Heimat systematisch suchen, und hier können für den Verwendungskontext und die Bedeutung des Wortes Heimat recht eindeutige Aussagen getroffen werden. Im Korpus des Deutschen Textarchivs (Abb. 15 und 16), der besten gattungsübergreifenden Textzusammenstellung für eine ergebnisoffene Untersuchung,[7] kann bis zu den 1770er Jahren Folgendes festgestellt werden: Vom chronologisch ersten Treffer von 1603 an stammen mehr als die Hälfte der Funde aus geistlichen Texten (Erbauungsliteratur, Predigten, Leichenpredigten), alles andere ist eine breite Mischung

---

[4] Reinhart Kosellecks Bestimmung des Zeitraums von ca. 1750 bis ca. 1850, innerhalb dessen sich die Begriffe gebildet haben, die die Moderne mit Bedeutung aufgeladen hat, bewährt sich auch hier.
[5] Das althochdeutsche „heimôti" wandelte sich im Mittelhochdeutschen zu „heimôte", „heimuote", „heimôt" oder auch „heimuot", vgl. Benecke 1990, S. 655. Viele Beiträge zu Heimat beginnen mit einer ausführlichen etymologischen Herleitung, vgl. exemplarisch Bastian 1995, S. 20–23. Zur Kritik an etymologisch fundierten Heimatdefinitionen vgl. Korfkamp 2006, S. 21.
[6] Zu frühneuzeitlichen Heimatkonzepten vgl. Piltz 2007; Gotthard 2003; beide diagnostizieren, „dass die Vormoderne sehr wohl ein Verständnis von Heimat hatte, den Quellen aber der Begriff selbst nicht selbstverständlich ist". Piltz 2007, S. 57. Piltz weist u. a. darauf hin, dass ein anderer Eindruck sich teils dadurch ergibt, dass in Übersetzungen der lateinischen Quellen oft das Wort ‚Heimat' gewählt wird und diese modernen Übersetzungen daher bereits eine Deutung der Texte darstellen. Zu diesem durchaus folgenreichen Problem vgl. das Kapitel dieser Studie zum Odysseus-Mythos (II.1.3.1).
[7] Die Sammlung des Deutschen Textarchivs DTA umfasst Belletristik, Gebrauchsliteratur und wissenschaftliche Literatur aus dem Zeitraum von ca. 1600 bis 1900. Im September 2021 umfassten die Datenbestände 4443 Werke. Das DTA, das ob seiner disziplinen- und gattungsübergreifenden Ausgewogenheit und Repräsentativität der Textauswahl beste digitalisierte Referenzkorpus für deutschsprachige Texte, verzeichnet 7079 Treffer für die Suchanfrage ‚Heimat'. Zur Bewertung dieser Quelle vgl. die folgenden Ausführungen.

aus kriminalistischen, geographischen, volkspädagogischen, juristischen, medizinischen, naturgeschichtlichen Textsorten, Lebensbeschreibungen oder kaufmännischen Ratgebern und, quantitativ ebenso unauffällig wie die anderen Textsorten, auch einigem Literarischen. Diese beiden Bereiche – geistliche Texte hier, säkulare dort – prägen die Semantik der Heimat in besonderer Weise. In ihrer geistlichen Bedeutung transzendiert Heimat unser irdisches Leben. Die wahre Heimat ist in diesem eschatologischen, die Lehre von der vollendeten Welt betreffenden Sinn nie auf Erden zu finden. Die wahre Heimat ist bei Gott, und Leben auf Erden ist eine Vorbereitung darauf: „Wie solte Sie nicht zum Vater nach der Heimet verlangen?"[8], heißt es 1673 in einer Begräbnisrede. Von dieser über Jahrhunderte sehr stabilen religiösen Begriffssemantik wird noch ausführlich die Rede sein (vgl. II.1.1).

Der christlichen Metapher einer himmlischen Heimat muss ein ‚irdisches' Modell von Heimat zugrunde liegen. Zieht man die säkularen Textzeugnisse heran, ist in der Regel immer der Herkunfts-, Geburts- oder Lebensort gemeint. Dabei wird der Begriff neutral verwendet. Er ist unspezifischer und weiter gefasst als die zeitgenössische rechtlich-administrative Bedeutung von Heimat (vgl. II.2.1), es ergibt sich aber auch keine Reibung zwischen der allgemeinen Bedeutung von Heimat als Ort der Herkunft und der juristischen, die sich auf die Zuständigkeit der Gemeinden für ihre Landeskinder bezieht. Die Zuschreibung einer Heimat dient in alltagspragmatischen Zusammenhängen einer administrativen Identifikation, wie sie im Todes- oder im Krankheitsfall notwendig werden konnte. Das *Corpus juris* von 1703 etwa sieht vor, dass jeder nicht identifizierbare Tote so lange öffentlich aufbewahrt werden sollte, „biß etwas gewisses von seinem Nahmen und Heymath" ermittelt worden sei, zu welchem Zweck andernfalls „der Leib wieder ausgegraben"[9] werden müsse. Im Umgang mit der Pest empfiehlt ein *Pest-Büchlein* aus dem Jahr 1714, den „Namen / Profession, Heimat / Alter / auch dessen Eltern Namen / und wo er vorher sich bey einem Herrn auffgehalten / treulich in ein gewiß Buch" aufzuschreiben, damit man im Todesfall „alsdann gute Nachricht" davon erhalten könne.[10] Bei Grimmelshausen geht es 1670 um einen Ehevertrag, nach dem die Frau „1000 Reichsthaler Pargelt zubringen" muss, der Mann sie dafür „in Teutschland zu seinem Heimath um dieselbige" Summe für den Fall seines Todes „versichern solte".[11]

Oft werden in den Textzeugnissen des 17. und 18. Jahrhunderts Heimat und Vaterland noch mehr oder weniger synonym gebraucht (vgl. I.2.1). In der Ge-

---

8 Burckhard 1673, o.S.
9 Beide Zitate Geise 1703, S. 596.
10 Beide Zitate Bräuner 1714, S. 140.
11 Alle Zitate Grimmelshausen 1670, S. 100.

schichte eines Diebes von 1627 bemerkt der Dieb „zum Wirth / es sey jhm ein Kleid auß seiner Heymat vnnd Vatterlandt geschicket worden".[12] Ein Kaufmannslexikon von 1756 rät, bei der Auswahl der Lehrjungen nicht nur auf Alter, gesundheitliche Konstitution, ökonomische Verhältnisse und Bildung, sondern auch auf die Herkunft zu achten, weil deren „Heimath, oder Vaterland"[13] Rückschlüsse auf eine Eignung zum Kaufmannsberuf zulasse. Im Gegensatz zur Heimat meint Vaterland hier lediglich die größere administrative oder territoriale Einheit, kann aber wie die Heimat auch nur den Geburtsort bezeichnen. Im Zitat aus dem Kaufmannslexikon fällt beides möglicherweise auch deshalb zusammen, weil eine Handelsstadt zeitgenössisch zugleich die kleinste und größte Einheit sein kann, also zugleich konkreter Lebensort und autonomer Staat.

Immer bezeichnet die Heimat recht nüchtern die Herkunftsregion von Anklamern[14] und Peruanern[15] ebenso wie von Pflanzen[16] oder Tieren.[17] Von Johann Gottfried Schnabel[18] bis zu Johann Karl Wezel[19] nehmen auch Romanfiguren hin und wieder das Wort Heimat in den Mund. Aber auch hier heißt Heimat nicht mehr und nicht weniger als Ort der Herkunft, wobei meist offenbleibt, ob dies eher im geographischen oder sozialen Sinn, also als Ort, an dem die Familie oder die Nächsten wohnen, gemeint ist. Eine besondere Emphase, Doppeldeutigkeit oder Metaphorizität des Wortes fällt nicht auf.

---

12 Calvi 1627, S. 136.
13 Ludovici 1756, S. 260.
14 „So ist nun Ancklamb oder Anckelheim der Ancken oder Enckel heimath / da die alten Angli, die sich hernach in Engern / vnd weiter in Engelland / auff gemachet haben / zu Hause gehören." Micraelius 1639, o.S.
15 „Aber in der Hauptzierde ist ein grosser vnterscheid zwischen jhnen / Sintemal einer sein Haar mit Haarschnüren von dieser / ein anderer von einer andern Farben auffgebunden trägt / nach dem es in seiner Heymat der Brauch ist." Gottfried 1631, S. 113.
16 „Die Stauden selbst aus ihrer Heimath an andre Orte zu verführen, würde nicht gelingen, denn während dem Transport durch das heiße Jndianische Meer werden sie völlig ausgezehrt, und bleiben allenfals in einem so schwachen Zustande zwischen Tod und Leben, daß von ihnen keine Nachkommenschaft zu erwarten steht." Kaempfer 1779, S. 446.
17 „Er ist oft mit der Hyäne vermengt worden, und die schwankenden Berichte der Reisenden machens wahrscheinlich, daß man selbst in seiner Heimath andre Thiere mit ihm verwechselt." Blumenbach 1779, S. 105.
18 Bei Johann Gottfried Schnabel fahren die Seefahrer „nach unsrer Heymath zu" und „gelangeten auch glücklich daselbst an". Schnabel 1743, S. 408.
19 Johann Karl Wezels Romanprotagonist Belphegor klagt: „Wenn mich nur der unglückliche Sturm nicht so weit von meiner Heimath verschlagen hätte!" Wezel 1776, S. 134.

1.2 Heimat im langen 19. Jahrhundert

In den späten 1770er und dann den 1780er Jahren mischt sich ein neuer empfindsamer Ton in den Gebrauch des Wortes Heimat, und zwar in der Literatur: Im Umfeld des Göttinger Hainbundes entwickelt sich in der dem Dichterbund eigenen – und zeitgenössisch ausgesprochen polarisierenden – Mischung aus Sentimentalität, Pathos und Vaterlandsliebe auch eine neue politisch-ästhetische Semantik von Heimat. Während das Vaterland bis dahin wahlweise den Geburtsort, einen von vielen deutschen Kleinstaaten oder ein größer gedachtes Deutschland bedeuten konnte, wird das Vaterland nun nur noch in der letzten Bedeutung verwendet. In dem Maß, in dem das Vaterland für die größere utopische Nationalidee steht, bildet sich Heimat in der Literatur als komplementärer Begriff aus (vgl. I.2.1). Dem aggressiv-kämpferisch codierten gesamtdeutschen Vaterland steht nun eine gefühlvoll-passiv codierte Heimat als individueller Ort der Herkunft gegenüber. Innerhalb dieses Transformationsprozesses läuft noch längere Zeit die alte, nüchterne Bedeutung mit. Der von den Hainbündlern gehasste Zeitgenosse Wieland lässt Agathon sich auch weit von seiner „Heymath"[20] entfernen – aber das nötigt Agathon keine Träne ab. Die Umbruchszeit um 1800 zeichnet sich durch das Nebeneinander alter und neuer Heimatbegriffe aus: Charakterisiert Kant den Deutschen als „Kosmopolit[en]", der „keinen Nationalstolz" habe und „auch nicht an seiner Heimat" hänge,[21] gleicht der Deutsche bei Hegel dem Griechen darin, dass beide „ihre Welt sich zur Heimat gemacht" hätten.[22] Kants kosmopolitischer Deutscher weist zurück auf das achtzehnte, Hegels sich durch den „Geist der Heimatlichkeit"[23] auszeichnender und durch den Antikeverweis legitimierter Deutscher greift auf die Geschichte des Begriffs im neunzehnten Jahrhundert vor, die ihn mit etwas spezifisch Deutschem, zugleich mythisch Überhöhtem in Verbindung bringt.

Dabei wurde auch zeitgenössisch die neue literarische Aufmerksamkeit auf Heimat als Wiederentdeckung und Neuinterpretation von Althergebrachtem ge-

---

20 Wielands Romanprotagonist wird 1766 nach den Umständen befragt, „welche dich in einem solchen Alter von deiner Heymath entfernt und in diese fremde Gegenden geführt haben können". Wieland 1766, S. 318.
21 So in der *Anthropologie in pragmatischer Hinsicht* (1798), alle Zitate Kant 2004, S. 669.
22 Georg Wilhelm Friedrich Hegel: Vorlesungen über die Geschichte der Philosophie I, 1. Teil: Geschichte der Griechischen Philosophie; Einleitung, in: Hegel 1986, Bd. 18, S. 174. Hegel hielt die *Vorlesungen über die Geschichte der Philosophie* 1805/06 in Jena, 1816–1818 in Heidelberg und 1819–1831 in Berlin; auf der Grundlage von Notizen und Mitschriften wurden sie 1833–1836 postum herausgegeben.
23 So in den *Vorlesungen über die Geschichte der Philosophie*, Hegel 1986, Bd. 18, S. 174.

deutet. Karl Philipp Moritz widmet die zwölfte Vorlesung seiner *Vorlesungen über den Stil* (1793/94) u. a. den veralteten Ausdrücken, von denen es einige wert seien, wieder in die literarische Sprache aufgenommen zu werden: ‚Minne' und ‚Bieder' zählen nach Moritz genauso zu diesen Wörtern wie ‚Heimat':

> Dieser veraltete Ausdruck verknüpft mit dem Begriff von Vaterland noch die Vorstellung von der *häuslichen* Ruhe und Glückseligkeit, der durch das schöne Wort *heim* in unserer Sprache angedeutet wird. / Wo man zu Hause ist, wenn man sich ruhig und wohl befindet, das nennt man seine *Heimat*; *heimkehren*, *heimgehen*, anstatt *zu Hause kehren*, sind daher schöne veraltete Ausdrücke, die mit Recht in unserer poetischen Sprache wieder aufgenommen sind, wo besonders der herrnhutische Ausdruck: *er ist heimgegangen*, anstatt *er ist gestorben*, dem Begriff, der damit verknüpft ist, eine außerordentliche Sanftheit gibt, und die Seele in eine wehmutsvolle, und doch ruhige Stimmung versetzt. / Darum faßt auch das Wort Heimat gleichsam einen Reichtum von dunkeln Begriffen und Empfindungen in sich, wodurch es eine Zierde und Schönheit unserer Sprache wird, die nur der verschmähen kann, der nie mit der ganzen Fülle der Empfindung ein solches Wort in seiner einfachen und schönen Bedeutung ausgesprochen hat, sondern bei dem die Idee die herrschende war, daß es doch ein veralteter Ausdruck oder Archaismus sei![24]

Den „Reichtum von dunkeln Begriffen und Empfindungen", den Moritz im Wort Heimat positiv hervorhebt, leitet er direkt aus dessen religiöser Bedeutung ab. Es gelte nun, das Wort wieder geläufiger zu machen, und das sei die Aufgabe der Literatur: „Veraltete Ausdrücke aber, die einmal von guten Schriftstellern gut gebraucht sind, muß man, zur Bereicherung unserer Sprache, auf alle Weise in Umlauf zu bringen suchen, damit das Ungewöhnliche sich nach und nach verlieret."[25] Genau diese von Moritz ausgelegte Fährte wird diese Arbeit verfolgen: Tatsächlich ist es die alte religiöse Bedeutung, die in die moderne, an „dunkeln Begriffen und Empfindungen" reiche Semantik von Heimat mit eingeht, und tatsächlich ist es vor allem die schöne Literatur, in der dies um 1800 vor sich geht.

Der erste Teil dieser insgesamt dreiteiligen Studie geht von der Beobachtung des religiösen Diskursursprungs der Heimat und dessen zentralen Stellenwerts für die Ausbildung der modernen Heimatsemantik aus. Bis zum Ende des 18. Jahrhunderts dominiert der religiöse Heimatbegriff in den überlieferten deutschsprachigen Textzeugnissen.[26] Im Lauf des 19. Jahrhunderts tritt die geist-

---

24 Moritz 1981, S. 674.
25 Moritz 1981, S. 675.
26 Grundlage dieser Aussage ist die digitale Textsammlung des DTA. Bis zum 17. Jahrhundert erscheint Heimat hier ganz überwiegend in geistlichen Zusammenhängen; bis zum letzten Drittel des 18. Jahrhunderts machen die geistlichen Textzeugnisse noch etwa die Hälfte der Fundstellen aus. Insgesamt gilt, dass Textzeugnisse, gerade in den Epochen vor dem Zeitalter von Alphabe-

liche Heimat gegenüber anderen Verwendungen des Begriffs zurück. Allerdings sind all diese neuen Heimatbegriffe ohne den religiösen kaum zu denken. Vor allem die Literatur tingiert den immanenten Begriff der Heimat als Ort der Herkunft mit dem religiösen Heimatbegriff. Das neu entstehende semantische Spektrum von Heimat wird zum Fundament aller seitdem ausgebildeten Heimatbegriffe. Es wäre dabei zu schwach argumentiert, dass die Literatur des frühen 19. Jahrhunderts die irdische Heimat mithilfe religiöser Elemente auratisiert. Heimat bleibt, so die stärkere These, in der Literatur der ersten Hälfte des 19. Jahrhunderts ein religiöser Begriff, und zwar einer, der auch das Irdische religiös färbt. Von Jung-Stilling über Hölderlin bis Eichendorff und Droste-Hülshoff kann Heimat ohne ihren religiösen Anteil schlicht nicht verstanden werden, andererseits erschöpft sich der Begriff aber nicht in der traditionellen christlichen Sprache einer himmlischen Heimat. Der erste Teil dieser Arbeit beleuchtet die Herkunft und die literarischen Transformationen dieses geistlichen Heimatbegriffs.

Die Literatur um 1800 bietet insgesamt ein uneinheitliches Bild in ihrem Umgang mit Heimat. Im Spätwerk der um 1800 noch schreibenden Aufklärer wie Wieland wird man Heimat kaum finden, und auch gern als ‚Volksschriftsteller' bezeichnete Autoren wie Johann Peter Hebel verwenden das Wort allenfalls ohne jede Emphase, in einem noch nicht ‚modernen' Sinn.[27] Bei Herder, Schiller, Goethe oder Kleist wird der Begriff sehr sparsam, aber schon an einigen markanten Stellen eingesetzt.[28] Sehr viel auffälliger ist sein literarischer Einsatz im Umfeld der Empfindsamkeit: bei Johann Gaudenz von Salis-Seewis oder Karl Philipp Moritz beispielsweise – rein quantitativ sind auch diese literarischen Funde nicht mit dem Umfang vergleichbar, in dem dann Hölderlin und die Romantik das Wort entdecken. Die semantische Neujustierung von Heimat, an der zwischen 1770 und 1840 gearbeitet wird, besteht ganz wesentlich in der Ver-

---

tisierung und Massenkultur, das u. a. auch alltagskulturelle Zeugnisse in ganz anderem Umfang vervielfältigt, nicht als Ausdruck von Alltagskultur misszuverstehen sind.

27 Johann Peter Hebel stellt im *Schatzkästlein des rheinischen Hausfreundes* (1811) fest: „[D]er Mensch hat sich überall ausgebreitet, wo nur ein lebendiges Wesen fortkommen kann, ist überall daheim, liebt in den heisesten und kältesten Gegenden sein Vaterland und die Heimath, in der er geboren ist". Die lapidare Aussage, die anschließend die Ortsungebundenheit des Menschen als aus dem göttlichen Auftrag „Erfüllet (oder bevölkert) die Erde, und machet sie euch untertan" abgeleitetes Faktum feststellt, steht in denkbar großem Kontrast zu den zeitgleich beginnenden Bemühungen, Heimat als schicksalhafte Geworfenheit des Menschen zu deuten. Hebel 1811, S. 61–62.
28 Neben den in der Arbeit besprochenen Stellen der genannten Autoren bei Schiller etwa in *Die Räuber*; vgl. dazu Blickle 2002, S. 88–89, oder in *Wilhelm Tell*, vgl. dazu Kittler 1986. Zu Kleists *Hermannsschlacht* vgl. Kittler 1986.

schränkung alter religiöser Inhalte mit neuen Bedeutungsgehalten und einer neuen Relevanz, die dem Begriff beigemessen wird. Diesem Zeitraum, in dem der innovative Einfluss der Literatur auf die Heimatsemantik am größten war, gilt daher der historische Schwerpunkt des ersten Teils dieser Arbeit.

Die Religiosität, die im literarischen Heimatbegriff ab 1800 wirksam bleibt, beschränkt sich nicht auf die christliche Religion. Der neue Heimatbegriff erwächst vielmehr aus einer neuen Konstellation von Religion, Mythos und Kunst, die auch die antike Mythenwelt der homerischen *Odyssee*, mittelalterliche Legenden wie diejenige Ahasvers und neu geschaffene Mythen wie den des Fliegenden Holländers umfasst. Der Abschnitt zu ‚Heimat und Mythos' trägt diesem Umstand Rechnung. Die sprachbildende Kraft, die der *Odyssee*-Übersetzung von Johann Heinrich Voß von 1781 zukommt, gilt auch für die semantische Verdichtung, die der Begriff der Heimat hier entfaltet. Die mythologische Figur des Odysseus steht fortan für eine teils allgemeinmenschliche, teils spezifisch deutsche Heimatsuche, der im gesamten 19. Jahrhundert selbst mythische Dimensionen zugeschrieben werden. Das Verhältnis des 19. Jahrhunderts zur Heimat zeigt sich auch am Mythos ihres Gegenteils – des heimatlosen Ahasver. Ahasver steht für den Zustand des Unsesshaftseins, des Ausgestoßenseins, vor allem aber des Judeseins. Sowohl der Antisemitismus und Antiziganismus, der sich im 19. Jahrhundert immer wieder latent mit Heimatvorstellungen verbindet, als auch jüdische Versuche der Selbstbehauptung gegenüber solchen Vorstellungen greifen mit dem Ahasver-Mythos auf Heimatbilder der Zeit zurück und prägen sie selbst mit, was auch an der Odysseus und Ahasver verbindenden Kunstfigur des Fliegenden Holländers (1843) von Richard Wagner gezeigt werden kann.

Die 1840er Jahre bilden schwerpunktmäßig den historischen Abschluss des ersten Teils. Auch über diese Zeit hinaus bleibt Heimat als religiöses Konzept bestehen und prägt Heimatvorstellungen immanent bis heute. Aber die 1840er Jahre bilden in vielfältiger Hinsicht eine Zäsur, die sich etwa in Ludwig Feuerbachs für die bürgerlichen Realisten einflussreicher Religionsphilosophie äußert. Religion wird hier als dem menschlichen Bedürfnis entspringend und auf dieses zielend verstanden; Gott existiert, insofern er ein Spiegel des menschlichen Bedürfnisses ist. Auch die himmlische Heimat erscheint von diesem Standpunkt aus als eine anthropologischer Bedürftigkeit entspringende Konstruktion. Feuerbach schreibt 1841:

> Jeder Mensch muß sich daher einen Gott d. h. einen Endzweck setzen. Der Endzweck ist der bewußte und gewollte wesentliche Lebenstrieb, der Genieblick, der Lichtpunkt der Selbsterkenntniß – die *Einheit von Natur und Geist* im individuellen Menschen. Wer einen Endzweck, hat ein *Gesetz über sich:* er leitet sich nicht selbst nur; er wird geleitet. Wer keinen Endzweck, hat keine Heimath, kein Heiligthum. [...] Wer einen Zweck hat, einen Zweck, der an sich wahr und wesenhaft ist, der hat darum *eo ipso* Religion – wenn auch nicht im Sinne

der gewöhnlichen, der herrschenden Religion, aber doch im Sinne der Vernunft, der Wahrheit, der universellen Liebe, der allein wahren Liebe.[29]

Die Vorstellung einer himmlischen Heimat erscheint bei Feuerbach als ein den Menschen leitender religiöser ‚Endzweck', oder andersherum: Ohne die Vorstellung eines Gottes hat der Mensch auch keine Heimat. Die himmlische Heimat ist mit Feuerbach somit eine religiöse Vorstellung, die ihren Ursprung in der reinen Immanenz hat. In gewisser Weise ist damit der Endpunkt einer religiösen Heimatvorstellung erreicht. In anderer Perspektive ermöglicht die Immanenz religiöser Vorstellungen das Weiterleben transzendenter Heimatbegriffe bis in unsere eigene unmittelbare Gegenwart.

Der zweite Teil der Arbeit wendet sich der heute fast vollkommen vergessenen rechtlich-administrativen Bedeutung von Heimat zu. Wie bei der religiösen liegen auch die Ursprünge der rechtlichen Bedeutung weit vor dem 19. Jahrhundert und wie bei jener bezeichnet auch bei dieser das 19. Jahrhundert den Zeitraum ihrer semantischen Dynamisierung.

Rechtlich bezeichnete Heimat eine administrative Einheit, mit der sich Versorgungsrechte und -pflichten verbanden. Das Heimatrecht regelte vornehmlich die Zuständigkeit der Gemeinden für die Versorgung der Armen sowie deren Abschiebung aus allen nicht zuständigen Gemeinden. Es war in den deutschsprachigen Ländern mindestens bis zum Ende des 19. Jahrhunderts, teilweise weit darüber hinaus, gültig und selbstverständliches Alltagswissen. Wenn in alltagssprachlichen Verwendungen der Ort individueller Herkunft als Heimat bezeichnet wird – ob weiter oder enger, geographisch oder sozial gefasst –, schwingt daher auch die rechtliche Bedeutung mit. Auch das regional noch im 19. Jahrhundert fortlebende ökonomische Verständnis von Heimat als dem Hof, den man besaß oder erwarb – „Das neue Heimath kostet ihn wohl 10,000 Gulden", heißt es bei Jeremias Gotthelf[30] –, fügt sich in ein Verständnis von Heimat, in dem es um ökonomische Sicherheit und Versorgung geht.

Das Heimatrecht wurde im 19. Jahrhundert zunehmend dysfunktional, weil es die Versorgung Bedürftiger an Orte und Gemeinden band, in denen die Bedürftigen zum größeren Teil gar nicht mehr lebten. Angesichts steigender Mobilität war der Herkunftsort für viele nicht mehr deckungsgleich mit dem tatsächlichen Aufenthaltsort. Zugleich stieg in Zeiten des Pauperismus der Bedarf an ökonomischer Unterstützung. Bedürftige, Bettelnde und Vagabundierende wurden auf

---

29 Feuerbach 1841, S. 71.
30 Gotthelf 1854, S. 19. Das Zitat aus dem Roman *Erlebnisse eines Schuldenbauers* (1854) wird in der Forschung seit Bausinger 1980 und Jens 1985 immer wieder herangezogen.

Grundlage des Heimatrechts zwangsweise in ihre Heimatgemeinden abgeschoben. In dem Maß, in dem das bestehende Heimatrecht angesichts der immer dringlicher werdenden sozialen Fragen zum Inbegriff sozialer Härte, staatlicher Ignoranz und administrativer Borniertheit wird, konterkariert es aber den emphatischen Heimatbegriff, der sich parallel seit der Empfindsamkeit ausgebildet hatte. Die öffentliche Debatte um das Heimatrecht, die ab Mitte des 19. Jahrhunderts zunehmend vehement geführt wurde, spiegelt diese Widersprüche zwischen der pragmatischen, rechtlichen Bedeutung und einem emotional besetzten Heimatverständnis wider.

Auch die neue realistische Literatur macht den Widerspruch zwischen einem anachronistisch gewordenen Heimatrecht und einem emphatischen Heimatverständnis ab den 1840er Jahren mit ganz unterschiedlichen Intentionen und Effekten zum Problem. Von Fritz Reuter bis Friedrich Gerstäcker werden nicht nur die Verwerfungen des Heimatrechts zum literarischen Sujet. Es geht, etwa bei Berthold Auerbach oder Hermann Kurz, um die Spannung, die sich aus den widersprüchlichen Semantiken einer pragmatischen Rechtsheimat und einer emphatisch verstandenen Heimat ergibt. In der neu sich ausbildenden literarischen Heimatsemantik um 1800 spielte das Heimatrecht zunächst so gut wie keine Rolle. Erst die realistische Literatur, die Alltagswelt zum Modell ihrer literarischen Welten macht, konkretisiert auch Heimat in diesem Sinn in ihrer pragmatischen Bedeutung. Gleichzeitig entwickelt die realistische Literatur Erzählmodelle, nach denen die Idee der Heimat auch der poetischen Überhöhung des Alltäglichen dienen kann. Der historische Schwerpunkt des zweiten Teils liegt daher im Zeitraum der Ausbildung des bürgerlichen Realismus, also auf der Mitte des 19. Jahrhunderts; insbesondere zwischen 1840 und 1865 geschriebene literarische Texte stehen im Zentrum der Aufmerksamkeit.

Die realistische Literatur ist vor allem bürgerliche Literatur und das selbstverständliche Alltagswissen des 19. Jahrhunderts um die rechtliche Dimension von Heimat umfasste auch das Wissen, dass es Heimat im rechtlichen Sinn nicht für alle gab. Das angebliche Bewusstsein des 19. Jahrhunderts von Heimat „als dem unzerstörbaren und unverlierbaren Besitz eines Jeden"[31] ist ein Missverständnis gegenwärtiger Forschungen zur historischen Bedeutung von Heimat. Tatsächlich waren die armen Bevölkerungsschichten stets von Heimatlosigkeit bedroht. Ob jemand Heimat hatte oder im juristischen Sinn heimatlos war, richtete sich nicht zuletzt nach dem Status des Einzelnen in der bürgerlichen Gesellschaft. Das Bürgertum verteidigte seine Heimat nach unten und nach oben. Die Armen waren von rechtlicher Heimatlosigkeit bedroht und die latenten Ab-

---

31 Pohlheim 2007, S. 240; vgl. auch Moosmann 1980, S. 46.

stiegsängste des Bürgertums manifestierten sich auch in der Angst, Heimat zu verlieren, wie die literarischen Texte Adalbert Stifters und Gottfried Kellers vorführen. Der Adel wurde dagegen topisch der ideellen Heimatlosigkeit des Kosmopolitismus bezichtigt. Reiche mussten das Heimatrecht nicht in Anspruch nehmen und konnten sich ihren Kosmopolitismus zusammen mit ‚inglish cottage' und ‚englischem Rasen' leisten, wie die späte Bettina von Arnim in *Dies Buch gehört dem König* (1843) schreibt. Nach ihrer Ansicht sollten sie aber besser den heimatlosen Armen aus ihrem Elend helfen. Die Entscheidung zwischen Kosmopolitismus und Patriotismus erscheint als eine Frage des Geldes und der Umgang mit der verarmten, heimatlosen Bevölkerung als Seismograph:

> Soll der Adel Euch adeln den mit Wucherglück der Bürger seiner Abkunft zum Hohn im adlichen Gute sich ankauft; so mach er statt Luxus-Anlagen von Tempel und Grotte und tanzenden Wassern, – Anlagen für Heimatlose, und sein Sommerplaisir die inglish cottage mach er zur deutschen Hütte worin deutsche Armut sich erholt; den englischen Rasen teil er aus zu Feldern für Kartoffel und Brot und er ist Edelmann, wer wird widersprechen.[32]

Wenn hier das kosmopolitische Luxusleben der Reichen und das Elend der heimatlosen Armen miteinander konfrontiert werden, steht Heimat-Haben für eine gesellschaftliche bürgerliche Mitte, die sich im Zitat gleich zweimal auch mit dem ‚Deutschen' verbindet: nicht englischer Rasen, sondern Kartoffelfelder gegen ‚deutsche Armut', nicht ‚inglish cottage', sondern ‚deutsche Hütte'. Heimat ist insofern auch bei der Adligen von Arnim ein programmatischer Begriff des Bürgertums, das sich im 19. Jahrhundert immer auch als patriotisch begreift.

Das öffentliche und literarische Interesse am Heimatrecht ist ein Indikator für eine zunehmende Konkretisierung und Materialisierung von Heimat ab Mitte des 19. Jahrhunderts. So wie Heimat materielle Versorgung bedeuten kann, kann sie auch das sein, was sich konkret anfassen lässt: Auf Heimat als unmittelbar wahrnehmbare und erfahrbare Umgebung zielen schon die pädagogischen Konzepte der ‚Heimatkunde' am Beginn des 19. Jahrhunderts. Diese Auffassung von Heimat steht aber zu diesem Zeitpunkt noch recht unverbunden neben zumindest in der Literatur vorherrschenden religiös gefärbten, außerhalb von Zeit und Raum stehenden Heimatvorstellungen. Ab den 1840er Jahren wandelt sich dieses literarische Verständnis; Heimat bindet sich auch in literarischen Beschreibungen zunehmend an konkrete Gegenstände und materielle Güter, die „Bretter, Pfähle und Truhen", wie etwa bei Adalbert Stifter nachzulesen ist:

> Es ist dies die Dichtung des Plunders, jene traurig sanfte Dichtung, welche bloß die Spuren der Alltäglichkeit und Gewöhnlichkeit prägt, aber in diesen Spuren unser Herz oft mehr

---

32 Arnim 1995, S. 330.

erschüttert, als in anderen, weil wir auf ihnen am deutlichsten den Schatten der Verblichenen fort gehen sehen, und unsern eignen mit, der jenem folgt. Darum hat der Großstädter, der stets erneuert, keine Heimat, und der Bauerssohn, selbst wenn er Großstädter geworden ist, hegt die heimliche sanft schmerzende Rückliebe an ein altes schlechtes Haus, wo die Bretter, Pfähle und Truhen seiner Voreltern standen und stehen.[33]

Dass da allerdings etwas dingfest gemacht werden soll, was sich zunehmend entzieht, ist schon diesem Zitat zu entnehmen, denn es ist ja die Mappe des Urgroßvaters, um die es bei Stifter geht, also etwas Altes, beinahe Vergessenes, und aus den Bauern sind Großstädter geworden, deren Bezug zur Heimat eine ‚heimliche sanft schmerzende Rückliebe' geworden ist. Aber je mehr sich das vermeintlich Vergangene entzieht, desto stärker werden die Bemühungen, es zurückzugewinnen, und so beginnt die eigentliche Heimatkonjunktur Mitte des 19. Jahrhunderts im Kontext einer sich zunehmend industrialisierenden Lebenswelt. Um 1900 kann man dann von einem regelrechten ‚Heimat-Hype'[34] sprechen. Die Hypertrophierung des Heimatbegriffs umfasst um 1900 praktisch alle Lebensbereiche: von volkskundlichen, landeshistorischen, pädagogischen, architekturtheoretischen, kunstprogrammatischen und literarischen Schriften, von Liedtexten über Kunstpostkartendrucke bis zu Programmen zu Landschaftsschutz und Leibesübungen – nie war so viel Heimat in deutschsprachigen Textzeugnissen zu finden. Heimat ist ein Schlüsselbegriff unzähliger kultureller Debatten, populärer und wissenschaftlicher Diskurse. Die Semantik von Heimat umfasste um 1900 dabei sehr Unterschiedliches: Sie verband sich mit Nostalgie angesichts des Verlusts einer vorindustriellen Zeit, aber auch mit Vorstellungen großstädtischer Heimaten; sie verband sich mit deutschnationalen und völkischen Positionen, aber auch mit anschauungsbasierten Unterrichtsmodellen oder ökologisch motivierter Abkehr von den zerstörerischen Seiten der Industrialisierung. Sie verband sich mit der Rückbesinnung auf vorkapitalistische Traditionen, aber auch mit handfestem ökonomischem Gewinn.[35]

---

[33] Stifter 1966, S. 388. *Die Mappe meines Urgroßvaters* ist hier in der Fassung von 1841 zitiert.
[34] Vgl. Costadura/Ries 2016, S. 12.
[35] Der Historiker Alon Confino beschreibt, wie Wiederentdeckung und Vermarktung traditioneller Trachten in dem württembergischen Dorf Betzingen miteinander zusammenhingen. Über Bilder und Fotografien verbreitet, wurden die für diesen Zweck neu hergestellten Trachten vor allem am Wochenende für die Touristen getragen, die über eine gute Zugverbindung aus den Städten Reutlingen und Tübingen anreisten. Diejenigen, die diese Trachten als touristische Attraktion trugen, waren vornehmlich Männer des Dorfes, die wochentags selbst als Fabrikarbeiter in den näher gelegenen Städten arbeiteten (vgl. Confino 1997, S. 116–117). Der nach Confino von der städtischen Bourgeoisie erdachte Begriff ‚Tracht' wurde von den Bauern nicht einmal verstanden (vgl. Confino 1997, S. 116). Folklore in Form von ‚heimatlichen', regionalen Trachten und

Insgesamt ist aber trotz dieser evidenten Pluralisierung von Heimat ein Heimatverständnis vorherrschend, das im Singular spricht. Nicht die Diversität von Heimaten – seien es unterschiedliche landschaftliche Regionen oder kulturelle Prägungen, seien es unterschiedliche Konzepte von Heimat –, sondern ihre Subsumierung zu der einen deutschen Heimat ist das auffälligste Signum der Epoche. Die Diffusion der rechtlichen Heimatsemantik von der Gemeinde zu Staat und Nation hat alle gesellschaftlichen Bereiche erfasst. Symptomatisch ist ein landeskundlicher Bildband von August Sachs: *Die deutsche Heimat. Landschaft und Volkstum* von 1885, in vielen weiteren Auflagen bis ins 20. Jahrhundert verbreitet, der eben nicht von den vielen regionalen Heimaten, sondern von der einen deutschen Heimat spricht.[36]

Auffällig ist auch die steigende Anzahl von Versuchen einer ‚Theoretisierung' von Heimat, und so gilt der dritte Teil der Arbeit den Bemühungen der Wissenschaften, Heimat dingfest zu machen, wobei das Kapitel zwar mit dem Beginn des 19. Jahrhunderts einsetzt, seinen historischen Schwerpunkt aber im letzten Jahrhundertdrittel und der Zeit um 1900 hat. Für die wissenschaftlichen Heimatkonzepte wurden hier repräsentativ die Pädagogik, die Volkskunde und die Literaturgeschichtsschreibung ausgewählt. All diese Disziplinen stehen in mehr oder weniger engem Bezug zur ‚Germanistik' und daher kann dieses Kapitel auch als Beitrag zur Fachgeschichte gelesen werden.

Für Pädagogik und ‚Deutschkunde' wird Heimat zum Universalschlüssel, der wissenschaftlicher Objektivität genügen soll: „Ähnlich wie es einen politischen oder einen Rechtsbegriff der Heimat gibt, wird es gut sein, gleichsam einen Schulbegriff derselben aufzustellen", fordert ein pädagogisches Lexikon am Ende des Jahrhunderts.[37] Heimat wird als umfassendes Leitprinzip der Wissenschaften verstanden. Die Pädagogik empfiehlt, Heimat als fächerübergreifendes Unterrichtsprinzip zu verstehen.[38] Jede Schule solle ihren eigenen „Heimatgarten", ihr eigenes „Heimatzimmer", ja ihr eigenes „Heimatmuseum" errichten, jeder Lehrer

---

Bräuchen wurde demnach nicht nur entdeckt, um sie zu bewahren, sondern auch befördert oder gar erfunden, weil sie ökonomisch lukrativ war. In diesem Sinn ist ‚Heimat' nicht das Gegenteil der (kapitalistischen, entfremdeten) Moderne, sondern eben auch immer ihr Produkt. Vgl. dazu den Beginn des Romans von Riehl, *Ein ganzer Mann*, in dem ein ‚Verein zur Hebung des Fremdenverkehrs' seine ‚Heimatliebe' zu Markte trägt (vgl. II.3.2.2).

36 So auch die These von Schumann 2002.

37 Scholz 1897, S. 401.

38 Mit den *Richtlinien für die Lehrpläne der höheren Schulen Preußens* von 1925 werden diese schon früher ausgebildeten Prinzipien schulpolitisch gestärkt. In einem pädagogischen Artikel von 1928 wird mit Bezug auf die *Richtlinien* ausgeführt, dass „heimatkundliche Einstellung fast allen Fächern eigen ist" und es zur „Pflicht" geworden sei, „Heimat im Unterrichte in jeder Weise zu Worte" kommen zu lassen. Held 1928, S. 7.

„Heimatkundeunterricht" inklusive „Heimatwanderungen" durchführen.[39] Heimatkunde soll nach dem Willen vieler Pädagogen zu einer gänzlichen „Neugestaltung der Schule im Sinne des Heimatgedankens" führen und neben Deutschunterricht und Erdkunde genauso in Religionsunterricht, Mathematik, ‚Nadelarbeit' und ‚Leibesübungen' eine Rolle spielen.[40]

Auch für die sich im letzten Drittel des 19. Jahrhunderts formierende Volkskunde ist Heimat ein Schlüsselbegriff. Heimat fungiert einerseits als objektivierbarer Beschreibungsgegenstand des Fachs und andererseits als dessen Ideal, das es zu erhalten, zu bewahren und wiederzubeleben gilt. Die Volkskunde nationalisiert Heimat, indem sie diese zum spezifisch deutschen Gemütswert erklärt. Dieser volkskundliche Heimatbegriff hat Strahlkraft auch auf andere Disziplinen wie die Germanistik und die Geschichtswissenschaft und ihre Didaktik. Der Anspruch auf Wissenschaftlichkeit, den die Volkskunde für ihren Umgang mit Heimat erhebt, wirkt ab 1900 insbesondere auch auf die Literaturgeschichtsschreibung. Literarhistorische Ansätze wie die von August Sauer oder Josef Nadler wären ohne das volkskundliche Heimatverständnis nicht denkbar. Zur wissenschaftlichen Leitkategorie wird Heimat bei Adolf Bartels, der die sogenannte Heimatkunstbewegung zum (vorläufigen) Telos der deutschen Literaturgeschichte erklärt.

Den Leitdiskurs in Sachen Heimat haben dabei schon längst andere gesellschaftliche Felder übernommen: Heimat existiert in nahezu allen Lebensbereichen mit eingeführten Begriffen als Heimatarchitektur, Heimatschutzbewegung, Heimatverein, Heimatverlag, sie ist Teil der populären wie der Expertensprache – und nur noch unter anderem auch Teil der literarischen Sprache. Die Funktion der Literatur besteht nun eher darin, andere Heimatdiskurse zu legitimieren. So fällt auf, dass die Volkskunde oder die Pädagogik ihre These von der spezifischen Heimatliebe der Deutschen gerade an literarischen Beispielen belegen. Heimat wird von wissenschaftlichen Diskursen als „zu dem Subjektivsten des Menschenlebens" gezählt, sie ist ein „Gefühlswert" und gehört dem Bereich des Menschlichen an, „in dem wir alle Poeten sind".[41] Heimat und Literatur bleiben also auch in ganz anderen Zusammenhängen als den eigentlich literarischen aufs engste verknüpft. Ein großer Teil der zeitgenössisch produzierten literarischen

---

39 Alle Zitate Held 1928, S. 7.
40 Walther Schoenichen: Vorwort, in: Schoenichen 1924, S. V–VI, hier S. V. Das von Schoenichen herausgegebene *Handbuch der Heimaterziehung* enthält Beiträge zu sämtlichen Unterrichtsfächern, neben den genannten auch zu ‚Heimatkunde und Heimatschutz im Zeichenunterricht', ‚Heimaterziehung im hauswirtschaftlichen Unterricht' und so fort.
41 Eduard Spranger: Der Bildungswert der Heimatkunde, in: Schoenichen 1924, S. 3–26, hier S. 3.

Heimatdarstellungen dient gewissermaßen dem Nachweis dieser Auffassung, indem er sie perpetuiert, klischiert und popularisiert. Aber natürlich kann Literatur zeitgleich auch weiterhin ein ästhetisch-innovatives oder kritisches Verhältnis zu zeitgenössischen Heimatentwürfen einnehmen – oder sie kann auch beides zugleich: Heimatklischees bedienen und befragen.[42]

1.3 Geschichte der Heimat und Geschichte der Literatur

Die hier verfolgte Hypothese, die semantische Dynamisierung und Neufunktionalisierung von Heimat habe in den 1770er Jahren begonnen und ihre Bedeutung für die verschiedenen gesellschaftlichen Diskurse sei bis zu ihrem vorläufigen Höhepunkt um 1900 angewachsen, deckt sich mit den quantitativen Verlaufskurven der Diagramme, die sich mithilfe digitaler Datenbanken erstellen lassen. Die Verlaufskurve des Deutschen Textarchivs etwa zeigt die im historischen Ausschnitt zwar kurvenreiche, auf längere Sicht aber stetig ansteigende Linie der quantitativen Bedeutung von Heimat in deutschsprachigen Schrifterzeugnissen (Abb. 15).[43] Die nach Textsorten aufgeschlüsselte Verlaufskurve des DTA zeigt zudem, dass der Aufstieg von Heimat in der Literatur besonders auffällig ist (Abb. 16).

Die stärkste Rolle spielt Literatur für die Ausbildung einer modernen Heimatsemantik zwischen 1770 und 1840. In dieser Zeit ist es die Dichtung, welche der Heimat ihre neue semantische Schubkraft verleiht. Die Geschichte der Heimat ist in diesem Sinn vor allem in ihren Anfängen eine Geschichte der Literatur. Li-

---

[42] In Bezug auf die omnipräsente Behauptung des (in dieser Hinsicht sehr langen) 19. Jahrhunderts, Heimatliebe sei etwas spezifisch Deutsches, zeigt die Novelle *Heimatluft* (1901) der *Gartenlauben*-Autorin Marie Bernhard diese doppelte Lesbarkeit von literarischen Texten. Eine Figur im Text bestreitet die Behauptung, Heimatliebe gehöre zum Deutschsein, gegenüber einem vermeintlichen Amerikaner – „Die Leute tun immer so, als hätten wir Deutschen die Heimatliebe extra gepachtet. Unsinn, sag' ich! Das liegt im Menschen, und damit Punktum!" –, der sich im weiteren Erzählungsverlauf allerdings als so heimatverbunden wie deutsch entpuppt und auf diese Weise das Klischee des heimatliebenden Deutschen eher stützt als unterläuft. Bernhard 2018, S. 120.
[43] Auch das größere Textkorpus in Google's Ngram Viewer zeigt ähnliche Ergebnisse: https://books.google.com/ngrams/graph?content=Heimat&year_start=1800& year_end=2019&corpus=31 (letzter Zugriff 10. Mai 2021). Beide Statistiken können nur als Indikatoren verwendet werden – im Fall des DTA ist die Quellenanzahl recht gering, im Fall des Ngram Viewer unterliegt die Textauswahl nicht dem Kriterium der Repräsentativität, auch ist die Zunahme von Druckerzeugnissen insgesamt in die Bewertung der Statistik einzubeziehen. Aber als Hinweis auf die zunehmende Präsenz von Heimat in deutschsprachigen Texten des 19. Jahrhunderts kann man die Statistiken allemal verstehen.

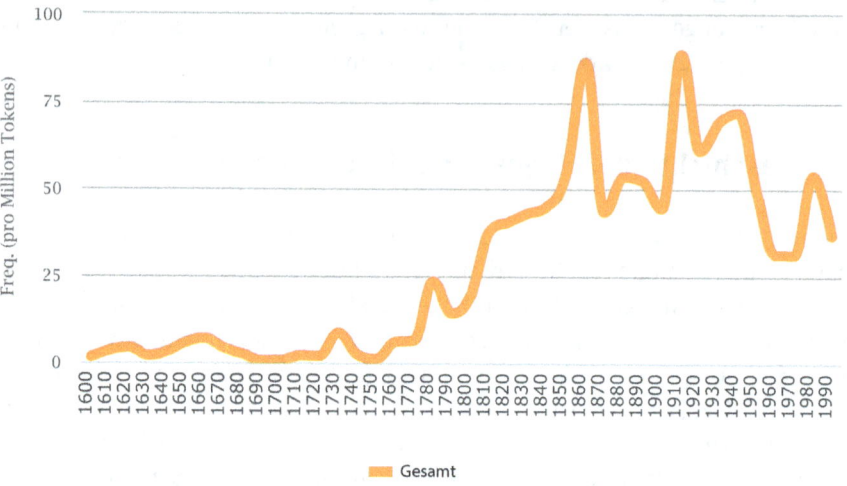

Abb. 15: Verlaufskurve „Heimat" der DTA-Korpora und des DWDS-Kernkorpus. Deutsches Textarchiv. URL: https://www.deutschestextarchiv.de/ (letzter Zugriff 30.9.2021)

teratur übernimmt im Lauf des langen 19. Jahrhunderts dann sehr unterschiedliche Funktionen für die Ausbildung des neuen Heimatverständnisses. Sie kann in Bezug auf Heimat zugleich kultureller Wissensspeicher und ästhetisches Reflexionsmedium sein. Innerhalb solcher Speicher- und Reflexionsprozesse entstehende literarische Heimatvorstellungen wirken wieder zurück auf nicht-literarische Semantiken von Heimat: In der Literatur um 1800 ausgebildete Heimatvorstellungen lassen sich am Ende des Jahrhunderts wieder in juristischen und religiösen Texten zu finden; volkskundliche und pädagogische Texte legitimieren ihren Gegenstand unter Bezugnahme auf literarische Heimattexte und so fort. In der Genese von Heimat stellt sich dieses Wechselverhältnis der Semantiken sehr unterschiedlich dar. In der Literatur generierte Vorstellungen von Heimat prägen durch das gesamte 19. Jahrhundert (und in der Folge) gesellschaftliche Debatten,[44] literarische Bestseller wie Gustav Freytags *Ahnen* wirken auf Heimatvorstellungen ganzer Schülergenerationen ein. Und es ist kein Zufall, dass Konzepte von Heimat um 1900 insbesondere in literarischen Bewegungen wie der sogenannten Heimatkunst ihren Ausdruck fanden und es eine wahre Flut litera-

---

[44] Vgl. auch Scharnowski: Heimat, 2019, S. 13.

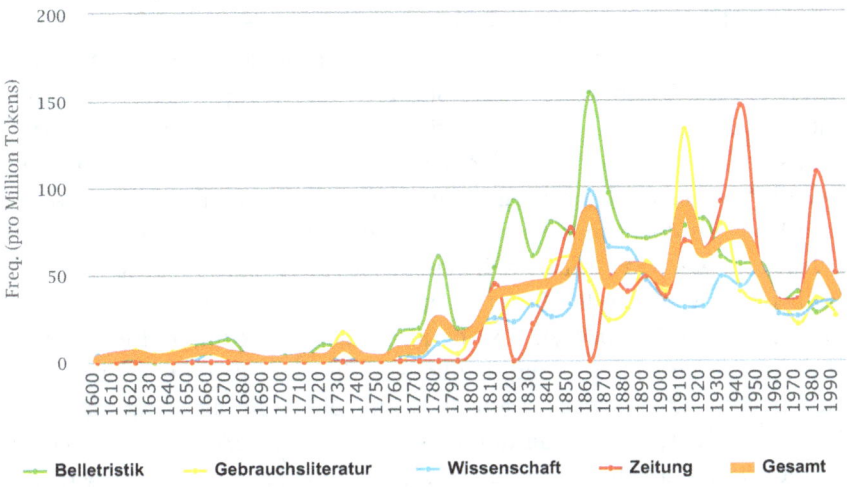

Abb. 16: Verlaufskurve „Heimat" der DTA-Korpora und des DWDS-Kernkorpus, aufgeschlüsselt nach Textkategorien. Deutsches Textarchiv. URL: https://www.deutschestextarchiv.de/ (letzter Zugriff 30.9.2021)

rischer Texte gibt, die Heimat um 1900 schon im Titel tragen: Romane und Erzählungen,[45] Gedichtbände und -anthologien,[46] Theaterstücke[47] und Lesebücher

---

[45] Für Romane und Erzählungen vgl. Fritz Bley: *Ans Herz der Heimat* (1883), Karl Stieler: *Aus Fremde und Heimat* (1886), Hermine Villinger: *Aus meiner Heimat* (1887), Emil Frommel: *Aus der Heimat für die Heimat* (1888), A. von Hedenstjerna: *Aus der Heimat. Bilder und Skizzen* (1891), Peter Rosegger: *Spaziergänge in der Heimat* (1894), Hermann Tiemann: *Aus Heimat und Jugend. Bilder und Skizzen aus der engeren und weiteren Heimat* (1895), Armin Stein: *Aus der Heimat. Schlichte Geschichten* (1895), Elisabeth Halden (d.i. Agnes Breitzmann): *In Heimat und Fremde* (1897), Hans Nikolaus Krauß: *Heimat* (Romantrilogie, 1897–1902), Andrä Heinrich Fogowitz: *Fern der Heimat* (1899), Ludwig Ganghofer: *Aus Heimat und Fremde* (1899), Goswina von Berlepsch: *Heimat. Schweizer Novellen* (1899), Horst Bodemer: *Heimat. Roman* (1900), Hermann Petrich: *Heimat und Fremde. Zwölf deutsche Männer* (1900), Fritz Boré: *Wie mich die Heimat grüßte* (1900), Heinrich Seidel: *Heimat. Geschichten* (1902), Franz Werner: *Heimatluft. Briefe aus der Ostmark* (1903), Helene Schock: *Eine Heimat. Familienbilder* (1903), Paul Keller: *Die Heimat* (1904), Rudolf Hawel: *Aus meiner Heimat. Novellen* (1904), Arthur Schubart: *Neues aus meiner Heimat. Hochlandgeschichten* (1905), Sophie von Niebelschütz: *Das Glück der Heimat* (1905), Johannes Wehrmann: *Menschen ohne Heimat. Roman* (1906), Theodor Storm: *Briefe in die Heimat* (1907), Helene Reimer: *Aus Heimat und Kinderland. Novellen* (1909), Anna Blum: *Ohne Heimat* (1910), Paul Keller: *Die*

für den schulischen Gebrauch.⁴⁸ Insgesamt gilt, dass die herausgehobene Stellung der Literatur für die Formung des Heimatdiskurses im Lauf des 19. Jahrhunderts durch andere Diskursgeneratoren wie die Volkskunde oder die sogenannte Heimatkunde abgelöst wird, diese Disziplinen sich aber an zentralen Stellen auf literarische Texte beziehen. Bis ins 20. und 21. Jahrhundert ist, wenn über Heimat reflektiert wird, Dichtung der maßgebliche Bezugspunkt; Heimat und Dichtung gehören daher auch aus der Perspektive anderer Disziplinen eng zusammen.⁴⁹

Insofern ist die Geschichte der Heimat einerseits auch eine Geschichte der Literatur, andererseits kann sie nicht ausschließlich als literaturhistorische Studie geschrieben werden, sondern muss den diskursiven Verflechtungen des Begriffs auch in ganz anderen gesellschaftlichen Bereichen nachgehen. Anschaulich wird dies beispielsweise an den Ersterscheinungsorten einer ganzen Reihe von hier herangezogenen literarischen Texten: der Familienzeitschriften. Diese Periodika waren als Unterhaltungs- und Bildungsmedien konzipiert und gut mit den Fachwissenschaften vernetzt. Die Durchsicht solcher für die Herausbildung der bürgerlichen Kultur des 19. Jahrhunderts ganz zentralen Medien macht nicht nur quantitativ die Bedeutung von Heimat für das bürgerliche Publikum evident. Sie zeigt zudem, warum man über einen Heimatbegriff der Literatur des 19. Jahr-

---

Heimat. Roman (1910), F. W. Liebrich: *Um die Heimat. Roman* (1910), Pauline Schanz: *Fern der Heimat* (1910), Georg Freiherr von Ompteda: *Heimat des Herzens. Roman* (1910), Adam Müller-Guttenbrunn: *Glocken der Heimat* (1911).
46 Vgl. Ludwig Bund (Hg.): *Lieder der Heimat* (1882), Gustav Weck (Hg.): *Von Heimat zu Heimat. Ein Lebensbuch in Liedern* (1890), Georg von Rohrscheidt: *Schwert und Heimat. Gedichte* (1898), August Bender: *Die himmlische Heimat* (1900), Fr. Gillhoff: *Lichter der Heimat. Gedichte* (1900), August Storch: *Heimat und Vaterland. Gedichte* (1902), H. Hugendubel: *Aus der Heimat in die Heimat* (1902), Margareta Iselin: *Aus Heimat und Fremde* (1903), B. Hummel: *Aus meiner Heimat. Gedichte* (1904), Anonym (Hg.): *Unsre Heimat. Baltische Lieder* (1906), Anonym (Hg.): *Liederbuch für Front und Heimat* (1907), David Merkens: *Heimat* (1910); M. Trümpelmann: *Waldeszauber. Gedichte. Meiner lieben Heimat Thüringen* (1910).
47 Vgl. Paul Munkelt: *O Heimat, süße Heimat. Salonstück* (1890), Hermann Sudermann: *Heimat* (1893), Karl Schönherr: *Glaube und Heimat* (1910), zu Karl Schönherr vgl. Riedmann 1991, S. 110–116.
48 Vgl. W. Jütting, Hugo Weber (Hg.): *Die Heimat* (1893), Paul Heidelbach (Hg.): *Hessische Heimat. Ein literarisches Heimatbuch* (1901), Karl Limberger (Hg.): *Aus der Heimat – über die Heimat. Lesestücke für badische Schulen* (1905), Robert Guenther (Hg.): *Die deutsche Heimat* (1908), Richard von Kralik (Hg.): *Heimat-Erzählungen aus alter Zeit* (1909), Richard von Kralik (Hg.): *Heimat-Erzählungen aus neueren Zeiten* (1910), Beckhusen (Hg.): *In der Heimat. Märchen, Sagen, Bilder* (1910).
49 Vgl. exemplarisch Martin Heideggers Aufsatz *Sprache und Heimat* (1960), der sich vor allem mit literarischen Texten auseinandersetzt (vgl. Heidegger 1983). Erst Wilhelm Brepohl sieht in literarischen Heimatvorstellungen eine Gefahr für die Objektivierung des Begriffs: Die Auffassung von Heimat sei „durch die Literatur verdorben". Brepohl 1965, S. 43.

hunderts (und darüber hinaus) nicht nachdenken kann, ohne zugleich den der Volkskunde, der Pädagogik, des Rechts, der Religion, ja den der Botanik, Mode oder Werbung (Abb. 17), aber auch der literarischen Kritik mit zu berücksichtigen.

Abb. 17: Werbeanzeige für Einbanddecken. In: „Die Heimat. Illustrirtes Familienblatt", VI. Jg., 1. Heft (1881) (Klassik Stiftung Weimar)

Denn literarische Heimattexte werden ganz konkret im Kontext anderer, nichtliterarischer Heimatbegriffe publiziert und beides wirkt aufeinander ein. Um zwei Beispiele aus populären Familienzeitschriften der Zeit zu geben: In der *Gartenlaube* des Jahres 1864 erscheint Friedrich Gerstäckers Novelle *Der Heimathschein* (vgl. II.2.2.2) neben einem volkskundlichen Artikel über die „alten Bräuche der Heimath",[50] einer Warnung vor den Gefahren der Auswanderung, die viele „arm und elend in die Heimath zurück[kehren]"[51] lasse, und einer Apologie auf den Abgeordneten Ludwig Häusser, dessen Stimme an die „Feiertagsglocken der Heimath"[52] erinnere. Die alltagssprachlichen Verwendungen von Heimat stehen damit in Bezügen zum volkskundlichen, zum juristischen und zum religiösen Heimatbegriff. Und in Karl Gutzkows Zeitschrift *Unterhaltungen am häuslichen Herd* erscheint 1852 die erste Fassung von Berthold Auerbachs Dorfge-

---

50 Königswinter 1864, S. 735.
51 Anonym: Sie gehen nach Amerika, 1864, S. 86.
52 Anonym: Charakterköpfe, 1864, S. 96.

schichte *Der Viereckig oder die amerikanische Kiste* (vgl. II.2.2.2.2), einer literarischen Auseinandersetzung mit Heimat unter dem Vorzeichen von Auswanderung. Aber auch ein volkskundlicher Beitrag über Bräuche der „Heimat"[53] oder ein Gedicht, das die „wahre Heimat" im Himmel findet, sind im selben Jahrgang enthalten.[54] Die Liste dieser Texte und Kontexte ließe sich erweitern.[55] Es wird deutlich, dass die semantische Vieldeutigkeit von Heimat nicht allein eine Sache der Literatur ist, sondern literarische Heimatbegriffe ihrerseits im Kontext ganz unterschiedlicher Konnotationen des Begriffs stehen.

Das Interesse an den diskursiven Verflechtungen der Rede von Heimat und die Bündelung der Quellen unter den Aspekten Religion, Recht und Wissenschaft bringen es mit sich, dass literaturwissenschaftlich übliche Epocheneinteilungen nur eine untergeordnete Orientierungsgröße für diese Studie bilden. Auch wenn im Kapitel zur Religion ein Schwerpunkt auf Texten der Romantiker, in dem zum Recht ein Schwerpunkt auf Texten der Realisten und in dem zur Wissenschaft ein Schwerpunkt auf Texten von Realismus, Naturalismus und sogenannter Heimatkunst liegt, ergeben die Kapitel im Gegenzug nur unvollständige Aussagen über ein ‚romantisches', ‚realistisches' oder ‚naturalistisches' Heimatverständnis.

Die Verflechtungen sind beispielsweise in Bezug auf die Frage nach religiöser Heimat schon allein im Feld der Literatur stärker, als das eine Systematik der Epochen gestattet: Jung-Stillings mystisch-spiritistische Texte stehen Novalis, Kerner und Schubart in Bezug auf Heimat näher als die E.T.A. Hoffmanns oder Eichendorffs. Eichendorff weist in Bezug auf Heimat in einigen Aspekten wiederum stärkere Parallelen zu Droste-Hülshoffs ‚biedermeierlichen' Texten auf als

---

53 Anonym: Deutsche Sitten in Böhmen, 1852, S. 523.
54 „Des Herzens wahre Heimat / Suchst du dir die Wärme des Lebens, wählst du zuletzt doch nur den besten Weg, wenn du dem Lichte folgst." Anonym: Des Herzens wahre Heimat, 1852, S. 512.
55 Ein drittes Beispiel ist Gustav Freytags und Julian Schmidts Zeitschrift *Die Grenzboten*. Hier erscheint 1862 Fritz Reuters Erzählung *Ein Heimatloser in Mecklenburg*, in der das Versagen des Staates gegenüber einem heimatlos Gewordenen dargestellt wird (vgl. II.2.2.1), genauso wie verschiedene fachliche und historische Abhandlungen zum Heimatrecht, aber auch zur pädagogischen Heimatkunde und zur literaturgeschichtlichen Heimatkunst. Fritz Reuters Erzählung erschien im 21. Jahrgang von 1862, im selben Jahrgang findet sich der Begriff des rechtlich Heimatlosen auch im Beitrag „Die Milizen und Lanzknechte des griechischen Alterthums". Und mit vorherigen Jahrgängen lässt sich die Liste der teils konvergierenden, teils abweichenden Heimatsemantiken erweitern: In einer Darstellung der Zustände in Rom im Beitrag „Die päpstliche Armee" im 18. Jg. von 1859, in einem über „Die Rückschrittspartei und die Grundeigentumsfrage" im 17. Jg. von 1858 oder über „Die Armenpflege im alten Rom" im 16. Jg. von 1857 spielt die juristische Bedeutung von Heimat ebenfalls eine Rolle. Insbesondere in den 1890er Jahren, der Charakter der Zeitschrift hat sich inzwischen gewandelt, wird das Heimatrecht viel in der Zeitschrift diskutiert, genauso wie die Heimatkunde. In den Jahren zwischen 1900 und 1910 wird ‚Heimatkunst' und ‚Heimatliteratur' immer wieder zum Thema.

beispielsweise zu Brentano, der wiederum in die Nähe von Hölderlin rückt. Und auch Ernst Moritz Arndts religiöse Heimatentwürfe gehören zum Bild der Zeit. Vor diesem Hintergrund sind einige hartnäckige Missverständnisse der literaturwissenschaftlichen Forschung geradezurücken. Diese betreffen erstens die Stellung der Romantik für die Herausbildung der modernen Heimatsemantik und zweitens die Trennung von sogenannter Hoch- und Trivialliteratur in Bezug auf Fragen des Heimatdiskurses.[56]

Zunächst ist es verkürzend, von einer Geburt des modernen Heimatverständnisses in der Epoche der Romantik zu sprechen.[57] Denn die Transformationen der Heimatsemantik setzten in den 1770er Jahren, also schon deutlich früher ein. An ihr arbeiten Autoren der Empfindsamkeit wie Karl Philipp Moritz oder Johann Heinrich Voß, und parallel zu den Frühromantikern sind es auch Autoren wie Johann Heinrich Jung-Stilling oder Friedrich Hölderlin, die literarische Heimatsemantiken entwickeln. Außerdem werden die Transformationen des Heimatbegriffs im Anschluss an Hermann Bausingers einflussreiche Darstellung immer wieder als radikaler Bruch mit einer älteren, gänzlich nüchternen Heimatvorstellung gedacht, die gegen eine (dann oft der Romantik unterstellte) sentimentale eingetauscht worden sei. Immer wieder wird von einer mehr oder weniger plötzlichen Sentimentalisierung eines zuvor nüchternen Rechtsbegriffs ausgegangen.[58] Wie zentral aber schon um 1800 die ältere religiöse Bedeutung für die Ausbildung einer neuen Heimatsemantik war, wird dabei meist übersehen. Dabei ist es die alte Emphase des religiösen Begriffs, die durch die Literatur um 1800 auf weltliche Gegenstände transponiert wird. Solche weltlichen Gegenstände sind meist Ideen oder Orte, die ungreifbar bleiben. Diese Orte liegen teils in der Ferne, teils im eigenen Inneren, in beiden Bedeutungen etwa bei Justinus Kerner.[59] Heimat ist bei Ludwig Tieck und Wilhelm Heinrich Wackenroder in der

---

56 Der folgende Abschnitt zur Stellung der Romantik enthält Überschneidungen zu Oesterhelt 2020, S. 23–27.
57 „Die historisch erste Bewegung, die das Thema Heimat in seiner heutigen Bedeutung hervorgebracht hat, war die deutsche Romantik [...]." Moosmann 1980, S. 46.
58 Vgl. Bausinger 1984. Walter Jens behauptete, dass Heimat „bis zur Mitte des neunzehnten Jahrhunderts ein nüchternes Wort" gewesen sei: „von Traulichkeit, Poesie und sentimentalem Glanz keine Rede". Jens 1985, S. 14.
59 „Ich weiß ein Tor, das mir das herbe Leben süßt,/ Das ist das Augenlid, das meine Augen schließt./ Quält mich die Welt und läßt der Mensch mir keine Ruh',/ Schließ ich dies Tor und geh der innern Heimat zu." Justinus Kerner: Das Augenlid (1861), in: Kerner 1981, S. 46. Der Wanderer trägt bei Kerner Heimat im Herzen und deswegen kann er sie auch in der Fremde haben: „So wird ihm zur Heimat/ Das fernste Land." Justinus Kerner: Wanderlied (1809/12), in: Kerner 1981, S. 5–6.

eigenen Seele zu finden[60] und bei Bettina von Arnim in der Liebe.[61] Bei Friedrich Schlegel kann die Poesie Heimat geben[62] und bei E.T.A. Hoffmann ist Heimat mit der Musik verbunden.[63]

Es ist falsch, wenn behauptet wird, erstmals in der Romantik hätte Heimat sich als ein „emotional aufgeladener Begriff" herausgebildet, „der mit Natur, Landschaft, kleinstädtischem Leben und Dorfidylle zusammenhängt und ganz bestimmte Gefühle und Stimmungen assoziieren läßt: Vertrautheit, Überschaubarkeit, Verwurzelung, Ruhe und Abgesichertheit".[64] Die literarische Semantik von Heimat, wie sie neben den Romantikern auch Jung-Stilling oder Hölderlin prägen, zeichnet keine sentimentalen Dorfidyllen.[65] Es ist vielmehr konstitutiv für diese literarischen Heimaten, dass sie nie erreicht werden können. Heimat wird nicht primär als sentimental-idyllisierendes, sehr wohl aber als emphatisches Konzept entfaltet, und die Autoren schöpfen dabei aus der traditionellen religiösen Semantik des Begriffs. Das Novum ist bei allen diesen Autoren die semantische Überlagerung eines irdischen und eines transzendenten Heimatbegriffs. Heimat ist nicht nur ein Ort, sondern auch ein Gefühl oder eine Idee, und sie kann wahlweise auch im eigenen Innern, in der Kunst oder in der Liebe gefunden werden. Der romantische Wanderer lässt sich in diesem Sinn als „moderne, sä-

---

60 „Welcher aber in seiner eigenen Seele die Heimath aller der Erkenntnisse und Kräfte, worin sonst viele sich theilen, findet, und wessen Geist, mit gleichem Eifer und Glücke, durch Schlüsse der Vernunft Wahrheiten ausrechnet, und Einbildungen seines innern Sinnes durch Mühsamkeit der Hand in sichtbare Darstellungen hervordrängt: – ein solcher muß der ganzen Welt Erstaunen und Bewunderung abnöthigen." Tieck/Wackenroder 1797, S. 85.
61 „Die Nacht ift ganz ftille, ich bin ganz allein, die Ferne ift fo weit, fie ift ohne Ende; nur da wo ein Liebender wohnt, da ift eine Heimath und keine Ferne; wenn Du nun liebteft, fo wüßt' ich, wo die Ferne aufhört." Arnim 1835, S. 15.
62 „Es ist ein schönes Verdienst der modernen Poesie, daß so vieles Gute und Große, was in den Verfassungen, der Gesellschaft, der Schulweisheit verkannt, verdrängt und verscheucht worden war, bei ihr bald Schutz und Zuflucht, bald Pflege und eine Heimath fand." Friedrich Schlegel in *Über das Studium der Griechischen Poesie* von 1795–1797; Schlegel 1988, S. 68.
63 Die Musik könne das „wunderbare Streben", „unsere überirdische Heimat" zu erkennen, zum Ausdruck bringen. E.T.A. Hoffmann: Alte und neue Kirchenmusik, in: Hoffmann 1993, S. 503–531, hier S. 526.
64 Moosmann 1980, S. 46. Diese Auffassung wird in der Forschung mehrfach mit direktem Bezug auf Moosmann übernommen, vgl. Neumeyer 1994, S. 16.
65 Das ist wohl der Grund, warum Friedrich Sengle den Beginn des modernen Heimatbegriffs auf die Biedermeierzeit datiert: „Tatsache ist aber, daß erst die Biedermeierzeit, in der Fortsetzung von Bemühungen, an denen Aufklärung und Romantik gleichermaßen Anteil hatten, den modernen *Heimatbegriff* und damit eine wirksame Kraft gegen die Allmacht abstrakter Großorganisation geschaffen hat." Sengle 1971, S. 51. Sengle versteht unter dem modernen Heimatbegriff anscheinend seinen regionalen Bezug.

kulare Version des christlichen Pilgers verstehen. Nur setzt die Romantik Kunst und Poesie an die Stelle der traditionellen Religion, Künstler und Dichter sind die neuen Pilger".[66] Nicht der stubenhockende Philister, sondern der von Fernweh geplagte Wanderer ist, wie Susanne Scharnowski in Bezug auf die Heimatfrage klargemacht hat, das Leitbild der Romantik. „Darum, Freunde! will ich reisen;/ Weiset Straße mir und Ziel!/ In der Heimat stillen Kreisen/ Schwärmt das Herz doch allzuviel."[67] Je nach Standpunkt gilt immer nur dem räumlich und zeitlich entfernten Ort die Sehnsucht: der Ferne oder eben der Heimat, wenn man nicht dort ist.[68] Gleichwohl gibt es zu diesem historischen Zeitpunkt durchaus auch schon sentimentale und auf das Dorfidyll der Kindheit bezogene Heimatvorstellungen, etwa bei empfindsamen Autoren wie Johann Gaudenz von Salis-Seewis. Solche – zu dieser Zeit noch singulären – sentimentalen Heimatentwürfe sind also tatsächlich schon vorhanden und es ist umso bemerkenswerter, dass die Frühromantiker daran nicht anknüpfen.

Eine weitere oft falsch beantwortete Frage ist die Verbindung von romantischen Heimatkonzepten mit der Herausbildung von Nationaldiskursen. Teils wird unterstellt, dass die Romantik die unheilige Allianz von Heimat und Nationalismus begründete, teils wird argumentiert, dass es diese Verbindung gar nicht gebe: „In diesem ganz und gar immateriellen Universum der Romantik ist Heimat in der Tat nichts als eine Idee, eine Chiffre für ein mit ästhetisch-religiösen Sehnsüchten und Erlösungshoffnungen durchsetztes ‚Nicht-Hier' und ‚Nicht-Jetzt'. Diese romantische Heimat bezieht sich weder auf Nation und Volk oder auf Land und Leute noch gar auf Blut und Boden."[69] Tatsächlich findet sich in politischen Texten der Romantik der Begriff der Heimat sogar eher im abwertenden Sinn: Johann Gottlieb Fichte befindet in den *Reden an die deutsche Nation* (1808), dass bei der Herausbildung des deutschen Volkes „die Veränderung der Heimath ganz unbedeutend" sei: „Der Mensch wird leicht unter jedem Himmelsstriche einheimisch" und die „Volkseigenthümlichkeit" sei „weit entfernt durch den Wohnort sehr verändert zu werden".[70] Und Friedrich Ludwig Jahn schimpft auf „kindisches

---

66 Scharnowski: Heimat, 2019, S. 26. Susanne Scharnowski argumentiert insgesamt für eine differenziertere Beurteilung des romantischen Heimatbegriffs, der ich mich anschließe. Allerdings würde ich nicht in der Weise argumentieren, dass es wahrscheinlich immer schon einen emotional besetzten Heimatbegriff gegeben habe, sondern auf der historischen Herausbildung einer spezifisch modernen Semantik von Heimat bestehen, die sich aber eben vor der Romantik, um 1770, entwickelte.
67 Ludwig Uhland: Reisen (1834), in: Uhland 1980, S. 45.
68 Vgl. Scharnowski: Heimat, 2019, S. 26.
69 Scharnowski: Heimat, 2019, S. 33.
70 Fichte 1846, S. 313. Für Fichte ist die Sprache der prägende Faktor für die Herausbildung eines Volkes.

Zurückverlangen nach der Erdscholle" und möchte die Herausbildung eines Nationalbewusstseins nicht über die Liebe zur Heimat, sondern über die „Sehnsucht nach dem Vaterlande"[71] erreichen:

> [W]er nichts Tieferes kennt als die Viehschwemme, und den Ziehbrunnen, nichts Höheres ahnt, als den Wetterhahn auf dem Glockenthurm – bleibt ein Kleinstädter. Wer endlich schon darum allein Menschen ausschließlichen Werth beilegt, weil sie mit gleichem Wasser getauft, mit dem nämlichen Stocke gezüchtigt, denselben Koth durchtreten, oder von Jugend auf gleiche Klöße, Fische und Würste mit Salat gegessen, dieselbe Art Schinken und Jütochsen verspeiset, oder Pumpernickel, Spickgänse und Mohnstrizel verzehrt; und deshalb nicht mehr verlangt, sondern geradezu fordert, daß jedermann echt kloßicht, wursticht, fischicht, salaticht, schinkicht, jütochsicht, pumpernicklicht, spickgänsicht und mohnstritzlicht bleiben soll – liegt am schweren Gebrechen der Landsmannschaftsucht darnieder. Wer indessen von der Verkehrtheit ergriffen war, seine Hufe Land für ein Königreich, seine Erdscholle für ein Volksgebiet anzusehen, und die andern Mitvölker und Invölker des Gesammtvolks nebenbuhlerisch anzufeinden, damit nur statt eines Gemeinwesens, das Unwesen von Schöppenstädt, Schilde u. s. w. bestehe:– hatte Theil an dem Unsinn der Völkkleinerei, in welcher Deutschland unterging.[72]

Jahn wendet sich hier gegen eine – im weiteren Textverlauf auch direkt mit dem Begriff der Heimat verbundene – „Landsmannschaftsucht", die politisches Denken im größeren Maßstab gerade verhindere; die philiströse und bornierte Heimat ist demnach geradezu ein Gegenkonzept zum Ideal der geeinten Nation (vgl. I.2.1).

Trotz solcher Beispiele wäre es falsch, eine Verbindung von Heimat- und Nationaldiskursen historisch erst nach der Romantik anzusetzen. Schon in den literarisch-politischen Texten des Göttinger Hainbundes beginnt eine Ausdifferenzierung von Vaterland und Heimat, in der die Vaterlandsliebe einer abstrakteren, politischen Idee zugeordnet wird, die Heimatliebe sich dagegen mit dem Leiblichen und Vegetativen, dem Passiven und Gefühlvollen zu verknüpfen beginnt. Besonders an Ernst Moritz Arndts in der Zeit von Romantik und Vormärz geschriebenen Texten zeigt sich, wie Heimat als vermeintlich unpolitische Bezugsgröße dabei auf intrikate Weise zum Politikum wird. Gerade indem der Begriff entpolitisiert wird, hält er Einzug in den politischen Diskurs (vgl. I.2.1). „Nationale Ideen"[73] kamen nicht, wie es Helmut Koopmann darstellt, erst nach der Romantik

---

71 Alle Zitate Jahn 1810, S. 271.
72 Jahn 1810, S. 118–119.
73 Koopmann 2005, S. 41. Koopmanns Aufsatz zu *Heimat, Fremde und Exil im 19. Jahrhundert* enthält noch andere Fehlurteile. Dass es für Novalis Heimat noch „als etwas Erreichbares" gegeben habe, während nach Novalis „wenige Jahrzehnte" genügt hätten, „um das Bewußtsein dafür zu schärfen, daß ‚Heimat' etwas ein für allemal Verlorenes war" (alle Zitate Koopmann

auf, sondern vor ihr und in ihr, und das teilweise eben auch als Teil des Heimatdiskurses. Und die romantische Vorstellung, Heimat im eigenen Innern suchen zu können, in der Vorstellungs- und Dichtkraft, im Gemüt, ist zentraler Bestandteil der Heimatvorstellungen des weiteren 19. Jahrhunderts, die sich zweifelsohne mit den nationalistischen Heimatdiskursen verbanden, die gerade im deutschen Gemüt den eigentlichen Sitz der Heimatliebe entdecken wollten, wie auch etwa schon in Hegels *Vorlesungen über die Geschichte der Philosophie* von 1805/06 (vgl. II.1.3.1). Die Behauptung ist verkürzend, dass sich erst die „Ideologen des 20. Jahrhunderts die romantische Sehnsucht nach einem Zuhause und die Angst vor der Fremde" zunutze und aus Heimat „Gefühlskitsch" gemacht hätten.[74] Die romantischen Heimaten spielten schon im ganzen 19. Jahrhundert auch eine wichtige ideologische Rolle und gerade die politische Funktionalisierung einer vermeintlich unpolitischen Heimat ist historisch schon vor und in der Zeit der Romantik zu finden.[75]

Mit der in der Literaturwissenschaft teils bis heute vorgenommenen Trennung eines unantastbaren romantischen und hochliterarischen Heimatbegriffs und einer späteren trivialen Literatur, die für Heimatkitsch steht, verbindet sich außerdem ein anderes grundsätzliches Problem literaturwissenschaftlicher Ansätze: eine wertende Trennung von Hoch- und Populärliteratur. Walter Jens etwa unterschied noch ein gutes, kosmopolitisches Heimatverständnis der Unterdrückten von einem schlechten, philiströsen und ideologischen Heimatverständnis der Durchschnittlichen: „Nur die Poesie der Ausfahrer, Exilierten und Vertriebenen kann adäquat beschreiben, was Heimat ist – nicht die Dichtung der Nesthocker, die ihr heimeliges Glück im Winkel besingen". Zum Kreis der „Autoren von Rang",[76] die adäquat über Heimat sprechen, zählt Jens Hölderlin, Heine, Brecht und Fontane, während Wilhelm Heinrich Riehl ihm antikosmopolitischer „Heimatideologe"[77] ist. Die ‚schlechte', nämlich sentimentale, antikosmopolitische und zugleich ideologische Heimatliteratur wird mit Autoren wie „den Riehls und Roseggern", den „Gartenlauben-Autoren und Verfassern von Heimatdichtungen um 1900"[78] verbunden. Jens übersieht dabei, dass beispielsweise der von ihm positiv herausgehobene Theodor Fontane in der *Gartenlaube*

2005, S. 41), ist eine Aussage, die weder in Bezug auf Novalis noch in Bezug auf das sehr viel ältere (religiöse) Bewusstsein der Unerreichbarkeit von Heimat haltbar ist.
74 Beide Zitate Koopmann 2005, S. 41.
75 Zur These der politischen Funktionalisierung einer vermeintlich unpolitischen Heimat vgl. auch schon Bausinger 1986, S. 97.
76 Beide Zitate Jens 1985, S. 17.
77 Jens 1985, S. 15.
78 Jens 1985, S. 17.

veröffentlichte und Heimat um 1900 auch ein wichtiger Begriff für Autoren wie Georg Trakl, Rainer Maria Rilke, Albert Ehrenstein, Yvann Goll oder Georg Heym war, die der Klassischen Moderne zugeordnet werden.[79] Die Scheidung in ein richtiges und ein falsches Sprechen über Heimat ignoriert die vielfältigen Überschneidungen der Diskurse. Fontane war ein Riehl-Leser und ohne diese Lektüren wären die *Wanderungen durch die Mark Brandenburg*, aus denen Jens wohlwollend zitiert, nicht geschrieben worden. Ein Autor wie Wilhelm Raabe, dessen Romane sehr subtile Heimatreflexionen enthalten (und der in dieser Studie leider nicht so ausführlich zur Sprache kommt, wie es angemessen wäre, vgl. I.2.1), müsste nach Jens' Kategorien zum ‚Nesthocker' erklärt werden. Und insgesamt sind es eben nicht nur ‚Autoren von Rang', sondern auch eindeutig als Unterhaltungsautoren klassifizierte und oft dezidiert abfällig dem Heimatroman-Genre zugeordnete Schriftsteller und Schriftstellerinnen, deren Texte bei näherem Hinsehen Heimatbilder entwerfen, die Herkunftsort und Dorfgemeinschaft in düsteres Licht rücken und mehr über gestörte Bindungen als über heimelige Zufluchtsorte sprechen, wie z. B. Wilhelmine von Hillerns Roman *Die Geier-Wally* (1873).[80] Wenn sich Hermann Bausinger (kein Literaturwissenschaftler) gerade auf Wilhelm Ganzhorns populäres Lied *Im schönsten Wiesengrunde ist meiner Heimat Haus* bezieht, um das sentimentalisierende Heimatbild des 19. Jahrhunderts als „Kompensationsraum" und „Besänftigungslandschaft" zu decouvrieren, muss man fragen, ob sich nicht auch an hochliterarischen Texten wie etwa frühromantischer Lyrik solche Thesen vertreten ließen.[81]

Diese Studie versucht aus den genannten Gründen, Wertungen zu vermeiden, die sich mit den Kategorien von Hoch- und Trivialliteratur verbinden, dafür aber die impliziten Leitbilder und Wertmaßstäbe der Texte sichtbar zu machen. Die Geschichte der Heimat ist nicht immer als Ideologiegeschichte zu schreiben, aber sie hat Teil daran. Und diesen Teil können Hölderlins Heimatentwürfe genauso wie diejenigen Roseggers bilden.

Eine explizite Ideologiekritik von Heimat ist im 19. Jahrhundert so gut wie nicht zu finden; vielmehr sind es literarische Texte, die diese Funktion teilweise übernehmen. Eine kurze Stelle findet sich allerdings in Karl Marx' *Deutscher*

---

[79] Gedichte mit Heimat als zentralem Begriff schreiben Georg Trakl (*In der Heimat, Abendland*), Rainer Maria Rilke (*Das Heimatlied*), Albert Ehrenstein (*Heimkehr*), Yvan Goll (*Heimat*) und Georg Heym (*Die Heimat der Toten*). Dass viele gewöhnlich der Moderne zugerechnete Autoren wie Heinrich und Thomas Mann, René Schickele oder Rilke zum Phänomen des Heimat-Hypes um 1900 gehören, zeigt Kramer 2006.
[80] Vgl. Scharnowski: Geier-Wally, 2019. Der Roman wurde vor allem auch durch seine Filmadaptionen in die seichte Heimatecke gestellt, wie der Aufsatz ausführt.
[81] Vgl. Bausinger 1986, S. 96.

Ideologie. Im Abschnitt *Sankt Max*, der eine polemische Auseinandersetzung mit der Philosophie Max Stirners darstellt, kommentiert Marx kursiv gesetzte Zitate von Stirner:

> „*Hat ja doch der Himmel keinen anderen Sinn, als den, daß er die eigentliche Heimath des Menschen ist*" – wo er im Gegentheil die vorgestellte Uneigentlichkeit der eigentlichen Heimath zum Sinn hat; / „*worin ihn Nichts Fremdes mehr bestimmt*" – d. h. worin ihn das Eigne als Fremdes bestimmt, & wie die nun in Gang gebrachte Leier weiter heißt.[82]

Marx kritisiert hier die stirnersche Vorstellung einer himmlischen Heimat, in der es keine Fremdbestimmung mehr gebe. Die eigentliche Heimat, so kann man Marx verstehen, liegt im Diesseits, nicht im Jenseits. Und während es darum gehen muss, diese irdische Heimat zu einem selbstbestimmten, unentfremdeten Lebenszusammenhang zu machen, will Stirner genau dieses ganz reale und irdische Anliegen ins ‚Uneigentliche' ziehen. Damit bewertet Marx religiöse Auffassungen von Heimat insgesamt als Ideologie, nämlich als Entstellung der Realität.[83] Heimat kommt als Begriff bei Marx sonst so gut wie nicht vor, er benutzt eher – im selben Sinn wie oben – die Metapher des Zu-Hause-Seins. Über den Arbeiter schreibt er: „Zu Hause ist er, wenn er nicht arbeitet, und wenn er arbeitet ist er nicht zu Haus." Erst ein selbstverwirklichter Mensch, der in seiner Arbeit nicht entfremdet ist, könne dieses Zu-Hause finden.[84]

Heimat ist ein Schlüsselbegriff des 19. Jahrhunderts, an den sich auf unterschiedliche Weise verschiedene Ideologien anlagerten.[85] Diese Studie wird vor allem im Kapitel zur Heimatkunde (vgl. II.3.1) zeigen, wie das pädagogische Konzept und in diesem Kontext auch der Begriff der Heimat im Lauf des 19. Jahrhunderts einem so radikalen Wandel unterlag, dass man geradezu von einer Umkehrung der Bedeutung von Heimat sprechen kann. Während Heimat am Jahrhundertanfang für einen Raum jenseits nationaler Grenzen stehen kann (z. B. im deutsch-französischen Rheingebiet) und für einen Raum, der durch unmittelbare Anschauung erfahrbar und insofern gerade frei von größeren Ideen oder Theorien ist, ist Heimat ab dem letzten Jahrhundertdrittel zum Symptom ihrer

---

[82] Marx 2017, S. 218.
[83] So etwa Herbert Schnädelbachs Aufsatz *Was ist Ideologie?*, vgl. Schnädelbach 1969.
[84] So Klaus Weber in seinem Lexikonartikel zu ‚Heimat' im Historisch-kritischen Wörterbuch des Marxismus, vgl. Weber 2004, Sp. 46, Zitat nach Weber.
[85] Horst Dieter Schlossers Buch *Die Macht der Worte. Ideologien und Sprache im 19. Jahrhundert* entwickelt die ideologische Funktionalisierung zentraler Schlüsselbegriffe im 19. Jahrhundert etwa an den Begriffen Freiheit, Einheit und der Trias Volk – Vaterland – Nation, vgl. Schlosser 2016.

gänzlichen Ideologisierung mit dem Zweck nationaler Identitätsstiftung geworden. Sie wird zum nationalen Religionsersatz der Deutschen:

> [G]ebt dem deutschen Volk ein Herz voll Liebe zur Scholle. Ohne Religion und Gemütstiefe ist der Deutsche nur ein halber Mensch. Ist es nicht psychologisch bezeichnend, daß nur unsere Sprache das Wort „Gemüt" prägen mußte, während es Franzosen und Engländer nicht besitzen? Die *Heimatliebe*, die uns Deutschen unsere seelenvollsten Volkslieder schenkte, sei der voll- und wohlklingende Akkord im deutschen Gemütsleben.[86]

Das Heimatbuch der Schule als „eine weltlich[e], eine nationale Bibel, die jeden Deutschen auf seinem Lebenswege begleite",[87] zeichnet dabei Bilder von Heimat, die mit ihren Schäferidyllen und ihrem ruralen Dorfleben nichts mit den Lebensrealitäten der in Mietskasernen lebenden Schüler der Großstädte zu tun haben. Heimat ist hier zur Ersatzwirklichkeit geworden, und in diesem Sinn ist sie Komplementärideologie, eine die Realität verleugnende Verheißung, die in manipulativer Absicht eingesetzt wird.[88]

Neben den in dieser Arbeit im Zentrum stehenden unterrichtspädagogischen Programmatiken und der fiktionalen Literatur, die sie heranziehen, sind Kinderbücher ein weiteres Beispiel für wirkungsvolle erzieherische Maßnahmen in Sachen Heimat. Von Friedrich Gülls erfolgreichem Kinderbuch *Kinderheimat* von 1836, in dessen Vorwort Güll das Kind als dem „Reiche der Poesie" entstammend versteht und den Zweck des Buches als „die Bildung des *Gemüths* als Träger der edelsten Humanität"[89] bezeichnet, ist es ein weiter Weg bis zu Waldemar Bonsels *Biene Maja* von 1912, in der es im Kern um die Entwicklung Majas hin zu „Todesbereitschaft" und „beseligte[m] Opferwille[n]"[90] für Heimat und Volk geht (vgl. I.2.2).[91]

1.4 Forschung, Begriffe und Methoden

‚Heimat' ist sehr beliebt für Publikationstitel aller Art. Einen Überblick über Literatur zum Thema zu gewinnen, ist schon deswegen ein undankbares Unterfangen, weil Heimat für Tausende von Titeln vorrangig die Funktion eines stim-

---

86 Mollberg 1916, S. 6.
87 Weber 1872, S. 110–111.
88 Zur Kategorie der Komplementärideologie vgl. Lenk 1994.
89 Güll 1978, o.S.
90 Bonsels 1949, S. 150.
91 Für die Kinder- und Jugendbuchforschung zum Thema Heimat vgl. das Themenheft der Zeitschrift *kjl* von 2008 und dort exemplarisch den Beitrag von Rutschmann 2008.

mungsvollen Füllsels oder eines ‚eye catchers' hat.[92] Zudem sind die Übergänge zwischen Fachliteratur und populärer Sachbuchliteratur gerade bei diesem Thema oft fließend und die Anzahl an Monographien, die sich irgendwo zwischen Forschung, Essay und Meinungsbekundung bewegen, ist groß.[93] Auch die Menge wissenschaftlicher Publikationen im engeren Sinn ist inzwischen schier unüberschaubar. Die seit den 1970er Jahren herausgegebenen Sammelbände und Sonderzeitschriftennummern zum Thema überschreiten das halbe Hundert,[94] die Zahl einzelner Aufsätze hat allein in der deutschsprachigen Literaturwissenschaft die Zweitausendermarke längst geknackt,[95] aber das Thema wird genauso in Kulturanthropologie und Vergleichender Kulturwissenschaft, in Soziologie und Geschichtswissenschaft, in Psychologie und Philosophie erforscht.

Statt eines erschöpfenden Überblicks über die unterschiedlichen fachwissenschaftlichen Forschungen (sie werden sukzessiv bezogen auf den jeweiligen thematischen Fokus behandelt) sollen deswegen an dieser Stelle einige basale methodische Grundannahmen diskutiert werden, die sie auszeichnen. Dazu werden hier alle ab den 1970er Jahren erschienenen Monographien zu ‚Heimat' in

---

92 Vgl. exemplarisch Stefanie Stahls *Das Kind in dir muss Heimat finden. Der Schlüssel zur Lösung (fast) aller Probleme* von 2015, das inzwischen in der 25. Auflage erschienen ist und in mehr als zwanzig Sprachen übersetzt wurde; laut Bestsellerliste des Börsenblatts liegt das Buch auf Platz 1 der meistverkauften Bücher im Bereich Ratgeber im Jahr 2016 sowie auf Platz 1 der Jahresbestseller in den Jahren 2017, 2018 und 2019 bei Buchreport. Seit 2016 befindet es sich ununterbrochen in der Spiegel-Bestsellerliste im Bereich Sachbuch, vgl. Stahl 2015.
93 Vgl. exemplarisch Schmidt 1994, Schlink 2000, Türcke 2006, Schmitt-Roschmann 2010, Egger 2014, Klare 2016, Schüle 2017, Schreiber 2017.
94 Vgl. interdisziplinär, aber ohne Anspruch auf Vollständigkeit: Bausinger/Köstlin 1979, Moosmann 1980, Riedel 1981, Greverus/Schilling 1982, Weigelt/Altmann 1984, Bausinger/Wehling 1984, Führ 1985, Bienek 1985, Kelter 1986, Pott 1986, Weigelt 1986, Seliger 1987, Hasse 1987, Blumenwitz 1987, Polheim 1989, Hacker/Lippert 1989, Bundeszentrale für politische Bildung 1990, Klueting 1991, Müller-Funk 1992, Görner 1992, Riedl 1995, Schilling 1995, Belschner 1995, Blumenwitz 1995, Belschner/Grubitzsch/Leszczynski/Müller-Doohm 1995, Hermand/Steakley 1996, Biehl 1997, Ecker 1997, Knoch 2001, Liptay/Marschall/Solbach 2005, Umbach/Hüppauf 2005, Heinze/Quadflieg/Bühring 2006, Hofmeister/Bauerochse 2006, Gebhard/Geisler/Schröter 2007, Hanika/Trunk 2007, Beghin/Bernard/Eggers 2009, Seifert 2010, Beer 2010, Eigler 2012, Klose/Lindner/Seifert 2012, Eigler/Kugele 2012, Klose 2013, Eichmanns/Franke 2013, Fischer 2013, Bauer/Gremler/Penke 2014, Bescansa/Nagelschmidt 2014, Costadura/Ries 2016, Costadura/Ries/Wiesenfeld 2019, Brinkmann/Hammann 2019, Bland/Smale/Weiss-Sussex 2019, Barboza/Krug-Richter/Ruby 2019, Nassehi/Felixberger 2019, Michael 2019, Ramb/Zaborowski 2019, Biemann/Cohen/Wobick-Segev 2019, Seifert 2000, Neuhaus/Arendt 2020, Bescansa/Saalbach/Talavera/Iztueta 2020, Althammer/Oesterhelt 2021.
95 Allein für den Zeitraum 1985–2010 verzeichnet BDSL online, die umfassendste Bibliographie literaturwissenschaftlicher (teils auch sprachwissenschaftlicher) Publikationen, über 1.800 Einträge.

den Blick genommen, sofern sie historisch und systematisch breit angelegt sind; ergänzend werden einige weitere wichtige oder repräsentative Arbeiten exemplarisch herangezogen.[96] Mit dieser methodischen Perspektive lassen sich zwei basale Textgruppen bilden: wissenschaftliche Texte, die von einem operationalisierbaren, methodisch belastbaren Heimatbegriff ausgehen, und solche, die das nicht tun.

Ina-Maria Greverus' volkskundliche Habilitationsschrift *Der territoriale Mensch. Ein literaturanthropologischer Versuch zum Heimatphänomen* von 1972 unternimmt einen umfassenden Klärungsversuch. Auf der Grundlage einer breiten Materialbasis, die sich über unterschiedliche Jahrhunderte hinweg auf hoch- und populärkulturelle, disziplinäre und alltagspragmatische Diskurse und Praktiken erstreckt, erforscht die Arbeit das ‚Phänomen' Heimat in seiner ganzen kulturhistorischen Breite. Trotz der historisch differenzierten Quellenbehandlung verfolgt Greverus' Arbeit allerdings keine historische These. Vielmehr geht es ihr um den Nachweis einer anthropologischen Konstante. Ihre Prämisse ist, dass das ‚Heimatphänomen' in der affektiven Bezogenheit des Menschen auf bestimmte Orte und Räume besteht und diese menschliche ‚Territorialität' als überhistorisch zu betrachten sei. Greverus spricht von einer „Grundtatsache des konkreten Raumes Heimat als Voraussetzung der sozialen und kulturellen Identitätsgewinnung" und wendet sich damit gegen frühere soziologische Positionen, die Heimat primär als „zwischenmenschliche[n] Zusammenhang" verstehen.[97] Heimat könne historisch und kulturell sehr unterschiedlich überformt, auch ideologisiert und instrumentalisiert werden: „Die Tatsache Heimat wurde zur Idee Heimat und konnte dadurch zur Ideologie Heimat werden, mit der die Suche des Menschen

---

96 Mit Monographien, die sich engeren Zeitabschnitten oder speziellen Aspekten des Heimatdiskurses widmen, wird sich diese Studie sukzessive auseinandersetzen. Dies sind unter anderem Studien zur Heimatkunstbewegung um 1900 (vgl. Rossbacher 1975), zum Zusammenhang von Heimat und Nation in der Pfalz (vgl. Applegate 1990), zur Erzählprosa aus Tirol zwischen 1890 und der Gegenwart (vgl. Riedmann 1991), zum National- und Heimatdiskurs zwischen 1871 und 1918 (vgl. Confino 1997), zum Aspekt der Unheimlichkeit von Heimat (vgl. Strzelczyk 1999), zu ausgewählten Romanen und Filmen im Zeitraum von 1890 bis 1990 (vgl. Boa/Palfreyman 2000), zu Heimat im deutschen Film (vgl. Moltke 2005), zu Regionalismus und Moderne um 1900 (vgl. Kramer 2006), zur ‚Kunstheimat' um 1800 (vgl. Schwarz 2007), zum medizinischen Heimwehdiskurs (vgl. Bunke 2009), zum Zusammenhang von Heimatkunst, Kolonialismus und Expeditionen zwischen 1880 und 1930 (vgl. Parr 2014), zum Zusammenhang von Heimat, Flucht und Vertreibung im 20. Jahrhundert (vgl. Eigler 2014) und zu postmodernen Heimatkonstruktionen (vgl. Geuen 2016).

97 Brepohl 1965, S. 43. Heimat ist für den Soziologen Wilhelm Brepohl „*kein Raumbegriff*": „Sie ist ein [...] *moralischer Begriff*, ein Gefüge von Lebensregeln, die der Mensch durch Erziehung und Anpassung mitbekommt bzw. sich erarbeitet." Brepohl 1965, S. 46. Schon in den 1950er Jahren entwickelt Brepohl diese Position, vgl. Brepohl 1952.

nach einem Satisfaktionsraum manipulierbar wurde."⁹⁸ Heimat bleibt nach Greverus von diesen Überformungen aber im Kern unberührt, eben eine ‚Tatsache'.

Sie argumentiert an anderer Stelle zwar, dass ‚Heimat' immer nur ein „Untersuchungsgegenstand" und nicht „Terminus Technicus" sein könne.⁹⁹ Der methodischen Unschärfe des Begriffs begegnet sie, indem sie ihn durch andere Begriffe ersetzt: Das „Phänomen einer menschlichen Bezogenheit auf ‚Heimat'" und einer „menschliche[n] Suche nach umgrenzten und selbsterfahrenen Identitätsräumen"¹⁰⁰ definiert Greverus deswegen als affektive Territorialbezogenheit. Obwohl Greverus Heimat also als analytischen Begriff verwirft, hält sie trotzdem am ‚Heimatphänomen' genau in diesem analytischen Sinn der affektiven Territorialbezogenheit fest. Die spezifische Historizität ihrer Quellen ebnet Greverus durch diese anthropologische Grundannahme ein und so wird der Versuch eines Belegs ihrer These mithilfe der historischen Quellen leicht zu einer Tautologie. Weil Greverus definiert, was Heimat ist, kann sie dann auch Phänomene behandeln, in deren historischem Kontext der Begriff Heimat gar nicht auftaucht.¹⁰¹ Greverus' bei aller kulturhistorischen Reflektiertheit im Kern substantialistisches Heimatverständnis führt dazu, dass die Geschichte der Heimat von der Geschichte des Begriffs entkoppelt werden kann. Denn wenn es Heimat als affektiven Territorialbezug immer schon gab, dann wird der Ort, die Zeit und der diskursive Kontext, in dem der Begriff auftaucht, nebensächlich.

Heimat wurde in der Folge von Greverus' Studie und weiterer ihrer Arbeiten¹⁰² immer wieder und bis heute primär in seiner räumlichen Komponente und davon abgeleitet dann auch als „Ort personaler Identitätsfindung und sozio-politischer

---

98 Beide Zitate Greverus 1972, S. 303.
99 Greverus 1972, S. 48.
100 Beide Zitate Greverus 1972, S. 1.
101 Beispielsweise behandelt das Kapitel „Der Abschied der Braut", in dem verschiedene europäische Hochzeitsrituale und -lieder auf ihre Territoriumsbezogenheit hin untersucht werden, den Abschied von dem ‚Wertraum' der Primärgruppe und den Übergang in den ‚Wertraum' der Sekundärgruppe als Teil des ‚Heimatphänomens'. „Der Begriff ‚Heimat' als zusammenfassendes Symbol dieses Wertraums ist in den Liedern noch nicht zu finden, was die Erfassung der tatsächlich gemeinten Werte erleichtert" (Greverus 1972, S. 87). Ein weiteres Beispiel: Dass es Heimatliebe schon bei Homer gebe, belegt Greverus mit der Übersetzung der *Odyssee* von Johann Heinrich Voß (vgl. Greverus 1972, S. 30), ohne zu sehen, dass eben erst Vossens Übersetzung mit ihrer ubiquitären Verwendung des Heimatbegriffs die Assoziation von *Odyssee* und Heimatliebe im deutschsprachigen Raum kulturgeschichtlich geschaffen hat (vgl. II.1.3.1). Der anthropologische Ansatz kann der historischen Differenzierung bestimmter begrifflich fixierter Semantiken keine besondere Rolle beimessen: Ob nun Vaterland, Heimat, Vaterhaus oder Daheimsein, für Greverus sind das alles Ausdrucksformen einer Universalie.
102 Vgl. Greverus 1979.

Orientierung"¹⁰³ definiert und als ein anthropologisch fundiertes Bedürfnis verstanden, das zu seinem Recht kommen müsse. So besteht der Philosoph Bernhard Waldenfels 1984 in einem Vortrag über *Heimat in der Fremde* in Abgrenzung von ideologischen Vereinnahmungen auf den „lebenserhaltenden Ansprüchen", die sich ihm zufolge hinter der Vorstellung von Heimat verbergen.¹⁰⁴ Auch wenn er nicht zu einer totalen, sondern nur partiellen ‚Rückkehr' zu Heimat plädiert – als Mittelweg zwischen „Heimwelt" und „Fremdwelt" –,¹⁰⁵ muss der Mensch nach seiner Ansicht dem für die eigene Gegenwart diagnostizierten *„Heimatschwund"*¹⁰⁶ entgegenwirken. Die ‚Heimwelt', die in Waldenfels' phänomenologischem Zugang für den gelebten Raum, die vertraute Welt, Bodenständigkeit, Geborgenheit und Verlässlichkeit steht, wird als menschliches Grundbedürfnis im Spannungsfeld zur ‚Fremdwelt' verstanden.

Hier knüpft die philosophische Grundlagenarbeit von Karen Joisten, *Philosophie der Heimat – Heimat der Philosophie* aus dem Jahr 2003 an, deren geistige Bezugspunkte unter anderem Edmund Husserls Phänomenologie und Martin Heideggers Fundamentalontologie sind. Joistens Habilitationsschrift versteht Heimat als „*Urphänomen* […], in dem Grundphänomene des menschlichen Lebens, das Sich-Orten, das Sich-Zeitigen und das Sich-Begegnen, zusammenlaufen". Heimat sei „der Möglichkeit nach im Menschen als dessen unabtrennbares Korrelat von vornherein vorgezeichnet".¹⁰⁷ Der Philosophie spricht Joisten „die ureigenste Aufgabe zu, eine Philosophie der Heimat zu entwickeln" – im Sinne einer systematischen Aufarbeitung eines philosophischen Grundproblems.¹⁰⁸ Sie geht so weit, Philosophie mit dem „Denken von Heimat" gleichzusetzen und zu mahnen, Philosophie laufe Gefahr, „zu verschwinden und sich aufzulösen, wenn sie diese ureigenste Aufgabe nicht erkennt und annimmt".¹⁰⁹ Raum, Zeit und Mitmensch sind die Parameter, an denen sich der Heimat suchende Mensch orientiert. Geborgenheit, Ruhe und Vertrauen sind die Phänomene, die sich mit Heimat verbinden.¹¹⁰

---

103 So ein Teil eines Aufsatztitels von Klaus Weigelt, vgl. Weigelt 1984.
104 Waldenfels 1984, S. 194.
105 Waldenfels 1984, S. 206.
106 Waldenfels 1984, S. 203.
107 Alle Zitate Joisten 2004, S. 24.
108 Joisten 2004, S. 25.
109 Joisten 2004, S. 208.
110 „Der Mensch als Heim-weg ist durch ein Binden und Richten zu kennzeichnen. Das Binden meint einerseits ein Zurückgebundensein an eine ursprüngliche Heimat, die auf den Ort des Ursprungs verweist. Dieses Zurückgebundensein spricht sich andererseits im Sich-Binden des Menschen im konkreten Leben aus, das in allen Strukturelementen (Raum, Zeit und Mitmensch)

Diesen Ansatz entwickelt Joisten zunächst in einem systematischen Teil, danach in der Auseinandersetzung mit Augustinus, Albert Camus und Vilém Flusser. Da auch in dieser Auseinandersetzung dezidiert keinem historischen, sondern einem systematischen Interesse gefolgt wird, können drei überhistorisch verstandene Modelle gebildet werden: erstens das von Augustinus repräsentierte Verständnis von Heimat als „Urphänomen". Diese „Urheimat" ziele auf das „Sein" des Menschen und auf das religiöse Apriori der Heim-Kehr zu Gott.[111] Zweitens die „*Sehn-Suche des Menschen*", in welcher „der Mensch das Menschliche in sich oder außerhalb seiner sucht", nicht mehr bei Gott. Für diese Suchbewegung stehe Camus.[112] Drittens Heimat verwerfende Philosophien des „*transhumane[n] Posteriori*"[113] wie die Medienphilosophie Flussers, die Joisten als ungeeignet und sogar teils als unsinnig ansieht.[114]

Auch wenn es Joisten um systematische Fragen geht, schränken historische Nachlässigkeiten die begriffliche Präzision ein. So wird Augustinus als zentraler Heimat-Philosoph in Anspruch genommen – „Das Denken von Heimat ist für Augustinus gleichbedeutend mit dem, was er unter echter Philosophie versteht"[115] –, aber an keiner Stelle reflektiert, warum so unterschiedliche von Augustinus verwendete Vokabeln wie ‚habitatio', ‚patria', ‚domus' oder ‚terra' ohne Umschweife für eine Philosophie von Heimat in Anspruch genommen werden können. Dasselbe Bild bietet der Umgang mit den Texten von Camus: Einerseits wird die Wortwahl von Camus zum Argument,[116] andererseits wird ohne Verweis auf das Übersetzungsproblem auf eine deutschsprachige Übersetzung zurückgegriffen und nicht einmal erwähnt, welche französischen Worte im Original stehen. Es zeigt sich damit in der konkreten Durchführung, wie ein phänomenologisch argumentierender Ansatz wie der Joistens Gefahr laufen muss, Setzungen vorzunehmen, die historisch möglicherweise gar nicht gedeckt oder zumindest erklärungsbedürftig sind.

Ansätze, die das ‚Heimatgefühl' oder aber auch das Gefühl der Heimatlosigkeit als eine menschliche Grundkonstante verstehen und Heimat insofern natu-

---

sichtbar gemacht werden kann und besonders deutlich in den Phänomenen Geborgenheit, Ruhe und Vertrauen hervortritt." Joisten 2004, S. 52.
111 Joisten 2004, S. 202.
112 Joisten 2004, S. 205.
113 Joisten 2004, S. 207.
114 „Ich gehe so weit zu behaupten: Flusser versteht selbst nicht, was er sagt." Joisten 2004, S. 281.
115 Joisten 2004, S. 210.
116 Joisten 2004, S. 245. „Hier verwendet Camus an vier verschiedenen Stellen das Wort ‚Heimat'".

ralisieren, oder wie bei Christoph Türcke durch den Bezug auf den Mutterleib sogar biologisieren, werden bis heute verfolgt.[117] Soziologische und sozialpsychologische Forschungen zum Thema Heimat weichen von solchen Ansätzen einerseits fundamental ab. Denn indem Heimat als sozial geformte Kategorie konzeptualisiert und als Resultat aktiver Gestaltung in einem Prozess der Beheimatung begriffen wird, Heimat also vor allem als Sozialbezug gedacht wird, erforschen solche Ansätze „Beheimatung statt Heimat".[118] Heimat wird als „subjektive Konstruktion"[119] verstanden, die eng mit Identitätsbildungsprozessen zusammenhängt.

Andererseits gibt es auch Schnittstellen. Denn ob als anthropologische, ontologische, phänomenologische Kategorie oder als Vergesellschaftungspraxis verstanden, ob als menschliche Grundkonstante naturalisiert oder als wandelbares sozio-kulturelles Konstrukt konzeptualisiert: Konsensuell ist, dass der Mensch eine wie auch immer geartete Heimat braucht. Um die wissenschaftliche Beschreibung, aber auch das offene Plädoyer für ein Beheimatetsein des Menschen geht es im Kern in allen Ansätzen.

Folglich ist ihnen auch gemeinsam, dass sie einen operationalisierbaren Begriff für dieses Anliegen brauchen. Entweder, indem sie ‚Heimat' verwenden, oder, indem sie den Begriff durch andere Begriffe ersetzen: als Anthropologie des affektiven Raumbezugs, als Ontologie der ‚Urheimat' oder als soziale Praxis der Beheimatung. Alle Ansätze wissen dabei um die historische und semantische Vielschichtigkeit des Begriffs, um seine Ideologisierungen und Funktionalisierungen und beziehen diese mehr oder weniger stark in ihre Überlegungen ein. Sie gehen aber davon aus, dass sich in den historischen oder semantischen Schichtungen ein analytisch verwendbarer Heimat- oder Beheimatungsbegriff verbirgt, der freigelegt werden kann.

---

117 Für philosophische Ansätze, die das Heimatgefühl zur menschlichen Grundkonstante erklären, vgl. Klose 2013. Für Ansätze, die von einer konstitutiven Heimatlosigkeit des Menschen ausgehen, vgl. Türcke 2006. Christoph Türckes Essay *Heimat. Eine Rehabilitierung* argumentiert, dass der Mensch, nachdem er seine ‚erste Heimat' – den Mutterleib – habe verlassen müssen, von einer Sehnsucht nach Beheimatung angetrieben ist, die konstitutiv unerfüllbar sei.
118 So ein Aufsatztitel von Beate Binder, vgl. Binder 2000. Vgl. auch Binder 2007, Binder 2008 und Seifert 2011/2012. Schon der Soziologe Wilhelm Brepohl verweist darauf, dass der Mensch Heimat „in seinem Bewußtsein und durch sein Verhalten immer wieder von neuem auf[baut]" und Heimat damit „ein Vorgang, ein Prozeß" sei. Brepohl 1965, S. 54.
119 So der Teil eines Aufsatztitels von Beate Mitzscherlich, vgl. Mitzscherlich 2019. Vgl. auch Mitzscherlich 1997. Mitzscherlich geht es um die Erforschung von menschlichen Bedürfnissen, durch die Heimat individuell integriert wird, das Bedürfnis nach Kontrolle, Gemeinschaft und Stimmigkeit.

Auch solche Forschungsarbeiten zu Heimat, die stärker als die bisher genannten an einer Historisierung und kulturgeschichtlichen Einordnung des Begriffs interessiert sind, verbindet, bei sonst ganz unterschiedlichen Herangehensweisen und Qualitäten, die teils explizite, teils implizite methodische Voraussetzung, Heimat als operationalisierbaren Begriff aufzufassen.

Michael Neumeyers geographischer Dissertation *Heimat. Zu Geschichte und Begriff eines Phänomens* von 1992 geht es einerseits um die Rekonstruktion historischer Begriffsverwendung, andererseits um die systematische Behandlung eines Phänomens. Die schmale Arbeit widmet ihren ersten Teil der geschichtlichen Entwicklung des Heimatbegriffs – wobei Neumeyer vornehmlich nicht an den Quellen arbeitet, sondern die Ergebnisse schon geleisteter Forschung referiert. Darauf aufbauend wird in einem zweiten Teil ein für die eigene Gegenwart tragfähiger Heimatbegriff entwickelt, der umweltbezogene und psychische Aspekte umfasst. Heimat ist für Neumeyer „eine *unmittelbare, alltäglich erfahrene* und *subjektive Lebenswelt*, die durch *längeres Einleben* in ihre *sozialen, kulturellen* und *natürlichen* Bestandteile *Vertrautheit* und *Sicherheit, emotionale Geborgenheit* und *befriedigende soziale Beziehungen* bietet und – auch dadurch – insbesondere verschiedene (Grund-)*Bedürfnisse* befriedigt".[120]

Auf Grundlage welcher Prämissen Neumeyer den Kern dessen, was für ihn Heimat ist, aus der historischen Entwicklung des ‚Phänomens' herausarbeiten konnte, wird nicht recht deutlich. Die Arbeit behauptet jedenfalls, man könne zum Phänomen vordringen, indem man sich seiner nur verstellenden historischen Äußerungsformen entledige. Mit der „Forderung nach Beseitigung allen überflüssigen zeitgebundenen und insbesondere ideologischen Ballastes" glaubt Neumeyer, „zu einer konkreten Beschreibung des Heimatphänomens zu gelangen".[121] Die historische Begriffsgeschichte dient Neumeyer demnach dazu, „die zeitlichen und ideologischen Veränderungen" zu erfassen, um „den Begriffs-‚Ballast' vom eigentlich Wesentlichen trennen zu können".[122] Insofern steht Neumeyers Arbeit, anders als der Titel vermuten lässt, nicht in der Forschungstradition der Begriffsgeschichte, sondern ist im Grunde eine Anti-Begriffsgeschichte, die an einen von seinen historischen Realisierungen unabhängigen Sinn glaubt und am Ideal einer endgültigen Terminologie festhält, ohne allerdings methodisch nachvollziehbar zu machen, wie dieser gewonnen wird.

Andrea Bastians linguistische Dissertation mit dem Titel *Der Heimat-Begriff. Eine begriffsgeschichtliche Untersuchung in verschiedenen Funktionsbereichen der*

---

120 Neumeyer 1992, S. 127.
121 Neumeyer 1992, S. 4.
122 Neumeyer 1992, S. 5.

deutschen Sprache von 1995 spielt in einer anderen Liga. Die differenziert angelegte Arbeit geht weit über historische Wortforschung im engeren linguistischen Sinn hinaus und sieht Heimat zugleich als „Vielfalt ideengeschichtlicher, kultureller Erfahrungen".[123] Ihr Ausgangsbefund ist die semantische Komplexität des Begriffs und ihr Anliegen ist es, dieser Komplexität in der Kombination aus linguistischer, kulturhistorischer und ideengeschichtlicher Begriffsgeschichte nachzugehen. Bastian denkt Kulturgeschichte vor allem in funktionalen Zusammenhängen, die sie in die Funktionsbereiche Alltag, Recht, Politik, Naturwissenschaft, Religion und Literatur gliedert. In diesen unterschiedlichen gesellschaftlichen Bereichen, das zeigt Bastian auf, weicht die Heimatsemantik teilweise stark voneinander ab. Es ist das Verdienst der Arbeit, diese semantische Varianz des Begriffs detailliert darzustellen.

Allerdings geht Bastian weniger von einer Überlagerung dieser verschiedenen Bedeutungen aus, wie das die hier vorliegende Studie tut, sondern eher von einem Nebeneinander verschiedener, voneinander unabhängiger Bedeutungen. Von ihrem eher statischen Verständnis gesellschaftlicher Funktionsbereiche, die kaum miteinander in Beziehung gesetzt werden, weicht Bastian nur in Bezug auf den Bereich ‚Alltag' ab. Sie kommt dabei zu dem Ergebnis, dass die Alltagsbedeutung allen anderen Semantiken historisch vorgängig gewesen sei und dass die Bedeutungen der einzelnen Funktionsbereiche teilweise wieder auf die Alltagsbedeutung zurückgewirkt hätten. In einer Begriffsgeschichte – und nichts anderes unternimmt Bastian – kann indes nur über Textzeugnisse geredet werden, aber gerade ältere Textzeugnisse sind in den seltensten Fällen Dokumente der Alltagssprache. Bastian kann ihre methodisch zentrale These daher kaum belegen. Sie geht vielmehr von der Vorannahme aus, Heimat habe sich immer schon durch ihren räumlichen, sozialen und emotionalen Bezug ausgezeichnet, wobei sie auf anthropologische Begründungen zurückgreift.[124]

Auch Bastian geht somit von einer im Alltagsverständnis vorgängigen ‚Idee' von Heimat aus. Alle anderen Funktionsbereiche bilden gewissermaßen Abweichungen von dieser Idee aus, die auf diese selbst wieder Einfluss nehmen können. Wenn es allerdings doch wieder um eine nur vage definierte, nicht an Textzeugnissen feststellbare Idee geht, verliert Begriffsgeschichte an Kontur. Das zeigt sich auch im Detail, wenn Bastian in ihren Textbeispielen im „Funktionsbereich Literatur" solche Texte verwendet, in denen der Begriff Heimat zu einem guten Teil gar nicht explizit vorkommt. Laut Bastian „thematisieren" diese Texte die „in-

---

[123] Bastian 1995, S. 1.
[124] Vgl. Bastian 1995, S. 24.

haltliche[n] Aspekte des Heimat-Begriffs",[125] aber diese inhaltlichen Aspekte werden gar nicht systematisch entwickelt. Da Bastian beispielsweise die Ablehnung der Stadt in der Idyllendichtung des 18. Jahrhunderts als repräsentativ für Heimatvorstellungen ansieht, wird Salomon Geßner für einen Heimatbegriff herangezogen, der, bleibt man beim Begriff, bei ihm an keiner Stelle zu finden ist. Methodisch begründet kann die Quellenauswahl für einen begriffsgeschichtlichen Ansatz aber nur sein, wenn man beim Begriff bleibt; auch hier wird die bei Bastian im Alltagsverständnis angesiedelte Vorstellung einer ‚Idee' von Heimat der Arbeit methodisch zum Verhängnis.

Das für ein breiteres Publikum geschriebene, aber wissenschaftlich ausgewiesene Buch der Literaturwissenschaftlerin Susanne Scharnowski *Heimat. Zur Geschichte eines Missverständnisses* (2019) verfolgt mit seiner historischen Rekonstruktion der Genese von unterschiedlichen Heimatentwürfen durch die letzten zwei Jahrhunderte konsequent ein Ziel: den Begriff von historischen Vorurteilen zu befreien und seine Gegenwartstauglichkeit zu prüfen. Scharnowski will gegen ein aus ihrer Perspektive fortwährendes Missverständnis von Heimat angehen, nach dem beispielsweise romantische Heimatentwürfe im Kurzschluss mit der Blut-und-Boden-Ideologie des Nationalsozialismus zusammengebracht würden und Heimat bis heute dem Verdacht des Reaktionären ausgesetzt sei. Unter der Prämisse eines dominanten Vorbehalts insbesondere intellektueller Kreise gegenüber Heimat – die meiner Meinung nach spätestens seit dem Beginn des 21. Jahrhunderts nicht mehr haltbar ist (vgl. III) – entwickelt sie dann historische Gegenargumente, die Heimat historisch rehabilitieren sollen.

Die Arbeit ist von der These geleitet, „dass es in der deutschen Geschichte nicht etwa ein Zuviel an Heimat gibt, sondern eher einen Mangel. Die stete Rede über Heimat wäre dann eher Symptom einer Leerstelle statt Ausdruck von Gewissheit."[126] Heimat sei auch historisch vor allem ein Konzept gewesen, das in Reaktion auf die negativen Folgen der Modernisierung entstanden sei. Die Heimatbewegung um 1900 sei beispielsweise nicht so reaktionär, wie ihr oft unterstellt werde,[127] sie habe vor allem den Preis aufgezeigt, der für den materiellen

---

[125] Bastian 1995, S. 174.
[126] Scharnowski: Heimat, 2019, S. 16.
[127] Scharnowski zufolge herrscht ein weitgehend unkritisches, fortschrittsverherrlichendes Moderne-Bild der Jahrhundertwende vor, innerhalb dessen die Heimatbewegung im rückwärtsgewandten, anti-modernistischen Licht erscheine (vgl. Scharnowski: Heimat, 2019, S. 64). So richtig der Hinweis ist, dass die Heimatbewegung vielmehr als Teil der Moderne zu betrachten ist, so wenig wird erwähnt, dass diese differenzierte Sicht auf die Zeit um 1900 Forschungskonsens ist, vgl. beispielsweise Kramer, und dass die starke These (oder auch nur der rhetorische Kniff), ein ‚Missverständnis' aufklären zu müssen, dazu führt, die kritischen Seiten der Heimatbewegung

Wohlstand einiger zu zahlen war: gravierende ökonomische und soziale Umwälzungen in allen gesellschaftlichen Bereichen, die Entfremdung, Umweltzerstörung und die Zerstörung sozialer und gesellschaftlicher Bindungen mit sich brachten. Die Funktion von Heimat sei es historisch gewesen, diesen Umwälzungen etwas entgegenzusetzen, und diese Funktion könne und solle Heimat auch in der unmittelbaren Gegenwart übernehmen. Heimat könne als dynamisches und zukunftsorientiertes Konzept verstanden werden, mithilfe dessen konkrete räumliche und soziale Gefüge nach menschlichen Bedürfnissen gestaltet werden können.

Bei aller Bereitschaft, auch die historischen Verwerfungen zu beschreiben, die bestimmte Funktionalisierungen von Heimat hervorgebracht haben, führt die Arbeit immer die Prämisse eines ideologiefreien (und zu verteidigenden) Kerns von Heimat mit. So gilt es für Scharnowski durchaus zu untersuchen, „welche Akteure mit welchen expliziten oder impliziten politischen oder ideologischen Absichten sich jeweils auf Heimat berufen". Auf diese Weise lasse sich eher eingrenzen, „in welchen Zusammenhängen von genuinen Heimatbedürfnissen oder Heimaterfahrungen ‚von unten' auszugehen ist und wann eher von einer Heimatideologie ‚von oben' gesprochen werden muss".[128] Diese Trennung ist allerdings schwierig, zumal ja gerade die vorgebliche Heimatverbundenheit der einfachen Leute ‚von unten' ein zentraler ideologischer Hebel im Nationaldiskurs war. So bleibt auch bei dieser Arbeit die Frage offen, in welchem Verhältnis das eingeklagte menschliche Heimatbedürfnis, die Geschichte von Heimat und Heimat als operationalisierbarer Begriff stehen.

Das Bedürfnis, sich eine Heimat zu geben, verfolgen auch andere Forschungsarbeiten der letzten Jahre. Selbst im Kontext jüdischer Studien, in denen der Begriff Heimat oft eher gemieden wurde, lässt sich dies beobachten. Die Herausgeber des Buches *Spiritual Homelands. The Cultural Experience of Exile, Place and Displacement among Jews and Others* (2019) interessieren sich im Kontext von (jüdischem) Exil und Diaspora beispielsweise nicht mehr primär für die Erfahrung der Heimatlosigkeit, sondern für das Finden von Heimat als kulturell produktiven und selbstermächtigenden Akt: „[T]he experience of remaking

---

um 1900 fast ganz auszublenden: So wird beispielsweise die Heimatkunde im Kontext der Modernekritik erwähnt, ihre sehr enge Verflechtung mit nationalistischen und völkischen Positionen aber nicht erwähnt; ebenso wird in der Darstellung des sogenannten Heimatschutzes verfahren (vgl. Scharnowski: Heimat, 2019, S. 66–67). Gerade die Ambivalenzen des Heimatdiskurses um 1900 sind aber interessant.
128 Scharnowski: Heimat, 2019, S. 13.

a home in a chosen homeland could be socially and culturally productive acts".[129] Heimat wird ab den 2000er Jahren immer wieder auch als dynamisches, räumliche Begrenzung transzendierendes Konzept interpretiert, an das man positiv anschließen will: „In such thinking Heimat ceases to be conceived *either* as the place of origin *or* a utopian place of arrival, becoming instead a frame of mind: the commitment of citizens to the process of making a liveable social space. Man may be territorial, but the territory keeps changing."[130] Heimat soll demnach nicht mehr rein begrenzter und ausschließender Ort sein, sie kann in dieser Perspektive beispielsweise auch für eine inklusive soziale Praxis stehen. Insbesondere mithilfe des methodischen Settings des ‚spatial' oder ‚topographical turn' und von Hybriditätstheorien der Cultural Studies versuchen verschiedene Ansätze, Heimat als neutralen, methodisch brauchbaren Begriff zu behandeln und ihn von Vorstellungen der Begrenzung, Ausgrenzung oder des Nationalismus zu befreien.[131]

So unterschiedlich alle bisher vorgestellten Ansätze sind, sie stehen in Beziehung zueinander, insofern sie trotz der immer wieder hervorgehobenen Unschärfe des Begriffs an einem bestimmbaren Kern bzw. einer definierbaren Idee von Heimat festhalten. Die Frage, ob dieser Kern dann vom historischen ‚Ballast' befreit und damit gewissermaßen freigelegt werden soll oder sich gerade andersherum durch die Rekonstruktion seiner historischen Bedeutung ergibt, wird dabei unterschiedlich beantwortet. Teilweise wird Heimat mit anthropologischen oder phänomenologischen Argumenten naturalisiert, teilweise mit sozialpsychologischen oder raumtheoretischen Ansätzen als dynamisches Konzept begriffen, immer aber wird an Heimat – oder an Ersatzbegriffen wie dem der affektiven Territorialität oder dem der Beheimatung – auch im Sinne eines operationalisierbaren Begriffs festgehalten.

Die Einsicht in die starke Anfälligkeit des Begriffs für Ideologisierungen und in die Schwierigkeit, ihn zu definieren und zu theoretisieren, kann auch zu gegenteiligen methodischen Entscheidungen hinsichtlich des Umgangs mit ihm

---

129 Biemann/Cohen/Wobick-Segev 2019, S. 5. Das Sich-Heimat-Geben wird, wenn auch nur als imaginärer Akt, zur Selbstermächtigung: „the creative imagination of an expanded self beyond the facts of natural kinship and given place. Spiritual homelands, however naïve and imaginary they may be, are works of self-formation and ‚self-othering' that question existing geographies and cultural-political orders. They are paces of elective affinity and imagined familiarity. But this does not render them less real, or ‚authentic'." Biemann/Cohen/Wobick-Segev 2019, S. 2. Diese positive Deutung von Heimatentwürfen wird auch hier anthropologisch begründet: „The emotional need for a home (and a homeland) is linked directly to a sense of belonging, which is in turn created through our affective attachments." Biemann/Cohen/Wobick-Segev 2019, S. 6.
130 Boa/Palfreyman 2000, S. 195.
131 Vgl. Eigler 2012; Eichmanns 2013; Eigler 2014; Bland/Smale/Weiss-Sussex 2019.

führen. Gerade ideologiekritische Ansätze ziehen es vor, Heimat nicht inhaltlich zu bestimmen, sondern sie über ihre Funktionalisierungen zu beschreiben.

Andreas Schumanns Habilitationsschrift *Heimat denken. Regionales Bewußtsein in der deutschsprachigen Literatur zwischen 1815 und 1914* von 2002 geht diesen Weg. Die Studie untersucht aus literaturwissenschaftlicher Perspektive den wechselseitigen Einfluss von nationalem und regionalem Denken im 19. Jahrhundert, der seit 1990 im Fokus der historischen Forschung steht.[132] Schumann befragt literarische Heimatdarstellungen in unterschiedlichen Medien (Anthologien, Almanachen und Jahrbüchern literarischer Vereine) und Gattungen (Gedichten, Sagen, Volksliedern, Landschafts- und Sittenbildern, literarisch-historiographischen Mischformen, Mundartdichtung). Anhand einer breiten Materialbasis kann Schumann belegen, dass sich die vorgebliche Besonderheit der in den literarischen Texten beschriebenen Regionen als fast austauschbares Muster erweist, in das wahlweise die Alpen oder die Nordsee, die Lüneburger Heide oder der Thüringer Wald eingetragen werden können. Gerade die Gleichförmigkeit des jeweils nur variierten literarischen Musters verweist auf die Zusammengehörigkeit der Teile, und so sind die literarischen Heimatdarstellungen nur als kaum abweichende Ausformungen des Ganzen lesbar, auf das sie verweisen: die Nation.[133]

Schumann nimmt damit einen zentralen sozial- und ideologiehistorischen Aspekt von Heimat in den Blick. Heimat wird nicht als Gegenstand aufgefasst, der von der Literatur beschrieben wird, sondern als Konstrukt, das von der Literatur überhaupt erst erschaffen wird, und zwar zu bestimmten Zwecken: Heimat sei ein „literarisches Konstruktionsprinzip für gemeinschaftsstiftende affektive Einstellungen".[134] Mit seiner rein konstruktivistischen Auffassung von Heimat befreit sich Schumann von essentialistischen Vorannahmen, setzt aber seinerseits andere stark begrenzende methodische Prämissen. Denn er stellt von vornherein fest, *zu welchem Zweck* Heimat literarisch konstruiert wird: Heimat stifte ideolo-

---

[132] Celia Applegates historische Studie *A Nation of Provincials. The German Idea of Heimat* deutet die Idee der Heimat als Mediatorin zwischen regionaler Zugehörigkeit und abstrakter Nationalidee, vgl. Applegate 1990 (in deutscher Übersetzung Applegate 2007). Auch der Historiker Alon Confino kommt in seiner Studie *The Nation as a Local Metaphor* zum Zeitraum 1871–1918 zu dem Ergebnis, dass Heimat eine zentrale Funktion für den nationalstaatsbildenden Prozess übernommen habe. Dabei vermittelte sie einerseits lokales Leben und abstrakte Nation, repräsentierte ab 1871 aber auch zunehmend die Nation. Deutschland wurde eine „Nation of Heimats". Confino 1997, S. 95. Confino versteht Heimat als Teil des Moderne-Projekts, in dem lokale und nationale Identität miteinander versöhnt werden sollten.
[133] Differenzen beobachtet Schumann eher zwischen Peripherie und Zentrum: Je stärker die Randlage, umso mehr werde das Allgemeine betont, je stärker die Kernlage, umso mehr das Partikulare, vgl. Schumann 2002, S. 65.
[134] Schumann 2002, S. 79.

gisch motiviert Gemeinschaft, und zwar über die affektive Besetzung des Raums. Gerade Literatur biete sich für diese ideologische Indienstnahme an, und insbesondere die im 19. Jahrhundert weit verbreiteten literarischen Anthologien eigneten sich in ihren Gattungsmerkmalen dafür, denn sie bieten „häufig deutliche Lese- und Gebrauchsanweisungen durch die in den Motti, Vorworten oder Widmungen präsentierte Einbettung in bestimmte situative Kontexte".[135] Ideologiekritik heißt bei Schumann auch, dass bestimmte Trägerschichten, Akteure und Profiteure der durch ‚heimatliche Literatur' verbreiteten Heimatideologie benannt werden können.[136] Unter ‚heimatlicher Literatur' versteht Schumann solche Texte, die die Darstellung ländlicher Regionen unter das Label ‚Heimat' stellen und affektiv besetzen. Mit dieser Engführung der Heimatfrage auf Regionalliteratur schließt Schumann, teilweise kritisch, an die wichtigen Forschungen Norbert Mecklenburgs zu Regionalismus und Moderne in der Literatur an.[137]

So zwingend Schumanns Beobachtung ist, dass es gerade im 19. Jahrhundert einen ausgeprägten literarischen Regionalismus gegeben hat und dass dieser ausgesprochen viele Schnittstellen zu verschiedenen Heimat- und Nationaldiskursen aufweist, so offensichtlich ist, dass sich literarische Heimatentwürfe nicht im Regionalismus erschöpfen. Das Funktionsverhältnis, innerhalb dessen Heimat für die Zwecke der Nationalstaatsidee instrumentalisiert wurde, kann Schumann bezogen auf seine Quellen plausibel beschreiben, aber eine umfassende Aufklärung des Verhältnisses von Heimat und Literatur ist damit noch nicht gegeben. Die Klarheit der Argumentation besticht gerade im Vergleich zu anderen literaturwissenschaftlichen Arbeiten, die an der semantischen Vieldeutigkeit des Be-

---

135 Schumann 2002, S. 23. Im Kapitel zu ‚Anlässen heimatlicher Dichtung' führt Schumann aus, dass insbesondere Herrscherjubiläen, Stadtgründungsfeste und ähnliche Feierlichkeiten die Veröffentlichungsdichte ‚heimatlicher Literatur' beförderten.
136 Die „Trägerschicht des heimatlichen Regionaldiskurses" ist nach Schumann „strukturell identisch mit der den Nationalismus befördernden Gebildeten. Daraus ist zu vermuten, daß auch die Mittel der Distribution und die entsprechenden Institutionen wie die verwendeten Medien ebenfalls in Analogie zu denen einer national-patriotischen Kultur in Erscheinung treten." Schumann 2002, S. 22.
137 Norbert Mecklenburgs Studie über *Erzählte Provinz. Regionalismus und Moderne im Roman* arbeitet aus guten Gründen explizit nicht mit dem Heimatbegriff, weil er für die Darstellung der Region im Roman zwar Schnittstellen biete, aber keinesfalls Deckungsgleichheit und zudem weniger objektivierbar sei. In seinem Vorwort setzt sich Mecklenburg mit der mangelnden Belastbarkeit des Heimatbegriffs für seine Studie auseinander: „‚Heimat', als Wort und Begriff in spezifisch deutschen Traditionen verankert, ist weit mehr noch als ‚Provinz' ein ideologisches Polysem. Während sich im Provinzbegriff geschichtlich-geographische Objektivität und subjektives, kulturell vorgeformtes Deutungsmuster verflechten, stellt ‚Heimat' einen Relationsbegriff dar, eine gedankliche Leerform, die desto mehr emotionale Konnotationen an sich zieht, je geringer ihr objektiver Sachgehalt ist." Mecklenburg 1982, S. 17.

griffs und den damit verbundenen methodischen Problemen einerseits, an der Materialfülle andererseits scheitern,[138] aber sie ist damit erkauft, über vieles, das offensichtlich zum Thema gehört, nichts sagen zu können.

Auch Peter Blickles im selben Jahr wie Schumanns Studie erschienenes Buch *Heimat. A Critical Theory of the German Idea of Homeland* verfolgt einen ideologiekritischen Ansatz. Anders als Schumann beschränkt er sich aber nicht auf ein bestimmtes Textkorpus oder eine bestimmte Form der Funktionalisierung von Heimat, sondern hat den Anspruch, die deutsche ‚Ideengeschichte' von Heimat insgesamt einer Untersuchung im Geist der Kritischen Theorie zu unterziehen.[139] Zunächst stellt Blickle fest, dass Heimat kein tragfähiger analytischer Begriff sein kann. Auch der jüngeren Forschung zum Thema wirft er vor, nicht kritisch-analytisch mit dem Begriff umzugehen.[140] Dies hänge historisch mit einer langen Deutungsgeschichte von Heimat zusammen, die sich immer schon mit einem Vorreflexiven verband. Blickle versteht Heimat als kulturelles Konstrukt, das auf der Behauptung beruhe, natürlichen Ursprungs zu sein: „To accept the notion of Heimat for constitutions of one's identity is a willing submission to a cultural construct that is perceived as a natural state of being."[141] Die angebliche Unschuld des Begriffs hinterfragt Blickle; Heimat schließe immer eine deutsche Sehnsucht nach einem Ort der Unschuld mit ein,[142] tatsächlich gelange aber jede Aufarbeitung der Idee von Heimat notwendig zu den dunklen Seiten der deutschen Geschichte[143] und damit auch zu verdrängter Schuld und unterdrückten Ängsten.[144] Blickle sieht in Heimat vor allem ein ausgrenzendes und unterdrückendes Konzept deutscher Ideengeschichte.[145]

---

138 Das eindrücklichste Beispiel in dieser Hinsicht ist Schwarz 2007. Positiv hervorzuheben ist bei Schwarz allerdings, dass hier einmal die Virulenz des Heimatdiskurses um 1800 nicht auf den romantischen Diskurs verengt wird, sondern neben Hölderlin, Eichendorff und Heine auch bei Goethe und Schiller untersucht wird.
139 Zu den Bezügen zur Frankfurter Schule (Adorno, Horkheimer, Habermas) vgl. u. a. Blickle 2002, S. ix, S. 33–40, S. 81–82.
140 Die Forschung unterliege der stillschweigenden Annahme, Heimat könne nur von innen heraus verstanden werden: „The tacit assumption is that Heimat can only be understood from within. Therefore, true understanding can come out of only a form of identification, not from a form of analysis." Blickle 2002, S. 12.
141 Blickle 2002, S. 6.
142 „My study inquires into the uncanny and persistent German longing for a space of innocence that Heimat always implies [...]." Blickle 2002, S. ix.
143 Vgl. Blickle 2002, S. 13.
144 „Heimat buries areas of repressed anxiety." Blickle 2002, S. 14.
145 Erforscht werden die „mentally created boundaries und exclusions", welche die ‚Idee' der Heimat speziell „in German language and thought" bewirkt habe. Blickle 2002, S. xi.

Viele Beobachtungen von Blickle sind richtig – strukturelle Ausgrenzung, patriarchale Muster und verdrängte Ängste wird auch die hier vorliegende Studie an bestimmten Heimatentwürfen des 19. Jahrhunderts herausarbeiten –, sind bei ihm aber nicht Teil eines an den Gegenständen entwickelten Bildes, sondern bleiben zu oft Setzung. Während Schumanns Ideologiekritik sich auf ein konkretes Korpus und eine bestimmte Funktionalisierung von Heimat fokussiert und deshalb zu stichhaltigen und klaren – wenn auch in ihrer Reichweite begrenzten – Ergebnissen kommt, gießt Blickle seine Ideologiekritik über sämtliche Erscheinungen von Heimat aus und verdeckt damit mindestens genauso viel, wie er sichtbar macht. Sein Buch von 2004 ist das letzte Beispiel für eine kategorische Ablehnung des Begriffs und Konzepts, oder wie er sagt, der ‚Idee' Heimat in der Wissenschaft, wie sie sonst eher noch in den 1990er Jahren zu finden war.[146] Die Versuche, Heimat als wissenschaftsfähigen Begriff zu (re-)etablieren, dominieren insgesamt und nach Blickle dann fast gänzlich das Feld der Auseinandersetzung mit Heimat, wie gezeigt.[147]

Einen eigenen Weg geht Jens Korfkamp in seiner politikwissenschaftlichen Studie *Die Erfindung der Heimat. Zu Geschichte, Gegenwart und politischen Implikationen einer gesellschaftlichen Konstruktion* von 2006. Die in der Forschung unverständlicherweise kaum beachtete Studie zeigt, „daß ‚Heimat' eine zentrale gesellschaftliche Kategorie ist, die abgelöst vom Zusammenhang der subjektiv erlebten Lebenswelt zum identitätsstiftenden Grundstein eines Kollektivs werden kann", und beschreibt, „warum ‚Heimat' in einer solchen sozialen Konstruktion so erfolgreich war und ist".[148] Für Korfkamp ist die Bedeutung von Heimat Ergebnis von gesellschaftlichen Aushandlungsprozessen, die sich historisch sehr verschieden darstellen. Insofern Heimat Korfkamp als politische Kategorie gilt, werden naturalisierende Heimatauffassungen genauso wie Auffassungen, die Heimat über ihren subjektiven Charakter bestimmen, von vornherein ausgeschlossen. Die kritische Revision, der er die verschiedenen Funktionalisierungen von Heimat durch das 19. und 20. Jahrhundert hindurch unterzieht, dient ihm deswegen auch nicht dazu, die punktuelle historische Ideologisierung einer anthropologischen Grundgegebenheit bzw. eines allgemeingültig zu bestimmenden

---

146 Vgl. exemplarisch Gisela Eckers kritische Auseinandersetzung mit einem Aufsatz zu Heimat von Walter Jens: „Es ist sicherlich wichtig, zu analysieren und zu verstehen, was ‚Heimat' bei Hölderlin und bei Fontane bedeutet, doch gegen Jens' Rehabilitierungsversuche muß man einwenden, daß die Poesie und der Glanz, den er im Gebrauch des Wortes vor seinem Mißbrauch feststellt, unrettbar verloren sind oder, genauer gesagt, verloren sein sollten." Ecker 1997, S. 24–25.
147 Vgl. exemplarisch den Essay *Heimat. Eine Rehabilitierung*, Türcke 2006.
148 Korfkamp 2006, S. 17.

Konzepts zu beschreiben, wie das eine große Zahl der vorliegenden Arbeiten zu Heimat unternimmt, sondern sie dient ihm dazu, die konstitutive „Abhängigkeit des Heimatbegriffs von sozialen und politischen Rahmenbedingungen und Konflikten zu verdeutlichen".[149] Es geht somit um den Nachweis der politischen Wirksamkeit von Heimatkonzeptionen. Eine wichtige Funktion, die sich mit diesem Ansatz verbindet, ist die Kritik an einem wissenschaftlichen Argumentationsmuster, das Identität und Gemeinschaft „durch die menschliche Bindung an ein bestimmtes Territorium [...] begründet und so naturalisiert"[150] und den ‚homo socialis' auf problematische Weise zum territorialen Menschen umdefiniert.

Insgesamt versucht die Arbeit erstens, im historischen Durchgang solche und andere Heimatkonstruktionen zu rekonstruieren; sie versucht zweitens, diese Konstruktionen zu systematisieren, indem sie zwischen einem ‚personal-subjektivistischen Heimatbegriff' und einem ‚gesellschaftlich-objektivistischen Heimatbegriff' unterscheidet – und sie unternimmt es drittens auf der Grundlage von Jürgen Habermas' Theorie des kommunikativen Handelns, die zukünftige Ausbildung eines „gesellschaftsadäquaten" Begriffs von Heimat zu fordern, „der sich an der Freiheit und Vernunft der Individuen orientiert".[151] Gewissermaßen gegen alle historischen Ausprägungen, auch die der eigenen Gegenwart, entwickelt Korfkamp aus der Idee heraus, dass Heimat immer schon Resultat gesellschaftlicher Aushandlungsprozesse war, den Anspruch, diesen Aushandlungsprozess unter den neuen Rahmenbedingungen einer „offenen Gesellschaft"[152] auch zu neuen Ergebnissen zu führen. Korfkamp steht mit diesem Ansatz insofern solitär, als er auf eine wie auch immer geartete allgemeingültige Definition von Heimat verzichtet, ohne sich aber in reiner Ideologiekritik zu erschöpfen. Heimat soll als soziale Konstruktion historisch aufgedeckt werden, nicht um sie als solche zu entlarven, sondern um sie auf ihre Verwertbarkeit für den gegenwärtigen gesellschaftlichen Diskurs (im Verständnis Habermas') zu prüfen.

Was ergibt sich nun aus diesem Forschungsüberblick für eine neue, für noch eine weitere Studie zum Thema Heimat? Als folgenreiche Grundsatzentscheidung hat sich die Frage erwiesen, ob zu einer Definition von Heimat vorgedrungen und Heimat damit als methodisch belastbarer Begriff aufgefasst werden soll oder nicht. Die Studie wählt die zweite Möglichkeit. Heimat ist aufgrund ihrer semantischen Vieldeutigkeit als methodisch-analytischer Begriff nicht tauglich und an allen ihren Operationalisierungen hängen entweder problematische normative Vorannahmen oder Erkenntnisinteressen, die nicht auf die geschichtliche Di-

---

149 Korfkamp 2006, S. 11.
150 Korfkamp 2006, S. 13.
151 Korfkamp 2006, S. 199.
152 Korfkamp 2006, S. 202.

mension von Heimat zielen. Vielversprechender scheint es für das Vorhaben der historischen Rekonstruktionsarbeit, keine Vorannahmen darüber zu treffen, was Heimat ist. Nur ohne voreilige Heimatdefinitionen wird sichtbar, wie vieldeutig die Semantiken und die Funktionalisierungsmöglichkeiten von Heimat waren und sind. Um zu Aussagen darüber zu gelangen, was Heimat historisch jeweils bedeutete, bedarf es keiner heuristischen Heimatdefinition.

Tatsächlich eröffnen sich mit dieser methodischen Vorentscheidung auch neue Sichtweisen. So wurde die religiöse Dimension der Heimatsemantik bisher vernachlässigt. Zwar wird die religiöse Bedeutung von Heimat meist erwähnt, aber kaum in der Weise auf die Begriffssemantik bezogen, dass deutlich würde, inwiefern ihre Virulenz über den eigentlich religiösen Bereich hinausreicht. Dies liegt möglicherweise auch daran, dass die inhaltlichen Vorannahmen – beispielsweise diejenige, Heimat als affektive Raumbezogenheit zu lesen – in der Regel quer zum religiösen Sinn stehen. Die Relevanz der religiösen Bedeutung von Heimat, die bis in die unmittelbare Gegenwart unbewusst weiterwirkt, ist eine der zentralen Erkenntnisse dieser Studie, die sich aus der ohne Heimatheuristik auskommenden Sichtung der Textzeugnisse ergeben hat. Das Gleiche gilt für die rechtliche Dimension der Heimatsemantik. Diese wird historisch stets vor dem Beginn des modernen Heimatverständnisses verortet, das dann als sentimentales charakterisiert wird. Dass aber tatsächlich das rechtliche Verständnis Teil der modernen Heimatsemantik bleibt, wurde bisher meist übersehen. In diesem Fall haben sich historische Vorannahmen als hinderlich dafür erwiesen, die Überlagerungen verschiedener Bedeutungen von Heimat wahrzunehmen.

Zu den verbreiteten Vorannahmen gehört, Heimat naturalistisch aufzufassen. Wenn dieser Weg hier nicht verfolgt wird, geht es nicht darum, die Bedürftigkeit des Menschen nach einem vertrauten Ort oder vertrauten sozialen Strukturen, nach transzendenter oder irdischer Geborgenheit in Frage zu stellen. Aber man muss fragen, was passiert, wenn solche Bedürfnisse oder gar anthropologischen Gegebenheiten mit dem Begriff Heimat bzw. als Heimatbezug gefasst werden. Wenn beispielsweise die menschliche Anlage zu Sesshaftigkeit und affektiver Ortsbezogenheit (die, wenn man von einer solchen ausgeht, durch eine Anlage zum Wandern, zur Bewegung und zur Veränderung ergänzt werden muss) nicht als solche untersucht wird, sondern als Heimatbezug, dann wird sie einerseits mit einem normativen Zusatz ausgestattet, andererseits in eine Unbestimmtheit gezogen, die offen für vieles, aber nicht für analytische Präzision ist.

Da der Begriff als systematische Kategorie unbrauchbar scheint, wird hier auch im engeren literaturwissenschaftlichen Zusammenhang nicht von ‚Heimatdichtung‘, ‚Heimatliteratur‘ oder ‚Heimatroman‘ gesprochen, Begriffen, die in der literaturwissenschaftlichen Forschung üblich sind;[153] selbst die Epochenzuschreibung ‚Heimatkunst' zerfällt bei näherem Hinsehen (vgl. II.3.3).[154] Der Notwendigkeit literaturwissenschaftlicher Kategorisierungen lässt sich besser nachkommen, wenn explizit wird, was beispielsweise mit ‚Heimatdichtung' jeweils gemeint ist: etwa die Gattung des Bauernromans oder der Dorfgeschichte, Mundartdichtung oder Regionalliteratur.[155]

Historisch war Heimat Konzept, Programm, Idee oder auch Teil sozialer Praktiken. Dies alles wird in dieser Studie historisch rekonstruiert: Mit Heimat werden Vorstellungen von Regionalität oder Territorialität, Identität, Abstammung oder Tradition konzeptualisiert. Heimat ist in der Heimatschutzbewegung oder der Heimatkunst Programm. Heimat ist Idee innerhalb einiger idealistischer subjekt- und geschichtsphilosophischer Entwürfe. Heimat hat teil an sozialen Praktiken, etwa dem sogenannten Schubwesen, mit dem Arme teils gegen ihren Willen in ihre ‚Heimat' abgeschoben wurden. Ob Konzept, Programm, Idee oder soziale Praktik: Heimat kann in Teilen als solche beschrieben werden, aber erschöpft sich nicht darin – etwa, wenn Heimat zur Metapher wird. Heimat kann

---

153 In Peter Mettenleiters Studie zur ‚Heimatdichtung' kann man beobachten, wie diese von ihm selbst als „sehr unbefriedigend" (Mettenleiter 1974, S. 8) bewertete Rubrizierung unter den Händen des Autors zerfällt. Denn die angestrebte Typologie der Heimatdichtung fußt am Ende nur auf einem (von der Studie selbst als solitär bewerteten) Autor, Jeremias Gotthelf, dessen positiv bewertete ‚Heimatdichtung' im weiteren literaturgeschichtlichen Verlauf über Berthold Auerbach bis Ludwig Ganghofer einer anwachsenden Korrumpierung ausgesetzt sei, so dass Mettenleiters literaturgeschichtlicher Abriss zur Diagnose einer „Destruktion der Heimatdichtung" (so der Titel der Studie) gelangt, die den Anspruch der Typologie einer Gattung, die offensichtlich über einen einzelnen Autor hinaus gar nicht positiv bestimmbar ist, selbst untergräbt.
154 Karlheinz Rossbachers einschlägige Studie *Heimatkunstbewegung und Heimatroman. Zu einer Literatursoziologie der Jahrhundertwende* (1975) umgeht das Problem Mettenleiters, da er die Kategorie ‚Heimatroman' von Anfang an historisch eng mit der Heimatkunstbewegung um 1900 verknüpft. Rossbacher arbeitet Ähnlichkeiten der dargestellten Sozialmodelle, Handlungsstrukturen, Figurenzeichnungen und Erzähltechniken in ausgewählten Romanen zwischen 1887 und 1910 heraus, die er in Verbindung mit zeitgenössischen Programmatiken der Heimatkunst setzt. Wenn überhaupt, dann kann nur in diesem engen Verständnis die Kategorie ‚Heimatroman' sinnvoll verwendet werden. Wie schwierig es aber ist, Programm und Literatur in einen kohärenten Zusammenhang zu stellen, zeigt sich in der konkreten Konfrontation des Programmatikers Adolf Bartels mit der Autorin Clara Viebig, wie das letzte Kapitel der vorliegenden Studie zeigt (vgl. II.3.3). Auch Rossbacher arbeitet mit Viebigs *Weiberdorf*, ihm entgeht aber aufgrund seines Ansatzes das zur Heimatkunstprogrammatik geradezu quer stehende Potential des Textes.
155 Und will der Literaturwissenschaftler oder die Literaturwissenschaftlerin an der Decouvrierung von ideologisch korrumpierter Literatur arbeiten, sollte mit dem Begriff Heimatdichtung nicht implizit die Verbindung zum Trivialen unterstellt werden, denn selbst bei der Lektüre von Wilhelmine von Hillerns *Geier-Wally* könnten die Vorurteile über vermeintlich triviale Heimatliteratur enttäuscht werden. Vgl. Scharnowski: Geier-Wally, 2019.

auch die unterschiedlichsten Funktionen erfüllen: politische und soziale Funktionen der Identitätsstiftung, moralische und ideologische der Wertevermittlung, religiöse des Transzendenzglaubens. Heimat kann die Funktion einer Kompensation übernehmen.[156] Manchmal ist sie aber auch Teil eines ästhetischen Spiels, das gar keiner Funktionalisierung unterliegen will. Die Beschreibung dieser unterschiedlichsten Formen und Funktionen von Heimat gelingt am ehesten, wenn ‚Heimat' nicht als Objekt, sondern als wandelbare und opalisierende Rede beschrieben wird, die sich zu einem auch historisch stets in Bewegung bleibenden Diskurs formt.

Es liegt also nahe, die Rede von ‚Heimat' als Diskurs im Sinne Foucaults zu begreifen. Das ginge mit einer Antwort auf die Frage einher, wie sich unzählige Aussagen innerhalb ganz unterschiedlicher thematischer und institutioneller Zusammenhänge miteinander verknüpfen lassen, denn die Verwendung des Wortes Heimat ist interdisziplinär und zieht sich durch alle gesellschaftlichen Bereiche. Foucault macht das Problem an seinem Forschungszusammenhang des Wahnsinns fest:

> [Die] Gesamtheit der Aussagen [über den Wahnsinn] ist weit davon entfernt, sich auf ein einziges Objekt zu beziehen, das ein für allemal gebildet ist, und es unbeschränkt als ihren Horizont unerschöpflicher Idealität zu bewahren; das Objekt, das von den medizinischen Aussagen des 17. oder 18. Jahrhunderts als ihr Korrelat gesetzt worden ist, ist nicht identisch mit dem Objekt, das sich durch die juristischen Urteilssprüche und die polizeilichen Maßnahmen hindurch abzeichnet; [...]. Es sind nicht dieselben Krankheiten, um die es sich dort oder hier handelt; es sind nicht dieselben Irren, um die es geht.[157]

Die Rede über den Wahnsinn kann nicht als eine „gültige Einheit für die Konstituierung einer Gesamtheit von Aussagen" aufgefasst werden, da sie völlig Disparates umfasst. Foucault will nicht Objekte bilden, die immer wieder zerfallen würden, sondern das „Spiel der Regeln"[158] und die „Verteilungsgesetze"[159] formulieren, welche den Diskurs formen. Nicht Begriffe und Themen, sondern die „Verstreuungen selbst zu beschreiben"[160] ist sein Anliegen.

Dieses Anliegen, das freilich wieder neue Ordnungsbildungen hervorbringen muss, um zu Aussagen vorzudringen, kann bezogen auf Heimat heißen, dass zunächst ganz konkret zu ermitteln ist, was Heimat im jeweiligen Kontext be-

---

156 Den kompensativen Charakter von Heimat arbeitete maßgeblich Hermann Bausinger heraus, zuerst in *Volkskultur und technische Welt* von 1961. Vgl. Bausinger 1961, S. 87.
157 Foucault 1997, S. 49–50.
158 Beide Zitate Foucault 1997, S. 50.
159 Foucault 1997, S. 51.
160 Foucault 1997, S. 57.

deutet, dass sich aus diesen Rekonstruktionen dann Gruppen von Bedeutungen ergeben, die sich im Lauf der Geschichte verändern und teils quer durch wissenschaftliche Disziplinen und gesellschaftliche Felder verlaufen. Die Aufgabe ist, mit möglichst wenig Vorannahmen ein Bild der unterschiedlichen semantischen Konstellationen von Heimat zu rekonstruieren und nach den Bedingungen zu fragen, wie und warum sich die Rede von Heimat jeweils unterscheidet und verändert. Diese Aussagen über Heimat formen sich zu einem historisch in Bewegung befindlichen Diskurs, der auch im historischen Querschnitt ausgesprochen diverse Verständnisse von Heimat enthält.

Anders als bei Foucault wird das Diskursverständnis der hier vorliegenden Arbeit über den Begriff zusammengehalten. Denn das Anliegen, ‚Verstreuungen selbst zu beschreiben', kann ohne einen festen Anker selbst zu Verstreuung führen. Meine methodische Vorentscheidung ist daher, in der Quellenauswahl streng bei den Texten zu bleiben, die den Begriff der Heimat verwenden. Heimat, so meine Vorgabe, ist alles das – und nur das –, was historisch so genannt wurde. Die unterschiedlichen Reden von dem, was explizit Heimat hieß, bilden dann den Heimatdiskurs. Dieser Ansatz bietet den größtmöglichen Verzicht auf Vorannahmen und kann an die Forschungen zur historischen Semantik anschließen, wie sie sich im Lexikon *Geschichtliche Grundbegriffe* von Otto Brunner, Werner Conze und Reinhart Koselleck manifestiert und insbesondere durch die Arbeiten Kosellecks methodisch reflektiert und praktisch angewandt wurde. Die von ihm identifizierten Grundbegriffe dürfen „nicht auf überzeitliche Ideen oder Probleme festgelegt werden [...], auch wenn wiederkehrende Bedeutungsstreifen auftauchen können".[161] Der Begriff enthält nach Koselleck „verschiedene Zeitschichten, und deren Bedeutungen haben verschiedene Dauer".[162] Nicht die Geschichte individueller Gebräuche eines Wortes kann geschrieben werden, aber die den Begriffen „innewohnende komplexe temporale Struktur" ermöglicht es, „die Geschichte dieser temporalen Schichten von Bedeutungen"[163] zu schreiben.

Bezogen auf Heimat schlagen diesen Weg auch Gunther Gebhard, Oliver Geissler und Steffen Schröter vor, sie wollen mit ihrer historischen Begriffsarbeit

> die Deutungstraditionen als solche ernst nehmen und dann jene Rahmenbedingungen erfragen, innerhalb derer diese Traditionen aufkamen, fortgeschrieben wurden oder es zu Brüchen, Transformationen, Aufmerksamkeitsverschiebungen und Neuakzentuierungen gekommen ist. So kann die Frage danach erörtert werden, was zu bestimmten Zeiten Heimat war bzw. was als Heimat vorgestellt wurde. ‚Heimat' würde mithin als eine *historische* und

---

161 Koselleck 2006, S. 100.
162 Koselleck 2006, S. 91.
163 Koselleck 2006, S. 91.

dementsprechend *zu historisierende Semantik* begriffen, die ihre Plausibilität aus je spezifischen historischen Umständen gewinnt.[164]

Historische Begriffsarbeit bedeutet die Beachtung des Wortlauts. Nur wo ‚Heimat' steht, geht es im engeren Sinn um Heimatsemantiken. Das heißt nicht, dass ihre Verwandtschaft mit anderen Begriffen für die Untersuchung keine Rolle spielt, im Gegenteil. Erstens gibt es ein semantisches Umfeld von Heimat, das einbezogen werden muss. Es umfasst Begriffe wie Vaterland und Vaterhaus, Zu-Hause-Sein und Daheim, Heim, Herd und das Heimelige; das Heimweh gehört ebenfalls dazu und gerade zu diesem Begriff, der sich in der Medizin, der Religion und der Literatur findet und dort seine eigene Geschichte hat, bedürfte es in seinen Bezügen zum Begriff der Heimat einer eigenen Studie.[165] Immer wieder gibt es Texte, bei denen eine fast synonyme Verwendung der genannten Begriffe zu beobachten ist.[166] Andere Texte zeigen eindrucksvoll, dass man keinesfalls von einer solchen Deckungsgleichheit ausgehen kann. Das semantische Umfeld von Heimat kann nicht mit Heimat gleichgesetzt, es muss in ein Verhältnis gesetzt werden. Und diese Verhältnisbestimmung ist ihrerseits eine ausgesprochen komplexe histori-

---

164 Gebhard/Geisler/Schröter 2007, S. 12. In ihrem Beitrag *Heimatdenken: Konjunkturen und Konturen* entwickeln die Autoren wichtige Überlegungen zu diesem Ansatz.
165 Zur interdisziplinären Begriffs- und Diskursgeschichte des Heimwehs vgl. vor allem die Grundlagenarbeit von Simon Bunke, vgl. Bunke 2009. Zahlreiche sprachhistorische Arbeiten zur Wortgeschichte von ‚Heimweh' entstehen schon Anfang des 20. Jahrhunderts, vgl. exemplarisch Kluge 1902. Für medizinhistorische Forschung seit Beginn des 20. Jahrhunderts vgl. exemplarisch Jaspers 1909, Brunnert 1984, Roth 1993, Schmid-Cadalbert 1993. An den diskursgeschichtlichen Schnittstellen von Medizin- und Literaturgeschichte arbeiten schon vor Bunke etwa Starobinski 1963, Kittler 1986, Gröf 2000. Die breite angloamerikanische kulturwissenschaftliche Forschung zur Nostalgie verweist zwar in der Regel auf die medizinhistorische Vorgeschichte, interessiert sich aber weniger für die Schnittstellen, die sich dadurch mit der von ihr untersuchten Literatur ergeben, vgl. exemplarisch Boym 2001, Wagner 2005. Die genannte Forschung geht in der Regel nicht auf die Bezüge zwischen Heimweh- und Heimatsemantiken bzw. -diskursen ein. Unterbelichtet bleibt meist auch der wichtige Anteil religiöser Semantiken des Heimwehs für die Begriffs- und Diskursbildung. Vgl. in dieser Studie auch I.2.3, II.1.1.2, II.1.2 und II.2.
166 Für die Begriffskette Heimat – Heimweh – zu Haus – heimischer Herd – Daheim vgl. Helene Krügers Gedicht *Am eignen Herd*: „Wohl lacht uns das Leben, die Welt ist so schön, / wir wirken und streben, wir kommen und geh'n; / doch tilgt keine Ferne, verlöscht keine Zeit / das Heimweh des Herzens nach ‚Seßhaftigkeit'. / Der Mensch braucht ein Plätzchen – und wär's noch so klein –, / von dem er kann sagen: ‚Sieh hier, das ist mein! / Hier leb' ich, hier lieb' ich, hier ruhe ich aus, / hier ist meine Heimat – hier bin ich zu Haus!' / O trauliche Stätte, o heimischer Herd, / wie bist du dem deutschen Gemüte so wert! / Des menschlichen Strebens uredelster Keim, / es liegt in dem einzigen Wörtlein: ‚Daheim!'" Hawel 1930, S. 82.

sche Arbeit, da die Beziehung der Begriffe ebenfalls einem Wandel unterliegt (vgl. I.2).

Die Grenzen herkömmlicher begriffsgeschichtlicher Theoriebildung liegen dort, wo nicht nur historische Transformationsprozesse beschrieben werden sollen, sondern wo sich auch der historisch konkrete Begriff nicht auf „die ‚Klarheit' des Gegebenen"[167] zurückführen lässt, sondern Übertragungen enthält, „die sich nicht ins Eigentliche, in die Logizität zurückholen lassen". Die „Feststellung und Analyse ihrer begrifflich nicht ablösbaren Aussagefunktion"[168] gehört nach Hans Blumenbergs Metaphorologie essentiell zur historischen Begriffsarbeit. Auch Heimat kann mit Blumenberg in wichtigen Bereichen ihrer Verwendung als absolute Metapher beschrieben werden, insofern eine Rückübertragung ihres Sinns auf die ursprüngliche Bezugsgröße mit Sinnverlust einhergehen muss. Blumenberg setzt Begriff und Metapher voneinander ab: der Begriff als das eindeutig zu definierende, die Metapher als der sich diesem Definitionsbegehren entziehende Einspruch gegen ein herkömmliches Begriffsverständnis. Heimat lässt sich ausgesprochen leicht metaphorisieren.[169] Gerade in Bezug auf Heimat kann Begriffsgeschichte daher tatsächlich nicht ohne Metapherngeschichte auskommen, oder anders: Der Begriff soll hier nicht als ein stets klar zu definierender, sondern als sich Eindeutigkeit und Bestimmbarkeit systematisch entziehend verstanden werden.

Die mehrdeutige, ambige oder auch unbestimmt bleibende Semantik von Heimat spielt unter anderem eine herausgehobene Rolle für die Literatur, deren Textwelten durch ihre Unbestimmtheitsstellen, ihr „Opalisieren",[170] wie es Roman Ingarden nennt, herausfordern. Gerade der Zustand verschiedener möglicher Bestimmtheiten und die Tendenz zur uneigentlichen Redeweise, die für die Begriffssemantik von Heimat in besonderem Maße gilt, ist attraktiv für die Literatur. Dies ist eine Erklärung, warum die Literatur eine herausgehobene Rolle in der Diskursbildung von Heimat gespielt hat und warum dies gerade um 1800 geschah, also in der Epoche, die Vernunft und Gefühl, Ratio und Kunst in ein neues Verhältnis setzte. Aber Literatur setzt zu diesem Zeitpunkt nur etwas fort, das in der religiösen Sprache schon viel länger eine Rolle spielte, denn die religiöse Semantik von Heimat ist von Anfang an metaphorisch. Erst mit dieser Metaphernbildung wird es ihr möglich, Zeit und Raum zu transzendieren. Auch außerhalb von religiösen Kontexten, wo Heimat vermeintlich für den Ort der Her-

---

167 Blumenberg 2021, S. 8.
168 Blumenberg 2021, S. 10.
169 Vgl. Mecklenburg 1982, S. 17.
170 Ingarden 1972, S. 269–270.

kunft steht, schwingt diese alte religiöse Metapher mit – als menschheitsgeschichtlicher Ursprung etwa oder als metaphysische Geborgenheit. Deswegen konnte Heimat als rückwärtsgewandte Utopie bezeichnet werden und konnte Ernst Bloch Heimat als etwas verstehen, „das allen in die Kindheit scheint und worin noch niemand war".[171] Auch die Wissenschaften, für die Heimat um 1900 zum Leitbegriff wird – Volkskunde und Pädagogik etwa – verlassen sich auf die durch die Metapher errichtete Aura des Begriffs und haben damit ebenfalls teil an der Herausbildung eines Heimatdiskurses, der gerade auf das Unbegriffliche zielt (vgl. II.3.).

Die Arbeit bewegt sich, wie gezeigt, im Spannungsfeld von drei Forschungsansätzen – der Begriffs-, der Metaphern- und der Diskursgeschichte. Diese Konstellation hat auch Auswirkungen auf die räumlichen und sprachlichen Grenzen der Studie, zu denen hier abschließend Stellung bezogen werden soll. Die Studie umfasst den gesamten deutschsprachigen Raum. Eine engere territoriale Eingrenzung wäre kaum sinnvoll, denn im 19. Jahrhundert war die Nationalstaatsbildung noch nicht abgeschlossen und die Grenzen zwischen den Staaten haben sich teilweise extrem verschoben. Die Untersuchung erweist auch, dass die Ergebnisse im schweizerischen, im österreichischen und im deutschen Raum nicht grundsätzlich voneinander abweichen.[172] Wie die meisten anderen historischen Studien zu Heimat geht auch diese Studie bis auf einige Seitenblicke nicht über den deutschsprachigen Raum hinaus. Dies hat nicht nur pragmatische Ursachen – etwa die, dass jede andere Entscheidung den Rahmen der Arbeit qualitativ und quantitativ sprengen würde –, sondern lässt sich auch methodisch begründen. Denn eine der zentralen Prämissen der Arbeit, nur das als ‚Heimat' historisch zu rekonstruieren, was auch tatsächlich so genannt wurde, ließe sich nicht aufrechterhalten. Begriffs- und auch metapherngeschichtliche Arbeit ist eng an die Sprache gebunden.

Dabei ist evident, dass komparatistische Fragestellungen in Bezug auf Modelle von Heimat ausgesprochen naheliegend sind. Und insofern sich an den Begriff (je nach Kontext verschiedene) Motive, Ideen, Konzepte und Programme anschließen und er historisch mit unterschiedlichen Praktiken verbunden ist, können natürlich komparatistische Aussagen getroffen werden. Das zeigt in Be-

---

171 Bloch 1990, S. 1627.
172 Zu diesem Ergebnis kommt bezogen auf sein Material auch Schumann, dessen Studie ebenfalls dem gesamten deutschsprachigen Raum gilt. Schumann stellt beispielsweise fest, dass Heimat als Begriff in der Regel erst im letzten Jahrhundert in den Titel regionaler Anthologien aufsteigt – in der Schweiz und in Österreich genauso wie in Deutschland –, und leitet daraus ab, dass nicht allein die deutsche Reichsgründung eine Erklärung liefern könne, sondern offenbar zu diesem Zeitpunkt ein übergreifender Konsens hergestellt worden sei. Vgl. Schumann 2002, S. 80.

zug auf den Regionalismus Norbert Mecklenburg. Er spricht in seiner Studie *Erzählte Provinz* pointiert von einer ‚regionalistischen Internationale'[173] und hat gezeigt, dass der Regionalismus des 19. Jahrhunderts ein gesamteuropäisches und amerikanisches literarisches Phänomen darstellt. Die Anfänge der Dorfgeschichte und des Bauernromans sind nicht nur in Deutschland und der Schweiz, sondern genauso in Frankreich zu finden, George Eliot nobilitert den englischen Provinzroman als ernstzunehmendes literarisches Genre, Knut Hamsun, Selma Lagerlöf, Lew Tolstoi, Giovanni Verga wurden europaweit als Repräsentanten der skandinavischen, russischen bzw. italienischen Regionalliteratur rezipiert. Europaweit ist die ‚erzählte Provinz' als literarische Auseinandersetzung mit der Moderne zu verstehen – in all ihren zivilisationskritischen, antimodernistischen aber auch moderneaffinen Varianten bildet sie das Spannungsverhältnis zwischen Provinz und Moderne literarisch aus.[174] Damit zusammenhängend und über den literarischen Bereich hinausgehend war beispielsweise auch die Entdeckung der Folklore im letzten Drittel des 19. Jahrhunderts ein Phänomen der westlichen Welt: William John Thoms gründete 1878 die „Folk-Lore Society" in Großbritannien, Francis James Child 1888 die „American Folklore Society" in den USA und der Deutsch-Amerikaner Karl Knortz gab 1896 in Dresden das Buch *Folklore* heraus. Ohne Frage könnte man beispielsweise auch eine globale Literatur- und Philosophiegeschichte entlang des Motivs von Aufbruch, Wanderschaft und Rückkehr ins elterliche Haus schreiben.[175] Jan Urbichs problemgeschichtliche Studie über *Das Subjekt der Heimkehr in Dichtung und Philosophie der Moderne* kann in dieser Perspektive Aristoteles, Levinas und Laplanche genauso berücksichtigen wie Hegel, Nietzsche und Hölderlin.[176]

Soll aber nicht nur ein Aspekt von Heimat (wie eben beispielsweise ihre Funktion für Regionalismus und Folklore oder ihr Zusammenhang mit einer Ideengeschichte der Heimkehr) untersucht werden, sondern sollen gerade ihre semantischen Ambiguitäten den Ausgangspunkt und Leitfaden der Untersuchung darstellen, werden diese Vergleichsgrößen immer erst eine sekundäre Rolle

---

173 Mecklenburg 1982, S. 7.
174 Vgl. Mecklenburg 1982, S. 82–94.
175 Bisher hat sich auch die internationale Forschung allerdings vor allem der Wanderschaft als spezifisch deutscher ‚intellectual history' gewidmet, vgl. Cusack 2008, zu Aspekten von Heimat S. 191–198. In der hier vorliegenden Studie ist der Aspekt des Wanderns ein durchlaufendes Thema und wird besonders in den Kapiteln zur christlichen Metaphorik des Wanderers (II.1.1) und dem romantischen Wandermotiv (II.1.2), zum Ahasver-Mythos (II.1.3.2), zur Heimatlosigkeit im rechtlichen Sinn (II.2), zu Jahns *Deutsches Volksthum* (I.2.1), zu Riehls *Wanderbuch* (II.3.2.1) und zu Fontanes *Wanderungen durch die Mark Brandenburg* (II.3.2.2) behandelt.
176 Vgl. Urbich 2020.

spielen können. Die Vieldeutigkeit des Begriffs ist Produkt eines kulturellen Prozesses, der in der Art und Weise, wie er sich in der deutschsprachigen Kultur historisch entwickelte, genauso spezifisch sein muss wie beispielsweise der von *homeland* für den englischen und amerikanischen Kulturraum. Die Semantik von Heimat überlagert sich offensichtlich in vielen Bedeutungsdimensionen mit patria, tierra natal, homeland, patrie, domov oder родина, sie ist aber keineswegs identisch. Jacob Grimm übersetzt seine lateinische Antrittsvorlesung *De desiderio patriae* mit ‚Über Vaterlandsliebe', nicht Heimatliebe.[177] Für diese an einer historischen Semantik arbeitende Studie sind solche Differenzen wichtig, für andere Arbeiten wären sie nebensächlich.

Die Unübersetzbarkeit von Heimat wurde vielfach festgestellt[178] und ist beispielsweise im *Dictionary of Untranslatables* dokumentiert, in der auch das deutsche Wort ‚Heimat' seinen Platz hat. Denn „ohne semantischen Verlust" lässt sich „das deutsche Wort" nicht „in andere Sprachen übertragen".[179] Zu dieser kulturgeschichtlich spezifischen Heimatsemantik gehört intrikaterweise auch die

---

177 Jacob Grimm hielt seine Göttinger Antrittsvorlesung *De desiderio patriae* (1830) den akademischen Konventionen gemäß auf Latein, kritisiert in ihr aber genau diesen Gebrauch einer Gelehrtensprache. Vaterlandsliebe und nationale ‚Blühte' könnten sich nur entwickeln, wenn in der eigenen Sprache gesprochen würde (vgl. zu weiteren biographischen Bezügen auch das Kapitel ‚Heimatliebe' in Martus 2009, S. 327–336). Grimm übersetzte Auszüge seines Vortrags selbst ins Deutsche und veröffentlichte sie in den *Göttingischen Gelehrten Anzeigen*. In dieser zusammenfassenden Übersetzung ist immer wieder von Vaterland und Vaterlandsliebe, von Geburtsland und ein einziges Mal auch von Heimat die Rede: „Nachdem im Eingang derselben [Rede] der Redner die Falschheit des Gemeinspruchs: da wo es dem Menschen wohl ergehe, sey sein Vaterland, gezeigt und gewiesen hatte, wie die Vaterlandsliebe ein so heiliges und jeder menschlichen Brust so tief eingeprägtes Gefühl ist, daß sie durch Leiden und Unglücksfälle, die uns im Geburtslande treffen, nicht geschwächt, sondern eher noch gesteigert wird; schritt er zu der Entwickelung der eigenthümlichen Vortheile, die wir dem väterlichen Boden verdanken. Sie sind von der Art, daß sie durch nichts anderes ersetzt werden mögen und daß den Auswandernden eine oft unbezwingliche Sehnsucht immer wieder nach der Heimath zurück zieht." Es sind jeweils andere Aspekte des Bezugs auf den Ort des Herkommens, die mit Vaterland und Heimat benannt werden. Heimat ist hier charakteristischerweise gerade dort eingesetzt, wo die Sehnsucht nach etwas, das verlassen wurde, bezeichnet werden soll. Grimm 1830, S. 2001.
178 Max Frisch hält das Wort in seiner Rede *Die Schweiz als Heimat* von 1974 für unübersetzbar: „*My country* erweitert und limitiert Heimat von vornherein auf ein Staatsgebiet. *Homeland* setzt Kolonien voraus, *Motherland* tönt zärtlicher als Vaterland, das mit Vorliebe etwas fordert und weniger beschützt als mit Leib und Leben geschützt werden will. *La patrie*, das hißt sofort die Flagge – und ich kann nicht sagen, daß mir beim Anblick eines Schweizerkreuzes sofort und unter allen Umständen heimatlich zumute wird." Frisch 1976, S. 509. Peter Sloterdijk zählt das Wort Heimat „zu einem atmosphärisch geladenen Kernwortschatz" des Deutschen, „der das unübersetzbare Nationaleigentum der deutschen Sprache ausmacht". Sloterdijk 1999, S. 24.
179 Piltz 2007, S. 58.

historisch vielfach vorgetragene Behauptung, dass Heimatgefühl etwas spezifisch Deutsches sei. Dies lässt sich widerlegen: Die Behauptung der Unübersetzbarkeit etwa des Wortes ‚Heimweh' ist auch in tschechischen, polnischen oder russischen Texten des 19. Jahrhunderts zu finden und steht damit im Kontext des europaweiten Nationalismus der Zeit.[180] Susanne Scharnowski diagnostiziert deshalb einen Widerspruch bei jenen, die die „vermeintliche Unübersetzbarkeit" des Begriffs benutzen, um die „Debatte über Heimat meist ausschließlich um deutsche Geschichte, deutsche Politik, deutsche Gesellschaft und deutsche Kultur" kreisen zu lassen und so zu einer „strikt nationale[n] Sicht" gelangen – gerade auch „bei jenen, die den deutschen Nationalismus kritisieren wollen".[181] Aus ihrem Ansatz heraus, Heimat als regionales Bezugsangebot auch für unsere Gegenwart zu verstehen, ist es richtig und ergiebig, den Blick auf andere Kulturkreise zu weiten und solche in diesem Sinn verstandenen Heimat-Modelle auch dort zu suchen (und zu finden). Hier zeigt sich genau der Unterschied des methodischen Ansatzes: Aus der Perspektive des hier gewählten Ansatzes ist Heimat alles, was mit diesem Wort als solche bezeichnet wurde. Die Behauptung, dass Heimatgefühl etwas spezifisch Deutsches sei, wird von dieser Studie daher natürlich nicht zu den Wahrheiten über Heimat gezählt, aber zu den Wahrheiten des deutschsprachigen Heimatdiskurses und damit zu den Aussagen, welche die historische Begriffssemantik bis heute prägen. Diese Studie gilt der historischen Semantik von Heimat und sie wird sie in den eng miteinander zusammenhängenden Bereichen der Literatur, der Religion, des Rechts und der Wissenschaften untersuchen.

---

180 Vgl. Boym 2001, S. 12–13 und Scharnowski: Heimat, 2019, S. 12.
181 Scharnowski: Heimat, 2019, S. 11.

2 Grundfiguren

Begriffsgeschichten verhalten sich immer korrelativ zu ihren Kontexten, den Kontexten anderer Verwendungen desselben Wortes und den Kontexten anderer Begriffe, die Schnittmengen mit dem jeweiligen Begriff aufweisen, mit diesem aber nicht identisch sind. „Begriffe sind immer in Begriffsnetze eingespannt."[1] Die Beschreibung des Verhältnisses, in das die Begriffe treten, ist damit ein möglicher Weg zur Bestimmung der Heimatsemantik. Da die folgende Arbeit einerseits diesen Weg nicht beschreiten wird, da sich aber andererseits diese Begriffskonstellationen, die teilweise schon aus dem intuitiven Vorverständnis von Heimat nicht herauszuhalten sind, im Verlauf der Arbeit immer wieder bemerkbar machen, soll hier in einem Exkurs, der ebenso als eine Art Einleitung wie als Skizze eines alternativen Zugangs gelesen werden kann, auf einige zentrale Begriffskonstellationen eingegangen werden. Dieser Exkurs erhebt keinen Anspruch auf Vollständigkeit. Außer den hier mit Heimat in Beziehung gesetzten Begriffen – Vaterland, Volk, Frau, Fremde, Dichtung – könnten auch eine Reihe anderer untersucht werden: Heimweh, Heimatlosigkeit und Wanderschaft, Welt und Kolonie, Kindheit und Utopie, Grab und Tod, Paradies und Himmel, Haus und Herd oder das Unheimliche beispielsweise. Die sei es auch lückenhafte Arbeit an den Paaren ‚Heimat und Vaterland', ‚Heimat und Volk', ‚Heimat und Frau', ‚Heimat und Fremde', ‚Heimat und Dichtung' zeigt exemplarisch, dass die Geschichte der Heimat sich nicht im Verhältnis zu anderen Begriffen erzählen lässt, die ihrerseits als Fixsterne am Himmel des 18., 19. oder 20. Jahrhunderts stünden. Mit dem Begriff der Heimat sind auch diese Begriffe in Bewegung.

---

1 Koselleck 2006, S. 101. Mit Begriffen sind hier einerseits im engeren Sinn Begriffe des semantischen Feldes von Heimat gemeint (Vaterland und Vaterhaus, Zuhausesein und Beheimatetsein, Daheim und Heim, das Heimelige, Heimische und Heimatliche, schließlich auch das Heimweh), andererseits Begriffe, die in topische Konstellationen zu Heimat treten (Heimat und Fremde, Heimat und Welt, Heimat und Front). So wie jeder der einzelnen Begriffe einem historischen Wandel unterliegt, verändern sich auch die Begriffskonstellationen. Bestimmte Begriffe treten beispielsweise erst Mitte des 19. Jahrhunderts in das semantische Feld ein, wie die Muttererde und der (heimische) Herd. Die geradezu exzessiven Kompositabildungen mit Heimat – Heimatliebe, Heimatgefühl, Heimaterde, Heimatboden, Heimatflur, Heimatherd – fallen ebenfalls erst ab der zweiten Hälfte des 19. Jahrhunderts auf, wie die vorliegende Studie zeigen wird.

2.1 Heimat und Vaterland

Die Geschichte des Begriffs Heimat wird im Kontext von Patriotismus- und Nationalstaatsdiskursen meistens mit der Begriffsgeschichte des Vaterlands assoziiert, ohne dass die eine mit der anderen identisch wäre. Vielmehr ist die Konstellation Heimat – Vaterland historisch seit dem späten 18. Jahrhundert in steter Bewegung und erweist sich als überaus komplex und variantenreich; sie reicht von synonymen bis zu komplementären Bedeutungen.

In den politischen Debatten des 18. Jahrhunderts sucht man den Begriff der Heimat zunächst vergeblich: In den Schriften zu Vaterlandsliebe, Nationalgeist und Patriotismus der ersten zwei Drittel des 18. Jahrhunderts taucht Heimat nicht auf. Trotzdem wird in diesen Schriften eine Debatte ausgetragen, die eine der Bedingungen des späteren Heimat-Diskurses darstellt. Denn erst der grundlegende Wandel, den die Begriffe Patriotismus und Vaterland im Lauf des letzten Drittels des 18. Jahrhunderts erfahren, öffnet deren Bedeutungsgehalt hin aufs Nationale. Erst unter den Vorzeichen dieser Neuformierung wird auch Heimat in die Frage des Nationalen einbezogen. Deswegen wird es im Folgenden zunächst vor allem um die Begriffe Patriotismus und Vaterland gehen, bis Heimat in den 1770er Jahren ins Spiel kommt.

Die im deutschsprachigen Raum des 18. Jahrhunderts geführte Patriotismusdebatte ist kein Vorläufer einer Idee des modernen Nationalismus,[2] im Gegenteil. Patriotismus bedeutet im Verständnis der Zeit – das in Teilen dem des 16. und 17. Jahrhunderts gleicht, wie Alexander Schmidt gezeigt hat[3] – eine bestimmte moralische Haltung und ein daraus sich ergebendes Handeln im Sinn des Ge-

---

[2] Einen Überblick über die Nationalismusforschung gibt Dieter Langewiesche in seinem Aufsatz *‚Nation', ‚Nationalismus', ‚Nationalstaat' in der europäischen Geschichte seit dem Mittelalter. Versuch einer Bilanz*. Trotz aller hervorhebenswerten und teils zu wenig beachteten Kontinuitäten in den Prozessen der Nationsbildung in Europa kann der moderne Nationalismus als Resultat der Französischen Revolution klar in seinem spezifischen neuen Charakter bestimmt werden: „Erst im 19. Jahrhundert wurden Nation und Nationalstaat zum obersten handlungsleitenden Wert in der Gesellschaft – nicht für alle gleichermaßen und nicht durchgehend, aber doch in politischen Entscheidungszeiten." Langewiesche plädiert daher dafür, „den nachrevolutionären Nationalismus nach seinem Geltungsanspruch, der Breite der gesellschaftlichen Akzeptanz dieses Anspruchs und damit auch nach seiner Handlungsrelevanz für gesellschaftliche Gruppen und staatliche Entscheidungsträger von seinen mittelalterlichen und frühneuzeitlichen Vorläufern scharf abzugrenzen". Langewiesche: Nation, 2000, S. 13.
[3] Alexander Schmidt schlägt vor, den Patriotismusdiskurs des späten 18. und frühen 19. Jahrhunderts auch als Abschluss einer Debatte des 16. Jahrhunderts um die ‚amor patriae' als moralische Pflicht einer gottgewollten sozialen Ordnung zu lesen (Schmidt 2010, S. 37). Vgl. dazu v. a. seine Studie *Vaterlandsliebe und Religionskonflikt*, Schmidt 2007.

meinwohls.⁴ Dieses Ideal propagieren frühaufklärerische Zeitschriften wie *Der Patriot*, die erste deutschsprachige Moralische Wochenschrift: „[...] ein Patriot sey ein Mensch, dem es um das Beste des Vaterlandes ein rechter Ernst ist, der seinen GOtt recht erkennet, das Predig-Amt ehret, Wahrheit und Ordnung liebt, die Obrigkeit fürchtet, und dem gemeinen Wesen redlich zu dienen geflissen ist [...]."⁵ Die Forderung nach gemeinnützigem Handeln wird als moralische, nicht als sozialkritische verstanden. Sie soll mit den Untertanenpflichten in Einklang stehen.⁶ Noch 1755, etwa dreißig Jahre nach den programmatischen Äußerungen in *Der Patriot*, preist Isaac Iselin in seinen *Philosophischen und patriotischen Träumen eines Menschenfreundes* Patriotismus als die höchste menschliche Tugend, die nur durch Gehorsam und Demut zu erlangen sei. Schon in die Wiege des zukünftigen Patrioten sei zu legen, „daß dieses die erste Tugend eines Bürgers sey, wol zu gehorchen".⁷ Das patriotische Streben bezieht sich dabei immer auf die bestehenden Staatsgrenzen, die im Sprachgebrauch der Zeit jeweils als ‚Vaterland' gelten. Es ist also die Rede vom hessischen Patriotismus, von der Osnabrücker Vaterlandsliebe und so weiter.

Vaterlandsliebe und Patriotismus werden immer auf ein größeres Ganzes perspektiviert. Deswegen können Patriotismus und Kosmopolitismus für die Frühaufklärer strukturell analoge Konzepte sein.⁸ So soll der Patriot nach Iselin gleichermaßen zu „einem würdigen Bürger der Erde, des Staates, und des Himmels"⁹ werden und es stellt für ihn keinen Widerspruch dar, dass der Patriot „zu dem Dienste der Welt und des Vaterlands"¹⁰ berufen sei. Die Auffassung, „daß wenn es dem Ganzen wol gehet, es auch einem jeden Theile wol gehen müsse",¹¹ ist prinzipiell über jede Landesgrenze hinaus ausdehnbar. Patriotismus und

---

4 Rudolf Vierhaus bestimmt den Patriotismus des 18. Jahrhunderts als „eine auf das Gemeinwesen bezogene moralisch-politische Gesinnung", Vierhaus 1987, S. 108. Von einem „im wesentlichen moralischen und vorpolitischen Patriotismusdiskurs des 18. Jahrhunderts" spricht Alexander Schmidt. Schmidt 2010, S. 35.
5 Der Patriot Nr. 4, 27. Januar 1724, in: Martens 1969–1984, Bd. 1, S. 26.
6 Das Beharren auf Loyalität gegenüber den bestehenden politischen Verhältnissen unterscheidet die deutsche Patriotismusdebatte in der ersten Hälfte des 18. Jahrhunderts und auch noch bis weit in die zweite Jahrhunderthälfte hinein etwa von derjenigen in Frankreich, wo sich Patriotismus schon sehr viel früher mit sozialkritischen Impulsen verband; vgl. Irmtraut Sahmlands Studie *Christoph Martin Wieland und die deutsche Nation. Zwischen Patriotismus, Kosmopolitismus und Griechentum*, Sahmland 1990. Hier wird der Begriff der Heimat naturgemäß nicht erörtert.
7 Iselin 1758, S. 304–305. Die erste Auflage stammt von 1755, hier zitiert nach der zweiten.
8 Vgl. Oesterhelt 2018.
9 Iselin 1758, S. 304.
10 Iselin 1758, S. 307.
11 Iselin 1758, S. 313.

Kosmopolitismus legitimieren sich positiv über die Idee eines allgemeinen Besten, nicht aber negativ über Abgrenzung. Für den Patriotismus des frühen 18. Jahrhunderts ist dies besonders hervorhebenswert, denn eben die Funktionsweise der Grenze wird sich gegen Ende des Jahrhunderts grundsätzlich ändern. Zunächst hat die Vaterlandsgrenze die Funktion, den Aktionsradius des (kosmopolitischen) Patrioten zu definieren, so dass der ideelle Kosmopolitismus zu einem handlungsorientierten Patriotismus werden kann. Die Argumentation für patriotisches Handeln ist dabei teilweise eine religiöse,[12] teilweise eine pragmatische und ökonomische, wie in der Wochenschrift *Der Patriot*. Hier ist es nicht der Wunsch nach Seelenheil, sondern nach leiblicher Selbsterhaltung und Erhaltung der eigenen Nachkommen, der den Einzelnen im Sinn des Gemeinwohls handeln lässt:

> Wie nun ein jeder, welcher sich in einem Schiffe befindet, die Erhaltung des Schiffes zu seinem eigenen Besten zu suchen verbunden ist: eben so viel, ja noch mehr, erfordert es die Schuldigkeit derer, die eine Ring-Mauer vereinet, für das Wohl des Vaterlandes zu sorgen, weil nicht allein ihre eigene Wohlfahrt, wie etwan der Schiffenden, sondern zugleich die Wohlfahrt ihrer Weiber, Kinder und Nachkommen, und zwar mehr, als man glauben sollte, daran hafftet [...].[13]

Die Ablehnung der Selbstsucht, die den Patriotismusdiskurs topisch begleitet, ist somit ambivalent. Einerseits tritt der Patriotismus explizit als Gegenkonzept des Eigennutzes auf und wird auch zeitgenössisch so gedeutet,[14] andererseits ist er zugleich selbst Teil einer wirtschaftlichen Logik, indem immer wieder argumentiert wird, das gemeinnützige Handeln komme am Ende wieder dem ökonomischen Interesse des Einzelnen zugute. Das Bild des ‚Schiffs' und der ‚Ring-Mauer', das den Radius der persönlichen Abhängigkeit vom allgemeinen Schicksal markiert, ist auch hinsichtlich der Funktion der Grenzziehung bemerkenswert. Die Grenze oder die Mauer ermöglichen die Bestimmung eines konkreten Betroffenheits- bzw. Aktionsradius, sind aber potentiell erweiterbar; auch auf die gesamte

---

12 Im Sinn des Seelenheils argumentiert Iselin. Es ist bei Iselin der Himmel selbst, der dem Patrioten seine Arbeit „zum Besten des Vaterlandes auferleget" (Iselin 1758, S. 309), und der Patriot suche in „allen seinen Handlungen [...] nichts als den Beyfall des Himmels, die Glückseligkeit der Menschen, und das Vergnügen, das die Ausübung der Tugend dem Tugendhaften in so reichem Masse gewähret" (Iselin 1758, S. 312), ja sein Handeln diene nur der „erhabnen Vorbereitung" auf sein Leben nach dem Tode, in dem er umgeben sein werde von „triumphierende[n] Engel[n]", die selbst „ehemals auf dieser Erden als Patrioten und tugendhafte Bürger Völker glükselig gemacht hatten", und „wo er als ein getreuer Knecht die Belohnung seiner Tugend, und die Vergeltung seiner Mühen in reichem Masse erhalten wird." (Alle Zitate Iselin 1758, S. 327)
13 Der Patriot Nr. 84, 9. August 1725, in: Martens 1969–1984, Bd. 2, S. 259–265, hier S. 264–265.
14 Vgl. Sahmland 1990.

menschliche Gesellschaft ließe sich die Schiffs- oder Stadtmauermetaphorik übertragen. Die Grenzmetaphorik zielt aber nicht auf Abwehr eines Fremden. Wo es in der frühen und mittleren Aufklärung einen Blick des Patrioten über die eigenen (Klein-)Staatsgrenzen hinaus gibt, geschieht dies nicht in kompetitiver Hinsicht, sondern im Sinn einer möglichen Ausweitung des im kleineren Rahmen als allgemein nützlich Erkannten, wie in Justus Mösers *Patriotischen Phantasien* (vgl. II.2.2).[15]

Das ändert sich in den 1760er und 1770er Jahren. Fortan können sich Patriotismus und Vaterland entweder herkömmlich auf den einzelnen konkreten (Klein-)Staat, ja sogar ausschließlich auf den eigenen Geburts- oder Lebensort beziehen[16] (eine Funktion, die später der Heimatbegriff übernehmen wird) oder aber auf die Idee eines als Nation geeinten Deutschlands. Das produktive Spannungsverhältnis zwischen dem regionalen und dem gesamtstaatlichen Vaterland, zwischen Landesloyalität und Nationalstaatsidee, Föderalismus und Zentralismus wird fortan zum spezifischen Merkmal moderner deutscher Geschichte.[17] Neu ist, dass die Grenzen des Vaterlands nun nicht mehr pragmatisch, sondern ideell bestimmt werden, die Vaterlandsliebe nicht mehr zum moralischen Wert, sondern zur anthropologischen Notwendigkeit erhoben und mit der Idee eines Nationalgeistes oder Nationalcharakters in Zusammenhang gebracht wird. Hier erst liegen die Ursprünge des modernen deutschen Nationalismus, der dann zu einem Leitparadigma des 19. Jahrhunderts werden sollte.[18] Dieser moderne Nationalismus bestimmt sich in der Abgrenzung gegenüber Fremdem und setzt sich so auch in Kontrast zum aufklärerischen Kosmopolitismus, der fortan eine antipodische Funktion gegenüber dem neu verstandenen Patriotismus übernimmt. In

---

15 Deren ganz auf Osnabrück bezogene Perspektive müsse außerhalb dieser Grenzen, so heißt es in der Vorrede, wohl einen „Erdgeschmack" tragen, könnte gleichwohl vielleicht auch dort dienlich sein. Möser 1780, o.S.
16 In einer anonymen Rezension zu Joseph von Sonnenfels' *Über die Liebe des Vaterlandes* heißt es, hier schon als klare Gegenposition gegen einen anderen Vaterlandsbegriff formuliert: „Die ewig mißverstandnen Klagen nachgesungen: ‚Wir haben kein Vaterland, keinen Patriotismus'. Wenn wir einen Platz in der Welt finden, da, mit unsern Besitzthümern zu ruhen; ein Feld, uns zu nähren; ein Haus, uns zu decken; haben wir da nicht Vaterland? und haben das nicht tausend und tausende in jedem Staat? und leben wir nicht in dieser Beschränkung glücklich?" Frankfurter gelehrte Anzeigen vom Jahr 1772, 1. Hälfte, S. 269–271, hier S. 269–270, hier zitiert nach Sahmland 1990, S. 219.
17 Dieter Langewiesche rekonstruiert das Konzept der föderativen Nation als Kennzeichen moderner deutscher Geschichte, vgl. Langewiesche: Nation, 2000. Im europäischen Vergleich unterscheidet sich das Verhältnis der Deutschen zu Nation und Staat damit von den anderen europäischen Staaten, vgl. Schulze 1994.
18 Vgl. Echternkamp 1998 und Wehler 2001.

Zusammenhang mit dieser Abgrenzungsbewegung wird die Rede vom Vaterländischen und Patriotischen emotionalisiert und pathetisiert. Repräsentativ hierfür steht Johann Georg Zimmermanns viel beachtete Schrift *Vom Nationalstolz* (1758), welche die Nationalgeistdebatte in Deutschland auslöste.[19] Der Schweizer Zimmermann definiert Nationalstolz als „ein Gefühl von besondern Vorzügen, die sich ein Volk beimißt, sie mögen nun eingebildet oder wahrhaft heissen".[20] Selbst dann, meint Zimmermann, wenn diese Vorzüge bloße Einbildung seien, entspringe ihnen doch ein „Gefühl der Würdigkeit"[21] der eigenen Seele, das eine Bedingung moralischen Handelns sei.[22] Nationalstolz wird also als anthropologisches Phänomen begriffen, das auf seine Funktionsweise und seine Auswirkungen hin befragt wird. Nicht um die tatsächliche Berechtigung des Gefühls nationaler Überlegenheit geht es Zimmermann, sondern um eine Haltung der Selbstachtung, welche durch den Nationalstolz möglich werde. Der deswegen nach seiner Auffassung wünschenswerte Nationalstolz ermögliche dem Einzelnen, sein Handeln an einem positiven Ideal zu orientieren. Gleichwohl beruht dieses Konzept eines anthropologischen und instrumentellen Nationalstolzes bereits auf Abgrenzung und normativer Differenzierung.

Die deutsche Debatte um den Begriff der Nation und für ein „einträchtiges Deutschland"[23] initiiert 1765 Friedrich Carl von Mosers *Von dem Deutschen national-Geist*. Der Text beschwört die Utopie der Einheit und Stärke eines einheitlich repräsentierten deutschen Volkes,[24] um diese dann mit einer Realität zu

---

19 Zu Lebzeiten Zimmermanns erschienen sechs Auflagen sowie eine französische und eine englische Übersetzung, vgl. das Nachwort in Zimmermann 1758, o.S. Zur deutschen Nationalgeistdebatte im 18. Jahrhundert vgl. Seeba 1987, S. 201–206.
20 Seeba 1987, S. 3. Zum Verhältnis von Deutschen und Schweizern vgl. Seeba 1987, S. 86–88.
21 Seeba 1987, S. 95.
22 Dieses Gefühl des Vorrangs vor anderen entwickelt Zimmermann mehr assoziativ als systematisch anhand von zahllosen Beispielen aus allen Zeiten und Kulturkreisen und belegt, dass dieses Gefühl nicht selten auf Einbildung beruhe. Immer laufe es darauf hinaus, dass sich jeder „auf seinem Miste der größte" (Seeba 1987, S. 8) wähne. Ganz unabhängig aber von der weitläufig entwickelten objektiven Unhaltbarkeit der im Nationalstolz häufig gefühlten und behaupteten Überlegenheit (dass es Nationalcharaktere überhaupt gebe, wird hingegen als zweifelsfrei angenommen, vgl. Seeba 1987, S. 90), zielt Zimmermanns Argument auf die positiven psychologischen und moralischen Effekte des Nationalstolzes.
23 Moser 1765, S. 71.
24 „Wir sind Ein Volk, von Einem Nahmen und Sprache, unter Einem gemeinsamen Oberhaupt, unter Einerley unsere Verfassung, Rechte und Pflichten bestimmenden Gesezen, zu Einem gemeinschaftlichen grossen Interesse der Freyheit verbunden, auf Einer mehr als hundertjährigen national-Versamlung zu diesem wichtigen Zweck vereinigt, an innerer Macht und Stärcke das erste Reich in Europa, dessen Königs-Cronen auf Deutschen Häuptern glänzen [...]." Moser 1765,

konfrontieren, welche die Deutschen als „bedaurenswürdiges Volck" zeigt.[25] Moser beklagt, dass nirgendwo Einsatz fürs allgemeine Ganze zu sehen sei. Insbesondere die politische Führung der Einzelstaaten mit ihrer Verwaltung denke „separatistisch[]".[26] Überall sehe er den „der wahren Liebe des Vaterlands so äusserst entgegen stehenden Geist des Eigennutzes".[27] Vermisst wird von Moser eine „national-Denkungs-Art, eine allgemeine Vaterlandsliebe", und das nicht nur „bey dem grossem Hauffen des gemeinen Deutschen Mannes, welcher nur den Strich Erde, worauf er gebohren und erzogen ist, vor sein wahres und alleiniges Vaterland hält".[28] Das – neue – Anliegen einer gesamtdeutschen Perspektive wird in der analogen Verwendung von Nation und Vaterland sichtbar; die häufig gebrauchten Begriffe von Vaterland und Patriotismus haben einen neuen territorialen Bezugsrahmen, nämlich den einer deutschen Nation. Abgesehen von dieser räumlichen Neubestimmung steht Moser ganz im Selbstverständnis des hergebrachten Patriotismusbegriffs; erstens in dem Sinn, dass politische Verhältnisse nicht umgestürzt werden sollen, sondern eine von einem neuen Geist getragene Reform der Verwaltung unter dem Leitbild des Allgemeinwohls das erklärte Ziel der Schrift ist – das vorangestellte Motto von Iselin betont, dass es dem hier vertretenen Patriotismus um den Gedanken „der allgemeinen Wohlfarth" gehe, nicht um „den Geist der Unruhen";[29] zweitens in dem Sinn, dass die eingeklagte nationale Gesinnung auf ein gemeinnütziges Denken und Handeln zielt, nicht aber auf nationale Exklusivität, wie sie Zimmermann vorgeschlagen hatte.

S. 5. Angespielt wird auf den in den Verträgen des Westfälischen Friedens von 1648 beschlossenen und 1653/54 durchgeführten Reichstag des Heiligen Römischen Reiches Deutscher Nation.
25 „[...] so, wie wir sind, sind wir schon Jahrhunderte hindurch ein Räthsel politischer Verfassung, ein Raub der Nachbarn, ein Gegenstand ihrer Spöttereyen, ausgezeichnet in der Geschichte der Welt, uneinig unter uns selbst, kraftlos durch unsere Trennungen, starck genug, uns selbst zu schaden, ohnmächtig, uns zu retten, unempfindlich gegen die Ehre unsers Nahmens, gleichgültig gegen die Würde der Geseze, eifersüchtig gegen unser Oberhaupt, mißtrauisch unter einander, unzusammenhangend in Grundsätzen, gewaltthätig in deren Ausführung, ein grosses und gleichwohl verachtetes, ein in der Möglichkeit glückliches, in der That selbst aber sehr bedaurenswürdiges Volck." Moser 1765, S. 5–6.
26 Moser 1765, S. 36.
27 Moser 1765, S. 9.
28 Moser 1765, S. 12–13.
29 „Ein Patriot ist zu groß, eines andern Sclave, er ist zu gerecht, eines andern Herr zu seyn. Er ist daher weder der Anhänger einer Parthie, noch das Haupt einer solchen. Er verabscheuet den Geist der Unruhen; ihn leiten, ihn beherrschen nur das Gesez und der grosse Gedanke von der allgemeinen Wohlfarth; diese allein erfüllen seine edle Seele; diesen allein opfert er alle andere Triebe, alle andere Neigungen seines Herzens auf." Iselin 1758, o.S.

Mosers Text stieß eine breite Debatte über den Nationalgeist an, wobei dieser fast durchweg abgelehnt wurde. Symptomatisch für den Diskussionsstand der Zeit ist deswegen weniger die Perspektive Mosers als die gegen ihn vorgebrachten Argumente. Es wird eingewendet, dass der – durchaus zutreffenden – Gegenwartskritik die Annahme einer vormaligen, angeblich verloren gegangenen Einheit zugrunde liege, die es so nie gegeben habe. In der anonymen Schrift *Noch etwas zum Deutschen Nationalgeiste* heißt es: „Uneinig sind wir zu allen Zeiten gewesen" – und zwar so sehr, dass eigentlich eben diese Uneinigkeit das konstitutive Element des deutschen Nationalgeistes sei.[30] Weiterhin wird kritisiert, dass eine zukünftige Einheit nicht mit den überkommenen Instrumenten des Heiligen Römischen Reichs Deutscher Nation zu bewerkstelligen sein werde. Der Haupteinwand ist, Moser habe sein Thema verfehlt: Es gehe Moser um eine Kritik des Staatsrechts und seiner Vertreter, nicht aber um die viel umfassendere Frage nach einem deutschen Nationalgeist. Will Mosers Nationalgeist den alten Patriotismusbegriff auf eine größere territoriale Einheit übertragen und die Idee der allgemeinen Wohlfahrt (nämlich der *aller* Deutschen) gegenüber dem real praktizierten eigennützigen Handeln der einzelnen deutschen Staaten einklagen, so wollen seine Kritiker mit dem Begriff des Nationalgeistes etwas über das Wesen des Deutschen erfahren; sie wollen verstehen, was sie als Deutsche zusammenhält, und suchen nach anthropologischen Argumenten für den von Zimmermann angemahnten Nationalstolz. Der bessere Titel, schreibt Justus Möser in seiner Besprechung Mosers, wäre *„der Geist der deutschen Höfe"*,[31] denn diesem gelte die Kritik, nicht dem Geist der Gesamtnation:

> Allein am Hofe lebt nicht der Patriot, nicht der Mann, der zur Nation gehört, sondern der gedungene Gelehrte, der sich schmiegende Bediente, und der Chamäleon, der allezeit die Farbe annimmt, welche ihm untergelegt wird; und die Gelehrsamkeit überhaupt hat ein solches *air étranger*, daß sich der Nationalcharakter darunter beinahe ganz verliert.[32]

Möser, für seine mehrbändigen *Patriotischen Phantasien* (1766 bis 1792) bekannt,[33] bringt hier einen neuen Ton in die Rede von der Vaterlandsliebe: Sie wird dem

---

30 Anonym 1766, S. 198. Zu Formen und Funktionen von Anonymität als Phänomen des öffentlichen Diskurses vgl. Pabst 2011.
31 Möser 1986, S. 249. Mösers Rezension erschien zuerst 1768 in der *Allgemeinen Deutschen Bibliothek*.
32 Möser 1986, S. 249.
33 Der Titel ist hier im weiteren Sinn bezogen auf die zwischen 1766 und 1792 verfassten Beiträge für die *Wöchentlichen Osnabrückischen Intelligenzblätter*. 1774 gab er einen Teil davon unter dem Titel *Patriotische Phantasien* heraus. Zur Einordnung Mösers in den Nationalstaatsdiskurs vgl. Carl 2001.

Staatsdiener und Gelehrten ab- und dem einfachen, unverbildeten Volk zugesprochen. Zahlreiche weitere kritische Stimmen betonen in der Reaktion auf Moser, dass sie unter Nationalgeist einen Volksgeist verstanden wissen wollen, der gerade nicht auf eine politische Führungsschicht und ihre Lakaien zu beschränken sei, sondern das Volk in seiner Gesamtheit charakterisiere. Hier wird auch einer der progressiven Impulse des neuen Nationalstaatsdiskurses sichtbar: Er zielte insgesamt auf eine Überwindung der ständischen Gesellschaft und verband sich insbesondere durch die Französische Revolution mit der Idee von Gleichheit und Freiheit.[34]

Die verstärkt ab den 1770er Jahren einsetzende Suche nach einem National- und Volksgeist geht viele Wege, die auch einen semantischen Wandel von Vaterland und Patriotismus nach sich ziehen. Die Neubesetzung der Begriffe findet, von Christoph Martin Wieland abgesehen,[35] weitgehend ohne Reflexion der älteren Bedeutung statt. Ihr überkommener Sinn wird meist implizit in Form einer Kritik des Kosmopolitismus hinterfragt. Dieser wird als ‚kalt' und ‚berechnend' charakterisiert und den ‚volksfernen' Aufklärern zugeschrieben. Der Generationenkonflikt wird dabei auch als vorgeblicher Schichtenkonflikt ausgetragen, insofern die Aufklärer jenen Gebildeten zugerechnet werden, die den Kontakt zum ‚Volk' verloren hätten, wobei meist verschwiegen wird, dass auch die Kritiker Gebildete und ökonomisch Bessergestellte sind. Die Neukonzeptualisierung des Patriotismus basiert nun immer häufiger auf der Abgrenzung gegenüber einem Fremden, das abgewertet werden muss, um das Eigene aufwerten zu können. Dem Kosmopolitismus fehle, so die Kritik, die Fähigkeit der Differenzbildung. Anschaulich wird dies anhand von Johann Georg Schlossers *Politischen Fragmenten*, die 1777 in der dem Hainbund nahestehenden Zeitschrift *Deutsches Museum* von Heinrich Christian Boie publiziert werden:

> Wem alles zu Hause wohl steht, oder wem's zu Hause nicht mehr gefällt, oder wer keine Heimat hat, der werde ein Kosmopolit! – Wer's ist, nahe nie meinem Vaterlande!
> Der Jedermannsbürger ist wie der Jedermannsfreund.
> Patriotismus hebt die Menschenliebe nicht auf; aber Menschenliebe und Vaterlandsliebe

---

34 Alexander Schmidt zeigt, wie die Revolution die „Debatte über die Möglichkeit eines Patriotismus in Monarchien neu entfacht und auch in Staaten wie Preußen kontrovers geführt" wird. „Mainzer Klubisten verkündeten in ihren Texten offensiv, daß sich Vaterlandsliebe nur auf eine Republik beziehen könne". Schmidt 2010, S. 48. Schon der Patriotismus- und der Naturrechtsdiskurs des 18. Jahrhunderts arbeiteten diesen Debatten vor, vgl. Schmidt 2010, S. 50; Vierhaus 1987; Klippel 1976.
35 Vgl. Christoph Martin Wielands *Patriotischen Beitrag zu Teutschlands höchstem Flor (wenn es will)* (1780–1786), und *Über teutschen Patriotismus* (1793). Wieland geht als einziger der Zeitgenossen auf den Bedeutungswandel der Begriffe ein.

müssen untergeordnet seyn.
Stolz auf seine Nation seyn, ist besser als keine haben; und die andern Nationen, im Gefühl seiner Freyheit und seines Werths, verachten, ist besser als den andern dienen, oder den andern nachäffen.[36]

Der Kosmopolit liebt nach Schlosser zuerst den Menschen, er hat keinen Nationalstolz, sondern dient anderen Nationen oder ahmt sie nach. Der Patriot liebt zuerst das Vaterland, sein Nationalstolz verbindet sich mit der Verachtung der anderen Nationen. Im neuen, emotionalisierten Ton der 1770er Jahre wird ‚Vaterland' zur Pathos-Formel, die sich in Imperativen, Invokationen und Interjektionen ausdrückt. Der Begriff der Heimat, der hier im Zitat verwendet wird, wobei dies in den 1770er Jahren im politischen Kontext eine Ausnahme ist, wird ein Stück weit von dieser Emphase erfasst. Denn selbst wenn dem Juristen Schlosser Heimat als juristischer Terminus technicus vor Augen stand, setzt er ihn hier in emotionalisierender Funktion ein.

Die aufklärerische Kritik am neuen Verständnis von Patriotismus und Vaterland hält bis zum Ende des 18. Jahrhunderts an und verliert nichts von ihrer Geltung.[37] Die sukzessive Bedeutungsverschiebung des Begriffs und die emphatische Konzeptualisierung von ‚Vaterland' kann sie aber nicht aufhalten. Immer öfter wird im Namen des Vaterlands die Obrigkeit kritisiert, ein Opfer gefordert, das Fremde ab- und das Eigene korrelativ aufgewertet.

Die Semantik von Patriotismus und Vaterlandsliebe kann ab den 1770er Jahren erstmals eine deutliche Kritik an der Obrigkeit enthalten: nicht so sehr in dem Sinn Mosers, Fürsten und ihre Verwaltung würden zu wenig für das Allgemeinwohl handeln, sondern im Sinn einer grundsätzlichen Infragestellung der politischen Strukturen und Machtverhältnisse. Bei Schlosser besteht die Rubrik „Der Patriot" einzig aus zwei knappen Sätzen: „Frey muß der Staat seyn, jeder Bürger sich Theil des Staats fühlen, wo Patrioten möglich sind. – Was reden wir nun davon?"[38] Freiheit jedes einzelnen Bürgers wird hier zur (uneingeholten) Bedingung des Patriotismus. Die aufklärerische Idee eines grundsätzlich funktionierenden, wenngleich reformbedürftigen Gemeinwesens (Moser) wird aufgekündigt; die Grenze verläuft nun zwischen den Herrschenden und dem Volk. Zu Ersteren wurden meist auch die Gebildeten gezählt.[39]

---

36 Schlosser 1777, S. 106.
37 Vgl. Christoph Martin Wielands *Über teutschen Patriotismus* (1793).
38 Schlosser 1777, S. 106.
39 Sicher zu Unrecht, wie sich an der durch *De la littérature Allemande* (1780) von Friedrich II. ausgelösten Debatte ablesen lässt, vgl. Johann Karl Wezel: *Über Sprache, Wissenschaften und Geschmack der Teutschen* (1781).

2.1 Heimat und Vaterland — 75

Neu ist auch die Forderung nach Opferbereitschaft fürs Vaterland; nicht im aufklärerischen Verständnis einer Partizipation am Gemeinwesen, sondern im Sinn der exzeptionellen Handlung, der Bereitschaft, sein Leben fürs Vaterland zu lassen, wie in Thomas Abbts ausgesprochen einflussreicher Schrift *Vom Tode fürs Vaterland* (1761).[40] Obwohl die Schrift selbst noch die unbedingte Loyalität zum Herrscher fordert,[41] wurde diese in der Rezeption zur Loyalität gegenüber dem Vaterland umgedeutet. Die Definition von Vaterland ist bei Abbt, noch ganz im Sinn des frühaufklärerischen Verständnisses von Patriotismus, der Staat in seinen schon bestehenden Grenzen, hier also Preußen, und setzt das grundsätzliche Einverständnis des Untertanen mit seinem Staat und dessen Ordnung voraus:

> Was ist wol das Vaterland? Man kann nicht immer den Geburtsort allein darunter verstehen. Aber, wenn mich die Geburt oder meine freye Entschließung mit einem Staat vereinigt, dessen heilsamen Gesetzen ich mich unterwerfe; Gesetzen, die mir nicht mehr von meiner Freiheit entziehen, als zum Besten des ganzen Staats nöthig ist: alsdann nenne ich diesen Staat mein Vaterland.[42]

Ebenfalls im Anschluss an den hergebrachten Patriotismus-Diskurs bedeutet Liebe zum Vaterland ein Handeln im Sinn der Wohlfahrt aller, hinter der eigensüchtige Interessen zurücktreten müssten,[43] welches am Ende aber gewinnbringend auch für jeden Einzelnen sei.[44] Neu ist der Grad der eingeforderten Opferbereitschaft fürs Vaterland – der eigene Tod – und der evokative Ton, der nicht nur auf rationale, sondern stärker auf emotionale Überzeugung setzt. Der vaterlandsliebende Untertan wird zum Helden: aus Loyalität, aber auch aus innerer Notwendigkeit, die eigenen Vorväter vor Augen, die ihrerseits schon als „aufopfernde[] Patrioten" gestorben seien. Aufgrund dieses Heldenmutes, so heißt es, „durchwandern wir ihre Provinzen [die der Vorväter] mit einer geheimen Ehrfurcht".[45] Neu ist drittens, dass der hier ins Spiel kommende Begriff der Nation synonym mit Vaterland, d.i. hier also Preußen, verwendet wird.[46] Die Forderung

---

40 Zu Abbts Schrift im historischen Kontext zwischen Ende des ‚Alten Reichs' und neuem Nationalismus informiert ausführlich Wolfgang Burgdorfs Aufsatz *„Reichsnationalismus" gegen „Territorialnationalismus". Phasen der Intensivierung des nationalen Bewußtseins in Deutschland seit dem Siebenjährigen Krieg*, vgl. Burgdorf 2000.
41 Abbts während des Siebenjährigen Krieges verfasste Schrift richtet sich ausdrücklich an den preußischen Untertan und fordert dessen unbedingte Loyalität bis hin zur Bereitschaft, fürs Vaterland zu sterben.
42 Abbt 1761, S. 17.
43 Vgl. Abbt 1761, S. 46.
44 Vgl. Abbt 1761, S. 18.
45 Beide Zitate Abbt 1761, S. 49–50.
46 Vgl. Abbt 1761, S. 49–50.

nach der Bereitschaft, fürs Gemeinwesen zu sterben, ist deswegen nicht mehr nur die logische Konsequenz des herkömmlichen Patriotismusbegriffs in kriegerischen Zeiten. Nicht mehr das Seelenheil und auch nur noch zum Teil der Pragmatismus nachhaltigen Eigennutzes begründen den Tod fürs Vaterland, sondern die Berufung auf eine spezifische Zugehörigkeit, die sich aus der Genealogie von Generationen fürs eigene Vaterland kämpfender und sterbender Vorfahren ergibt und mit dem Begriff der Nation assoziiert wird.

Die Widersprüchlichkeit der Schrift, die sich insbesondere aus der Beanspruchung des Nationenbegriffs ergibt, ist offensichtlich, da Preußen im Siebenjährigen Krieg u. a. gegen die Reichsarmee des Heiligen Römischen Reiches, gegen das Kurfürstentum Sachsen und gegen die Kaiserliche Armee der österreichischen Habsburgermonarchie kämpfte. Gerade der Siebenjährige Krieg war für viele Deutsche Anlass, Vorstellungen von Vaterland und Nation zu hinterfragen.[47] Auch Moser hatte in seinem ebenfalls in Reaktion auf den Siebenjährigen Krieg entstandenen *Deutschen Nationalgeist* die Notwendigkeit des Krieges angezweifelt und den Bruderkrieg beklagt.[48]

Die Patrioten der 1770er Jahre im Umfeld des Göttinger Hainbunds dagegen übergehen den Widerspruch, dass Abbts *Tod für das Vaterland* mit seiner Forderung nach absoluter Loyalität des preußischen Untertans in seiner Konsequenz in Kauf nimmt, dass Deutsche gegen Deutsche kämpfen. Mit der Verehrung Abbts als Kämpfer für die vaterländische – und das heißt in der neuen Zuschreibung: gesamtnationale – Sache[49] wird in diesen literarischen Gruppierungen an einen enthusiastischen Vaterlandsbegriff appelliert, der sich auf einen aufopferungsvollen Heldenmut der Vorfahren beruft.[50] Im Rahmen dieser Einbettung des Vaterlands in kriegerisch-heroische Zusammenhänge wird das Vaterland auch rhetorisch zum Objekt männlicher Begierde stilisiert: Es sind die Jünglinge und Männer, die sich ihm weihen und ihre Liebe zu ihm der zu den Frauen überordnen: „O Vaterland! o Vaterland! / Mehr als Mutter, und Weib, und Braut!"[51] wird in Klopstocks *Hermanns Schlacht* von 1769 gerufen.[52]

---

47 Vgl. Johann Karl Wezels *Lebensgeschichte Tobias Knauts*, wo gegen die „Mode, fürs Vaterland zu sterben" polemisiert wird. Es seien ganz andere Ursachen, die zum Eintritt in die Armee führten, dann aber „mit allen den schönen Phrasen von Ehre und Vaterlandsliebe" verbrämt würden. Beide Wezel 1971, Bd. 2, S. 8–9.
48 Vgl. Moser 1765, S. 42–43.
49 Vgl. Blum 1775, S. 14.
50 Zu den literarischen Diskursen ums Vaterland als Teil des neuen Nationalismus vgl. die Studie von Hans-Martin Blitz: *Aus Liebe zum Vaterland. Die Nation im 18. Jahrhundert*, vgl. Blitz 2000.
51 Klopstock 2009, S. 80.
52 Das Vaterland trägt bei Klopstock weibliche Attribute, seine männlichen Protagonisten sehnen sich „[i]n des Vaterlands Schooß". Friedrich Gottlieb Klopstock: Der Zürchersee (1750), in:

Hatte sich Abbt noch auf antike Beispiele heldenmütigen Sterbens berufen, etablieren die ‚teutonisierenden' Patrioten (Wieland) der 1770er Jahre die Idee einer mythologischen Urgeschichte der Deutschen. In den verschiedenen Bearbeitungen des Arminius-Stoffs durch Klopstock von 1769, 1784 und 1787 wird der nun exzessiv verwendete Begriff des Vaterlands in Bilder des heroischen Selbstopfers gekleidet. Der Kampf gilt einem äußeren und einem inneren Feind, der äußere ist der antike Römer, der innere der Vaterlandsverräter, der mit dem Feind koaliert. Zugehörigkeit wird auch hier vornehmlich durch Exklusion erreicht.

Die Notwendigkeit der Abwertung anderer zugunsten des Vaterlands wird vom Wiener Professor für Polizey- und Kameralwissenschaft Joseph von Sonnenfels 1771 theoretisch begründet. Der Schutz der Gesetze und eine gute Regierung erzeuge Anhänglichkeit ans Vaterland, aber noch nicht die Vaterlandsliebe selbst. Man müsse darüber hinaus auch für sein Vaterland „partheyisch seyn".[53] Vaterlandsliebe sei „eine Erscheinung der Eigenliebe. Wir suchen unser eignes Beste, indem wir das Beste des Vaterlands suchen, wir lieben in dem Vaterlande uns selbst."[54] Sonnenfels dünkt es besser, „von andern Nationen mit Geringschätzung, als von der seinigen mit Gleichgültigkeit"[55] zu denken. Dabei geht es nicht um eine objektive Begründung, im Gegenteil:

> Einigermassen ist es auch kaum möglich, einen hohen Grad von Vaterlandsliebe ohne Beymischung einer Verachtung gegen alles Auswärtige zu begreifen, sie mag nun billig seyn, oder nicht, diese Verachtung, auf wahre Vorzüge gegründet, oder auf eingebildete, oder auf bloß vorgespiegelte. In diesem Stücke vielleicht hauptsächlich, ist es offenbar, wie sehr die Eigenliebe der Hauptbestandtheil der Vaterlandsliebe ist. Die Eigenliebe ist beständig mit sich beschäfftiget, bey den offenbarsten Unvollkommenheiten findet sie einen Ausweg, um in der Vergleichung wohl noch zu gewinnen; oder um sich die Demüthigung eines Geständnisses zu ersparen, drückt sie die Augen fest zu; wie jene Eule am hellen Mittage gethan, damit sie sagen konnte: es ist Nacht. Die wechselweisen Nationalvorwürfe haben keinen andern Ursprung. Eine Nation erhebt immer, was die andre tadelt, und jede tadelt das

---

Klopstock 2010, S. 95–97, hier S. 97. Die Liebe zum Vaterland erscheint als erotisches Verhältnis zwischen dem hingebenden Mann und dem weiblich attribuierten Vaterland. „Ich liebe dich, mein Vaterland!", ruft der Jüngling dem Vaterland mit umkränztem „Haupt" und „sanfte[m] Lächeln" zu, bevor er stirbt (alle Zitate Friedrich Gottlieb Klopstock: Vaterland [1768], in: Klopstock 2010, S. 320). Andersherum wird bei Klopstock dann auch der unmännliche, weil das Vaterland verkennende Mann von der Frau verstoßen: „Ich bin ein deutsches Mädchen! / [...] / Du bist kein deutscher Jüngling! / Mein ganzes Herz verachtet dich, / Der's Vaterland / Verkennt, dich Fremdling! und dich Thor!" Friedrich Gottlieb Klopstock: Vaterlandslied (1770), in: Klopstock 2010, S. 324.
53 Sonnenfels 1771, S. 11.
54 Sonnenfels 1771, S. 13–14.
55 Sonnenfels 1771, S. 21.

was ihr mangelt. Gestände sie ein, daß es ein Vorzug wäre, so gestünde sie ja, daß ihr dieser Vorzug fehlte.[56]

Was Sonnenfels im Dienst politischer Instrumentalisierbarkeit analysiert, setzen die vaterländisch bewegten Dichter von Klopstock bis zu den Göttinger Hainbündlern mit den ästhetischen Mitteln der Empfindsamkeit um, und die so installierte Vorstellung eines nationalen Vaterlands, das allen anderen Nationen überlegen ist und für das man, wenn nötig, sein Leben lässt, setzt sich im weiteren historischen Verlauf durch.

Zu einer schärferen Profilierung dieses neuen Vaterlandsbegriffs trägt Heimat insofern entscheidend bei, als der Begriff eine Spaltung in ein kämpferisch eingefordertes Vaterland und eine empfindsam geliebte Heimat möglich macht. Diese Profilierung ist noch keine Sache Klopstocks, aber dann schon der um eine Generation jüngeren Mitglieder des Hainbunds. In Klopstocks Drama *Hermanns-Schlacht* (1769), in dem unablässig jene gepriesen werden, „die ihr Vaterland mehr als ihr Leben liebten",[57] gibt es noch keine ‚Heimat'. Klopstocks Heimaten sind noch rein religiöse,[58] und das heißt, dass Heimat für Bearbeitungen des Arminius-Stoffs im 18. Jahrhundert – das gilt aus anderen Gründen auch für Möser und Wieland – nicht disponibel ist.[59]

Heimat spielt im Umfeld des Göttinger Hainbunds in der neuen Semantik von Vaterland und Nation eine zwar gemessen an den weiteren Entwicklungen noch untergeordnete Rolle. Ihre zukünftige Funktionalisierung als weiblich codierter Part innerhalb eines nationalen Vaterlandsdiskurses zeichnet sich aber schon ab, wie das Gedicht *Mein Vaterland, an Klopstock* (1779) des Hainbündlers Friedrich Leopold zu Stolberg-Stolberg zeigen kann.

Das Gedicht setzt ein mit Bildern der Größe, Kraft und Erhabenheit; der Adler, der Schwan, die donnernde Woge untermalen den ‚stolzen' Gesang, der dem Vaterland gilt:

---

56 Sonnenfels 1771, S. 23–24.
57 Klopstock 2009, S. 80. Schon 1752 verwendet Klopstock den Arminius-Stoff für die Ode *Hermann und Thusnelda*, in der auch schon blutig, aber schön gestorben wird. Vgl. Friedrich Gottlieb Klopstock: Hermann und Thusnelda, in: Klopstock 2010, S. 124.
58 Im *Messias* wird Heimat durchgängig im Sinn einer himmlischen Heimat verwendet, vgl. Klopstock 1769, S. 213 und S. 253; Klopstock 1773, S. 61, S. 74 und S. 153.
59 Schon Justus Möser hatte in seinem *Arminius* von 1749, allerdings unter gänzlich anderen Vorzeichen, die „germanische Urgesellschaft" als Idealbild menschlicher Gesellschaft entworfen. Weitere Hermann-Bearbeitungen gibt es von Johann Elias Schlegel, Freiherr von Schönaich und Wieland, auch diese kommen ohne Heimat aus. Das gilt auch noch für Heinrich von Kleists *Hermannsschlacht* von 1808. Zum Arminius-Stoff allgemein vgl. Essen 1998 und Wagner-Egelhaaf 2008.

> Das Herz gebeut mir! fiehe, fchon fchwebt,
> Voll Vaterlandes, ftolz mein Gefang!
> Stürmender fchwingen fich Adler
> Nicht, und Schwäne nicht tönender!
>
> An fernem Ufer raufchet fein Flug!
> Deß ftaunt der Belt und zürnet und hebt
> Donnernde, fchäumende Wogen;
> Denn ich finge mein Vaterland![60]

Das Vaterland wird in den folgenden Strophen mit „alter Treue", mutigen Männern, sittsamen Mädchen und „Zucht" in den Hütten verbunden, also mit der Zuschreibung eines Nationalcharakters.[61] Das sich steigernde Pathos kulminiert im Ausruf des lyrischen Subjekts: „Ich bin ein Deutscher! (Stürzet herab / Der Freude Thränen, daß ich es bin!)" und fügt hinzu:

> Von dir entfernet weih' ich mich dir,
> Mit jedem Wunfche, heiliges Land!
> Grüße den füdlichen Himmel
> Oft, und feufze der Heimat zu!
>
> Auch greifet oft mein nerviger Arm
> Zur linken Hüfte; manches Phantom
> Blutiger Schlachten umflattert
> Dann die Seele des Sehnenden.
>
> Jch höre fchon der Reifigen Huf,
> Und Kriegsdrommete! fehe mich fchon,
> Liegend im blutigen Staube,
> Rühmlich fterben für's Vaterland![62]

Das Vaterlandspathos wird hier religiös gesteigert und in Erhabenheitsformeln mit dem Nationalcharakter der Deutschen verbunden. In diese dominante Vaterlandsmetaphorik wird auch Heimat eingetragen. Sie ist Teil des Enthusiasmus fürs Vaterland, allerdings anders konnotiert. Für das Vaterland stirbt das Subjekt des Gedichts, der Heimat ‚seufzt' es ‚zu'.[63] Heimat wird im weiteren Umfeld des Göttinger Hainbundes, etwa beim Schweizer Autor Johann Gaudenz von Salis-Seewis, mit dem Code der Empfindsamkeit zusammengeführt: Gefühl und Idylle,

---

60 Stolberg-Stolberg 1779, S. 60.
61 Stolberg-Stolberg 1779, S. 61.
62 Beide Zitate Stolberg-Stolberg 1779, S. 62–63.
63 Stolberg-Stolberg 1779, S. 62.

Sittlichkeit und Natur, Wehmut und Seelenfülle beginnen sich mit Heimat zu verbinden.[64]

Dass Texte wie die von Stolberg-Stolberg und Salis-Seewis allerdings erst an der Schwelle zu einer neuen Heimatsemantik stehen, zeigt sich darin, dass Vaterland im Umfeld des Hainbunds noch Aspekte umfasst, die sich in der Folge in die Semantik von Heimat verschieben. Im Gedicht *Vaterlandsliebe* (1794) von Voß umschließt das Vaterland sozusagen noch alle Aspekte, die sich später in einen Bedeutungsgehalt von Vaterland hier und einen von Heimat dort ausdifferenzieren werden. Das Gedicht beginnt mit einer polemischen Abrechnung mit einer aufgeklärt-kosmopolitischen Haltung:

> Ein edler Geist klebt nicht am Staube;
> Er raget über Zeit und Stand:
> Ihn engt nicht Volksgebrauch noch Glaube,
> Ihn nicht Geschlecht noch Vaterland.
> Die Sonne steig und tauche nieder;
> Sie sah und sieht ringsum nur Brüder:
> Der Kelt und Griech und Hottentott
> Verehren kindlich einen Gott.

Dieser Haltung haftet ein ‚Umsonst' an; der Mensch bleibt, ob er will oder nicht, dem ‚Erdenkloß' verbunden, ‚der ihn gebar', so die zweite Strophe. Vaterlandsliebe assoziiert sich also mit dem Leiblichen, Gebärenden, Erdigen und, wie die dritte Strophe zeigt, auch mit dem Vertrauten, den Menschen, Gegenständen und Sitten des Herkunftsortes – also mit all dem, was wenige Jahre später immer der Heimat-, nicht der Vaterlandsliebe zugeordnet werden wird. Mit des „heimischen Gefildes Raum" wird Heimat eben unter Vaterland subsumiert:

> Er liebt die traute Vaterhütte,
> Den Ahorntisch, des Hofes Baum,
> Die Nachbarn und des Völkleins Sitte,
> Des heimischen Gefildes Raum.
> Er liebt die treuen Schulgenossen,
> Der Jugendspiel harmlose Possen,
> Das angestaunte Bilderbuch,
> Der Mutter Lied und Sittenspruch.

Auch Sprache, Sehnsucht und Weinen, die in der vierten Strophe beschrieben werden, sind Aspekte, die hier noch dem Vaterland zugeordnet sind:

---

[64] Vgl. dazu ausführlicher das Kapitel II.1.2. Salis-Seewis wurde durch Johann Heinrich Voß publiziert.

> O du, in Fremdlingsflur Verbannter,
> Wie warst du Freud und Wehmut ganz,
> Begrüße dich ein Unbekannter
> Im holden Laut des Vaterlands!
> Du kehrst in schroffes Eisgefilde
> Mit Lust aus reicher Sonnenmilde
> Und weinst, auf deiner Väter Höhn
> Von fern den blauen Rauch zu sehn.

„Dann lieber arm im Vaterland / Als fern in Sklavenprunk verbannt!", resümiert die fünfte Strophe. „Glückselig" bezeichnet die letzte Strophe denjenigen, der „daheim" als Vorbild eines „guten Bürger[s]" gelte; hier sind noch Rudimente des alten Patriotismusbegriffs zu finden, der die Wohlfahrt der Allgemeinheit im Blick hat:

> Nicht eigensüchtig wirbt er Seines;
> Sein Herz, entbrannt für Allgemeines,
> Verschwendet Kraft und Fleiß und Gut
> Und, gilt es Wohlfahrt, gern das Blut.[65]

Das Heimische – als das „daheim" und „des heimischen Gefieldes Raum" – steht mit der „Vaterlandsliebe", dem „Vaterland", der „Vaterhütte" und der „Väter Höhn" hier noch in keinem antipodischen Verhältnis.

Insofern steht dieses Gedicht erst am Beginn einer Ausdifferenzierung von Vaterland und Heimat, die in den folgenden Jahrzehnten intensiv vonstattengeht. Denn was hier noch teilweise Ähnliches meint, trennt sich im weiteren Verlauf in zwei klar aufeinander bezogene, aber doch ebenso klar unterschiedene Ideen: Der Geist, der bei Voß noch negativ konnotiert für den kosmopolitischen steht, wird dann positiv der Vaterlandsliebe zugeschrieben, die als abstraktere, intellektuellere Idee des größeren Ganzen gilt. Die Emotion gilt der Heimat, die mit der Erde, dem Leiblichen und Vegetativen verknüpft ist. Besonders an Ernst Moritz Arndt wird sich zeigen lassen, wie sich Vaterlandsliebe als aktives, intellektuelles, aggressives, politisches und männliches Konzept und analog Heimat als passives, gefühlvolles, befriedendes, (vorgeblich) unpolitisches und weibliches Konzept etabliert (vgl. II.1.2).

Die Spaltung des neuen Patriotismus in eine Vaterlandsliebe als Bereitschaft zum Tod und eine Heimatliebe als sentimentale Bindung geht mit einer geschlechtsspezifischen Polarisierung einher (vgl. I.2.3). Der männliche Teil tritt als aktiv Liebender in Erscheinung (nämlich als Vaterlands- und als Heimatlieben-

---

65 Johann Heinrich Voß: Vaterlandsliebe, in: Voß 1983, S. 261–262.

der) und der weibliche als passives Korrelat: Die Heimat wird geliebt. Auch das Vaterland wird in dieser Polarität zum Gegenstand, aber zu einem, der seinerseits männlich codiert ist. Denn der Liebhaber des Vaterlands muss ja gerade seine individuelle Liebe zu einer individuellen Frau überwinden, um für das Vaterland kämpfen und sterben zu können: „O Vaterland! o Vaterland! / Mehr als Mutter, und Weib, und Braut!"[66] Um die Heimat, die öfter mit der Mutter als mit der Geliebten konnotiert ist, darf auch der männliche Held weinen. Aus dieser Codierung ergibt sich einerseits ein Gefälle von Vaterland und Heimat – die sentimentalen Gefühle zur Heimat müssen zurückgestellt werden, um dem größeren Ganzen des Vaterlandes zu dienen (vgl. II.1.2) –, andererseits aber auch ihre Zusammengehörigkeit: Vaterland und Heimat sind wie Mann und Frau dann Polaritäten, die einander ergänzen.

Zusammengehörigkeit wie Hierarchie zwischen Vaterland und Heimat macht Friedrich Rückerts Zeitgedicht *Des Rheinstroms Lied* (1816) anschaulich, in dem der deutsche Sieg in den sogenannten Befreiungskriegen als Nukleus neuer politischer Einheit erscheint. Diese Einheit überwindet das Partikulare. Die deutschen Flüsse von der Saar bis zur Elbe werden als heimkehrende Krieger vorgestellt, die von ihrem Vater, dem Rhein, empfangen werden. Er gibt ihnen den Rat mit auf den Weg, sich das neue Bewusstsein der Zusammengehörigkeit zu bewahren: „Wenn ihr denn als einzle Glieder / In die Heimat fahret, / Denket zu dem Rheine nieder, / Wo ein Leib ihr waret."[67] Während die vielen Heimaten partikular und verstreut sind, ist das Vaterland der eine ‚Leib' – dieses größere Ganze bleibt aber auf das Einzelne verwiesen.

Von dieser dominanten Verhältnisbestimmung zwischen regionaler Heimat und nationalem Vaterland gibt es nur wenige Ausnahmen. Eine dieser Ausnahmen artikuliert sich bei Friedrich Ludwig Jahn. In *Deutsches Volksthum* von 1810 wird das Gefälle zwischen Vaterland und Heimat so ins Extrem getrieben, dass Heimat nicht länger eine Vorstufe oder das Komplement des Vaterlands ist, sondern bloßer Ausdruck der Kleingeistigkeit der „Kleinstädter", die immer „denselben Koth durchtreten" und dieselben „Klöße" essen. Jahns Utopie ist die Überwindung solcher „Landsmannschaftsucht".[68] Nicht „kindisches Zurückverlangen nach der Erdscholle", sondern „Sehnsucht nach dem Vaterlande" als „Wohnsitz alles Geliebten":[69] Und dieses Geliebte soll das ganze Deutschland

---

[66] Klopstock 2009, S. 80.
[67] „Einzeln seid ihr doch nicht besser / Als die Wiesenbäche; / Aber wenn ihr, deutsche Flüsse, / Strömet eure Wassergüsse / In ein Bett, in eines, / Dann ists groß, ich mein' es." Friedrich Rückert: Des Rheinstroms Lied, in: Rückert 2009, S. 368–372, hier beide Zitate S. 372.
[68] Alle Zitate Jahn 1810, S. 118–119.
[69] Alle Zitate Jahn 1810, S. 270–271.

sein. Das ‚Heimische' sucht Jahn umzudeuten: Nicht der einzelne Fleck, sondern eben der ganze – noch utopische – Nationalstaat soll dem Menschen „heimisch, wie die Geburtsstätte unsers Daseins"[70] werden. Dieses Ziel verbindet Jahn mit der Idee des Wanderns: Im Wandern könne der Deutsche sich viele Gegenden heimisch machen. Und das „auswärts gesehene Gute" könne der Wanderer „in die Heimath [...] verpflanzen".[71] Wer dagegen nicht reise, erweise sich als „halb blöde", wie Jahn u. a. etymologisch und anhand von Sprichwörtern nachzuweisen sucht. Auch Heimat kommt in diesen sprachhistorischen Überlegungen ausgesprochen schlecht weg:

> Noch jetzt beurkunden Sprichwörter des Reisetriebs Deutschheit. „Er ist nicht hinter dem Ofen der Mutter weggekommen;" „Er weiß nicht ein Mahl wo Barthel Most hohlt;" „Er ist so dumm als der Nagel in der Wand;" „Er hat sich keinen Wind um die Nase wehn lassen;" und so viele andere schmähen auf das Ungereistsein. Ja bei unsern fernsten Stammvettern den Isländern „hatte (nach Schlözer's Nordischer Geschichte Seite 557) der dumme, der abgeschmackte, der hämische, der dummdreiste Mensch, der sich vor andern immer etwas herausnimmt, und der Ungereisete Einen Namen: Alle hießen HEIMSKR (Heimlinge) von HEIMA daheim; und es ward ein Sprichwort: HEIMSKT ER HEIMALIT BARN, Kinder die bloß zu Haus erzogen werden (HIEMFÖDNINGE), sind dumm." So das Schwedische HEMSK, halb blöde, halb schwermüthig, wie das Sassische blott. Aber gegen eine unverständige Aushäusigkeit eifern Sprichwörter eben so sehr: „Es flog ein Gänschen über den Rhein / Und kam als Gigak wieder heim."[72]

Jahn will keine ‚Heimlinge', die zu Hause sitzen und nur in den Grenzen ihres Dorfes denken, sondern über die (damaligen) Landesgrenzen hinausschauende Deutsche, denn nur so lernten sie, sich als Nation zu begreifen. Sein Weckruf an die ‚verspätete Nation' (Helmuth Plessner) zielt darauf, regionale Identitäten zu überwinden, um eine nationale zu gewinnen. Auch wenn Jahn ein Vermittlungsangebot zwischen Heimat und Nation macht – das größere Nationale könne „uns heimisch, wie die Geburtsstätte unsers Daseins"[73] werden, wenn wir es kennen lernten –, wertet er andererseits das Regionale recht drastisch ab. Diese Argumentationsfigur, regionale Heimat und nationales Vaterland gegeneinander auszuspielen, ist so gut wie einmalig in den Nationalstaatsdiskursen des 19. Jahrhunderts, die im Gegenteil für Heimat eine der Nation zuarbeitende

---

70 Jahn 1810, S. 442.
71 Beide Zitate Jahn 1810, S. 443. „Wandern, Zusammenwandern, erweckt schlummernde Tugenden, Mitgefühl, Theilnahme, Gemeingeist und Menschenliebe. Steigende Vollkommnung, Trieb nach Verbesserung, gehen daraus hervor, und die edle Betriebsamkeit das auswärts gesehne Gute in die Heimath zu verpflanzen." Jahn 1810, S. 443.
72 Jahn 1810, S. 444–445.
73 Jahn 1810, S. 442.

Funktion vorsehen.[74] Zwar dominiert im politischen Kontext eine Hierarchie zwischen Heimat und Vaterland, aber das Verhältnis zwischen beiden wird in der Regel immer als Bedingungs-, nicht als Ausschlussverhältnis definiert.

Die Position Jahns zeigt ein Potential des Verhältnisses von Heimat und Vaterland/Nation, das strukturell eigentlich sehr naheliegend ist, real aber kaum ausgeschöpft wurde: nämlich ein tatsächlich antagonistisches. Ein solches die Gegensätzlichkeit betonendes Verhältnis ist andersherum – also gegen die Nationalidee – gewendet auch beim Pädagogen Friedrich August Finger (vgl. II.3.1) zu finden, der in seiner *Heimatskunde* von 1844 Heimatkunde als empirisch fundierte Aneignung des die lernenden Kinder unmittelbar umgebenden Raums versteht und explizit von religiöser ebenso wie von nationaler Gesinnungsbildung abgrenzt. Heimat lasse sich nicht „nach politischen Rücksichten",[75] sondern ausschließlich nach geographischen erkunden, und so sei es selbstverständlich, dass der Heimatkundeunterricht beispielsweise in Saarbrücken auch französisches Gebiet umfasse. Heimat erscheint hier nicht als die kleinste Einheit des (National-)Staates, sondern als eine gerade nicht an politische Grenzen gebundene Größe. Finger ist einer der ganz wenigen Autoren, gleich welcher Disziplin, die Heimat gegen nationalstaatliche Interessen in Stellung bringen. Historisch hat sich diese plausible Möglichkeit genauso wenig manifestiert wie Jahns umgekehrter Ansatz, die Idee des Nationalstaats gegen Heimat auszuspielen.

Intrikat zeigt sich das Verhältnis von regionaler, lokaler Heimat und gesamtdeutscher Idee auch in Bezug auf die rechtliche Seite von Heimat. Denn das regional geltende Heimatrecht führte in Zeiten zunehmender Migration zu immer größerer Existenzbedrohung insbesondere der Armen. Die Verwerfungen des Heimatrechts wurden über Jahrzehnte als Problem des politischen Partikularismus diskutiert, man fand aber zu keiner Lösung. „Für Deutschland wird übrigens der Wunsch eines allgemeinen deutschen Heimatgesetzes immer dringlicher und vielleicht in keinem Zweige der Gesetzgebung wirkt die Verschiedenheit so nachtheilig",[76] notiert die *Allgemeine deutsche Real-Encyklopädie für gebildete Stände* 1845 – das Problem dauerte an und auch die Reichsgründung 1871 vermochte nicht, hier einheitliches Recht einzuführen (vgl. II.2.1).

Statt aber die theoretisch plausible und praktisch teils erfahrene Gegensätzlichkeit von Heimat und Nation hervorzukehren, ist die dominante rhetorische Strategie des 19. Jahrhunderts im Gegenteil die, beide in ein Bedingungsverhältnis

---

[74] Vgl. für die historische Forschung Applegate 1990 und Confino 1997; für die literaturwissenschaftliche Forschung Schumann 2002.
[75] Finger 1876, S. 4.
[76] Anonym 1845, S. 2.

zu überführen: „*Aus Heimatliebe wächst die Vaterlandsliebe.*"[77] Das darin zum Ausdruck kommende teleologische Denken findet sich etwa auch in den zeitgenössischen Geschichtswissenschaften. Geschichte erscheint hier als eine Bewegung von Heimat zu Nation, etwa beim Althistoriker Ernst Curtius (1814–1896): „Je freier der Horizont, desto kühner geht der Blick auf das Große und Ganze", schreibt er über die historischen Entwicklungen im antiken Griechenland, „aus der Heimath wird ein Vaterland, wo Leute aus verschiedenen Gauen sich mit einander einleben und ihrer großen Gemeinschaft bewußt werden"[78] (vgl. auch II.3).

Gustav Freytags Geschichtsepos *Die Ahnen* wird in dieser Studie ausführlich unter dem Aspekt der Rede von Heimat zum (höheren) Zweck der Nationalstaatsbildung untersucht (vgl. II.3.1.2). An der Freytag-Rezeption sieht man exemplarisch, wie in diesem Zusammenhang mit organologischen Metaphern gearbeitet wird, die Heimat als Boden, Erde oder Wurzelgrund vorstellen, aus der der Mensch oder das Volk hervorgehen und dem Vaterland entgegenwachsen.[79]

Die Rhetorik der in der Heimat wurzelnden Vaterlandsliebe (zur Geschlechtscodierung dieses Bildes vgl. I.2.3) findet sich in allen gesellschaftlichen Bereichen insbesondere der zweiten Hälfte des 19. Jahrhunderts, etwa auch in der Pädagogik. Der Pädagoge Friedrich Heußner stellt eine aufsteigende Linie von der Heimat- zur Vaterlandsliebe, die der Schulunterricht zu entwickeln habe, in solchen Metaphern her. In der Heimatliebe sei

ein fester Ausgangspunkt für eine Theorie des Lehrplans, für ein Lehrplansystem gewonnen, um von da aus die Fäden zu den andern Unterrichtsstoffen hinüberzuspinnen, ein machtvolles, lebendig wirkendes *Centrum* des Unterrichts, von dem aus gleichsam unzählige Saugwurzeln und Arme den neu sich darbietenden Stoffen aus der Sinnen- und Geisteswelt, mögen diese auch noch so weit entlegenen Gebieten anzugehören scheinen, sich entgegenrecken, um sie zu erfassen, an sich zu ziehen, sich zu assimilieren und in den Dienst eines neuen geistigen Wachstums zu vollerer, vertiefter und geläuterter Auffassung und zu vollerem Verständnis vaterländischen Lebens und Wesens zu ziehen.[80]

---

77 Mollberg 1916, S. 7.
78 Curtius 1875, S. 376.
79 Der Begriff des Organismus wird schon im 18. Jahrhundert in Gesellschafts- und Geschichtsmodellen verwendet; vgl. Metzger 2002. Zu den wechselseitigen Beeinflussungen biologischer, philosophischer und soziologischer Organismus-Terminologien vgl. Töpfer 2011. Die Rhetorik des Organischen in Bezug auf Heimat wird mit Wilhelm Heinrich Riehl in der zweiten Hälfte des 19. Jahrhunderts omnipräsent. Zur völkischen Metapher vom (Heimat-)Boden als Wurzelgrund des Volkes vgl. Mosse 1991, S. 34.
80 Heußner 1892, S. 4.

Während die Ausbildung von ‚Heimatgefühl' nach Heußner im Zentrum der pädagogischen Bemühungen stehen soll, liegt deren Ziel in der Entwicklung von Vaterlandsgefühl. Der Pädagoge bereitet in diesem Bild den Boden für das Wachstum seiner Schützlinge. Durch die Metaphorik des Spinnens, Streckens, Fassens und Saugens wird suggeriert, es handle sich um einen sich zwingend vollziehenden, gleichsam natürlichen Vorgang (vgl. II.3.1.2).

Andreas Schumann hat in seiner Studie zum Zusammenhang von Heimat und Nation im 19. Jahrhundert anhand von Anthologien, Almanachen und Jahrbüchern literarischer Vereine belegt, dass die literarischen Heimaten dieses Epochenzusammenhangs sich auffällig gleichen. Heimat sei ein so gut wie austauschbares Stereotyp, in das wahlweise die Nordsee oder die Alpen eingesetzt werden könnten. Das ist wesentlich für Schumanns Argument, Heimat sei in den Dienst des Nationalen gestellt worden.[81] Andersherum gibt es in dieser Logik nicht nur die vielen regionalen, letztlich aber austauschbaren Heimaten, sondern verstärkt ab 1900 auch solche, die Anspruch erheben, Heimat aller Deutschen zu sein, wie ein Reiseführer für Weimar mit dem Titel *Weimar. Eine Wallfahrt in die Heimat aller Deutschen* nahelegt.[82] In einem Sängerpass des Deutschen Sängerbundes, in dem die Zugehörigkeit zu bestimmten Männergesangsvereinen[83] nachgewiesen wurde, ist auf der ersten Seite die Wartburg abgebildet, begleitet von Versen, die die „Heil'ge Heimat" besingen – auch hier also eine Heimat, die sich an ein im 19. Jahrhundert ausgebildetes Nationalstaatssymbol anschmiegt, das für alle Deutschen ‚Heimat' sein soll. Heimat steht damit für den Vertreter

---

81 Vgl. Schumann 2002.
82 Vgl. Schrickel 1926; ein Reiseführer, der kein konventioneller sein will, es gehe um „die *Seele*" der Stadt, nicht um Sehenswürdigkeiten. Der Leser solle das „hinter den Gegenständen stehende, ewig Unvergängliche, ewig gestaltenden Leben *schauen*" und eine religiöse Haltung einnehmen: „[W]ir wenden uns an die *Pilger*, die nach innen leben, und die nicht sehen, sondern *schauen* wollen." Alle Zitate Schrickel 1926, Vorwort, o.S.
83 Ina-Maria Greverus spricht der Männergesangsbewegung die entscheidende Rolle für die Breitenwirkung des Heimatdiskurses in Verbindung mit dem deutschen Nationaldiskurs zu: „In der ersten Hälfte des 19. Jahrhunderts hatte Deutschland zahlreiche Heimatbegriffe, die von mehr oder weniger kleinen elitären Gruppen getragen wurden. Zwischen der Sehnsuchtsheimat der Romantiker und dem kleinen Heimatglück des ‚zufriedenen Landmanns' eines Joh. Peter Hebel, zwischen der mit altgermanischen Helden bevölkerten Vaterlands-Heimat der politisch Engagierten und der biedermeierlichen ‚Familienglück'-Heimat eines resignierten Bürgertums, zwischen der Kulturnational-Heimat der Nationalromantiker und der Archiv- und Dorflebensheimat der Regionalforscher bestanden wenig Verbindungslinien, und somit ergaben sich auch wenig Möglichkeiten einer Breitenwirkung in das in all diesen Heimatbegriffen des Mittelstandes doch immer wieder anvisierte ‚Volk'. Die erste Breitenwirkung erlangten diese verschiedenen Heimatbegriffe, unter Betonung des Vaterländischen, in der deutschen Männergesangsbewegung." Greverus 1972, S. 303–304. Zur Rolle der Gesangsvereine vgl. auch Kap. II.1.2.

Wilhelm Vieweg, geboren im sächsischen Mylau, nicht mit dieser regionalen Zugehörigkeit in Zusammenhang, sondern mit der Thüringer Wartburg als Symbol gesamtnationaler Identität (Abb. 18).

Abb. 18: Sängerpass des Deutschen Sängerbundes von Wilhelm Vieweg, ausgestellt am 17.12.1926 (Privatbesitz Anja Oesterhelt)

Es ist sicher kein Zufall, dass das Hierarchiegefüge zwischen Heimat und Vaterland sich nach der Reichsgründung von 1871, also der Verwirklichung der Nation als Staat, ein weiteres Mal verschiebt, und zwar im Sinn einer zunehmenden Identifizierung von Heimat, Vaterland und Nation. Die Heimatsemantik diffundiert in die von Staat und Nation, so dass Heimat im föderativen Nationalstaat immer öfter geradezu als Repräsentantin der Nation erscheint.[84] Das

---

[84] Für die Beziehung zwischen Heimat- und Nationaldiskurs ab 1871 vgl. Confino 1997. Der Historiker Alon Confino untersucht in seiner exemplarisch am Verhältnis von Württemberg zum Deutschen Reich entwickelten Studie *The Nation as a Local Metaphor. Württemberg, Imperial Germany, and National Memory, 1871–1918* die ‚Idee' der Heimat einerseits als vermittelndes Konzept zwischen lokalem Leben und abstrakter Nation, andererseits als Repräsentantin der

Bekenntnis zum Regionalen stand dabei nicht im Widerspruch zum Nationalstaat.[85] Die Besinnung auf Heimat wird zu dem Zeitpunkt am stärksten eingefordert, als sich die politische Idee des nationalen Vaterlandes verwirklicht hat. Die erreichte politische Einheit in Form des Deutschen Reiches muss in der politischen Rhetorik der Zeit nun noch ‚beseelt' werden, und dafür eignet sich der gemütsschwangere Begriff der Heimat besser als der kämpferische des Vaterlands. So schreibt Julius Langbehn in seinem u. a. auch für die sogenannte Heimatbewegung einflussreichen Buch *Rembrandt als Erzieher*, wieder in die Metaphorik des Bodens gekleidet, die politische Heimat – hier also verstanden als der Nationalstaat – sei gefunden, die künstlerische noch nicht. Nur diese künstlerische Heimat, die sich bei Langbehn mit Seele und Gemüt verbindet, könne den Deutschen aber zu sich selbst kommen lassen. Nur „durch ein Eingehen auf den besonderen lokalen Charakter der einzelnen Gegenden Deutschlands" könne wieder „zur Verschiedenheit, Mannigfaltigkeit, Naivität der künstlerischen Produktion" und auf diese Weise auch zum „Deutschthum" gelangt werden:

> Die irrende Seele der Deutschen, welche sich künstlerisch jetzt in allen Erd- und Himmelsgegenden umhertreibt, muß sich wieder an den heimathlichen Boden binden; der holsteinische Maler soll holsteinisch, [...] malen: durch und durch, innerlich und äußerlich, gegenständlich wie geistig. Auf dieses uralte Volksrecht muß man zurückgreifen; eher wird eine Wendung zum Bessern nicht eintreten; eher wird der Deutsche, der politisch eine Heimath gefunden, eine künstlerische Heimath nicht finden."[86]

Nation. Confino versteht Heimat als Teil des Moderne-Projekts, als Suche nach einer Koexistenz von lokaler und nationaler Identität. Ergebnisse seiner Studie sind im Aufsatz *Konzepte von Heimat, Region, Nation und Staat in Württemberg von der Reichsgründungszeit bis zum Ersten Weltkrieg* zusammengefasst, vgl. Confino 2000. Zur nationalidentitätsstiftenden Funktion von Heimat für die Zeit um 1900 vgl. Hartung 1991.

85 „Der historisch überkommene Föderalismus hat mit der Nationalstaatsgründung seine Zielrichtung radikal geändert. Föderativer Nationalismus richtete sich jetzt nicht mehr gegen einen Nationalstaat, der die historisch gewachsene staatliche Vielfalt überwindet, indem er die Einzelstaaten zu Ländern mediatisiert. Im Gegenteil, weil er regionale und einzelstaatliche Traditionen kulturell verteidigte, trug der föderative Nationalismus nun wesentlich dazu bei, daß der neue Nationalstaat in der deutschen Gesellschaft breit und schnell akzeptiert wurde. Man wuchs in den Nationalstaat hinein, indem man sich als Föderalist oder Regionalist bekannte. Die Heimatbewegungen stritten nicht gegen den Nationalstaat, sondern machten ihn annehmbar, weil sie ihn föderativ ausgestalteten." Langewiesche: Föderativer Nationalismus, 2000, S. 241.

86 Alle Zitate Langbehn 1890, S. 19. Das Buch erlebte innerhalb der ersten zwei Jahre nach Erscheinen im Jahr 1890 neununddreißig Auflagen. Hier ist nach der neunten Auflage zitiert.

Wie hier bei Langbehn wird allerorten die Rolle des Künstlers und Dichters für die Bildung von Heimatbewusstsein herausgehoben.[87]

Auch das Verhältnis zwischen der Heimat und dem Tod für das Vaterland ändert sich. Am Anfang des langen 19. Jahrhunderts starb man, wie bei Stolberg-Stolberg und Arndt, fürs Vaterland und seufzte nach der Heimat. 1870 untertitelt die *Gartenlaube* eine Illustration von Paul Thumann mit den Worten: „Wie unsere Leute draußen im Feld in die Heimath schreiben" (Abb. 19). Hier ist schon ein Zusammenhang von Heimat und Krieg hergestellt, aber die Differenz bleibt: Die Soldaten sterben im dem Bild zugeordneten Text immer noch ausschließlich für Volk und Vaterland,[88] während sie im Bild während einer Kampfpause in die Heimat schreiben.[89]

Am Anfang des 20. Jahrhunderts wird genauso häufig wie für Volk, Nation und Vaterland für die Heimat gestorben: Das *Volksliederbuch für gemischten Chor, hg. auf Veranlassung seiner Majestät des deutschen Kaisers Wilhelm II.*, so heißt es im Vorwort Max Friedländers von 1915, will die „Liebe zur Heimat" befördern, vor „der Gefahr eines Gesinnung und Kunst bedrohenden, verwässernden Kosmopolitismus" bewahren und das deutsche Volk „in den schweren Schicksalsstunden des deutschen Vaterlandes" stärken.[90] Waldemar Bonsels, der Autor der *Biene Maja*, von der noch die Rede sein wird, bringt seine Kriegsberichte aus dem Ersten Weltkrieg unter dem Titel *Heimat des Todes. Empfindsame Kriegsberichte* (1916) heraus. Die „Parole Heimat" (Abb. 20) wird das Motto der Feldpost des Ersten Weltkriegs, unter dem ganze Postkartenserien stehen (Abb. 21–22). Der Schriftleiter der Zeitschrift *Die Heimatkunst*, Ernst Ludwig Schellenberg, ge-

---

87 Die herausgehobene Stellung des Dichters wird etwa auch in einem Text Roseggers für den *Heimgarten* von einer seiner fiktiven Figuren betont: „Wer sollte uns sagen von Heimat und Vaterland, von Kaiser und Reich, wenn nicht des Dichters Wort, des Sängers Lied, des Künstlers Gestalten? Wer sollte uns begeistern im Kampf gegen den Feind, daß wir freudig Gut und Blut hingeben fürs Vaterland? Das Lied." Rosegger 1889, S. 702.

88 Der Gartenlaubentext von Ludwig Pitsch beschreibt die Geschehnisse kurz nach dem Einmarsch der Deutschen in Versailles. „Als der in seiner markigen Anrede an die Soldaten hinwies auf die Größe dieses Augenblickes, und seine stolze Freude gestand, sie die für Deutschland so heroisch gekämpft, geblutet und gesiegt hätten, gerade hier an dieser Stelle, unter dem stolzen Bilde des Übermüthigen alten und schlimmen Feindes ihres Volks und Vaterlandes, mit den wohlverdienten geweihten Zeichen schmücken zu können, mit welchen der oberste Kriegsherr die Thaten der Deutschen ehre, sah man auch jene festen, eisernen Männer ringsum von der tiefsten Bewegung ergriffen und erschüttert." Pitsch 1870, S. 750.

89 Zu Bild-Text-Bezügen in Zeitschriften des 19. Jahrhunderts vgl. Podewski: Abbilden und veranschaulichen, 2016 und Podewski: Mediengesteuerte Wandlungsprozesse, 2016.

90 Alle Zitate Friedländer 1915, o.S. Das Liederbuch enthält die Rubriken „Ernstes und Erbauliches", „Vaterland und Heimat", „Natur", „Wandern und Abschied", „Lieder für Soldaten, Jäger, Schiffer und andere Stände", „Gesellige und Trinklieder", „Liebeslieder".

Abb. 19: „Wie unsere Leute draußen im Feld in die Heimath schreiben. Auf der Landstraße nach Wörth aufgenommen von Prof. P. Thumann." In: Gartenlaube Heft 45 (1870), S. 749 (gemeinfrei über Wikimedia commons). Der Illustrator Paul Thumann war im Krieg 1870/71 im Hauptquartier der III. Armee als Zeichner tätig.

braucht 1922 eine inzwischen gewöhnliche Formulierung, wenn er es als „Lehre" für den Deutschen bezeichnet, „daß die Heimat sein höchstes Gut bildet, das zu verteidigen bis zum letzten Tropfen Blutes eines jeden Willen sein müßte".[91] Gestorben wird dann auch noch im zweiten großen Krieg des 20. Jahrhunderts für

---

91 Beide Zitate Schellenberg 1922.

Heimat, Vaterland und Nation.[92] Zumindest im Tod kommen die Begriffe nun zur Deckung.

Abb. 20: „Parole Heimat": Feldpost, gelaufen 18.12.1918 (Historische Bildpostkarten - Universität Osnabrück Sammlung Prof. Dr. Sabine Giesbrecht)

Abb. 21: „Nach der Heimat möcht ich wieder" (Serie), Feldpost, gelaufen 04.06.1916 (Historische Bildpostkarten - Universität Osnabrück Sammlung Prof. Dr. Sabine Giesbrecht)

---

[92] Heimat und Vaterland kommen wie schon im Ersten Weltkrieg auch im Nationalsozialismus in der Aufforderung zur Deckung, wahlweise für das eine oder andere zu sterben: „Nun gilt es die Heimat zu verteidigen. Nun wird der Pflug, nun wird die Sense zum Schwert. Und der Bauer, der als Nährstand aufs Feld hinausging – er erhebt sich jetzt als Wehrstand zur Verteidigung der Heimat. Diese Schwertarbeit ist Mannesarbeit. [...] Die Väter waren's, die mit Leib und Leben, mit ihrem Blut das Leben der Heimat verbürgten. So wuchs aus dem Heimatleben der männliche Vaterlandsgedanke heraus, und Pflug und Schwert wurden zum symbolhaften Ausdruck dieser Trutzwelt." Th. Scheffer: Von Heimat und Vaterland, in: Kretzschmann 1933, S. 208–214, hier S. 212. Der Nationalsozialistische Deutsche Frontkämpferbund (Stahlhelm) gab die Schriftenreihe ‚Soldat und Heimat' heraus und schuf damit eine neue formelhafte Verknüpfung von Heimat und Krieg. Der erste Band der Schriftenreihe, *Heimat unterm Joch. Eine thüringische Soldatenchronik aus der Rheinbundzeit* (1935) von Karl Henniger, behandelt die Zeit zwischen 1807 und 1815, in der ein schwarzburg-rudolstädtisches Kontingent unter französischem Kommando Aufstände in Spanien niederschlagen musste.

Abb. 22: „Nach der Heimat möcht ich wieder" (Serie) Feldpostkarte, unfrankiert, datiert 18.02.1916 (Historische Bildpostkarten - Universität Osnabrück Sammlung Prof. Dr. Sabine Giesbrecht)

2.2 Heimat, Volk und Biene

Das Verhältnis von Volk und Heimat wäre einen genauso umfangreichen Abriss wert wie das von Vaterland und Heimat.[93] Es ist ähnlich komplex und vielschichtig wie dieses und keinesfalls deckungsgleich mit ihm, weist aber viele Parallelen auf und soll hier deswegen stärker exemplarisch an einem einzelnen Beispiel vorgeführt werden. Alle hier ausgewählten Texte haben eins gemeinsam: Sie setzten sich mit Volk und Heimat am Bild der Biene auseinander, und die unterschiedliche Art und Weise, wie sie das tun, bringt einiges in Bezug auf das historisch jeweils differente Verhältnis von Volk und Heimat auf den Punkt.

Vom Jesuiten Friedrich Spee (1591–1635), der vor allem für seine deutschsprachigen Kirchenlieder bekannt ist, liegt mit *Lob deß Schöpffers / darin ein kleines / wercklein seiner weißheit / nemblich die wunder liebliche handthierung der*

---

[93] Eine Studie zum Verhältnis von Volk und Heimat liegt meines Wissens noch nicht vor. Gewöhnlich geht es um eine Klärung des Verhältnisses von Volk und Nation, vgl. exemplarisch die Beiträge in Bormann 1998.

Immen oder Bienen beschrieben wird (1654) ein stark auf die spätere physikotheologische Dichtung eines Barthold Heinrich Brockes verweisendes Gedicht vor, in dem das Lob der Bienen als Teil von Gottes Werk dem Lob Gottes dient. Das Langgedicht endet entsprechend mit einer Ansprache an den Leser und die Leserin: „Steigt auff / und steigt hinunder / In allen wercken sein: / Rufft uberall / wie wunder / Muß er doch selber seyn. / Ruff uberall / wie wunder / Seind alle Wunder sein // Wie wunder / und wie wunder / Muß er dan selber sein!"[94] Das Leben der Bienen mit seinen verschiedenen Tätigkeiten wird in dem Text ausführlich beschrieben. Innerhalb dieser genauen Behandlung des Bienenlebens wird auch der Schwarmtrieb der Bienen zur Gründung eines neuen Staats im Frühsommer thematisiert. Bei Spee wird dieser Schwarmtrieb als ein Ade-Sagen an die Heimat umschrieben. Damit liegt hier übrigens eines der wenigen Beispiele von geistlichen Texten des Barock vor, in denen Heimat eine rein weltliche Bedeutung hat:

> 31. Wan dan die schöne jugent
> Sich nehret allgemach;
> Sie gleich der vätter tugent/
> Und freyheit strebet nach.
> Sie sich von mitgenossen
> Im schwarm zertheilen ab/
> Von hauß mit fremden stossen
> In vollem flügel-trab.
> 32. Starck blasen sie zum lermen/
> Gar schwirig von geblüt:
> In stoltzem zug und schwermen/
> Daß munter bürßlein wüt.
> Ade du süsses heimet;
> Ade du mutter-schoß;
> Hinaussen ungezeimet
> Sich waget unser stoß;
> Hinaussen ungezeimet
> Sich waget unser stoß.
> 33. Schaw da/wie schön muntiret/
> Wie schon gebutzer hauff!
> In lüfften er braviret/
> Zun wolcken schwebet auff:
> Frisch hin und her sich schwencket
> Die gülden-gelbe schaar/

---

94 Spee 1654, S. 105.

> Nach frembden land gedencket/
> Ihr hauß verlasset gar.⁹⁵

Das Verlassen von „heimet", „mutter-schoß" und „hauß" wird bei Spee als natürlicher, gottgewollter Vorgang beschrieben, der mit dem Streben nach „Freyheit" im Sinn der eigenen „vätter" verbunden wird. Dass die Bienen sich nach „frembden land" orientieren, steht in Einklang mit der göttlichen Ordnung; die Heimat wird hier nach dem Plan Gottes verlassen. Als Volk wird der Bienenschwarm an keiner Stelle bezeichnet, dagegen kommt der Begriff des Volkes im Plural und bezogen auf die Menschen an etwas späterer Stelle ins Spiel. In der abschließenden Ansprache an den Leser heißt es, die vielen Völker, verstanden als Gesamtheit der Menschheit, sollten Dankbarkeit gegenüber Gott empfinden:

> 43. Ihr völcker vil auff erden/
> Ihr menschen alle gar;
> Frisch/frölich in geberden
> Vor ihm euch stellet dar:
> Ihm dancket seiner gaben/
> Der vöglien wunder fein/
> Deß wachs/und honig waben/
> So wunder süß und rein.⁹⁶

Das Volk bezeichnet demnach keine nationale oder ethnologische Differenz, sondern dient im Plural als Sammelbezeichnung für die Menschheit an sich.

Etwa einhundert Jahre später thematisiert das (selbständig erschienene) Langgedicht *Der Frühling* (1749) Ewald Christian von Kleists ebenfalls das Bienenleben, in der Absicht, mit den Wundern der Natur ihren göttlichen Schöpfer zu loben.

> [...]. Zerftreute Heere von Bienen
> Durchſäufeln die Lüfte, ſie fallen auf Klee und blühende Stauden
> Und hängen glänzend dar an wie Thau vom Mondſchein vergüldet;
> Denn eilen ſie wieder zur Stadt die ihnen im Winkel des Angers
> Der Landmann aus Körben erbaut. Rechtſchaffner Weltweifen Bildniſs
> Die ſich der Heymath entziehn, der Menſchheit Gefilde durchſuchen,
> Und denn heimkehren zur Zelle mit ſüffer Beute beladen
> Und liefern uns Honig der Weisheit.⁹⁷

---

95 Spee 1654, S. 102–103.
96 Spee 1654, S. 105.
97 Kleist 1749, S. 34–35.

Heimat wird hier bezogen auf die Bienen anders verstanden, nämlich nicht als etwas, das zugunsten eines Neuen notwendig und für immer verlassen werden muss, sondern als Ort, zu dem man immer wieder zurückkehrt. Um im Bild bleiben zu können, wird nicht das Schwärmen, sondern das tägliche Sammeln von Pollen und Nektar beschrieben, das mit einer Rückkehr in den Bienenkorb endet. Stärker allegorisch als bei Spee wird dieses Ausfliegen und Heimkehren als Bild für diejenigen „Weltweisen" gebraucht, die sich für eine Zeit „der Heymath entziehn", um den anderen „mit süsser Beute" – ihrer „Weisheit" – zu dienen. Das hier im Vergleich zu Spee sehr viel stärker humanisierte und moralisierte Bienenbild kehrt die mit Heimat verbundene Bewegungsrichtung um: nicht weg von, sondern zurück zur Heimat. Der Begriff des Volkes kommt auch hier nicht bezogen auf die Bienen vor, dafür aber in der Preisung des – national völlig unbestimmt bleibenden – Volkes, das „ohne Stürme des Unglücks / Das Meer des Lebens durchschifft".[98]

Fünfzehn Jahre später bezieht sich Johann Gottfried Herder in seinem Text *Über den Fleiß in mehreren gelehrten Sprachen* (1764) auf diesen Text von Ewald Christian von Kleist; 1767 reformuliert er denselben Gedanken noch einmal in *Über die neuere deutsche Literatur*:

> Nicht um meine Sprache zu verlernen, lerne ich andre Sprachen, nicht um die Sitten meiner Erziehung umzutauschen, reise ich unter fremde Völker; nicht um das Bürgerrecht meines Vaterlandes zu verlieren, werde ich ein naturalisierter Fremder: denn sonst verliere ich mehr, als ich gewinne. Sondern ich gehe bloß durch fremde Gärten, um für meine Sprache, als eine Verlobte meiner Denkart, Blumen zu holen: ich sehe fremde Sitten, um die meinigen, wie Früchte, die eine fremde Sonne gereift hat, dem Genius meines Vaterlandes zu opfern. Wenn ich mich meiner Heimat entziehe, und mich in fremden Sprache weide, ahme ich Kleists Bienen nach,
>
> – – – die in zerstreuten Heeren,
> Die Luft durchsäuseln, und fallen auf Klee und blühende Stauden
> Und denn heimkehren zur Zelle mit süßer Beute beladen
> und liefern uns Honig der Weisheit.
>
> Ich setze zwei Schriftsteller zusammen, von denen der eine in *seiner Sprache*, der andere in einer fremden toten Sprache schreibt: wer von ihnen kann größer werden?[99]

Herder verwendet das Zitat von Ewald Christian von Kleist für sein Argument, der Schriftsteller müsse in seiner eigenen Sprache, der „Muttersprache",[100] schreiben, um Großes zu leisten. Wie in Kleists Bild dient die Figur des Auszugs und der

---

98 Kleist 1749, S. 21.
99 Herder 1985, S. 408–409.
100 Herder 1985, S. 408.

Rückkehr in die Heimat der Idee, dass die Fremde nicht das eigentliche Ziel darstellen könne. Ihre Kenntnis diene vielmehr der Vervollkommnung des Eigenen. Ein Schriftsteller, der dies nicht beherzigt, so Herder,

> irret in fremden Gegenden, ohne Vaterland und Hausgötter: er kann nie ein *Originalschriftsteller* werden, bei dem *Gedanke und Ausdruck* sich zusammen drängen, um ein vollständiges Bild seiner Seele zu sein. / Ein Originalschriftsteller im hohen Sinne der Alten, ist, wenige Beispiele ausgenommen, beständig ein Nationalautor.[101]

Die Heimat und das Vaterland – hier synonym gebraucht – müssen der Bezugspunkt des schriftstellerischen Schaffens bleiben, und dies kann nach Herder nur in der eigenen Sprache gelingen. Ein großer Gedanke dränge nur in der eigenen Sprache ans Licht. „Schriftsteller, die in einer Gegend sich verirren, in die sie nicht zu Hause gehören", können keine Originalschriftsteller werden, dafür bedürfe es der „bekannte[n] und sichere[n] Mutter Erde".[102] Herders Projekt einer Rettung der Muttersprache ist getragen von der Vorstellung, dass nur in der eigenen Sprache Höchstes und Originäres geleistet werde.[103] Er verfolgt seinen Ansatz dann in seinem Volksliedprojekt der 1770er Jahre weiter:[104] Andere Völker haben Vor-

---

101 Herder 1985, S. 409.
102 Beide Zitate Herder 1985, S. 411.
103 Auch Lessing ist auf der Suche nach einer Volksdichtung als Impulsgeberin einer deutschen Nationalliteratur. In seinem Einleitungstext zum *Grenadierlied* von 1758 wird die einfache Sprache des Volkes zum Ausdruck einer ursprünglichen deutschen Denkart und die hieraus erwachsene ungekünstelte Volksdichtung zur Voraussetzung für eine hohe deutsche Nationalliteratur. Das Ziel einer deutschen Nationalliteratur, verwirklicht durch ein Anknüpfen an die eigenen (literarischen) Ursprünge, wird von Lessing dann 1759 im 17. Literaturbrief ausführlicher entwickelt. Zu Lessings wesentlichem Einfluss auf Herder vgl. Gaier 1990.
104 1773 wird von Herder der Terminus ‚Volkslied' eingeführt, von 1774 stammt seine erste Sammlung *Alter Volkslieder*, in deren Vorwort die Suche nach dem Nationalen sich in einer emphatischen Verteidigung des Volkes ausdrückt. 1778/79 erscheint eine weitere Volksliedsammlung. Herders Volksliederprojekt hat Teil an der Besinnung auf eine nationale Identität der Deutschen, es unterscheidet sich aber von verwandten Bemühungen wie denjenigen Klopstocks dadurch, dass die Kategorie des Ursprungs als anthropologische Kategorie aufgefasst wird. Nicht der Kampf gegen einen im Zeitgeist meist römischen respektive französischen Gegner, mithin nicht die Abgrenzung gegenüber einem Fremden, bildet die Grundlage für Identitätsbildung, sondern die zivilisationskritische Berufung auf eine dem Einfachen, Ursprünglichen und Unverbildeten eigene originäre Kraft. Das Volk (und dessen Erscheinungsform im Volkslied) wird zur emanzipatorischen Ursprungskategorie und in diesem allgemeinmenschlichen Ursprünglichen ist das Göttliche anschaubar. Neben der nationalen gibt es also immer eine allgemeinmenschliche Bedeutung des Volksbegriffs bei Herder. In der Volksliedsammlung von 1778/79 mischt Herder ohne Rücksicht auf die regionale Herkunft Volkslieder der Weltliteratur, auch hier wird das anthropologische Interesse am Volkslied deutlich, vgl. Gaier 1990.

bildfunktion in ihrer nationalen Ursprungssuche – die vermeintliche Bardendichtung eines Ossian, andere englische und nordeuropäische Vorbilder, insbesondere aber Homer sollen die Suche nach dem Eigenen anleiten. Die Rückkehr zum Eigenen, die über die Auseinandersetzung mit Homer erhofft wird, zielt auf ein deutsches ‚Volk' als nationalen ‚Gesamtkörper', der erst dann entstehen könne, wenn sein Zusammenhang mit dem ‚einfachen Volk' begriffen sei: „für *Nation! Volk!* einen Körper, der *Vaterland* heißt!".[105] Die Idee des Volkes, die sich bei Herder mit seiner nationalen Ursprungssuche verbindet, ist also wesentlich von der Idee getragen, die eigenen kulturellen Ursprünge zu würdigen, sich nicht in ein nachahmendes Verhältnis zu anderen Kulturen zu setzen, sondern eine originär schöpferische Beziehung zur eigenen Gegenwart auf der Grundlage der eigenen kulturellen Ursprünge zu entwickeln. Der Volksbegriff wird bei Herder also stark aufgewertet, ohne aber mit einer Abwertung anderer Völker einherzugehen; aus der Differenzbildung geht keine Hierarchisierung hervor. Der Konnex von Heimat und Volk ist bei Herder indes nur über die verbindende Idee des Bienen-Textes (Rettung der Muttersprache) und seines Volkslied-Projekts herzustellen. Die Begriffe fallen bei Herder nie im Zusammenhang, insgesamt beschränkt sich Herders Verwendung von Heimat auf seinen Bienen-Text.

Die Tradition des Sammelns und Bewahrens alter deutschsprachiger Schätze, die Herder mit seinem Aufruf zur Sammlung deutscher Volkslieder begründete, wird durch Jacob und Wilhelm Grimm mit ihren Märchen-, Sagen- und Volksliedsammlungen und auch durch Achim von Arnims und Clemens Brentanos *Des Knaben Wunderhorn* fortgesetzt. Auch Brentanos Neuherausgabe der von ihm bearbeiteten Gedichte Friedrich Spees gehört dazu. Seine Übertragung von *Trutz Nachtigal* von 1817 enthält auch das den Bienen gewidmete Gedicht, das er – nicht selbstverständlich für ihn – sehr nah am Original belässt.[106]

---

105 Herder 1990, S. 20. Das Zitat stammt aus Herders *Vorrede* in *Alte Volkslieder* von 1774. In rousseauistischer Tradition wird dieses einfache Volk (und dessen Erscheinungsform im Volkslied) als Authentisches und zugleich allgemeinmenschliches Ursprüngliches gefasst, in dem das Göttliche sichtbar werde. Vgl. Gaier 1990, S. 867 sowie insgesamt den Abschnitt „Volk und Völker", S. 865–878.
106 „Wann dann die schöne Jugend / Sich mehret allgemach, / Sie gleich der Väter Tugend / Und Freiheit strebet nach. / Sie sich von Mitgenossen / Im Schwarm zertheilen ab, / Von Haus mit Freuden stoßen / In vollem Flügeltrab. // Starck blasen sie zum Lärmen, / Gar schwierig von Geblüt / In stolzem Zug und Schwärmen, / Das munter Bürschlein wüt't. / Ade du süßes Heimet, / Ade du Mutterschoos! / Hinaußen ungezäumet / Sich waget unser Stoß." Clemens Brentano: Lob des Schöpfers, darin ein kleines Werklein seiner Weisheit, nemlich die wunderliche Handthierung der Immen oder Bienen beschrieben wird [Übertragung des Textes aus Friedrich Spees *Trutz Nachtigal*], in: Brentano 2009, S. 138–150, hier S. 146–147.

Die sich im Anschluss an Herder und die Romantiker ab den späten 1850er Jahren langsam herausbildende wissenschaftliche Volkskunde, die für die Genese von Heimat von entscheidender Bedeutung ist (vgl. II.3.2), wird ein anderes Verhältnis von Volk und Heimat etablieren. Schon gar nicht im Sinn eines Friedrich Spee, nach dem es göttlicher Wille ist, die Heimat zu verlassen, um Neues zu beginnen. Aber auch in vielem anders als Herder, bei dem Heimat, Vaterland und Volk zwar für die emphatisch eingeforderte Rückbesinnung auf das Eigene stehen, bei dem das Plädoyer für mehr Selbstkenntnis und Selbstbewusstsein aber im Einklang mit einer Humanitätsidee steht, die das Individuum ins Zentrum rückt.

Dagegen wird die Idee des Volkes im Laufe des 19. Jahrhunderts zunehmend eine anti-individualistische, innerhalb deren die Heimat die metaphorische Rolle eines ‚Nährbodens' spielt, in dem das als pflanzenhaft-organische Einheit begriffene Volk wurzele. Symptomatisch ist etwa Gustav Freytags mehrteiliges Epos *Die Ahnen*, in dem sich die Wortbildung vom ‚Heimatvolk' findet: Die individuelle Heimatliebe der einzelnen Protagonisten transzendiert sich demnach, von ihnen ungewusst, in ein größeres Ganzes und verbindet sie über Grenzen und Zeiten hinweg zu einem Volk (vgl. II.3.1.2). Am Ende des Jahrhunderts erscheint Heimat im Umfeld der ‚Heimatschutzbewegung' als so etwas wie der seelische ‚Nährboden' des Volkes (vgl. II.3.2). Beim klassischen Philologen und Volkskundler Albrecht Dieterich etwa übernimmt Heimat die Funktion einer „von unten" kommenden Kraftquelle, die Bedingung für die Gesundung des durch die Moderne von sich selbst entfremdeten deutschen Volkes sei:

> Und daß die ‚Gebildeten' des ‚Volkes', ihres Volkes wieder ‚kundig' werden, aus dem sie ja doch alle als aus dem mütterlichen Boden emporgewachsen sind, das ist desto notwendiger, je mehr sich die Wege der Bildung verirren und verwirren, von Natur und Leben zu pedantischer Systematik und totem abstrakten Denken. [...] Wenn wir alle, die Gebildeten und Gebildetsten, wieder fühlen könnten, daß wir zum Volke mit Leib und Seele gehören, daß das Volk unserer Heimat Fleisch ist von unserem Fleisch, Blut von unserem Blut, dann fühlten wir es auch, daß aus dem Heimatboden und dem Heimatvolke jedem Sproß dieser Heimat neue gesunde Kraft kommt: allein von unten in diesem Sinne konnte von je nur gesunden die krank gewordene Bildung.[107]

Die antagonistischen Paare – hier das Pedantische, Tote, Abstrakte, Kranke, dort das Leibliche und Seelische, Gefühlte, Gesunde – entsprechen einer diagnostizierten Spaltung der Bevölkerung, die erst wieder zum ‚Volk' werden müsse. ‚Heimat' steht zunächst für das (positiv besetzte) ‚Unten', im Bild des gesunden und mütterlichen (vgl. I.2.3) Heimatbodens gefasst. Wenn sich auch die ‚oben'

---

[107] Dieterich 1902, S. 3–4.

wieder dieses Ursprungs bewusst würden, könne ein ‚Heimatvolk' entstehen, das das ‚Kranke' überwunden habe. Die biblischen Anspielungen (1 Mose 2,23) unterstreichen diese Einheits- und Verschmelzungsphantasien, die sich dann unmittelbar in der Amalgamierung von Heimat und Volk zum „Heimatvolke" niederschlagen.

Um aber auf die Bienen zurückzukommen, so lässt sich in diesem Kontext das populärste Beispiel für die Verbindung von Heimat, Volk und Biene anführen: Waldemar Bonsels' Kinderbuch *Die Biene Maja und ihre Abenteuer* von 1912, das Bonsels schlagartig zu einem der erfolgreichsten Kinderbuchautoren seiner Zeit machte und bis heute in Form der Zeichentrickverfilmung ausgesprochen populär ist. Die Freiheitsliebe der Biene Maja, die sich von ihrem Bienenvolk trennt, um die Welt kennenzulernen – ihre „Flucht aus der Heimatstadt",[108] entpuppt sich am Ende der Geschichte zwar als notwendig, aber nicht im Sinn individuellen Autonomiegewinns, sondern insofern, als diese Flucht indirekt zum Überleben ihres Volkes beiträgt. Maja erfährt in der Not, in die sie gerät, worauf es tatsächlich ankommt: auf die Zugehörigkeit zu Heimat und Volk. Nur weil sie am Ende bereit ist, für diese zu sterben, kann sie wieder von ihrem Volk aufgenommen werden.

Neben vielen anderen freundlichen und auch merkwürdigen Tieren, mit denen Maja im Laufe ihrer Abenteuer zusammentrifft, muss sie auch die Hornissen und Wespen kennenlernen, ein „unnützes Räubergeschlecht ohne Heimat und Glauben",[109] wie ihr schon ihre Erzieherin Kassandra beigebracht hat. Als sie in den Regen gerät, erinnert sie sich ihrer „verlassenen Heimat" und sehnt sich „nach dem Schutz und der starken Gemeinschaft des Bienenstocks". Sie malt sich aus, wie „ruhig und beschaulich"[110] es an Regentagen in ihrem Bienenstock zugeht:

> Aber allmählich zog es ihre Gedanken doch nach ihrer verlassenen Heimat, nach dem Schutz und der starken Gemeinschaft des Bienenstocks. Dort saßen sie nun beieinander, des Ruhetags froh, bauten vielleicht hier und da ein wenig an den Zellen oder fütterten die kleinen Maden. Aber im allgemeinen war es recht ruhig und beschaulich im Stock an Regentagen. Nur zuweilen flogen Kundschafter aus, sahen nach dem Stand des Wetters und erforschten, von welcher Seite der Wind kam. Die Königin ging im Reiche umher, von Etage zu Etage, prüfte alles, lobte oder tadelte, legte wohl hin und wieder ein Ei und beglückte alle durch ihre königliche Gegenwart. Wie froh machte es, einen Blick von ihr aufzufangen oder ein huldvolles Wort. Es kam vor, daß sie den jüngeren Bienen, die ihre ersten Leistungen hinter sich hatten, freundlich über die Köpfchen strich oder sich nach ihren Erlebnissen erkundigte. Ach, wie glücklich machte es, sich dazu rechnen zu dürfen, sich von allen geachtet zu

---

108 Bonsels 1949, S. 7.
109 Bonsels 1949, S. 11.
110 Alle Zitate Bonsels 1949, S. 39

wissen und den starken Schutz der Gemeinschaft genießen zu können. Hier an ihrem einsamen und ausgesetzten Platz war sie gefährdet und fror.[111]

In das Tierleben humanisierenden Bildern wird hier die Vorstellung eines Bienenlebens entworfen, in dem der bürgerliche Wertekanon gilt: Leistung verdient Lob, zum Prinzip Arbeit gehört auch der Ruhetag, an dem es beschaulich zugeht und nur „hier und da ein wenig an den Zellen"[112] weitergebaut wird.

Als Maja nach vielen anderen Abenteuern von den Hornissen gefangen genommen wird und durch Zufall von deren Plan erfährt, die Bienen anzugreifen, erwacht in ihr das Bewusstsein, Teil einer größeren Gemeinschaft zu sein, für die sie zu sterben bereit ist. Volk und Heimat werden in einem Atemzug genannt: „,Mein Volk', schluchzte sie, ,meine Heimat!' Sie preßte ihre Hände an den Mund, um nicht zu schreien, ihre Verzweiflung war grenzenlos. ,Ach, wäre ich gestorben, ehe ich dies hören mußte', wimmerte sie."[113] Maja wird sich ihrer Verantwortung für ihr Volk bewusst:

> Es war, als vergäße sie ganz die lange Zeit der Trennung von den Ihren und der Heimat, sie fühlte sich ihnen zugehöriger als je, und die neue Verantwortung, die plötzlich auf ihr ruhte, weil sie den Plan der Hornissen kannte, verlieh ihr große Entschlossenheit und viel Mut. Müssen die Meinen unterliegen und sterben, so will ich es auch, dachte sie, aber vorher will ich nichts ungetan lassen, sie zu retten.[114]

Sie kann sich befreien und den Hornissen zuvorkommen, es gelingt ihr, die Bienen zu warnen:

> Es galt für sie nur eines: sie mußte, so rasch als ihre Kräfte und Sinne zuließen, den Stock der Ihren finden, ihr Volk, ihre bedrohte Heimat. Sie mußte die Ihren warnen, daß sie sich gegen den Überfall rüsten konnten, den die furchtbaren Räuber an diesem Morgen planten. O, das Volk der Bienen war stark und wohl befähigt, den Kampf mit den überlegenen Gegnern aufzunehmen, wenn sie sich wappnen konnten und zur Verteidigung vorbereiten.[115]

Maja fühlt ihre „Todesbereitschaft" und es überkommt sie ein „beseligter Opferwille"[116] beim Gedanken an ihre Königin, ihre Heimat und ihr Volk. Der aus-

---

111 Bonsels 1949, S. 39–40.
112 Bonsels 1949, S. 39.
113 Bonsels 1949, S. 140.
114 Bonsels 1949, S. 141.
115 Bonsels 1949, S. 149–150.
116 „Und nun, da die kleine Biene an die Kraft und Stärke der Ihren dachte, an ihre Todesbereitschaft und ihre Treue gegen die Königin, überkam sie ein hoher Zorn gegen die Feinde und

führlich beschriebene Kampf zwischen Bienen und Hornissen fordert viele Todesopfer. Die Bienen gewinnen gegen die an Kraft und Körpergröße überlegenen Hornissen am Ende nur deshalb, weil sie sich dutzendweise für ihr Volk opfern und sich freiwillig für die vorderste Front melden, im Bewusstsein, dort ihr Leben zu lassen. Maja überlebt und wird von der Königin für ihre Treue ausgezeichnet: „Du hast deine Heimat und dein Volk nicht vergessen, und im Herzen warst du treu. So wollen auch wir dir Treue halten."[117]

Volk und Heimat verschmelzen zu einem großen kollektiven Ganzen, das für das Gegenteil von Autonomie und Individualität steht. Zu Beginn des 20. Jahrhunderts, und das ist der große Unterschied zu dem Verständnis von Volk und Heimat der Befreiungskriege zu Beginn des 19. Jahrhunderts, wird für die Heimat auch gestorben. Vaterland und Heimat, die das 19. Jahrhundert getrennt hatte in dasjenige, für das man kämpft und stirbt, und dasjenige, nach dem man weint, sind im Begriff des Volks wieder zur Deckung gekommen. Fortan gelten Todesbereitschaft und Opferwille auch für die Heimat.[118]

Der Erfolg der *Abenteuer der Biene Maja* im Ersten Weltkrieg verwundert vor diesem Hintergrund kaum. Bonsels' weitere Karriere als Schriftsteller beruht auf dem Erfolg der *Biene Maja*, zum Bestseller wird das Buch durch den Feldbuchhandel, was darauf schließen lässt, dass nicht vor allem Kinder, sondern Soldaten das Buch gelesen haben dürften, 90.000 Exemplare sind am Ende des Krieges verkauft.[119] Zur Verbreitung von Bonsels' Namen hat auch beigetragen, dass er im Krieg in der Auslandsabteilung der Obersten Heeresleitung neben Hans Grimm (dem späteren Autor von *Volk ohne Raum*), Börries Freiherr von Münchhausen (dem späteren Herausgeber der Vierteljahresschrift *Volk und Rasse*), Arthur Moeller van den Bruck (dem späteren Autor von *Das dritte Reich*) und anderen ausgesprochen einflussreichen völkisch-nationalistischen Intellektuellen als Kriegsberichterstatter arbeitete. Aus dieser Tätigkeit geht 1916 der Band *Heimat des Todes. Empfindsame Kriegsberichte* hervor, dessen stark literarisierte und vermutlich ebenso stark fiktive ‚Berichte' ausnahmslos Soldaten darstellen, die die „Majestät des Krieges"[120] beschwören und deren höchstes Ziel es ist, für Volk

---

zugleich ein beseligter Opferwille und ein beglückender Mut ihrer begeisterten Liebe." Bonsels 1949, S. 150.
117 Bonsels 1949, S. 172.
118 Bernhard Viels problematische Analyse des Romans besagt, dass nicht die Bienen, sondern die Hornissen angreifen und die an sich als friedliebend dargestellten Bienen nur ihren Staat verteidigen: „Von Kriegsbegeisterung indessen kann in dieser Erzählung nicht die Rede sein." Viel 2016, S. 142.
119 Hanuschek 2012, S. 7.
120 Waldemar Bonsels: Der Vater, in: Bonsels 1918, S. 58–67, hier S. 63.

und Heimat zu sterben,[121] denn: „[S]ind wir nicht eigentlich für diese Augenblicke geboren?"[122] Wie im Titel ist die Semantik von Heimat auch in den einzelnen Texten deutlich religiös konnotiert.[123] Es ist aber der Tod selbst, der hier sakralisiert wird.[124]

2.3 Heimatboden und Frauenleib

In der Lyrikanthologie *Heimaterde. Der Heimat Lob in Liedern* von 1901 (Abb. 23) wird eigentlich nur eine einzige Bildidee für die knapp dreißig ganzseitigen Gedichtillustrationen zu den Themen Abschied, Heimweh und Heimkehr variiert. Alle stammen von dem Maler und Graphiker Ernst Liebermann. Für die Gedichte, in denen es um Abschied geht, wählt Liebermann eine männliche Figur im Bildvordergrund, die gedankenvoll und melancholisch auf eine ländlich-dörfliche Szenerie zurückblickt (Abb. 24) oder sich trauernd von ihr abgewendet hat (Abb. 25). Das Thema Heimweh gestaltet er im Bildvordergrund mit einem Mann, der gedankenvoll-melancholisch Richtung Betrachter des Bildes, Richtung Horizont oder Richtung eigene Füße blickt, im Hintergrund eine ländlich-dörfliche Szenerie (Abb. 26). Und Gedichte, die Heimkehr thematisieren, werden mit einer

---

[121] „Heimat" ist für den beschriebenen Soldaten das, „dafür zu sterben" er „bereit sei[]". Waldemar Bonsels: Heimkehr, in: Bonsels 1918, S. 51–57, hier S. 54.
[122] Waldemar Bonsels: Die eiserne Heimat, in: Bonsels 1918, S. 68–76, hier S. 72–73.
[123] In einer Erzählung gehen dem Betrachter eines Sterbenden nur zwei Dinge durch den Kopf: dass der Sterbende, in dessen Augen er „ein warmes Licht" wahrnimmt, nun „in der Heimat" verweilen werde, und der Gedanke: „Mein Volk wird siegen." Waldemar Bonsels: Der Tod des Hauptmanns, in: Bonsels 1918, S. 151–159, hier S. 157 und S. 158. In einer anderen Erzählung ist es „die Hoffnung der Heimat und das Anrecht an Frieden und Glück, das die Zukunft des Volkes" von der „Kraft" des Soldaten „erflehe", Waldemar Bonsels: Bilder von der Front, in: Bonsels 1918, S. 120–127, hier S. 127. Sven Hanuschek stuft die Beiträge als „Kriegspropaganda" ein. Hanuschek 2012, S. 8.
[124] Diese Sakralisierung des Todes im Namen von Volk und Heimat ist dann ein typisches Element der späteren Blut-und-Boden-Literatur. In Hans Christoph Kaergels Drama *Volk ohne Heimat* (1922), das den Kampf der Deutschen gegen die Polen in Schlesien behandelt, fallen im Schlussmonolog der sterbenden, von Polen meuchlings ermordeten Hauptgestalt Adamschek Heimat, Vaterland und Deutschland wörtlich im Blut und im Boden zusammen: „Meine Kinder und die tausend, tausend Kinder, mein – deutsches Vaterland – das – das [...] Ich liege in der Erde. Ach, du Mutter, beug dich doch ganz zu mir. [...] Das ist Erde meiner Mutter – meines Blutes. Deutsche Erde. [...] Das ist deutsch! Geht jetzt immer über mich in unsere Heimat. Wenn man's mit Blut tränkt, gibt es keine Grenzen." Kaergel 1922, S. 77–79. Das Schauspiel erschien in der Reihe „Deutsche Heimatspiele" im Verlag des Bühnenvolksbundes (Patmos-Verlag). Zur Konnotation von Heimat, Erde und Mutter vgl. das folgende Kapitel I.2.3.

männlichen Figur im Bildvordergrund illustriert, die melancholisch auf eine ländlich-dörfliche Szenerie hinblickt (Abb. 27) oder – einzige Ausnahme – deren Körperhaltung beschwingte Fröhlichkeit auszudrücken scheint, wobei das Gesicht abgewendet ist und man nach all den anderen Bildern vermuten möchte, dass das Gesicht doch mindestens eine leise Melancholie enthalte (Abb. 28).

Augenfällig ist neben der Ähnlichkeit der idyllisch-ländlichen Motive und dem verbindenden melancholischen Grundzug der Figuren die Tatsache, dass sich im Bildvordergrund stets Männer befinden – und das natürlich, weil ausnahmslos sie es sind, die aufbrechen, wandern, sich sehnen und wiederkommen. Frauen sind, wenn überhaupt, meist im Bildhintergrund als Teil der ländlich-dörflichen Szenerie dargestellt, teils befinden sie sich zusätzlich noch in einem Innenraum, gerahmt vom Fenster des Hauses (Abb. 28). Heimat ist damit im ganz konkreten Sinn der Ort der Frau, während der Ort des Mannes sich variabel zu dieser Heimat verhält. Die Frau verharrt, der Mann bewegt sich im Raum, und es ist seine Perspektive, durch die wir Heimat sehen. Heimat ist der Gravitationspunkt des männlichen Aktionsradius, aber die männliche Figur (und mit ihr auch der Bildbetrachter) ist nicht eins mit diesem Punkt, sondern setzt sich zu diesem in Bezug, indem sie sich von ihm entfernt, sich nach ihm sehnt und gegebenenfalls zu ihm zurückkehrt – und so entsteht ja auch erst die Geschichte im Kopf des Betrachters, die Geschichte von Fernweh, Abschied, Wanderschaft, Heimweh und Rückkehr.

Die Illustrationen Liebermanns zeigen, wie sehr Heimat um 1900 einem polaren Geschlechterbild unterliegt, in dem Heimat nicht nur der Ort der Frauen ist, sondern selbst das Weibliche darstellt, so wie es zeitgenössisch verstanden wird: statisch, ruhend, verlässlich, passiv, empfangend und eine Größe, die männlichen Akteuren die Gelegenheit gibt, sich zu ihr ins Verhältnis zu setzen – als diejenigen, die dableiben oder weggehen, kalt bleiben oder sich sehnen, wegbleiben oder wiederkommen.[125] Auch die Emotionen, die sich mit Heimat verknüpfen, gehen in diesem Sinn nicht von Heimat aus, sondern entstehen durch die Bezugnahme des männlichen Akteurs auf sie. Die Figurationen, die das 19. Jahrhundert für das Heimweh entwarf, sind vom Schweizer Söldner bis zum romantischen Wanderer damit allesamt als männliches Begehren lesbar und die Dialektik von Heimat, der zufolge Heimat für den Rückkehrenden nicht mehr dieselbe ist (vgl. I.2.3), offenbart sich in diesem Sinn als männlich codierte Erfahrung. Dass diese Geschlechtscodierung nicht den Realitäten entsprach, un-

---

125 „Strangers or returnees tend to be male, whereas the nostalgic Heimat of childhood is generally associated with the mother and in metaphorical extension with the maternal earth", so Elisabeth Boa und Rachel Palfreyman in ihrem Kapitel *The Maternal Heimat as Threshold between Nature and Culture*, Boa/Palfreyman 2000, S. 26.

Abb. 23–28: Illustrationen der Lyrikanthologie „Heimaterde. Der Heimat Lob in Liedern", Berlin 1901, von Ernst Liebermann (Klassik Stiftung Weimar)

terstreicht nur die kulturgeschichtliche Wirkmächtigkeit dieser Figurationen: Tatsächlich haben Mediziner ja das pathologische Heimweh nicht nur bei Soldaten, sondern auch bei Dienstmädchen beobachten können[126] – aber während das Heimweh der Schweizer Söldner zum literarischen, musikalischen und bildkünstlerischen Topos wurde,[127] ist weibliches Heimweh eben nicht oder erst sehr spät in die Kulturgeschichte des 19. Jahrhunderts eingegangen; erst Johanna Spyri schuf mit *Heidi's Lehr- und Wanderjahren* (1880) eine prominente weibliche Heimwehkranke.[128] Und während es im rechtlichen Sinn sehr viel häufiger die Frauen waren, die ihre ursprüngliche Heimat verloren – denn jede Eheschließung hatte automatisch die Annullierung der eigenen Heimatrechte zur Folge (vgl. II.2) –, hat sich auch diese weibliche Erfahrung des Heimatverlusts kulturgeschichtlich nicht in künstlerischen Darstellungen manifestiert.

Die Geschlechtscodierung von Heimat findet sich vereinzelt schon vor der modernen Geschichte des Heimatbegriffs, aber anders. Christian Hoffmann von Hoffmannswaldau assoziiert in einem Gedicht von 1695 Heimat mit dem weiblichen Schoß, und benennt „diese[] heymat" als Ziel menschlichen (wohl männlichen) Triebes:

> Vor allen aber hat der menſch den trieb empfangen
> Und unſere vernunfft vermehret das verlangen;

---

126 Der Begriff des Heimwehs stammt aus der Medizingeschichte und sein erstes Auftauchen wird in der Regel mit der in Basel erschienenen *Dissertatio medica de Nostalgia, oder Heimwehe* des Schweizer Mediziners Johannes Hofers aus dem Jahr 1688 datiert. Diese und zahlreiche folgende medizinische Schriften beschrieben eine Reihe von Symptomen wie Nahrungsverweigerung, Apathie, Wahnsinn und Tod an Schweizer Soldaten, die fern ihres Geburtsortes stationiert waren, als pathologisches Phänomen, das als Heimweh bezeichnet wurde. Aber die sogenannte ‚Schweizerkrankheit' oder ‚morbus helveticus' bezog sich tatsächlich auf ein Phänomen, das schon früh auch in anderen kulturellen Umkreisen beschrieben worden ist, etwa bei den Lappen. Der Lappe, so Erasmus Francisci, bleibe, „wenn die Wahl bey ihm ſtehet", stets „lieber daheim", müsse er „ſeiner Heimat entbehren", sterbe er „in ſehr kurtzer Zeit". Francisci 1676, S. 325. Zum Heimweh als Teil des ‚Heimatphänomens' aus kulturanthropologischer Sicht vgl. Greverus 1972, S. 33–35 und bezogen auf die ‚Soldatenkrankheit' vgl. Greverus 1972, S. 97–130. Die Medizin und Kriminalistik des 19. Jahrhunderts diagnostizierte auch bei Dienstmädchen, die bei ihren Herrschaften mit dem Motiv Feuer legten, zurück nach Hause zu dürfen, pathologisches Heimweh, vgl. Jaspers 2019.
127 Vgl. vor allem Bunke 2009, sowie Starobinski 1963, Kittler 1986, Gröf 2000.
128 Heidi erhält in Frankfurt die ärztliche Diagnose, an Heimweh erkrankt zu sein, und muss zurück auf die Alm, um nicht daran zu sterben. Simon Bunkes Analyse erweist, dass Spyri in der Beschreibung der Symptome sehr genau auf die zeitgenössischen medizinischen Theorien zum Heimweh als pathologischem Phänomen Bezug nimmt, vgl. Bunke 2009, S. 541–576; vgl. auch Pfeifer 2019. Das Wort Heimat kommt im Roman übrigens fast nicht vor, vgl. Rutschmann 2008, S. 3.

> Die auch viel eyfriger nach diefer heymat ftrebt
> Und fich nicht eh vergnůgt als biß man daran klebt.
> Wie der magnet mit macht das eifen an fich ziehet
> Wie nach dem norden-pol die nadel fchlågt und fiehet
> So ift der liebften fchooß der nord und der magnet
> Wohin der gantze wunfch warhaffter menfchen geht.[129]

Sexueller Trieb statt sublimiertes Begehren, Lebenszugewandtheit statt Vergänglichkeitsbewusstsein – es ist bekannt, dass das nur die eine Seite des Barock ist, aber die weibliche Heimat ist hier eben interessanterweise der unbeschwerten Seite, dem carpe diem zugeordnet. So unverhohlen und direkt geht es in der Literaturgeschichte mit dem Begriffspaar Frau und Heimat aber nicht weiter.

In der Neuinterpretation religiöser Semantisierungen von Heimat durch Hölderlin und die Frühromantiker fällt in Bezug auf Weiblichkeitskonzepte zunächst auf, dass das Streben nach der Heimat zwar wie bei Hoffmannswaldau mit dem Streben nach der Frau zusammenhängt, das Begehren aber uneingelöst bleibt. Insofern die in der Literatur entfalteten Heimaten die religiöse Bedeutung des Begriffes in sich aufnehmen, enthält Heimat fortan immer ein Uneinlösbares, das sich einerseits mit einem sentimentalischen Verhältnis zur Vergangenheit, andererseits mit einem utopischen Verhältnis zur Zukunft verbindet – und dies gilt auch in Bezug auf das ‚Weibliche'. In Hölderlins Texten ist es das Begehren nach Geborgenheit in der (teils mütterlichen, teils familiären, teils körperlichen) Liebe, die mit Heimat assoziiert wird. In Clemens Brentanos Heimatentwürfen werden die Heimat repräsentierenden Frauengestalten vergöttlicht und die sexuellen Konnotationen durch ihre Madonnenhaftigkeit sublimiert (vgl. II.1.2).

In diesem Zusammenhang muss man sich vergegenwärtigen, dass Heimat in religiösen Kontexten bis 1800 in aller Regel (eine Abweichung bildet die katholische Marienverehrung)[130] mit Gottvater und Gottessohn männlich konnotiert

---

129 Hoffmannswaldau 1695, S. 171.
130 Die Verknüpfung von (himmlischer) Heimat und Mutter(gottes) findet sich im theologischen Kontext im vierten Mariendogma der katholischen Kirche. Folgt man der Interpretation des Dogmas von der leiblichen Aufnahme Marias in den Himmel durch Doris Brockmann, so unterliegt dessen Formulierung durch Papst Pius XII. im Jahr 1950 einer Logik, nach der eben auch himmlische Heimat erst als weibliche Heimat zu sich selbst findet: „Die in den Himmel erhöhte Maria vermag als Inbegriff ‚wahrer Mütterlichkeit' Gewähr dafür zu bieten, daß das Ziel ‚vollkommener Geborgenheit' erreicht werden kann. Diese Zielvorgabe ist auch im Deutungsmuster der ‚himmlischen Heimat' angelegt, und zwar insofern es das durch Christus verheißene und zugleich verbürgte endzeitliche ‚Bei-Gott-Sein' als einen Zustand ewiger Seligkeit beschreibt. Doch offenbar hat die Wirk- und Überzeugungskraft des Deutungsmusters von der ‚himmlischen Heimat' sich in seiner bisherigen allgemeinen Form als unzureichend erwiesen und damit eben jene Präzisierung notwendig gemacht: Wenn ‚Heimat' auf Ursprüngliches verweist und Herkunft

war. Das Kirchenlied von Paul Gerhardt – „Ich wandre meine Straßen, / Die zu der Heimat führt, / Da mich ohn alle Maßen / Mein Vater trösten wird."[131] – bis Heinrich Bone – „Nun segne, Herr, uns allzumal / Mit deiner Vaterhand! / Und leit' uns durch dies Erdenthal / Zum ew'gen Heimatsland."[132] – verbindet die himmlische Heimat ausschließlich mit Vatergestalten (vgl. II.1.1). Insofern kann man die Neusemantisierungen von Heimat, die um 1800 in der Literatur einsetzen, unter anderem auch als geschlechtsspezifische Neucodierung religiöser Heimatvorstellungen lesen: Mit deren Säkularisierung um 1800 geht auch eine Effeminierung des Heimatbegriffs einher (vgl. II.1.2).

Die semantischen Verschiebungen des Heimatbegriffs um 1800 muss man in Bezug auf Geschlechtercodierungen einerseits in ihren religiösen Kontexten beleuchten, andererseits und teils damit zusammenhängend als Teil eines zeitgenössischen Wandels von Patriotismus- und Nationalstaatsdiskursen. Denn auch die Nation, das Vaterland, das Volk oder die Heimat wurden in diesen Diskursen mit Geschlechtercodes belegt. Während die literarischen Texte Klopstocks das Wort Heimat noch gar nicht verwenden und durchweg das Vaterland als begehrtes Objekt erscheint – „O Vaterland! o Vaterland! / Mehr als Mutter, und Weib, und Braut!"[133] – findet ein erster, tastender Einbezug von Heimat als weiblich codierter Part innerhalb des literarischen Nationaldiskurses in der nächsten Dichtergeneration statt, etwa bei Friedrich Leopold zu Stolberg-Stolberg. Heimat beginnt, Teil des Enthusiasmus fürs Vaterland zu werden, und zwar als komplementärer, empfindsam codierter Part des Vaterlandes. Texte wie die von Stolberg-Stolberg und Salis-Seewis stehen allerdings erst an der Schwelle zu einer neuen Heimatsemantik (vgl. I.2.1). Die Ausdifferenzierung, die in den folgenden Jahrzehnten intensiv vonstattengeht und im Zuge derer Heimat als weiblicher Part innerhalb eines männlich codierten nationalen Vaterlandsdiskurses funktionalisiert wird, zeigt sich besonders eindrucksvoll bei Ernst Moritz Arndt (vgl. II.1.2).

Aus dieser Codierung ergibt sich einerseits ein Gefälle von Vaterland und Heimat – die sentimentalen Gefühle für die Heimat müssen zurückgestellt werden, um dem größeren Ganzen des Vaterlandes zu dienen –, andererseits aber

---

im Sinne von Familiarität thematisiert, ergibt sich für die Rede von der ‚himmlischen Heimat', daß sie erst dann voll und ganz ihre Bedeutung und Plausibilität gewinnt, wenn die himmlische Wirklichkeit vorstellbar wird als eine Wirklichkeit, in der – neben dem göttlichen Vater und Sohn – auch die ‚Gottes*mutter*' einen festen Platz hat. Indem ihre Anwesenheit im Himmel sichergestellt ist, kann dieser erst recht als heimatlicher Ort imaginiert werden, als der Ort, wo das pilgernde Gottesvolk sein eigentliches Zuhause findet." Brockmann 1997, S. 90.
131 Paul Gerhardt: Ich bin ein Gast auf Erden, in: Gerhardt 1957, S. 369.
132 Bone 1851, S. 312.
133 Klopstock 2009, S. 80.

auch ihre Zusammengehörigkeit: Vaterland und Heimat sind wie Mann und Frau dann Polaritäten, die einander ergänzen – entsprechend der Neudefinition der männlichen und weiblichen Sozialcharaktere, wie sie sich seit Ende des 18. Jahrhunderts auszubilden beginnen.[134] An die Stelle von Standesschranken trat die „geschlechtsspezifische Segmentierung der bürgerlichen Lebenswelt".[135] Mit dieser Segmentierung ging auch eine gegenderte Codierung von weiblicher Heimat einher, die sich mit Erde, dem Vegetativen, Passiven, der natürlichen Neigung, dem Befriedenden und Unpolitischen zu verbinden beginnt, während sich das männliche Vaterland mit der abstrakten Idee, der Ratio, Pflicht und Notwendigkeit, Aggression, Aktivität und dem Politischen verknüpft – ein ausgesprochen prägendes Schema, das unterschiedliche Variationen erfuhr.

Der so verstandenen Heimat konnte beispielsweise utopisches und erlösendes Potential zugeschrieben werden, wie bei Richard Wagner, der seine „Sehnsucht nach der deutschen Heimat" auf ein „geahntes und gewünschtes Neues, Unbekanntes, Erstzugewinnendes" bezieht, als eine Sehnsucht „nach dem erlösenden Weibe", das ihm im Sinne eines „weibliche[n] Element[s] überhaupt vorschwebte". Dieses weibliche Element sieht Wagner als direkten „Ausdruck *der Heimat*, d.h. des Umschlossensein's von einem innig vertrauten Allgemeinen",[136] aber einem noch unbekannten, nur ersehnten Allgemeinen (vgl. II.1.3.3). Dieses Heimatverständnis ist gar nicht so weit entfernt vom bürgerlichen Biedersinn seiner Zeit, wie Wagner vermutlich selbst gemeint hätte; seine „Sehnsucht nach der Heimat, Haus, Herd und – Weib"[137] verweist jedenfalls auch auf den Zusammenhang von Heimat mit den bürgerlichen Bereichen der Frau.

Im vorherrschenden Heimatdiskurs gehen spätestens ab Mitte des 19. Jahrhunderts Idealisierung und Limitierung des Weiblichen Hand in Hand.[138] Der Historiker Heinrich von Sybel erklärt 1870 nicht unangefochten, aber durchaus dem allgemeinen Zeitgeist entsprechend: „Das Gebiet der Frau ist das scheinbar enge und einförmige des inneren häuslichen Lebens; die Domaine des Mannes ist die Welt da draußen, die Wissenschaft, die Rechtsordnung, der Staat." So habe „es die Natur gewollt",[139] denn da die Frau zur Mutterschaft geboren sei, gebe es

---

134 Vgl. Karin Hausens einschlägigen Aufsatz zur Polarisierung der Geschlechtscharaktere, Hausen 1977.
135 Frevert 1986, S. 66.
136 Wagner 2004, S. 89–90.
137 Wagner 2004, S. 88.
138 Auch Peter Blickles Interesse im Zusammenhang von Heimat und Weiblichkeit ist es, „[to] trace the social implementation of this process of idealization and limitation of woman"; Blickle 2002, S. 83.
139 Sybel 1870, S. 13.

gar keine anderen Möglichkeiten der Arbeitsteilung. Dass an der Ausbildung dieses bürgerlichen Selbstverständnisses der Geschlechter genauso die Frauen selbst arbeiteten, zeigt Elise Polkos für Frauen verfasstes Buch *Unsere Pilgerfahrt von der Kinderstube bis zum eignen Herd* von 1862 – eine Mischung aus Ratgeberliteratur und Lyrikanthologie, ein ausgesprochen erfolgreiches Buch, das 1909 in der 9. Auflage immer noch sehr gut verkauft wurde. Hier wird das Dreigestirn Mann, Schwert und Vaterland des ‚bürgerlichen Wertehimmels'[140] um das Dreigestirn Frau, Herd und Heimat ergänzt. Das „Martyrium"[141] der Mutterschaft ist das Telos dieses Frauenlebens. Es besteht darin, die geliebten Töchter an deren Ehemänner abzugeben und die geliebten Söhne in die Welt hinausziehen zu lassen. Den in die Welt entlassenen Söhnen werde in ihrem Wanderleben die „himmlische Geduld, Güte und Großmuth"[142] der verlassenen Mutter bewusst, was Elise Polko mit einem Gedicht Carl Siebels untermalt, das aus der Perspektive des ausgezogenen Sohnes geschrieben ist, der die Liebe zur *Heimat*, so der Titel des Gedichts, erkennt: „[...] / Und am Fenster zum Garten / Seh' ich die Mutter. / Auf ihren Knieen / Ruhet ein Buch – / Sie liest in dem Buche. / Ich seh' es genau, / Es ist das Buch, / Das einst dem Sohne / Mit Thränen sie schenkte, / Und das der Sohn, / Als er fortging, / Vergaß. [...]. Wehmüthig über das Meer / Klingen die Glocken der Heimath." Polko schlussfolgert aus dem Gedicht: „Deine Macht ist doch groß, Mutterherz! Die Saat, die du unter frommen Gebeten sätest, sie geht doch einmal auf, früher oder später, – dein Sohn wird nicht verloren sein."[143] Der Zusammenhang von Heimat und der auf das Innen ausgerichteten Lebenswelt der Frau – sowohl im räumlichen Sinn des Hauses als auch im übertragenen Sinn der Intimität des Familienlebens, für die sie verantwortlich ist – drückt sich auch in den ab der zweiten Hälfte des 19. Jahrhunderts allerorten begegnenden Komposita mit Heimat aus – Heimatherd, Heimatort, Heimatliebe, Heimatgefühl. Der Konflikt der sich im Heimatbegriff kristallisierenden Klassenmoral mit einer Frauenemanzipation, die sich gerade nicht auf Häuslichkeit und Innerlichkeit festlegen lassen wollte, wird gegen Ende des Jahrhunderts dann auch in literarischen Texten offengelegt.[144]

---

140 Vgl. Hettling/Hoffmann 2000.
141 Hier zitiert nach der sechsten Auflage von 1877; Polko 1877, S. 282.
142 Polko 1877, S. 274.
143 Polko 1877, S. 275–276.
144 In einem erfolgreichen Theaterstück der wilhelminischen Ära, Hermann Sudermanns *Heimat* (1893), bezeichnet Heimat tatsächlich nichts anderes als die Ansprüche bürgerlicher Ehr- und Sittenmoral, die, konfrontiert mit den Ideen der Frauenemanzipation, in ein tragisches Ende münden. Das Theaterstück wurde 1893 in Berlin uraufgeführt, es folgten Aufführungen auf vielen Bühnen, auf denen das Stück „einen außerordentlich glänzenden Erfolg" errang, „der durch die

Neben dem Verständnis weiblicher Heimat als Bereich des Erlösenden (Wagner) und als Bereich des Innerlichen (Polko) ist ein drittes diskursiv wirkmächtiges Verständnis von Heimat das des Vegetativen. Auch das illustrieren die ab der Jahrhundertmitte inflationären Komposita von Heimatboden, Heimaterde oder Heimatflur. Einerseits verknüpfen sich die in diesem Kontext gewählten organologischen Bilder mit der Idee der Heimat als ‚Wurzelgrund' der Nation (I.2.1) oder des Volkes (vgl. I.2.2), andererseits und teils damit zusammenhängend insbesondere um 1900 dann mit Gesundungsphantasien einer von sich selbst erschöpften Moderne: In Wilhelm von Polenz' *Büttnerbauern* (1895) ist der Bauer „verwandt mit der Erde, die er bebaut. Er hängt mit ihr zusammen wie das Kind mit der Mutter vor der Trennung. Er empfängt von ihr geheimnisvolle Lebenskräfte, und ihre Wärme ist auch die seine."[145] Die im Roman als Folge des Kapitalismus entstehende „Heimatlosigkeit" von immer größeren Teilen der Landbevölkerung steht dagegen für den Verlust der „mütterlich nährende[n] Kraft" der Scholle.[146] Diese vielfach variierte Bildlichkeit von Heimat als einem nahrung- und lebenspendenden und insofern mütterlichen Acker ist zugleich die zentrale Metapher für zahlreiche Heimattheorien um 1900, die im Heimatboden zugleich ein Bild für die ‚gesunde Wahrheit' gefunden zu haben glauben.[147] Gerade indem Heimat durch ihre zunehmende Verbindung mit der Erde, der Scholle, dem Boden zum Inbegriff der Selbstheilungswünsche der materialistischen und kapitalisti-

---

rasche Aufeinanderfolge von zehn Auflagen der Buchausgabe nur bestätigt wurde". Ernst Troeltsch: Sudermanns Heimat, in: Troeltsch 2009, S. 341–358, hier S. 341. Der Anspruch der emanzipierten Magda, „um [i]hrer selbst willen dazusein", wird ausgerechnet vom Pfarrer abgewiesen. Nicht den Ansprüchen ihrer Familie nachzukommen, einen ungeliebten Mann zu heiraten, wäre eine Versündigung an der Heimat: „Daß der alte Mann [gemeint ist der Vater] das nicht überleben würde, nun das versteht sich von selbst. Und was für Ihre Mutter dann bleibt, und was aus Ihrer armen Schwester wird – Fräulein Magda, das ist ja, wie wenn Sie mit eigner Hand Feuer an dies Haus legten und alles verbrennen ließen, was drin ist. Und dies Haus ist doch Ihre Heimat. [...] Aber tun Sie, was Sie wollen. Verderben Sie Ihre Heimat, verderben Sie Vater und Schwester und Kind, und dann versuchen Sie, ob Sie den Mut haben, um Ihrer selbst willen dazusein" (Sudermann 1893, S. 144). Magda leitet dagegen ihre Freiheit als Frau und Künstlerin daraus ab, sich nicht unter „das Schutzdach irgendeiner Heimat, die aus den Händen des Vaters schlankweg in die des Mannes übergeht" zu begeben, von der nicht nur das „Brot", sondern auch noch die „Ideen" und der „Charakter" empfangen werden. Sudermann 1893, S. 163.
145 Polenz 1895, S. 138.
146 Beide Polenz 1895, S. 315.
147 „Heimat ist ein fester Boden mit Wurzeln und Knollen, mit Pflanzen und Leben, mit Organismen; und ein Versenken in ihre gesunde Wahrheit und Wärme ist Rettung vor Mechanismus und konstruierten Problemen, falls es mit rechter Reife geschieht. Sollte nicht der Weg zu Leben und Beseelung jeder Art weit eher über frisches Land gehen als durch die Zimmer der Theorie?" Lienhard 1901, S. 197.

schen Moderne wurde, kamen auch wieder Frauenbilder des Nahrungsspendenden, Heilenden und Erlösenden ins Spiel, die sich genauso in Rudolf Herzogs Kriegsgedicht *Frauen der Heimat* (1916) finden; hier „ward das ganze Heimatland/ Zur deutschen Frauenerde".[148] Der Begriff der ‚Heimatfront', eine Wortneubildung des Ersten Weltkriegs,[149] die das ursprüngliche Gegensatzpaar Heimat und Front verschmolz, war ebenfalls dem Bereich der Frauen zugeordnet, die hinter den eigentlichen Frontlinien den Männern den Rücken stärken sollten.

Das Bild des vegetativen, erdnahen Wesens der ‚Frau' wird von der zeitgenössischen Naturwissenschaft und Medizin verstärkt[150] und bleibt auch in literaturwissenschaftlichen Kontexten des 20. Jahrhunderts präsent. So erklärt der Literaturhistoriker Werner Mahrholz 1926 die angebliche Affinität weiblicher Autoren zur Heimatliteratur der Jahrhundertwende mit „größerer Erdnähe und Stammesverbundenheit des weiblichen Geschlechtes in einer Zeit, die die Männer von der Scholle zu treiben und in die Großstadt zu verpflanzen geeignet war".[151] Insbesondere der Aspekt der mütterlichen Heimat wird in den 1920er, 1930er und 1940er Jahren besonders dominant. Das Staatslexikon notiert 1927 in seinem Artikel zu ‚Heimat': „Heimat ist mütterlich, ist Lebensschoß."[152] Die Verbindung von Frau, Heimat und Erde, die auch zur Ideologie des Nationalsozialismus zählte, war keine Erfindung des NS und blieb auch nach 1945 weiter bestehen, wie Ina-Maria Greverus 1972 ausführt und damit in der Heimat-Forschung die Verbindung von Heimat- und Frauenbildern erstmals in einer ideologiekritischen Perspektive betrachtet: „Dieser ‚Mutter Erde'-Kult, in den mit zahlreichen vagen Vorstellungen die Spekulationen der romantischen Naturphilosophie, Bachofens ‚Mutterrecht' und Jungs Archetypus der ‚Großen Mutter' eingingen, hatte sich bereits vor der nationalsozialistischen Hypertrophierung – zu einem ‚Mutter Erde-Heimat'-Mystizismus entwickelt, der in einer populären bürgerlichen Weltanschauung zu einem zentralen, richtungsweisenden Ethos wurde und auch gegenwärtig noch vielfach Anhänger hat."[153]

---

148 Rudolf Herzog: Frauen der Heimat, in: Herzog 1928, S. 380–381.
149 Die Inlandspropaganda verwendete den Begriff ab 1917, vgl. Flemming/Ulrich 2014, S. 17. Zur ‚Heimatfront' als Aspekt der Begriffssemantik von Heimat im Kontext des Ersten Weltkriegs vgl. Gebhard/Geisler/Schröter 2007, S. 28–33 und im Kontext des Zweiten Weltkriegs vgl. Korfkamp 2006, S. 61–64.
150 Vgl. die Studie von Heinz-Jürgen Voß zu Dekonstruktionen des Geschlechts aus biologisch-medizinischer Perspektive; Voß 2010.
151 Mahrholz 1926, S. 176. Karlheinz Rossbacher kann in Bezug auf dieses Zitat richtigstellen, dass von den 116 von ihm erfassten Heimatautoren zehn weiblich sind und damit ein für die Jahrhundertwende typisches Geschlechterverhältnis repräsentieren, vgl. Rossbacher 1975, S. 68.
152 Anonym: Heimat, 1927, S. 57.
153 Greverus 1972, S. 373.

Tatsächlich wird das Paar Heimat und Mutter in den 1950er, 1960er und 1970er ungebrochen weiterverwendet, wenn von Heimat als „Lebensschoß"[154] und „mütterliche[r] Lebenslandschaft"[155] gesprochen wird und von einem Heimatgefühl, das „in seinem innersten Kern der Drang zur Mutter"[156] sei. Die Literatur- und Geisteswissenschaften der 1980er Jahre, die zwar insgesamt eine ideologiekritische Haltung zu Heimat einnehmen, sind in aller Regel auf dem Gender-Auge blind und übernehmen solcherlei Wortbildungen unreflektiert.[157]

Zu der bis heute im Vergleich zur Flut der Veröffentlichungen sehr zurückhaltenden Auseinandersetzung mit diesem Aspekt von Heimat trägt die feministische Forschung seit den 1990er Jahren nur einige wenige Ansätze bei. Sie bewertet die kulturhistorische Allianz von Heimat und Weiblichkeit dabei teils konträr. Elisabeth Bütfering beklagt unter dem Titel *Die Heimatlosigkeit ist weiblich* den Ausschluss der Frauen aus ‚Heimat': „Die Heimat der Männer sind die Frauen. Wo aber ist der Frauen Heimat? Bei den Männern? Wohl kaum."[158] Sie stellt der patriarchalen Heimat eine programmatische Heimatlosigkeit bzw. das ‚Vagabundieren' als angemessene weibliche Identitätssuche entgegen, um eigene, spezifisch weibliche utopische Räume überhaupt erst aufzufinden und „alternative Heimaten wenigstens zu denken".[159] Damit stellt sie ihr Anliegen, ohne dies zu thematisieren, in eine mit Nietzsche eingeführte und dann seit Beginn des 20. Jahrhunderts durchaus prominent gewordene Tradition der Aufwertung von Heimatlosigkeit (vgl. III), die teils auch aus dezidiert weiblicher Perspektive vorgebracht wurde, etwa in Ilse Frapans Roman *Wir Frauen haben kein Vaterland* (1899), in dem die Protagonistin zum radikalen Bruch mit den herrschenden Verhältnissen auffordert: „Brechen mit allem und mit allen: Hinunter in das

---

154 Köhler 1959, Sp. 57. „Gerade die Passivität des Sich-in-der-Heimat-geborgen-Wissens und die Passivität der in sich ruhenden Heimat selbst geben der Heimat eine nur ihr eigene Integrationskraft [...]."
155 Moebus 1954, S. 41.
156 Röhrig 1959, S. 28.
157 Die vorangehenden Zitate von Oskar Köhler, Gerhart Moebus und Herbert Röhrig werden z. B. mehr oder weniger unkritisch übernommen in Bredow/Foltin 1981, S. 28–29. Auch Peter Blickle diagnostiziert eine weitgehende Kontinuität der Funktionalisierung von Heimat auch noch im 20. Jahrhundert: „Heimat is the shining bride or shining motherhood. But as such, Heimat is strongly implicated in two centuries of bourgeois subjection (that is, subjugation and subjectification) of women." Blickle 2002, S. 82.
158 Bütfering 1990, S. 416. Den Titel wählt sie in Anlehnung an das Gedicht *Die Heimatlosigkeit ist weiblich* von Dagmar Bielstein, Nachweis Bütfering 1990, S. 416.
159 Bütfering 1990, S. 428. Mit der Idee des feministischen Vagabundierens schließt Bütfering an Christina Thürmer-Rohr an, vgl. Thürmer-Rohr 1987. Zur feministischen Konzeption des nomadischen (weiblichen) Subjekts vgl. auch Braidotti 1994.

Namenlose, zu den Rechtlosen, zu den Enterbten. Dorthin gehör' ich ja, ich und alle Frauen, Heimatlose, Vaterlandslose".[160] Bütfering bleibt bei dieser Affirmation von Heimatlosigkeit nicht stehen; letztlich geht es ihr darum, neue, alternative Heimaten für die Frau zu entdecken.

Gisela Ecker, die 1997 mit einem Sammelband zum Zusammenhang von Heimat und Weiblichkeit einen weiteren feministischen Blick auf das Thema wirft, diagnostiziert die „deutlich erkennbare ödipale Spur",[161] die sich durch die Diskurse um Heimat ziehe. Texte weiblicher Schriftstellerinnen zeigten auf, dass Heimat als Ort des (männlichen) Begehrens „Produkt weiblicher Anstrengungen" und weiblichen Leidens sei und „daß die ödipale Konstruktion der Realitätsprobe nicht standhalten kann".[162] Im Gegensatz zu Bütfering hält sie die Suche nach weiblicher Heimat aber nicht für produktiv, sondern den Begriff für historisch diskreditiert.[163] Auch für Peter Blickle ist Heimat so eng mit geschlechtsspezifischen Machtverhältnissen verbunden, dass sie sich jeglicher Neubesetzung entzieht.[164] Der Blick auf den Zusammenhang von „power and gender" offenbare, dass „Heimat conceptualizations at any given time are closely linked to the class and gender interests of a narcissistically conceived masculinized self, a male subject, a male ego. Heimat usually represents an idealized loser in gender or class questions (woman or peasants), but always from the point of view of the winner (the bourgeois male)."[165] Abgesehen davon, dass Blickles Diagnose genauso wie die seiner Vorgängerinnen teils mit vereinfachenden Stereotypen ar-

---

160 Frapan 1899, S. 153.
161 Ecker 1997, S. 10.
162 Ecker 1997, S. 22 und 23; als Beleg werden u. a. die Autorinnen Ilse Aichinger, Marieluise Fleißer, Maria Beig und Anna Wimschneider herangezogen.
163 „Die affektiven Besetzungen, die sehr viel mit dem ödipalen Grundmuster zu tun haben, entsprechen einfachen, infantilen Begehrensmustern, die schnell aufrufbar sind, und sie konstruieren darüber hinaus über das Familienmodell einen unschuldigen Ort. Im Gegensatz zu ‚Nation' und ‚Vaterland', die mit Schuld belastet sind, ermöglicht ‚Heimat' den Rekurs auf einen Ort der Unschuld, über den neue Setzungen von Sinn und Identität legitimiert und kontinuierlich gestiftet werden können. Der Preis dafür ist das Verschwinden und die Tilgung von Differenz/en." Ecker 1997, S. 31.
164 Blickle widmet sich 2002 in seiner Studie zu Heimat von 2002 ausführlicher der Frage nach ‚Heimat and the Feminine'. Neben seinen ausführlichen Referaten von Bütferings Aufsatz und Eckers Sammelband geht er auch auf weitere feministische Auseinandersetzungen mit ‚Heimat' ein, die aber entweder keinen wissenschaftlichen Anspruch haben oder ‚Heimat' nur im übertragenen oder weit entfernten Sinn thematisieren und deswegen hier nicht genannt werden. Noch 2002 stellt Blickle fest, dass die wissenschaftliche Beschäftigung mit dem Zusammenhang von Heimat und Gender ganz am Anfang stehe: „It is clear that research on the formative aspects of gender in Heimat is just beginning." Blickle 2002, S. 107.
165 Blickle 2002, S. 71.

beitet, die sie vorgibt zu beschreiben, ist im Rückblick interessant, dass sowohl Ecker als auch Blickle gern mit freudschen Erklärungen arbeiten. Die Wende zum 20. Jahrhundert mit ihrem Kult des Heimatbegriffs beschreibt Blickle mit Sigmund Freuds Theorien zum Geschlechterverhältnis, insbesondere zum „Oedipus complex".[166]

Tatsächlich ist besonders Freuds Theorie des Unheimlichen von 1919 einschlägig für die Frage nach Heimat und Weiblichkeit um 1900:

> Es kommt oft vor, daß neurotische Männer erklären, das weibliche Genitale sei ihnen etwas Unheimliches. Dieses Unheimliche ist aber der Eingang zur alten Heimat des Menschenkindes, zur Örtlichkeit, in der jeder einmal und zuerst geweilt hat. ‚Liebe ist Heimweh', behauptet ein Scherzwort, und wenn der Träumer von einer Örtlichkeit oder Landschaft noch im Traume denkt: Das ist mir bekannt, da war ich schon einmal, so darf die Deutung dafür das Genitale oder den Leib der Mutter ersetzen. Das Unheimliche ist also auch in diesem Falle das ehemals Heimische, Altvertraute. Die Vorsilbe ‚un' an diesem Worte ist aber die Marke der Verdrängung.[167]

Während Freuds Theorie aus heutiger Perspektive allerdings doch eher selbst als Teil eines historischen Diskursgefüges von Heimat und Gender gelesen werden sollte – nämlich bezüglich des Umstands, dass hier erstens die Frau bzw. ihr Genital mit Heimat gleichgesetzt wird und zweitens die männliche Irritation in Bezug auf die so verstandene Heimat pathologisiert wird –, wird Freud von Ecker bis Blickle interessanterweise aber als Erklärer, nicht als Symptom des Komplexes von Heimat und Frau behandelt.

Die neueste feministische Forschung zum Thema knüpft eher an Bütfering als an Ecker und Blickle an, insofern nach einer weiblichen Heimat gefragt und eine spezifisch weibliche Perspektive auf Heimat behauptet wird: „Female authors' texts, then, are worth exploring precisely because they provide a counterpart to a discourse that needs to be understood as constituting a male perspective."[168] Im Anschluss an neue kulturwissenschaftliche Zugriffe auf Heimat – etwa die Arbeiten von Friederike Eigler[169] –, die Heimat nicht mehr ideologiekritisch, sondern

---

[166] „The thematization of the woman is everywhere. The Oedipus complex has much to recommend it as a symbol (or a symptom) of the period between about 1880 and 1910, at least within a bourgeois context. Heimat during this period is an imagistically processed Oedipus complex in which the son's incestuous longings to reenter the mother (as in nature) become a socially shared and accepted state ‚of fusional perfection'." Blickle 2002, S. 92.
[167] Freud 1986, S. 258–259.
[168] Bland/Smale/Weiss-Sussex 2019, S. 7.
[169] Vgl. Eigler/Kugele 2012 und Eigler 2014. Im Anschluss an raumtheoretische Konzepte der Cultural Studies erforscht Eigler, „how dynamic concepts of space shape prose fiction and, in particular, narrative renderings of Heimat". Eigler 2014, S. 7. Eigler bespricht literarische Texte von

mit neueren Raumtheorien als dynamisches und insofern auch mit ideologisch unverdächtigen Werten wie der Gestaltung lebenswerter Räume zu verknüpfendes Konzept verstehen, versuchen Caroline Bland, Catherine Smale und Godela Weiss-Sussex, den Begriff auch für feministische Ansätze verwertbar zu machen: „[A]n alternative understanding of Heimat as ‚open and porous' establishes the potential for feminist readings of this space which favour relational thinking over the desire to fix oneself and others into stable and stabilising identity positions."[170] Ein historischer Schwerpunkt liegt dabei auf Autorinnen der Jahrhundertwende und der Weimarer Republik wie Claire Goll, Elisabeth Landau oder Erika Mann, die daraufhin untersucht werden, wie sie den herrschenden Heimatdiskurs unterlaufen und emanzipatorische Heimatvorstellungen entwerfen, „drawing out the themes of resistance to and self-liberation from the Heimat discourse".[171] Diese Blickrichtung könne demonstrieren, „that, in the hands of female writers, Heimat could be [...] a catalyst for change".[172]

Es liegt auf der Hand, dass ein solcher Ansatz, der unterstellt, Frauen seien die Urheberinnen von als ‚progressiv' eingeschätzten Heimatvorstellungen, weder erklären kann noch will, warum es ‚subversive' Heimatentwürfe genauso und, da mehr Männer schrieben, sogar in weitaus größerer Anzahl bei männlichen Autoren gibt und, noch viel wichtiger, warum weibliche Autorinnen mehrheitlich an dem vorherrschenden, geschlechterpolarisierenden Heimatnarrativ mitarbeiteten und es keinesfalls subversiv unterliefen. Solange ein spezifisch weibliches Schreiben unterstellt wird, wird an Gendernarrativen interessierte Forschung dazu neigen, weibliches mit subversivem Schreiben zu korrelieren und damit an den eigentlich interessanten Fragen von Macht und Geschlecht vorbeizugehen.

Festzuhalten bleibt, dass die Konstellation Heimat – Frau sich auch in feministischer Perspektive als historisch beweglich erweist. Sie hat zahlreiche Transformationen durchlaufen, wie noch einmal abschließend in Bezug auf das Text-Bild-Verhältnis der von Liebermann illustrierten Lyrikanthologie gezeigt werden soll, die ja zum überwiegenden Teil romantische Gedichte enthält.[173] Zwischen der Effeminierung von Heimat in der Lyrik der Romantiker und derje-

---

den 1970ern bis in die Gegenwart, die sich dem Thema von Flucht und Vertreibung aus den ehemalig deutschen Ostgebieten nach 1945 widmen.
170 Bland/Smale/Weiss-Sussex 2019, S. 5.
171 Bland/Smale/Weiss-Sussex 2019, S. 8.
172 Bland/Smale/Weiss-Sussex 2019, S. 13.
173 Mit Gedichten von C. F. Meyer, Emanuel Geibel, Otto Ludwig, Victor von Scheffel einerseits und Nikolaus Lenau, Joseph von Eichendorff, Ludwig Uhland, Hoffmann von Fallersleben andererseits sind etwa die Hälfte der für die Anthologie ausgewählten Autoren romantische, vgl. Liebermann 1901.

nigen der Anthologieillustrationen liegen entscheidende Differenzen. Während sich Heimat in romantischen Gedichten mit dem unerreichbaren, transzendenten Weiblichen verbindet, arbeiten Liebermanns Illustrationen an einer retrospektiven Verbürgerlichung romantischer Heimaten, die wenig mit den Texten der romantischen Autoren zu tun hat. Die Darstellung von Heimat als ländlich-dörflicher, idyllischer Raum und der Frau als Repräsentantin dieses Raums ist eine ausgesprochen wirkmächtig gewordene *Auslegung* des romantischen Heimatbegriffs, der sich an den Texten der Romantiker aber gar nicht belegen lässt, ebenso wenig wie das damit verbundene Weiblichkeitskonzept. Das Jahrhundert, das die Texte und ihre Illustrationen voneinander trennt, hat einen Wandel im Gefüge von Heimat und Geschlecht mit sich gebracht.

Die Verbindung von Heimat und Weiblichkeit um 1900 erschöpft sich nun ihrerseits nicht in der biederen Version der liebermannschen Lyrikanthologie, auch wenn diese ausgesprochen repräsentativ für den Zeitgeist ist. Von Richard Dehmel über Stefan George bis Robert Walser,[174] von Clara Viebig (vgl. II.3.3) über Ilse Frapan bis Helene Voigt-Diederichs (vgl. II.3.3) ist das Spektrum an möglichen Perspektiven auf Heimat auch in ihrem Bezug auf Weiblichkeitsentwürfe sehr viel breiter und wird in dieser Arbeit weiterverfolgt.

2.4 Heimat und Fremde: Exil, Migration, Diaspora

Die Geschichte der Heimat ist immer auch eine Geschichte der Fremde. Erst die Fremdheitserfahrung bringt Heimatbewusstsein hervor – aber dieses birgt im historischen Bewusstsein des 19. Jahrhunderts schon einen Verlust, denn Heimat wird in dieser Perspektive nie wieder so sein wie zuvor. Das 19. Jahrhundert ent-

---

[174] In Dehmels Gedicht *Heimat* von 1891 vollzieht sich die Assoziation von Heimat und Mutter ohne jede Mehrdeutigkeit: „Und höre sacht die Türe klinken, / Mutter tritt mit der Lampe ein; / Und alle Sehnsüchte versinken, / O Mutter, in dein Licht hinein." Richard Dehmel: Heimat, in: Dehmel 1913, S. 51. Stefan Georges Gedicht *Muenchen* von 1907 spielt mit dem Doppelsinn der Münchner Liebfrauenkirche und erotischen Konnotationen: „Du stadt von volk und jugend! heimat deucht / Uns erst wo Unsrer Frauen türme ragen". George 1941, S. 204. Und Robert Walsers kurzer Prosatext *An die Heimat* von 1905 ist ironisch gemeint, jedenfalls lässt sich die Repetitio („der Heimat, der Heimat") als eine Hyperbel verstehen, die die Aussage im Ganzen in Frage stellt: „Heute morgen umarmt sie mich, und ich vergesse mich in ihrer üppigen Umarmung. Keine Frau hat so weiche, so gebieterische Arme, keine Frau, auch die schönste nicht, küßt mit so unendlicher Inbrunst, wie meine Heimat mich küßt. Tönt Glocken, spiele Wind, braust Wälder, leuchtet Farben, es ist doch alles in dem einzigen, süßen Kuß, welcher in diesem Augenblick meine Sprache gefangen nimmt, in dem süßen, unendlich köstlichen Kuß der Heimat, der Heimat enthalten." Walser 2020, S. 15.

wickelt aus dieser nostalgischen Konstellation eine Dialektik, die sich als (geschichts-)philosophische Denkfigur genauso wie als Erzähltopos niederschlägt. In diese Topoi des Denkens und Erzählens gehen die unterschiedlichen historischen Erfahrungen des Jahrhunderts ein. Die jüdische Diaspora, das politische Exil, Auswanderung und die Abwanderung in die wachsenden Städte sind die sozialgeschichtlichen Gründe des Verhältnisses von Heimat und Fremde, eines Verhältnisses, das zugleich seine religiöse Dimension hat – denn nach christlicher Ansicht ist der Mensch immer nur Gast auf Erden (vgl. II.1.1) – und auch seine rechtliche Seite, denn das Heimatrecht bringt nicht nur Heimat, sondern eben auch Heimatlosigkeit im juristischen Sinn hervor, nach der der Heimatlose keinen Anspruch auf Versorgung hat – nirgendwo (vgl. II.2.1). All diese Aspekte hängen vielfältig miteinander zusammen.

Heimat und Fremde als Dialektik

Heimat und Fremde zeigen sich im 19. Jahrhundert zunächst als zwei Seiten eines dialektischen Reflexionsmodells, das sich auch in einer spezifischen Färbung des (älteren) Narrativs von Aufbruch, Wanderung und Heimkehr niederschlägt. Die im Kapitel zu Heimat und Volk (I.2.2) diskutierten Bienen-Bilder zeigen die Veränderung. Bei Friedrich Spees Bienen ist die Bewegung von Heimat zu Fremde zu neuer Heimat eine lineare: Die alte Heimat wird verlassen, um eine neue zu gründen. Bei von Kleists und bei Herders Bienen gibt es eine Rückkehrbewegung aus der Fremde in die Heimat: Die Heimat profitiert von dem, was aus der Fremde mitgebracht wird, ohne sich aber selbst substantiell dabei zu verändern. Aus dieser Bewegung entwickelt sich im 19. Jahrhundert eine geradezu topische Dialektik, nach der Heimat die Notwendigkeit in sich birgt, in die Ferne zu ziehen, und die Ferne diejenige, in die Heimat zurückzukehren. Heimat ist dann nicht mehr dieselbe, genauso wenig wie der Zurückgekehrte noch der Alte ist. Diese Veränderung kann positiv gedeutet werden, etwa in den Versen Clemens Brentanos von 1801, in denen die Heimat an Größe in dem Maß gewinnt, in dem sie Fremde in sich aufnimmt: „So weit als die Welt, / So mächtig der Sinn, / So viel Fremde er umfangen hält, / So viel Heimath ist ihm Gewinn."[175] Sie kann auch negativ oder melancholisch als Verlust gedeutet werden.

Wie stark die Bewegung von der Heimat in die Fremde und wieder zurück in die Heimat im 19. Jahrhundert in allen diesen Fällen durch die hegelsche Reflexionsfigur geprägt ist, zeigt mit denkbarer Deutlichkeit eine Passage aus Berthold

---

175 Clemens Brentano: So weit als die Welt, in: Brentano 2007, S. 26. Das Gedicht entstand 1798 und erschien zuerst 1802 als Teil des Romans *Godwi oder Das steinerne Bild der Mutter*.

Auerbachs Literaturprogrammatik *Schrift und Volk* von 1846. Die Bewegung von Entzweiung und Vermittlung zur Synthese fasst Auerbach ins Bild eines Heimkehrers, dem sich über den Gegensatz von Heimat und Fremde eine neue Heimat erschließt:

> Er hat das Ferne ganz mit heimischem Auge gesehen, weiß es den Seinen so lebendig vor die Seele zu führen, daß sie es mit ihm sehen, denn es ist ihr eigener Blick, der darauf geruht, es ist ihr eigener Standpunkt, von dem aus es betrachtet, es ist ihre eigene Empfindung, die dadurch erweckt wurde. Und nun tritt er hinaus, schaut die Pracht der Alpen, hört den Bergstrom rauschen und die Lieder klingen; er sieht das Heimische fast mit fremdem Auge, mit einem Blick, der auf Entferntem geruht und dem sich das Heimische neu erschließt, er empfindet seine Schönheit und Eigenthümlichkeit selbständiger, er war aus sich hinausgerissen, seine eigenthümlichste Seele an Fremdes hingegeben, er war zum Gegensatze, zur Entzweiung und so zur Vermittlung gelangt; er war in der Fremde zu Hause und ist nun in der Heimat fremd und doch wieder heimisch. Fremde und Heimat verschlingen sich in ihm zu einer neuen Heimat.[176]

Direkt im Anschluss überträgt Auerbach dieses Heimkehrerbild auf Johann Peter Hebels *Alemannische Gedichte*. Hebel ist der Fixstern von Auerbachs literaturtheoretischer Schrift, ihm gilt seine rückhaltlose Verehrung und an dessen Werk entfaltet er die eigene Programmatik:

> Aehnlich ist Hebel von weiten Gedankenfahrten im klassischen und biblischen Alterthum, aus den Allgemeinheiten der Naturwissenschaften, aus Staats- und Lehrgeschäften zurückgekehrt zur Heimat, und was er Fremdes mitbringt, hat sich in ihm zum Heimischen ausgebildet und wird als solches von den Seinigen empfangen. Das Heimische aber ersteht in ihm und um ihn her in neuer Glorie. Er sieht und verkündet auch in dem Alemannischen sowohl die Schönheit der klassischen als auch die religiöse Weise des biblischen Alterthums. Und warum sollten dem allemannischen Bauernleben diese beiden Momente weniger innewohnen als dem Bauern- und Hirtenleben der Juden und Griechen?[177]

Die Synthese von Heimat und Fremde zu einer neuen Heimat sieht Auerbach durch Johann Peter Hebels volksaufklärerische Schriften verwirklicht. Auerbachs Darstellung von Hebels „Gedankenfahrten" ins Altertum und in die Wissenschaften und deren für die Heimat fruchtbringender Anwendung durch den Rückkehrer, die die Heimat zu „neuer Glorie" führe, erinnert in vielen Einzelheiten an das bei Ewald Christian von Kleist und vor allem Herder gewählte

---

176 Berthold Auerbach: Schrift und Volk. Grundzüge der volksthümlichen Literatur, angeschlossen an eine Charakteristik J.P. Hebel's (1846), in: Auerbach 2014, S. 7–173, hier S. 29. Auch Rohde weist auf die Nähe des Zitats zu Hegel hin, vgl. Rohde 2014, S. 78–79.
177 Berthold Auerbach: Schrift und Volk. Grundzüge der volksthümlichen Literatur, angeschlossen an eine Charakteristik J. P. Hebel's (1846), in: Auerbach 2014, S. 7–173, hier S. 29–30.

Bienen-Bild (vgl. I.2.2), übersteigt es aber zugleich. Denn Heimat und Fremde spiegeln sich ineinander – ‚in der Fremde zu Hause' und ‚in der Heimat fremd' – und bringen, indem sie sich ineinander ‚verschlingen', ein neues, größeres Ganzes hervor, eine ‚neue Heimat'.

Die gleiche Gedankenfigur ist in Ludwig Feuerbachs einflussreicher Schrift *Das Wesen des Christentums* von 1841 zu finden, in der er bekanntlich die „sittliche Heilkraft und die theoretische Wahrheit der Religion" als Möglichkeit des Menschen bestimmt, sich selbst „in seiner absoluten Freiheit und Unbeschränktheit" zu erkennen. Der Mensch ist ihm Anfang, Mittelpunkt und Ende der Religion.[178] Der Glaube an das Jenseits ist nach Feuerbach Glaube an „das abstracte Dießseits",[179] also an ein Diesseits, das aller vom Menschen als negativ bestimmter Aspekte ledig ist: ein Diesseits, das nicht endlich ist und das kein Leiden und keine Verfehlungen kennt. Durch die im Glauben an ein solches Jenseits stattfindende Besinnung wird sich demnach der Mensch in seinem irdischen Dasein inne. Eben diese Idee fasst Feuerbach ins dialektische Bild von Heimat, Auszug in die Ferne und geläuterter Rückkehr in die Heimat:

> Der natürliche Mensch bleibt in seiner Heimath, weil es ihm hier wohlgefällt, weil er vollkommen befriedigt ist; die Religion, die in einer Unzufriedenheit, einer Zwietracht anhebt, verläßt die Heimath, geht in die Ferne, aber nur um in der Entfernung das Glück der Heimath um so lebhafter zu empfinden. Der Mensch trennt sich in der Religion von sich selbst, aber nur, um immer wieder auf denselben Punkt zurückzukommen, von dem er ausgelaufen. Der Mensch negirt sich, aber nur um sich wieder zu setzen, und zwar jetzt in verherrlichter Gestalt [...].[180]

Solchen literaturprogrammatischen und religionsphilosophischen Überlegungen stehen erzählerische Umsetzungen an der Seite, beispielsweise in *Zwischen Himmel und Erde* (1856), einer gemeinhin als repräsentativ für das realistische Erzählen geltenden Novelle[181] Otto Ludwigs, die durch die Stationenabfolge von Heimat, Auszug in die Fremde, gereifter Rückkehr in die Heimat strukturiert ist. Der Held sieht eigentlich keinen Anlass, die Heimat zu verlassen.[182] Aber die Er-

---

178 Feuerbach 1841, S. 247.
179 Feuerbach 1841, S. 246.
180 Feuerbach 1841, S. 242.
181 Vgl. etwa das Kapitel zu Otto Ludwig in: Brinkmann 1957, S. 145–216.
182 „Es ist die Frage, ob sich unser Held freiwillig hätte entschließen können, die Heimath zu verlaffen, er, der nicht begriff, wie Jemand wo anders leben könne, als in seiner Vaterstadt, dem es immer wie ein Mährchen vorgekommen war, daß es noch andere Städte gäbe und Menschen drin wohnten, der sich das Leben und Thun und Treiben dieser Menschen nicht als ein wirkliches, wie

fahrung der Fremde stellt sich als notwendig heraus, um seine Heimatliebe von der Sohnes- zur Mannesliebe reifen zu lassen:

> Die Liebe zur Heimath war noch so stark in ihm als je, aber es war nicht mehr die des Knaben, dem die Heimath eine Mutter ist, die ihn hätschelnd in die Arme nimmt; es war die Liebe des Mannes. Die Heimath war ihm ein Weib, ein Kind, für das zu schaffen es ihn trieb.[183]

Heimatliebe drückt sich bei den bürgerlichen Realisten wie Ludwig – auch bei Gustav Freytag wird das noch zu sehen sein (vgl. 3.1.2 und 3.2.2) – vor allem im Arbeitsethos aus. Das männlich konnotierte tätige Schaffen, Grundlage patriarchaler Ordnung, bildet Ziel und Erfüllung des idealen bürgerlichen Mannes: „Er durfte für die geliebte Heimath schaffen und anwenden, was er in der Fremde gelernt."[184]

Die hier in drei Varianten vorgestellte Denk- und Erzählfigur einer am Fortschrittsmodell orientierten Heimatdialektik geht nicht immer so harmonisch auf wie hier bei Auerbach, Feuerbach und Ludwig.[185] Mindestens genauso häufig findet sich ein nostalgisches Modell dieser Dialektik, nach dem die Heimat nur noch ein trauriges ‚Zu spät!' für den Heimkehrer übrighat. Ein literaturgeschichtlich prominenter Leidender an einer so aufgefassten Dialektik ist Gottfried Kellers Grüner Heinrich: Als in der Fremde gänzlich Gescheiterter glaubt Heinrich, mit der Rückkehr in die „Heimat" werde sich sein „Geschick" erfüllen und sei das „höchste Gut" erreicht.[186] Aber dem über weit mehr als hundert Seiten beschriebenen Rückweg in die sehnsüchtig beschworene Heimat stehen dann nur ein paar knappe Seiten gegenüber, auf denen die Ankunft als Kollaps sämtlicher

---

die Bewohner seiner Heimath es führten, sondern als eine Art Schattenspiel vorgestellt hatte, das nur für den Betrachter existirte, nicht für die Schatten selbst." Ludwig 1856, S. 21–22.
183 Ludwig 1856, S. 35.
184 Ludwig 1856, S. 66.
185 Gabi Kathöfer beschreibt eine ganz ähnliche Figur in Bezug auf Märchentexte des 19. Jahrhunderts, allerdings nicht als dialektische, sondern als zyklische, und orientiert sich dabei an Theorien der jüngeren Kulturwissenschaft. Das Märchen schaffe mit seiner zyklischen Struktur von „Heimat-Auszug-Heimkehr" einen „Alteritäts(t)raum", als „Vision einer Überschreitung sozialer Grenzen" und „der Auflösung starrer Gesellschaftsstrukturen", Kathöfer 2008, S. 10–11.
186 „[...] von glänzenden Vorstellungen der Heimat getränkt und durchdrungen, und die einfache Rückkehr nach derselben erschien ihm jetzt nach all den Hoffnungen und Bestrebungen das wünschenswerteste und höchste Gut". Keller 1985, S. 759. Die Rückkehr in die „Heimat" erscheint Heinrich als eine Erfüllung seines ‚Geschicks': „nun dünkte ihn, daß sein Geschick die zur Rückkehr notwendige klare und feste Form angenommen habe". Keller 1985, S. 786. Zu Kellers *Grünem Heinrich* vgl. auch die kurzen Ausführungen in 2.2.3.

Hoffnungen und zugleich von Heinrichs Lebenswillen beschrieben wird; „er starb in wenigen Tagen".[187]

Die Unmöglichkeit, die alte Heimat jemals wiederzuerlangen bzw. die mit ihr verknüpften Hoffnungen einzulösen, nachdem sie einmal verlassen wurde, macht Nikolaus Lenaus Gedicht *Einst und Jezt* zum Thema (1829/31). Es setzt ein mit dem Wunsch, wieder „in die Gegend" zu ziehen, wo das lyrische Ich „einst so selig war".

> Also sehnt' ich in der Ferne
> Nach der Heimat mich zurück,
> Wähnend, in der alten Gegend
> Finde sich das alte Glück.

Aber die „Wiederkehr ins traute Thal" bringt nur ein schweres Herz; die Mutter kommt dem Klagenden „Nimmermehr entgegen", der Freund ist „verloren", die Nachtigallen singen nicht mehr und die Blumen blühen nicht mehr. Das Gedicht schließt:

> Blumen fort und Nachtigallen,
> Und das gute Mädchen auch!
> Meine Jugend fort mit ihnen,
> Alles wie ein Frühlingshauch![188]

Am Ende besitzen viele literarische Protagonisten, die aus der Heimat auszogen und wieder in sie zurückkehren, gar nichts mehr – nicht die alte, aber auch keine neue Heimat. Die an den Verlust geknüpfte Sentimentalität und Nostalgie, für die Lenaus Gedicht steht, ist die vorherrschende Gefühlslage des 19. Jahrhunderts. Ein sehr viel selteneres Beispiel für den Versuch, sich der optimistischen Heimatdialektik zu entziehen, ohne dabei sentimental zu werden, stellt Franz Grillparzers *In der Fremde* (1843) dar, in dem es überall nur Fremde und nirgends Heimat gibt:

> Schon bin ich müd zu reisen,
> Wärs doch damit am Rand!
> Vor Hören und vor Sehen
> Vergeht mir der Verstand.
>
> So willst Du denn nach Hause?
> Ach nein, nur nicht nach Haus!

---

[187] Keller 1985, S. 897.
[188] Nikolaus Lenau: Einst und Jezt, in: Lenau 1995, Bd. 1, S. 119–120.

Dort stirbt des Lebens Leben
Im Einerlei mir aus.

Wo also willst du weilen,
Wo findest du die Rast,
Wenn übrall du nur Fremde,
Die Heimat nirgend hast.[189]

Die Vorstellung, Heimat verlieren zu können, schlägt immer wieder ins Unheimliche und Bedrohliche um. Heimatlosigkeit ist ein Angstszenario des 19. Jahrhunderts; die später von Freud beschriebene Unheimlichkeit der Heimat liegt vor allem in der Möglichkeit begründet, sie zu verlieren.[190] Die Fremde ist dann kein temporärer Zustand, sondern birgt die Gefahr, irreversibel den endgültigen Verlust von Heimat zu bedeuten. Der teils auch schlagartig sich vollziehende Wechsel von Heimat in Heimatlosigkeit ist als literarischer Effekt des Schauders vielfach in der Literatur des 19. Jahrhunderts genutzt; in Eichendorffs und in Droste-Hülshoffs Texten wird Heimat teilweise als verdrängte Erinnerung und Todesangst mit dem Gespenstischen verknüpft (vgl. II.1.2). Und auch Gottfried Kellers und Adalbert Stifters Texte beschreiben, wie Heimat ins Unheimliche

---

189 Franz Grillparzer: In der Fremde, in: Grillparzer 1960, S. 292.
190 Das Unheimliche ist ein zentrales Moment der Literatur des 19. Jahrhunderts, zum theoretischen Konzept wird es mit Beginn des 20. Jahrhunderts durch Sigmund Freuds Aufsatz *Über das Unheimliche* (1919), und zwar mit ausführlichen Bezügen auf die Literatur des 19. Jahrhunderts, besonders E.T.A. Hoffmanns *Sandmann*. Freuds Aufsatz war nicht die erste Beschäftigung mit dem Unheimlichen (vgl. den früheren psychologischen Aufsatz von Ernst Jentsch, *Zur Psychologie des Unheimlichen* von 1906), aber der einflussreichste und wird zum Ausgangspunkt insbesondere der angloamerikanischen Cultural Studies, die den Begriff des Unheimlichen seit Beginn der 1990er Jahre intensiv bearbeiten. Martin Jay stellt in seinem Aufsatz *The Uncanny Nineties* fest, das Unheimliche sei zur „master trope" avanciert. Jay 1995, S. 20. Neben Freud wird dabei auch regelmäßig auf Martin Heideggers fundamentalontologisches Verständnis des Begriffs rekurriert, das er in *Sein und Zeit* (1927) entwickelt. Für einen Überblick über die kulturwissenschaftliche Auseinandersetzung mit dem Begriff des Unheimlichen vgl. die Einleitung von Florian Lehmann in dem von ihm herausgegebenen Band zu den *Ordnungen des Unheimlichen*, vgl. Lehmann 2016, S. 9–28. Auch aus literaturwissenschaftlicher Sicht wurde vielfach an den Zusammenhang von Heimat und Unheimlichkeit angeknüpft. Florentine Strzelczyks Studie *Un-heimliche Heimat* macht das Verhältnis von Unheimlichkeit und Heimat, anders als der Titel erwarten lässt, allerdings nicht zum systematisch verfolgten Ansatz, bis auf einige einleitende Überlegungen, vgl. Strzelczyk 1999, S. 26. W.G. Sebalds Aufsatzsammlung *Unheimliche Heimat* interpretiert österreichische Literatur von Charles Sealsfield über Franz Kafka bis zu Peter Handke vorwiegend aus der Perspektive der Nicht-Dazugehörigkeit, vgl. Sebald 2004. Der Sammelband *Unheimliche Heimaträume* versammelt eine Vielzahl von literaturwissenschaftlichen Aufsätzen zum Thema, vgl. Bescansa 2020. Eine kunsthistorische Annäherung an das Thema bietet eine Studie über *Das unheimliche Heim. Zur Interieurmalerei um* 1900: Krämer 2007.

umschlagen kann (vgl. II.2.2). Ein so geartetes, bedrohliches Immer-in-der-Fremde-Sein drückt sich im 19. Jahrhundert auch in unzähligen Bearbeitungen des Ahasver-Mythos aus. Die literarisch ausgesprochen produktiv gewordene Erzählung des Ewigen Juden personifiziert die Unmöglichkeit, Heimat zu haben; Heimatlosigkeit wird zum Stigma des Juden und der heimatlose Jude zum Gespenst (vgl. II.1.3.2).

Heimat und Fremde als Erfahrung des politischen Exils
Dem stehen anders motivierte Erfahrungen zur Seite, als Fremder im eigenen Land angesehen zu werden. Den Besitz- und Heimatlosen gilt in diesem Buch ein ausführliches Kapitel (vgl. II.2). Es gibt auch die Einwanderer nach Deutschland, die ihre Erfahrungen teilweise literarisch verarbeiten wie Adelbert von Chamisso und Friedrich de la Motte Fouqué, bei denen es um die Gespaltenheit zwischen französischer und deutscher Identität geht. Chamisso war noch als Kind mit seinen Eltern vor der Revolution in Frankreich geflohen, Fouqués hugenottische Familie schon seit vielen Generationen in Deutschland. Fouqués Roman *Der Refugié oder Heimat und Fremde* zeigt, wie den deutsch gewordenen Hugenotten trotz des Wunsches nach Zugehörigkeit diese immer wieder verweigert wird.[191]

Neben der historischen Erfahrung, gar keine Heimat zu haben bzw. haben zu dürfen und als Fremder im eigenen Land behandelt zu werden – sei es als Jude, sei es als Einwanderer oder als rechtlich Heimatloser –, steht die Erfahrung, nicht in die Heimat zurückkehren zu dürfen, wie sie das politische Exil mit sich brachte. Der Umfang an deutscher Erzählliteratur im zeitlichen Umfeld der Französischen Revolution, die sich mit der Fluchterfahrung der französischen adligen Emigranten beschäftigt, ist außerordentlich groß.[192] In Folge der Revolution gingen die Bewegungen der politischen Exilanten zwischen Frankreich und den deutschen Staaten in beide Richtungen: Georg Forster, der 1792/93 an der Gründung der Mainzer Republik beteiligt war und nach deren Scheitern nicht dort bleiben konnte, war einer von Tausenden politischen Emigranten, die in den 1790er

---

191 Fouqué entwirft in seinem Roman *Der Refugié oder Heimat und Fremde* (1824) ein Szenario, nach dem seit Generationen in den deutschen, linksrheinischen Gebieten lebende Hugenotten in den Napoleonischen Kriegen auf deutscher Seite gegen die Franzosen kämpfen, nach dem Sieg Napoleons wieder von dort fliehen müssen und wieder als Flüchtlinge behandelt werden. Zum zweiten Mal werden sie damit „exsul, das heißt ein Ausgewanderter, ein Vertriebener, ein Emigrant!". Fouqué 1824, Teil 1, S. 294.
192 Harro Zimmermanns umfassender Aufsatz zu den Emigranten der Französischen Revolution in der deutschen Erzählliteratur und Publizistik um 1800 gibt Einblick ins Thema, vgl. Zimmermann: Auswanderung ist Heimkehr, 1999.

Jahren ins Pariser Exil flohen; eine zweite Emigrationswelle folgte nach den Karlsbader Beschlüssen von 1819, eine dritte in den 1840er Jahren im Umfeld der revolutionären Bewegungen; allein in Paris sollen in diesem Jahrzehnt zwischen fünfzig- und achtzigtausend politische Exilanten aus Deutschland gelebt haben.[193]

Exilanten beziehen sich auf eine ihnen unerreichbar gewordene Heimat auf unterschiedliche Weise. Heinrich Heine schreibt 1827 selbstironisch aus dem Londoner Exil an einen Freund:

> Wie wird es mir noch gehn in dieser Welt! Ich werde es, trotz meiner bessern Einsicht, nimmermehr lassen können, dumme Streiche zu machen, d. h. freysinnig zu sprechen. Ich bin begierig von Dir zu erfahren ob keine Regierung mir mein Buch übel genommen. Am Ende will man doch ruhig am Heerde in der Heimath sitzen, und ruhig den deutschen Anzeiger oder die hallische Liter. Zeitung lesen und ein deutsches Butterbrod essen – Es ist hier so fürchterlich feucht u unbehaglich, und kein Mensch versteht einen, kein Mensch versteht deutsch.[194]

Und in seiner literarischen Verarbeitung der Zeit in England in den *Englischen Fragmenten* (1828), einem Teil seiner *Reisebilder*, wendet er die Frage nach Heimat (sowie in diesem Fall synonym: Vaterland) und Fremde wieder gut dialektisch:

> Gar wunderlich sind doch die Menschen! Im Vaterlande brummen wir, jede Dummheit, jede Verkehrtheit dort verdrießt uns, wie Knaben möchten wir täglich davon laufen in die weite Welt; sind wir endlich wirklich in die weite Welt gekommen, so ist uns diese wieder zu weit, und heimlich sehnen wir uns oft wieder nach den engen Dummheiten und Verkehrtheiten der Heimath, und wir möchten wieder dort in der alten, wohlbekannten Stube sitzen und uns, wenn es anginge, ein Haus hinter den Ofen bauen, und warm drin hocken, und den allgemeinen Anzeiger der Deutschen lesen. So ging es auch mir auf der Reise nach England. Kaum verlor ich den Anblick der deutschen Küste, so erwachte in mir eine kuriose Nachliebe für jene teutonischen Schlafmützen- und Perückenwälder, die ich eben noch mit Unmuth verlassen, und als ich das Vaterland aus den Augen verloren hatte, fand ich es im Herzen wieder.[195]

1840 preist Heine in seiner Börne-Schrift, die Ironie hat sich in Sarkasmus gewandelt, die Glücklichen, „welche in den Kerkern der Heimath ruhig hinmodern". Gemeint sind die politischen Gefangenen in Deutschland und sie sind in ihrem Gefängnis zu beneiden, da durch diese „Heimath" deutsche Luft weht und der Kerkermeister „die deutsche Sprache" spricht. Dass Heine bei aller uneigentli-

---

193 Vgl. Beutin/Beilein/Ehlert 2019, S. 455.
194 Heinrich Heine, Brief an Friedrich Merckel, 23.4.1827, in: Heine 1970, Brief Nr. 218, S. 284.
195 Heinrich Heine, Englische Fragmente, in: Heine 1986, S. 211–212.

chen Rede hier doch wirklich als leidender Exilant spricht, wird im Folgenden deutlich: „Ihr habt vielleicht einen Begriff vom leiblichen Exil, jedoch vom geistigen Exil kann nur ein deutscher Dichter sich eine Vorstellung machen, der sich gezwungen sähe, den ganzen Tag französisch zu sprechen [...]. Auch meine Gedanken sind exiliert, exiliert in eine fremde Sprache."[196] Immer wieder ist es die deutsche Sprache, die sich beim Exilanten Heine mit der vermissten Heimat verbindet. Aber Heimat ist bei aller Dringlichkeit des Leidens unter dem Exil immer ein Wort, das zugleich an den Grund des Exils gebunden bleibt: Heimat ist eben nicht nur die deutsche Sprache, sondern auch der Zeitung lesende und Butterbrot essende Philister und der im Kerker hinmodernde Gefangene.

Viele andere Schriftsteller und Intellektuelle der Restaurationszeit verarbeiten ihre Exilerfahrungen als Verlust von Heimat, teils auch dialektisch als Neugewinn einer sei es auch nur imaginären Heimat. Im Pariser Exil lebten neben Heine auch Ludwig Börne oder Georg Büchner. Die politischen Exilanten Georg Herwegh und Richard Wagner flohen nach Zürich, Karl Marx und Ferdinand Freiligrath nach London. Aber auch innerhalb des deutschen Kleinstaatengebildes lebten viele Autoren als Exilanten: Hoffmann von Fallersleben oder Theodor Storm stehen für Tausende, die aus politischen Gründen nicht bleiben konnten, wo sie herkamen.[197] Während des Ersten Weltkriegs emigrieren pazifistische Autoren wie Stefan Zweig oder Walter Benjamin in die Schweiz. Und nach der Machtergreifung durch die Nationalsozialisten beginnt eine Massenemigration, deren Ausmaß in der deutschen Geschichte beispiellos ist, so dass hier nicht mehr von einzelnen Exilerfahrungen, sondern von einer eigenständigen Exilliteratur gesprochen wird, die mit der „Spaltung der deutschen Literatur"[198] nach 1933 entsteht. Der Schwerpunkt literaturwissenschaftlicher Erforschung des Zusammenhangs von Heimat und Exil liegt dementsprechend auch in diesem Zeitraum.[199] Allerdings wurde bisher noch wenig Augenmerk darauf gerichtet, dass die deutschsprachige Exilliteratur vielfach auf die im 19. Jahrhundert ausgebildete Semantik von Heimat im Allgemeinen und auf die ambivalenten Heimat-Deutungen der politischen Exilanten des 19. Jahrhunderts im Speziellen zurückgreift. Dazu gehört die Thematisierung von Sprache als Heimat, etwa bei Thomas Mann,

---

196 Heine 1978, S. 114–115.
197 Den Zusammenhang des Heimatdiskurses im 19. Jahrhundert mit den Erfahrungen des Exils untersucht aus literaturwissenschaftlicher Perspektive Koopmann 2005. Die von Koopmann unterstellte zwingende Verbindung von Heimat und Verlust (vgl. Koopmann 2005, S. 28) übersieht allerdings die positive Dialektik, die sich im 19. Jahrhundert oft an diese Verbindung anschließt und die nicht beim Verlust stehenbleibt, sondern auf den Wiedergewinn der Heimat zielt.
198 Streim 2015, S. 13.
199 Vgl. Wegner 1967; Sagmo 1988; Streim 2016.

die bei Heinrich Heine vorgebildet ist.[200] Dazu gehört die Idee einer utopisch-messianischen Heimat wie die Ernst Blochs, die auch Richard Wagner im Pariser Exil entwickelt (vgl. II.1.3.3).[201] Dazu gehört, dass Heimat den Charakter religiöser Verheißung gewinnen kann wie bei Johannes R. Becher, wie aber auch schon beim Exilanten Theodor Storm (vgl. I.2.5).[202] So abenteuerlich diese Verbindungslinien hier erscheinen mögen, man müsste ihnen nachgehen, um den teils historisch zu isolierten Blick der Exilliteraturforschung zu weiten.

Heimat und Fremde als Erfahrung von Migration
Sozialhistorisch besonders bedeutsam für die Beziehung von Heimat und Fremde sind im 19. Jahrhundert die vielfältigen historischen Erfahrungen von ökonomisch bedingter Migration. In diesem Jahrhundert bewegten sich im deutschsprachigen Raum genauso wie in ganz Europa so viele Menschen gleichzeitig und dauerhaft wie nie zuvor, und dass gerade dieses Jahrhundert zum Jahrhundert von Heimat wurde, kann leicht als Reaktion auf die zunehmende Absenz dessen begriffen werden, was nun Anlass zur Emphase bot: Heimat. Annette von Droste-Hülshoff, deren Werk intensiv an der literarischen Semantisierung von Heimat mitwirkt (vgl. II.1.2), eröffnet ihre (Fragment gebliebene) Kriminalerzählung *Joseph* (1845) mit einem humoresken Kommentar zur zunehmenden Mobilität:

---

200 Repräsentativ ist hier Thomas Manns *Ansprache im Goethejahr*, in der er 1949 von seiner auch im Exil stets gewahrten „Treue zur deutschen Sprache, dieser wahren und unverlierbaren Heimat, die ich mir mit ins Exil genommen und aus der kein Machthaber mich vertreiben konnte" spricht. Mann 2009, S. 672. Zu Sprache als Heimat im Exil vgl. Sagmo 1988, Streim 2015, S. 195–199; Streim 2016, S. 223–227.
201 Ernst Blochs emphatischer Heimatbezug seines im amerikanischen Exil geschriebenen Hauptwerks *Das Prinzip Hoffnung* wird einerseits als politische Utopie der verwirklichten kommunistischen Gesellschaft interpretiert, andererseits aber auch mit der Tradition jüdisch-messianischen Denkens in Verbindung gebracht, gl. Voßkamp 1986. Zur Verbindung des Begriffs der Heimat mit messianischen Erlösungserwartungen im Exildiskurs deutsch-jüdischer Autoren vgl. Kuhlmann 1999.
202 In Bechers Gedicht *Heimkehr* erweist sich der heimkehrende Exilant als „[d]er deutschen Heimat unverlorner Sohn", gerade weil er das Exil wählte. Die Heimkehr als Lohn fürs Leiden wird ins christliche Bild von Kreuzigung und Auferstehung gekleidet: „Wenn ich auch noch so schwer darniederlag, / Warst, Deutschland, du mein Auferstehungstag." Die Rückkehr in die Heimat hat religiöse Dimensionen: „Sah fern die Berge, wie noch nie so klar, / Ihr deutschen Berge wart mein Hochaltar. / Und heimatlich klang es und mütterlich / Und feierlich – nannt ich beim Namen dich!" Johannes R. Becher: Heimkehr, in: Becher 1967, S. 325–328. Zu Bechers Gedicht vgl. Streim 2016, S. 229–231.

2.4 Heimat und Fremde: Exil, Migration, Diaspora — 127

> In meiner Kindheit, wo das Sprichwort: „Bleib im Lande und nähre Dich redlich" seine strenge Anwendung fand; wo die Familien aller Stände ihre Sprossen wie Banianenbäume nur in den nächsten Grund steckten und die Verwandtschaften so verwickelt wurden, daß man auf sechs Meilen Weges jeden Standesgenossen frischweg: „Herr Vetter" nannte und sicher unter hundert mal kaum einmal fehlte; in jener Zeit kannte ein ordinairer Mensch mit zehn Jahren jeden Ort, den seine leiblichen Augen zu sehn bestimmt waren und er konnte achtzig Jahre nach einander sich ganz bequem seinen Pfad austreten.

Aber, so fährt die Erzählerstimme fort: „Jetzt ist es anders." Noch „das ruhigste Subjekt" müsse inzwischen „sein Leben auf Reisen zubringen" und „nur die Todtkranken und die Bewohner der Narrenspitäler dürfen zu Hause bleiben".[203] Die Mobilitätsstatistiken der zweiten Hälfte des 19. Jahrhunderts lassen erkennen, dass Droste-Hülshoffs literarischer Kommentar erst den Beginn einer sich in der Folge noch deutlich dramatisierenden Entwicklung anzeigt. Demnach entwickelt sich die Binnenmigration ab den späten 1860er Jahren und insbesondere ab dem Gründungsdatum des Deutschen Reiches 1871 zu einem Massenphänomen bisher ungekannten Ausmaßes. Im Zeitraum von der Reichsgründung bis zum Ersten Weltkrieg vollzieht sich, bezogen allein auf die Binnenwanderung, die größte Bevölkerungsbewegung der deutschen Geschichte überhaupt:[204] Mindestens sechzig Millionen Menschen sind in diesem Zeitraum innerhalb Deutschlands gewandert.[205] Die Volkszählung von 1907 ergab, dass fast die Hälfte der Bevölkerung nicht an ihrem Geburtsort lebte, also mindestens einmal den Wohnsitz gewechselt hatte.[206] Für die Habsburgermonarchie zeigt sich dasselbe Bild, und dank statistischer Daten lässt sich hier zeigen, dass dies auch sehr konkrete heimatrechtliche Auswirkungen hatte. Da das Heimatrecht für Männer nicht am Aufenthalts-, sondern am Geburtsort galt (für Frauen galt der Geburtsort des Ehemannes), aber immer mehr Menschen nicht mehr an ihrem Geburtsort lebten, stiegen die Bevölkerungsanteile ohne Heimatrecht am Aufenthaltsort beispielsweise in Niederösterreich (inklusive Wien) von zwanzig Prozent im Jahr 1851 auf sechzig Prozent im Jahr 1900. In Statistiken, die nur die Städte zeigen, ist das Bild noch dramatischer, in Graz liegt der Heimatlosenanteil um 1900 etwa bei achtzig

---

203 Alle Zitate Droste-Hülshoff 1978: Joseph. Eine Criminalgeschichte, S. 151–168, hier S. 153.
204 Vgl. Köllmann 1976, S. 9.
205 Vgl. Ehmer 2004, S. 19.
206 Vgl. Ehmer 2004, S. 19. Nach Sachße/Tennstedt lebten 1907 von 60,4 Millionen im Deutschen Reich Geborenen 29 Millionen, also 48 Prozent, außerhalb der Gemeinde ihrer Geburt. Sachße/Tennstedt 1980, S. 195. Zum komplexen Bedingungsgefüge der Wanderungsbewegungen im 19. Jahrhundert insgesamt vgl. Hochstadt 1999, S. 107–134; Moch 2003, S. 102–160, Grant 2005, S. 56–79; Fahrmeir 2016; Oltmer 2016 und 2017, S. 75–106.

Prozent.²⁰⁷ Migration und Heimatlosigkeit hängen im rechtlichen Sinn somit im 19. und teils auch noch im frühen 20. Jahrhundert unmittelbar zusammen (vgl. II.2.1).

Die Gründe für die zunehmende Mobilität der Bevölkerung wurden als gesamteuropäisches Phänomen von der Geschichtswissenschaft intensiv aufgearbeitet, sie reichen von der Aufhebung der Leibeigenschaft im ersten Drittel des 19. Jahrhunderts, die selbstbestimmte Mobilität für Teile der Bevölkerung überhaupt erst möglich machte (vgl. II.2.1), über das generelle Bevölkerungswachstum bis zu den neuen ökonomischen Strukturen einer sich industrialisierenden Gesellschaft, die mehr Arbeiter in den Städten und weniger Arbeiter auf den Feldern benötigte.²⁰⁸ Auch der Ausbau der dazugehörigen Infrastrukturen, insbesondere des Eisenbahnnetzes, war eine Voraussetzung für die Intensivierung der Mobilität. Darüber hinaus spielten im deutschen Fall die nationale Einigung und die damit zusammenhängende Neugestaltung bürokratischer Regelungen zur Personenfreizügigkeit eine stimulierende Rolle.

Heimat, verstanden als Geburtsort und Ort vertrauter Lebenszusammenhänge, ist also für so viele Menschen wie nie zuvor abwesend. Heimat zeigt sich für sie auch nur sehr bedingt als Ort, an den man zurückkehren kann. Denn der Ort des Herkommens bietet kein ökonomisches Auskommen mehr. Viele literarische Texte des 19. Jahrhunderts, die sich dem Phänomen der zunehmenden Mobilität und ihrer Kollateralschäden widmen, zeigen Heimat deswegen als etwas, das als emphatischer Sehnsuchtsort erst in den Köpfen derer entsteht, die sie verlassen haben. Ein Beispiel hierfür ist Clara Viebigs Roman *Das Weiberdorf*: Die männliche Bevölkerung arbeitet in der nahen Industriestadt und kehrt nur zweimal im Jahr für wenige Feiertage zurück; während die abwesenden Männer von Heimat sprechen, tun das die dagebliebenen Frauen nicht (vgl. II.3.3.2).

Das 19. Jahrhundert ist nicht nur das Jahrhundert der Binnenwanderung, sondern auch das der transatlantischen Mobilität, und hier dramatisiert sich das Verhältnis von Heimat und Fremde noch einmal, denn die Fremde ist fremder und die Heimat weiter entfernt, als es eine Abwanderung vom Land in die Stadt oder von Württemberg nach Thüringen mit sich bringen konnte. Die schwere Agrarkrise von 1816/17, ausgelöst durch den Ausbruch des Vulkans Tambora auf Sumbawa 1815 und begleitet von einer der letzten Hungersnöte in Teilen Europas, löste

---

207 In Oberösterreich stieg in demselben Zeitraum der Anteil von 5 % auf 57 %, in Böhmen von 5 % auf 56 %. In den Städten ist der Anteil der Bevölkerung ohne Heimatrecht teilweise noch höher: In Graz liegt er im Jahr 1869 bei 64,3 % und im Jahr 1900 bei 80,8 %, in Prag in denselben Jahren erst bei 64,3 % und dann bei 79,3 %, in Marburg (Steiermark) erst bei 68,7 %, dann bei 89,7 %. Vgl. Hahn 2005, S. 30–33.
208 Zur gesamteuropäischen Perspektive vgl. Bade 2000 und Bade/Emmer/Lucassen 2008.

eine erste Auswanderungswelle aus verschiedenen europäischen Staaten nach Amerika aus – innerhalb eines Jahres wanderten allein aus Südwestdeutschland 20.000 Menschen in die USA aus.[209] Ab den 1830er Jahren wurde die transatlantische Auswanderung, überwiegend in die Vereinigten Staaten, zu einem Massenphänomen, das zunächst noch hauptsächlich von Südwestdeutschland, bald aber auch von vielen anderen deutschen Regionen ausging. Strukturelle ökonomische Krisen und sich verschlechternde Perspektiven für die Landbevölkerung – vom Niedergang der Heimgewerbe über Steuerlasten bis zu Repressionen – bildeten in Verbindung mit den Verheißungen einer neuen Welt das dominante Ausreisemotiv, während religiöse Gründe im Verhältnis marginal waren und politische Dissidenz eine wichtige symbolische, aber eine relativ geringe quantitative Rolle spielte.[210]

Nach hohen Spitzenwerten in den 1850er und 1880er Jahren ging die deutsche Auswanderung stark zurück und das Reich wurde sogar zu einem Raum der Nettozuwanderung aus anderen europäischen Ländern. Dennoch folgten seit 1914 noch einmal allein zwei Millionen deutsche Auswanderer in die USA, so dass in dem gesamten Zeitraum zwischen 1820 und 1920 rund sechs Millionen Deutsche nach Übersee gingen; davon fünfeinhalb Millionen in die USA.[211] Die Bewegung über den Atlantik war ein gesamteuropäisches Phänomen, wenn auch zeitlich nicht synchron. So setzte die Massenauswanderung aus Österreich-Ungarn erst im letzten Drittel des 19. Jahrhunderts ein, wobei zwischen 1870 und 1910 etwa 3,5 Millionen Auswanderer den Ozean überquerten, wiederum meist mit dem Ziel USA. Die kollektive Erfahrung der Auswanderung betraf im 19. Jahrhundert nicht allein die Auswanderer selbst, sondern auch die Zurückbleibenden, deren Welt sich durch die Möglichkeit der Auswanderung, durch die Berichte aus Übersee und auch durch die Heimkehrer veränderte. Die Rückwanderung, bisher weniger gut erforscht,[212] war, auch wenn hier keine belastbaren Statistiken vorliegen, ebenfalls ein Massenphänomen.

Die Frage nach dem Einfluss der transatlantischen Migrationsbewegungen auf die Semantisierung von Heimat stellt sich im 19. Jahrhundert zunächst auch

---

209 Behringer 2015, S. 181. Wolfgang Behringer beschreibt die durch den Ausbruch des Vulkans Tambora im Jahr 1816 ausgelöste, weltweite Klimakatastrophe als Ursache für Missernten, Hunger und in der Folge die erste gesamteuropäische Auswanderungswelle ab 1816. Die Zahl der britischen Auswanderer wird in den Jahren zwischen 1816 und 1818 auf über hunderttausend geschätzt; vgl. Behringer 2015, S. 176.
210 Vgl. Plaß 2016, S. 293–294.
211 Vgl. Helbich/Kamphoefner/Sommer 1988, S. 11–39; zugrundegelegt sind die Landesgrenzen des 1871 zum Deutschen Reich vereinigten Gebietes.
212 Vgl. Schniedewind 1993; Panther 2021; Middelhoff 2021.

als heimatrechtliche dar.²¹³ Denn Auswanderung bedeutete oft den Entzug des Heimatrechts und damit auch die Unmöglichkeit einer einfachen Rückkehr (vgl. II.2.1). Tatsächlich konnte dies den Strom der Remigranten aber nicht bremsen. So erlässt Württemberg 1816 ein Rückkehrverbot, erreicht aber nur, dass die von den Gemeinden Abgewiesenen vagabundieren, so dass die Gemeinden schließlich teils gezwungen werden, die Rückkehrenden wieder aufzunehmen.²¹⁴ Heimat ist demnach lebensweltlich für die (Re-)Migranten sehr konkret die Bedingung eigener sozialer und ökonomischer Existenz.

Für die Auswanderer wird der Brief an die zurückgelassenen Verwandten zum zentralen Medium der Heimatreflexion. Die massenhaft geschriebenen und zum Teil archivierten Auswandererbriefe des 19. Jahrhunderts dokumentieren, dass insbesondere die erste Auswanderergeneration ihr Heimatverständnis intensiv thematisiert. Diese Briefe werden in Deutschland gelesen, vorgelesen und weitergereicht und wirken somit direkt auf die Heimatsemantik im deutschsprachigen Raum zurück. Auswandererbriefe verbinden die alten und neuen Lebenswelten ganz real, indem sie den Atlantik überqueren, Verbindungen herstellen, Kontakte halten und eben auch Raum für die Reflexion über Heimat und Fremde bieten. Hier wird besonders anschaulich, dass der Heimatbegriff im 19. Jahrhundert nicht nur von einer eher abstrakten Dialektik von Heimat und Fremde zehrt, sondern auch eine sehr konkrete transnationale Dimension hat. Die Briefe zeigen zudem, wie Migrationserfahrung ganz konkret den modernen deutschsprachigen Heimatdiskurs von Anfang an mitprägt. In ihnen fällt besonders die Herausbildung der Vorstellung einer ‚ersten' und ‚zweiten' Heimat auf, einhergehend mit der Vorstellung der ‚alten' und der ‚neuen' Welt – mithin einer Pluralisierung der Semantik von Heimat und Welt.²¹⁵

Schon Georg Forster spricht in seiner Beschreibung einer Südsee-Expedition zwischen 1772 und 1775 von Tahiti als einer zweiten Heimat.²¹⁶ Aber zur stehenden Wendung wird die Rede von der ersten und zweiten Heimat erst Mitte des 19. Jahrhunderts, von den Auswandererbriefen über Familienzeitschriften wie die

---

213 Vgl. dazu das Sonderheft von *The Germanic Review* zum Thema *German ‚Heimat' in the Age of Migration*, das sich schwerpunktmäßig mit dem 19. Jahrhundert beschäftigt. Althammer/Oesterhelt 2021.
214 Vgl. Behringer 2015, S. 213–215.
215 Zur Bedeutung des Auswandererbriefs für den Heimatdiskurs im 19. Jahrhundert vgl. Oesterhelt 2021.
216 „Da wir mit dem guten Willen der dortigen Bewohner sicher rechnen und uns die beste Aufnahme von ihnen versprechen konnten, sahen wir diese Insel gleichsam als unsere zweite Heimat an." Forster 1988, S. 249.

*Gartenlaube*²¹⁷ bis zu Kolonialzeitschriften,²¹⁸ und beruht damit wohl ganz konkret auf den zunehmend kollektiven Mobilitätserfahrungen der Zeit.

Das Phänomen Auswanderung wird auch in der deutschsprachigen Literatur intensiv thematisiert und steht in engem Zusammenhang mit einem Heimatdiskurs, der an der Vorstellung von erster und zweiter Heimat arbeitet (vgl. II.2.2.2). In der Perspektive der deutschprachigen Schriftsteller wird Migration dabei in der Regel eher als Phänomen der Aus- und Rückwanderung, nicht der Einwanderung geschildert, das heißt, nicht die ‚zweite Heimat' steht mehrheitlich im Fokus, sondern, gut dialektisch, vielmehr eine ‚dritte Heimat', die nach der Rückkehr erlangt wird. Demnach bleibt die zweite Heimat eben doch immer Fremde und die Auseinandersetzung mit ihr zielt auf den Rückgewinn der alten, aber geläuterten Heimat. Mit anderen Worten erzählen die Texte mehrheitlich von der Rückkehr aus der Fremde, von den Auswanderern, die – geläutert oder gebrochen – zurückkommen, manchmal auch nur von den Auswanderern im Geiste, deren Verhältnis zur Heimat sich schon allein durch die Vorstellung, auszuwandern, verändert, wie bei Berthold Auerbach und Wilhelm Raabe²¹⁹ beschrieben und von Edgar Reitz in *Die andere Heimat* ins Bild gesetzt.

Neben den in dieser Arbeit behandelten Texten Berthold Auerbachs (vgl. II.2.2.2) zeigt sich diese Tendenz auch in den zahlreichen Romanen und Erzählungen Wilhelm Raabes, die von Auswanderung erzählen. Auswanderung wird hier meist aus der Perspektive der Daheimbleiber oder Rückkehrer geschildert, in *Zum Wilden Mann* (1874) etwa oder in *Alte Nester* (1880). Hier erinnert der Erzähler

---

217 Heimat ist für die Auslandsdeutschen eine zentrale Referenzgröße. Das zeigen auch die Heimat- und Auswanderungsdiskurse in den Familienzeitschriften, die sich nicht zuletzt an ein auslandsdeutsches Publikum richten. Die *Gartenlaube* etwa verstand sich explizit als Organ auch für die Auslandsdeutschen und imaginiert ihre Leserschaft als Teil eines ‚global village'. Vgl. Stockinger 2018, S. 273–276. Auch die Idee der ‚ersten' und der ‚zweiten Heimat' findet sich in Familienzeitschriften wie dieser.
218 In *Kolonie und Heimat*, der Zeitschrift des *Frauenbundes der Deutschen Kolonialgesellschaft* wird 1912 die „endliche Schaffung des schon lange ersehnten Gesetzes über die Erhaltung der Reichsangehörigkeit" der Auslandsdeutschen gefordert. Man könne nicht klagen, „wenn viele Deutsche, die gezwungen sind, sich Uebersee eine neue Heimat zu suchen, dem Deutschtum verloren gehen", da das Deutsche Reich nichts unternehme, sie diesem zu erhalten. Anonym 1911/12, S. 4. Die Tragweite des Problemfelds ‚Heimat und Kolonie/Kolonialismus' wird in dieser Arbeit in Kap. II.3.3.1 angerissen.
219 Raabes *Zum Wilden Mann* thematisiert, wie die Verheißungen der Fremde auch denen, die nie die Heimat verließen, zum Verhängnis werden können. Der Heimkehrer entpuppt sich zu spät als Hochstapler, der „die Ordnungen der alten Heimat" zerstört, indem er seinen gutgläubigen Zuhörern „von der Herrlichkeit seiner neuen Heimat" vorlügt. Beide Zitate Raabe 1973, S. 233 und S. 242. Damit weist Raabes Text einige Parallelen zu Auerbachs Dorfgeschichte *Der Viereckig oder die amerikanische Kiste* auf (vgl. II.2.2).

seine Kinder- und Jugendzeit und die einer Reihe von Freunden, deren verschiedene Lebenswege zugleich unterschiedliche Beziehungsmodelle von Heimat und Fremde vorführen. Von ihren jeweiligen „Verhältnissen zu der Heimat"[220] handelt das ganze Buch. Die Erzählerfigur, die ein bürgerliches Leben in Berlin aufgenommen hat, beschreibt ihr Verhältnis zum „Heimatdorf" als eines der „Resignation".[221] Die Figur Just von Everstein ist der Einzige aus dem ehemaligen Freundeskreis, der nach seiner Heimkehr aus Amerika an das Alte auf neue Weise anknüpfen kann. Gerade für ihn war die alte verlassene Heimat keine Idylle; erst als in und an Amerika gewachsener, stark veränderter Mann kann er sie zu einer solchen machen.

Schon der Roman *Die Leute aus dem Walde* (1863), der teilweise im ‚Wilden Westen' spielt, findet sein Telos in der alten Heimat. Der Roman schöpft aus der Dialektik von Heimat und Fremde wesentliches Kapital. Zwischen dem Herkunftsort der Brüder Robert und Friedrich Wolf im ‚wilden Winzerwald' und dem amerikanischen ‚Wilden Westen', in den es beide verschlägt, bestehen vielfache Parallelen. Beide stehen für das Undomestizierte, aber auch Utopische und Leidenschaftliche, dem die bürgerliche kleinstädtische Welt als eigentlicher Antipode gegenübersteht. Friedrich kann seine Leidenschaften nicht mit der bürgerlichen Welt versöhnen, er stirbt in Amerika. Robert aber durchläuft, nachdem er die „Wildnis seiner Heimat"[222] hinter sich gelassen hat, beide Formen der Fremde, die bürgerliche Welt und die des Wilden Westens, um dann geläutert in die alte Heimat zurückzukehren. Nach dem Durchgang durch die Fremde erscheint sie ihm veredelt und verklärt.

In *Stopfkuchen. Eine See- und Mordgeschichte* (1891) kehrt der nach Südafrika ausgewanderte Eduard für einen Besuch in die „Jugendheimat"[223] zurück. Er trifft auf eine enge Heimat der „dürren Subalternenbeamtengefühle",[224] in der es „dickdeutsch-gemütlich"[225] zugeht, aber trotzdem erscheint ihm die neue Begegnung mit den vermeintlich alten Vertrauten am Ende als das größte Abenteuer seines Lebens: „Ich aber, hatte ich darum draußen soviel zu Wasser und zu Lande erlebt, um in dem stillen Heimatwinkel vor Stopfkuchen und Storzhammel zu stehen wie vor etwas weder von mir noch von irgendeinem andern Menschen je Erlebten?"[226] Erstaunen erregt neben der Aufklärung eines verjährten Mordes vor allem die

---

220 Raabe 2005, S. 166.
221 Beide Zitate Raabe 2005, S. 196.
222 Raabe 1971, S. 39.
223 Raabe 1969, S. 206.
224 Raabe 1969, S. 132.
225 Raabe 1969, S. 143.
226 Raabe 1969, S. 195.

Wandlung des alten Bekannten Heinrich Schaumann, genannt Stopfkuchen, der zum skurrilen, aber auf seine Art weisen Mann geworden ist, ohne je fort gewesen zu sein. Der ehemalige Außenseiter ist zum geheimen Zentrum des Dorfes und zum Monument des Angekommen-Seins geworden, vor dem die Erzählerfigur Eduard trotz seiner Weltgereistheit verblasst. Das paradoxe Lebensmotto „Gehe heraus aus dem Kasten!"[227] des dicken, daheimgebliebenen Schaumann zeigt die Verinnerlichung der Dialektik von Heimat und Fremde an, die des Auswanderns nicht bedarf.

Im späten, radikal skeptischen Roman *Die Akten des Vogelsangs* (1896) geht die Dialektik von Heimat und Fremde dann gar nicht mehr auf. Hier stellen sich der Auszug in die Fremde wie die Rückkehr in die Heimat als sinnlos heraus. Der heimgekehrte Auswanderer Andreas Velten stirbt am Ende des Romans, ohne ‚Heimat' gefunden zu haben (vgl. II.2.2.2).

Heimat und Fremde in der deutsch-jüdischen Literatur

Das diskursive Bedingungsverhältnis von Heimat und Fremde zeigt sich auch in der deutsch-jüdischen Literatur. Die Spannbreite reicht von Berthold Auerbachs Hoffnungen auf eine Synthese von Heimat und Fremde, zumindest in der Literatur (vgl. II.2.2.2), bis zu denjenigen deutsch-jüdischen Ausgestaltungen des Ahasver-Mythos, in denen Heimat uneinholbar ist (vgl. II.1.3.2). Dabei stellt sich die Frage nach Identität und Zugehörigkeit für die deutsch-jüdische Literatur in besonderem Maß[228] – wobei es weniger um eine bipolar vorstellbare Identitätsproblematik zwischen deutscher und jüdischer Existenz geht[229] als um eine Dialektik, die beide umfasst:

> Nur wenige Autoren haben die Dialektik von Heimat und Fremde so internalisiert wie der doppelt – als Jude und als Demokrat – exilierte Heine: Die Liebe zur deutschen Sprache wird geradezu zur Bedingung der Kritik an der deutschen Misere im Zeichen eines kosmopolitischen Universalismus. Trotz aller Enttäuschung bewahrt sich Heine seinen aufgeklärten Optimismus: Das tragische „vergeblich", das am Ende der Laufbahn Berthold Auerbachs als eines schwäbisch-jüdischen Schriftstellers preußisch-nationalliberaler Gesinnung steht und das auch Jakob Wassermann rückblickend auf seinen Weg als Deutscher und Jude als Fazit

---

227 Raabe 1969, S. 75.
228 Hans Otto Horch hat das in vielen seiner Studien nachgewiesen. Für ihn zählt „die komplexe Verschlungenheit von Fremd- und Selbstbild" zu den wichtigsten Problemen der deutsch-jüdischen Literaturgeschichte. Horch 1989, S. 53.
229 Vgl. Horch 1989, S. 54. Horch argumentiert, es gehe nicht um einen „Dualismus zwischen Judentum und Deutschtum" (S. 54), so wenig wie es angemessen sei, alle Texte deutsch-jüdischer Autoren als Produkt ihrer Außenseiter-Existenz zu deuten. Vgl. Horch 1989, S. 55.

festhält, bleibt ihm erspart; noch hat sich die zunächst aufsteigende Linie deutsch-jüdischen Dichtertums nicht nach unten umgekehrt.[230]

Diese aufsteigende Linie beginnt Hans Otto Horch zufolge spätestens mit Kafkas Werk zu sinken. Die Dialektik von Heimat und Fremde scheitert. Dagegen wird mit Kafka die „über die jüdische Existenz hinausreichende Thematisierung einer universalen Heimatlosigkeit" zum Paradigma „moderner Existenzproblematik schlechthin".[231] Für Horch liegt deshalb der Beitrag der jüdischen Schriftsteller deutscher Sprache zur deutschen Literaturgeschichte im Kern in der Reflexion einer Existenzproblematik des Menschen an sich, der „Conditio judaica als paradigmatische[r] Conditio humana".[232]

Tatsächlich zeigt sich in sehr vielen literarischen wie philosophischen Texten deutsch-jüdischer Autoren ab 1900 die jüdische als allgemeinmenschliche Heimatlosigkeit. Ernst Tollers 1919 uraufgeführtes Drama *Die Wandlung* deutet schon in seinem Untertitel darauf hin: *Das Ringen eines Menschen* (vgl. II.1.3.2). Und auch Georg Lukács' *Theorie des Romans*, die 1914/15 geschrieben und 1920 veröffentlicht wurde, lässt sich vor dem Hintergrund von Lukács' jüdischer Herkunft u. a. als unausgewiesene Verarbeitung einer jüdischen Diaspora-Erfahrung lesen. Mit den Wendungen von der ‚transzendentalen Obdachlosigkeit' und der ‚transzendentalen Heimatlosigkeit' identifizieren sich ganze Generationen von Intellektuellen (vgl. III). Innerhalb seiner stark an Hegel orientierten Gattungstypologie von Epos und Roman ist Heimat in der *Theorie des Romans* historisch dem Epos und somit einer für immer verlorenen historischen Epoche zugeordnet. Denn Heimat verbindet sich nach Lukács mit einem Zustand der ‚Wesenhaftigkeit', der im antiken griechischen Epos seinen Ausdruck fand.[233] Der moderne Mensch habe keinen Zugang mehr zu dieser Substantialität, ihm bleibe nur der „Heimatdrang".[234] Die Uneinlösbarkeit dieses Drangs findet nach Lukács im modernen

---

230 Horch 1989, S. 57.
231 Beide Zitate Horch 1989, S. 58. Zu Heimat im Werk Kafkas vgl. auch Kugele 2011, Weinberg 2014 und Anz 2000. Peter André Alt weist kurz auf „Kafkas Sympathien für die Heimatkunst-Bewegung" hin (Alt 2008, S. 113); insgesamt wird aber in der Forschung eher auf einer klaren Trennung zwischen literarischer Moderne und ihrer Darstellung von Heimatlosigkeit (mit Kafka als ihrem Repräsentanten) und der zeitgleichen antimodernen Heimatkunst mit einem affirmativen Heimatverständnis bestanden. Dass diese dichotomische Trennung für die Zeit um 1900 so nicht haltbar ist, soll II.3. zeigen, vgl. auch Kramer 2006, allerdings nicht in Bezug auf Kafka.
232 Horch 1989, S. 59.
233 Vgl. Lukács 1920, S. 25.
234 Lukács 1920, S. 76.

Roman ihren Ausdruck.[235] Die Moderne zeichne sich durch ihre ‚Grunddissonanz des Daseins' aus:

> Denn Verbrechen und Wahnsinn sind Objektivationen der transzendentalen Heimatlosigkeit; der Heimatlosigkeit einer Tat in der menschlichen Ordnung der gesellschaftlichen Zusammenhänge und der Heimatlosigkeit einer Seele in der seinsollenden Ordnung des überpersönlichen Wertsystems. Jede Form ist die Auflösung einer Grunddissonanz des Daseins, eine Welt, in der das Widersinnige an seine richtige Stelle gerückt, als Träger, als notwendige Bedingung des Sinnes erscheint.[236]

Heimatlosigkeit ist nach Lukács „Verlassenheit der Welt von Gott"[237] und das Apriori der Moderne.[238] Seine scheinbar schonungslose Moderne-Diagnose geht allerdings mit religiös aufgeladenen Sinnangeboten einher,[239] die – immer wieder auch explizit – an romantisches Denken anknüpfen. Denn auch bei Lukács ist es eine sakralisierte Kunst, die eine Brücke zur verlorenen Heimat schlagen kann. In seinem metaphysisch aufgeladenen lebensphilosophischen Vokabular ist eine – wenn auch hoffnungslose – Annäherung an die als Heimat bezeichnete „Totalität des Seins"[240] nur mehr über die Kunst möglich und ihre „Weihe der Form: die Sinnlosigkeit wird, als Sinnlosigkeit, zur Gestalt: sie ist ewig geworden, von der Form bejaht, aufgehoben und erlöst".[241] Vor dem Hintergrund deutsch-jüdischer Reflexion von Heimatlosigkeit erweist sich somit auch diese lukácssche Heimatlosigkeit als quasi-religiöse Conditio humana der Moderne.

Heimat bleibt trotz aller teils emphatischen Sinnbesetzungsversuche ihres Antipoden, der Heimatlosigkeit, auch in der deutsch-jüdischen Literatur um 1900 eine zwar ambivalente, aber ihrerseits teils emphatische Bezugsgröße. Galt etwa die Großstadt Berlin um 1900 vielen als Stätte der Entwurzelten, wurde gerade für viele Juden Berlin im eigenen Selbstverständnis zu Heimat und wurde auch in literarischen Texten mit diesem Begriff belegt.[242] Auch das Buch oder die Sprache wird um 1900 als Heimat der Juden verstanden. Schon Heine formuliert, den

---

235 Vgl. Lukács 1920, S. 31–32.
236 Lukács 1920, S. 52–53.
237 Lukács 1920, S. 83.
238 Vgl. Lukács 1920, S. 53.
239 Justus H. Ulbricht deutet Lukács' Theorie des Romans als „Quelle für die religiöse Situation der Jahrhundertwende" und den Versuch ihrer ästhetischen Bewältigung. Für seine Deutung spielt es allerdings keine Rolle, dass Lukács keinen christlichen, sondern jüdischen Hintergrund hat. Ulbricht 1998, S. 47.
240 Lukács 1994, S. 26.
241 Lukács 1994, S. 42.
242 Vgl. Schütz 1996.

exilierten Juden sei die Heilige Schrift ihr „portatives Vaterland"[243] gewesen. Der neuhebräische Schriftsteller Chaim Nachman Bialik fordert in seinem Aufsatz *Das hebräische Buch* von 1913, der 1919 auf Deutsch erschien, „gegen die historische Plage der Vielsprachigkeit der jüdischen Literatur" eine Rückführung der jüdischen Diaspora-Literatur in „ihre Urheimat" des hebräischen Buches.[244] Vor dem Hintergrund von Holocaust und Exil gewinnt einerseits die Selbstdiagnose deutsch-jüdischer Autoren, heimatlos zu sein, an Gewicht. Andererseits steht dieser Diagnose der positive Wert von Heimat oft nicht entgegen, etwa wenn Jean Améry in seinem Essay *Wieviel Heimat braucht der Mensch* zu dem Fazit gelangt: „Es ist nicht gut, keine Heimat zu haben."[245]

2.5 Heimat und Dichtung

Dichtung und Heimat gehen bei Lukács, wie gesehen, eine enge Verbindung ein: Das antike Epos ist Ausdruck von Heimat, der moderne Roman steht im Zeichen der Heimatlosigkeit und nähert sich Heimat immer nur an, ohne sie je wieder erreichen zu können (vgl. I.2.4). Das Verhältnis von Dichtung und Heimat wird also als historisch variables verstanden und der diagnostizierte Verlust von Heimat auch als literaturgeschichtliche Verlustgeschichte bzw. als Bewegung der Moderne auf einen – freilich als uneinholbar erkannten – Ursprung hin aufgefasst. Lukács steht in einer langen Tradition der Assoziation von Heimat und Dichtung. Ein frühes Beispiel dafür ist in Joachim von Sandrarts im 17. Jahrhundert einflussreichen kunsthistorischen Schriften zu finden:

> Daß der Himmel (gedachte ich hier auf bey mir) der Dicht-Kunst wahre Heimat sey / erscheinet auch hieraus: daß wir bey günstigen Blicken seines enthüllten Angesichts zu derselben / wo nit glücklicher doch fertiger seyn / und unsern Geist von seinem Liecht / wie ein Buler von den Reitz-blicken seiner Liebstinn / ermuntert wissen.[246]

Während bei Sandrart ganz im religiösen Heimatverständnis der Zeit der ‚Himmel' die ‚wahre Heimat' ist (vgl. II.1) und in dieser himmlischen Heimat auch der wahre

---

243 Heinrich Heine in *Geständnisse* (1854), Heine 1995, S. 483.
244 Bialik 1919, S. 31–32. Der Aufsatz erschien zuerst 1913 in der hebräischen Zeitschrift *Ha-Shiloach*. Vgl. dazu Kilcher: Jüdische Renaissance, 2016, S. 103.
245 Améry 2002, S. 117. Zu Amérys Essay vgl. Sebald 2004, S. 140–142; Doll 2008.
246 Sandrart 1680, S. XVII. Der Maler, Kupferstecher und Kunsthistoriker Joachim von Sandrart der Ältere war auch als Übersetzer tätig. Hier ist zitiert aus *Iconologia deorum, oder Abbildung der Götter, welche von den Alten verehret worden*, seiner Übersetzung von Vincenzo Cararis *Le imagini colla sposizione degli dei degli antichi*.

Ort der ‚Dicht-Kunst' vermutet wird, während also die schöpferische Inspiration des Künstlers der Gnade Gottes entspringt, kehrt Clemens Brentano diesen Schöpfungsgedanken um 1800 radikal um und eröffnet damit die moderne Semantisierung des Begriffs: Hier ist es dem Menschen schon auf Erden gegeben, Heimat zu erstreben, und zwar im Medium der Kunst: „Entwickle dich in Form, und Licht, und Tönen, / So wird der Heimath Bürgerkranz dich krönen."[247] Heimat wird bei Brentano geradezu Produkt der Kunst, und so wird es möglich, Heimat als eine selbstbezügliche Figur zu denken. Viele literarische Heimattexte reflektieren den Umstand, dass Heimat erst durch denjenigen hervorgebracht wird, der sie besingt, oder, alternativ, dass der Dichter ein Mittler ist, der den Menschen (göttliche) Heimat bringen kann (vgl. II.1.2). Die Figur des Dichters als Propheten der Heimat wird dann verstärkt wieder um 1900 im Rahmen der Heimatkunstbewegung aufgegriffen, etwa bei Friedrich Lienhard, aber auch bei Rainer Maria Rilke. Kunst und Heimat werden damit einem gegenüber gesellschaftlichen Zusammenhängen weitgehend autonomen Bereich zugeordnet.[248] Aber auch die realistische Epoche, deren Literaturverständnis ganz anderen Paradigmen unterliegt als die an autonomieästhetischen Maßstäben ausgerichteten rahmenden Jahrhundertwenden,[249] bildet ein teils ungewusstes, teils reflektiertes Verhältnis zu Heimat als etwas aus, das sich eigentlich erst selbst hervorbringt.

Gerade im Kontext des 19. Jahrhunderts ist das Phänomen einer selbstreflexiven Heimat nicht lediglich als ästhetisches Spiel zu verstehen. Es hängt grundsätzlicher mit der geschichtlichen und kulturellen Selbstbegründung des Bürgertums zusammen.[250] So wie sich das Bürgertum auf der Suche nach Selbstlegitimierung durch den Bezug auf eine Vorgeschichte auszeichnet, die oft durch den Akt der Berufung erst hervorgebracht wird, ist auch Heimat Teil des bürgerlichen Konstitutionsprozesses. Das ideologiegeschichtlich vielfach wirksame Modell der ‚invention of tradition' (Eric Hobsbawm)[251] wurde schon 1935 von Helmuth Plessner in seiner später unter dem Titel *Die verspätete Nation* bekannt gewordenen politischen Analyse als Versuch des traditionslosen deutschen Kleinbürgertums beschrieben, der eigenen ideellen Zentrumslosigkeit entgegen-

---

247 Clemens Brentano: Als hohe in sich selbst verwandte Mächte, in: Brentano 2007, S. 101–102.
248 Vgl. Oesterhelt 2019.
249 Vgl. das Vorwort in Mellmann/Reiling 2016.
250 Zur Definition von Bürgerlichkeit in Deutschland und im internationalen Kontext vgl. Conze/Kocka 1985, Kocka 1988. Einen Überblick und eine dezidierte Einschätzung der Bürgerlichkeitsforschung der Geschichtswissenschaften gibt Fahrmeir 2010.
251 Eric Hobsbawm und Terence Ranger zeigen in ihrem Buch *The Invention of Tradition* von 1992 den fiktiven Charakter von vermeintlichen Traditionen auf, die eine historische Legitimität konstruieren, tatsächlich aber erst in der eigenen Gegenwart erfunden wurden.

zuwirken. Dieser Versuch bestehe insbesondere in einer Rückversenkung in eine Vergangenheit, in einem „Historismus des deutschen Bewußtseins", der sich nicht auf als gut und richtig Erkanntes, sondern auf (angeblich) Immer-schon-so-Gewesenes und daher Notwendiges beruft:

> Was rational nicht (nicht mehr) zu rechtfertigen ist, kann sich so auf sein Heimatrecht berufen, auf ein wesentlich der abstrakten moralischen Beurteilung entzogenes Herkommen. Das Faktum seines allmählichen Gewordenseins und das Verständnis für die in ihm waltende ‚organische' Notwendigkeit verstärken das Gewicht der einmal vorhandenen Zustände, sie geben den Blick auf die jeder revolutionären Rabulistik überlegene, in der Wirklichkeit verschwiegene Vernunft frei.[252]

Das Bestehen auf „der Unverrückbarkeit des Menschlichen in jedem landschaftlichen, völkischen und kulturellen Umkreis", so Plessner weiter, „gehört besonders zum Bilde einer Zeit, die durch beständige Neuerungen auf allen Gebieten die alten Lebensgewohnheiten und Ideale rasch entwertet sieht." Die „Rückversenkung in die Vergangenheit" biete „dem Menschen einen beruhigenden Ausgleich".[253]

Wie die Heimatsemantik gerade von dem Jahrhundert, in dem die eigene Traditionslosigkeit am stärksten ins Auge fiel, mit neuen, emphatischen Bindungen an vorgeblich alte Traditionen überlagert wird, zeigt beispielsweise die enge Verknüpfung eines sentimentalen Heimat- und Weihnachtsfest-Diskurses. Der Weihnachtsbrauch des geschmückten Tannenbaumes verbreitete sich ja erst im 19. Jahrhundert und war vorher keinesfalls breite volkstümliche Praxis, gehört also zu den ‚erfundenen' Traditionen, von denen Eric Hobsbawm spricht.[254]

Theodor Storms Novelle *Unter dem Tannenbaum* steht wie viele andere seiner Novellen in nuce für den ‚bürgerlichen Wertehimmel'[255] des 19. Jahrhunderts, u. a. auch in Hinblick auf Rituale, Feste und Traditionen – hier das Weihnachtsfest –, die sich, mit Plessner, auf ein Herkommen berufen, um ihre Legitimität zu belegen. Die Weihnachtsgeschichte, eine Auftragsarbeit für die Leipziger *Illustrirte Zeitung*, die am 20.12.1862 erschien, beschreibt den Weihnachtstag eines Amtsrichters und seiner Familie, der aus Schleswig-Holstein stammt und in der Folge

---

252 Plessner 1982, S. 109.
253 Alle Zitate Plessner 1982, S. 110.
254 Wie das Bürgertum des 19. Jahrhunderts seine eigenen Traditionen erfindet, ist beispielhaft in den Artikeln *Weihnachten, Feierabend* oder *Der deutsche Wald* in den dreibändigen, von Etienne François und Hagen Schulze herausgegebenen *Deutschen Erinnerungsorten* nachzulesen, vgl. François/Schulze 2003, Bd. 3. Hier findet sich auch ein zweiseitiger kurzer Eintrag zu ‚Heimat', S. 361–362.
255 Vgl. Hettling/Hoffmann 2000.

2.5 Heimat und Dichtung — 139

des Krieges mit Dänemark ins mitteldeutsche Exil gehen musste. Somit enthält die Novelle deutlich autobiographische Elemente aus dem Leben des von Husum zunächst nach Potsdam, dann ins thüringische Heiligenstadt emigrierten Storm und ist auch als Exilgeschichte lesbar (vgl. I.2.4).

Die Handlung, die in der Schilderung der Vorbereitungen auf den Weihnachtsabend und des eigentlichen Festes besteht, ist grundiert vom Heimweh der Familie nach ihrem eigentlichen Zuhause. „Es tut nicht gut, in die Fremde zu gehen", resümiert der Amtsrichter, „wenn man daheim schon am eigenen Herd gesessen hat."[256] Er und seine Familie erinnern sich an das Verlorene: „Sie sprachen von den Großeltern drüben in der alten Heimat; dann von den letzten Weihnachten, die sie dort erlebt hatten."[257] Erinnert wird das über Generationen Tradierte: die „braunen Weihnachtskuchen nach dem Rezept der Urgroßmutter",[258] das „alte Haus", das, so erzählt der Vater dem Sohn, „[e]iner Deiner Urahnen" einst für seinen Sohn gebaut habe.[259] Erinnert wird eine Familiendynastie von Kaufherren, Senatoren, Bürgermeistern und Rechtsanwälten, die „wurzelfest geworden in der Heimat [...] sie kannten sich alle, über Geburt und Tod hinaus, denn sie kannten Art und Geschlecht der Jungen, die geboren wurden, und der Alten, die vor ihnen dagewesen waren."[260] Das Stadthaus und die Gruft der angesehenen Familie stehen für eine sich über Leben und Tod des Einzelnen hinaus konstituierende Heimat, die unverrückbar und unverlierbar ist und nicht vom Einzelnen neu begründet werden muss: „[D]as ist die Not der Fremde, daß man den Boden, worauf man steht, sich in jeder Stunde neu erschaffen muß."[261]

Ein ominöser Alter, den das Kind für Knecht Ruprecht hält, liefert am Abend des Festes unerwartet den noch fehlenden Weihnachtsbaum und Baumschmuck; das Geschenk stammt von einer Gönnerin und offenbart, dass man „auch nicht undankbar gegen die Fremde" sein darf. Aber das eine aufbewahrte „Stück von dem Zuckerzeug des letzten heimatlichen Weihnachtsbaums"[262] löst Wehmut aus. Die Erzählung endet damit, dass der Amtsrichter seinem Sohn von dem Tag erzählt, als er in der Gruft seiner Familie stehend „den Segen der Heimat sich leibhaftig auf [sich] niedersenken" fühlte.[263] Der Blick des Ehepaares aus dem Fenster zu den vorüberjagenden Wolken, die dorthin jagten, „wo in unsichtbarer

---

256 Storm 1987, S. 600.
257 Storm 1987, S. 607.
258 Storm 1987, S. 610.
259 Alle Zitate Storm 1987, S. 616.
260 Storm 1987, S. 617.
261 Storm 1987, S. 595.
262 Beide Zitate Storm 1987, S. 616.
263 Storm 1987, S. 617–618.

Ferne ihre Heimat lag", im Hintergrund die alte Magd, die „die allmählich niederbrennenden Weihnachtskerzen" hütet, ist das letzte Bild.[264]

Das Telos der Erzählung ist somit die Transzendierung von Heimat in ihrem Verlust. Heimat, auch oder gerade als verlorene, wird zur Quelle der Trauer und Melancholie, aber auch der Kraft, ja zur Quelle (göttlicher) Gnade. Auch nach der Vertreibung bleibt die segnende Kraft der Heimat im eigenen Inneren unverlierbar. Insofern erscheint Heimat im bürgerlichen Zeitalter einmal mehr als Surrogat der Religion. So wie die Weihnachtskultur des 19. Jahrhunderts ihre Rituale zunehmend nicht mehr an die Kirche und Gemeinde, sondern an das bürgerliche Haus und die Familie band und entsprechend die Erzählung in der Wohnstube der Familie spielt, wird am Weihnachtsabend nicht Jesu, sondern der Heimat gedacht und von dieser, nicht von jenem, stammt der Segen, von dem der Familienvater spricht und den er durch seine Erzählung weitergibt.

Heimat schöpft somit ihre Evidenz aus einem Herkommen, das das Bürgertum eigentlich gerade erst auszubilden beginnt.[265] Schon zeitgenössisch ist dabei völlig klar, dass es bei der Verbindung von Heimatgefühl und Weihnachtsfest auch um literarische Wirkung geht. Ein Freund gratuliert Storm zu seinem „Griff", Weihnachtsfest und Heimweh zu kombinieren: „Äußerst glücklich ist [...] für den Weihnachtsabend der Griff, die Feier dieses einzigen Festes mit dem Heimatgefühle, oder vielmehr der Heimatsehnsucht zu kombinieren." Denn „der Effekt"

---

264 Beide Zitate Storm 1987, S. 618.
265 Ein Freund des Autors bewertet den „Schluß, wo das Heimatsgefühl sich als ein bewußtes in längerer Auslassung und Motivierung Kund gibt" einerseits als „ganz hübsch" und „von Wirkung". Andererseits moniert er, dass hier „die Liebe zur Heimat zurückgeführt [werde] auf die Achtung, die man in der Heimat in Folge der Verdienste seiner Vorfahren genieße, also auf eine sehr aristokratische Grundlage. Das mag recht gut sein für diejenigen Einzelnen unter Tausenden, die eine Heimat da haben, wo auch ihre Vorfahren geachtet waren; aber wir Anderen Tausende, wir parvenus, haben wir denn kein Recht darauf, unsere Heimat zu lieben? Vielleicht nicht, aber dann ist es kein allgemein menschliches Gefühl, wert, durch die Poesie verklärt zu werden." Hartmuth Brinkmann an Theodor Storm, 19. März 1863 nach Heiligenstadt, in: Storm 1987 (Kommentar), S. 1171. Brinkmann kritisiert an der Novelle also, dass das Heimatgefühl zu sehr auf einer Besinnung auf die Verdienste der Vorfahren und damit auf einer ‚aristokratischen Grundlage' basiere und daher nicht tauglich für diejenigen sei, die ihre Vorfahren nicht herzählen könnten. Hier einen Gegensatz zwischen Adel und Bürgertum konstruieren zu wollen, wäre aber falsch. Im Gegenteil konstituiert sich das Bürgertum der Zeit gerade anhand der Einschreibung in tradierte (oder als solche behauptete) historische Zusammenhänge, wie auch das Kapitel zu Gustav Freytags ‚Ahnen' zeigen wird. Am Ende der fiktiven Reihe der Ahnen steht der Bürger Victor König, und nur noch dessen Nachname zeugt von der Genealogie der Könige, in die er sich einreiht (vgl. II.3.1.2).

werde „dadurch von selbst unendlich gesteigert".²⁶⁶ Heimatgefühl und Heimatsehnsucht sind demnach auch literarische Mittel, die bestimmte Wirkungen erzielen – unter anderem die, so wäre im Anschluss an das Vorhergehende anzufügen, sich in Traditionen einzuschreiben, die durch dieses Einschreiben eigentlich erst hervorgebracht werden.

Tendenzen der bürgerlichen Selbst(re)produktion von Heimat lassen sich im 19. Jahrhundert auch am wichtigsten Medium der Öffentlichkeit ablesen, den Zeitungen und Zeitschriften, die vom gebildeten Bürgertum herausgegeben, geschrieben, gekauft und gelesen wurden. Auch Storms Novelle ist ja eine Auftragsarbeit für die Leipziger *Illustrirte Zeitung*, ein weit verbreitetes Wochenblatt, das mit seiner noch neuen Verbindung von Text und Illustration auf dem Zeitschriftenmarkt erfolgreich um Aufmerksamkeit konkurrierte.²⁶⁷

Wie eng der medial verbreitete bürgerliche Wertekanon mit Heimat und Haus, dem Heimeligen und dem Daheimsein verknüpft ist, zeigen schon die Titel der Zeitschriften, die ab den 1850er Jahren auf dem Markt erscheinen: *Unterhaltungen am häuslichen Herd* (1852–1864); *Die Gartenlaube. Illustrirtes Familienblatt* (ab 1853, ab 1938 unter dem Titel *Die neue Gartenlaube*); *Aus der Heimat* (1859–1866); *Daheim. Ein deutsches Familienblatt mit Illustrationen* (1864–1942); *Die Heimat. Illustriertes Familienblatt* (1876–1901) oder *Heimgarten* (1877–1918; ab 1919 unter dem Titel *Roseggers Heimgarten*). Auch die Frequenz, in der Heimat als Begriff in diesen Publikationen auftaucht, belegt die Popularität von Heimat beim bürgerlichen Publikum. Die Omnipräsenz der Heimat führt zu einer Art milieuspezifischer Selbstbezüglichkeit des Themas, die sich auch auf das Bildprogramm der Zeitschriften niederschlägt. Die in Wien gedruckte Zeitschrift *Die Heimat. Illustrirtes Familienblatt*, deren Redakteur über einige Jahre Ludwig Anzengruber war,²⁶⁸ zeigt als Titelvignette eine lorbeerbekränzte Figur, welche die Zeitschrift *Die Heimat* in die Höhe hält, um sie herum Putten, die nach der Zeitschrift greifen

---

266 Hartmuth Brinkmann an Theodor Storm, 19. März 1863 nach Heiligenstadt, in: Storm 1987 (Kommentar), S. 1171.
267 Die Illustration zu Storms Novelle stammt von Ludwig Pietsch, war aber für den Abdruck in der Zeitung nicht mehr rechtzeitig fertig geworden und erschien in der ersten Buchauflage unter dem Titel *Zwei Weihnachtsidyllen* 1865; vgl. auch den Kommentar von Band 1 der Werkausgabe von Dieter Lohmeier in Storm 1987, S. 1167–1168.
268 Ludwig Anzengruber (1839–1889) war von 1882 bis 1885 leitender Redakteur – in den Jahren, in denen er weniger erfolgreich als Schriftsteller war. Zuvor hatte er durch Bühnenstücke in der Tradition des österreichischen Volksstücks wie *Der Pfarrer von Kirchfeld* (1870), *Der Meineidbauer* (1871) oder *Die Kreuzelschreiber* (1872) große Wertschätzung als sozialkritischer Bühnenautor erfahren. Auch seine Dorfgeschichten, die zu Lebzeiten zwischen 1879 und 1888 erscheinen, widmen sich dem bäuerlichen Milieu in realistischer, später naturalistischer Drastik und in volksaufklärerischer Tradition.

und teilweise schon in ihr lesen (Abb. 29).[269] Und der *Daheim-Kalender*, ein Jahreskalender der Zeitschrift *Daheim. Ein deutsches Familienblatt mit Illustrationen*, trägt als Titelbild einen Knaben, der den *Daheim*-Kalender in seiner Tasche trägt und ein zweites Exemplar einem Mädchen schenkt (Abb. 30). Diese hier ins Bild gesetzte Autoreferentialität der sich selbst zeigenden Heimatzeitschriften entspringt der Logik eines literarischen Marktes, der die Bedürfnisse erst schaffen muss, von denen er lebt, und der Logik einer bürgerlichen Kultur, die sich auf die Sehnsucht nach einer Authentizität beruft, die sie selbst erst herstellt und die zeitgenössisch durchaus auch kritisch gesehen wurde.

Abb. 29: Titelkupfer von „Die Heimat. Illustrirtes Familienblatt" VI. Jg., 1. Heft (1881) (Klassik Stiftung Weimar)

Abb. 30: Titelkupfer vom Daheim-Kalender 1876 (Klassik Stiftung Weimar)

Ein anonymer Autor mokiert sich 1858 im *Morgenblatt für gebildete Leser* etwa über die ausufernde Produktion mundartlicher Texte im Gefolge des Erfolgsautors Klaus Groth, die „allein schon deßhalb beklatscht" würden, „weil sie auf Plattdeutsch gesprochen" würden – deren Authentizität aber zutiefst zweifelhaft sei. „Jeder dieser Schriftsteller singt und spricht selbstverständlich im platten Patois seines Heimathsdorfes und bestrebt sich, dasselbe so treu und ächt wiederzu-

---

269 Die Abbildung stellt eines der seltenen bildgraphischen Beispiele für die Kombination von Klassizismus und Heimat dar.

geben, als es ihm nur möglich ist"; mit dem Effekt, dass der eine „nur mit Mühe den andern" verstehe.[270] Dass vieles auch dem Einheimischen geradezu unverständlich sei, rühre daher, dass es eine einheitliche plattdeutsche Sprache nie gegeben habe. „So wollen z. B. die berühmten plattdeutschen Poesien von Klaus Groth höchst populäre Schriften seyn, welche die Volkssprache treu und unverfälscht wiedergeben, allein in Wirklichkeit sind sie dieß durchaus nicht."[271] Nicht nur die Authentizität der mundartlichen Literatur, sondern auch ihre Berechtigung wird in Frage gestellt. „Der Hauptzweck aller dieser platten Bestrebungen ist nun angeblich der, das Plattdeutsche vor dem ihm drohenden Untergange zu bewahren". Diese Befürchtung sei „aus der Luft gegriffen", denn die „bäuerische Bevölkerung" hänge „zäh an ihrem heimischen Patois". Davon abgesehen sei es aber „eine erfreuliche Thatsache für die Sache der Bildung und Aufklärung im Volke",[272] wenn sich die Kenntnis des Hochdeutschen durchsetze. Sinnvoll wäre es zwar durchaus,

> eine plattdeutsche Zeitung zu gründen, die vom gemeinen und ungebildeten Volke gelesen werden könnte. Daran scheint man aber nicht zu denken, sondern es vorzuziehen, in gebildeten Kreisen gelesen zu werden und auf den Toilettentischen eleganter Damen zu verkehren, so wie denn überhaupt bei Lichte besehen alle diese plattdeutschen Schriften und Poesien, die sich ihrer Naturwüchsigkeit rühmen, nichts anderes sind als künstlerische Erzeugnisse der Unnatur und Treibhausgewächse, der ganze durch sie hervorgerufene Enthusiasmus nichts weiter als eine neue Art von Blasirtheit, worin sich gewisse gebildete Kreise der Gesellschaft gefallen.[273]

Nach dieser zeitgenössischen Deutung bringen die Bedürfnisse einer ‚blasierten' bildungsbürgerlichen Schicht die Produktion von heimatlicher Mundartdichtung überhaupt erst hervor oder befördern sie zumindest stark, wobei es dabei nicht im Mindesten um die Interessen der Ungebildeten geht, deren angebliche literarische Zeugnisse man goutiert.

(Heimat-)Literatur ist freilich nicht nur Produkt solcher Selbstproduktionsmechanismen des bürgerlichen Literaturmarktes, sondern reflektiert diesen Produktstatus ihrerseits mit literarischen Mitteln. Ein Beispiel für die reflexive Selbstbezüglichkeit von Heimat ist Peter Roseggers Text „Wenn du noch eine

---

270 Alle Zitate Anonym 1858, S. 118.
271 Anonym 1858, S. 118–119. Groth habe sich „große sprachliche Willkürlichkeiten erlaubt, die ihn nöthigten, seinen Gedichten einen eigenen Commentar zu ihrer Erklärung und ihrem rechten Verständnis beizugeben"; selbst echte Kenner des Plattdeutschen könnten seine Texte nicht verstehen. Die Freunde des Niederdeutschen, so der Kommentator polemisch, sollten besser gleich ins Holländische wechseln. Anonym 1858, S. 119.
272 Alle Zitate Anonym 1858, S. 119.
273 Anonym 1858, S. 120.

Heimath hast …". Rosegger war selbst Herausgeber des heimataffinen Periodikums *Heimgarten* und anlässlich seines 50. Geburtstags von den Herausgebern der *Gartenlaube* gebeten worden, „ein weniges aus [s]einem Leben zu plaudern". Das autobiographische Erzähler-Ich weist schon zu Beginn des Textes darauf hin, dass *Die Gartenlaube* im Folgenden selbst Gegenstand seines Textes werde: „Ein Engel, der mir an bedenklichen Lebenswenden stets so freundlich beigestanden, hat auch einmal nach der ‚Gartenlaube' gegriffen und sie zu meinem Wegweiser gemacht – nach dorthin, wohin ich gehörte." Als er nämlich als junger Mann seine „Waldheimath"[274] verlassen hatte, habe ihn „Sehnsucht nach Daheim wie höllisches Feuer"[275] gefoltert. Im Augenblick höchster Not fällt ihm ein Band der *Gartenlaube* in die Hand:

> [E]in Band der ‚Gartenlaube' war's, und dort, wo einem Blatt im Falle die Ecke geknickt worden war, fiel mein Auge auf ein Gedicht: „Wenn Du noch eine Heimath hast …"
> Was war das? Auf der untersten Stufe kauernd, las ich:
>
> ‚Wenn Du noch eine Heimath hast,
> So nimm den Ranzen und den Stecken
> Und wandre, wandre ohne Rast,
> Bis Du erreicht den theuren Flecken.'
>
> Weiter las ich nicht mehr in dem Gedicht, denn ich war schon erlöst. Heim! Heim! Kein Klagen mehr. Mein Herz war leicht, mein Wille befreit. Unausgesprochen hatte ich die Nothwendigkeit der Umkehr tagelang in mir getragen wie eine Unmöglichkeit. Weltfern war mir die Heimath gewesen, und jetzt war sie nur einige Stunden weit, und es bedurfte nicht einmal des Ranzens und des Steckens. So mächtig ist oft ein einziges Wort – das Wort hat ja die Welt erlöst.[276]

In der Erzählung ist es also ein Heimatgedicht der *Gartenlaube*, das den Erzähler wieder in die Heimat bringt. Sie stellt die Selbstbezüglichkeit einer Sehnsucht nach der Heimat dar, die sich durch die Rede von ihr eigentlich erst hervorbringt. Wichtig ist hierbei, dass das Gedicht in der Erzählung nicht als intertextueller Verweis funktioniert. Vielmehr geht es eigentlich um einen innermedialen Verweis: Ein Text in der *Gartenlaube* handelt von der Lektüre eines Textes aus der *Gartenlaube* – und ihren Folgen, nämlich dem Gewinn von Heimat. Das Gedicht, von dem Roseggers Text die erste Strophe wiedergibt, darauf weist er in einer Fußnote hin, gibt es wirklich. Es stammt von einem der ‚Hauslyriker' der *Gartenlaube*, Albert Traeger, und ist im Heft 52 von 1856 erschienen (das beigefügte

---

274 Alle Zitate Rosegger 1893, S. 589.
275 Rosegger 1893, S. 589.
276 Rosegger 1893, S. 590.

Bild stammt von Gottfried Kühn und wird in einem anderen Zusammenhang noch erwähnt; Abb. 34). Rosegger nennt den Autor Traeger in seiner Erzählung nicht. Stattdessen wird die *Gartenlaube* zum Urheber und die individuelle Autorschaft zugunsten des Kollektivorgans, das die Heimat überindividuell und allgemein repräsentiert, zurückgenommen. Und die abschließende direkte Aufforderung an den Leser des Textes, seiner Heimat treu zu bleiben, ist insofern auch als Aufforderung zu verstehen, der *Gartenlaube* als ihrem Medium und Organ die Treue zu halten.[277] Es geht also nicht nur um ein intertextuelles Spiel, in dem ein Autor auf den Text eines anderen Autors verweist, sondern um die Geburt von Heimat aus der *Gartenlaube*.

Insoweit ist Roseggers Text auch Teil jenes Programms der *Gartenlaube*, nach dem sich die „*Gartenlauben*-Realität und die ‚Realität in der Gartenlaube'" immer wieder überlagern. Die Zeitschrift wollte die Welt des Lesers nicht nur abbilden, sie wollte identisch mit dieser Welt werden.[278] Indem sich die Texte der *Gartenlaube* einerseits permanent aufeinander bezogen, andererseits auf die *Gartenlaube* als ihr Medium sowie den *Gartenlauben*-Leser, konstituierte sich, so Claudia Stockinger, eine ‚imaginäre Gemeinschaft' der *Gartenlaube*.[279] Nach denselben Regeln vollzieht sich die Konstitution von Heimat durch die *Gartenlaube*, an deren Ende die *Gartenlaube* Heimat *ist*. Der Begriff der Heimat bezieht sich also nicht nur auf ein Ensemble anderer Begriffe wie Vaterland, Volk, Heimweh oder Fremde. Er ist selbst ein Begriff in diesem Ensemble, der in der Art seiner Selbstbezüglichkeit seine Bedeutung hervorbringt und verändert. Das macht die enorme Bedeutung von Literatur und ihrer populären Medien aus, die häufig die Form und der Ort sind, an dem diese Selbstbezüglichkeit ausgetragen wird.

Festgehalten werden muss, dass sich das Verhältnis von Heimat und Literatur nicht allein in ästhetisch zu verstehenden Selbstbezüglichkeitsschleifen erschöpft, dass Heimat nicht in der Gemengelage von Herkunftsort, Erinnerung, Melancholie und Dichtung aufgeht und entsprechend von Literaturwissenschaftlern als harmlos-unpolitische Manifestation der mit ihren räumlichen Be-

---

[277] „Seit jener kritischen Zeit sind achtundzwanzig Jahre vergangen. Das Heimathland, welchem der Dichter mich damals zurückgegeben hat, habe ich seither nicht mehr aus den Augen gelassen, sondern habe mich mit beiden Händen an dasselbe geklammert, wie ein erschrecktes Kind sich festhält an den Rockfalten der Mutter. Dem Stamme und der Scholle treu in Lust und Leid, auch dir, mein lieber Leser, rathe ich es – wenn du noch eine Heimath hast!" Rosegger 1893, S. 590.
[278] Dies ist die These von Claudia Stockinger, die den ‚seriellen Effekten über Selbstbespiegelung' ein eigenes Kapitel ihrer Studie zur *Gartenlaube* widmet, Stockinger 2018, S. 257–272, hier S. 258.
[279] Stockinger 2018, S. 267.

zugswelten und sich selbst spielenden Dichtung behandelt werden könnte.[280] Die Konstruktionen von Selbstbezüglichkeit verweisen vielmehr auch auf die selbstkonstitutiven Mechanismen einer bürgerlichen Kultur, die ihre eigenen Traditionen erst erfinden muss. Und sie verweisen auf die ökonomischen Regeln eines literarischen Marktes, der die Bedürfnisse erst schafft, die er dann befriedigt, wie es Adorno und Horkheimer im Anschluss an Hegels und Marx' zeitgenössische Diagnosen formulierten.

---

280 Eher unproblematisch verwendet in diesem Sinn Heinrich Detering in seinem Buch über *Herkunftsorte* Heimat als „Herkunftsort der Melancholie, im doppelten Sinne des Genitivs: als ein Ort, aus dessen erinnernder Vergegenwärtigung die Melancholie der Verlusterfahrung aufsteigt, und als ein Ort, der aus ebendieser Erfahrung heraus selbst erst in Fiktion verwandelt wird". Detering 2001, S. 13. Heimatdefinitionen von Literaturwissenschaftlern sind selbst historische Produkte, die als solche nicht immer erkannt werden.

II Geschichte der Heimat

1 Himmlische Heimat

Das Erdendasein ist im christlichen Verständnis niemals wahre Heimat. Die Heimat ist immer Himmel; das Heimgehen, der Heimgang ist das Sterben. Im 19. Jahrhundert ereignet sich etwas bis dahin Unerhörtes: Die irdische Heimat wird als Vorschein der himmlischen denkbar. Die himmlische Heimat wird auf diese Weise ein Stück weit auf die Erde geholt – und die irdische Heimat aufgewertet. Es wäre dabei zu wenig zu sagen, die irdische Heimat werde mithilfe religiöser Elemente auratisiert; die Heimat des 19. Jahrhunderts ist als Phänomen der Verweltlichung oder des Glaubensverlustes nicht vollständig erfasst. Heimat bleibt, jedenfalls in der ersten Hälfte des 19. Jahrhunderts, gerade dort, wo ihre semantische Neujustierung vor allem stattfindet – in der Literatur –, ein religiöser Begriff, aber einer, der auch das Irdische in religiöse Zusammenhänge stellt. Deswegen muss es darum gehen, zu erklären, warum Heimat von Jung-Stilling und Hölderlin bis Droste-Hülshoff und Eichendorff nicht ohne ihren religiösen Anteil verstanden werden kann, inwiefern sie aber auch nicht mehr ohne weiteres in der traditionellen christlichen Sprache einer himmlischen Heimat aufgeht.

Letzteres ist schon deshalb der Fall, weil sich die Ausdrucksformen des Religiösen um 1800 nicht mehr auf eine christliche Lesart beschränken lassen, was auch für das Verständnis von Heimat nicht folgenlos bleibt. Die romantische Transformation des Heimatbegriffs unter den Vorzeichen einer neuen Religiosität hat Vor- und Nebengeschichten: die Populartheologie eines Jung-Stilling, die sich der religiösen Symbolik des alten Ägypten genauso wie des alten Persien bedient, die Liberalisierung der Theologie etwa durch Friedrich Schleiermacher, der Gottesglauben an keine bestimmte Religion bindet, und auch die geschichtsphilosophisch motivierte Suche nach einem kulturellen Ursprung, die ihre literarische Darstellung in den zahlreichen Adaptionen älterer und neuerer Mythen findet, zu denen u. a. auch die literarischen Ausgestaltungen der mythologischen Figuren Odysseus und Ahasver zählen.

1.1 Heimat in geistlicher Literatur

Heimat ist über viele Jahrhunderte vor allem eins gewesen: ein religiöser Begriff. Der weitaus größte Teil aller deutschsprachigen Textbelege zu Heimat stammt bis zum Ende des 18. Jahrhunderts aus dem geistlichen Kontext. Am Ende des 18. Jahrhunderts beginnt sich das zu ändern; die geistliche Bedeutung wird quantitativ gesehen eine unter vielen. Relational zu anderen Verwendungen von Heimat beginnen die Diskontinuitäten der religiösen Heimatbedeutung also mit dem 19. Jahrhundert. Auch qualitativ beginnt ein partieller Bedeutungswandel des religiösen Heimatverständnisses in diesem Zeitraum. Bis dahin ist die christliche Bedeutung von Heimat im deutschsprachigen Raum sehr stabil. Diesen semantischen Kontinuitäten und Brüchen der religiösen Heimat hat sich die Theologie oder Religionswissenschaft bisher nicht gewidmet. Religiöse Heimat ist, wenn überhaupt, nicht in ihrer geschichtlichen Dimension erforscht. In der evangelischen theologischen Forschung, so resümierte das Autorentrio Kleeberg-Hörnlein, Reimann und Wermke, besitze Heimat auch gegenwärtig „keinen hohen Stellenwert",[1] und dies gilt ebenso für die katholische Theologie.

Seit Mitte der 1980er Jahre taucht der Begriff auf, zunächst in theologischen Lexika,[2] ab den 1990er Jahren dann im Bereich der katholischen Pastoraltheologie;[3] in der aktuellen katholischen Theologie gibt es einige praktische[4] und systematisch-fundamentaltheologische Ansätze.[5] In der protestantischen Theologie sind seit den 1990er Jahren einige religionspädagogische[6] und systematische Beiträge entstanden.[7] Die Geschichte von Heimat als christlicher Frömmigkeitspraxis und theologischer Fachgeschichte ist indes noch nicht geschrieben,[8] so dass es hier nur darum gehen kann, vorläufig und unvollständig zu sondieren, welche Formen des Gebrauchs von Heimat in deutschsprachigen geistlichen

---

1 Kleeberg-Hörnlein/Reimann/Wermke 2016, S. 146.
2 Zunächst in der *Theologischen Realenzyklopädie*, dann im *Lexikon für Theologie und Kirche*, dann in der vierten Auflage von *Religion in Geschichte und Gegenwart* (RGG), vgl. Kreß 1985; Kimminich 1995; Daiber/Schoberth 2000. Die erste Auflage des RGG mit dem entsprechenden Band von 1910 verweist unter den Einträgen ‚Herbergen zur Heimat' und ‚Heimatfremde (Heimatlose)' und ‚Heimat' jeweils auf den Artikel ‚Fürsorge für heimatfremde Bevölkerung' und damit auf die rechtliche Dimension des Begriffs (vgl. II.2). In der zweiten Auflage des RGG mit dem entsprechenden Band von 1928 gibt es dann zwei längere Lemmaeinträge zu ‚Heimatfremdenfürsorge' (also wie oben in der armenrechtlichen Bedeutung, vgl. Mahling 1928) und zu ‚Heimatkunst' (vgl. Günther 1928 und II.3). In der dritten Auflage des RGG mit dem entsprechenden Band von 1959 gibt es gegenüber der vorherigen Auflage nur mehr einen sehr viel kürzeren Eintrag zur ‚Heimatfremdenfürsorge', nicht mehr zur ‚Heimatkunst'.
3 Vgl. Brantzen 1993; Samerski 1995; Wollbold 1998.
4 Vgl. zuletzt Höhn 2012 und Schmitt 2014.
5 Vgl. Manemann 2011.
6 Vgl. Biehl 1997; Schinkel 2008, Brinkmann/Hammann 2019.
7 Vgl. Wilhelms 1995; Lachner 2002; Herms 2017.
8 Einer der Gründe, die gelegentlich für diese disziplinäre Zurückhaltung genannt werden, ist der Missbrauch des Heimatbegriffs im Nationalsozialismus (vgl. Daiber/Schoberth 2000, Sp. 1594). Hinzuzufügen wäre, dass auch kirchliche Praxis an der nationalistischen und völkischen Ideologisierung des Begriffs partizipierte, und das auch vor der NS-Zeit (vgl. exemplarisch Günther 1928); mit einer historischen Aufarbeitung ginge es daher auch um eine solche der eigenen Fach- und Institutionengeschichte. Diese Aufarbeitung wird, wenn überhaupt, von anderen Fächern geleistet, vgl. aus volkskundlicher Perspektive Treiber 2004 und Treiber 2015.

Texten zu finden sind. Dabei werden frömmigkeitspraktische, liturgische und theologische Textsorten aller christlichen Konfessionen[9] als geistliche Texte in den Blick genommen.[10]

Die Bibel bietet als zentrale Referenz für alle diese Texte[11] mit dem Alten und Neuen Testament zwei unterschiedliche Zugänge zu Heimat. Legt man die verschiedenen Übersetzungen des hebräischen Alten und des griechischen Neuen Testaments ins Deutsche zugrunde, ist, wo mit ‚Heimat' übersetzt wird, im Alten Testament immer ein irdischer, „konkret erfahrbarer soziokultureller Raum" gemeint: Die „Befreiung aus der ägyptischen Sklaverei, die Landnahme und die Errichtung des Tempels" lassen sich „als Prozess der sozialen, lokalen und religiösen Beheimatung des Volkes Israel verstehen", allerdings als einer, der die Erfahrung der Fremdheit weiter mit sich führt. Auch nach der Erfahrung des babylonischen Exils erscheint Heimat im Alten Testament als räumliche und gegenwärtige Gotteserfahrung, „eine ‚ewige Heimat' kennt das Alte Testament demnach nicht".[12]

Das Neue Testament transzendiert das Heimatverständnis des Alten Testaments, indem es in der Verkündigung und im Handeln Jesu von Nazareth eine Abwendung vom Innerweltlichen zeigt. Seine Gemeinschaft konstituiert sich über

---

9 Mein konfessionsübergreifender Ansatz ergibt ein vergleichsweise einheitliches Bild; es bleibt weiterer Forschung vorbehalten, hier mögliche Differenzen herauszuarbeiten.
10 Mit geistlichen Texten sind hier Textsorten wie Gesangbücher und Predigten, Episteln und theologische Aufsätze oder Grabreden gemeint. Diese Texte sind durch ihre Funktionszuschreibung und institutionelle Rahmung primär an ein christlich-konfessionell gebundenes Publikum gerichtet, nicht an eine literarische Öffentlichkeit. Die funktionale Bestimmung erlaubt beispielsweise, den identischen Liedtext desselben Autors in einem Kirchengesangbuch als geistlichen, in einem profanen Liederbuch als literarischen Text zu lesen. Historisch wurden geistliche und literarische Texte immer geschieden, aber sehr variabel und widersprüchlich. Eine systematisch sinnvolle Trennung auf inhaltlicher oder formaler Ebene war nie möglich. So spielte die Trennung beider Bereiche im Luthertum des 16. und 17. Jahrhunderts eine weitaus geringere Rolle als zur selben Zeit in den calvinistisch bestimmten Ländern. Die weltliche dramatische Dichtung des 16. Jahrhunderts ist so stark moraltheologisch geprägt, dass eine Trennung von geistlicher und weltlicher Dramatik inhaltlich ebenfalls nicht möglich ist. Auch auf dem Gebiet der Autorschaft sind die Übergänge fließend, denn der geistliche Stand war ästhetisch-literarisch ausgesprochen produktiv (vgl. Schöne 1968, S. 13–15).
11 Andrea Polaschegg und Daniel Weidner führen zur europäischen Bedeutung der Bibel für die Literatur aus: „Schließlich hat sich die Literatur in Europa unter ständigem Bezug auf und in kontinuierlicher Auseinandersetzung mit der Bibel als ‚Buch der Bücher' und ‚Heiliger Schrift' herausgebildet, hat diese als Vorbild und Orientierung, als Instrument zur Autorisierung des eigenen Geltungsanspruchs, als Buch gewordene Konkurrentin und als Vorläufermodell der Dichtung gleichermaßen in Gebrauch genommen." Polaschegg/Weidner 2012, S. 10.
12 Alle Kleeberg-Hörnlein/Reimann/Wermke 2016, S. 147–148; vgl. auch Biehl 1997, S. 43–44.

Besitzlosigkeit und Ortsungebundenheit, sein Sterben wird zum Symbol einer neuen Vergemeinschaftung der Gläubigen: „Denn wir haben hier keine bleibende Stadt, sondern die zukünftige suchen wir" (Hebr. 13,13 f.). Die alttestamentliche Tradition der Stadt Jerusalem als utopischen Ortes der Glaubensgemeinschaft, so Kleeberg-Hörnlein et al., ist „in diesem Text zwar noch zu erkennen. Das irdische Jerusalem ist jedoch ein Symbol für die erwartete himmlische Heimat."[13] Die Parusie-Erwartung des Neuen Testaments geht mit einem gänzlichen Verzicht auf eine Beheimatung im Irdischen einher. Das Leben erscheint als Vorbereitung auf das Himmelreich, als ein Leben im Bewusstsein des eigenen Todes. Das Sterben ist ‚Heimgehen', die Toten sind die ‚Heimgegangenen'.[14] Heimat lässt sich deswegen fürs Neue Testament nur eschatologisch konstruieren.[15]

Aus den heute geläufigen Übersetzungen des Neuen Testaments ist uns vertraut, die christliche Eschatologie mit dem Begriff der himmlischen Heimat zu verbinden. Biblische Bezugsstellen sind der zweite Paulus-Brief an die Korinther – das irdische Dasein wiege, so heißt es hier, gegen das „ewige Haus im Himmel" wenig, der Mensch sei vom Verlangen getragen, „in die Heimat zum Herrn" zu gelangen (2 Kor 5,1 und 5,7; Menge-Bibel 1939) – und Paulus' Brief an die Philipper, Phil 3,20: „Denn unsere Heimat ist im Himmel" (Zürcher Bibel 2007 und Einheitsübersetzung 2016). Diese Übersetzungen stammen indes alle aus dem 20. Jahrhundert. Findet sich das Wort Heimat etwa in der römisch-katholischen Einheitsübersetzung von 1980 – hier wieder bezogen auf die gesamte Bibel – zweiunddreißig Mal,[16] so in der historischen Luther-Übersetzung von 1545 nur ein einziges Mal, und zwar bezogen auf das irdische Zuhause im Alten Testament (1 Mo 24,7): „der mich von meines Vaters Hause genommen hat und von meiner Heimat".

Für das Neue Testament verwendet Luther den Begriff der Heimat gar nicht (folgerichtig wird der Begriff auch in Luther 2017 nicht fürs Neue Testament gebraucht): Phil 3,20 (ἡμῶν γὰρ τὸ πολίτευμα ἐν οὐρανοῖς ὑπάρχει, ἐξ οὗ καὶ σωτῆρα ἀπεκδεχόμεθα κύριον Ἰησοῦν Χριστόν) übersetzt Luther 1545 etwa mit: „Vnser wandel aber ist im Himel". 2 Kor 5,7 (θαρρουμεν δε και ευδοκουμεν μαλλον εκδημησαι εκ του σωματος και ενδημησαι προς τον κυριον) übersetzt er mit dem (bei ihm insgesamt sehr viel öfter als ‚Heimat' verwendeten) Daheimsein: „Wir sind aber getrost / vnd haben viel mehr lust ausser dem Leibe zu wallen / vnd da heimen zu sein bey dem Herrn".

---

13 Kleeberg-Hörnlein/Reimann/Wermke 2016, S. 149.
14 Vgl. die Einträge „heimgehen, Heimgang" und „heimziehen" in August Langens *Wortschatz des deutschen Pietismus*. Langen 1968, S. 139.
15 Vgl. Biehl 1997, S. 46–47 und Kleeberg-Hörnlein/Reimann/Wermke 2016, S. 148–149.
16 Vgl. Kleeberg-Hörnlein/Reimann/Wermke 2016, S. 147.

Die im Kontext von geistlicher Heimat zentrale, besonders bei Paulus entwickelte Denkfigur, dass Bindung ans Irdische (in den Metaphern von Heimat, Haus, Zelt, Wohnung oder Leib) immer nur vorläufig ist, die ewige Heimat oder Wohnung, das ewige Haus oder Zelt, der ewige Leib aber im Himmel sind, wird im Folgenden verknappt als ‚paulinischer Antagonismus' bezeichnet, auch wenn ihr weitere biblische Referenzen, etwa das Johannes-Evangelium (Joh. 14,2: „In meines Vaters Hause sind viele Wohnungen. Wenn's nicht so wäre, hätte ich dann zu euch gesagt: Ich gehe hin, euch die Stätte zu bereiten?") oder der alttestamentliche Psalm 119 (119,19: „Ich bin ein Gast auf Erden"),[17] zugeordnet werden können.[18] In der Elberfelder Bibel von 2006 wird 2 Kor 5 in den Begriffen des ‚Einheimischen' und des ‚Ausheimischen' gefasst:

1   Denn wir wissen, dass, wenn unser irdisches Zelthaus zerstört wird, wir einen Bau von Gott haben, ein nicht mit Händen gemachtes, ewiges Haus in den Himmeln.
2   Denn in diesem freilich seufzen wir und sehnen uns danach, mit unserer Behausung aus dem Himmel überkleidet zu werden,
3   insofern wir ja bekleidet, nicht nackt befunden werden.
4   Denn wir freilich, die in dem Zelt sind, seufzen beschwert, weil wir nicht entkleidet, sondern überkleidet werden möchten, damit das Sterbliche verschlungen werde vom Leben.
5   Der uns aber eben hierzu bereitet hat, ist Gott, der uns die Anzahlung des Geistes gegeben hat.
6   So sind wir nun allezeit guten Mutes und wissen, dass wir, während ‚einheimisch' im Leib, wir vom Herrn ‚ausheimisch' sind
7   – denn wir wandeln durch Glauben, nicht durch Schauen –;
8   wir sind aber guten Mutes und möchten lieber ‚ausheimisch' vom Leib und ‚einheimisch' beim Herrn sein.
9   Deshalb setzen wir auch unsere Ehre darein, ob ‚einheimisch' oder ‚ausheimisch', ihm wohlgefällig zu sein.
10 Denn wir müssen alle vor dem Richterstuhl Christi offenbar werden, damit jeder empfange, was er durch den Leib vollbracht, dementsprechend, was er getan hat, es sei Gutes oder Böses.[19]

---

17 In Dietrich Bonhoeffers *Meditation über Psalm 119* (1939/40) bemerkt er zu Vers 19: „Von der Heimat selbst ist hier kein Wort gesagt. Ich weiß, daß diese Erde sie nicht sein kann und weiß doch auch, daß die Erde Gottes ist und daß ich auch schon auf dieser Erde nicht nur ein Gast der Erde, sondern Pilgrim und Beisaß bin (Ps 39,13). Weil ich aber auf Erden nichts bin als ein Gast, ohne Recht, ohne Halt, ohne Sicherheit, weil Gott selbst mich so schwach und gering gemacht hat, darum hat er mir ein einziges festes Unterpfand für mein Ziel gegeben, sein Wort." Bonhoeffer 1998, S. 499–537, hier S. 530.
18 Karen Joisten zeigt diese Denkfigur, etwa 300 Jahre nach Paulus, in den Schriften Augustinus' auf, die sie als Grundlagenphilosophie der Heimat liest (vgl. I.1.4), vgl. Joisten 2003, S. 209–235.
19 Elberfelder Bibel 2009, 2 Kor 5.

Das neutestamentliche Angebot – die Idee der Unbeständigkeit alles Irdischen und des Daheimseins bei Gott – verband und verbindet sich also in deutschsprachigen Übersetzungen oder Bezugnahmen nicht zwingend immer mit dem Begriff der Heimat, gleichwohl ist er schon seit dem 14. Jahrhundert mit großer Bedeutungskontinuität auffindbar, wie an exemplarischen Beispielen gezeigt werden soll. Das alttestamentliche Angebot, Heimat als ein positiv konnotiertes irdisches Konzept aufzufassen, spielt, auch das soll gezeigt werden, in der christlichen Auslegungstradition bis zum 19. Jahrhundert dagegen kaum eine Rolle, im 19. Jahrhundert ändert sich das. Dass die irdische Heimat in unserer eigenen Gegenwart ausdrücklich positiv in theologische Konzepte von Heimat eingebunden werden kann, hat wohl hier seinen historischen Ursprung.[20]

1.1.1 „Mein Heimat ist dort droben"

Heimat als Ausdruck für das ewige Leben Gottes wird schon in Heinrich von Seuses *Büchlein der ewigen Weisheit*, entstanden wahrscheinlich 1330/31, verwendet. Hier spricht die ‚ewige Weisheit' mit einem ‚Diener' über das Reich Gottes als vom „vatter land dez himelschen paradyses" und in diesem Zusammenhang von „haimer". Vaterland und Heimat, insgesamt für die religiösen Texte bis Ende des 18. Jahrhunderts typisch, bezeichnen dabei dasselbe, aber der Umgang mit deren Metaphorizität ist unterschiedlich, wie hier in der Rede der ‚ewigen Weisheit':

> Nun richte deine Augen in die Höhe und schau, wohin du gehörst; du gehörst in das Vaterland des himmlischen Paradieses [vatter land dez himelschen paradyses]; du bist auf Erden ein fremder Gast, ein heimatloser Pilger [ellend pilgerin]. Und darum, so wie ein Pilger in seine Heimat [in siu haimer] zurückstrebt, wo die geliebten guten Freunde nach ihm ausschauen und mit großem schmerzlichen Verlangen auf ihn warten, so sollst auch du in das Vaterland eilen, wo man dich so gern sähe, wo man so innig sich nach deiner freudigen

---

[20] Eilert Herms bietet m.W. den einzigen neuen systematisch-theologischen Entwurf, der die Thematik der Heimat explizit aufnimmt. In § 54 seiner *Systematischen Theologie* widmet er sich unter dem Titel „Das ewige Leben Gottes: Unsere ursprüngliche und bleibende Heimat" ausführlich dem Begriff der irdischen Heimat – diese sei als Inbegriff des Schutz Gewährenden „für das Menschsein unabdingbar, *wesentlich*" und „*grundlegend*" (Herms 2007, S. 1115). Diese notwendige und unentrinnbare irdische Heimatbezogenheit jedes Menschen wird in der ‚bleibenden', ‚ewigen' oder ‚absoluten' Heimat transzendiert: „In diesem Bleiben des Gewordenseins-zum-Glied-der-vollendenten-Gemeinschaft-mit-Gott ist das irdische Leben als das Werden dieses Gewordenseins aufgehoben: *einschließlich seiner wesentlichen Heimat- und Herkunftsbezogenheit*" (Herms 2007, S. 1119). Irdische Heimat muss in dem Sinn nicht überwunden, sondern durchlaufen und transzendiert werden.

Gegenwart sehnt, wo sie dich liebevoll begrüßen, zärtlich empfangen und dich für ewig in ihren freudenreichen Kreis aufnehmen.[21]

Das in Seuses Text auch an vielen anderen Stellen so genannte „himmlische Vaterland" oder einfach „Vaterland"[22] wird als Synonym für das Gottesreich verwendet. Die Metaphorizität dieser Rede wird nicht eigens betont. Im Gegensatz dazu wird die ebenfalls in einen Bezug zum Gottesreich gesetzte Heimat deutlich in ihrem übertragenen Charakter markiert. ‚So wie ein Pilger in seine Heimat zurückstrebt' ist ein expliziter Vergleich. Heimat fungiert also als ein aus dem Irdischen entnommener Vergleich, der aber ausdrücklich nur Ähnlichkeitsstatus hat.[23]

Seuses Text insgesamt zeigt, dass die Beschreibung des Jenseits immer diesseitiger Begriffe bedarf, die nur gesteigert werden können. Auf die Frage des Dieners, wie das Jenseits beschaffen sei, wird das Schöne des Irdischen ins Unendliche gesteigert: Die Liebe ist unendlich mehr als die Liebe der Eltern zum Kind im Erdenleben, die Freude ist nicht getrübt durch Schmerz, alles ist „von einem unübertreffbaren durchstrahlenden Glanz", „unbeweglich, unzerstörbar".[24] Interessant ist, dass es Abstufungen des Metaphorizitätsgrades der aus dem Diesseits entnommenen Begrifflichkeit gibt und dass Heimat hier immer nur verwendet wird, um über das Jenseits zu reden – eine Beschreibung dessen, was Heimat im Diesseits bedeutet, findet man nicht –, immer aber mit dem expliziten Verweis, dass dies eine diesseitige Kategorie ist.

---

21 Seuse 1986, S. 248; in einer Übersetzung des 19. Jahrhunderts: „Nun heb auf deine Augen, und luge, wo du hin gehörest. Du gehörest in das Vaterland des himmlischen Paradieses. Du bist hier ein fremder Gast, ein elender Pilgrim; darum, als ein Pilgrim wieder hineilet in seine Heimat, da sein die lieben Freunde warten und mit großem Verlangen baiten, also soll dir ein Eilen sein hin in das Vaterland, da man dich so gern sähe, da sie so inniglich nach deiner fröhlichen Gegenwärtigkeit verlangen, wie sie dich minniglich grüßen, zärtlich empfahen, und zu ihrer fröhlichen Gesellschaft ewiglich vereinen." Seuse 1834, Nr. 97, S. 114. Die oben verwendete neuhochdeutsche Übersetzung wurde an den entscheidenden Stellen in Klammern um die mittelhochdeutsche Originalschreibweise ergänzt (dem Originalmanuskript entnommen am 21.9.2017: http://digi.ub.uni-heidelberg.de/diglit/cpg446/0038/ scroll?sid=e4ed173f83c5f99f96ddf826cdbb1f02, S. 39r). So wird deutlich, dass es in der modernisierten Fassung charakteristischerweise mehr Heimat gibt als in der originalen: Aus dem elenden Pilger ist der heimatlose Pilger geworden. Dies trägt dem Bedeutungswandel von ‚elend' Rechnung, vgl. den folgenden Abschnitt zu Martin Luther.
22 Seuse 1986, S. 249, S. 251, S. 253, S. 381, S. 386.
23 An einer anderen Stelle wird Heimat aber auch ohne Markierung als Vergleich für das Überirdische gebraucht: „[S]o begehre ich, daß meine Seele bei ihrem Hinscheiden von dir, vollkommne gute Mutter und Ziel all meines Trostes, sicher in ihre Heimat geführt und der ewigen Seligkeit versichert werde." Seuse 1986, S. 283.
24 Seuse 1986, S. 249.

Das ziemlich genau hundert Jahre nach Seuses Text, zwischen 1430 und 1434, entstandene Lied Heinrich von Laufenbergs *Got wŏlt dz ich da haimat wår* zeigt eine ganz ähnliche Verwendung von Heimat: „Got wŏlt dz ich da haimat wår / Vnd all der welt trost enbår // Ich main da haim im himelrich / da ich got såch ymmer vnd eweclich".[25] Die „haimat", nach der sich die lyrische Sprecherinstanz sehnt, wird präzisiert als ein „da haim im himelrich". Es bedarf also noch einmal der expliziten Erklärung – „Ich main" –, *welche* Heimat gemeint ist. Dieses himmlische Daheim zeichnet sich durch die Abwesenheit weltlichen Leids aus: Während die Welt zu klein und voll falschen Scheins ist, bietet das Gottesreich ein Leben ohne Tod, ungetrübte Freude, Gesundheit ohne Schmerz und das Ende der Zeitlichkeit:

> Won alle welt ist dir ze clein, / du kumest denn e wider hein. // Dohein ist leben one tot / vund ganczi fro(e)iden one not. / Do ist gesuntheit one we / vnd wa(e)ret hu(e)t vnd jemer me. // Do sind doch tusent jor als hu(e)t / vund ist ouch kein verdriessen nu(e)t. // Woluf, min hercz vnd all min mu(o)t, / vnd such daz gu(o)t ob allem gu(o)t! // Waz daz nitt ist, daz schecz gar clein / vund jomer allzit wider hein! / [...] / Sid es denn anders nit mag sin, / so flu(e)ch der welte valschen schin.[26]

Im Lied werden stillschweigend zwei Heimaten vorausgesetzt, eine weltliche und eine spirituelle. Aber nur die zweite ist der Rede wert. Die in der letzten Strophe angesprochene „welt" wird allein mit der Absicht adressiert, sie zu verabschie-

---

25 Heinrich von Laufenberg: Got woelt dz ich da haimat waer. Edition nach Nemes 2015, S. 98–99. Das Original von Laufenbergs Lied war in einer Papierhandschrift der Straßburger Stadtbibliothek überliefert und wurde von Philipp Wackernagel 1867 ediert (als Teil der Edition Wackernagel 1864–77). Die Handschrift verbrannte 1870, so dass Wackernagel die älteste Quelle darstellt. Zur Problematik von Wackernagels Übertragung vgl. Nemes 2015. In einer anderen Fassung heißt es: „Ich wölt, daz ich do heime wer / vnd aller welte trost enber, // Ich mein: doheim in himelrich, / do ich got schowet ewenclich" (Becker 2001, S. 94; diese Fassung basiert auf Wackernagel 1864–77, hier Bd. 2, 1867, S. 540–541, Nr. 715). In der Fassung des evangelischen Gesangbuchs, in das das Lied unter der Nummer 517 und dem Titel *Ich wollt, dass ich daheime wär* eingeht: „Ich wollt, dass ich daheime wär und aller Welte Trost entbehr. / Ich mein, daheim im Himmelreich, da ich Gott schaue ewiglich."
26 Heinrich von Laufenberg: Got woelt dz ich da haimat waer. Edition nach Nemes 2015, S. 98–99. „Denn alle Welt ist dir zu klein, du kommest denn erst wieder heim. / Daheim ist Leben ohne Tod und ganze Freude ohne Not. / Da sind doch tausend Jahr wie heut und nichts, was dich verdrießt und reut. / Wohlauf, mein Herz und all mein Mut, und such das Gut ob allem Gut! / Was das nicht ist, das schätz gar klein und sehn dich allzeit wieder heim. [...] / Da es denn anders nicht mag sein, so flieh der Welte falschen Schein." Becker 2001, S. 94. Diese Fassung basiert auf Wackernagel 1864–77, hier Bd. 2, 1867, S. 540–541, Nr. 715.

den, um ins „himelrich" zu fahren: „Alde, welt, got gsegen dich, / ich var do hin gen himelrich."[27]

Religiöse Sprache wurde, sieht man von den in Bezug auf ihre zeitgenössische Verbreitung eher abseitigen Texten deutscher mittelalterlicher Mystiker ab, erst mit der Reformation zu einer deutschen. Martin Luther, der die Entwicklung der deutschen Sprache qualitativ[28] und quantitativ[29] wie kein Zweiter als Einzelperson prägte – in der ersten Hälfte des 16. Jahrhunderts entfiel ein Drittel der gesamten deutschsprachigen Buchproduktion auf Luthers Schriften –, kommt deswegen eine zentrale stabilisierende und popularisierende Funktion in der Genese des religiösen Heimatbegriffs zu.

Alle Stellen in den Predigten und Episteln Luthers, an denen der Begriff verwendet wird, arbeiten – meist unter explizitem Verweis auf Paulus – mit der Entgegensetzung von irdischer und transzendenter Welt:

> Sihe, das sol sein [...] eines jeden Christen wesen und wandel auff Erden, das er erstlich wisse sein Recht Heimat oder Vaterland, Welches geschicht durch den Glauben an Christum, durch welchen wir zu Gottes Kinder und Erben des ewigen Lebens und Bürger im Himel worden sind, Wie wir hievon auch singen: ‚Nu bitten wir den heiligen Geist umb den rechten Glauben' etc. ‚wenn wir heim faren aus diesem Elend', Welches eben mit diesem Text stimmet, da er uns heisst Pilgerin oder Wallende, die alhie im elend sind und nu heim begeren und dencken zum Thor hin aus. Zum andern, Weil wir in diesem elend sein müssen und noch nicht daheim sind, so müssen wir dem Wirt alle ehre und der Herberge jr Recht thun und fur gut nemen, was uns widerferet.[30]

Das Dasein auf Erden ist Dasein im Elend – wobei hier noch die mittelhochdeutsche Bedeutung von ‚Ellende': ‚aus der Fremde kommend, nicht einheimisch, aus der angeborenen Rechtsgemeinschaft ausgewiesen' mitschwingt[31] –, ist Pil-

---

27 Heinrich von Laufenberg: Got woelt dz ich da haimat waer. Edition nach Nemes 2015, S. 98–99. „Ade, Welt, Gott gesegne dich! Ich fahr dahin gen Himmelreich", Becker 2001, S. 94. Diese Fassung basiert auf Wackernagel 1864–77, hier Bd. 2, 1867, S. 540–541, Nr. 715.
28 Seine Bibelübersetzungen werden „nicht nur aus sprachhistorischer Sicht gemeinhin zu den sprachmächtigsten Übersetzungstexten der Frühen Neuzeit" gezählt. Seyferth 2011, S. 2379.
29 Zwischen der Veröffentlichung des Septembertestaments 1522 (Neues Testament), gefolgt von der ersten Vollbibel mit Altem und Neuem Testament 1534, bis zur Ausgabe letzter Hand 1545 kurz vorm Todesjahr Luthers, 1546, entstehen wohl etwa 430 Gesamt- und Teilausgaben mit einer Auflagenhöhe von insgesamt über einer halben Million Exemplaren. Vgl. Seyferth 2011; Stephan Füssel spricht von über dreihundert hochdeutschen Bibelausgaben, vgl. Füssel 1991, S. 331. Aber auch Luthers theologische Traktate und Predigten erobern den Buchmarkt.
30 Martin Luther: Crucigers Sommerpostille; Epistel am dritten Sonntag nach Ostern, in: Luther 1928, S. 344.
31 ‚Ellende' bezeichnet im Mittelhochdeutschen ‚aus der Fremde kommend, nicht einheimisch, aus der angeborenen Rechtsgemeinschaft ausgewiesen'. Der ‚ellende' ist der ‚Fremdling' oder der

gerschaft, ist Noch-nicht-daheim-Sein. Die rechte Heimat kann immer nur im Jenseits sein. Die rechte Heimat, das rechte Vaterland und die Bürgerschaft im Himmel werden als Synonyme für dieses Jenseits verwendet. Immer wieder werden die rechte Heimat und das rechte Vaterland bei Luther zu einer Formel verbunden: „Denn sie dencken: ob ich gleich auff erden arm und ellend bin, das schadt nit, hab ich doch hie kein wonung, Christus hat mir hie kein stat bereyt, ich muß mich dise kleine zeyt behelffen, wie in einer bösen herberg, da es nur umb eine nacht zu thun ist, Wenn ich heim kumme in das recht heimbde und Vaterland, da wirdts besser."[32] Das irdische Leben ist als eine ‚böse' Herberge anzusehen, die den Christen nicht bekümmert, weil er ans ewige Leben glaubt und dies als die rechtmäßige ‚Heimat' weiß.

> Weyl nun die selb wonung jnen [den rechten Christen] nit fehlen kan noch soll [die selbe Wohnung wie die von Christus], sind sie zu friden, es gehe jnen in der welt als in einer untrewen, unrühigen herberg, wie es wölle, Denn sie gedencken doch nit lenger drinn zu bleyben, Und möchten wol leyden, das sie nur bald abreyssen und an jr gewarsam und rechts heimbd und Vatterland kummen möchten.[33]

Leben auf Erden ist ephemer und illusionär, ist nur Zeit des Wartens auf die rechte Heimat im Himmel. Heimat ist als rechte Heimat also als (aus dem Irdischen entnommene) Metapher markiert, zugleich aber reserviert für den Bereich des Transzendenten. Denn auch bei Luther fällt auf, dass für den weltlichen Bereich der Begriff der Heimat vermieden wird, etwa auch in dieser Paulus-Auslegung:

> Desgleichen thut er 2. Corint. 2. und spricht: ‚Wir wissen, so unser jrdisch haus dieser hütten zubrochen wird, das wir einen Baw haben, von Gott erbawet, ein haus, nicht mit henden gemacht, das ewig ist im Himel. Und uber demselbigen sehnen wir uns auch nach unser Behausung, die vom Himel ist.' Und bald darnach: ‚Wir sind getrost allezeit und wissen, das, dieweil wir im Leibe wonen, so sind wir nicht daheim bey dem HERRN, Denn wir wandeln im Glauben und nicht im schawen. Wir sind aber getrost und haben viel mehr lust, ausser dem leibe zu wallen und daheimen zu sein bey dem HERRN.' Da macht er auch ein unterscheid zwischen diesem vergenglichen und jenem unvergenglichen Leben und saget, Das dis Leben auff Erden nicht unser Heimat und recht Leben sey, darauff wir unser Datum zu setzen

---

‚Vertriebene, Verbannte' – also auch der Heimatlose in einem rechtlich-administrativen Sinn (vgl. II.2). Im *Adelung* von 1793 wird der Begriff „Elend" in diesem Sinn schon als veraltetes Wort behandelt: „ein fremdes Land, so fern der Aufenthalt in demselben als eine Strafe, oder als eine Widerwärtigkeit angesehen wird"; diese Bedeutung sei nur noch in Redensarten wie „ins Elend gehen" enthalten, „d.i. als ein Fremdling in einem fremden Lande wohnen". Artikel „Das Elend", in: Adelung 1990, Bd. 1, Sp. 1788–1791, hier Sp. 1789.
32 Martin Luther: Hauspostille 1544. Am tag Philippi und Jacobi, Evangelion Johannis am 14, in: Luther 1915, S. 637.
33 Luther 1915, S. 638.

haben, Sondern sollen uns nach dem rechten Vaterland sehnen und nach der ewigen Behausung im Himel verlangen haben.³⁴

Es gibt in diesem Zitat ein irdisches Haus und ein ewiges Haus, es gibt ein vergängliches und ein unvergängliches, rechtes Leben. Heimat gibt es nur im Himmel. Außerdem fällt auf, dass der Verweisungscharakter von Heimat trotzdem wachgehalten wird. Dass Heimat ein dem Irdischen entnommener Begriff ist, macht der rechtliche Kontext (vgl. II.2) klar, in den der Begriff wiederholt gesetzt wird. In der Paulus-Auslegung heißt es unmittelbar im Anschluss an die Heimat-Stelle:

> Und Philip. 3 spricht er: ‚Unser Bürgerschafft ist im Himel, von dannen wir auch warten des Heilandes JHESU Christi des HERRN, welcher unsern nichtigen Leib verkleren wird, das er ehnlich werde seinem verklerten Leibe nach der wirckung, da er mit kan auch alle ding jm unterthenig machen.' Als wolt er sagen: Es bürgert, wandelt und wonet sich mit uns Christen nicht in dieser Welt, Sondern im Himel ist unser Bürgerschafft, Wandel und Wonung. Wir sind wol Bürger und Bawer auff Erden ein zeitlang nach dem eusserlichen, weltlichen Wesen, Aber solchs ist nicht unser rechte Erbliche, bleibende Bürgerschafft, Sondern unser rechte Bürgerschafft ist mit Christo im Himel, da wir ewig Bürger bleiben werden, wenn er vom Himel komen und uns hinauff holen wird, Darumb sollen wir uns auch also richten, als die nicht von dieser Welt sind noch darein gehören, Sondern anderswo hingehören, in ein ander Bürgerschafft und Reich, da wir ein bleibend Wesen haben.³⁵

Nicht nur ‚Wandel' und ‚Wohnung', sondern auch ‚Bürgerschaft', also eine dezidiert rechtlich-administrative Verhältnisbestimmung, wird mit Bezug auf den Philipperbrief als Begriff herangezogen: ‚Unsere Bürgerschaft ist der Himmel' (Phil. 3,20). Nach einem äußerlichen Verständnis könne man auch Bürger auf Erden sein, nach einem christlichen ist ‚bleibende Bürgerschaft' nur im Himmel möglich. Luther füllt den Begriff der Heimat also mit einer zeitgenössisch zum Alltagswissen gehörenden juristisch-administrativen Semantik: Das Bürgerschaftsrecht, unmittelbar verknüpft mit dem Heimatrecht, gewährte den Menschen ihren Aufenthalt (vgl. III). Der Bürger oder Einheimische unterschied sich vom Fremdling und ‚Ausländer'.³⁶ Auch dieses juristisch-administrative Ver-

---

34 Martin Luther: Predigten des Jahres 1531, Nr. 76: Predigt in Kemberg gehalten, 19. August 1531, in: Luther 1908, S. 111–112.
35 Luther 1908, S. 112.
36 Auch Luther spricht direkt im Anschluss an das Zitat vom ‚Ausländer' in dieser rechtlichen Bedeutung: „Desgleichen thut auch S. Petrus, da er spricht 1. Pet. 2.: ‚Lieben Brüder, Ich ermane euch als die Frembdlingen und Pilgerin, enthaltet euch von Fleischlichen Lüsten.' Er nennet uns ‚Frembdlinge und Pilgerin', anzuzeigen, was unser Leben sey auff Erden, und wofür wir es halten sollen. Ein Frembdling heisst ein Einkömling oder Auslender, der an dem ort, da er wonet, nicht

ständnis von Heimat grundiert die Semantik von Heimat und weist noch einmal stärker ihre irdische Herkunft aus.

Insgesamt fällt auf, dass Heimat gegenüber Vaterland, Wohnung, Haus, Bürgerschaft und anderen Synonymen für das Himmelreich in der quantitativen Verwendung noch keine herausgehobene Stellung beansprucht. In seiner Bibelübersetzung verwendet Luther den Begriff fast gar nicht. Der Umgang mit Heimat unterscheidet sich allerdings insofern von der Verwendung der anderen genannten Begriffe, als sie in seinen Predigten und Episteln ganz überwiegend nur für das Himmlische verwendet wird. Es gibt bei Luther ein irdisches Haus und ein ewiges Haus, ein vergängliches und ein unvergängliches Leben, Heimat aber fast immer nur als ewige.[37] Andererseits wird das Bewusstsein, dass es sich um eine Metapher handelt, immer wachgehalten, etwa durch die Bezüge zum Heimatrecht.

Die hier exemplarisch über drei Jahrhunderte verfolgte religiöse Heimat-Figur erweist sich als ausgesprochen konstant: Von Seuses Text aus dem Jahr 1330/31 über Laufenbergs von 1430 bis zur zuletzt behandelten Lutherpredigt von 1531 verblasst die stets für den Bereich des Transzendenten reservierte Metapher der Heimat nicht.

Der Befund ändert sich auch weitere hundert Jahre später nicht, wie Paul Gerhardts Kirchenlied „Ich bin ein Gast auf Erden" (1666/67) zeigt.[38] In seiner

---

Bürger ist von ankunfft und geburt, Sondern anders woher sein ankunfft hat, Summa: ein Frembdling heisst, der nicht Einheimisch ist, Wie die kinder Israel Fremdb und nicht Einheimisch waren in Egipten, darein sie komen waren aus dem Lande Canaan durch die Thewrung, Wie Moses jnen offt fürhelt und spricht: ‚Ir seid Frembdlinge gewesen in Egiptenland.' Ein Pilgerim heisst ein Wanderer, der ein Land durchreiset und nicht in seiner Stad noch an seinem Ort ist, da er hingehöret, Sondern an einem frembden ort nur herberget als im durchgang, der nicht allein ein Einkömling ist wie ein Frembder, Sondern auch ein Gast ist und nichts eigens hat noch zu haben gedencket an dem Ort seiner Walfart, Sondern schlechts durchpassiret, wie die kinder Israel Pilgerin waren in der Wüsten." Luther 1908, S. 112–113.

37 Eine Ausnahme stellt Luthers Übersetzung des Alten Testaments von 1545 dar, in der Heimat einmal (Gen 24,7) und dort im Sinn eines konkreten Herkunftsortes verwendet wird, vgl. Kleeberg-Hörnlein/Reimann/Wermke 2016, S. 147. Eine weitere Ausnahme findet sich in einer Epistel Luthers von 1523/24: „Da nennet der Apostel Paulus den leyb auch eyn haus, und machet zwey heymot und zwo walfart. Also heyst hie Petrus den leyb eyne hutten, darinne die seel ruget, und machts gering gnug, wil es nicht eyn hauß nennen, sonder ein heuslin und schewer wie die hirten haben. Groß ist der schatz, aber klein ist das gehewse, darynne er ligt und wonet." Martin Luther: Die andere Epistel Sanct Petri und eine S. Judas geprediget und ausgelegt (1523/24), in: Luther 1895, S. 25.

38 Paul Gerhardts Lied erschien erstmals in Johann Georg Ebelings *Geistlichen Andachten* mit dem Titel „Aus dem 119. Psalm Davids" 1666/67. Der erste Vers, „Ich bin ein Gast auf Erden", entspricht wörtlich Vers 19 des 119. Psalms. Wie viele andere geistliche Lieder, etwa auch Lau-

ursprünglichen Fassung bestand es aus vierzehn Strophen mit zweiteiligem Aufbau.[39] Der erste Vers liefert die Programmatik des ersten Teils: „Ich bin ein Gast auf Erden". Der Seinszustand des Christen auf Erden, der sich nur als Gast verstehen kann, so explizieren dann die Strophen 1–7, ist ein leidvoller. Das Erdendasein ist Wanderschaft und Pilgerdasein, ist „Gast"-Sein „auf Erden", einem Ort, der negativ gezeichnet wird: „Müh und Not", „Kummer" und „Sorgen", „Verfolgung, Haß und Neiden", „Weh und Schmerz", „Furcht und Zagen", „Stank und Wust" kennzeichnen das Leben auf der Erde. Die siebte Strophe endet mit der Notwendigkeit dieses Leidens: „Wer nicht hat wohl gerungen, / Geht nicht zur Freud hinein." Heimat wird erst in der achten und neunten Strophe verwendet, die den Auftakt zum zweiten Teil des Liedes bilden, hier wird das Leitthema schon in der achten Strophe angeschnitten und kulminiert dann in der neunten Strophe, die als erste ganze Strophe ausschließlich das Himmelreich beschreibt:

> [...]
> Ich wandre meine Straßen,
> Die zu der Heimat führt,
> Da mich ohn alle Maßen
> Mein Vater trösten wird.
>
> Mein Heimat ist dort droben,
> Da aller Engel Schar
> Den großen Herrscher loben,
> Der alles ganz und gar
> In seinen Händen träget
> Und für und für erhält,
> Auch alles hebt und leget,
> Nach dems ihm wohl gefällt.[40]

Diese Schilderung des künftigen Himmelsdaseins als Ziel- und Endpunkt der schweren Wanderschaft und des flüchtigen Gast-Seins bildet einen Höhepunkt des Liedes, der seine Entsprechung in den letzten beiden Strophen findet.

---

fenbergs *Ich wöllt, dass ich daheime wär*, wurde das Lied erst im 19. Jahrhundert durch die zunehmende Verbreitung von kirchlichen Gesangbüchern populär.
39 In der heutigen Fassung des Evangelischen Gesangbuchs sind es zwölf Strophen; die ursprünglichen Strophen 1–7 sind zu den Strophen 1–5 zusammengezogen, die Strophen 8–14 zu den Strophen 6–12. Der zweiteilige Aufbau ist in beiden Fassungen gewahrt: Die Rahmenstrophen entsprechen einander antithetisch, das schon in der ersten Strophe eröffnete Spannungsfeld von flüchtigem Gast-Sein auf der Erde und ewiger Wohnung im Himmel verschiebt sich von dem Schwerpunkt des Gast-Seins in der ersten auf den Schwerpunkt des zukünftigen Himmelsdaseins in der letzten Strophe, vgl. Thust 2015, S. 526–529.
40 Paul Gerhardt: Ich bin ein Gast auf Erden, in: Gerhardt 1957, S. 369.

Auch bei Gerhardt werden Vaterland, Heimat, Haus der ewigen Wonne und rechte Wohnstatt analog verwendet.[41] Und wieder fällt ins Auge, dass der Begriff der Heimat nur in seiner eschatischen Bedeutung verwendet wird.[42] Als räumliche Bezeichnung für das Erdendasein werden die böse Herberge, das falsche Haus und das fremde Zelt verwendet,[43] ja, es wird sogar eher umständlich vom „erstbewohnten Ort" gesprochen.

Für das 17. und 18. Jahrhundert gelten diese Befunde weiter, und dies betrifft geistliche Gebrauchsliteratur, etwa Leichenpredigten, genauso wie geistliche Gedichte und Kirchenlieder. In einer Leichenpredigt für ein nicht namentlich genanntes, jung gestorbenes Mädchen von 1613 heißt es, es sei gefragt worden, als es wenige Stunden vor seinem Tod „etlich mal heimbegehret", ob es denn nicht „daheim seye, es seye ja in seines Vatters Hauß", da habe es mit Nein geantwortet, denn seine „Heimat seye im Himmel".[44] Deutlich wird hier mit bedeutungsähnlichen Begriffen wie Heimbegehren, Daheimsein, Vaterhaus auf die Doppeldeutigkeit von Heimat angespielt. Trotzdem ist es kein Zufall, dass das Daheimsein für das irdische Leben, die Heimat für das überirdische Leben verwendet wird. Das Bewusstsein für die Doppeldeutigkeit wird wachgehalten, auch indem die Heimat immer wieder mit einem Attribut versehen wird – die andere Heimat,[45] die himmlische Heimat oder Himmelheimat,[46] die seligste Heimat,[47] die rechte Hei-

---

41 „Der Himmel soll mir werden / Da ist mein Vaterland", Gerhardt 1957, S. 367; „Mein Heimat ist dort droben", Gerhardt 1957, S. 369; „Ins Haus der ewgen Wonne, / Da ich stets freudenvoll / Gleich als die helle Sonne / Nebst andern leuchten soll", Gerhardt 1957, S. 370; „Da will ich immer wohnen, / Und nicht nur als ein Gast", Gerhardt 1957, S. 370; „Wie musste doch sich schmiegen / Der Vater Abraham, / Eh als ihm sein Vergnügen / Und rechte Wohnstatt kam!", Gerhardt 1957, S. 367–368. Die „rechte Wohnstatt", so wird mit deutlichen Paulus-Bezügen gesagt, ist nicht auf Erden.
42 „Das noch wenig gebräuchliche Adjektiv ‚eschatisch' bezeichnet das, was zur vollendeten Welt gehört, während ‚eschatologisch' das bezeichnet, was zur *Lehre* von der vollendeten Welt zu rechnen ist." Härle 2018, S. 607–608.
43 „Die Herberg ist zu böse, / Der Trübsal ist zu viel", Gerhardt 1957, S. 369; „Wo ich bisher gesessen, ist nicht mein rechtes Haus", Gerhardt 1957; „Doch denk ich nicht zu bleiben / In diesem fremden Zelt", Gerhardt 1957, S. 368.
44 Westerfeld, Johann Marcellus: Christliche Leichpredigt, Straßburg 1613, o.S.
45 „im exilio vnd der Pilgramschafft gelassen / sondern daß sie bekennen solten / sie seyen Gäste vnd Frembdlinge auff Erden / vnd ein ander Heimat vnd Vaterland suchten", Dannhauer 1653, S. 10.
46 „Geist lehre und leite mich aber dabei / daß ich damit keinen Pracht treibe / sondern bedenke / daß es nur meine Herberge sey / und daß wir hier kein Bleibnis haben; daß wir im himlischen Heimat / eine beständige Wohnung suchen sollen", Birken 1681, S. 280. „Dannoch ist uns / von seiner Himmel-Heimat / der trauteste Jesus nachgereiset / und hat uns bey dem Tauf-

mat,[48] die wunderseligste Heimat[49] – aber nie entspricht ihr auf der Begriffsebene je eine Heimat, die in diesem impliziten Dualismus explizit irdisch gemeint wäre. Die rechte Heimat ist diejenige, in die man nach der langen irdischen Reise zurückkehrt.[50] Für das Erdendasein werden allgemein die Begriffe der Fremde und des Exils (exilium) verwendet.[51] Verbundene Motivkreise sind das Vaterland,[52] das himmlische Jerusalem, die „Mutterstadt"[53] – und das Heim, das Haus,[54] die Wohnung und die Wohnstatt.

Brunne / mit seinem Kuß empfangen und umfangen / und uns zu seiner lieben Bulin angenommen." Birken 1681, S. 318.
47 „Die seeligste Heimath. // Der Gottheit reines / stilles Wesen // Hab ich zur Wohnung mir erlesen / // Da / da gehört mein Geist zu Hauß; // Da wird mir Krafft / und Licht / und Leben / // Und volle Sättigung gegeben: // Ach / daß ich nimmer kehrte draus!" Tersteegen 1729, S. 104.
48 „Wie gut ist's / wan der arme Geist / // Der weit und breit herum gereißt / // Sein rechtes Heimath findet! // Wie gut ist's / wan er inniglich / // In freier / reiner Liebe sich // Mit Gottes Geist verbindet!" Tersteegen 1729, S. 217.
49 „3. Wann ein Heiligungs-begieriger Mensch so manche Stund im Gebet zubrächte als ein Sâumer auf der Straß ist nach Bern, Sitten, Vivis, so könte er wohl einen Blick ins himmlische Jerusalem thun, und etwas von denen Kräfften der künfftigen Welt schmecken. Mit was verwunderlicher Lieblichkeit kan nicht ein junger Knab eingenommen werden, wann er seine erste Reise auf Vivis thut, und von dem Gebirg hinunter, deß anmuthigen Sees und der daran liegenden Luft-vollen Revier, Städten und Dörffern einsmals anfichtig wird; wie vielmehr wird ein Jerusalems-Burger gleich entzuckt, wann sich ihme das Meer Göttlicher Liebe in seiner höchsterfreulichen Weite und wallenden Tieffe eröffnet, und er das erstemal sein geschencktes, neues, wunderseliges Heimat erblickt." Lucius 1731, S. 196.
50 „Mein Pilgrim, schicke dich, die Reise zu vollbringen, [...] du mußt durch alles dringen, Als wolltest du zuerst nach jenem Lande gehn, Da deine Heimath ist." Arnold 1856, S. 273, hier zitiert nach Langen 1968, S. 138.
51 „Sie hat sich auff dem breiten Weg dieser Welt nicht lange umb gesehen oder viel säumens gemacht / sintemal Sie dieses Leben nur für Jhr exilium gehalten / denn Sie wol gewust / daß Jhre Seele auß dem Himmel bürtig gewesen / welche in dem Leibe und dieser Welt nur in conducto wohnete / und allhier keine bleibende Stäte hette / derhalben Sie umb so viel desto mehr in Jhre Heimath und himlisches Vaterland geeyle", Hayn, Johann: Liebliches Seelen-Gespräch, Lissa 1649, o.S.
52 „Eltern und Kinder, Verlobte und Verehlichte sind hier nur wie in einer Herberge beysammen, rufft Sie GOTT aus dieser Pilgrimschafft in die Heimath in unser rechtes Vater-Land, das droben ist, ins himmlische Jerusalem, müssen wir sie in Christlicher Gottgelassenheit folgen lassen, und unser Ja-Wort dazu geben." Böttner 1733, S. 44.
53 „Geist schenckt dir gantze Becher voll von seinem Himmels-Wein ein, und zeigt dir deine Heymath, Jerusalem, deine Mutter-Stadt und die glänzende Lebens-Crone: Warum wolltest du dann nicht deinem treuen GOtt zu lieb ein etwas hartes Tractament, etwelche rauhe Schmäh-Worte, auch Schläge, Hunger, Blösse, Einsperrung und völlige Ausschliessung von allem Antheil an der Erbschafft erdulten?" Lutz, Samuel: Warnung An Die liebe Jugend, Schaffhausen 1747, S. 184–185.

Die bis hierher beschriebene Auslegungstradition von Heimat ist auffällig stabil, drei Aspekte fallen zusammenfassend besonders auf: Heimat ist eine aus dem Bereich des Irdischen entnommene Bezeichnung, wird aber – erstens – nur im übertragenen Sinn als Antwort auf die Frage nach den letzten Dingen, als eschatische Heimat verwendet. Obwohl die Bedeutung von Heimat also aus dem Irdischen stammt, bleibt der Begriff in den religiösen Quellen immer für die Idee der himmlischen Heimat reserviert. Die Erde kann, pointiert gesagt, nie wahre Heimat sein. Zweitens fällt ins Auge, dass Heimat als Metapher durch die Jahrhunderte hindurch nicht verblasst. Im Gegenteil wird die übertragende Funktion des Begriffs besonders herausgestellt. Heimat, so könnte man deshalb drittens sagen, verschwimmt gleich doppelt: Ihr Status im Diesseitigen kann unbestimmt bleiben, weil sie nur als Bestimmung eines Jenseitigen herangezogen wird, um zugleich hervorzuheben, dass es sich dabei um einen nur unvollkommenen Ausdruck handelt, um etwas zu beschreiben, das nicht beschreibbar ist. Das 19. Jahrhundert wird diese Auslegungstradition weiterführen, ja enorm popularisieren. Zugleich wird es möglich, die traditionell fast ausschließlich als Metapher verwendete Heimat im religiösen Kontext auf die weltliche Heimat anzuwenden.[55]

1.1.2 „Und unsre Heimath hier und dort"

Der geistliche Heimatbegriff des 19. Jahrhunderts verliert relativ zu anderen Semantiken von Heimat an Dominanz. Gibt es bis Ende des 18. Jahrhunderts keine relevanten Textfunde zu Heimat außerhalb des juristischen und geistlichen Bereichs, ändert sich dies von da an radikal: Verschiedene Fachdisziplinen, populäre genauso wie hochkulturelle literarische Texte verwenden immer öfter den Begriff.

---

54 „Also ist der Todt der frommen nun anders nichts / denn ein anfflösung von allen stricken vnd banden / vnd kommen also in jhr warmes Bettlein / vnd auß dem stinckenden Kercker vnd Gefencknuß in vnser heimat vnd hauß." Bernhertz, Michael: Exequiae Lothiniane, Nürnberg 1615, o.S.
55 Die jüngste theologisch-systematische Beschäftigung mit Heimat wendet sich von einem metaphorischen Verständnis theologischer Heimat ausdrücklich ab. Für Eilert Herms darf die bleibende, ewige oder auch absolute Heimat nicht als Metapher aufgefasst werden: „Das ist keine metaphorische Rede, sondern Rede über Heimat als Existenzial. Sie bringt das Wesen unserer irdischen Heimat als Ausdruck und Verheißung unserer ewigen Heimat zur Sprache" (Herms 2017, S. 1114). Einen metaphorischen Status hätte demnach, wenn überhaupt, die irdische Heimat.

Zugleich steigt innerhalb des geistlichen Bereichs die Verwendung von Heimat quantitativ sehr stark an. Die Popularisierung von Heimat im geistlichen Bereich wird durch die Verbreitung des Gesangbuchs vorangetrieben; immer mehr Lieder, in denen Heimat eine Rolle spielt, wandern in die Gesangbücher, nicht nur altbekannte (Paul Gerhardts *Ich bin ein Gast auf Erden*) oder erstmals gedruckte alte Lieder (Laufenbergs *Ich wöllt, dass ich daheime wär*), sondern vor allem auch neu gedichtete christliche Heimat-Lieder. Dies korrespondiert damit, dass Heimat auch immer öfter in den Titel von geistlichen Gesangbüchern aufgenommen wird. Man kann also von einem quantitativ deutlichen Anstieg der Verwendung des Heimatbegriffs innerhalb des geistlichen Bereichs sprechen.

Die geistliche Gebrauchsliteratur (kirchliche Gesangbücher, Sonntagsschulbücher, Predigten) zeigt, dass es bezüglich der Bedeutung von Heimat starke Kontinuitäten gibt: irdisches Jammertal hier, heimatliches Himmelreich dort, verbunden mit der Vorstellung, dass Heimat auf Erden nicht möglich sei. In dieser Topik bleibt Heimat weiter an die Transzendenz gebunden, wobei ihr metaphorischer Status sichtbar bleibt. Parallel dazu wandelt sich aber das Heimatverständnis geistlicher Texte. Nach diesem neuen Verständnis können irdische und überirdische Heimat einander überlagern. Beide Heimaten können als solche benannt und positiv konnotiert werden. Es entstehen auch geistliche Texte, die Heimat rein weltimmanent verwenden. All diese Entwicklungen sind ohne die Herausbildung einer neuen Heimatsemantik durch die Literatur nicht denkbar. Während die rein geistliche Heimat an semantischer Dominanz verliert, entsteht um 1800 eine literarisch-ästhetische Heimat, die die religiöse Konnotation von Heimat in sich aufnimmt. Diese neue Heimatsemantik trägt dann im 19. Jahrhundert zu einem Wandel der geistlichen Heimat bei, die ihre Qualitäten entscheidend ändert. Diesen Wechselbezügen gelten die folgenden Überlegungen.

Kontinuitäten
Die Verwendung des Heimatbegriffs steigt im 19. Jahrhundert innerhalb des geistlichen Bereichs deutlich an, und zwar besonders ab der zweiten Jahrhunderthälfte. Das wird auch an Details deutlich, etwa dem, dass Heimat erstmals in Kapitelüberschriften und als Titel christlicher Liederbücher verwendet wird, etwa in der von Julius Hammer herausgegebenen Liedersammlung *Leben und Heimath in Gott* von 1861, wo Heimat sowohl im Titel als auch in der Kapitelüberschrift „Ewige Heimath" auftaucht (Abb. 31),[56] oder in Johann Jakob Reiners vielbenutztem *Liederkranz für die Jugend* von 1879, wo ein Abschnitt „Tod, Auferstehung

---

[56] Vgl. Hammer 1880 (hier in der siebten Auflage), das Kapitel „Ewige Heimath" S. 487–540.

und himmlische Heimat"⁵⁷ benannt ist. Es fällt auf, dass Heimat an solch prominenter Stelle erst ab der zweiten Jahrhunderthälfte in Erscheinung tritt und dann mit zunehmender Frequenz. Dazu passt, dass erst in späteren Auflagen entsprechende Kapitelüberschriften ergänzt werden, etwa in Johann Jacob Schäublins Liederbuch von 1850, in das erst ab der Ausgabe von 1904 eine Überschrift mit dem Titel „Sehnsucht nach der ewigen Heimat" eingefügt wird.⁵⁸ Mit Beginn des 20. Jahrhunderts ist Heimat selbstverständlicher Bestandteil der paratextuellen Ebene christlicher Liederbücher; im *Evangelischen Psalter für Haus und Gemeinschaft* von 1914 heißt die entsprechende Rubrik schlicht „Heimatlieder".⁵⁹

Abb. 31: Kapitel „Ewige Heimath". In: Julius Hammer (Hg.): „Leben und Heimath in Gott", Leipzig, 7. Auflage, o.J. [ca. 1880] (Klassik Stiftung Weimar)

Abb. 32: Kapitel „Heerd und Altar". In: Julius Hammer: „Leben und Heimath in Gott", Leipzig, 7. Auflage, o.J. [ca. 1880] (Klassik Stiftung Weimar)

---

57 Vgl. Reiner 1882 (hier in der zweiten Auflage), hier Abschnitt 7. Nach 30.000 verkauften Exemplaren erschien 1890 die 8. Auflage, vgl. dazu Suter 1995, S. 159–162.
58 Vgl. Schäublin 1850; erst in der Ausgabe von 1904 gibt es eine Gliederung der Lieder mit Überschriften; vgl. auch Suter 1995, S. 192.
59 Vgl. Anonym 1914.

Der Aufstieg von Heimat in die Paratexte korrespondiert mit einer starken quantitativen Zunahme des Begriffs der Heimat in geistlichen Liedern, erstens durch die erstmalige bzw. stärkere Verbreitung älterer Lieder, zweitens durch die Neudichtungen des 19. Jahrhunderts. Zu den älteren Liedern, die erst jetzt wirksam werden, zählt Laufenbergs *Ich wöllt, dass ich daheime wär*, das im 19. Jahrhundert wiederentdeckt und in Gesangbücher aufgenommen wurde. Jahrhundertelang ist eine Rezeption des Liedes nicht nachweisbar, es findet sich in keinem Druck, in keinem Gesangbuch. Erst mit der Edition von Philipp Wackernagel 1860[60] wird es bekannt und verbreitet sich auch über andere Gesangbucheditionen schnell,[61] geht im 20. Jahrhundert dann als Nummer 517 unter dem Titel *Ich wollt, daß ich daheime wär* ins Evangelische Gesangbuch ein.[62] Die ab der zweiten Hälfte des 19. Jahrhunderts einsetzende Popularität von Laufenbergs Lied hängt mit vielen Faktoren zusammen: Die Heimatkonjunktur der Zeit dürfte einer dieser Faktoren sein, andere sind das Interesse des 19. Jahrhunderts an ‚altdeutschen' Stoffen und die wachsende Bedeutung des Gesangbuchs insgesamt.

Die Verbreitung des Gesangbuchs spielt für die Popularisierung von Heimat eine wesentliche Rolle. Um die Gemeinde aktiv am Gottesdienst zu beteiligen, bekam das deutschsprachige geistliche Lied mit dem Kirchengesangbuch seit der Reformation einen festen Platz in der Liturgie. Im 19. Jahrhundert wird die Gattung des Gesangbuchs enorm populär; zusammen mit der zeitgleichen Wiederbelebung des Kirchenlieds[63] ist das für die Frage nach der Transformation des Heimatbegriffs zentral, insofern sie diese Transformation durch ihre Textauswahl alter, aber auch neu entstehender Lieder zugleich abbildet und mitprägt. Auch katholische deutschsprachige Gesangbücher entstehen – in vergleichbarem Umfang deutlich später als die durch die Reformation hervorgebrachten protestantischen – seit dem 19. Jahrhundert[64] und auch hier findet sich Heimat: „Nun

---

60 Zuerst in Wackernagel 1860, später in Wackernagel 1864–77, hier Bd. 2, 1867.
61 Vgl. Hommel 1864 (in der Rubrik „Himmel und Ewigkeit"); Böhme 1877; Rische 1870 (unter der Überschrift „Heimweh (2. Kor 5,8)"; Niemeyer 1882 (Abschnitt „Sehnsucht nach dem Himmel"). Im 20. Jahrhundert gelangt es auch in die offiziellen evangelischen Gesangbücher, vgl. dazu Becker 2001, S. 100–101 und Thust 2015, S. 494–496.
62 Zur Fassung des Evangelischen Gesangbuchs und seiner Rezeption bis Dietrich Bonhoeffer vgl. Reich 2004.
63 Vgl. Scheitler 2000. Vgl. auch den guten Überblick im ersten Kapitel von Cornelia Kücks Studie, deren Schwerpunkt dann aber im 20. Jahrhundert liegt: Kück 2003. Kück verweist für das 19. Jahrhundert insbesondere auf den Aufsatz von Wilhelm Nelle, vgl. Nelle 1918.
64 „Im deutschen katholischen Raum entstanden Gesangbücher zunächst als private Sammlungen" in der Folge der Reformation; in der Aufklärungsepoche erschienen offizielle Diözesan-Gesangbücher (Berger 2013, S. 140). Größere Verbreitung fanden katholische deutschsprachige Gesangbücher im 19. Jahrhundert. Höhepunkte der Einführung und Neubearbeitung der Diöze-

segne, Herr, uns allzumal / Mit deiner Vaterhand! / Und leit' uns durch dies Erdenthal / Zum ew'gen Heimatsland."[65] Ein überkonfessionelles Gesangbuch hatte Ernst Moritz Arndt schon 1819 gefordert: Was „Katholiken Lutheraner Zwinglianer Kalvinisten Methodisten Böhmianer und Zinzendorfianer und wie die verschiedenen Namen weiter lauten mögen"[66] Christliches gesungen hätten, solle in diesem Gesangbuch enthalten sein; ein Einheitsgesangbuch stand im 19. Jahrhundert fortwährend in der Diskussion, wurde aber nicht verwirklicht.[67]

Neben gänzlichen Wiederentdeckungen wie Laufenbergs Lied finden einige auch vor dem 19. Jahrhundert schon gedruckte Lieder im 19. Jahrhundert in ganz neuem Ausmaß Verbreitung, wie Paul Gerhardts *Ich bin ein Gast auf Erden*, das 1854 in das *Deutsche Evangelische Kirchen-Gesangbuch* aufgenommen wurde; auch in zahlreichen anderen Gesangbüchern des 19. Jahrhunderts ist es enthalten.[68] Ganz ähnlich wurde das Lied *Himmelan geht unsre Bahn* von dem meist als barocken Pietisten eingeordneten Benjamin Schmolck (1672–1737) erst im 19. Jahrhundert populär. In einem Lexikonartikel am Ende des 19. Jahrhunderts wird es zu den Liedern gezählt, die aus keinem Gesangbuch wegzudenken seien:[69] „Himmelan wird mich der Tod in die rechte Heimat führen, / Da ich über alle Not Ewig werde triumphieren. Jesus geht mir selbst voran, Daß ich freudig folgen kann."[70]

Die unzähligen Neudichtungen von geistlichen Liedern des 19. Jahrhunderts schließen zu einem guten Teil an diesen traditionellen Bedeutungsbestand von Heimat an, bei dem die ‚rechte Heimat' im Himmel verortet, von einer ‚unrechten' aber nie gesprochen wird, denn das Leben auf Erden wird nicht mit dem Begriffsfeld der Heimat, sondern mit dem der Pilgerschaft und Fremde assoziiert. Im

---

san-Gesang- und Gebetbücher verzeichnet Küppers zwischen 1840 und 1870 und 1880 und 1910, vgl. Küppers 1987, S. 51.
65 Bone 1851, S. 312. Heinrich Bones katholisches Gesangbuch mit deutschen und lateinischen Liedern erschien in erster Auflage 1847, hier zitiert nach der zweiten Auflage von 1851.
66 Arndt 1970, S. 51. Arndts *Von dem Wort und dem Kirchenliede*, aus dem das Zitat stammt, erschien 1819.
67 Das *Deutsche Evangelische Kirchen-Gesangbuch* war der erste Versuch eines überregional einheitlichen Gesangbuchs, das 150 Lieder enthielt. Vgl. Thust 2015, S. 526–529, hier S. 529. Der Versuch, einer „Zersplitterung" der Gesangbücher entgegenzuwirken (so das Vorwort im *Deutschen Evangelischen Kirchen-Gesangbuch*. Anonym 1854, o.S.), blieb allerdings erfolglos, erst im 20. Jahrhundert setzte sich ein einheitliches Gesangbuch durch.
68 Das aktuelle Evangelische Gesangbuch verzeichnet es unter der Nummer 529. Allerdings hat es hier zwei Strophen weniger.
69 Vgl. Erdmann 1891.
70 Benjamin Schmolck: Himmelan geht unsre Bahn (Nr. 61), in: Dresdner Kinderharfe 1894, S. 42–43; hier ist die fünfte Strophe wiedergegeben.

Spannungsfeld von irdischem Jammertal und jenseitigem Himmelreich ist Heimat allein auf der eschatischen Seite angesiedelt, wie es die letzte Strophe von Carl Spittas (1801–1858) „Kehre wieder!" in nuce vorführt: „Kehre wieder, endlich kehre / In der Liebe Heimath ein, / In die Fülle aus der Leere, / In das Wesen aus dem Schein! / Aus der Lüge in die Wahrheit, / Aus dem Dunkel in die Klarheit. / Aus dem Tode in das Leben / Aus der Welt in's Himmelreich! / Doch was Gott dir heut' will geben, / Nimm auch heute – kehre gleich!"[71] Heimat steht auf der Seite von Liebe, Fülle, Wesen, Wahrheit, Klarheit, Leben, Himmelreich. Die andere, hier ohne expliziten antagonistischen Begriff auskommende Seite ist den Begriffen Leere, Schein, Lüge, Dunkel, Tod und Welt zugeordnet. Spittas „Kehre wieder" ist in seiner erstmals 1833 erschienenen Liedersammlung *Psalter und Harfe* zu finden; diese war im 19. Jahrhundert das verbreitetste Erbauungsbuch im Genre der Liedersammlung überhaupt.[72]

Exemplarisch kann die Spannbreite dieser traditionellen Auslegung von Heimat an der ebenfalls sehr populären *Großen Missionsharfe* von 1882 gezeigt werden. Sie enthält neben älteren Heimat-Liedern wie Laufenbergs „Ich wollt, daß ich daheime wär" viele Neudichtungen des 19. Jahrhunderts.[73] Zu einem der beliebtesten Kirchenlieder zählt das Lied „Wo findet die Seele die Heimat der Ruh" (1827) von Friedrich Ludwig Jörgens (1792–1842): „Wo findet die Seele die Heimat der Ruh? / Wer deckt sie mit schützenden Fittigen zu? / Ach! bietet die Welt keine Freistatt mir an, / Wo Sünde nicht herrschen, nicht anfechten kann? / Nein, nein, nein, nein, hier ist sie nicht, / Die Heimat der Seele ist droben im Licht."[74] Mit viermaligem Nein wird bekräftigt, dass es keine Heimat auf Erden gebe. Einzig und „allein" jenseits der Erde sei Heimat. Vielfache kleinere Abweichungen der

---

71 Carl Johann Philipp Spitta: Kehre wieder! In: Spitta 1857, S. 29–31, hier S. 31.
72 Erstmals 1833 erschienen, erfuhr die Sammlung jährlich Neuauflagen und Erweiterungen. 1887 erschien die 53. Auflage des ersten Teils; die Liedersammlung wurde ins Englische, Holländische und Dänische übersetzt. Vgl. Klahr 2001.
73 Die von Hermann Gustav Emil Niemeyer herausgegebene *Große Missionsharfe* ist hier zitiert nach der dritten Auflage: Niemeyer 1882; Laufenbergs „Ich wollt, daß ich daheime wär" läuft unter der Nummer 261. Die *Große Missionsharfe* erschien nach Sabine Gruber erstmals 1882, es müssten im selben Jahr also zwei weitere Auflagen erfolgt sein. Vgl. Gruber 2005, S. 192.
74 Friedrich Ludwig Jörgens: Wo findet die Seele die Heimat der Ruh? (Aus England). In: Niemeyer 1882, S. 186–187, Nr. 265. Die Melodie stammt von John Howard Payne (1792–1852), ursprünglich zum englischen Lied „Home, sweet home" gesetzt. Das Lied zählt auch in der deutschsprachigen reformierten Schweiz zu den beliebtesten Kirchenliedern in Sonntagsschulliederbüchern und landeskirchlichen Gesangbüchern; hier steht es an achter Stelle in der Häufigkeit der Aufnahme in Liederbücher für Kinder (im *Jugendpsalter*, in der *Kinderharfe*, in der *Zionsharfe*, in *Reiner Liederkranz*, im *Liederbüchlein für die Sonntagssäle*); vgl. Suter 1995, S. 65–66, S. 173, S. 182 und S. 260.

zahlreichen Versionen, die im 19. Jahrhundert kursieren, erlauben Fragen nach der Auslegung – etwa, ob es sich um die Heimat der Ruhe oder um eine Heimat, die sich durch Ruhe auszeichnet, handelt,[75] ob es eine Frage oder Feststellung ist, dass die Welt keine Freistatt anbietet –, aber die wichtigste Botschaft des Liedes, dass Heimat auf Erden nicht möglich sei, ist in allen Versionen gleich deutlich. Um die Heimat zu sehen, muss die Erde verlassen werden: „Verlasse die Erde, die Heimat zu sehn, / Die Heimat der Seele, so herrlich, so schön! / Jerusalem droben von Golde gebaut, / Ist dieses die Heimat der Seele, der Braut? / Ja, ja, ja, ja, dieses allein / Kann Ruhplatz und Heimat der Seele nur sein."[76]

Dieselbe Botschaft findet sich auch in Rudolf Friedrich Heinrich Magenaus (1767–1846) Lied „Nach der Heimat süßer Stille", dessen erste beide Strophen Heimat mit süßer Stille, Fülle reiner Freuden ohne Schmerz, mit Frieden, Freude und Ewigkeit verbinden. Die Erde, so heißt es explizit, gewähre den Frieden nicht, den die (himmlische) Heimat gebe. Die Freude dieser Heimat könne kein sterbliches Herz ermessen:

> Nach der Heimat süßer Stille sehnt sich heiß mein müdes Herz; dort erwartet mich die Fülle reiner Freuden ohne Schmerz: In der Heimat wohnt der Friede, den die Erde nicht gewährt, den mit seinem höchsten Liede selbst der Seraph feiernd ehrt.
>
> In die Heimat aus der Ferne, in die Heimat möcht ich ziehn, dorthin wo die gelben Sterne über ihrer Pforte glühn: In der Heimat wohnt die Freude, die kein sterblich Herz ermißt, die, getrübt von keinem Liede, ewig wie ihr Geber ist.[77]

Die Erde wird auch in unzähligen anderen Liedern der *Großen Missionsharfe*, auf die zum Abschluss nur noch kursorisch verwiesen werden soll, stets mit „der Fremde" in Verbindung gebracht: „Wie wird uns sein, wenn endlich nach dem schweren, doch nach dem letzten ausgekämpften Streit wir aus der Fremde in die Heimat kehren und einziehn in das Thor der Ewigkeit!"[78] Wahlweise ist das Ich des Kirchenliedes der „Fremdling" („Ich gehe heim, bin Fremdling nur hienieden, ich find nicht Heimat hier, noch find ich Frieden; in dieser Welt kann nichts mein Herz erfreun. Ich gehe heim, ich gehe heim."[79]), der Pilger („O Wonne, o Glück! /

---

75 „Wo findet die Seele die Heimat, die Ruh?", heißt es im *Züricher Jugendpsalter*, vgl. Jugendpsalter 1896, S. 197.
76 Friedrich Ludwig Jörgens: Wo findet die Seele die Heimat der Ruh? (Aus England). In: Niemeyer 1882, S. 186–187.
77 Rudolf Friedrich Heinrich Magenau: Nach der Heimat süßer Stille. In: Niemeyer 1882, S. 188, Nr. 267.
78 Carl Johann Philipp Spitta: Wie wird uns sein! In: Niemeyer 1882, S. 198–199, Nr. 280. Hier Anfang der ersten Strophe.
79 Carl Brockhaus: Ich gehe heim. In: Niemeyer 1882, S. 199, Nr. 281. Carl Brockhaus: 1819–1888.

Nur Pilgrime sind wir auf Erden, / Die heimgeholt werden; / Zur Heimat den Blick!"[80]) oder der Wanderer („Wohin, o müder Wandrer du? Kehr heim ins Vaterhaus [...] Kehr heim mit deinem Heimwehschmerz, / In seinen Friedensschoß, / Wer nicht zu Haus am Heilandsherz, / Bleibt ewig heimatlos. / Kehr heim, kehr heim."[81]). Dieser Fremdling, Pilger oder Wanderer verspürt Sehnsucht nach dem Jenseits („Der Pilger in der Ferne / zieht seiner Heimat zu; / dort leuchten seine Sterne, / dort sucht er seine Ruh. [...] Drum weckt ihn auch hienieden / Das Heimweh früh und spät; / Er sucht dort oben Frieden, / Wohin sein Sehnen geht."[82]). Diese im Jenseits ersehnte Heimat wird umschrieben als ewige[83] oder selige Heimat[84] und „liebes Heimatland"[85], und der Weg in den Himmel ist der „Heimatweg".[86] – Der älteste bekannte Beleg für das Heimweh im religiösen Sprachgebrauch stammt übrigens aus dem Jahr 1713;[87] ähnlich wie bei Heimat scheint auch hier die Verlagerung der Emphase von einem Heimweh nach dem Himmel hin zu einem Heimweh, das sich im Irdischen erfüllen lässt, in der Literatur als Prozess nachweisbar, der um 1800 seinen Ausgang nimmt. Bei Jean Paul etwa ist mit Heimweh „nicht jenes nach einem alten verlassenen Lande, sondern nach einem unbetretenen, nicht nach einer Vergangenheit, sondern nach einer Zukunft" gemeint: Die „Kraft des Heimwehs" verweist bei ihm auf höhere, spirituelle Bedürfnisse des Menschen, die in den Künsten und insbesondere der

---

80 Gottfried Menken: Dort oben ist Ruh! In: Niemeyer 1882, S. 194–195, Nr. 276. Gottfried Menken: 1768–1831.
81 Julius Karl Arndt: Wohin, o müder Wandrer du? In: Niemeyer 1882, S. 118, Nr. 170. Julius Karl Arndt: 1820–1888
82 Christian Gottlob Barth: Der Pilger in der Ferne. In: Niemeyer 1882, S. 192, Nr. 271. Christian Gottlob Barth: 1799–1862.
83 „Bis es Abend wird für mich hienieden, / Und er ruft zur ewgen Heimat hin; / Bis mit ihm ich gehe ein zum Frieden, / Wo sein selger Himmelsgast ich bin." Johann Peter Schück: Nur mit Jesu will ich Pilger wandern. In: Niemeyer 1882, S. 194, Nr. 275. Johann Peter Schück: 1811–1892.
84 „Ich bin nicht mehr mein eigen! / Dem Herrn bin ich getauft! [...] / Mit ihm nur will ich wallen / Zur selgen Heimat hin!" Karl August Döring: Ich bin nicht mehr mein eigen! In: Niemeyer 1882, S. 91, Nr. 131. Karl August Döring: 1783–1844.
85 Ernst Gebhardt: Halt aus im Sturm! Aus dem Englischen von Ernst Gebhardt. In: Niemeyer 1882, S. 125, Nr. 180. Ernst Gebhardt: 1832–1899.
86 Johann Jakob Wehrli: Lebt wohl, wir sehn uns wieder! In: Niemeyer 1882, S. 178, Nr. 253. Johann Jakob Wehrli: 1790–1855.
87 August Langen nennt ein Kirchenlied Bernhardt Walther Marpergers von 1713, wo vom „Heimweh gottverlobter Herzen" gesprochen wird. Alle weiteren Nachweise Langens, u. a. aus Zinzendorfs Liedern – „Je mehr zur Heimat unsrer Seel' / Der Seelen Heimweh wächst" – stammen aus dem weiteren 18. Jahrhundert; Jung-Stillings Roman *Das Heimweh* sei dann die bekannteste Verwendung des religiösen Terminus; mit Nachweisen vgl. Langen 1968, S. 138.

Musik ihren Ausdruck fänden.[88] – Durch solche umschreibenden Formulierungen oder auch durch den direkten Vergleich[89] wird das Bewusstsein der Metaphorizität von Heimat auch noch im 19. Jahrhundert wachgehalten. Dieser Bezug auf eine weltliche Heimat wird auch im 19. Jahrhundert, wie zuvor schon bei Luther gesehen, nicht selten durch Verweise auf die juristisch-administrative Dimension von Heimat (vgl. II.2) hergestellt, so in der dritten Strophe des Liedes „Das Jahr geht still zu Ende" (1857) von Eleonore Fürstin von Reuß: „Daß nicht vergessen werde, / was man so gern vergißt: / daß diese arme Erde / nicht unsre Heimat ist. / Es hat der Herr uns allen, / die wir auf ihn getauft, / in Zions goldnen Hallen / ein Heimatrecht erkauft."[90] Auch bei von Reuß gilt: Heimat ist eine Metapher, die dem Irdischen entnommen ist, aber nicht auf dieses Irdische angewendet wird. Damit wird einerseits das Metaphorische des Begriffs betont, andererseits bleibt er, indem er nicht für das Irdische verwendet wird, sakralisiert. Heimat in dieser christlich-topischen Semantik ist bis in die unmittelbare Gegenwart erhalten geblieben, und zwar insbesondere in Form von Texten, die im 19. Jahrhundert entstanden sind oder kanonisiert wurden. Dies zeigt etwa die derzeitige Liedauswahl des Evangelischen Gesangbuchs. Die vier dort vertretenen Lieder, in denen der Begriff Heimat vorkommt[91] – durchweg in der oben beschriebenen Bedeutung –, stammen aus dem 19. Jahrhundert (Spitta, von Reuß) oder wurden im 19. Jahrhundert kanonisiert (Gerhardt, Triller).[92]

Diskontinuitäten

Neben den Kontinuitäten gibt es nun aber im 19. Jahrhundert auffällige Traditionsbrüche, und zwar vermehrt in der zweiten Jahrhunderthälfte. Es entstehen geistliche Texte, die für die irdische Welt den Begriff der Heimat wählen. Auch das

---

88 Jean Paul 1996, S. 1208. Der Fragment gebliebene Text *Selina oder über die Unsterblichkeit der Seele* entstand ab 1823; 1825 starb Jean Paul. Der Begriff der Heimat kommt bei Jean Paul an dieser Stelle nicht vor.
89 Ein solches Beispiel findet sich in Carl Spittas Liedersammlung: „Wird mein Auge dunkler, trüber, / Dann erleuchte meinen Geist, / Daß ich fröhlich zieh' hinüber, / Wie man nach der Heimath reis't." Carl Johann Philipp Spitta: Ich bleibe stets bei dir, in: Spitta 1857, S. 61–63.
90 Reuß o.J., S. 8. Das Lied ist unter der Nummer 63 ins Evangelische Kirchengesangbuch aufgenommen.
91 Vgl. die Konkordanz zum Evangelischen Gesangbuch, Lippold/Vogelsang 1997, S. 209.
92 Es handelt sich um Nr. 63: „Das Jahr geht still zu Ende" (1857) von Eleonore Fürstin von Reuß, Nr. 167: „Wir wollen fröhlich singen", eine Bearbeitung des Textes von Valentin Triller (1555), Nr. 406: „Bei dir, Jesu, will ich bleiben" (1833) von Karl Johann Philipp Spitta und um Nr. 529: „Ich bin ein Gast auf Erden" (1666/67) von Paul Gerhardt. Zur Rezeption Trillers im 19. Jahrhundert vgl. Zahn 1894.

Erdendasein hält im religiösen Kontext ab dem 19. Jahrhundert eine positiv besetzte Heimat bereit. Ein solches Heimatverständnis in geistlichen Gebrauchstexten findet sich beispielweise in einer Predigt, die 1842 anlässlich der frisch nach Weimar vermählten niederländischen Prinzessin Sophie von Oranien-Nassau, nun Erbgroßherzogin von Sachsen-Weimar-Eisenach, gehalten wurde und von den Schwierigkeiten handelt, den eigenen Herkunftsort aufgeben zu müssen;[93] weiterhin in dem Appell eines lutherischen Pfarrers an die deutschen Gemeinden Nordamerikas aus dem Jahr 1845, gegenüber den Anwerbungen der Methodisten standhaft zu bleiben. Ist in diesem *Zuruf aus der Heimat an die deutsch-lutherische Kirche Nordamericas* vom „Fremdling" im „nachmaligen Heimatlande" die Rede, dann ist damit der Auswanderer in Amerika gemeint,[94] und ist von Heimat und Heimatland die Rede, so das zurückgelassene Deutschland.[95] Auch für Gesangbücher gilt, dass Heimat im 19. Jahrhundert nun eine rein weltliche Bedeutung haben kann, beispielsweise in Max Schenkendorfs (1783–1817) Lied „In die Ferne möcht ich ziehen", das in der *Große Missionsharfe* (erstmals 1882) aufgenommen ist; hier die erste und die neunte Strophe:

> In die Ferne möcht ich ziehen,
> weit von meines Vaters Haus,
> wo die Bergesspitzen glühen,
> wo die fremden Blumen blühen,
> ruhe meine Seele aus.

> Einst erklingen andre Stunden,
> Und das Herz nimmt andern Lauf,
> Erd und Heimat ist verschwunden,
> In den selgen Liebeswunden
> Löset aller Schmerz sich auf.[96]

---

[93] Vgl. Röhr 1842.
[94] Beide Löhe 1845, S. 4.
[95] Vgl. Löhe 1845, S. 8, 26, 28. Es wird dafür geworben, der deutsch-lutherischen Kirche und der deutschen Sprache treu zu bleiben. Denn ohne Letztere verlören die Auswanderer die eigene Geschichte, damit das Verständnis der Reformation und „der wahren Kirche Gottes", die deutsche Bibel, die Lieder, den Katechismus, die Postillen, Erbauungsbücher, Liturgien, die „ganze heimatliche Litteratur, die geistliche und jede andre", „Sinn und Art" der „Väter" und letztlich auch die Achtung „diesseits und jenseits bei den Zeitgenossen". Alle Löhe 1845, S. 30–31. In einer katholischen Predigt von 1869 wird die „große, heilige, katholische Kirche" (Hettinger 1869, S. 15–16) als „Heimath und Schule der Kunst" (Hettinger 1869, S. 13) bezeichnet. Hier handelt es sich um eine metaphorische Übertragung, aber auch auf den irdischen Bereich.
[96] Max von Schenkendorf: In die Ferne möcht ich ziehen, in: Niemeyer 1882, S. 182, Nr. 260.

Interessant ist dieses Beispiel nicht nur, weil hier Heimat ganz diesseitig gemeint ist, sondern darüber hinaus, weil der paulinische Antagonismus von Erde und Gottesreich verwendet, die traditionelle Zuordnung von Heimat in diesem Antagonismus aber umgekehrt wird: Die Ferne kann hier als Metapher für das Gottesreich, die Heimat als Metapher für das Erdendasein gelesen werden. Die Ferne ist das Erstrebte, die Heimat das zu Überwindende: Erst wenn „Erd und Heimat" verschwunden seien, beginne die Erlösung vom irdischen Schmerz. So naheliegend diese Zuordnung heute scheinen mag – noch bis zum 18. Jahrhundert wäre sie undenkbar gewesen.

Die Mehrheit der geistlichen Texte sieht Erde und Gottesreich nicht als (verkehrte) Antagonisten, wie im zeitgenössisch eher ungewöhnlichen Beispiel oben, sondern als gleichgeartet. Die irdische Heimat wird demnach als weltlicher Vorschein des Göttlichen aufgefasst. Dafür bietet Julius Hammers Erbauungsbuch *Leben und Heimath in Gott* (Erstauflage 1861) ein prägnantes Beispiel. In den einleitenden Versen heißt es:

> Wie nichtig wär' all unser Streben,
> Ein irres Wandeln freudenleer,
> Wenn, *Gott*, in dir nicht unser *Leben*,
> In dir nicht unsre *Heimath* wär'! [...]
>
> Wo wir auch schaun, wo wir auch streben,
> Die Lieb' ist mit uns fort und fort –
> *In Gott, in Gott ist unser Leben!*
> *Und unsre Heimath hier und dort!*[97]

Heimat ist „hier und dort", heißt es ausdrücklich, denn Gott ist auch „hier und dort". Heimat ist bei Gott und nur dort, so kann man die Aussage übersetzen, aber Gott ist im Irdischen und im Überirdischen gleichermaßen, und so passt es auch zusammen, dass ein Kapitel zur ‚Himmlischen Heimat' neben einem zu ‚Heerd und Altar' steht, in dem die Tugend der Häuslichkeit als bürgerlicher Gottesdienst erscheint und durch eine Illustration auch entsprechend visualisiert wird (Abb. 32).

Wie die irdische Heimat zur Allegorie einer anderen, nicht mehr genannten Heimat wird, zeigt beispielhaft eine Andacht von Friedrich Naumann, liberaler Politiker, evangelischer Theologe und Pfarrer, aus dem Jahr 1896. „Heimatgefühl" und „Heimatsitte" steht in dieser Andacht für die „alte Ordnung", deren Ge-

---

[97] Hammer 1880, S. III und S. IV. Die einleitenden Verse stammen von Julius Hammer. Hervorhebungen im Original.

fährdung einen „innerlich heimatlos gewordenen Menschen" zur Folge habe.[98] Diese „geistige, innerliche Not" treibe die Menschen wieder „zur Heimkehr zum alten Gott".[99]

Zahllose Beispiele für die Verwobenheit von geistlicher, nationalistischer und völkischer Semantik bietet, bezogen auf den Heimatbegriff, die Zeit ab 1871 mit der Ausbildung des National- und Kriegsprotestantismus,[100] der im Ersten Weltkrieg gipfelte (und später, wie etwa anhand der sogenannten Dorfkirchenbewegung gezeigt wurde, vom Nationalsozialismus adaptiert werden konnte).[101] Nur in der bäuerlichen Dorf- und Kirchengemeinschaft, so etwa der Thüringer Pfarrer und Herausgeber der Zeitschrift *Die Dorfkirche*, Hans von Lüpke (1866–1934), könne die „irdische Heimat zu einer wirklichen Heimat der Seele durch die Einsenkung der Himmelskräfte des Evangeliums" werden.[102] Bezogen auf den Ersten Weltkrieg bieten die evangelische Parochialpublizistik genauso wie katholische Quellen unzählige Funde, die darauf hindeuten, dass Heimat auch in religiösen Kontexten primär zur Auratisierung des Nationalen verwendet wurde.[103] Die Schrift *Die Arbeit der evangelischen Kirche in der Heimat 1914–18*, die 1925 die

---

98 „Als ob die neue Zeit schon dadurch allein käme, daß man Heimatgefühl, Treue, Frömmigkeit, Dank und Zucht verläßt! [...] Es hat ganze Scharen gegeben, welche Vaterhaus und Heimatsitte, alte Ordnung und Kinderglauben von sich geworfen haben. [...] Dann aber werden die innerlich heimatlos gewordenen Menschen völlig elend. Die Seelen darben, [...]." Naumann 1900, S. 87–88, hier S. 87.
99 Beide Naumann 1900, S. 88. Der Verrat des irdisch gemeinten Heimatgefühls wird übertragen auf einen Abfall von Gott. Heimatsitte und Gottesfurcht gehen in dieser Verwendung der Heimatmetapher zusammen. Zu sehen ist hier, wie politische Implikationen auch im geistlichen Kontext in die Verwendung von Heimat eingehen.
100 Vgl. Gailus/Lehmann 2005; zur Vorgeschichte vgl. Senkel 2014.
101 Die sogenannte Dorfkirchenbewegung wurde 1907 u.a. durch den Schriftsteller Heinrich Sohnrey initiiert. Sie betrieb die *Pflege des religiösen Lebens in heimatlicher und volkstümlicher Gestalt* (so der Untertitel der von Sohnrey herausgegebenen Zeitschrift *Die Dorfkirche*). Zum Zweck der Popularisierung religiöser Inhalte soll der Heimatbezug der Gemeinde im regionalen Sinn gestärkt werden, wobei diese politisch funktionalisierte Bewegung stark restaurative Züge trägt, vgl. die Studie von Angela Treiber, die den Zusammenhang von Volkskunde und evangelischer Theologie anhand der Dorfkirchenbewegung 1907–1945 untersucht; Treiber 2004.
102 Hier zitiert nach Kleeberg-Hörnlein/Reimann/Wermke 2016, S. 157.
103 Für den katholischen Kontext vgl. exemplarisch eine Rede des Münchner Erzbischofs Michael Faulhaber von 1915, in der er den Umstand, dass „die Heimat erst in der Fremde" geschätzt werden könne, auf den Krieg überträgt und sich durch diesen „ein heilsames Gesunden" erhofft. Hier zitiert nach Susanne Scharnowski, die auf die Paradoxie hinweist, dass der Krieg bei Faulhaber nicht etwa „als Mittel zur Verteidigung der geliebten Heimat" erscheine, sondern „als Medium der Wiederherstellung eines bereits verlorenen oder immerhin beschädigten Heimatsinns". Scharnowski: Heimat, 2019, S. 87.

Kirchenarbeit im Ersten Weltkrieg aufarbeitet, ohne hier indes personell[104] oder historisch den genügenden Abstand zu haben, ist deswegen gleich in zweifacher Hinsicht Quelle dieser Haltung – in Bezug auf ihre Gegenstände, aber auch in Bezug auf ihren Umgang mit den Gegenständen. Dem militärischen Sieg des weltlichen ‚Vaterlands' und der Bekämpfung der Kriegsmüdigkeit gelte die seelsorgliche „heilige Pflicht"[105] der evangelischen Kirche, so der Autor, der das mit dem besonderen „Wert des deutschen Volkes"[106] begründet. Minutiös aufgelistet ist, wie die Kirche während des Krieges zum einen zur „Festigung der Stimmung in der Heimat"[107] beitrug, etwa durch Feldgeistliche, die auch zu Hause im Einsatz waren, um ‚vaterländische Aufklärungsarbeit' zu verrichten. – Der Begriff der ‚Heimatfront' als Ausdruck für kriegswichtige Arbeit hinter den eigentlichen Frontlinien bildete sich in diesem Sinn während des Ersten Weltkriegs aus.[108] – 1918 veröffentlichen die Pfarrer des Wahlkreises Westhavelland einen Aufruf gegen die Kriegsmüdigkeit: „Laßt einen Bund uns schließen auf Leben und Tod zum Schutz unserer heiligsten Güter, mit Gott einen unüberwindlichen, unwiderstehlichen Bund! Helft retten deutsche Ehre, deutsche Erde! Die Heimat ruft."[109] Das Konsistorium Speyer gibt am 14. September 1917 einen Erlass an die Geistlichen heraus mit dem Titel *Stimmung in der Heimat*, in dem diese angehalten werden, in Predigt, Unterricht und Seelsorge für den Krieg zu werben.[110] Zum anderen galt die Arbeit der Kirche den Soldaten. Auch die hier aufgelisteten

---

104 Vgl. Schian 1925. Martin Schians zweibändiges Werk basiert auf von den Landeskirchen zur Verfügung gestelltem umfangreichem Material. Wissenschaftliche Distanz diagnostiziert Hans-Georg Ulrichs bei Schian zu Recht nicht, denn Schian war mit seinen kriegsverherrlichenden Andachten als Pfarrer während des Ersten Weltkriegs selbst ein Akteur der Zeit, die er beschreibt. Vgl. Ulrichs 2018, S. 128–129.
105 Schian 1925, S. 138.
106 Schian 1925, S. 145.
107 Schian 1925, S. 267.
108 Dass sich eine historische Studie zum Deutsch-Französischen Krieg 1870/71 den Titel ‚Heimatfront' gibt, ist insofern irreführend, vgl. Seyferth 2007. Der Begriff wurde vielmehr „in auffälliger Parallelität zum Aufkommen des Terminus ‚Homefront' in England" erst „ab Mitte Mai 1917 auch in Deutschland" im Zusammenhang mit „der seit Ende 1916 zunehmend straffer und militärisch organisierten Inlandspropaganda" verwendet. Flemming/Ulrich 2014, S. 17. Die ‚Heimatfront'-Propaganda mündete gegen Ende des Krieges in der Legende vom ‚Dolchstoß', nach der die ‚Heimat' den Kampftruppen in den Rücken gefallen sei. Diese Legende wurde wiederum prägend für die Propaganda des Zweiten Weltkriegs: „Insofern hat die ständige Erinnerung an den so genannten Zusammenbruch und das angebliche Versagen der Heimat im Ersten Weltkrieg erhebliche Auswirkungen auf die Politik des Dritten Reiches gehabt – in der Vorbereitung und in der Durchführung des Zweiten Weltkrieges." Flemming/Ulrich 2014, S. 276.
109 Schian 1925, S. 268, Quelle dort nicht näher angegeben.
110 Vgl. Schian 1925, S. 269, Quelle dort nicht näher angegeben.

Formen seelsorglicher Arbeit sind vor allem nationalistisch und militaristisch motiviert und der Begriff der Heimat spielt ausschließlich in diesem Kontext eine Rolle. Die Erlöserkirchgemeinde in Dresden bot eine „*Heimatstunde* für beurlaubte und verwundete Krieger". Eine große Rolle spielte die kirchliche Feldpost: gedruckte Briefe und kleine Zeitungen, die unter anderem auch „Mitteilungen aus dem Leben der Heimatgemeinde" enthielten, zuweilen „mit Bildern aus der Heimat, am häufigsten mit dem Bild der Heimatkirche geschmückt"[111] waren. Die Aufstellung regelmäßig verschickter Gemeindepost dieser Art zeigt, dass mindestens ein Drittel die Heimat im Titel trägt: „Ein Heimatgruß an dich" (Überruhr), „Briefe und Berichte aus der Heimat" (Stade), „Grüße aus der Heimat" (Görlitz), „Gundhelm-Huttener Heimatblatt. Kriegszeitung für unsere lieben Vaterlands-Verteidiger" (Gundhelm/Hutten), „Brandenburgische Heimatgrüße an die Front" (Brandenburg).[112] Auch nichtperiodische Schriften zeigen ein ähnliches Bild: „Aushalten! Durchhalten! Ein Gruß aus der Heimat an unsere Krieger in West und Ost" (Abb. 33); „Unserer Heimat Licht! Ein Ostergruß"; „Meine Heimat, du!"; „O liebe Heimat du! Ein Pfingstgruß", „Heimatgrüße ins Lazarett", „Grüß Gott in der Heimat! Willkommensgruß der Heimatkirche an die zurückkehrenden deutschen Kriegsgefangenen", „Grüß Gott daheim!".[113]

Heimat bleibt im theologischen Kontext auch nach dem Ersten Weltkrieg primär auf den weltlichen Bereich bezogen. Im RGG, dem wichtigsten Handwörterbuch für Theologie und Religionswissenschaft, ist Heimat nur in Form des Lemmas ‚Heimatfremdenfürsorge' (also bezogen auf Einrichtungen der Inneren Mission, vgl. II.2) und ‚Heimatkunst' präsent; eine im engeren Sinn transzendente Lesart wird gar nicht angeboten. Im Artikel zur Heimatkunst wird das völkisch-nationalistische Heimatverständnis Adolf Bartels' (vgl. II.3) für den kirchlichen Bereich übernommen. Demnach sei es auch Aufgabe der Kirche, Heimat und deren „ererbte Eigenart" gegen „großstädtische Einflüsse" zu erhalten. Aufgabe sei es, „die Verbindung mit der völkisch-heimischen Ueberlieferung zu bewahren, bei der schicksalsmäßigen Auflösung alter Daseinsformen Ueberstürzung zu verhüten und die Seelenkräfte, die in den überkommenen Ordnungen wirksam waren, zu stärken".[114] Mit hier ans Völkische gebundenen Begriffen wie Schicksal und Seele wird zwar auf Bereiche des Glaubens verwiesen, ohne aber spezifisch christliche Transzendenzvorstellungen aufzurufen. In diesem Sinn argumentiert der Artikel weiter, die Kirche müsse eine Heimatkunst fördern, die dem Nationalsinn zugute komme: „Die deutsche Dichtung der Zukunft wird für die Fröm-

---

111 Beide Schian 1925, S. 310–313.
112 Alle Schian 1925, S. 313–317.
113 Vgl. alle Schian 1925, S. 317–320.
114 Alle Günther 1928, Sp. 1769.

Abb. 33: Titelblatt „Aushalten! Durchhalten! Ein Gruß aus der Heimat an unsere Krieger in West und Ost", Calw und Stuttgart 1915 (Staatsbibliothek zu Berlin / Europeana)

migkeit nur dann etwas bedeuten, wenn sie aus den gottgegebenen Wurzeln des Volkstums ihre Kraft zieht und die Heiligtümer der Nation wahrt. Heimat- und Nationalsinn müssen sich durchdringen."[115]

Verschiedene regionale Kirchenzeitschriften und Gemeindeblätter mit Titeln wie *Heimatglocken* und *Glaube und Heimat* zeigen die Kontinuität dieser kirchlichen Auffassung von Heimat, nach der Heimat auf den irdischen Bereich bezogen wird, ohne seine transzendenten Implikationen ganz aufzugeben. Diese Transzendierung der irdischen Heimat im Geist des Nationalismus ist auch an Titeln verschiedener Periodika ablesbar: Diverse evangelische Gemeindeblätter existierten unter dem Titel *Heimatglocken* zwischen 1913 und 1941[116] und Kirchenzeitschriften mit dem Titel *Glaube und Heimat* gibt es von 1919 bis heute.[117] Heimat ist in der ganz überwiegenden Lesart zum irdischen Gut geworden, das auch für den Christen einen positiven Wert und ein zu erstrebendes Gut darstellt, ohne in Konflikt mit religiösem Streben zu stehen – andere Lesarten sind eine Seltenheit.[118] Bei allen Beziehungen zum Irdischen bleibt der transzendente Gehalt der

---

115 Günther 1928, Sp. 1770.
116 Die *Heimatglocken* existieren nacheinander für verschiedene Kirchenkreise, vgl. *Heimatglocken. Evangelisches Gemeindeblatt für Nöda, Mittelhausen und Stotternheim*, Jena (Oktober 1913 bis Dezember 1913); fortgesetzt durch: *Heimatglocken. Evangelisches Gemeindeblatt für Stotternheim, Nöda und Mittelhausen*, Jena (Januar 1914 bis Februar 1923); *Heimatglocken. Evangelisches Monatsblatt für den Kirchenkreis Stadtroda* (1939–1941). Vgl. Heller/Wermke 2013 und Kleeberg-Hörnlein/Reimann/Wermke 2016.
117 Im Ersten Weltkrieg wird eine polnische Kirchenzeitschrift unter diesem Titel gegründet: *Glaube und Heimat. Gemeindeblatt für die Unierte Evangelische Kirche in Polen*, Poznan 1919–1941; in der Weimarer Republik eine in Thüringen: *Glaube und Heimat*, Weimar 1924–1941 und 1946 bis heute. Heute ist *Glaube und Heimat* die gemeinsame Kirchenzeitung der Evangelischen Kirche Mitteldeutschlands und der Evangelischen Landeskirche Anhalts. Mit der Wartburg im Titelkopf der Zeitschrift sollte auch der Begriff der Heimat im Titel *Glaube und Heimat* eine neue landeskirchliche Identität stiften helfen, so Kleeberg-Hörnlein/Reimann/Wermke 2016.
118 Zu diesen Ausnahmen gehört der evangelische Kirchenhistoriker Hans von Campenhausen, der in seiner Studie zur *Asketischen Heimatlosigkeit im altkirchlichen und frühmittelalterlichen Mönchtum* von 1930 Heimat als irdisches Gut versteht, das es nach Auffassung religiöser Asketen immer zu überwinden gegolten habe. Die „asketische Heimatlosigkeit" sei ein „religionspsychologisches Gesetz", das „zu allen Zeiten gilt". Sie sei „der krasseste Ausdruck für die schmerzliche und gewaltsame Lösung aus dem gewohnten und heimisch überkommenen Leben, die jedermann durchmachen muß, dem Gott wie den alten Mönchen zum wirklich persönlichen Erlebnis wird, so daß die dumpfe innere Bindung an Haus und Heimat als an das bloß Ererbte und Eigene und darum Geliebte zerreißt. ‚Wen Gott sucht, der wird heimatlos.' Nur wer bereit ist, auch sein letztes Eigentum, das eigene Ich, preiszugeben, dem kann das unvergleichliche Gut der Heimat wie jedes andere irdische Gut von Gott auch neu – ja, wie wir glauben, nun erst wahrhaft geschenkt werden [...]." Nicht die asketische Heimatlosigkeit, die immer nur „verzweifelte Verzerrung dessen, was christlich ist" sein könne, sondern die Preisgabe der Heimat als das „letzte

Begriffsbedeutung wichtig; meist ist dieser amalgamiert mit Konzepten des Nationalen. 1947 wird beispielsweise ein katholisches *Gebetbuch für unsere Heimatlosen*, nämlich die Vertriebenen, unter dem Titel *Heilige Heimat* herausgebracht, das die irdische Heimat schon im Titel gleichsam re-transzendiert,[119] und auch evangelische Theologen argumentieren noch lange nach Kriegsende für das Recht auf Heimat der Vetriebenen mit Verweis auf ihre metaphysische Dimension.[120]

Auch die Genese der Heimatsemantik lässt sich ab dem 19. Jahrhundert also zugleich als Prozess der Säkularisierung und der Resakralisierung, insbesondere in Bezug auf Konzepte des Nationalen, beschreiben. Wo Kirchenorgane von Heimatkirchen, Heimatgemeinden, Heimatgeistlichen, Heimatpredigten und Heimatglocken sprechen, ist ein Diesseits gemeint, ohne den ursprünglich transzendenten Bezug des Begriffs aber aufzugeben.

1.2 Heimat und Religion in der Literatur

Den im 19. Jahrhundert sichtbar werdenden semantischen Verschiebungen innerhalb des Topos der himmlischen Heimat liegen Entwicklungen teilweise schon des 17. und 18. Jahrhunderts zugrunde, zu denen gesamtgesellschaftliche wie die Aufklärung,[121] innerkonfessionelle wie der Pietismus[122] und ab 1800 dann auch sprachlich-diskursive wie die Herausbildung eines neuen Heimatbegriffs in der

---

Opfer", als „unmittelbare[r] und persönliche[r] Dienst vom Nächsten zum jeweils Nächsten", sei das christliche Ideal. Alle Campenhausen 1930, S. 30–31.
119 Heilige Heimat. Gesangbuch für unsere Heimatlosen, hg. von der Flüchtlingsseelsorge der Erzdiözese Wien. Wien 1947; der Titel ist verzeichnet in: Küppers 1987, S. 151.
120 Künneth 1958; im selben Band auch ein ähnlicher Ansatz von katholischer Seite: Siegmund 1958.
121 John Tolands öffentliches Bekenntnis zum Pantheismus von 1709 und der Spinozismus-Streit zwischen Jacobi, Herder, Mendelssohn und Kant von 1785 zeigen, dass es möglich wird, Gott und Welt nicht als Gegensätze aufzufassen. Während der traditionelle Gottesbegriff im Theismus bis heute von einer völligen Unterschiedenheit von Gott und Welt ausgeht, wird es ab dem 18. Jahrhundert auch möglich, beide zusammenzudenken.
122 Der sich seit Mitte des 17. Jahrhunderts entwickelnde Pietismus stellt das Verhältnis von Mensch und Gott, damit auch das von Diesseits und Jenseits, nicht mehr primär der kirchlichen Institution, sondern der Glaubenspraxis und der individuellen Frömmigkeit anheim. Die religiöse Reformbewegung wird von der neueren Forschung als sehr einflussreich in weiten Bereichen des sozialen und kulturellen Lebens angesehen, dies dokumentieren die Quellensammlung von Albrecht-Birkner/Breul/Jacob u.a. 2017 und die Beiträge in Lehmann 2004. In Bezug auf den sprachbildenden Einfluss des Pietismus vgl. Langen 1968; Kemper 1991; Schrader 2004; zu den sprachkritischen Aspekten des klassischen Pietismus vgl. ergänzend Jacob 2012.

Literatur gehören. Auch ohne die Großthesen von Säkularisierung, Resakralisierung oder Dialektik der Säkularisierung näher diskutieren zu müssen, gilt die vielfach ausgestellte Diagnose, dass um 1800 literarische Texte religiöse Funktionen übernehmen, ohne religiöse Texte im herkömmlichen Sinn zu sein. Die sich herausbildende ‚Kunstreligion', die nach Bernd Auerochs' Vorschlag nicht mehr dem Primat der Interpretation in der Religion, sondern dem der Darstellung in der Kunst unterliegt,[123] integriert und transformiert auch den religiösen Begriff der Heimat in und durch künstlerische Darstellungsweisen. Der neue Heimatbegriff erwächst aus dieser neuen Konstellation von Religion, Mythos und Kunst.

Repräsentativ für diese Neukonstellierung ist der junge Theologe Friedrich Schleiermacher, der dem Künstler und überhaupt jedem Individuum einen neuen Platz in Sachen Religion einräumt. In seiner Schrift *Über die Religion. Reden an die Gebildeten unter ihren Verächtern* (1799) führt er den Begriff der „Kunstreligion"[124] ein und entwirft ein von konkreten Glaubenslehren befreites Religionsverständnis, in dem Mystiker, Deisten, Pantheisten genauso wie „heilige Künstler"[125] ihren Platz haben. Religion wird als „eigene Provinz im Gemüthe"[126] gefasst. „Das Gefühl ist der zugleich anthropologische und subjektivitätstheoretische Ort der Religion."[127] Jeder Einzelne kann aufgrund seiner individuellen Frömmigkeit und seiner Anschauung des Universums Mittler werden: „Anschauung des Universums, ich bitte befreundet Euch mit diesem Begriff, er ist der Angel meiner ganzen Rede, er ist die allgemeinste und höchste Formel der Religion, [...]."[128] Der Universums- bzw. Unendlichkeitsbegriff als Alternativbegriff zum Gottesbegriff – „Religion ist Sinn und Geschmak fürs Unendliche"[129] – reagiert auf die Krise des

---

123 Vgl. Auerochs 2006 und die Beiträge in Meier/Costazza/Laudin 2012. Zur Vorgeschichte vgl. auch Jacob 2015, sowie den ganzen Band: Deuser/Kleinert/Schlette 2015.
124 Friedrich Daniel Ernst Schleiermacher: Über die Religion. Reden an die Gebildeten unter ihren Verächtern (1799), in: Schleiermacher KGA I.2., S. 185–326, hier S. 262. Zur Kunstreligion bei Schleiermacher vgl. zuletzt Käfer 2006 (aufbauend auf Arbeiten von Thomas Lehnerer, Benedetto Croce, Gunter Scholtz, Rudolf Odebrecht und Wilhelm Dilthey). Die genannten Autoren verbindet, dass sie „das Missverständnis von Schleiermachers ästhetischem Entwurf als romantischer Kunstreligion zu überwinden und die Bemessung zweier ebenso eng miteinander verbundener wie präzise zu differenzierender Bereiche menschlichen Ausdrucksverhaltens – die Kunst und die Religion – vorzunehmen halfen." Mädler 2017, S. 300.
125 Friedrich Daniel Ernst Schleiermacher: Über die Religion. Reden an die Gebildeten unter ihren Verächtern (1799), in: Schleiermacher KGA I.2., S. 185–326, hier S. 286.
126 Schleiermacher KGA I.2., S. 204.
127 Barth 2004, S. 275.
128 Friedrich Daniel Ernst Schleiermacher: Über die Religion. Reden an die Gebildeten unter ihren Verächtern (1799), in: Schleiermacher KGA I.2., S. 185–326, hier S. 213; vgl. auch Schleiermacher KGA I.2., S. 217.
129 Schleiermacher KGA I.2., S. 212.

Theismus. „Religiöses Erleben als Beziehung auf das Absolute ist Anschauung des Unendlichen im Endlichen und umgekehrt."[130] Anschauung und Universum hängen bei Schleiermacher direkt zusammen, denn „religiöse Anschauung ist wie das Unendliche selbst ihrerseits unendlicher individueller Ausprägungen fähig."[131]

Religion wird von Schleiermacher vor allem sozial und ethisch verstanden, das heißt auf den Menschen bezogen.[132] In diesem Zusammenhang wird auch Heimat als geistiger, aber auch aufs Endliche bezogener Begriff verstanden und nicht als himmlische Heimat strikt vom Diesseitigen getrennt. Ja, eine falsch verstandene Unsterblichkeitshoffnung kann nach Schleiermacher sogar den Glauben korrumpieren.[133] Ein Religionsverständnis, das seine Hoffnungen nicht auf ein Jenseits richtet, sondern den Gläubigen in der Welt verortet, kann Heimat in der Menschheit finden: „Zur Menschheit also laßt uns hintreten, da finden wir Stoff für die Religion", heißt es, und weiter:

> Hier seid auch Ihr in Eurer eigentlichsten und liebsten Heimat, Euer innerstes Leben geht Euch auf, Ihr seht das Ziel alles Eures Strebens und Thuns vor Euch, und fühlet zugleich das innere Treiben Eurer Kräfte, welches Euch immerfort nach diesem Ziel hinführt. Die Menschheit selbst ist Euch eigentlich das Universum, und Ihr rechnet alles andere nur in so fern zu diesem als es mit jener in Beziehung kommt oder sie umgiebt.[134]

Heimat ist bei Schleiermacher metaphorisch gemeint, sie ist ein Ziel, ja das einzige und entscheidende Ziel, und dieses Ziel befindet sich im eigenen Inneren und im Menschlichen als Ausdruck des Universums. Heimat kann bei Schleiermacher zugleich räumlich und geistig verstanden werden,[135] aber sie ist nicht uner-

---

130 Barth 2004, S. 278. Wenn anstelle des Gottesbegriffes bei Schleiermacher der Religionsbegriff zum Ausgangspunkt der Theologie wird, dann reagiert „Schleiermachers theologisches Modernisierungsprogramm" auf die Streitigkeiten zwischen Pantheismus, Atheismus und Theismus um 1800; Barth 2004, S. 259. Vgl. auch Barth 2005, S. 67.
131 Barth 2004, S. 278.
132 Vgl. Friedrich Daniel Ernst Schleiermacher: Über die Religion. Reden an die Gebildeten unter ihren Verächtern (1799), in: Schleiermacher KGA I.2., S. 185–326, hier, S. 104.
133 Vgl. Schleiermacher KGA I.2., S. 246.
134 Schleiermacher KGA I.2., S. 228. Das Register zur I. Abteilung der Kritischen Gesamtausgabe ist unzuverlässig, es enthält zwar ‚Heimat' (mit drei Stellenverweisen), aber viele interessante Stellen, wie diese, nicht. Für die ebenfalls abgeschlossene III. Abteilung verzeichnet das Register das Stichwort ‚Heimat' nicht; zu den anderen Abteilungen, die noch nicht abgeschlossen sind, liegen noch keine Gesamtregister vor.
135 „Der große Mann ist mit seiner eigenthümlichen Wirkung auf das ihm von der Natur angewiesene Gebiet beschränkt, er hat eine bestimmte Heimath sei sie nun räumlich begrenzt oder durch einen geistigen Typus, welcher wo er sich auch finde dieser Gewalt unterliegt, außerhalb

reichbar. Heimat steht für eine zukünftige „bessere Zeit", die aber nicht erst im Himmel, sondern auf Erden erhofft wird.[136] Dieses zu erstrebende Ziel ist bei Schleiermacher mit der Menschheit und mit der Gemeinschaft verknüpft; die „wahre Heimat" ist etwa in den *Monologen* die geistige Gemeinschaft mit Gleichgesinnten und nicht der zufällige Ort, an den der Mensch gebunden ist.[137] Es gibt bei Schleiermacher auch eine „überirdische Heimath" des Geistes. Dieses Geistige, welches „das schlechthin seiende" auf „geheimnisvolle Weise" in sich trage, realisiert sich aber wieder im Gesellschaftlichen. So wie für Schleiermacher „das Himmelreich in der freien Gemeinschaft des frommen Glaubens" liegt, realisiert sich für ihn das „höchste Gut" in Form eines goldenen Zeitalters, des ewigen Friedens oder des vollständigen Wissens in der Gemeinschaft der Sprachen immer in Ideen des Sozialen und Ethischen, also auf den Menschen bezogen.[138]

Schleiermachers Texte stellen einen sehr frühen Beleg für eine religiöse Auffassung von Heimat als eines diesseitig, im eigenen Inneren zu erfahrenden Phänomens dar, die sich in geistlichen Texten in der Regel erst ab der Mitte des 19. Jahrhunderts niederschlägt. Dieser gewandelte religiöse Heimatbegriff ist – neben Impulsgebern, wie es Schleiermacher war, der ohnehin an der Schnittstelle von Theologie, Philosophie und Literatur steht[139] – wesentlich von einer neuen

---

dessen sie aber ohne Wirkung bleibt." Friedrich Schleiermacher: Zur Öffentlichen Sitzung am 24. Januar 1826, in: Schleiermacher KGA I.11., S. 479–490, hier S. 488.

136 „Doch wo ich einen Funken des verborgenen Feuers sehe, das früh oder spät das Alte verzehren und die Welt erneuen wird, da fühl ich mich in Lieb' und Hoffnung hingezogen wie zu den geliebten Zeichen der fernen Heimath. Auch wo ich stehe, soll man in fremdem Licht die heiligen Flammen brennen sehen, den abergläubigen Knechten der Gegenwart eine schauerliche Mahnung, den Verständigen ein Zeugniß von dem Geiste der da waltet. Es nahe sich in Liebe und Hoffnung jeder, der wie ich der Zukunft angehört, und durch jegliche That und Rede eines Jeden schließe sich enger und erweitere sich das schöne freie Bündniß der Verschworenen für die bessere Zeit." Friedrich Schleiermacher: Monologen. Eine Neujahrsgabe (Vierte Ausgabe 1829), in: Schleiermacher KGA I.12., S. 323–393, hier S. 366–367.

137 „Des Schwarzen jammervolles Schicksal, der aus dem väterlichen Lande von den geliebten Herzen fortgerissen, zu niedrem Dienst in unbekannter Ferne verdammt ist, täglich legts der Lauf der Welt auch Bessern auf, die zu den unbekannten Freunden in ihre wahre Heimat zu ziehn gehindert, in öder ihnen ewig fremder Nähe bei schlechtem Dienst ihr inneres Leben verzehren." Schleiermacher KGA I.12., S. 361.

138 Alle Friedrich Schleiermacher: Über den Begriff des höchsten Gutes, Erste Abhandlung, vorgetragen am 17. Mai 1827, in: Schleiermacher KGA I.11., S. 535–553, hier S. 552. Zur Frage des höchsten Gutes bei Schleiermacher vgl. Oesterhelt: Kein Allgemeines, 2014.

139 Schleiermacher repräsentiert als Person wie kein zweiter die Verschränkung der Fachkulturen um 1800: Er ist nicht nur evangelischer Theologe, Prediger und Kirchenpolitiker, er ist auch Altphilologe, Philosoph, Staatstheoretiker, Pädagoge und Begründer der modernen Hermeneutik.

Heimatsemantik der Innerlichkeit beeinflusst, die sich in einem anderen Feld um 1800 herausbildet, dem der Literatur.

Der Ansatz, hier geistliche und literarische Texte voneinander zu unterscheiden, möchte Literatur und Religion nicht als distinkte Bereiche festschreiben, im Gegenteil. Literarische Texte können religiöse Funktionen erhalten, Religion kann sich in Literatur äußern. Die Verflochtenheit von Literatur und Religion wird in der jüngeren Forschung besonders hervorgekehrt und gegen die als zu glatt empfundenen Modernisierungstheoreme der älteren Forschungen gehalten.[140]

Bezogen auf die Frage nach der Semantisierung von Heimat wird durch die Bildung der beiden funktional unterschiedenen Textgruppen aber ein interessanter Vorgang deutlich. Im Verhältnis von geistlichen und literarischen Texten wird nämlich, bei aller Durchlässigkeit, die auch bei einer solchen rein funktionalen Trennung zu beobachten ist, eine deutliche Zeitverschiebung in der Neusemantisierung von Heimat sichtbar.

Die bis hierher als geistlich behandelten Texte stammen zum großen Teil aus christlichen Gesangbüchern und Predigten, zum kleineren aus theologischen Aufsätzen und konfessionellen Propagandaschriften – sie dienen also dem liturgischen Gebrauch oder auch der theologischen bzw. konfessionellen Selbstreflexion und Selbstdarstellung, teilweise der Gemeindearbeit. Die Texte lassen sich über die Funktion, die ihnen durch ihre institutionelle Rahmung zugeschrieben worden ist, als geistliche fassen.

Die im Folgenden gewählte Perspektive auf literarische Heimatsemantiken behandelt Texte, deren Funktion primär eine ästhetische ist, wie oft schon die institutionelle Rahmung nahelegt:[141] Friedrich von Hardenberg, genannt Novalis, dessen Verwendung des Heimatbegriffs sehr große Nähe zu derjenigen in traditioneller geistlicher Literatur aufweist, hat seine *Hymnen an die Nacht* zuerst 1800 im *Athenäum* der Schlegels veröffentlicht, seine *Geistlichen Lieder* erschienen zuerst 1802, postum von August Wilhelm Schlegel und Ludwig Tieck herausgeben, im *Musenalmanach*, zielen also primär auf ein literarisches Publikum.

Sein Denken speist sich aus dem engen Austausch mit den frühromantischen Schriftstellern, so wie andererseits deren Schriften ohne Schleiermacher nicht denkbar wären.

140 Vgl. Braungart/Jacob/Tück 2019; Weidner 2016; Grizelj 2018; Faber/Renger 2017.

141 Clemens Brentano veröffentlicht sein Gedicht *Als hohe in sich selbst verwandte Mächte* innerhalb seines Romans *Godwi oder das steinerne Bild der Mutter* und Joseph von Eichendorff sein Gedicht *Heimkehr* im *Deutschen Musenalmanach*. Das angesprochene Publikum ist somit aufgrund der paratextuellen Gattungsbestimmung ,Roman' oder qua Publikationsort ,literarische Zeitschrift' primär ein literarisches, kein konfessionell gebundenes.

Dies schließt natürlich weder die Religiosität der Autoren oder ihres Publikums aus, noch schließt es aus, dass die Texte religiöse Funktionen übernehmen, ob bei den Katholiken Brentano, Kerner, Droste-Hülshoff und Eichendorff oder bei den Protestanten Jung-Stilling, Hölderlin, Novalis, Arndt. Einige von ihnen sind studierte Theologen wie Hölderlin und Arndt und alle gehören einer Generation von Schriftstellern an, die überproportional oft aus dem Umfeld des protestantischen Pfarrerhauses einerseits,[142] andererseits aus gläubig-katholischem Umfeld kommen. Einige von ihren Texten erscheinen in evangelischen (Jung-Stilling, Novalis, Arndt) oder katholischen Gesangs- oder Erbauungsbüchern (Brentano, Droste-Hülshoff, Eichendorff), einige in der Erstveröffentlichung, andere wechseln im Lauf ihrer Erscheinungsgeschichte den institutionellen Rahmen und wandern von weltlichen Erscheinungsorten in geistliche. Dies steht in engem Zusammenhang mit der zunehmenden Popularisierung von kirchlichen Gesangbüchern, in die während des 19. Jahrhunderts immer mehr Texte weltlicher Dichter aufgenommen werden.

Lässt man die funktionale Trennung in einen profan-literarischen und einen geistlichen Bereich trotz dieser offensichtlichen Übergänge gelten, kann folgende These formuliert werden: Es ist die Literatur, die ab dem Ende des 18. Jahrhunderts die himmlische Heimat auf die Erde holt. Der geistliche Heimatbegriff reagiert erst mit deutlicher Verzögerung auf die durch die Literatur in Gang gesetzte Transformation des Begriffs. Denn die ersten geistlichen Funde, die diesen Wandel mitvollziehen, sind in den 1840er Jahren situiert, und dominant wird er erst mit Ende des 19. Jahrhunderts – also fast ein Jahrhundert nachdem die Literatur diese Transformation in Gang gesetzt hatte. Im späten 19. Jahrhundert sind dann geistliche und weltliche Gedichtanthologien kaum noch zu unterscheiden, Günter Häntzschel spricht von einer „Säkularisierung geistlicher Lyrik und Sakralisierung weltlicher Lyrik", die insbesondere auch durch ihre Präsentation in den populären Anthologien der Zeit zu gänzlicher Ununterscheidbarkeit führt.[143]

---

142 Albrecht Schöne zählt in seiner Studie *Säkularisation als sprachbildende Kraft. Studien zur Dichtung deutscher Pfarrersöhne* für diesen Zeitraum beispielhaft Lessing und Wieland, Claudius und Lichtenberg, Bürger und Hölty, Miller und Lenz, Jean Paul und die Schlegel-Brüder, Gotthelf und Vischer, Geibel und Nietzsche auf. Vgl. Schöne 1968, S. 7.
143 Häntzschel 2015, S. 263.

1.2.1 Jung-Stilling, Hölderlin, Brentano

Johann Heinrich Jung-Stilling: Allegorien der Heimat

Johan Heinrich Jung, der sich selbst in seinem Autorenleben viele Namen gab und vor allem als Johann Heinrich Jung-Stilling bekannt ist (1740 – 1817),[144] steht mit seinem Erbauungsroman *Das Heimweh* (1794 – 96) am Beginn der Umwertung der religiösen Heimat um 1800. Hier wird der traditionelle religiöse Topos der himmlischen Heimat in eine Allegorie überführt und die Doppelgesichtigkeit von Heimat auf diese Weise explizit. Das tausendseitige Monumentalwerk über die Suche des Protagonisten Eugenius nach seiner Heimat, die sowohl immanent als auch transzendent verstanden wird, ist religiöser Erbauungstext, Programm der Erweckungsbewegung und Roman in einem.[145]

Für Jung-Stilling ergeben sich keine Widersprüche aus dem Zusammen von Bibelwahrheit, Einbildungskraft und Literatur: John Bunyans seinerzeit ausgesprochen populäres Erbauungsbuch *The Pilgrim's Progress from This World to That Which Is to Come* (1678) war laut Jung-Stillings Darstellung ein frühes Initial für sein *Heimweh*.[146] Die „Einkleidung jener Vernunft- und Bibelwahrheiten in das Gewand der Einbildungskraft"[147] bei Bunyan habe ihm schon als Kind unaussprechliches Vergnügen bereitet. In späteren Jahren habe ihm die Aufforderung seines Verlegers, „schreiben Sie doch einmal wieder etwas Ästhetisches!"[148] angeregt, sein lang gehegtes Projekt umzusetzen.[149]

---

144 Zu Jung-Stillings Namenspolitik vgl. Albrecht-Birkner 2017, S. 258 – 259. Bei Albrecht-Birkner findet sich ein Überblick über die Forschungsliteratur zu Jung-Stilling. Zu Jung-Stilling als Erbauungsschriftsteller der Erweckung vgl. Schwinge 1994.
145 Albrecht Schöne bezeichnet die Kategorie des Erbaulichen als Bindeglied zwischen dem Bereich des Geistlichen und des Schöngeistig-Weltlichen, sie umfasse „von frühprotestantischen Büchern für die christliche Hausandacht bis in die profane Erzählkunst der Gegenwart" ein weites Spektrum. Schöne 1968, S. 13. Bereits Friedrich Gottlieb Klopstock, auf dessen *Messias* Jung-Stillings Text verschiedentlich verweist, ist ein prominentes Beispiel der deutschen Literaturgeschichte, bei dem eine Zuordnung zur geistlichen oder literarischen Gattung schon unter Zeitgenossen ein Streitthema war. Die polarisierte Rezeption Klopstocks bezog sich von Anfang an auch auf die Frage, ob der *Messias* als religiöses oder poetisches Werk zu rezipieren sei. Diese Frage beschäftigt die Klopstock-Forschung bis heute. Dazu und allgemein zum Problem des Verhältnisses von geistlichen und poetischen Texten vgl. umfassend Jacob 1997. Selbst wenn man die Frage auf den institutionellen Rahmen eingrenzt, in dem der Text erschienen ist, lässt sich die Zuordnung nicht eindeutig vornehmen. Der Hallesche Verlag Hemmerde, der den *Messias* herausbrachte, hatte einige schöngeistige, mehrheitlich aber wissenschaftliche (theologische, rechtswissenschaftliche, medizinische) Texte im Verlagsprogramm.
146 Vgl. Jung-Stilling 1994, S. 843.
147 Jung-Stilling 1994, S. 843.
148 Jung-Stilling 1994, S. 846.

Das Heimweh bietet eine Mischung aus christlich-biblischen Topoi („wir haben hier keine bleibende Stätte",[150] „in diesem Lande der Pilgrimschaft"[151]), Bezügen auf Bunyans ebenfalls auf dem Pilgermotiv beruhenden *The Pilgrim's Progress*,[152] Klopstocks *Messias*[153] und Jakob Böhmes Schriften[154] sowie mystisch-spiritistischem Bildinventar mit Glaskugeln, Geistercitationen und magischen Symbolen aller Kulturkreise.[155] Jung-Stilling sieht Geistererscheinungen als Zeugnis für die Wahrheit der Bibel.[156] Der Roman trägt ausgeprägt schwärmerische Züge. Stets wird von den Protagonisten „nach einer Herzens-Ergiessung unter vier Augen"[157] verlangt und eine empfindsame Szene des einsamen und gemeinsamen Weinens geht in die andere über; Rationalismus und Aufklärung sind die erklärten Feinde sämtlicher positiv konnotierten Figuren. Auch Schwärmerei sieht Jung-Stilling allerdings an anderer Stelle als Extrem, das nicht auf dem Weg des „Wahrheit suchenden Christen" liegt:

> Der ganze Zweck meines Lebens und meines ganzen Würkungskreises geht dahin, die wahre, reine, evangelische Christus- und Bibel-Religion, gegen die so scheinbaren Sophistereyen der neueren Aufklärungs-Philosophie zu vertheidigen, und zugleich in diesen so wichtigen und schweren Zeiten dem Wahrheit liebenden, und Wahrheit suchenden Christen,

---

149 Das Zielpublikum ist anhand der Verlagswahl schwer zu bestimmen: Der Verlag, in dem *Das Heimweh* zuerst erscheint, die Neue Akademische Buchhandlung in Marburg, bringt akademische Lehrbücher aus unterschiedlichsten Fächern, u. a. der Philosophie, Naturgeschichte, Geschichte und Theologie heraus. Jung-Stillings fachwissenschaftliche Veröffentlichungen zu Cameralwissenschaften, Staatswirtschaft und Medizin wurden hier ebenfalls veröffentlicht. Vgl. Schwinge 2002, S. 118–119. Die Verlagswahl ist also weder ein Indiz für ein erbaulich noch für ein ästhetisch interessiertes Publikum. Eine Aussage Jung-Stillings gegenüber dem Verleger Johann Philipp Raw legt nahe, dass die Romanform eher ein Zugeständnis ist, um Religiöses zu vermitteln: „[E]s scheint, als wenn sich alle Buchhändler verschworen hätten, nichts Christliches mehr zu drucken. Auch das ist ein Grund mit, warum ich allen meinen religiösen Schriften ein romantisches Gewand angezogen habe." Brief an die Christentumsgesellschaft vom 25.1.1795, zitiert nach Schwinge 2002, S. 109–124, hier S. 119.
150 Jung-Stilling 1994, S. 13.
151 Jung-Stilling 1994, S. 53.
152 Zur Wirkungsgeschichte Bunyans in Deutschland und besonders im Halleschen Pietismus sowie zum Kontext des hier entfalteten Pilgergedankens bei Zinzendorf, Tersteegen u. a. vgl. Hahn 1991, S. 117.
153 Vgl. Jung-Stilling 1994, S. 95.
154 Vgl. Jung-Stilling 1994, S. 183.
155 Vgl. Jung-Stilling 1994, S. 51–52, S. 73, S. 136 oder S. 153.
156 Vgl. Albrecht-Birkner 2017, S. 280, die sich auf Jung-Stillings *Apologie der Theorie der Geisterkunde* (1809) bezieht.
157 Jung-Stilling 1994, S. 56.

den wahren schmalen Weg, zwischen der falschen Aufklärung und der Schwärmerey durch, zum grosen und glänzenden Ziel zu zeigen.[158]

Das Heimweh steht im Kontext dieses religiösen Ziels, wobei Jung-Stillings Populartheologie darauf zielt, konfessionelle und innerkonfessionelle Grenzen zu überwinden.[159]

In dem von Jung-Stilling erstellten *Schlüssel zum Heimweh* wird auf über hundert Seiten der Text ausgelegt, außerdem ist vom Autor ein Glossar angefügt, das die allegorischen Bedeutungen von Personen, Orten, Dingen und Tätigkeiten aufschließt: Die Hauptfigur Christian Eugenius von Ostenheim ist demnach „das Bildnis eines ehrlich strebenden Christenmenschen; im weiteren Sinne: die wahre Kirche Christi",[160] der auf seinem Weg durchs Leben auf Dutzende von Figuren trifft, die unter anderem für „die göttliche Vorsehung", „die göttliche Gnade", „die himmlische Wahrheit", „unerschütterliche Wahrheiten", „das Gewissen", die „Vorsehung", „die irdisch-weltliche Gesinnung" und für „Herrschsucht und Wollust"[161] stehen. Eugenius' Weg ist eine fortwährende Prüfung durch Sinnlichkeit, Eitelkeit oder aufklärerische Vernunft, er führt durch Orte und Länder wie Konstantinopel („die Zerstörung durch die verdorbene Natur *und dadurch die gänzliche Vernichtung aller Eigenliebe*"), Ägypten („Das Reich der Dienstbarkeit unter dem Despotismus der uralten, mittleren und neueren Vernunftweisheit oder Philosophie"), den Berg Sinai („die christliche Gesetzgebung; die wahre Gesetzgebung Gottes"), die Arabische Wüste („Entfernung von jedem innern und äußern Genuß; Beraubung jeder angenehmen Empfindung"), das Gelobte Land („die allgemeine christliche Kirche"), Persien („das Reich der Ur- oder Schöpfungs-Religion, welches durch die mannigfaltigen Vernunft-Parteien ganz zerrüttet ist"), Russland und Sibirien („in der gemeinen Allegorie die rohe, unkultivierte Menschenklasse, bei welcher noch von Kultur und Aufklärung die Rede nicht ist").[162]

---

158 Johann Heinrich Jung-Stilling: Apologie der Theorie der Geisterkunde (1809), hier zitiert nach Albrecht-Birkner 2017, S. 280.
159 Veronika Albrecht-Birkner zeigt, dass das zentrale Motiv von Jung-Stillings populartheologischem Wirken in der Überwindung der Konfessionsgrenzen und innerkonfessioneller Abgrenzungen bestand, vgl. Albrecht-Birkner 2017, S. 268–269. „Ich will weder *Calvinist* noch *Herrnhuter*, noch *Pietist* heißen, das alles stinkt nach dem Sectengeist; ich bekenne mich einzig und allein zu der Lehre *Jesu* und seiner Apostel [...]." Johann Heinrich Jung-Stilling: Scenen aus dem Geisterreiche (1800/01), in: Jung-Stilling 2017, S. 205–220, hier S. 206. Insofern geht es nicht nur um die in der Forschung viel diskutierte Frage der Stellung Jung-Stillings zwischen Pietismus und Aufklärung, vgl. Hahn 1988.
160 Jung-Stilling 1994, S. 965.
161 Alle Jung-Stilling 1994, S. 965.
162 Alle Jung-Stilling 1994, S. 968–972.

Auch Heimat unterliegt dieser allegorisch-symbolischen Darstellungsweise. Heimat ist immer zugleich ‚wörtlich' bzw. ‚gegenständlich' und metaphorisch gemeint.[163] Beide Bedeutungsebenen existieren nebeneinander und sie werden beide explizit als Heimat bezeichnet. Und beide sind positiv besetzt, wie gezeigt werden soll.

Eugenius wird von seinen Eltern aufgefordert, sich für die Reise in die Heimat bereit zu machen. Eugenius versteht das zunächst sinnbildlich und muss erst aufgeklärt werden, dass dies tatsächlich wörtlich gemeint sei. Er solle „fern im Osten" das „Reich der Wahrheit und Liebe"[164] finden, hier sei er geboren und hierher müsse er nun zurückkehren. Das Ziel der durchaus wörtlich gemeinten Heimat wird sich als ein Ort herausstellen, an dem eine Glaubensgemeinschaft begründet und die Zeit der Erlösung erwartet werden soll – Heimat bleibt auch im wörtlichen Sinn ein religiöser Ort, da auch das irdische Dasein des Romans unter den Vorzeichen des Religiösen steht. Entscheidend und neu im Gebrauch von Heimat ist aber, dass die Rückkehr zum biographischen Ursprung und die Einkehr in Gott als zwei Deutungsebenen nebeneinander bestehen und sich ineinander spiegeln. Das diese Reise initiierende Gespräch verläuft folgendermaßen:

> Vater und Mutter traten mit Sonnenaufgang herein. Den Tag wollen wir mit dir feyern, mein Sohn! fieng meine Mutter an, es ist wohl der lezte in diesem Lande der Fremdlingschaft! –
>
> Der lezte? – Mutter! – ich erschrack über diese Anrede.
>
> Nun ja! sezte mein Vater hinzu, du hast ja das Heimweh, willst du denn nicht nach Hauß reisen?
>
> „O ja! aber bey der Nachhaußreise kan ich hier bey Euch bleiben.
>
> Nein! du must würklich verreisen, eine grose Reise machen.
>
> Ich. Das freut mich sehr, den Wunsch zu reisen hab ich lange genährt.
>
> Der Vat. Kanst du mir nun auch eine philosophische Erklärung des Heimweh's geben?

---

163 In anderen Texten wählt Jung-Stilling eine herkömmlich geistliche Bedeutung, etwa in der Bibelübung „Bei dir allein bin ich zu Haus". Hier gibt es die wahre Heimat nur bei Gott. Das Ich macht sich metaphorisch zum Kind, dem der angesprochene Gott (metaphorisch also der Vater) helfen soll, seine Heimat zu finden: „Wink dem Kinde, / Daß es seine Heimat finde". Johann Heinrich Jung-Stilling: Klagelieder, in: Jung-Stilling 1989, S. 279, Nr. 304. Jung-Stilling übersetzte nach eigener Darstellung täglich einen Spruch aus dem Alten Testament aus dem Hebräischen und einen aus dem Neuen Testament aus dem Griechischen ins Deutsche und formte daraus eine kurze Sentenz zum Zweck des Bibelstudiums. Benrath hat diese bis dahin nicht publizierten Texte herausgegeben. Vgl. Vinke 1991, S. 190.
164 Beide Jung-Stilling 1994, S. 25.

Ich. Ja lieber Vater! das Heimweh ist das ewige Streben eines Dinges nach seinem Ursprung; alle Weltcörper haben eine Neigung, eine Schwerkraft, ein Heimweh zur Sonne. Auch ich bin ein solcher Weltcörper der nach der Sonne hineilt, und sich ihr ewig zu nähern gedenkt, dies ist auch mein Heimweh.

Der Vat. Deine Sonne, lieber Christian! ist vor der Hand im Orient: dort an der äussersten Gränze, wo die Lichtwelt über den unermesslichen Ocean emporsteigt, ist deines Vaters Wohnung, deine Heimath.

Ich. Ich erinner mich dunkel, daß wir hier nicht zu Hauß sind; ihr brachtet mich als Kind hieher. Aber werdet Ihr denn auch mitreisen?

Der Vat. Du must die Reise ohne uns machen; wir brachten dich hieher um dich besser unterrichten, dich zu deinem grosen Beruf vorbereiten zu können; deine Heimreise ist nun die grose Prüfung, ob unsre Erziehung gute Wurzeln geschlagen hat?[165]

Der Sohn fasst die Rede vom Reich der Fremdlingschaft und vom Heimweh nach Hause zunächst als metaphorische Rede vom Erdendasein und der Vorbereitung auf den Tod auf. Die vom Vater verwendete biblische Wendung von ‚deines Vaters Wohnung' legt das ja auch nahe. Aber Eugenius' Eltern korrigieren ihn: Er müsse eine tatsächliche Reise antreten, zu seinem tatsächlichen Geburtsort, dort sei seine Heimat. Es wird also ausdrücklich auf der wörtlichen Bedeutung von Heimat insistiert und im Missverständnis erfolgt dies auf ausgesprochen witzige Weise.[166] Vor dem Hintergrund, dass Laurence Sternes *Tristam Shandy* eine der erklärten Vorlagen Jung-Stillings war, ist es plausibel, dass dieser Witz auch beabsichtigt war.

Der ästhetische Reiz der Allegorie besteht grundsätzlich darin, zwei eigenständige Lesarten miteinander zu verknüpfen, ohne die eine in der anderen

---

[165] Jung-Stilling 1994, S. 18–19.
[166] Diese Doppeldeutigkeit wird an anderer Stelle auch in Bezug auf das Heimweh explizit gemacht. Das Heimweh wird zunächst als pathologisches Phänomen eingeführt, um es dann auf das religiöse Heimweh zu übertragen: Der „Heimwehkranke Schweizer" wird erst wieder gesund, wenn er sich in vertrauter Landschaft befindet: „Sieht er die braunen Kühe des Abends den Berg herab [...] nicken, und den Schatten den Berg hinan schleichen, so wirds ihm wohl, wie dem auszehrenden Christen der seine baldige Auflösung ahnet: – denn das ist eine Heimathsscene." Jung-Stilling 1994, S. 14. Jung-Stilling spielt also auf die medizinische Bedeutung des Heimwehs an (vgl. auch Bunke 2009 S. 474–485), bevor er sie auf eine religiöse Ebene überträgt. Tatsächlich ist diese Übertragung im religiösen Kontext im Umfeld des Pietismus schon gut ein Jahrhundert vor Jung-Stilling nachweisbar (vgl. Langen 1968, S. 138). Teils wird behauptet, Jung-Stilling habe mit seinem Roman „den Begriff ‚Heimweh' in die deutsche Umgangssprache ein[ge]bracht[]". Hahn 1991, S. 119. Jedenfalls stellt der Roman die bekannteste Verwendung des Begriffs dar und die einzige, in der eine medizinische und eine religiöse explizit miteinander in Bezug gesetzt werden; und das an mehreren Stellen, etwa, wenn der Autor des *Heimwehs* hofft, das Buch möge alle seine Leser ‚anstecken'.

aufzulösen.¹⁶⁷ Diese parallele Lesart wird über die ganze Erzählung hinweg durchgehalten. Allegorische Erzählweisen stellen diese doppelte Lesbarkeit aus, sie machen stets sichtbar, dass es eine ‚eigentliche' und eine ‚uneigentliche' Bedeutung gibt, von denen jede für sich kohärent ist und zugleich mit der anderen kompatibel. Die religiöse Allegorie impliziert also immer auch eine parallele weltliche Lesart. Darüber hinaus fügt Jung-Stilling neben der Bibel auch unzählige Verweise auf literarische Texte in den eigenen Text ein. Der meistgenannte positive Referenztext nach der Bibel ist, wie bereits erwähnt, *Tristam Shandy*;¹⁶⁸ in seinem „Schlüssel zum Heimweh" schreibt Stilling, er habe „die launigte und sentinöse Schreibart des Buchs" reinigen, ja heiligen wollen.¹⁶⁹ An einigen Stellen des *Heimwehs* unterscheidet sich die sarkastische Launigkeit des Textes tatsächlich kaum von der Vorlage. An diesen Stellen sind die Verweise auf den spielerischen, fiktionalen Status so deutlich, dass es verwundert, wie der Text zeitgenössisch als Aufruf zum Eintritt in einen geheimbündlerischen ‚Heimwehorden' oder als Offenbarungsschrift aufgefasst werden konnte,¹⁷⁰ etwa wenn der Romanprotagonist, inzwischen mit dem Titel ‚Fürst Eugenius von Solyma' ausgestattet, sich zusammen mit der ihm angetrauten Urania in einem Brief an den Verfasser des Buches *Das Heimweh* unverhohlen über diesen lustig macht. Es gebe zwar durchaus einen inneren Gehalt des Textes, aber in der Form sei er missglückt, mokieren sich die Briefschreiber.¹⁷¹ An solchen Stellen, an denen das Missglücktsein des Textes durch dessen eigene Figuren thematisiert wird, verweist der Text deutlich auf sich selbst als literarisches Produkt, in dem derlei metaleptische Spielereien eben qua Gattung möglich sind. Dabei bleibt es nicht bei

---

167 „Ein allegorischer Text erlaubt zugleich zwei Deutungen und zwar zwei systematisch an allen *relevanten* Textelementen durchgeführte Deutungen." Kurz 1997, S. 31.
168 Vgl. Jung-Stilling 1994, S. 41.
169 Jung-Stilling 1994, S. 847.
170 Der Roman hat, glaubt man Jung-Stillings eigenen Bemerkungen (vgl. Jung-Stilling 1994, S. 864), viel Häme bei den Rezensenten ausgelöst, andererseits aber auch eine Gemeinde gestiftet, die das Buch als Offenbarungsschrift verstand und sich mit seiner Anleitung in Russland ansiedelte, um hier auf den jüngsten Tag zu warten, vgl. Völkel 2008.
171 „Lieber Stilling! / Du hast dein Heimwehbuch vollendet, und wir haben es von Anfang bis zu Ende durchgelesen; man verkennt nirgends deinen guten Willen; und dein Bestreben deinem Nebenmenschen zu nützen ist ganz löblich. Oft fiel uns aber der Nachtwächter des Flekkens ein, in welchem ich erzogen worden bin: der gute Mann war treu, brav, und wachsam, und er sang auch seine geistlichen Strophen des Abends und des Morgens deutlich, und aus vollem Halse; zudem waren auch die Verse immer sehr gut gewählt. Aber lieber Stilling! mit der Melodie wollte es zu Zeiten nicht recht fort, und dann war er auch gar oft heischer! Du wirst empfinden, was wir sagen wollen, – indessen thut das deinem Zweck und guten Willen keinen Schaden." Jung-Stilling 1994, S. 838.

reiner Spielerei, denn sie erlaubt es, die Infragestellung der Form auf eine des Gehalts auszudehnen; damit wird es aber möglich, die Ernsthaftigkeit des Anliegens, das auch Heimat in ihrer doppelten Lesbarkeit betrifft, zu hinterfragen.

Die doppelte Lesbarkeit, die, wie gezeigt, grundsätzlich für die Allegorie und in besonderem Maß für Jung-Stillings Text gilt, führt bezogen auf Heimat den Effekt mit sich, dass es bei Jung-Stilling zwei positiv besetzte Heimaten gibt, eine ‚eigentliche‘, also weltliche Heimat und eine ‚uneigentliche‘, metaphorische. Jung-Stillings innovative Umdeutung muss spätestens dann in die Aporie führen, wenn die irdische Heimat Solyma nach über sechshundert Seiten von den Pilgern erreicht wird. Denn nun zeigt sich, dass diese irdische Heimat doch nicht mehr als einen Verweis auf ein noch nicht Vorhandenes darstellt. Der Geburtsort Eugenius' ist schon in der Beschreibung des Vaters nicht mehr als ein abstrakter Ort des Lichts: „[D]ort an der äussersten Gränze, wo die Lichtwelt über den unermeßlichen Ocean emporsteigt, ist deines Vaters Wohnung, deine Heimath", sagt ihm sein leiblicher Vater.[172] Auch diese irdische Heimat definiert sich also über die Nähe zu Gott, über ihre religiöse Bestimmung. Und sie konstituiert sich – schaut man sich die Szene der ‚Heimkunft‘ an – nicht über die Erinnerung an Vergangenes, sondern über die Aussicht auf Zukünftiges: Das von den spirituellen Pilgern in Besitz genommene Land ist unbesiedelt, die Karte von Solyma, über die Eugenius verfügt, zeigt nur „Berge, Hügel, Thäler, Bäche und Flüsse", aber keine Spuren menschlichen Lebens. „Städte und Dörfer konnte sie nicht enthalten: denn deren waren noch keine da".[173] Das gelobte Land ist also ein Land der Verheißung, keines des schon gelebten Lebens, und die Beschreibung der Einnahme des Landes erinnert eher an eine Kolonisierung des Unentdeckten als an eine Wiederinbesitznahme des Bekannten:

> Aber auch das ganze Heer empfand Wonne der Seeligkeit im Anblick ihres gelobten Landes – es entstand bey den Vordersten ein Getümmel der Freude, welches so anwuchs, wie die Folgenden hinten herauf die Höhe erstiegen, und sich ihnen die entzückende Aussicht eröfnete; als aber zuletzt Paulus, der ehmals heimwehkranke Pfarrer, nun aber der Führer der teutschen Gemeinde auf der Höhe einherzog, und ihm nun das ganze Heer der Abendländer folgte, so hielte er am südlichen Abhange still, bis sich all 25000 Familien oben auf der Fläche ausgebreitet und versammelt hatten. Jezt ließ er unter den Teutschen ausrufen, daß sie, so bald sie seine Fahne in die Luft steigen sähen, das bekannte Lied anstimmen möchten, Lobet den Herren den mächtigen König zu Ehren! Dies geschah – und das gesammte Freudengetöne des meilenlangen Zugs verhallte im fernen Gefilde; aber aufwärts verklang es erst im seraphinischen Harfendonner.[174]

---

[172] Jung-Stilling 1994, S. 19.
[173] Alle Jung-Stilling 1994, S. 637.
[174] Jung-Stilling 1994, S. 636–637.

Die himmlische Heimat wird von Jung-Stillings Erbauungsroman in gewisser Weise auf die Erde geholt, zugleich ist diese irdische Heimat eine, die immer auch auf etwas anderes verweist. Dieser Heimat haftet allerdings ab dem Moment, wo sie erreicht wird, etwas Ernüchterndes an. Auch wenn die Ankunft in Solyma bei Eugenius und seiner auf der Reise gewonnenen Anhängerschaft eine „unaussprechliche Empfindung" und „Wonnethränen" verursacht,[175] ist Solyma doch nur ein unbesiedelter Landstrich. Anhand der Gemeinschaft der Siedler kann ihr Führer Eugenius im weiteren Romanverlauf seine Ideen über eine gute Regierung in einer Art Modellstaat entwickeln;[176] trotz aller religiös grundierten Empfindsamkeit des Romans sucht man besondere Emphase in Bezug auf die dann real bewohnte Heimat vergeblich.

Der nach Meinung seiner eigenen Figuren verunglückte Versuch eines spiritistisch-mystizistischen Autors, einen Erbauungsroman zu schreiben, ist somit eines der ersten Zeugnisse eines neuen Heimatbegriffs, der irdische und überirdische Heimat ineinander zu spiegeln versucht. Er bleibt aber in Bezug auf die Heimatfrage ein singuläres Projekt. Zwar war Jung-Stillings *Heimweh* eines der Lieblingsbücher von Novalis,[177] hat offensichtlich auch bei Autoren wie Justinus Kerner seine Spuren hinterlassen und ist, trotz zahlreicher negativer Beurteilungen durch Kritiker,[178] als Manifest der Erweckungsbewegung und Fanal der pietistischen Rußland-Auswanderung von einer sehr hohen Breitenwirkung gewesen[179] – aber als Allegorie wurde Heimat nicht ein zweites Mal gestaltet.

---

175 Beide Jung-Stilling 1994, S. 635.
176 Zur „retrograden Sozial- und Staatsphilosophie" des Romans, die „nicht nur der Romantik, sondern auch der (z.T. europäischen) politischen Restauration manch dämmriges Licht aufgesetzt hat", vgl. Zimmermann: Erleuchtete Vernunft, 1999, S. 122.
177 So Langen 1968, S. 139. Über Novalis hinaus sollte das frühromantische Heimweh daher nicht nur als transzendentalphilosophisches und transzendentalpoetisches Projekt im Allgemeinen (vgl. Arendt 1996), sondern auch als ganz konkreter Anschluss an die religiöse Begriffsbedeutung, für die Jung-Stilling steht, begriffen werden.
178 Georg Gottfried Gervinus beurteilt Jung-Stillings Roman als „peinlich und gespenstig" und diagnostiziert, dass der Autor darin „immer mehr in die Blödigkeit seiner Jugend" zurückfalle; hier zitiert nach Hahn 1991, S. 132.
179 *Das Heimweh* hat Jung-Stilling „europaweit zur herausragenden Figur der Erweckungsbewegung" gemacht, vgl. Zimmermann: Erleuchtete Vernunft, 1999, S. 117. Zur pietistischen Rußland-Auswanderung vgl. Haumann 1992. „Die Aussage, dass die Breitenwirkung Jung-Stillings gegenüber derjenigen des einflussreichen Theologen Friedrich Daniel Ernst Schleiermacher als höher einzuschätzen sein, kann als exemplarische Beschreibung des Verhältnisses von erwecklicher Populartheologie und akademischer Theologie im 19. Jahrhundert verstanden werden." Albrecht-Birkner 2017, S. 286–287. Albrecht-Birkner bezieht sich hier auf eine Aussage Max Geigers in seiner Studie *Aufklärung und Erweckung. Beiträge zur Erforschung Johann Heinrich Jung-Stillings und der Erweckungstheologie* von 1963.

Friedrich Hölderlin

Friedrich Hölderlins literarischer Umgang mit Heimat stellt etwas in vielerlei Hinsicht Neues in der Genese der Heimatsemantik dar und ist richtungsweisend für ein ganzes Jahrhundert. Hölderlin greift die geistliche Bedeutung auf, insofern auch bei ihm Heimat Ort des Heils ist, der dem Menschen nicht (mehr) zugänglich ist. Hölderlins Heimat geht aber nicht in der hergebrachten geistlichen Bedeutung auf. Denn Heimat steht bei ihm nicht mehr wie dort jenseits, sondern sie steht in der Zeit und es fehlt ihr das eschatische Moment, das die Hoffnung auf Vollendung und den Anbruch einer neuen Welt mit sich bringen würde. So wenig der Ort des Heils auf Erden wiederzuerreichen ist – es sei denn, im Traum oder in der Poesie –, so wenig wird ein Vertrauen formuliert, Heimat im Jenseits zu erlangen. Vor Hölderlin ist Heimat nur im geistlichen Kontext ein nicht erreichbarer Ort gewesen. Seit Hölderlin steht die Erreichbarkeit von Heimat auch auf der Erde in Frage.

Hölderlins Heimat ist also immer beides, Herkunftsort und Ort unerreichbaren Heils, und wird, indem es beides enthält, etwas gänzlich Neues. Heimat bei Hölderlin ist – und das wurde in den zahlreichen Hölderlin-Exegesen, die auf seinen Heimatbegriff Bezug nehmen,[180] nicht immer ausreichend berücksichtigt – nur angemessen zu verstehen, wenn man sie als paradigmatische Transformation geistlicher in neue Bedeutungen würdigt.[181]

Dies deutet sich schon in dem frühen Gedicht *An die Natur* an. Das Gedicht von 1794/95 ist das früheste von insgesamt sechsundzwanzig Gedichten und Gedichtentwürfen, in denen das Wort Heimat fällt, und es weist schon auf die Bedeutungsexplosion des Begriffes hin, die sich in Hölderlins Lyrik ereignet. Anders als Interpretationen, die Heimat bei Hölderlin aufs biographische Nür-

---

180 Die Wichtigkeit des Begriffs der Heimat für Hölderlin wurde seit Paul Böckmanns Monographie *Hölderlin und seine Götter* mit einem Kapitel zu „Der Mythos und die Heimat" (vgl. Böckmann 1935, S. 368–416) vielfach konstatiert. Nicht selten wird der Begriff der Heimat bei Hölderlin in einen im weitesten Sinne metaphysischen Kontext gestellt, eine Einordnung in die historische Semantik des Begriffs findet aber kaum statt. So ist es symptomatisch, dass der Theologe Lothar Steiger in einem Aufsatz mit dem Untertitel „Hölderlins theologische Heimat und Fremde" Hölderlins Texte mehr als heilige denn als historische Texte liest – und wenn, dann werden die Texte Hölderlins einer philosophischen Ideengeschichte von Fichte bis Hegel beigeordnet oder sie werden sehr allgemein als Produkt der gegenseitigen „Durchdringung und Rezeption beider Traditionen: der griechischen und der jüdisch-christlichen Selbst- und Gotteserfahrung" bezeichnet (Steiger 1986, S. 150).
181 Hölderlins Werk wurde verschiedentlich auf seine Verbindung von Theologie und Poetik hin untersucht. So interpretiert Wolfgang Binder Hölderlins Werk als „Dichtung im Licht theologischer Denkfiguren" (Binder 1971/1972, S. 1–2). In Bezug auf die theologische Figur des ewigen Lebens wird Hölderlins Werk umfassend gedeutet von Sebastian Lübcke; vgl. Lübcke 2019.

tingen festlegen,[182] ist Heimat schon in diesem Gedicht offensichtlich kein Ort, der einen Namen trägt oder der dem Ich (noch) erreichbar wäre, wie die letzte Strophe des achtstrophigen Gedichts unmissverständlich ausdrückt:

> Ewig muß die liebste Liebe darben,
> Was wir liebten, ist ein Schatten nur,
> Da der Jugend goldne Träume starben,
> Starb für mich die freundliche Natur;
> Das erfuhrst du nicht in frohen Tagen,
> Daß so ferne dir die Heimat liegt,
> Armes Herz, du wirst sie nie erfragen,
> Wenn dir nicht ein Traum von ihr genügt.

In der pantheistisch aufgefassten Natur fand sich das Kind einst als Teil des Unendlichen, Göttlichen geborgen. Diese „freundliche Natur" ist dem gegenwärtig sprechenden Ich gestorben. Es gibt keinen Verweis auf eine zukünftige Wiederherstellung von Einheit, ja, Ewigkeit wird mit dem ewigen Verharren im Ungenügen verbunden: „Ewig muß die liebste Liebe darben". Das „nie", das sich an die Frage nach der Heimat knüpft, ist ein endgültiges. Heimat steht auf diese Weise für ein unerfüllbares Transzendenzbegehren, das höchstens im Traum eine zwischenzeitliche Erfüllung findet.

Das Subjekt des Gedichts leidet am Verlust einer All-Einheitserfahrung, hier als ‚Unendlichkeit' und ‚Fülle' repräsentierende Natur gefasst:

> Oft verlor ich da mit trunknen Tränen
> Liebend, wie nach langer Irre sich
> In den Ozean die Ströme sehnen,
> Schöne Welt! in deiner Fülle mich;
> Ach! da stürzt ich mit den Wesen allen
> Freudig aus der Einsamkeit der Zeit,
> Wie ein Pilger in des Vaters Hallen,
> In die Arme der Unendlichkeit. –

Diese in der Kindheit genossene Einheit, die in der letzten Strophe dann mit Heimat assoziiert wird, ist zerstört. Heimat steht für einen Zustand, der nur mehr im Traum vergegenwärtigt werden kann. Heimat ist also kein irdischer Ort, aber

---

182 Binder fährt zur Stützung dieser These, symptomatisch für die Behandlung des Heimat-Themas bei Hölderlin durch die Forschung, eine Reihe von Texten auf, die das Wort Heimat gar nicht enthalten. Zudem vermengt er die eigene Rede von „Heimatgeschichte", „Heimatlandschaft" und „Heimatsehnsucht" – gepaart mit aufdringlichen Zuschreibungen, die Gefühlswelt der Person Hölderlin betreffend, beispielsweise die Hölderlin unterstellte „Heimatliebe" (alle Binder 1970, S. 78; der Aufsatz erschien zuerst 1953) – mit Hölderlins Dichtung.

sie ist auch kein heilsgeschichtlich bestimmbarer. Denn obwohl christliche Topoi aufgerufen werden, tritt deren Sinngehalt nur noch im Modus des Als-ob in Erscheinung: „Wie ein Pilger in des Vaters Hallen" zeigt sich als Vergleich. Die Bezugswelt ist neben der christlichen genauso eine griechisch-mythologische wie eine ägyptische, so dass „Gottes Melodie" in der dritten und „Titanensang" in der fünften Strophe konfliktlos nebeneinander bestehen können.[183] Auch die mythologische Welt ist mit einem „Wie" als fern gerückte Welt des Vergleichs gekennzeichnet („Wie die Ernten in Arkadien"), hier in der sechsten Strophe:

> Seid gesegnet, goldne Kinderträume,
> Ihr verbargt des Lebens Armut mir,
> Ihr erzogt des Herzens gute Keime,
> Was ich nie erringe, schenktet ihr!
> O Natur! an deiner Schönheit Lichte,
> Ohne Müh und Zwang entfalteten
> Sich der Liebe königliche Früchte,
> Wie die Ernten in Arkadien.[184]

Auch wenn es also religiöse Bezüge gibt, fehlt dem Gedicht das eschatische Moment, das die Hoffnung auf Vollendung und den Anbruch einer neuen Welt mit sich bringen würde. So wenig der Ort des Heils auf Erden wiederzuerreichen ist, so wenig wird ein Vertrauen formuliert, Heimat im Jenseits zu erlangen.

Spätere Gedichte betonen die regionalen Qualitäten von Heimat stärker, ohne auf die geistlichen zu verzichten. So kehren die Wandererfiguren Hölderlins immer wieder an einen lokal konkretisierten Ort zurück, etwa an den Rhein.[185] Auch hier wird aber in Zweifel gezogen, ob die Rückkehr für das Ich des Gedichts gelingen kann. In der ersten Fassung der zweistrophigen alkäischen Ode *Die Heimat* (1798) kehrt der Schiffer wohl heim, aber das Ich des Gedichts formuliert nur den Wunsch:

> Froh kehrt der Schiffer heim an den stillen Strom
>   Von fernen Inseln, wo er geerntet hat;
>   Wohl möcht' auch ich zur Heimat wieder;
>   Aber was hab' ich, wie Leid, geerntet? –

---

183 Zur Bedeutung von Hölderlins Verständnis der griechischen Antike für die eigene Selbstbewusstwerdung vgl. Szondi 1978; zum Topos der Wahlverwandtschaft der Deutschen und der Griechen vgl. Landfester 1996.
184 Friedrich Hölderlin: An die Natur, in: Hölderlin 2005, S. 163–165, hier S. 164–165.
185 Vgl. die beiden Fassungen von „Der Wanderer", in: Hölderlin 2005, S. 184–187 und S. 272–276.

> Ihr holden Ufer, die ihr mich auferzogt,
>   Stillt ihr der Liebe Leiden? ach! gebt ihr mir,
>   Ihr Wälder meiner Kindheit, wann ich
>   Komme, die Ruhe noch Einmal wieder?[186]

Die sprechende Instanz, die sich im dritten Vers zu erkennen gibt, kann nicht wie der Schiffer froh heimkehren. Sie wünscht sich dies, zweifelt aber angesichts dessen, dass sie von ihrer Reise nichts als Leid vorweisen könne, ob in der Heimat ihr Leiden gestillt, ihr Ruhe gegeben werden könne. Das Gedicht endet mit diesem Zweifel. In der zweiten, 1800 erschienenen, um mehrere Strophen erweiterten Fassung von *Die Heimat* wird die Rückkehr des Ich in der ersten Strophe gänzlich in den Konjunktiv gesetzt.[187] Vom Ich heißt es, dass es so froh wie der (mit Waren beladene) Schiffer zur Heimat zurückkehrte, wenn er so viele Güter aus der Fremde mitbrächte wie Leid:

> Froh kehrt der Schiffer heim an den stillen Strom,
>   Von Inseln fernher, wenn er geerntet hat;
>   So käm' auch ich zur Heimat, hätt' ich
>   Güter so viele, wie Leid, geerntet.

Die Fremde steht für Leid. Und Heimat steht hier für Freude, aber auch für einen Ort, an dem es das aus der Fremde Mitgebrachte vorzuweisen gilt. Die dritte und vierte Strophe deuten an, dass das Ich bei allem Zweifel doch die Heimat bald erreichen wird: „Dort bin ich bald".

> Ihr teuern Ufer, die mich erzogen einst,
>   Stillt ihr der Liebe Leiden, versprecht ihr mir,
>   Ihr Wälder meiner Jugend, wenn ich
>   Komme, die Ruhe noch einmal wieder?
>
> Am kühlen Bache, wo ich der Wellen Spiel,
>   Am Strome, wo ich gleiten die Schiffe sah,
>   Dort bin ich bald; euch traute Berge,
>   Die mich behüteten einst, der Heimat
>
> Verehrte sichre Grenzen, der Mutter Haus
>   Und liebender Geschwister Umarmungen
>   Begrüß' ich bald und ihr umschließt mich,
>   Daß, wie in Banden, das Herz mir heile,

---

186 Friedrich Hölderlin: Die Heimat (1798), in: Hölderlin 2005, S. 200.
187 Heimat wird bei Hölderlin oft von einem Konjunktiv begleitet: Binder 1970, Jens 1985, S. 195, Görner 1992, S. 52–53.

So gewiss die Rückkehr in die Heimat ist, so gewiss wird auch das Leid bleiben:

> Ihr treugebliebnen! aber ich weiß, ich weiß,
>   Der Liebe Leid, dies heilet so bald mir nicht,
>   Dies singt kein Wiegensang, den tröstend
>   Sterbliche singen, mir aus dem Busen.
>
> Denn sie, die uns das himmlische Feuer leihn,
>   Die Götter schenken heiliges Leid uns auch,
>   Drum bleibe dies. Ein Sohn der Erde
>   Schein' ich; zu lieben gemacht, zu leiden.[188]

Dass Heimat behüten konnte, war „einst". Das Haus der Mutter, die Umarmungen der liebenden Geschwister können wieder aufgesucht werden, aber die Leiderfahrung kann nicht rückgängig gemacht werden. Heimat bietet keinen Trost mehr. Andererseits wird das Leiden als Geschenk der Götter geheiligt. Hier deuten sich schon starke Parallelen zu *Heimkunft. An die Verwandten* von 1801 an, in dem die Heimkehr dann tatsächlich vollzogen wird.

Hölderlins Heimat wurde immer wieder metaphysisch aufgefasst, je nach Verstrickungen der Interpreten in die eigene Zeitgenossenschaft als „Gestaltung des mit der Heimat gegebenen Seelen- und Schicksalsraumes" (so bei Böckmann 1935),[189] als „Zukunft des geschichtlichen Wesens der Deutschen" (so bei Heidegger 1944),[190] oder als „schwäbisch-griechische Synthese" (so bei Binder 1953).[191] Immer wird in diesen Interpretationen aber von Heimat als regional bestimmtem Herkunftsort ausgegangen, den Hölderlin dann mythisch überhöhe, wobei die christlichen Anteile dieses Mythologischen dann weniger in Anschlag gebracht werden als die griechisch-antiken. Die Grundidee vieler Interpretationen läuft darauf hinaus, dass Nürtingen quasi zu Theben überhöht werde. Es scheint aus historischer Perspektive vielleicht sinnvoller, andersherum zu argumentieren: Hölderlin greift neben der griechisch-antiken Symbolwelt auf das Modell einer geistlichen Heimat zurück und überträgt dieses auf die innerweltliche Heimat. In dieser Perspektive wird es möglich, Hölderlin in konkreten historischen Bezug zur geistlichen Heimatsemantik zu stellen, aus der er (auch) schöpft.

An der viel gedeuteten Elegie *Heimkunft. An die Verwandten* von 1801 kann die Fruchtbarkeit dieses Perspektivwechsels veranschaulicht werden. Strukturell und thematisch in großer Nähe zu den Elegien „Stutgart" und „Der Wanderer", geht es

---

[188] Friedrich Hölderlin: Die Heimat (1800), in: Hölderlin 2005, S. 245.
[189] Böckmann 1935, S. 368.
[190] Heidegger 1996, S. 30. Der Wortlaut des Aufsatzes erfährt auch in den nach 1944 durch Heidegger autorisierten Auflagen keine Veränderung.
[191] Binder 1970, S. 100.

auch hier um eine Wanderung aus der Ferne an den positiv besetzten Ort der Herkunft, der zugleich für ein utopisches geistiges Ideal steht. Wie die anderen beiden, ebenfalls sechsstrophigen Elegien bildet ein intensives, aufwühlendes Naturerlebnis den Beginn des Gedichts und zugleich den Ausgangspunkt für die Reflexion auf Heimat als einen Ort des Ursprungs und der Utopie.

In *Heimkunft* wird in den ersten beiden Strophen ein Sonnenaufgang in den Alpen beschrieben, der für den Neubeginn und auch für den Beginn überhaupt, die Schöpfung, steht.[192] Im dritten und vierten Distichon heißt es:

> Langsam eilt und kämpft das freudigschauernde Chaos,
>   Jung an Gestalt, doch stark, feiert es liebenden Streit
> Unter den Felsen, es gärt und wankt in den ewigen Schranken,
>   Denn bacchantischer zieht drinnen der Morgen herauf.[193]

Aus dem Chaos, durch verschiedene Oxymora wie das ‚langsame Eilen' und den ‚liebenden Streit' veranschaulicht, wird der Morgen geboren.[194] Das Tal mit seinen gärenden und wankenden Bewegungen versinnbildlicht die „unermeßliche Werkstatt" – der christliche Topos der Werkstatt Gottes und der griechische des Bacchantischen werden in diesem Ursprungsgeschehen mythologisch anspielungsreich zusammengebracht.[195] Die zweite Strophe setzt gegen das schöpferische Chaos im gärenden Tal[196] die „silbernen Höhen darüber", die den Blick noch höher gleiten lassen zum Höchsten und zugleich zum Ursprung der Schöpfung. Der hier gezeichnete Gott trägt Züge einer christlichen Gottesvorstellung, es werden die Begriffe ‚selig' und ‚heilig' verwendet, andererseits ist dieser Gott allein und das Heilsversprechen bleibt aus. Gott „scheint" nur „geneigt", Leben und Freude zu geben. Es fehlt die Gewissheit der christlichen Offenbarungsreligion. Und schon das antikisierende Versmaß zeigt, dass die Bezugswelt des Gedichts keine christliche ist. Das Göttliche insgesamt, ob christlich oder antik-

---

192 Zur erhabenheitsästhetischen Tradition der Alpendarstellungen des 18. Jahrhunderts bei Hölderlin vgl. zuletzt Rühling 2015, S. 234–241.
193 Friedrich Hölderlin: Heimkunft. An die Verwandten, in: Hölderlin 2005, S. 291–295, hier S. 291.
194 Vgl. auch Honold 2005, S. 253–254.
195 Die göttliche Werkstatt wird von Sebastian Lübcke in seiner *Heimkunft*-Interpretation im Rekurs auf Herder und Schiller als *natura naturans* bzw. als schöpferischer ‚Geist' in der Welt gedeutet, vgl. Lübcke 2019, S. 404.
196 Zu den Hesiod-Bezügen des schöpferischen Chaos vgl. Rühling 2015, S. 237; zum Begriff des ‚Gärens' als Anspielung auf die revolutionäre Neuordnung der Welt vgl. Böschenstein 1989, S. 16.

griechisch,[197] ist so fern und ungewiss, dass der Mensch nicht weiß, wie er sich ihm nähern soll: „Heilige Namen fehlen". Nur die Musik, unmittelbarer Ausdruck der Seele, berührt „vielleicht" die Himmlischen.

> Und noch höher hinauf wohnt über dem Lichte der reine
>   Selige Gott vom Spiel heiliger Strahlen erfreut.
> Stille wohnt er allein und hell erscheinet sein Antlitz,
>   Der ätherische scheint Leben zu geben geneigt,
> Freude zu schaffen, [...]

Das sich ab der dritten Strophe einschaltende Ich, das sich in steter Zwiesprache mit Gott befindet, fährt, die Alpen im Rücken, über den großen See, fährt in Lindau ein und fühlt sich gleich dreimal, allerdings nur scheinbar, vertraut: „Alles scheinet vertraut, der vorübereilende Gruß auch / Scheint von Freunden, es scheint jegliche Miene verwandt". Die von der Gefahr des Scheins überschattete Freude des Rückkehrers wird, wie um diese zu bekämpfen, von einer anspornenden Selbstanrede unterbrochen: „Freilich wohl! das Geburtsland ists, der Boden der Heimat, / Was du suchest, es ist nahe, begegnet dir schon". Der Empfang des Wanderers durch die Verwandten in der fünften Strophe bildet einen Höhepunkt der Elegie.[198] Das in Strophe drei und vier Ersehnte trifft ein. Es ist die Liebe der Verwandten, die sich bei der Heimkehr realisiert:

> Dort empfangen sie mich. O Stimme der Stadt, der Mutter!
>   O du triffest, du regst Langegelerntes mir auf!
> Dennoch sind sie es noch! noch blühet die Sonn' und die Freud' euch,
>   O ihr Liebsten! und fast heller im Auge, wie sonst.

Auch wenn es hier die schon im Untertitel des Gedichts adressierten Verwandten sind, auch wenn es die hier (und in vielen anderen Gedichten) direkt angesprochene Mutter ist – die hier hergestellte direkte Beziehung von Heimat und Liebe ist nicht allein zwischenmenschlich, sondern auch im gläubigen Kontext zu verstehen. Wie an vielen anderen Stellen von Hölderlins Werk werden Heimat und Liebe einander direkt zugeordnet (das Wort Heimatliebe findet sich historisch erst

---

197 Zu den synkretistischen, sowohl christlichen als auch griechisch-mythologischen Göttlichkeitsvorstellungen Hölderlins vgl. Rühling 2015, S. 251. Lübcke betont die palingentische Bedeutung des Schöpferischen, die jenseits tradierter religiöser Wissensordnungen zu suchen sei; vgl. Lübcke 2019, S. 405–407.
198 Die für die Elegie zentrale Bewegung durch den Raum – der aus der Ferne kommende Wanderer, der über den See fahrend, zurück in die Heimat kehrt – wurde vielfach zugleich als Zeitenwanderung gedeutet, als Bewegung von der Gegenwart ins antike Griechenland und wieder zurück, vgl. Vöhler 1997, S. 185–193.

später und wird erst im letzten Jahrhundertdrittel zum zentralen Begriff, vgl. II.3.1).[199]

Die Heimkehr, und auch dies ist ein Indiz, dass es sich hier um mehr als eine biographisch gemeinte Heimkehr zum Geburtsort handelt,[200] wird nicht nur als Phänomen der Gegenwart beschrieben. Zunächst ist es das Alte, das sich über die Treue an die Gegenwart bindet: „Ja! das Alte noch ists! Es gedeihet und reifet, doch keines / Was da lebet und liebt, lässet die Treue zurück." Das „Beste" aber, „der Fund" ist noch „gespart": „Es ist die Freude". Die Freude, die schon in der zweiten Strophe zur Gabe Gottes erklärt wurde, taucht an dieser hermetischsten und meistgedeuteten Stelle der Elegie wieder auf. Heimat enthält etwas Zukünftiges, das sich unmittelbar an einen liebenden Gott bindet. Die Anrufung des „großen Vater[s]" preist immer wieder die Freude, die er spendet, als eine heilige, zukünftige. Heimat, die in der Geburtsstadt, bei der Mutter ist, verweist zugleich auf „das Himmlische", das in der imperativischen Form – „teile das Himmlische sich" – allerdings nur dringend gewünscht, nicht besessen wird:

[...] in die Adern alle des Lebens,
    Alle freuend zugleich, teile das Himmlische sich!
Adle! verjünge! damit nichts Menschlichgutes, damit nicht
    Eine Stunde des Tags ohne die Frohen und auch
Solche Freude, wie jetzt, wenn Liebende wieder sich finden,
    Wie es gehört für sie, schicklich geheiliget sei.

---

199 Heimat und Liebe werden an einigen Stellen von Hölderlins Werk geradezu zu Synonymen. In „An die Natur" ist es der Zustand des in Liebe aufgehobenen Kindes, das mit dem verlorenen Urzustand, der Heimat, verbunden wird. In *Diotima* heißt es, der „Lieb' und Heimat" konnten sich nur „die Königlichen", „die Göttermenschen" freuen, jene, „die nimmer sind" (alle Hölderlin 2005, S. 251). Im *Hyperion* gelingt es der Titelgestalt, die weiß: „für des Menschen wilde Brust ist keine Heimat möglich" (Hölderlin 1995, S. 115), nur in einem einzigen Moment, an die Möglichkeit der Rückkehr in die ‚alte Heimat' zu glauben, dem Moment, wo Diotima ihm ihre Liebe gesteht: „o meine Diotima! nun hatt ich es, das reizende Bekenntnis, nun hab ich und halt es, bis auch mich, mit allem, was an mir ist, in die alte Heimat, in den Schoß der Natur die Woge der Liebe zurückbringt." (Hölderlin 1995, S. 177.) Für den in den Tod Ziehenden ist diese Hoffnung wieder ungewiss geworden: „und ich bin ja ohnedies dazu geboren, heimatlos und ohne Ruhestätte zu sein. O Erde! o ihr Sterne! werde ich nirgends wohnen am Ende?" (Hölderlin 1995, S. 226.) Insofern ist auch hier den Interpretationen, die stets die Liebe zu den Verwandten, den Geschwistern, allen voran der Mutter mit der Heimat des Heimkehrenden assoziierten und damit die Verweise auf Realweltliches stark betonten (vgl. exemplarisch Zuberbühler 1975/1977, S. 62 und Zuberbühler 1982, S. 11), ergänzend ein religiöses Heimatverständnis einer Liebe in Gott hinzuzufügen.
200 In diesem Sinn Böschenstein 1989, S. 114.

Die Verbindung zwischen den beiden Sphären stellt der priesterliche Dichter-Sänger[201] her, dessen reine Freude in Sorge umschlägt; „es spricht sich die Seelennot des Sängers aus, der das Hohe und Heilige sagen soll und doch schweigen muß":[202]

> Wenn wir segnen das Mahl, wen darf ich nennen und wenn wir
>   Ruhn vom Leben des Tags, saget, wie bring' ich den Dank?
> Nenn' ich den Hohen dabei? Unschickliches liebet ein Gott nicht,
>   Ihn zu fassen, ist fast unsere Freude zu klein.
> Schweigen müssen wir oft; es fehlen heilige Namen,
>   Herzen schlagen und doch bleibet die Rede zurück?
> Aber ein Saitenspiel leiht jeder Stunde die Töne,
>   Und erfreuet vielleicht Himmlische, welche sich nahn.
> Das bereitet und so ist auch beinahe die Sorge
>   Schon befriediget, die unter das Freudige kam.
> Sorgen, wie diese, muß, gern oder nicht, in der Seele
>   Tragen ein Sänger und oft, aber die anderen nicht.

Das Leid und die Sorge, die nur der Dichter zu empfinden und zu tragen fähig ist, sind der Preis dafür, mit seinem Saitenspiel in himmlische Sphären vordringen zu können. Insofern wird ein höchster Anspruch an die Kunst formuliert: So wie nur der Künstler zum Schmerz fähig ist, ist der Schmerz die Voraussetzung für die Heiligung seiner Kunst. Die von Klopstock vorgeprägte Gleichung von Dichtung und Offenbarung in der heiligen Poesie[203] wird bei Hölderlin auch in Bezug auf Heimat formuliert – nur der Dichter kann den Weg zur Heimat zeigen. Diese Figur wird sich von nun an genauso bei Brentano und Novalis und im gesamten 19. Jahrhundert und darüber hinaus wiederfinden.

Das Gedicht beginnt und endet mit einer transzendenten Dimension. Heimat ist innerhalb der Gedichtsymmetrie mittig gesetzt. Als Geburtsstadt, als Ort der Mutter, erhält sie erst durch die rahmende Dimension ihren Sinn. Heimkehr, auch wo sie in diesem Gedicht (im Gegensatz zu den beiden Fassungen von „Die Heimat") vollzogen wird, steht unter dem Vorbehalt, gar nicht mehr an ihr Ziel zu kommen. Und dieser Vorbehalt erklärt sich mit dem geistlichen Heimatverständnis, das Heimat auf Erden grundsätzlich versagt.

Festzuhalten bleibt, dass Hölderlin eine geistliche Heimatvorstellung des auf Erden Nicht-Erreichbaren auf die weltliche Heimat anwendet und diese weltliche

---

[201] Zum antiken Modell des Dichter-Sängers und seinen späteren Adaptionen vgl. Koch 2017. Zum geistigen Führungsanspruch des Dichters und speziell zum „Priestertum" Hölderlins vgl. Kommerell 1982, S. 397.
[202] Janke 2005, S. 82–83.
[203] Vgl. Jacob 1997, S. 135–150.

Heimat auf diese Weise entprofanisiert. Für das traditionell geistliche Heimatverständnis gab es Heimat nur im Transzendenten. Hölderlin kehrt den Begriffsgebrauch um: Heimat wird ausschließlich für den Bereich des Irdischen verwendet. Aber gemeint ist damit etwas, das sich im Irdischen immer nur unvollkommen realisieren lässt und auf das ungewisse Transzendente verweist. Die irdische Heimat ist nicht mehr eine profane, sondern nimmt selbst Züge des Transzendenten an. Heimat ist individueller Herkunftsort des Einzelnen, zugleich aber auch immer ein Ort, der unerreichbar geworden ist und dessen uneinlösbare Verheißungen Trauer auslösen.

Heimat bei Hölderlin wird gewöhnlich in der Dialektik von Heimat und Fremde beschrieben: „Kein Nürtingen ohne Theben, kein Homburg ohne die Alpen."[204] Und insofern von bestimmten Interpreten Heimat und Vaterland bei Hölderlin über einen Kamm geschoren werden,[205] wird damit auch gleich eine Dialektik von Ästhetischem und Politisch-Patriotischem konstatiert.[206] Dagegen ist es vielmehr so, dass die komplexe Begriffsverwendung des Vaterlands[207] bei Hölderlin tatsächlich neben mythologischen und religiösen auch politisch-patriotische Konnotationen beinhaltet, wie man beispielsweise am „Tod fürs Vaterland" zeigen könnte. Der Begriff der Heimat bleibt dagegen weitgehend frei von

---

[204] Görner 1992, S. 54.
[205] Dass Vaterland und Heimat bei Hölderlin nicht sinnvoll trennbar sind, glauben beispielsweise Wolfgang Binder und Rüdiger Görner, vgl. Binder 1970, S. 48–50 und Görner 1992, S. 52.
[206] Vgl. Görner 1992, S. 57.
[207] Christoph Prignitz deutet die verschiedenen Semantiken des Vaterlandsbegriffs bei Hölderlin vor dem Hintergrund seines politischen Denkens in der Spannung zwischen Patriotismus und Kosmopolitismus (vgl. Prignitz 1976); Hans Joachim Kreutzer diskutiert das seit Friedrich Beißner vorherrschende Denkbild des Auszugs in die Fremde und der Rückkehr ins Vaterland. Dabei subsumiert er den Heimatbegriff weitgehend unter den Vaterlandsbegriff, misst ihm aber eine untergeordnete Stellung zu, Heimat sei weitgehend als „Kulturlandschaft, der Hölderlin selbst entstammt" zu verstehen (Kreutzer 1980/81, S. 19); Ingeborg Drewitz pointiert Hölderlins „Vaterlandbegriff in der jakobinischen Deutung" als Ausdruck der Nähe zu den Idealen der Französischen Revolution (Drewitz 1981, S. 283), das nationale Vaterland sei bei Hölderlin immer „an der PATRIE, am Vaterland der Freien und Gleichen" orientiert (Drewitz 1981, S. 292); Ulrich Gaier sieht im Vaterlandsbegriff bei Hölderlin keinen auf eine politische Nation zielenden Gehalt, dies sei eine unzulässige Auslegung seitens seiner postumen Ausleger (vgl. Gaier 1986/87); Manfred Koch hebt die Bedeutung des Vaterlands in seiner republikanischen Bedeutung hervor (vgl. Koch 1996); Karin Dahlke deutet Hölderlins Vaterland als Land der alten griechischen Väter (vgl. Dahlke 2008, S. 330); Sebastian Lübcke deutet das Vaterland (im Anschluss an Janke 2005) dagegen als „allumfassendes Land des absoluten Vaters" (vgl. Lübcke 2019, S. 345–363, hier S. 348 mit weiterer Literatur zur Bedeutung des Vaterlands bei Hölderlin, sowie Lübcke 2019, S. 412–427). Außer bei Kreutzer wird bei keinem der genannten Forschungsbeiträge eine Verhältnisbestimmung von Vaterland und Heimat vorgenommen.

solchen politischen Konnotationen (zum Verhältnis von Heimat und Vaterland vgl. I.2.1). In der Rezeptionsgeschichte von Hölderlins Werk wird gerade das Verhältnis von Heimat und Fremde dagegen immer wieder zum Politikum, etwa in Martin Heideggers Hölderlin-Lesarten und Theodor W. Adornos Replik.[208] Bis heute bleibt fraglich, ob man mit pädagogisch sicherlich wertvollen Wertungen, Hölderlin lehre uns einen „liebe- und leidvolle[n] Umgang mit der Heimat", der uns zeige, „daß ein Übermaß an fremden Einflüssen die Identität des Eigenen zersetzen kann", dass aber „ohne die Auseinandersetzung mit dem uns Fremden, das Eigene notwendig verarmt und verödet",[209] der Dialektik von Heimat und Fremde bei Hölderlin beikommen kann. Berücksichtigenswert scheint jedenfalls auch die Vorgeschichte dieser Dialektik, die im geistlichen Heimatbegriff liegt. Ist im geistlichen Bild die Erde mit dem Pilgerdasein in der Fremde, der Himmel mit der Heimat verknüpft, dann ist es bezogen auf das bisher Gesagte folgerichtig, wenn Hölderlin aus dem paulinischen Antagonismus eine irdische Dialektik mit transzendentem Hoffnungsschimmer formt. In die verlorene Heimat (der Kindheit) gelangt man auch im Durchgang durch die Fremde (der eigenen Gegenwart) nicht wieder zurück, aber der „Fund" verweist möglicherweise – zumindest im Gedicht *Heimkunft* – auf ein (göttliches) Zukünftiges.

Clemens Brentano

Die literarischen Heimaten in Brentanos Frühwerk und die Hölderlins entstehen unabhängig voneinander, weisen aber viele Gemeinsamkeiten auf.[210] Brentano

---

208 Vgl. Martin Heideggers Aufsätze zu *Heimkunft / An die Verwandten* und *Andenken* (beide 1944) sowie Theodor W. Adornos Reaktion darauf mit seinem Aufsatz *Parataxis* (1964). Über die „hermeneutische Gewaltsamkeit von Heideggers Hölderlin-Deutungen" vgl. zuletzt Kurz 2014, S. 112.
209 Görner 1992, S. 62.
210 Im Oktober 1806 fand Brentanos Begegnung mit Sinclair statt, auf diesen Zeitpunkt datiert Walter Rehm die erste Beschäftigung Brentanos mit Hölderlin, vgl. Rehm 1957, S. 43. Clemens Brentano zählt neben Achim von Arnim zu den wenigen zeitgenössischen Bewunderern Hölderlins. Die erste, damals unter dem Titel „Die Nacht" allein bekannte Strophe von „Brot und Wein" bezeichnet Brentano 1810 gegenüber Philipp Otto Runge als „eines der gelungensten Gedichte überhaupt", *Hyperion* sei „eines der trefflichsten Bücher der Nation, ja der Welt", schreibt er 1814 an Rahel Varnhagen. Hölderlin sei ihm „höchstes Ideal", zeichnet Gustav Schwab nach einer Abendgesellschaft bei Savigny 1815 auf (alle Nachweise Rehm 1957). Die von Achim von Arnim unter Mitarbeit von Brentano und Görres herausgegebene *Zeitung für Einsiedler* hatte 1808 dreimal Hölderlin gebracht: Auszüge aus der Rhein- und der *Patmos*-Hymne, die kurz zuvor im *Musenalmanach* von Leo von Seckendorf erstmals veröffentlicht worden waren. Nur ein Bruchteil von Hölderlins Texten wurde zu dessen Lebzeiten veröffentlicht. Übersicht bei Seebaß 1922, S. 22–24.

und Hölderlin verbindet, dass sie die geistliche in eine neu verstandene irdische Heimat transformieren, ohne den Bezug zur tradierten geistlichen Heimat zu lösen. Bei beiden Autoren entsteht eine semantische Komplexität von Heimat, wie es sie vorher nicht gibt.

Zwischen Sommer 1800 und April 1801 schreibt Brentano das Gedicht *Als hohe in sich selbst verwandte Mächte* und veröffentlicht es kurz darauf als Teil seines Romans *Godwi oder das steinerne Bild der Mutter.* Das Gedicht erzählt zwei komplementäre Schöpfungsgeschichten, eine kosmische und eine künstlerische. Beide Schöpfungen verbinden sich auf elementare Weise mit Heimat.

Als hohe in sich selbst verwandte Mächte
In heilger Ordnung bildend sich gereiht,
Entzündete im wechslenden Geschlechte
Die Liebe lebende Beweglichkeit,
Und ward im Beten tiefgeheimer Nächte,
Dem Menschen jene Fremde eingeweiht,
Ein stilles Heimweh ist mit dir geboren,
Hast du gleich früh den Wanderstab verloren.

Die Töne zieh'n dich hin, in sanften Wellen,
Rauscht leis ihr Strom in Ufern von Kristall,
Sirenen buhlen mit der Fahrt Gesellen,
Aus Bergestiefen grüßt sie das Metall,
Der Donner betet, ihre Segel schwellen,
Aus Ferne ruft der ernste Wiederhall;
Die Wimpeln weh'n in bunten Melodien,
O wolltest du mit in die Fremde ziehen.

Die Farben spannen Netze aus, und winken
Dir mit des Aufgangs lebenstrunknem Blick,
In ihren Stralen Brüderschaft zu trinken.
Am Berge weilen sie, und sehn zurück –
Willst du nicht auch zur Heimath niedersinken?
Denn von den Sternen dämmert dein Geschick,
Die fremde Heimath, spricht es, zu ergründen,
Sollst du des Lichtes Söhnen dich verbünden.

Auch magst du leicht das Vaterland erringen,
Hast du der Felsen hartes Herz besiegt,
Der Marmor wird in süßem Schmerz erklingen,
Der todt und stumm in deinem Wege liegt:
Wenn deine Arme glühend ihn umschlingen,
Daß er sich deinem Bilde liebend schmiegt;
Dann führt dich gern zu jenen fremden Landen,
Dein Gott, du selbst, aus ihm und dir erstanden.

> Dich schreckt so stiller Gang, so schwer Bemühen,
> Du sehnest dich in alle Liebe hin,
> Des Marmors kalte Lippe will nicht glühen,
> Die Farbe spottet deiner Hände Sinn,
> Die Töne singen Liebe dir und fliehen,
> Gewinnst du nicht, so werde selbst Gewinn,
> Entwickle dich in Form, und Licht, und Tönen,
> So wird der Heimath Bürgerkranz dich krönen.
>
> O freier Geist, du unerfaßlich Leben,
> Gesang der Farbe, Formen-Harmonie,
> Gestalt des Tons, du hell lebendig Weben,
> In Nacht und Tod, in Stummheit Melodie,
> In meines Busens Saiten tonlos Beben,
> Ersteh' in meiner Seele Poesie:
> Laß mich in ihrer Göttin Wort sie grüßen,
> Daß sich der Heimath Thore mir erschließen.
>
> Ein guter Bürger will ich Freiheit singen,
> Der Liebe Freiheit, die in Fremde rang,
> Will in der Schönheit Gränzen Kränze schlingen,
> Um meinen Ruf, des Lebens tiefsten Klang,
> Mir eignen, ihn mit Lied und Lieb erringen,
> Bis brautlich ganz in Wonne mein Gesang,
> Gelöst in Lust und Schmerz das Widerstreben,
> Und eigner Schöpfung Leben niederschweben.[211]

Die ersten beiden Verse lassen an die kosmische Schöpfung denken, die weiteren Verse der ersten Strophe stellen dann die Schöpfung des Menschen in den Mittelpunkt. Der Mensch ist von Anfang an unvollkommen und in seiner Unvollkommenheit auf etwas bezogen, das ihn transzendiert. Daher rühren die „Fremde", in die er „eingeweiht" ist, und sein „stilles Heimweh". Zwischen den letzten zwei Versen der ersten Strophe und der zweiten Strophe wechselt die Perspektive mit der direkten Ansprache dieses Menschen von einer Überschau zu einer subjektiven Wahrnehmung von Klang- und Farbeindrücken, die der beschriebenen Flussfahrt in erhabener Berglandschaft eine Atmosphäre der Verwobenheit von allem mit allem verleiht. Die Beschreibung eines Sonnenaufgangs in den Bergen gipfelt in der Aufforderung an das angesprochene Du, „Brüderschaft" mit den Farben zu trinken und sich mit ihnen zu „verbünden". Das Licht der Sonne *und* der Sterne, deren ‚Söhne' die Farben sind, steht in einem unmittelbaren Zusammenhang mit der Forderung an das Du, zur Heimat niederzusinken und sie zu ergründen. Heimat, von der wahlweise auch als „fremde Heimath", als den

---

[211] Clemens Brentano: Als hohe in sich selbst verwandte Mächte, in: Brentano 2007, S. 101–102.

„fremden Landen" und als dem „Vaterland" die Rede ist, scheint Fremde immer schon zu enthalten. So wie dem Menschen von Anfang an Heimweh eigen ist („Ein stilles Heimweh ist mit dir geboren"), er zugleich aber vom Fernweh getrieben ist („o wolltest du mit in die Fremde ziehen"), ist Heimat stets auch fremd. Die Verbrüderung mit den Farben, also der künstlerische Ausdruck des Menschen in der Malerei, bietet einen Zugang zur Heimat; genauso kann dieser über die Bezwingung des Marmors, also die Bildhauerei, hergestellt werden. Wie im angespielten Pygmalion-Mythos kann der Marmor durch die Leidenschaft und das Können des Künstlers zum Leben erwachen.[212] Der Künstler ist dann zum Schöpfer geworden und teilt diesen Schöpferstatus mit Gott selbst: „Dann", also wenn der Marmor durch den Künstler zum Leben erweckt ist, kann der Angesprochene zu „jenen fremden Landen", der Heimat, geführt werden oder sich selbst führen. Der Künstler-Schöpfer und ‚sein' Gott – von dem nicht klar ist, ob es der christliche oder ein antiker Gott ist – werden auf eine Stufe gestellt. Nach einem retardierenden Moment, in dem der angesprochene Künstler zunächst unfähig zur Schöpfung ist und Marmor, Farbe und Ton seiner spotten, entfacht die Entstehung der Poesie – als dritte der genannten Künste – in der „Seele" des Ich einen synästhetischen Rausch, der den der zweiten Strophe noch einmal überbietet. Analog zur zweiten Strophe, in der die göttliche Schöpfung als synästhetisches Gesamterlebnis dargestellt wurde, ist es hier in der vorletzten Strophe – symmetrisch die zweite Strophe spiegelnd – die Schöpfung des Künstlers, des Dichters, welche die Tore der Heimat öffnet. In der letzten Strophe besingt das Künstler-Ich hymnisch die Freiheit, den eigenen Gesang und die eigene Schöpfung.

Im Vergleich fällt sowohl in Brentanos Gedicht als auch in Hölderlins *Heimkunft*, beide 1801 entstanden, der mit kosmischen Ursprungsmächten assoziierte Sonnenaufgang als starkes Anfangsbild auf. Beide Gedichtanfänge verherrlichen mit sakralen Begrifflichkeiten ein Göttliches in der Natur. Und beide Gedichte schließen mit einer selbstbewussten Künstlerrede, in welcher der Dichter den Zugang zur göttlichen Sphäre für sich beansprucht. Kosmos und Kunst sind – stärker bei Brentano, schwächer bei Hölderlin – in einen annähernd gleichwertigen Zusammenhang gebracht und Heimat bildet ein Glied zwischen beiden. Es ist der Künstler, der Dichter-Sänger, der eine Verbindung zwischen menschlicher und göttlicher Sphäre herstellen kann, und in beiden Texten fallen Künstlertum und die Suche nach Heimat somit eng zusammen. Heimat ist, wenn überhaupt, nur in der oder durch die Kunst zu erlangen. Aus Brentanos Text spricht ein gegenüber Hölderlin weitaus offensiveres Selbstbewusstsein des Künstlers, der geradezu prometheisch seine Unabhängigkeit von göttlicher Schöpfung beweist. Er

---

[212] Vgl. Oesterhelt 2006 sowie Oesterhelt 2010, S. 290–314.

ist auch optimistischer, was die Möglichkeit angeht, Heimat tatsächlich zu erringen. Beide Texte verbindet, dass Heimat eine Kategorie ist, die im Göttlich-Kosmischen liegt, aber auf das Irdische angewandt wird. Bei Hölderlin ist dieses Irdische das regional Bestimmbare – die Alpen, der Bodensee, Lindau. Bei Brentano gibt es ganz andere lebensweltliche Indikatoren von Heimat: Die Wendungen „der Heimat Bürgerkranz" und „Ein guter Bürger will ich Freiheit singen" spielen (neben der vorher erwähnten „Brüderschaft") auf das zweite der revolutionären jakobinischen Ideale an und erheben damit die Sache der Heimat auch zum zeitgenössischen Politikum. So wie die französischen Revolutionäre Freiheit von der Obrigkeit erstreiten wollten, will auch das Künstler-Ich des Gedichts sich selbstmächtig, quasi im revolutionären Protest gegen höhere Instanzen, die Heimat erringen. Dies kann im Sinn der Prometheus-Parallelen als Aufbegehren gegen Gott, es kann aber auch im Kontext der bürgerlich-rechtlichen Bedeutungsebene von Heimat als Infragestellung staatlicher Institutionen gelesen werden, die verantwortlich für die An- und Aberkennung der eng miteinander verwobenen Heimat- und Bürgerrechte waren (vgl. II.2).

Ein weiterer Aspekt, der bei Brentano ins Auge fällt, ist, dass Heimat in seinem Gedicht erstens erotisch und zweitens weiblich konnotiert ist. Zu Beginn des Gedichts wird das dem Menschen ‚eingeborene' Heimweh mit der Zweigeschlechtlichkeit des Menschen und seinem Liebesbegehren assoziiert. Heimat wäre im Rückschluss dann auch die Aufhebung oder die Erfüllung eines erotischen Begehrens. Am Ende des Gedichts werden die Heimat, die Seele, die Poesie und eine Göttin miteinander in Verbindung gebracht: „Ersteh' in meiner Seele Poesie: / Laß mich in ihrer Göttin Wort sie grüßen, / Daß sich der Heimath Thore mir erschließen." Das sich mit Heimat verbindende Göttliche ist weiblich; damit werden religiöse Heimatvorstellungen in einen neuen geschlechtsspezifischen Code eingetragen (vgl. I.2.3).

Über diese hier nur angedeutete Erotik, Weiblichkeit und Göttlichkeit von Heimat lässt sich eine Verbindung zu den Heimat-Gedichten des späten Brentano herstellen, die im Übrigen eine ganz andere Auslegung von Heimat als die des frühen Brentano anbieten.

1817 legte Brentano eine Generalbeichte ab und verstand sich seitdem als ‚Schreiber' im Dienst der katholischen Kirche, der seine profan-schriftstellerischen Ambitionen hinter sich gelassen hatte. Bezogen auf Heimat ist ihm das allerdings kaum gelungen. Auch wenn sich der späte Brentano sehr viel stärker an das traditionell ausgebildete Begriffsverständnis der geistlichen Heimat anlehnt als der frühe, kann in seinen vielschichtigen Texten von einer hergebracht christlichen Bedeutung keine Rede sein. Höchstens in einigen seiner Gedichtbearbeitungen, etwa des *Goldnen Tugendbuchs* von Friedrich Spee, die erbaulichen Zwecken dienen, findet sich ein ungebrochen paulinischer Antagonismus, dem zufolge das vor „Heimweh" sich verzehrende Ich nach dem Himmel begehrt: „Im Himmel nur ist ew'ge Spur, / Dort nur ist ew'ges Leben".[213] Die selbständigen und allesamt nicht innerhalb eines geistlichen Kontextes stehenden übrigen Heimat-Gedichte[214] nach der religiösen Wende nehmen diesen weltverachtenden Ton auf. Sie sind aber zugleich auch werbende Liebesgedichte, deren erotischer Ton das Jenseits, auf das sie sich richten, fragwürdig macht. Das soll an zwei Gedichten gezeigt werden.

Das Gedicht *Im Wetter auf der Heimfahrt*[215] liegt in zwei Fassungen, einer von 1817 und einer von 1834 vor, die sich an unterschiedliche Frauen richten, um die Brentano warb. Beide Fassungen beginnen mit den Versen „O du lieber Wilder Regen / O du lieber Sturm der Nacht / Da der finsterniß entgegen / Ich mein Licht nach Hauß gebracht". Regen und Sturm über dem nächtlichen Meer dienen als Bild für das Leben, ein dem Schiffbrüchigen durch die Finsternis leuchtendes Licht als Bild der Liebe. Dieses Licht ist aber nicht verlässlich, kann in die Irre führen; es ist zugleich rettendes Himmelslicht und zerstörende Flamme im eigenen Inneren. Der Wunsch, in Regen und Sturm endlich untergehen zu können und die zerstörerische Flamme zu löschen, wird von einer weiblichen Instanz, die als „Gottgefallne Blüthe" bezeichnet wird, verhindert. Seine Qualen kann sie dem Ich dabei aber nicht nehmen. „Eine Gottgefallne Blüthe / Trägt und hebt mein brennend Herz, / Treib o Woge die verglühte / Asche endlich heimathwärts". Der an die Woge gerichtete Wunsch, als verglühte Asche Richtung Heimat getragen zu werden, ist ambivalent. Einerseits drückt sich in ihm die Hoffnung auf Erlösung durch den Tod aus. Andererseits richtet das Ich sich im weiteren Gedichtverlauf an eine Frau. Sein an sie adressiertes Begehren nach einem ‚Nest', gepaart mit ‚Lust' und ‚Brust', erscheint hier wieder sehr weltlich: „O du Kind, Geliebte, Schwester / Schatten, Leben, Leid und Lust, / Alle Vögel haben Nester / Und mein Herz hat eine Brust". Die Angebetete ist Mittlerin zum Himmlischen, ermöglicht es dem leidenden Ich aber nicht, von der Erde zu lassen. Die „heilge Lust", die sie in ihm

---

213 Clemens Brentano: Halt, halt, mein Herz, was eilest du, in: Brentano 2011, S. 106–108. Die 1829 durch Brentano bearbeitete Neuausgabe von Friedrich Spees *Goldnem Tugendbuch* von 1649 steht im Dienst der Erbauung, wie verschiedene Äußerungen Brentanos und auch die Rezension in *Der Katholik. Eine religiöse Zeitschrift zur Belehrung und Warnung* belegen; vgl. dazu die Lesarten und Erläuterungen in Brentano 2011, S. 382–469.
214 „Im Wetter auf der Heimfahrt" ist anscheinend weder in der einen noch in der anderen Fassung zu Lebzeiten gedruckt worden; vgl. die Lesarten und Erläuterungen in Brentano 1999, S. 633–644; genauso wenig „Nun soll ich in die Fremde ziehn"; vgl. die Lesarten und Erläuterungen in: Brentano 2001, S. 428–430.
215 In seiner ersten Fassung von 1817 war es Luise Hensel gewidmet, in seiner zweiten, um Überschrift und eine neue letzte Strophe ergänzten Fassung von 1834 Emilie Linder. Hier wird nach der ersten Fassung zitiert.

auslöst, schwebt unauflösbar zwischen „Himmelsbrod" und „Erdennoth". Nur durch die Vermittlung der Geliebten kann das eigene weltliche Leiden und das Kunstwerk, das aus diesem Leid hervorgeht (der Blumenstrauß als Bild des Liedes) in Verbindung mit dem Göttlichen treten: „Und so bin durch Wind und Wogen / Ich wie ein betrübtes Kind / Durch die Blumen hingezogen / Daß ich dir ein Sträuslein bind. // Und der Straus den ich gepflücket / Ist dies Sturm verwirrte Lied / Würd er an dein Herz gedrücket / Dann wär er dem Herrn erblüht."[216] Der Begriff Heimat, so lässt sich zusammenfassen, wird im Gedicht einerseits im traditionell geistlichen Sinn dem Jenseits zugeordnet. Der Wunsch des Ich, als Asche „endlich heimathwärts" getrieben zu werden, ist aber nur sehr bedingt Ausdruck christlicher Weltverachtung. Vielmehr wird er zum Hilferuf, der sich nicht an Gott, sondern an eine weibliche Instanz richtet, die als Mittlerin zwischen Eros und Göttlichkeit eine typische brentanosche Figur abgibt und wie an vielen Stellen seines Werkes als Anlehnung an den katholischen Marienkult gelesen werden kann.[217] Das in seiner ersten Fassung der geliebten Freundin und Dichterin Luise Hensel gewidmete Gedicht wirkt umso zweideutiger, wenn man es mit dem etwa zeitgleich entstandenen Gedicht *Heimath* der christlichen Dichterin Hensel vergleicht, denn an diesem wird noch einmal sichtbar, was das hergebrachte christliche Verständnis von Heimat ist: Der „Freund" ist Hensels lyrischem Ich Jesus Christus, der „Anblick Seiner Wunden" ist ihm „Mutterhaus und Vaterland" und sein „Altar ist meiner Seele / Die Heimath, wo sie friedlich wohnt".[218]

Interessant ist im Vergleich von *Im Wetter auf der Heimfahrt* mit *Als hohe in sich selbst verwandte Mächte*, dass die selbstbewusste Geste des Künstlers gegen eine demütige getauscht wird. Das Lied, für das der Blumenstrauß steht, kann einzig über eine weibliche, vermittelnde Instanz zum Lobpreis Gottes werden: „Würd er an dein Herz gedrücket / Dann wär er dem Herrn erblüht". Nicht mehr die Kunst allein, sondern nur ihre Vermittlung durch das Weibliche kann eine Verbindung mit der Sphäre herstellen, der in diesem Gedicht Heimat zugeordnet ist.

---

216 Alle Clemens Brentano: Im Wetter auf der Heimfahrt, in: Brentano 1999, S. 171–175. Auch das Ende der hinzugefügten weiteren Strophe der zweiten Fassung betont die Hilfsbedürftigkeit des Ich durch eine weltliche Instanz: „Als ich ihr dies Lied gelesen / Ward ich arm und todeskrank, / Ach und bin noch nicht genesen / Denn ich trank den Zaubertrank." Vgl. Lesarten und Erläuterungen in Brentano 1999, S. 640.
217 Vgl. etwa das Gedicht *An Frau Marianne von Willemer 1827* oder die Beschreibung des Denkmals der Violette im *Godwi*, vgl. Oesterhelt 2010.
218 Luise Hensel: Heimath, in: Hensel 1869, S. 105–106, hier S. 106. Das Gedicht ist auf 1819 datiert.

In Teilen ähnlich funktioniert das 1818 entstandene Gedicht *Nun soll ich in die Fremde ziehen*, das sich auf einen Wendepunkt in Brentanos Leben bezieht.[219] Wie in *Im Wetter auf der Heimfahrt* leidet das Ich an sich selbst, und wie dort ist es eine weibliche, zugleich weltliche und vom Himmel gesandte Instanz, die sein Glück in Händen hält. Jede der fünf Strophen beginnt mit der Klage, in die Fremde ziehen zu müssen, und mündet wieder in sie. Diese Litanei rahmt das, was verloren gegangen ist: das „Haus" (erste Strophe, V. 4), den „Hort / Des einen Glücks" (zweite Strophe, V. 15–16), die „Heimath" (dritte Strophe, V. 20):

> Nun soll ich in die Fremde ziehen
> Ich der die Heimath nie gekannt,
> Soll meine erste Heimath fliehen
> Soll fallen in der Räuber Hand
> Was Sie mir schenkte war geliehen
> Streng fodert sie das heilge Pfand
> Zu ihr hab ich um Hülf' geschrieen,
> Sie weißt mich nach dem andern Land
> Ich soll nun in die fremde ziehen

Das Ich des Gedichts klagt, es habe „Heimath" selbst nie besessen, sie aber zwischenzeitlich bei der „Himmelsbraut" (V. 2) gefunden. Sie habe ihm Ruhe, Vertrauen und Glück gegeben. Diese „erste Heimath", die das Ich je erfahren hat, ist „Haus" (V. 4) und „Tempel" (V. 12) zugleich, also ein weltlicher wie heiliger Ort. Er steht durch die ‚Himmelsbraut' in Verbindung mit dem Himmel, ist aber kein jenseitiger Ort. All die ihm positiv beigeordneten Attribute – das Grünende und Blühende (vgl. V. 5), das Vertrauen Ermöglichende (vgl. V. 8) – erweisen sich in der Gegenwart des Gedichts nur als Leihgaben, die zurückgenommen werden.

> Nun soll ich in die Fremde ziehen
> Wohin, wohin, daß Gott erbarm,
> Nicht, wo die Friedens Rosen blühen,
> Nicht, wo im Geist so sonnen warm
> Die Worte wie Gebete glühen
> Nein in die Brust – den Wespenschwarm

---

219 Brentano reist auf Drängen Luise Hensels zur stigmatisierten Nonne Katharina Emmerick ab; er wird mehrere Jahre ‚Schreiber' ihrer Visionen bleiben. Der um Hensel werbende Brentano bezeichnet sich ihr und anderen gegenüber immer wieder als einen „heimathlosen, verstossenen und von sich selbst verlassenen Menschen" (an Luise Hensel in Berlin, Berlin, vermutlich Januar 1817, in: Brentano 2000, S. 254–261, hier S. 257–258). An Böhmer schreibt er, dass „wir Exulantes des Paradieses sind, Heimathlose, die in der Wüste wandeln". Brentano an Johann Friedrich Böhmer in Frankfurt am Main, Coblenz. 4. Nov. 1827, in: Brentano 2012, S. 415–418, hier S. 415–416.

> Vergeblicher erstarrter Mühen
> Ins eigne Herz, Zum eignen Harm
> Soll ich nun in die Fremde ziehen.[220]

Das auf sich selbst – „Ins eigne Herz / Zum eignen Harm" – zurückgestoßene Ich bleibt hoffnungslos zurück. Das eigene emotionale Innere wird mit der Fremde gleichgesetzt, weil das Ich weder Frieden noch Glück in sich selbst findet.

Im Gegensatz zu „Im Wetter auf der Heimfahrt" ist Heimat im Irdischen angesiedelt und wird auch hier im Irdischen ersehnt. Heimat ist das kurzzeitig Erfahrene, nun aber schmerzlich Vermisste. Heimat ist auch Einklang mit Gott gewesen – „Da konnt ich betend ruhig knieen / Da hatte ich so fest vertraut" (V. 8) – wobei dieser Einklang immer an die weibliche Instanz gebunden war. Ein „hartes Wort" (V. 17) – vermutlich von ihr – hat alles zerstört: „Der Tempel, wo wir beide knieen / Soll nun zerbrechen" (V. 12–13). Das Begehren nach Heimat richtet sich an keiner Stelle direkt an Gott, sondern immer an die weibliche Instanz: „zu ihr hab ich um Hilf' geschrien" (V. 25). Nur über die zwischen Erde und Himmel stehende ‚Himmelsbraut' ist Zugang zur Heimat möglich. In diesem Fall ist es eine sakralisierte Heimat auf Erden, im Fall des anderen Gedichts eine Heimat im Himmel, die (ambivalent) ersehnt wird. Immer ist die Frau Mittlerin. In „Nun muss ich in die Fremde ziehn" ist sie als Himmelsbraut, also als Nonne, kaum direkt erotisiert (höchstens, wenn die mit ihr verbundenen „Worte wie Gebete glühen", V. 41), gleichwohl trägt das Verhältnis zur beschworenen Frau durch die Dringlichkeit des an sie gerichteten Begehrens Züge von Besessenheit.

Mit Brentano verbinden sich gleich mehrere Innovationen des Begriffs: Heimat erfährt eine Emphatisierung, die unter anderem durch sakrale Bildlichkeit hergestellt wird, sich aber auf irdische Gegenstände bezieht. Heimat ist etwas, das, wenn überhaupt, nur vermittelt erfahren oder erreicht werden kann: Beim frühen Brentano ist es der selbstbewusste Künstler, ist es die Kunst und allen Künsten voran die Dichtung, die diese Mittlerrolle übernimmt. Beim späten Brentano sind es sakralisierte und zugleich teilweise erotisierte Frauengestalten, welche die Mittlerrolle zur Heimat übernehmen. Heimat verbindet sich deswegen insbesondere seit Brentano mit der Dichtung (vgl. I.2.5) und mit dem Weiblichen (vgl. I.2.3).

---

[220] Clemens Brentano: Nun soll ich in die Fremde ziehen, in: Brentano 2001, S. 87–88.

1.2.2 Novalis, Kerner, Schubert

Novalis: Die Jenseitigkeit von Heimat

Die Genese der Heimatsemantik ist kein teleologischer Prozess und die Zeit um 1800 zeichnet sich durch widersprüchliche Auslegungen von Heimat aus. Zeitgleich zu Hölderlin und Brentano entstehen literarische Texte, die Heimat ausschließlich als Ort des Jenseitigen verstehen. Aber selbst in diesen hat sich das Verhältnis von Diesseits und Jenseits gewandelt. Die Texte von Georg Philipp Friedrich von Hardenberg, genannt Novalis, zeigen das.

Sein Romanfragment *Heinrich von Ofterdingen* (entstanden 1800, postum erschienen 1802) greift auf den paulinischen Antagonismus zurück, nach dem Heimat nur im Himmel zu finden ist. Die Ansprache des Bergmanns an Ofterdingen und seine Gefährten ist hier symptomatisch:

> Wie lange wird es währen, so sehn wir uns wieder, und werden über unsere heutigen Reden lächeln. Ein himmlischer Tag wird uns umgeben, und wir werden uns freuen, daß wir einander in diesen Tälern der Prüfung freundlich begrüßten, und von gleichen Gesinnungen und Ahndungen beseelt waren. Sie sind die Engel, die uns hier sicher geleiten. Wenn euer Auge fest am Himmel haftet, so werdet ihr nie den Weg zu eurer Heymath verlieren.[221]

Bei aller Konventionalität des Gedankens kommt im fiktionalen Kontext seiner Äußerung ein Aspekt hinzu, der erst um 1800 von Jung-Stilling in die Literatur eingeführt wurde. Er ist auch in weiteren Texten von Novalis zu finden, etwa in dem Gedicht *Der Fremdling*. Hier wie dort gilt: Das Wissen um (die wahre) Heimat ist arkanes Wissen. Der Kreis der Eingeweihten erkennt sich über sein gemeinsames Wissen von der zukünftigen Heimat. Und in dieser Gemeinschaft ist schon eine Vorempfindung von Heimat möglich, im *Ofterdingen*, ähnlich wie in Hölderlins *Hyperion*, insbesondere in der kleinsten und exklusivsten Gemeinschaft, der der Liebenden. Von Heimat ist deswegen besonders in denjenigen Romanpassagen des *Ofterdingen* die Rede, welche von der Geliebten Mathilde handeln.[222] Die Liebe zwischen Ofterdingen und Mathilde ist Ausdruck der höheren Welt, an der die Liebenden schon auf Erden Anteil haben. Die himmlische Heimat kann in ihrer Liebe sogar noch vor dem Tod erreicht werden:

---

221 Novalis: Heinrich von Ofterdingen, in: Novalis 1999, Bd. 1, S. 313.
222 Als Ofterdingen Mathilde im Traum begegnet, verliert die „fremde Gegend", durch die er läuft, ihre Bedrohlichkeit: „Ihm wurde so wohl und heymathlich zu Sinne." Das wunderbare, geheime Wort, das ihm die Geliebte ins Ohr flüstert und das „sein ganzes Wesen durchklang" (alle Novalis 1999, Bd. 1, S. 326), kann der Aufwachende nicht mehr erinnern.

> – Ja Mathilde, die höhere Welt ist uns näher, als wir gewöhnlich denken. Schon hier leben wir in ihr, und wir erblicken sie auf das Innigste mit der irdischen Natur verwebt. – Du wirst mir noch viel herrliche Sachen offenbaren, Geliebtester. – O! Mathilde, von dir allein kommt mir die Gabe der Weißagung. Alles ist ja dein, was ich habe; deine Liebe wird mich in die Heiligthümer des Lebens, in das Allerheiligste des Gemüths führen; du wirst mich zu den höchsten Anschauungen begeistern. Wer weiß, ob unsre Liebe nicht dereinst noch zu Flammenfittichen wird, die uns aufheben, und uns in unsre himmlische Heimath tragen, ehe das Alter und der Tod uns erreichen.[223]

Die „höhere Welt" ist in dieser Welt- und Religionsauffassung „auf das Innigste mit der irdischen Natur verwebt". Die Liebenden können sagen: „Schon hier leben wir in ihr". In der Liebe wird es möglich, „in das Allerheiligste des Gemüths" und so noch vor dem Tod in die „himmlische Heimath" zu gelangen. Gemüt und Heimat, das wird im Folgenden noch gezeigt, beginnen im weiteren 19. Jahrhundert eine Allianz einzugehen.

Als die Geliebte stirbt und der zum Pilger gewordene Ofterdingen am Ende seines Trauerwegs angekommen ist, begegnet ihm eine Erscheinung Mathildes, die ihn einem geheimnisvollen Mädchen anvertraut. In dem Gespräch, das dieses Mädchen mit Ofterdingen führt, fällt auch der berühmteste Satz des Romans:

> Wer hat dir von mir gesagt, frug der Pilgrimm. Unsre Mutter. Wer ist deine Mutter? Die Mutter Gottes. Seit wann bist du hier? Seitdem ich aus dem Grabe gekommen bin? Warst du schon einmal gestorben? Wie könnt' ich denn leben? Lebst du hier ganz allein? Ein alter Mann ist zu Hause, doch kenn ich noch viele die gelebt haben. Hast du Lust bey mir zu bleiben? Ich habe dich ja lieb. Woher kennst du mich? O! von alten Zeiten; auch erzählte mir meine ehmalige Mutter zeither immer von dir? Hast du noch eine Mutter? Ja, aber es ist eigentlich dieselbe. Wie hieß sie? Maria. Wer war dein Vater? Der Graf von Hohenzollern. Den kenn' ich auch. Wohl mußt du ihn kennen, denn er ist auch dein Vater. Ich habe ja meinen Vater in Eysenach? Du hast mehr Eltern. Wo gehn wir denn hin? Immer nach Hause.[224]

Gemeinsam mit dem Mädchen sieht der Pilger Heinrich „in die Unermeßlichkeit der Zeiten, und erblickte die weitesten Geschichten in kleine glänzende Minuten zusammengezogen"; sie führt ihn schließlich zum Bergmann, der einst den gläubigen Weg angemahnt hatte, um zur Heimat zu gelangen. Das Telos des (Fragment gebliebenen) Romans ist also die Ausrichtung auf ein Unendlich-Transzendentes, dessen christliche Anteile mit den Begriffen der Heimat und des Zuhauses deutlich sichtbar sind. Dass schon im Diesseits durch die Liebe himmlische Heimat aufscheinen kann, weist auf eine Religionsauffassung, die nicht auf einer kategorischen Verachtung der Welt basiert. Die Achtung der irdi-

---
[223] Novalis 1999, Bd. 1, S. 337.
[224] Novalis 1999, Bd. 1, S. 373.

schen Welt und die der himmlischen gehören zusammen, wie es in *Die Christenheit oder Europa* heißt. Auch hier ist die Aufteilung der Vokabeln aber klar; Heimat wird fürs Himmlische verwendet, Vaterland fürs Irdische, wenn erörtert wird, „daß die Menschen mit der Achtung für ihren Wohnsitz und ihr irdisches Vaterland, auch die Achtung vor der himmlischen Heimath und ihrem Geschlecht verlieren".[225]

In den *Hymnen an die Nacht* findet sich eine weitere Modifikation geistlicher Heimat. Der sechste Abschnitt, „Sehnsucht nach dem Tode", bedient sich mit der Verachtung der irdischen Welt als „Fremde" und der Sehnsucht nach dem wahren Zu-Hause-Sein der traditionellen Topoi: „Die Lust der Fremde ging uns aus, / Zum Vater wollen wir nach Haus." Indem eine Vorzeit gepriesen wird, in der die Menschen Gott „noch erkannten", verknüpft das die frühromantischen geschichtsphilosophischen Ursprungsvorstellungen mit den in *Die Christenheit oder Europa* niedergelegten Idealisierungen einer christlichen Kultur des Mittelalters. Die hier vermutete ungebrochene Frömmigkeit wird in diesem Gedicht mit der extremen Vorstellung verbunden, dass in dieser Zeit „Kinder für das Himmelreich / Nach Quaal und Tod verlangten":

> [...]
> O! einsam steht und tiefbetrübt,
> Wer heiß und fromm die Vorzeit liebt.
>
> Die Vorzeit wo die Sinne licht
> In hohen Flammen brannten,
> Des Vaters Hand und Angesicht
> Die Menschen noch erkannten.
> Und hohen Sinns, einfältiglich
> Noch mancher seinem Urbild glich.
>
> Die Vorzeit, wo noch blüthenreich
> Uralte Stämme prangten,
> Und Kinder für das Himmelreich
> Nach Quaal und Tod verlangten.
> [...]

Die „heilge Zeit" ist in dieser Zeitlichkeit nicht wiederzuerlangen – nur der Eingang in die „Heymath", wieder ganz traditionell als außerhalb dieser Zeitlichkeit stehend gedacht, kann die Sehnsucht nach ihr stillen:

> Mit banger Sehnsucht sehn wir sie
> In dunkle Nacht gehüllet,

---

[225] Novalis: Die Christenheit oder Europa, in: Novalis 1999, Bd. 2, S. 734.

> In dieser Zeitlichkeit wird nie
> Der heiße Durst gestillet.
> Wir müssen nach der Heymath gehn,
> Um diese heilge Zeit zu sehn.[226]

Heimat ist bei Novalis ein Ort, der jenseits der Zeitlichkeit liegt. Gleichwohl nimmt das Fremdsein des Menschen in der Geschichte zu. In der Zeitlichkeit gibt es also einen kleineren und größeren Abstand zu Heimat. Das Goldene Zeitalter, wie es Novalis imaginiert, steht für diese größere Nähe, die Gegenwart für die weitere Ferne. Auch wenn Zeit und Ewigkeit einander weiterhin gegenüberstehen und der Begriff der Heimat die transzendente Sphäre bezeichnet, wird in das alte geistliche Modell von Heimat ein neues, geschichtliches eingeschrieben. Novalis' Beschäftigung mit der Philosophie Franz Hemsterhuis' dürfte einer der Impulse für diese neue geschichtliche Perspektive sein,[227] ein anderer seine Fichte-Studien. Denn auch seine so gewonnene, Geschichtlichkeit immer mitdenkende Philosophie des Subjekts[228] hat Anteil an dieser Verschiebung des religiösen Heimatverständnisses. Novalis' berühmte Sentenz, die Philosophie sei „eigentlich Heimweh – *Trieb überall zu Hause zu seyn*",[229] bringt diese Bewegungsrichtung in eine Zukunft, die mit einem Vergangenen in geheimnisvoller Korrespondenz zu stehen scheint, zum Ausdruck.

Der Eintrag von Zeitlichkeit in das geistliche Heimatmodell findet sich auch im Gedicht *Der Fremdling* (1798), das auf die Erwartung des „großen Geburtstag[s]",[230] des Jüngsten Tages, zuläuft. Heimat ist hier einerseits ein eschatologisches, auf die christliche Lehre von den letzten Dingen bezogenes Modell. Andererseits wird ihr dieser traditionell christliche Platz in einer jenseitigen Welt nur bedingt zugeordnet. Das Bewusstsein der eigenen Fremdheit auf Erden bringt einen exklusiven Kreis einiger Auserwählter hervor, der „Heymathsgenossen", die

---

226 Alle: Novalis: Sehnsucht nach dem Tode, in: Novalis 1999, Bd. 1, S. 174–177; hier zitiert nach der Athenäums-Ausgabe, die auf S. 175 und 177 abgedruckt ist.
227 Hans Joachim Mähl nennt in seiner bis heute maßgeblichen Studie zu Novalis' Konzept des Goldenen Zeitalters Hemsterhuis als wichtige ideengeschichtliche Voraussetzung, insbesondere dessen Text *Alexis ou de l'âge d'or* (1787), der sich seinerseits auf Hesiod bezieht, vgl. Mähl 1965; hier schließt die aktuelle Novalisforschung an, vgl. Bomski 2018.
228 Christian Iber charakterisiert Novalis' Subjektphilosophie als „radikale Theorie der Endlichkeit, Zeitlichkeit und Geschichtlichkeit mit utopischen geschichtsphilosophischen Konsequenzen". Iber 1997, S. 121. Zur romantischen Zeit- und Geschichtsauffassung vgl. auch Oesterhelt 2010, S. 370–399.
229 Novalis: Allgemeines Brouillon (Nr. 857), in: Novalis 1999, Bd. 2, S. 474–720, hier S. 675.
230 Novalis: Der Fremdling. Den 22sten Jänner. 1797. [1798] Der Frau Bergräthin von Charpentier gewidmet, in: Novalis 1999, Bd. 1, S. 123–124; auch alle folgenden Zitate.

gemeinsam auf „Beßre Zeiten des Wiedersehns" warten. Deren Erwartung eines Jüngsten Tages, der nicht mehr in der Zeitlichkeit steht, speist sich aber aus der Kenntnis eines Landes, das mit „Heymath" gleichgesetzt wird: „Jenes himmlische Land", aus dem der Fremdling stammt, sei „untergegangen". Das mit ihm verbundene „vorzeiten" assoziiert den Zustand der Wärme und Freiheit, des Friedens und der ewigen Blüte mit der Vorstellung, diese Heimat stehe außerhalb der Zeit. Aber das „vormals" und das „einmal" signalisieren auch eine Abfolge, die „Heymath" an einen geschichtlichen Anfang setzt. Zu diesem historisch Vergangenen können die Menschen nicht mehr zurückgelangen, wie schon die ersten drei Strophen des Gedichts entwickeln:

> Müde bis [sic] du und kalt, Fremdling, du scheinest nicht
> Dieses Himmels gewohnt – warmere Lüfte wehn
> Deiner Heymath und freyer
> Hob sich vormals die junge Brust.
>
> Streute ewiger Lenz dort nicht auf stiller Flur
> Buntes Leben umher? spann nicht der Frieden dort
> Feste Weben? und blühte
> Dort nicht ewig, was Einmal wuchs?
>
> O! du suchest umsonst – untergegangen ist
> Jenes himmlische Land – keiner der Sterblichen
> Weiß den Pfad, den auf immer
> Unzugängliches Meer verhüllt.[231]

Das Gedicht gibt einen umfassenden Einblick in Novalis' Heimatverständnis. Erstens zeigt es, dass Heimat eng in dem von der christlichen Tradition vorgegebenen Rahmen nur in einem Jenseits gedacht wird. Heimat auf Erden ist, jedenfalls als emphatische,[232] bei Novalis undenkbar: Das Erdenleben ist das des ‚Fremdlings'. Zweitens trägt Heimat aber auch neue Züge: Das Wissen um die himmlische Heimat erscheint demnach als Wissen einer exklusiven Gruppe Eingeweihter, wie bei Jung-Stilling, dessen *Heimweh* Novalis hochschätzte. Insbesondere dem Dichter kommt im Kreis dieser Eingeweihten ein herausgehobener Status zu; er wird zum Sprachrohr der Heimatsuchenden: „der Dichter sagts". Und

---

231 Novalis 1999, Bd. 1, S. 123–124.
232 Die wenigen Stellen, wo der Begriff allein den profanen Ort der Herkunft meint, sind ohne Emphase, vgl. Novalis: Heinrich von Ofterdingen, in: Novalis 1999, Bd. 1, S. 230, S. 236, S. 259, S. 262.

Heimat wird zeitlich gedacht, insofern sie sich an eine verlorene Vorzeit bindet, wie schon bei Hölderlin.[233]

Einen Impuls für die weitere Genese von Heimat im 19. Jahrhundert setzt Novalis auch mit seinem topisch gewordenen Satz, der Weg gehe „nach Innen". Dieser Weg nach innen als Weg zu Gott, den Novalis in Anknüpfung an Jakob Böhme und den Pietismus[234] postuliert, berührt sich an vielen Stellen seiner Dichtungen vermittelt über den Begriff des Gemüts mit dem der (religiösen) Heimat.[235] Oder anders gesagt: Poetische Bilder des Inneren einerseits[236] und der

---

[233] Dieser geschichtsphilosophische Anteil erklärt, warum gerade Novalis, obwohl – oder gerade weil – seine Heimat immer eine himmlische ist, zum Stichwortgeber einer intensiven philosophischen Auseinandersetzung mit Heimat zu Beginn des 20. Jahrhunderts geworden ist, insbesondere bei Georg Lukács und Ernst Bloch.

[234] „Nach Innen geht der geheimnißvolle Weg. In uns, oder nirgends ist die Ewigkeit mit ihren Welten, die Vergangenheit und Zukunft." Novalis: 16. Blüthenstaub-Fragment, in: Novalis 1999, Bd. 2, S. 233. Der Weg nach innen ist bei Novalis auch der traditionell-christliche Weg der innerlichen Gottesschau, wie er in der deutschen Mystik und im Pietismus im Mittelpunkt stand, vgl. Paschek 1976. Schon bei Jakob Böhme gibt es die Idee, dass der spirituelle Weg ins eigene Innere führt: „Derselbe Himmel ist überall, auch in dir selber. / Und wenn du nun den heiligen Gott in seinem Himmel anbetest, so betest du ihn in dem Himmel, der in dir ist, an. Und derselbe Gott bricht mit seinem Licht und darinnen der Hl. Geist durch dein Herze, und gebäret deine Seele zu einem neuen Leibe Gottes, der mit Gott in seinem Himmel herrschst." Böhme 1676, S. 533. Andererseits ist das Daheimsein bei Böhme nicht von dieser Welt: „Auch ist dieses das innerliche Geschenk Christi andeutend, daß, wenn der arme Sünder sein Herz vor Gott ausschüttet zur Bezahlung der Gnade, und Gott giebt was er hat, so füllet ihm Gott mit der Gnade Christi den Sack seines Herzens voll, und giebet ihm noch eine gute Zehrung, als Verstand und Weisheit, auf den Weg seiner Pilgrimstraße, da er soll durch dieses Jammerthal wieder heim in sein Vaterland reisen." Böhme 1843, S. 602, Nr. 39.

[235] Der Begriff des Gemüts gehörte zum Wortschatz des Pietismus. Vgl. die verschiedenen Wortbildungen von Gemütsauge bis Gemütsstille im Wortverzeichnis bei Langen 1968, S. 512. Ab dem 19. Jahrhundert entwickelte sich das Gemüt zu einem Gegenbegriff zur Intellektualität. Vgl. Schneider 2007.

[236] „Anders ist es mit jenen ruhigen, unbekannten Menschen, deren Welt ihr Gemüth, deren Thätigkeit die Betrachtung, deren Leben ein leises Bilden ihrer innern Kräfte ist. Keine Unruhe treibt fie nach außen. Ein ftiller Befitz genügt ihnen und das unermeßliche Schaufpiel außer ihnen reitzt fie nicht, felbft darinn aufzutreten, fondern kommt ihnen bedeutend und wunderbar genug vor, um feiner Betrachtung ihre Muße zu widmen. Verlangen nach dem Geifte deffelben hält fie in der Ferne, und er ift es, der fie zu der geheimnißvollen Rolle des Gemüths in diefer menschlichen Welt beftimmte, während jene die äußere[n] Gliedmaßen und Sinne, und die ausgehenden Kräfte derfelben vorftellen." Novalis: Heinrich von Ofterdingen, in: Novalis 1999, Bd. 1, S. 314.

Transzendenz andererseits[237] treten bei Novalis auffällig häufig in Zusammenhang mit dem Begriff des Gemüts auf; das Gemüt bildet, ähnlich wie zeitgleich bei Schleiermacher,[238] eine Brücke zwischen Innerem und Transzendentem. Auch in diesem Zusammenhang ist es immer wieder der Dichter, der kraft seines Gemüts dieses Innere erschließen kann.[239] So wie das Innen mit der Ewigkeit verschmilzt beim Dichter auch das Gemüt mit der Heimat: „Nachdem nun Heinrich auf eine neue und größere Weise als im ersten Theile, in der Erwartung, wieder um die Natur, Leben und Tod, Krieg, Morgenland, Geschichte und Poesie erlebt und erfahren hat, kehrt er wie in eine alte Heimath in sein Gemüth zurück."[240] Heimat als Ort des Transzendenten wird im Modus des Vergleichs in das Innere der Figur Heinrich verlegt – Heimat wird ein Ort der Innerlichkeit. Dies ist womöglich der folgenreichste Beitrag von Novalis zur weiteren Genese von Heimat (vgl. neben dem Folgenden auch II.3.1).

Justinus Kerner und Gotthilf Heinrich Schubert
Diejenigen literarischen Heimaten des 19. Jahrhunderts, die, wie bei Novalis, im Jenseits liegen, greifen auf eine christliche Konvention zurück, transformieren diese aber zugleich auf unterschiedliche Art und Weise. Der Prosatext *Die Heimatlosen* (1816) des heute am ehesten noch für seine Klecksographien[241] und dafür, sowohl Arzt als auch Herausgeber Hölderlins gewesen zu sein,[242] bekannten Christian Andreas Justinus Kerner (1786–1862)[243] verbindet den christlich tradierten Heimatbegriff mit einer spiritistischen Semantik. Der von Kerner als ‚kleiner Roman' bezeichnete Text meint mit Heimat immer einen himmlischen

---

237 „Tiefgerührt von heilger Güte / Und versenkt in selges Schauen / Steht der Himmel im Gemüthe, / Wolkenloses Blau; / Lange fliegende Gewande / Tragen uns durch Frühlingsauen, / Und es weht in diesem Lande / Nie ein Lüftchen kalt und rauh." Novalis 1999, Bd. 1, S. 407–408.
238 Religion wird in Schleiermachers *Reden über die Religion* als „eigene Provinz im Gemüthe" aufgefasst. Friedrich Daniel Ernst Schleiermacher: Über die Religion. Reden an die Gebildeten unter ihren Verächtern (1799), in: Schleiermacher KGA I.2., S. 185–326, hier S. 204.
239 „Es ist alles innerlich, und wie jene Künstler die äußern Sinne mit angenehmen Empfindungen erfüllen, so erfüllt der Dichter das inwendige Heiligthum des Gemüths mit neuen, wunderbaren und gefälligen Gedanken." Novalis: Heinrich von Ofterdingen, in: Novalis 1999, Bd. 1, S. 255.
240 Novalis 1999, Bd. 1, S. 411.
241 Vgl. Fix 2010.
242 Vgl. Grüsser 1987, S. 71–78 und S. 146–152.
243 Zu Kerners *Heimatlosen* vgl. Jennings 1985; Potthast 2014; Buchholz 2004.

Ort;[244] der Weg zu diesem Ort ist durch okkulte und esoterische Wissenschaften bestimmt. Spiritismus und Christentum stellen dabei keinen Gegensatz dar.[245] Genauso wie in der zeitgenössisch einflussreichen Naturphilosophie des mit Kerner befreundeten[246] Gotthilf Heinrich Schubert zielt der Begriff der Heimat auf eine Transzendenz, die von einem Glauben an höhere Sphären, aber nicht mehr zwingend an einen christlichen Gott getragen ist. Im Zusammenhang mit der geschichtsphilosophischen Vorstellung einer zunehmenden Entfremdung des Menschen von einem menschheitsgeschichtlichen Urzustand, der noch Heimat war, dient das Gemüt der erneuten Annäherung an diesen Zustand.

Kerners *Die Heimatlosen* (1816)[247] erzählt die märchenhafte Geschichte der Geschwister Sililie und Serpentin, die nicht wissen, woher sie stammen und wohin sie gehören, und deren stete Sehnsucht auf Heimat und Himmel gerichtet ist. Meist werden diese beiden Begriffe nahezu synonym verwendet: „Noch nie hatte er eine innigere Sehnsucht nach dem freien Himmel, nach der hellen Heimat in sich erfüllt",[248] heißt es, als Serpentin aus einem Kindheitstraum erwacht. Später wird Serpentins Tod mit den Worten kommentiert, er sei „zur hellen Heimat übergeflogen".[249] Luchs, ein weiterer ‚Heimatloser', dessen Weg im Tod endet, singt in seinem Abschiedslied von einem Wanderer, dem nur die Ferne Heimat

---

244 Wo Heimat bei Kerner überhaupt für die irdische Sphäre verwendet wird, da nur, um sie gegen eine „hellre Heimat" im Himmel abzusetzen: „Arm, preisgegeben jeglicher Beschwerde, / Vom undankbaren Heimatland vertrieben, / Sah er empor von dieser kalten Erde / Und lernte recht die warmen Sonnen lieben. / Der Erd' entlehntes Licht er gern entbehrte, / War ihm die hellre Heimat doch geblieben, / Von Sonnengold sein hehres Haupt umflossen, / Stand jeder Himmel vor ihm ausgeschlossen." Justinus Kerner: Denkmale. 1. Kepler (1813), in: Kerner 1981, S. 9.
245 Auch in der bekanntesten Schrift Kerners über die sogenannte Seherin von Prevorst verbinden sich Spiritismus und christliche Heilslehre unproblematisch. In den *Blättern aus Prevorst* (1831–35) wird die ‚Seherin von Prevorst' ganz in christlichen Kategorien beschrieben: „Die Seherin war in ihrer Leidensgemeinschaft mit dem Herrn oftmals dem Grabe nah, doch in den empfindlichsten Schmerzen stets mit der Aussicht auf die ewige Stadt, unser Aller Mutter und Heimath, und mit wirksamer Arbeit für andre Seelen und für die Sünden der Kirche überhaupt." Kerner 1834, S. 153, und: „Um 6 Uhr wachte sie wieder auf und sagte: ich werde jetzt bald nicht mehr unter euch seyn; ich sehe schon die Pforten jener Heimath offen stehen und den Abgrund, in welchen der Sünder stürzt, wenn er nicht Buße thut und glaubt an Gott." Kerner 1834, S. 84. Zu den okkultistischen Elementen des Textes vgl. Gruber 2000.
246 Vgl. Grüsser 1987, S. 269.
247 In einer ersten Fassung von 1812 trug der Text den Titel *Der Wanderer zum Morgenrot* und spielte damit auf einen wichtigen Bezugstext, Jakob Böhmes *Aurora oder Morgenröte im Aufgang* an. Eine weitere Fassung von 1813 erhielt den Titel *Die drey Fremdlinge*. Zur Entstehungsgeschichte vgl. das Nachwort von Margot Buchholz in: Kerner 2003, S. 47–92.
248 Kerner 2003, S. 24.
249 Kerner 2003, S. 41.

verspricht: „So fremd mir anzuschauen / Sind diese Städt' und Auen, / Die Burgen stumm und tot; / Doch fern Gebirge ragen, / Die meine Heimat tragen, / Ein ewig Morgenrot."[250] Das auf Jakob Böhme anspielende ewige Morgenrot als Metapher für die Ewigkeit[251] macht unmissverständlich deutlich, dass es sich auch bei dieser Heimat um eine in der Ewigkeit handelt.[252]

Leben ist für den Arzt und Spiritisten Kerner Vorbereitung auf den Tod, Tod Vollendung und Bedingung für den Gewinn des Höheren. Dieses Höhere wird bei Kerner als Geist der Natur beschrieben. Im Briefwechsel mit dem Freund Ludwig Uhland nennt er den Tod „die innigste Vereinigung mit dem Geist der Natur", Krankheit sei das „Hinstreben nach dieser Vereinigung. Tod ist die höchste Verherrlichung, zu der der Mensch im Leben kommt."[253] Kerner zählt ‚Magnetischen Schlaf' und Siderismus, beides auch als Mesmerismus bekannt, sowie Epilepsie, Wahnsinn und Somnambulismus zu den Zuständen, durch die der Mensch dieser Verherrlichung nahekomme: „Im innigsten Umgang mit der Natur kann man allerdings nichts gewinnen als Heraustretung aus dem Gefängnis, der Schale des Körpers, die freilich, noch im Leben stehend, nur momentan sein kann, erst durch den Tod vollendet wird, was kann man aber Höheres gewinnen?"[254] Diese von Uhland abgelehnte Obsession für vermeintliche irdische Erscheinungsformen des Übersinnlichen zeigt, dass für Kerner nicht mehr eine Frömmigkeitspraxis, sondern eine esoterische Wissenschaftspraxis die Brücke zu höheren Sphären bildet.

In den *Heimatlosen* ist es der mit den Kräften der Natur vertraute Arzt Lambert, der zum spirituellen Führer der Heimatsucher wird. Meister Lambert ist ein Weiser, der Regel und Ratio zugunsten der Hingabe an die Natur überwunden hat. Er ist ein Mann, „der den Staub der Schule von sich geschüttelt, als Kind mit Einfalt und Liebe der Natur selbst sich hingab, [...]. So war die Natur ihm befreundet, es war sein Wesen ihr gleich geworden, er fühlte und erkannte ihre

---

250 Kerner 2003, S. 41.
251 Vgl. Jakob Böhmes *Aurora oder Morgenröte im Aufgang*. Böhme 1676.
252 Zum Beispiel in einem von Serpentin gesungenen Lied, in dem der Traum die Brücke zu einer transzendenten Heimat schlägt: „In einem dunklen Tal / Lag ich jüngst träumend nieder; / Da sah ich einen Strahl / Von meiner Heimat wieder. // Auf morgenroter Au / War Vaters Haus gelegen, / Wie war der Himmel blau! / Die Flur wie reich an Segen! // Wie war mein Heimatland / Voll Gold und Rosenhelle! / Doch bald der Traum verschwand, / Schmerz trat an seine Stelle. // Da irrt' ich weit hinaus / Durchs öde Land voll Sehnen; / Noch irr' ich, such' das Haus, / Und find' es nicht vor Tränen." Kerner 2003, S. 26.
253 Im Briefwechsel mit Uhland: Justinus Kerner an Ludwig Uhland. Welzheim, 26.11.1812, abgedruckt in: Kerner 2003, S. 96–99, hier S. 96. Der Briefwechsel bezieht sich auf eine Vorstufe des Textes, *Der Wanderer im Morgenrot*.
254 Kerner 2003, S. 96.

Einflüsse, ohne sie in Regeln fassen zu wollen."[255] Kraft seines reinen ‚Gemüts' ist es ihm möglich, an einen unentfremdeten Naturzustand anzuknüpfen:

> Er hatte den Gang der Gestirne und ihren Wechsel emsig belauscht, das Aufblühen und Verblühen der Tiere und Gewächse, das Schaffen in den Tiefen der Erde in Stein und Metall, und es schloß sich seinem reinen, ungestörten Gemüte manches Wunder auf, das einem der Natur entfremdeten Sinn ewig verborgen bleiben muß, ja von dem ein solcher, von gemeinen Eindrücken befangener Sinn niemals auch nur die entfernteste Ahnung erhält.[256]

Eine weitere Figur des Romans betrachtet gemeinsam mit Luchs und Serpentin die gemalten Glasscheiben in einer alten Schlosskapelle. Über die von Licht durchfluteten Heiligenbilder sagt Luchs, „ein kindlich klares Gemüt" oder „ein frommes Gemüte" müsse sie geschaffen haben, und ergänzt: „Wir besitzen diese Reinheit nicht mehr, diese Kunst ist uns verloren gegangen, wir sind zu weise und groß geworden."[257]

Diese geschichtsphilosophische Verortung des reinen Gemüts am Beginn der Menschheit, welcher der Heimat noch näher war, entspringt einem Zeitgeist, wie ihn der Naturphilosoph Gotthilf Heinrich Schubert mit seinen in Romantikerkreisen sehr einflussreichen *Ansichten von der Nachtseite der Naturwissenschaft* (1808) repräsentiert. Gleich in der ersten Vorlesung wird die Idee der All-Einheit des Himmels und der Erde in die Urgeschichte der Menschheit verlegt. Eklektizistisch werden der Tempel der Isis im alten Ägypten, die *Edda*-Saga des alten Islands und die Altäre Mexikos sowie das griechische Orakel in Delphi in Anspruch genommen für jene „Zeit, wo der Mensch noch Eins mit der Natur gewesen". Diese Zeit des „seeligen Friedens, und paradiesischer Freuden" unter „dem Nahmen des goldenen Zeitalters" sei eine „Zeit der Kindheit" gewesen,

> höher aber als diese hülflose Kindheit, welche wir jezt kennen. Sterbliche Mütter sind es, welche jetzt gebähren, jener Kindheit hat eine unsterbliche Mutter gepflegt, und der Mensch ist von jener unmittelbaren Anschauung eines ewigen Ideals ausgegangen, ist unbewußt in der Mitte jener höchsten Erkenntnisse und Kräfte gewesen, welche nun das spätere Geschlecht in hohen aber mühseeligen Kampfe wieder erringen muß.[258]

Der Zeitpunkt, an dem der Mensch der Natur zu entwachsen begann, ist für Schubert der Beginn einer Entfremdungsgeschichte, die er als Abschied von der Heimat beschreibt: Die Natur sieht zu diesem Zeitpunkt „mit traurigem Unwillen

---

255 Kerner 2003, S. 15.
256 Kerner 2003, S. 15.
257 Kerner 2003, alle S. 35.
258 Schubert 1808, S. 7–8.

den Geist des Menschen sich ihren Armen entwinden, und ein andres Gesetz, eine andre Heimath als die Erde selber suchen". In der Folge versteht der Mensch die Natur nicht mehr und „verstoßen aus der Mitte der seeligen Anschauung, ist die alte Weisheit, nur noch in der Asche glimmend, ihrem Untergange nahe".[259]

In der zwölften Vorlesung entwickelt Schubert seine Ansichten „Über die in einem jetzigen Daseyn schlummernden Kräfte eines künftigen". Die frühe Kindheit birgt die individuelle Erfahrung dessen, was Schubert am Ursprung der Menschheit vermutet, die totale Harmonie.[260] Im heranwachsenden Kind entsteht zusammen mit seinem Gemüt die Sehnsucht nach dem, was es dabei ist, hinter sich zu lassen:

> Da berührt ein frühe aufblühendes Gemüth der erste Strahl jenes Sehnens, das uns von der Wiege bis zum Grabe führt, und unbewußt der unendlichen Ferne, die uns von dem ewigen Quell des Lichtes trennt, breiten sich die kindlichen Arme aus, das nahe geglaubte zu umfassen.[261]

Schubert beschreibt den Weg des Menschen als Ringen und Streben. „Endlich erkennt das Gemüth an, daß die Heymath jenes Sehnens, das uns bis hieher geführt, nicht auf der Erde sey."[262] Aus der Erkenntnis, dass das eigene Sehnen einem Jenseitigen gilt, entspringe der Wunsch, in dieses einzugehen.[263] Schubert resümiert: Die „Bildungsgeschichte des menschlichen Gemüths" offenbart „mitten in dem Gang des irdischen Strebens, ein andres höheres [...], welches mit jenem fast in Widerspruch zu stehen scheint". Poesie und Religion stehen auf der Seite dieses Höheren: „Die hohe Welt der Poesie und des Künstlerideals, noch mehr die Welt der Religion, vermag in dem irdischen Daseyn nie ganz einheimisch zu werden, und pflegt der Vermischung mit den Elementen desselben zu wider-

---

259 Beide Schubert 1808, S. 9.
260 „Wir wissen nicht, welcher tiefe Reiz über der ersten Kindheit ruhet. Sey es daß ein Nachklang jenes unbekannten Traumes, aus welchem wir kamen, oder daß jener Abglanz des Göttlichen sie verherrlicht, welcher am reinsten über dem Stillen und Kindlichen schwebet. Wir finden uns da, wo wir aus jenem Traum erwachen, wie in der Morgenröthe eines beständigen Frühlingstages, [...]. Am klaren Quell des Lebens, in welchem sich der ewige Himmel noch in der ersten Reinheit abspiegelt, unter Blumen erwachen wir. Noch strebt der Sinn nicht über den Saum der nahen Hügel hinaus, wir suchen und erkennen in der Natur nur die Blüthen, und das Leben erscheint uns noch unter dem Bild der spielenden, unschuldigen Lämmer." Schubert 1808, S. 303.
261 Schubert 1808, S. 303–304.
262 Schubert 1808, S. 306.
263 „Nimm dann hinweg Zeit, auch die letzten Trümmer unsers Daseyns, nimm hinweg auch die Erinnrung des zurückgelegten Weges, und laß uns, wenn dein ewiges Gesetz es so gebeut, schlummernd in dem lang ersehnten Vaterland ankommen!" Schubert 1808, S. 308.

streben."²⁶⁴ Bei Schubert kann es Religion, Begeisterung, Kunst oder Wissen sein, das den Menschen dem höheren künftigen Dasein nahebringt.²⁶⁵ Eine Art Medium des Strebens nach der Heimat ist das Gemüt. Es ringt zwar meist vergeblich, wie es heißt, aber insofern ihm selbst etwas Überirdisches anhaftet, habe das Gemüt die Kraft, den Weg zur Heimat am Ende zu beschreiten:

> Wir sehen das tiefe Streben nach religiöser Vollendung, und nach der Nähe des göttlichen Ideals, welches dem Gemüth beständig vorschwebt, meist vergeblich mit der Zeit und Außenwelt ringen, und diese Eigenschaft unsrer Natur gewinnt auf Erden kaum die ersten Knospen, nur selten einige frühe Blüthen. Dieses Sehnen aber ist es eben, welches, wenn es uns nur einmal mit seinen warmen Strahlen anblickte, die Banden löst, die uns an der Erde gehalten, und von ihm durchdrungen, wird alsbald das Gemüth von seiner eignen überirdischen Leichtigkeit, wie die Flamme des brennenden Körpers emporgetragen. Die Psyche, von der Kälte der langen Nacht erstarrt, schlief noch ihren tiefen Schlummer unter den welken Blumen, bis der erste Frühlingsstrahl sie berührte, und die gebundnen Schwingen sich lösten, und die Befreyte fröhlich zurückkehrte in die alte Heymath.²⁶⁶

Der Tod als die endgültige Befriedigung einer Sehnsucht nach höheren Sphären und als Aufbruch „nach einer schöneren Heymath" ist bei Schubert nicht mehr zwingend die Einlösung der christlichen Heilslehre. Somnambulismus, Hellsehen, Mesmerismus etc., die Schubert ganz ähnlich wie Kerner als Künder der geistig-spirituellen Welt betrachtet, öffnen Heimat auch für andere esoterische Formen des Spirituellen:

> Auch bey jenen dem Tode öfters vorausgehenden Erscheinungen einer hohen Begeisterung, der Vorahndungen, und andern Zuständen die dem Somnambulismus und dem Hellsehen so nahe verwandt sind, scheint jenes brennbare Wesen, das im Tode und in der ersten Periode der letzten Auflösung so vorzüglich bedeutend wird, schon Theilweise und auf Momente frey zu werden, und jene Momente sind daher nicht Vorahndungen des Todes, sondern der angehende, auf Augenblicke, oder Theilweise schon eintretende Tod selber. Sie sind, wie wir in der vorhergehenden Vorlesung sahen, die Momente wo die menschliche Natur die Anker nach einer schöneren Heymath lichtet, und wo die Schwingen des neuen Daseyns sich regen.²⁶⁷

---

264 Alle Schubert 1808, S. 308.
265 „Im Allgemeinen scheint sich der Geist des höheren künftigen Daseyns, jener geistigen Welt, welche an die jetzige angränzt, in dem menschlichen Wesen als Religion oder als Begeisterung, es sey der Künste oder des Wissens auszusprechen. Dieses höchste und seeligste Eigenthum des Menschen, scheint auf der Erde nicht völlig einheimisch zu seyn." Schubert 1808, S. 320.
266 Schubert 1808, S. 320–321.
267 Schubert 1808, S. 359–360.

Die christliche Heilslehre von einer Erlösung des Menschen nach seinem Tod und die Vorstellung von einem historisch vergangenen Goldenen Zeitalter, in dem der Mensch schon einmal in einer All-Einheit mit der göttlichen Natur gelebt hat, amalgamieren sich im romantischen Umfeld im Begriff der Heimat. Die Brücke zu diesen verlorenen Heimaten bildet bei Kerner und Schubert immer wieder die Vorstellung des Gemüts.

In Bezug auf Heimat wird es im 19. Jahrhundert kaum noch einen Text geben, der ohne den Begriff des Gemüts auskommt. Anders als bei Novalis, Kerner oder Schubert ist es aber eine irdisch verstandene Heimat, die durch das Gemüt mit einem unbestimmt bleibenden Transzendenten in Verbindung gebracht wird. Das Gemüt als Seelenzustand der Tiefe, des eigenen Inneren und zugleich als Verbindung zu einem Höheren ist eine Vorstellung, die nicht mehr auf das Christentum verpflichtet ist (zu Gemüt und Heimat im späteren 19. Jahrhundert vgl. II.3.1).

1.2.3 Ernst Moritz Arndt

Ernst Moritz Arndt (1769–1860) ist vor allem als Liederdichter der Befreiungskriege und der Nationalstaatsidee (vgl. I.2.1) in das kollektive Gedächtnis des 19. Jahrhunderts eingegangen.[268] Seine in hohen Auflagen gedruckte[269] und in Liedertafeln, Studentenverbindungen und Männergesangsvereinen gesungene nationale Lieddichtung,[270] die den Kampf gegen Tyrannen und Franzosen, die Verklärung der Gefallenen und die Utopie eines geeinten Deutschlands zum Gegenstand hat, stellt in Bezug auf ihre Inhalte und ihre Rezipienten eine ausgeprägt männliche Welt dar.[271] Dieser männlichen Welt entspricht die dominante Vokabel des Vaterlands, die in Arndts Liedern der Befreiungskriege wahlweise von den

---

[268] Die „im Falle Arndts wohl einmaligen Kontinuitätsbrüche einer literarischen und gesellschaftlichen Wirkungsgeschichte im 19. und 20. Jahrhundert" werden hier ausgeklammert (Erhart/Koch 2007, S. 4). Vgl. dazu den ganzen Band von Erhart/Koch 2007, sowie Klausnitzer 2011.
[269] Arndts Bücher hatten schon zwischen 1806 und 1819 eine Auflagenhöhe von 300.000, waren also gemessen an der regulären zeitgenössischen Höchstauflage von 3.000 bis 4.000 enorm verbreitet. Arndts *Katechismus für den teutschen Krieg- und Wehrmann* wurde allein vor 1819 zwölf Mal neu aufgelegt, vgl. Schäfer 1974.
[270] Die Bedeutung Arndts für das Gesangswesen des 19. Jahrhunderts zeigt sich beispielsweise darin, dass er auf dem Titelblatt des ab 1858 erscheinenden *Allgemeinen Deutschen Kommersbuchs*, des bekanntesten Liederbuchs für den studentischen Gebrauch, mit Porträt und Namenszug abgebildet ist.
[271] Zu den literarischen Darstellungen der Befreiungskriege unter geschlechtsspezifischer Perspektive vgl. Hagemann 2002.

Begriffen Deutschland oder Germanien begleitet wird – nie aber von Heimat. In den Gedichten Arndts, die Heimat thematisieren, aber allesamt nicht zu den Liedern der Befreiungskriege zählen, ist die Bildwelt dagegen eine betont emotionale und apolitische, also in den Codierungen des 19. Jahrhunderts spezifisch weibliche (vgl. I.2.3). Die hier stattfindende Polarisierung in ein männlich gedachtes nationales Vaterland und eine weibliche regionale Heimat ist wegweisend für das gesamte weitere 19. Jahrhundert.

Beide Begriffe – Vaterland und Heimat – haben bei Arndt eine geistliche und eine säkulare Bedeutung; wobei auch letztere die religiöse Semantik mit sich führt. Für das Begriffsfeld des Vaterlands wurde dies gezeigt: Der Nationalheld, der sich auf dem ‚Altar des Vaterlandes' opfert, ist – typisch für die lyrischen Produktionen der deutsch-französischen Kriege insgesamt – geradezu aufdringlich religiös semantisiert.[272] Auch Heimat enthält in der säkularen Verwendung Arndts eine religiöse Bedeutungsebene, doch dient dies nicht einer Überhöhung der nationalen Idee, oder wenn doch, dann auf sehr intrikate Weise, wie im Folgenden gezeigt werden soll.

Heimat kann beim studierten Theologen und lebenslang auch religiös produktiven Schriftsteller Arndt[273] die herkömmliche Bedeutung des Himmelreichs haben. Diese Bedeutung findet sich in seinen christlichen Liedern, die in den Gedichtausgaben zu Lebzeiten meist unter der Rubrik „Geistliche Lieder" von seiner übrigen lyrischen Produktion abgesetzt werden.[274] Einige dieser Lieder werden, ebenfalls schon zu Lebzeiten, in evangelischen Gesangbüchern gedruckt.[275] Die Gedichte beschreiben die Sehnsucht nach einem „himmlisch Heimathshaus",[276] nach dem Flug des Geistes gen Heimat[277] oder nach der Fahrt „zum frohen Heimatort", wie im Gedicht *Himmelfahrt* (1837):

---

272 Arndt ist einer der Gewährsmänner für die einflussreiche Studie Gerhard Kaisers zum Verhältnis von *Pietismus und Patriotismus im literarischen Deutschland*, vgl. Kaiser 1961, die auch Kritik erfahren hat, vgl. stellvertretend Lehmann 1966 und Lächele 2001. Die Kriegslyrik der Befreiungskriege von Arndt, Theodor Körner und Max von Schenkendorf wird mit ihrer Verschränkung von religiöser und nationalistischer Metaphorik dann ganz ähnlich im Deutsch-Französischen Krieg von 1870 wieder aufgegriffen, vgl. Zimmer 1971.

273 In zweiter Ehe ist Arndt mit einer Schwester von Friedrich Schleiermacher verheiratet. Unbrauchbar ist die hagiographische Studie von Ott zum leider sonst nicht bearbeiteten Thema von Arndts Verhältnis zur Religion; vgl. Ott 1966.

274 Die hier im Folgenden behandelten geistlichen Gedichte finden sich beispielsweise alle unter der Rubrik „Himmelreich und Geist" in Arndt 1983.

275 Bis heute stehen zwei Lieder Arndts im Evangelischen Gesangbuch: EG 213 *Kommt her, ihr seid geladen* und EG 357 *Ich weiß, woran ich glaube*.

276 Die vierte Strophe von „An dem Grabe eines Freundes" lautet: „Traum vom Paradies? Ja Traum und Schatten – / Was die Geistchen einst dort oben hatten / Spielen hier sie tausendbildrig

Wie prangt im Frühlingskleide
Die grüne, bunte Welt!
Und hat in Welt und Heide
Musik und Lust bestellt:
Wie klingt und spielt der Scherz
In Büschen rings und Bäumen
Von Edens Blumenträumen
Den Klang in jedes Herz!

Hinaus denn, meine Seele!
In voller Lust hinaus!
Verkünde, ruf, erzähle
Und kling und sing es aus!
Du bist von Lerchenart,
Nach oben will dein Leben:
Laß fliegen, klingen und schweben
Die süße Himmelfahrt.

Auf! Lüfte deine Schwingen
Zum frohen Heimatort!
Dein Trachten, Sehnen, Ringen,
Dein Weg, dein Lauf ist dort –
O flieg aus diesem Glanz
Der bunten Erdenlenze
Ins Land der ew'gen Kränze!
Dort ist dein Ziel, dein Kranz.[278]

Die sprechende Instanz, die ihre eigene Seele anruft und mit einer Lerche vergleicht, bringt deren weltzugewandte Lebensfreude mit einer überirdischen Himmelssehnsucht zusammen.[279] Nicht die Ablehnung der Welt wird zur Bedingung des Himmlischen, wie in anderen Gedichten Arndts ganz im traditionellen

---

aus, / Wähnen sehnen weinen lächeln scherzen – / O das bunte Geisterspiel der Herzen / Winkt und weist ein himmlisch Heimathshaus." Ernst Moritz Arndt: An dem Grabe eines Freundes, in: Arndt 1983, S. 272–273.

277 Die erste Strophe vom „Grablied" lautet: „Auf! Laßt uns fröhlich singen / Ein Lied von Tod und Grab! / Gar herrlich soll es klingen / Ins letzte Bett hinab: / Des Friedhofs stiller Hügel / Kein Leben deckt er zu, / Der Geist schwingt frohe Flügel / Und fliegt der Heimat zu." Ernst Moritz Arndt: Grablied, in: Arndt 1983, S. 262.

278 Ernst Moritz Arndt: Himmelfahrt, in: Arndt 1912, S. 216–217.

279 In einem anderen Gedicht Arndts, *Die Lerche* (1811), ist der Vogel ein „Bote der Sehnsucht und Treue". Das lyrische Ich erkennt in der Lerche einen Boten Christi, der die irdische Heimat verlassen habe: „Also findet der Geist Boten der Liebe dem Geist; / Denn mein Vater verließ die irdische Heimat und grüßte, / Wandelnd die himmlische Fahrt, noch den Entfernten durch dich." Hier ist der Begriff der Heimat explizit irdisch gemeint. Arndt 1912, S. 92–93, hier S. 92.

Sinn zu finden, vielmehr schließt die Freude über das Himmlische das Irdische mit ein. Innerhalb des vom traditionellen geistlichen Heimatbegriff vorgegebenen Rahmens findet also auch bei Arndt eine Ausweitung der Heimatsemantik statt. So greift das Lied *Lockst du mich, Du Gottesfrieden* den christlichen Topos der Fremdheit auf Erden auf, zugleich wird aber, anders als der Titel insinuiert, kein monotheistischer Gott angesprochen, vielmehr stellt sich der Sprecher mit den Göttern im Plural gleich:

> Nein, es ist kein Wahn der Träume,
> Ist kein Irrlicht düstrer Nächte,
> Mein sind jene Sternenräume,
> Mein sind jene Götterrechte:
> Fremdling bin ich nur im Staube,
> Meine Heimat such' ich wieder,
> Meine grüne Himmelslaube,
> Meine Himmelsblumen wieder.[280]

Die Sehnsucht nach dem Himmel ist, wie schon bei Novalis, zugleich eine nach den alten Zeiten, von denen offenbleibt, ob sie als Beginn der Menschheit oder als eigene Kindheit verstanden werden sollen. Dem Kind ist die himmlische Heimat in den Gedichten Arndts immer näher als dem Erwachsenen. Die Sehnsucht des herangewachsenen Ich nach der eigenen Kindheit und die nach der himmlischen Heimat verschmelzen miteinander:[281]

> Lockst du mich, o Sehnsucht, immer,
> Wie die Frommen Glockenläuten,
> Wieder hin zum Sternenschimmer?
> Wieder in die alten Zeiten?

---

280 Ernst Moritz Arndt: „Lockst du mich, du Gottesfrieden", in: Arndt 1912, S. 61–63. Die Pluralisierung Gottes findet sich auch in anderen Gedichten, etwa in „Eines frommen Kindes Gespielen": „Unschuld heißt die zarte Blume, / Ungesehen, kaum vernommen, / Duftend still im Heiligthume, / Daß wir in den Himmel kommen: / Engel lauschen selig nieder, / Wo das holde Blümlein blühet, / Das uns von der Erde wieder / Auf zur Götterheimat ziehet." Arndt 1983, S. 154. Oder in „An Psychidion": „Laß sie dich locken, laß die Engelflügel / Klingen zum Äther, alter Götterheimat, / Daß du uns unten das von oben deutest, / Himmlische Träume;" Arndt 1912, S. 87–88, hier S. 88.

281 Im Gedicht *Als ich ein Kind war* wird das schon in der ersten Strophe deutlich: „Als ich ein Kind war, / Was sah ich für Farben! / Himmlische Schimmer / Glänzten im Abendschein, / Glänzten im Morgenrot, / Und wann der Schlaf sanft / Einwiegte die Äuglein, / Gingen nicht Sonnen und Sterne / Dem träumenden Seelchen / Auf? Götterlichter, / Ach! der himmlischen Heimat / Selige Spiegel?" Arndt 1912, S. 78–79, hier S. 78.

> In die Zeiten, längst vergangen?
> In der Seelen Kindertage?
> Dahin schmachtest du, Verlangen?
> Dahin, Herz, mit jedem Schlage?[282]

Neben diesen durch andere Autoren des frühen 19. Jahrhunderts schon vertrauten Ausgestaltungen christlicher Topoi der himmlischen Heimat tritt bei Arndt eine andere Bedeutung, in der Heimat eindeutig weltlich gemeint ist. Dabei erhält die irdische Heimat durch die Überblendung mit einer transzendenten Sphäre ihre spezifisch emphatischen Qualitäten. Deutlich werden diese etwa im Gedicht *Der Schwan von Pulitz* (1846):

> Schneeweißer Schwan, wo fliegst, wo klingst du her?
> Wo kommst du Frühlingsklinger hergeflogen?
> Aus meiner grünen Insel stillem Meer?
> Aus Pulitz' sturmgeschirmten Wogen?
> Flogst du aus seinen stillen Buchten her?
> Und trägst im goldnen Schnabel goldne Mär?
>
> Hast du die kleinern Inseln auch besehn?
> Die steile Oi, vom Vilm die stolzen Buchen?
> Den Rugard, Putbus' waldbekränzte Höhn,
> Wo Reiz und Schönheit Aug' und Herz versuchen?
> O klinge mir den süßen Heimatklang!
> Mein greises Haupt, es neigt zum Schwanensang.

Der aus Rügen stammende Arndt, der in vielen autobiographisch gefärbten Gedichten, aber auch seinen Märchen und Mundartdichtungen auf seinen Geburtsort Bezug nimmt, lässt hier die sprechende Instanz des Gedichts einen vorbeiziehenden Schwan als Künder seines Herkunftsortes deuten. Die Erinnerung an die Orte der eigenen Kindheit wird ganz konkret: Pulitz, die Greifswalder Oie, Vilm, Rugard, Putbus. Diese Orte sind gemeint, wenn vom „süßen Heimatklang" die Rede ist. Im weiteren Gedichtverlauf erwidert der angerufene Schwan, er bringe nicht „Schwanensang", sondern den „Klang der Himmelsnachtigall":

> Heut kling' ich Klang der Himmelsnachtigall,
> Die Lieb' und Lenz in Putbus' Hainen singet,
> Heut kling' ich nach den süßen Wunderschall,
> Der wie aus höherm Himmel niederklinget,

---

282 Ernst Moritz Arndt: „Lockst du mich, du Gottesfrieden", in: Arndt 1912, S. 61–63, hier S. 61.

> Ich klinge nach – o könnt' ich's recht und ganz! –
> Du kennest Klang und Wonne, Licht und Glanz.[283]

In drei von insgesamt fünf Strophen wird der Schwan zum nicht ganz überzeugenden Symbol stilisiert, denn es fällt schwer, sich einen Schwan als „Himmelsnachtigall" vorzustellen. Aber nur so lässt sich eine Spannung erzeugen: Ist der Schwanensang Bote des bevorstehenden Todes oder ist der Nachtigallensang Bote des Himmels? Beide Auslegungen sind über ihre christlich-religiöse Bedeutung unmittelbar verknüpft, denn der Tod ist ja ans Bild des Himmels gebunden. Und so ist das Heimweh nach der Heimat Rügen auch bewusst doppeldeutig gemeint: Als existentielles Heimweh nach dem Geburtsort und als Heimweh nach einer transzendenten Welt, die sich mit diesem Geburtsort verknüpft.

Die Sehnsucht nach dem „Heimatlande" Rügen ist ein Topos des arndtschen Werks; auch das Gedicht *Heimweh nach Rügen* (1842) reiht sich in diese autobiographisch grundierten Heimaten bei Arndt:

> O Land der dunklen Haine,
> O Glanz der blauen See,
> O Eiland, das ich meine,
> Wie tut's nach dir mir weh!
> Nach Fluchten und nach Zügen
> Weit über Land und Meer,
> Mein trautes Ländchen Rügen,
> Wie mahnst du mich so sehr!
>
> O wie, mit goldnen Säumen
> Die Flügel rings umwebt,
> Mit Märchen und mit Träumen
> Erinnrung zu mir schwebt!
> Sie hebt von grauen Jahren
> Den dunkeln Schleier auf,
> Von Wiegen und von Bahren,
> Und Tränen fallen drauf.[284]

Die wehmütigen Erinnerungen an die Landschaft Rügens verbinden sich mit „Märchen und mit Träumen", sind also sentimentalisch gefärbt. Das Träumerische und Emotionale, durch den mehrfachen Verweis auf die fließenden Tränen

---

[283] Beide Ernst Moritz Arndt: „Der Schwan von Pulitz", in: Arndt 1912, S. 252–253.
[284] Ernst Moritz Arndt: „Heimweh nach Rügen", in: Arndt 1912, S. 243–244.

unterstrichen, effeminiert Heimat. Dazu kommt die explizite Personifizierung der heimatlichen Natur durch eine Frau:

> O Eiland grüner Küsten!
> O bunter Himmelschein!
> Wie schlief an deinen Brüsten
> Der Knabe selig ein!
> Die Wiegenlieder sangen
> Die Wellen aus der See,
> Und Engelharfen klangen
> Hernieder aus der Höh'.
>
> So locken deine Minnen
> Mit längst verklungnem Glück
> Den grauen Träumer hinnen
> In alter Lust zurück.
> O heißes Herzenssehnen!
> O goldner Tage Schein
> Von Liebe reich und Tränen!
> Schon liegt mein Grab am Rhein.

Heimat ist weiblich, im mütterlichen oder auch im erotischen Sinn (vgl. I.2.3) – die Lockungen der „Minnen" unterstreichen dies noch einmal –, sie ist emotional, sie ist sentimentalisch. Heimat ist ein dem lyrischen Ich räumlich und zeitlich entrückter Ort, der nur über die Erinnerung zugänglich ist. Elemente geistlicher Heimatbedeutung, etwa die Figur des Pilgers oder der Wunsch, das Eiland möge „unterm besten Sterne / Des Himmels ewig blühn", dienen der zusätzlichen Emotionalisierung und Emphatisierung:

> Fern, fern vom Heimatlande
> Liegt Haus und Grab am Rhein.
> Nie werd' an deinem Strande
> Ich wieder Pilger sein.
> Drum grüß' ich aus der Ferne
> Dich, Eiland lieb und grün:
> Sollst unterm besten Sterne
> Des Himmels ewig blühn![285]

Der Rhein ist die Gegend der Gegenwart, von der aus das Ich des Gedichts spricht. Auch hier liegen autobiographische Erklärungen nahe – Arndt lebt zur Zeit der Gedichtentstehung in Bonn –, erschöpfen den Sinn des Gedichts aber nicht. Wichtiger ist ja, dass nicht Bonn, sondern der Rhein genannt wird und so eines

---

285 Beide Ernst Moritz Arndt: „Heimweh nach Rügen", in: Arndt 1912, S. 243–244.

der wichtigsten Symbole der deutschen Nationalstaatsidee im 19. Jahrhundert. Arndt besingt ihn in seinen vaterländischen Liedern oft und widmet ihm die politische Kampfschrift *Der Rhein. Teutschlands Strom, aber nicht Teutschlands Grenze*. Der Rhein kann auch in diesem Gedicht als Symbol des Vaterlands gelesen werden und in dieser Hinsicht als Antipode der Heimat Rügen: Der Rhein ist zeitlich wie räumlich zugänglich, Rügen ist es nicht. Selbst das Grab der sprechenden Instanz wird am Rhein liegen, eine Rückkehr in die Heimat wird ausgeschlossen.

Im ersten der *Klinglieder* von 1813 wird der Antagonismus zwischen Vaterland und Rügen als ein Antagonismus zwischen männlicher und weiblicher Welt noch stärker herausgekehrt:

> Geliebtes Eiland, mütterliche Erde,
> Wo ich von siebzehn schönen Jugendlenzen
> Die Bäume und die Hügel sah bekränzen,
> O Rügen, Land voll lieblicher Gebärde!
>
> Sprich, ob ich je die Taten sehen werde,
> Wovon die Bilder also lieblich glänzen,
> Daß ich in andern Völkern, andern Grenzen
> Stets suchen muß nach Arbeit und Beschwerde?
>
> All deine süße Schöne mußt' ich lassen,
> All deine holde Stille mußt' ich fliehen,
> Ich mußt' ein größres Vaterland mir suchen.
>
> O diesen Stolz, werd' ich ihn je erfassen?
> Wirst du, Germanien, noch in Freiheit blühen,
> Wo Sklaven stöhnen und Tyrannen fluchen?[286]

Das Sonett präsentiert in den ersten beiden Quartetten zwei Blickwinkel auf die „mütterliche Erde" Rügen: den Blick des sentimental Liebenden im ersten, den Blick des enttäuscht Liebenden im zweiten Quartett. Die Synthese dieser beiden Positionen in den beiden Terzetten ist dann die notwendige Abkehr von der ‚mütterlichen Erde' und die Hinwendung zum „Vaterland" als der größeren, nationalen Idee. Die geschlechtsspezifische Codierung von weiblicher Erde (nicht nur das Bild der Mutter, auch die Attribuierung Rügens als lieblich und geliebt, süß, hold und schön passt dazu) und männlicher Idee (der Freiheitskampf gegen die Tyrannen entspringt nicht natürlicher Neigung zum Schönen, sondern Pflicht und Notwendigkeit) entspricht der für Arndt charakteristischen Codierung von Heimat und Nation, die etwa im Gedicht *Heimweh* auch direkt als Begriffe vor-

---

[286] Arndt 1912, S. 138.

kommen. Um die natürlich gegebene Heimat darf man hier weinen. Für die abstrakte Idee des Vaterlands muss man bereit sein zu kämpfen und zu sterben.

In dem Teil seines Œuvres, das im 19. Jahrhundert am intensivsten rezipiert wurde, der Lyrik der Befreiungskriege, wird die Pflicht zum Sterben fürs Vaterland zum Hauptthema: „Wir wollen heut uns Mann für Mann / Zum Heldentode mahnen", heißt es im *Vaterlandslied*[287] von 1812, „Zittre! Denn wir wollen sterben, / Sterben all in einem Mut, Oder auch das Land erwerben / Mit dem Eisen, mit dem Blut: / Deutschland ist's, der Freiheit Land, / Tapfrer Männer Vaterland" im zweiten der *Ermunterungslieder vor der Schlacht* von 1813.[288] Der durchgängige Befund ist: In diesen Vaterlandsliedern, in denen Männer ermuntert werden, für Deutschland zu sterben, kommt tatsächlich *nie* der Begriff der Heimat vor. Das Vaterland verbindet sich mit dem aktiven Handeln und der politischen Idee, mit Kampf und Waffen, mit dem Ideal der geeinten Nation.

Diese klare Trennung der Sphären in ein männliches, politisches Vaterland und eine weibliche, apolitische Heimat wird im weiteren 19. Jahrhundert nicht immer so eindeutig durchgehalten, wie dies für Arndts Werk, auch über die hier besprochenen Texte hinaus, gilt.[289] Aber das von Arndt etablierte semantische Spektrum, in dem Heimat und Vaterland zu Antagonisten werden, bleibt bestimmend. Das widerspricht Andreas Schumanns These nicht, dass Heimat im 19. Jahrhundert im Dienst des Nationaldiskurses stand.[290] Es zeigt nur, in welch intrikater Weise dies der Fall war. Denn gerade indem Heimat vom politischen Agitator Arndt, der er auch in seiner Lyrik war, des Politischen enthoben wurde, konnte sie im weiteren Verlauf des 19. Jahrhunderts als ‚Wurzelgrund' des Nationalen etabliert werden (vgl. I.2.1).[291] Die Entpolitisierung und Effeminierung des Begriffs gehören zu seiner Ideologiegeschichte (vgl. 1.2.3).

---

287 Arndt 1912, S. 100–101, hier S. 101.
288 Arndt 1912, S. 117–118, hier S. 118.
289 Heide Crawfort beschäftigt sich nicht zufällig mit den Märchen Arndts, also einer Gattung für Kinder, Frauen und das einfache Volk, um seinem Heimatbegriff auf die Spur zu kommen, vgl. Crawford 2007.
290 Vgl. Schumann 2002.
291 Der Prozess des ‚nation building' basiert insgesamt auf der Leistung, eine „gefühlsmäßige Bindung auf eine abstraktere, nicht mehr anschauliche Einheit zu übertragen". Stamm-Kuhlmann 2007, S. 20. Vgl. dazu auch die einflussreiche Studie von Benedict Anderson, *Imagined Communities*, die zuerst 1983 erschien und in einer überarbeiteten Version noch einmal zehn Jahre später: Anderson 1993. Die Spannung zwischen Regionalität und Nationalismus bei Arndt diskutiert auch Koch 2007.

1.2.4 Droste-Hülshoff und Eichendorff

Annette von Droste-Hülshoff: Experimentelle Heimaten

Bei Annette von Droste-Hülshoff (1797–1848) zerfällt der Heimatbegriff auf den ersten Blick in zwei Bedeutungsbereiche: in die Heimat der Westfalen-Texte hier und die der geistlichen Lieder dort; die Grenzen zwischen religiöser und profaner Bedeutung sind auf den zweiten Blick aber durchlässig. Droste-Hülshoff reizt das Bedeutungsspektrum von Heimat auf eine Weise aus, die sehr heterogene, auch einander widersprechende Heimatsemantiken entstehen lässt. Es gibt eine patriotisch-emphatische und eine nüchtern-beschreibende, ja selbst eine ironisch gebrochene Heimat als Ort der eigenen Herkunft. Es gibt geistliche Heimaten, die auf Erden, und solche, die dort gerade nicht zu finden sind, und es gibt Heimaten, bei denen offenbleibt, ob sie immanenten oder transzendenten Status haben.

Die christliche Idee, dass das Irdische mit dem Blick aufs Jenseits abzulegen sei, ist alt; dass für dieses Irdische der Begriff der Heimat verwendet wird, ist, wie gezeigt, erst eine Entwicklung des 19. Jahrhunderts, an der Droste-Hülshoff ihren Anteil hat. Droste-Hülshoff geht noch weiter: Ihre Gedichte fragen, ob Weltablehnung überhaupt der richtige Weg zu Gott ist, ob nicht vielmehr gerade Welt – und die damit zusammenhängende Heimat – spirituell gefüllt werden müsse. Dies lässt sich an ihrem Zyklus *Das geistliche Jahr* nachvollziehen, an dem sie seit 1818 lebenslang arbeitete, der auf ihren Wunsch hin aber erst postum 1851 publiziert wurde. Der Zyklus von geistlichen Liedern auf die Sonn- und Festtage des Kirchenjahres war der nach ihrem Tod über mehrere Jahrzehnte am stärksten verbreitete und bekannteste Text Droste-Hülshoffs und begründete ihre Wahrnehmung als katholische und biedermeierliche Autorin maßgeblich, wobei die dort thematisierten Glaubenszweifel in der Rezeption lange Zeit keine Rolle spielten.[292]

Im Gedicht *Am Feste vom süßen Namen Jesu* erscheint Heimat als ein lustvoll hinzugebendes Gut, um Jesus näherzukommen. Indem Heimat hier irdisch gedacht wird, findet eine Verkehrung der traditionellen geistlichen Begriffsverwendung statt:

> Was ist freudig wie zu ziehn
> In die reiche Welt hinaus?
> Ach! viel freudger was wir fliehn,
> Das verkannte Elternhaus;
> Doch dein Name, lieber Jesu mein,

---

[292] Vgl. Wortmann 2014, S. 66–67; Thomas Wortmann zeigt anhand des *Geistlichen Jahrs*, dass die literaturhistorische Kategorisierung in Biedermeier und Vormärz insgesamt fehlgeht, vgl. Wortmann 2016.

> Der ist über Alles voll der Lust!
> O, wer gäb nicht um die Freuden sein
> Heymath, Freyheit, was ihm nur bewußt!²⁹³

Nicht der bekannte Gegensatz von Welt und Himmelreich wird hier entwickelt, sondern vielmehr ein Verhältnis der Steigerung. Es ist „freudig", in die Welt hinaus zu ziehen: Dies ist die „Freyheit". Es ist „freudger", in der „Heymath" zu bleiben. Die größte „Lust" ist es aber, all diese Freuden hinzugeben um Jesu willen. Freiheit und Heimat werden also freudig überwunden, um religiöse Erfüllung zu erlangen. Heimat ist hier an den irdischen Ort gebunden und wird nicht gegen eine andere, höhere Heimat ausgespielt, gleichwohl gibt es Höheres als sie.

Komplizierter stellt sich die Bewertung von Heimat im Eröffnungsgedicht des Zyklus dar, *Am Neujahrstage*. Das alte Jahr wird in diesem Wechselgedicht vom sprechenden Ich verabschiedet, das neue willkommen geheißen. Das personifizierte neue Jahr und das Ich treten in einen Dialog:²⁹⁴

> „O Menschenherz, wie ist dein Haus zerfallen!
> Wie magst du doch, du Erbe jener Hallen,
> Wie magst du wohnen in so wüstem Graus!"
> „O neues Jahr, ich bin ja nie daheime!
> Ein Wandersmann durchzieh ich ferne Räume;
> Es heißt wohl so, es ist doch nicht mein Haus."

Bis hierher kann angenommen werden, dass es um die traditionelle Vorstellung geht, auf Erden nie daheim zu sein. Diese Vorstellung wird vom Ich des Gedichts vorgebracht. In der weiteren Dialogsituation wird diese Position allerdings hinterfragt. Das neue Jahr fordert das Ich – stets als ‚Herz' oder ‚Menschenherz' angesprochen – auf, in der Heimat zu bleiben, um sich dort auf das Jenseits vorzubereiten.

> „O Menschenherz, was hast du denn zu treiben,
> Daß du nicht kannst in deiner Heymath bleiben
> Und halten sie bereit für deinen Herrn?"

---

293 Annette von Droste-Hülshoff: Am Feste vom süßen Namen Jesus, in: Droste-Hülshoff 2004, Bd. 1, S. 364–365, hier S. 365. Das Gedicht ist 1820 entstanden und wurde wie alle anderen Gedichte des Zyklus erstmalig 1851 publiziert.
294 Der Kommentar der historisch-kritischen Ausgabe verweist darauf, dass Wechselgedichte zwischen einer allegorischen Instanz und dem lyrischen Ich eine Tradition in der geistlichen Dichtung darstellen, die in der Zeitgenossenschaft Droste-Hülshoffs besonders beliebt gewesen sei. Vgl. die Erläuterungen in: Droste-Hülshof 1992, S. 320.

Das Ich hadert mit seiner Weltlichkeit, zweifelt an den letzten Dingen, ist dann wieder überzeugt von seiner Teilhabe am göttlichen Ganzen. In den letzten drei Strophen wird das Herz vom neuen Jahr aufgefordert, ins eigene verödete Haus heimzukehren, dieses Haus zu reinigen und es in ein „Gotteshäuslein" zu verwandeln:

> „Du hast den Frieden freventlich vertrieben!
> Doch Gottes Gnad' ist grundlos wie sein Lieben,
> O kehre heim in dein verödet Haus!
> Kehr heim in deine dunkle wüste Zelle,
> Und wasche sie mit deinen Thränen helle
> Und lüfte sie mit deinen Seufzern aus!
>
> Und willst du treu die Blicke aufwärts wenden,
> So wird der Herr sein heilig Bild dir senden,
> Daß du es hegst, in Glauben und Vertraun,
> Dann darf ich einst an deinem Kranze winden,
> Und sollte dich das neue Jahr noch finden,
> So mög' es in ein Gotteshäuslein schaun!"[295]

Der Topos vom Leib als Haus der Seele oder des Herzens[296] wird hier neu interpretiert. Die in Zusammenhang gebrachten Bildbereiche des Hauses und des Herzens sind allegorisch lesbar als Aufforderung, der Spiritualität, also Seele und Herz, Raum zu geben. Die Aufforderung, das verödete Haus in ein „Gotteshäuslein" zu verwandeln, kann im Zusammenhang mit der Aufforderung, in der Heimat zu bleiben, auch so gelesen werden, dass die weltliche Heimat in ein Gotteshaus verwandelt werden möge, dass das weltliche Dasein spirituell zu füllen sei. Dann wäre das Ich, das behauptet, auf Erden nie daheim und immer nur Wanderer zu sein, einer Ausflucht überführt. Die Sehnsucht nach dem Jenseits käme dann einer Ausrede gleich, mit der vermieden wird, schon in der Gegenwart in Gott zu leben.

---

295 Annette von Droste-Hülshoff: Am Neujahrstage, in: Droste-Hülshoff 2004, Bd. 1, S. 358–360. Das Gedicht ist 1820 entstanden.

296 Der Kommentar der historisch-kritischen Ausgabe verweist auf den Bezug zwischen den Bildbereichen Seele und Herz einerseits, Haus und Gebäude andererseits als festem Bestandteil geistlicher Lyrik. Dabei ist die allegorische Bedeutung des Hauses in der Bibel, etwa die neutestamentliche Vorstellung der christlichen Gemeinde als Haus Gottes, wichtig. Der Topos vom Leib als Haus der Seele findet sich bei Theresa von Avila. Im *Geistlichen Jahr* werde diese Bildlichkeit erweitert, insofern hier reale Gegenstände in spirituelle Sinnbilder verwandelt würden. Vgl. die Erläuterungen in: Droste-Hülshoff 1992, S. 321–322. Der Kommentar geht nicht auf den Begriff der Heimat ein.

Diese Befragung des Verhältnisses von Welt und Himmelreich und des Status, den Heimat innerhalb dieses Verhältnisses haben kann, ist konstitutiv für Droste-Hülshoffs Umgang mit dem Heimatbegriff insgesamt. Nie konsequent durchgeführt, vielmehr stets unerwartet scheinen bei ihr mögliche Neuperspektivierungen von Heimat auf – auch dort, wo Heimat in ganz unspirituellen Kontexten verwendet wird, etwa in den zu ihrem Westfalen-Projekt zählenden Texten, die unter anderem auch volkskundliche Interessen verfolgten.[297] Mit dieser Vielfalt von Bedeutungen und dem quasi experimentellen Status, den Heimat bei ihr dadurch erlangt, hebt sie sich von allen bisher besprochenen Autoren ab: Es gibt bei ihr eine patriotische Heimat, etwa in einem Westfalen-Gedicht, in dem jede Heimat sich über das eigene „Blut" und den eigenen „Herd" konstituiert.[298] In *Bei uns zu Lande auf dem Lande* ist der Bezug zu Heimat – exzeptionell in der ersten Hälfte des 19. Jahrhunderts – dagegen ein satirischer, etwa, wenn von den „erstickenden Küssen der Heimat"[299] die Rede ist, wenn der Gestank der Straße, dem sich die heimkehrende Erzählerfigur ausgesetzt sieht, erwähnt wird.

Nach Martina Ölke sind Droste-Hülshoffs Westfalen-Texte und ihre orientalisierenden Texte gleichermaßen Teil eines Schreibprojekts, in dessen Zentrum die Begriffe Heimat und Fremde stehen. Diese werden, so Ölke, auf diese Weise als „*literarische Konstrukte*"[300] sichtbar. Die vielschichtige Reflexion des Heimatbe-

---

[297] Zum nicht fertiggestellten Westfalen-Projekt zählen *Die Judenbuche*, das erste Kapitel von *Bei uns zu Lande auf dem Lande*, die *Westphälischen Schilderungen aus einer westphälischen Feder*, der Gedichtzyklus *Haidebilder*, das Lustspiel *PERDU! oder Dichter, Verleger und Blaustrümpfe* und weitere Texte. Das Sammeln von landeskundlichen Quellen und die Rekonstruktion einer im Verschwinden begriffenen Welt waren Teil des Schreibprojekts. Vgl. Kilchmann 2018.

[298] Im Gedicht *Ungastlich oder nicht? In Westphalen* wird das personifizierte Westfalen gegen den Vorwurf verteidigt, ungastlich zu sein. Dagegen werde derjenige gastlich aufgenommen, der „unsres Landes Sitte ehrt, / Und auch dem seinen hält die Treue". Klar wird zwischen Eigenem und Fremdem unterschieden, jeder solle bei den Seinen bleiben und die Fremden ehren. „Doch einem Gruß aus treuem Mut, / Dem nicken ehrlich wir entgegen, / Hat jeder doch sein eignes Blut, / Und seiner eignen Heimat Segen. / Wenn deine Ader kälter rinnt, / So müssen billig wir ermessen: / Wer könnte wohl das fremde Kind / Gleich eignem an den Busen pressen? // Drum, jede Treue sei geehrt, / Der Eichenkranz von jedem Stamme; / Heilig die Glut auf jedem Herd, / Ob hier sie oder drüben flamme; / Dreimal gesegnet jedes Band / Von der Natur zum Lehn getragen, / Und einzig nur verflucht die Hand, / Die nach der Mutter Haupt geschlagen!" Annette von Droste-Hülshoff: Ungastlich oder nicht? In Westfalen, in: Droste-Hülshoff 2004, Bd. 1, S. 11–13.

[299] Annette von Droste-Hülshoff: Bei uns zu Lande auf dem Lande, in: Droste-Hülshoff 2004, Bd. 2, S. 161–194, hier S. 162.

[300] Ölke 2002, S. 225. Ölkes Studie – *‚Heimweh' und ‚Sehnsucht in die Ferne'. Entwürfe von ‚Heimat' und ‚Fremde' in der westfälischen und orientalischen Lyrik und Prosa Annette von Droste-Hülshoffs* – geht an keiner Stelle auf die religiöse Semantik von Heimat ein.

griffs und dessen ‚Binnenexotik'[301] in den Westfalen-Gedichten finden ihr Pendant in der Begeisterung für Tahiti, den Orient und andere zeitgenössische Chiffren des Fremden, wie sie in anderen Texten Droste-Hülshoffs zum Ausdruck kommt. Westfalen wird im ethnographischen Blick der Erzählerfigur in *Bei uns zu Lande auf dem Lande* zum „glückseligen Arabien"[302] (vgl. II.3.2). Droste-Hülshoff schreibt als junge Autorin über sich selbst, sie zeichne der „unglückselige Hang zu allen Orten, wo ich nicht bin" aus,[303] und beschreibt so Fernweh und Heimweh als zusammengehörig. Die Beschreibungen von Reisen und fernen Orten werden bei Droste-Hülshoff deshalb zu Recht immer in Zusammenhang mit ihren Westfalen-Beschreibungen gebracht.[304] In den *Klängen aus dem Orient* kommt der Begriff der Heimat aber nicht vor.

Neben all diesen Aspekten des Changierens zwischen Westfalen und Orient, Ironie und Pathos, Heimweh und Fernweh, Binnen- und Fremdexotik, die Droste-Hülshoff manchem geradezu als Dekonstruktivistin der Heimat erscheinen lassen,[305] ist für ihr Werk vor allem eine bestimmte Situation in der Genese des Begriffs Heimat bezeichnend: das Changieren zwischen seiner religiösen und seiner profanen Bedeutung. Bei Droste-Hülshoff begegnen sich diese beiden Bedeutungen im Bild des Grabes. Heimat ist bei Droste-Hülshoff häufig Metapher des Todes, und das in einer ganz spezifischen Weise. Heimat als Grab erscheint geradezu als ein dritter Ort: nicht irdische Heimat, nicht himmlische Heimat, sondern ein Ort, der beide Heimaten meinen kann, aber nicht muss. Heimat wird zur Vanitasfigur, die ihren Reiz gerade aus dem Changieren zwischen einer immanenten und einer transzendenten Bedeutung bezieht. Dies beinhaltet eine religiöse Intention und einen literarischen Effekt, den des Schauders. Mit dem Unheimlichen der Heimat, wie es Sigmund Freud später beschreiben wird (vgl. II.1.3.2), kommt eine psychologische Ebene hinzu; auch in Droste-Hülshoffs Texten wird Heimat teilweise nicht nur als negative, sondern auch als verdrängte Erinnerung mit dem Gespenstischen verknüpft.[306] Die freudsche These, dass in

---

[301] Den Begriff der Binnenexotik führt Hermann Bausinger ein, vgl. Bausinger 1961, S. 90.

[302] Annette von Droste-Hülshoff: Bei uns zu Lande auf dem Lande, in: Droste-Hülshoff 2004, Bd. 2, S. 161–194, hier S. 170.

[303] Annette von Droste-Hülshoff: Brief vom 8. Februar 1819 an Anton Matthias Sprickmann, in: Droste-Hülshoff 1987, S. 26–28, hier S. 27.

[304] Vgl. den Ausstellungskatalog *Sehnsucht in die Ferne:* Grywatsch/Kloster 2017.

[305] Die Texte des Westfalen-Projekts verhielten sich „gegenüber dem zeitgleich entstehenden Heimatdiskurs mit seinen idyllisierenden und ausgrenzenden Techniken geradezu dekonstruktiv", so Esther Kilchmann mit Bezug auf die Studie Martina Ölkes. Kilchmann 2018, S. 493.

[306] Im Gedicht *Der Mutter Wiederkehr* ist von den Schrecken der Heimat die Rede. Die Misshandlungen des Kindes führen dazu, dass auch der erwachsene Mann seine Heimat nicht aufsucht. Der Mann berichtet seiner Frau „Warum ich mein Heimatland / Die alten lieben Gebilde

der Heimat etwas Unheimliches aufscheint, wäre demnach zu ergänzen um den Aspekt, den das Erbe der himmlischen Heimat in das neue semantische Feld der bürgerlichen Heimat des 19. Jahrhunderts einbringt: Denn die himmlische Heimat verweist immer auch auf den gänzlich immanent denkbaren Tod und somit auch auf Angst und Grauen, die sich an ihn knüpfen können.[307] Die Überblendung von irdischer und himmlischer Heimat dient bei Droste-Hülshoff an diesen Stellen ihres Werks nicht mehr, wie bei Hölderlin oder Brentano, der Emphatisierung der irdischen Heimat. Vielmehr erhält ihr Heimatbegriff, hier ganz ähnlich wie bei Eduard Mörike,[308] die Funktion eines neubarocken Memento mori zwischen morbider Schauerliteratur[309] und geistlichem Lied, wie das Gedicht *Im Moose* (1841/42 entstanden, Erstdruck 1842) zeigen kann:

> Als jüngst die Nacht dem sonnenmüden Land
> Der Dämmrung leise Boten hat gesandt,
> Da lag ich einsam noch in Waldes Moose.
> Die dunklen Zweige nickten so vertraut,
> An meiner Wange flüsterte das Kraut,
> Unsichtbar duftete die Haiderose.

---

flieh / Dem Herzen doch eingebrannt". Auch als erwachsener Mann will er nicht anknüpfen: „Wohl führt' nach Jahren einmal sein Weg / Ihn dicht zur Heimat hinan, / Da ließ er halten am Mühlensteg, / Und schaute die Türme sich an. / Die Händ' gefaltet, schien er zu beten, / Ein Wink – die Kutsche rasselte fort; / Doch nimmer hat er den Ort betreten, / Und keinen Trunk Wasser nahm er dort." Annette von Droste-Hülshoff: Der Mutter Wiederkehr, in: Droste-Hülshoff 2004, Bd. 1, S. 255–262.

307 Ein weiteres Beispiel stellt das Gedicht *Die todte Lerche* dar, es überblendet vielfach die Lerche mit dem lyrischen Ich und mit der Poesie und in diesem Kontext auch Nest und Heimat. Das Nest des Vogels ist nur halb gebaut, als er in dessen Nähe nach einem letzten Gesang stirbt. Das lyrische Ich identifiziert sich mit diesem Geschehen: „Ich möchte Tränen um dich weinen, / Wie sie das Weh vom Herzen drängt, / Denn auch mein Leben wird verscheinen, / Ich fühl's, versungen und versengt; / Dann du, mein Leib, ihr armen Reste, / Dann nur ein Grab auf grüner Flur, / Und nah nur, nah bei meinem Neste, / In meiner stillen Heimat nur!" Annette von Droste-Hülshoff: Die tote Lerche, in: Droste-Hülshoff 2004, S. 303 oder auch „Mondesaufgang", in: Droste-Hülshoff 2004, S. 332–333.

308 In Eduard Mörikes Gedicht *Auf eine Christblume* (1842) findet das lyrische Ich der „Heimat Zauberreich" (Eduard Mörike: Auf eine Christblume, in: Mörike 1957, Bd. 1, S. 133) der symbolisch stark aufgeladenen Christblume auf dem Friedhof. Mörike greift in dem zweistrophigen Gedicht auf barocke Kirchenliedstrophen zurück und unterstreicht so auch formal die barocke Idee des Memento mori. 1888 wurde das Gedicht von Hugo Wolf vertont.

309 Der antiidyllische Zug der Gewalttätigkeit und Armut zeigenden Westfalen-Texte wurde mehrfach beschrieben (Weiß-Dasio 1996, Böschenstein 2007) und zusammen mit den Gespenstern der Balladen und den teils düsteren Schilderungen der *Haidebilder* als Unheimlichkeit von Heimat bezeichnet (vgl. Ölke 2002), ohne indes die Doppeldeutigkeit des Begriffs Heimat selbst einzubeziehen, so wie ihn Droste-Hülshoff entfaltet.

> Und flimmern sah ich, durch der Linde Raum,
> Ein mattes Licht, das im Gezweig der Baum
> Gleich einem mächt'gen Glühwurm schien zu tragen.
> Es sah so dämmernd wie ein Traumgesicht,
> Doch wuste ich, es war der Heimath Licht,
> In meiner eignen Kammer angeschlagen.
>
> Ringsum so still, daß ich vernahm im Laub
> Der Raupe Nagen, und wie grüner Staub
> Mich leise wirbelnd Blätterflöckchen trafen.
> Ich lag und dachte, ach so Manchem nach,
> Ich hörte meines eignen Herzens Schlag,
> Fast war es mir als sey ich schon entschlafen.

Zunächst ist „der Heimath Licht" der Schein, der aus der Kammer des sprechenden Ich dringt. Es befindet sich im Wald, kann das Licht aber noch wahrnehmen. Es liegt im Moos des Waldes und gibt sich seinen Gedanken hin; im weiteren Gedichtverlauf steigen Kindheitserinnerungen in ihm auf, diese gehen in Phantasien und Zukunftsvisionen über, deren zeitliche Zuordnung durch das durchgängig gesetzte Imperfekt bewusst verunmöglicht wird. So befördern sie den „Modus einer radikal subjektiven Zeiterfahrung"[310] und es bleibt unklar, ob sie dem Halbschlaf oder einer Vision entspringen:

> Und wieder an des Friedhofs Monument,
> Dran Namen standen die mein Lieben kennt,
> Da lag ich betend, mit gebrochnen Knieen,
> Und – horch, die Wachtel schlug! Kühl strich der Hauch –
> Und noch zuletzt sah ich, gleich einem Rauch,
> Mich leise in der Erde Poren ziehen.
>
> Ich fuhr empor, und schüttelte mich dann,
> Wie Einer, der dem Scheintod erst entrann,
> Und taumelte entlang die dunklen Haage,
> Noch immer zweifelnd, ob der Stern am Rain
> Sey wirklich meiner Schlummerlampe Schein,
> Oder das ew'ge Licht am Sarkophage.[311]

Der Zustand des lyrischen Ich zwischen Scheintod, Todesvision und Halbschlaf bleibt unbestimmt. Die Deutung des Wahrgenommenen verschwimmt auch dem sprechenden Ich selbst, das zweifelt, ob Licht aus dem eigenen Zimmer scheint oder es sich um ein Grablicht handelt. Die Überblendung der Bedeutungsebenen

---

310 Kramer 2018, S. 278.
311 Droste-Hülshoff: Im Moose, in: Droste-Hülshoff 2004, Bd. 1, S. 77–78.

von Heimat als Wohnort und als Ort der Toten wird vielfach durchgeführt: Die Dämmerung ist als Tagesende oder metaphorisch als Lebensende lesbar, das ‚Entschlafen' als Einschlafen und Sterben, und das Moos ist ein Gewächs des Waldes, aber auch des Friedhofs. Das Ich bleibt „zweifelnd", die Bildwelt bleibt mehrdeutig.

Droste-Hülshoffs Heimat ist nicht nur unheimlich, weil sie von Mooren und düsteren Landschaften handelt, sondern weil sie aus dem Ort der Geburt den Ort des Grabes macht. Ort der Geburt und Ort des Grabes teilen das Irdische, als Anfang und Ende des Lebens sind sie als Kreis denkbar – und zugleich als Schnittstellen des Irdischen mit dem Transzendenten. Hebt Droste-Hülshoff das Grab und nicht die Wiege hervor, knüpft sie an ein christlich-teleologisches Denken und an die Herkunft des Heimatbegriffs aus der Religion an: Erst die himmlische Heimat ist die wahre und die menschliche Bestimmung ist es, im Jenseits Heimat zu suchen. Indem Droste-Hülshoff aber in Gedichten wie „Im Moose" nicht mehr von der himmlischen Heimat schreibt, sondern von einem Grablicht, das mit der Heimatlampe verschwimmt, ist die Transzendenz ganz in die Immanenz geholt. Damit wird Droste-Hülshoff nach empfindsamen Vorläufern[312] zu einer weiteren Wegbereiterin der Assoziation von Heimat und Grab, die in der bürgerlichen Kultur des 19. Jahrhunderts als schaurig-schöne Melancholie eine zentrale Rolle spielen wird und unzählige Visualisierungen fand (Abb. 34).

Joseph von Eichendorff

Auch Joseph von Eichendorff (1788–1857) verbindet die Unheimlichkeit der Heimat mit dem Effekt des Schauderhaften. Wie bei Droste-Hülshoff geht dieses mit dem Vanitasmotiv verbundene Unheimliche aus der Amalgamierung eines traditionell transzendenten Heimatbegriffs mit einem solchen hervor, der Heimat nicht nur als irdischen Ort der Geburt, sondern auch als irdischen Ort des Begrabenwerdens fasst, wobei das Transzendenzversprechen in Frage steht. Eichendorffs Gedicht *In der Fremde* (1832 in der Novelle *Viel Lärmen um Nichts*

---

[312] Vgl. schon das fünfstrophige Gedicht *Das Grab* (1783) von Salis-Seewis, hier in der ersten und vierten Strophe wiedergegeben: „Das Grab ist tief und stille,/ Und schauderhaft sein Rand./ Es deckt mit schwarzer Hülle/ Ein unbekanntes Land.// [...]// Doch sonst an keinem Orte/ Wohnt die ersehnte Ruh;/ Nur durch die dunkle Pforte/ Geht man der Heimath zu." Johann Gaudenz von Salis-Seewis: Das Grab, in: Salis-Seewis 1793, S. 35–36. Bei Salis-Seewis ist Heimat an dieser Stelle allerdings noch eindeutig die himmlische Heimat. Die Assoziation von Heimat und Grab wird im 19. Jahrhundert zum Topos, vgl. exemplarisch Wilhelm Ganzhorns *Im schönen Wiesengrunde* (1851). Zum Heimatgrab-Topos vgl. in verschiedenen Perspektiven Greverus 1972, S. 376–381 und Korfkamp 2006, S. 170–177.

Abb. 34: Gottfried Kühn: Wenn Du noch eine Heimath hast … In: Die Gartenlaube, Heft 52 (1856), S. 705 (gemeinfrei über Wikimedia commons)

erstmals gedruckt, unter dem Titel *In der Fremde* dann erstmals 1837), 1840 von Robert Schumann und 1852/53 von Johannes Brahms vertont, zeigt dies beispielhaft:

> Aus der Heimat hinter den Blitzen rot
> Da kommen die Wolken her,
> Aber Vater und Mutter sind lange tot,

> Es kennt mich dort keiner mehr.
> Wie bald, wie bald kommt die stille Zeit,
> Da ruhe ich auch, und über mir
> Rauschet die schöne Waldeinsamkeit
> Und keiner mehr kennt mich auch hier.[313]

Die Heimat liegt jenseitig „hinter den Blitzen rot" und dort, wo die Wolken herkommen, verknüpft sich also mit Himmelsbildern, ist zugleich aber auch der Herkunftsort, insofern sie mit Vater und Mutter assoziiert ist. Heimat ist durch den Verweis auf die schon gestorbenen Eltern als irdischer Ort des Herkommens und durch die Himmelsbilder (Blitz und Wolken, Wetterleuchten[314] oder Himmelsrot[315]) zugleich als himmlischer Ort ausgewiesen, der sich allerdings auch als bedrohlich und ungeheuerlich zeigt. Über den Reim werden zudem Röte und Tod assoziiert und als Abend- oder Morgenrot wird die Röte auch als religiöse Metaphorik des Endes oder Anfangs lesbar. Irdisches und Himmlisches tragen zudem beide ihren Widerpart in sich: Denn die Eltern sind tot und verweisen so möglicherweise auf eine Transzendenz – und Blitz, Wolken und Himmel lassen sich als Naturerscheinungen auch irdisch-konkret verstehen. Heimat ist also auf unauflösbare Weise beides, transzendent und immanent.

Der zweite Teil des Gedichts, der in ähnlichen Worten wie Goethes *Wanderers Nachtlied* den eigenen Tod antizipiert, verstärkt die Trostlosigkeit des ersten Teils. Nicht nur in der Heimat wird das lyrische Ich nicht mehr gekannt, sondern auch am gegenwärtigen Ort wird es nach seinem Tod bald nicht mehr gekannt werden. Kein Ort verspricht Geborgenheit, weder hier noch dort im Irdischen – noch im Transzendenten. Die „stille Zeit", die sich mit dem eigenen Tod verbindet und das Rauschen der „schöne[n] Waldeinsamkeit", das eine Art Kontinuität über die

---

313 Eichendorff 2006, S. 281.
314 Adorno deutet die Gedichtzeile „Aus der Heimat hinter den Blitzen rot" als „Wetterleuchten": „So gleichen zuweilen die hellen Sonnenränder zwischen Gewitterwolken Blitzen, die aus ihnen zünden könnten." Und er fügt hinzu: „Keines der Eichendorffschen Bilder ist nur das, was es ist, und keines läßt sich doch auf seinen Begriff bringen: dies Schwebende allegorischer Momente ist sein dichterisches Medium." Adorno: Eichendorff, 1981, S. 82.
315 Brigitte Kronauer sieht, in den Worten Eckhard Henscheids, die roten Blitze als „eine Art Misch- oder auch Metametapher aus Gewitter, Wetterleuchten und Abendrot, einen Bühnenprospekt gewissermaßen aus allen dreien – zumal syntaktisch nicht so ganz klar wird, auf was das ‚rot' eigentlich bezogen ist: Auf die Blitze? Oder doch auf die Heimat, auf die gleichsam im Abend- oder vielleicht sogar Morgenrot aufschimmernde und durch Blitze von der Fremde und Gegenwart separierte alte Heimat?" Henscheid 1999, S. 154. Henscheid stellt seinen Ansichten zur Unrettbarkeit des Heimatbegriffs für unsere Tage (vgl. Henscheid 1999, S. 155–157) das hier besprochene Gedicht entgegen, das er „als ganz seltenes Wunder innerhalb der deutschen Poesiegeschichte" (Henscheid 1999, S. 159) zu den größten Leistungen Eichendorffs überhaupt zählt.

eigene menschliche Zeitlichkeit hinaus verspricht, können als melancholischer Trost, aber auch als Ausdruck der Verlorenheit gelesen werden. „In der Fremde" ist das Subjekt jedenfalls immer.

Auch das Sonett *Wenn Du am Felsenhange* (1809) verbindet die Vorstellung des eigenen Todes untergründig mit der Vorstellung einer Heimat. Es bleibt sowohl unklar, ob diese Heimat immanent oder transzendent gemeint ist, als auch, ob die Sehnsucht nach Heimat/Tod von einem Gläubigen oder einem Selbstmörder empfunden wird:

> Wenn Du am Felsenhange stand'st alleine,
> Unten im Walde Vögel seltsam sangen
> Und Hörner aus der Ferne irrend klangen,
> Als ob die Heimat drüben nach Dir weine,
>
> War's niemals da, als rief die Eine, Deine?
> Lockt' Dich kein Weh, kein brünstiges Verlangen
> Nach andrer Zeit, die lange schon vergangen,
> Auf ewig einzugeh'n in grüne Scheine?
>
> Gebirge dunkelblau steigt aus der Ferne,
> Und von den Gipfeln führt des Bundes Bogen
> Als Brücke weit in unbekannte Lande.
>
> Geheimnisvoll geh'n oben gold'ne Sterne,
> Unten erbraust viel Land in dunk'len Wogen –
> Was zögerst Du am unbekannten Rande?[316]

Der Eindruck des Unheimlichen wirkt sich im Sonett auch auf den Begriff der Heimat aus. Die einsame Stellung des lyrischen Subjekts am „unbekannten Rande" eines Felshangs, der „seltsame" Vogelgesang, die „irrenden" Hörnerklänge erzeugen eine unheimliche Stimmung. Das Subjekt befindet sich räumlich in einer mittleren Position. An einem „Felsenhange" stehend, blickt es auf den bewegten Wald unter ihm und den geheimnisvollen Sternenhimmel über ihm. Beide Perspektiven bleiben unübersichtlich und geheimnisvoll. Die Irritation wird durch die Deutung seiner Situation verstärkt: „Als ob die Heimat drüben nach Dir rufe": Das Subjekt wird hier und auch im folgenden Quartett als „Du" angesprochen und in Beziehung zu einer personifizierten Heimat gestellt. Es scheint, als ob diese Heimat weine, sie ruft und lockt, löst Verlangen im Subjekt des Gedichts aus. Der Ruf der „Einen, Deinen" ist möglicherweise auch der Ruf einer

---

[316] Eichendorff 2006, S. 93–94. Das Gedicht entstand wohl um 1809, wurde aber erst 1837 innerhalb des Zyklus *Jugendandacht* gedruckt; der Titel des Zyklus unterstreicht die religiöse Bedeutung.

schon gestorbenen Geliebten. Heimat und Weiblichkeit verknüpfen sich demnach zu einem morbiden Verlangen (vgl. I.2.3). Diese Geliebte oder auch geliebte Heimat tritt im Folgenden in Beziehung zu „andrer Zeit, die längst vergangen" und zeigt sich doppeldeutig als vergangener Kindheitsort und als transzendenter HImmelsort. Intensiv wird das Subjekt auf seine Sehnsucht befragt, „auf ewig einzugeh'n in grüne Scheine". In einer Verszeile wird auf beide Sphären verwiesen: die Ewigkeit und die Scheinhaftigkeit der „grünen" Welt – das memento mori, das diese Zeile enthält, entspricht auch insgesamt der Wahl des Sonnetts als genuiner Gedichtform des Barock. In den Terzetten geht das Präteritum ins Präsens über, ein Hinweis darauf, dass es sich nicht um ein einheitliches lyrisches Bild handelt. In einem realistischen Verständnis könnten auch der Regenbogen und die Sterne nicht gleichzeitig sichtbar sein. Der Regenbogen fungiert hier als religiöses Symbol, als Zeichen des Bundes zwischen Gott und Mensch. Er bildet eine Brücke in „unbekannte Lande". Die Stellung des Satzes zwischen fernen Gebirgen und goldenen Sternen verweist wieder auf seine Doppeldeutigkeit: Das unbekannte Land kann diesseitig und jenseitig sein. Das letzte Terzett betont den Gegensatz von oben (goldene Sterne) und unten (dunkle Wogen). In diesem Spannungsfeld von oben und unten, fern und nah, Vergangenheit und Gegenwart, Immanenz und Transzendenz steht das lyrische Subjekt und ist der Frage ausgesetzt: „Was zögerst Du am unbekannten Rande?". Der nächste Schritt würde ins Unbekannte führen, es gibt keine Heilsgewissheit mehr, es gibt nur die Sehnsucht nach Heimat. Die exponierte Stellung dieser Frage am Ende des Gedichts macht klar, dass der Schauder vor dem Tod ebenso stark ist wie das (in)brünstige Verlangen nach einer Heimat, von der offenbleibt, ob sie in Vergangenheit oder Zukunft liegt, und auch, ob das Verlangen nach ihr Selbstmordphantasie oder Himmelssehnsucht ist.

Die Annahme der Beschaulichkeit von Eichendorffs Lyrik und auch von Eichendorffs Heimatbegriff,[317] die seit Mitte des 20. Jahrhunderts so ausdauernd bekämpft wird wie auf ihr beharrt wird, erweist sich mit Blick auf die besprochenen Gedichte als schwer haltbar. Und auch auf jene Gedichte, denen sich ihre Beschaulichkeit oder jedenfalls ihr Spiel mit Beschaulichkeit nicht absprechen lässt, fällt ein anderes Licht, folgt man Richard Alewyns von vielen Interpreten aufgegriffenem Vorschlag, Eichendorffs lyrisches Werk als Variation immer gleicher, aufeinander verweisender ‚lyrischer Formeln' oder ‚symbolischer Formeln'

---

317 Zuletzt bezeichnete Henscheid die Einordnung von Eichendorff als Heimatdichter, zusammen mit der als Natur- oder Landschaftslyriker, als „Fehletikettierungen". Henscheid 1999, S. 24.

zu lesen.³¹⁸ Die ästhetische Funktion dieser aus ihrer Vieldeutigkeit und Bezugsfülle Bedeutung gewinnenden Formeln ist, durch ein enges Bezugsnetz der einzelnen Texte untereinander eine semantische Verdichtung herzustellen, welche die Aussage des einzelnen Textes weit übersteigt.³¹⁹ Eichendorff wird mit diesem Ansatz nicht als epigonaler Spätromantiker, Natur- oder Heimatdichter gelesen, sondern als Sprachsymbolist.³²⁰

Der ‚Bronnen' und der Wald, der Traum und der Wanderer, das Horn und der Wipfel gehören zu den lyrischen Formeln, die sich in hoher Frequenz durch das Gesamtwerk Eichendorffs ziehen; sie werden mit einem ebenfalls begrenzten Spektrum an begleitenden Adjektiven und Substantiven kombiniert: das schmetternde Horn, das klagende Horn, das Waldhorn, das Posthorn; der rauschende Wald, der stille Wald, der Waldesgrund, die Waldeswipfel, die Waldeseinsamkeit. Die immer wieder neuen Zusammenstellungen dieser romantischen Topoi überwinden deren Epigonalität, indem sie durch ihre spezifische Konstel-

---

318 Josef Nadler verwendet in seinem Beitrag zu *Eichendorffs Lyrik* von 1908 als Erster die Bezeichnung der ‚lyrischen Formel', auch Werner Kohlschmidt arbeitet in seinem Aufsatz *Die symbolische Formelhaftigkeit von Eichendorffs Prosastil* von 1955 mit dem Begriff der Formel. Richard Alewyns würdigt die Formelhaftigkeit von Eichendorffs lyrischem Werk als Ausdruck einer spezifischen Ästhetik. Zuerst im Aufsatz *Eine Landschaft Eichendorffs* (1957) arbeitet Alewyn mit dem Begriff der Formel das Moment der Variation und steten Neukombination eines begrenzten, schlichten Bilderschatzes heraus. „Eichendorffs poetisches Bilderbuch" (Alewyn 1974, S. 236) arbeitet mit oft wörtlich wiederholten, schlichten und zugleich prägnanten Bildern, denen durch ihre Einfachheit und Wiederholung etwas Magisches anhafte. Diese wortmagische Ebene der Texte Eichendorffs bilde gerade nicht Natur mimetisch ab, sondern etabliere vor allem Sprachlichkeit selbst als Bezugssystem der Texte. Auch Walter Killy macht in seiner Interpretation von *Ahnung und Gegenwart* das Prinzip unendlicher Wiederholung stark, das nicht Ausdruck von Mimesis, sondern von Selbstbezüglichkeit sei, vgl. Killy 1963.
319 Hartwig Schultz gibt einen guten Überblick über die literaturwissenschaftlichen Positionen zur Formelhaftigkeit bei Eichendorff und argumentiert selbst in Hinblick auf die Möglichkeiten und Leistungen eines Eichendorff-Kommentars, die Bedeutung einer lyrischen Formel Eichendorffs erschließe sich nur über die Bedeutung aller anderen, denn „alle zentralen Formeln sind zu einem System verbunden". Schultz 2006, S. 748. Und auch jede einzelne Formel enthalte die Variationen aller anderen. „Erst aus der Lektüre des gesamten Eichendorff-Œuvres erschließt sich die Bedeutung jeder dieser symbolischen Formeln" (Schultz 2006, S. 748). Und weiter: „Charakteristisch ist gerade ihre Vieldeutigkeit und die Fülle der Bezüge." Schultz 2006, S. 756.
320 „Sein lyrisches Werk neigt zum Abstrakten nicht bloß in der imago der Liebe. Kaum je gehorcht es den Kriterien sinnlich-dichter Erfahrung von Welt". Adorno: Eichendorff, 1981, S. 80. „Seine Lyrik ist gar nicht ‚subjektivistisch', so, wie man von der Romantik es sich vorzustellen pflegt: sie erhebt, als Preisgabe an die Impulse der Sprache, stummen Einspruch gegen das dichterische Subjekt. Auf kaum einen paßt das bequeme Schema vom Erlebnis und der Dichtung schlechter als auf ihn." Adorno: Eichendorff, 1981, S. 79.

lation,[321] aber auch durch ihren Verdichtungseffekt die Begriffe von ihren Gegenständen ablösen und in ein selbstbezügliches Spiel treten lassen.

Dies gilt auch für die Formel der Heimat, die gehäuft in Konstellation mit der Erinnerung, dem Traum, dem Grab, dem Bruder, dem Schloss und dem Garten auftritt. Heimat ist immer abwesend, ist nur über Erinnerung, Traum oder Lied erreichbar. Über der Heimat Eichendorffs steht immer ein ‚scheinbar' und es wird im Unklaren gelassen, was sie ist, wo sie sich befindet, ob sie erreichbar ist und ob sie ihre Versprechungen je einlösen wird. Sie bezeichnet die Herkunft, dann aber auch wieder das Ziel. Sie bezeichnet das Sehnen nach einem Anfang, aber auch nach einem Ende. Wie die Sehnsucht nach der Ferne ist die Sehnsucht nach der Heimat bei Eichendorff eine Art retrospektives Fernweh, das auf Uneinlösbarkeit gründet.[322] Sowohl die Versprechungen der Ferne als auch die der Heimat werden im Diesseits immer wieder enttäuscht.[323] Die transzendente Dimension von Heimat ist so in der Mehrzahl von Eichendorffs Gedichten erkennbar;[324] in engem

---

321 „Denn er erreicht die außerordentlichste Wirkung mit einem Bilderschatz, der bereits zu seiner Zeit abgebraucht gewesen sein muß." Adorno: Eichendorff, 1981, S. 80. „Erweckt jedoch werden die Requisiten [...] durch die Konstellation, in die sie treten." Adorno: Eichendorff, 1981, S. 81.
322 Hermann Korte spricht von „eigentümlicher Ambivalenz" der Ferne bei Eichendorff: „Die Ferne kann auf ein noch nicht erreichtes, in unbestimmter Weite liegendes Ziel gerichtet sein – die Ferne und das Fernweh des Aufbruchs –, aber auch einen Blick zurück einschließen: den Blick auf den schon in der Ferne liegenden, kaum oder gar nicht mehr zu erkennenden Ausgangspunkt. Es ist das retrospektive Fernweh, das sich etwas verkürzt auf die griffige Formel vom ‚Fernweh als Heimweh' bringen ließe." Korte 2009, S. 16.
323 Und die Versprechungen der Ferne können bei Eichendorff genauso trügen wie die der „Heimkehr", so der Titel des Gedichts von 1833, 1837 unter dem Titel „Letzte Heimkehr" veröffentlicht: Dem Wanderer „log die schöne Ferne", aber, heimkehrend, erweisen sich alle als tot, die sonst die Tür aufgetan hatten, und „Hof und Habe" sind verwandelt. Ein Führer, dem sich der Verzweifelte anvertraut, nimmt ihn wieder mit auf eine letzte Wanderschaft: „Nun ruh zum letztenmale aus, / Wenn du erwachst, sind wir zu Haus." Alle Eichendorff 2006, S. 296–297. Auch hier also wird das Zu-Hause-Sein erst in einem Jenseits eingelöst.
324 Hartwig Schultz weist mit Nachdruck auf die „religiöse Dimension" hin, die „in Eichendorffs Heimatvorstellung stets mitgemeint ist. Neben dem Mißverständnis von dem leicht verständlichen Stimmungsdichter Eichendorff und seinen fröhlichen Wandergesellen ist dies die ärgste Fehldeutung seiner Dichtung: Unter Heimat wird von Anfang an – das zeigt gerade die chronologische Anordnung der Gedichte – die transzendente Heimat des Menschen verstanden, die er erst im Tode erreicht. [...] Niemals hat er unter Heimat *ausschließlich* die schlesischen Güter seiner Kindheit verstanden." Schultz 2006, S. 752–753. Patricia Czezior verfehlt dagegen in ihrer Beschäftigung mit dem Thema Heimatlosigkeit bei Eichendorff die Bedeutung des Religiösen, wenn sie zu dem Urteil kommt: „Gelegentliche Heilsvisionen dürfen nicht darüber hinwegtäuschen, wie sehr die Eichendorff'schen Helden im Diesseits an ihrer Unbehaustheit leiden, und vor allem, daß einige gar nicht mehr nach Hause finden." Czezior 2004, S. 81.

Zusammenhang damit steht die ebenfalls religiöse Grundierung der Motive des Wanderns, des Reisens und der Einsamkeit.

Im neunstrophigen Gedicht *An meinen Bruder* (1837) ist die Idee des Anfangs und des Endes, mit der sich Heimat verbindet, als träumendes Erwarten des Frühlings einerseits, als Abendrot andererseits gestaltet.

> Gedenkst du noch des Gartens
> Und Schlosses über'm Wald,
> Des träumenden Erwartens:
> Ob's denn nicht Frühling bald?
>
> Der Spielmann war gekommen,
> Der jeden Lenz singt aus,
> Er hat uns mitgenommen
> In's blüh'nde Land hinaus.
>
> Wie sind wir doch im Wandern
> Seitdem so weit zerstreut!
> Frägt einer nach dem andern,
> Doch niemand gibt Bescheid.
>
> Nun steht das Schloß versunken
> Im Abendrote tief,
> Als ob dort traumestrunken
> Der alte Spielmann schlief'.
>
> Gestorben sind die Lieben,
> Das ist schon lange her,
> Die Wen'gen, die geblieben,
> Sie kennen uns nicht mehr.
>
> Und fremde Leute gehen
> Im Garten vor dem Haus –
> Doch über'n Garten sehen
> Nach *uns* die Wipfel aus.
>
> Doch rauscht der Wald im Grunde
> Fort durch die Einsamkeit
> Und gibt noch immer Kunde
> Von unsrer Jugendzeit.
>
> Bald mächt'ger und bald leise
> In jeder guten Stund'
> Geht diese Waldes-Weise
> Mir durch der Seele Grund.
>
> Und stamml' ich auch nur bange,
> Ich sing' es, weil ich muß,

> Du hörst doch in dem Klange
> Den alten Heimatsgruß!³²⁵

Die Gegenwart des Gedichts heißt getrenntes Wandern, der alte Spielmann schläft, die Hinterbliebenen haben die Brüder vergessen, fremde Leute gehen in Schloss und Garten ein und aus. Geräusche und Klänge bilden die Brücke zwischen der verlorenen Vergangenheit und der Gegenwart und verweisen möglicherweise auch auf ein Zukünftiges: Das Rauschen des Waldes stellt so ein überdauerndes Kontinuum dar und auch der Gesang des Ich stellt eine Verbindung zum erinnerten Spielmann her und holt den „alten Heimatsgruß" in die Gegenwart.

Das Gedicht *Heimweh* (1841), der Untertitel lautet wie der Titel des vorgenannten *An meinen Bruder*, verwendet viele identische Formeln – den Traum, den Garten, den Bruder, das Wandern, das Singen – und enthält ebenfalls die Grundidee eines sich schließenden Kreises:

> Du weißt's, dort in den Bäumen
> Schlummert ein Zauberbann,
> Und Nachts oft, wie in Träumen,
> Fängt der Garten zu singen an.
>
> Nachts durch die stille Runde
> Weht's manchmal bis zu mir,
> Da ruf' ich aus Herzensgrunde,
> O Bruderherz, nach dir.
>
> So fremde sind die Andern,
> Mir graut im fremden Land,
> Wir wollen zusammen wandern,
> Reich' treulich mir die Hand!
>
> Wir wollen zusammen ziehen,
> Bis daß wir wandermüd'
> Auf des Vaters Grabe knieen
> Bei dem alten Zauberlied.³²⁶

Über den Zauberbann der ersten und das Zauberlied der letzten Strophe wird ein Rahmen geschaffen, der sich mit dem Wunderbaren, Nacht, Traum, Gesang und am Ende auch mit dem Grab verbindet. Die Fremde löst Grauen aus. Die Sehnsucht richtet sich auf eine Überwindung dieser Fremde, die auch das irdische Dasein an sich meint. Am Ende der imaginierten gemeinsamen Wanderung

---

325 Eichendorff 2006, S. 301–302.
326 Eichendorff 2006, S. 300–301.

werden das Ich und der von ihm angesprochene Bruder gemeinsam am Grab des Vaters knien und selbst am Ende ihres irdischen Daseins angekommen sein.

Noch deutlicher, geradezu explizit sind die religiösen Bezüge in einem dritten an den Bruder adressierten, sechsstrophigen Gedicht, das 1818 geschrieben wurde und in der Entstehungschronologie mithin am Anfang steht.

> Steig' aufwärts, Morgenstunde!
> Zerreiß' die Nacht, daß ich in meinem Wehe
> Den Himmel wiedersehe,
> Wo ew'ger Friede in dem blauen Grunde!
> Will Licht die Welt erneuen;
> Mag auch der Schmerz in Tränen sich erfreuen.
>
> Mein lieber Herzensbruder!
> Still war der Morgen. – *Ein* Schiff trug uns beide,
> Wie war die Welt voll Freude!
> Du faßtest ernst und fromm das schwanke Ruder,
> Uns beide treulich lenkend,
> Auf froher Fahrt nur Einen Stern bedenkend.
>
> *Mich* irrte manches Schöne,
> Viel reizte mich und viel mußt' ich vermissen.
> Von Lust und Schmerz zerrissen,
> Was so mein Herz hinausgeströmt in Töne:
> Es waren Widerspiele
> Von Deines Busens ewigem Gefühle.
>
> Da ward die Welt so trübe
> Und Wetter stiegen auf die Bergesspitzen,
> Der Himmel borst in Blitzen,
> Daß neugestärkt sich Deutschland draus erhübe. –
> Nun ist das Schiff zerschlagen,
> Wie soll ich ohne *Dich* die Flut ertragen! –
>
> Auf *Einem* Fels geboren,
> Verteilen kühle rauschend sich zwei Quellen,
> Die eigne Bahn zu schwellen.
> Doch wie sie fern einander auch verloren:
> Es treffen echte Brüder
> Im ew'gen Meere doch zusammen wieder.
>
> So wolle Gott Du flehen,
> Daß Er mit meinem Blut und Leben schalte,
> Die Seele nur erhalte,
> Auf daß wir freudig einst uns wiedersehen,

Wenn nimmermehr hienieden:
So dort, wo Heimat, Licht und ew'ger Frieden.³²⁷

Wie in *An meinen Bruder* (1836) steht die Formel Heimat im letzten Vers und bildet hier wie dort eine Art Kulminationspunkt des Gedichts. In diesem früheren Gedicht von 1818 ist Heimat im Gegensatz zum späteren von 1836 ausschließlich religiös zu verstehen. Das Gedicht ist auch in anderer Hinsicht sehr viel eindeutiger interpretierbar. Schon der Titel *An W. Zum Abschiede. Im Jahre 1813* expliziert das zugrundeliegende biographische Ereignis, die Trennung vom bisher alle Lebensstationen teilenden Bruder Wilhelm – Joseph bricht aus Wien auf, um sich dem Lützowschen Freicorps anzuschließen; Wilhelm verlässt Wien aus beruflichen Gründen. Auch die politische Anspielung auf die Befreiungskriege ist deutlich. Solche Bezüge werden in späteren Texten immer unkenntlicher gemacht. Gemessen an Eichendorffs Spätstil ist dieses Gedicht sehr wortreich. Und jene Begriffe, die sich später zu Formeln verdichten – die Nacht und der Grund, der Bruder, die Fahrt und die Quelle sind ja auch hier schon zu finden –, haben genau wie Heimat noch nicht die spätere Vieldeutigkeit erlangt. Die Heimat und das Zu-Hause-Sein späterer Gedichte umfassen immer mehr, das Transzendente und das Immanente zugleich, und es bleibt ein intendiertes Ungewisses: Der Seele in *Mondnacht* ist es, „als flöge sie nach Haus",³²⁸ und dieser Konjunktiv ist wichtig: Er unterstreicht Doppeldeutigkeit und Uneinholbarkeit des Zu-Hauses.

Eichendorff ist einer derjenigen deutschsprachigen Lyriker, deren Texte in der zweiten Hälfte des 19. Jahrhunderts wohl am stärksten den Heimatbegriff der Deutschen geprägt haben. Die religiöse Bedeutungsebene der eichendorffschen Heimat war den Zeitgenossen noch selbstverständlich: Die Rubrizierung der geistlichen Gedichte sei bei Eichendorff kaum sinnvoll, da eigentlich alle Gedichte bei ihm „fromm und geistlich" seien, urteilt ein Rezensent 1837: „Eichendorff gehört nicht unter Die [sic], welche besondere weltliche und besondere geistliche Lieder machen; aus dem Grün der Erde sieht er stets nach dem Blau des Himmels auf".³²⁹ Der Literaturhistoriker Karl Goedeke würdigt 1843 die „innige Frömmigkeit" von Eichendorffs Lyrik, die ihn im Gegensatz zu den früheren Romantikern aber nicht „an jenem Abgrunde des pantheistischen Zerfließens" scheitern lasse;

---

327 Eichendorff 2006, S. 176–177. Das Gedicht wurde 1818 unter dem Titel „An W. Zum Abschiede. Im Jahre 1813" und 1826 unter dem Titel „An meinen Bruder. Zum Abschiede im Jahr 1813" publiziert.
328 Eichendorff 2006, S. 322. Der unbekannte Führer mit der Fackel sagt dem Wanderer in „Heimkehr": „Nun ruh zum letzten Male aus, / Wenn du erwachst, sind wir zu Haus." Eichendorff 2006, S. 296.
329 Zitiert nach Schultz 2006, S. 778.

diese Frömmigkeit sei vielmehr „ein liebevolles Suchen der ewigen Heimat durch die schönen aber vergänglichen und nicht ausreichenden Erscheinungen des Lebens hindurch".[330] In einer Rezension aus demselben Jahr schreibt Gustav Pfizer: „Die Poesie ist ihm der Zug des tiefsten Gemüths zu der heiligen Heimat, ein Emporstreben von den Welten und Stürmen der Welt zu dem Ewigen auf den Schwingen der ahnenden Phantasie, ein in süßen Tönen schmachtendes, oft in seliger Vorempfindung jauchzendes Heimweh."[331]

Ab den 1840er Jahren erlangte Eichendorff immer größere Popularität, vor allem durch die vielfachen Vertonungen Felix Mendelssohn-Bartholdys, Robert Schumanns, Hugo Wolfs und anderer. Eichendorff gehörte zusammen mit Johann Wolfgang Goethe, Heinrich Heine und Emanuel Geibel zu den in der zweiten Jahrhunderthälfte am häufigsten vertonten Dichtern;[332] im letzten Drittel des 19. Jahrhunderts gab es weit über fünftausend Eichendorff-Vertonungen,[333] wobei die größte Popularisierung über die Männergesangsvereine erfolgte, die immer auch von politisch-patriotischen Interessen getragen waren.[334] Im Zuge dieser patriotischen Rezeption Eichendorffs wandelt sich auch das Verständnis dessen, was bei ihm mit Heimat gemeint ist. Wurde Eichendorff Innigkeit, Gemüt, Wald, Natur- und Heimatliebe zugerechnet, dann in der Annahme, dabei spezifisch Deutsches zum Ausdruck zu bringen. Schon Gutzkow glaubt 1835, dass die Natur „in ihrer trauten Heimlichkeit", wie sie Eichendorff in seiner Lyrik fasse, „nur so in Deutschland"[335] empfunden werden könne. Adolf Schöll lobt 1837 „die immer sich erneuernde Innigkeit" des Dichters, „die am häuslichen Heerde u. am Altare der Andacht ihre Freudenblumen und Todtenkränze darbringt".[336] Wilhelm Kosch resümiert 1921: „Eichendorff ist nicht nur der populärste, sondern auch der deutscheste der deutschen Dichter." Zu diesem Deutschsein gehöre „deutsches Glauben, Hoffen und Lieben, das deutsche Gemüt, der aufrechte deutsche Man-

---

330 Alle Karl Goedeke: Die Posaune. Hannoversche Morgenzeitung, Nr. 18, 19 und 21 vom 10., 12. und 17. 2. 1843, hier zitiert nach Schultz 2006, S. 791.
331 Gustav Pfizer: Ein Eiland, das die Zeiten nicht versanden, in: Blätter für literarische Unterhaltung, 1.–4. 10. 1843, Leipzig, S. 435, hier zitiert nach Schultz 2006, S. 793.
332 Vgl. Scheitler 1984.
333 Vgl. Busse 1975, S. 9.
334 Zur musikalischen Breitenwirkung, insbesondere zur Wirkung der Männergesangsbewegung, vgl. Schultz 2006, S. 795–798. Zu Männergesangsvereinen „als Träger einer politischen Vaterlands- und Heimathymnisierung" vgl. Greverus 1972, S. 303–310, hier S. 303. Greverus geht davon aus, dass erst durch die deutsche Männergesangsbewegung eine Breitenwirkung der Heimatidee einsetzte.
335 Greverus 1972, S. 767.
336 Zitiert nach Greverus 1972, S. 776.

nesstolz, die innige deutsche Naturfreude, Kindlichkeit, Sehnsucht".[337] Baldur von Schirach identifiziert Eichendorff 1942 mit dem Deutschen schlechthin: „So lange es ein Deutschland gibt, ist er lebendig." „Und wie der Wald selbst, der in unseren Gemütern aufrauscht, da wir seinen Namen vernehmen, ist auch er immer gleich: romantisch in der prächtigen Sommernacht, andachtsvoll, eine Heimat der Sehnsucht."[338] Damit ist der Endpunkt einer Rezeption erreicht, die Heimat und Deutschland regelrecht in Eichendorff personifiziert sieht.[339]

Mit der zweiten Hälfte des 20. Jahrhunderts setzen neue Lesarten Eichendorffs als Sprachsymboliker (Alewyn) und als verstörender Moderner (Adorno) ein,[340] dessen postromantische Potenzierungen sich sowohl selbst liquidieren (Henscheid)[341] als auch neu hervorbringen.[342] Diese Lesarten ermöglichen auch einen neuen Blick auf Heimat bei Eichendorff. Das, was Henscheid insgesamt über „die Selbstaufsaugung" der eichendorffschen „Materialien" feststellt, gilt auch für den Heimatbegriff: Er wird sich bei Eichendorff selbst zum Zitat und hält sich so zugleich offen für neue Semantisierungen. In diesem Sinn der Selbstpotenzierung, die Heimat in ein abstrakt-selbstbezügliches Spiel überführt, könnte man behaupten, Eichendorff habe dem Heimatbegriff gegenüber seinen literarischen Vorgängern etwas Neues hinzugefügt. Das Als-ob von Heimat, der Status des Scheinbaren von Heimat, ist bei Eichendorff wie bei keinem Autor vor ihm ausgeprägt. Das intendiert Ungewisse eröffnet einen vielfach besetzbaren Möglichkeitsraum. Zu diesem zählt das Unheimliche, aber auch das Sentimentale und das

---

337 Beide Greverus 1972, S. 799.
338 Greverus 1972, S. 799.
339 Adorno macht sich 1956 über die Vereinnahmung Eichendorffs „in landsmannschaftlichem Geiste" (Adorno: Eichendorff, 1981, S. 70) Gedanken: „Das Element seiner Gedichte, das dem Männergesangsverein überantwortet ward, ist nicht immun gegen sein Schicksal und hat es vielfach herbeigezogen. Ein Ton des Affirmativen, der Verherrlichung des Daseins schlechthin bei ihm hat geradewegs in jene Lesebücher geführt." Adorno: Eichendorff, 1981, S. 71. Dabei stellt Adorno die Frömmigkeit Eichendorffs in einen Zusammenhang mit dem Zuspruch seiner falschen Freunde.
340 Adorno beschreibt „das Verstörte" in Eichendorffs Texten, die für ihn „auch ein Stück Impressionismus" sind. Beide Adorno: Eichendorff, 1981, S. 79. Gerhard Henscheid sieht durchaus mit Wohlwollen „viele der Eichendorffschen Gesellen vor lauter Wald und Horn und Romantik und immer weiter potenzierter Romantik einer gewissen Gestörtheit anheimgefallen". Henscheid 1999, S. 17.
341 Und zwar im „Motiv der Selbstliquidation von Romantik durch Wiederholung und Erstarrung und Trivialisierung". Henscheid 1999, S. 91.
342 „Mit dergleichen Selbstaufsaugung ihrer Materialien ist zwar Romantik endgültig Zitat geworden, auch sich selbst Zitat – aber sie hat damit in gewisser Weise auch gleichsam ihre eigene Poetik regeneriert, abermals offener gemacht, sonderbarerweise hin auf die Moderne". Henscheid 1999, S. 128.

Fromme. Aus diesem Grund steht Eichendorff, der 1857 starb, am Ende des Kapitels, das die Bedeutung belegt, welche die Literatur, insbesondere die romantische, für die Prägung des Heimatbegriffs im 19. Jahrhundert und darüber hinaus hatte. Eichendorff bündelt viele der neuen Facetten von Heimat, welche die Autoren Hölderlin, Brentano, Novalis und andere in den Begriff einbrachten. Er treibt sie auf die Spitze und leistet ihrer Popularisierung Vorschub. Karl Gutzkow schreibt über Eichendorff als letzten Romantiker, dass es sein Fehler sei, „daß er zu spät kömmt: er verbessert ihn [also den Fehler] vielleicht dadurch, daß er das Prinzip recht klar macht"[343] – auch das romantische Prinzip Heimat bringt Eichendorff, könnte man sagen, auf den Punkt und macht es fungibel für verschiedenste ideologische Verwendungen.[344] Seine Popularisierung ist eine Bedingung der diskursiven Präsenz, die dieser neue Begriff von Heimat in der zweiten Jahrhunderthälfte hat.

1.2.5 Neusemantisierungen von Heimat zwischen Religion und Literatur

Der um 1800 sich ausbildende neue semantische Möglichkeitsraum von Heimat, der hier als von der deutschsprachigen Literatur wesentlich generiert und als aufs engste mit einer Transformation christlicher Begriffsbedeutung verknüpft beschrieben wurde, soll im Folgenden noch einmal überblicksartig erfasst und um weitere Facetten ergänzt werden.

Heimat und Empfindsamkeit
Ab den 1770er und 1780er Jahren finden sich literarische Textzeugnisse, die belegen, dass die Sprache der Empfindsamkeit auch auf Heimat angewendet werden konnte. Mit Beginn der 1790er Jahre empfiehlt Karl Philipp Moritz in seinen *Vorlesungen über den Stil*, Heimat als 'schönen veralteten Ausdruck' in die poetische Sprache aufzunehmen und verweist dabei besonders auf die 'herrnhuti-

---

343 Zitiert nach Schultz 2006, S. 768.
344 Die Spannweite der ideologischen Vereinnahmung Eichendorffs in den 1950er Jahre illustriert Susanne Scharnowski einerseits mit Konrad Adenauers Aussage, Eichendorff habe „in seinen Werken doch allen deutschen Stämmen unseres Volkes die Liebe zu unserer großen deutschen Heimat nahegebracht", und andererseits mit einem Artikel im *Neuen Deutschland*, der Eichendorffs Gedichte als „das Hohelied auf das Bild unserer Heimat" lobt und ausführt, seine Dichtung bewahre die „gefährdete Schönheit [...] der deutschen Heimat gegen die Entseelung unseres Natur- und Heimatempfindens durch die prosaische Herrschaft des Geldes." Zitiert nach Scharnowski: Heimat, 2019, S. 28.

sche' Bedeutung des Heimgehens für das Sterben, was dem Wort 'einen Reichtum von dunkeln Begriffen und Empfindungen' gebe (vgl. I.1.2).[345] Ein Beispiel für einen bezogen auf Heimat noch exzeptionellen Ton findet sich im Hamburger *Musen-Almanach*, hier erscheint 1788 das vierzehnstrophige Gedicht *Lied eines Landmanns in der Fremde* des Schweizer Dichters Johann Gaudenz von Salis-Seewis (1762–1834):

> Traute Heimat meiner Lieben,
> Sinn' ich still an dich zurück,
> Wird mir wohl; und dennoch trüben
> Sehnsuchtsthränen meinen Blick.
>
> Stiller Weiler, kleine Hütte,
> Immer seufz' ich nach euch hin:
> Deine alte fromme Sitte
> Bleibet stets in meinem Sinn;
>
> Deine Fenster, die mit Reben
> Einst mein Vater selbst umzog,
> Und der Birnbaum, der daneben
> Ueber unser Dach sich bog.
>
> Nachts in meinen schönsten Träumen,
> Schiff' ich oft auf deinem See,
> Schüttle Aepfel von den Bäumen,
> Wässre deiner Wiesen Klee.

Durch die Vorliebe fürs Kleine, Stille, Idyllische sind auch zehn weitere Strophen des Gedichts gekennzeichnet: Die Bilder von der ‚trauten Heimat', mit ‚stillem Weiler' und ‚kleiner Hütte', von einem Leben inmitten einer eingehegten Natur mit Brunnen und Meisen im „Hollunderkasten" als Teil eines harmonischen Dorflebens mit „Feierabendläuten" und einer „Linde" auf dem „Kirchenplaz", wo die „muntre Jugend tanzt". Alles ist vertraut und bewährt, es gilt die „alte fromme Sitte" und Diminutivformen wie die des „Plätzchens" unterstreichen das Vertraute und Angenehme. Mit dem Idyllischen wird das Sentimentale kombiniert: Das Ich des Gedichts sehnt sich zurück und vergießt „Sehnsuchtsthränen" nicht nur nach einem fernen Ort, sondern auch nach einer fernen Zeit: „Wie wir uns als Kinder freuten! / Alles kömmt mir leibhaft vor!". Es sind die Träume, in denen ihm die Heimat wiedererscheint. Aber selbst die Sehnsuchtstränen sind nicht hoffnungslos, sondern Ausdruck einer Geborgenheit, in der sich die Erinnerung an die

---

345 Vgl. Moritz 1981, S. 674–675. Von Anfang an hängt die literarische Neusemantisierung von Heimat mit der Transformation des religiösen Gehalts von Heimat zusammen.

eigene Kindheit mit der Gewissheit verbindet, zurückzukehren und dort begraben zu werden:

> Nein, vor meinem Blick erweitert
> Sich die Aussicht hell und weit;
> Welch ein Stral der Ahndung heitert
> Meines Trübsinns Dunkelheit.
>
> Wenn die Bäume wieder blühen,
> Kehr' ich Wanderer froh nach Haus',
> Und von allen meinen Mühen
> Ruh' in deinem Arm' ich aus.
>
> Bei den Gräbern meiner Väter,
> An der Gottesackerthür,
> Wird dann früher oder später
> Auch ein Ruheplätzchen mir.[346]

Das Gedicht stellt eines der frühesten Zeugnisse eines neuen sentimentalen Heimatverhältnisses dar. So sehr das Zeitalter der Empfindsamkeit sonst auf die im Gedicht versammelten Elemente setzt – ein sittliches, ganz dem Gefühl hingegebenes, erfülltes menschliches Dasein innerhalb einer unberührten Natur –, so selten verwendet es in der Regel dafür den Begriff der Heimat. Salis-Seewis stellt genau diese Verbindung her: Heimat erscheint als idyllisch-ländlicher Kindheitsort mit vertrauten Sitten und Bräuchen, der vom Wanderer sehnsüchtig erinnert wird und der sich mit der Hoffnung auf Rückkehr verbindet. Diese Hoffnung auf Rückkehr ist immer zugleich auch metaphorisch als Heimkehr zu Gott nach dem eigenen Tod gemeint. Im späteren 19. Jahrhundert werden nostalgische Heimat-Gedichte wie diese zur literarischen Massenware. Dass Salis-Seewis mit seinem Gedicht einen Nerv getroffen hatte, schien er selbst bemerkt zu haben und seine Umdichtung des Gedichts trägt dem zunehmenden Interesse an Heimat Rechnung: Kommt in der ersten Fassung von 1788 das Wort ‚Heimat' nur einmal vor, wählt es der Autor in der Neufassung von 1793 schon dreimal.

Die empfindsame Semantisierung von Heimat in *Lied eines Landmanns in der Fremde* legt drei Fährten aus, die wieder auf die neue Heimatsemantik als Er-

---

346 Johann Gaudenz von Salis-Seewis: „Lied eines Landmanns in der Fremde", in: Musenalmanach für 1788, hg. von Johann Heinrich Voß und Leopold Friedrich Günther von Goeking, Hamburg 1788, S. 201–203; den Autor findet man teilweise auch als von Goecking oder Goeckingk; hier wurde die Schreibweise im Musenalmanach von 1788 übernommen. Ina-Maria Greverus weist eine hohe Präsenz des Liedes in Gesangsverein-Liederbüchern und Schulliederbüchern und -lesebüchern des 19. und 20. Jahrhunderts sowie in Ego-Dokumenten noch Mitte des 20. Jahrhunderts nach; vgl. Greverus 1972, S. 369.

gebnis einer literarischen Transformation des Religiösen zulaufen, eine zu Johann Heinrich Voß, eine zu Johann Heinrich Jung-Stilling, eine zu Ernst Moritz Arndt.

Die erste Fährte führt zu Voß, dem Gründer des Göttinger Hainbundes, der das Gedicht von Salis-Seewis als Herausgeber des Hamburger *Musen-Almanachs* zuerst veröffentlichte. Wie das Kapitel II.1.3 zeigen wird, ist Vossens *Odyssee*-Übersetzung von 1781 ein weiterer wichtiger Katalysator für die Neusemantisierung und emphatische Aufwertung von Heimat um 1800. Im Kontext der empfindsamen kultischen Homer-Verehrung entstanden, repräsentiert die maßgeblich durch Vossens Übersetzung geprägte *Odyssee*-Rezeption der Zeit das Bedürfnis einer ganzen Generation von Empfindsamen, die antike Mythologie auch als Gegenstand der eigenen religiösen Gefühle zu entdecken. So wie Goethes Werther ‚sein' Homer zur Bibel wird, so wird die antike Mythologie zu einem weiteren Baustein der religiösen Semantisierung von Heimat.

Jung-Stillings religiös-literarisches Erbauungswerk ist auf andere Weise ebenfalls stark in den Diskurs der Empfindsamkeit eingelassen. Indem er irdische und überirdische Heimat allegorisch ineinander spiegelt und so beide Heimaten gleichermaßen zum Gegenstand der Empfindsamkeit macht, gibt er, wie gezeigt, wesentliche Impulse für eine Neusemantisierung von Heimat, bei der sich weltliche und religiöse Bedeutung nicht voneinander trennen lassen. Die damit einhergehende Emphatisierung von Heimat ist einer Rhetorik der Begeisterung und einer „Kommunikation des Herzens" geschuldet, die im empfindsamen Kontext ihre „Erfolgsgeschichte" hat.[347] Heimat bleibt auch im romantischen Umfeld von Schleiermacher bis zu Novalis mit Gefühl, Gemüt und Innerlichkeit verknüpft.

Bei Arndt ist wiederum zu sehen, wie die schon bei Salis-Seewis stattfindende Assoziierung des Gefühl- und Gemütvollen mit Heimat im politischen Diskurs um das Nationale abgespalten und in ein polares Schema von emotionaler, passiver, unpolitischer Heimatliebe und rationaler, aktiver, politischer Vaterlandsliebe eingetragen wird. Wie schon im vaterländischen Enthusiasmus des Hainbundes und damit ebenfalls im Kontext der Empfindsamkeit vorbereitet (vgl. I.2.1), findet zugleich eine geschlechtsspezifische Codierung von weiblicher Heimat und männlichem Vaterland statt. Heimat ist gerade aufgrund der Behauptung ihres unpolitischen Charakters Teil eines politischen Diskurses um ihre polare Entsprechung, das Nationale.[348] Die Sentimentalisierung und Idyllisierung von Heimat genauso wie ihre Sakralisierung als hervorspringende Merkmale der Heimatsemantik des gesamten 19. Jahrhunderts zielen insofern von Anfang an auch

---

347 Nikolaus Wegmann: Diskurse der Empfindsamkeit. Zur Geschichte eines Gefühls in der Literatur des 18. Jahrhunderts, Stuttgart 1988, S. 72.
348 So auch die These von Hermann Bausinger, vgl. Bausinger 1986, S. 97.

auf die Herstellung eines vorgeblich unpolitischen Raums innerhalb eines ungewusst immer bestehen bleibenden größeren politischen Zusammenhangs.

Heimat und Raum

Das Besondere des sich neu herausbildenden literarischen Heimatbegriffs ist es, dass Heimat konkret lokalisiert wird und zugleich transzendent bleibt. Jung-Stillings Heimat-Allegorie in *Das Heimweh* repräsentiert dieses Dazwischen. Denn einerseits bezeichnen die literarischen Heimaten ab 1800 den geographischen Ort der Herkunft, andererseits bleiben sie häufig unerreichbar. Damit nehmen sie einen wichtigen Aspekt der transzendenten Heimat in sich auf und verleihen Heimat ihre neue semantische Schubkraft. Denn die Sehnsucht nach Heimat ist in beiden Fällen nicht zu stillen und fortan ist immer beides mitgemeint, wenn von Heimat die Rede ist.

Bei Chamisso steht in einem Gedicht Swinemünde für die „deutsche Heimath",[349] bei Arndt sind es Rügen und seine Orte Pulitz, Vilm, Rugard, Putbus. Hölderlins Texte sprechen zwar nicht von Nürtingen, aber es sind „die schönen Tale des Neckars" auf dem Weg Richtung „Geburtsland" und „Boden der Heimat",[350] die geographische Anhaltspunkte geben. Das Schloss Lubowitz in Schlesien mit dem sogenannten Hasengarten und die dort mit dem Bruder Wilhelm verbrachte Kindheit werden in Eichendorffs Gedichten zwar zunehmend alles Biographischen entkleidet;[351] nur vom Schloss und vom Garten ist die Rede, aber diese konkretisieren Heimat doch immerhin materiell und räumlich. Auch wenn diese Konkretion gleich wieder dreifach verloren ist – das Schloss ist räumlich weit entfernt, die mit ihm verbundene Zeit liegt weit zurück, es gehen

---

349 Im Gedicht *Bei der Rückkehr. Swinemünde im September 1818*: „Heimkehret fernher, aus den fremden Landen, / In seiner Seele tief bewegt der Wandrer; / Er legt von sich den Stab und kniet nieder, / Und feuchtet deinen Schooß mit stillen Thränen, / O deutsche Heimath! – Woll' ihm nicht versagen / Für viele Liebe nur die eine Bitte: / Wann müd' am Abend seine Augen sinken, / Auf deinem Grunde laß den Stein ihn finden, / Darunter er zum Schlaf sein Haupt verberge." Chamisso 1831, S. 6. Chamissos berühmtes Gedicht *Das Schloß Boncourt*, das die Erinnerung des lyrischen Ich an die Kindheit in Frankreich mit der typischen Heimat-Bildlichkeit von Erinnerung, Traum und Wanderschaft illustriert, verwendet den Begriff der Heimat nicht.
350 Alle Friedrich Hölderlin: Heimkunft. An die Verwandten, in: Hölderlin 2005, S. 291–295.
351 Auch Hans-Georg Pott kommt deswegen zu dem Ergebnis: „Alle Versuche, ihn als Dichter einer geopolitisch lokalisierbaren Heimat zu reklamieren und ihn in die Geschichte einzubinden, verfehlen Sinn und Form seiner Dichtung von Grund auf." Pott 2006, S. 28.

„fremde Leute"[352] in seinem Garten umher –, der biographische Anteil an Heimat ist nie ganz gelöscht.

Bei allen Autoren findet sich neben dieser konkreten zugleich eine transzendente Bedeutung des Begriffs. Das Neue seit 1800 ist, dass dies nicht als Widerspruch wahrgenommen wird. Die irdische Heimat ist ein Abglanz der göttlichen. Bei Novalis kann die göttliche Heimat schon in der höchsten Form irdischer Liebe aufscheinen, trotzdem wird auf der Trennung der Sphären noch nachdrücklich bestanden; bei Hölderlin kann durch die irdische Heimat ein Kontakt zur göttlichen Welt hergestellt werden, aber mit ungewissem Ausgang; bei Arndt ist die Sehnsucht nach der Heimat der Kindheit zugleich eine Sehnsucht nach dem Einssein mit Gott, trotzdem zerfallen seine Gedichte noch in weltliche und geistliche. Bei Eichendorff sind irdische und himmlische Heimat fast untrennbar geworden. Hier verweist die eine Heimat immer auf die andere: Heimat ist ein konkreter Ort und doch in gewisser Weise räumlich unerreichbar. Die „fernen Heimathöhen"[353] werden bei Eichendorff nie im Bewusstsein ihres Besitzes besungen, sondern immer nur aus der Distanz, und doch gibt es einen mit ihnen verbundenen, verborgenen, nicht aussprechbaren Sinn, der ‚schauernd' zur Kenntnis genommen werden muss:

> Der Wandrer, von der Heimat weit,
> Wenn rings die Gründe schweigen,
> Der Schiffer in Meeres Einsamkeit,
> Wenn die Stern' aus den Fluten steigen:
>
> Die beiden schauern und lesen
> In stiller Nacht
> Was sie nicht gedacht,
> Da es noch fröhlicher Tag gewesen.[354]

Adornos Befund über Eichendorff – „Er war kein Dichter der Heimat, sondern der des Heimwehs",[355] gilt nicht nur für Eichendorff, sondern auch für alle anderen Autoren, die seit 1800 die neuen literarischen Heimaten schufen. Nikolaus Lenaus Gedicht *Doppelheimweh* etwa zeigt das menschliche Sein als ein in „Erdenheimweh" und „Himmelsheimweh" gespaltenes.[356] Im omnipräsenten Motiv der

---

352 Eichendorff 2006, S. 301–302, hier S. 302. Auf biographischer Ebene entpricht das dem Umstand, dass das zwangsversteigerte Gut tatsächlich nicht mehr im Familienbesitz war.
353 Eichendorff 2006, S. 307.
354 Joseph von Eichendorff: Der Wandrer, von der Heimat weit (1837), in: Eichendorff 2006, S. 348–349.
355 Adorno: Eichendorff, 1981, S. 73.
356 Nikolaus Lenau: Doppelheimweh, in: Lenau 1995, Bd. 2, S. 101.

Wanderschaft findet die Literatur der Zeit ihre symbolischen Bilder für die stete Bewegung auf ein Ziel zu, das (auf Erden) nie erreicht werden kann.[357] Das ganze 19. Jahrhundert bleibt dieser doppeldeutigen Verbindung von Heimat, Wanderschaft und Heimweh als sich ineinander spiegelnden Bildern des Irdischen und Transzendenten verhaftet.

Heimat und Zeit

Die literarischen Heimaten sind seit 1800 nicht nur räumlich, sondern auch zeitlich unerreichbar, stehen andererseits aber genauso wenig jenseits des Raums wie jenseits der Zeit. An Novalis' *Hymnen an die Nacht* wurde gezeigt, wie ein traditionell geistlicher Heimatbegriff entfaltet wird, der die Verachtung der irdischen Welt als „Fremde" zur Bedingung der Sehnsucht nach dem wahren Zu-Hause-Sein jenseits jeder Zeitlichkeit macht, zugleich aber auch eine – ebenfalls unerreichbare – Zeitlichkeit in den Heimatbegriff eingetragen wird: „Die Lust der Fremde ging uns aus, / Zum Vater wollen wir nach Haus."[358] Dieses Zu-Hause-Sein liegt nicht in der Zeit: „In dieser Zeitlichkeit wird nie / Der heiße Durst gestillet. / Wir müssen nach der Heimat gehn, / Um diese heil'ge Zeit zu sehn." Dieser expliziten Zeitlosigkeit der geistlichen Heimat ist die ‚heilige Zeit' an die Seite gestellt, in der Heimat wieder geschaut werden kann, die beschworene Vorzeit, in der die Menschen Gott „noch erkannten". Heimat ist bei Novalis also ein Ort mit einer anderen Zeit. Gleichwohl nimmt das Fremdsein des Menschen in der Geschichte zu. In der Zeitlichkeit gibt es in diesem Sinn einen kleineren und größeren Abstand zu Heimat. Das Goldene Zeitalter, wie es Novalis imaginiert, steht für diese größere Nähe, die Gegenwart für die weitere Ferne. In das alte geistliche Modell von Heimat wird ein neues, geschichtliches eingeschrieben, das trotzdem auf Unerreichbarkeit insistiert. Eichendorff fasst dieses Problem in vier Verse: „Was wisset Ihr, dunkele Wipfeln, / Von der alten schönen Zeit? / Ach, die Heimat hinter den Gipfeln, / Wie liegt sie von hier so weit."[359] Die Sehnsucht nach „der alten schönen Zeit" ist keine restaurative Beschwörung einer vergangenen his-

---

[357] Die Literaturgeschichtsschreibung arbeitet sich seit je besonders am Motiv des Wanderers und dem es begleitenden Spannungsfeld von Heimat und Fremde in der romantischen Literatur ab, vgl. etwa Ricarda Huchs zwischen 1899 und 1902 erschienenes Buch über die Romantik. Ricarda Huch: Schöne Fremde und heimischer Nord, in: Huch 1951, S. 383–396. An Jung-Stilling und Hölderlin zeigt sich aber, dass das Phänomen sich nicht auf romantische Dichtung beschränken lässt.
[358] Novalis: Sehnsucht nach dem Tode, in: Novalis 1999, Bd. 1, S. 175–176.
[359] Joseph von Eichendorff: Heimweh, in: Eichendorff 2006, S. 253. Das vierstrophige Gedicht ist Teil der Erzählung *Aus dem Leben eines Taugenichts*; hier ist die zweite Strophe wiedergegeben.

torischen Zeit, oder jedenfalls nicht nur, sondern die Utopie eines noch nicht Erreichten, wie Karl Gutzkow 1835 formulierte:

> Eichendorff spricht und singt oft von der „guten alten Zeit". Nehmt ihn nicht so genau! Es ist nicht bös gemeint. Die gute alte Zeit ist hier nichts, als ein Ton, der klingend durch den Wald rauscht, [...] nichts als Erinnerung, Ahnung, eine Zeit, die vielleicht noch gar nicht geboren ist, oder jene geheimnisvolle Vergangenheit, wo wir noch im Schooße des Weltgeistes, in einer verklungenen Offenbarung lebten. Von allen guten Zeiten, die die Leute im Munde führen, ist Eichendorff's vielleicht die unschuldigste.[360]

Die spezifische, auf Vergangenheit, Zukunft und Ewigkeit verweisende Zeitlichkeit von Heimat, die zur Neusemantisierung von Heimat um 1800 gehört, ist im ganzen weiteren 19. Jahrhundert und darüber hinaus zu finden. Bei Wilhelm Busch, in dessen Gedicht *Du hast das schöne Paradies verlassen* (1874) Paradies und Heimat gleichermaßen Metaphern für die Kindheit und das Himmelreich sind, ist der christliche Ursprung des Gedankens genauso erkennbar[361] wie in Rainer Maria Rilkes *Das ist die Sehnsucht* (1899): „Das ist die Sehnsucht: Wohnen im Gewoge / und keine Heimat haben in der Zeit. / Und das sind Wünsche: Leise Dialoge / täglicher Stunden mit der Ewigkeit."[362] Heimat ist auch im weiteren historischen Verlauf selten gegenwärtig, vielmehr das Versprechen einer Vergangenheit für die Zukunft. Ein Buch zur *Einführung in die Heimatkunde* „zeigt unser Land, wie es war und wie es sein kann", heißt es in einem Begleitwort, man solle nicht „auf den jetzigen Wirrwarr" blicken, sondern auf „die stolzen Höhen" des Vergangenen und, so legt der Text nahe, des Zukünftigen.[363]

---

360 Karl Gutzkow: Rezension zum Roman „Dichter und seine Gesellen", in: Phoenix (Frankfurt 14.1.1835), hier zitiert nach Schultz 2006, S. 767–768.
361 „[...] / Wohl ist ein leises Ahnen dein Begleiter, / Ein heimlich Graun, daß diese süßen Freuden / Dich Schritt um Schritt von deiner Heimat scheiden, / Daß Irren Sünde, Heimweh dein Gewissen; / Doch ach, umsonst! Der Faden ist zerrissen. / [...] / Nun fährst du wohl empor, wenn so zuzeiten / Im stillen Mondeslichte durch die Saiten / Ein leises, wehmutsvolles Klagen geht / Von einem Hauch, der aus der Heimat weht." Wilhelm Busch: Du hast das schöne Paradies verlassen, in: Busch 2002, S. 107.
362 Rilke 2003, S. 9. Rilkes *Das ist die Sehnsucht* ist das Eröffnungsgedicht des Lyrikbandes *Mir zur Feier* (1899). Zum Motiv der Heimat in Rilkes Lyrik vgl. Fülleborn 1992. Über die Nähe von Rilkes Heimatbegriff zur „Kunstreligion" und gleichzeitig zu den Regional-Diskursen um 1900 vgl. Kramer 2006, S. 57–63, hier S. 58. Kramer entwickelt diese besonders an Rilkes Rezensionen von Gustav Frenssens Roman *Jörn Uhl* von 1902 und von Carl Worms' Erzählungsband *Die Stillen im Lande* aus dem selben Jahr. Zu Rilkes Frenssen-Rezension im Kontext der Heimatkunst vgl. auch Rossbacher 1975, S. 248–250.
363 So der Geograph und Polarforscher Erich von Drygalski in seinem Begleitwort zur vierten Auflage (1920) von *Deutschland. Einführung in die Heimatkunde* (zuerst 1898) des Anthropogeo-

Heimat als Erinnerung und Imagination

Die Semantik von Heimat gewinnt durch die Literatur um 1800 noch eine weitere Komponente, in der ihre religiöse Herkunft erkennbar bleibt: Heimat bzw. der Weg zu ihr ist oft an Erinnerung, Traum oder Imagination gebunden, und diese Bewusstseinsstufen werden eng mit dem Göttlichen verbunden. Es ist meist der Dichter oder der Sänger, der den Weg zur Heimat weisen kann, etwa bei Clemens Brentano, in dessen Gedicht der göttlichen Schöpfung die Schöpferkraft des Künstlers gegenübergestellt wird. Es ist der selbstbewusst und frei schaffende Künstler, und nur er, der die Tore der Heimat aufschließt: „O freier Geist, du unerfaßlich Leben, / Gesang der Farbe, Formen-Harmonie, / Gestalt des Tons, du hell lebendig Weben, / In Nacht und Tod, in Stummheit Melodie, / In meines Busens Saiten tonlos Beben, / Ersteh' in meiner Seele Poesie: / Laß mich in ihrer Göttin Wort sie grüßen, / Daß sich der Heimath Thore mir erschließen."[364] Auch bei Hölderlin und Novalis wurde gezeigt, inwiefern es der in eine größere Nähe zum Göttlichen gerückte Dichter oder Sänger ist, der über einen exklusiven Zugang zu Heimat verfügt. Heimat bleibt auch fortan in den Händen der Dichter und die Auffassung der Dichtung als ‚Hort der Heimat' und des Dichterpropheten, der Heimat verkündet, sind bis zur Heimatkunstbewegung um 1900 zu finden.[365]

Andererseits sind es die (dem Dichter verwandten) Kinder oder ist es das kindlich reine Gemüt, wie bei Kerner und Schubert, denen Heimat zugänglich ist. In E.T.A. Hoffmanns Märchen *Das fremde Kind* (1817) kann sogar nur das feenhafte Kind, können aber keine menschlichen Kinder dessen als unbeschreiblich „schön und herrlich" beschriebene „Heimat"[366] erreichen, und wenn doch, können die Menschenkinder einen Aufenthalt dort nicht überleben. Zwar können sie dort auf dem Regenbogen rutschen und „goldglänzende Früchte" essen, „die so süß und

---

graphen Friedrich Ratzel. Hier zitiert aus der fünften Auflage, Ratzel 1921, S. VI.) Gegenwart ist Wirrwarr, (wahre) Heimat war in der Vergangenheit und ist eine Verheißung der Zukunft.
364 Clemens Brentano: Als hohe in sich selbst verwandte Mächte, in: Brentano 2007, S. 101–102.
365 Vgl. Oesterhelt 2019.
366 Hoffmann 2001, S. 593. *Das fremde Kind* erschien zunächst 1817, 1819 dann als Teil der *Serapions-Brüder*. Ein ganzer Abschnitt mit dem Titel *Von der Heimat des fremden Kindes* entwirft ausführliche Vorstellungen einer Heimat, die ganz ins Reich der Imagination gehört: „Ach lieben Kinder, warum fragt ihr nach meiner Heimat? Ist es denn nicht genug, daß ich tagtäglich zu euch komme und mit euch spiele? – Ich könnte euch sagen, daß ich dort hinter den blauen Bergen, die wie krauses, zackiges Nebelgewölk anzusehen sind, zu Hause bin, aber wenn ihr Tagelang und immer fort und fort laufen wolltet, bis ihr auf den Bergen stündet, so würdet ihr wieder eben so fern ein neues Gebürge schauen, hinter dem ihr meine Heimat suchen müßtet, und wenn ihr auch dieses Gebürge erreicht hättet, würdet ihr wiederum ein neues erblicken, und so würde es euch immer fort und fort gehen und ihr würdet niemals meine Heimat erreichen." Hoffmann 2001, S. 593.

herrlich schmecken wie sonst nichts auf der Erde", zwar können sie dort auf Goldfasanen durch die Lüfte fliegen und unendlich schönem Gesang lauschen, aber: „Manche Kinder vermögen nicht den Gesang der purpurroten Vögel, so herrlich er auch ist, zu ertragen, so daß er ihnen da Herz zerreißt, und sie augenblicklich sterben müssen."[367] Denn die Kinder der Menschen sind im Märchen schon mit dem Schulmeister namens Magister Tinte in Berührung gekommen und haben ihre natürliche Unschuld damit verloren.

Bei Eichendorff steht Heimat jedem offen, der sich in einen präreflexiven Zustand versetzt: Jeder kann bei ihm so das ‚Zauberwort' treffen. Das Lied, der Gesang, die Dichtung oder der Traum sind Mittel, eine Heimat wiederzuerwecken oder zu imaginieren, die sich immer in zeitlicher und räumlicher Ferne befindet. Im Gedicht *Erinnerung* sind es der Traum, aber auch die einem Lied verwandten Geräusche und Klänge:

> Lindes Rauschen in den Wipfeln,
> Vöglein, die ihr fernab fliegt,
> Bronnen von den stillen Gipfeln,
> Sagt, wo meine Heimat liegt?
>
> Heut im Traum sah ich sie wieder,
> Und von allen Bergen ging
> Solches Grüßen zu mir nieder,
> Daß ich an zu weinen fing.
>
> Ach, hier auf den fremden Gipfeln:
> Menschen, Quellen, Fels und Baum,
> Wirres Rauschen in den Wipfeln –
> Alles ist mir wie ein Traum.[368]

Der Traum wird zum Als-ob, das linde wird zu einem wirren Rauschen: Die Vermittlungsinstanzen von Heimat – der Traum, das Geräusch der Bäume – sind genauso unzuverlässig und vieldeutig, wie der Ort der Heimat unbekannt ist. Das Als-ob rückt Heimat auf diese Weise ins Imaginäre. Auch in „An meinen Bruder" von 1837 ist es das Rauschen der Bäume, das Kunde von der Jugendzeit gibt, eine Art naturalisiertes Lied, das die Erinnerung an den „Spielmann" eines vergangenen Ortes und einer vergangenen Zeit wachhält. Das gestammelte Lied des lyrischen Ich ist nur ein schwacher Abglanz dieses Liedes der Heimat: „Und stamml

---

367 Hoffmann 2001, S. 595.
368 Joseph von Eichendorff: Erinnerung, in: Eichendorff 2006, S. 307.

ich auch nur bange, / Ich sing' es, weil ich muß, / Du hörst doch in dem Klange / Den alten Heimatsgruß."[369]

Eichendorffs Leistung ist es, die Friktionen, die sich aus der Amalgamierung des transzendenten mit dem irdischen Heimatbegriff ergaben, durch seinen reduktionistischen Stil zu glätten. Er hat deswegen die folgenreichste Heimatbegrifflichkeit für das weitere 19. Jahrhundert geschaffen. Ob bei Hermann Kurz oder Gottfried Keller (vgl. II.2.2.3), bei Gustav Freytag (vgl. II.3.1.2) oder Clara Viebig (vgl. II.3.3.2): Das Erbe der christlichen Heimat, das die Literatur um 1800 verwandelte und dem besonders die Eichendorff-Rezeption zu Popularität verhalf, ist im ganzen 19. Jahrhundert und weit darüber hinaus auffindbar; noch Anfang des 20. Jahrhunderts ist man sich sicher, dass im „Heimaterlebnis etwas tief Religiöses mitschwingt".[370]

Friedrich Lienhards Deutung der Radierung *Hüter der Heimat* von Hans Thoma (Abb. 35), die diesem Buch auch als Titelcover dient, kann das abschließend illustrieren. Das Bild, das für Lienhard „die Verbindung zwischen irdischer und himmlischer Heimat" darstellt, führt ihn zu der Frage, was Heimat eigentlich sei. Der von ihm vertretene „Heimatbegriff" habe „einen kosmischen oder göttlichen Kern". Nicht die „dichterische Verklärung der sichtbaren Heimat" müsse „das letzte Ziel" jeder Heimatkunst sein:

> Unsere letzte Heimat ist die Unendlichkeit, ist, wenn man das unmoderne Wort gestattet, Gott. Es gibt Stimmungen, auf Bergesgipfeln und in Mondnächten, wo es Beschränktheit und Rückständigkeit wäre, auf die irdische Heimat hinabzuschauen statt hinaus in die ewige Heimat der Welten und Sonnen. Das wollen wir, bei aller Heimatfreudigkeit, in Kopf und Gefühl behalten: so wird unser Blick frei und weit bleiben.[371]

Die „Heimatfreudigkeit" des 19. Jahrhunderts, die insbesondere in der zweiten Jahrhunderthälfte zu einer zunehmenden Materialisierung und Konkretisierung von Heimat führt und durch eine Heimatkunstbewegung um 1900, wie sie Adolf Bartels verstand (vgl. II.3.3.1), noch mehr Erdgeruch bekam, wird hier zeitgleich

---

369 Joseph von Eichendorff: An meinen Bruder, in: Eichendorff 2006, S. 301.
370 Eduard Spranger: Der Bildungswert der Heimatkunde, in: Schoenichen 1924, S. 3–26, hier S. 3. Sprangers Standardwerk zur Anfang des 20. Jahrhunderts fest etablierten pädagogischen Richtung der Heimatkunde – das *Handbuch der Heimaterziehung* –, in dem es um unterrichtspraktische Fragen geht, wie in sämtlichen Fächern von Handarbeit bis zum altsprachlichen Unterricht die Heimaterziehung zu integrieren sei, eröffnet mit dieser Feststellung.
371 Lienhard 1923, S. 223–224. Friedrich Lienhards Text erschien zuerst 1918 und wird hier nach der zweiten Auflage wiedergegeben. Zu Lienhards Rolle in der Heimatkunstbewegung vgl. II.3.3.1.

Abb. 35: Hans Thoma: Hüter der Heimat. In: Lienhard, Friedrich: Meister der Menschheit. Beiträge zur Beseelung der Gegenwart. Bd. 1: Die Abstammung aus dem Licht. Stuttgart ²1923 (Klassik Stiftung Weimar)

durch Lienhard immer noch auf ihren religiösen Kern verwiesen.[372] Auch das folgende Kapitel wird zeigen, dass die religiöse Semantik von Heimat sich zwar im Lauf des 19. Jahrhunderts transformiert, aber im Kern erhalten bleibt und auch noch in der Folge und bis heute ins Zentrum ihrer Bedeutung führt.[373]

1.3 Heimat und Mythos

Ein Charakteristikum des literarischen Heimatbegriffs seit dem späten 18. Jahrhundert ist seine ausgeprägte Religiosität, die immer stärker immanent wirkt. Religion heißt dabei nicht ausschließlich christliche Religion.[374] Bei Jung-Stilling genauso wie bei Schubert werden von Ägypten bis Persien die alten Welt- und Religionskulturen in die Heimatsuche einbezogen. Die für das Werk des Homer-Verehrers Hölderlin charakteristische Verschränkung von christlicher und grie-

---

372 Der Maler Hans Thoma (1839–1924) ließ sich von völkischen Kunsthistorikern wie Henry Thode oder Joseph August Beringer als Repräsentant der Heimatkunst feiern. Beringer, Gründer der Hans-Thoma-Gesellschaft und Verwalter des Thoma-Nachlasses, schreibt 1910 über Thomas Kunst, sie sei „aus den tiefsten Quellgründen des Volkstums", „an dem heiligen Born, aus dem die reinsten Freuden entspringen", aufgestiegen, nämlich aus der Familie und „der Heimatnatur" (Beringer 1922, S. 4). Das „wundersame Heimatgefühl, das allen Werken Thomas eigen ist, geht aus der Verwurzelung seines Schaffens mit dem gemütvollen Herzschlag hervor, der das Leben seiner Kunst speist. [...] hier ist einer, der nicht nur mit den geschärften und geübten Sinnen des Künstlers den Erscheinungen der Welt gegenübersteht und sie mit großem Können wiedergibt, sondern der den Gestaltungen sein innerstes, blutwarmes Leben verleiht aus Ehrfurcht vor allem Geschaffenen, in der Vertrautheit mit den Dingen und in der Liebe zu allem Bestehenden, die der Urgrund jedes Gemeinsamkeitsgefühles sind. [...] Diese Heimat des Herzens und der gesunden und reinen Sinne ist eine eigentliche Heimat des Kindersinnes." (Beringer 1922, S. 6.) Deshalb sei „seine Kunst so heimatselig", weil sie „getränkt" sei „von dem Weben und Walten seiner Seele, die in sich ruht" (Beringer 1922, S. 7), mit der er nicht zuletzt auch christliche Gegenstände gestalte. Auch hier bei Beringer wird deutlich, dass Heimat im völkischen Kontext gerade in der Verbindung von ‚blutwarmem Leben' und ‚Seele' konstruiert wird – allerdings, und das ist dann auch typisch für die weitere völkische Vereinnahmung von Thomas im Nationalsozialismus, ohne spezifisch christlichen Gehalt (vgl. auch II.3.3.1).
373 Zum Zusammenhang von Heimat und Religion bei katholischen Autoren des 20. und 21. Jahrhunderts vgl. den Arthur Maximilian Miller gewidmeten Band *Heimat und Frömmigkeit* von Bossle 1981 und die Arnold Stadler geltende Dissertation *Heimat und Religiosität* von Rottschäfer 2021.
374 Für die erhöhte Aufmerksamkeit auf die „Pluralität von Religion" plädieren die Herausgeber der Reihe *Studien zu Literatur und Religion*, Braungart/Jacob/Tück 2019.

chisch-antiker Bildwelt auf der Suche nach neuer Frömmigkeit[375] gilt auch in Bezug auf Heimat. Brentano knüpft mit seinem *Als hohe in sich selbst verwandte Mächte* an den Pygmalion-Mythos an, Novalis wählt mit den *Lehrlingen von Sais* ein Thema der antik-ägyptischen Sagenwelt, in dem auch Heimat nicht fehlt,[376] und auch in Arndts Heimattexte reiht sich mit dem Gedicht *An Psychidion* nahtlos ein Text ein, der Heimat auf die griechisch-antike Sagenwelt bezieht.[377]

E.T.A. Hoffmann assoziiert am Ende von *Der goldene Topf* den platonischen Atlantis-Mythos mit Heimat. Der glückliche Ausgang der Erzählung führt Anselmus als Schwiegersohn des Archivarius Lindhorst und Ehemann der Serpentina nach Atlantis, einen Ort, der demjenigen wohltut, der sich an ihm befindet, und denjenigen ins Unglück stürzt, der ihn beschreiben soll, wie die Erzählerstimme klagt:

> Wie fühlte ich recht in der Tiefe des Gemüts die hohe Seligkeit des Studenten Anselmus, der mit der holden Serpentina innigst verbunden nun nach dem geheimnisvollen wunderbaren Reiche gezogen war, das er für die Heimat erkannte, nach der sich seine von seltsamen Ahnungen erfüllte Brust schon so lange gesehnt. Aber in diesem Gefühl, in dem Streben, dir günstiger Leser all' die Herrlichkeiten, von denen der Anselmus umgeben, auch nur einigermaßen in Worten anzudeuten, und als ich nun die Mattigkeit jedes Ausdrucks, den ich ersonnen, mit Widerwillen wahrnahm, da erregte mir meine dürftige Umgebung, meine Befangenheit in den Armseligkeiten des kleinlichen Lebens ein recht quälendes Mißbehagen. Ich schlich wie im Traum umher, kurz ich geriet in jenen Zustand des Studenten Anselmus, den ich dir, günstiger Leser! in der vierten Vigilie beschrieben.[378]

Wie immer bei Hoffmann sorgt der Erzählerkommentar für vielfache ironische Brechungen. Die ganze Emphase, die an dem „geheimnisvollen wunderbaren Reiche [...], das er für die Heimat erkannte" haftet, wird durch das Unvermögen,

---

375 Nach Hölderlin kann der Zeitgenosse seine Frömmigkeit an der Antike schulen: „O Griechenland, mit deiner Genialität und deiner Frömmigkeit, wo bist du hingekommen?" Brief an den Bruder, 1.1.1799, in: Hölderlin 1995, Nr. 172, S. 340. Vgl. Kurz 1988.
376 „Den Lehrer kann und mag ich nicht begreifen. Er ist mir just so unbegreiflich lieb. Ich weiß es, er versteht mich, er hat nie gegen mein Gefühl und meinen Wunsch gesprochen. Vielmehr will er, daß wir den eignen Weg verfolgen, weil jeder neue Weg durch neue Länder geht, und jeder endlich zu diesen Wohnungen, zu dieser heiligen Heimath wieder führet. Auch ich will also meine Figur beschreiben, und wenn kein Sterblicher, nach jener Inschrift dort, den Schleier hebt, so müssen wir Unsterbliche zu werden suchen; wer ihn nicht heben will, ist kein ächter Lehrling zu Sais." Novalis: Die Lehrlinge zu Sais, in: Novalis 1999, Bd. 1, S. 204. Heimat behält hier einerseits sein spezifisch christliches Begriffsumfeld („Wohnungen"), andererseits wird sie in den Kontext antiker Mythologie und des Pantheismus – der Verkörperung des Göttlichen in der Natur – gestellt.
377 Vgl. Ernst Moritz Arndt: An Psychidion, in: Arndt 1912, S. 87.
378 E.T.A. Hoffmann: Der Goldene Topf, in: Hoffmann 1993, S. 229–321, hier S. 315–316.

davon zu erzählen, in „Widerwillen" und „Mißbehagen" verwandelt. Der Versuch, „ein nie geschautes Eldorado" zu schildern, heißt es unmittelbar folgend, misslingt der Erzählerfigur immer wieder aufs Neue. Und eine zweite Bedeutung von Heimat wird durch den weiteren Kontext des Zitats ins Spiel gebracht, nämlich die Möglichkeit, dass hier auf versteckte Weise eigentlich vom Selbstmord des Anselmus die Rede ist. In die Heimat einzugehen, wäre dann ein Euphemismus fürs Sterben. Hoffmann karikiert hier in seiner 1814 erschienenen Novelle schon die Ursprungssuchen seiner Zeitgenossen nach den Anfängen der Menschheit und deren Begeisterung für die griechische Mythologie[379] als so überladen mit Heilserwartungen, dass die Unfähigkeit, überhaupt etwas über sie auszusagen, am Ende Widerwillen auslöst.

Im Folgenden soll der Blick auf diese – in der Regel und im Gegensatz zu E.T.A. Hoffmann gänzlich unironische – Verknüpfung von Heimat und Mythos gelenkt werden. Dabei wird es anhand der mythologischen Figuren von Odysseus und Ahasver exemplarisch um zwei literarische Ausformungen von Heimatsuche gehen, die repräsentativ für das Verhältnis des 19. Jahrhunderts zu Heimat und zu Heimatlosigkeit stehen. Richard Wagners *Fliegender Holländer* wird sie zusammenführen.

1.3.1 Odysseus

Die mythologische Figur des Odysseus verbindet sich im 19. Jahrhundert allerorten mit dem Begriff der Heimat: dem Heimatverlust, der Heimatsehnsucht, der Rückkehr in die Heimat. Und literarische Heimatsucher wie der Grüne Heinrich imaginieren sich selbst im Bewusstsein der eigenen Epigonalität als auf den Spuren Ithakas wandelnd.[380] Systematisch ist das insofern bedeutsam, als erstens auf einer mythologischen Ebene die Thematisierung von Heimat an ihren (wenn auch nicht endgültigen) Verlust geknüpft wird und zweitens die Historizität dieser Verknüpfung – also die Tatsache, dass sich der Begriff der Heimat erst seit dem späten 18. Jahrhundert mit Odysseus verbindet – durch ihre Mythisierung verschleiert wird. Die deutschsprachige Übersetzungsgeschichte der *Odyssee* liefert in diesem Punkt einen historisch eindeutigen Befund und stellt in gewisser Weise

---

379 Vgl. Jacob/Süßmann 2018.
380 Heinrichs trauriger Heimweg nach mehrjähriger Abwesenheit, seine Scham über die eigene Heruntergekommenheit erinnert ihn an Odysseus und lässt ihn hoffen, wie dieser die Heimat zu erreichen: „[...] so werde ich auch mein Ithaka noch erreichen! Aber welch närrische Odysseen sind dies im neunzehnten Jahrhundert christlicher Zeitrechnung!" Keller 1985, S. 803. Wie Odysseus hofft Heinrich „unbemerkt [...] nach Hause zu kommen". Keller 1985, S. 804.

die Bedingung der Möglichkeit der literarischen und philosophischen Verknüpfung des Heimatbegriffs und des Odysseus-Mythos dar. Ohne die Übersetzungsgeschichte der *Odyssee* ins Deutsche, insbesondere ohne die Übertragung von Johann Heinrich Voß, ist diese literarische und philosophische Rezeption der *Odyssee* kaum zu denken.

Odysseus in der Übersetzung

Odysseus' Schicksal ist der Verlust der Heimat, die Irrfahrt auf der Suche nach ihr und endlich ihr Wiedergewinn. Ob die *Odyssee* damit tatsächlich das ist, was dem Mythos immer schon zugesprochen wird, eine Erzählung von anthropologischem Format, Ausdruck einer universal gültigen Menschheitserfahrung, wie jüngst der Altphilologe Thomas Alexander Szlezák hervorhob,[381] soll hier nicht entschieden, jedenfalls aber nicht weiterverfolgt werden. Denn ohne den Anspruch anthropologischer Erklärungsmuster wird der Blick frei für die Differenzen zwischen dem, was die *Odyssee* für ihre Übersetzer historisch jeweils transportierte. Und

---

[381] „*Dies* steht am Ende von zehn Jahren Krieg und zehn Jahren Irrfahrten für Odysseus: die Wiedergewinnung von drei Dingen, die der Dichter offenbar als konstitutiv für eine wahrhaft menschliche Existenz angesehen hat: von Heimat, Ehe und Familie." Die sich anschließende Fußnote Szlezáks sei hier wiedergegeben, weil sie deutlich macht, wie der Begriff der Heimat auch heute noch gern zivilisationskritisch verwendet wird: „Die hier vorgelegte Interpretation hat keinen Bezug, weder einen gewollten noch einen ungewollten, zur Tatsache, daß in der deutschen Gegenwartskultur die Begriffe Heimat, Ehe, Familie einen schweren Stand haben. Ihre Abwertung hat einerseits historische Ursachen: Verlust der Heimat für Millionen von Menschen nach dem Zweiten Weltkrieg, Erschwerung und ökonomische Entwertung jedweder Bindung, sei es an Heimat, Ehe oder Familie, durch die Lebensbedingungen und Lebensformen der modernen Industriegesellschaft. Neben diesen objektiven Gründen spielte eine jahrzehntelange ideologische Bekämpfung und Verunglimpfung dieser Begriffe eine nicht geringe Rolle. Es geht in diesem Buch jedoch nicht darum, welche Wertvorstellungen der griechischen Kultur dem deutschen Normalbürger von heute schmackhaft gemacht werden können und welche nicht, sondern allein darum, was von Europas Grundwerten bei den Griechen vorgeformt war. Daß Heimat, Ehe und Familie in Europa mindestens bis in die Mitte des 20. Jahrhunderts, in den meisten Ländern auch darüber hinaus, als unverzichtbare Werte galten, ist den historisch Kundigen nicht zweifelhaft. Die gegenwärtige deutsche Befindlichkeit, die näher zu analysieren hier nicht der Ort ist, wird sich als ephemer erweisen. Die *Odyssee* wird noch gelesen werden, wenn die jetzt in Deutschland vorherrschende Mentalität sich wieder einmal einem neuen Zeitgeist hingegeben haben wird." Beide Szlezák 2010, S. 50–51. Szlezáks Prämissen und Folgerungen sind gleichermaßen anzuzweifeln. So nennt er die Vertreibung nach 1945, nicht aber Exil und Vernichtung ab 1933 als einschneidende historische Ereignisse, die den Umgang mit dem Heimatbegriff beeinflussen. Er geht davon aus, dass nur in der Ablehnung von Heimat Ideologie entdeckt werden kann, nicht in ihrer Bejahung. Er geht davon aus, dass Heimat durch die Moderne abgewertet werde, nicht andersherum gerade erst durch sie hervorgebracht.

dies ist durchaus nicht immer und überall dasselbe. Anhand eines Ausschnittes der deutschsprachigen Übersetzungsgeschichte der *Odyssee* kann gezeigt werden, dass der kulturelle Aneignungsdiskurs von Odysseus als Heimatlosem und die Auffassung seiner Sehnsucht als Ausdruck von Heimatliebe eine historisch relativ junge Entwicklung ist, die im letzten Drittel des 18. Jahrhunderts einsetzt und im 19. Jahrhundert popularisiert wird. Vorher wird πατρίδα / πατρίς mit Vaterland, nicht mit Heimat übersetzt und so ein partiell sich überschneidendes, aber eben doch anderes Bedeutungsfeld geöffnet. Auch in der Übersetzungsgeschichte der *Odyssee* zeigt sich auf diese Weise wieder die wechselhafte Allianz und Konkurrenz der Begriffe Heimat und Vaterland (vgl. I.2.1).

Die Übersetzungs- und Bearbeitungsgeschichte der *Odyssee* zeigt zunächst, dass das gesteigerte Interesse am homerischen Epos im deutschsprachigen Raum und die Ausweitung der Rede über Heimat zeitgleich vor sich gehen: Nach der ersten Übertragung ins Deutsche durch Simon Schaidenreisser im 16. Jahrhundert ist die *Odyssee* im 17. Jahrhundert gar nicht, im 18. Jahrhundert fünfmal vollständig übersetzt worden (von Christian Tobias Damm, Johann Jakob Bodmer, zweimal von Johann Heinrich Voß und von Johann Balthasar Sedlezki), und zwar jeweils erst im letzten Jahrhundertdrittel. Vom Beginn des 19. Jahrhunderts an bis zum Ende des Ersten Weltkriegs ist sie mindestens neununddreißig Mal übersetzt worden, bzw. mindestens fünfzig Mal, zählt man die freien Bearbeitungen der voßschen Übersetzung mit.[382]

Allein die Häufigkeit der Verwendung des Wortes Heimat oder verwandter Worte läuft auf einen eindeutigen Befund hinaus: In Schaidenreissers *Odyssea* von 1537 wird fast durchgängig mit ‚Vaterland' übersetzt (zwanzig Mal), ‚heimet' wird nur zwei Mal und nicht emphatisch verwendet. In Christian Tobias Damms Übersetzung von 1769 fallen die Worte heimet / Heimat / Heimath gar nicht, Vaterland dafür sechsundzwanzig Mal. Johann Jakob Bodmer verwendet in seiner Übersetzung von 1778 acht Mal ‚Heimath', einundzwanzig Mal Vaterland. Johann Balthasar Sedlezki verwendet 1784 dreimal Heimath und zehnmal Vaterland. Die wegweisende Übersetzung[383] von Johann Heinrich Voß von 1781,[384] die als

---

382 Eine Bibliographie der *Odyssee*-Übersetzungen und der *Odyssee*-Bearbeitungen nach Voß für das 19. Jahrhundert enthält Häntzschel 1983, S. 85–89. Neue Zählungen werden möglicherweise noch höhere Zahlen ergeben, vermutet Josefine Kitzbichler, deren Bibliographie aller deutschsprachigen Homer-Übersetzungen (also nicht nur der *Odyssee*) nach aktuellem Stand 139 Titel für die Zeit von 1793 bis zur Gegenwart ergibt, vgl. Kitzbichler 2015, S. 143.
383 Häntzschels kurzes Kapitel „Erfolg des Voß'schen Homer in Zahlen" zeigt, dass die voßsche Übersetzung wie keine andere das Bildungsbürgertum des 19. und 20. Jahrhunderts beeinflusste, u. a. auch deshalb, weil sie vielerorts Schullektüre war. Allein von Reclams Universalbibliothek wurden zwischen 1868 und 1942 fast eine Million Exemplare der *Ilias*- und *Odyssee*-Überset-

sprachschöpferische Leistung immer wieder mit Luthers Bibelübersetzung verglichen wird,[385] bricht auch der Heimat ihre Bahn: Sie enthält achtundachtzig Mal ‚Heimat' und dreiunddreißig Mal ‚Vaterland'. Alle Übersetzungen, freien Übertragungen und Umdichtungen des 19. Jahrhunderts, die folgen, geben fortan der Heimat den Vorzug vorm Vaterland, auch wenn Letzteres meist parallel weiterverwendet wird. So wählt Gustav Schwab für seine freie Prosafassung einundvierzig Mal ‚Heimat' und zwölf Mal ‚Vaterland', Johann Jakob Christian Donner sechzig Mal ‚Heimat' und keinmal ‚Vaterland'.

Zusammenfassend lässt sich festhalten: Das Wort heimet / Heimat wird schon mit der ersten deutschen Übersetzung verwendet, aber marginal. 1778 steigt die Häufigkeit seiner Verwendung, um erstmals 1781 gegenüber ‚Vaterland' den eindeutigen Vorzug zu erhalten. Dies bleibt eine Konstante des ganzen 19. Jahrhunderts, das eine eklatante Vervielfachung der *Odyssee*-Versionen hervorbringt.

Ein genauerer Blick in ausgewählte einzelne Übersetzungen kann die Differenzen der Übersetzungen exemplarisch an den Versen 21–36 des neunten Gesangs veranschaulichen – der Passage, in der Odysseus erstmals als Ich-Erzähler auftritt, gegenüber Alkinoos seine Identität aufdeckt und von seinen Irrfahrten erzählt. Zunächst zeigt sich am Original, dass πατρίς – in heutigen Lexika sowohl mit Vaterland, Vaterstadt als auch mit Heimat übersetzt[386] – in diesem Abschnitt nur ein einziges Mal gewählt wird und χώρα (Land) oder οἰκία (Haus, Behausung) gar nicht vorkommen:

ναιετάω δ' Ἰθάκην εὐδείελον· ἐν δ' ὄρος αὐτῇ,		Ithaka ist mein Besitz, man sieht es von weitem; gar herrlich
Νήριτον εἰνοσίφυλλον, ἀριπρεπές· ἀμφὶ δὲ νῆσοι		Ragt dort und rüttelt den Laubwald Neritons Gipfel. Im Umkreis
πολλαὶ ναιετάουσι μάλα σχεδὸν ἀλλήλῃσι,		Liegen noch Inseln in Menge und nah beieinander; ich nenne
Δουλίχιόν τε Σάμη τε καὶ ὑλήεσσα Ζάκυνθος.		Same, Dulichion, nenne Zakynthos, das voll ist von Wäldern.
αὐτὴ δὲ χθαμαλὴ πανυπερτάτη εἰν ἁλὶ κεῖται	25	Ithaka selbst liegt niedrig im Meer und am weitesten westlich;

---

zungen von Voß abgesetzt. Vgl. Häntzschel 1977, S. 242–243; zur Rezeption von Voß im 19. Jahrhundert vgl. vor allem Häntzschel 1983 sowie Häntzschel 2011.
384 Eine zweite Fassung wird im Jahr 1793 herausgegeben. Häntzschel betont in seinen Arbeiten die Überlegenheit der zweiten Übersetzung.
385 Meist mit Verweis auf Gervinus: „Es gibt außer Luther's Bibel in keiner Sprache und Literatur ein Uebersetzungswerk, das mit diesem zu vergleichen wäre; es gibt in der unsern kein Werk, das einen solchen poetischen Sprachschatz geöffnet hätte." Gervinus 1874, S. 61.
386 Vgl. den aktuellen Gemoll in der 10. Auflage, Gemoll 2006, S. 624.

πρὸς ζόφον, αἱ δέ τ' ἄνευθε πρὸς ἠῶ τ' ἠέλιόν τε,	Abseits liegen die andern nach Osten und Süden; es ist wohl
τρηχεῖ', ἀλλ' ἀγαθὴ κουροτρόφος· οὔ τι ἐγώ γε	Rauh, doch nährt es gar treffliche Jugend. Es gibt keinen Anblick,
ἧς γαίης δύναμαι γλυκερώτερον ἄλλο ἰδέσθαι.	den ich an Süße vergleiche mit jenem der eigenen Heimat.
ἦ μέν μ' αὐτόθ' ἔρυκε Καλυψώ, δῖα θεάων,	Wahrlich, es hielt mich zurück eine hehre Göttin Kalypso,
ἐν σπέσσι γλαφυροῖσι, λιλαιομένη 30 πόσιν εἶναι·	Wünschte, ich würde ihr Gatte in ihrer geräumigen Grotte.
ὣς δ' αὔτως Κίρκη κατερήτυεν ἐν μεγάροισιν	Gradeso wollte die listige Kirke, ich sollte Aiaia,
Αἰαίη δολόεσσα, λιλαιομένη πόσιν εἶναι·	Sollte ihr Haus nicht verlassen, und wünschte, ich würde ihr Gatte.
ἀλλ' ἐμὸν οὔ ποτε θυμὸν ἐνὶ στήθεσσιν ἔπειθεν.	Doch mein Gemüt in der Brust ist keiner hörig geworden.
ὣς οὐδὲν γλύκιον ἧς πατρίδος οὐδὲ τοκήων	Läßt sich doch nichts an Süße mit Eltern vergleichen und Heimat,
γίνεται, εἴ περ καί τις ἀπόπροθι 35 πίονα οἶκον	Mag einer hausen in üppiger Fülle in anderem Lande
γαίῃ ἐν ἀλλοδαπῇ ναίει ἀπάνευθε τοκήων.	Draußen im Weiten, doch fern von den Eltern. Wohlan denn, nun höre![387]

Schaidenreissers 1537 veröffentlichte Übertragung dieser Stelle enthält dreimal ‚vatterland' und einmal ‚heimet', wobei die durchs ‚süße Begehren' ausgedrückte Emphase auf Vaterland, nicht auf Heimat liegt. Das Begehren nach dem Vaterland wird als ‚angeborene natürliche Eigenschaft' bezeichnet:[388]

> **mein vatterland Ithaca** gegen mittentag auffer höhe nahend dem Berg Neritus gelegen. / Hat rings umbsich vil Inseln / nemlich Dulichium / Samos / die wäldige Insel Zachynthus / ist ain kleins rauhes / harts / aber zu der kindzucht ain fürnehlich gut gesundes ländlin / welches mir für allen landen so ich mein tag gesehen oder auch künfftig sehen werde / dermassen liebet / das weder die unhold Circe mich mit irem gifftigen zauberischen tranck bethoren oder verhefften / noch die schöneste göttin Calypso durch raitzende geperd / wort / und scheinbarliche verhissung nit haben mögen bereden / gedachtes meines **vatterlands** zu vergessen. Ursach / das auf **angeborner natürlicher aigenschafft** ainem yeden / und

---

[387] Homer 2000, S. 226–229. Es wurde eine der heute maßgeblichen Übersetzungen gewählt, die von Anton Weiher stammt. Sie steht in der hier im Folgenden entwickelten, von Voß ausgelösten Übersetzungstradition, in dieser Passage gleich mehrmals mit Heimat zu übersetzen.

[388] Das zeigt, dass Schaidenreissers Übertragung insgesamt, dem Zeitgeist entsprechend, stärker erläuternden und moralisierenden Ansprüchen als dem Anspruch wortgetreuer Übersetzung unterlag. Vgl. Fornaro 2011, S. 358.

sunderlich der da in der frembde fern von seinem **hauß unnd heimet** umbfärt / **nichts begirlicher siesser / noch lieber ist / als sein vatterland und eltern.**[389]

Christian Tobias Damms Übersetzung von 1769 verzichtet an dieser Stelle (wie in der ganzen Übersetzung) auf den Begriff der Heimat, ‚süß' ist auch hier das Vaterland, und das nun gleich zwei Mal:

> **Mein Won-Sitz ist die hochliegende Insel Ithake:** in derselben ist das schöne Baumreiche Gebirge Neriton; um sie herum aber sind viele wolangebauete Inseln nahe an einander, Dulichion, Same, und das waldige Zakynthos: sie selbst ist dem festen Lande am nächsten, und lieget mehr als die andern gegen Norden; da die übrigen weiter vom festen Lande entfernet, und mehr gegen Süden gewendet sind: sie ist bergig und klippig, aber sie ziehet brave Männer. **Ich wenigstens vermag mir nichts süssers sonst vorzustellen, als jemanden sein Vaterland seyn muß.** Gewiß die vortrefliche Göttin Kalypso hielte mich dort in ihren geraumen Felsen-Wonungen auf, und begerete mich zu ihrem Ehemann bey sich zu behalten; so wie auch die Aeäische kunstreiche Kirke mich in ihrem Hause aufhielte, und mich zu ihrem Ehemann bey sich behalten wolte: aber keine von beiden war vermögend, mein **Herz** zu überreden; **dergestalt ist einem doch nichts süsser als sein Vaterland, und seine Eltern**; gesetzt man wonete in einem fremden Lande in einem auch noch so reichem und fettem Hause, aber entfernet von seinen nächsten Verwandten.[390]

Nachdem Johann Christoph Gottsched die moralischen Qualitäten Homers hervorgehoben hatte – die *Odyssee* lehre, dass ein guter Herrscher sich nie lange von seinem Reich entfernen solle – wollen Johann Jakob Bodmer und Johann Jakob Breitinger in Homer vor allem Ausdruck des Gefühls entdecken. Breitinger bezeichnet 1740 in der Critischen Dichtkunst Homer als Genie und sein Epos als Volksepos, das kraftvolle Empfindung ausdrücke.[391] Bodmer verzichtet in seiner Übersetzung von 1778 (für die hier besprochene Passage) sowohl auf den Begriff der Heimat wie auf den des Vaterlands und verwendet stattdessen das Zu-Hause-Sein, ‚Land' und ‚Geburtsland'. Bodmer steht insofern auf einer Schwelle. Denn es geht ihm in seiner Übersetzung schon um Ausdruck von emphatischem Gefühl, aber er verwendet noch nicht den Begriff, der sich kurze Zeit darauf an dieses Gefühl bindet, den der Heimat.

> Ithaka ist die heitere insel, in der **ich zu haus bin**;
> Neritus steigt da mit wald bedekt in die wolken. Umher sind
> Mehr bewohneter inseln nicht weit von einander entlegen,

---

389 Schaidenreisser 1537, S. XXXV. Für die ganze Arbeit gilt: Hervorhebungen im Originalzitat sind kursiviert, eigene Hervorhebungen sind fett gesetzt.
390 Damm 1769, S. 319–320.
391 Fornaro 2011, S. 359.

> Same, Dulich, Zakyuthus mit hohem walde bekränzet.
> Niedrig ist Ithaka, und zu oberst nach weste; die andern
> Liegen mehr gegen die morgensonne, mit klippen umschlossen.
> Aber der rohe boden erzeuget nervigte söhne,
> Roh, wie sie ist, ich kann **kein lieberes land** mir gedenken.
> Aber mich hielt in ihren grotten Kalypso, die Göttinn,
> Lange, sie wollte zum bettgenossen mich haben; auch Circe
> Nahm mich in ihren palast, die Göttinn von magischen künsten
> Hielt mich bey sich, und wollte zum bettgenossen mich haben.
> Aber mir war der antrag in meinem herzen zuwider,
> **Nichts hat in meinem sinn mehr reiz als unser geburtsland,**
> Als die **behausung der eltern**; entfernt von vater und mutter
> Ekelt es uns in dem haus, das mit fette des landes bedekt ist.[392]

Mit Winckelmann erreicht die Homer-Verehrung im deutschsprachigen Raum kultische Züge;[393] Goethes *Werther*, in dem Homer zur Bibel wird, ist ein bekanntes Beispiel für dessen teils religiöse zeitgenössische Bedeutung. Auch die Dichter des Göttinger Hainbundes sind Homer-Verehrer und alle bedeutende Homer-Übersetzer: Gottfried August Bürger, Leopold Stolberg und Johann Heinrich Voß. Insbesondere durch letzteren wird der Begriff der Heimat emphatisch aufgewertet, wie sich auch an der hier zum Vergleich ausgewählten Textstelle zeigen lässt. Als erste deutschsprachige Übersetzung überhaupt verwendet die von Voß 1781 an dieser Stelle den Begriff der Heimat emphatisch („Denn nichts ist doch süßer, als unsere Heimat und Eltern"), und auch als erste in dem Vers, der Ithaka einführt („Ithakas sonnige Höhn sind meine Heimat"). Auch wenn das Vaterland an der Seite von Heimat ebenfalls das ‚wahrlich Süßeste' bleibt, findet hier eine Neugewichtung zwischen Heimat und Vaterland statt; auch die Alliteration von Herz und Heimat stellt Voß als Erster her:

> **Ithakas sonnige Höhn sind meine Heimat**; in dieser
> Türmet sich Neritons Haupt mit rauschenden Wipfeln; und ringsum,
> Dicht aneinander gesät, sind viele bevölkerte Inseln,
> Same, Dulichion und die waldbewachsne Zakynthos.
> Ithaka liegt in der See am höchsten hinauf an die Feste,
> Gegen den Nord; die andern sind östlich und südlich entfernet.
> Rauh ist diese, doch nähret sie rüstige Männer, und wahrlich,
> **Süßer als Vaterland ist nichts auf Erden zu finden!**
> Siehe, mich hielt bei sich die hehre Göttin Kalypso
> In der gewölbten Grotte und wünschte mich zum Gemahle;

---

392 Johann Jakob Bodmer: Homers Werke, Bd. 2: enthält u.a. *Odyssee*, 1778, S. 110–111.
393 Vgl. insgesamt zur Homer-Rezeption im deutschsprachigen Raum: Wohlleben 1990; Korte 2010.

> Ebenso hielt mich auch die aiaiische Zauberin Kirke
> Trüglich in ihrem Palast, und wünschte mich zum Gemahle:
> Aber keiner gelang es, mein standhaftes **Herz** zu bewegen.
> **Denn nichts ist doch süßer als unsere Heimat und Eltern,**
> Wenn man auch in der Fern ein Haus voll köstlicher Güter,
> Unter fremden Leuten, getrennt von den Seinen, bewohnet![394]

Johann Balthasar Sedlezki macht es in seiner Übersetzung von 1784 noch einmal anders und verwendet zweimal Vaterland, keinmal Heimat. Aber nicht seine, sondern die Übersetzung von Voß wird sich durchsetzen.

> Die Insel Ithaka, in der sich voll Gebüschen
> Der Berg Nerit erhebt, **bewohne ich.** Inzwischen
> Sind noch mehr Inseln mein, Dulichium, und Zacynth,
> Und Samos die nicht fern von ihr gelegen sind.
> Sie, die meist nördlich liegt, hat eine hohe Lage
> Und die Umliegenden im Morgen und Mittage.
> Die Landesart ist hart. Allein sie ist gewiß
> Ein gut Soldatenland. **Ihr Anblick ist mir süß.**
> **Es ist kein Land, das ich mit größrer Wollust sehe,**
> **Als wie mein Ithaka,** daß ich es frey gestehe.
> Calypos liebte mich, und hielte mich im Lauf
> Der Reise lange Zeit in ihren Höhlen auf.
> Auch Circe drang in mich und both mir dergestalten
> Ihr Herz und Bette an, mich bey sich zu behalten.
> Allein, es war umsonst. Sie trieben mir die Lust,
> Mein **Vaterland** zu sehn, durchaus nicht aus der Brust.
> **Sogar nichts scheint uns süß** in einem fremden Lande;
> Gesetzt, wir wären auch im allerbesten Stande,
> Und mächtig reich darinn, wofern uns auf der Welt
> **Das beßte, Vaterland und Blutsverwandtschaft** fehlt.[395]

Es wird keine weitere Übersetzung dieser Stelle im 19. Jahrhundert geben, die ohne den Begriff der Heimat auskäme. In Gustav Schwabs Prosaübertragung (1838–40) wird Heimat noch recht sparsam verwendet –

> **Auf der sonnigen Insel Ithaka wohne ich**, in deren Mitte sich das waldige Gebirge Neriton erhebt; rings umher liegen viele kleinere bewohnte Eilande, Same, Dulichium, Zazynthus. Meine **Heimath** ist zwar rauh; doch nähret sie frische Männer, und **das Vaterland ist einem jeden das Süßeste!**[396]

---

[394] Voß 1964, S. 551–552. Es handelt sich um die erste Übersetzung von 1781.
[395] Sedlezki 1784, S. 173–174.
[396] Schwab 1840, S. 123.

–, ab den 1860er Jahren dann aber immer häufiger, emphatischer und sentimentaler, etwa indem ‚das Süßeste' bevorzugt mit der Heimat verknüpft wird. Zeitgleich erscheint Heimat immer öfter eingebettet in Kompositabildungen. Indem der Begriff an die Flur, das Land, den Herd und so weiter geknüpft wird, erfährt Heimat eine räumliche und gegenständliche Konkretisierung. 1860 bei Johann Jakob Christian Donner sehnt sich Odysseus nach den ‚Heimatfluren':

> **Aber in Ithaka wohn' ich**, der sonnigen, wo sich ein Berghaupt,
> Neriton, hebt, von Wäldern umrauscht; Eilande die Menge
> Liegen umher im Kreise bewohnt, dicht neben einander,
> Same, Dulichion auch, und die waldumkränzte Zakynthos.
> Ithake selbst liegt flach und am weitesten im Meere,
> Westwärts, während die andern zum Licht und zur Sonne gewandt sind;
> Zwar uneben und rauh, doch nährt sie vortreffliche Männer.
> **Traun, nichts Holderes weiß ich zu schau'n, als Vatergefilde.**
> Dort wohl hielt mich zurück die gefeierte Göttin Kalypso,
> Dort in der wölbigten Grotte, mich selbst zum Gemahle begehrend.
> Also verweilte mich auch voll List die Aeäerin Kirke.
> Dort in dem stolzen Palaste, mich selbst zum Gemahle begehrend.
> Dennoch vermochten sie nie mein **Herz** zu bewegen im Busen.
> **Ja, nichts Süßeres gibt's als Heimatfluren und Eltern,**
> Wenn auch Einer ein Haus voll stattlicher Habe bewohnte
> Fern auf Fremdlings Erde, getrennt von den liebenden Eltern.[397]

1865 reimt sich in Carl Theodor Gravenhorsts „den deutschen Frauen" gewidmeter Nachdichtung auf ‚genannt' das ‚Heimatland'; und die auf Voß zurückgehende Alliteration von Herz und Heimat wird hier durch das von ‚Herzen lieb' ins Sentimentale gesteigert. Gravenhorsts Übersetzung ist auch die erste, die die Sehnsucht enthält: „sehnt heimwärts doch sich unser Herz zurück":

> [...]
> **Zur Heimat hab' ich Ithaka's Gestade;**
> Dort ist mein Haus und Königthum.
>
> Dort wohnt das tapfre Volk der Kephallenen,
> Wie auch auf Same und Zakynth;
> Gar wackre Männer da zu Hause sind.
> Mein Eiland liegt nach Westen zu von jenen,
>
> Steinicht und flach, doch **meinem Herzen lieb.**
> **Nichts giebt's ja Liebres als das Heimatland.**
> Kalypso zwang mich, daß ich bei ihr blieb;
> Sie hätte gern mich Ehgemahl genannt:

---

[397] Hier zitiert nach der zweiten Auflage, Donner 1865, S. 126.

An Ithaka doch mußt' ich immer denken.
Denn ach! aus allem Reichthum, allem Glück,
Das uns die Fremde bieten mag und schenken,
Sehnt heimwärts doch sich unser **Herz** zurück.[398]

Ernst Johann Jakob Engel, der im Vorwort seiner Übersetzung von 1885 betont, dass nur „das ohne gleichen männlich und doch traulich klingende Versmaß des Nibelungenliedes" dem „epische[n] Genius der [...] germanischen Nation" gerecht werde,[399] dichtet die *Odyssee* entsprechend dem Anspruch, griechischen und deutschen Geist miteinander zu amalgamieren, in der Nibelungenstrophe nach.[400] Insgesamt verwendet er in der ganzen Übersetzung achtundfünfzig Mal das Wort Heimat (nur das Substantiv gezählt). Für die hier verglichene Stelle wählt er drei Mal die Heimat, und es kommt neben dem Heimatland eine neue Wortverbindung hinzu, der heimatliche Herd. Und wieder kombiniert Engel die Heimat mit dem Herzen und der Sehnsucht, so dass der zentrale alliterierende Vers lautet: „Schlug stets mein Herz voll Sehnsucht zum heimatlichen Herd".

6. Und Ithaka, das hohe, nenn' ich mein **Heimatland**,
Dem windumstürmt entraget Neritons Felsenwand;
Gar viele andre Inseln ihm dicht benachbart sind,
Dulichion und Same und waldbedeckt Zykynth.

7. Mein Land liegt mehr gen Norden und Sonnenuntergang;
Nicht macht's, wie jene, Eindruck durch steiler Ufer Hang;
Rauh ist es, doch ein Kernvolk entsprosset seinem Schoß,
Erblickt' ich je es wieder, glückselig wär' mein Los!

8. Ja, stets gedacht' ich seiner, selbst in der Grotte kühl,
Als an Kalypsos Seite ich schlief auf wonn'gem Pfühl;
Ja, selbst als Kirkes Zauber die Sinne mir bethört,
Schlug stets mein **Herz voll Sehnsucht zum heimatlichen Herd**.

9. Dem Elternhaus, der **Heimat** kommt nichts auf Erden gleich.
Sei einer in der Fremde an Gütern noch so reich,
Und fehlen ihm die Eltern, so ist sein Glück nicht voll.
Nun hört, wie mich verfolgte des Donnrers schwerer Groll.[401]

---

[398] Hier ebenfalls zitiert nach der zweiten Auflage, Gravenhorst 1868, S. 174.
[399] Ernst Johann Jakob Engel: Vorwort, in: Engel 1885, S. V–VIII, hier S. V–VI.
[400] 1936 wird der Versuch, die *Odyssee* in die Strophenform des Nibelungenliedes zu übertragen, von Leopold Weber in *Die Odyssee Deutsch* wiederholt, vgl. Weber 1936.
[401] Engel 1885, S. 135. Dasselbe Vorwort findet sich schon ein Jahr früher in einer Schulprogrammschrift, in der Engel seine Bearbeitung des Neunten Gesangs präsentiert, vgl. Engel 1884, S. 1–19.

Gleich drei Übersetzungen und Bearbeitungen aus den 1890er Jahren bekräftigen die ubiquitäre Sentimentalisierung und zugleich Konkretisierung von Heimat in der *Odyssee*. 1890 ist in Emil Engelmanns *Umdichtung für das deutsche Haus* zu lesen: „Besseres find' ich auf Erden wohl nichts, als die Fluren der Heimat",[402] 1896 bringt Hermann von Schelling das Gemüt ins Spiel: „Doch keine dieser Lockungen bekehrte / Mich im Gemüt. Beständig fühlt den Zug / Zum Elternhaus und nach der Heimaterde, / Wen das Geschick in fremdes Land verschlug".[403] Und im selben Jahr verwendet Albert Schäfer, Lehrer an einer höheren Mädchenschule, gleich zweimal „Heimatland" und einmal „heimische Erde" in seiner verdeutschten Fassung, wobei nicht nur durch die Wiederholungen, sondern auch durch Ausrufezeichen und Kursivierungen das Pathos weiter gesteigert wird: „Und – es erscheint uns doch *nichts* so schön wie die heimische Erde!"[404]

Der Begriff Heimat, so lässt sich zusammenfassen, wird in den Übersetzungen der ausgewählten Passage im 16. Jahrhundert nur sehr selten und im 18. Jahrhundert zunächst gar nicht gewählt – bis zum Wendepunkt, den 1781 die Übersetzung von Voß markiert. Ab diesem Zeitpunkt kommt im 19. Jahrhundert keine Übersetzung oder Bearbeitung der *Odyssee* mehr ohne Heimat aus. Das vor Voß prominentere Vaterland tritt zugunsten der Heimat in den Hintergrund, wobei Vaterland und Heimat weitgehend synonym verwendet werden. Die auffällig zunehmenden Komposita und Wortverbindungen mit dem Wort Heimat (Heimatland, Heimatflur, Heimaterde, heimatlicher Herd) geben einen Hinweis auf die insgesamt im 19. Jahrhundert zunehmende Tendenz zur Konkretisierung und Materialisierung von Heimat. Im Kompositium, so könnte man pointiert sagen, erobert Heimat die Welt. Das Kompositum macht Heimat welthaltiger. Zeitgleich kommt es zu einer immer stärkeren Emotionalisierung.[405] Und für die im späten 18. Jahrhundert entstandene Idee besonderer Verwandtschaft von antik-griechischem und deutschem Geist[406] wird im Rahmen der Genese von Heimat auch die

---

[402] Engelmann 1890, S. 131.
[403] Hier zitiert nach der zweiten Auflage, Schelling 1905, S. 177.
[404] Schaefer 1899, S. 75.
[405] Im Kleinen kann diese Entwicklung hin zu mehr und hin zu emotionalisierterer Heimat auch an einer Ergänzung gezeigt werden, die ein Schulbuch zur Übersetzung aus dem Griechischen im Lauf seiner verschiedenen Auflagen erfährt. Mindestens bis zur fünften Auflage von 1872 wird das Wort εἰνοσίφυλλον im 22. Vers des Neunten Gesangs folgendermaßen kommentiert: „blätterschüttelnd, weil dem Winde ausgesetzt, indem hier das, was der Berg erleidet, als Act seiner Thätigkeit erscheint" (Ameis 1872, S. 53; so auch schon in der dritten Auflage, vgl. Ameis 1865, S. 51). In der achten Auflage von 1884 ist derselbe Kommentar um folgenden Zusatz ergänzt: „Schon in der eingehenden Beschreibung tritt die Liebe zur Heimat hervor" (Ameis 1884, S. 60).
[406] Vgl. Süßmann 2018.

Odyssee zur Referenz, was etwa an Ernst Johann Jakob Engels Übertragung in die Nibelungenstrophe deutlich wird.

Zu den Aspekten der Emotionalisierung, Konkretisierung und Nationalisierung gehört auch der Aspekt der Pathetisierung. Heimat und Pathos gehen im 19. Jahrhundert meist zusammen. Odysseus-Parodien verzichten dann folgerichtig auch auf den Begriff der Heimat, etwa eine „zum Wohle germanischer Menschheit verteutsch[te]", anonym veröffentlichte Version der *Odyssee*, die den Rückkehrwunsch von Odysseus konkreter erklärt: „Als Mann und Maus verbronnen war, / Da Troja so genommen, / So eilt' Ulyß, mit seiner Schaar / Schnell auf sein Schiff zu kommen; / Er sehnt' sich nach der Gattin Bett, / Und nach dem kleinen Söhnchen nett, / Die er zu Haus gelassen."[407]

Odysseus als Denkfigur

Die Übersetzungsgeschichte ist zugleich Symptom und Voraussetzung einer Bedeutung, die Heimat im Zusammenhang mit dem Mythos Odysseus als neuer Denkfigur gewinnt. Odysseus ist aus verschiedenen Gründen eine attraktive Reflexionsfigur für die Frage nach Heimat. Erstens wird Heimat für Odysseus deshalb zum Thema, weil er sie verloren hat. Heimat erweist sich als Modell der Verlustbewältigung – eben dasjenige, welches auch in den literarischen Heimaten ab 1800 etabliert wird. Zweitens ist Odysseus eine mythologische Figur. Damit kann die für das 19. Jahrhundert aktuell werdende Frage nach Heimat im Mythos enthistorisiert werden, um sie im geschichtlichen Augenblick zur Anwendung zu bringen. Heimat als Emphase des ‚immer schon' bewahrheitet sich gerade im Mythos. Drittens wird es möglich, die oft in nationalistischen Kontexten zu findende Idee der besonderen Verwandtschaft von antik-griechischem und deutschem Geist auch auf Odysseus' Verhältnis zur Heimat zu übertragen. Dann erweist sich Odysseus als Respondent einer angeblich spezifisch deutschen Heimatliebe.

Die philosophische und literarische Beschäftigung mit Odysseus als Heimatsuchendem ist Teil des im späten 18. Jahrhundert ausgeprägten Interesses an den homerischen Epen als Dokument eines menschheitsgeschichtlichen Ursprungs, das poetische Weisheit in sich trage und insofern auch für die eigene Gegenwart Relevanz besitze.[408] Die Gegenwart wird am hier ausgebildeten Maßstab des Einfachen, Unprätentiösen und Unverbildeten gemessen. Das auf Bod-

---

[407] Anonym 1871, S. 3; die hier verglichene Heimat-Stelle des Neunten Gesangs wird gänzlich weggelassen.
[408] Vgl. Matuschek 2018, S. 610. Zur Bedeutung der Debatte um die kollektive Autorschaft ‚Homers' für zeitgenössische Autorschaftskonzepte um 1800 vgl. Buschmeier 2008, S. 119–132.

mer und Breitinger zurückgehende neue Homer-Verständnis vertiefte sich im deutschsprachigen Raum mit der vor allem von Winckelmann angestoßenen Griechenbegeisterung, die in den Griechen mehr ‚Ursprung' als in den Römern und im archaischen Homer mehr ‚Ursprung' als im spätantiken Vergil erkannte. Für Herder wird Homer gerade deshalb zum „größte[n] Dichter", weil er „zugleich der größte Volksdichter" gewesen sei. Nicht Regelpoesie, sondern originäre Schöpfung aus dem Geist des Einfachen verbindet sich für Herder mit Homer, und sein Gewährsmann ist Odysseus: „Sein Tritt ist sanft, und die Ankunft seines Geistes, wie Ulysses Ankunft in der Heimat: nur der kann sein Vertrauter werden, der sich diese demütige Gestalt weder verlügt noch hinwegschämet."[409] Nur im Kontakt mit dem Ursprünglichen und Unverstellten, so Herder, kann das Originäre entstehen.[410] In diesem Zusammenhang wird Odysseus' Ankunft auf Ithaka zum Sinnbild für die Rückkehr in die Heimat unter den Vorzeichen des Einfachen, ja scheinbar Ärmlichen. Nur derjenige, der sich des als Bettler verkleideten Odysseus nicht schämt und ihn nicht schmäht, wird Vertrauter des zukünftig wieder in seine Rechte tretenden Herrschers, wie der Schweinehirt Eumaios; viele andere frühere Vertraute bestehen die Prüfung nicht und werden zur Strafe getötet. Der Wiedereintritt in die Heimat geschieht in der Hülle des Einfachen, hinter dieser verbirgt sich aber das Königliche.

Die Hoffnung auf geistige Erneuerung, die sich deutsche Intellektuelle von der Schulung an dem mit den homerischen Epen und anderen Zeugnissen der griechischen Kultur verbundenen Ideal der Natürlichkeit und des Genies versprachen, wurde für viele auch ein Stück weit Religion.[411] Voß spricht vom

---

409 „Der größte Sänger der Griechen, Homerus, ist zugleich der größte Volksdichter [...]. Er setzte sich nicht auf Sammet nieder, ein Heldengedicht in zweimal vier- und zwanzig Gesängen nach Aristoteles Regel oder, so die Muse wollte, über die Regel hinaus, zu schreiben, sondern sang was er gehöret, stellt dar was er gesehen und lebendig erfaßt hatte: seine Rhapsodien blieben nicht in Buchläden und auf den Lumpen unsres Papiers, sondern im Ohr und im Herzen lebendiger Sänger und Hörer [...] aber dem, dünkt mich, ist Homer nicht erschienen, der den lieben Fußgänger nur auf raschrollenden Wagen und den sanften Strom seiner Rede als Mühlengeklapper einer sogenannten Heldenpoesie sich vorbildet. Sein Tritt ist sanft, und die Ankunft seines Geistes, wie Ulysses Ankunft in der Heimat: nur der kann sein Vertrauter werden, der sich diese demütige Gestalt weder verlügt noch hinwegschämet." So Herder in seiner Vorrede zum zweiten Teil seiner Volkslieder von 1779. Herder 1990, S. 231–232.
410 Zur zeitgenössisch diskutierten Frage nach dem Verhältnis von Nachahmung, Einfühlung und Originalität positioniert sich Herder radikal. So wie Homer sich nicht an eine Regelpoetik hielt, sollen auch die Deutschen nicht die antiken Dichter imitieren, sondern aus eigener Anschauung Originäres schaffen.
411 Zur griechischen Antike als Ersatz für die christliche Religion bei Voß vgl. Häntzschel 1977, S. 44. Antike und jüdisch-christliche Traditionen können aber auch nebeneinander bestehen: So

"Heiligthume der Alten" und von "Wallfahrten in's Alterthum"[412] und findet in der Antike mehr Heiliges als in der eigenen Gegenwart. Der sehnsüchtige Blick richtet sich nicht mehr nur auf eine christliche himmlische Heimat, sondern auch auf eine "Hellenenheimat", so im Gedicht *Der Rebenspross* von 1802: "Mir trug Lyäos, mir der begeisternden / Weinrebe Sprößling; als, dem Verstürmten gleich / Auf ödem Eiland', ich mit Sehnsucht / Wandte den Blick zur Hellenenheimat."[413] So wie die Hellenen Heimat gesucht haben – mit dem "Verstürmten" ist wohl Odysseus gemeint[414] –, werden die Hellenen Hoffnungsträger für die eigene Gegenwart. Zugleich ermöglicht die Identifizierung der Deutschen mit den Griechen auch den (logisch natürlich unzulässigen) Rückschluss, dass die Deutschen Hellenen werden, wenn sie Heimat suchen.

Goethes *Die Leiden des jungen Werthers* lässt sich als Reflexion über die Frage nach der ‚Hellenenheimat' lesen. Der Briefroman von 1774 ist einer der wenigen Texte Goethes, in denen das Wort Heimat überhaupt fällt – und dort nur einmal. Werther schildert in seinem Brief vom 9. Mai einen Besuch seines Geburtsorts nach langjähriger Abwesenheit: „Ich habe die Wallfahrt nach meiner Heimat mit aller Andacht eines Pilgrims vollendet, und manche unerwartete Gefühle haben mich ergriffen."[415] Auch die weitere Schilderung des Ortes der Kindheit ist von religiösen Topoi durchzogen: „Ein Pilger im heiligen Lande trifft nicht so viel Stätten religioser Erinnerung, und seine Seele ist schwerlich so voll heiliger Bewegung."[416] Die Erinnerungen an die Kindheitserlebnisse werden im weiteren Briefverlauf auf Odysseus übertragen, dem die Welt ebenso unermesslich erschien wie dem Kind:

> Ich erinnere mich so lebhaft, wenn ich manchmal stand, und dem Wasser nachsah, mit wie wunderbaren Ahndungen ich das verfolgte, wie abenteuerlich ich mir die Gegenden vorstellte, wo es nun hinflösse, und wie ich da so bald Grenzen meiner Vorstellungskraft fand, und doch mußte das weiter gehn, immer weiter, bis ich mich ganz in dem Anschauen einer unsichtbaren Ferne verlor. Siehe mein Lieber, das ist doch eben das Gefühl der herrlichen Altväter! Wenn Ulyß von dem ungemessenen Meere, und von der unendlichen Erde spricht,

---

reiht Herder Homer und das Alte Testament in die Reihe der „guten, schönen, menschlichen" und damit „heiligen Schriften". Herder 1994, S. 259.

412 Beide Johann Heinrich Voß an Friedrich August Wolf, 17.11.1795, in: Voß 1829–1833, Bd. 2, Halberstadt 1830, S. 229–233, hier S. 231 und 232.

413 Johann Heinrich Voß: „Der Rebensproß", in: Voß 1996, S. 154.

414 Der Stellenkommentar von Adrian Hummel notiert zum „Verstürmten" vorsichtiger: „(auf eine Insel) Verschlagenen", vgl. Voß 1996, S. 462.

415 Goethe 1987, S. 258. Hier wird die erste Fassung der *Leiden des jungen Werthers* von 1774 zugrunde gelegt.

416 Goethe 1987, S. 259.

ist das nicht wahrer, menschlicher, inniger, als wenn jetzo jeder Schulknabe sich wunder weise dünkt, wenn er nachsagen kann, daß sie rund sei."[417]

Die Vorstellung der eigenen Kindheit als eigenen individuellen Ursprungs überlagert sich mit der des Ursprungs der menschlichen Kultur, für die Homer steht; das kindliche, dem Erwachsenen überlegene Gefühl fürs Unendliche wird assoziiert mit Odysseus, der in seiner Weltwahrnehmung der Wahrheit näher sei als die verbildeten ‚Modernen'. Die *Odyssee*, von Werther an anderer Stelle als „Wiegengesang"[418] bezeichnet und ständiger Begleiter auf seinen Spaziergängen durch die Natur, eröffnet für Werther im Zusammenhang mit Heimat also eine der eigenen Gegenwart verschlossene Wahrheit. Werther, der eine verlassene Heimat nur noch besuchen und sich einer vergangenen glücklichen Zeit erinnern kann, der nur noch ‚Stätten religiöser Erinnerung' aufsuchen kann, bleibt der sentimentalische Bezug auf etwas, das die eigene Gegenwart entbehrt.

Über die hier aufgerufene Assoziation von Heimat und *Odyssee* geraten andere Passagen des Romans in den Blick, und zwar diejenigen, die das Geschehen an dem für die Handlung wichtigsten Ort zum Gegenstand haben – Wahlheim. Die Wahlheimszenen sind mit Bezügen auf die *Odyssee* durchsetzt und der Ortsname legt die semantische Verbindung zum selbstgewählten Heim, zur Wahlheimat nahe, zu welcher der Ort ja für Werther wird[419] – ein Verfahren übrigens, dessen sich auch Friedrich Heinrich Jacobi in seinem Briefroman *Eduard Allwills Papiere* (1776) bedient; hier heißt ein vergleichbar idyllischer Ort Heimfeld.[420] Schon die erste Beschreibung zeigt Wahlheim als Idylle, in die sich die Homer-Lektüre harmonisch einfügt: „So vertraulich, so heimlich hab ich nicht leicht ein Plätzchen gefunden, und dahin laß ich mein Tischchen aus dem Wirtshause bringen und meinen Stuhl und trinke meinen Kaffee da und lese meinen Homer."[421] Wahlheim liegt fern der Stadt, inmitten der Natur, und ist doch selbst Kulturlandschaft. Seine Lage macht die Umgebung überschaubar, die Äste der Lindenbäume überschirmen und die Gebäude umfrieden das ‚Plätzchen', alles ist ‚vertraulich' und ‚heimlich' (also: heimelig). Wahlheim, das in der Folge stets als

---

417 Goethe 1987, S. 259.
418 Goethe 1987, S. 200.
419 Der Ortsname wird innerhalb der Fiktion als Kunstname eingeführt und verweist damit auf das briefromantypische Spiel mit Fiktionalität und Authentizität (als freie Wahl der fiktionalen Herausgeberfigur); in einer begleitenden Fußnote heißt es: „Der Leser wird sich keine Mühe geben, die hier genannten Orte zu suchen; man hat sich genötigt gesehen, die im Originale befindlichen wahren Namen zu verändern." Goethe 1987, S. 204.
420 Vgl. Jacobi 1962, S. 54 und S. 55.
421 Goethe 1987, S. 204.

„mein Wahlheim" bezeichnet wird und von dem Werther sagt, es liege „nahe am Himmel" und dort fühle er sich selbst „und alles Glück, das dem Menschen gegeben ist",[422] wird also als überschaubare und beschauliche Idylle inszeniert. In die Wahlheim-Szenerie fügen sich immer wieder die Kinder, als Ausdruck der von Werther ersehnten, als human und harmonisch vorgestellten Natürlichkeit. Der natürlichste Zustand ist für Werther zugleich der sozialste Zustand; die Kinder sorgen füreinander, geben sich Geborgenheit und Zuwendung, wie in der Sozialutopie Rousseaus, die an die angeblichen Anfänge der Gesellschaft anknüpft, für die in Goethes Roman wieder Homer einsteht, den Werther inmitten der idyllischen Szenerie gleichsam als Bestätigung der eigenen Erfahrungen liest.

Das Selbstbild Werthers, ganz dem Unmittelbaren zu leben, kollidiert allerdings mit dem Umstand, dass sämtliche Erfahrungen des Helden durch Literatur vermittelt sind, und provoziert die Frage, ob es Werther tatsächlich gelingt, das Gelesene auf sein Leben zu übertragen. Dies wird in einer zweiten, ebenfalls in Wahlheim spielenden *Odyssee*-Passage deutlich:

> Wenn ich so des Morgens mit Sonnenaufgange hinausgehe nach meinem Wahlheim, und dort im Wirtsgarten mir meine Zuckererbsen selbst pflücke, mich hinsetze, und sie abfädme und dazwischen lese in meinem Homer. Wenn ich denn in der kleinen Küche mir einen Topf wähle, mir Butter aussteche, meine Schoten ans Feuer stelle, zudecke und mich dazu setze, sie manchmal umzuschütteln. Da fühl ich so lebhaft, wie die herrlichen übermütigen Freier der Penelope Ochsen und Schweine schlachten, zerlegen und braten. Es ist nichts, das mich so mit einer stillen, wahren Empfindung ausfüllte, als die Züge patriarchalischen Lebens, die ich, Gott sei Dank, ohne Affektation in meine Lebensart verweben kann.[423]

Für Werther stehen die archaischen Helden, die ihre Mahlzeiten selbst zubereiteten, für unentfremdetes Dasein. Allerdings entbehrt der von Werther nicht bemerkte Kontrast zwischen den martialischen homerischen Helden, die Ochsen schlachten, und ihm selbst als schwärmerischem Natur- und Literaturliebhaber, der Zuckererbsen putzt, nicht einer hintersinnigen Komik. Die Ironie der Szene deutet an, dass die Ursprungssuche Werthers eine fragwürdige ist und dass vielleicht doch mehr „Affektation" im Spiel ist, als Werther bewusst ist. Dass damit auch die vermeintlich gefundene Wahlheimat als problematisch markiert wird, bestätigt der weitere Romanverlauf: Werthers Wahlheim wird sich in einen unwirtlichen Ort verwandeln, die Linden werden abgeschlagen, eines der Kinder wird sterben, seine Mutter in Armut fallen und Werthers Projekt eines unentfremdeten Lebens auf den Spuren Homers im Selbstmord enden.[424]

---

422 Alle Goethe 1987, S. 216.
423 Goethe 1987, S. 217.
424 Ausführlicher zur Romaninterpretation vgl. Oesterhelt 2013, S. 49–67.

Karl Philipp Moritz treibt das im *Werther* begonnene Spiel mit der Ursprungssehnsucht des Protagonisten im *Anton Reiser* (1785–90) weiter. Auch hier werden *Odyssee*-Lektüre und Heimatbegehren assoziiert, auch hier wird ihr Zusammenhang in Frage gestellt. Zunächst ist Heimat – wenn auch nur ‚gleichsam' – für Anton Reiser, wie für Werther sein Wahlheim, ein selbstgewählter Ort, zivilisationsfern, in der Natur und doch geschützt. Der beschauliche Ort wird von Reiser wie von Werther durch die Lektüre der ‚Alten' als solcher bestätigt:

> Dies Plätzchen war ihm nun, weil er es immer wieder besuchte, auch gleichsam eine *Heimat* in der großen ihn umgebenden Natur geworden; und er fühlte sich auch *wie zu Hause*, wenn er hier saß, und war doch durch keine Wände und Mauern eingeschränkt [...]. Dies Plätzchen besuchte er nie, ohne seinen Horaz oder Virgil in der Tasche zu haben.[425]

Anton Reiser erfährt die Geborgenheit in dem überschaubaren „Plätzchen" in der Natur als Idylle und die Referenzen auf die antiken Idylliker Horaz und Vergil autorisieren dies. Der Romanverlauf legt allerdings eher nahe, dass der meist unglückliche Romanprotagonist vergeblich versucht, seine Lektüreerfahrungen im Leben nachzuspielen.

Kurz nach der eben zitierten Stelle liest Anton Reiser *Die Leiden des jungen Werthers* und meint sich in Werther wiederzufinden. Nun liest er in einem „kleinen Gebüsch", das über ihm „eine Art von Laube bildete" und in dem „er sich *wie zu Hause fand*", nicht nur „den Virgil oder Horaz", sondern auch den *Werther*-Roman.[426] An einer Stelle des Romans, wo Reiser in der *Odyssee* liest, wird diese doppelt vermittelte Referenz explizit:

> Er eilte denn aber, daß er schnell wieder aus der dumpfigen Gaststube ins Freie kam, wo er unter einem schattigten Baum sich niedersetzte, und zur Mittagserholung in Homers Odyssee las. – Mochte nun dies Lesen im Homer eine zurückgebliebene Idee aus Werthers Leiden sein, oder nicht, so war es doch bei Reisern gewiß nicht Affektation, sondern machte ihm würkliches und reines Vergnügen – denn kein Buch passte ja so sehr auf seinen Zustand, als grade dieses, welches in allen Zeilen den vielgewanderten Mann schildert, der viele, Menschen, Städte und Sitten gesehen hat, und endlich nach langen Jahren in seiner Heimat wieder anlangt, und dieselben Menschen, die er dort verlassen hat, und nimmer wieder zu sehen glaubte, auch endlich noch wieder findet.[427]

Reiser meint, dass die Erzählung von Odysseus, der nach vielen Abenteuern doch wieder in die Heimat zurückkehren könne, gut mit seinem eigenen Zustand

---

425 Moritz 2006, S. 326.
426 Alle Moritz 2006, S. 336–337.
427 Moritz 2006, S. 420.

übereinstimme. Tatsächlich erfüllt sich dieser Wunsch, eine Heimat oder Wahlheimat zu finden, für Reiser nicht. Das mehrfach aufgerufene Bild „von dem homerischen Wanderer" Odysseus,[428] das auch bei Moritz mit einer Rückkehr in die Heimat assoziiert wird, bleibt ohne Erfüllung. Dies legt indirekt schon die zitierte Stelle nahe, denn insofern Reisers *Odyssee*-Lektüre ihrerseits auf seine *Werther*-Lektüre zurückgeht, wird nicht nur die doppelte Vermitteltheit und damit die Frage nach dem Verhältnis von Lektüreerfahrung und Leben aufgeworfen. Zudem erfüllte sich ja schon Werthers Wunsch nach einem unentfremdeten Leben auf Odysseus' Spuren nicht.[429]

Die Suche nach Heimat im Gefolge von Odysseus ist sowohl in Goethes *Werther* als auch in Moritz' *Anton Reiser* als problematisch ausgewiesen. So wie der erbsenfädelnde und vom patriarchalischen Leben schwärmende Werther zugleich belächelt und bemitleidet werden kann, so ist der Werther imitierende, Homer lesende Reiser eine scheiternde Gestalt. Die Ursprungsvorstellung Heimat wird also schon in den ersten literarischen Korrelationen von Heimat und Odysseus als Projektion des sentimentalischen Bewusstseins gestaltet. Friedrich Schiller schreibt 1795 in *Über naive und sentimentalische Dichtung* zum *Werther*: „Es war ohne Zweifel ein ganz anderes Gefühl, was Homers Seele füllte, als er seinen göttlichen Sauhirt den Ulysses bewirten ließ, als was die Seele des jungen Werthers bewegte, da er nach einer lästigen Gesellschaft diesen Gesang las. Unser Gefühl für Natur gleicht der Empfindung des Kranken für die Gesundheit."[430] Und auch Schillers Epigramm *Odysseus* (1796) stellt die Frage nach dem Zusammenhang von Heimat und Odysseus kritisch:

Alle Gewässer durchkreuzt', die Heimat zu finden, Odysseus,
Durch der Scilla Gebell, durch der Charybde Gefahr,
Durch die Schrecken des feindlichen Meers, durch die Schrecken des Landes,

---

428 Moritz 2006, S. 425.
429 Diese Spuren könnten in Moritz' Werk weiterverfolgt werden. Schon in seinen Reisebeschreibungen geht es einerseits um das Unglück, keine Heimat zu haben, andererseits um die Hoffnung auf eine neue Heimat, die sich immer wieder als trügerisch zeigt. Auf seinen Wanderungen in England wird er als ‚poor travelling creature' bezeichnet: „Von diesem poor travelling Creature gellen mir noch die Ohren, wenn ich daran denke, denn es scheint mir alles Elend eines Menschen, der nirgends eine Heimat hat, und die Verachtung der er ausgesetzt ist, in kurzen Worten auszudrücken." Karl Philipp Moritz: Reisen eines Deutschen in England im Jahr 1782, in: Moritz 1997, S. 249–392, hier S. 375. Auf seinen Wanderungen in Italien scheint es ihm immer wieder, als finde er Heimat, doch stets steht dieser Eindruck im Konjunktiv. Man vergesse in diesen Momenten „seine Pilgerschaft" und dann sei einem „zu Mute, als wäre man, nach überstandenem Kummer, in der lieben Heimat angelangt". Karl Philipp Moritz: Reisen eines Deutschen in Italien in den Jahren 1786 bis 1788, in: Moritz 1997, S. 411–848, hier S. 608.
430 Schiller: Über naive und sentimentalische Dichtung, 1992, S. 727.

> Selber in Aidäs Reich führt ihn die irrende Fahrt.
> Endlich trägt das Geschick ihn schlafend an Ithakas Küste,
> Er erwacht und erkennt jammernd das Vaterland nicht.[431]

Das Epigramm setzt die Pointe, dass der schlafend die Küste erreichende Heimatsucher Odysseus Ithaka gar nicht erkennt, als er erwacht. Man könnte das so deuten, dass Odysseus hier zum sentimentalischen Modernen umgedeutet wird, der nicht mehr zurückkehren kann zu etwas, das er einmal verlassen hat. Heimat – bei Schiller synonym mit Vaterland verwendet – bliebe ihm nach dieser Deutung verschlossen.

Die *Odyssee*-Rezeption des 19. Jahrhunderts kappt tendenziell dieses frühe Bewusstsein für die Aporien, in die sich der heimatsuchende Homer-Leser begibt, wie bei Hegel deutlich wird. Für ihn führt jede Suche nach „Heimatlichkeit" und Heimat den Zeitgenossen notwendig nach Griechenland – und diese Suche erfüllt sich bei Hegel: „Bei dem Namen Griechenland ist es dem gebildeten Menschen in Europa, insbesondere uns Deutschen, heimatlich zumute."[432] Besonders die Deutschen also verbinde mit den Griechen der ‚heimatliche' Geist:

> Was aber uns heimatlich bei den Griechen macht, ist, daß wir sie finden, daß sie ihre Welt sich zur Heimat gemacht; der gemeinschaftliche Geist der Heimatlichkeit verbindet uns. Wie es im gemeinen Leben geht, daß uns bei den Menschen und Familien wohl ist, die heimatlich bei sich, zufrieden in sich sind, nicht hinaus, hinüber, so ist es der Fall bei den Griechen.[433]

In den *Vorlesungen über die Ästhetik* räumt Hegel der Heimat einen zentralen Platz in seiner Diskussion der sogenannten homerischen Frage ein. Hegel steht auf der Seite derer, die die *Odyssee* als einheitliches Werk eines individuellen Dichters betrachten. Die *Odyssee*, so begründet das Hegel, erhalte ihren Zusammenhalt über die Suche nach Heimat und erweise sich deshalb als homogenes Werk. Die „Heimkehr nach Ithaka" sei „das wirkliche Vorhaben des Odysseus", das den gesamten Stoff strukturiere.[434] Auch „die Irrfahrt des Odysseus und die häusli-

---

431 Friedrich Schiller: Odysseus, in: Schiller: Werke und Briefe 1, 1992, S. 25.
432 Georg Wilhelm Friedrich Hegel: Vorlesungen über die Geschichte der Philosophie I: 1. Teil: Geschichte der Griechischen Philosophie; Einleitung, in: Hegel 1986, Bd. 18, S. 173. Hegel hielt die *Vorlesungen über die Geschichte der Philosophie* 1805/06 in Jena, 1816–1818 in Heidelberg und 1819–1831 in Berlin, aus Notizen und Mitschriften wurden sie 1833–1836 postum herausgegeben.
433 Hegel 1986, Bd. 18, S. 174.
434 „Die Odyssee zeigt uns nun diesen Charakter nicht nur in der tätigen Ausführung seines bestimmten Zwecks, sondern erzählt in breiter Entfaltung alles, was ihm auf seiner Irrfahrt begegnet, [...] bis ihm aus Gram um die Heimat die Nymphe nicht mehr gefiel und er tränenden Blickes hinausschaut auf das öde Meer." Georg Wilhelm Friedrich Hegel: Vorlesungen über die

chen Vorfälle auf Ithaka" erwiesen ihre Zusammengehörigkeit gerade über das Bindeglied der Heimat: „Was die gehinderte Rückkehr möglich und was sie von seiten der daheim Zurückgebliebenen notwendig macht, beides überschauen wir mit einem Blicke."[435]

Die mit Hegels Argumentation einhergehende Aufwertung von Heimat zum einheitsbildenden Moment des gesamten Epos[436] lässt sich auch in der Art seiner Bewertung des Odysseus als Vorbild gelingender menschlicher Lebensführung wiederfinden. Die Figur Odysseus ist für Hegel Inbegriff des Heimischseins, an der die Gegenwart Orientierung finden köne. Heimat ist für Hegel mithin weiterhin möglich, die Suche nach ihr kann sich erfüllen. Hegel bestimmt in Bezug auf *Das Zusammenstimmen des konkreten Ideals mit seiner äußerlichen Realität* als allgemeines Gesetz,

> daß der Mensch in der Umgebung der Welt müsse heimisch und zu Hause sein, daß die Individualität in der Natur und in allen äußeren Verhältnissen müsse eingewohnt und dadurch frei erscheinen, so daß die beiden Seiten, die subjektive innere Totalität des Charakters und seiner Zustände und Handlungen und die objektive des äußeren Daseins, nicht als gleichgültig und disparat auseinanderfallen, sondern ein Zusammenstimmen und Zueinandergehören zeigen.[437]

Diese angestrebte Übereinstimmung von Innen und Außen, Ich und Welt lässt sich nach Hegel unter anderem dadurch umsetzen, dass sich der Mensch durch eigene Tätigkeit in Harmonie mit den Außendingen setze. Den Zustand völliger Unentfremdetheit, den er als Heimischsein bezeichnet, verbindet Hegel – wie vor ihm Goethes Werther – mit einem heroischen Zeitalter, in dem die archaischen Helden für ihre Mahlzeiten noch selbst geschlachtet hätten, die „Mittel der Befriedigung" also noch nicht „zu einer bloß äußerlichen Sache heruntergesunken" seien. In diesem Sinn deutet Hegel auch, dass Odysseus „sich sein großes Ehebett selbst gezimmert" habe. In diesem Selbst- und Weltverhältnis sei alles „einheimisch".[438] Hatte Goethes Roman Werthers Pathos des Ursprünglichen noch stark

---

Ästhetik III, in: Hegel 1986, Bd. 15, S. 362. Die *Vorlesungen über die Ästhetik* wurden zwischen 1817 und 1829 gehalten und zwischen 1835 und 1838 veröffentlicht.
435 Beide Hegel 1986, Bd. 15, S. 377.
436 Auch in der *Allgemeinen Encyclopädie der Wissenschaften und Künste* von 1830 wird im Artikel zur Odyssee zum zentralen Argument, dass nicht Irrfahrt, sondern Heimkehr das einheitsbildende Moment des Textes sei: „Nicht des Odysseus Rückfahrt von Troja, sondern seine Heimkehr nach Ithaka, und der Kampf und Sieg, durch den er sich Gattin, Haus und Königthum wieder gewinnt, sind der Hauptgegenstand des Epos". Anonym 1830, S. 386.
437 Georg Wilhelm Friedrich Hegel: Vorlesungen über die Ästhetik I, in: Hegel 1986, Bd. 13, S. 327.
438 „In einem solchen Zustande hat der Mensch in allem, was er benutzt und womit er sich umgibt, das Gefühl, daß es aus sich selber hervorgebracht und es dadurch in den äußeren

in Frage gestellt, scheint es bei Hegel diesen Vorbehalt nicht mehr zu geben. Auch ein sentimentales Heimatverständnis sucht man bei Hegel vergeblich. Er geht so weit, Odysseus quasi selbst zur Heimat zu erheben, indem er ihn als den Bettenbauer, nicht als den durch die Meere irrenden Seefahrer vorstellt. Die Indienstnahme der homerischen Welt für das Ideal eines Zustands vor der Entfremdung, der als Heimat bezeichnet wird, kann im Gefolge Hegels noch Lukács' *Theorie des Romans* (1914/15 geschrieben, 1920 erschienen) und Blochs *Geist der Utopie* (1918) bestimmen und mit Horkheimers und Adornos *Dialektik der Aufklärung* (zuerst 1944/47) noch weiter ins 20. Jahrhundert wirken. Aber bei Hegel gibt es weder Zukunftsvision noch Sentimentalität, sondern seine Heimat ist im Hier und Jetzt möglich.

Eine weitere Linie, die dezent auch schon bei Hegel zu finden ist, wenn er meint, insbesondere die Deutschen verbinde mit den Griechen der ‚heimatliche' Geist, ist die Verbindung des Heimatsuchers Odysseus mit dem angeblich spezifisch deutschen Hang zur Heimatliebe. Diese Idee findet sich besonders in der zweiten Hälfte des 19. Jahrhunderts und soll hier exemplarisch an Gustav Freytags Romanzyklus *Die Ahnen* (vgl. II.3.1.2) und seiner Rezeption verdeutlicht werden. Odysseus wird hier zum deutschen Heimatliebenden. Auch die Empfindung des Verlustes von Heimat wird als spezifisch deutsch, nämlich als schicksalhaft tragisch, gedeutet.

In *Ingo* (1872), dem ersten Teil der *Ahnen*, werden die Worte Heimat und Heimatlosigkeit auf zweihundert Seiten mindestens fünfzig Mal verwendet. Der Roman erzählt von einem vandalischen Krieger zur Zeit der Völkerwanderung, der, schuldlos aus seiner Heimat verstoßen, auf das Gastrecht in der Fremde angewiesen ist. Heimatlosigkeit ist in seiner und der Perspektive aller weiteren Figuren das schwerste Geschick, das einem Menschen widerfahren kann, erfüllte Heimatliebe dagegen das höchste Glück:

Dingen mit dem Seinigen und nicht mit entfremdeten Gegenständen zu tun hat, die außer seiner eigenen Sphäre, in welcher er Herr ist, liegen. [...] Solch einen Zustand finden wir z. B. bei Homer. [...] Odysseus hat sich sein großes Ehebett selbst gezimmert [...]. Kurz, überall blickt die erste Freude über neue Entdeckungen, die Frische des Besitzes, die Eroberung des Genusses hervor, alles ist einheimisch, in allem hat der Mensch die Kraft seines Arms, die Geschicklichkeit seiner Hand, die Klugheit seines eigenen Geistes oder ein Resultat seines Mutes und seiner Tapferkeit gegenwärtig vor sich. In dieser Weise allein sind die Mittel der Befriedigung noch nicht zu einer bloß äußerlichen Sache heruntergesunken; wir sehen ihr lebendiges Entstehen noch selber und das lebendige Bewußtsein des Wertes, welchen der Mensch darauf legt, da er in ihnen nicht tot oder durch die Gewohnheit abgetötete Dinge, sondern seine eigenen nächsten Hervorbringungen hat." Hegel 1986, Bd. 13, S. 338.

> [Sie] blickten scheu auf die Wanderer wie auf verlorene Menschen, unheimlich dünkten ihnen die Frevler, welche sich von dem Segen der Heimat lösten. Denn immer zog es die Landgenossen mächtig nach der Ferne und doch graute ihnen immer vor einem Leben fern von den Heiligthümern, von Sitte und Recht der Heimat.[439]

Heimatlosigkeit ist im Roman mit Unehrenhaftigkeit, Falschheit und Schwäche negativ konnotiert oder aber als tragischer Zustand ausgewiesen. Ingo verkörpert den tragischen Helden aufgrund seiner unverschuldeten Heimatlosigkeit. Die Abenteuer des allen an Kraft und Klugheit überlegenen Helden Ingo sind teilweise bis ins Detail den Abenteuern des Odysseus nachgebildet. Ein entscheidender Unterschied ist, dass Ingos Irrwege ihn nicht wieder in seine Heimat zurückführen. Stattdessen lässt er in einem schicksalhaften Kampf heldenmütig sein Leben, kann aber über seinen tragischen Tod hinaus durch den überlebenden erstgeborenen Sohn die Aufrechterhaltung der eigenen Genealogie sichern und das „Heimatvolk der Thüringe" [sic][440] begründen. Kriegerische Auseinandersetzungen und der Tod im Kampf werden damit als Beharren auf Heimat legitimiert und heroisiert. Und Heimat wird zur überindividuellen, zur nationalen Sache – noch mehr in der Romanrezeption als im Roman selbst.

Berthold Auerbach hatte 1873 in einer Rezension als einer der Ersten auf die vielen Parallelen zwischen *Odyssee* und *Ingo* hingewiesen – die genauen Entsprechungen zur Begegnung mit Nausikaa, zum höhnenden Euryalos, zum Sänger Demodokos, dem Discuswerfen etwa schon in der Exposition des Romans –, aber auch beschrieben, welche Änderungen der realistische Roman erfordere: Ein weinender Held sei nicht mehr vorstellbar, die Handlung könne nicht mehr über die Existenz einer Götterwelt motiviert werden, sondern müsse psychologisch erfolgen. Freytags Versuch, im Jahr 1872 mit dem ersten Teil seiner *Ahnen* ein deutsches Nationalepos vor der Folie des Heimatsuchers Odysseus zu begründen, wird von Auerbach begrüßt, aber kosmopolitisch eingebettet, insofern er es nicht „als Beschränkung, sondern [als] eine Vertiefung des Lebens" ansieht, „wenn die Objekte künstlerischer Gestaltung nicht mehr absolut willkürliche sein können, sondern wenn eben jedes Volksthum seinen eigenen Inhalt ausprägen muß, der dann als solcher zum Besitzthum der Menschheit wird".[441]

Den verschiedenen Auseinandersetzungen des Germanisten und Hochschulprofessors Wilhelm Scherer mit Freytags Opus, die ungleich einflussreicher

---

439 Freytag: Ahnen, 1897, Bd. 8, S. 156.
440 Freytag: Ahnen, 1897, Bd. 8, S. 192.
441 Auerbachs Rezension des ersten Teils der *Ahnen* erschien in der (Augsburger) *Allgemeinen Zeitung*, Jg. 1873, Beilage, 11.–12. Januar, S. 165–167 und 181–182, hier zitiert nach Auerbach 1981, S. 496.

als die Auerbachs wurden, fehlt solch kosmopolitische Perspektive auf das Nationale: „[W]ir glauben uns in das homerische Zeitalter versetzt. Und es ist auch ein homerisches Zeitalter, das Heldenalter unserer eigenen Nation." Es ist „die eigene Volksindividualität, die wir empfinden, es ist unser eignes Denken und Fühlen".[442] Dieses besteht für Scherer im „Kampf ums Dasein", „Opferwilligkeit"[443] und immer wieder Heimatliebe, die nach Scherer im *Ingo* als charakteristisches Gefühl der deutschen Stammväter dargestellt werde: „Die größte Weichheit, die ein germanisches Männerherz in sich birgt, kommt gegenüber dem Gefolgsherren zu Tage. Und nur das Heimatgefühl kann an Intensität und Tiefe damit wetteifern."[444] Dem Ursprung der deutschen Nationalität, so Scherer, habe Freytag einen Mythos geschaffen vergleichbar der homerischen *Odyssee*: Ingo „ist ein deutscher Odysseus, der heimatlos an den gastlichen Heerd kommt".[445]

Auch für Schulrat Oscar Adalbert Grüllich steht 1888 fest, dass Ingo „als ein Held der Odyssee oder der Nibelungen"[446] erscheine. Und auch er glaubt, mit der Heimatliebe den Kern des deutschen Charakters bezeichnet zu wissen.[447] Der Direktor des Königlichen Wilhelms-Gymnasiums zu Kassel, Friedrich Heußner, setzt in der Programmschrift seiner Schule diese Rezeptionslinie 1892 fort, wenn er wortgleich mit Scherer feststellt: „Ingo ist ein deutscher Odysseus, der heimatlos an den gastlichen Herd kommt".[448] Er schlägt für jeden Schüler im Übergang von der Obersekunda zur Prima die Lektüre dieses Werkes vor, um „deutsche Kraft und Mut und deutsche Heimatsliebe"[449] zu stärken. Begleitet werden müsse diese Lektüre vom *Nibelungenlied* und der *Odyssee*. Denn Freytags *Ingo* sei ohne Homer und Voß nicht zu denken.[450]

Der Vorbildcharakter, den der Heimatsucher Odysseus für das 19. Jahrhundert hat, als Verkörperung des nicht entfremdeten, ‚heimatlichen' Lebens wie bei Hegel oder als Verkörperung spezifisch deutscher Heimatliebe und insofern einer Art deutschen Volkscharakters wie in der Freytag-Rezeption, erfährt mit dem Beginn des 20. Jahrhunderts weitere Transformationen. In Gerhart Hauptmanns Drama *Der Bogen des Odysseus* von 1914 werden Heimat und Erde mythisch

---

442 Beide Scherer 1874, S. 2.
443 Beide Scherer 1874, S. 20.
444 Scherer 1873, S. 492.
445 Scherer 1873, S. 485.
446 Grüllich 1888, S. 22.
447 Vgl. Grüllich 1888, S. 25.
448 Heußner 1892, S. 15.
449 Heußner 1892, S. 5.
450 Vgl. Heußner 1892, S. 5–6.

überhöht.[451] Ernst Blochs *Geist der Utopie* von 1918 knüpft wieder an Hegels Idee des nicht entfremdeten Daseins an und die Exildichter rücken die Heimatlosigkeit des Odysseus in den Vordergrund (vgl. III).

1.3.2 Ahasverus

Das Verhältnis des 19. Jahrhunderts zur Heimat zeigt sich auch am Mythos ihres Gegenteils – dem heimatlosen Ahasver. In keinem Jahrhundert zuvor gab es so viele Auseinandersetzungen mit ihm wie im neunzehnten, und das europaweit von Charles Robert Maturin über Eugène Sue und Jan Potocki bis zu János Arany; in der deutschen Literatur von so prominenten Autoren wie Achim von Arnim, August Wilhelm Schlegel, August Klingemann, Wilhelm Hauff, Adelbert von Chamisso, Nikolaus Lenau, Johann Nestroy, Adalbert Stifter, Hans-Christian Andersen und Karl Gutzkow.[452]

Ahasver, der nach mittelalterlicher Legende Jesus auf seinem Kreuzigungsgang verspottete und dafür zu ewiger Wanderschaft verflucht wurde, wird im 19. Jahrhundert zur Reflexionsfigur für die Kehrseite von Heimat. Und diese Kehrseite ist nicht die Fremde – denn auch der Fremde hat ja anderswo eine Heimat –, sondern die Heimatlosigkeit. Das kann im 19. Jahrhundert Unterschiedliches heißen: Unsesshaft-Sein, Ausgestoßen-Sein, Nicht-integrierbar-Sein, aber vor allem: Jude-Sein.

Nicht in allen älteren Versionen der mittelalterlichen Legende war der Mann, der Jesus verspottete, ein Jude.[453] Lange Zeit standen christliche Heilsvorstellungen im Vordergrund der Legendenbildung: Ahasver wird demnach am Jüngsten Tag, an dem Christus auf die Erde zurückkehrt, von seinem Schicksal erlöst. Erst das 19. Jahrhundert verbindet mit der Ahasver-Sage vornehmlich die Symboli-

---

451 Eine „*Handvoll Erde*" der „Heimat", ja nur „ein Korn von diesem Staube" wiegt für Odysseus Gold und Ambrosia, Kalypso, Kirke und Helena auf. Hauptmann 1965, S. 850.
452 Einige Texte enthält die Anthologie von Körte/Stockhammer 1995. Ein Überblick über die Unzahl heute oft vergessener Ahasver-Texte des 19. Jahrhunderts liegt bisher nicht vor (vgl. die Texte von Christoph Kuffner, J. G. Rönnefahrt, Seligman Heller, Franz Christoph Horn, Robert Hamerling, Ludwig Aurbacher, Friedrich Radewell, Julius Mosen, Ludwig Köhler, Johann Gabriel Seidl, Bernhard Giseke, Aloys Schreiber, Johann Ludwig Wilhelm Müller, Joseph Christian von Zedlitz, Theobald Kerner, Hans Herrig, Josef Seeber, Robert Jaffé, Levin Schücking, Gustav und Johanna Wolff, Carmen Sylva, Max Haushofer Jr., Friedrich Lienhard). Vielfältige Hinweise u. a. auch auf die Literatur des 19. Jahrhunderts bei Bodenheimer 2002 und Ecker 1987. Mit Schwerpunkt auf der Malerei vgl. Weik 2015.
453 Zur Geschichte des Mythos vgl. Baleanu 1991; Zirus 1928, Anderson 1965.

sierung des jüdischen Volkes.⁴⁵⁴ Ahasver ist nicht nur ein Jude, sondern er steht für alle Juden. Im Gegensatz zu allen anderen Völkern, so die Argumentation, besitze das Volk der Juden keine eigene Heimat. Und Ahasver steht nicht mehr nur für das Schicksal verweigerter Erlösung, sondern immer stärker auch für das Schicksal der Heimatlosigkeit als Ausdruck höchster Strafe. Ahasver löst teils Bedauern, teils Verachtung aus, immer aber Schauder und Entsetzen. Er kann nicht sterben, ist ein Untoter, ein Gespenst. Aus psychologischer Sicht wird damit eine Kehrseite von Heimat sichtbar: das Unheimliche, wie es Freud in seinem Aufsatz *Über das Unheimliche* von 1919 als verdrängtes Korrelat des Heimischen entfaltet (vgl. I.2.3).⁴⁵⁵

Heimatlosigkeit bedeutet im 19. Jahrhundert im rechtlichen Sinn Ausschluss von durch die Gemeinden sozialer Fürsorge (vgl. II.2.1 und II.2.2.3). Heimatlosigkeit stellt damit für einige eine konkrete Realität dar und für andere die latente Angst, von ihr betroffen zu werden. Insofern kann die Popularität des Mythos vom heimatlosen Ahasver auch als Ausdruck einer kollektiven sozialen Abstiegsangst gelesen werden, die das bürgerliche Jahrhundert in die abstoßende und furchteinflößende Gestalt des ewigen Juden kleidet. Aus dieser sozialpsychologischen Perspektive verleiht die bürgerliche Gesellschaft mit Ahasver ihrer Kehrseite Gestalt. Die Ausgestaltungen des Ahasver-Mythos werden zu Ausdrucksformen des modernen Antisemitismus, wie er sich parallel zur bürgerlichen Gleichstellung der Juden im Lauf des 19. Jahrhunderts entwickelt, aber auch zur Grundlage der jüdischen Selbstverortung. Denn all diese Aspekte von Ahasver als Reflexionsfigur der Heimat sind sowohl im anti- als auch im philosemitischen Diskurs des 19. Jahrhunderts zu finden, wie im Folgenden gezeigt werden soll.

Ludwig Börne und Heinrich Heine sprechen in den 1820er Jahren beide vom Stigma des ‚ewigen Juden', dem sie selbst nicht entkämen.⁴⁵⁶ Jedes wirkliche oder

---

454 Vgl. Leschnitzer 1962. Erstmals, so Leschnitzer, lässt sich für 1694 eine synonyme Verwendung der Begriffe ‚Ahasver' und ‚Ewiger Jude' nachweisen.
455 Diesen Zusammenhang stellt der Titel einer Essaysammlung W. G. Sebalds her. Vgl. Sebald 2004. Sebald bezieht sich auf die in Freuds Aufsatz *Über das Unheimliche* (1919) entfaltete Dialektik zwischen Heimlichem und Unheimlichem. Das Unheimliche sei etymologisch „der Gegensatz zu heimlich, heimisch, vertraut". Daraus schließt Freud, etwas sei „darum schreckhaft, weil es nicht bekannt und vertraut ist". Nicht jedes Unbekannte sei aber unheimlich, sondern nur das eigentlich Bekannte, dann aber Verdrängte: „Das Unheimliche ist also [...] das ehemals Heimische, Altvertraute. Die Vorsilbe ‚un' an diesem Worte ist aber die Marke der Verdrängung." Freud 1986, S. 259.
456 Vgl. Ludwig Börne in seiner Schrift *Der Ewige Jude* (zuerst 1821), vgl. Börne 1964. Heinrich Heine schrieb am 14.10.1826 an den Freund Moses Moser über seinen Entschluss, Deutschland zu verlassen: „Minder die Lust des Wanderns als die Qual persönlicher Verhältnisse (z. B. der nie

unterstellte Versäumnis eines einzelnen Juden werde immer mit dessen Volkszugehörigkeit erklärt. In der Gestalt Ahasvers werden demnach alle Juden zur Heimatlosigkeit verdammt. Die sich mit der bürgerlichen Emanzipation der Juden verbindende Hoffnung, nicht als Mitglied des jüdischen Volkes, sondern einer deutschen Religionsgemeinschaft verstanden zu werden, blieb weitgehend unerfüllt. Der jüdische Politiker Gabriel Riesser formulierte 1831 die Forderung, als Deutsche anerkannt zu werden, so kategorisch wie folgenlos: „Wir sind entweder Deutsche oder wir sind heimatlos."[457]

Eine unter Pseudonym veröffentlichte Polemik des Germanisten Friedrich Heinrich von der Hagen gegen Heine und Börne von 1832 bestätigt deren Diagnose, indem sie ihnen Deutschland als Heimat abspricht. Unter dem Titel *Neueste Wanderungen, Umtriebe und Abenteuer des Ewigen Juden unter den Namen Börne, Heine, Saphir u. a.* wird Börne als „wüthiger Werwolf", als „eine von den in unseren Tagen überall zum Vorschein kommenden Vermummungen des *Ewigen Juden*" diffamiert.[458] Börne und Heine werden der Respektlosigkeit den Deutschen gegenüber bezichtigt; die „beiden gemeinsame Bewunderung des wilden heimatlosen Lebens und der unheimlichen Werke des mit sich selbst und der Welt zerfallenen Lords Byron" offenbare ihr wahres Gesicht. Die Verleumdung als ewiger Jude und als Heimatloser geht mit dem wiederholten Verweis auf ein Unheimliches einher: Über Lord Byron wird eine Assoziationsbrücke zur „Vampyr-Poesie"[459] hergestellt, auch der Werwolf und immer wieder das direkt so benannte Unheimliche durchziehen den Text: Die Diffamierten seien allesamt Teil des „unheimlichen vaterlandslosen, bis zum jüngsten Gerichte kosmopolitisch umwandernden alten Schlangenbalges".[460] Das Unheimliche wird vom Germanisten von der Hagen also in Bilder des Horrorgenres gekleidet, den Werwolf und Vampir, Wiedergängergestalten, Untote, die weder tot noch lebendig und den Menschen feindlich sind.

Auch die gegen die bürgerliche Emanzipation der Juden gerichtete Streitschrift *Ahasverus oder die Judenfrage* von Constantin Frantz von 1844 setzt jüdi-

---

abzuwaschende Jude) treibt mich von hinnen. [...] Wie tief begründet ist doch der Mythos des ewigen Juden!" Heine 1970, Brief Nr. 193, S. 265.
457 Gabriel Riesser: Verteidigung der bürgerlichen Gleichstellung der Juden gegen die Entwürfe des Herrn Dr. H. E. G. Paulus. Den gesetzgebenden Versammlungen Deutschlands gewidmet. Altona 1931, hier zitiert nach Schoeps 2015, S. 279.
458 Beide Cruciger (d.i. Friedrich Heinrich von der Hagen): Neueste Wanderungen, Umtriebe und Abenteuer des Ewigen Juden unter den Namen Börne, Heine, Saphir u.a. (1832), hier zitiert nach: Körte/Stockhammer 1995, S. 175–179, hier S. 175.
459 Beide Körte/Stockhammer 1995, S. 178. Byron wurde fälschlich die Erzählung *The Vampyre; A Tale* (1819) zugeschrieben.
460 Körte/Stockhammer 1995, S. 176.

sches Volk und ewigen Juden gleich und verbindet dies mit der Vorstellung, das jüdische Volk arbeite gleichsam selbstmörderisch auf die eigene Vernichtung durch Vermischung hin, ohne dass ihm dies gelinge, so dass es wie ein Untoter weder leben noch sterben könne:

> Es geht eine Sage von Ahasverus, dem ewigen Juden, der, weil er den Heiland von seiner Hütte gewiesen, verdammt ist, auf der Erde herum zu irren, den Tod zu suchen und ihn nicht finden zu können, bis einst der Heiland wiederkehrt. Das jüdische Volk selbst ist der ewige Jude. Es hat den Heiland von sich gewiesen, und so ist es über die ganze Erde zerstreut, und findet nirgends Ruhe; es will sich mit den Völkern vermischen und also sein Volksthum ertödten, und kann es nicht.[461]

Frantz will mit dem Mythos seine Behauptung legitimieren, Juden könnten aufgrund ihrer Religion keine rechtliche Gleichstellung, ja überhaupt keine rechtlichen Ansprüche geltend machen. Diese seien Juden grundsätzlich zu verwehren;[462] das bedeutet im Jahr 1844 konkret rechtliche Heimatlosigkeit (vgl. II.2). Arthur Schopenhauer geht 1851 von ganz ähnlichen Voraussetzungen aus, zieht aber andere Schlüsse. Auch er versteht die mythische Gestalt als Personifikation des jüdischen Volkes:

> Der ewige Jude Ahasverus ist nichts Anderes, als die Personifikation des ganzen jüdischen Volks. Weil er an dem Heiland und Welterlöser schwer gefrevelt hat, soll er von dem Erdenleben und seiner Last nie erlöst werden und dabei heimathlos in der Fremde umherirren. Dies ist ja eben das Vergehn und das Schicksal des kleinen Jüdischen Volkes, welches, wirklich wundersamerweise, seit bald zwei Tausend Jahren aus seinem Wohnsitze vertrieben, noch immer fortbesteht und heimathlos umherirrt; während so viele große und glorreiche Völker, neben welchen eine solche Winkelnation gar nicht zu nennen ist, Assyrer, Meder, Perser, Phönizier, Aegypter, Hertrurier u.s.w. zur ewigen Ruhe eingegangen und gänzlich verschwunden sind.[463]

Das Volk der Juden, „nirgends zuhause und nirgends fremd", wolle „auch gern irgendwo recht fußen und Wurzel schlagen". Dies gelinge aber nur, so Schopenhauer, „parasitisch".[464] Sogar der getaufte Jude sei immer noch ein Jude. Dem Juden seien bürgerliche Rechte, aber nicht Staatsrechte (also Teilnahme an Verwaltung und Regierung) zuzugestehen, da sie immer nur „als ansässige Fremde gelten" können. Laut Schopenhauer soll man die Ehe zwischen Juden und

---

461 Frantz 1994, S. 57.
462 Das jüdische Volk sei von Natur aus „in dem christlichen Staate ursprünglich rechtlos, d. h. sie können schlechterdings nichts unter dem Titel des Rechtes beanspruchen". Frantz 1994, S. 39.
463 Schopenhauer 1977, S. 284.
464 Alle Schopenhauer 1977, S. 284.

Christen erlauben, damit sich das Volk der Juden auf diese Weise auflöse: „Dann wird es über 100 Jahre nur noch sehr wenige Juden geben, und bald darauf das Gespenst ganz gebannt, der Ahasverus begraben seyn, und das auserwählte Volk wird selbst nicht wissen, wo es geblieben ist."[465] Wie bei Frantz, der das jüdische Volk als eines beschreibt, das „weder leben noch sterben"[466] könne, und wie bei von der Hagen, der mit den Vokabeln des Werwolfs und des Vampirs die Juden in die Sphäre der Untoten versetzt, meint es auch Schopenhauer beim heimatlosen Ahasver mit einem Gespenst zu tun zu haben. Alle verwendeten Bilder zielen auf eine Dehumanisierung der Juden. Dieses Gespenst soll auf unterschiedliche Weise gebannt werden: Von der Hagen belässt es dabei, Einzelne als vermeintliche Repräsentanten des Jüdischen zu diffamieren. Frantz und Schopenhauer präsentieren konträre Vorschläge zu einer grundsätzlichen Lösung: Frantz will die Juden gänzlich aus der bürgerlichen Gesellschaft ausschließen, Schopenhauer durch Eheschließung mit Nichtjuden ihrer Identität berauben. In den literarischen Ahasver-Geschichten des 19. Jahrhunderts geht es in gewisser Weise immer um die Materialisierung des Ahasver-Gespensts – etwa, wenn ein „pfiffiger" Betteljude in einem Roman Wilhelm Heinrich Riehls beschließt, „dem Gespenste Fleisch und Bein zu geben und als der wahrhaftige Ewige Jude den dummen Bauern zu erscheinen"[467] –, es wird entzaubert und zugleich perpetuiert (vgl. II.3.2.2).

Auch die Auseinandersetzungen der deutschen Juden mit der Heimatlosigkeit Ahasvers verbinden sich immer wieder mit dessen gespenstischem Charakter. Ausführlich thematisiert Leo Pinsker (1821–1891)[468] in seiner zionistischen Schrift *Autoemanzipation* (1882) den Zusammenhang von Judenhass und Gespensterfurcht anhand des heimatlosen Ahasver. Der Judenhass sei genauso unausrottbar wie Ahasver: „Wie das Volk der Juden, dieser ewige Ahasverus, so scheint auch der Judenhass nie sterben zu wollen."[469] Grund sei eine „Psychose",[470] sei die „Scheu vor dem Judengespenst",[471] das die nichtjüdischen Völker treibe: „Die Gespensterfurcht ist es, welche als Mutter der Judophobie jenen abstrakten, ich möchte sagen platonischen Hass hervorgerufen hat, dank welchem die ganze

---

465 Beide Schopenhauer 1977, S. 286.
466 Frantz 1994, S. 37–38.
467 Beide Riehl 1897, S. 158. Zu Riehls Roman vgl. II.3.2.2.
468 Pinsker ist in Tomaszów Lubelski, 1821 zum Königreich Polen und damit zum Russischen Kaiserreich gehörig, geboren und in Odessa gestorben. Seine Schrift konnte aus Zensurgründen nicht in Russland erscheinen; er entschied sich deshalb, sie anonym in Deutschland zu veröffentlichen. Vgl. dazu Schoeps 1996, S. 282.
469 Pinsker 1903, hier S. 11.
470 Pinsker 1903, S. 10.
471 Pinsker 1903, S. 9.

jüdische Nation für die wirklichen oder angeblichen Verbrechen ihrer einzelnen Mitglieder verantwortlich gemacht"[472] zu werden pflege: „Die Welt erblickte in diesem Volke die unheimliche Gestalt eines Toten, der unter den Lebenden wandelt." Juden würden betrachtet als „geisterhafte Erscheinung eines wandelnden Toten, eines Volkes ohne Einheit und Gliederung, ohne Land und Band, das nicht mehr lebt und dennoch unter den Lebenden umhergeht".[473] Einerseits zeigt Pinsker die Irrationalität dieser Haltung auf. Mit seiner Psychose-Diagnose zeigt der ausgebildete Arzt, dass die Gesellschaft unter einem allgemeinen Realitätsverlust leidet – aber Pinsker weist keinen Weg zur Heilung dieser Krankheit auf, im Gegenteil argumentiert er zugleich anthropologisch. Es liege demnach im Menschen begründet, auf den Heimatlosen mit Angst zu reagieren. Da der Jude keine Heimat besitze, löse er noch stärkere Ängste aus als ein Fremder, der eine eigene Heimat – wenn eben auch woanders – besitze:

> Der Ausländer braucht im fremden Lande kein Patriot zu *sein* oder zu *scheinen*. Der Jude ist aber in seiner *Heimat* nicht nur kein Einheimischer, er ist auch kein Ausländer, er ist recht eigentlich ein Fremder „kat' exochen". Man sieht in ihm weder den Freund noch den Feind, sondern einen Unbekannten, von welchem nur bekannt ist, dass er keine Heimat besitzt. [...] Der Ausländer beansprucht eine Gastfreundschaft, welche er mit gleicher Münze bezahlen kann. Der Jude kann auf solche Weise nicht quittieren; er darf daher keine Ansprüche machen auf Gastfreundschaft. Er ist kein Gast – viel weniger ein willkommener Gast. Eher gleicht er dem Bettler; und welcher Bettler ist willkommen?[474]

So wie jeder Bettler notwendig als Bedrohung des eigenen Besitzes empfunden werde, sei auch das Verhältnis der Völker zum jüdischen Volk von dem Gefühl einer Gefährdung der eigenen Heimat bestimmt: „Mit welchem Unwillen muss der Bettler angesehen werden, der es wagt, seine lüsternen Augen auf die ihm fremde Heimat zu werfen – wie auf ein geliebtes Weib, das misstrauische Verwandte beschützen!"[475] So macht sich Pinsker die antisemitischen Vorwürfe in gewisser Weise zu eigen: „Das Verhängnisvolle in unserer Geschichte liegt darin, dass wir weder sterben noch leben können."[476] Das einzige Mittel, ein Ende der Judenverfolgung zu erzielen, sei, sich derselben räumlich zu entziehen, „die Erkenntnis der unabweisbaren Notwendigkeit einer eigenen Heimat".[477] Pinsker fordert die „Schaffung einer jüdischen Nationalität, eines Volkes auf eigenem Grund und

---

472 Pinsker 1903, S. 10.
473 Beide Pinsker 1903, S. 9.
474 Pinsker 1903, S. 12
475 Pinsker 1903, S. 14
476 Pinsker 1903, S. 17.
477 Pinsker 1903, S. 25.

Boden, die Autoemanzipation der Juden, ihre Gleichstellung als Nation unter Nationen durch ‚Erwerbung einer eigenen Heimat.'⁴⁷⁸

Pinskers Analyse der Bedingungen für die Unheimlichkeit des heimatlosen Ahasvers ergibt also einerseits die Diagnose einer gesellschaftlichen Psychose, andererseits aber auch die eines anthropologisch zwangsläufigen Verhaltens. Während Ersteres eine Krankheit und damit heilbar ist, ist es Letzteres nicht. Er zieht die Konsequenz, dass die Juden einen eigenen Staat gründen müssen, wenn sie ihre Situation ändern wollen. Das zionistische Projekt der Staatsgründung, von dem er offenlässt, in welchem Teil der Welt dies realisiert werden könnte, begreift er als „Erwerbung einer eigenen Heimat".

Wie Pinsker zählt auch der Schriftsteller Karl Emil Franzos zu den im russischen Kaiserreich geborenen Juden, die die Frage nach Heimat und Heimatlosigkeit Ahasvers aus der Perspektive des osteuropäischen Judentums in die deutschsprachige Diskussion einbringen. Doch Franzos zieht radikal andere Konsequenzen. Die Vertreter des Assimilationsgedankens, zu denen Franzos gehört, wollen sich nicht der Übermacht des Gespenstes ergeben, sie wollen es vielmehr bannen.⁴⁷⁹

In seiner an den südöstlichen Rändern des K.-u.-k.-Reiches spielenden Erzählung *Der Stumme mit dem bösen Blick* (1886) trifft der Erzähler, ein reisender Student, auf einen einsam durch die Wälder der Karpaten streifenden alten Mann. Von den Einheimischen wird der Alte aus Angst gemieden; sie haben schon Angst, von „dem Unheimlichen"⁴⁸⁰ zu sprechen. Er verbreite „Unheil und Grauen", sie zweifeln, ob er „von Fleisch und Blut" sei, und geben ihm Züge Ahasvers: „Wahrscheinlich hat ihm der Herr Christus auferlegt, immer rastlos umherzuziehen".⁴⁸¹ Der gebildete Erzähler kann diese Geschichten um den Unbekannten kulturhistorisch einordnen: „Das war eine Gestalt, wie sie Dichter und Maler und das Volk in ihren Träumen ausgestaltet; das war Ahasver, der sich und anderen

---

478 Pinsker 1903, S. 31. Vgl. auch: „Nicht die bürgerliche Gleichstellung der Juden in dem einen oder andern Staate vermag diesen Umschwung herbeizuführen, sondern einzig und allein die Autoemanzipation des jüdischen Volkes als Nation, die Gründung eines eigenen jüdischen Kolonistengemeinwesens, welches dereinst unsere ureigene, unveräußerliche Heimat, unser Vaterland werden soll." Pinsker 1903, S. 30. „Diese Ergebnisse beruhen vor allem in der sich immer mehr verbreitenden Erkenntnis, dass wir nirgends zu Hause sind und dass wir endlich doch irgend eine *Heimat*, wenn nicht ein eigenes *Vaterland*, haben müssen." Pinsker 1903, S. 22.
479 Der bedingungslose Zugehörigkeitswille zum Deutschen äußert sich bei Franzos immer wieder auch in einer partiellen Herabwürdigung des osteuropäischen Judentums. Vgl. W. G. Sebald: Westwärts – Ostwärts. Aporien deutschsprachiger Ghettogeschichten, in: Sebald 2004, S. 40–64.
480 Franzos 1980, S. 11.
481 Alle Franzos 1980, S. 11.

zum Fluche ewig über die Erde wandern muß, uralt und urkräftig zugleich, zum Tode reif, vor dem Tod gefeit".[482]

Eine Funktion des Mythos für Franzos' Erzählung ist zunächst, Spannung zu erzeugen; und seine Erzählung gehört klar zur Gattung der Schauerliteratur. Eine weitere, didaktische Funktion ist es aber, nicht vor Ahasver, sondern vor den *Auswirkungen* des Mythos Schauder zu entwickeln. Das „Entsetzen" des Erzählers „vor jenem wirklichen und wahrhaftigen Unhold, der tausendmal grimmiger und erbarmungsloser ist als alle jene anderen, welche gleich ihm aus dem Hirn armer, roher Menschen geboren werden, das Entsetzen vor dem Unhold Aberglauben"[483] treibt ihn an, den Geschichten auf den Grund zu gehen, die Ursachen des Banns zu erforschen und wie es dazu kommen konnte, dass der Verstoßene schließlich sogar selbst glaubt, ihm widerfahre Recht. Dabei werden verschiedene Strategien der Rationalisierung und somit Depotenzierung des Mythos angewandt.

Zunächst geht es in einer ethnographischen Erläuterung des Erzählers um die rurale Rechtspraxis der Region, straffällige Mitglieder der Gemeinde aus der Gemeinschaft auszustoßen. Was hier als barbarisches Ritual in bestimmten slawischen Regionen erscheint, ist als ‚Acht' schon in der germanischen und mittelalterlichen Rechtspraxis bekannt,[484] war aber auch zeitgenössisch in anderen Teilen Europas, etwa in der Schweiz, als Entzug des sogenannten Heimatrechts sogar gängige offizielle Praxis (vgl. II.2.1).

> Man hört vieles von diesem grausamen Brauch im Flachlande erzählen, obwohl er in unseren Tagen kaum mehr geübt wird. Er gründet sich auf die Anschauung des Slawen, dem die Gemeinde der heiligste Verband, der Verlust der Heimat die bitterste Strafe ist, und erhielt sich lebendig durch die Abneigung des Bauers gegen jegliches Herrengericht. Wer im Dorfe ein Verbrechen beging, welches dem Edelmann, dem Beamten nicht bekannt wurde, den strafte die Versammlung der Hausväter unter der Dorflinde, weil es „die Herren nicht zu kümmern braucht, was im Dorfe geschieht". Wo vollends die Ehre der Gesamtheit ins Spiel kam, wurde alles aufgeboten, den Verbrecher dem Dominium zu entziehen. Sein Los wurde hiedurch wahrlich nicht leichter; die „Versammlung" war ein harter Richter, und wo sie auf Ausstoßung erkannte, da kam das Urteil nach der Anschauung dieser Menschen, nach dem Schicksal, das nun des Verurteilten harrte, dem Schlimmsten gleich. Er war vogelfrei, heimatlos, von allem Besitz vertrieben, und jegliches Band war zerschnitten, welches ihn an Menschen knüpfte, selbst das heiligste des Blutes.[485]

---

482 Franzos 1980, S. 27.
483 Beide Franzos 1980, S. 18–19.
484 Vgl. zu den ethnologischen und u. a. auch rechtsgeschichtlichen Kontexten das Nachwort von Hildegard Gerlach in der hier verwendeten Ausgabe Franzos 1980, S. 101–128, zur Acht Franzos 1980, S. 109.
485 Franzos 1980, S. 38–39.

Dem Ausgestoßenen bleiben nur die Wälder der Karpaten, diese seien „von alters her" die „Heimat der Heimatlosen".[486] Der „Verlust der Heimat" als „die bitterste Strafe"[487] ist hier zunächst ein juristischer Akt (wenn auch einer der Selbstjustiz) mit ökonomischen Konsequenzen: Aus der Gemeinschaft ausgestoßen, verliert der Bestrafte jede Einkommensquelle und jeden Schutz durch die Gemeinschaft. Der Begriff des Dominiums, meist in juristisch-administrativen Kontexten des Heimatrechts verwendet (vgl. II.2.1), unterstreicht das.

Auch die Vorgeschichte des Banns wird im Verlauf der Erzählung rationalisiert, diesmal psychologisch. Als kleines Kind wurde der später ausgestoßene Matko vom eigenen Vater aufgrund seiner Unansehnlichkeit gehasst. Der Vater unterstellt dem Kind, den ‚bösen Blick' zu haben und für den Tod anderer, u. a. eines Geschwisterkindes, verantwortlich zu sein. Diese Unterstellung teilen bald die anderen Familienmitglieder und Dorfbewohner, bis schließlich Matko selbst an sie glaubt. Sein durch diesen Glauben beeinflusstes Handeln bestätigt wiederum seine Umwelt. Die Angst der anderen vor ihm verarbeitet der Herangewachsene als ihn heimsuchendes „Gespenst".[488] Matko nimmt die ihm zugeschriebene Rolle mehr und mehr an und glaubt selbst so lange an sie, bis ihm vor sich selbst graut. Der Ausgestoßene, der jede Nacht sein Gewehr entlädt, um in den schwärzesten Stunden nicht Hand an sich selbst zu legen, spricht mit der Erzählerfigur über seine Suizid-Phantasien und seine Angst, nicht erlöst zu werden:

> „Und wenn ich so täte", fuhr er in gleichem Tone fort, „so wäre dies sehr schlimm für mich. Jetzt darf ich denken: Hier ist die Verdammnis, aber drüben wird vielleicht die Ruhe sein! – Dann aber wäre auch dort nur der schwarze Fluch auf mir! Freilich weiß ich nicht, ob es ein ‚Drüben' für mich gibt ... ‚Ewig!' – Ach, wenn sich etwa wirklich dasselbe Los an mir erfüllte, welches über jenen sündhaften Juden gekommen ist, wie mir einmal ein junger Schreiber beim Gerichte in Kolomea erzählt hat ..."
>
> Es berührte mich seltsam, aus diesem Munde den Ahasver erwähnen zu hören. „Welcher Jude?" fragte ich.
>
> „Nun, wie er geheißen hat, weiß ich nicht, ich glaube Moschko. Aber es ist ja gleichgültig, es sind ja schon mehrere tausend Jahre her, seit er so gerufen wurde, jetzt nennen ihn die Menschen anders – wie, konnte ich mir nie merken."
>
> „Ahasver!" half ich ein.

---

486 Franzos 1980, S. 13.
487 Franzos 1980, S. 38.
488 „Wie einst war's – und noch viel schlimmer, eben weil ich kein Knabe mehr war. Kaum fasse ich's, wie ich's ertragen, denn auch jenes Gespenst regte sich wieder und schlug mir seine schwarzen Flügel über dem Haupte zusammen ... Oh! Jenes Gespenst ..." Franzos 1980, S. 67.

"Also kennst du auch die Geschichte, wie er den Heiland verhöhnte und von ihm verflucht wurde? Sag, Herr, sag es mir auf dein Gewissen: Du bist ja, erzähltest du mir, viel herumgewandert, bist du ihm vielleicht je begegnet?"
„Nein!"
„Gewiß nicht?"
Ich beteuerte es nochmals. – Ja, hart grenzen im Leben das Entsetzliche und das Komische aneinander ...
„Und du glaubst wohl auch gar nicht, daß er noch immer wandert?"
Auch dies verneinte ich.
Er nickte befriedigt. „Dasselbe hat mir auch der Deutsche in der Sägemühle gesagt, und es ist am Ende wirklich nicht wahr. Es gab freilich eine Zeit, wo ich fest daran glaubte und sehnlichst wünschte, ihm einmal zu begegnen. Und eines Abends – so vor neun Jahren, in der Dämmerung –, ich wanderte eben auf der Heerstraße gegen Kolomea – ach, wie seltsam das war, aber wozu es erzählen? Kurz, der Ewige Jude war es nicht, und wenn ich es recht überlege, so kann die Geschichte eigentlich gar nicht wahr sein. Der Heiland hätte ja längst verziehen, er, der Milde, Erbarmende, hätte ihn längst sterben lassen."[489]

Der ungebildete, wie sein soziales Umfeld abergläubische Matko bezweifelt unter dem Einfluss der aufgeklärten Erzählerfigur schließlich die Existenz Ahasvers. Und auch Matkos Glaube an das christliche Erbarmen stellt die Fortdauer des Mythos letztlich in Frage. Am Ende des Romans, als der Ausgestoßene ein ertrinkendes Kind rettet und dafür sein eigenes Leben gibt, hinterfragen die bis zuletzt an seinen bösen Blick glaubenden Menschen ihre Überzeugung. Nicht nur der Wunsch des greisen Matko nach dem eigenen Tod erfüllt sich also am Ende, sondern auch der Ahasver-Mythos wird brüchig. Das Romanende erscheint insofern beinahe versöhnlich, als es ein Ende des Fluchs über Ahasver gleich im doppelten Sinn in Aussicht stellt.[490]

Ein solches vergleichsweise versöhnliches Ende ist selten in den Bearbeitungen des Ahasver-Stoffes durch deutsch-jüdische Autoren, selbst wenn sie für die Assimilation eintreten. *Der neue Ahasver. Ein Roman aus Jung-Berlin* von 1882 (1881 im Berliner Tageblatt vorabgedruckt) des österreichischen Sprachphilosophen und Romanautors Fritz Mauthner steht beispielhaft dafür. Die Romanfigur Heinrich Wolff, in Böhmen geboren, wurde dort als Deutscher verfolgt, meldet sich als Arzt freiwillig zum Kriegsdienst an der Front im deutsch-französischen Krieg, erleidet eine schwere Verwundung und wird in Berlin im Haus eines Frei-

---

489 Franzos 1980, S. 41–42. Die Einzüge entsprechen in dieser Form dem Original.
490 In Bezug auf Franzos' Roman *Der Pojaz* (1905) kommt Jost Hermand zu einem ähnlichen Ergebnis: „Wie verzweifelt in dieser ‚Geschichte aus dem Osten' um die Aufhebung des Gegensatzes gerungen wurde, sprach letztlich nur jene liberalen deutschen Juden an, die weiterhin an eine auf den Idealen der Aufklärung beruhende deutsch-jüdische Symbiose glaubten." Hermand 1996, S. 69.

herrn gepflegt. Er verliebt sich in Clemence, eine Tochter des Hauses. Nach vielfältigen antisemitisch motivierten Demütigungen verzichtet er schließlich auf die schon beschlossene Taufe und damit auf die Ehe mit Clemence. Heinrich, der sich selbst immer nur als Deutscher gesehen hat und auf eine jüdische Existenz verwiesen wird, mit der er sich nicht identifiziert, meint, das Judentum nun als Bürde auf sich nehmen zu müssen. Sein Verzicht auf die Konversion und auf die Ehe schließt den Verzicht auf menschliche Verwundbarkeit ein, und diese Unverwundbarkeit ist die schwerste vorstellbare Strafe:

> Ich aber bin kein Deutscher! Was bin ich denn? Ein Jude nicht! Wahrhaftig nicht! Dann bin ich ein wesenloser Mensch, der keinen Schatten wirft! Dann bin ich ein Gespenst, Ahasverus, den man nicht töten kann, weil Ahasverus keine verwundbare Stelle hat, keine Heimat, kein Haus, kein Weib, kein Kind![491]

Heinrich vergleicht sich mit Ahasverus und auch mit Peter Schlemihl, der seinen Schatten an den Teufel verkauft hat und deswegen von den Menschen gemieden wird.[492] Im Gegensatz zum Germanen-Helden Siegfried, der trotz seiner unermesslichen Stärke eine verwundbare Stelle hat, fühlt er sich als ein Gespenst, das man nicht töten kann. Dieses Unheimliche, ja Grauenerregende, das hier dem Nicht-Sterben-Können entspringt, zeigt sich also wie bei von der Hagen und Schopenhauer, wie bei Pinsker und Franzos als Kehrseite von Heimat. Heinrichs Entscheidung gegen „Heimat, Haus, Weib und Kind" und für die Unverwundbarkeit ist ein Akt der Verzweiflung. „Wandern will ich, wandern wie Ahasverus!",[493] ruft er resigniert aus. Er wolle in seinen Geburtsort in Böhmen zurückkehren und lieber als Deutscher von Böhmen denn als Jude von Deutschen gepeinigt werden. Der unerwartete Tod von Clemence in einem antisemitisch motivierten Tumult führt jedoch am Ende der Romanhandlung dazu, dass er sich in einem Duell absichtlich erschießen lässt. Dieser Tod trägt keine Züge der Erlösung, wie etwa bei Franzos, er ist Ausdruck der Hoffnungslosigkeit. Heinrich findet kein Selbstverhältnis, das sich nicht paradox zum Verhältnis der Außenwelt zu ihm verhielte. Heimat würde für ihn bedeuten, die Paradoxie dieses Verhältnisses zu überwinden. Heimat ist für Heinrich nur als deutsche Heimat denkbar,

---

491 Mauthner 1886, S. 303.
492 Zu vielfältigen Analogien der Romanhandlung zu Peter Schlehmil vgl. Bodenheimer 2002, S. 235.
493 Mauthner 1886, S. 332.

und deutsch heißt für ihn in einer internalisierten antisemitischen Logik, dass diese nicht zugleich jüdisch sein dürfe.[494]

Ob Franzos oder Mauthner: Jüdische Autoren bedienen sich des Ahasver-Mythos, um die Erfahrung der Heimatlosigkeit zu formulieren. Resignativ bei Mauthner, hoffnungsvoll an der Möglichkeit der Überwindung festhaltend bei Franzos. Eine weitere Spielart bieten zionistische Autoren, denn auch Zionisten wie Leo Pinsker und Theodor Herzl beharren auf Heimat, sind aber bereit, sie territorial zu verlegen. Theodor Herzl spricht in seiner Schrift *Der Judenstaat* (1896) im Kapitel „Verpflanzung" davon, dass dieser angestrebte Staat zugleich auch Heimat sein solle:

> Wir wollen aber den Juden eine Heimat geben. Nicht, indem wir sie gewaltsam aus ihrem Erdreich herausreissen. Nein, indem wir sie mit ihrem ganzen Wurzelwerk vorsichtig ausheben und in einen besseren Boden übersetzen. So wie wir im Wirthschaftlichen und Politischen neue Verhältnisse schaffen wollen, so gedenken wir im Gemüthlichen alles Alte heilig zu halten.[495]

Im Ökonomischen und Politischen sollen neue Verhältnisse geschaffen werden. Die Heimat wird hier ausdrücklich ausgenommen. Der in Aussicht gestellte radikale soziale Neuanfang umfasst ganz ausdrücklich nicht das Private. Das wird ins bemerkenswerte Bild der Wurzel gefasst, die vorsichtig ausgehoben und versetzt wird. Es wird also zugleich etwas bei der Wurzel gepackt – und der radikale (radix, Wurzel) soziale Wandel ist nach Ralf Dahrendorf nichts anderes als die Revolution –, aber dies so vorsichtig, dass dem Erhalt des „Gemüthlichen" nichts im Weg steht. Heimat ist auch beim dem Politiker Herzl immer das Private, Nicht-Politische. Und das Gemütliche bedeutet im Zeitkontext nichts anderes als das dem Gemüt Nahestehende, nach dem *Brockhaus* ist es „gleichbedeutend mit dem Herz, dem Kopfe entgegengesetzt".[496] Wo das ‚Alte' ‚heilig gehalten' werden soll,

---

494 Alfred Bodenheimer kontextualisiert die Haltung Heinrich Wolffs in seiner Interpretation mit den Assimilationsdebatten der Zeit. Wolff meint demnach, die eine Identität nur erhalten zu können, wenn er die andere preisgibt und sich gänzlich gegen das eigene Judentum stellt. Gerade weil ihm die jüdischen Traditionen „einmal Heimat waren, setzt er sie nun besonders deutlich in Opposition zu seinem Deutschtum. Damit wird implizit das ‚Natürliche' des Deutschtums primär als Oppositionsbegriff, nämlich gegen das Jüdische, festgeschrieben." Bodenheimer 2002, S. 71. Auch Bodenheimer deutet den selbstgewählten Tod im Duell als „Ausdruck einer Hoffnungs- und Illusionslosigkeit in bezug auf die Stellung der Juden in der deutschen Gesellschaft". Bodenheimer 2002, S. 73.
495 Herzl 1986, S. 95.
496 Anonym: Gemüt, 1893, S. 762. Gegenüber dem älteren, auf Ganzheitskonzepte zielenden Verständnis des Gemüts, das Herz und Kopf umfasse (vgl. II.3.1.2), ist das Gemüt gegen Ende des Jahrhunderts das Gegenteil des Intellekts. Innerhalb des Artikels im *Brockhaus* wird auch auf die

ist darüber hinaus klar, dass diese private Heimat tendenziell konservativ ist, etwas Vertrautes, Verlässliches, Unveränderliches und Unantastbares. Dass die ab der zweiten Jahrhunderthälfte omnipräsente Metaphorik des Bodens und des Wurzelns in ihm (vgl. I.2.1) bei Herzl als kultureller, kultivierender Akt umgedeutet wird, bedeutet aber andererseits, dass Heimat gerade nichts Naturgegebenes sein muss. Der jüdische Mensch ‚wurzelt' nach Art einer kultivierten Pflanze, die sich versetzen lässt, und das sogar in bessere Erde.

Im ‚Schlusswort' von *Der Judenstaat* wird eine ähnliche Kombinatorik von konventionellen und neuen Elementen des Heimatdiskurses angewendet: „Wir sollen endlich als freie Männer auf unserer eigenen Scholle leben und in unserer eigenen Heimat ruhig sterben."[497] Zunächst wirkt der Wunsch, in der eigenen Heimat zu sterben, konventionell. Er ruft immer auch die Vorstellung einer himmlischen Heimat auf. Die Verbindung von Tod und Heimat ist somit zugleich immanent und transzendent. Bei Herzl schwingt aber auch noch eine dritte Bedeutung mit. Denn der Wunsch nach einem *ruhigen* Sterben in der eigenen Heimat ist natürlich auch der Wunsch nach Überwindung des Schicksals von Ahasver. Alfred Bodenheimer bezeichnet das als Modell „einer bewußt und gezielt der Vergangenheit entwachsenen postmosaischen und postahasverischen Existenz".[498] Ein eigener Staat der Juden, wie ihn Herzl erträumte, wäre dann auch ein Ende des heimatlosen ewigen Juden, also etwas radikal Neues in der Geschichte der Juden.

Während die Himmelssehnsucht der christlich-mittelalterlichen Ahasver-Legende und damit die Erlösungshoffnung mit der zionistischen Perspektive auf ein eigenes Land wieder stärker in den Vordergrund der Mythosrezeption gerät,[499]

Bedeutung der Gemütlichkeit eingegangen: „Gemütlichkeit legt man einem Menschen bei, der durch seine eigene Gemütsäußerung das G. eines anderen Menschen in einen angenehmen Zustand versetzt." Anonym: Gemüt, 1893, S. 762. Das Gemütliche ist auch schon ein halbes Jahrhundert vorher unmittelbar an den Begriff des Gemüts gebunden, vgl. beispielsweise Karl Gutzkows Rezension von Eichendorff. Eichendorff habe „ein gemüthliches Herz, ob ich gleich dem Gemüth der Romantiker nicht traue. Ich kenne viele des Gelichters, die die Feder nicht führen können, ohne von Mond und Lilien zu reden und im Leben doch rechte Lümmel sind. Ich stoße mich aber nicht an dem Regierungsrath; seine Sächelchen sind wieder ganz hübsch". Karl Gutzkow im *Telegraph für Deutschland*, Hamburg, Juli 1840, Nr. 110, S. 437–438, hier zitiert nach Schultz 2006, S. 788.

497 Herzl 1986, S. 126.
498 Bodenheimer 2002, S. 64.
499 Vgl. als weiteres Beispiel das Gedicht *Ahasvers Gebet* des Zionisten Ernst Müller von 1901. Hier geht es ebenfalls um eine Verknüpfung verschiedener Bedeutungen von Heimat: den Wunsch nach dem eigenen Tod und Eingang in die Erde der Heimat, den Wunsch nach einem Eingang in die himmlische Heimat und den nach Heimführung des jüdischen Volkes nach Eretz Israel. Ahasver spricht in diesem Gedicht selbst: „Sende mir Sterben, sende mir Leben, / Ende der

brechen die skeptizistischen Ahasver-Auslegungen durch jüdische Autoren nicht ab. Radikal wird etwa in Ernst Tollers frühem expressionistischem Drama *Die Wandlung. Das Ringen eines Menschen* (1917 entstanden und 1919 uraufgeführt) die Heimatlosigkeit Ahasvers als unüberwindbar gezeichnet. Der Protagonist Friedrich, dessen Biographie derjenigen Tollers ähnelt, meldet sich freiwillig zum Kriegsdienst, wird von den Mitsoldaten trotzdem als ‚Vaterlandsloser' geschmäht. Das „Kreuz", das man ihm als Soldat verleiht, ist in seiner Doppeldeutigkeit Ausdruck antisemitischer Bigotterie. Es meint die Auszeichnung ebenso wie die Stätte seines Leidens. Dass ihm damit auch „Bürgerrechte"[500] verliehen wären, bleibt nationalistische Phraseologie. Eher vertieft es die Fremdheit des jüdischen deutschen Soldaten, der körperlich versehrt und verfolgt von Bildern des Grauens aus dem Krieg heimkehrt;[501] er sieht sich in der direkten Nachfolge Ahasvers, der immer auf „Wanderschaft" ist: „Wie Er, Ahasver, dessen Schatten zwischen geketteten Strassen kriecht, der sich in pestigen Kellerhöhlen verbirgt und nächtens draussen auf frierenden Feldern verfaulte Kartoffeln sammelt ... Ja, ich suche Ihn, meinen grossen Bruder, Ihn, den ewig Heimatlosen ...". Er selbst könne dagegen nie Heimat haben: „Wo habe ich denn eine Heimat, Mutter. Die drüben haben eine Heimat, in der sie wurzeln. Die drüben sind eins mit sich und ihrem Boden ... frei von jener Zerrissenheit, die gleich eiternden Schwären Denken und Fühlen zerfrisst ...".[502] Friedrich wird schließlich zum pazifistischen Revolutionär. Seine Geliebte verlässt ihn, weil der Vater ihr bei einer Verbindung mit ihm die „Scholle"[503] nehmen würde. Friedrich zerstört sein Bildhauerwerk, das den Titel ‚Sieg des Vaterlands' erhalten sollte. Nicht allein das Wissen darum, dass das Versprechen der Anerkennung niemals eingelöst wird – auch durch das große

---

Qualen Wandergang! / Sterben ist Frieden, Frieden ist Leben, / Leben ist Heimat und Seelengesang. / [...] / Herrscher der Höhen, Vater der Seelen, / Führe, o führ' mich zur Heimat zurück!" Ernst Müller: Ahasvers Gebet, in: Die Welt 42 (18.10.1901), S. 11; hier zitiert nach Lea Weik, die den Text als Wunsch nach Heimführung des jüdischen Volkes nach Eretz Israel deutet, vgl. Weik 2015, S. 37.
500 Beide Zitate Toller 1919, S. 38.
501 Es ist kein Zufall, dass Freuds Überlegungen zum Zusammenhang von Heimat und dem Unheimlichen 1919 erschienen, kurz nach dem Ersten Weltkrieg, in dem so intensiv wie nie zuvor Heimat beschworen wurde und mit dem sich wie mit kaum einer kollektiven Erfahrung zuvor so sehr das Grauen verband. Anthony Vidler beschreibt in *The Architectural Uncanny* den Zusammenhang des Unheimlichen mit der massenhaften traumatischen Erfahrung in den Gräben des Stellungskriegs im Ersten Weltkrieg: „The site oft he uncanny was now no longer confined to he house or the city, but more properley extended tot he no man's land between the trenches, or the fields of ruins left after bombardment." Vidler 1992, S. 7.
502 Alle Zitate Toller 1919, S. 18.
503 Toller 1919, S. 51.

Opfer, das Friedrich im Krieg brachte, nicht –, sondern auch die politische und ethische Delegitimation eines ‚Vaterlandes', das diesen Krieg begann, führt dazu, dass Friedrich das Projekt seiner nationalen Assimilation generell verwirft:

> FRIEDRICH: Wahnsinn befällt mich. Wohin? Wo bist du, Ahasver, dass ich dir folgen kann? Freudig will ich dir folgen. Nur fort von hier. Millionen von Armstümpfen recken sich um mich. Schmerzgebrüll von Millionen Müttern tost durch den Raum. Wohin, wohin? Dort Wimmern ungeborner Kinder, dort Weinen Irrer. O heiliges Weinen! Geschändete Sprache! Geschändete Menschen! ... Um des Vaterlandes willen ... Gott ... kann ein Vaterland das verlangen? Oder hat sich das Vaterland an den Staat verschachert? Spekuliert der Staat damit zu schmutzigen Geschäften? Ward der Staat Zuhälter und das Vaterland eine getretene Hure, die jeder brutalen Lust sich verkauft? Ausgestattet mit dem Segen der Kupplerin Kirche? Kann ein Vaterland, das das verlangt, göttlich sein? Wert seine Seele dafür zu opfern? Nein, tausendmal nein. Lieber will ich wandern, ruhelos wandern, mit dir, Ahasver!
> *Stürzt auf die Statue*
> Ich zertrümmere dich, Sieg des Vaterlands.
> *Er greift einen Hammer und zerschmettert die Statue. Sinkt in sich zusammen, nach einer Weile richtet er sich empor.*[504]

Wahnsinn und Verzweiflung erheben Friedrich zu einer Art Erleuchtetem, der in einer Szene gar nicht mehr als Friedrich, sondern als „Wanderer"[505] tituliert wird. Diese Verkünder-Figur weist nun auch anderen den Weg zum wahren Menschsein: Er werde seinen „Weg weiter wandern", sagt er gegenüber der Schwester, „wissend, dass ich nicht Entwurzelter bin, wissend, dass ich wurzele in mir. SCHWESTER: So muss man sich töten und gebären, um seine Wurzeln zu finden. FRIEDRICH: Dieses Wissen ist nur ein Anfang. SCHWESTER: Und wohin weist es? FRIEDRICH: Zum Menschen!"[506] Friedrich erscheint in dieser Sicht nicht mehr als Repräsentant eines partikularen Judentums, sondern als Messias einer allgemeinen Menschheit. Und dieser Messias trägt christologische Züge, insofern er der Menschheit durch sein Leiden ein Opfer bringt.

Ahasvers Sehnsucht nach Heimat wird also im 19. Jahrhundert entweder zur Distanzierung vom Judentum oder zu erneuter Hinwendung zu ihm verwendet. In Franzos' *Der Stumme mit dem bösen Blick* ist der Protagonist kein Jude, wird aber ausdrücklich mit dem Schicksal eines Juden in Verbindung gebracht. In Tollers Stück ist an keiner Stelle explizit die Rede davon, dass Friedrich Jude ist, seine Ausgrenzung als Vaterlandsloser durch die Mitsoldaten und die Verweigerung der Heirat erlauben aber kaum eine andere Auslegung. Immer steht der Ahasver-

---

504 Toller 1919, S. 55–56.
505 Toller 1919, S. 68.
506 Toller 1919, S. 88.

Mythos also in einem kommentierenden Verhältnis zum Antisemitismus des Jahrhunderts. Und in allen Beispielen, das ist bemerkenswert, stellt Heimat ein begehrtes, ein positives Gut dar und Heimatlosigkeit ein tragisches Schicksal oder abstoßendes Stigma.

Erst mit dem 20. Jahrhundert scheint eine andere Lesart aus jüdischer Perspektive möglich geworden zu sein. Die Leidenserfahrung der Heimatlosigkeit kann hier auch zur positiven Auszeichnung werden. Zwar gibt es diese Denkfigur auch schon im 19. Jahrhundert – Heine spricht in seinen *Geständnissen* (1854) selbstbewusst davon, den exilierten Juden sei die heilige Schrift ihr „portatives Vaterland"[507] gewesen, Auerbach lässt eine der Figuren seines *Spinoza*-Romans (in dessen Epilog auch Ahasver auftritt) das Leid der Juden als Bedingung der Möglichkeit ihrer Freiheit deuten. Die Juden stellten „den Riß, der durch das Herz der jetzigen Menschheit geht, in sich unmittelbar dar". Denn der „von seiner eignen ohnedieß zerrissenen Tradition freigewordene Jude ist der eigentliche unbefangene Fremdling in der Welt",[508] sein Vorzug und seine Freiheit des Nicht-Dazugehörens sei es, unbestochen prüfen und freiheitlich denken zu können. – Bei dieser menschheitlichen Bedeutungsweise werden Begriffe wie Heimat und Heimatlosigkeit bei Heine und Auerbach allerdings gerade ausgespart;[509] das ändert sich mit Beginn des 20. Jahrhunderts.

Mit Lukács' Wortprägung der transzendentalen Heimatlosigkeit von 1914/15 wird es möglich, Heimatlosigkeit als (ambivalentes) Identifikationsangebot des modernen Menschen zu verstehen und auch Tollers *Wandlung* von 1917 macht wahrscheinlich gerade aus diesem Grund an keiner Stelle explizit, dass Friedrich ein Jude ist: Denn das Judesein bezeichnet hier zugleich eine Position der Entfremdung, aus der heraus die Kategorien Heimat, Vaterland und Staat als ideologischer Zusammenhang in besonderer Weise durchsichtig werden. Das mag der Jude auf Grund seiner sozialen Position besonders deutlich sehen, aber Geltung beansprucht die Erfahrung doch darüber hinaus. Ja, bei Toller zeichnet sich gerade der Jude darin aus, der allgemeinen Menschheit ihr Schicksal und ihre Möglichkeiten vor Augen zu führen; das Stück endet mit dem freudigen Aufruf zur Revolution: „Brüder recket zermarterte Hand, / Flammender freudiger Ton!/ Schreite durch unser freies Land / Revolution! Revolution!"[510] Dieser Versuch der Umdeutung Ahasvers als Personifikation der modernen menschlichen Existenz

---

507 Heine 1995, S. 483.
508 Beide Auerbach: Spinoza, 1858, S. 130.
509 Heines literarisches Werk wird zwar gern für einen reflektierten Heimatbegriff in Anspruch genommen, allerdings wird dabei oft übersehen, dass Heine meist von Vaterland oder Deutschland spricht und den Begriff der Heimat selten verwendet. Vgl. Reeves 1992.
510 Toller 1919, S. 94.

wird nach dem Holocaust noch einmal neue Dringlichkeit erlangen, wenn etwa Adorno die jüdische Erfahrung der Heimatlosigkeit als Menschheitserfahrung deutet (vgl. III).

Die antisemitische Deutung Ahasvers als Inbegriff „ewige[r], nie gestillte[r] Heimatsehnsucht der Heimatlosen und zugleich deren Unfähigkeit, eine eigene Heimat zu erwerben und zu besitzen" bleibt durchs ganze 19. Jahrhundert und die erste Hälfte des 20. Jahrhunderts unberührt von diesen Versuchen der Überwindung oder Transzendierung Ahasvers seitens deutsch-jüdischer Autoren. „Jüdische Heimat", so die antisemitische Auffassung, gab es noch nie und könne es nie geben.[511]

1.3.3 Der fliegende Holländer

Odysseus und Ahasver, die beiden populären Mythengestalten des 19. Jahrhunderts, sind Mitte des Jahrhunderts von Richard Wagner in seinem *Fliegenden Holländer* synthetisiert worden. Über die Hauptfigur seiner 1843 uraufgeführten Oper schreibt er 1851 in den *Mitteilungen an meine Freunde*:

> Die Gestalt des „fliegenden Holländers" ist das mythische Gedicht des Volkes: ein uralter Zug des menschlichen Wesen's spricht sich in ihm mit herzergreifender Gewalt aus. Dieser Zug ist, in seiner allgemeinsten Bedeutung, die Sehnsucht nach Ruhe aus Stürmen des Lebens. In der heitern hellenischen Welt treffen wir ihn in den Irrfahrten des Odysseus und in seiner Sehnsucht nach der Heimat, Haus, Herd und – Weib, dem wirklich Erreichbaren und endlich Erreichten des bürgerfreudigen Sohnes des alten Hellas. Das irdisch heimatlose Christenthum faßte diesen Zug in der Gestalt des „ewigen Juden": diesem immer und ewig, zweck= und freudlos zu einem längst ausgelebten Leben verdammten Wanderer blühte keine irdische Erlösung; ihm blieb als einziges Streben nur die Sehnsucht nach dem Tode, als einzige Hoffnung die Aussicht auf das Nichtmehrsein. Am Schlusse des Mittelalters lenkte ein neuer, thätiger Drang die Völker auf das *Leben* hin: weltgeschichtlich am erfolgreichsten äußerte er sich als Entdeckungstrieb. Das Meer ward jetzt der Boden des Lebens, aber nicht mehr das kleine Binnenmeer der Hellenenwelt, sondern das erdumgürtende Weltmeer. Hier war mit einer alten Welt gebrochen; die Sehnsucht des Odysseus nach Heimat, Herd und Eheweib zurück, hatte sich, nachdem sie an den Leiden des „ewigen Juden" bis zur Sehnsucht nach dem Tode genährt worden, bis zu dem Verlangen nach einem Neuen, Unbekannten, noch nicht sichtbar Vorhandenen, aber im Voraus Empfundenen, gesteigert. Diesen ungeheuer weit ausgedehnten Zug treffen wir im Mythos des fliegenden Holländers, diesem Gedichte des Seefahrervolkes aus der weltgeschichtlichen Epoche der Entdeckungsreisen. Wir treffen

---

511 So eine antisemitische Hetzschrift von 1921 mit den Kapiteln „Deutsche Heimat – deutsches Wesen" und „Jüdische Heimat – jüdisches Wesen", Paumgartten 1921, S. 52.

auf eine, vom Volksgeist bewerkstelligte, merkwürdige Mischung des Charakters des ewigen Juden mit dem des Odysseus.[512]

Wagner deutet Odysseus als Repräsentanten einer hellenischen Welt, deren „Sehnsucht nach der Heimat, Haus, Herd und – Weib" erfüllt wird und die in dieser Erfüllbarkeit bürgerliche Züge trägt. Odysseus wird ihm zum „bürgerfreudigen" Sohn „des alten Hellas". In Wagners hegelianischer Geschichtsteleologie folgt antipodisch auf die der Heimat teilhaftige Antike das „irdisch heimatlose Christenthum" des Mittelalters, für dessen Heimatlosigkeit und Todessehnsucht der ewige Jude steht. Der Fliegende Holländer ist dann für Wagner eine Gestalt der Neuzeit mit dem „Verlangen nach einem Neuen, Unbekannten, noch nicht sichtbar Vorhandenen, aber im Voraus Empfundenen". Und auch diese utopische Dimension verbindet Wagner im weiteren Verlauf des Textes mit Heimat. Hier beschreibt Wagner autobiographisch, wie sich in den Pariser Jahren zwischen 1839 und 1842 bei ihm zunehmend ein „empfindungsvoller, sehnsüchtiger Patriotismus" entwickelt habe, der ihn wieder „wärmer für die Heimat" gestimmt habe. Nicht zum politischen Deutschland habe er sich zurückgesehnt:

> Es war das Gefühl der Heimatlosigkeit in Paris, das mir die Sehnsucht nach der deutschen Heimat erweckte: diese Sehnsucht bezog sich aber nicht auf ein altes Bekanntes, Wiederzugewinnendes, sondern auf ein geahntes und gewünschtes Neues, Unbekanntes, Erstzugewinnendes, […]. Es war die Sehnsucht meines fliegenden Holländers nach dem Weibe, – aber, wie gesagt, nicht nach dem Weibe des Odysseus, sondern nach dem erlösenden Weibe, dessen Züge mir in keiner sichren Gestalt entgegentraten, das mir nur wie das weibliche Element überhaupt vorschwebte; und dieß Element gewann hier den Ausdruck *der Heimat*, d. h. des Umschlossensein's von einem innig vertrauten Allgemeinen, aber einem Allgemeinen, das ich noch nicht kannte, sondern eben erst nur ersehnte, nach der Verwirklichung des Begriffes „Heimat"; wogegen zuvor das durchaus Fremde meiner früheren engen Lage als erlösendes Element vorschwebte, und der Drang, es aufzufinden, mich nach Paris getrieben hatte.[513]

Heimat zeigt sich hier dialektisch als Utopie, als etwas noch zu Verwirklichendes. In Wagners Welt ist das ein erlösendes Weibliches (vgl. I.2.3). Keinesfalls ist hier eine bürgerliche Heimat gemeint und auch keine im metaphysischen Sinn verlorengegangene. Es geht nicht um ein Wiederzugewinnendes, sondern um ein noch nie Dagewesenes. Die radikale Abwehr jedes sentimentalen Gehalts in Bezug auf Heimat macht Wagners hier formulierte Heimatdefinition im 19. Jahrhundert tatsächlich exzeptionell und geht Ernst Bloch, den man gemeinhin mit

---

512 Wagner 2004, S. 88–89.
513 Wagner 2004, S. 89–90.

dieser Betonung der utopisch-erlösenden Dimension von Heimat verbindet, schon ein halbes Jahrhundert voraus.

Die Schilderung der Erfahrung von Heimatlosigkeit in den Pariser Jahren, die Wagner in den *Mitteilungen an meine Freunde* in einen Zusammenhang mit seinem *Fliegenden Holländer* bringt, zielt weniger auf biographische Kontingenz als vielmehr, wie Dieter Borchmeyer gezeigt hat, auf eine symbolisch gemeinte Reflexion der Einsamkeit des Künstlers an sich.[514] Auch Friedrich Nietzsche hatte in *Der Fall Wagner* in Bezug auf den *Fliegenden Holländer* den Künstler und das Genie mit dem ewigen Juden gleichgesetzt – wobei er die Erlösungskraft des Weiblichen bestreitet und im Gegenteil im Weiblichen die wahre Gefahr sieht: „die Gefahr der Künstler, der Genie's – und das sind ja die ‚ewigen Juden' – liegt im Weibe: ...".[515]

Dass Wagner mit seinem Zusammenlesen von Odysseus, Ahasver und Fliegendem Holländer einerseits, mit seiner Bezugnahme auf die eigene Künstlerexistenz andererseits implizit – nicht wie Nietzsche explizit – eine Verwandtschaft der Künstlerexistenz und der Juden als Nicht-Dazugehörigen, Ausgestoßenen herstellt, ist im Kontext seiner antisemitischen Äußerungen intrikat. Fritz Mauthner spielt in seiner Wagner-Parodie *Der unbewußte Ahasverus* (1878)[516] darauf an. In Wagners antisemitischem Pamphlet *Das Judenthum in der Musik* ist die Heimatlosigkeit der Juden eindeutig negativ konnotiert und hier bedeutet diese Heimatlosigkeit für ihn nicht Bedingung des Künstlertums, sondern gerade das Gegenteil: die Unfähigkeit, Kunstwerke zu schaffen.

> Unsre ganze europäische Civilisation und Kunst ist aber für den Juden eine fremde Sprache geblieben; denn, wie an der Ausbildung dieser, hat er auch an der Entwickelung jener nicht theilgenommen, sondern kalt, ja feindselig hat der Unglückliche, Heimathlose ihr höchstens nur zugesehen. In dieser Sprache, dieser Kunst kann der Jude nur nachsprechen, nachkünsteln, nicht wirklich redend dichten oder Kunstwerke schaffen.[517]

Am vielzitierten Ende von *Das Judenthum in der Musik* wird den Juden nahegelegt, sich selbst zu vernichten und den eigenen Untergang als Juden in Kauf zu nehmen, um als Menschen erlöst zu werden:

> Nehmt rücksichtslos an diesem, durch Selbstvernichtung wiedergebärenden Erlösungswerke theil, so sind wir einig und ununterschieden! Aber bedenkt, daß nur Eines eure Er-

---

514 Borchmeyer 2002, v. a. das dritte Kapitel, S. 117–142.
515 Nietzsche 1980, S. 18.
516 Fritz Mauthner: Der unbewußte Ahasverus (1878) ist greifbar in Borchmeyer/Kohler 1998; vgl. zu Mauthners Parodie auch Borchmeyer 2002, S. 139–141.
517 Wagner 2017, S. 24.

lösung von dem auf euch lastenden Fluche sein kann: die Erlösung Ahasvers, – der *Untergang!*[518]

Ahasverus und Odysseus sind in Bezug auf ihre Heimatlosigkeit Antipoden. Während Odysseus' Irrfahrt mit der Heimkehr endet, ist es Ahasverus' Schicksal, nicht sterben zu können und ewig heimatlos zu bleiben. Damit hängt zusammen, dass sich das 19. Jahrhundert mit dem „bürgerfreudigen" Odysseus, der nur nach dem „wirklich Erreichbaren" strebt, identifizieren konnte.[519] Ahasverus dagegen stellt die Kehrseite dieses Erreichbaren und damit die Kehrseite des bürgerlichen 19. Jahrhunderts schlechthin dar; er wird zu seinem Gespenst.[520] Über die Formen der Erlösung dieses Gespensts gab es sehr verschiedene Vorstellungen. Hielten es einige für möglich, über die Irrationalität des Gespensterglaubens aufzuklären, wie Franzos, diagnostizierten andere eine Psychose, ohne an deren Heilbarkeit zu glauben, wie Pinsker. Wieder andere, wie Wagner, entwickeln metaphysische Modelle von Erlösung durch Vernichtung.

---

518 Wagner 2017, S. 35–36.
519 Wagner 2004, S. 88.
520 Auch der Beginn des *Kommunistischen Manifests* von 1848 mag einen ironischen Kommentar zur Gespensterfrage darstellen: „Ein Gespenst geht um in Europa – das Gespenst des Kommunismus. Alle Mächte des alten Europa haben sich zu einer heiligen Hetzjagd gegen dies Gespenst verbündet, […]." Der Jude Karl Marx will „den Märchen vom Gespenst des Kommunismus ein Manifest der Partei selbst entgegenstellen" und dieses wird zugleich „in englischer, französischer, deutscher, italienischer, flämmischer und dänischer Sprache" veröffentlicht (hier zitiert nach der letzten von Marx und Engels besorgten Ausgabe von 1890, durch Gareth Stedman Jones herausgegeben und kommentiert; Jones 2012, S. 253). Die Vertreibung des Gespensts, so lässt sich ableiten, ist keine nationale, sondern eine internationale Sache. *Marx' Gespenster* sind 1993 durch Jacques Derrida der These vom ‚Ende der Geschichte' (Francis Fukuyama) entgegengestellt worden und haben so ein vieldiskutiertes Nachleben erfahren.

2 Heimatrecht

Heimat war über Jahrhunderte hinweg ein juristischer Begriff, dem eine konkrete Rechtspraxis entsprach – diese Vorgeschichte der modernen Heimatsemantik ist heute fast vollständig in Vergessenheit geraten. Bis zum Ende des 19. Jahrhunderts war die rechtliche Bedeutung im Alltagsverständnis aber noch präsent – schlicht deshalb, weil das Heimatrecht noch galt und weitreichende, oft existentielle Konsequenzen für die armen Bevölkerungsschichten barg. Die im Heimatrecht enthaltene rechtliche Heimatlosigkeit war etwa in der Schweiz ein brennendes soziales Problem. Das musste im Jahrhundert des sentimentalen Heimatbegriffs notwendig zu Reibungen führen und insbesondere die Literatur verfügt über Möglichkeiten, diese Reibungen produktiv zu machen.

Heimat bezeichnet im juristischen Sinn die kleinste dem Rechtssubjekt zuzuordnende räumlich-administrative Einheit, die eng mit den Regelungen des Armen- und Abschieberechts (des sogenannten ‚Schubwesens'), dem Recht auf Aufenthalt und Niederlassung und dem Eherecht zusammenhängt. Das Heimatrecht ist unteilbar, jeder Landeseinwohner kann also nur eine Heimat haben. Nur hier genießt er Aufenthaltsrecht.[1] Im eng ausgelegten Sinn begründet das Heimatrecht die Zuständigkeit einer Gemeinde für die öffentliche Armenfürsorge der Gemeindeangehörigen.[2] Das deutsche, österreichische und schweizerische Heimatrecht regelte neben dieser Zuständigkeiten auch das Recht zur Abschiebung von Bettlern, Straffälligen und ‚Ausländern' – als Ausländer galt bis 1866 auch der Hannoveraner in Preußen und bis 1871 der Bayer in Hessen.

Das Heimatrecht basiert im 19. Jahrhundert auf der Annahme einer weitgehenden Stabilität des Lebensortes. Es geht von der Erwartung aus, dass Geburts- und Aufenthaltsort identisch sind. Jeder Bedürftige erhält Fürsorge nur in der Heimat, jeder Straffällige darf von allen Gemeinden, die nicht seine Heimat sind, abgeschoben werden. Im gesamten 19. Jahrhundert gilt dieses Heimatrecht für weite Teile des deutschsprachigen Raums, es versagt aber unter den Bedingungen wachsender Mobilität zunehmend. Die sich verschärfenden Diskrepanzen von Recht und Lebensrealität werden aus juristischer Sicht rege diskutiert und führen

---

1 „Der Inhalt des Aufenthaltsrechts ist ein negativer: aus dem Bezirke der Gemeinde nicht weggewiesen zu werden. Ein polizeiliches Verbot des Aufenthaltes in einer Gemeinde darf sich nicht gegen den in ihr Beheimateten richten." Kutzer 1904, S. 46.
2 In diesem engeren Sinn wird das Heimatrecht daher teilweise als Recht auf Verpflegung im Falle der Verarmung verstanden. In Heinrich Zoepfls *Grundsätzen des gemeinen deutschen Staatsrechts* wird diese Definition gewählt: „das Recht auf Armenverpflegung im Falle der Verarmung für sich und seine Kinder (sog. Heimathsrecht im engeren Sinne)". Zoepfl 1863, S. 56.

∂ OpenAccess. © 2021 Anja Oesterhelt, publiziert von De Gruyter. Dieses Werk ist lizenziert unter der Creative Commons Attribution-NonCommercial-NoDerivatives 4.0 Lizenz.
https://doi.org/10.1515/9783110707847-005

zu zahlreichen Präzisierungen und Reformen, insgesamt aber scheitern die Versuche, das zahlreichen regionalen Sonderregelungen und einer widersprüchlichen Rechtspraxis unterliegende Heimatrecht einheitlich zu regeln. Erst zu Beginn des 20. Jahrhunderts – 1916, mitten im Ersten Weltkrieg – wird es im Deutschen Reich flächendeckend abgeschafft. Seitdem gilt der Grundsatz, dass für den Bedürftigen am Ort des tatsächlichen Wohnsitzes gesorgt wird; das Heimatrecht ist endgültig abgeschafft. In Österreich geschieht dies erst 1939, in der Schweiz besteht das Heimatrecht *de jure* bis heute, ist aber *de facto* von geringer praktischer Bedeutung.

Die rechtliche Dimension von Heimat und Heimatlosigkeit ist im 19. Jahrhundert Alltagswissen. In der *Allgemeinen deutschen Real-Encyklopädie* von 1845 oder in *Meyers Neuem Konversations-Lexikon* von 1867 befassen sich die Einträge zu ‚Heimat' ausschließlich mit der rechtlichen Bedeutung – eine emphatische oder auch nur semantisch offenere Bedeutung wird nicht einmal benannt.[3] Noch in *Brockhaus' Konversations-Lexikon* von 1893 hat sich das nicht geändert: „Die H. ist im Gegensatz zum faktischen Aufenthalt und andererseits zur Staatsangehörigkeit die rechtlich anerkannte und rechtlich wirksame Zugehörigkeit zu einer Gemeinde, auf welcher die kommunalpol. Rechte und Pflichten beruhen; [...]."[4] Diese Bedeutung habe der Begriff Heimat „bis in die neueste Zeit beibehalten".[5] Weiterhin wird auf den eigenen Artikel ‚Heimatrecht' verwiesen.

In Anbetracht des emphatischen Heimatverständnisses seit 1800 und seiner zunehmenden Sentimentalisierung in der Populärkultur des 19. Jahrhunderts muss diese Diskrepanz, muss dieses doppelte Alltagswissen um Heimat und Heimatlosigkeit auffallen. Wie eklatant die sentimentale Heimat-Topik und die rechtlich-administrative Bedeutung des Heimatbegriffs einander widersprachen, kann die Figur des heimwehkranken Schweizer Söldners zeigen. Einerseits ist sie ein zentraler zeitgenössischer Topos der sentimentalen Heimat- und Heimweherzählungen. Kaum eine Familienzeitschrift des 19. Jahrhunderts ohne eine Anekdote oder ein Gedicht über einen Schweizer Soldaten, der fern von der Heimat an unerklärlichem Heimweh stirbt und so die Kraft der Heimatliebe beweist.[6] Andererseits gehörten gerade die heimkehrenden Soldaten in der Schweiz

---

3 Vgl. Anonym 1845, S. 2 und Anonym 1867, S. 214.
4 Anonym: Heimat, 1893, S. 970.
5 Anonym: Heimat, 1893, S. 970.
6 Vgl. etwa einen entsprechenden Beitrag in der Zeitschrift *Unterhaltungen am häuslichen Herd*, Anonym: Schweizerheimweh, 1852. Schon im 17. Jahrhundert bindet die Medizin die Pathologie des Heimwehs an den hochalpinen Raum (und kommt zu teils abenteuerlichen Therapievorschlägen: Die Kranken sollten beispielsweise auf hohe Türme gestellt werden, vgl. Jaspers 2019) und belegt das Phänomen mit dem Namen *morbus helveticus*. Auch noch im 19. Jahrhundert ist

zu derjenigen Bevölkerungsgruppe, der das Heimatrecht und damit die Versorgung durch die Gemeinde entzogen wurde und die daher massiv von Heimatlosigkeit im rechtlichen Sinn bedroht war. Für das 18. Jahrhundert geht man von bis zu 500.000 Männern aus den ländlichen Unterschichten aus, die als Söldner für die Armeen Frankreichs, Spaniens, Venedigs, Savoyens, Roms, der Niederlande, Österreichs oder Preußens Dienst taten, um so temporär Arbeit und Auskommen zu erlangen.[7] Trotz verschiedener Beschränkungen war auch im 19. Jahrhundert der Kriegsdienst für fremde Mächte als Erwerbsmöglichkeit noch an der Tagesordnung, beispielsweise auch für England im Krimkrieg oder für das Königreich Neapel. Die längere Ortsabwesenheit nutzten Gemeinden teilweise, um sich der oft mittellos und nicht selten invalide Zurückkehrenden zu entledigen, indem sie ihnen ihre Heimatberechtigung wegen zu langer Abwesenheit aberkannten.[8]

Literarische Texte, die solche Widersprüche des Wissens um Heimat verarbeiten oder integrieren, finden sich ab den 1840er Jahren. Bezeichnenderweise hatte sich die schöne Literatur in der Phase der Emphatisierung von Heimat ab 1800 zunächst so gut wie an keiner Stelle auf das Heimatrecht bezogen, obwohl sich solch ein Bezug zeitgleich innerhalb anderer Textformen nachweisen lässt (so etwa in den pragmatischen Textsorten Justus Mösers, vgl. II.2.2). Erst in den 1840er Jahren spielt das Heimatrecht mit dem Einzug von realistischen Darstellungsweisen auch in literarischen Texten eine nennenswerte Rolle. Die literarische Neusemantisierung von Heimat ab den 1840er Jahren spiegelt sich also auch im Bezug auf den rechtlichen Aspekt von Heimat wider, wie die Hinwendung zu den ‚Realien' in Form des Heimatrechts bei zahlreichen Autoren von Berthold Auerbach über Fritz Reuter, Gottfried Keller, Adalbert Stifter und Hermann Kurz,

---

diese Verbindung in medizinischen Abhandlungen zu finden, beispielsweise in Julius Heinrich Gottlieb Schlegels Schrift *Das Heimweh und der Selbstmord* (1835), das im Anhang die Noten und Liedtexte von „Der Kuhreihn" und „Das Tyroler Heimweh" enthält. Die Übergänge zwischen medizinischem und literarischem Diskurs sind fließend. Schön ist die um 1800 einsetzende Sentimentalisierung des ursprünglich pathologisch aufgefassten Phänomens an Clemens Brentanos Bearbeitung eines Fliegenden Blattes für *Des Knaben Wunderhorn* zu sehen. In der Vorlage, „Zu Straßburg auf der Schanz", einem anonymen Text vom Ende des 18. Jahrhunderts, muss ein Deserteur sterben, der von den Franzosen zu den Preußen überlaufen wollte. In Brentanos Umarbeitung erhält der Text einen neuen Titel – „Der Schweizer" – und ein Motiv für die Desertion: ein Alphorn, dessen Klang beim Soldaten solches Heimweh auslöst, dass er dem inneren Zwang erliegt, heimwärts zu laufen, und kurz vor seiner Erschießung klagt: „Der Hirtenbub ist schuld daran, / Das Alphorn hat mir's angetan, / Das klag ich an." Das Lied wurde im weiteren 19. Jahrhundert mehrfach variiert, beispielsweise von Salomon Mosenthal, in dessen „Zu Straßburg auf der langen Brück'" dann der Begriff der Heimat mit dem Alphorn kombiniert auftritt. Zur Topik des heimwehkranken Soldaten und der medizinischen Vorgeschichte vgl. auch I.2.3.

7 Vgl. Meier/Wolfensberger 1998, S. 83.
8 Vgl. Meier/Wolfensberger 1998, S. 84.

Gottfried Kinkel, Wilhelm Heinrich Riehl und Robert Schweichel bis hin zu Wilhelm Raabe, Friedrich Gerstäcker und Clara Viebig zeigt. Selbst bei dem Bestsellerautor Ludwig Ganghofer, der mit seinen Romanen, Erzählungen und Theaterstücken an den populären Gleichungen von Einfachheit und Redlichkeit, Unverbildetheit und Glaube, Gesundheit und Heimatliebe maßgeblich mitschuf[9] (wenn auch das Ticket der Authentizität, mit dem Ganghofer so gut reiste, schon von Zeitgenossen in Frage gestellt wurde),[10] ist das Wissen um die rechtliche Dimension von Heimat allerorten zu finden.[11]

Das Heimatrecht hat innerhalb literarischer Texte ab den 1840er Jahren stets auch die Funktion, zeitgenössische Lebenswelt abzubilden, ‚realistisch' zu sein. Teilweise wird dabei die gesellschaftliche Realität einer Kritik unterzogen: Kritik am individuellen und institutionellen Umgang mit Armut und sozialer Ungleichheit, an der strukturell produzierten Ohnmacht insbesondere der Armen gegenüber dem Verwaltungsstaat und seinen Trägern. Auch die im Zusammenhang mit dem Heimatrecht stehenden Themen erstens der Abschiebung, zweitens der massenhaften Auswanderung, insbesondere nach Übersee, und drittens der Heimatlosigkeit von Minoritäten, die als Fremde im eigenen Land leben, basieren auf gesellschaftlichen Realitäten der Zeit, die auch eine juristisch-administrative Seite haben. Der kritische Impuls eines Teils der literarischen Texte knüpft dabei nicht nur an die soziale Realität an, sondern auch an die Widersprüche eines Heimatbegriffs, der sowohl eine sentimentale als auch eine rechtliche Semantik in sich birgt.

Die folgende Einführung in die rechtliche Semantik des Begriffs wird recht breiten Raum einnehmen, da eine neuere rechtshistorische Darstellung für

---

9 Die zeitgenössische Rezeption beschreibt Ganghofer und sein Werk oft als Gegensatz zur zerrissenen Gegenwart. Ganghofer sei „ein Dichter, dem alles Problematische fehlte, der wußte, was er wollte und was er konnte, und der froh und zuversichtlich seines Weges ging, ganz und gar nicht zerrissen, sondern hell und heil und gesund, aus seiner Heimat strömten immer von neuem die Kräfte in sein Werk". In diesem Sinn wird Ganghofer dann auch als Repräsentant des Deutschen verstanden, er sei „einer der deutschesten Dichter geworden, die sonnige Freude und der farbige Reichtum seiner Heimat, die in allen seinen Werken leuchten, [...] haben ganz Deutschland bezaubert"; Leyen 1925, S. 16–18.
10 Ein Rezensent des ganghoferschen Novellenbandes *Aus Heimat und Fremde* (1884) bemerkt, dass Ganghofers Ruhm wachse, je weiter die Leser vom angeblich authentisch geschilderten Schauplatz entfernt lebten. Nachzulesen in einem ausführlichen Zitat in der Ganghofer-Studie von Matthias Prangl, Prangl 1986, S. 71. Dass Ganghofers außergewöhnlicher Erfolg seine Ursprünge in Berlin hatte, geht auch aus Peter Mettenleiters Studie hervor; hier auch zur zentralen Rolle der *Gartenlaube* für die Verbreitung von Ganghofers Werk; vgl. Mettenleiter 1974, S. 367.
11 Die Waise Modei in *Der Jäger von Fall* (ursprünglich ein Volksstück, das dann in der Novellenfassung zu großer Popularität gelangte) meint ganz konkret ihren bei einem Brand verlorenen Hof, wenn sie sagt, sie habe weder Vater und Mutter noch Heimat (vgl. Ganghofer 1940, S. 134).

Deutschland bisher nicht vorliegt. Anders sieht das für die Schweiz und Österreich aus, hier sind mit der Studie des Autorenpaars Thomas Dominik Meier und Rolf Wolfensberger und der Studie Harald Wendelins zwei exzellente, Sozial- und Rechtsgeschichte miteinander verbindende Darstellungen entstanden,[12] die sich durch eine umfassende Aufarbeitung der Gesetzgebung und Rechtspraxis und deren soziale, ökonomische und politische Kontextualisierungen auszeichnen.

Für den Raum des späteren Deutschen Reiches liegen keine vergleichbaren Studien vor. Hier bieten die grundlegende und auch von zeitgenössischen Juristen als Standardwerk angesehene[13] Arbeit von Emil von Riedel aus dem Jahr 1868 (bis 1881 in verschiedenen Auflagen aktualisiert)[14] sowie die Arbeiten von Max Seydel und anderen zeitgenössischen Juristen immer noch die besten Quellen.[15] Diese beschränken sich, genau wie die zeitgenössischen Quellen zur K.-und-k.-Monarchie,[16] auf die rechtsdogmatische Kommentierung von Gesetzestexten, ohne dass die Kodifikationen auch im Hinblick auf ihre soziokulturellen Bedeutungen gelesen würden. Die Forschung weist seit den 1970er und 1980er Jahren auf die rechtshistorische Dimension von Heimat hin.[17] Zwei wichtige Aufsätze zum Thema Anfang der 1990er Jahre haben das Forschungsdefizit aufgezeigt[18] und in jüngerer Zeit sind sehr gute, allerdings regional oder zeitlich eingegrenzte rechts- und sozialhistorische Einzelstudien im Umfeld des Themas entstanden.[19]

Es ist angesichts der relativ geringen Aufmerksamkeit der Fachhistoriker für das Heimatrecht kaum verwunderlich, dass auch die historisch arbeitende Lite-

---

12 Vgl. Meier/Wolfensberger 1998 und Wendelin 2000.
13 Vgl. etwa Max Seydels Rezension der sechsten Auflage von Riedels Schrift. Seydel 1892, S. 256–258.
14 Im Folgenden wird nach der von Ludwig August von Möller überarbeiteten fünften Auflage zitiert, vgl. Riedel 1881.
15 Vgl. Seydel 1877; Seydel 1886; Seydel 1890; Seydel 1891.
16 Vgl. Swieceny 1861; Arailza 1889; Geller 1897; Giegl 1901; Langhoff 1920; Kanzian 1934.
17 Meist eher pauschale Hinweise auf die rechtliche Dimension von Heimat liefern kürzere Forschungsbeiträge der 1970er und 1980er Jahre. Für die Rechtswissenschaft vgl. Brintzinger 1981, S. 15; für die Volkskunde vgl. Greverus 1972, S. 28; Bausinger 1980, S. 13–14; für die Literaturgeschichte vgl. Jens 1985. Walter Jens datiert die Geltungskraft des Heimatrechts falsch: Es galt, entgegen seiner Darstellung, noch mehrere Jahrzehnte nach der „Mitte des neunzehnten Jahrhunderts". Jens 1985, S. 14.
18 Tiefergehend verfolgen die rechtsgeschichtliche Dimension erstmals Harm-Peer Zimmermann und Barbara und Werner Hartung Anfang der 1990er Jahre (vgl. Zimmermann 1991; Hartung 1991); Andrea Bastians Studie widmet dann 1995 ein ganzes Kapitel dem Thema (vgl. Bastian 1995).
19 Vgl. die volkskundliche Studie Eva Maria Lerches, die sich auf die westfälische bzw. preußische Situation des Heimatrechts im Zeitraum 1844–1891 fokussiert: Lerche 2009. Die Historikerin Beate Althammer stellt in einem aktuellen Aufsatz die Debatte um Heimatrecht und Unterstützungswohnsitz um 1871 dar, vgl. Althammer 2021.

raturwissenschaft dem Thema in der Regel keine Aufmerksamkeit schenkt. Das folgende Kapitel wird zeigen, dass es lohnend ist, es zu integrieren. In vielen Fällen gewinnt man so einen zeithistorisch interessanten Aufschluss auf der Ebene des Textkommentars, in anderen Fällen gibt sie einen hermeneutischen Schlüssel für das Textganze in die Hand – so in Kellers *Romeo und Julia auf dem Dorfe* –, und in wieder anderen Fällen wird sogar der Zugriff auf ganze Werkzusammenhänge eines Autors möglich, wie bei Auerbach.

Nach einer Einführung in die rechtliche Dimension von Heimat (II.2.1) wird diskutiert, mit welchem Gewinn sich auch die Literaturwissenschaft an der Rückeroberung dieses Wissens beteiligen kann (II.2.2). Dies wird für die Literatur zwischen den 1840er und 1910er Jahren anhand der Themenkomplexe Abschiebung (II.2.2.1), Auswanderung (II.2.2.2) und Heimatlosigkeit (II.2.2.3) ausgeführt. Nicht zufällig betreffen diese Themen fast immer nur die Ärmsten der Gesellschaft. Denn nur für den, der so arm ist, dass er sich selbst nicht ernähren kann, oder der wegen dieser Armut straffällig wird, ist das Heimatrecht relevant. Die Verfechter des Heimatrechts im 19. Jahrhundert betonen die Funktion der sozialen Bindung an die Heimatgemeinde und leiten daraus die Versorgungsfunktion der Gemeinde für die Armen ab. Ausgehend von der historischen Rekonstruktion der realen Rechtspraxis lässt sich aber das Heimatrecht mindestens ebenso plausibel als systematische Verweigerung von Versorgung beschreiben. Denn die Gemeinden waren unter ökonomischen Gesichtspunkten daran interessiert, ihre Versorgungsleistungen so gering wie möglich zu halten und also möglichst viele Versorgungsfälle abzuweisen. Die Verweigerung von Heimat gegenüber den Ärmsten seitens der Gemeindebürger ist somit eine historische Tatsache, die die ‚Bürgerlichkeit' von Heimat unter einem rechtlichen Aspekt zeigt: Heimat ist ein nicht nur sentimentales, sondern auch ökonomisches Gut, das im Zeitalter des Bürgertums (vgl. I.2.5) nicht zuletzt deswegen zunehmend an Relevanz gewinnt, weil es nicht mehr Adel und Klerus sind, die die Versorgungsverantwortung zu übernehmen haben, sondern Institutionen des bürgerlichen Staates: die Gemeinden, die Landesarmenhäuser, die Arbeitshäuser. Heimat ist eine reglementierte Ressource, die das Bürgertum besonders ‚nach unten' verteidigen muss. Literarische Texte zeigen das auf vielfältige Weise.

2.1 Heimat als Rechtsbegriff

Zur Vorgeschichte

‚Heimath' ist als Begriff seit dem 16. Jahrhundert in der Rechtssprache zu finden.[20] Häufiger werden bis zum 18. Jahrhundert die Begriffe ‚Domicilium', ‚Indigenat' ‚Zuständigkeit' oder ‚Zuständigkeitsobrigkeit' (in der Schweiz auch Bürgerort, Bürgergemeinde, Bürgerrecht) verwendet. Geregelt wurde mit allen diesen Begriffen die Zugehörigkeit der Landeseinwohner zu einer Gemeinde und die Zuständigkeit dieser Gemeinde im Fall von deren Hilfsbedürftigkeit.

Die sukzessive Ausbildung einer Armenunterstützungspflicht durch die Gemeinden ist eine gesamteuropäische Entwicklung, die sich zeitgleich um die Mitte des 16. Jahrhunderts auch in England und Frankreich vollzieht und mit den verschiedenen europäischen religiösen Reformationsbewegungen zusammenhängt, in deren Gefolge die Armenunterstützung schrittweise von der Kirche auf den Staat überging.[21] In den verschiedenen deutschsprachigen Räumen gibt es zahlreiche regionale Abweichungen, im Ganzen zeigt sich aber ein ähnliches Bild: Die Polizeiordnung des *Heiligen Römischen Reiches Deutscher Nation* von 1530 bestimmt, „daß auch die Oberkeit Versehung thue, daß eine jede Stadt und Commune ihre Armen selbst ernähren und unterhalten, und im Reiche nicht gestattet, Fremden an einem jeglichen Ort zu betteln".[22] Dabei geht es nicht um eine regelrechte ökonomische Unterstützung der Armen durch die Gemeinde und schon gar nicht um ein Recht auf solche Unterstützung,[23] sondern um eine Regelung, wo die Armen betteln dürfen und wo nicht. Die Armenunterstützungspflicht der

---

20 Das *Deutsche Rechtswörterbuch* verzeichnet im Artikel ‚Heimat' auch schon frühere Bedeutungen ab dem 12. Jahrhundert, die eingefriedetes Land oder im übertragenen Sinn die Umzäunung selbst meinen können, vgl. Anonym 1960. In der Rechtssprache kann Heimat bis ins 19. Jahrhundert auch den elterlichen Hof bedeuten, etwa im Zusammenhang mit der ‚Heimatzuflucht'. Hier handelt es sich um das für ein bis zwei Wochen geltende Zufluchtsrecht auf den elterlichen Hof für die weichenden Familienmitglieder in Notfällen; zunächst war dieses gewohnheitsrechtlich, seit Mitte des 19. Jahrhunderts durch Anerbengesetze gesetzlich geregelt. Vgl. den Artikel ‚Heimatzuflucht' im *Handwörterbuch zur deutschen Rechtsgeschichte*: Amend-Traut 2012.
21 Zur gesamteuropäischen Dimension vgl. Althammer 2014, S. 315.
22 Ordnung und Reformation guter Polizey von 1530, Ziff. XXXIV, in: Sammlung „Aller des heiligen römischen Reichs Ordnungen, gehaltener Reichßtäge und Abschiedt. gedruckt in der churfürstlichen Statt Meyntz durch Franz Behem im Jahre 1566", Thl. I, S. 234, hier zitiert nach: Riedel 1881, S. 2. In den späteren Reichspolizeiordnungen von 1548 und 1577 kehrt diese Bestimmung wieder.
23 „Allerdings wies diese Gemeindeangehörigkeit keinerlei Merkmale eines persönlichen Rechtes auf. Entsprechend dem polizeilichen Ursprunge jener Normen erschien die Gemeinde für solche Personen lediglich als polizeilicher Verweisungsort." Seydel 1886, S. 719.

Gemeinden besteht also zunächst darin, den eigenen bedürftigen Armen das Almosensammeln innerhalb ihres Bezirks zu gewähren; hinzu kommt die Versorgung der armen Kranken in den (allerdings rar gesäten) öffentlichen Spitälern. In Frage steht damit für die Städte und Kommunen, welche Armen sie als die ihnen Zugehörigen anzuerkennen haben, da das Almosen selbst nun zu einem reglementierten Gut wird.

Auch in der Schweiz gab es vergleichbare Verordnungen: 1551 wurde von der Tagsatzung der Alten Eidgenossenschaft festgelegt, dass jede Schweizer Gemeinde für ihre eigenen Armen aufkommen solle; dies bildete die Grundlage für die weitere Gesetzgebung im Bereich des Armenrechts.[24] Wurde ein Schweizer ‚armengenössig', also unterstützungbedürftig, war die Bürger- bzw. Heimatgemeinde bzw. der Bürger- bzw. Heimatort zuständig. Heimat- und Bürgerrecht sind in der Schweiz synonym.[25] Nur die vollberechtigten, alteingesessenen Bürger genossen die an diesen Ort geknüpften Rechte, dagegen waren die sogenannten Hintersassen und die sogenannten Heimatlosen ohne bürgerrechtlichen Status so gut wie vollständig rechtlos.[26]

In der Habsburgermonarchie legte die Polizeiordnung Ferdinands II. zuerst 1552 das später so genannte Heimatprinzip fest.[27] Es bezeichnet auch hier das Recht jedes Einheimischen auf Versorgung im Falle der Armut durch die heimische Gemeinde. Und auch hier gilt, dass sich nur sehr bedingt ein Anrecht des Einzelnen auf Versorgung durch die Gemeinde hinter dem Heimatrecht verbirgt, da es in der Entscheidungsbefugnis der Gemeinde lag, ob und in welchem Umfang den Bedürftigen geholfen wurde. Deutlicher tritt in der Rechtspraxis die Verfügungsgewalt des Staates über seine Mitglieder zutage, insofern das Heimatrecht Abschiebungen mittels des sogenannten ‚Schubwesens' legitimierte. Denn bis dato hatte grundsätzlich auch der Nichteinheimische Anspruch auf Versorgung, beispielsweise auf die Aufnahme in ein Armen- oder Krankenhaus, und durfte legal betteln. Ab diesem Zeitpunkt konnten arbeitsunfähige Arme, die bettelten, in die zuständige Gemeinde rücküberführt werden.

Die praktische Bedeutung der verschiedenen Heimatgesetzgebungen dürfte anfangs eher gering gewesen sein. Sozialfürsorge fand wohl kaum statt, da es noch keine definierte Versorgungspflicht der Gemeinden gab. Und die Bettelge-

---

24 So das *Historische Lexikon der Schweiz* im Artikel ‚Bürgerrecht', vgl. Schweizer 2011; Meier/Wolfensberger 1998 weisen auf einen vergleichbaren Tagsatzungsbeschluss schon von 1520 hin.
25 Vgl. Meier/Wolfensberger 1998, S. 98. Heimat- und Bürgerort bzw. -gemeinde sind in der Schweiz (bis heute) identische Begriffe. Zum Schweizer Heimatrecht vgl. auch den Artikel ‚Bürgerrecht' im *Historischen Lexikon der Schweiz*: Schweizer 2011.
26 Vgl. Meier/Wolfensberger 1998.
27 Vgl. Wendelin 2000, S. 181.

setzordnungen wurden vielfach unterlaufen: 1552 wurde etwa zugleich mit der Polizeiordnung Ferdinands II. festgelegt, dass Städte und Gemeinden Erlaubnisscheine für das Betteln außerhalb ihres Herrschaftsbereichs ausstellen durften,[28] auch die bayerische Gesetzgebung sah die Befugnis für arme Gemeinden vor, die Armen mit einer entsprechenden Urkunde ausgestattet abzuschieben und so de facto auch das Betteln in anderen Gemeinden zu ermöglichen.[29] Der Beginn der Heimat-Gesetzgebung kann als Beginn der Verstaatlichung der Sozialfürsorge gelten, weil Armut nicht mehr an christliche private Wohltätigkeit, sondern – wenn auch zunächst nur auf dem Papier – an staatliche Fürsorge verwiesen wird. Wichtig für die aus dem Heimatrecht hervorgehenden Konflikte und sozialen Verwerfungen ist, dass diese staatliche Fürsorge nicht zentral, sondern lokal von den Gemeinden geregelt wird.

Im Lauf des 17. und 18. Jahrhunderts werden die Regelungen zur Gemeindezugehörigkeit, zum Betteln, zur Abschiebung und zur Fürsorge immer weiter präzisiert; die Administration gibt sogenannte Heimatscheine aus, die das Heimatrecht bezeugen.[30] Exemplarisch sei dies an der bayerischen Landesgesetzgebung gezeigt. Die Landesgesetzgebung von 1616 unterscheidet zwischen fremden (also nicht-bayerischen) und inländischen (also bayerischen) Bettlern. Die fremden sollen „gefänglich eingezogen, ausgeschafft, und für den Fall der Wiederkehr strengstens bestraft werden".[31] Nur den „Innlendern und Innwohnern", welche wegen Alter, Krankheit oder anderer Gebrechen arbeitsunfähig sind, ist das Almosensammeln gestattet, allerdings nur an dem Ort, wo sie „geboren seynd oder bisher lang ihre Wohnung gehabt".[32] In der Polizeiordnung von 1616 taucht der Begriff der Heimat in Zusammenhang mit dem Abschieberecht der Gemeinden auf: Alle ‚müssig gehende' Leute, „die nicht Haimat noch sich von den ihrigen zu unterhalten haben",[33] sollen ‚ausgeschafft' und wie Bettler behandelt werden, sofern sie nicht zur Arbeit zu bewegen seien.[34] Die bayerische Bettelordnung von 1726 präzisiert, dass Ausländer nach zehnjährigem Aufenthalt den Inländern

---

28 Bis ins 19. Jahrhundert war diese legale Umgehung der Pflicht der Gemeinden zur Armenversorgung oft geübte Praxis – auch wenn sie Mitte des 18. Jahrhunderts offiziell verboten wurde. Vgl. Wendelin 2000, S. 184.
29 Vgl. Riedel 1881, S. 3.
30 Genaueres zu Heimatscheinen vgl. Kutzer 1904.
31 Landrecht, Policey-, Gerichts-, Malefitz- und andere Ordnungen der Fürstenthumben Obern- und Niedern Bayern. München 1616. Bayer. Landes- und Polizeiordnung von 1616, Buch V, Tit. V, Art. 1 und 2, zitiert nach Riedel 1881, S. 3.
32 Tit. V, Art. 3, zitiert nach Riedel 1881, S. 3.
33 Buch IV, Tit. XI, Art. 3, zitiert nach Riedel 1881, S. 3.
34 Buch IV, Tit. V, Art. 3, zitiert nach Riedel 1881, S. 3.

gleichgestellt seien.[35] Der *Codex Maximilianeus Bavaricus Criminalis* verordnet 1751, dass ausländische Bettler, „wenn sie im Lande nicht geboren oder erzogen worden, oder sonst das Domicilium nicht ersessen haben" – hier ist der zehnjährige Aufenthalt gemeint –, das erste Mal „gegen geschworner Urfehd und Aufbrennung des Buchstabens B"[36] ausgewiesen, im Wiederbetretungsfall aber hingerichtet werden sollen. Inländische Bettler, die nicht innerhalb ihrer Gemeinde betteln, sind „an ihr Geburtsort anzuweisen",[37] bei Wiederholung unter Leibeszüchtigung für ein Jahr ins Arbeitshaus zu liefern.[38] Wer an Nichteinheimische Almosen gibt, muss eine Strafe von 40 Reichstalern bezahlen.[39] Im bayerischen Landrecht von 1756 (*Codex Maximilianeus Bavaricus Civilis*) finden sich weiterhin folgende Bestimmungen zum Domicilium: Keine freie Wahl des Domizils haben Leibeigene, Kinder und unverheiratete Frauen (die sich unter väterlicher Gewalt befinden), Ehefrauen (die sich unter der Gewalt des Ehemannes befinden) und Gefangene. Alle anderen Personen können abgesehen vom Domicilium qua Geburt auch ein neues Domizil erlangen, etwa durch den Erwerb eines Bürgerrechts, das durch Ratifikation der Staatsbehörde und Erstattung einer Bürgeraufnahmegebühr erteilt werden kann, sofern der Bewerber eigenen Besitz und die Fähigkeit, sich und seine Familie zu ernähren, nachweisen kann.[40] Demnach kann nur der Besitzende ein neues Domizil erlangen, der Nichtbesitzende hingegen nicht.[41] Hat der Vater kein *domicilium fixum*, ist als Domizil der Kinder deren Geburtsort festgeschrieben. Eine Veränderung des Domizils muss immer bewiesen werden, das frühere Domizil geht erst durch den förmlichen Erwerb eines neuen, niemals durch bloßen Aufenthalt an einem anderen Ort verloren.

In den bayerischen Bettelmandaten von 1770 und 1780 ist festgehalten, dass ausländische Bettler auszuweisen und zu bestrafen seien, die inländischen sich innerhalb vierzehn Tagen an ihren Geburtsort oder rechtmäßiges Domizil begeben müssten. „Die über das ursprüngliche Aufenthaltsort vielfältig entstandenen Zweifel" werden dahingehend erläutert, „daß unter dem Domicilio originario nicht sowohl der Ort, wo man geboren ist, als vorzüglich der Ort, wo der Vater domicilirt war, verstanden ist, und sich dieses domicilii Jedermann zu erfreuen

---

35 Bettelordnung von 1726, § 20, hier nach Riedel 1881, S. 7.
36 Beide Zitate Cod. Max. crimin. Th. I, Cap. XI, § 1, hier zitiert nach Riedel 1881, S. 7–8.
37 Cod. Max. crimin. Th. I, Cap. XI, § 4, hier zitiert nach Riedel 1881, S. 8.
38 Vgl. Riedel 1881, S. 8.
39 Vgl. Riedel 1881, S. 8, § 6.
40 Landrecht Th. V, Cap 25, § 6, vgl. Riedel 1881, S. 9.
41 Vgl. Riedel 1881, S. 13. Nach Riedels Auslegung treten die Heimatrechte sofort nach Erwerb der Bürgerrechte in Kraft und nicht erst nach Ablauf von zehn Jahren oder einer anderen Frist.

hat, bis er gleichwohl in einem andern Ort ein Domicil gemäß der Rechten und Landesgesetzen erlangte." Es habe daher „keine Gemeinde – noch minder eine Obrigkeit – Jemanden das domicilium originarium zu verweigern, der nicht rechtmäßiger Weis anderer Orten eins erhalten, wenn er schon 10, 20 und noch mehre Jahre von seinem ursprünglichen Aufenthaltsort abwesend gewesen".[42] Was hier positiv formuliert eine Pflicht der Gemeinde ist, das Heimatrecht auch an Personen zu vergeben, die möglicherweise nie in dieser Gemeinde gelebt haben (denn es gilt das Domizil des Vaters, wenn nicht ein eigenes Domizil erworben wurde), bedeutet negativ formuliert, dass ein in Armut Gefallener von einer Gemeinde abgeschoben werden kann, in der er über zwanzig Jahre gelebt, aber aus ökonomischen Gründen nicht die Bürgerrechte erworben bzw. sich ansässig gemacht hat.

In den Bettelmandaten findet sich auch eine genaue Festschreibung für den Umgang mit Findelkindern, unehelichen Kindern, Dienstboten. Für Letztere gilt etwa, dass eine Gemeinde erst dann für sie versorgungspflichtig wird, wenn sie zwanzig (1770) bzw. fünfzehn (1780) Jahre in dieser Gemeinde Dienste geleistet haben, da sie erst dann zu ihrem rechtmäßigen Aufenthaltsort geworden sei. Tagelöhner also, die nicht in regelmäßigem Dienst standen, haben nach gleicher Aufenthaltsdauer diesen Ort nicht zu ihrem rechtmäßigen Aufenthaltsort gemacht und demnach auch keinen Anspruch auf Versorgung.[43]

Abweichend vom älteren Recht wird den Gemeinden im Lauf des 18. Jahrhunderts insgesamt eine explizitere Verbindlichkeit zur Armenfürsorge auferlegt. Alle Armen, die wegen Alters oder anderer Gebrechen nicht arbeiten können, sind demnach genauso wie Arme, die von ihrer Arbeit nicht die ganze Familie ernähren können, zu unterstützen. Arme arbeitsfähige Kinder sind zur Arbeit anderswo unterzubringen.[44]

In der Schweiz des 18. Jahrhunderts hat die Heimatgesetzgebung die eklatantesten negativen Auswirkungen für die Ärmsten. Denn in der Schweiz war der Entzug des Heimatrechts ein probates Mittel der Strafe; die rechtliche Heimatlosigkeit großer Bevölkerungsgruppen wurde so zu einem strukturellen Problem, das bis zu zehn Prozent der Bevölkerung einer Gemeinde betreffen konnte.[45] Der fehlende bürgerrechtliche Status der Heimatlosen betraf sämtliche politische,

---

42 Beide Meyer's Generaliensammlung von 1784, Bd. II, S. 948, Ziff. 6 und Ziff. 7, hier zitiert nach Riedel 1881, S. 10.
43 Vgl. Meyer's Generaliensammlung von 1784, Bd. II, S. 948, Ziff. 9.
44 Vgl. Meyer's Generaliensammlung von 1784, Bd. II, S. 948, Ziff. 15 und 16, vgl. Riedel 1881, S. 11.
45 Vgl. Meier/Wolfensberger 1998. In manchen Schweizer Gemeinden waren noch im 19. Jahrhundert bis zu zehn Prozent der Bevölkerung heimatlos – Nicht-Sesshafte, Obdachlose und schlicht Arme ohne entsprechenden Nachweis: Für diese war niemand zuständig.

soziale und ökonomische Rechte des Individuums: Das Recht auf Niederlassung und gewerbliche Betätigung, auf Armenunterstützung, auf Besitz immobiler Güter, auf Eheschließung war Heimatlosen verwehrt. Heimatlosigkeit und vagierende Lebensweise standen aufgrund dieser Regelungen in kausalem Zusammenhang.[46] Denn ohne Bürgerrechte wurden die Heimatlosen in der Regel in die Nicht-Sesshaftigkeit getrieben, so wie andersherum Nicht-Sesshaftigkeit in der Regel die rechtliche Heimatlosigkeit nach sich zog.[47]

Heimatlosigkeit war in der Schweiz daher zum überwiegenden Teil ein Produkt der Gesetzgebung selbst. Die Strafnorm der Aberkennung des Heimatrechts war im Eherecht, im Armenrecht und in der konfessionellen Gesetzgebung enthalten; ferner wurden beispielsweise Desertion, Hochverrat und politische Verschwörung mit Heimatrechtsverlust bestraft. In einem Gutachten der Berner Almosenkammer aus dem Jahr 1744 werden nach Maßgabe der Entstehungsgründe folgende Personengruppen als Heimatlose aufgeführt:

1) Diejenigen, welche wegen Nichtbezahlung von Einzuggeldern, wegen langer Abwesenheit, wegen Negligenz oder auch wegen Verbrechen der Eltern und Verbannung derselben in den Städten und auf dem Lande ihr Heimatrecht verloren und nicht als Angehörige anerkannt und gehalten werden.
2) Die Proselyten und ihre Nachkommen, diejenigen, welche Naturalisationsbriefe erhalten, nicht aber ein Burger- oder Gemeinderecht, die französischen und pragellanischen Religionsflüchtigen oder Refugirten und deren Nachkommen, die sich nirgends verburgrechtet.
3) Uneheliche, deren Mütter fremde, unbekannte, oder weggezogenen Menschen als Väter angaben und die nach der ältern Chorgerichtssatzung heimat- und vaterlos wurden.
4) Fündeli (Findelkinder) und die sozusagen ewigen Heimatlosen und solche, deren Voreltern vielleicht auch von ausgesetzten Kindern herstammten.[48]

Deutlich wird im Punkt „Proselyten und ihre Nachkommen", dass Heimatlosigkeit und Konfessionskampf in der Schweiz zusammenhängen. Mit Verbreitung der Reformation im 16. Jahrhundert wurde das Heimatrecht als Mittel im Kampf um Konvertiten eingesetzt. Die reformierten Kantone sicherten den Konversionswilligen die vollen Bürgerrechte zu, die katholischen bewilligten ihnen in der Regel lediglich den Aufenthalt. Alle katholischen und ein Teil der reformierten Kantone bestraften eine Konversion in die ‚falsche' Richtung mit Heimatrechtsverlust. 1803 setzten die konfessionell begründeten Vertreibungen nach der kurzen, Religi-

---

46 Vgl. Meier/Wolfensberger 1998, S. 33.
47 Vgl. Meier/Wolfensberger 1998, S. 33.
48 Geiser 1894, S. 247.

onsfreiheit garantierenden Unterbrechung der Helvetik wieder ein.[49] Konvertiten verloren in der Regel wieder ihre Heimatberechtigung.

Deutlich wird außerdem, dass sich Heimatlosigkeit auf die Nachkommen vererbt. So resultiert das manifeste Problem einer ganze Familienverbände umfassenden Heimatlosigkeit Mitte des 19. Jahrhunderts aus Heimatsrechtsverlusten, die im 17. und 18. Jahrhundert eingetreten waren und von da an weitervererbt wurden. Im 19. Jahrhundert enthielt das Armenrecht nur noch wenige Bestimmungen, die direkt zu einer Aberkennung des Heimatrechts führten.[50] Aber das Folgeproblem des vererbten Heimatverlusts war trotzdem so groß wie nie zuvor.

Heimatrecht im 19. Jahrhundert

Mit Beginn des 19. Jahrhunderts hat sich ein Verständnis des Staates herausgebildet, nach dem der Staat einerseits die Verantwortung für seine Einwohner übernimmt, andererseits auch jeder Arme in die Verantwortung genommen wird, arbeitsam zu sein und folglich dem Staat nicht zur Last zu fallen.[51] Sozialpolitik und Monopolisierung der Staatsgewalt gehen Hand in Hand.[52] Privatwohltätigkeit

---

49 Meier/Wolfensberger 1998, S. 35.
50 Vgl. Meier/Wolfensberger 1998, S. 69.
51 Vgl. Wendelin 2000, S. 189 und Kaschuba 1988, insbesondere das Kapitel „‚Armenhülfe‘: Arbeitserziehung als neue Sozialpolitik", S. 114–122.
52 Dies könnte auch erklären helfen, warum der Staat dieses – bezogen auf die Betroffenen – ineffiziente und nicht selten inhumane System so lange aufrechterhielt. Nicht primär Sozialpolitik, sondern der Erwerb von demographischen Informationen ist das handlungsleitende staatliche Interesse, so die These von Wendelin 2000, S. 228. Schon ab der zweiten Hälfte des 18. Jahrhunderts verlangten die Landesfürsten Zugriffsrechte auf die Kirchenbücher. Das Konskriptionswesen, also die systematische Volkszählung, entsteht, nachdem sich ab 1770 die Heere nicht mehr aus der Anwerbung von Soldaten, sondern der allgemeinen Militärpflicht aller männlichen Untertanen rekrutierten. Um einen Überblick über die Militärpflichtigen zu schaffen, wird 1781 das Konskriptionssystem eingeführt. Das Konskriptionspatent von 1804 erhob dann bereits nicht nur Militärpflichtige, sondern alle Einwohner; zugleich wurden erstmals Ortstafeln (auf denen Orts- und Kreisname und Bezirksnummer stehen sollten) und Hausnummern eingeführt, 1857 gab es die erste Volkszählung (vgl. Wendelin 2000, S. 191–194). Die Bestimmungen des Konskriptionspatents von 1804 wurden herangezogen, um strittige Fragen des Heimatrechts zu klären, denn hier wurde explizit festgelegt, wer als einheimisch und wer als fremd zu gelten hatte (vgl. Wendelin 2000, S. 194). „Erst die Bestimmungen des Heimatrechtes normierten jene Kriterien, die es erlaubten, eine systematische Unterscheidung zwischen Einheimischen und Fremden zu treffen. Eine Abschiebung war stets die Umsetzung heimatrechtlicher Normen, die in der Zuweisung des Attributs ‚fremd' mündete. Im bürokratischen Diskurs wurde der Schub nicht als Strafe verstanden, er sollte vielmehr ein Mittel darstellen, Individuen an jenen Ort zu transportieren, den die heimatrechtlichen Bestimmungen als ihre Heimat definierten." Die rechtliche Definition von einheimisch und fremd unterscheidet sich kategorial von der heutigen, die le-

spielte gegenüber der öffentlichen Armenpflege eine untergeordnete Rolle;[53] dasselbe gilt für die sogenannte Heimatfremdenfürsorge der Kirche.[54] Für den gesamten deutschsprachigen Raum des 19. Jahrhunderts kann aus unterschiedlichen Gründen von einer Zuspitzung der mit dem Heimatrecht verbundenen administrativen Hürden und sozialen Verwerfungen gesprochen werden. Das Hauptproblem ergibt sich daraus, dass die ans Heimatrecht geknüpfte Armenfürsorge auch unter den neuen, in diesem Umfang bisher unbekannten Mobilitätsbedingungen Sache der Gemeinden bleibt, auch in allen anderen westeuropäischen Staaten.[55] Die Konsequenzen des zunehmend dysfunktionalen Heimatrechts werden unter den Bedingungen einer rasant wachsenden Bevölkerung auch schlicht quantitativ spürbar. Legt man die Grenzen des Deutschen Reiches von 1871 zugrunde, so lebten 1816 auf diesem Gebiet vierundzwanzig Millionen Menschen, 1875 waren es dreiundvierzig und 1910 fünfundsechzig Millionen.[56] Diese zunehmende Menge von Menschen musste immer mobiler werden, um den Anforderungen eines sich wandelnden Arbeitsmarktes zu genügen, blieb aber durch ein anachronistisches Heimatrecht gebunden, das Versorgung nur an einem Herkunftsort bot, der längst verlassen wurde.

Schon in der ersten Hälfte des 19. Jahrhunderts verändern sich die Migrationsbedingungen für die armen Bevölkerungsschichten durch die sukzessive Aufhebung der Leibeigenschaft, die sich in weiten Teilen des deutschsprachigen Raums im ersten Drittel des Jahrhunderts vollzieht. Sehr viel früher verlor die Leibeigenschaft in der Schweiz (offiziell wurde sie 1789 abgeschafft, war aber schon seit dem 17. Jahrhundert *de facto* keine Praxis mehr)[57] und in Österreich (1782 wurde sie für ganz Österreich aufgehoben, für einzelne Landesteile schon

---

diglich auf Staatsgrenzen Bezug nimmt. „Je größer der Raum wurde, innerhalb dessen man zu den Einheimischen gezählt wurde, desto weiter war die Konsolidierung des Herrschaftsraumes fortgeschritten." Beide Zitate Wendelin 2000, S. 175.
53 Vgl. Sachße/Tennstedt 1980, S. 222–244.
54 Die sogenannten ‚Herbergen zur Heimat', 1854 initiiert durch Clemens Perthes, „waren eine Einrichtung der Inneren Mission" und ursprünglich für reisende Handwerksburschen gedacht, enwickelten sich aber zunehmend zu „Fürsorgestätten für Wanderarme" (Mahling 1928, Sp. 1765). Die Idee der sogenannten ‚Arbeiterkolonien' und ‚Heimatkolonien' zur Resozialisierung Nicht-Seßhafter geht auf Wilhelm von Bodelschwingh zurück, wobei erstere kurzfristigere, letztere längerfristige Aufenthalte ermöglichten: „An die Arbeiterkolonie schließt sich die eine oder andere Heimatkolonie an zu längerem Aufenthalt für die, die draußen im Leben allein für sich nicht mehr fortkommen können" (Mahling 1928, Sp. 1767).
55 Zur gesamteuropäischen Dimension vgl. Althammer 2014, S. 315.
56 Vgl. Helbich 1985, S. 16.
57 Vgl. den Artikel ‚Bürgerrecht' von Rainer J. Schweizer im *Historischen Lexikon der Schweiz*: Schweizer 2011.

weit früher) ihre Bedeutung; auch in Bayern wurde die Leibeigenschaft bereits 1783 aufgehoben. Der Großteil des später im Deutschen Reich aufgehenden Gebietes erlebte die Aufhebung der Leibeigenschaft aber erst nach der Jahrhundertwende: 1808 Westfalen, 1810 Preußen, 1813 Hessen, 1817 Württemberg, 1822 Mecklenburg, 1832 Sachsen, 1833 Hannover. Die Befreiung der Leibeigenen bedeutete auch eine Befreiung der Herrschaft von der Versorgungspflicht. Die Gemeinden mussten nun diese Versorgung übernehmen – das bildet noch den Erzählhintergrund für Marie von Ebner-Eschenbachs *Gemeindekind* (1887). Allerdings wird die sogenannte Ansässigmachung, also Niederlassung, von vielen Gemeinden verhindert, so dass gerade die Armen zwar theoretisch frei in ihrer Mobilität waren (sofern das Freizügigkeitsrecht schon galt),[58] sich *de facto* aber nirgendwo ansiedeln konnten.

Ernst Moritz Arndt, dessen Vater selbst Leibeigener war, schlägt 1803 in seiner Schrift gegen die Leibeigenschaft mit Blick auf die Folgen der Freiheit verschiedene Vorgehensweisen vor, um eine unkontrollierte Mobilität zu verhindern, etwa, nur eine bestimmte Anzahl von Umzügen zuzulassen oder die Freilassung der Leibeigenen progressiv durchzuführen.[59] In Mecklenburg, auf das sich Arndts Schrift bezieht, kam es nach Abschaffung der Leibeigenschaft 1822 tatsächlich zu einer objektiven Verschlechterung der Situation der befreiten Bauern, weil die Versorgung durch die ehemaligen Herrschaften wegfiel, ohne dass das Niederlassungsrecht angepasst wurde. Das Fehlen des sogenannten Freizügigkeitsrechts (freie Niederlassungswahl) verhinderte, dass die Bauern wirtschaftliche Selbständigkeit erlangen konnten.[60]

Zum Massenphänomen wird die Binnenmigration in den späten 1860er Jahren und bleibt es bis zum Beginn des 20. Jahrhunderts; sie gilt als die größte Massenbewegung der deutschen Geschichte überhaupt.[61] „Heimatlosigkeit wurde

---

58 Zum Freizügigkeitsrecht vgl. Klippel/Dehmer 2006 und Hitzer 2016; hier ab S. 274 auch zum sogenannten Heimatprinzip.
59 „Manche Dienstleute würden auch, in der ersten Luft und Ungewohnheit der Freiheit, wohl alle Jahre anfangs den Ort verändern, und also den Herren manche Verlegenheiten und Unbequemlichkeiten verursachen. Hier müsste nun durch gute Polizeiordnungen verfügt werden, z. B. daß die Arbeiter in den ersten 10, 20 Jahren der Freiheit etwa alle 2, 3 Jahre nur umziehen dürften; daß in den Gegenden, wo man vorzüglich Mangel an Leuten fürchten müßte, die Freilassung etwa mehr progressive geschähe und nicht auf einmal, daß man, wie in anderen Ländern geschehen ist, nach den verschiedenen Altern Termine von 5, 10, 15 Jahren setzte, wo sie erst die volle Freiheit ansprechen könnten, damit die Besitzer Zeit hätten Einrichtungen zu treffen, um die Leute durch Wohlthaten und durch Hoffnungen für die Zukunft fest zu halten." Arndt 1803, S. 266–267.
60 Vgl. Koch 1997, S. 79–85; Pade 2004, S. 61–75, Verweis aufs Heimatrecht S. 62.
61 Vgl. Köllmann 1976, S. 9.

Signatur der Epoche", fasst Michael Stürmer zusammen.[62] Die ländliche Abwanderung in die Städte führte dazu, dass 1907 von 60,4 Millionen im Deutschen Reich Geborenen 29 Millionen, also 48 Prozent, außerhalb der Gemeinde ihrer Geburt lebten.[63] Weniger bekannt ist, dass die Migration in zwei Richtungen verlief: Die Arbeitssuchenden zogen in die Städte, die nicht mehr Arbeitsfähigen und Versorgungsbedürftigen zogen zurück aufs Land, wenn sie Fürsorge in Anspruch nehmen mussten. Der preußische Verwaltungsjurist Gustav von Bonin stellt schon 1855 fest, dass die Städte vom Land „in der Mehrzahl der Fälle nur solche Personen an sich" ziehen, „die noch in voller Kraft stehen, vollständig arbeitsfähig sind für alle Arten von Arbeiten". Was, so fragt er, „geben sie dem Lande zurück? Nur das, was sich in den Städten nicht halten kann, verbrauchte Kräfte, heruntergekommene Handwerker, Krämer u. dgl."[64] Der Gründerkrach von 1873 potenzierte diese Situation: Ein Heer von Erwerbslosen wurde freigesetzt, die teilweise in den Heimatgemeinden nicht mehr aufgenommen wurden und so zu den rechtlich Heimatlosen zählten.[65]

Für die Habsburgermonarchie liegen dank einer speziell sich den Auswirkungen des Heimatrechts widmenden Studie von Silvia Hahn statistische Daten vor, die die rasanten Entwicklungen in der zweiten Jahrhunderthälfte deutlich zeigen. In Niederösterreich (inklusive Wien) schnellte der Bevölkerungsanteil ohne Heimatrecht am Aufenthaltsort von 20 Prozent im Jahr 1851 auf 60 Prozent im Jahr 1900 in die Höhe, in Oberösterreich in demselben Zeitraum von 5 Prozent auf 57 Prozent, in Böhmen von 5 Prozent auf 56 Prozent.[66] In den Städten ist der Anteil der Bevölkerung ohne Heimatrecht teilweise noch höher: In Graz liegt er im Jahr 1869 bei 64,3 Prozent und im Jahr 1900 bei 80,8 Prozent, in Prag in denselben Jahren erst bei 64,3 Prozent und dann bei 79,3 Prozent, in Marburg (Steiermark) erst bei 68,7 Prozent, dann bei 89,7 Prozent.[67]

---

62 Stürmer 1994, S. 60.
63 Vgl. Sachße/Tennstedt 1980, S. 195; hier mit weiteren Quellen.
64 Alle zitiert nach: Sachße/Tennstedt 1980, S. 195.
65 „Die Gemeinde, die alte Heimat, war unwiederbringlich dahin, und die städtischen Ballungszentren boten einstweilen ein Bild von Armut, Elend und Verwahrlosung, das kaum Heimat genannt werden konnte. Hier wurde offenkundig, daß Industrie und Markt nicht Harmonie und Wohlstand für alle hervorgebracht hatten, sondern eine bedrohliche Spaltung der Gesellschaft, eine neue gesellschaftliche Unterschicht, die die Angst des Bürgertums vor Aufruhr und Chaos geradezu neurotisch reizte." Sachße/Tennstedt 1980, S. 15.
66 Vgl. Hahn 2005, S. 30. Hahn erstellt auf Grundlage der Volkszählungsergebnisse und anderer statistischer Daten differenzierte Datentabellen zum Thema.
67 Vgl. Hahn 2005, S. 33.

Das Heimatrecht steht auch im Zusammenhang mit der Migration nach Übersee, insofern die Auswanderer ihr Heimatrecht teilweise durch die Auswanderung verloren.⁶⁸ Die deutsche Auswanderung nach Amerika begann gegen Ende des 17. Jahrhunderts. Aber erst das Hungerjahr 1816/17 brachte in Deutschland eine erste quantitativ relevante Auswanderungswelle in Südwestdeutschland hervor, die folgenden Wellen breiteten sich dann bis Mitte der 1850er Jahre auf ganz Deutschland aus (wenn auch regional weiterhin sehr unterschiedlich). Die schlechten lokalen Wirtschaftsbedingungen sind der Hauptanlass für die Auswanderung: der Niedergang der Heimgewerbe infolge maschineller Konkurrenz, Missernten und steigende Lebensmittelpreise. Von den geschätzten fünfzig Millionen Menschen, die im Verlauf des 19. Jahrhunderts aus Europa emigrierten, stammt ein großer Teil aus deutschsprachigen Gebieten. Im Zeitraum zwischen 1820 und 1920 verließen 5,5 Millionen Auswanderer allein mit dem Ziel USA jenes Gebiet, das 1871 das Deutsche Reich bildet (vgl. auch das Kapitel ‚Heimat und Fremde als Erfahrung von Migration' in I.2.4).⁶⁹

Die Migration hat viele Gesichter; ob es sich aber um Auswanderung in andere Länder, um Binnenmigration vom Land in die Städte oder nur von einer Gemeinde in die Nachbargemeinde handelte, ist für Fragen des Heimatrechts nebensächlich, da nicht die einzelnen Länder und Staaten, sondern die Gemeinden für das Heimatrecht zuständig waren. Es sei leichter, in Heimatrechtsstreitigkeiten zwischen Mecklenburg und einem fremden Staat zu einem Ergebnis zu kommen, als innerhalb der verschiedenen Landesteile Mecklenburgs, heißt es bei Fritz Reuter.⁷⁰ Auch in der Schweiz funktioniert das föderale Kantonswesen nicht nach dem solidarischen Prinzip, jedenfalls nicht in Bezug auf die Ärmsten. In einer Ausgabe des *Schweizer Boten* von 1837 findet sich folgende Zeitungsnotiz:

Wie lange wird wohl noch in unserm schönen, freien, glücklichen Vaterlande jene unglückliche Menschenklasse der Heimathlosen herum irren müssen? Wie lange wird sie noch von Kanton zu Kanton gepeitscht werden, auf die unmenschlichste, grausamste Weise? – Ein neues Beispiel dieser unserer Barbarei und Unbarmherzigkeit gegen diese unsere Mitmenschen kam mir vor kurzem wieder zu Gesicht. Ein etwa 14 Jahre altes, heimathloses Mädchen traf ich, das an einem häßlichen Nasenkrebse leidet, welcher schon einen Theil dieses Ge-

---

68 Württemberg erließ 1816 ein Rückkehrverbot für Auswanderer und war in den Folgejahren mit den dennoch zurückkehrenden, gescheiterten Auswanderern mit dem Problem der Heimatlosigkeit dieser Bevölkerungsgruppe konfrontiert, vgl. Behringer 2015, S. 213–215.
69 Vgl. Bade 2003; Plaß 2016.
70 „[...] denn Mecklenburg scheidet sich in drei Landesteile, großherzogliches Domanium, Ritterschaft und Städte, die unter sich vice versa die Heimatsgesetzgebung energischer aufrecht erhalten, als dies sogar einem fremden Staate gegenüber geschieht [...]." Reuter: Ein Heimatloser, 1904, S. 28.

bildes [sic] zerstört hat und anfängt sich auf der Lippe auszubreiten. [...] Ich fragte sie, warum sie nicht suche in ein Spital zu kommen, um sich heilen zu lassen? Ach, weinte sie, ich bin heimathlos und in keinem Kanton geduldet. An vielen Orten suchte ich vergebens Hilfe. Aus Bern, Aarau, Basel, Zürich und Luzern wurde ich vertrieben, man drohte sogar bisweilen mich wegprügeln zu lassen, wenn ich den Kanton nicht sogleich verlasse.[71]

Für das Gebiet zwischen Mecklenburg und der Schweiz gilt: Das Heimatrecht wird nicht angemessen an die geänderten Rahmenbedingungen einer immer mobiler werdenden Bevölkerung angepasst. Immer wieder wird um eine einheitliche Regelung gerungen, doch vergeblich.[72] Selbst eine systematische Darstellung der herrschenden Rechtslage ist aufgrund der widersprüchlichen regionalen Gesetzgebungen und vielfältigen Änderungen schon den zeitgenössischen Juristen unmöglich.[73] 1850 scheitert eine Zusammenfassung aller Bestimmungen über das Heimatrecht für die Habsburgermonarchie an zu vielen Fehlern und muss zurückgezogen werden.[74] Der Verwaltungsrechtler Lorenz von Stein konstatiert 1866 für die deutschen Verhältnisse, die „Verwirrung" über Inhalt, Bedeutung und Stellung des „Heimathswesens" sei „vollständig".[75]

Eine Rekonstruktion des Heimatrechts kann für das 19. Jahrhundert vor allem mithilfe von Handbüchern zum praktischen Gebrauch immerhin leitende Prinzipien herausarbeiten.[76] Das oberste Prinzip ist demnach, dass jeder Bürger nur einer Gemeinde angehören kann. Die Geburtszuständigkeit ist maßgeblich, solange nicht ein anderer Fall eintritt, etwa die ausdrückliche Aufnahme durch eine andere Gemeinde, die Ausübung bestimmter Berufe, die automatisch das Heimatrecht neu zuweisen (Staatsbeamte, Seelsorger, Offiziere) – hier wird von „sogen. Beamtenheimat"[77] gesprochen –, die Verehelichung (die Frau wechselt zur Heimat des Mannes), die Annahme von Bedienstung oder Amt, Antritt von Bürger- oder Meisterrecht, die häusliche Niederlassung, die Erlangung eines die

---

71 Anonym 1837, S. 108.
72 Heinrich Zoepfl verweist 1863 darauf, dass „die Feststellung allgemeiner für ganz Deutschland giltiger Normen bezüglich der Heimathsverhältnisse, beziehungsweise die gegenseitige Uebernahme der Ausgewiesenen und Heimathlosen" bisher nicht verwirklicht sei. Zoepfl 1863, S. 354, § 145.
73 Für den K.-u.-k.-Raum vgl. Herzog 1837, S. VIII; Scheda 1861, S. IV (auf diese Quellen macht Harald Wendelin aufmerksam, vgl. Wendelin 2000, S. 196), für Deutschland vgl. Riedel 1881.
74 Vgl. Wendelin 2000, S. 196.
75 Alle Zitate Stein 1866, S. 341. Harm-Peer Zimmermann nimmt ausführlich auf Steins Erörterungen zum Heimatrecht Bezug, vgl. Zimmermann 1991.
76 Vgl. Riedel 1881 und Wendelin 2000, S. 198, dieser verwendet insbesondere das *Handbuch zum Heimatrecht* von Johann Jegierek, vgl. Jegierek 1894.
77 Kutzer 1904, S. 50.

Ansässigkeit bedingenden Besitztums oder der ununterbrochene zehnjährige Aufenthalt. Kann der Geburtsort nicht eruiert werden und trifft keiner der vorigen Punkte zu, dann gilt die Zugehörigkeit zum Ort des längsten Aufenthalts.

In der Praxis wird gegen diese leitenden Prinzipien immer wieder verstoßen; auch läuft das regionale Recht teilweise quer zu diesen Prinzipien. Es wird immer deutlicher, dass ein Armenversorgungssystem, das auf dem Idealfall einer Identität von Geburts- und Lebensort beruht und alles andere nur als Abweichung begreift, mit zunehmender Mobilität an seine Grenzen stoßen muss. Die Widersprüche zur Lebensrealität im Zeitalter der Industrialisierung zeigen sich exemplarisch in einem Fallbeispiel aus dem Jahr 1847/48, das Harald Wendelin in seiner Studie zum Heimatrecht der Habsburgermonarchie aufarbeitet. Die Härte des Falls nahmen schon die zeitgenössischen Behörden zur Kenntnis, ohne allerdings mildernd einzuschreiten:

Die fünfundzwanzigjährige Eva Maria Krause, Mutter von drei Kindern im Alter von vier, zwei und einem halben Jahr, deren Mann, ein Schlossergeselle, an Typhus gestorben war, ersuchte die Wiener Behörden um finanzielle Unterstützung, da sie sich und ihre Kinder nicht von ihrer Arbeit als Tuchmacherin ernähren könne und das jüngste Kind gefährlich krank sei. Der verstorbene Ehemann hatte zwar siebzehn Jahre mit magistratischem Konsens ein Schlossergewerbe in Wien betrieben, der Magistrat hatte jedoch bei der Erteilung des Konsenses ausdrücklich festgehalten, dass er dadurch *nicht* die *Zuständigkeit* (also eben: das Heimatrecht) erwerbe. Obwohl Eva Maria Krause seit ihrem zwölften Lebensjahr in Wien gelebt hatte, ihre Eltern und Geschwister sämtlich in Wien lebten und sie selbst nie in Altenbuch in Böhmen (dem Geburtsort und damit der Heimat des verstorbenen Mannes) gewesen war, noch mit irgendjemandem dort bekannt war, als gelernte Tuchmacherin dort auch keine Aussicht auf Erwerbstätigkeit hat, wurde sie mit ihren Kindern gegen ihren Willen und trotz eines Gnadengesuchs eben dorthin abgeschoben – mit der korrekten Begründung, dass die Ehefrau mit der Heirat die Heimat des Mannes erwerbe. Die Akte mit den Stellungnahmen der Gemeinde in Böhmen und verschiedenen Wiener Verwaltungsbeamten schwoll im Lauf eines halben Jahres beträchtlich an; das letzte Dokument der Akte hält fest, dass das kleinste Kind der Eva Maria Krause in der Zwischenzeit gestorben sei; sie wurde also nur noch mit zwei Kindern auf den Schub geschickt und die ihr unbekannte Heimat hatte nur noch drei Mäuler zu stopfen.[78]

Das Heimatprinzip, nach dem für Witwen, die in Armut fallen, die Heimat des Ehemannes als versorgungspflichtig gilt, besaß im ganzen deutschen Sprachraum

---

78 Vgl. ausführlicher mit Aktenverweisen Wendelin 2000, S. 219–221.

Geltung. Im Fall der Habsburgermonarchie sind die Auswirkungen besonders eklatant. Mitunter konnte das nicht nur bedeuten, dass die Witwe in Regionen des Reiches abgeschoben wurde, die sie noch nie betreten hatte, sondern zusätzlich, dass die Abgeschobene, wie im geschilderten Fall, nicht einmal die Sprache ihrer zugewiesenen Heimat beherrschte. Es sind also in erster Linie die Armen und hier noch einmal in einem ganz besonderen Maß die Frauen, die unter dem Heimatrecht zu leiden haben.[79] Eine weitere durch das Heimatrecht systematisch benachteiligte Bevölkerungsgruppe bilden die Juden.[80]

Ein Hemmungsfaktor für die Umsetzung des Heimatrechts waren die gegenläufigen Interessen der beteiligten Gemeinden. Denn niemand riss sich um die Ausübung seiner Versorgungspflicht, was teilweise groteske Fälle gegenseitiger Zuweisung der Verantwortung (inklusive wiederholter Schübe der Betroffenen in verschiedene Richtungen) hervorbrachte.[81]

Die Gemeinden schützten sich lange vor dem 19. Jahrhundert auch durch das Eherecht vor Versorgungsansprüchen. Zahlreiche Beschränkungen banden die Verehelichung an ökonomische Sicherheiten, die die Eheschließenden vorweisen mussten. Im 19. Jahrhundert führte das zu einer regen Debatte um die rechtlichen, moralischen, religiösen und politischen Implikationen des in der Anwendung für die ärmsten Bevölkerungsschichten problematischen Eherechts unter den Vorzeichen des Pauperismus.[82] Zeitgenössisch wurde diskutiert, dass die Zahl der

---

[79] Zur Situation der Frauen im Zusammenhang mit dem Schweizer Heimatrecht vgl. (anders als der Titel erwarten lässt auch informativ zum 19. Jahrhundert) Nicole Schwalbachs Arbeit zur politischen Aberkennung des Bürgerrechts in den 1940er Jahren: Schwalbach 2016.
[80] Hannelore Burger zeichnet das in ihrer Studie zu Heimatrecht und Staatsbürgerschaft österreichischer Juden vom Ende des 18. Jahrhunderts bis in die Gegenwart nach, vgl. Burger 2014.
[81] Harald Wendelin bringt ein Fallbeispiel, in dem die Zuständigkeit von mindestens fünf Instanzen verweigert wurde, vgl. Wendelin 2000, S. 216–219.
[82] Dazu und insgesamt zum Eherecht im 19. Jahrhundert vgl. Matz 1980. Matz geht von sechs Prozent aufgrund des Eherechts abgewiesenen Ehen in den von ihm untersuchten süddeutschen Regionen Mitte des 19. Jahrhunderts aus. Diese Zahl dürfte allerdings nichts mit dem Ausmaß des Problems zu tun haben, schließlich bezieht sie sich nur auf die beantragten Ehen. Entscheidender dürfte sein, dass aufgrund des Eherechts die große Mehrheit der Heiratswilligen gar nicht den Versuch der Eheschließung unternahm. „Die Härte des Gesetzes traf vor allem die unselbständig Beschäftigten, die Fabrikarbeiter also, die Taglöhner, Handwerksgesellen, Dienstboten und unversorgten Bauernsöhne, aber auch manchen übersiedelnden Meister, den die Konkurrenz an seinem neuen Heimatort mißtrauisch beäugte und durch ein Niederlassungs- oder Heiratsverbot zu schikanieren trachtete. Besonders schwer hatten es überhaupt alle, die an einem anderen Ort als dem ihres angeborenen Bürger- oder Heimatrechts oder die in diesem eine fremde Frau zu heiraten wünschten. Schließlich waren die älteren heiratswilligen Paare in besonderer Weise betroffen, weil die Gemeindeväter bei ihnen sehr sorgsam darauf achteten, ob sie vielleicht gar zu

unehelichen Geburten in unmittelbarem Zusammenhang mit den Eherestriktionen stehe. Da die Gemeinden in der tiefgreifenden Krise des kommunalen Armenunterstützungssystems keine Hilfe erfuhren, versuchten sie ihre Haushalte durch noch strengere Verehelichungsbeschränkungen und noch strengere Beschränkungen der Ansässigmachung zu entlasten.[83] Auch staatlich gelenkte und geförderte Auswanderung war ein immer wieder vorgebrachter Vorschlag, „sich das unruhige Proletariat vom Halse zu schaffen".[84]

Der Umstand, dass Gemeinden sich gern ihrer Versorgungspflicht entzogen, hatte auch zur Folge, dass sie Auswanderungswilligen teilweise die Reisekosten nach Übersee zahlten und im Gegenzug deren Heimatberechtigung einkassierten. Von den über fünf Millionen deutschen Auswanderern allein in die USA (hier fehlen die Auswanderer nach Südamerika und in andere Länder) kehrten Ungezählte wieder zurück, konnten dann allerdings ohne Heimatschein nicht mehr auf Unterstützung hoffen. Insbesondere in der Schweiz zahlten Gemeinden bis Ende des 19. Jahrhunderts anscheinend systematisch Geld an Fürsorgeabhängige für die Auswanderung nach Amerika und entzogen ihnen gleichzeitig ihre Heimatzugehörigkeit.[85] In großem Umfang wurde dieser Weg auch in Südwestdeutschland im Zeitraum 1845 bis 1855 erprobt.[86]

---

bald der öffentlichen Armenkasse zur Last fallen könnten." Matz 1980, S. 268. Zum Zusammenhang von Ehe- und Heimatrecht vgl. auch ausführlich Riedel 1881.
83 Vgl. Matz 1980, S. 87.
84 J.M. Maier: Die Noth der untersten Volksklassen und ihre Abhilfe. Erlangen 1849, S. 111, hier zitiert nach Matz 1980, S. 90.
85 Diese Aussage findet man in der Literatur sehr häufig, jedoch stets ohne Verweis auf belegende Quellen. Zum Schweizer Heimatrecht des 19. Jahrhunderts insgesamt vgl. Burckhardt 1931, Art. 45 BV, S. 398–399 und S. 402–404; Schlaepfer 1969; Schönberger 2005, S. 85–88. Belege zum ausschließenden Charakter des Heimatrechts in der Schweiz finden sich auch in: Argast 2003 und Argast 2007.
86 Vgl. Helbich/Kamphoefner/Sommer 1988, S. 15. Ein Fallbeispiel einer Mutter zweier unehelicher Kinder aus dem Württembergischen von 1857: „Friederike Kaiser wurde auf ihren Antrag hin von ihrer Heimatgemeinde Kleinheppach ein Reisekostenzuschuß von 45 Gulden bewilligt – wie aus dem Protokoll des Gemeinderats hervorgeht, ohne langes Zögern und mit der Begründung, daß sie und ihre Kinder ohnehin ‚in kurzer Zeit der Gemeinde zur Last gefallen wären'. Dennoch reichte das Reisegeld der Familie nicht aus. Am 15. Juli sah sich der Kleinheppacher Rat mit einem Brief der Friederike Kaiser konfrontiert, in dem sie mitteilte, daß sie mit ihren Kindern mittlerweile in Le Havre angelangt sei, jedoch nicht mehr über genügend Geld verfüge, um den notwendigen Reiseproviant bezahlen zu können. Falls man ihr nicht sogleich weitere 25 Gulden übersende, gehe das Schiff ohne sie ab, und sie habe keine andere Wahl, als mittellos in ihre Heimatgemeinde zurückzukehren. Bürgerausschuß und Rat beschlossen daraufhin noch am selben Tag nach längeren Verhandlungen, ‚für das liederliche Subjekt noch einmal 25 fl. nebst 15 Kreuzer Postporto aus der Gemeindekasse aufzuopfern', in der Hoffnung, durch diese weitere Zahlung das ‚Subjekt' mitsamt seinen Kindern endgültig loszuwerden. [...] Die Finanzierung der Reise nach

Reformversuche ab den 1840er Jahren
Die durchgreifendsten Konsequenzen aus der Misere des Heimatrechts zog Preußen; *de facto* bedeuteten die Maßnahmen zwar noch keine Abschaffung, aber eine entscheidende Schwächung der Prinzipien des Heimatrechts: Am 31. Dezember 1842 erließ Friedrich Wilhelm IV. für Preußen die Gesetze über Armenpflege, Freizügigkeit und Staatsangehörigkeit, die einen Fürsorgeanspruch aller preußischen Untertanen auf Grundlage der preußischen Staatsangehörigkeit festlegten. Die Verfasser des Entwurfs des Armenpflegegesetzes verfolgten das Ziel, dass diejenigen Gemeinden die Versorgungslast tragen sollten, die zuvor auch von der Arbeit des jetzt in die Versorgungsbedürftigkeit Geratenen profitiert hatten. Dort, wo die Leistung für die Gemeinde erbracht worden war, sollte der Bedürftige auch eine Leistung zurückbekommen:

> Wenn nun solche Personen aus ihrer Heimath (nach jenem Begriff) viele Jahre entfernt sind, und dort auch die Erinnerung an sie nicht mehr oder kaum noch lebt, so soll die sogenannte Heimath dennoch für sie sorgen? Und die Ortschaft, der sie vielleicht jahrelang ihre Kräfte gewidmet haben, die von ihren Diensten als Gesinde, Handarbeiter etc. jahrelang Nutzen gezogen hat, und wo sie sich Beschützer, Freunde, Bekannte erworben haben, soll kein Interesse an ihnen zu nehmen verpflichtet seyn?[87]

Heimat „nach jenem Begriff", also die juristisch bisher gültige Heimat, ist nach diesem Verständnis nur noch eine „sogenannte Heimath", weil das ökonomische und soziale Verhältnis von Geben und Nehmen gar nicht mehr besteht. Eben unter dieser ökonomischen Logik soll das Verhältnis neu bestimmt werden; neben der Heimat gilt nun das ‚Hilfsdomizil' – der Ort des tatsächlichen Wohnsitzes – als Ort der Versorgung. Der Erwerb einer neuen rechtlichen Heimat soll erleichtert und rechtliche Heimatlosigkeit verhindert werden.[88] Faktisch konnte dieses Ziel mit dem Gesetz nicht erreicht werden, da die Fürsorgepflicht der früheren Heimatgemeinde erlosch, wenn ein Abgewanderter drei Jahre lang abwesend gewesen war, er aber andererseits erst nach drei Jahren kontinuierlichen Wohnsitzes ein neues Heimatrecht erlangen konnte. Wechselte etwa eine Dienstmagd, wie es die Regel war, jährlich ihre Stelle und überschritt dabei Gemeindegrenzen, war sie nach drei Jahren zwangsläufig heimatlos.[89] Viele Kommunen zwangen ihre

---

Amerika erwies sich [...] als die langfristig kostengünstigere Möglichkeit zur Lösung des Armutsproblems." Helbich/Kamphoefner/Sommer 1988, S. 503–504, hier mit näheren Nachweisen.
87 Motive zu dem Gesetz-Entwurf wegen der Verpflichtung zur Armenpflege, ALWL, Bestand 101, Nr. 373, f. 83–83v., hier zitiert nach Lerche 2009, S. 51.
88 Vgl. Motive zu dem Gesetz-Entwurf wegen der Verpflichtung zur Armenpflege, ALWL, Bestand 101, Nr. 373, f. 85, zitiert nach Lerche 2009, S. 51–52.
89 Vgl. Lerche 2009, S. 66.

Dienstboten, den Ort vor Ablauf der drei Jahre wieder zu verlassen, um nicht versorgungspflichtig zu werden.[90] Die Betroffenen verloren also ihre Heimat unabhängig davon, ob sie bereits eine neue erworben hatten; Heimatlosigkeit wurde entgegen der ursprünglichen Intention des Gesetzes befördert.[91] Immerhin hatten die teilweise durch die Gesetzesreform neu geschaffenen Heimatlosen erstmals einen legitimen Anspruch auf Fürsorge, die über das repressive Arbeitshaus hinausging;[92] es sollte keine Personen mehr geben, für die niemand zuständig war. Für heimatlose Bedürftige hatten die provinzialen Landarmenverbände zu sorgen.[93]

Als Landarme galten diejenigen Armen, die vom Land Preußen und nicht von der Gemeinde versorgt wurden, weil sie keiner Heimat zuzuordnen waren. Es war mitunter vorteilhaft, als Landarmer eingestuft zu werden; denn während die Gemeinden je nach eigener Einschätzung und Kassenlage den zu ihrer Gemeinde Zählenden die Unterstützung auch verwehren konnten, mussten die Landarmenverbände ihre Armen zumindest geringfügig unterstützen und taten es auch, da ihre Auslagen auf die Kommunen umgelegt wurden; verbindliche Fürsorge in Notlagen war so eher gewährleistet.[94]

In den nicht-preußischen Teilen Deutschlands galt dieses Prinzip, dass das Land eingreift, wo die Gemeinde versagt, noch nicht. Eine Maßnahme, die schon vor 1848 mehrfach erfolglos angeregt worden war und schließlich 1851 in Gestalt der sogenannten Gothaer Übereinkunft[95] umgesetzt wurde, regelte immerhin die gegenseitige „Uebernahme der Ausgewiesenen und Heimatlosen" zwischen den deutschen Bundesstaaten. § 1 setzt fest, dass die fortdauernden, aber auch vormaligen Angehörigen einer Regierung, „auch wenn sie die Unterthanenschaft nach der inländischen Gesetzgebung bereits verloren haben, so lange, als sie nicht dem anderen Staate nach dessen eigener Gesetzgebung angehörig geworden sind – auf Verlangen des andern Staates wieder zu übernehmen"[96] seien. Der Plan, daraus eine allgemeingültige Regelung für alle deutsche Staaten zu schaffen, blieb unausgeführt.[97]

---

90 Vgl. Lerche 2009, S. 67.
91 Vgl. Lerche 2009, S. 61.
92 Vgl. Lerche 2009, S. 52 und S. 62.
93 Alle Gesetze abgedruckt bei Sachße/Tennstedt/Roeder 2000, S. 916–928. Zur Vorgeschichte dieser Gesetze für Preußen und insbesondere Westfalen vgl. Lerche 2009, S. 45–72.
94 Vgl. Lerche 2009, S. 106.
95 Seydel 1890, S. 178–194.
96 Zitiert nach Riedel 1881, S. 270.
97 „Die Aufstellung gleichmässiger Grundsätze über die Heimathsverhältnisse war schon vor dem Jahre 1848 mehrfach in der Bundesversammlung angeregt, und sogar am 15. Jan. 1846 ein Commissionsentwurf in derselben zur Vorlage gekommen. Hieran im Wesentlichen anschliessend

Bayern reformiert sein Heimatrecht 1868 grundlegend, allerdings nicht wie Preußen mit dem Ziel, den Zentralstaat auf Kosten der Gemeinden zu stärken, sondern andersherum die Armenversorgung bei den Gemeinden zu belassen. Das *Bayerische Gesetz über Heimat, Verehelichung und Aufenthalt* vom 16. April 1868 räumt die Hindernisse der Ansässigmachung aus (bisher war die Zustimmung der Gemeinden dafür erforderlich, erst jetzt wird es zum Recht aller, sich selbständig in jeder Gemeinde niederzulassen, Gewerbe zu betreiben und Grundbesitz zu erwerben). Fortan ist es „jeder Person, und zwar ohne Rücksicht auf Geschlecht, Confession oder Vermögensbesitz", möglich, nach einer bestimmten Aufenthaltszeit „die Verleihung von Heimat zu beanspruchen".[98] Gemäß Artikel 11 sind „Heimatgebühren" zu entrichten.[99]

Mit der Gründung des Norddeutschen Bundes 1866 wurde das preußische Modell des Hilfsdomizils, dem zufolge schon nach kürzerer Zeit der Ort des tatsächlichen Aufenthalts den Bedürftigen zu unterstützen hatte, auf alle Bündnismitglieder ausgedehnt. Zusätzliche tiefgreifende Reformen schwächten das Heimatrecht im Gebiet nördlich der Mainlinie weiter: Mit dem Gesetz über die Freizügigkeit von 1867, dem Gesetz über die Gewerbefreiheit von 1869 und dem Gesetz über die Aufhebung der polizeilichen Beschränkung der Eheschließung von 1868 waren mehrere Faktoren beseitigt, die Ortsfremde vom Heimatrecht ausgeschlossen hatten.

---

wurde am 15. Juli 1851 von Preussen mit einer Anzahl anderer Bundesgenossen zu Gotha ein Vertrag (sogenannter Gothaer Vertrag) abgeschlossen, um die Schwierigkeiten zu beseitigen, welche sich bisher unter ihnen in Bezug auf die Uebernahme von Auszuweisenden oder Heimathlosen ergeben hatten, und dadurch zugleich, so viel an ihnen ist, ein allgemeines deutsches Heimathsrecht vorzubereiten. [...] Insbesondere ist jede Regierung für verpflichtet erklärt, ‚Anordnung zu treffen, damit in ihrem Gebiete keine Verheirathung eines Angehörigen der anderen contrahirenden Staaten, sei es mit einer Inländerin oder Ausländerin, ohne Consens der Heimathbehörde gestattet werde', indem man in dem bisherigen Mangel dieser Anordnung in mehreren Staaten eine hauptsächliche Veranlassung der häufigen Heimathlosigkeit erkannte." Zoepfl 1863, S. 652–653, § 477b.

98 Beide Zitate Riedel 1881, S. 52. Zur bayerischen Heimatgesetzgebung vgl. neben Riedl 1881 und Seydel 1886 auch Theodor Kutzers sechshundertseitiges Kompendium zum Thema: Kutzer 1904.

99 Riedel 1881, S. 50. Schon am 23. Februar 1872 wurde dieses Gesetz einer Revision unterzogen, die aus der Reichsgründung resultierte. Der Vertrag von Versailles legte zwar fest, dass die Heimats- und Niederlassungsverhältnisse weiterhin Sache Bayerns und nicht des Reiches waren (vgl. Riedel 1881, S. 53), gleichwohl ergaben sich einige Rückwirkungen aus der veränderten Reichsgesetzgebung: Als Inländer galten fortan nicht nur die Bayern, sondern auch alle anderen Deutschen. Und umgekehrt: Angehörige des deutschen Reiches sind für Bayern fortan keine Ausländer mehr. Zudem kann die bayerische Staatsangehörigkeit nicht mehr über die Zugehörigkeit zu einer Heimatgemeinde erworben werden (vgl. Riedel 1881, S. 55). Zu den Heimatgebühren vgl. ausführlich Kutzer 1904.

Eine von den nord- und mitteldeutschen und eine abweichende, von den süddeutschen Staaten ausgebildete Rechtsauffassung und -praxis prallen damit zum Zeitpunkt der Gründung des Deutschen Reiches aufeinander. Sinn und Umfang des Heimatrechts wurden in Reichstag und Bundesrat intensiv und kontrovers diskutiert.[100] Die aus dem norddeutschen Bund übernommenen und teilweise wieder modifizierten Regelungen waren weiterhin nicht widerspruchsfrei und galten von Anfang an als überarbeitungsbedürftig.[101] Die südlicheren Bundesstaaten, allen voran Bayern, wollten ihr reformiertes Heimatrecht (ihr „System der Heimat")[102] keinesfalls aufgeben. Diese Auseinandersetzungen lassen eine bundesweite Einigung auf ein einheitliches Heimatrecht scheitern.[103]

Heimatrecht und Unterstützungswohnsitz ab 1870
Mit der neuen Reichsverfassung von 1870 wurde Bayern, Württemberg, Baden und Elsaß-Lothringen zunächst ein Sonderstatus zuerkannt. Im restlichen Reich war das Heimatrecht zunehmend weiter von vielen anderen rechtlichen Zusammenhängen entkoppelt (das betrifft das Aufenthalts- und Niederlassungsrecht, das Recht zum Erwerb von Grundeigentum und zur Führung eines Gewerbebetriebs, zur Verehelichung und zur Gründung eines eigenen Hausstandes)[104] und damit geschwächt. Das Gesetz über den Unterstützungswohnsitz[105] machte einen zweijährigen Aufenthalt zur Bedingung der Unterstützung. Die Kritik am Unterstützungswohnsitz richtet sich aus süddeutscher Perspektive gegen das dadurch

---

100 Vgl. Seydel 1877, Sp. 545–630 und die Quellen, die Beate Althammer in ihrem Aufsatz präsentiert, vgl. Althammer 2021.
101 Vgl. Rönne 1871.
102 Seydel 1891, S. 72.
103 Zusammengefasst u. a. bei Seydel 1891, S. 72–79 und im Artikel ‚Heimat' in Brockhaus' Konversations-Lexikon: Anonym: Heimat, 1893, S. 970. Zu Preußen vgl. auch Walker 1971, S. 347–353.
104 „Durch die Bestimmungen des Art. 3 der Reichs-Verfassung und der vorerwähnten Gesetze ist der grösste Theil der in der Mehrzahl der Bundes-Staaten bisher ausschliesslich an das Heimaths-Recht geknüpften bürgerlichen Rechte, nämlich das Recht des Aufenthalts und der Niederlassung, das Recht zur Erwerbung von Grundeigenthum und zum Gewerbebetriebe, sowie zur Verehelichung und Gründung eines eigenen Hausstandes, von diesem Zusammenhange losgelöst und zu selbstständigen, jedem Reichs-Angehörigen im ganzen Reichsgebiete zustehenden Befugnissen geworden. Aber: verschiedenartige Bestimmungen über Heimath-Recht müssen noch angeglichen werden etc." Rönne 1871, Sp. 2–310, hier Sp. 169–171.
105 Das „Gesetz über den Unterstützungswohnsitz vom 6.6.1870. BGBl. Norddeutscher Bund 1870" und ein Kommentar finden sich bei Stolp 1871, bei Höinghaus 1871 und bei Krech 1898. Der Begriff ‚Unterstützungswohnsitz' etablierte sich in der preußischen Gesetzgebung schon seit 1855, vgl. Althammer 2021.

hervorgebrachte rein administrative und kontingente Verhältnis zur Gemeinde, während das Heimatrecht in dieser Perspektive für Stetigkeit und Zugehörigkeit steht. „Der durchgreifendste Unterschied aber zwischen der gemeinrechtlichen und der preußischen Gesetzgebung", so heißt es in der Begründung des bayerischen Gesetzentwurfs für einen Sonderstatus von 1870 (und die gemeinrechtliche Gesetzgebung meint hier die bayerische, die preußische die des norddeutschen Bundes bzw. des zukünftigen deutschen Reiches), liege darin, „daß der Verlust der einmal erworbenen Heimat grundsätzlich bis zum Erwerbe einer anderen Heimat ausgeschlossen ist, beziehungsweise nur zugleich mit dem Verluste der Staatsangehörigkeit eintritt". Eben dies unterscheide Heimat von Unterstützungswohnsitz: „Hiedurch erst gewinnt die Heimat ihr eigenthümliches Gepräge der Stetigkeit und Unzerstörbarkeit im entschiedensten Gegensatze zu dem preußischen Grundsatze des leicht zu erwerbenden, aber auch ebenso leicht zu verlierenden Unterstützungswohnsitzes."[106]

Auch wenn alle Zahlen beweisen, dass die gepriesene Stetigkeit und Unzerstörbarkeit wenig mit den Realitäten zu tun hat, kann andererseits auch die ‚preußische' Variante keinen Anspruch auf Lösung der Probleme erheben.[107] Die Versorgung der Armen blieb mit dem Unterstützungswohnsitz nicht mehr allein Gemeinde-, sondern wurde auch Ländersache. Dies ging mit der Errichtung von Orts- und Landarmenverbänden einher, die nun statt der Gemeinden für die Versorgung zuständig waren, und des *Bundesamtes für Heimathwesen*, das „die *endgültig entscheidende* Berufungs-Instanz in Streitigkeiten zwischen verschiedenen Bundesstaaten angehörenden Armenverbänden über die *öffentliche Unterstützung* Hülfsbedürftiger"[108] war. Ein Rechtsanspruch auf Armenfürsorge bestand weiterhin nicht.[109] Eine Änderung setzte erst Bismarck in den 1880er Jahren

---

106 Beide zitiert nach Seydel 1891, S. 73 (dort ohne genaue Quellenangabe). Seydel führt aus: „Der Unterstützungswohnsitz erzeugt keine andere Beziehung zur Gemeinde als die armenrechtliche. Heimat dagegen ist Gemeindeangehörigkeit. Geburt und Aufnahme in den Gemeindeverband sind die Haupterwerbsgründe der Heimat. Die Armenfürsorgpflicht der Gemeinde ist nur eine der Wirkungen der Heimat." Seydel 1891, S. 73.
107 So auch die These in Beate Althammers aktuellem Beitrag zu den Kontroversen um Heimatrecht und Unterstützungswohnsitz im Norddeutschen Bund und im Deutschen Reich. Die Durchsetzung des Unterstützungswohnsitzes führte effektiv zu einer größeren Anzahl an Unterstützungsbedürftigen und konnte sich mittelfristig ebenfalls nicht als zukunftsträchtiges Instrument erweisen, vgl. Althammer 2021. Althammer argumentiert damit gegen Darstellungen, die die preußische Variante zu optimistisch als „zukunftsträchtige[n]" Ansatz deuten, so Ziekow 1997, S. 11.
108 Stephan 1903, S. 114.
109 In Bayern galt das bis zur Abschaffung des Heimatrechts 1916: „Der bedeutsamste Inhalt der Heimat ist, daß sie für den Fall eintretender Hilfsbedürftigkeit Anspruch gewährt auf Unterstüt-

mit seiner umstrittenen Sozialgesetzgebung durch. Sie schloss Unfall- und Altersversicherungen für die Arbeiter ein, deren privat zu zahlenden Anteil der Staat von den Arbeitern erzwang, zugleich aber auch selbst in die Pflicht genommen wurde.[110] Bismarcks Reform der Armenfürsorge brachte gegen seine liberalen Kritiker den intervenierenden[111] und zugleich den zentralisierten Staat zur Geltung; sie reihte sich damit ein in die auf allen staatlichen Ebenen sich vollziehende zentralisierende Unitarisierung innerhalb eines föderalen Gefüges.[112] Die ländlichen Gemeinden wurden von den Versorgungslasten befreit. Mit der Entlassung der Kommunen aus ihrer Verantwortung für das Heimatrecht wächst dem Staat eine neue Aufgabe zu. Bismarck notiert: „Die alte Kommunalarmenpflege paßt nicht zur Freizügigkeit; der Staat ist Heimat geworden und muß sie leisten".[113] Vor dem hier skizzierten Hintergrund wird verständlich, dass Bismarcks Verwendung des Begriffs Heimat auf eine präzise juristische Bedeutung zurückverweist. Und Bismarcks Notiz zeigt, dass der Staat im rechtlichen Sinn tatsächlich die Funktionen von Heimat übernehmen wollte und die ab dem letzten Drittel des 19. Jahrhunderts zunehmend zu beobachtende Deckungsgleichheit der Be-

---

zung durch die Gemeinde [...]. Eine Verpflichtung gegenüber den Heimatberechtigten besteht für die Gemeinde trotz des obigen Wortlautes nicht." Kutzer 1904, S. 48.
110 Vgl. Nipperdey 1990, S. 333–373.
111 Vgl. Tennstedt 1997.
112 Die Verfassung des ersten deutschen Nationalstaats ist durch „die Konstruktion des Bundesrates als Gegenpart des Reichstags" (Nipperdey 1992, S. 92) charakterisiert. Die föderativen Elemente des Deutschen Reiches lagen vor allem im Verwaltungs-, Finanz-, Kultur- und Verfassungsföderalismus (vgl. Nipperdey 1992, S. 86); Recht, Wirtschaft, Militär und Soziales lagen in der Kompetenz des Reiches, diese Kompetenz blieb aber immer föderativ gebrochen. „Der Interventionsstaat, der damals entstand, wurde auf der Reichsebene ausgebildet, wenngleich er in weiten Bereichen dank der föderalen Grundstruktur in der Verwaltung der Bundesstaaten blieb. Diese föderative Brechung der Unitarisierung gilt selbst für den Sozialversicherungsstaat, dessen Grundlagen in den achtziger Jahren durch Reichsgesetze gelegt wurden. Der Wandel von der traditionellen Armenfürsorge zur modernen Sozialversicherung, den das Reich als Gesetzgeber vorantrieb, bedeutet einen Zentralisierungsschub, doch die Last der Durchführung oblag den Kommunen. Es war für die soziale Absicherung weiterhin wichtig, wo man wohnte, denn die kommunale Sozialpolitik entschied über die Art und Höhe der Leistungen." Langewiesche: Föderativer Nationalismus, 2000, S. 226; vgl. auch Ritter 1991.
113 Handschriftliche Aufzeichnung undatiert, wohl 1880; Bismarck-Archiv Friedrichsruh A 26, n.fol., zitiert nach Tennstedt 1997, S. 97, der die Notiz im Kontext der Reform des Armenwesens und des Unterstützungswohnsitzgesetzes von 1870 liest, die seit 1877 regierungsintern beraten wurde. Bismarcks Standpunkt, dass die „nähere Beteiligung des Staates an der Armenpflege [...] eine natürliche Folge der Freizügigkeit" sei und jeder dort hilfeberechtigt sein solle, wo er hilfsbedürftig geworden sei, stand im Gegensatz zu Bayerns, aber auch Elsaß-Lothringens gegenläufiger Heimatrechtspolitik; Tennstedt 1997, S. 97. Für den Hinweis auf Bismarcks Notiz danke ich Florian Tennstedt.

griffe von Heimat und Vaterland, verstanden als Staat aller Deutschen (vgl. I.2.1), auch eine ganz pragmatische Ursache hatte. Denn die Staatszugehörigkeit begann die sich im Heimatrecht manifestierende rechtlich relevante Lokalzugehörigkeit als Prinzip zu verdrängen.

Bis zur Jahrhundertwende führten die unterschiedlichen Heimatrechtsprechungen allerdings weiter zu Konflikten. 1890 erhielt der ‚Fall Gradl' viel öffentliches Interesse.[114] Der in München lebenden Emilie Gradl, die mit drei kleinen Kindern und von ihrem Mann verlassen Armenunterstützung beantragt hatte, wurde aufgrund des Heimat- und Eherechts keine Unterstützung gewährt. Denn die mit Anton Gradl in Suhl geschlossene Ehe sei zwar nach dortigen Vorschriften regelgerecht zustande gekommen, aber ein bestimmtes in Bayern erforderliches amtliches Dokument wurde aus Unwissen über die Regelung einzuholen versäumt. Da aus diesem Grund die Ehe seitens der bayerischen Behörden als ungültig betrachtet wurde, hatte Emilie Gradl mit ihrer Heirat nicht das bayerische Heimatrecht ihres Mannes und folglich auch nicht die bayerische Staatsangehörigkeit[115] erworben; sie sei daher nicht unterstützungsberechtigt.[116]

Noch 1911 konstatiert eine juristische Dissertation zum bayerischen Sonderweg in Sachen Heimatrecht, „dass dieses Gesetz den in der Gegenwart herrschenden Zuständen nicht mehr genügt, und dass es für die Beteiligten ausserordentliche Härten mit sich bringt". Wobei diese Härten in der weiteren Ausführung vor allem aus der Perspektive der Gemeinden, nicht der Hilfsbedürfigen geschildert werden:

> Mit dem Wechsel des Aufenthalts ist nämlich kein Wechsel der Heimat verbunden und infolge dessen ist es im Laufe der Zeit dazu gekommen, dass in den Gemeinden mit selbst nur geringer industrieller Tätigkeit die Ortseinwohner in ganz überwiegender Mehrzahl nicht

---

114 Vgl. Seydel 1891, S. 72.
115 Auch noch im deutschen Kaiserreich gab es zunächst keine einheitliche deutsche Staatsangehörigkeit, sondern eine Staatsangehörigkeit zu den einzelnen Gliedstaaten wie Preußen oder Bayern. Verschiedene Gesetze, etwa das Reichs- und Staatsangehörigkeitsgesetz von 1913, stellten sicher, dass die Regelung der Staatsangehörigkeit in allen Gliedstaaten den gleichen Regeln unterstand. Erst mit der Aufhebung der Souveränität der Länder des Deutschen Reichs 1934 wurde eine einheitliche deutsche Staatsangehörigkeit eingeführt. – Die Reichsgründung konstituierte ein „gemeinsames Indigenat" (Art. 3 der Verfassung des Deutschen Reiches vom 16.4. 1871), dieses garantierte den Angehörigen aller Bundesstaaten die prinzipielle Gleichbehandlung als Inländer; die Staatsangehörigkeit blieb aber an die souveränen Einzelstaaten gebunden. Vgl. Althammer 2014, S. 303. Ausführlicher zur Ausbildung der Staatsbürgerschaft im 19. Jahrhundert – auch für die Schweiz und Österreich und weitere europäische Staaten im Vergleich – vgl. Althammer 2014 sowie zur Entwicklung des deutschen Staatsangehörigkeitsrechts vom Deutschen Bund bis zur Bundesrepublik Deutschland Gosewinkel 2001.
116 Ausführlich dazu Anonym 1891, S. 61–71.

mehr an ihrem Wohnsitze, sondern in einer ganz andern Gemeinde heimatberechtigt sind, in einer Gemeinde, zu welcher sie, je länger sie sich von derselben entfernt haben, in um so grösserem Masse [sic] an Kontakt verloren haben. [...] Die Heimat, welche nach der Absicht des Gesetzgebers eine lebendige Beziehung des Einzelnen zur Gemeinde bilden und aus mehrjährigem Wohnsitze sich entwickeln sollte, reduziert sich nun der Hauptsache nach auf ein Versicherungsinstitut gegen die Gefahr der Verarmung, bei welchem die Träger des Risikos in ganz ansehnlichem Prozentsatze Gemeinden wurden, für welche der Versicherte als eine ganz fremde Person erschien. Die Aufenthaltsgemeinde dagegen, welche von dem Arbeiter, solange er arbeitsfähig war, insofern wirtschaftlichen Nutzen zog, als er in ihrem Bezirke öffentliche Abgaben entrichtete und seinen Lohn verbrauchte, wird von der Pflicht zur Unterstützung des später hilfsbedürftig Gewordenen nicht getroffen.[117]

Erst Anfang 1916 wird auch in Bayern das Heimatrecht durch das inzwischen schon mehrfach umgearbeitete[118] und immer wieder grundsätzlich diskutierte[119] Gesetz zum Unterstützungswohnsitz abgelöst (das allerdings seinerseits nur kurzen Bestand hat);[120] die Heimatscheine verlieren ihre Gültigkeit. In Österreich wurde die Heimatgesetzgebung 1901 reformiert,[121] sie bestand bis 1939 weiter.[122] Der Schweizer Kanton Bern war 1857 dieser Entwicklung schon vorangegangen,[123] insgesamt bildet die Schweiz aber das Schlusslicht in der Reihe der Verabschiedungen des Heimatrechts – es gilt, wenn auch mit nur geringen faktischen Auswirkungen, bis heute.[124] Als rechtlich-administrative Kategorie wird Heimat damit

---

117 Beide Maurer 1911, S. 67–68. Die Arbeit Alfred Maurers widmet sich dem bayerischen Heimatrecht Ende des 19. und Anfang des 20. Jahrhunderts.
118 Vgl. etwa Höinghaus 1894.
119 Vgl. Roscher 1894.
120 Das Unterstützungswohnsitzgesetz wird 1924 zugunsten der allgemeinen Fürsorgepflicht abgelöst. Vgl. Moritz 1929 und Althammer 2021.
121 Vgl. Anonym 1900. Sylvia Hahn wertet die statistisch erfassbaren Auswirkungen des Gesetzes aus, vgl. Hahn 2005.
122 Edward Timms zeigt, dass das österreichische Heimatrecht noch in den Friedensverhandlungen im Jahr 1919 bedeutsam wurde und hier die Abschiebung von Juden aus Osteuropa erleichterte, vgl. Timms 1994; vgl. auch Wendelin 2000, S. 230.
123 Als erster Kanton wandelte Bern 1857 die Fürsorgepflicht der Heimatgemeinde in die der tatsächlichen Wohnortgemeinde (entsprechend dem Unterstützungswohnsitz) um, 41 Prozent der im Kanton Wohnenden waren zu dieser Zeit nicht mehr dort geboren.
124 Ab der ersten Hälfte des 19. Jahrhunderts etablierte sich in der Schweiz allmählich die Niederlassungsfreiheit und damit eine Einwohnergemeinde, die nach und nach die meisten vormaligen Aufgaben der Bürger- bzw. Heimatgemeinde übernahm, ohne dass das Heimat- bzw. Bürgerrecht je ganz an Bedeutung verlor. Nach wie vor gibt es eine parallele Gemeindestruktur in der Schweiz (vgl. *Historisches Lexikon der Schweiz*, Artikel ‚Bürgergemeinde'). Jeder Schweizer Bürger besitzt weiterhin einen Bürger- oder auch Heimatort, der unabhängig vom Geburts- und Wohnort einer Person ist; er wird im Reisepass und auf der Identitätskarte aufgeführt. Die Verpflichtung des Heimatortes, einen Heimatschein auszustellen, der bei der Gemeinde des tat-

im Laufe des 20. Jahrhunderts nach und nach obsolet,[125] und heute kann man von einem fast gänzlichen Verschwinden ihrer Geltungskraft sprechen.

Semantik der rechtlichen Heimat im bürgerlichen Jahrhundert

Für die Einordnung der engeren rechtlichen Bedeutung von Heimat in die weitere Semantik des Begriffs sind für das 19. Jahrhundert vor allem zwei Beobachtungen wichtig: Erstens erscheint die rechtliche Heimat als verknüpft mit der bürgerlichen Gesellschaft. Heimat als Signatur eines Jahrhunderts, dessen bürgerlicher Wertehorizont sich von der patriarchalisch organisierten Familie bis zur Traditionstreue und Vaterlandsliebe spannt (vgl. I.2.3 und I.2.5), zeigt ihre spezifische Bürgerlichkeit auch ganz konkret als vom Bürgertum ausgeübte administrative Praxis. Denn im Zeitalter von Pauperismus und Proletariat halten sich die bürgerlichen Gemeinden, Städte und Kommunen mithilfe des Heimatrechts die Armen oft mehr vom Hals, als sie wirksam zu versorgen. Heimat ist im 19. Jahrhundert immer dann aktenkundig geworden, wenn es um Ausweisung, Abschiebung oder ‚Freikauf' von potentiellen Versorgungsansprüchen der Armen ging. Denn nicht jedem sollte Heimat gewährt werden. Die Heimatlosen wurden zur Kehrseite der bürgerlichen Ordnung. Über diesen Aspekt wird im Folgenden insbesondere in II.2.2.3 zu lesen sein.

Zweitens entsteht ein kaum auflösbarer Widerspruch zwischen dem weit verbreiteten Verständnis von Heimat als Chiffre für Geborgenheit, Sicherheit und Vertrautheit und einem Heimatrecht, das nicht selten Zugehörigkeit und Versorgung verweigert. Wie die Literatur diese Aporien aufgreift, werden die folgenden

---

sächlichen Aufenthalts zu hinterlegen war, wurde erst 2003 abgeschafft. Der Kanton, in dem der Bürgerort liegt, kam noch bis 2012 in dem Fall, dass kein fester Wohnsitz nachweisbar war, für die Sozialhilfe auf. Die Vererbung des Heimatortes vom Vater auf die Kinder ist üblich. Die Ehefrau übernahm bei der Heirat den Heimatort des Mannes, dies wurde erst 2013 geändert.

125 Heimat bleibt nach dem Zweiten Weltkrieg ein mit dem Recht verbundener Begriff, steht aber unter gänzlich anderen Vorzeichen: Das ‚Recht auf Heimat' wird nun im Kontext der Vertriebenenpolitik im deutschen öffentlichen Recht diskutiert. Prominenter Vertreter dieser Diskussion ums Recht auf Heimat war der Würzburger Öffentlichkeitsrechtler und bayerische Justizminister Winfried Bausback, vgl. auch Peeters 1961, Pernthaler 1986, Blumwitz 1987, Tomuschat 1989, Kimminich 1989. Das in der Cannstatter Charta der deutschen Vertriebenenorganisationen vom 5. August 1950 apostrophierte „Recht auf die Heimat als eines der von Gott geschenkten Grundrechte der Menschheit" (Auszug in: Rabl 1958) wurde völkerrechtlich abgeleitet, aber auch aus nationalen Rechtsgrundsätzen europäischer Staaten historisch rekonstruiert (vgl. ebd.). Weitere Quellen sind zusammengestellt von Zimmermann 1991. Völkerrechtliche Debatten über das Recht auf Heimat werden jenseits der Vertriebenenpolitik verstärkt seit den 1970er Jahren und bis heute geführt, vgl. Haedrich 2016.

Kapitel behandeln. Die Widersprüche zwischen Heimat als normativem Begriff und als fachsprachlichem Terminus werden auch schon innerhalb der juristischen Rede von Heimat greifbar, wie die vorangegangenen Zitate teilweise gezeigt haben. An einigen weiteren Beispielen kann deutlich werden, dass im ganzen 19. Jahrhundert auch die juristische Rede über Heimat nicht ohne ein Heimatverständnis auskommt, das wahlweise auf emphatische, anthropologisierende oder moralisierende Heimatsemantiken zurückgreift. Heimat ist demnach auch im Rechtsdiskurs nicht nur Terminus technicus, sondern zugleich Wertbegriff.

In einer ministeriellen Kommentierung des Gesetzentwurfs über das Bayerische Heimatgesetz vom 11. September 1825 wird hervorgehoben, dass Heimat nicht bloß den Ort bezeichne, an den ein Bettler oder Unterstützungsbedürftiger aus rein polizeilichen Gründen verwiesen wird, sondern zugleich als „Wiege manichfaltiger schöner Beziehungen und Gefühle" zu gelten habe, „aus welcher der Sinn für die Mitwirkung zu gemeinsamen Zwecken sich entwickelt, und als die Pflanzschule bürgerlicher Tugend und Ordnung, deren Gewährleistung und Pflege durch das Gesetz vermittelt werden soll".[126]

Mehr als vierzig Jahre später, in der Hochphase der Auseinandersetzungen zwischen süddeutschen Heimatrechtsvertretern und norddeutschen Befürwortern des Unterstützungswohnsitzkonzepts, zitiert Emil von Riedel diese Passage zustimmend und schlussfolgert: „Die Heimat ist also einerseits der aus polizeilichen Gründen zu fixierende Aufenthalts- und Unterstützungsort, und andererseits ein besonders gewährleistetes subjectives Recht, dessen Bestand gleichzeitig einem politischen Interesse dient."[127] Dieses politische Interesse, so ist Riedel wohl zu verstehen, zielt auf einen nach Gemeinschaftlichkeit, Tugend und Ordnung strebenden Bürgersinn. Vom ministeriellen Kommentator von 1825 wird diese Idee an den Begriff der Pflanzschule (im zeitgenössischen Sprachgebrauch eine Erziehungsanstalt) gebunden, der neben dem Bild des disziplinierten Wachstums auch die topische Metaphorik der Heimat als vegetativer Heimat, d. h. als ‚Wurzel' enthält (vgl. I.2.1).

In der teilweise polemisch geführten Debatte um das Heimatrecht verwenden auch die Vertreter des Unterstützungswohnsitzes den Widerspruch zwischen administrativem und emphatischem Heimatbegriff für ihre Argumentation. So wird in der Begründung für den Reformbedarf des Heimatwesens in Preußen 1842 eine Heimat, wie sie das Heimatrecht vorsieht, als nur „sogenannte Heimath" mit dem Argument angegriffen, dass es tatsächlich keine sozialen und emotionalen

---

126 Die ministerielle Kommentierung des Gesetzentwurfs über das Bayerische Heimatgesetz vom 11. September 1825 wird zitiert von Riedel 1881, S. 28.
127 Riedel 1881, S. 29.

Bindungen mehr an sie gebe.[128] In einer Reichstagsdebatte erklärt ein nationalliberaler, für den Unterstützungswohnsitz argumentierender Abgeordneter, dass sich mit „dem schönen deutschen Begriffe der Heimath" des Heimatrechts keine Sicherheit verbinde, in Wahrheit werde „dem Unterstützungsbedürftigen die letzte schöne, seinem Gemüth wohlthuende Ruhestätte seiner Heimath" gerade nicht geboten. Denn das herrschende Recht „sichert sie ihm gar nicht, sondern führt ihn zurück an einen Ort, wo er nach der Empfindung seines Gemüths keine Heimath hat, wo er vielmehr sich fremd fühlt, wo er mißtrauisch und übelwollend empfangen wird". Dem „deutschen gemüthlichen Heimathsgefühl" werde mit dem Heimatrecht daher gerade nicht Rechnung getragen.[129]

Die sich auf eine Auseinandersetzung zwischen Nord- und Süddeutschland, Preußen und Bayern zuspitzende Debatte wird besonders ab den 1870er Jahren von den in die Defensive geratenen Bayern erbittert geführt. Was der Bezirksamtsassessor Münch 1880 in der *Allgemeinen Zeitung* schreibt, bildet zugleich einen Beleg für die oben vertretene These, dass Heimat auch im rechtlichen Sinn die vehement gegen die Unterschicht verteidigte Sphäre des Bürgertums ist:

> Kennt der Norddeutsche [...] überhaupt den Begriff Heimat nicht und weiß er nicht, welch sittlichen Halt einem Menschen das Bewußtsein gibt, einen bestimmten Fleck Erde seine Heimat nennen zu dürfen, in einem nicht zu großen Kreise von Menschen, welchen er meist persönlich kennt und wo er gekannt ist, eine Heimat zu haben, wo er geboren wurde, wo seine Eltern und Geschwister leben, wo er selbst wieder von dem Trubel der Welt ausruhen, sich erholen, sich vielleicht dereinst ganz zur Ruhe zu setzen hofft, wo er aber auch in Zeiten der Not unter allen Umständen Hilfe und persönliche Aufnahme finden wird? Man komme mir nicht mit den Hunderten von Ausnahmen, mit den Großstädtern, Fabrikarbeitern und dergleichen, bei welchen diese Voraussetzungen nicht zutreffen und für welche daher auch das Wort Heimat nicht diesen Klang, nicht diesen inneren sittlichen Wert hat. Die Großstädter und Fabrikarbeiter bilden nicht die Mehrheit der Bevölkerung in Deutschland.[130]

Die Verfechter des bayerischen Sonderwegs bedienen sich auch noch in Zeiten der Weimarer Republik sentimentaler Heimatvorstellungen, um ihrem Widerstand gegen die Abschaffung des Heimatrechts eine zivilisationskritische Wendung zu

---

128 Motive zu dem Gesetz-Entwurf wegen der Verpflichtung zur Armenpflege, ALWL, Bestand 101, Nr. 373, f. 83–83v. Zitiert nach Lerche 2009, S. 51.
129 Rede des nationalliberalen Abgeordneten Eduard Stephani im Reichstag am 14. Mai 1870, zitiert nach Althammer 2021. Althammer kann mit weiteren Quellen die Emotionalität der Debatte um Unterstützungswohnsitz und Heimatrecht und die stark wertende Besetzung des Heimat-Begriffs in beiden Lagern belegen, vgl. Althammer 2021.
130 Münch 1924, S. 86. Münch zitiert hier seinen Vater, den Bezirksamtsassessor Münch, und zwar dessen Artikel zu Unterstützungswohnsitz und Bettel, der 1880 in der *Allgemeinen Zeitung* erschienen ist (ein präziserer Stellennachweis für das Zitat unterbleibt allerdings).

verleihen. Der Staatsrechtler Hans Nawiasky (seit 1914 Professor für Staatsrecht in München und später einer der Väter der Verfassung des Freistaates Bayern von 1946) wertet 1923 die juristischen Entwicklungen der zweiten Hälfte des 19. Jahrhunderts als „Vernichtung des Heimatbegriffs in Deutschland" und meint damit mehr als die administrativen Änderungen in der Regelung der Armenfürsorge.[131] Amtsrichter Münch publiziert 1924 einen Artikel in der *Zeitschrift für Rechtspflege in Bayern*, der angesichts des bevorstehenden unwiderruflichen Endes des Heimatrechts auch in Bayern, das durch die im selben Jahr verabschiedete Verordnung über die Fürsorgepflicht deutlich geworden ist, ein kulturpessimistisches Resümee zieht: Gepocht wird zunächst darauf, dass „der Gesetzgebung eines Volkes [...] symbolische Bedeutung für seinen inneren Werdegang" zukomme, insofern sie „mit den tieferen Werten des menschlichen Lebens" in Verbindung stehe.[132] Diese „ethische" Auffassung, die „Recht und Sittlichkeit eines Volkes in einem engen Zusammenhang miteinander" sehe, wird mit dem ehemaligen Heimatrecht assoziiert und gegen die „moderne Anschauung" verteidigt, „daß der Staat als bloßer ‚Verwaltungsstaat' sich nur um die Zweckmäßigkeit und augenblickliche Nützlichkeit seiner Maßnahmen zu bekümmern" habe. Die juristische Heimat wird explizit mit einem ethischen Verständnis von Heimat verschmolzen; Münch zufolge gibt sie ‚sittlichen Halt' und ‚inneren sittlichen Wert', der allerdings nicht allen begreiflich sei: nicht dem Norddeutschen, nicht dem Großstädter, nicht dem Fabrikarbeiter.[133] Mit dem alten bayerischen Heimatrecht habe jeder gewusst, „wo er hingehörte", es habe „die denkbar innigste Verbindung zwischen dem Unterstützungsbedürftigen und dem Träger der Unterstützungspflicht" bestanden. Die Schwächung dieses Prinzips sei eine „verhängnisvolle[ ] Entwicklung, die man als die Loslösung des Rechts von den sittlichen Idealen eines Volkes" bezeichnen könne. Der „an seelischen Werten reiche[ ] Begriff der Heimat" sei „dem farblosen Begriff des Unterstützungswohnsitzes" – und in der Folge dem der Fürsorgepflicht – geopfert worden.[134] Die rechtliche Heimat wird mit der Seele, die bürokratischen Termini von Unterstützungswohnsitz und Fürsorgepflicht werden dagegen mit den zentrifugalen Kräften assoziiert, die zur „Atomisierung" der Gesellschaft und zum „Zerfall des Staates" führten. Der „Zusammenhang des Volkes mit dem Grund und Boden der Heimat, mit der heimatlichen Scholle" sei zerrissen.[135]

---

131 Rehm/Nawiasky 1923, S. 215.
132 Beide Zitate Münch 1924, S. 85.
133 Alle Zitate Münch 1924, S. 86.
134 Alle Zitate Münch 1924, S. 86.
135 Alle Zitate Münch 1924, S. 87.

Die juristische Rede über Heimat ist im 19. Jahrhundert nicht von der emphatischen, teils moralisierenden, teils sentimentalisierenden, teils anthropologisierenden Rede über Heimat zu trennen, denn sie bedient sich ihrer Argumente, Begriffe und Metaphern. Während das bisher behandelte Textkorpus zum allergrößten Teil juristischen Fachzeitschriften und Abhandlungen fürs Fachpublikum, Handbüchern für die Rechtspraxis der Verwaltung sowie ministeriellen Gesetzentwürfen und deren juristischen Kommentierungen entnommen ist, wird im Folgenden die Perspektive geändert und gezeigt, welche Rolle das Heimatrecht in der Belletristik des 19. Jahrhunderts spielt.

2.2 Heimatrecht und Literatur

Sucht man das Heimatrecht in der schönen Literatur vor 1800, wird man höchstens in Texten fündig, die auf der Schwelle zwischen Juristischem, Alltagssprachlichem und Literarischem angesiedelt sind, etwa in den pragmatischen Schriften Justus Mösers. Der Jurist, der praktischen Rat zur Verbesserung des Allgemeinwesens für die breitere Öffentlichkeit publizierte und dabei zugleich Literatur schuf, steht in der Tradition des frühaufklärerischen Patriotismus (vgl. I.2.1), in dem der Einsatz fürs Allgemeinwohl sich auf die konkrete eigene Umgebung (in diesem Fall Osnabrück) bezog, idealerweise aber auch darüber hinaus fruchtbar werden sollte.[136] Der so verstandene Patriotismus ist streng pragmatisch und basiert nicht auf der Annahme besonderer Vorzüge der eigenen Zugehörigkeit (im Gegensatz zum Nationalismus des 19. Jahrhunderts, vgl. I.2.1).[137] In Mösers *Patriotischen Phantasien* (ab 1766; 1774) fallen die Begriffe Patriotismus, Vaterland, Provinz, Nation sehr häufig, der Begriff der Heimat wird bis auf wenige Ausnahmen gar nicht verwendet. Ist dies doch der Fall, hat der Begriff einen neutral beschreibenden Charakter: Wenn es um Vorschläge zur Regelung des Hausierens geht und die damit verbundene Unterscheidung von Waren, die aus der Heimat kommen, und solchen, die aufgekauft sind,[138] oder wenn es in ähnlichen ökonomischen Kontexten um den Handel mit England[139] oder die Vor- und Nachteile der Neuansiedlung von Bauern in Westfalen geht,[140] dann bezeichnet Heimat eine

---

136 Vgl. das Vorwort zu den *Patriotischen Phantasien:* Möser 1780.
137 Vgl. Stauf 1991.
138 Vgl. Möser 1780, S. 230–231. Im regionalen Wortschatz Mösers ist hier nicht vom Hausierer, sondern vom Packenträger die Rede.
139 Vgl. Möser 1780, S. 270–274.
140 Bei Möser werden die aus dem Rheinland stammenden neuen Siedler als Kolonisten, Emigranten und Fremdlinge bezeichnet.

verwaltungstechnische Größe. In seiner *Osnabrückischen Geschichte* beschreibt Möser als Folge des regionalen Rechts („Märkerrecht"), dass es unmöglich gewesen sei, „einen Mann außerhalb seiner Heimat zu Recht zu stellen", sofern er auf freies Geleit reiste.[141] Nur ein Knecht habe unter diesen Bedingungen verurteilt werden können. Entsprechend heißt es über die Ursachen des Leibeigentums: „Die Furcht, ein Wildfang[142] zu werden, zwang den Knecht zu bleiben und machte jede Heimat angenehm, eher und bevor Städte eine Zuflucht der Flüchtlinge wurden und Menschen ohne Acker und Pflug ernährten."[143] Das ‚Angenehme' der Heimat resultiert also aus der gesicherten Rechtsgrundlage des Verhältnisses zwischen Leibeigenem und Herrn. Aus dieser (für einen Leibeigenen allerdings minimalen) Sicherheit, die an ein bestimmtes Territorium gebunden war (das nicht notwendig der Geburtsort, sondern der Ort der Leibeigenschaft war), erwächst also ein positives Verhältnis zur Heimat.[144] Diese nüchterne Diagnose, die die Liebe zur Heimat aus einem bestehenden Rechtsverhältnis zwischen Leibeigenem und Herrn und einer daraus entspringenden Sicherheit ableitet, ist umso bemerkenswerter, als sie sich ja bereits innerhalb eines patriotischen Diskurses bewegt. Besondere Emphase hingegen, etwa emphatischer Patriotismus, verbindet sich bei Möser an keiner Stelle mit ‚Heimat'.

Die Bedeutung von Heimat, die sich noch in der Zeitgenossenschaft Mösers zu etablieren beginnt, schlägt dann ein grundsätzlich neues Kapitel in der Semantik von Heimat auf. Es liegt nahe, dass dieser neue, auf der religiösen Semantik aufsattelnde Heimatbegriff das Wissen um dessen rechtliche Dimension zunächst so gut wie gar nicht aktiviert, da sich die zunehmend mit dem Begriff konnotierten Heilungs- und Ganzheitsvorstellungen schwerlich mit der administrativen Bedeutung in Einklang bringen lassen. Und die gezielte Suche bestätigt: Die rechtliche Dimension von Heimat ist im Zusammenhang mit Heimat um 1800 nicht relevant. Erstmals in den 1840er Jahren verschränken sich literarische und rechtliche Bedeutungen von Heimat in nennenswertem Umfang.

Diese Verschränkung speist sich aus einer Vielzahl von Faktoren und erfüllt eine ganze Reihe von Funktionen. Der Beginn der literarischen Aufmerksamkeit

---

141 Beide Zitate Möser 1964, S. 78–79. Weitere Beispiele für die Verwendung des Terminus ‚Heimat' im Kontext der Rechtsprechung vgl. Möser 1964, S. 227.
142 In der mittelalterlichen und frühneuzeitlichen Rechtssprache ist der Wildfang eine Person ohne eigenen Leibherrn, die aus einer anderen Gegend zugezogen ist und deshalb Leibeigener des Ortsherrn wird.
143 Möser 1964, S. 110.
144 Dies legt auch die zugehörige Anmerkung nahe: „Die Liebe zum Vaterlande ist in einem Zeitpunkt berühmt geworden, wo man in der Fremde ohne Geleit nichts als Wildfang oder Knecht sein konnte." Möser 1964, S. 111. Vaterland und Heimat sind hier synonym verwendet, vgl. I.2.1.

auf das Heimatrecht ab den 1840er Jahren korrespondiert zunächst mit einer zunehmenden lebensweltlichen Relevanz des Themas, die sich aus wachsenden Bevölkerungszahlen, steigender Mobilität und der dadurch zugespitzten Anwendungsproblematik des Heimatrechts ergab. Die großen Auswanderungswellen und Binnenmigrationen begannen in den 1830er Jahren. Parallel dazu stieg auch die Publikationsdichte juristischer Schriften zum Heimatrecht und die Frequenz, in der das Heimatrecht regional modifiziert, angepasst und reformiert wird.

Im selben Zeitraum lässt sich erstmals eine Metaphorisierung der Rede vom Heimatrecht in der Alltagssprache belegen. Ein Heimatrecht zu haben, meint dann auch in einem übertragenen Sinne, heimisch zu werden: So heißt es in Karl Gutzkows Zeitschrift *Unterhaltungen am häuslichen Herd* 1853 in einem Artikel über den kaiserlichen Tiergarten in Schönbrunn, es seien dort gegenwärtig „viele Raub-, Sumpf- und Wasservögel, verschiedene Hühner- und Taubenvölker aus allen Ländern der Erde" zu bewundern, „die aber bei uns Bürger- und Heimatsrechte erlangt haben".[145] Diese Aspekte können aber noch nicht hinreichend erklären, warum das, wie gezeigt, schon lange vorher virulente Heimatrecht plötzlich in relevantem Umfang in der Literatur auftaucht.

Wichtiger sind die Neuerungen im literarischen Feld selbst: Die Aufnahme des rechtlichen in den literarischen Heimatbegriff fällt zusammen mit dem Beginn von ‚realistischen' Weltentwürfen in der Literatur.[146] Die Autoren von Romanen, Erzählungen, Gedichten, Theaterstücken greifen nun einen lebensweltlichen, pragmatischen Bedeutungsaspekt von Heimat auf, der in der literarischen Semantik von Heimat vor 1840 keine Rolle gespielt hat. Dies ist auch als direkter Reflex auf die beginnende Emphatisierung von Heimat ab 1800 zu interpretieren.

Zu einem Element der Handlung wird das Heimatrecht in den 1840er und 1850er Jahren zunächst in Prosatexten bei Berthold Auerbach und Gottfried Kinkel, in den 1850er Jahren bei Fritz Reuter, Adalbert Stifter, Hermann Kurz und Gottfried Keller; in den 1860er bei Robert Schweichel und Friedrich Gerstäcker, in den 1880er bei Ludwig Ganghofer, in den 1890er Jahren bei Wilhelm Raabe und noch Anfang des 20. Jahrhunderts bei Clara Viebig. Die Texte dieser Autoren eint, dass sie sich im Zusammenhang mit dem Heimatrecht vornehmlich den armen

---

145 Beide Zitate Wegener 1853, S. 294.
146 Der literarische Realismus zeichnet sich insgesamt durch seine Affinität zu Fragen des Rechts aus, und es ist kein Zufall, dass dem frühen Realisten Jeremias Gotthelf eine ganze Abhandlung zu seiner Kritik „am zeitgenössischen bernischen Recht" gewidmet ist, vgl. Dürrenmatt 1947. Mit den hier interessierenden Fragen beschäftigen sich in Bezug auf Gotthelf besonders die Kapitel zur „Gemeindegesetzgebung" und zum „Armenwesen", allerdings ohne direkte Bezugnahme auf das Heimatrecht, vgl. Dürrenmatt 1947, S. 100–108 und 108–120.

Bevölkerungsschichten widmen. Bei Auerbach oder Keller, Kinkel, Reuter, Kurz, Schweichel, Gerstäcker oder Viebig sind es die armen Landbewohner, bei Stifter ist es der wohlhabende bürgerliche Großstädter, der sozial abstürzt, bei Raabe der kleinstädtische Kleinbürger, dessen Existenzbedingungen prekär sind. Dieses sozial-ökonomische Setting liegt angesichts des realistischen Anspruchs der Texte nahe, denn das Heimatrecht kam, wie gesehen, gerade im Zusammenhang mit dem Armenrecht in Anwendung.

Die realistische Darstellung der Welt geht oft mit der Kritik an den sozialen Verhältnissen einher, wie etwa bei Fritz Reuter, Gottfried Kinkel, Robert Schweichel und Hermann Kurz, allesamt Autoren, die sich ans Heimatrecht knüpfende soziale Missstände aufdecken wollen; anders allerdings bei Friedrich Gerstäcker, wo die Auswirkungen des Heimatrechts eher als burleskes Element verwendet werden, ohne dass hier eine sozialkritische Intention naheliegen würde.

Der kritische Impuls muss sich nicht unbedingt (nur) gegen die sozialen Konsequenzen einer konkreten Rechtspraxis richten, sondern kann (zugleich) auch das emphatische Verständnis von Heimat hinterfragen. Denn in welchem Verhältnis soll ein nüchterner rechtlicher Heimatbegriff zum emphatischen stehen? Solche Fragen werfen die Texte Berthold Auerbachs auf. Hier wird durch eine Kontrastierung des emotionalen Gehalts von Heimat mit ihrer rechtlichen Bedeutung ein Widerspruch offengelegt. Gerade angesichts der literarischen Programmatik Auerbachs, die sich dezidiert gegen ein romantisches Literaturverständnis wendet, wird deutlich, dass es ihm um eine Neuvermessung des literarischen Feldes und eine Abgrenzung gegenüber ästhetischen Entwürfen der Romantik geht, zu denen auch Heimat zählt. Damit eröffnet er eine neue literarische Behandlungsweise von Heimat, unter deren Vorzeichen auch die Texte von Gottfried Keller, Adalbert Stifter, Wilhelm Heinrich Riehl und Clara Viebig stehen.

Die literarischen Auseinandersetzungen mit dem Heimatrecht stellen vor allem drei Personengruppen in den Mittelpunkt: die Gruppe der Bettler, versorgungsbedürftigen Alten und mittellosen Tagelöhner, die mit dem Heimatrecht in Berührung kommen, wenn sie abgeschoben werden (II.2.2.1); die Gruppe der Auswanderer, die durch ihre Auswanderung mit dem Heimatrecht konfrontiert werden (II.2.2.2); die Gruppe der Heimatlosen, denen das Heimatrecht grundsätzlich verweigert wird (II.2.2.3).

2.2.1 Abschiebung und Heimatrecht: Tagelöhner, Bettler, Arme (Reuter, Riehl, Stifter, Viebig)

Das Schubwesen des 19. Jahrhunderts stellt die praktische Durchsetzung des Heimatrechts sicher, da die Gemeinden sich mit diesem Mittel aller unliebsamen

Personen entledigen konnten, die sie nicht rechtmäßig aufzunehmen hatten. Ein Eintrag in der *Allgemeinen deutschen Real-Encyklopädie* von 1845 zeigt, dass der Zusammenhang von Schubwesen und Heimatrecht zum Allgemeinwissen des 19. Jahrhunderts gehört:

> Am schwierigsten gehen einzelne Orte daran, Fremden das Heimatrecht durch Aufnahme zu bewilligen, weil sie immer an die Möglichkeit denken, daß die Versorgung Derer, welche etwa verarmen, der Ortsgemeinde zur Last falle. Da nun nach einem beinahe allgemeinen Prinzip der selbständige Aufenthalt an einem Orte, mit eigener Wohnung und Haushaltung, wenn er eine gewisse Reihe von Jahren gedauert hat, das Heimatsrecht gibt, so sind die Gemeinden sehr wachsam, Auswärtige, welche auf irgend eine Weise einen vorübergehenden Aufenthalt im Orte haben, vor Ablauf dieser Zeit zu entfernen, wodurch nicht selten die ganze bürgerliche Existenz einer redlichen und arbeitsamen Familie ohne alle Nothwendigkeit vernichtet wird. Gleichwol ist die unbedingte Annahme, daß jederzeit der Geburtsort die Versorgungspflicht haben solle, auch mit Härten und Unzuträglichkeiten verknüpft, indem hier der Verarmte oft aus seinen Verhältnissen gerissen und einem Orte, wo er vielleicht ganz unbekannt geworden, als eine hülflose unwillkommene Last zugeschoben wird.[147]

Die heimatrechtlich begründete Abschiebung, der Schub, konnte also, wie der Artikel klarmacht, denjenigen treffen, der keinen Anspruch auf Heimatrecht durch bloße Aufenthaltsdauer erwerben sollte und deshalb der Gemeinde verwiesen wurde, oder denjenigen, der fürsorgebedürftig wurde und dann zwangsweise in seine Heimatgemeinde abgeschoben wurde. Dass der Schub schon seit dem 18. Jahrhundert im offiziellen Verständnis immer weniger als Strafe, dagegen immer mehr als Fürsorgemaßnahme definiert wurde (so gibt es Aktennotizen, die vermerken, dass der Schub im Gegensatz zu einer selbst initiierten Reise in die Heimat kostenfrei sei), verhinderte nicht, dass er in der Praxis die Existenznöte verschlimmerte und zudem eine soziale Stigmatisierung der Schüblinge bedeutete.[148]

Die in diesem Kapitel versammelten Texte von Adalbert Stifter (*Turmalin* 1852), Fritz Reuter (*Ein Heimathloser in Mecklenburg* 1856/57), Wilhelm Heinrich Riehl (*Vergelt's Gott* 1862) und Clara Viebig (*Die Heimat* 1914) machen den Zusammenhang von Heimatrecht und Abschiebung zum literarischen Sujet.

Fritz Reuter: *Ein Heimathloser in Mecklenburg*

Fritz Reuter (1810–1874) zählt zu den Autoren, die als Heimatschriftsteller gelten, weil ihre Gegenstände lokal gebunden sind. Es zeigt sich an Reuter, dass die in der

---

[147] Anonym 1845, S. 2.
[148] Zum Schubwesen vgl. ausführlich Wendelin 2000, S. 231–339.

Regel mit verharmlosenden und harmonisierenden Vorstellungen einhergehende Bezeichnung eines Autors als Heimatschriftsteller nicht immer überzeugend ist. Denn Reuter erweist sich mit den hier vorgestellten Texten als politisch engagierter Autor, der nicht an der Klischierung von Heimat, sondern an ihrer Kritik arbeitet. Angesichts des extremen Armutsmilieus, aus dem seine Figuren stammen, und angesichts des Anspruchs, dem ‚Volk aufs Maul zu schauen', ließe sich stattdessen sogar begründet von einer Vorläuferschaft zum Naturalismus sprechen.

In Reuters tragisch endender Verserzählung *Kein Hüsung* (1857) wird die Willkür der Gutsbesitzer und die Unfreiheit der Tagelöhner thematisiert. Schrecklicher als eine Feuersnot sei die Gewalt, die der Gutsbesitzer über den Armen habe, denn er kann ihm nicht nur sein materielles Gut nehmen wie das Feuer, das ihn aufs ‚freie Feld' wirft, wenn das Haus abbrennt, sondern ihm darüber hinaus die Heimat – eben im Sinn der Aufenthaltsberechtigung – verwehren und ihn ‚elend in die Welt jagen':

> Denn de em röppt, dat is sin Herr,
> Vel schrecklicher, as Füersnoth.
> Dat Füer, dat kann sin All'ns vertehren
> Un smitt em up dat frie Feld;
> Sin Herr kann't ok, doch sin Gebot,
> Dat kann de Heimath em verwehren
> Un jagt em elend in de Welt. – –[149]

Tatsächlich waren die heimatrechtlichen Verhältnisse in den beiden Großherzogtümern Mecklenburgs im 19. Jahrhundert besonders drückend, da es hier nach Abschaffung der Leibeigenschaft 1822 nicht zu einer Anpassung des Niederlassungsrechts kam, so dass die ehemaligen Leibeigenen nicht mehr durch ihre ehemaligen Herrschaften versorgt wurden, sich aber auch nicht frei ansiedeln und Gemeinde- und Heimatrechte erwerben konnten (vgl. II.2.1).[150] Mecklenburg blieb bis 1918 von feudalen Strukturen geprägt und bestand aus drei verschiedenen Verwaltungstypen, dem Domanium (dem herzoglichen Besitz), der Ritterschaft (dem ritterschaftlichen Besitz) und der Landschaft (den Städten und ihrem städtischen Landbesitz), deren verwaltungsrechtliche Aufgaben allerdings nie befriedigend geklärt wurden. Der Pastor von Badendiek, einem domanialen Bauerndorf bei Güstrow, schreibt in seinem jährlichen Informationsbericht an die Superintendantur Güstrow im Juni 1861: „Die himmelschreienden Mißbräuche der

---

149 Reuter: Kein Hüsung, 1904, S. 29.
150 Vgl. Koch 1997; Pade 2004, mit Verweis aufs Heimatrecht S. 62.

Heimats- und Niederlassungsverhältnisse in den Domanialbauerndörfern wirken entvölkernd und demoralisierend und zerrüttend auf Sittlichkeit, Familienleben, Vertrauen nach Oben, Liebe zum Lande."[151] Die Heimatrechtspraxis ist nach Ansicht des Pastors also eben gerade nicht die ‚Pflanzschule' des Bürgersinns, als die sie ein Ministerialbeamter 1825 gesehen haben wollte.[152]

Reuters Text *Ein Heimathloser in Mecklenburg* (1862)[153] stellt eine literarische Kritik solcher aus dem Heimatrecht erwachsenden sozialen Missstände dar. Die „Tatsache", von der im Stil des kommentierten Berichts in diesem Text die Rede ist, dient dem Autor als Beispiel für „die Misere unserer deutschen Heimatsverhältnisse", auch wenn infolge der 1851 geschlossenen Gothaer Konvention immerhin Aussicht auf Besserung bestehe.[154] Schon der einleitende Vorbericht gibt einen Eindruck vom Stil des weiteren Textes:

> Es ist genug, daß dergleichen Fälle – und gewiß nicht vereinzelt – dem Begriff vom einigen deutschen Vaterlande arge Stöße versetzt haben, und daß das komische Element, welches wir darin finden müssen, wenn mächtige Regierungen sich mit erhitzten Noten und drohenden Demonstrationen abquälen, um Bagatellsachen zu beseitigen, bei weitem durch die Tragik überboten wird, die das Haupt des unbeschützten einzelnen trifft. – Kurz! Die Sache wäre lächerlich, wenn sie nicht so traurig wäre.[155]

Zwischen Tragik und Komik bewegt sich dieses Stück literarisch verarbeiteter Realität. Die Signale der Unzuverlässigkeit, die der Text enthält, verweisen weniger auf seine Fiktivität als auf den exemplarischen Status des Falls, bei dem es deshalb nicht auf die Exaktheit der Details ankommt: Ein Tagelöhner mit dem Namen „Krischan Schult, Meier oder Müller" erhält „1850 oder 1851" die Kündigung vom Gut Käseke, Demminer Kreis in Vorpommern (Preußen) und wird,

---

151 Zitiert nach Koch 1997, S. 79.
152 Vgl. II.2.1. Die ministerielle Kommentierung des Gesetzentwurfs über das Bayerische Heimatgesetz vom 11. September 1825 wird zitiert von Riedel 1881, S. 28.
153 Fritz Reuters Text wurde in der hier angegebenen Schreibweise des Titels in Gustav Freytags und Julian Schmidts *Die Grenzboten* (21. Jg., 1862) veröffentlicht – in dieser Zeitschrift werden zugleich in Sachbeiträgen auch mehrfach Fragen des Heimatrechts berührt (vgl. I.1.3). Ich zitiere nach den *Sämtlichen Werken* von 1904, die die Schreibweise zu *Ein Heimatloser in Mecklenburg* angleichen.
154 „Ob die nachstehende Tatsache der alleinige zwingende Grund oder nur eine Veranlassung mehr war, daß Mecklenburg sich der am 15. Juli 1851 geschlossenen, sogenannten Gothaer Konvention ‚über die gegenseitige Übernahme Ausgewiesener' anschließen mußte, wollen wir unentschieden lassen, da es im ganzen gleichgültig ist, an welchem Beispiele die Misere unserer deutschen Heimatsverhältnisse zuerst so recht deutlich ans Tageslicht getreten." Reuter: Ein Heimatloser, 1904, S. 25.
155 Reuter: Ein Heimatloser, 1904, S. 25.

nachdem er neun Jahre dort gewohnt hat, mit Frau und sieben Kindern auf die Straße gesetzt.[156] Da er vorher auf dem ritterschaftlichen Gut des Grafen Blessen auf Ivenack in Basepohl (Mecklenburg) gelebt hat, wird er dorthin abgeschoben, dort aber nicht aufgenommen und innerhalb Mecklenburgs von der Ritterschaft zum Domanium abgeschoben – ohne Erfolg: „Er mag tausendmal ein Mecklenburger sein, wenn er nicht aus dem Domanium gebürtig ist, können wir uns mit der Sache gar nicht befassen; der Kerl gehört der Ritterschaft an; fort mit ihm dahin, woher er gekommen ist!"[157] „Die Herren hatten recht", erläutert nun der Erzähler im sarkastischen Ton, „denn Mecklenburg scheidet sich in drei Landesteile, großherzogliches Domanium, Ritterschaft und Städte, die unter sich vice versa die Heimatsgesetzgebung energischer aufrecht erhalten, als dies sogar einem fremde Staate gegenüber geschieht [...]."[158] Fünf Mal wird Krischan Schult mit seiner Familie wieder nach Demmin/Preußen abgeschoben, fünf Mal zurück nach Mecklenburg verfrachtet. Dann nimmt sich die preußische Regierung der Sache an und fragt bei der mecklenburgischen Regierung an, welche gesetzlichen Bestimmungen

> in bezug auf die nach Preußen ausgewanderten und dort nicht naturalisierten Landeskinder in den mecklenburgischen Landen geltend wären. – Die Antwort war, daß alle, die zwei Jahre oder länger abwesend wären, oder im Auslande einen eigenen Hausstand gegründet hätten, als aus dem Untertanenverbande ausgeschieden betrachtet würden. Und – fragte Preußen weiter – unter welchen Bedingungen erwerben die diesseitigen Landeskinder das Heimatsrecht in Mecklenburg? – Wenn sie fünfzehn Jahre ununterbrochen an einem und demselben Orte sich aufgehalten hätten, hieß es. / Dies war denn doch ein zu großes Mißverhältnis; die preußische Regierung drang auf gegenseitige Gleichheit in diesen Verhältnissen, und um ihrer Forderung mehr Nachdruck zu geben, drohte sie widrigenfalls alle über die Grenze gegangenen und nicht naturalisierten Mecklenburger, eventualiter mit Frau und Kind, auszuweisen und in ihr Geburtsland zurücksenden zu wollen.[159]

Dies hätte dreißig- bis vierzigtausend Personen betroffen, fügt der Erzähler an. So viele Personen hatten „nach mecklenburgischen Gesetzen in ihrem früheren Wohnort das Heimatsrecht verloren und in Preußen kein neues erworben" und wären, „falls man sie über die Grenze geschickt hätte, als Heimatlose dem Mecklenburgischen Landarbeitshause verfallen gewesen".[160] Denn das Landarbeitshaus, in diesem Fall das alte Wallenstein-Schloss zu Güstrow, war zuständig für alle Heimatlosen. Eben dieses Schicksal erleidet Krischan Schult schließlich:

---

156 Reuter: Ein Heimatloser, 1904, S. 25.
157 Reuter: Ein Heimatloser, 1904, S. 28.
158 Reuter: Ein Heimatloser, 1904, S. 28.
159 Reuter: Ein Heimatloser, 1904, S. 29.
160 Reuter: Ein Heimatloser, 1904, S. 29.

Krischan Schult und seiner Familie wird die Aufnahme überall verweigert, „und so war er denn vor dem Gesetz ein heimatloser Vagabund, der ins Landarbeitshaus gehörte, dessen friedliche Räume ihn denn auch aufnahmen".[161] Wie das weitere Schicksal Krischan Schults verlaufen ist, weiß der Erzähler nicht. Es gehe um das „allgemeine Interesse",[162] das hinter diesem Fall stehe. Der distanziert-berichtende Ton, durch sarkastische Untertöne grundiert – „Ganz in der Ordnung!" heißt es beispielsweise immer, bevor eine neue ungeheuerliche Konsequenz der bürokratischen Verordnungen vom „Notenhimmel der Grenzbehörden" und der „deutschen Polizei-Idylle"[163] eintritt – lässt die Unerträglichkeit des Falls stärker hervortreten, als es eine mitfühlende Erzählung vermocht hätte. Mit der Aussparung jeder Innensicht der betroffenen Figur holt die Erzählung kalkuliert den Gegenstand ihrer Kritik ein: Die Figur wird zum rein administrativ kategorisierten Fall; ihre Ansprüche auf Individualität oder Emotionalität werden nicht anerkannt. Umso stärker wird ihre Ohnmacht betont. Aus ähnlichen Gründen wird wohl auch ein emphatisches Heimatverständnis im ganzen Text nicht aufgerufen.

Wilhelm Heinrich Riehl: *Vergelt's Gott*

Wilhelm Heinrich Riehl bietet zeitgleich das spät-biedermeierliche Gegenprogramm zum sozialkritischen Reuter (zu Riehl vgl. II.3.2). In seiner Novelle *Vergelt's Gott* (1863), die zwei Bettler zu ihren Hauptgestalten macht, ist selbst der Schub nur Kulisse einer beschaulichen Welt.[164]

Die Regelung für fremde – d. h. nicht ortsansässige – Bettler, die regelmäßig auf den Schub kommen, und die dadurch bedingte Konkurrenz der beiden Bettler Veit und Hans wird in der Novelle zum Ausgangspunkt der Handlung. Denn Veit hat gegenüber Hans einen „beneidenswerten Vorzug: er war ein Augsburger Stadtkind; die eingeborenen Bettler aber duldete man dauernd, während die

---

161 Reuter: Ein Heimatloser, 1904, S. 29–30.
162 „Ob er später ein anderweitiges Unterkommen gefunden hat, ob er wieder mit seiner Familie vereinigt worden ist, wissen wir nicht. Wir haben diese Geschichte nur so erzählt, wie das allgemeine Interesse, welches begreiflicherweise dieser eklatante Fall, namentlich bei den Ausgewanderten, hervorrufen mußte, sie zu jener Zeit täglich besprach. / Man hat nachträglich behauptet, Krischan Schult sei ein Taugenichts gewesen, aber ändert das etwas an der Sache selbst? Und – wäre er ein dreimal geschliffener und facettierter Tugendspiegel gewesen, eingefaßt in den vergüldeten Rahmen frommer Denkungsart, wäre er nicht in dieselbe Lage gekommen?" Reuter: Ein Heimatloser, 1904, S. 30.
163 Alle Zitate Reuter: Ein Heimatloser, 1904, S. 27.
164 Zum Schubwesen vgl. II.2.1; insgesamt zu Armut und Bettel im 19. Jahrhundert vgl. Althammer 2007.

fremden so eins ums andere Jahr aus der Stadt geschafft wurden".[165] Dieses Los droht wiederum Hans, der „selbst nicht wußte, wo er zur Welt gekommen" und deswegen vom Schub bedroht ist. Er findet allerdings Mittel, sich dem Schub regelmäßig zu entziehen: „Hans behauptet zuletzt, er sei zwar kein Eingeborener, aber auch kein Fremder, sondern ein Adoptivkind der Reichsstadt Augsburg." Wenn Hans beim Ort seines Bettelns und damit bei seinem Heimatrecht nachhilft, tut Veit es beim Grund seines Bettelns, denn er spielt seine Verkrüppelung nur. Veit und Hans sind Spiegelgestalten: „Hans war ein natürlicher und Veit ein künstlicher Krüppel, Veit dagegen ein natürlicher und Hans ein künstlicher Augsburger."[166] Der Schub, dem sich der heimatlose Hans entzieht, erweist sich nicht als existenzgefährdend, wie er es realweltlich war, sondern dient dazu, auch das beschaulich geschilderte Bettlerleben in einen bürgerlichen Werthorizont einzupassen: Dass Hans nicht „fahrender Bettler" werden und damit „gemeine Landstreicherart" annehmen solle, begründet er gut bürgerlich: „In jedem Beruf ist der sesshafteste Mann der ehrenfesteste".[167]

Veit gelingt im Verlauf der Novelle die Befreiung aus seinem Bettlerdasein, während Hans Bettler bleibt und als solcher stirbt. Aber erst der Tod von Hans bringt Veit die endgültige Aussöhnung mit der Bürgerlichkeit: Veit kann sich ein neues Dasein als Hausmeister aufbauen, fängt aber plötzlich an, sich nach seiner Existenz als Bettler zu sehnen und geht aus einer Mischung aus alter Gewohnheit und unklarer Sehnsucht wieder betteln. Der Pfarrer will ihn durch ein Gleichnis wieder von dieser „Krankheit" befreien und auf den rechten Weg führen:

> Wenn wir aus unserer Jugendheimat in ein viel schöneres Land gezogen sind, dann freuen wir uns anfangs der Veränderung, finden alles gut und besser und denken kaum zurück an die verlassene Gegend. Doch nach kurzer Zeit steigt die alte Heimat schön und immer schöner, wie verklärt wiederum vor unserem Geiste auf, es friert uns in dem neuen Lande, und drüben auf der verlorenen Ferne ruht warmer Sonnenschein; wir möchten davonlaufen, so zieht es uns hinüber, wir möchten vergehen vor Heimweh. Das aber währt nur eine gemessene Frist, die wir mannhaft überwinden müssen. Allmählich verblasst das ferne, geträumte Bild wieder von Selbst, wir freuen uns doppelt des Guten, welches uns umgibt, und

---

165 Riehl: Vergelt's Gott (1863), in: Riehl 1937, S. 361–383, hier S. 364.
166 Alle Zitate Riehl 1937, S. 364–365.
167 Riehl 1937, S. 365. Heimatlosigkeit und Schubwesen werden anhand zweier Nebengestalten angedeutet, auch hier bleiben die sozialkritischen Implikationen aber dezent: „Zur selbigen Zeit lag ein heimatloses Mädchen im Spital, welches man fieberkrank aus einer Herberge gebracht hatte"; „das Mädchen [war] eine Betteldirne, und da vor etlichen Wochen ein starker Schub fremder Bettler aus der Stadt geschafft und die Mutter vermutlich mit ausgewiesen worden war, so konnte sie freilich ihr krankes Kind im Spitale nicht aufsuchen". Riehl 1937, S. 376–377.

> zuletzt ist doch der Mann nur da ganz zu Hause, wo ihm Gott eine gesegnete Arbeit zugewiesen hat und gute Menschen ihn ehren in seinem Tagewerk.[168]

Die Notwendigkeit, sich in ein bürgerliches Leben zu fügen, wird hier als Verabschiedung der ‚Jugendheimat' zugunsten einer ‚mannhaften' Zuwendung zu einer von Gott gesegneten und soziale Anerkennung bringenden Arbeit gefasst. Die ‚wie verklärte' ‚alte Heimat' sei nur ein ‚fernes, geträumtes Bild'; dagegen gelte es, sich den realen Ansprüchen der eigenen Gegenwart zu stellen. Auch der Pfarrer selbst hat eine Jugendleidenschaft, die Dichtkunst, der er wider besseres Wissen nicht ganz entsagen kann und auf die das Gleichnis ebenfalls bezogen wird.

Die Sicht, dass die alte Heimat (also das vormalige, gleichsam kindlich-verantwortungslose Betteln bzw. das ebenfalls außerhalb der bürgerlich-ökonomischen Logik liegende Dichten) verabschiedet werden muss, wenn man sich den bürgerlichen Werten von Haus und Arbeit zuwendet (schon vorher prominent in Gustav Freytags *Soll und Haben* entfaltet, vgl. II.3.2.2, dort auch zu den Bezügen zwischen Riehl und Freytag), bestätigt sich erst über einen Umweg. Veit wird noch einmal betteln, der Pfarrer noch einmal reimen, diesmal aber auf geläuterte Art: Beide verrichten ihre Jugendsünde ein letztes Mal für einen anderen, den sterbenden Hans, und der Rückfall in die „Jugendheimat" ist zugleich ihre Läuterung. Fortan kommen beide ohne Betteln und Dichten aus.

Die Aufstiegsgeschichte des Bettlers Veit ins bürgerliche Leben, sein Rückfall und seine erneute Eingliederung in die bürgerliche Ordnung werden seitens der Figur des Pfarrers in die Metapher der ‚Jugendheimat' gefasst, die durch ein ‚Zuhause' ersetzt werden muss, das in der Einbindung in eine bürgerliche (Arbeits-)Ordnung und dadurch bedingte soziale Anerkennung besteht. Das so verstandene Zuhause steht nicht im Widerspruch zur juristischen Heimat – im Gegenteil harmonieren beide miteinander. Das ‚Heimweh' nach der ‚alten Heimat' muss überwunden werden, das ‚ferne, geträumte Bild' erweist sich als Chimäre: Hier findet eine gänzliche Absage an die romantische Heimat statt, die ganz durch eine des bürgerlichen Realismus ersetzt worden ist.

Adalbert Stifter: *Turmalin*

In Adalbert Stifters *Turmalin* (1852), der dritten Erzählung der *Bunten Steine*, sind Heimatrecht und Schub nicht nur harmlose Kulisse einer bürgerlichen Welt wie bei Riehl, sondern werden zur Chiffre bürgerlicher Ordnung. Nur in einem einzigen Satz ist von den Behörden, die für die Heimatlosen zuständig sind, die

---

[168] Riehl 1937, S. 376.

Rede – er ist gleichwohl entscheidend, weil er die Berührung des gutbürgerlichen Subjekts mit den Rändern der bürgerlichen Ordnung markiert, aus der es selbst im Folgenden herausfallen wird. Das ‚Lapidarium des Wissens',[169] das die Forschung in Stifters *Bunten Steinen* erblickt, ist demnach um einen rechtsgeschichtlichen Aspekt zu ergänzen.

Die Erzählung spielt um 1850 und beginnt in Wien, wo die Ehefrau des wohlhabenden, gutbürgerlichen Rentherrn spurlos verschwindet. Daraufhin zeigt er die Sache bei den Behörden an: „Aber auch die Ämter fanden nichts, und unter den Verunglükten, die sich vorfanden, war sie nicht, und unter den Aufgefundenen, die sich als heimathlos auswiesen, war sie nicht."[170] Bei seinem Gang auf die Wiener Behörden kommt der Rentherr also mit der administrativen Kategorie der Heimatlosigkeit in Berührung. Der Kommentar zur historisch-kritischen Ausgabe schweigt zu dieser Stelle. Folgendes wäre dazu zu sagen: In Wien hatte die Heimat- und die damit verbundene Abschiebepolitik schon um die Jahrhundertmitte drastische Ausmaße angenommen. Die Zahlen für 1851 zeigen die Dringlichkeit des Problems: In Niederösterreich, inklusive Wien, sind in diesem Jahr 20 Prozent der in der Stadt lebenden Personen fremd, haben ihre Heimat also anderswo (im Jahr 1900 sind es dann 60 Prozent).[171] Diejenigen aus dieser Gruppe, die als Bettler, Landstreicher oder anders auffällig geworden sind, werden mittels des Schubwesens aus Wien entfernt. 1846 sind es 3.392 Personen, die mit dem sogenannten Hauptschub aus Wien abtransportiert werden, weitere Personen kommen in den sogenannten Partikularschüben hinzu, 1867 sind es dann schon 10.118 Personen.[172]

Der Rentherr fällt durch den nicht aufklärbaren Verlust seiner Frau in eine tiefe Krise. Er verlässt zusammen mit seinem kleinen Kind die großbürgerliche Wohnung und lässt mit seinem sämtlichen Besitz auch die eigene bürgerliche Identität zurück. Er wird einer der Heimatlosen, unter denen er seine Frau nicht finden konnte.

Das zentrale Thema der Erzählung ist die Bedrohung von Ordnung, wie schon einleitend herausgestellt wird. Der Erzählung sei zu entnehmen, „wie weit der Mensch kömmt, [...] wenn er von dem innern Geseze [sic], das ihn unabwendbar

---

169 So der Untertitel des Buchs von Benjamin Bühler und Stefan Rieger zu Stifters *Bunten Steinen*, Bühler/Rieger 2014. Albrecht betont die „Vielzahl von ästhetischen, politischen, pädagogischen und naturwissenschaftlichen Diskursen", die in *Turmalin* überblendet werden (Albrecht 2017, S. 87).
170 Adalbert Stifter: Turmalin, in: Stifter 1982, S. 133–179, hier S. 144.
171 Vgl. Hahn 2005, S. 30.
172 Vgl. Wendelin 2000, S. 286. Bis 1850 war das Kreisamt, nach 1850 die sogenannte Stadthauptmannschaft die für die Schüblinge zuständige Stelle, vgl. Wendelin 2000, S. 242.

zu dem Rechten führt, läßt, sich unbedingt der Innigkeit seiner Freuden und Schmerzen hingibt, den Halt verliert, und in Zustände geräth, die wir uns kaum zu enträthseln wissen." Hier geht es um die innere Ordnung, die inneren Gesetze eines Menschen, die gefährdet sind und deren Verlust zu Haltlosigkeit führt – diese Haltlosigkeit ergebe sich für denjenigen, dem das „Licht seiner Vernunft" getrübt sei und der „die Dinge nicht mehr versteht".[173] Und es geht um die Rätselhaftigkeit dieses Zustandes für diejenigen, die innerhalb der Ordnung verbleiben.

Tatsächlich sind die späteren Eindrücke von jenem heruntergekommenen Mann ungeklärter Identität, die aus der Perspektive einer Großbürgerin wiedergegeben werden, für diese hochgradig unangenehm und verwirrend, auch und gerade, weil sie teilweise Anziehendes enthalten, so wie dessen „seltsames Flötenspiel", das sie und ihr Mann eines Nachts hören. Dieses Spiel weiche von allem ab, „was man gewöhnlich Musik nennt, und wie man sie lernt". Dies hat etwas Anziehendes und Abstoßendes zugleich: „Was am meisten reizte, war, daß, wenn er einen Gang angenommen, und das Ohr verleitet hatte, mit zu gehen, immer etwas anderes kam, als was man erwartete, und das Recht hatte, zu erwarten [...]."[174] Erst später wird geklärt, dass es sich bei dem Flötenspieler um den ehemaligen Rentherrn gehandelt hat. So wie die Erzählerin „etwas Fremdartiges" in dem Flötenspiel entdeckt und durch dieses in „eine Verwirrung gerieth, die man beinahe irrsinnig hätte nennen können",[175] wirkt auch die Bekanntschaft mit dem Mädchen, das sich später als die herangewachsene Tochter des Rentherrn erweist, verstörend in ihrer Gemengelage von Abstoßung und Anziehung. Die Gedanken des Mädchens seien „von Allem, was sich immer und täglich in unserem Umgange ausspricht", derartig verschieden, „daß man das Ganze für blödsinnig hätte halten können, wenn es nicht zum Theile wieder sehr verständig gewesen wäre".[176] Sowohl das Flötenspiel des vormaligen Rentherrn als auch die Redeweise seiner Tochter lösen bei der Erzählerin ein diffus empfundenes Unbehagen aus, denn sie bieten etwas anderes, „als was man erwartete, und das Recht hatte, zu erwarten". Das Gehörte wirkt „beinahe irrsinnig" und „blödsinnig", aber scheint doch unbekannten und deshalb suspekten Regeln zu unterliegen.

In der weiteren, durchgängig aus der Perspektive der homodiegetischen Erzählerin wiedergegebenen Schilderung, wird diese Störung eliminiert und Ordnung wiederhergestellt. Dies kommt für die Erzählerin selbst einer existentiellen

---

173 Alle Adalbert Stifter: Turmalin, in: Stifter 1982, S. 133–179, hier S. 135.
174 Stifter 1982, S. 152–153.
175 Beide Stifter 1982, S. 153.
176 Stifter 1982, S. 164.

Notwendigkeit gleich. Hatte das Flötenspiel des zum Heimatlosen gewordenen Rentherrn diese nur „beinahe gerührt", vor allem aber verstört,[177] gibt ihr sein Tod wieder die Möglichkeit der Rücküberführung der Geschehnisse in eine überschaubare Ordnung. Der detaillierten Schilderung aller ärztlichen und behördlichen Schritte zur Dokumentation seines Todes eignet eine gewisse Beruhigung, ja Befriedigung.

Mit großer erzählerischer Detailtreue rückt die Resozialisierung jener Tochter ins Zentrum des Textes, die ohne jede andere soziale Bindung mit ihrem Vater in einem feuchten Kellerzimmer hauste, bis er starb.[178] Breitesten Raum gibt die Erzählerin den Nachforschungen zur bürgerlichen Identität des Mädchens, der medizinischen und psychologischen Betreuung, die den langsamen Aufbau von Vertrauen, ihre Überführung aus dem Kellerloch zurück in die bürgerliche Welt mit weiblichen Nadelarbeiten und Übungen im Katechismus umfasst. Mit der Erfüllung dieses pädagogischen Auftrags, das heißt mit der aus Sicht der Erzählerin zutiefst befriedigenden Wiedereingliederung des Mädchens in die bürgerliche Ordnung endet der Bericht. – Eingliederung in eine (heimatliche) Gemeinschaft ist immer wieder das Telos von Stifters Erzählungen.[179] Die aus der bürgerlichen Ordnung Ausgebrochenen bleiben in *Turmalin* verschollen (die Ehefrau des Rentherrn), sind gestorben (der Rentherr) oder werden in die alte Ordnung überführt (die Tochter). Die Ordnungsverweigerung bleibt rätselhaft, erhält aber keinen romantischen Glanz. Das Flötenspiel des vagabundierenden Rentherrn ist – wie das Geigenspiel des ‚schwarzen Geigers' bei Gottfried Keller (II.2.2.3) – nicht das des romantischen Vagabunden, sondern belästigend und verstörend. Und so wie der Tod des Rentherrn von der Erzählerin beinahe als befreiend dargestellt wird, sind es auch die Wiedereingliederungsbemühungen an dessen Tochter. Denn die Infragestellung der bürgerlichen Ordnung, die in der Existenz der Heimatlosen liegt, kann so abgewendet werden.

Stifters heimatlose Gestalten sind solche, die nicht Mitleid, sondern Irritation auslösen und verstören. Dies verbindet seinen Text mit denen von Hermann Kurz

---

[177] Stifter 1982, S. 153.
[178] Die Nähe zum Kaspar-Hauser-Stoff arbeitet Eva Geulen heraus, vgl. Geulen 1993, S. 651. Das Kind als „Objekt eines umfassenden Resozialisierungsprogramms", das sich zuletzt wieder „auch ökonomisch in eine bescheidene bürgerlich-biedermeierliche Existenz" fügt, bildet auch einen Fokus der Interpretation von Tim Albrecht. Albrecht 2017, S. 89.
[179] In der Erzählung *Bergkristall* werden die beiden Kinder Konrad und Susanna, deren Mutter aus dem Nachbartal kommt und deswegen in ihrem Dorf als Fremde gilt, erst nach einer lebensgefährlichen Katastrophe in den Bergen in die Dorfgemeinschaft aufgenommen: „Die Kinder waren von dem Tage an erst recht das Eigenthum des Dorfes geworden, sie wurden von nun an nicht mehr als Auswärtige sondern als Eingeborne betrachtet, die man sich von dem Berge herab geholt hatte." Adalbert Stifter: Bergkristall, in: Stifter 1982, S. 181–240, hier S. 239.

und Gottfried Keller (vgl. II.2.2.3). In allen Texten wird die durch die Heimatlosen repräsentierte Infragestellung bürgerlicher Ordnung nur um den Preis des Todes überwunden: durch den Sturz des ehemaligen Rentherrn von einer Leiter, bei dem es wahrscheinlich ist, dass es sich um Selbstmord handelte (Stifter), durch den Freitod des Liebespaares in *Romeo und Julia auf dem Dorfe* (Keller), durch das Todesurteil, das über den Protagonisten im *Sonnenwirth* gefällt wird (Kurz).

Clara Viebig: *Die Heimat*
Auch in Clara Viebigs Novelle *Die Heimat* (1914) ist das Wissen um den rechtlichen Aspekt von Heimat zentral.[180] Sie unterscheidet sich von den Texten Reuters, Riehls und Stifters, indem sie als einzige zugleich einen emphatischen Begriff von Heimatliebe entwickelt (und mit dieser Verknüpfung von Heimatrecht und Heimatliebe in die Nähe von Auerbachs Texten rückt, vgl. II.2.2.2; vgl. zu Viebig auch II.3.3.2).

Der schon im Titel aufgerufene Begriff wird in der Novelle in seiner rechtlichen Dimension, aber auch unspezifischer als Bezeichnung für den emotional positiv besetzten Herkunftsort verwandt. Die emphatischsten Darstellungen der Verbundenheit mit dem Ort der eigenen Herkunft kommen dabei allerdings ohne die Begrifflichkeit der Heimat aus.

Ein alter Armer, „der Bräuersch Lippi",[181] der nie vom rheinland-pfälzischen Dorf fortgekommen ist, liebt die Landschaft seiner Herkunft mehr als alles andere. Der Blick auf Felder, Berge und Flüsse erfüllt ihn mit „einer wahrhaft verklärenden Heiterkeit" und einer „Liebe, wie er sie zu nichts anderem je empfunden hatte", auch zu seiner Ehefrau nicht. Während diese tot ist, lebt die Landschaft um ihn herum: „Diese hier aber war ganz und gar lebendig, sah ihn an mit lebendigen Augen, sprach zu ihm mit lebendiger Stimme, nickte ihm zu mit lebendigem Lächeln, so lieb, so vertraut, daß sein altes, langsames Herz schneller zu schlagen begann, daß es klopfte wie das eines glücklichen Kindes, das in die Arme der Mutter eilt."[182] Die fraglose Liebe zur Landschaft wird mit der glückspendenden Liebe eines Kindes zur Mutter verglichen. Durch die ‚verklärende' Wirkung, die

---

180 Clara Viebigs Novelle erschien erstmals 1914, ein Jahr später schon in der siebten Auflage. Nach dieser wird hier zitiert. Auch in anderen Texten Viebigs taucht die rechtliche Dimension von Heimat auf, beispielsweise in der Novelle *Mutter Clara* (1911), ebenfalls in der Novellensammlung *Heimat* enthalten. Hier findet eine Abschiebung einer unverheirateten Mutter in deren Heimat statt: „Dann wurde sie abgeschoben [...] sie mußte wieder in die Heimat zurück." Viebig: Mutter Clara, 1915, S. 97.
181 Viebig: Die Heimat, 1915, S. 219.
182 Alle Viebig: Die Heimat, 1915, S. 223–224.

dieser Liebe zugesprochen wird, und durch die Personifizierung der Landschaft erhält diese Liebe Anklänge an eine überirdische, ja an eine Muttergottesliebe.

Die Gemeinde will den mittellosen Alten im Landarmenhaus bei Trier unterbringen. Eigennutz und Humanität sind dabei nicht klar zu trennen: Man will den Einsamen nicht sich selbst überlassen; auch falle er „der Gemeinde zur Last, und die hatte schon Lasten genug". Alle haben den Alten gern, „aber sie hatten selbst nicht viel zu beißn".[183] So sind sie beruhigt, als sie den Alten im Landarmenhaus versorgt wissen, auch wenn er nur gegen seinen Willen dort untergebracht werden kann. Nach überstandenem Winter bricht er ungefragt aus dem Landarmenhaus auf und läuft zu Fuß in sein Geburtsdorf zurück. Die Wiederbegegnung mit der Ley, dem Fluss des Geburtsdorfes, wird ins Bild „überquellender Glückseligkeit"[184] gefasst. Seine Freude über die Rückkehr wird von der Gemeinde nicht geteilt, sie wollen ihn zurückschaffen. Lippis Weigerung, ins Landarmenhaus zurückzukehren, begründet er juristisch korrekt:

> „Landarmenhaus?!" Der Lippi grinste ganz verächtlich. „Lao gehören ech doch net hin!" Landarm waren nur die, die keine Heimat hatten. „Ech sein doch net landarm?!" Und dabei blieb er. Es war ihm nicht begreiflich zu machen, daß das Landarmenhaus eine Wohlfahrtseinrichtung sei, eigentlich eine Art Versorgungsanstalt für Bedürftige, Einsame und Alte. Er schüttelte immerfort den Kopf: „Ech sei net landarm – hei, hei is mein Land. Hei bleiwen ech!"[185]

Tatsächlich sind die Landarmenhäuser eine preußische, später auch im Deutschen Reich weiterbestehende Einrichtung (Trier gehörte seit 1815 zu Preußen), die für solche Arme zuständig ist, denen keine Gemeinde zugeordnet werden kann, weil sie kein Heimatrecht besitzen. Teilweise war es von Vorteil, als Landarmer eingestuft zu werden, da die Gemeinden je nach eigener Einschätzung und Kassenlage die Unterstützung der zu ihrer Gemeinde Zählenden auch verwehren konnten. Die Landarmenverbände mussten ihre Landarmen zumindest geringfügig unterstützen (vgl. II.2.1).[186] Lippis Argument ist demnach richtig – er besitzt ein Heimatrecht und ist damit kein Fall fürs Landarmenhaus –, allerdings handelt er nicht rational, da seine Versorgung im Landarmenhaus besser gewährleistet wäre. Um die Macht der Liebe zum Ort der eigenen Herkunft gegen jede Rationalität geht es der Novelle. Bemerkenswert ist, dass sich das Beharren Lippis auf

---

[183] Beide Zitate Viebig: Die Heimat, 1915, S. 226–227.
[184] Viebig: Die Heimat, 1915, S. 229–230.
[185] Viebig: Die Heimat, 1915, S. 233.
[186] Vgl. Lerche 2009, S. 106.

dem Heimatrecht hier mit einem emphatischen Heimatverständnis deckt, denn es ist die Gemeinde, die gegen das Heimatrecht handelt, nicht er.

Bei seinem zweiten unfreiwilligen Abtransport ins Landarmenhaus ist es wieder die personifizierte Landschaft, die ihm zuruft, zu bleiben. Während des folgenden Aufenthalts im Landarmenhaus überblenden sich Erinnerungen an die Wallfahrten, die Lippi früher mit Frau und Kindern unternommen hat, das „Muttergottesgesicht"[187] seiner Krankenpflegerin, die Sehnsucht nach dem Geburtsdorf und die Wallfahrten des Marienmonats mit einer Vision der Muttergottes: „Groß stand sie vor ihm, ganz nahe, nur ein paar Schritte weit weg, gewaltig und doch so liebevoll: sein Heil, seine Trösterin, seine Zuflucht, seine Mutter."[188] Heimat- und Muttergottesliebe fallen in eins, so dass in der Erzählung einmal mehr eine Effemination von Heimat vorgenommen wird (vgl. I.2.3).[189] Durch die ausschließliche Innensicht, in der Heimat- und Muttergottesliebe präsentiert werden, enthebt sich die Erzählung einer Stellungnahme: Es bleibt der Leserin überlassen, ob er die intern fokalisierte Erscheinung als Vision ernst nehmen oder als dem wirren Geist eines sterbenden Mannes entsprungen verstehen will.

Der Alte entweicht ein zweites Mal aus dem Landarmenhaus, aber diesmal erreicht er sein weltliches Ziel nicht mehr – „bis in seine Heimat war er nicht gelangt". Lippi wird zurück ins Landarmenhaus gebracht, „kümmerte wie eine Pflanze, die ihren rechten Boden nicht hat"[190] und stirbt. Die emphatische Heimat, das zeigt auch dieser Text von 1914, bleibt durchs ganze 19. Jahrhundert eng mit der himmlischen Heimat verknüpft (vgl. II.1). Ob Lippi in ein Himmelreich eingeht, lässt die Erzählerinstanz in einer vieldeutigen Wendung offen: „Bald ging der Lippi ein",[191] lautet der letzte Satz. Neben der offensichtlichen religiösen Bedeutung eröffnet sich damit auch eine materialistische in dem Sinne, dass das kreatürliche Eingehen einer sterbenden Pflanze mit dem Tod Lippis assoziiert werden könnte.

Zwischen Heimatliebe und Verwaltungslogik

Die unterschiedliche Behandlung des Themas durch die Texte von Reuter, Riehl, Stifter und Viebig lässt sich resümierend in zwei Fragen bündeln: Wie werden

---

187 Viebig: Die Heimat, 1915, S. 238.
188 Viebig: Die Heimat, 1915, S. 242.
189 Vgl. auch Bland 2019, S. 33.
190 Beide Zitate Viebig: Die Heimat, 1915, S. 243.
191 Viebig: Die Heimat, 1915, S. 243.

rechtliche und emphatische Heimatbedeutung jeweils miteinander verknüpft? Und welche Perspektive auf die Figuren wird jeweils gewählt?

Reuters Text kritisiert die Auswüchse einer inhumanen Verwaltungslogik. Heimatrecht und Schubwesen stehen für eine auf Kosten der Ärmsten operationalisierte Rechtssituation, die in ihrer Unhaltbarkeit bloßgestellt wird. Dafür bedarf es gar nicht einer Konfrontation der rechtlichen mit einer emphatischen Heimat – es reicht aus, einen realen Rechtsfall zu schildern. Die kalkulierte Zurücknahme jedes emotionalisierten Heimatbegriffs entspringt einer heterodiegetischen Erzählstimme, die ausschließlich extern fokalisiert. Das so erzeugte Fehlen einer Innensicht des Betroffenen hat – parallel zur Aussparung eines emphatischen Heimatbegriffs – zum Effekt, dass die Reduzierung des Menschen auf den administrativen Fall, die Ohnmacht der Armut und zugleich die überindividuelle Aussagekraft des Falls besonders hervortreten. Der sozialkritische Anspruch des Textes wird durch den sarkastischen Ton deutlich, der dem neutralberichtenden Stil unterlegt ist.

Riehls nur wenige Jahre später entstandener Text könnte unterschiedlicher nicht sein. Kritik an Heimatrecht und Schubwesen gibt es nicht, beide bilden vielmehr eine unproblematische Kulisse für die beschauliche Geschichte zweier Bettler, die ein einträgliches Auskommen durch ihre Bettelei erzielen und ein im Ganzen sorgenfreies Leben führen. Armut zeigt sich als kindlich-naiver, vorbewusster Zustand, aus welchem den Armen herausgeholfen werden muss und kann. Dieser Zustand wird mit einem mit der Romantik assoziierten Heimatverständnis korreliert, das es zugunsten eines bürgerlichen Heimatbegriffs zu überwinden gilt. Dieser ‚mannhafte'[192] Schritt in ein gleichsam erwachsen gewordenes Heimatverständnis zieht die bürgerliche Existenz einer mit Müßiggang, Dichtung und Sentimentalität verbundenen Existenz vor. Diesem Anliegen entspricht es, dass Riehl einen heterodiegetischen, nullfokalisierenden Erzähler wählt, der dergestalt über die Moral des Textes herrscht.

Bei Stifter zeigt die Konfrontation des bürgerlichen Rentherrn mit dem ‚Schub' seine Konfrontation mit dem Abgrund einer bürgerlichen Ordnung, in den er selbst kurz darauf fallen wird. Heimatrecht und Schub sind hier nicht einmal mehr Kulisse, sondern nur noch Chiffre für die bürgerliche Ordnung. Die Bedrohung dieser Ordnung ist das zentrale Thema der Erzählung. Wie bei Riehl ist auch bei Stifter das Telos der Erzählung die Wiedereingliederung einzelner aus der Ordnung der bürgerlichen Gesellschaft Herausgefallener. Bei Riehl ist dies ein gemütlicher, fast widerstandsloser Vorgang und Armut eine als kindlich-naiv stilisierte Existenzform. Bei Stifter ist der Abgrund, in den der Bürgerliche fallen

---

192 Vgl. Riehl: Vergelt's Gott (1863), in: Riehl 1937, S. 361–383, hier S. 376.

kann, bedrohlich und verstörend. Die Komplexität von Stifters Text, in der Zusammenstellung dieses Kapitels nur noch von Keller überboten, zeigt sich schon in seinem Spiel mit der Erzählstimme, die zunächst heterodiegetisch ist und dann auf einer intradiegetischen Ebene von einer homodiegetischen Erzählerin abgelöst wird. Beide Erzählinstanzen schauen mit maximaler Außensicht auf die Figuren, die außerhalb der bürgerlichen Ordnung stehen, und zum Thema wird in variierter Form gerade die Unmöglichkeit des Verstehens. Anders als bei Riehl zerfällt die Moral des Textes damit in verschiedene Perspektiven, die mehrere Deutungen zulassen.

Viebigs Text bildet in einiger Hinsicht das Komplement zu Reuters Text: Anders als bei Riehl und Stifter wird bei Viebig wie bei Reuter das Heimatrecht problematisch; auch hier geraten Individuum und Verwaltungslogik bzw. Gemeindeinteresse in Konflikt. Aber während Reuters Text ganz auf den Effekt der objektiven Schilderung eines entindividualisierten Falls setzt, wählt Viebig die Strategie der größtmöglichen Identifizierung mit der Figur und der größtmöglichen Emphase im Heimatbegriff. Viebigs Erzählstimme wechselt kontinuierlich zwischen auktorialer und intern fokalisierender Sicht. Mit dieser Innensicht, die sie als einzige wählt, verbinden sich auch die emphatischsten Heimatvorstellungen. Heimatliebe und Heimatrecht stellen in der Logik der Novelle deswegen keinen Widerspruch dar. Denn es geht um eine Gemeinde, die das Heimatrecht, das sie einem versorgungsbedürftigen Alten schuldet, nicht einlöst. Das Heimatrecht gerät hier also nicht strukturell, sondern nur als Fall einzelnen Versagens in die Kritik.

2.2.2 Migration und Heimatrecht: Auswanderer und Heimkehrer (Gerstäcker, Auerbach)

Die Widersprüche zwischen einer veralteten Rechtsprechungs- und Fürsorgepraxis und den durch Mobilität geprägten Lebensrealitäten zeigen sich eklatant auch beim neuen Massenphänomen Auswanderung. Den Zusammenhang von Migration und Heimatrecht und die politisch-administrative Lösung der sich in diesem Zusammenhang ergebenden Probleme beschreiben Zeitgenossen als eine der drängendsten Fragen der Zeit: Dass in Zeiten der Auswanderung „die Conflicte der Interessen und Ansichten in Beziehung auf das Heimathswesen immer schneidender hervortreten, ist Thatsache, und es gibt daher für den Staatsmann, den Gelehrten und jeden gebildeten Staatsbürger keine Materie, die für ihn

practischere Wichtigkeit haben könnte, als das Auswanderungs- und Heimathswesen".[193]

Jeder Auswanderer war mit dem Heimatrecht konfrontiert, denn Auswanderung begann mit Verwaltungsgängen, Besorgen von Papieren, Ausstellen von Dokumenten. Bescheinigt werden musste auch die Heimatberechtigung des Auswanderungswilligen auf deutschem Boden, wie es etwa am 11. Juli 1863 durch die großherzogliche Bürgermeisterei Lanzenhain geschah:

> Der Maria Bönsel, ledig, von Lanzenhain, im Kreise Lauterbach, welche sich in der Wetterau zu Schneider begeben will, wird auf Verlangen bescheinigt, daß dieselbe in hiesiger Gemeinde geboren und heimathsberechtigt ist und jeder Zeit hierher zurück kehren kann. Das Betragen derselben ist gut und steht kein weiteres Hinterniß dem Vorhaben entgegen. Sollte ein Heimathschein verlangt werden, so kann derselbe baldigst nachgeschickt werden.[194]

Die Heimatberechtigung wurde je nach Person und Heimatgemeinde auch für den Fall einer Rückkehr gewährleistet, so bei Maria Bönsel – oder aber sie wurde mit erfolgter Auswanderung entzogen. Das war beispielsweise dann der Fall, wenn die Gemeinden dem mittellosen oder straffällig gewordenen Ausreisenden seine Reisekosten oder einen Teil davon zahlten, sich dafür aber jeder weiteren Fürsorgepflicht entledigten, indem die Heimatberechtigung aufgekündigt wurde (vgl. II.2.1). Für viele Auswanderungswillige nach Übersee begann das Leiden an der rechtlichen Seite der Heimatlosigkeit schon, bevor sie amerikanischen Boden betraten – für alle diejenigen nämlich, deren Reisegeld an den großen Häfen Europas aufgebraucht war und die sich die Überfahrt nicht mehr leisten konnten, wie der Reisebericht Ludwig Galls es für das Amsterdam des Jahres 1819 beschreibt:

> Das Wenige, was sie mitgebracht hatten, war verzehrt; [...] der ihnen in dem fremden Lande bewilligte Aufenthalt ging zu Ende, und die Heimath war den meisten von ihnen, den Würtembergern, welche nach ihren Pässen auf das Bürgerrecht ausdrücklich hatten verzichten müssen, verschlossen. In dieser Lage heimath- und mittellos denke man sich den verzweifelnden Vater halbnackter, ausgehungerter Kinder [...]. Tausende von Unglücklichen dieser Art, den Stachel der bittersten Reue in der wunden Brust, kehrten endlich, unter nie

---

193 So der Großherzogliche Regierungsrat Alexander Müller in seiner Schrift *Die deutschen Auswanderungs-, Freizügigkeits- und Heimaths-Verhältnisse*, Müller 1841, S. IV.
194 Abschrift eines Gutachtens innerhalb des Briefkonvoluts Tavenrath/Boensel in der Auswandererbriefsammlung der Forschungsbibliothek Gotha. Das Briefkonvolut erstreckt sich über den Zeitraum von 1859 bis ca. 1901, der Auswanderer ist Christian Boensel (1838–1901). Dokumente zu Vergabe und Entzug von sogenannten ‚Heimatberechtigungen' durch die Gemeinden sind auch publiziert in Helbich 1988, S. 84.

beschriebenen Mühseligkeiten, zurück in die verlassene Heimath, ihren Gemeinden und sich selbst zur Last und den meisten der Zurückgebliebenen ein Gegenstand des Spottes.[195]

Der traurige Stoff, den all diejenigen boten, die schon in Amsterdam oder in anderen Hafenstädten zu Bettlern wurden und die nur im besseren Fall die Mittel aufbrachten, zurückzukehren, für die sich aber in der ehemaligen Heimat keiner mehr zuständig fühlte, wurde schon lange vor B. Travens literarischer Bearbeitung des Themas im *Totenschiff* (1926) in der Literatur des 19. Jahrhunderts aufgegriffen. Travens Protagonist Gales gilt als staatenlos, weil ihm sein Identitätsdokument abhandenkommt – „keine Papiere, kein Heimatland"[196] –, was ihn zum aus jeder menschlichen Gesellschaft Verbannten, zum lebendigen Toten macht. Die Heimatlosigkeit des 19. ist wie die Staatenlosigkeit des 20. Jahrhunderts ein Begriff, der zunächst auf einen administrativen Sachverhalt verweist (vgl. II.2.1) – der Unterschied ist, dass dies für die *Heimatlosigkeit* und mit ihr für alle anderen Facetten des Heimatrechts in Vergessenheit geraten ist.

Das auf den Zusammenhang von Auswanderung und Heimatrecht bezogene Alltagswissen findet sich allerorten in der Literatur des 19. Jahrhunderts, beispielsweise in Gottfried Kellers *Grünem Heinrich*[197] oder in Wilhelm Raabes *Die Akten des Vogelsangs* (1896), wo es über die aus Amerika in die ländliche Residenz-Vorstadt ‚Am Vogelsang' zurückgekehrten Mrs. und Miss Trotzendorff heißt: „Von Heimatberechtigung kann ja wohl nicht die Rede sein" – aber, so weiter, „wohin sollte die Kommune sie abschieben",[198] wenn Mr. Trotzendorff die Versorgung seiner Familie nicht übernehme. Mr. Trotzdendorff war Auswanderungshelfer und übersiedelt schließlich selbst mit Frau und Tochter nach Amerika; sie kommen ohne ihn zurück und die Nachbarschaft füttert sie durch, obwohl sie nicht dazu verpflichtet ist – da eben keine ‚Heimatberechtigung' vorliegt. Was Raabe an dieser Stelle des Romans zeigt, ist die versöhnliche Seite der Heimat, die Geborgenheit und Schutz durch die Nachbarschaft bietet. Die funktionierende Vorstadt-Gemeinschaft hilft aus, wo die Verwaltung nicht in der Pflicht ist – jedenfalls aus der Perspektive des Erzählers, des Verwaltungsbeamten

---

195 Gall 1822, S. 18. Zum ‚Brennpunkt Amsterdam', wo allein im Mai 1817 um die 30.000 Amerikaauswanderer wegen Mittellosigkeit, teils auch wegen Betrugs durch Auswanderungsagenten, ihren Auswanderungsversuch abbrechen und sich vom Betteln ernähren mussten, vgl. Behringer 2015, S. 185–187. Dort auch zu Heimatscheinen, die vom Schweizerischen Konsul an die rückkehrwilligen Schweizer ausgeteilt wurden.
196 Traven 1978, S. 262.
197 Der Graf berichtet von einem von Auswanderern zurückgelassenen Kind, dem er den Namen Dortchen Schönfund gibt, als er ihm „später sein Heimatsrecht […] sicherte". Keller 1985, S. 829.
198 Raabe 1970, S. 234.

Krumhardt. Der Roman zeigt, wie so oft bei Raabe, diese geborgen-gemütliche Seite des Lebens aus der Erzählperspektive des beschränkten Philisters; und er zeigt durch andere Figuren zugleich ein dem entgegenstehendes, kompromissloses Verhältnis zur Welt – in den *Akten des Vogelsangs* repräsentiert von dem Auswanderer Andreas Velten, der am Ende des Romans, heimgekehrt, sein Haus mit sämtlichem Inventar, alles, was an Materiellem zu seinem Leben gehörte, und am Ende sich selbst vernichtet. Die Existenz einer geborgenen Welt, in der der Heimkehrer selbst ohne Heimatberechtigung sein Unterkommen findet, wird hier radikal in Frage gestellt.

Das kurze Beispiel aus Raabes Romans zeigt, dass die großen Migrationsbewegungen das Heimatrecht noch einmal aus einer anderen Perspektive zu einem Problem und einem Thema werden lassen.[199] Interessant für die literarische Gestaltung ist diese Perspektive, insofern das dialektische Verhältnis von Heimat und Fremde durch das Heimatrecht unterlaufen werden kann: Heimat ist dann nämlich unter Umständen nicht mehr der sichere Hort, sondern der Ort, der dem Auswanderer das Recht auf Bleiben verwehrt oder der ihn bei der Rückkehr nicht mehr mit offenen Armen empfängt. Oder aber, wie bei Raabe: Das Heimatrecht versagt dem Heimgekommenen Hilfe, aber die Nachbarschaft folgt einem ‚natürlichen' Verständnis von Heimat. Für den rätselhaften Rückkehrer Velten gibt es trotz alledem keine Heimat mehr. Damit verrätselt sich auch das vermeintlich natürliche Heimatgefühl, das Velten von sich weist.

Friedrich Gerstäcker: *Der Heimathschein*

1864 werden in der *Gartenlaube* zahlreiche Artikel gedruckt, die das Thema Auswanderung und Heimat berühren: ein Bericht über Charles Sealsfield und dessen „geliebtes Adoptivvaterland"[200] Amerika, das er aber in Zeiten des Bürgerkrieges verlässt und heimkehrt in die Alte Welt; die kritische Besprechung eines Auswanderungsratgebers, der unpatriotisch sei, so der Rezensent, weil für eine schnelle Akkulturation in die brasilianische Kultur geworben werde, statt die deutsche Sprache und Kultur auch unter den Ausgewanderten hochzuhalten;[201] die bebilderte Geschichte „Sie gehen nach Amerika" eines Autors mit den Initialien F.H. (Abb. 36). Wichtig für das Bild „Auswanderer auf dem Rhein. Nach der

---

199 Im Einleitungskapitel ist ausführlicher auf den Bezug von Auswanderung und Heimat in der Literatur des 19. Jahrhunderts und insbesondere bei Raabe eingegangen worden (vgl. I.2.4).
200 Hartmann 1864, S. 55. W.G. Sebald widmet Charles Sealsfields ambivalentem Verhältnis zur Heimat 1988 den Aufsatz *Ansichten aus der Neuen Welt – Über Charles Sealsfield*, neu publiziert in Sebald 2004, S. 17–39.
201 Vgl. Anonym: Theodor Oelckers, 1864.

Natur aufgenommen von H. Leutemann" und die ihm angefügte Erzählung zur (angeblichen) Bildentstehung ist, *wo* die Auswanderer dargestellt werden – noch auf deutschem Boden bzw. Gewässer, und zwar auf dem deutschesten, dem Rhein. Richtig äußert auch einer der Auswanderer: „Wir hätten's wohlfeiler haben können auf der Eisenbahn und auf dem geraden Wege zum ersten besten Hafen. Aber wir wollten unsern lieben Rhein noch einmal recht anschauen und ein Stück von Deutschland dazu, ehe wir ihm vielleicht auf ewig Ade sagen." Rheinromantik und Vaterlandsliebe werden zeittypisch verknüpft, aber auch Amerika kann zur neuen Heimat werden. Die Erzählerstimme ruft ihnen nach: „Den Rhein hinab – aus dem Vaterland! Ja, es ist ein Entschluß! Der Himmel gebe, daß Ihr glücklich drüben gelandet und fröhlich angewurzelt seid auf dem Boden Eurer neuen Heimath! Gott sei mit Euch!"[202]

Abb. 36: Auswanderer auf dem Rhein. Nach der Natur aufgenommen von H. Leutemann. In: Die Gartenlaube Heft 6 (1864), S. 84 (gemeinfrei über Wikimedia commons)

Die in der *Gartenlaube* viel thematisierte Auswanderung bildet auch den Hintergrund von Friedrich Gerstäckers (1816–1872) Erzählung *Der Heimathschein*, einer 1864 in Fortsetzung gedruckten Posse über das deutsche Verwaltungssys-

---

202 Beide Zitate Anonym: Sie gehen nach Amerika, 1864, S. 87.

tem – das im Gegensatz zu Fritz Reuters *Heimathlosem* (vgl. II.2.2.1) dem Protagonisten allerdings nicht das Genick bricht, sondern ihn zu seinem Glück vor einem folgenreichen Fehltritt bewahrt. Die Erzählung beginnt mit dem Segen des Traubenwirts zum Heiratswunsch seiner Tochter Lieschen und Hans, dem Sohn des Bauern Barthold, und endet mit einer Heirat, allerdings nicht zwischen Hans und Lieschen, sondern zwischen Hans und Katharina. Das untreue Lieschen wandert mit ihrem Schatz nach Amerika aus. Der Grund für die immer wieder aufgeschobene Heirat ist ein fehlender Heimatschein. Am Ende werden die bürokratischen Hindernisse zum Segen, weil sie Hans vor der schönen, aber falschen Braut bewahren. Die bürokratischen Hürden auf dem Weg zum Heimatschein bilden neben den Liebesverwirrungen der Beteiligten den komischen Gehalt des Textes: „eine Eingabe an ein Consistorium und ein Heimathschein, selbst für den urgeduldigen Deutschen ist es ein Meisterstück, die beiden Dinge ruhig abzuwarten".[203]

Grund für die Schwierigkeiten, eine Heimatberechtigung für den Sohn zu halten, ist eine Auswanderungsgeschichte in der Elterngeneration: Der alte Barthold war in seinen Jugendjahren aus Thüringen erst nach Schlesien, dann nach Ungarn ausgewandert.[204] Der Deutschenhass der Ungarn bringt Barthold dazu, sein Gut in Ungarn zu verkaufen und wieder nach Thüringen zu ziehen. Der Sohn will heiraten, alle beteiligten Familien sind einverstanden und für das Aufgebot benötigt der Pfarrer nun „Geburtsschein, Impfschein, Heimathschein, die Erlaubniß der Eltern kann mündlich erfolgen, dann ein Schein von da, wo Sie sich früher aufgehalten, daß Sie sich dort nicht schon verehelicht haben".[205] Die reine „Formsache"[206] entpuppt sich als schier unüberwindliches Hindernis. Einem natürlichen Rechtsempfinden widerspricht der ganze Vorgang.[207] Ohne

---

203 Gerstäcker 1864, S. 307.
204 Es geht also um die zweite Generation der Rückkehrer einer Auswanderungsbewegung nach Osten, die für das 18. Jahrhundert bestimmend war. Dazu zählten die von Maria Theresia abgeworbenen Deutschen, die die Habsburger Gebiete im Osten besiedeln sollten, die sogenannten Banater Schwaben und Donauschwaben. Ein Großteil der deutschen Auswanderer des 18. Jahrhunderts ließ sich in Nordwest-Ungarn, im Banat und in der Batschka nieder. Von hier ausgehend fand teilweise eine Binnenwanderung nach Slawonien in Ostkroatien, Siebenbürgen und andere osteuropäische Regionen statt. Aber auch nach Russland emigrierten unter Katharina der Großen viele Menschen.
205 Gerstäcker 1864, S. 290.
206 Gerstäcker 1864, S. 290.
207 „,Was muß er denn nur für Papiere haben?' frug die Mutter. ,Sie kennen uns doch hier und wissen, daß wir ordentliche und rechtschaffene Leute sind, und unser Auskommen haben wir doch auch.' ,Ja, ja, Mutterchen,' lachte der Vater, ,das hilft Nichts bei den Gerichten, die wollen Alles Schwarz auf Weiß haben, und womöglich auch auf einem Stempelbogen, mit einem großen

Heimatschein kann Hans nicht heiraten, wie der Vater dem Gerichtsschreiben entnimmt: „Du wärst in Preußen gar nicht heimathberechtigt, wenn auch da geboren, denn ich wäre mit Dir, als Du noch minderjährig gewesen, in das Ausland ausgewandert, und ich und meine Kinder hätten dadurch unser Heimathsrecht in Preußen aufgegeben."[208] Auch das ungeliebte Preußen gegen die eigene Gemeinde auszuspielen, bringt indes nichts.[209] Fast scheint es, die Behörden hätten Spaß daran, die Sache in die Länge zu ziehen:

> Und der Heimathschein erst – was für eine Masse Papier die Leute in der Stadt schon in der Angelegenheit verschrieben hatten, nur um herauszukommen, welcher Fleck in Deutschland ihm nachher auf einem Viertelbogen bescheinigte, daß er überhaupt da sei und das Recht habe, hier oder dort einmal Ansprüche an das Gemeindearmenhaus zu machen. Es war ganz erstaunlich, und man hätte nun glauben sollen, sie wären auf dem Gericht selber bös geworden über die entsetzliche Mühe und Arbeit, die es ihnen machte, aber Gott bewahre.

An dieser Stelle mischt sich der Erzähler ein: Nur „das eine Wort ‚Heimathschein'" begreife so viele „Laufereien, Schreibereien, Scheerereien und Quälereien" in sich, dass jeder, der es „selber schon einmal durchgemacht", nur traurig mit dem Kopf nicken könne.[210] Und so muss Hans weiter mit einer dem menschlichen Verstand zuwiderlaufenden Situation leben. Drei lange Monate bekommt Hans keinen Heimatschein und zunehmend erweist sich, dass es den Behörden nicht um eine Lösung des Problems, sondern um reine Institutionenlogik zu tun ist.

Inzwischen ist so viel Zeit verstrichen, dass die überstürzten Ehepläne von Hans und Lieschen zerstört worden sind: Lieschen entpuppt sich als unbeständige Braut, die den Zukünftigen betrügt, und Hans erkennt endlich Katharina als die ihm gemäße Frau. In der Erzähllogik können nun auch die bürokratischen Hürden fallen. Der alte Barthold hatte sein Gut dem Sohn übergeben: „Dadurch wurde Hans ansässig, und sie konnten ihm dann das Heimathrecht nicht länger verweigern."[211]

Siegel drunter, und daß Einer ein ehrlicher und rechtschaffener Mensch ist, glauben sie ihm erst recht nicht, wenn er nicht im Stande ist, es ihnen schriftlich zu beweisen. Komm Du denen!" Gerstäcker 1864, S. 291.
208 Gerstäcker 1864, S. 306.
209 „‚Und was liegt d'ran?' rief Hans, den Brief trotzig auf den Tisch zurückwerfend, ‚irgendwo muß ich zu Haus gehören, das sieht ein Kind ein, und wenn Preußen nichts von mir wissen will – was ich ihm nicht verdenken kann, denn mir geht's in manchen Stücken gerade so – ei, dann müssen sie mir hier einen solchen Wisch geben. [...] Hier haben wir unseren Grund und Boden, und hier gehören wir also auch her. Was kümmert uns Preußen!'" Gerstäcker 1864, S. 306.
210 Alle Zitate Gerstäcker 1864, S. 322.
211 Gerstäcker 1864, S. 339.

Am Ende der Odyssee durch die Bürokratie steht kein Michael Kohlhaas und nicht einmal ein Krischan Schult (eine Figur Fritz Reuters, vgl. Kap II.2.1.1), sondern nur ein verblendeter Heiratswilliger, der auf den rechten Weg gebracht werden und dafür einige Ärgernisse in Kauf nehmen muss, die auch ihr Gutes haben. Heimatliebe und Heimatgefühl werden durch die juristisch-bürokratische Seite von Heimat nicht tangiert: „Was brauch' ich überhaupt einen Heimathschein?' sagte Hans, ‚wenn ich nur eine Heimath habe, denn so ein Wisch giebt mir doch keine.'"[212]

Berthold Auerbach: *Schwarzwälder Dorfgeschichten*

Berthold Auerbach (1812–1882) wurde zwischen 1843 und 1882 „ein Lieblingsautor der deutschen Nation"[213] und war neben Ferdinand Freiligrath und Ludwig Uhland zeitweise der populärste Autor Deutschlands.[214] Sein Gesamtwerk ist auf vielschichtige Weise mit dem Heimat-Thema verknüpft.[215] Besonders seine unter Zeitgenossen äußerst populären und literaturgeschichtlich einflussreichen *Schwarzwälder Dorfgeschichten* (1843–1854) thematisieren immer wieder Fragen der Heimat. Dies hängt mit der frührealistischen[216] Neuausrichtung auf das ‚Volkstümliche' zusammen, die sich vom romantischen Verständnis ausdrücklich

---

212 Gerstäcker 1864, S. 306.
213 Geiger 1910, S. 231.
214 Vgl. Bettelheim 1907, S. 288. Die Breitenwirkung der *Schwarzwälder Dorfgeschichten* zeigt sich auch in den zahlreichen Übersetzungen in fast alle europäischen Sprachen; sie gehörten über mehrere Jahrzehnte zum Lektürekanon der Schulen; 1880 war eine Auflagenhöhe von 84.000 deutschsprachigen Exemplaren erreicht; George Sand und Lew Tolstoi gehörten zu der großen Zahl an Bewunderern von Auerbachs Werk über die deutschen Grenzen hinaus; mit weiteren Nachweisen vgl. Mettenleiter 1974, S. 350–355. Auch Karl Mays *Erzgebirgische Dorfgeschichten* sind nachweislich durch Auerbach geprägt und auf den noch näher zu beschreibenden Zusammenhang zwischen der Gattung der Dorfgeschichte und dem mayschen Abenteuerroman wurde hingewiesen, vgl. Ueding 2001, S. 374. Zur Gattung der Dorfgeschichte allgemein vgl. Hein 1976.
215 Die Literaturwissenschaft bemüht sich in den letzten Jahren wieder verstärkt um Auerbach, vgl. vor allem die Arbeiten von Hans Otto Horch, exemplarisch: Horch 1996. Vgl. weiterhin Schlüter 2010; Wild 2011; Reiling 2012; Hamann/Scheffel 2013. Zur Thematik der Heimat bei Auerbach vgl. Horch 2004, Rohde 2014 und Scharnowski: Heimat, 2019, S. 41–55.
216 Zur tragenden Rolle von Auerbachs Dorfgeschichten für den deutschsprachigen Realismus vgl. Schönert 2002; Lehmann 2011, S. 121. Mit dem Argument, dass sich Auerbachs zwischen 1843 und 1882 entstandenes Gesamtwerk nicht sinnvoll mit der historischen Einordnung des Frührealismus erschließen lässt, schlägt Mettenleitner die „strukturbezogene Terminologie des *Detailrealismus*" zur Klassifizierung von Auerbachs Werk vor; Mettenleiter 1974, S. 321. Ich verwende den Begriff des Frührealismus hier bezogen auf die frühen programmatischen Schriften Auerbachs.

absetzt. Volksschriftsteller zu sein, bedeutet für Auerbach und seine Zeit,[217] dass die großen Themen von Moral und Menschlichkeit genauso anhand des ‚einfachen Volkes'entwickelt werden sollten wie anhand von Figuren, die aus der kleinen gebildeten Oberschicht stammen. Volksliteratur in diesem Verständnis bedeutet, den Abstand von Masse und Elite zu überbrücken und Gemeinschaft zu stiften. Jenseits von Auerbachs Programmatik ist aber nicht allein die Genese von Gemeinschaft, sondern auch ihre Kritik ein wichtiges Thema der *Schwarzwälder Dorfgeschichten*. Die gemeinschaftsstiftende Funktion von Heimat wird bestätigt und zugleich hinterfragt.

Auerbachs deutsch-jüdische Perspektive ist Teil seiner spezifischen Bearbeitung von Heimat. Biographisch ist der Autor mit dem bürgerlichen Namen Moses Baruch Auerbacher, der so viel über Heimatverbundenheit schreibt und dem ‚einfachen Volk' mit seinen Schriften eine Stimme geben möchte, immer wieder mit seiner ihm aufgezwungenen Außenseiterrolle konfrontiert worden. Am eindringlichsten vermittelt sich das in einem vier Monate vor seinem Tod notierten Kindheitserlebnis. Es beginnt so: „Ich bin gekreuzigt worden, das ist das bitterste, was ich zu sagen habe."[218] Andere Dorfjungen haben mit Gewalt versucht, Moses zu zwingen, sich zum Christentum zu bekennen. Als er ablehnt, fesselten und banden sie ihn in der Position des Gekreuzigten, erst nach Stunden wurde er durch einen Zufall von seinem Onkel entdeckt und befreit. Der Neunundsechzigjährige hält fest, dass er dieses Erlebnis in seinem ganzen Leben nur einmal und nur einer einzigen Person erzählt habe. Diese nicht genannte geliebte Frau (wohl seine erste Frau Auguste Schreiber) riet ihm, das Erlebnis erst nach seinem Tod preiszugeben, dann aber würden manche wohl sagen, „es muß ein starkes gutes Herz in dem Menschen gepocht haben, der doch selten nach solcher Erfahrung gerade den Christen und den Kindern seiner Heimath so viel Gemüthsinnigkeit zudichtet".[219]

Die Sympathie der auktorialen Erzählerinstanz in Auerbachs Texten gilt allen Figuren des christlichen Dorfkosmos, Ressentiment ist ihr fremd. Blitzen hin und wieder jüdische Schicksale in den Erzählungen auf, dann am Rande: In *Die Kriegspfeife* heißt es über die Kriegsplünderungen in einem Satz, dass es den

---

217 Zu den auch Mitte des 19. Jahrhunderts kontroversen Auffassungen des Volksschriftstellers vgl. Reiling 2016. Reiling nennt Otto Ludwig als weiteren Repräsentanten einer utopischen Idee der Volksliteratur, vgl. Reiling 2016, S. 217. Zu Auerbachs zwischen sozialem und ethischem Verständnis changierendem Begriff des ‚Volks' und seinen Bezügen zu den organischen Staats- und Volkslehren der Zeit, u. a. auch im Kontext der Auswanderung, vgl. Hamann 2014, S. 189–195.
218 Berthold Auerbach: [Aufzeichnung eines Kindheitserlebnisses], Cannstatt, 20. Oktober 1881, in: Auerbach 2014, S. 259–264, hier S. 259.
219 Auerbach 2014, S. 259.

Juden am übelsten dabei ergehe, weil Juden nur bewegliches Habe, aber keine Äcker besitzen könnten und man ihnen deswegen alles nehmen könne.[220] In *Tonerle mit der gebissenen Wange* wird im Vorübergehen erwähnt, dass auf „dem jüdischen Gottesacker" vier Trauerweiden an „die Großmutter, die Mutter und ihre fünf Kinder" erinnerten, „die alle in Einem Hause verbrannt sind".[221] Ob es sich um ein antisemitisches Pogrom gehandelt hat, erfährt der Leser nicht.[222] Immer sind es nur Nebensätze und Nebenschauplätze der Handlung, die der Leser verfolgen mag oder auch nicht. Die für Auerbachs Texte zentralen Themen der Identität und Dazugehörigkeit, der Ausgrenzung und des Fremdwerdens behandelt Auerbach in seinen *Dorfgeschichten* nicht primär an jüdischen Figuren – seine den *Dorfgeschichten* vorangehenden Versuche, sich als dezidiert jüdischer Autor zu etablieren, wurden von ihm fallengelassen.[223] Aber die Texte zeigen, dass auch die deutsch-jüdische Problematik zumindest eine Facette dieser Themen bildet,[224] und die biographische Notiz lässt erahnen, dass die Dringlichkeit dieser Themen auch hier einen Ursprung haben mag.

Auerbachs Bemühungen um eine sozial befriedete deutsche Nation, die mit den Vokabeln von Volk, Volksgeist und Volkstum beschworen wird, stehen in einer aufklärerischen Tradition, die auch das Fremde nicht als feindlich, sondern als Bereicherung zu sehen bereit ist. Der moderne Volksgeist, so Auerbach optimistisch in seiner dem Vorbild Johann Peter Hebel gewidmeten Programmatik *Schrift und Volk* von 1846, will sich nicht abschließen, sondern Fremdes ‚heimisch' machen. So wie die Völker „fremde Pflanzen [...] in ihre Heimaterde übergesiedelt" haben, sei auch „auf dem Boden des Geistes vieles Fremde ganz heimisch geworden".[225] Auerbach kleidet seine Poetologie in die dialektische Figur von Fremde und Heimat (vgl. I.2.3). Hebel als Autor der *Allemannischen Gedichte* wird mit einem aus der Fremde Heimkehrenden verglichen, der es fortan auch den

---

220 Vgl. Berthold Auerbach: Die Kriegspfeife, in: Auerbach 1857, S. 45–66, hier S. 58.
221 Berthold Auerbach: Tonerle mit der gebissenen Wange, in: Auerbach 1857, S. 121–150, hier S. 121.
222 Andere Beispiele (*Die Sträflinge, Die feindlichen Brüder, Ivo der Hajrle, Florian und Kreszenz, Der Lauterbacher, Luzifer*) wählt der bezogen auf die Heimat-Thematik insgesamt instruktive Aufsatz von Hans Otto Horch, vgl. Horch 2004.
223 Mit dem literarästhetischen Essay *Das Judenthum und die neueste Literatur* (1836), den Romanen *Spinoza* (1837) und *Dichter und Kaufmann* (1840) hatte Auerbach kaum Erfolg.
224 Vgl. Horch 2004. Stark gemacht wird der Bezug auch von Carsten Rohde; vgl. Rohde 2014. Rohde versteht „Heimat und Fremdheit" bei Auerbach auch „als biographisches Narrativ" (Rohde 2014, S. 82) und diskutiert, inwiefern dieses auch in Anton Bettelheims Monographie zu Auerbach eine zentrale Rolle spielt, vgl. Bettelheim 1907.
225 Berthold Auerbach: Schrift und Volk. Grundzüge der volksthümlichen Literatur, angeschlossen an eine Charakteristik J.P. Hebel's (1846), in: Auerbach 2014, S. 7–173, hier S. 31.

Daheimgebliebenen ermöglicht, das Eigene mit neuem Blick zu betrachten. Heimat gelangt so über ihre Entgegensetzung wieder zu sich selbst, ohne noch die gleiche zu sein. Die in der Fremde gemachte Erfahrung von „Gegensatz" und „Entzweiung" wird zurück in der Heimat in eine „Vermittlung" überführt. Altes und Neues feiert „Auferstehung" und kann als ein neues Drittes ‚verkündet' werden.[226] Die eingesetzte religiöse Sprache unterstreicht, dass die neue Heimat nicht als schlechtes Surrogat für die alte, nicht mehr wiederzugewinnende zu verstehen ist, sondern als deren Steigerung. Direkt im Anschluss wird das dialektische Bild auf Hebel übertragen. Das räumlich verstandene In-die-Fremde-Fahren wird hier auf die Bildungsgeschichte Hebels, dessen „Gedankenfahrten" in die historische Vergangenheit und verschiedenste Wissensgebiete, übertragen. Auch hier wird das dialektische Verständnis vom Durchgang durch Heimat und Fremde als Bedingung für den Gewinn einer neuen Heimat ins religiös konnotierte Bild einer auf diesem Weg gewonnenen ‚neuen Glorie' gefasst.[227]

Der Vorstellung von Heimat wird damit ein integratives Potential zugesprochen. Sie ist in der Lage, das Fremde in sich aufzunehmen, und die dadurch initiierte Transformation führt sie zu ‚neuer Glorie'. Das Aufklärungsprogramm, das dieser Lesart von Heimat inhärent ist, gibt der Hebel-Verehrer Auerbach nie auf. Aber er wird zunehmend enttäuscht vom anwachsenden, antisemitisch grundierten Nationalismus: „Rätselhaft ist mir der neuerwachte furor teutonicus gegen die Juden. Ich möchte die Grundzelle finden. Besteht sie vielleicht darin, daß das Selbstgefühl der Deutschen jetzt erwacht ist?", fragt er seinen Freund Jakob Auerbach 1876. „Aber der Judenhaß war ja auch in Zeiten der Unterdrückung und besonders stark in den 18 Jahren der Reaction von 1812–30. Wo steckt es also?"[228]

Zur aufklärerischen – oder zumindest anti-romantischen – Lesart von Heimat gehört bei Auerbach, dass Heimat nicht primär transzendent aufgefasst wird, sondern auch in ihren ganz konkreten und alltäglichen Erscheinungsformen wie dem Heimatrecht thematisiert wird. So sind Auerbachs *Schwarzwälder Dorfgeschichten* im Zusammenhang mit Heimat nicht zuletzt deshalb bemerkenswert, weil sie zu den frühesten Zeugnissen einer literarischen Verarbeitung des Hei-

---

[226] Alle Zitate Auerbach 2014, S. 29; die Passage zum Heimkehrer wird in I.2.4 ausführlicher wiedergegeben und unter dem Aspekt ihrer Dialektik besprochen.
[227] Alle Zitate Auerbach 2014, S. 29–30; auch die Passage zu Hebel wird in I.2.4 im Zusammenhang zitiert.
[228] Beide Zitate: Berthold Auerbach an Jakob Auerbach am 1. Januar 1876, in: Auerbach 2015, Bd. 2, S. 269–270, hier S. 269.

matrechts überhaupt gehören. Diese Thematisierung des Heimatrechts wird bei Auerbach immer wieder mit dem Thema der Auswanderung verbunden.[229]

Auerbachs Erzählung *Des Schloßbauers Vefele* wird zuerst 1842 in der *Zeitung für die elegante Welt* (Nr. 73–78) gedruckt. Es ist seine erste Dorfgeschichte, die dann 1843 in den ersten Band der *Schwarzwälder Dorfgeschichten* aufgenommen wird. Am Ende der Erzählung wird die von dem Heiratsschwindler und vorgeblichen Amerika-Auswanderer[230] Brönner schwangere und verlassene Vefele aus dem Dorf ihres Bruders vertrieben. Hier hatte sie nach dem Tod ihres Vaters ein Unterkommen gefunden. Aber der Schultheiß des Ortes, selbst einmal Bewerber um Vefeles Gunst, toleriert den Aufenthalt nicht, als er von ihrer unehelichen Schwangerschaft erfährt. Er „ließ Vefele durch den Dorfschützen sagen, es müsse das Dorf verlassen und nach seinem Geburtsort zurückkehren, da sonst das Kind, wenn es hier geboren würde, Heimathsrechte ansprechen könnte".[231] Die Folgen sind tragisch, Vefele schlägt ein letztes Hilfsangebot aus, verlässt den Ort und ertränkt sich im Fluss. Kurz vor ihrem Selbstmord sieht sie in einer Vision den untreuen Brönner, der ihr alles Geld entwendet hat, auf der Überfahrt nach Amerika bei einem Schiffbruch sterben.

Der Begriff der Heimat kommt in dieser Dorfgeschichte nur in Form der Heimatrechte vor, die gegen die ins Elend gefallene Vefele angewendet werden. Damit wird auf eigenwillige Art das Hauptthema der Erzählung – der Ausschluss aus der Gesellschaft – variiert. Zu diesem Thema gehören der aus einem anderen Dorf stammende und auch nach dreißig Jahren Ansässigkeit nicht als zur Dorfgemeinschaft gehörig akzeptierte Schloßbauer, der Vater Vefeles, dessen Rechtsstreitigkeiten mit dem ganzen Dorf dazu führen, dass auch seine Kinder als Ausgestoßene behandelt werden und seine darüber in Depressionen fallende Frau stirbt. Es geht um die psychologischen Folgen des Ausschlusses und des Stolzes der Ausgeschlossenen, wie am Schloßbauern und schließlich auch an Vefele vorgeführt wird, die keinen Bauern mehr heiraten und doch auch die Stadtkleider nicht tragen will. Zum Thema gehört auch der Dorfjude, der sich mit seinen Schachereien nicht beliebt macht, aber am Ende zum „theilnehmenden

---

229 Zur Auswanderungsthematik bei Auerbach (allerdings nicht mit Blick auf das Heimatrecht) vgl. auch Wild 2011, S. 188–198, Susteck 2008; Belgum 2009; Hamann 2013, Hamann 2014, S. 177–202.
230 Die weit entfernte Neue Welt wird zur auch literarisch genutzten Möglichkeit, Identitäten zu verschleiern, wie hier mit der Figur Brönner. Und sie wird in unzähligen anderen Auswanderergeschichten literarisch gestaltet, wie etwa mit der Figur des Joseph Henkel in Friedrich Gerstäckers *Nach Amerika!*
231 Berthold Auerbach: Des Schloßbauers Vefele, in: Auerbach 1857, S. 69–117, hier S. 113.

Bruder"²³² der Selbstmörderin wird.²³³ Eine weitere Variation des Themas ist das Heimweh der im Feldzug nach Russland gefallenen ältesten Söhne des Schloßbauern, Philipp und Caspar. Die kurze Episode sei in Gänze als charakteristisch für die lapidare, skizzenhaft-szenische Erzählkunst Auerbachs wiedergegeben:

> Der Philipp und der Caspar sind wahrscheinlich im russischen Schnee begraben, man hat nie mehr etwas von ihnen gehört; nur das Eine hat der General Hügel oft erzählt: Auf dem Rückzuge von Moskau aus sah er einen Soldaten, der etwas abseits ging und dem die Kälte oder die Noth und das Heimweh, oder vielleicht Alles zusammen, die Thränen stromweise über die Backen herunterrinnen machte. Der General ritt auf ihn zu und fragte ihn freundlich: „Woher?" / „I bin des Schloßbauern Bua vom Schwarzwald do obe ra!" erwiederte der Soldat, nach der Seite zudeutend, als ob seines Vaters Haus nur einen Büchsenschuß weit dort um die Ecke läge. Der General mußte über die Antwort des Soldaten, der in Gedanken so nahe zu Hause war, so herzlich lachen, daß auch ihm Thränen über die Backen liefen, die aber in seinem langen Schnurrbarte als Eistropfen hängen blieben. / Das ist Alles, was die Geschichte über das Leben und Ende der beiden Söhne des Schloßbauern berichtet.²³⁴

Das Heimweh, das im 19. Jahrhundert im Kräftefeld zwischen Literatur, Religion und Medizin ganz unterschiedlichen Auslegungen unterliegt, wird hier entsprechend den zeitgenössischen medizinischen Fallbeschreibungen dem ‚einfachen Volk' zugeschrieben. Der Abwertung, die das in der Medizin der Zeit mit sich bringt, wird in der Literatur und auch hier bei Auerbach nicht gefolgt.²³⁵ Anrührend ist die Textstelle gerade deswegen, weil ihren Protagonisten Sentimentalität fremd ist: Es bleibt offen, was die Ursache der Tränen des Soldaten ist und auch seine Antwort auf die Frage des Generals ist denkbar lapidar. Die Tränen des

---

232 Auerbach 1857, S. 116.
233 Zur Thematik von Heimat und Fremde unter dem Aspekt des Deutsch-Jüdischen in *Des Schloßbaueren Vefele* vgl. ausführlich Horch 2004, S. 155–157.
234 Berthold Auerbach: Des Schloßbauers Vefele, in: Auerbach 1857, S. 69–117, hier S. 82–83.
235 Der Mediziner Ludwig Meyer schreibt 1855 in *Der Wahnsinn aus Heimweh* explizit gegen literarische Darstellungen des Phänomens ‚Heimwehs' an; tatsächlich sei Heimweh eine Geisteskrankheit, die sich nur bei schwachen Intelligenzen auspräge: Es sei eine „Lächerlichkeit [...], das Heimweh als die Sehnsucht eines zarten Gemüts nach der erhabenen Szenerie und dem idyllischen Leben einer heimatlichen Landschaft aufzufassen. Der beschränkte Bildungsgrad und die meist träge Natur der an Nostalgie Leidenden eignet sich am wenigsten für eine derartige ästhetische Auffassung. Nimmt die Poesie demnach das Heimweh in diesem Sinne zum Vorwurf ihrer Darstellungen, so entsprechen die Empfindungen, welche jene Vorstellungen erwecken, am allerwenigsten den Empfindungen des Heimwehs. [...] Das Heimweh ist eine passive asthenische Geisteskrankheit von vorne herein, ihre Symptome sind Symptome eines individuellen Mangels, sind Schwächesymptome [...]. Es scheint in seiner ersten Entfaltung mehr die Reaktion des Gemütes gegen die Hilflosigkeit einer schwachen und seiner gewöhnlichen Stütze beraubten Intelligenz zu sein." Meyer 1855, S. 8. Karl Jaspers zitiert und kommentiert Meyer ausführlich in *Heimweh und Verbrechen* (1909), vgl. Jaspers 2019, S. 26–28.

Generals sind Lachtränen, die nur verschlüsselt in Form ihres unmittelbaren Wechsels in einen anderen Aggregatzustand als Vorahnung des Todes lesbar sind.

In *Des Schloßbauers Vefele* sind Heimat bzw. das Heimatrecht und die Auswanderung thematisch eher lose miteinander verbunden und beide variieren nur leicht das Thema scheiternder Dazugehörigkeit. In *Der Viereckig oder die amerikanische Kiste* rücken Heimat und Auswanderung ins Zentrum. Die Dorfgeschichte erscheint zuerst 1852 in den *Unterhaltungen am häuslichen Herd*. Auswanderung ist auch in dieser Zeitschrift ein kontinuierliches Thema. Im Jahrgang 1852 ist beispielsweise in der Rubrik *Anregungen* unter dem Titel *Auch ein Auswandererbild* eine zynische Abrechnung mit dem Phänomen der Auswanderung zu lesen. Die Motivation der Auswanderer sei nur eine „gedankenlose, leere und nichtige Sucht der Neuerung", und ihr Ursprung sei ein Mangel an ‚Heimatsinn'. Dieser Mangel an Heimatsinn, der Hang „zum nichtsnutzigen Weltwandern", wird als spezifisch deutsch charakterisiert – eine Aussage, die man Ende des 18. Jahrhunderts vermuten würde. Im 19. Jahrhundert (und darüber hinaus) wird gewöhnlich das Gegenteil behauptet.

> Es sind zwei Dinge, die an den Auswanderern geradezu abstoßend und peinlich sind. Einmal der Mangel jenes allen Nationen tief einwohnenden Heimatsinns, dieser Mangel, den fast alle Deutsche theilen. Die Auswanderer treibt nicht die Noth, nicht eine Betrachtung über das deutsche Vaterland hinweg: nur die deutsche Abenteuerlust und der uralte Hang unsers Volks zum nichtsnutzigen Weltwandern. Ganze Länderstrecken bei uns leben jetzt in diesem amerikanischen Sehnsuchtstaumel, der sich auf nichts begründet als auf einen, nur den Deutschen eigenen Köhlerglauben an alles Fremde und Entfernte ...[236]

Auch Auerbachs *Der Viereckig oder die amerikanische Kiste* interessiert sich für den ‚amerikanischen Sehnsuchtstaumel' und seine Beziehung zum ‚Heimatsinn', aber auf komplexere Weise. Zentrales Thema dieser erzählerisch zu den besten Leistungen Auerbachs zählenden Dorfgeschichte ist, wie die Auswanderung – unabhängig vom tatsächlichen Vollzug – Imaginationskräfte weckt, die Heimat überhaupt erst als Kategorie entstehen lassen und sie zugleich zerstören. Mit dem fulminanten Beginn der Erzählung wird in die Thematik von Glauben, Unglauben und Einbildungskraft eingeführt:

> „Ich glaub' nicht an Amerika", sagte einst die alte Lachenbäuerin in der Hohlgasse, als man ihr Vielerlei und darunter auch Fabelhaftes von dem fernen großmächtigen Land erzählte. Die Leute erlustigten sich über diese einfältige Rede, denn die Lachenbäuerin hatte keineswegs damit nur sagen wollen, daß sie nicht an die Verheißungen und Hoffnungen

---

[236] Anonym: Auch ein Auswandererbild, 1852, alle Zitate S. 64 (die Auslassungspunkte gehören zum Zitat).

> Amerika's glaube, sie erklärte sich einfach dahin, sie glaube überhaupt nicht an das Dasein von Amerika, das sei alles lauter Lug und Trug. Sie bemühte sich dazu nicht zu mehr Beweisen, als die Großen am spanischen Hofe gegen Columbus vorbrachten, sie glaubte eben nicht an Amerika, und fester Unglaube lässt sich ebenso wenig überführen als fester Glaube. / Wenn heutigen Tages Jemand im Dorf durch irgend welche Hindernisse nicht nach Amerika auswandern kann, hilft er sich mit der Scherzrede: „Ich glaub' nicht an Amerika, wie die alte Lachenbäuerin." / Es gibt aber auch landauf und landab kein Haus mehr, in dem man nicht den lebendigen Beweis vom Gegentheil hätte. Da ist ein Geschwister, dort ein Verwandter oder auch nur ein Bekannter in Amerika, man weiß den einzelnen Staat zu nennen, in dem sie sich angesiedelt haben, man hat Briefe von ihnen gelesen und gehört.[237]

Der eröffnende und im weiteren Erzählverlauf leitmotivisch eingesetzte Satz „Ich glaub' nicht an Amerika", der Unglaube also der alten Lachenbäuerin, dass es Amerika überhaupt gebe, schlägt das Thema des Umgangs mit den Verheißungen der Fremde an, für die Amerika steht.[238] Diese Verheißungen werden durch die Briefe der ausgewanderten Verwandten und Bekannten, aber auch durch die Werbebroschüren und -plakate der Auswanderungsagenturen verbreitet, die an den Wirtshauswänden hängen.

Realweltlich ist die Rolle der Auswanderungsagenturen für die Migrationsbereitschaft belegt: Sie halfen bei der Beschaffung der für die Auswanderung notwendigen Papiere, insbesondere bei der Organisation der Überfahrt; ab 1840 hatten sie fast vollständig den direkten Vertragsabschluss zwischen Passagieren und Reedereien verdrängt. Die insbesondere in den 1850er und 60er Jahren möglich gewordene enorme Gewinnspanne für die Makler steigerte deren Interesse, die Bedingungen für die Auswanderer in Amerika schönzumalen. Dies ging bis zur Verbreitung gefälschter Briefe und Berichte, die das angebliche Glück der Emigranten schilderten. Aber auch schon die Werbung in Wirtshäusern wurde von staatlicher Seite immer wieder moniert, wenn auch ohne Möglichkeit, juristisch einzuschreiten. 1881 kritisiert die Königliche Polizei-Direktion in Wiesbaden, dass „fast in sämmtlichen Wirtshäusern" die Fahrpläne der großen Beförderungsfirmen mit zusätzlicher Eigenwerbung der Auswanderungsagenten plakatiert seien. Besorgnis errege dies, „da durch diese Plakate der ohnehin schon starke Auswanderungstrieb nur noch mehr gefördert wird. Ein solches Plakat dürfte wohl schon oft indirekte Veranlassung zur Auswanderung gegeben haben.

---

[237] Auerbach: Viereckig, 1858, S. 183–184.
[238] Nach Amerika führt der Großteil der Auswanderungen des 19. Jahrhunderts. Der allergrößte Anteil der Auswanderer wählte Nordamerika; Südamerika wurde nur für zehn Prozent der Auswanderer zum Ziel. Hier war wiederum Brasilien das wichtigste Einwanderungsland für die Deutschen, dorthin wanderten in der zweiten Hälfte des 19. Jahrhunderts ca. fünf- bis zehntausend Deutsche pro Jahr aus.

Es lenkt die Aufmerksamkeit auf sich und giebt Stoff zur Unterhaltung in den Wirtshäusern."[239]

Die Plakate der Auswanderungsagenturen, „Meisterstück[e] der Buchdruckerkunst",[240] gedruckte Bilder, gedruckte Worte, wecken auch aus der Perspektive von Auerbachs auktorialer Erzählerinstanz gerade im Umfeld des Wirtshauses bei den Bauern Wünsche und Hoffnungen und befördern das unablässige Gespräch über das Auswandern, „und kehren sie dann heim in ihre Behausungen, so kommen sie aus dem fernen Land zurück, und spät in der Nacht wird noch mit der Frau überlegt, ob man nicht auch auswandern wolle, dahin, wo man nicht mehr zinse und steuere".[241] Es geht der Erzählinstanz nicht darum, die Auswanderung zu verurteilen, sondern eher um eine psychologische Studie, was die Verlockungen der Fremde für die Daheimbleibenden bedeuten. Denn Heimat verändert sich unter den Bedingungen der Auswanderung auch für diejenigen, die sie nie verlassen:

> Es wäre thöricht, die unabsehbare Befruchtung und den großen Alles bewältigenden Zug der Menschheitsgeschichte in dem Auswanderungstriebe verkennen zu wollen. Das hindert aber nicht, ja fordert eher dazu auf, die Herzen derer zu erforschen, die, vom Einzelschicksale gedrängt in die Reihen der Völkerwanderung eintreten, deren weltgeschichtliche Sendung unermeßbar und den Einzelnen, die mitten im Zuge gehen, unerkennbar ist. Daneben ist es von besonderem Belang zu beobachten, welche Wandlung solch ein Trieb, der die ganze Zeit ergriffen, im beschränkten Lebenskreise der Scheidenden und Verbleibenden hervorbringt.[242]

Den Folgen, die jene „Hoffnungen für Amerika", die „zu hoch gespannt, zu träumerisch unklar waren, weil man ein Fabelreich daraus machte",[243] auch für diejenigen haben, die nie auswandern, gilt nach der einleitenden auktorialen Reflexion das Interesse der Erzählung. In ihrem Zentrum steht Xaveri, der Enkel der alten Lachenbäuerin. Xaveri behauptet schon als Kind, nach Amerika auswandern zu wollen. Was als halbes Spiel, als Druckmittel gegen den Bruder, als Reaktion auf bloßes Gerede beginnt, wird ernst für den Erwachsenen: Er ist nun

---

239 Zitiert nach der Studie von Agnes Bretting und Hartmut Bickelmann zu *Auswanderungsagenturen und Auswanderungsvereinen im 19. und 20. Jahrhundert*, vgl. Bickelmann/Bretting 1991, S. 57. Im ersten Teil wird quellengesättigt über die Ausbildung des Gewerbes der Auswanderungsagentur, ihre Formen der Werbung und die gesetzlichen Maßnahmen zur Kontrolle des Agentenwesens, im zweiten Teil über die Programmatik und Praxis der Auswanderervereine informiert.
240 Auerbach: Viereckig, 1858, S. 184.
241 Auerbach: Viereckig, 1858, S. 184–185.
242 Auerbach: Viereckig, 1858, S. 185–186.
243 Auerbach: Viereckig, 1858, S. 188–189.

selbst davon überzeugt, demnächst sein Leben in Amerika fortzuführen. Dadurch ändert sich der Bezug zu seiner Lebenswelt grundsätzlich. Er fühlt sich zum Müßiggang berechtigt, denn „er zog ja von dannen und durfte sich's wohl noch in der Zeit seines Verweilens in der Heimath bequem machen",[244] so Xaveri. Weil alles zu einer zukünftigen radikalen Veränderung des eigenen Lebens in Bezug gesetzt wird, erscheint die eigene Gegenwart wertlos. Die Vorstellung ‚Amerika' führt zu einem falschen Leben im richtigen.[245]

In Anbetracht der baldigen Auswanderung kümmert sich Xaveri um die Auswanderungspapiere, kauft sich Kleidung für die Neue Welt und eine große Transportkiste für die Überfahrt. Er gibt auch offiziell sein Heimatrecht auf:

> Xaveri war indes an diesem Tage vor dem versammelten Gemeinderathe erschienen und hatte seinen Austritt aus der Gemeinde gemeldet. Der Schultheiß rieth ihm, daß er gar nicht nöthig habe, sein Heimathsrecht aufzugeben, er könne sich einfach einen Paß nehmen, und wenn es ihm in Amerika nicht gefalle, wieder zurückkehren oder auch unterwegs andern Sinnes werden. Xaveri lachte höhnisch über diese Zumuthung und drang jetzt gerade um so mehr auf Entlassung aus dem Orts- und Heimathsverbande.[246]

Der Schultheiß überbringt Xaveri die Entlassungspapiere und sagt „spöttisch, daß er ihn nun als Fremden im Dorfe begrüße; er sei hier nicht mehr daheim".[247] Heimat als gelebtes Sozialgefüge und das Heimatrecht geraten hier (anders als in *Des Schloßbauern Vefele* und in *Barfüßele*) nicht in Konflikt miteinander. Der Entzug der Heimatrechte vollzieht sich innerhalb eines funktionierenden sozialen Netzwerks. Der Schultheiß als Vertreter der Administration rät Xaveri, sein Heimatrecht zu behalten. Nicht die Unmenschlichkeit eines Systems, sondern die Starrköpfigkeit eines Einzelnen soll an dieser Stelle dargestellt werden.[248] Mit der rechtlichen Heimat weist Xaveri zugleich Heimat als soziale und emotionale Zugehörigkeit zurück.

---

244 Auerbach: Viereckig, 1858, S. 219.
245 Theodor W. Adornos Satz – „Es gibt kein richtiges Leben im falschen" – ist der letzte Satz des Aphorismus Nr. 18 „Asyl für Obdachlose", in dem es um die Problematik der Heimatlosigkeit in der Moderne geht. Vgl. Adorno 1997, S. 43.
246 Auerbach: Viereckig, 1858, S. 226–227.
247 Auerbach: Viereckig, 1858, S. 228.
248 Es ist charakteristisch für Auerbachs Texte, dass Konfliktsituationen aus der Gemengelage von Charakterdisposition der beteiligten Figuren, aus der psychologischen Dynamik von Personenkonstellationen und aus den sie grundierenden sozio-ökonomischen Verhältnissen entwickelt werden. Bei seiner Figur Xaveri handelt es sich um die Mischung aus Starrköpfigkeit und Überlegenheitsgefühl, aber auch überzogenen Erwartungshaltungen seines Umfelds – aus denen andererseits wieder Missgunst Einzelner entsteht, die zum Konflikt beiträgt.

Xaveris Auswanderungsvorbereitungen führen zu Verzweiflung in der Familie. Seine Mutter verschwört sich mit einer eigentlich von ihr abgelehnten jungen Witwe, die Xaveri heiraten möchte, um ihren Sohn auf diesem Weg zu halten. Als dieser sich schließlich tatsächlich überreden lässt zu bleiben, muss er sich unter Spott wieder in die Gemeinde aufnehmen lassen: „Die Leute waren ihm fast gram, daß er sie um ihre Theilnahme an seinem Weggehen betrogen hatte; sie hatten ihm diese gewidmet und er war ihnen nun auch schuldig, wegzugehen." Immer wieder richtete man die Frage an ihn, „wie es in Amerika aussehe, und wie er die Seekrankheit überstanden habe".[249] Die halbherzig eingegangene Ehe ist von Anfang an unglücklich und der Glaube, nur in Amerika sein Glück finden zu können, wird Xaveri zur festen Gewissheit:

> Der Gedanke der Auswanderung hatte ihn erlahmt, er hatte sich gewöhnt, das Dorf gar nicht mehr als den Kreis seiner Thätigkeit anzusehen, er hatte, so zu sagen, auf einen neuen Lebensmontag gehofft, an dem er sich scharf in's Geschirr legen wollte; jetzt sollte er mitten in der alten Woche im alten Gleise doppelt frisch zugreifen. Und wie das Dorf und Alles, was darin vorging, ihm keine Freude mehr machte – weil er sich daran gewöhnt hatte, sich nur von einem ganz andern Leben, von ganz andern Verhältnissen Erfrischung zu versprechen und Alles, was um ihn her vorging, gleichgültig zu betrachten – so war ihm auch gleicherweise das erheirathete Anwesen alt und morsch, es bot keine Gelegenheit, mit starker Kraft etwas ganz Neues zu schaffen, wie er sich's so glänzend ausgedacht hatte.[250]

Die Situation wird immer unerträglicher und führt zum neu gefassten Entschluss, tatsächlich und endgültig alles hinter sich zu lassen. Erst zu diesem Zeitpunkt wird der Ort der eigenen Gegenwart zur emphatisch empfundenen Heimat: „Dann warf er sich wieder auf das Antlitz nieder, als wolle er sich in die Heimatherde einbohren und eingraben. Jetzt liegst du noch auf der Heimatherde, und bald mußt du sie verlassen!"[251]

Es gibt zwei Enden der Erzählung. In der überarbeiteten, in alle späteren Fassungen übernommenen Variante kehrt Xaveri nach Ablauf von drei Jahren geläutert zurück und beginnt ein gelingendes Leben: Die Misserfolge in der Fremde haben ihn gelehrt, was er an der Heimat hat, und geben ihm die Kraft, von vorn anzufangen. In dieser verklärten Variante wird die Möglichkeit gelingender Heimat in Aussicht gestellt, auch wenn dies innerhalb der Erzählung nicht mehr ausgeführt wird.

In der ersten Fassung von 1852, die in Karl Gutzkows Zeitschrift *Unterhaltungen am häuslichen Herd* erschien, gibt es diese Aussicht nicht. Hier kommt

---

249 Alle Auerbach: Viereckig, 1858, S. 235.
250 Auerbach: Viereckig, 1858, S. 237–238.
251 Auerbach: Viereckig, 1858, S. 255.

wenige Wochen nach Xaveris Aufbruch die Reisekiste, die schon Jahre früher zum Symbol seines im Vorsatz erstarrten Aufbruchs geworden war, ohne ihren Besitzer zurück: Xaveri ist beim Einladen der Kiste im Hafen von Le Havre von ihr erschlagen worden, wie es lapidar heißt.[252] Der die Erzählung eröffnende Satz der alten Lachenbäuerin, dass sie nicht an Amerika glaube, bestätigt sich hier in seiner ganzen latenten Komik: So wie die Lachenbäuerin nicht sagen will, dass sie nicht an die Verheißungen Amerikas glaube, sondern an seiner puren Existenz zweifelt, so scheitert Xaveri nicht an der Fremde, sondern erreicht sie schlicht nicht.[253]

Auerbachs *Barfüßle* (1856), paratextuell teilweise als Roman, teilweise als Erzählung eingeordnet, zeitgenössisch zum internationalen Erfolg geworden und in fast alle europäischen Sprachen übersetzt, von der zeitgenössischen Literaturkritik gleichwohl als maniert abgelehnt und von Literaturhistorikern zu den schwächeren Texten Auerbachs gezählt, wird neuerdings im Hinblick auf seine artifizielle Selbstreflexivität ästhetisch wieder ernster genommen.[254] Die Erzählung des märchenhaften Aufstiegs der Protagonistin Amrei vom bitterarmen Waisenkind zur wohlhabenden Bauersfrau tauscht den charakteristischen, zwischen Nüchternheit und Emphase changierenden auerbachschen Erzählerton der 1840er und früheren 50er Jahre jedenfalls oft gegen einen sentimentalen ein. Die sozialen Härten unter den Bedingungen ärmster dörflicher Verhältnisse werden aber gleichwohl Thema, unter anderem auch die des Heimatrechts.[255]

Erzählt wird, wie die verwaisten Geschwister Amrei und Dami, schon als Kleinkinder im Dorf hin- und hergestoßen, kaum Barmherzigkeit Einzelner oder Fürsorge der Gemeinde erfahren. Damis schließliche Auswanderung nach Amerika als Halbwüchsiger zeigt dann die zweifelhafte Fürsorge der Gemeinde, die sich mit der Übernahme der Reisekosten von weiterer finanzieller Unterstützung freikauft: „es sei beim Gemeinderath Alles bewilligt, aber nur auf die Bedingung hin, daß Dami jedes Heimathsrecht im Dorf aufgebe",[256] heißt es, und weiter: „Er mußte vom Schiff aus, bevor dasselbe in's weite Meer segelte, eine Bescheinigung

---

[252] Vgl. Auerbach 1853, hier Nr. 31, S. 484 und S. 485.
[253] Zum doppelten Ende von *Der Viereckig* und der Erzählung insgesamt vgl. auch die Interpretation von Christof Hamann, Hamann 2014, S. 185–187, im Kontext seiner Darstellung der Bilder und Funktionen von Amerika und der ‚Semantik der Fremde' in Auerbachs *Schwarzwälder Dorfgeschichten*, Hamann 2014, S. 177–202.
[254] Vgl. Born 2016.
[255] Auf den rechtlichen Aspekt von Heimat im *Barfüßele* geht Carsten Rohde innerhalb einer konstellativen Lektüre mit Gottfried Kellers *Romeo und Julia auf dem Dorfe* ein; vgl. Rohde 2014, S. 61–90.
[256] Auerbach: Barfüssele, 1858, S. 111.

seiner Abfahrt unterzeichnen und erst dann wurde das Geld ausgezahlt." Die Schwester empfindet bei dieser Nachricht „ein tiefes Wehe, daß doch ihr Bruder eigentlich wie auf dem Schub fortgeschafft würde".[257] Der Gemeinderat dagegen „pries seine Weisheit, daß er sich von einem Menschen befreit habe, der gewiß einmal der Gemeinde zur Last gefallen wäre".[258] Dami kehrt erfolglos aus Amerika zurück; er hat dort sein Glück nicht machen können. Es kommt nicht so, wie er vor der Abfahrt getröstet worden ist („Wirst sehen, wie gern du dann hier wieder die Bürgerannahme bekommst"[259] – dann nämlich, wenn er mit Geld heimgekommen wäre). Der Gemeinderat verkündet Dami, „daß er aus dem Ort ausgewiesen sei; er habe kein Recht hier zu bleiben, um vielleicht der Gemeinde wieder zur Last zu fallen".[260] Als „Fremder" habe er die Erlaubnis, „drei Tage im Dorfe zu bleiben; habe er bis dahin kein Unterkommen gefunden, werde er ausgewiesen und nöthigenfalls mit Zwangsmitteln über die Grenze gebracht".[261] Zwar gibt es Zweifler an dieser Rechtsauslegung – „Zuträger sagten dem Dami, er solle nur einen Proceß anfangen, man könne ihn nicht ausweisen, weil er noch an keinem andern Orte angenommen sei, das sei stillschweigende Voraussetzung beim Aufgeben des Heimathsrechtes"[262] – aber Damis weiterer Lebensweg bringt keine Befreiung aus seiner armseligen Lage. Das liegt an den sozio-ökonomischen Verhältnissen, aber auch an den charakterlichen Dispositionen Damis, wie sie der Text differenziert entwickelt.

An einer früheren Stelle der Erzählung geht es um die Entscheidung seiner Schwester Amrei gegen eine Auswanderung. Auch diese ist in einem rechtlichen Kontext situiert: Der Onkel der elternlosen Kinder wandert nach Amerika aus und will Amrei und Dami mitnehmen. Dies könne er aber nicht so ohne weiteres, wird ihm mitgeteilt: „[M]an kann das nicht ohne den Gemeinderath, und der kann's nicht einmal allein. Die Kinder haben hier ein Heimathsrecht."[263] Die Kinder selbst sollen deshalb zwischen Dableiben und Fortgehen wählen. Die Selbstvergewisserungsszene, die das Fortmüssen aus der Heimat thematisiert, zeigt die einsame und über ihrer Entscheidung verzweifelnde Dreizehnjährige inmitten der Natur. Amrei beneidet die Pflanzen und die Tiere um den Platz, den *ihnen* niemand streitig macht: „Amrei stand an dem Vogelbeerbaum und legte die Hand an seinen Stamm und sagte: ‚Du, warum gehst du denn nicht fort? warum heißen

---

257 Beide Zitate Auerbach: Barfüssele, 1858, S. 112.
258 Auerbach: Barfüssele, 1858, S. 115.
259 Auerbach: Barfüssele, 1858, S. 113.
260 Auerbach: Barfüssele, 1858, S. 168.
261 Auerbach: Barfüssele, 1858, S. 170.
262 Auerbach: Barfüssele, 1858, S. 172.
263 Auerbach: Barfüssele, 1858, S. 34.

dich die Menschen nicht auch auswandern?'"[264] Sie nimmt sich den Star zum Vorbild, der auch „nicht in ein Haus von neuen Brettern zieht".[265] Amreis Heimatverständnis bindet sie – trotz Armut und Elternlosigkeit und obwohl sie kaum menschliche Zuwendung erfährt – emotional an den Ort ihrer Herkunft. Die Szene schließt mit einem Erzählerkommentar: Amrei sei eingeschlafen „auf der Heimatherde, von der sie sich nicht trennen konnte".[266] Mit der zeittypischen Kombination der Lexeme Heimat und Erde wird eine naturhafte Verwurzelung der Protagonistin mit dem Ort ihrer Herkunft evoziert. Heimat ist hier keine juristische, sondern eine vermeintlich natürliche Kategorie.

Beide Erzählstränge, der von Damis Verstoßung durch die Gemeinde aufgrund des Heimatrechts und der von Amreis Entscheidung für die Heimat, kreuzen sich in der Reaktion Amreis auf das Bestreben der Gemeinde, den Bruder auszuweisen. Sie setzt Moral gegen Gesetz und plädiert für eine Heimat, die jenseits aller Verordnungen dem Menschen zustehe: „Man kann Niemand ausweisen aus dem Ort, wo seine Eltern begraben sind, da ist er mehr als daheim; und wenn's tausend und tausendmal da in den Büchern steht."[267] Hier ist es eine naturrechtliche Heimat, die moralisch eingefordert wird und sich im Widerspruch zu einer rechtspositivistischen Heimat befindet.

Diese in den natürlichen Ansprüchen des Menschen fundierte Heimat erlangt in einem betont märchenhaften Ende ihr moralisches Recht. Denn die bescheidene, arbeitsame und moralisch feste Amrei macht wie Aschenputtel am Ende ihr Glück – nicht als Braut des Prinzen, aber als die des Allgäuer Landfriedbauern Johannes. Dieser war von den Eltern in die mütterliche „Heimath geschickt" worden, um sich von dort „eine Frau zu holen".[268] Im Schwarzwald, der Heimat seiner Mutter, findet er Amrei und führt sie ins Allgäu heim. Matriarchale und patriarchale Semantiken gehen in dieser Konstruktion eine harmonische Einheit ein: So wie Amrei klaglos die eigene Heimat für die des Mannes aufgibt (wie es das Heimatrecht realweltlich auch vorsieht), ist es eben die Heimat der Mutter, in der der Mann seine Zukünftige sucht und findet.

Offensichtlich prallen im Roman verschiedene Heimatbegriffe aufeinander. Mit Fokus auf den rechtlichen Heimatbegriff können drei literarische Funktionen für den Text benannt werden: Erstens übt der sich in die humanistisch-volksaufklärerische Tradition Johann Peter Hebels stellende Auerbach direkte Kritik an den sozialen Realitäten seiner Zeit. Dass sich die Gemeinde von den Lasten, die

---

264 Auerbach: Barfüssele, 1858, S. 41.
265 Auerbach: Barfüssele, 1858, S. 44.
266 Auerbach: Barfüssele, 1858, S. 44.
267 Auerbach: Barfüssele, 1858, S. 168–169.
268 Auerbach: Barfüssele, 1858, S. 176.

Damis Versorgung bedeutet, freikaufen kann, indem sie ihn auf ihre Kosten nach Amerika verschickt, wird von Amrei nicht von ungefähr mit einer Abschiebung verglichen. Auch der Leser soll dies empörend finden. Dazu passt, dass Auerbach in seiner zentralen poetologischen Schrift unter dem Stichwort „Pauperismus" nicht mit sozialkritischer Gegenwartsanalyse spart. Hier ist etwa zu lesen, dass sich der „Polizeistaat" auf „seine Verordnungen gegen das Betteln" und „seine Gefängnisse" zurückziehe und die „Erschwerung der Ansässigmachung" „einen sittlichen und ökonomischen Zerfall" anzeige, „den auch der Polizeistaat sich nicht länger wird verhehlen können".[269] Volksdichtung ist bei Auerbach immer auch Volksaufklärung. Diese Volksaufklärung – und damit ist Auerbach Teil einer breiten, wenngleich literaturgeschichtlich noch nicht genügend gewürdigten literarischen Bewegung[270] – ist Mitte des 19. Jahrhunderts ein hochgradig politisch gemeintes Unterfangen. Aufklärung ist hier nicht ein einseitiger Vorgang der Belehrung der Ungebildeten durch die Gebildeten, sondern richtet sich auch an die Gebildeten mit der Aufforderung, die Lebensbedingungen der Armen zur Kenntnis zu nehmen und sie zu verändern.

Die Bezugnahme auf das Heimatrecht deckt im Text zweitens ein Missverhältnis zwischen einer verwaltungstechnischen Auffassung und einem emotionalen Bedürfnis nach Heimat auf. Die Diskrepanzen, die sich in der Auffassung von Heimat als juristischer Kategorie hier, als Gemütswert dort ergeben, werden sichtbar, als Dami an dem Stock vorbeikommt, auf dem Name und Amtsbezirk des Ortes markiert sind, den er nun als Heimatloser verlässt. Dami spricht den Stock folgendermaßen an: „Du da! Behüt dich Gott! Ich bin nicht mehr bei dir daheim, und alle Menschen da drin die sind mir jetzt grad so viel wie du."[271] Menschen werden wie Stöcke, Stöcke werden wie Menschen angeredet. Auerbach legt durch diese Kontrastierung einen radikalen Widerspruch offen, der die emphatische Heimat in ihrer Daseinsberechtigung zugleich bestätigt und in Frage stellt.

Gerade angesichts der literarischen Programmatik Auerbachs, die sich dezidiert gegen ein romantisches Literaturverständnis richtet, wird deutlich, dass es damit drittens um eine grundsätzliche Neuvermessung des literarischen Feldes geht. In seiner knapp zweihundertseitigen Poetik *Schrift und Volk* von 1846 entwirft Auerbach seine Vorstellung von Volksdichtung wesentlich vor der Kon-

---

269 Berthold Auerbach: Schrift und Volk. Grundzüge der volksthümlichen Literatur, angeschlossen an eine Charakteristik J.P. Hebel's (1846), in: Auerbach 2014, S. 7–173, hier alle Zitate S. 169.
270 Vgl. aber Böning/Siegert 1990, 2001 und 2015, insbesondere die Bände 3.1–3.4 von Reinhart Siegert zur *Aufklärung im 19. Jahrhundert*: Siegert 2015; vgl. weiterhin die Beiträge von Holger Böning und Reinhart Siegert in: Mellmann/Reiling 2016.
271 Auerbach: Barfüssele, 1858, S. 112.

trastfolie der Romantik, der Eskapismus und Selbstbezüglichkeit vorgeworfen werden. Das Volksleben werde von den Romantikern mit Vorliebe in der Vergangenheit gesucht, weil sie hier überschwänglichen Phantasien am widerstandslosesten Raum geben könnten. Nirgends sei dagegen „der Pulsschlag der Gegenwart"[272] zu fühlen. Der literarische Ästhetizismus der Romantiker korrespondiert Auerbach zufolge mit einem Mangel an politischer wie humanitärer Perspektive: „Menschen, die kein Herz für das Volk hatten, für seine niedergetretenen Rechte, seine verlorene Größe, seine Jahrhunderte lange Knechtung, sein Leiden und Hoffen – sie trieben ein ergötzliches Spiel mit willkürlichen Gebilden, die sie in die Kreise des Volkslebens versetzten."[273] Wo sich in der Romantik überhaupt politische Grundsätze herausgebildet hätten, seien diese autoritär: Während „die ästhetischen Genußmenschen in der Romantik für sich die ungebundenste Subjectivität beanspruchen", verlangten sie „vom Volke aber eine völlige Unterordnung und Hingebung an Autoritäten".[274] Dementsprechend seien sie auch nicht an einer Aufklärung des Volkes interessiert.[275] Aus dieser Kritik ergibt sich ein Neuentwurf des Verhältnisses von Literatur und Volksdichtung,[276] das man zugleich als eine der frühesten dezidiert realistischen Programmatiken im deutschen Sprachraum gelten lassen kann: Eingefordert wird ein Realitätsbezug, der Konkretion anstrebt und „klare[] Erkenntniß"[277] der eigenen Gegenwart zum Ziel hat. Dabei hat das Poetische immer sein Eigenrecht, aber eben nach realistischer Lesart: „Wir bedürfen aber nicht des Dämmerlichtes durch gemalte Scheiben, um ein poetisches Farbenspiel zu gewinnen, die Klarheit der Erkenntniß muß zur Poesie werden."[278]

Auerbach konkretisiert den Unterschied zwischen einem romantischen und einem in der Nachfolge Hebels zeitgemäßeren Umgang mit dem Volkstümlichen etwa in der Darstellungsweise von Natur. Die aus der Stadt kommenden Ro-

---

[272] Berthold Auerbach: Schrift und Volk. Grundzüge der volksthümlichen Literatur, angeschlossen an eine Charakteristik J.P. Hebel's (1846), in: Auerbach 2014, S. 7–173, hier S. 42.
[273] Auerbach 2014, S. 42.
[274] Beide Zitate Auerbach 2014, S. 44.
[275] „Der Romantiker findet es schön, wenn das Volk allerlei alten Aberglauben nachschleppt, er selber kümmert sich um alles das nicht und buhlt mit allen Göttern, findet aber an den poetischen Vorurtheilen des Volkes einen ästhetischen Genuß." Auerbach 2014, S. 44.
[276] Vgl. auch Reiling 2016.
[277] Berthold Auerbach: Schrift und Volk. Grundzüge der volksthümlichen Literatur, angeschlossen an eine Charakteristik J.P. Hebel's (1846), in: Auerbach 2014, S. 7–173, hier S. 41.
[278] Auerbach 2014, S. 45. Mit der Anspielung auf Goethes *Gedichte sind gemalte Fensterscheiben* wird gesagt, dass das literarische Kunstwerk nicht mehr wie in Goethes Gedicht in einen sakralen Innenraum versetzt wird. Das realistische Gegenprogramm setzt bildlich gesprochen auf den profanen Außenraum, von dem es sich Klarheit der Erkenntnis verspricht.

mantiker hätten die Natur zur schönen Natureinsamkeit verklärt. Dagegen entspreche es dem Volkstümlichen sehr viel mehr, Natur als selbstverständlichen Teil des Alltags darzustellen, um den kein Aufhebens gemacht werde.[279] Auch im Umgang mit Sprache zeige sich die Differenz: Die romantische Schule sei vielfach vom Mittelhochdeutschen ausgegangen. Die neuere Richtung gehe „vom gegenwärtig Lebendigen, vom Dialekte"[280] aus.

Auerbachs Hauptanliegen ist die Versöhnung des Politisch-Humanitären, Belehrenden mit dem Anspruch der Kunstautonomie,[281] die Versöhnung von Idealismus und Realismus,[282] von Aufklärung und Romantik[283] und schließlich ein ausgewogenes Verhältnis von Schönem und Hässlichem. So soll nach Auerbach das Volkstümliche weder in Form von „süßlichen Tändeleien" einer „heimatlosen, geschniegelten Schäfer- und Idyllenpoesie" des 18. Jahrhunderts dargestellt werden, noch solle man es als „das Vierschrötige, oder gar das Crasse" auffassen, wie es gegenwärtig geschehe,[284] sondern ein dritter, vermittelnder Weg eingeschlagen werden. So wie aus den späteren realistischen Programmatiken von Freytag bis Fontane bekannt, basiert das Kunstwerk nach Auerbach auf einer Aneignung von Alltagswelt, aber nur unter der Bedingung des verklärenden Eingriffs des Künstlers: „Ein Kunstwerk dagegen muß zu einem in sich versöhnten Abschlusse gelangen. Zu diesem Behufe müssen die Lichtseiten in all dem grausen Wirrwarr bestimmt hervorgehoben werden, weil in ihnen die Strahlen der endlichen Versöhnung ausströmen." Der Dichter solle „die aus der Wirklichkeit von ihm auferbaute Welt nach höheren Gesichtspunkten" ordnen, „er kann und soll abschließen, wo die Wirklichkeit noch bei der Halbheit und Zerrissenheit verharrt".[285]

Für die Neujustierung von Heimat im *Barfüßele* hat dieser doppelte Anspruch auf Darstellung und Erhöhung von Wirklichkeit verschiedene Konsequenzen: Zur Wirklichkeit von Heimat gehört auch ihre unemphatische, ja in drastischem Widerspruch zu solch emphatischer Heimat stehende Seite. Heimat wird zunächst von ihrer den Alltag der Zeitgenossen prägenden, nüchtern-administrativen Seite gezeigt. Damit wird einer zeitlich, räumlich und lebensweltlich unbestimmt bleibenden romantischen Heimat eine Absage erteilt. Mithilfe dieses realitätsge-

---
279 Vgl. Berthold Auerbach: Schrift und Volk. Grundzüge der volksthümlichen Literatur, angeschlossen an eine Charakteristik J.P. Hebel's (1846), in: Auerbach 2014, S. 7–173, hier S. 49.
280 Auerbach 2014, S. 69.
281 Vgl. Auerbach 2014, S. 77–78.
282 Vgl. Auerbach 2014, S. 57–59.
283 Vgl. Auerbach 2014, S. 51–52.
284 Alle Zitate Auerbach 2014, S. 59.
285 Auerbach 2014, S. 57–58.

sättigten Heimatbegriffs wird es zudem erst möglich, soziale Realitäten kritisch zu beschreiben. Die Wirklichkeit von Heimat wird aber zugleich überboten durch ein emphatisches Heimatverständnis, das doch wieder an die romantische Semantik anknüpft und die „Strahlen der endlichen Versöhnung" einfängt. Allerdings wird die für die Romantik typische metaphysische Dimension von Heimat stark zurückgenommen. Sie erscheint höchstens noch in bürgerlich-säkularisierter Form, wenn der häusliche Herd am Ende von *Barfüßele* zum „heiligen Altar"[286] wird, und erhält an solchen Stellen einen sentimentalen Stempel, den Heinrich Heine Auerbachs Dorfnovellen insgesamt aufdrückte, wenn er gegen sie polemisierte als „katzenjämmerlich sentimental und religiös-sittlich-flau".[287]

2.2.3 Heimatlosigkeit und Heimatrecht: Vaganten, Zigeuner, Juden (Kinkel, Schweichel, Kurz, Keller)

Heimatlosigkeit bildet im 19. Jahrhundert das Antonym von Heimat, und das in einem rechtlichen und einem kulturhistorischen Sinn. Beide Aspekte hängen zusammen: Im rechtlichen Sinn bedeutet Heimatlosigkeit Ausschluss von sozialer Fürsorge; sie stellt eine konkrete Realität dar oder auch die latente Angst, von ihr betroffen zu werden. Die kollektive soziale Abstiegsangst findet verschiedene kulturelle Ausdrucksformen; der Mythos vom heimatlosen Ahasver (vgl. II.1.3.2) gehört dazu.

Dass die Literatur des 19. Jahrhunderts immer wieder Heimatlosigkeit behandelt – auch in den bisher besprochenen Texten von Reuter, Riehl, Stifter, Gerstäcker und Auerbach spielte sie ja eine Rolle – hat zwei Gründe: Erstens gehen rechtliche Heimatlosigkeit und Nicht-Sesshaftigkeit[288] der Armen in der gesellschaftlichen Realität der Zeit fast zwangsläufig miteinander einher und wird als solche entsprechend auch von realistischer Literatur abgebildet; zweitens kann die Literatur mit den kulturhistorisch gesättigten Figuren des Vaganten und des ‚Zigeuners' – und in diesem Sinn einer historisch konstruierten Semantik wird der Begriff des Zigeuners in dieser Studie verwandt –[289] auf einen wirkmächtigen Topos zurückgreifen.

---

286 Auerbach 2014, S. 182.
287 Heinrich Heine an Heinrich Laube, Brief vom 5.4.1847, in: Heine 1972, Brief Nr. 1179, S. 246.
288 Zum Begriff der ‚Nicht-Sesshaften' und seinem Verhältnis zum Begriff der Heimatlosigkeit vgl. Meier/Wolfensberger 1998.
289 Zur Nicht-Sesshaftigkeit der Zigeuner und den gegen sie gerichteten sozialdisziplinarischen Maßnahmen des Staates seit der Frühen Neuzeit vgl. sehr informativ Schubert 1988. Zur kulturell konstruierten Semantik des ‚Zigeuners', die in verschiedenen historischen Kontexten und Wis-

Die hier skizzierten Hintergründe beziehen sich zunächst auf die rechtliche Seite von Heimatlosigkeit. In Gottfried Kellers *Romeo und Julia auf dem Dorfe* hat die Gemeinde dem ‚schwarzen Geiger' das Heimatrecht verweigert und ihn so unters fahrende Volk getrieben. Diese Vorgeschichte wird am Beginn der Novelle im Gespräch zwischen den Bauern Manz und Marti thematisiert und sie ist der Nukleus des von der Novelle entfalteten tragischen Geschehens.[290]

Die fiktionsimmanente Realität des ‚schwarzen Geigers' korrespondiert mit einer zeitgenössischen Lebenswelt, in der sich tatsächlich bis zu zehn Prozent der Bevölkerung bestimmter Schweizer Kantone dieser Zeit befanden, und für die zeitgenössischen Leser dürfte das zum Kontextwissen gehört haben. Denn besonders in der Schweiz ist die Heimatlosigkeit in der ersten Jahrhunderthälfte ein drückendes soziales Problem, das zeitgenössisch vielfach als „ein trauriger, fürchterlicher Zustand, der zu den größten Grausamkeiten und Abscheulichkeiten schon Anlaß gegeben hat, von allen Menschenfreunden und wohlgesinnten Männern aufs Tiefste beklagt wird".[291] Mitte des Jahrhunderts wird diesem Zustand von Seiten des schweizerischen Bundesstaats mit einer breit angelegten Fahndung, zeitweisen Internierung und anschließenden Zwangseinbürgerung sowie Kindesentzug begegnet.[292] Die Studie von Meier/Wolfensberger, die u. a. auf dem im Rahmen von Fahndungen angelegten, 506 Personaldossiers umfassenden Aktenbestand „Heimatlose" im Schweizerischen Bundesarchiv basiert, belegt, dass die Bekämpfung der Heimatlosigkeit dabei nicht primär humanitären Interessen folgte. Nicht die Armut, wohl aber die fahrende Lebensweise der Heimatlosen sollte eingedämmt werden, und zu diesem Zweck wurde Heimat in der zweiten Jahrhunderthälfte wieder zwangsverordnet.

---

sensdiskursen sehr unterschiedliche Definitionen hervorgebracht hat – ethnographische, soziographische, rassenbiologische – vgl. aus literaturhistorischer Perspektive zuletzt: Bogdal 2011; Patrut 2014.
290 Auch Meier/Wolfensberger 1998 weisen im Kontext von Heimatlosigkeit, die durch unlauteren Ausschluss vom Heimatrecht entsteht, auf Kellers Novelle hin, vgl. Meier/Wolfensberger 1998, S. 68–69.
291 Mügge 1847, S. 270.
292 Versuche zur Lösung der „Heimatlosenfrage" in der Schweiz gibt es seit Anfang des 19. Jahrhunderts. Über die verschiedenen Heimatlosenkonkordate seit 1812 vgl. Meier/Wolfensberger 1998, ab S. 440. Zum „Heimatlosengesetz", dem „Bundesgesetz die Heimatlosigkeit betreffend" von 1850 ab S. 467; zur „Concentration der Heimathlosen in Bern" ab S. 475, zum Abschluss der Zwangseinbürgerungen ab den 1870er Jahren ab S. 495. Bis 1872 wurden zwischen 25.000 und 30.000 Heimatlose eingebürgert, vgl. Meier/Wolfensberger 1998, S. 495. Das Heimatlosengesetz gewährte nur eingeschränktes Bürgerrecht für die Zwangseingebürgerten, vgl. Meier/Wolfensberger 1998, S. 496.

Der Fall von Amalie Wehrli, der sich in den von Meier/Wolfensberger aufgearbeiteten Schweizer Akten findet, zeigt, wie die fahrende Lebensweise teils direkt durch die Auswirkungen des Heimatrechts entstand.[293] Die Armut von Amalie Wehrli zwang sie, für die Suche nach Arbeit als Dienstmagd immer wieder eine nicht-sesshafte Lebensweise anzunehmen. Eine rechtlich legale partnerschaftliche Beziehung konnte sie aufgrund dieser fehlenden Sesshaftigkeit nicht eingehen, mit der Geburt eines unehelichen Kindes fiel sie in die Erwerbslosigkeit und noch größere Armut; Diebstahl aus Not ist die Folge. Die Weigerung der Gemeinde Breisach, sie zu unterstützen, treibt sie in die Lebensweise einer Fahrenden. „Der Zirkelschluss scheint vollkommen: Armut zwingt zu Nicht-Sesshaftigkeit, diese wiederum verunmöglichst in letzter Konsequenz die Rückkehr an den Heimatort und kann Heimatlosigkeit verursachen."[294]

Die Schweizer Gemeinden taten bis Mitte des 19. Jahrhunderts viel, um sich ihrer Armen zu entledigen, und nahmen in Kauf, dass die Abgewiesenen zu heimatlosen Fahrenden wurden. Selbst dort, wo ein Heimatrecht legal bestand, wurde den Armen dieses Recht teils verweigert, meist wenn wegen längerer Abwesenheit die Heimatberechtigung ‚in Vergessenheit' geriet, wie literarisch bei Keller dargestellt.[295] Als Hauptgrund dafür geben Meier/Wolfensberger das sich

---

293 „Amalie Wehrlis Vater war Bürger von Breisach in Baden. Seit sie 17 Jahre alt war, arbeitete sie in verschiedenen Anstellungen während jeweils 3–15 Monaten als Dienstmagd. 1847, als sie bei einer Wirtsfamilie in La Chaux-de-Fonds [Schweiz] tätig war, wurde sie unehelich schwanger und versuchte, in ihren Heimatort [Breisach in Baden] zurückzukehren. Auf dem Weg dorthin brachte sie ihr Kind in Reinach BL [Schweizer Kanton Basel-Landschaft bzw. Baselland] zur Welt. Aus Not stahl sie dort in einem Wirtshaus Bettzeug und wurde zu zwei Jahren Gefängnis und zu vier Jahren Landesverweisung verurteilt. Als sie 1850 auf der Rückreise aus dem Kanton Baselland nach Breisach war, verhaftete man sie in Liestal BL erneut und verurteilte sie wegen der Übertretung der Verweisungsstrafe zu einem halben Jahr Kettenstrafe. Bereits 1848 hatte das Bezirksamt Breisach dem Bezirksstatthalter von Arlesheim BL ein Schreiben zukommen lassen, in dem sie als „leichtfertige Dirne, welche zwecklos herumzieht", bezeichnet wurde. Ihr Vater sei in „gedrängten Vermögensverhältnissen und erklärt sich ausser Stand, für seine Tochter die Verpflegungskosten zu bezahlen und der Gemeinderat hier hält sich zur Zahlung nicht verpflichtet". Meier/Wolfensberger 1998, S. 81. Dort die entsprechenden Zitatnachweise aus dem Aktenbestand „Heimatlose" im Schweizerischen Bundesarchiv.
294 Meier/Wolfensberger 1998, S. 81.
295 Ein solches Beispiel für die Verweigerung des Heimatrechts durch die Gemeinden liefern die Akten von Anton Wendelmeyer. Dieser ersucht 1844 die Eidgenossenschaft Luzern um die Zustellung von Dokumenten, die ihm von seinem Heimatort verweigert würden. „Sein Vater, so schrieb er, sei in Leuggern AG [Argau] heimatberechtigt gewesen. Ende des 18. Jahrhunderts hätten seine Eltern das Dorf verlassen, da sie als Spengler, Korber und Pikenmacher aufgrund der innerdörflichen Konkurrenz ihren Unterhalt nicht mehr hätten bestreiten können. Er selbst sei als letzter seines Geschlechts in der Heimat in Vergessenheit geraten, da er sich wegen seines fahrenden Gewerbes – er ist ebenfalls Korbmacher – nur selten dort aufgehalten habe. Ohne die

seit dem 16. Jahrhundert zunehmend durchsetzende heimatörtliche Prinzip der Armenversorgung an[296] – die Schweiz unterscheidet sich hier also nicht von Österreich und Deutschland. Und in der Schweiz wie in den anderen deutschsprachigen Gebieten setzen sich auf lange Sicht die Interessen der zentralen Staatsmacht gegenüber denjenigen der Gemeinden durch: Denn lag es im Interesse der Gemeinden, das Gut Heimat zu begrenzen, um die eigenen ökonomischen Ressourcen zu schonen, musste es Anliegen des Staates sein, alle Bevölkerungsgruppen verwaltet zu wissen. So sind dann auch die Zwangseinbürgerungen in den 1850er und 60er Jahren als Ausdruck der Durchsetzung des Zentralstaats gegenüber den Gemeinden zu deuten.

Zu den gesellschaftlichen Realitäten der Heimatlosigkeit und Nicht-Sesshaftigkeit gehört auch die massive Stigmatisierung der Gruppe der Heimatlosen in der juristischen, administrativen und kriminalistischen Literatur. So geben *Aktenmäßige Nachrichten von dem Gauner- und Vagabunden-Gesindel* von 1822 zu lesen, dass „das heimathlose Gesindel" vornehmlich bestehe aus „gebohrnen Vaganten und Bettlern, ferner entwichene Verbrecher, Deserteure und alle diejenigen, welche Ursach haben, ihre Heimath zu meiden".[297] Zwar wird an späterer Stelle kurz auch auf die Unschuld der Kinder, die in diese Situation hineingeboren werden, eingegangen,[298] aber insgesamt wird Heimatlosigkeit als selbstverschuldeter Zustand der Kriminalität, Asozialität und Arbeitsscheu gewertet: „In allen Ländern hat es von jeher Menschen gegeben, welche, ohne Heimath und Vaterland umherschweifend, lieber betteln und stehlen, als durch Arbeit ihren Unterhalt erwerben mochten."[299] Als Mittel der Bekämpfung und „gänzlichen

---

erwähnten Ausweisschriften könne er seinem Beruf nicht mehr nachgehen, da er der polizeilichen Verfolgung ausgesetzt sei, als Heimatloser behandelt und dauernd herumtransportiert [also auf den Schub geschickt] würde." Meier/Wolfensberger 1998, S. 81–82.

296 „Die Bedeutung des Armenrechts für die Entstehung von Nicht-Sesshaftigkeit und Heimatlosigkeit" zu Beginn des 19. Jahrhunderts liegt nicht mehr in Heimatlosigkeit als Strafe, „sondern vielmehr im sich seit dem 16. Jahrhundert allmählich herausbildenden heimatörtlichen Prinzip in der Armenversorgung. Mit dem Beginn der frühen Neuzeit machte die Gesetzgebung in den meisten Kantonen die Gemeinden in steter Wiederholung und mit erhöhtem Nachdruck für die Unterstützung ihrer Angehörigen verantwortlich und animierte sie dadurch zur Vertreibung der Armen und zur Unterschlagung derer Heimatrechte. Die im 16. Jahrhundert beginnende Abschliessung der Gemeinden, die potentiellen Neuzuzüglern den Eintritt ins Bürgerrecht zunehmend verwehrten oder durch die Erhebung hoher Einzugsgelder erschwerten, korreliert denn auch zeitlich mit den ersten armenrechtlichen Erlassen, durch die eine heimatörtliche Armenpflege eingeführt werden sollte." Meier/Wolfensberger 1998, S. 69.

297 Beide Zitate Schwencken 1822, S. 1. Zum Phänomen umhervagabundierender Arbeitsloser im Zeitalter der Industrialisierung vgl. Althammer 2017.
298 Vgl. Schwencken 1822, S. 66–67.
299 Schwencken 1822, S. 1.

Vertilgung des Gauner- und Vagabundengesindes"[300] werden drakonische Strafen gefordert. Es sollten alle Mittel aufgeboten werden zur „Besiegung dieser innern Feinde".[301] Dabei werden die als innere Feinde wahrgenommenen Heimatlosen anscheinend deshalb als besonders bedrohlich empfunden, weil es nicht gelingt, sie als solche einwandfrei zu identifizieren: Immer wieder fänden die Heimatlosen Mittel und Wege, die Obrigkeit hinters Licht zu führen, deren Aufgabe es doch sei, „den Unverdächtigen vom Verdächtigen, den rechtlichen Bürger vom landflüchtigen Verbrecher, vom Gauner und Landstreicher zu unterscheiden".[302] Zu diesen „Auswürflingen"[303] gehörten „ehemals vorzugsweise die Zigeuner", deren Anzahl durch strengere „Polizeymaßregeln" etwas reduziert worden sei, und auch die Juden werden selbstverständlich mit dem „heimathlosen Gesindel"[304] in Verbindung gebracht, wie eine zeitgenössische Karikatur aus der schweizerischen satirischen Zeitschrift *Der Postheiri* zeigt (Abb. 37).

Hier greift der zweite oben genannte Aspekt, der den Zusammenhang von rechtlicher Heimatlosigkeit und Nicht-Sesshaftigkeit für die Literatur relevant werden lässt: Beides, Heimatlosigkeit und Nicht-Sesshaftigkeit, sind auch Merkmale der Vaganten- und Zigeunerfiguren, deren kulturhistorische Semantik ein nur noch sehr bedingt mit den Realitäten zusammenhängendes Eigenleben führt. Die Topik der Fahrenden ohne festen Wohnsitz, der ‚Kinder des Waldes' oder der ‚Leute aus dem Walde'[305] umfasst Wilderer, Schmuggler und marodierende Räuberbanden genauso wie Korbflechter und Vogelfänger, wahrsagende Zigeunerinnen und Bettler,[306] teilweise auch Juden.[307]

In einigen literarischen Texten ist auch von den ‚Jenischen' die Rede (in den hier behandelten Texten bei Hermann Kurz). In der Schweiz sind die Jenischen seit 2016 als nationale Minderheit anerkannt. Die Ausbildung der Gruppe der Jenischen seit der Frühen Neuzeit lässt sich jedoch nicht mit ethnischen, sondern mit sozio-ökonomischen Prozessen erklären, die bestimmte Bevölkerungsgrup-

---

300 Schwencken 1822, S. 62.
301 Schwencken 1822, S. 62.
302 Schwencken 1822, S. 63.
303 Schwencken 1822, S. 1.
304 Alle Zitate Schwencken 1822, S. 2.
305 Der Ausdruck ist Titel eines Romans von Raabe, aber auch stehender Ausdruck der Zeit, vgl. die abgebildete Illustration. Der „deutsche Wald" – insgesamt ein Topos, der eng mit Heimat verbunden ist (vgl. Zechner 2016) – gerät in Bezug auf die Heimatlosen, deren Heimat topisch an den Wald geknüpft ist, in ein deutliches Spannungsverhältnis.
306 Zur Problematik der Begriffsabgrenzung vgl. die Einleitung in Althammer/Gerstenmayer 2013, S. 13–26 mit weiterführenden Literaturhinweisen.
307 Vgl. Patrut 2014, die vor allem das Paradigma des Orientalismus als gemeinsame Grundlage für die soziale Konstitution des Juden und des Zigeuners beschreibt.

Abb. 37: „Die eidgenössischen Photographien eidg. Heimatloser": „Die Kinder des Waldes: Eine wahre Heldengestalt mit wallendem Silberhaar. Die schleichkundige Beihälterin. Die harmlosen Vogelfänger und Körbeflicker der Neuzeit. Die characteristische Schnupftabaksnase. Das alte Weib mit dem ganzen Labyrinth von Lügen". In: *Der Postheiri. Illustrirte Blätter für Gegenwart, Öffentlichkeit und Gefühl*, Bd. 8, Nr. 29, 1852 (Schweizerisches Sozialarchiv, Zürich)

pen in die vagierende und durch ihren ökonomischen, sozialen und rechtlichen Ausschluss meist notgedrungen in eine kriminelle Lebensweise trieben. Das Jenische ist ähnlich wie das Rotwelsch eine eigene Sprachvarietät, die diese Gruppe ausbildete. Im 19. Jahrhundert begann man, diese Sprache zu archivieren und zu erforschen, etwa in einem *Wörterbuch der Gauner- und Diebs- vulgo Jenischen Sprache* von 1832.[308]

Der innerlich und äußerlich freie und unbeschwerte Vogelfänger Papageno, den Emanuel Schikaneder 1791 für Mozarts *Zauberflöte* entwarf, hat genauso seinen Anteil an der Topik der Heimatlosigkeit wie die mythisch-düstere Figur des Fliegenden Holländers, die Richard Wagner in seiner Oper zeichnet (vgl. II.1.3.3). Die literarischen Figurationen der Heimatlosen bewegen sich im Feld zwischen Romantisierung und Dämonisierung, immer funktionieren sie dabei antipodisch zum Heimat-Komplex, der die rechtliche Heimat umfasst, aber darüber hinaus auch für Bürgerlichkeit und Ordnung in einem sehr viel umfassenderen Sinn steht.

Heimatlosigkeit bezeichnet in den hier behandelten Texten daher zugleich einen Rechtszustand und eine Metapher des Ausgestoßenseins oder zumindest der Nicht-Zugehörigkeit. Die Kulturwissenschaft arbeitete ausgehend von Edward Saids für die Postkolonialismusdebatte maßgeblichem Buch *Orientalism* (1978) über mehrere Jahrzehnte hinweg intensiv an der Idee, dass erst in der Differenz zum ‚Anderen' das Eigene entsteht und in diesem Sinn das Andere die Konstitution von Identität ermöglicht. Julia Kristeva stellt fest: „Das Fremde ist in uns selbst. Und wenn wir den Fremden fliehen oder bekämpfen, kämpfen wir gegen unser Unbewußtes – dieses ‚Uneigene' unseres nicht möglichen ‚Eigenen'."[309] Auch ‚Zigeuner' und Juden wurden mit diesem Zugriff als ‚Grenzfiguren' der Nation und des Deutschen beschrieben.[310] Über die kulturelle Konstruktion von

---

308 Vgl. Train 1832; Wittich/Günther 1915, 1916, 1917.
309 Kristeva 1990, S. 209.
310 „Juden und ‚Zigeuner' wurden schon in der Frühen Neuzeit als Grenzfiguren der Nation konstruiert, und dies, obwohl sie alles andere als homogene Gruppen waren und sich in mehr als einer Hinsicht deutlich voneinander unterschieden. Ihre Repräsentationen sagen nichts über die tatsächlichen Juden sowie über Sinti und Roma aus, dafür aber viel über die konstitutiven Gleichungen der ‚deutschen Nation' als einem in sich kohärenten und abgrenzbaren Gebilde. Dies zeigt sich vor allem an den im 19. Jahrhundert immer häufiger werdenden Vergleichen zwischen beiden Gruppen, die offenkundig keiner anderen Logik folgen als jener eines ‚deutsch-bürgerlichen' Selbstentwurfs. Im Wissensdiskurs, der dem Narrativ der deutschen Nation plausible Bausteine lieferte, erfüllten Juden und ‚Zigeuner' eine überaus wichtige Funktion: Sie stehen, wie Giorgio Agamben die ‚Grenzfigur' auffasst, innerhalb und außerhalb der rechtlichen Ordnung, um die sich die Nation im 19. Jahrhundert formiert. Erst solche Grenzfiguren ermöglichen den Bestand und die Stabilität von Normen und Herrschaft, und erst die Auseinandersetzung mit der Gewalt,

Juden und Zigeunern schreibt Iulia-Karin Patrut: „Sie sind nicht in der denkbaren Welt lokalisierbar, sie stehen im Außen der Nation – auch und gerade der deutschen, die sich konstituiert, indem sie ihr unmarkiertes Anderes ausgrenzt."[311] Nicht nur die deutsche Nation, so wäre hinzuzufügen, konstituiert sich im Lauf des 19. Jahrhunderts, sondern auch die bürgerliche Gesellschaft, die sich nicht nur massiv nach oben – vom kosmopolitischen Adel – abgrenzen will, sondern auch nach unten. Der Heimatlose ist also in diesem Sinn auch das ‚Andere' des Bürgers mit seiner ökonomischen Maxime der Arbeitsamkeit und seiner moralischen der Triebunterdrückung. Er kann faszinieren, weil er die bürgerlichen Maximen durchbricht, er kann bedrohen, weil er die Möglichkeit des Abgleitens aus der Bürgerlichkeit vor Augen führt.[312] Juden und Zigeuner lassen sich in diesem Sinn als Grenzfiguren des Bürgerlichen und der bürgerlichen Heimat beschreiben.

Die literarischen Texte, die im Folgenden behandelt werden und die unter der Vorgabe ausgewählt wurden, dass sie Heimatlosigkeit auch als rechtliche Kategorie begreifen, thematisieren die Störung von (bürgerlicher) Ordnung. Und ob bei Kinkel (1849), Kurz (1855), Keller (1856) oder Schweichel (1858), immer geht es um eine Liebe, die innerhalb der bürgerlichen Ordnung nicht durchgesetzt werden kann und in die Heimatlosigkeit führt oder, um dieser zu entgehen, mit dem Tod endet.

Bedrohung geht von der bürgerlichen Ordnung aus, insofern sie nicht alle in diese Ordnung aufnehmen will, Bedrohung geht von den Heimatlosen aus, insofern sie die Ordnung in Frage stellen. Die Störung wird überwunden, indem die Heimatlosen in die bürgerliche Ordnung integriert werden oder aber diese Ordnung zugunsten einer klassenlosen Gesellschaft überwunden wird – zumindest in der utopischen Vision. Dies ist in den Texten Kinkels und Schweichels der Fall. In den Texten von Kurz und Keller gelingt diese Harmonisierung nicht. Das tragische Ende der Helden, die an der bürgerlichen Ordnung zerbrechen bzw. sich ihr um den Preis des eigenen Todes unterwerfen, kann dabei sehr unterschiedlich als

---

die die Konstruktion solcher ‚Grenzfiguren' prägt, ermöglicht ein Verständnis der strukturellen und epistemischen Gewalt, die für den Selbstentwurf und Fragen des Regierens insgesamt konstitutiv ist." Patrut 2014, S. 275.

311 Patrut 2014, S. 281.
312 Der Heimatlose ist nicht einfach nur Gegenfolie des ‚Eigenen', sondern kann vielmehr in der Trias ‚Eigenes' – ‚Fremdes' – ‚Drittes' wechselnd alle Positionen innehaben. Gerade durch diese Möglichkeit des Standortwechsels kann Heimat in ihrer (brüchigen) Konstitution beleuchtet werden. Die Rede oder Vorstellung von Zigeunern als ‚internen Fremden', die nicht schlicht Gegenfolie des ‚Eigenen' sind, lässt sich nach Patrut deshalb nicht als bloße Spielart des Diskurses von den ‚edlen Wilden' um 1800, von den ‚Primitiven' um 1900 oder auch von den ‚Asozialen' Anfang des 20. Jahrhunderts erklären. Vielmehr generiere sie in sehr viel stärkerem Maß „deutsche Selbstentwürfe". Patrut 2014, S. 441.

Infragestellung oder Bestätigung dieser Ordnung interpretiert werden. Die folgenden Texte behandeln im Kontext von Heimatlosigkeit und Heimatrecht daher auf sehr verschiedene Weise die Frage nach Macht und Ohnmacht bürgerlicher Ordnung.

Gottfried Kinkel: *Die Heimatlosen*

Gottfried Kinkel (1815–1882), eigentlich evangelischer Theologe, der wegen einer Heirat mit einer geschiedenen Katholikin nicht mehr in der theologischen Fakultät tätig sein durfte und ab 1846 eine außerordentliche Professur für Kunst- und Literaturgeschichte in Bonn bekleidete, wandelte sich politisch vom konstitutionellen Liberalen zum sozialistischen Republikaner, der an den Aufständen von 1848 teilnahm und dafür zu lebenslanger Festungshaft verurteilt wurde. Seine Erzählung *Die Heimatlosen* entstand im Zuchthaus von Rastatt, kurz nach Kinkels Gefangennahme im Juni 1849 und vor der Urteilsverkündung am 3. September, ohne dass Kinkel wissen konnte, ob ein Todesurteil auf ihn wartete; die Erzählung wurde zur Publikation aus dem Gefängnis geschmuggelt.[313] Auch Kinkels weitere Biographie enthält spektakuläre Ereignisse: Sein Freund und früherer Schüler, der Bonner Student Carl Schurz, der sich selbst nach revolutionären Umtrieben und Verhaftung durch eine berühmt gewordene Flucht durch einen Abwasserkanal vor dem eventuell drohenden Todesurteil retten konnte, gelang später die Befreiung seines ehemaligen Professors aus der Haft in Berlin-Spandau und beide flohen ins Exil: Schurz stieg zum Innenminister der Vereinigten Staaten auf; Kinkels Weg führte nach London, Paris und New York und dann wieder nach London zurück, wo er als Professor für Literaturgeschichte wirkte, bevor er später eine Professur für Kunstgeschichte in Zürich annahm.

Gottfried Kinkels Erzählung *Die Heimatlosen. Erzählung aus einer armen Hütte* (1849) enthält offenkundig viele Parallelen zur eigenen Politisierungsgeschichte. Der Protagonist wandelt sich vom unpolitischen Bauernsohn zum Vorkämpfer der revolutionären Aufstände und am Ende zum politischen Exilanten. Der zunächst anonym erschienene Text beginnt mit den Verstrickungen des badischen Heimat- und Eherechts und endet mit einer Revolution, die als nur vorerst gescheitert erklärt wird. Die Auswirkungen des Heimatrechts führen zur Politisierung des Helden: Der aus Kriegsdiensten entlassene Valentin lernt 1844 auf der Durchfahrt die Zugezogene Sabine in einem Dorf in Baden kennen. Er will in ihrer Nähe

---

313 Vgl. Walcher 2009, das Kapitel zu *Die Heimatlosen* S. 130–161, hier S. 131. Walchers Studie zu Kinkel enthält die bisher einzige ausführlichere Interpretation und historisch-sozialgeschichtliche Kontextualisierung der Erzählung. Den hier interessierenden Aspekt der Verknüpfung von Heimatrecht und Zigeuner-Metaphorik behandelt Walcher nicht.

bleiben, verdingt sich als Knecht, die beiden verlieben sich und wollen schließlich heiraten. Sie sind mittellos, aber hoffnungsvoll, auf gepachtetem Land ihre Existenz zu begründen.[314] Alle Formalitäten zur Heirat werden mit dem Pfarrer besprochen,[315] wobei dieser auf die fällige Entrichtung von hundertfünfzig Gulden hinweist (in der badischen Gemeindeordnung von 1831 tatsächlich so festgesetzt[316]): „Sie kennen doch unsere badische Gemeindeordnung? Wer sich in einer Gemeinde verheirathen will, muß zuvor Bürger sein und zu diesem Zweck ein Grundstück oder eine Geldsumme aufweisen."[317] Valentin stammt aus dem „Oberland an der Schweizer Grenze" von Bauersleuten ab, war Knecht dort und anderswo, bevor er zum Militär ging,[318] Sabines Vater kommt aus Böhmen, sie selbst ist im Hessischen geboren, bevor die Familie in das badische Dorf zog, ohne dort das Bürgerrecht zu erlangen.[319] So haben weder Valentin noch Sabine Heimatrecht, und da sie mittellos sind, können sie es sich auch nicht erkaufen. Der Pfarrer sagt über Sabines Familie, sie sei „brav", „arbeitsam" und „fromm", aber sie seien eben zugleich auch „fremd" und „arm": Geht nach einer Heirat etwas „mit der Wirthschaft schief, so fallen die Kinder der Gemeinde zur Last".[320] Valentin insistiert: „[S]oll ich denn, weil ich arm bin, keine Frau nehmen dürfen?" Der Pfarrer beharrt: „Jede Gemeinde sucht sich zu hüten, daß nicht arme Leute in sie hineinheirathen, Kinder zeugen und so in das Vermögen der Gemeinde sich breit hineinsetzen."[321] Alle weiteren Versuche des Paars, finanzielle Hilfe zu erhalten, um die geforderte Summe bezahlen zu können, scheitern. Schließlich geben sie sich ohne institutionellen Beistand das Jawort. Diese ‚wilde Ehe' ist der Gemeinde nun vollends ein Dorn im Auge, auch dies mehr unter ökonomischen als unter moralischen Gesichtspunkten: „Die wackern Gemeindevorsteher grämten sich bitter über die Möglichkeit, daß nun doch die Zigeunerhaushaltung, wie man sie nannte, sich um Sprossen vermehren könne, denen sich das Heimatsrecht nicht absprechen lasse." Um sie „zum Wegziehen nach einem andern

---

314 Vgl. Kinkel 1849, S. 409–410.
315 „In Baden haben die Geistlichen noch die Führung der Civilstandsregister, und die kirchliche Trauung schließt die bürgerliche in sich." Kinkel 1849, S. 411.
316 Vgl. das Gesetz über die Rechte der Gemeindebürger und die Erwerbung des Bürgerrechts von 1831, in: Weiske 1848, S. 235–250; Walcher diskutiert die Einzelheiten der genauen Summe, vgl. Walcher 2009, S. 149.
317 Kinkel 1849, S. 412.
318 Kinkel 1849, S. 395.
319 „Diese Stellung zur Gemeinde hatte Mutter Wlaska, als der Mann starb und sein ältestes Kind erst zwölf Jahr alt war. Sie war eine Fremde, hatte keinen Grund und Boden und somit kein Bürgerrecht am Orte." Kinkel 1849, S. 385.
320 Alle Zitate Kinkel 1849, S. 414.
321 Beide Zitate Kinkel 1849, S. 413.

Orte zu veranlassen",[322] ist niemand bereit, sie zu unterstützen, so dass alle Anstrengungen Valentins und Sabines scheitern, durch Arbeit doch schließlich das geforderte Geld aufzubringen. Sabine wohnt weiter bei der Mutter, auch noch, als zwei Kinder gekommen sind, Valentin findet kein Unterkommen und keine Arbeit mehr im Dorf und verdingt sich schließlich als Arbeiter beim Eisenbahnbau. Fernab der Familie wird er in seinem neuen Umfeld zum Sozialisten, beteiligt sich an den 1848er-Aufständen und muss am Ende mit der finanziellen Hilfe eines von ihm während der Unruhen geretteten Aristokraten nach Amerika auswandern, um der Haft oder sogar dem Todesurteil zu entgehen. Den „großen Kampf der Zeit", den Kampf der Proletarier gegen die Besitzenden, wird er, so die utopische Perspektive, auch dort führen können. Valentin weiß, „daß der Kampf, den er führte, der Kampf der Besitzlosen gegen die erdrückende Geldmacht der Gegenwart überall seine Streiter finde dießseits und jenseits des Meeres".[323]

Was als Kritik am Rechtssystem und seinen engstirnigen geistlichen und weltlichen Handlangern beginnt – dem evangelischen Pfarrer, der sich weigert, dem Paar die nötige Summe vorzustrecken, um es sich nicht mit der Gemeinde zu verderben, dem katholischen Pfarrer, der Hilfe nur für den Fall anbietet, dass die potentiellen Kinder des Paares katholisch getauft werden, der Gemeinde, die dem Paar Hilfe verweigert –, endet mit der Emanzipation des Proletariers. Der Eisenbahnbau bringt ihn mit einer internationalen Arbeiterschaft in Berührung, die an die kommunistische Lehre glaubt: „Sie waren aus aller Welt zusammengeströmt, und viele trugen in ihrem Kopfe über die deutsche Grenze die neue Lehre, welche bestimmt ist, in der nächsten Zukunft die Gestalt unseres alternden Welttheils noch einmal zu verjüngen." Valentin begreift, „daß aller Reichthum des Volkes allein auf der Arbeit ruht, und daß das Kapital selbst nur das Kind der Arbeit ist" und dass es Recht eines jeden sein müsse, „ein Weib rechtmäßig zu besitzen, satt an einem eigenen Herde auszuruhen und Kinder ohne Schamgefühl und Seelenqual an sein Herz zu drücken".[324]

Mit historischem Abstand kann man sagen, dass die (von Kinkel auch in einer Streitschrift schon ein Jahr vor Erscheinen der Erzählung analysierten und kritisierten)[325] Zwänge des Heimatrechts und der Kapitalismus tatsächlich eher gegenläufige Tendenzen waren. Denn während Mobilität und Flexibilität der Arbeitskräfte im ökonomischen Interesse waren und Unternehmer daher tendenziell zu den Befürwortern von Niederlassungsfreiheit (Freizügigkeit) und Unterstüt-

---

322 Alle Zitate Kinkel 1849, S. 425.
323 Beide Zitate Kinkel 1849, S. 159.
324 Alle Zitate Kinkel 1849, S. 429–431.
325 Vgl. Kinkel 1848; zum sogenannten ‚Heimatzwang' vgl. Kinkel 1848, S. 25.

zungswohnsitz gehörten,[326] entsprang das Heimatrecht einer vorkapitalistischen Welt und die Beharrungskräfte, die es entfaltete, waren insofern auch antikapitalistische. In der zeitgenössischen Perspektive erschienen die Auswüchse des Heimat-, Armen- und Eherechts allerdings als Teil des Pauperismus. Rechtliche Heimatlosigkeit und das Aufbegehren des Vierten Standes sind daher miteinander korreliert.

Neben den rechtlich Heimatlosen und den Proletariern bildet die Figur des Zigeuners eine dritte Komponente dieser narrativen Korrelation. Jenseits der ökonomischen Logik, dass das arme Paar mit seinen Kindern der Gemeinde zur Last fallen könnte, gibt es nämlich noch andere Gründe für den Ausschluss von Sabines Familie durch die Gemeinde: Ihr Vater, Joseph Jelinecz, stammt aus Böhmen, ihre Mutter Wlaska ist geboren „ganz tief in Ungarn, nahe bei der türkischen Grenze"[327] und beider Lebensweise war immer schon unstet: Joseph war „Hornist bei einem österreichischen Regiment",[328] Wlaska „diente bei seiner Compagnie als Marketenderin", nach abgelaufener Dienstzeit ließ sich Joseph nieder und verdiente sein Geld damit, im Sommer als „wandernder Musikant"[329] unterwegs zu sein; auch die musikalisch begabten Kinder begleiten ihn in seinem „Leben des fahrenden Musikanten".[330] Der Vater stirbt früh, und was mit seinem vagantenhaften Leben sich schon assoziierte, wird nun durch die ins Zentrum der Erzählung rückende Mutter vollends repräsentiert: Die Mutter Wlaska ist Zigeunerin und ihre Beschreibung bedient viele Facetten des populären Repertoires: Sie ist dunkel und feurig;[331] sie ist Matriarchin;[332] sie ist Heilerin und Wahrsagerin,[333] dabei katholisch und „eine inbrünstige Verehrerin der Jungfrau Maria" – in einer rein protestantischen Gegend eine zusätzliche Fremdheitsmarkierung: Sie und ihre Familie sind „die einzigen Katholiken in ihrem Orte".[334] Sie wird mit dem Orient assoziiert[335] und mehrfach mit dem Jüdischen,[336] u. a. mit dem Ahasver-

---

326 Vgl. Lerche 2009.
327 Kinkel 1849, S. 376.
328 Kinkel 1849, S. 373.
329 Beide Zitate Kinkel 1849, S. 374.
330 Kinkel 1849, S. 375.
331 Vgl. Kinkel 1849, S. 376–377.
332 Das wird schon darin deutlich, dass dem Vater wenige Zeilen der Erzählung, ihrer Beschreibung als dem neuen Zentrum der Familie hingegen lange Passagen gewidmet sind; auch ihr Name verweist auf den Kampf der Frauen um Vorherrschaft: „Schon der Name war auffallend; sie hieß Wlaska, ihre Patronin war also jenes furchtbare Weib, auf welches die Sage den Ursprung des in Böhmen mährchenhaft berühmten Mägdekriegs zurückführt." Kinkel 1849, S. 376.
333 Vgl. Kinkel 1849, S. 380–381.
334 Beide Zitate Kinkel 1849, S. 379–380.
335 Vgl. Kinkel 1849, S. 376–377.

Mythos (vgl. II.1.3.2). Ihren Kindern erzählt sie „die rührende Legende von der Missethat, die ihr Volk gleich Juden und Armeniern zu rastlosem Wandern verdamme".[337] Die mythologische Heimatlosigkeit der Zigeuner wird als heimatrechtliche Situation Valentins und Sabines aktualisiert, die ihnen ihr Glück verwehrt, und auf diese Weise mit der Ohnmacht des Vierten Standes im Ganzen in Verbindung gebracht.

Die Erzählstrategie zielt auf eine Solidarisierung mit all diesen Ausgegrenzten und sie erreicht sie auch, indem sie um Sympathie mit Mutter Wlaska wirbt. Dabei werden verschiedene Strategien gewählt. Erstens die der Rationalisierung: Die von den Dorfbewohnern empfundenen Ängste gegenüber der Zigeunerin erweisen sich alle als unbegründet – das Gerücht von den Zauberkünsten basiert auf einem Scherz der Kinder, das Unheimliche der Aussprache auf dem tschechischen Zischlaut.[338] Zweitens die Inklusion in die bürgerliche Wertewelt: Ostentativ werden Arbeitsamkeit, Frömmigkeit, Sauberkeit und Fleiß als Charaktereigenschaften Wlaskas herausgestellt. Drittens aber auch das Beharren auf der eigenen Andersartigkeit. Über Wlaska heißt es, dass sie „mit dem vollen Stolze einer Baronin, die ihre sechzehn Ahnen an den Fingern herrechnet",[339] ihre fremdländische Herkunft betont. Auch wenn der Stolz aus einer Mischung aus „Hirngespinst" und „Legende" herrührt, die wiederum die „Einbildungskraft" ihrer Töchter so anregt, dass auch diese sich „höher und stolzer empfanden als die deutschen flachshaarigen Bauernmädchen ihrer Nachbarschaft",[340] und damit die Distanz weiter vergrößert, wird das Selbstwertgefühl der von der Gemeinschaft Ausgestoßenen von der Erzählerstimme immer wieder positiv betont. Dies schließt zum einen an den Topos des stolzen Zigeuners an. Zum anderen ist das Selbstbewusstsein der Ausgegrenzten so wichtig, weil sich in diesem Punkt die Figur des Zigeuners, rechtlich Heimatlose und der Vierte Stand überblenden lassen, ja die Zigeuner Vorbild und Vorläufer des Proletariats werden: als Teil einer unterdrückten Klasse, die zu begreifen beginnt, dass sie ihren Stolz gerade aus ihrer Unterdrückung ableiten muss. Valentin, der erst durch die Abwärtsspirale, in die er gerät, zum Sozialisten wird, bedarf in dieser Phase der proletarischen Selbstbewusstwerdung der Mutter Wlaska als Geburtshelferin des neuen Bewusstseins. Mutter Wlaska „verstand das Feuer, mit welchem Valentin seine Lehren vortrug, und sie gab ihm zu seinen Lehrsätzen die Summe der Erfahrung". Dies wird dann ins Allgemeine gehoben: „Tüchtige Weiber sind das feine reinliche

---

336 Vgl. Kinkel 1849, S. 376–377.
337 Kinkel 1849, S. 378.
338 Vgl. Kinkel 1849, S. 378.
339 Kinkel 1849, S. 377.
340 Alle Zitate Kinkel 1849, S. 379.

Linnen, durch welches ein Heilkünstler die Arznei fließen läßt, um sie zu klären: was noch trüb und wirr im Tiegel des menschlichen Geistes kocht und brodelt, das nöthigen sie ihn durchsichtig und krystallen ans Licht zu treiben."[341] Frauen also als den Verstand und die Einsicht des Mannes klärendes Sieb – hier repräsentiert die Erzählerstimme ein zeitgenössisch übliches Frauenbild. Wlaska repräsentiert aber nicht nur die (in ihrem Emazipationsstatus für die Erzählung unproblematische) Frau, sondern auch die Zigeunerin und insofern das Bewusstsein einer notwendigen Emazipation. Die Figuren des Zigeuners, des rechtlich Heimatlosen und des Proletariers werden von der Erzählung überblendet: als Unterdrückte, die aus ihrer Unterdrückung zur Selbstbewusstwerdung kommen und zu den Vorboten einer neuen, utopischen Zukunft werden.

Robert Schweichel: *Heimathlos*

Auch der wie Kinkel zu den Unbekannten zählende Autor Robert Schweichel (1821–1907) ist Kommunist; 1868, im Erscheinungsjahr seiner Novelle *Heimathlos*, ist er eines der Gründungsmitglieder der sozialistischen Arbeiterpartei. Als enger Freund der Sozialdemokraten August Bebel und Wilhelm Liebknecht (des Vaters von Karl Liebknecht) lebt er aus politischen Gründen zeitweise im Schweizer Exil. In seiner fast romanlangen Novelle verarbeitet er die rechtliche Situation der Heimatlosen in den 1850er Jahren, die sich zum Entstehungszeitpunkt des Textes durch die massive Bekämpfung der Heimatlosigkeit zwischen den 1850er und 60er Jahren schon grundlegend geändert hatte. „Das Elend, dem diese Heimathlosen ausgesetzt waren, ließ ihre Zahl freilich nie hoch anschwellen, trotzdem betrug sie um die Mitte des vorigen Dezenniums noch über zweitausend. Alle Versuche, diese Unglücklichen in den Gemeinden einzubürgern, scheiterten zur Zeit, von der wir sprechen, noch an dem Widerstande der Kantone."[342] Die Zahlen, die hier von der Erzählerstimme angegeben werden, sind nach heutigem Kenntnisstand weit untertrieben. Bis zum Abschluss der Zwangseinbürgerungen, die zwischen den 1850er und 1870er Jahren stattfanden, wurden zwischen 25.000 und 30.000 Heimatlose eingebürgert.[343] Abseits dieser Frage nach der Anzahl der Nullen hinter den Zahlen – als Erzähler spricht, so viel wird schon zu Beginn deutlich, eine solidarische Stimme der Heimatlosen.

Die schöne Oze gehört zu diesen Heimatlosen, „die seit undenklicher Zeit heimathlos in der Schweiz umher irrten, und wieder in diese heimathlose

---
341 Kinkel 1849, S. 431–432.
342 Schweichel 1868, S. 10.
343 Vgl. Meier/Wolfensberger 1998, S. 495.

Heimath zurückgewiesen wurden, wenn sie auf ihren Wanderzügen deren Grenzen überschritten".[344] Oze bezieht mit ihrer Mutter eine verlassene Hütte im Gebirge nahe dem Dorf Valorbe in der romanischen Schweiz, nicht weit von der französischen Grenze. Die beiden Frauen ernähren sich vom Schmuggel nach Frankreich. Aus einer Liebesbeziehung zu dem wohlhabenden Bauern Offenge geht ein Sohn hervor, der vom Vater nie öffentlich anerkannt wird. Oze versucht immer wieder vergeblich, dem Sohn Konstantin die Aufnahme in die Gemeinde zu ermöglichen. Ihr Kind soll nach ihrem Willen „in dem Boden, auf dem seine Wiege gestanden, einwurzeln gleich den Föhren, die sich dem Sturm beugen, aber von ihm nicht fortgerissen werden. Ihm eine Heimath zu schaffen, war die Aufgabe ihres Lebens geworden" und das heißt, ihm „den Weg in das bürgerliche Leben zu bahnen".[345] Obwohl sie dem Kind eine Schulbildung ermöglicht und seine Konfirmation durchsetzt, will ihm niemand eine Lehrstelle geben und damit den „Eintritt in das bürgerliche Leben" und die Gründung von „Heimath" ermöglichen.[346] Die Meinung der Leute richtet sich nicht gegen die Person Konstantins, aber die ökonomischen Interessen überwiegen; die „zukünftige Last", die sich die Gemeinde damit aufhalsen könne, will niemand riskieren.[347] Die sich anbahnende Zuneigung Offenges zu seinem verleugneten Sohn wird von dessen falschem Freund Corsant hintertrieben. Während Offenge nur aus Mutlosigkeit die Verbindung zu Oze und Konstantin leugnet,[348] unterstützt ihn Corsant darin aus Berechnung. Corsant profitiert von dem durch den Verrat an der Geliebten gebrochenen Offenge; es gelingt ihm, ihn von sich abhängig zu machen. In einem Streit der beiden kommt es zum tödlichen Schlaganfall Offenges, Corsant vernichtet das Testament, das Konstantin als Alleinerben einsetzt, und alle Schuldscheine, die er selbst bei Offenge hat, und stiehlt sämtliches im Haus aufbewahrtes Geld. Damit kauft er wenig später den Hof seines Opfers auf. Der perspektivlose, unwissentlich um sein Erbe und den Namen seines Vaters betrogene Konstantin will in die Fremde ziehen, wird aber von der Mutter immer wieder zurückgehalten. Was ihn schließlich hält, ist die Liebe zu Corsants Tochter Germaine. Sie und ihr Vater sind selbst – auf andere Weise – von der Gemeinschaft Ausgestoßene. Während der amoralische Corsant seine Außenseiterrolle

---

344 Schweichel 1868, S. 10.
345 Alle Schweichel 1868, S. 13.
346 Beide Zitate Schweichel 1868, S. 50.
347 „Und endlich bürdete man mit der Annahme eines solchen Lehrlings nicht wahrscheinlich der Gemeinde eine zukünftige Last auf? Es war nicht gut thunlich, den beiden Frauen die Unterstützung der Gemeinde zu versagen, wenn der Sohn bei einem Bürger derselben in der Lehre sich befand." Schweichel 1868, S. 15.
348 Vgl. Schweichel 1868, S. 28.

selbst verschuldet hat, ist seine Tochter Germaine nur in unverdiente Sippenhaft genommen. Nachdem sie entdeckt hat, dass Konstantin der Sohn Offenges und von ihrem Vater um sein Erbe betrogen worden ist, bittet sie den Vater um Wiedergutmachung, die dieser aber verweigert. Eine Ehe zwischen Konstantin und Germaine ist unter diesen Bedingungen für Germaine nicht möglich. Corsant, in Angst, dass sein Verrat ans Licht kommt, begeht einen Mordversuch an Konstantin, in dessen Folge er selbst stirbt. Erst jetzt ist Germaine von ihren Tochterpflichten entbunden und darf die Wahrheit ans Licht bringen. Konstantin und Germaine, die offizielle Erbin des Hofes, heiraten und Konstantin gelangt so wieder in den Besitz seines rechtmäßigen Erbes: „Die Gemeinde von Valorbe nahm den erklärten Bräutigam der Germaine Corsant gern unter sich auf, und nach Konstantin's Hochzeit zogen Mutter und Großmutter zu ihm auf seines Vaters Hof. Sie waren nicht mehr heimathlos."[349] Die rechtliche Heimatlosigkeit der Ausgestoßenen ist beendet und die Aufnahme in die bürgerliche Gesellschaft besiegelt. Zugleich wird Heimat nicht nur über das Recht, sondern auch über Gemeinschaft und Genealogie konstituiert: Es ist eben auch der Hof, auf dem nun drei Generationen gemeinsam leben.

Interessant an der Konstruktion der Novelle ist die Konstellation der Ausgestoßenen, zu denen Konstantin mit seiner Mutter Oze und seiner Großmutter auf der einen, Corsant mit seiner Tochter Germaine auf der anderen Seite gehören. Rechtlich heimatlos sind Konstantin und seine Familie, Corsant und Germaine sind es nicht. Corsant verhindert, dass Konstantin seine rechtliche Heimat gewinnt, und nur sein Tod ermöglicht die Integration aller anderen Ausgestoßenen. Aufgenommen werden die (integrationswilligen) Zigeuner, ausgeschlossen wird der (die Gemeinschaft untergrabende) Jude, wie zu zeigen sein wird.

Die rechtliche Heimatlosigkeit von Großmutter, Mutter und Sohn ist mit deren Zigeunerdasein verknüpft. Während sich Mutter und Sohn nichts dringlicher wünschen, als in die bürgerliche Gesellschaft aufgenommen zu werden, repräsentiert die aus der Hand weissagende, abergläubische Großmutter das Vagantenleben: „Wer unstät geboren ist, der bleibt auch unstät." Sie habe sich immer „wie in einem Gefängniß gefühlt, so daß sie wieder hätte zum Wanderstab greifen müssen, um frei zu werden".[350] Trotz Armut und Perspektivlosigkeit bleibt Konstantin aber schließlich, sein Name ist Omen, standhaft und wählt das Leben eines Almhirten, nicht das eines Schmugglers. Nach verschiedenen Bewährungen kann er in die Gemeinschaft aufgenommen werden und Heimat erlangen. Auch

---

349 Schweichel 1868, S. 157.
350 Beide Zitate Schweichel 1868, S. 67–68.

die zigeunerische Großmutter darf dann auf den nun rechtmäßig besessenen Hof ziehen.

Konstantins Antagonist ist Corsant. Bei der ähnlichen Namenswahl fällt auf, dass Konstantin, der Standhafte, mit dem deutschen K und nicht mit dem lateinischen C geschrieben ist wie Corsant. Konstantin ist moralisch integer, Corsant ist amoralisch: Er wird als Spinne bezeichnet, die ihre Opfer aussaugt,[351] als verschlagen, geldgierig und egoistisch. Auch wenn sein Verhalten teilweise biographisch begründet ist – als Kind erlittene Armut und erlittener Spott –, wird er dadurch kaum entlastet. Als Vermittler von unsauberen Geldgeschäften, von denen ihm solche am liebsten waren, „welche mit dem Ruin des Schuldners endeten", als Schnüffler, der sich in aller Leute Angelegenheiten auskennt, um sie zum eigenen Vorteil auszunutzen, erhält die nie explizit als Jude bezeichnete Figur doch im historischen Kontext eindeutig jüdisch konnotierte Eigenschaften. Spekulation ist sein Steckenpferd.[352] Er hat mehr Verstand als alle anderen, setzt diesen aber nur eigennützig ein. Er hat einen hinkenden Fuß und wird daher mit dem Teufel assoziiert. Zusammen mit den Stereotypen der Geldgier, Gewissenlosigkeit, Verschlagenheit, Spekulation, der Spinnen- und Teufelhaftigkeit, dann dem physiognomischen Kennzeichen der „scharfgebogene[n] Nase"[353] wird Corsant auch mit dem assimilierten Juden assoziiert, der so lange Christ sein und so viel zur Kirche gehen kann, wie er will, und doch nicht zur Gemeinschaft gehört: „[E]s half ihm auch nichts, daß er an den Sonntagen regelmäßig zur Kirche ging [...]. Er blieb ein Ausgestoßener."[354] Alle Dorfbewohner ahnen, dass er den Tod Offenges auf dem Gewissen hat und dessen Hof nicht rechtmäßig in seinen Besitz gekommen ist. Er wird durch diesen Verdacht zum Geächteten – er „wurde von ihnen in die Acht gethan" – und verliert mit dieser Gemeinschaft auch seine Heimat: „Dieser Ausschluß von dem Orte, wo er seit undenklicher Zeit seine eigentliche Heimath gehabt und wie ein König geherrscht hatte, war für Corsant empfindlicher als alles Andere."[355]

Heimatlosigkeit ist in Robert Schweichels Erzählung somit eine tief ambivalente Kategorie. Einerseits wird sie als rechtlicher Missstand gebrandmarkt, um für die Assimilation des ‚Fahrenden Volkes' zu werben, die ja tatsächlich zur Veröffentlichungszeit der Erzählung gerade als Zwangsmaßnahme durchgeführt worden war. An verschiedenen Stellen der Erzählung wird der soziale und ökonomische Druck deutlich, der einer Veränderung der Zustände entgegensteht

---

351 Vgl. Schweichel 1868, S. 37.
352 Schweichel 1868, S. 79.
353 Schweichel 1868, S. 78.
354 Schweichel 1868, S. 79.
355 Beide Zitate Schweichel 1868, S. 57.

(Offenge hat Angst, selbst zum Ausgestoßenen zu werden; die Dorfbewohner zögern, Konstantin als Lehrling anzunehmen). Aber im Ganzen ist die Dorfgemeinschaft positiv gezeichnet, voll Mitgefühl für Oze, Konstantin, Offenge – und voll Haß auf Corsant. Corsant ist es, der alle negativen Entwicklungen zu verantworten hat. Die Schuld an dem Leid ist in der Logik der Erzählung keine strukturelle, sondern eine personalisierbare. Und deswegen wird Corsant seitens der anderen Dorfbewohner sein moralisches Recht auf Heimat streitig gemacht; im moralischen Sinn wird er zum Heimatlosen, und das als gerechte Strafe, vergleichbar dem Ahasver-Mythos (vgl. II.1.3.2). Erst mit seinem Tod können Gemeinschaft und Heimat im moralischen wie juristischen Sinn für alle anderen hergestellt werden.

Wie bei Kinkel werden Zigeuner und rechtlich Heimatlose miteinander assoziiert oder sogar zur Deckung gebracht, ihr Ausschluss wird angeprangert und ihre Beheimatung zumindest als Utopie imaginiert. Bei Kinkel gelingt in der utopischen Abschlussszene sogar die Verbrüderung des Vierten Standes mit dem Ersten. Bei Schweichel gibt es einen Preis für die Integration: Der Preis ist in der Logik der Erzählung der Ausschluss des nicht assimilierbaren Juden.

Allerdings gilt dieser Ausschluss nur für Corsant, nicht für dessen Tochter Germaine. So wie Konstantin und Corsant antipodisch aufeinander bezogen sind, gibt es eine starke Parallelisierung zwischen dem erst in Hass, dann in Liebe aufeinander bezogenen Paar Konstantin und Germaine: Beide sind Ausgestoßene nicht aufgrund eigenen Verschuldens, sondern weil sie die Kinder von Ausgestoßenen sind. Der Weg zurück zur Gesellschaft gelingt ihnen durch hohe Moralität und Integrität. Das Abstreifen des alten ungeliebten Lebens als Ausgestoßene und der Aufbruch in ein neues gemeinsames Leben innerhalb einer Gemeinschaft wird durch eine umständlich in die Erzählung eingeführte Episode symbolisch verdichtet, in der Konstatin nachts in eine Felsengrotte klettert, dort die Orientierung verliert und meint, sterben zu müssen. Er wird von Germaine gerettet und sie gestehen sich ihre Liebe, die am Ende der Erzählung ja in die bürgerliche Ehe überführt werden wird. Schon beim Heraustreten aus der Grotte – Grab und Liebesgrotte zugleich – wird der Blick frei auf eine Zukunft, die Heimat verspricht: „wie froh sein Auge auf das heimathliche Thal schaute!"[356] Konstantin dem Standhaften und Germaine der Deutschen ist es also möglich, sich aus ihrer Außenseiterrolle zurück in die Gemeinschaft zu arbeiten. Die zigeunerische Großmutter darf mitgenommen werden ins neue Leben, der jüdische Vater muss sterben. Eine Erzählung, die mit dem offensiven moralischen Anspruch antritt, das Vorurteil gegenüber einer gesellschaftlich marginalisierten Gruppe zu be-

---

356 Schweichel 1868, S. 124.

kämpfen, löst dies erzählerisch intrikaterweise durch den Ausschluss einer anderen unterdrückten Gruppe der Gesellschaft.

Hermann Kurz: *Der Sonnenwirth*

Das literarische Werk von Hermann Kurz (1813–1873) wird heute höchstens noch regional erinnert. Das konnte auch Fritz Martini nicht ändern, der ihm 1962 einen Abschnitt seiner Literaturgeschichte des Realismus widmet, in dem er ihm eine „Modernität" attestiert, „die an Georg Büchner erinnert".[357]

Der schwäbische Regionalbezug der Texte von Hermann Kurz mag biographische Gründe haben, ergibt sich bei ihm aber vor allem aus dem Anspruch auf Konkretion. Denn sein Realismus erfordert die Bezugnahme auf den konkreten kulturhistorischen und sozialpolitischen Raum und sein Humanismus zielt auf den konkreten Menschen mit seiner konkreten Sprache: „Schwaben ist ein gut Land, ich will aber nit wieder heim: grob Brot, dünn Bier und große Stunden!",[358] sagt eine seiner Figuren – und ist damit denkbar weit entfernt von Heimattümeleien.

Symptomatisch ist, dass Kurz den Titel seines Romans *Schillers Heimathjahre. Ein vaterländischer Roman* (1843) nicht selbst verantwortet, sondern sein Verleger – wäre es nach Kurz gegangen, hätte der Roman den Namen des Protagonisten „Heinrich Roller" getragen. Schon mit der Wahl des (erfundenen) Lehrers von Schiller als Hauptgestalt, die Schiller zu einer Nebenfigur macht, wird deutlich, dass Kurz nicht an Dichterkult gelegen ist. Genauso wenig geht es um Heimatkult, vielmehr um ein kulturhistorisches Panorama des Großherzogtums Württemberg zu der Zeit Herzog Karl Eugens.

---

357 Martini 1974, S. 442. Anders Ernst Alker, der in seiner zuerst 1949/1950 erschienenen Literaturgeschichte des 19. Jahrhunderts Hermann Kurz' Leistungen abwertet: „Er war in stärkster Weise an heimatliche Stoffe gebunden, nicht infolge freier Entscheidung wie Alexis, sondern durch Verwurzelung im Mutterboden." Auch sonst meint Alker, literarisches Unvermögen beobachten zu können. Alker 1981, S. 299. Wie die auch noch in der dritten veränderten Auflage von 1969 insgesamt in ihrem herabwürdigenden Ton und ihren unbelegten Wertungen kaum erträgliche Literaturgeschichte – Höhepunkt in diesem Sinne ist das vor antisemitischen Stereotypen triefende Kapitel zu Heinrich Heine – noch 1981 ohne kontextualisierendes Vorwort neu aufgelegt werden konnte, bleibt unverständlich. Jüngere Literaturgeschichten erwähnen Hermann Kurz nur noch als Mitherausgeber des *Deutschen Novellenschatzes*; Paul Heyse war der Haupherausgeber dieser 1871 erschienenen Sammlung und schrieb das für die Novellentheorie programmatische Vorwort, vgl. Brenner 1996, S. 165; Sprengel 1998, S. 396 oder Beutin/Beilein/Ehlert 2019, S. 310.
358 Kurz 1980, S. 239–240. Hier wird mit einer Neuauflage des Romans von 1980 gearbeitet, die mit einem die künstlerische Leistung Kurzens würdigenden Vorwort von Peter Härtling versehen ist, vgl. Härtling 1980.

Auch der Roman *Der Sonnenwirth* hat die Region Schwaben als Schauplatz, ohne an deren Verklärung zu arbeiten. Die ersten vier Kapitel des *Sonnenwirths* wurden 1846 im *Morgenblatt für gebildete Leser* veröffentlicht;[359] erst 1855 lag der ganze Roman vor, wobei die Fertigstellung der letzten Romankapitel unter belastenden familiären Umständen und ökonomischem Druck stattfand.[360] Das Vorhaben einer Überarbeitung, zu der ihn sein Herausgeber Paul Heyse immer wieder ermutigte, wurde nie umgesetzt.[361] Obwohl der Roman mit seiner schonungslosen und doch empathischen Menschenzeichnung und seinem komplex entwickelten sozialhistorischen Panorama aus heutiger Perspektive zu den großen erzählerischen Leistungen der Zeit gezählt werden müsste, hatte er keinen zeitgenössischen und auch keinen posthumen Erfolg.

Betrachtet man etwa Philipp Walburg Kramers noch im Jahr 1855 erschienene (wohl nicht zur Aufführung gekommene)[362] Bühnenfassung, die den knapp 800-seitigen Roman auf 70 Seiten komprimiert und ihm abweichend vom tragischen Romanende einen alternativen guten Ausgang gibt,[363] wird die Tragweite des zeitgenössischen Missverständnisses deutlich. Denn der Roman von Kurz zeichnet gerade keine Welt, in der, wie bei Kramer, das Gute siegt.

Die Handlung ist im Schwaben der 1750er Jahre angesiedelt und basiert auf dem aktenkundig gewordenen Fall Friedrich Schwahns, Sohn des Sonnenwirths Schwahn, der vorher schon Schiller als Vorlage für seinen *Verbrecher aus verlorener Ehre* diente. Wie Schiller geht es auch Kurz nicht um moralische Demonstration,[364] sondern um eine psychologisch-soziologische Perspektive auf das Verbrechen.[365] Was bei Schiller nur angedeutet ist, wird bei Kurz breit entfaltet: eine Charakter- und Gesellschaftsstudie, in der individuelles Versagen aus per-

---

359 Vgl. *Morgenblatt für gebildete Leser* 40 (1846), Nr. 42–46, 48–54, 270–275, 281–283. Zu dieser Zeit wurde das *Morgenblatt* von Hermann Hauff geleitet, zuvor von seinem bekannteren Bruder Wilhelm Hauff zusammen mit Gustav Schwab.
360 So der Bericht der Tochter Isolde Kurz in ihrer Biographie des Vaters im Kapitel *Neue Schaffensperiode*, vgl. Kurz 1906.
361 Vgl. Kurz 1906.
362 Vgl. Kurz 1906.
363 Der Herzog Karl erscheint als Deus ex machina, begnadigt den schon zum Tod Verurteilten und ermöglicht ihm die Auswanderung nach Amerika. Vgl. Kramer 1855.
364 „Wenn ich auch keinen der Vorteile hier in Anschlag bringe, welche die Seelenkunde aus einer solchen Behandlungsart der Geschichte zieht, so behält sie schon allein darum den Vorzug, weil sie den grausamen Hohn und die stolze Sicherheit ausrottet, womit gemeiniglich die ungeprüfte aufrechtstehende Tugend auf die gefallne herunter blickt [...]." Schiller: Verbrecher aus Infamie, in: Schiller 2002, S. 565.
365 Die Verknüpfung von psychologischem und kulturhistorischem Interesse stellt schon Hermann Kurz' Tochter Isolde Kurz im Kapitel *Neue Schaffensperiode* in ihrer Biographie des Vaters heraus, vgl. Kurz 1906.

sönlichen Dispositionen sowie familiären und institutionellen Verhältnissen hervorgeht, die Täter- und Opferrollen bei genauerem Hinsehen verschwimmen lassen. Schiller und Kurz wählen einen Fall, in dem es um eine zunächst harmlose Verletzung des Gesetzes geht, die in letzter Konsequenz zum völligen Ausschluss aus der bürgerlichen Gesellschaft führt. Der Geächtete nimmt diese Rolle in beiden Versionen schließlich für sich an und lebt ein kurzes Leben außerhalb der bürgerlichen Gesellschaft, bevor ihn das Gesetz einholt und er zum Tod verurteilt wird.

Bei Kurz wird im Gegensatz zu Schiller der Protagonist bei allen problematischen Charakterzügen nicht nur mit analytischem Interesse, sondern auch mit Empathie betrachtet; die gewählte Innensicht verstärkt das Identifikationsangebot. Der Antrieb für seine Verstöße gegen das Gesetz rührt bei Kurz' Figur Friedrich Schwan (in der literarischen Fiktion Schwan, nicht Schwahn), genannt Frieder, anders als bei Schiller, aus wirklich empfundener Liebe und deren emotionalen Konflikten her. Die unauflösliche Situation, in die Frieder gerät, entspringt der Unvereinbarkeit dieser Liebe zu Christine mit einem bürgerlichen Leben. Aber auch in dem heimatlosen Leben außerhalb der bürgerlichen Gesellschaft, in das er getrieben wird oder sich treiben lässt, scheitert die Liebe. In dieser Welt der Heimatlosen ist es die schwarze Christine, Zigeunerfrau und Spiegelfigur der blonden Namensschwester, der Frieder in Anziehung und Abstoßung verbunden ist. Heimat und Heimatlosigkeit werden durch diese Frauenfigur bei Kurz zu zentralen komplementären Prinzipien.

Der Roman beginnt mit der Entlassung Frieders aus der Haft und seiner Rückkehr nach Hause. Auf seinem Heimweg trifft er einen ebenfalls entlassenen Häftling, einen Zigeuner, dessen Weg in die erneute Kriminalität dieser selbst als unabwendbar ansieht: „Wie kann der Zigeuner, dem ihr mit Verachtung die Türe weiset, sein ehrlich Brot bei euch verdienen?"[366] – Damit setzt eine den ganzen Roman beherrschende Auseinandersetzung mit dem Schicksal der heimatlosen Zigeuner ein; es wird auf seine historischen und soziologischen Ursachen hin befragt[367] und die drakonischsten Maßnahmen werden ausgemalt, etwa ein Kreispatent, nach dem Zigeuner ohne jedes Vergehen und ohne Verhör und Urteil „aufs Rad" gelegt werden können.[368] – Angeregt von der moralischen Belehrung des Gefängnispfarrers, gute Werke zu tun, und beschwingt durch die Aussicht auf das „Ziel ihrer Reise", das sich „freundlich und heimatlich"[369] vor den beiden

---

366 Kurz 1980, S. 23.
367 Vgl. Kurz 1980, S. 462.
368 Kurz 1980, S. 462–464. Die Stelle wird von Philipp Walburg Kramer als so wichtig erachtet, dass sie auch in seiner Bühnenfassung nicht fehlt; vgl. Kramer 1855, S. 45–46.
369 Kurz 1980, S. 26.

Wanderern ausbreitet, fasst Frieder den Entschluss, bei seinem Vater, dem Sonnenwirth, für seinen neuen Bekannten um Aufnahme ins elterliche Haus zu bitten: „Vater, ich hab Euch einen Menschen mitgebracht, der keine Heimat hat, eine vater- und mutterlose Waise, denn das ist er, und wenn auch seine Eltern noch leben."[370] Frieder erntet nur Hohn für sein Ansinnen und muss den Zigeuner wegschicken – aber er wird ihn im weiteren Verlauf der Handlung immer an entscheidenden Wendepunkten seines Lebens wiedertreffen und schließlich selbst zu den Heimatlosen zählen und keine Aufnahme mehr in einem ‚ehrlichen' Haus finden. Schon der Romanbeginn verweist also auf die Komplementarität von Heimat und Heimatlosigkeit, und von Anfang an ist dabei sowohl die juristische als auch die emphatische Bedeutung der Begriffe im Spiel: Denn was sich für den Rückkehrer mit Sentimentalität verbindet, hat für den Zigeuner einen rechtlichen Sinn. Am bürgerlichen Anspruch, dass beides in eins falle, wird Frieder zugrunde gehen.

Frieders Weg in die Katastrophe beginnt mit dem frühen Tod der Mutter und der daraus erwachsenden Haltlosigkeit, wird beschleunigt durch die Missgunst der Stiefmutter, die sein Ansehen beim Vater mit allen Mitteln schmälert, durch seinen im Zuchthaus endenden jugendlichen Versuch, mit dem heimlich entwendeten mütterlichen Erbe nach Amerika auszuwandern, und schließlich durch die Verweigerung der Ehe mit der von ihm geliebten Christine durch den Vater. Da der Vater ihm das Erbteil seiner Mutter nicht auszahlt, steht der an sich nicht arme Bürgersohn in der Macht des Vaters. Frieder will sich nun außerhalb des Geburtsdorfes ansässig machen, um mit selbstverdientem Geld die Ehe zu ermöglichen. Er verlässt ein Umfeld – sein Elternhaus, die Dorfbewohner, die amtlichen Vertreter seiner Gemeinde –, das sich als menschlich niedrig erwiesen hat, ohne damit Maßstäbe bürgerlicher Moral zu verletzen. Die Menschen, mit denen Frieder zu tun hat, sind, so die Erzählerstimme, „gewiß lauter ‚ehrliche Leute'", und doch habe Frieder viel Gelegenheit gehabt, „die mehr oder minder klare Betrachtung anzustellen, daß Achtbarkeit und guter Ruf in dieser Welt sehr oft weniger von einem streng ehrlichen und sittlichen Wesen, als von Klugheit und zufälligen Umständen abhängen".[371] Obwohl Frieder in seinem Umfeld vor allem Missgunst, Opportunismus und Bigotterie erfahren hat, ist er wehmütig, als er „sein väterliches Haus" verlässt. Diese erste wichtige Wegmarke, der Aufbruch aus dem Haus, in dem er geboren wurde, wird zum Anlass einer ausführlichen Reflexion des Erzählers auf Heimat:

---

370 „Man hat gegen diese Leute manches einzuwenden, und das ist auch kein Wunder, denn man behandelt sie auch danach." Kurz 1980, S. 59. Identisch für das Bühnenstück verwendet, vgl. Kramer 1855, S. 19.
371 Beide Zitate Kurz 1980, S. 89–90.

> Aber auch von diesem, so wenig Gutes er in letzter Zeit daselbst erlebt zu haben meinte, fühlte er sich noch eine geraume Weile festgehalten und starrte mit feuchten Augen nach den Fenstern hinauf, hinter welchen seine Mutter ihn geboren und mit so unendlicher Liebe aufgezogen hatte, hinter welchen der Mann waltete, der doch immer sein Vater war. Sein rauhes Herz war von einer unsäglichen Wehmut ergriffen, in welcher die innerste Seele des Volksstammes, dem er angehörte, sich spiegelte. Der Schwabe, obgleich er eines der unstätesten Völker ist und vielleicht sogar seinen Namen vom Schweben und Schweifen hat, ist doch darum dem Heimtum nicht minder als dem Wandertriebe verfallen.[372]

Frieders ‚Wehmut' beim Abschied von dem Haus, in dem er geboren und aufgezogen wurde, hat nur einen positiven Bezugspunkt, die früh gestorbene Mutter. Schnell wird die Reflexion vom Individuell-Biographischen ins Allgemeine gehoben, zunächst ein spezifisch schwäbischer Hang zum ‚Heimtum' behauptet, der mit dem ‚nicht minder' ausgeprägten Hang zum ‚Wandertrieb' wieder relativiert wird. Die Reflexion wird ein weiteres Mal ins Allgemeine gehoben, indem die widerstreitenden Gefühle von Fern- und Heimweh (vgl. I.2.5) nicht als Spezifisches, sondern als Allgemeinmenschliches behandelt werden:

> Während viele jahraus, jahrein entlegene Länder durchziehen, kleben andere an ihrer Heimstätte fest, als ob sie mit ihr verwachsen wären, – ja, man erzählt von einer alten Frau, die in Tübingen auf der Ammerseite wohnte, sie habe nie in ihrem Leben den Neckar gesehen –, und selbst von jenen reißt sich mancher erst nach vergeblichen Versuchen und nur um den Preis des bittersten Heimwehs von der heimischen Scholle los, mag aber auch freilich, wenn einmal das Heimweh überwunden ist, an sich erleben, daß die Heimat, die er nicht entbehren zu können glaubte, jahrelang fern und tot und seinem Herzen als etwas Fremdes hinter ihm liegt. Doch wird es kaum einen geben, den nicht wenigstens im Alter wieder die Sehnsucht nach den heimischen Bergen, Tälern und Gewässern befinge. Freilich werden diese widersprechenden Triebe der Wanderlust und der Heimseligkeit, die bei dem Schwaben nur mit besonderer Stärke hervortreten, in jedem Menschenschlage wahrzunehmen sein.[373]

Es bleibt damit ein ‚Trieb' von anthropologischem Format, der sich mit einem ihm „widersprechenden Triebe" wieder aufhebt und so am Ende nicht viel erklärt. Der sich anschließende Dialog zwischen Frieder und einem alten Invaliden bricht die Bedeutung von Heimat ein weiteres Mal, diesmal durch den Wechsel vom Sentimentalen ins Witzige des ‚Volksmunds': „Übrigens sagt man: Die Fremde macht Leut. [...] Ich streit's nicht. Wer nie hinauskommt, kommt auch nie hinein. Und was das Heimweh betrifft, so hat selbiger Schwab in der Fremde gesagt: Schwaben ist ein gut Land, ich will aber nit wieder heim: grob Brot, dünn Bier und große

---

[372] Kurz 1980, S. 237.
[373] Kurz 1980, S. 237–238.

Stunden!"[374] Die im 19. Jahrhundert omnipräsente Dialektik des In-die-Ferne-Gehens, um bei der Rückkehr Heimat erneut zu erlangen, wird hier in Frage gestellt. Besser ist es vielleicht, einfach dort zu bleiben, wo es mehr zu essen und weniger zu arbeiten gibt: Die sentimentale wird hier mit einer pragmatischen Perspektive konfrontiert. Die sehr verschiedenen Blickwinkel auf Heimat, die der Roman bietet, werden hier um einen für das 19. Jahrhundert ziemlich radikalen Blickwinkel ergänzt, dem zufolge Heimat eigentlich gleichgültig ist.

Frieders Versuch, sich außerhalb des Geburtsdorfes ansässig zu machen, scheitert – alles sei zünftig, so Frieders Erkenntnis, „da kann man nicht so hineinsitzen, wie man will", das könne nur einer, „der ein Geschäft ererbt oder so viel Geld hat, um sich eins zu kaufen".[375] Ohne Kapital hat man keine Möglichkeit, außerhalb der Heimatgemeinde legal einem Erwerb nachzugehen. Und ist man einmal in die Fremde gegangen, ist dem Rückkehrenden ohne Geld auch „die Heimat zugeschlossen".[376]

Von dieser Erfahrung ausgehend trifft Frieder dann die Aussage, „die Heimat [sei] halt doch das Beste in der Welt"[377] – eine Aussage, die also rein pragmatische und keine sentimentalen Ursachen hat. Die Stiefmutter hintertreibt den Ehewunsch des zurückgekehrten Frieder mithilfe des Amtmanns, der seinerseits an die potentiellen Lasten für die Gemeinde denkt,[378] und bringt schließlich die in Vergessenheit geratene Tatsache ins Spiel, dass die Familie der Christine Müller sich nominell noch im Verhältnis der Leibeigenschaft befindet. Die Summe, die zur „Leibeigenschaftsablösung"[379] nötig wäre, wird zum unüberwindlichen Hindernis für die Heirat. Frieder kann seinen Schwur, Christine treu zu bleiben, nur halten, indem er die Regeln der bürgerlichen Ordnung durchbricht und eine ‚wilde Ehe' mit der Frau eingeht, die er nicht heiraten darf. Er bleibt „bei dem Weibe, um dessen Besitz er so lange mit der Welt gestritten hatte, bis ihm selbst jeder Anspruch auf ein Eigentum und eine Heimat in der Welt verloren gegangen war".[380] Es kommen Kinder und es ist kein Bleiben mehr im Dorf. Frieder bezahlt das Kostgeld für die provisorische Unterbringung Christines abseits der Dorfgemeinschaft mit dem Ertrag seiner Wilderei, aber die ärmliche Unterkunft gewährt

---

374 Kurz 1980, S. 239–240.
375 Beide Zitate Kurz 1980, S. 270.
376 Kurz 1980, S. 271.
377 Kurz 1980, S. 273.
378 Er „schalt die Regierung, welche viel zu liberal sei und das junge Volk [...] ins Blaue hinein heiraten und den Gemeinden zur Last fallen lasse". Kurz 1980, S. 361.
379 Kurz 1980, S. 365.
380 Kurz 1980, S. 552.

den beiden nur einen „vorübergehenden Schein von Haus und Heimat".[381] Das armselige Leben am Rande der Gesellschaft, die immer wieder sich zerschlagenden Hoffnungen auf Wiedereintritt ins bürgerliche Leben, Frieders zunehmender Kontakt mit den Jenischen und Zigeunern, eine Verwicklung in einen Raubüberfall und seine Beziehung zur schwarzen Christine führen zu einer Entfremdung zwischen ihm und Christine, die für Frieder auf einen endgültigen Bruch mit einer der beiden Welten hinausläuft. Dabei geht es schon lange nicht mehr um eine Wahl zwischen einem Leben in der Heimat oder in der Heimatlosigkeit, sondern zwischen einem Leben in der Heimatlosigkeit oder dem Tod in der Heimat.[382]

An dieser zweiten Wegmarke, an der Fragen nach dem Verhältnis zur bürgerlichen Gesellschaft und nach Heimat überblendet werden, geht Frieder mit der schwarzen Christine durch ein bergiges Waldstück, das sich ganz in der Nähe seines Geburtsdorfes befindet: „Eine kurze Wanderung auf der sich gegen den Talrand senkenden Anhöhe würde ihm sein Heimattal gezeigt haben. [...] Er warf einen finstern Blick nach der Stelle, wo unsichtbar für das Auge sein Vaterort drunten lag [...]."[383] Nach einem Gewitter erleben die beiden ein Lichtschauspiel in der Gebirgslandschaft, das ihm das Vertraute fremd und das Fremde vertraut macht; es ist wie ein erster, unverstellter Blick auf die alte Heimat und die neue Gefährtin. Die schwarze Christine und die Landschaft verschmelzen im Licht und auch er selbst ist Teil dieser kurzzeitigen Synthese:

> Er wußte nicht, ob er wachte oder träumte; die Welt war ihm neu, und er glaubte, sie, obgleich kaum eine Stunde von seinem Geburtsorte entfernt, zum erstenmal zu sehen. Er heftete den Blick wieder auf seine Genossin, durch deren Augen er dieses Liebesspiel der Sonne mit einem Fleck der Erde, den er seine Heimat nannte, erschaut hatte, und siehe, auch sie hatte der Lichtstrahl in seinen blendenden Bereich gezogen. Er hing bewundernd an ihrem Anblick, da kehrte sie ihm das braune, in rötlichem Schimmer strahlende Antlitz zu und rief: „Du bist ja ganz von Glanz umflossen!"
>
> „Auch ich?" fragte er verwundert.
>
> „Wir sind bei der Frau Sonne zu Gaste", sagte sie, „wir Kinder des Waldes haben darin viel vor den anderen Menschen voraus."[384]

---

381 Kurz 1980, S. 553.
382 Es ist die gleiche Entscheidungssituation, in der bei Gottfried Keller die Liebenden Vreni und Sali stehen: Der schwarze Geiger will sie auf die Seite der Heimatlosen ziehen. Die Alternative ist für Vreni und Sali aber nicht mehr die bürgerliche Heimat, sondern nur der Tod – sie wählen ihn. Auch auf Frieder wartet, wie die Szene zeigt, in der Heimat nur der Galgen. Was bei Keller der schwarze Geiger repräsentiert, verkörpert bei Kurz die schwarze Christine: die Möglichkeit, sich nicht als Opfer der bürgerlichen Gesellschaft zu verstehen, sondern als ihr Verächter.
383 Kurz 1980, S. 636.
384 Kurz 1980, S. 637–638.

Sie setzen ihren Weg fort, bis sie in der Nähe des Hofes angelangen, in dem Frieder die blonde Christine untergebracht hat. Er will sie auffordern, mit ihm sein Leben im Wald zu teilen, nachdem er an einem Überfall beteiligt war und die Gegend verlassen muss. Die schwarze Christine macht ihm kurz vor dem Abschied klar, dass er an einer Wegscheide steht und seine Entscheidung über das Leben, das er führen will, mit der Entscheidung für eine der beiden Frauen zusammenhängt: „In *ihr* hast du nur dich selbst geliebt, deinen eigenen Willen, in ihr hast du nur dir selbst Wort gehalten. In *mir* liebst du etwas anderes."[385] Die Entscheidung für eine Frau, die Frieder zu fällen hat, ist zugleich die Entscheidung für ein selbstgewähltes Leben in Heimatlosigkeit oder ein Leben am Rand der Gesellschaft, die Heimat verwehrt. Die schwarze Christine lockt ihn damit, dass er in ihr ‚das Andere' und nicht nur sich selbst, seinen eigenen Willen, liebe. In der blonden Christine liebt er, so ließe sich der von der schwarzen Namensschwester ausgesprochene Gedanke weiterentwickeln, ein bürgerliches Ideal der Ehre, Treue und Heimat, das nicht lebbar ist. Die schwarze Christine zeigt Frieder, dass die von ihm hochgehaltenen Werte sich gegen ihn selbst gewandt haben und er zum Opfer des ‚Eigenen' geworden ist. Die Wahl der schwarzen Christine und der von ihr repräsentierten Heimatlosigkeit verheißen dagegen als Wahl des ‚Anderen' auch Selbstermächtigung.

Das Wiedersehen mit der blonden Christine bringt keine Annäherung; Christine will Frieder nicht in die Heimatlosigkeit folgen. Sie gelangen während ihres Gesprächs zu derselben Stelle, an der sich zuvor das Lichtschauspiel mit der anderen Christine ereignet hat:

> Nun saß sie an derselben Stelle, wo kurz zuvor ihre Namensschwester gesessen. Welch ein ganz anderes Bild bot sich ihm jetzt in den grauen Schatten des Abends dar! Die Waage mußte zuungunsten des armen, bleichen, vor der Zeit alternden Weibes hoch emporsteigen, wenn er sie mit jenem von Schönheit und Jugend strahlenden Geschöpfe der Wüste verglich. Er fühlte dies und kämpfte dagegen an. Er wollte dem Weibe seiner Jugend Wort halten, und wenn er die Unmöglichkeit selbst überwinden müßte. Leidenschaftlich rang er mit ihrem Entschlusse, bat, drohte, tobte, fluchte. Sie blieb fest. „Du kannst mich erschießen", sagte sie, „aber ich tu's meinem rechtschaffenen Vater unter dem Boden nicht zuleid, daß ich zu dem Gesindel ging."[386]

---

[385] Kurz 1980, S. 638.
[386] Kurz 1980, S. 647.

Christine sieht, dass der Ursprung von Frieders Handeln gut war und er doch in eine Lage gekommen ist, aus der höchstens der Tod rettet.[387] Tatsächlich führt der Blick von der Bank nicht mehr ins heimatliche Dorf Ebersbach, wie es Frieder noch beim Zusammentreffen mit der schwarzen Christine schien, sondern auf den Ebersbacher Galgen.[388] Während Frieder verzweifelte Pläne schmiedet, als Soldat eine Zeit in die Fremde zu ziehen, um danach doch noch ein gemeinsames Leben beginnen zu können, werden die beiden von Frieders Häschern überrascht. Frieder kann fliehen, aber Christine nicht aus der Gefangenschaft befreien; sie kommt in Haft und wird wegen unterstellter Komplizenschaft „zur Ausstellung auf dem Hochgerichte und hierauf zu erstehender vierjähriger Zuchthausstrafe"[389] verurteilt.

Die dritte Station auf dem Weg in das völlige Zerwürfnis mit der Gesellschaft, liegt kurz vor dem Mord Frieders an dem Mann, der wesentlich Schuld an Frieders Konflikten mit der Obrigkeit trägt. Die Nacht vor dem Mord verbringt Frieder schlaflos in der Nähe des Dorfes versteckt. Die ausführliche Schilderung des nächtlichen Naturerlebnisses geht bei Tagesanbruch in die Darstellung der Gefühle von Wut und Hass über. Zunächst aber findet wieder eine Reflexion des Erzählers auf das statt, was das Heimatgefühl ausmacht. Zunächst ist es ein Duft, der Kindheitserinnerungen weckt: „Tau im Heu [...] jener Duft, der vor allen anderen den Menschen mit heimatlichen Empfindungen erfüllt. Der Geächtete sog ihn gierig ein, und Tränen traten in seine müden Augen. Wie oft hatte er da unten als Knabe mit anderen Knaben [...] in dem aufgeschichteten Heu sich gewälzt." Dann ist es der Anblick des Geburtshauses, „das Haus, das ihn geboren, das nach dem rechten Laufe der Dinge ihn als Erben hätte behalten sollen". Aber auch das ist noch nicht der Kern des Heimatgefühls: „Doch war es nicht dies allein, was seinen Blick an die grauen Giebel fesselte: es war der wunderbare Zug nach der Heimat, den seine heimatlosen Gesellen nicht verstanden. Seltsamer Drang des Herzens!"[390] Seltsam deswegen, weil sich dieser „Zug nach der Heimat"[391] nicht durch positive Bindungen erklären lässt:

---

387 Vgl. Kurz 1980, S. 647–648. Bei Keller entscheiden sich Vreni und Sali beide gegen das Leben mit den Heimatlosen und gehen lieber in den Tod, als deren Welt zu teilen; bei Kurz ist es die blonde Christine, die eben diesen Weg gehen will.
388 Vgl. Kurz 1980, S. 648.
389 Kurz 1980, S. 749.
390 Alle Zitate Kurz 1980, S. 660–661.
391 Der ‚Zug' oder das ‚Ziehen' nach Gott ist ein oft in pietistischen Kontexten verwendeter Begriff und verweist hier möglicherweise auch auf eine religiöse Dimension des Heimatverhältnisses. „Eine der pietistischen Kernvorstellungen ist die, daß Gott die in Welt und Sünde versunkene Seele zu sich ‚zieht'. Sie hängt eng zusammen mit der Grundhaltung der Passivität: die Seele, die aus sich heraus nichts als Böses ‚wirken' kann, die sich der ‚Eigenheit' entäußern muß,

Keine heimische Geschichte, vom Mund des Großvaters auf den Enkel fortgepflanzt, keine alte Volkssitte lebte in diesem nüchternen Orte, woraus das Gemüt des Knaben Nahrung und dankbare Anhänglichkeit hätte schöpfen können, und doch zog es den reifenden Mann aus der Öde der Verbannung immer wieder nach der kargen Heimat zurück. Sie hatte ihn ausgestoßen und von sich gespien, sie fürchtete sich vor ihm wie vor dem wilden Tiere, das aus den Wäldern hervorbricht; er fluchte ihr und drohte ihr mit Mord und Brand: und doch kam er immer wieder nach ihr zu schauen, und in seiner kindisch unverdauten Weise war er mehr als auf jede Kriegs- oder Friedensneuigkeit darauf erpicht, zu wissen, was man in Ebersbach von ihm sage [...].[392]

Das Heimatgefühl ist ambivalent: „dankbare Anhänglichkeit" lässt sich für Frieder weder aus Kindheitserlebnissen noch aus den Erfahrungen des Erwachsenen schöpfen. Obwohl sich seine Heimatbezogenheit nicht durch Menschen rechtfertigen lässt, die ihm Gutes taten, bleibt sie auf die Menschen bezogen: Mehr als auf alles andere sei er darauf erpicht zu wissen, was man in Ebersbach von ihm sage. Diese Bezogenheit auf Heimat wird nun zum Hauptunterscheidungsmerkmal zwischen ihm und den immer schon rechtlich Heimatlosen, auf deren Seite er mit seinem Mord dann endgültig stehen wird.

Der steckbrieflich Gesuchte wird einige Jahre mit der schwarzen Christine und den gemeinsamen Kindern in der Heimatlosigkeit leben.[393] Ihre Verhaftung und das sich anschließende Todesurteil führt zur vierten Wegmarke der Auseinandersetzung zwischen Frieder und der bürgerlichen Ordnung. Während die schwarze Christine, „Tochter eines heimatlosen Stammes", „die über den Gräbern ihrer geschlachteten Verwandten im Kriege mit der Gesellschaft aufgewachsen war",[394] die bürgerliche Gesellschaft immer schon als natürlichen Feind betrachtete, bleibt ihr Frieder auch als Delinquent verbunden. Die schwarze Christine erlebt ihre Todesstunde im Hass auf die Gesellschaft, Frieder schließt seinen Frieden mit ihr, auch wenn er, wie der Erzähler befindet, von dieser „fast ge-

---

überläßt sich tatlos dem ‚Zug' der Gnade." Langen 1968, S. 45; vgl. insgesamt den Eintrag ‚zieh, reißen, führen' in Langen 1968, S. 45–54. Vgl. aber auch Jung-Stillings Einschätzung, nach der das Bild des ‚Zugs' typisch für die Mystik sei: Die „erste Periode des christlichen Lebens, nennen die Apostel *Sinnesänderung*; und die *neue Geburt, Wiedergeburt* folgt unmittelbar darauf; die christlichen orthodoxen Theologen geben ihr den Namen *Buße, Bekehrung* und *Wiedergeburt*, die Pietisten nennen sie die Erweckung, und der Mystiker den Zug des Vaters zum Sohn; im Grund aber ist das alles Eins." Johann Heinrich Jung-Stilling: Berichtigung der gewöhnlichen Begriffe von der Mystik (1799), in: Albrecht-Birkner/Breul/Jacob 2017, S. 149–177, hier S. 166.
392 Kurz 1980, S. 661.
393 Auch die Ehe mit der schwarzen Christine kann aus rechtlichen Gründen nicht geschlossen werden: Es fehlt ein Taufschein, vgl. Kurz 1980, S. 696–697.
394 Alle Kurz 1980, S. 702.

waltsam unter die Räuber gestoßen worden"[395] ist. Es ist eine Gesellschaft, der auch in der Todesstunde der Protagonisten seitens des Erzählers keine Kritik erspart wird: Sie ‚schlachtet' Zigeuner und verurteilt neben Frieder und der schwarzen Christine auch eine Magd zum Tod, deren Vergehen darin besteht, „zwei Hemden, einige Tischmesser und Zinnlöffel und eine Semmel"[396] gestohlen zu haben. Es ist eine Gesellschaft, deren Pfarrer nur das Todesdatum der Delinquenten verzeichnen, statt sie zu schützen, wie es mit deutlichen Worten heißt,[397] und die angesichts des bevorstehenden qualvollen Todes auf dem Rad das christliche Martyrium beschwören, statt Humanität zu üben. Der Roman gibt die in den Akten des real zugrundeliegenden Falls von der „Heimatbehörde"[398] festgehaltenen Worte der letzten Tage und Stunden des Todeskandidaten wieder und kommentiert sie kritisch: Es sei zu bezweifeln, dass Frieders Hoffnung auf den Himmel christliches Märtyrertum ausdrücke, wie der anwesende Geistliche glauben wolle, wahrscheinlicher sei sie schlicht der Angst vor der Marter entsprungen. Nicht Heroisierung, sondern ein humanes Menschenbild, das die Glücksbedürftigkeit und Schwäche des Menschen einbezieht, liegt diesem Anliegen zugrunde. Kirchenkritik ist hier Kritik am Verrat an der Humanität und an der Teilhabe an staatlicher Repression.[399]

Die Kritik an verlogener religiöser und bürgerlicher Moral – und dass diese auch noch in der zeitgenössischen Gesellschaft zu finden sind, daran lässt die Erzählerstimme keinen Zweifel[400] – tangiert bei Kurz jedoch nicht den Glauben an

---

[395] Kurz 1980, S. 761.
[396] Kurz 1980, S. 748–749.
[397] Vgl. Kurz 1980, S. 759.
[398] Kurz 1980, S. 755.
[399] Die Gottessehnsucht, als welche der „Geistliche Krippendorf" Frieders Freude über die bevorstehende Hinrichtung deutet, wird von der Erzäherstimme ironisch relativiert als schlichte Hoffnung auf den Zeitpunkt, an dem die Todesqualen überstanden sein werden: „An diesem christlichen Heldentum, das die Geschichte in unschuldigen Märtyrern wie in reuigen Verbrechern tausendfach als unverfälschte Gesinnung aufgewiesen hat, soll niemand mäkeln. Wohl aber hat jedes Heldentum, nicht bloß für die gemeine Anschauung, die es niedriggesinnt in den Staub zu ziehen sucht, sondern auch für eine würdigere Betrachtung, die aber nicht anders als mit menschlichem Maße messen mag, seine menschliche Seite, und es kann der Menschenwürde des Bekehrten, den wir hier durch seine letzten Stunden begleiten, keinen Eintrag tun, wenn wir aus den Worten, die seinen Beichtvater beseligten, doch auch den menschlichen Seufzer heraushören, daß die scheußliche […] Marter, die in den ersten Frühstunden beginnen sollte, um die Zeit, wo glücklichere Menschen ihrem Schöpfer danken und seine Gaben genießen, doch hoffentlich überstanden sein werde." Kurz 1980, S. 753–754.
[400] Auch wenn das gegenwärtige „Ringen nach Licht und Recht" (Kurz 1980, S. 762) ein Stück weitergekommen sei – die erzählte „Volksgeschichte" (Kurz 1980, S. 763) gehe immer noch alle an. Auch Fritz Martini deutet den *Sonnenwirth* als „eine Warnung an die Gegenwart". Die „soziale und

eine davon unberührt bleibende, positive Beziehung zu Gesellschaft und Religion. In beiden Beziehungen fungiert Heimat als positiv bestimmter Nukleus. Heimat ist für Frieder, selbst wo alle äußeren Umstände dagegen sprechen, das Band zwischen ihm und der bürgerlichen Gesellschaft. Die gleiche Funktion nimmt Heimat für die Religion ein. Die Religion, so heißt es, war bis zum Ende „die Heimat seines innersten Gemüts geblieben",[401] und der Roman endet auf dem Weg zum Henker mit einer Begegnung mit dem Invaliden, der schon beim ersten Auszug aus dem Geburtsort fragte: „wo 'naus?" und als Antwort erhielt: „In die Fremde".[402] Jetzt fragt der Alte wieder: „Oh, wo 'naus, Frieder, wo 'naus?" – „Dem Himmel zu!", antwortet Frieder „mit der hellen Kommandostimme, die bei so manchem Einbruch erschollen war".[403] – Ob im Himmel Heimat gefunden wird, lässt der Roman offen.

Im dezidert sozialkritischen Heimatverständnis von Kurz, das die Bedeutung von Heimat als administrative Kategorie gegen deren emotionale Bedeutung setzt und beide als unauflösbar miteinander verknüpft zeigt, wird Heimat als tragisch ausgewiesen. Denn sie vermag – weder auf administrativer noch auf emotionaler Ebene – zu geben, was sie verspricht, und kann doch als Anspruch nicht aufgegeben werden. Die unterschiedlichen, ja widersprüchlichen Heimatauffassungen des Romans lassen am Ende offen, ob der ‚Zug zur Heimat' einem anthropologischen Trieb, einem ökonomischen Pragmatismus oder gesellschaftlicher Konvention entspringt. Den Autor interessiert das tragische Potential, das sich aus Heimat schlagen lässt: Denn die Wünsche und Hoffnungen, die sich mit Heimat als Ort der Gemeinschaft und des Schutzes verbinden, werden allesamt enttäuscht.

Gottfried Keller: *Romeo und Julia auf dem Dorfe*
Hermann Kurz behandelt die mit dem rechtlichen Problem der Heimatlosigkeit zusammenhängenden sozialen Fragen in einer Schonungslosigkeit, die die zeitgenössische Relevanz des Themas trotz der historisch entfernten Situierung des Romanstoffs offenlegt. Viele andere literarische Texte des 19. Jahrhunderts verdecken die Brisanz der rechtlichen Heimatlosigkeit, indem sie ihren heimatlosen Helden am Ende doch poetische Gerechtigkeit widerfahren lassen, wie bei Wil-

---

moralische Anklage gegen eine Gesellschaft, die den Armen entrechtete" sei nicht zuletzt auch als „aktueller Vorwurf gegen die Dauer der deutschen Misere" zu interpretieren. Alle Zitate Martini 1974, S. 443.
401 Kurz 1980, S. 694.
402 Beide Zitate Kurz 1980, S. 239.
403 Alle Zitate Kurz 1980, S. 772.

helm Heinrich Riehl, Friedrich Gerstäcker oder Robert Schweichel gesehen. Bei Johanna Spyri, der *Heidi*-Autorin, ist das Schweizer Heimatrecht gar nur noch Anlass, die Rückkehr in die – nur durch unglückliche Umstände zeitweilig entzogene – Heimat umso glücklicher feiern zu können. In einer Erzählung von 1878 glaubt der heimatlose Geiger Rico, es sei Gottes Wille, dass es für ihn keine Heimat gebe: „[W]enn der liebe Gott eine Heimat in seinem Reich für mich hätte und auch die Kraft hat, daß er mir sie geben könnte, so will er nicht [...]". Diese Ansicht wird im Lauf der Erzählung dahingehend korrigiert, dass Rico erst zurück zu Gott finden muss, ehe sein sehnlicher Wunsch nach Heimat erfüllt wird. Ob es dann tatsächlich der „liebe Gott"[404] ist, der – wohlgemerkt die irdische! – Heimat schenkt, oder doch nur der Blick ins Taufbuch, der Rico als rechtmäßigen Erben eines Hofes ausweist, bleibt offen: Alles kommt jedenfalls im Kapitel *In der Heimat* zu seinem Recht, ausnahmslos alle Dorfbewohner freuen sich für den bisherigen armen Schlucker und man „konnte gar nicht begreifen", daß es bisher niemandem aufgefallen war, wie ähnlich Rico seinem taufbuchlich nachgewiesenen Vater sieht.[405]

Die Parallelen wie der Kontrast zu Gottfried Kellers über zwanzig Jahre früher erschienener Novelle *Romeo und Julia auf dem Dorfe*, um die es hier nun gehen soll, könnten auffälliger nicht sein: Hier wie dort findet sich ein rechtlich Heimatloser, der sich als Geiger in Wirtshäusern verdingt, hier wie dort eine auffällige Ähnlichkeit zum Vater, die seine rechtmäßigen Ansprüche auf Heimat nahelegt. Nur fehlt bei Keller der Taufbucheintrag und es fehlen die Menschen, die die Ansprüche gutheißen würden, es fehlt der liebe Gott, an den man nur wieder glauben muss, und es fehlt das gute Ende. Nicht nur erhält der Geiger keine Heimat, sondern darüber hinaus werden zwei ganze Familien ausgelöscht. Die Entwicklung ist damit genau andersherum als bei Spyri: Während bei Spyri die Heimat des (vermeintlich) Heimatlosen wiederhergestellt wird, werden bei Keller die, die (vermeintlich) Heimat haben, zu gesellschaftlich Ausgestoßenen. Dabei erweist sich Kellers hochkomplexe Seldwylaer Novelle nicht nur als sozialkritische Gegenwartsdiagnose (wie etwa Fritz Reuters *Heimathloser in Mecklenburg*), sondern mehr noch als Diagnose der zutiefst ambivalenten Faszination, die Heimatlosigkeit als Gegenmodell zur bürgerliche Ordnung repräsentierenden Heimat in sich birgt.

In Kellers *Romeo und Julia auf dem Dorfe*, dessen erste Fassung von 1856 stammt, löst der heimatlose ‚schwarze Geiger' beim Liebespaar Sali und Vrenchen

---

404 Alle Zitate Spyri 1920, S. 112. Die Erzählung *Am Silser- und am Gardasee* wurde zusammen mit einer zweiten Erzählung unter dem Titel *Heimathlos. Zwei Geschichten für Kinder und solche, die Kinder lieb haben* 1878 veröffentlicht. *Heidi's Lehr- und Wanderjahre* folgen 1880.
405 Alle Zitate Spyri 1920, S. 122.

zugleich Angst und Anziehung aus. Diese Mischung der Gefühle ist ebenso dunkel wie die Funktion, die der schwarze Geiger für die Novelle hat. Seine Heimatlosigkeit, so die hier und etwas anders bereits von Herbert Uerlings vertretene These, ist die verdrängte Ursache des tragischen Geschehens und bildet damit das geheime Zentrum des gesamten Textes.[406] Das verweigerte Heimatrecht bildet die Vorgeschichte des Rechtsstreits der Familien, in dessen Folge die unglückliche Liebe ihrer Kinder diese zu ‚Romeo und Julia auf dem Dorfe' macht. Es geht anders als bei Shakespeare[407] nicht um die ungünstige Verkettung von äußeren Umständen, durch die die Liebe der Kinder zweier verfeindeter Familien im Tod endet, sondern um die verinnerlichten Zwänge einer bürgerlichen Ordnung, deren verdrängtes ‚Anderes' die Heimatlosigkeit ist. Das Liebespaar vollstreckt das Recht, das zwischen denen unterscheidet, die Heimat haben, und denen, die sie nicht haben, an sich selbst und wählt den Tod als Bürger statt das Leben als Heimatlose.[408]

Im berühmten Anfangsbild der Erzählung ist die wohlgefällige geometrische Ordnung der Landschaft, in die sich drei Äcker „gleich drei riesigen Bändern"[409] einfügen, zu einer schon hyperrealistischen Symmetrie übersteigert. So wie die Namen der beiden pflügenden Bauern Manz und Marti alliterieren, vollzieht sich auch ihre Arbeit als absolut symmetrische Bewegung entlang der Pfluglinien, der

---

[406] Zu Kellers *Romeo und Julia auf dem Dorfe* unter dem Aspekt von Heimatlosigkeit und Heimatrecht vgl. neben Uerlings 2007 auch Carsten Rohde, der im Rahmen einer konstellativen Lektüre von Auerbachs *Barfüßle* und Kellers *Romeo und Julia auf dem Dorfe* auch kurz auf die rechtliche Dimension von Heimat eingeht; vgl. Rohde 2014. Uerlings' Argumentation folge ich in vielen Aspekten, allerdings verschleiert seine Rede von der „Scheinhaftigkeit des Gegensatzes von Heimat und Heimatlosen" an einigen Stellen seiner Argumentation, dass dieser Gegensatz eben nicht nur eine kulturelle Semantik ist, die es zu dekonstruieren gilt, sondern dass ihr rechtliches Fundament auch soziale Realitäten schuf. Obwohl Uerlings selbst diese rechtliche Dimension starkmacht, unterscheidet er in der eigenen Begriffsverwendung nicht hinreichend zwischen rechtlicher und übertragener Bedeutung, etwa wenn er Vrenchen und Sali zu Heimatlosen erklärt (Uerlings 2007, S. 175), obwohl sie es im rechtlichen Sinn ja gerade nicht sind.
[407] Ausführlich zu den Shakespeare-Bezügen vgl. Saul 2003.
[408] Die sich nach dem Verkauf des Ackers entfaltenden erbitterten Streitigkeiten zwischen den Bauern um die genaue Grenzziehung zwischen ihren Gebieten, die in kostspielige und jegliche Verhältnismäßigkeit verlierende Rechtsstreitigkeiten münden, führen schließlich zum gänzlichen Ruin beider Bauernfamilien. Im Unrecht, das im Ausschluss des schwarzen Geigers aus der Dorfgemeinschaft liegt und an dem sich die beiden Bauern als Repräsentanten der Gemeinde zu bereichern versuchen, liegt die verborgene, von der Erzählung gleichwohl deutlich markierte Ursünde der Gemeinde und Ursache der sich entfaltenden Katastrophe. Die Katastrophe legt die dialektische Gebundenheit bürgerlicher Ordnung an ihr antagonistisches Gegenteil, die Heimatlosigkeit, frei.
[409] Keller 1989, S. 69.

selbst die Zipfel ihrer Kappen zu unterliegen scheinen. Manz und Marti werden mit den Attributen der Unbescholtenheit und Solidität ausgestattet: Sie „verkündeten auf den ersten Blick den sichern, gutbesorgten Bauersmann", ihre Äcker sind „prächtig[ ]", ihre Pferde „stattlich", ihre Gesichter „wohlrasiert[ ]" und jede Falte ihrer Kniehosen hat „ihre unveränderliche Lage" und sieht „wie in Stein gemeißelt" aus.[410]

Schon ins Anfangsbild der pflügenden Bauern, auch dies wurde schon bemerkt, ist die antagonistische Kehrseite dieser nur scheinbar Biederen, in Wahrheit ins Groteske kippenden bzw. petrifizierten Ordnung (Zipfelmützen einerseits, „wie in Stein gemeißelte" Hosenfalten andererseits) mit einbezogen, denn zwischen den zwei symmetrisch bearbeiteten Äckern befindet sich ein mittlerer, „brach und wüst"[411] liegender Acker. Der wilde Acker ist die Bedingung für die Ordnung auf den beiden bewirtschafteten. Zunächst im ganz gegenständlichen Sinn: „Wenn sie einen Stein in ihren Furchen fanden, so warfen sie denselben auf den wüsten Acker in der Mitte mit lässig kräftigem Schwunge, was aber nur selten geschah, da derselbe schon fast mit allen Steinen belastet war, welche überhaupt auf den Nachbaräckern zu finden gewesen."[412] Aber auch in einem übertragenen Sinn steht der wilde Acker für das die Ordnung bedingende ‚Andere': Gleich im ersten Gespräch der Bauern Manz und Marti geht es um die Vorgeschichte des herrenlosen Ackers. Den wenigen Andeutungen entnimmt die Leserin, dass dieser Acker ursprünglich dem ‚Trompeter' gehört habe, dessen als ‚verdorben' bezeichnete Kinder in den Wäldern gelebt hätten und dort ein Kind auf die Welt gebracht hätten. Die Geburt dieses Kindes, des späteren schwarzen Geigers, sei entsprechend nicht beurkundet. Obwohl die Ähnlichkeit des schwarzen Geigers mit dem Großvater frappierend und die Verwandtschaft auf diese Weise bezeugt ist, wird ihm der Anspruch auf sein Erbe mit Hinweis auf die fehlenden Papiere verweigert. Die beiden Bauern rechtfertigen dies unter anderem mit der finanziellen Last, die die Gemeinde sonst tragen müsse:

> „[W]ir haben so genug zu tun, diesem Geiger das Heimatsrecht in unserer Gemeinde abzustreiten, da man uns den Fetzel fortwährend aufhalsen will. Haben sich seine Eltern einmal unter die Heimatlosen begeben, so mag er auch dableiben und dem Kesselvolk das Geigelein streichen. Wie in aller Welt können wir wissen, daß er des Trompeters Sohnessohn ist? Was

---

410 Alle Zitate Keller 1989, S. 69.
411 Keller 1989, S. 69.
412 Keller 1989, S. 70. Der Acker wird also nicht nur für ein Jahr, sondern immer brach liegen gelassen. Insofern zeigt der Hinweis auf die Dreifelderwirtschaft von Alexander Honold nur, dass die Literaturwissenschaft ihr landwirtschaftliches Grundlagenwissen verbessern könnte; vgl. Honold 2004. Honold geht es eigentlich um das brach liegende Feld als Feld der Vermittlung, das im strukturalistischen Sinn selbst frei bleibt von dem, was es organisiert.

mich betrifft, wenn ich den Alten auch in dem dunklen Gesicht vollkommen zu erkennen glaube, so sage ich: irren ist menschlich, und das geringste Fetzchen Papier, ein Stücklein von einem Taufschein würde meinem Gewissen besser tun, als zehn sündhafte Menschengesichter!" [...] „[E]r sagt zwar, er sei nicht Schuld, daß man ihn nicht getauft habe! Aber sollen wir unsern Taufstein tragbar machen und in den Wäldern herumtragen?"[413]

So wie der Acker im ganz handgreiflichen Sinn Bedingung für die Ordnung auf den anderen Feldern ist, so ist er es auch in einem symbolischen Sinn: Die bürgerliche Ordnung des Gemeinwesens basiert auf (ökonomisch motiviertem) Ausschluss: „Wir sind schon übervölkert im Dorf [...]!"[414] Der Besitz der einen basiert auf der Besitzlosigkeit der anderen.

Die Schieflage, in die sich die bürgerliche Ordnung mit dieser Diskrepanz zwischen ökonomischer Moral und Humanität begibt, wird auch im weiteren Verlauf der Novelle in Bilder der sich selbst untergrabenden Ordnung gefasst: Mittig zwischen den beiden bestellten Äckern gelegen, wird der wilde Acker zum Ort, an dem verschwiegen Raubbau betrieben wird. Beide Bauern schlagen Stück um Stück Furchen in den herrenlosen Acker und verleiben ihn dem eigenen ein – wieder geschieht dies in Bildern der Ordnung, wird mit der Arbeit von „Weberschiffchen" verglichen.[415] Als der wilde Acker – in, so heißt es, Ermangelung von rechtmäßigen Erben – verkauft wird, bieten beide und Manz erwirbt ihn schließlich. Manz und Marti handeln rechtmäßig und vollziehen doch ein „Unrecht", das von der gesamten Dorfgemeinschaft diffus als solches empfunden wird – allerdings hätten wohl „zwei Drittel der übrigen unter diesen Umständen" dasselbe getan, merkt die Erzählerstimme an.[416] Der Streit der Bauern entbrennt über Fragen der „Symmetrie",[417] einen „lächerlichen und unvernünftigen Schnörkel", einen „krummen Zipfel", den der eine Bauer vom neuerworbenen Feld des anderen abzuzweigen sucht. Dabei müsse doch alles „zuletzt eine ordentliche grade Art haben".[418] Der übersteigerte Ordnungssinn führt zum erbitterten, jede Verhältnismäßigkeit überschreitenden Streit und am Ende dazu, dass die durch die Rechtskosten verarmten Bauern selbst zu „verwilderten Männer[n]"[419] werden, deren Äußeres genauso herunterkommt wie ihre Sitten. Ihre

---

413 Keller 1989, S. 72–73.
414 Keller 1989, S. 73.
415 Keller 1989, S. 77.
416 Beide Zitate Keller 1989, S. 78.
417 Keller 1989, S. 81.
418 Alle Zitate Keller 1989, S. 79.
419 Keller 1989, S. 94.

selbst wild gewordenen Äcker unterscheiden sich schließlich kaum mehr vom einstigen herrenlosen Acker.[420]

Die Novelle bietet viele Anhaltspunkte, solche sich selbst zerstörende Ordnung als schicksalhaft bzw. als Ausdruck einer höheren Gerechtigkeit zu deuten: Mehrfach ist von Gestirnen, Sternbildern und Schicksalsgestirnen die Rede.[421] Ebenso naheliegend ist es, auf Theorien des Verdrängens zurückzugreifen, um den Vorgang der sich gegen sich selbst kehrenden Ordnung zu erklären. W.G. Sebald hat der Assoziation von Heimat und Unheimlichem einen ganzen Essayband über die österreichische Literatur gewidmet. Er basiert auf der freudschen Annahme, dass das Unheimliche immer zugleich das Vertraute und das Unvertraute ist und sich die Angst aus der Wiederkehr des Verdrängten speist.[422]

Auch der wilde Acker Kellers lässt sich als solche ‚unheimliche Heimat' lesen, in der sich Verdrängtes unfreiwillig Bahn bricht. Auf dem wilden Acker findet das Spiel der Kinder statt, in dem sie eine Puppe zerstören, sie zum „Marterleib" und zum „ausgequetschten Leichnam" machen und in ihren hohlen Kopf eine Fliege einsperren, um diese darin lebendig zu begraben. Die lustbesetzte Grausamkeit der Kinder und ihr späteres „Grauen" vor der eigenen Tat verwandeln den wilden Acker für sie in eine „unheimliche Stätte". Dem zum Gefängnis der Fliege gewordenen Puppenkopf wird von den Kindern eine Art Altar errichtet: „[S]o glich der Tönende jetzt einem weissagenden Haupte und die Kinder lauschten in tiefer Stille seinen Kunden und Märchen, indessen sie sich umschlungen hielten."[423] Der ‚Marterleib', der Altar, auch die topisch mit dem Bösen oder dem Teufel verbundene Fliege[424] machen das ausführlich geschilderte Kindheitserlebnis zu einer Art kultisch-religiöser Handlung, die um ein Böses und zugleich Lustvolles kreist. Auch später bleibt der Acker schuld- und lustbesetzter Ort der Gegen-Ordnung oder vielmehr des Außer-der-Ordnung, etwa wenn das Jäten des inzwischen verkauften wilden Ackers orgiastische Züge annimmt: „Denn da es eine außerordentliche gleichsam wilde Arbeit war, bei der keine Regel und keine Sorgfalt erheischt wurde, so galt sie als eine Lust." Das „wilde Zeug" wird „mit großem Jubel verbrannt, daß der Qualm weithin sich verbreitete und die jungen Leutchen darin herumsprangen, wie besessen."[425]

---

420 Vgl. Keller 1989, S. 98.
421 Vgl. Keller 1989, S. 70, S. 102.
422 Vgl. Sebald 2004. Zum Themenkomplex Heimat und Heimweh in Sebalds eigenem Werk vgl. Weber 1993.
423 Alle Zitate Keller 1989, S. 75.
424 Vgl. den Artikel ‚Fliege' in Butzer/Jacob 2008, S. 107, in dem die Fliege u. a. als Symbol des Bösen beschrieben wird.
425 Alle Zitate Keller 1989, S. 80.

Genauso wie am wilden Acker zeigt sich an der Figur des heimatlosen schwarzen Geigers selbst, dass sich das Unheimliche dort einstellt, wo ein verdrängtes Eigenes in Form des Anderen wiederkehrt.[426] Der erste Auftritt des schwarzen Geigers findet zu dem Zeitpunkt statt, als sich die inzwischen älter gewordenen Vreni und Sali ihre Liebe gestehen. Der ehemals wilde Acker ist lange verkauft und bestellt. Die Szene ereignet sich an der Stelle, an der er gelegen hatte. Hier erscheint nun dessen verhinderter Besitzer, der schwarze Geiger, und nennt das ihm geschehene Unrecht beim Namen. Nach „ihrem Gewissen" hätten die Väter von Vreni und Sali ihn, den schwarzen Geiger, als „den rechten Erben" anerkennen müssen. Aber sie haben nicht moralisch gehandelt, sondern sich hinter der Rechtsprechung versteckt, um Unrecht tun zu können:

> „Eure Väter kennen mich wohl und Jedermann in diesem Dorfe weiß wer ich bin, wenn er nur meine Nase ansieht. Da haben sie vor Jahren ausgeschrieben, daß ein Stück Geld für den Erben dieses Ackers bereit liege; ich habe mich zwanzigmal gemeldet, aber ich habe keinen Taufschein und keinen Heimatschein und meine Freunde, die Heimatlosen, die meine Geburt gesehen, haben kein gültiges Zeugnis, und so ist die Frist längst verlaufen und ich bin um den blutigen Pfennig gekommen, mit dem ich hätte auswandern können! Ich habe Eure Väter angefleht, daß sie mir bezeugen möchten, sie müßten mich nach ihrem Gewissen für den rechten Erben halten; aber sie haben mich von ihren Höfen gejagt und nun sind sie selbst zum Teufel gegangen! Item, das ist der Welt Lauf, mir kann's recht sein, ich will euch doch geigen, wenn Ihr tanzen wollt!"[427]

---

[426] Wildheit und Ordnung, Heimatlosigkeit und Heimat bedingen einander. Das Eigene entsteht durch die Ausgrenzung des Anderen, das aber im Zentrum des Eigenen angesiedelt wird und sich durch diese Inversion schließlich selbst zugrunde richtet. Die unauflösliche Bedingtheit von Ordnung und Wildheit, Heimat und Heimatlosigkeit kommt nach Uerlings hier als das (verdrängte) Fremde, das zugleich Teil des Eigenen ist, zum Ausdruck. Der Acker als das Fremde wird okkupiert, damit dringt das Andere in das Eigene ein: „Aber wie der verwilderte Acker nicht das unmoralische Gegenbild zur Ehrbarkeit der Bauern, sondern das Abbild einer schon vorhandenen moralischen Verwilderung ist, so ist die Tugend der Sesshaften in dieser Erzählung nicht denkbar ohne die Behauptung der Untugend der Heimatlosen" (Uerlings 2007, S. 166). Auch Saul interpretiert den schwarzen Geiger als das Fremde des Eigenen: „This outsider is indeed the outcast logically required to promote internal coherence of a closed, non-pluralist society or culture. But he comes, or came, from *inside*. In all members of the community, Keller seems to be saying, is an inner Gypsy, in all those secure in their unreflected homely identity lies hidden the exotic other. And this is the inner structure of identity formation. A sense of the intertextuality of Keller's figure thus not only leads the reader backwards to the literary pre-text, but also outwards to the extratextual referent (reality, that is) with a profound critique of the received, provincial *Heimat* mentality." Saul 2003, S. 139. Ob der ausgesprochen vieldeutige Text wirklich so eindeutig eine profunde Kritik der provinzellen Heimat-Mentalität darstellt, wie Saul argumentiert, sei dahingestellt. Er lässt jedenfalls auch diese Deutung zu.
[427] Keller 1989, S. 103.

Von der Gemeinde um seine Heimatrechte und damit um seinen Besitz betrogen, mit dessen Erlös er ein neues Leben hätte beginnen können, zeigt sich der schwarze Geiger nicht als bemitleidenswertes Opfer, sondern als rächender Geist mit allen Merkmalen des Unheimlichen; selbst ungreifbar wie ein Gespenst, scheint sogar sein Hut „alle Augenblicke seine Gestalt zu verändern".[428] Die dominante Schwarz-Rot-Farbigkeit[429] gibt der Figur etwas Teuflisches und die mehrfach hervorgehobene Größe der Nase gibt ihm ein Attribut des Juden und des Zigeuners. Die Prophezeihung des schwarzen Geigers gegenüber dem in einen „seltsamen Bann"[430] geratenen Paar, sie würden vor ihm „den Weg alles Fleisches"[431] gehen, nimmt die Kindheitsszene wieder auf, die an derselben Stelle, und ebenfalls umgeben von Mohnblumen, stattfand und in der sich der Puppenkopf zu „einem weissagenden Haupte"[432] verwandelte und die schaudernden Kinder mit dem Gefühl ihrer Schuld zurückließ. – Auch in *Der Grüne Heinrich* ist es übrigens eben diese Mischung aus Schauder und Faszination, die der Anblick von Heimatlosen auslöst.[433]

Der heimatlose schwarze Geiger ist zu Unrecht um seinen Besitz betrogen, aber trotzdem keine Identifikationsfigur, wie schon Berthold Auerbach in seiner Rezension von Kellers Novelle ausführt. Der Stoff wäre von der Romantik noch

---

[428] Keller 1989, S. 103. Es geht ständige, unberechenbare Bewegung und ein nicht einzuordnendes Geräusch von ihm aus: Er taucht „plötzlich", wie aus dem Nichts auf und „plötzlich", „mit einem Satze" springt er auf den „ungerechte[n] Steinhaufen", der den streitbaren Acker markiert. Von seinen Augen sei „fast nichts als das Weiße zu sehen, da die Sterne unaufhörlich auf einer blitzschnellen Wanderung begriffen waren und wie zwei Hasen im Zickzack umhersprangen", sein „kleines rundes Löchelchen von einem Munde", das „sich seltsam stutzte und zusammenzog", „pustete, pfiff und zischte" unaufhörlich. Alle Zitate Keller 1989, S. 102–103.
[429] Auch farblich im Kontrast zur freudvollen Situation vorher mit goldener Sonne, gelbem Kornfeld, weißen Wolken und blauen Kornblumen wird beim Erscheinen des Geigers alles schwarz: Sein Haar ist „pechschwarz", seine Kleidung ist schwarz gefärbt und zugleich schwarz von Schmutz, der mit seinem Handwerk – Kesselflicken, Kohlenbrennen und Pechsieden in den Wäldern – erklärt wird. Die Dunkelheit vom „schwärzlichen Kerl" wird, als er auf den mohnbedeckten, „feuerrot" wirkenden Steinhaufen springt, mehrfach mit dem leuchtenden Rot der Blumen kontrastiert. Alle Zitate Keller 1989, S. 102. Die Mohnblumen werden in der folgenden Szene zusammen mit den roten Lippen von Vreni zuerst zum erotischen Symbol; direkt im Anschluss deckt Vreni ein Mohnblumenblatt auf den niedergeschlagenen Vater, um festzustellen, ob er noch lebt.
[430] Keller 1989, S. 102.
[431] Keller 1989, S. 103.
[432] Keller 1989, S. 75.
[433] Mit den Gefühlen von Schauder und Faszination begegnen Heinrich und Anna einer fahrenden Familie, die als eine „Bande Heimatloser" abgeschoben werden soll, deren Versteck sie aber aus Mitleid mit dem „unglücklichen Volke" nicht verraten. Beide Zitate Keller 1985, S. 282.

ganz anders ausgeführt worden, argumentiert er: „Ein Romantiker hätte in der Lust an dem Vagabundarischen den schwarzen Geiger, der als Heimathloser um sein Vatergut betrogen wird, zum Helden gemacht. Der realistische Dichter wählt das Liebespaar, das sich bürgerlich und gemütlich retten will und doch in den Untergang verfällt."[434] Heimatlosigkeit versus Bürgerlichkeit, das ist auch für Auerbach das die Novelle charakterisierende Gegensatzpaar.

Das zentrale Symbol der gefährdeten bürgerlichen Ordnung ist das Haus.[435] Der Niedergang der Familien bedeutet auch einen Niedergang ihrer Häuser. Am Ende muss Salis Familie ihr Haus verlassen, um vom Dorf in ein heruntergekommenes Wirtshaus in der Stadt zu ziehen. Von dort aus erscheint Sali die „alte[] Heimat" als „himmlisches Jerusalem".[436] Das zurückgelassene Zuhause verschmilzt für Sali mit dem religiösen Bild zukünftiger Heilserwartung. Vrenchen ist ihrerseits gezwungen, in der Stadt eine Dienststellung anzunehmen. Das Haus der Familie von Vrenchen wird zwangsversteigert, nachdem die Mutter gestorben und der verwirrte Vater im städtischen Armenspital untergebracht ist, als letzter symbolischer Akt wird die „Bettstelle"[437] Vrenchens verkauft. Die letzten gemeinsamen Stunden, die dem Liebespaar bleiben, bevor ihm der Kahn „schwimmende Bettstelle" und „Brautbett"[438] wird, von dem aus es seinen Selbstmord verübt, flüchtet es sich in die Traumwelt eines unmittelbar bevorstehenden bürgerlichen Glücks, in der „die Ehre ihres Hauses"[439] wiederhergestellt ist. Auf dem Kirchweihfest kauft Sali Vrenchen ein Lebkuchenhaus: „[U]nser Herz ist jetzt unser Haus, darin wir wohnen, und wir tragen so unsere Wohnung mit uns, wie die Schnecken! Andere haben wir nicht!"[440] Das Lebkuchenhaus wird beim letzten Tanz zerdrückt, in einem Wirtshaus mit dem Namen Paradiesgärtlein. Dieser zwischen christlichem Elysium und heidnisch-dionysischer Welt angesiedelte Ort,[441] an dem am Ende der Nacht nur noch die „kleine Gesellschaft der

---

434 Berthold Auerbach: Gottfried Keller von Zürich [Rezension], in: Beilage zu Nr. 108 der Augsburger Allgemeinen Zeitung, 17. April 1856, S. 1721–1723, hier zitiert nach dem Teilabdruck in Hein 1987, S. 36–40, hier S. 40.
435 Zur Symbolik des Hauses und ihrem Zusammenhang mit Heimat vgl. auch Uerlings 2007, S. 172–174; Kultermann 1956, S. 94–96; Rohde 2014, S. 61–90.
436 Keller 1989, S. 97. Zur christlichen Symbolik der Novelle vgl. Kaiser 1971. Die mehrfachen Evokationen einer Heimat im Himmel verweisen nach Rohde weniger auf einen der Novelle inhärenten Heilsglauben als vielmehr auf die Unmöglichkeit, Heimat sozial zu verwirklichen, vgl. Rohde 2014, S. 70.
437 Keller 1989, S. 119.
438 Beide Zitate Keller 1989, S. 143.
439 Keller 1989, S. 137. Vgl. auch die Interpretation bei Uerlings 2007, ab S. 172.
440 Keller 1989, S. 130.
441 Vgl. Koebner 1990.

Heimatlosen"[442] zurückbleibt, das „Hudelvölkchen, welches nirgends zu Hause war",[443] findet die zweite Begegnung mit dem schwarzen Geiger statt, dessen ambivalente Zeichnung ihn zugleich als dionysischen Anführer eines Bacchantenzugs und als Tod, der zum letzten Tanz aufspielt, zeigt. Er bleibt auch in dieser Szene eine uneindeutige Gestalt. Seine Stimme ist ‚schrill', dann wieder ‚aufrichtig' und ‚gemütlich',[444] und sein Angebot an die Liebenden, sich den Heimatlosen anzuschließen, wird zur kurzfristigen Verlockung: „Kommt mit mir und meinen guten Freunden in die Berge, da brauchet Ihr keinen Pfarrer, kein Geld, keine Schriften, keine Ehre, kein Bett, nichts als Eueren guten Willen! [...] [D]ie grünen Wälder sind unser Haus, wo wir uns lieb haben, wie es uns gefällt [...]."[445]

Der „tolle nächtliche Zug", dem sich das Liebespaar erst mehr gebannt denn willig anschließt, hat in seiner Kontrastierung mit dem zur Kulisse werdenden „Heimatdorf"[446] etwas Karnevaleskes, auch Gespenstisches. Ihr Haus und Bett in den Wäldern zu finden, ist das Paar nicht bereit. Mit dem Freitod entziehen sie sich der für sie auswegslosen Lage. Der Tod der Liebenden wird nicht als Akt der Freiheit gezeigt, sondern als Unterwerfung unter eine bürgerliche Ordnung um den Preis des eigenen Lebens. Dies heißt nicht, dass das Ordnungsprinzip der Heimat und mit ihr verbundene Ehrvorstellungen als überspannt kritisiert werden sollen,[447] sondern dass der Preis aufgezeigt wird, den es kostet. Heimat ist so – darin vergleichbar dem *Grünen Heinrich*[448] – zugleich höchster Wert und größte

---

442 Keller 1989, S. 139.
443 Keller 1989, S. 134.
444 Vgl. Keller 1989, S. 137–138.
445 Keller 1989, S. 137.
446 Beide Zitate Keller 1989, S. 140.
447 Dies ist auch ein wichtiger Punkt für Eva Geulen; vgl. Geulen 2010, S. 261. Der Tod des Liebespaars sei eben nicht „das bedauerliche Resultat unemanzipiert-naiver Bürgerlichkeit" (Geulen 2010, S. 262), sondern das notwendige Telos einer Novellenkonstellation im rechtlichen und ästhetischen Spannungsfeld zwischen Besitz und ‚Herrenlosigkeit'.
448 Die starke affektive Bindung des Helden Heinrichs an Heimat – verstanden als Ort seiner Herkunft, als Beziehung zur Mutter und als Ausdruck bürgerlicher Ordnung – ist zugleich Grund seiner Überforderung und seines Scheiterns. Die Ambivalenz der Zugehörigkeit zu Heimat im *Grünen Heinrich* arbeitet Verena Ehrich-Haefeli heraus. In einer kontrastiven Lektüre von *Wilhelm Meisters Lehrjahren* und *Grünem Heinrich* stellt Ehrich-Haefeli zunächst fest, dass es das „Begriffspaar Heimat und Fremde" im Gegensatz zu Keller bei Goethe „überraschenderweise" noch nicht gebe (Ehrich-Haefeli 1991, S. 352). Fortunatus verwandt, der das frühbürgerliche Modell des Aufbruchs des Helden prägt, stehen auch Wilhelm Meister Welt und Zukunft völlig offen. Das einzige Mal, wo Goethes Roman das Wort Heimat verwende, sehe Wilhelm Heimat für sich in der Zukunft, nämlich in einer Gemeinschaft von Menschen, die wie er nach dem Schönen und Guten strebten (vgl. Ehrich-Haefeli 1991, S. 353). Demgegenüber füllen Erinnerungen an die Heimat über die Hälfte des Romans von Keller. Sie sind nach Ehrich-Haefeli u. a. durch Geschlossenheit des

Last. Eine moralische Eindeutigkeit in der Bewertung des Endes von *Romeo und Julia auf dem Dorfe* gibt es nicht, und Kellers eigene Streichung des ursprünglichen Schlusses im Zuge der Überarbeitung zeigt die zeitgenössische Schwierigkeit, diese Uneindeutigkeit zuzulassen.[449] Wie auch immer die dargestellte Gefährdung der bürgerlichen Ordnung zu bewerten ist, die Darstellung arbeitet sich jedenfalls an den Realitäten der Zeit ab. Uerlings nennt die bei Keller dargestellte bürgerliche Ordnung eine phantasmatische,[450] doch die Erzählung zeigt, insbesondere im Hinblick auf das Heimatrecht, dass Heimat, Haus und Bürgertum nicht einfach nur zu entlarvende Konstrukte sind, sondern innerlich wie äußerlich, symbolisch wie rechtlich bestehende Ordnungskategorien, die nicht als reines Phantasma wegzuwischen sind.

Heimatlosigkeit als Gegenordnung zur bürgerlichen Gesellschaft

In den hier um das Thema des Heimatrechts versammelten Texten repräsentieren die Heimatlosen eine Gegenordnung zur bürgerlichen Gesellschaft. Bei den Texten von Kinkel und Schweichel liegt eine bestimmte Autorintention ziemlich klar auf der Hand: Kinkels Text wirbt für eine Solidarisierung mit dem vierten Stand; dieser wird mit den rechtlich Heimatlosen assoziiert. Die Selbstbewusstwerdung dieser Entrechteten, die gerade aus ihrer Außenseiterstellung Kraft schöpfen sollen, um sie im Klassenkampf letztlich zu überwinden, ist das erzählerische Telos.

Schweichels Intention ist wie die Kinkels eine emanzipatorische, und hier wie dort ist es das Anliegen, wenigstens in der erzählten Welt den Heimatlosen gewissermaßen ihre Heimat zurückzugeben. Auf der Textoberfläche geht es bei Schweichel um die Überwindung von Vorurteilen gegenüber den ins rechtliche Abseits geschobenen Zigeunern. Der Subtext der Erzählung spricht allerdings eine andere Sprache, denn die erzählerische Rücküberführung der Zigeuner in die Gemeinschaft wird in der narrativen Logik erst durch den Ausschluss des Juden

---

Raums, Geschlossenheit der bürgerlichen Welt, Geschlossenheit einer Kleinstfamilie und Sakralisierung des Interieurs gekennzeichnet. Die Ausfahrt des Schweizers in die ‚Fremde' Deutschland erhält vor dem Hintergrund der stark affektiven, aber eben ambivalenten Bindung an die Heimat eine ganz andere Bedeutung als die Ausfahrt Wilhelm Meisters. Während Wilhelm leicht reise, so Ehrich-Haefeli, reise Heinrich gebunden und beschwert durch Liebe, Sehnsucht, geschuldete Verpflichtung und einen riesigen Holzkoffer der Mutter (vgl. Ehrich-Haefeli 1991, S. 360).

449 Keller strich die letzten beiden Absätze in seiner Überarbeitung von 1874, in denen die Erzählerstimme die Geschehnisse kommentiert.
450 Vgl. Uerlings 2007, S. 184.

möglich. Das narrative Telos der Inklusion bleibt also versteckt an die Exklusion einer anderen gesellschaftlichen Gruppe gebunden.

Die Texte von Kurz und Keller, die – bisher nicht beachtet – vielfältige Parallelen aufweisen, stellen die Unentrinnbarkeit der Heimatlosigkeit radikal dar. Heimatlosigkeit zeigt sich als Gegenordnung der Bürgerlichkeit; die schwarze Christine bei Kurz und der schwarze Geiger bei Keller repräsentieren solche Heimatlosigkeit als geradezu notwendige Gegenordnung. In beiden Texten geht es um eine die bürgerlichen Normen verletzende Liebe, die aber außerhalb dieser Normen nicht bestehen kann. Auch die Freiheit von diesen Normen erweist sich als nur vermeintlich bzw. nicht akzeptabel. Die blonde Christine entscheidet sich gegen das ‚Gesindel' und geht lieber in den Tod, als deren Welt zu teilen. Frieder versucht es, kann die bürgerliche Welt aber nie ganz hinter sich lassen und endet auf dem Rad. Sali und Vrenchen wählen genau wie die blonde Christine lieber aus freien Stücken den Tod, als die Normen der bürgerlichen Welt zu verletzen und sich dem ‚Hudelvolk' anzuschließen. „Diesen sind wir entflohen, sagte Sali, aber wie entfliehen wir uns selbst?"[451] Das Leben mit den Heimatlosen können sie ablehnen, aber den Normen ihrer bürgerlichen Ordnung, die ihnen ein Leben nicht ermöglicht, können sie nicht entgehen. Heimatlosigkeit verhält sich in beiden Fällen antagonistisch zu einer Heimat, die Geborgenheit nur denen verheißt, die sich ihrer Ordnung unterwerfen. Der Preis, der für Heimat zu zahlen ist, ist in beiden erzählerischen Gestaltungen der Tod, und dass dieser Preis hoch, möglicherweise zu hoch ist, zeigen beide Erzählungen eindringlich. Die Verbindung von Tod und Heimat wird indes nur verständlich, wenn man sich mit der Geschichte des Heimatrechts klarmacht, wie grundsätzlich der Ausschluss aus der bürgerlichen Ordnung war, wo Heimat verwehrt wurde.

---

[451] Keller 1989, S. 140.

3 Heimatkunde

Die Verknüpfungen von Heimat- und Wissensdiskursen zeigen sich historisch teils auch als Verknüpfungen von Heimat- und Wissenschaftsdiskursen: mit der Theologie (II.1.1), der Altphilologie (II.1.3) oder mit der Rechts- und Staatswissenschaft (II.2.1). Kaum eine Wissenschaft, die im Lauf des 19. Jahrhunderts nicht mit dem Heimatdiskurs in Berührung gekommen wäre: die Naturwissenschaften (zur Erdkunde siehe II.3.1.1), die Sozialwissenschaften (zur Volkskunde II.3.2, zur Pädagogik II.3.1), die Geisteswissenschaften (zur Germanistik und Geschichtswissenschaft II.3.3). Was hier der ausgedehnten Natur der Sache gemäß nur exemplarisch gezeigt werden kann, verdichtet sich in drei Punkten.

Erstens wird Heimat als Begriff in die Wissenschaftssprachen integriert: Die Geographiedidaktik entwirft Anfang des 19. Jahrhunderts eine ‚Heimatkunde' und am Ende des Jahrhunderts prägen die Indogermanistik und die Sprachwissenschaft den Begriff der ‚Urheimat' (II.3.3.1), um zwei Beispiele zu nennen. Mit der sprachlichen Einverleibung geht zweitens die teils emphatisch vorgetragene Annahme einher, dem Heimatbegriff komme in der Wissenschaft eine grundsätzliche Beschreibungskraft zu. Alexander von Humboldts *Kosmos*, einem zeitgenössisch als zentrale Schrift der Naturkunde angesehenen, gar als „Evangelium der Natur" bezeichneten Werk, wird beispielsweise – in offensichtlicher Analogie zu religiösen Bildern einer Heimat im Himmelreich – die Aufgabe zugeschrieben, dem Menschen sein Erdenreich zur Heimat zu erheben. Humboldt lehre mit seinem Werk, dass die „Naturwissenschaft [...] ihre Bedeutung und ihren Werth erst" gewinne, „indem sie ein Gemeingut der Menschheit wird und dabei als irdische Heimathskunde erscheint".

> Denn er lenkte zuerst den Blick der Naturforscher von der Aeußerlichkeit der einzelnen Gestalten und Erscheinungen auf ihr inneres Wesen und lehrte sie, daß die Naturwissenschaft ihr höchstes Ziel weder als Dienerin der Heilkunde und Gewerbe, noch als Lieferantin für die Naturalienkabinette, sondern erst als Erzieherin des Menschengeschlechts zur irdischen Heimathsangehörigkeit erreiche.[1]

Was hier Zuschreibung seitens eines anonymen Rezensenten des *Kosmos* ist, dass nämlich das eigentliche Telos der (Natur-)Wissenschaft Heimatkunde sei, und zwar in dem umfassenden Sinn einer Zugehörigkeit zur Welt, findet sich auch im Selbstverständnis der Wissenschaften selbst. Vertreter der Volkskunde, der Germanistik, der Geographie und anderer Fachdisziplinen gehen davon aus, dass Heimat ein belastbarer wissenschaftlicher Begriff, teils gar ein belastbares Er-

---

1 Anonym 1853, S. 397.

klärungs- und Begründungsmodell ihrer Wissenschaften abgeben könne, wie dieses Kapitel zeigen wird.

Diese sich zum größeren Teil nach der Jahrhundertmitte ausbildenden wissenschaftlichen (oder vorsichtiger: von den Wissenschaften verwendeten) Begriffe von Heimat stehen drittens oft, wenn auch nicht immer, mit geschichtsteleologischen Vorstellungen in Zusammenhang, nach denen aus dem Heimatgefühl die Vaterlands- oder Nationalstaatsliebe erwachse (vgl. I.2.1).[2] Geschichte erscheint etwa beim Althistoriker Ernst Curtius schon im antiken Griechenland als eine Bewegung von Heimat zu Nation.[3] Solche Fortschritts- und Steigerungslogik, symptomatisch für den Liberalismus des 19. Jahrhunderts, verknüpfte sich unproblematisch mit dem kulturellen Klima des Historismus, das sich nicht in der (gleichwohl zentralen) Bedeutung der Geschichtswissenschaft für das 19. Jahrhundert erschöpfte.[4] Ein sich an den vermeintlich eigenen historischen Ursprüngen ausbildendes Selbstverständnis prägte viele Wissenschaftsdisziplinen – in diesem Kapitel werden die Volkskunde, die Germanistik und ihre Didaktik sowie die Literaturgeschichtsschreibung im Mittelpunkt stehen –, betraf aber genauso die Kunst und damit auch die Literatur, die hier fokussiert wird. Legt man ein solches weites Verständnis eines alle gesellschaftlichen Bereiche prägenden Historismus zugrunde, in dem sich widerspiegelt, dass Geschichte vor allem für das liberale Bürgertum zu einem die eigenen Ordnungs- und Wertvorstellungen legitimierenden Argument wurde, kann das hier vorliegende Kapitel als Darstellung des Zusammenhangs von Historismus und Heimatdiskursen gelesen werden. Eine dieser Ordnungs- und Wertvorstellungen war die der Heimat, die dann in die Fortschrittskonstellation Heimat – Nation eingesetzt wurde. Dabei geht es nicht um die Vorstellung, die regionale und historische Heimat sei zugunsten der größeren Nation in der eigenen Gegenwart zu überwinden, vielmehr um die Vorstellung, der stets zu erneuernde Rückbezug auf regionale Heimaten konstituiere erst das nationale Ganze.[5]

---

2 Mollberg 1916, S. 7.
3 „Je freier der Horizont, desto kühner geht der Blick auf das Große und Ganze; aus der Heimath wird ein Vaterland, wo Leute aus verschiedenen Gauen sich mit einander einleben und ihrer großen Gemeinschaft bewußt werden." Curtius 1875, S. 376.
4 Zum Liberalismus und dem Stellenwert der Geschichtswissenschaften insgesamt vgl. Langewiesche 1988, S. 65–72.
5 Langewiesche: Föderativer Nationalismus, 2000, S. 241; Confino 1997. Und so ist es auch kein Widerspruch, dass sich etwa in den Geschichtswissenschaften die Landesgeschichte als Teildisziplin konstituiert. Der Historiker und liberale Politiker Ludwig Häusser als einer der Begründer eines neuen landesgeschichtlichen Denkens konnte die *Geschichte der Rheinischen Pfalz* (1856) schreiben, ohne in Konflikt mit seinen liberalen, auf die kleindeutsche Lösung unter preußischer Führung zielenden Vorstellungen zu geraten. Landesgeschichte nach Häusser will

Chronologisch beginnt das Interesse der hier fokussierten wissenschaftlichen Disziplinen am Thema Heimat mit der Pädagogik. Zunächst werden Anfang des 19. Jahrhunderts Begriff und Programm einer Heimatkunde für den propädeutischen Geographieunterricht geprägt. Die aus der Pestalozzischule hervorgehende anschauungsbasierte Methodik, in der von der Nahwelt des Kindes ausgehend ein Verständnis auch der größeren Welt ausgebildet werden soll, erfährt über Jahrzehnte starke Widerstände. Schulpolitischen Aufwind erhält die inzwischen transformierte Heimatkunde erst ab 1871, zugleich werden heimatkundliche Methoden auf den Deutsch- und Geschichtsunterricht, ja schließlich auf ausnahmslos alle Unterrichtsfächer ausgedehnt. Nach der Jahrhundertwende gipfelt das gewandelte Verständnis der Heimatkunde in ihrer Rolle als Vermittlerin von – inzwischen volkskundlich fundierten – „Heimatwerten".[6] Die Heimatkunde will zu Beginn des 20. Jahrhunderts kein einzelnes Fach mehr sein, sondern universaler Bildungsansatz. Pädagogisches Ziel ist die Heranbildung des national gesinnten ‚Gemütsmenschen'; es hat sich damit gegenüber den ursprünglich aufklärerischen Intentionen der Heimatkunde ins Gegenteil verkehrt (vgl. II.3.1).

Auch für das Selbst- und Wissenschaftsverständnis der Mitte des 19. Jahrhunderts sich formierenden Volkskunde ist Heimat ein Schlüsselbegriff. Heimat fungiert einerseits als objektivierbarer Beschreibungsgegenstand des Fachs und andererseits als dessen Ideal, das es zu erhalten, zu bewahren und wiederzubeleben gilt. Die Volkskunde nationalisiert Heimat, indem sie diese zum spezifisch deutschen Gemütswert erklärt. Der volkskundliche Heimatbegriff ist ungemein attraktiv für andere Disziplinen, für die Germanistik, für die Geschichtswissenschaft und für ihre Didaktiken. Insbesondere die Landesgeschichtsforschung bezieht sich auf die volkskundlichen Schriften Riehls (vgl. II.3.2).[7]

Der Anspruch auf Wissenschaftlichkeit, den die Volkskunde für ihren Umgang mit Heimat erhebt, wirkt ab 1900 auch auf die Literaturgeschichtsschrei-

---

nicht verklären, sondern den „glänzenden Nimbus" abreißen, der durch den „servile[n] Jubel von Höflingen, käuflichen Beamten, bezahlten Künstlern und Gelehrten" errichtet worden sei. Häusser will den grellen Gegensatz zeichnen „zwischen Prunkpalästen" und den sozialen Gegebenheiten einer Zeit, in der „der Bauer hungernd sein Vaterland verließ und der Name ‚Pfälzer' lange identisch war mit einem Auswanderer und Heimathlosen" (Häusser 1856, S. V).
6 Hofstaetter 1921, S. 5.
7 So begründet etwa die Schrift *Die Ortschroniken, ihre kulturgeschichtliche Bedeutung und pädagogische Verwertung. Ein Beitrag zur richtigen Beurteilung des idyllischen Chronikkults* (1886) des Historikers August Holder die Erforschung von Ortschroniken mit der Entwicklung des „heimatliche[n] Sinn[s]", der zum „Ausharren und Überwinden" anrege und vor „unüberlegtem Auswandern" bewahre; die „Richtigkeit des Riehl'schen Prinzips, daß ‚Land und Leute zusammen gehören'", werde durch die Beschäftigung mit Ortschroniken bestätigt. Holder 1886, S. 53.

bung. Literaturhistorische Ansätze wie die von August Sauer oder Josef Nadler wären ohne das volkskundliche Heimatverständnis nicht denkbar. Zur wissenschaftlichen Leitkategorie wird Heimat bei Adolf Bartels, der die sogenannte Heimatkunstbewegung zum (vorläufigen) Telos der gesamten deutschen Literaturgeschichte erklärt (vgl. II.3.3).

Literatur spielt in all diesen vielfältig miteinander verwickelten wissenschaftlichen Heimatdiskursen eine herausgehobene Rolle. Erstens, insofern die Wissenschaften als Beleg für ihre Heimatthesen immer wieder die schöne Literatur heranziehen. Was in der Germanistik und Literaturgeschichtsschreibung kaum verwunderlich und in der Pädagogik nachvollziehbar ist, überrascht in der Volkskunde oder auch in der Geschichtswissenschaft.[8] Als Beleg für die Behauptung, dass Heimatliebe wahlweise ein anthropologisches oder, im 19. Jahrhundert sehr viel verbreiteter, ein spezifisch deutsches Gefühl sei, werden in der Regel Gedichte zitiert, die diese Heimatliebe besingen. Dass diese Gedichte allesamt aus dem 19. Jahrhundert stammen, rief dabei keine Bedenklichkeiten hervor.

Zweitens ist Literatur in besonderer Weise mit den wissenschaftlichen Heimatdiskursen verknüpft, insofern die Wissenschaften, insbesondere die Didaktik, Literatur funktionalisieren, um Heimatliebe zu installieren. Andererseits bildet sich ein literarischer Markt aus, der diese Funktionszuschreibungen bedient oder sich in ein Verhältnis zu ihnen setzt. Die schöne Literatur spielt aus Perspektive der pädagogischen Bemühungen um Heimat insbesondere nach 1871 eine wesentliche Rolle, denn ihr soll eine Vermittlungsfunktion für die schulpolitisch geforderte Erziehung zur ‚Heimatliebe' zukommen. Die Literatur des Realismus, die sich ohnehin in weiten Teilen einem pädagogischen Auftrag verpflichtet fühlt, wird in diesem ideellen Umfeld produziert, aber auch interpretiert und für die Schule verwertbar gemacht. Gustav Freytags[9] Romanzyklus *Die Ahnen*, der von den Pädagogen wegen seiner ‚Heimatwerte' nachdrücklich schon während der achtjährigen Entstehungszeit empfohlen und für den Deutschunterricht aufbereitet wurde, zeigt prägnant die Interdependenzen zwischen literarischem und didaktischem Heimatdiskurs (II.3.1).

Drittens spielt Literatur für die folgenden Überlegungen eine herausgehobene Rolle, insofern es zahlreiche personelle und institutionelle Verknüpfungen zwischen den Wissenschaften und der Literatur gibt. Die Grenzen zwischen den

---

8 August Holder etwa meint, dass sich der „heimatliche Zug, der jedem innewohnt", in einer „begründeten Bevorzugung des Eigenen, Örtlichen, Herkömmlichen, Alten, geschichtlich Gewordenen und einem bedächtigen Prüfen des Fremden, Neuen, willkürlich Gemachten, erst heute unvermittelt ins Leben Gestellten" äußere, und will dies mit Gedichten von Emil Ritterhaus und Karl Wörmann und dem literarischen Werk Theodor Storms belegen. Holder 1886, S. 39.
9 Zu Freytag und dem Liberalismus vgl. Hahn 2016.

Bereichen waren bis 1870 ohnehin durchlässig: Ein mit heutigen Standards der Quellenkritik, des spezifischen Verhältnisses von Subjekt und Objekt und anderen Faktoren vergleichbares stabiles Wissenschaftsparadigma bildete sich Michael Maurer zufolge für die Geschichtswissenschaften erst nach 1870 aus;[10] und dies gilt ebenso etwa für die Volkskunde. Aus diesem Grund wurde es auch nicht als Widerspruch wahrgenommen, dass Wilhelm Heinrich Riehl als Begründer der Volkskunde galt und zugleich als Schriftsteller. Gustav Freytag war promovierter und habilitierter Germanist, betätigte sich als Historiker und war daneben Journalist, Romancier und Dramatiker. Riehls volkskundliche Schriften bedienen sich genauso literarischer Schreibweisen wie Freytags *Bilder aus der deutschen Vergangenheit*, ohne dadurch in Widerspruch zu ihren zeitgenössischen wissenschaftlichen Standards zu geraten. Und als Wissenschaft wahrgenommene Texte wie die von Riehl wurden von literarischen Kreisen stark rezipiert. Gustav Freytag bezieht sich auf Riehl, und auch Theodor Fontanes *Wanderungen durch die Mark Brandenburg* sind ohne Riehl nicht zu denken. Schließlich ist auch der völkische Literaturkritiker, -historiker und -produzent Adolf Bartels ein prägnantes Beispiel für die Verschränkungen des literarischen Feldes mit dem der (Populär-)wissenschaft. Bartels positioniert sich als Literaturhistoriker, -kritiker, -programmatiker und Autor auf dem literarischen Feld der Heimatkunstbewegung, das er durch seine vielfältigen Aktivitäten zu einem guten Teil erst selbst erschafft. Dessen normativer Kraft konnten sich die zeitgenössischen Autoren einerseits nicht vollständig entziehen, andererseits passt ihr Werk teils gar nicht in Kategorien wie die der Heimatkunst, wie das Prosawerk der seinerzeit populären Autorin Clara Viebig zeigen kann (II.3.3).

3.1 Heimat und Pädagogik

In Gottfried Kellers *Martin Salander* (1886) fragt der aus Südamerika in die Schweiz zurückgekehrte Protagonist: „Ich habe gelesen, daß in den letzten Jahren in der Schule eine Art Heimatkunde eingeführt worden sei; wie steht es damit?"[11] Tatsächlich wurde der Lehrinhalt ‚Heimatkunde' im Kanton Zürich erstmals 1848 in den Lehrplan der vierten Volksschulklasse aufgenommen,[12] in den 1870er

---

10 Vgl. Maurer 2003 und Maurer 2004.
11 Keller 1991, S. 440. Die Fiktion legt nahe, dass es sich um das Jahr 1866 handelt.
12 Der Kommentar der *Sämtlichen Werke* verweist auf: *Die Zürcherischen Schulen seit der Regeneration. Festschrift zur Jahrhundertfeier*, hg. vom Erziehungsrat des Kantons Zürich, Bd. 1, Zürich 1933, S. 622 und führt aus: „Ein solcher Unterricht, der aus Geographie, Geschichte und Naturkunde der engeren Heimat der Schüler bestand, wurde schon 1848 in den Lehrplan der vierten

Jahren erhielt die Heimatkunde in der Schweiz genauso wie im Deutschen Reich verstärkte Aufmerksamkeit. Auch wenn sie erst im 20. Jahrhundert eigenständiges Schulfach wird,[13] ist das 19. Jahrhundert der pädagogikgeschichtlich relevante Zeitraum, in dem sich Programmatik, Schulpraxis und Schulpolitik der Heimatkunde ausbilden. Der Bedeutungswandel, dem Heimat in diesen pädagogischen Kontexten im Lauf des 19. Jahrhunderts unterliegt, zeigt die große semantische Spannbreite des Begriffs, der gerade im pädagogischen Feld im Lauf schon eines halben Jahrhunderts geradezu Gegensätzliches ausdrückt.

Die Literatur spielt dabei eine wachsende Rolle, wie schon der Blick darauf zeigt, welche Fächer für die Heimatkunde zuständig waren: Die realienbasierte Heimatkunde entwickelt sich Anfang des Jahrhunderts aus der Geographiedidaktik heraus; im letzten Jahrhundertdrittel findet dagegen vor allem im Deutschunterricht die Vermittlung von Heimat statt, und zwar im Medium der Literatur. Nicht mehr den Realien, sondern der Literatur wird von schulpolitischen Instanzen die Vermittlung von Heimat anvertraut. Nach dem Kriterium der Beförderung von ‚Heimatliebe' wird ausgewählte Literatur auf die Lehrpläne gesetzt und zum Unterricht empfohlen, und sie wird vom Standpunkt des Heimatlichen aus kritisiert und interpretiert.

Literatur kann auf unterschiedliche Art und Weise darauf reagieren. Sie kann zu heimatkundlichen Zwecken verfasst werden, denn im Selbstverständnis einiger Autoren ist Literatur selbst so etwas wie Heimatkunde mit einem pädagogischen Auftrag – nämlich Heimatliebe zu lehren. Kellers Figur Martin Salander etwa war in einem früheren Beruf Lehrer und das Wirken des Heimgekehrten steht, auch ohne Lehramt, unter volkserzieherischem Vorzeichen, ja die Volkserziehung selbst wird ihm zur „wahre[n] Heimat".[14] Salanders volkserzieherische Sache ist zugleich die Kellers und dieser steht mit Jeremias Gotthelf, Charles Dickens, Lew Tolstoi, Berthold Auerbach, Gustav Freytag und vielen anderen in

---

Volksschulklasse aufgenommen. In den 1870er Jahren führte die Erneuerung verschiedener Schulbücher – mit der man das Scheitern der Schulreform von 1872 kompensieren wollte – zu einer Verbesserung des Realunterrichtes. Die Lehrmittel von Heinrich Wettstein fanden auf der Weltausstellung in Paris 1873 große Anerkennung. Es wurde neben der Vermehrung des Anschauungsmaterials darauf geachtet, daß die Inhalte des Realunterrichts auch als Übungsstoff in den Sprachunterricht Eingang fanden." Keller 1991, S. 1158.

13 Seit 1921 gibt es das Fach Heimatkunde in der Grundschule; schon 1908 liegt eine Ministerialanweisung zur Pflege der Heimatkunde vor. In den *Richtlinien für die Lehrpläne der höheren Schulen Preußens* von 1925 wird die Heimatkunde als fächerübergreifendes Unterrichtsprinzip starkgemacht.

14 „Sein Lieblingsfeld war aber die Volkserziehung; sie galt ihm als die wahre Heimat, in welcher er seinen frühen Abfall von der Schule gut machen müsse." Keller 1991, S. 567.

einer Reihe von (früh-)realistischen Autoren, die programmatisch die pädagogische Funktion von Literatur betonen.

Die im frühen 19. Jahrhundert beginnende Geschichte der Heimatkunde und ihr weiterer Verlauf bis zum Beginn des 20. Jahrhunderts (II.3.1.1) sind der historische Hintergrund, auf dem exemplarisch die pädagogische Rezeption von Freytags *Ahnen* ab 1872 diskutiert werden kann. Mit dem Blick darauf, welche pädagogischen Interessen sich historisch an Heimat knüpften, kann besser verstanden werden, wie sich die spezifisch pädagogische Semantisierung von Heimat darstellt und warum Freytags Romanzyklus in dieser Hinsicht zu einem derart attraktiven Gegenstand werden konnte. Es wird gezeigt, wie die Pädagogik mittels des Romans ihren Heimatbegriff füllt und wie literarische und pädagogische Rede über Heimat miteinander verschränkt sind (II.3.1.2.1). Gustav Freytags *Ahnen* demonstrieren, wie ein literarischer Entwurf von Heimat mit explizit pädagogischer Funktion aussehen kann. Der Romanzyklus kommt zeitgenössischen pädagogischen Lesarten entgegen, ohne sich in diesen zu erschöpfen (II.3.1.2.2).

3.1.1 Heimatkunde in Pädagogik und Unterrichtsdidaktik

Der Begriff der Heimatkunde wird erstmals zu Beginn des 19. Jahrhunderts im Umfeld der Unterrichtsdidaktik, genauer in Bezug auf den Geographieunterricht für die Volksschule verwendet.[15] Die Einführung der Schulpflicht, der damit verbundene Ausbau der Volksschule und die beginnende Anwendung des Realunterrichts im Elementarbereich stellen dafür die wesentlichen Rahmenbedingungen dar.

Den Begriff der Heimat führt Johann Wilhelm Matthias Henning in die Unterrichtsdidaktik ein.[16] Sein 1812 erscheinender *Leitfaden beim methodischen*

---

15 Die Geschichte von realienbasierten, sich auf Anschauung gründenden pädagogischen Konzepten ist sehr viel länger. Einer der pädagogikgeschichtlich prominentesten Vorläufer des Realunterrichts ist die Gothaische Schulordnung von 1662, wobei diese nicht als repräsentativ für ihre Zeit gelten kann und die tatsächliche Umsetzung fraglich ist, vgl. Mitzlaff 1985, Bd. 1, S. 63–71. Hartmut Mitzlaffs dreibändige Studie zur Geschichte der Heimatkunde ist bis heute die umfassendste Arbeit zum Thema. Einen guten Überblick bietet auch der historische Teil des Artikels ‚Heimatkunde' im Enzyklopädischen Handbuch der Pädagogik, vgl. Scholz 1897, S. 418–421. Zum Zusammenhang von Volkserziehung und Heimatforschung vgl. auch Greverus 1972, S. 296–299.

16 Die Bedeutung Hennings wird in der gegenwärtigen Forschung nicht angemessen gewürdigt, meist wird er gar nicht genannt und Harnisch als Begründer der Heimatkunde genannt. Hartmut Mitzlaff weist zwar auf Henning hin, muss sich dabei aber auf ältere Forschung beziehen (Singer),

Unterricht in der Geographie basiert auf seiner Lehrertätigkeit zwischen 1809 und 1812 am berühmten Institut Pestalozzis im schweizerischen Iferten (heute Yverdon-les-Bains) und ist den Ideen Pestalozzis verpflichtet.[17] Jede Erkenntnis der Erde, so der Hauptgedanke, fange mit „der Erkenntniß der Heimath"[18] an. Zentral für Henning ist, dass der Mensch, „welcher den Wohnort seines Geschlechts, die Erde, kennen lernen will, diese Erkenntniß vor allen Dingen mit dem Theilchen anfangen müsse, das er selbst zunächst bewohnt und mit seinen Blicken überschaut". Die Zöglinge müssten „immer mehr *heimisch* werden, da, wo sie zu Hause sind",[19] und diese Erkenntnis der „heimathlichen Gegend"[20] dient im weiteren Lernen dann der Welterkenntnis; eine politische Geographie – und damit auch Fragen des Nationalen – möchte Henning hingegen ausdrücklich aus der Geographie ausschließen, mindestens aber anderen Fragen unterordnen.[21] Heimat wird in der geographiepropädeutischen Unterrichtsspanne erforscht, dem aufbauenden Geographieunterricht ist dann die Lehre von der Welt, also den weiter entfernten Gegenden, vorbehalten. Der Ansatz ist menschheits- und individualpsychologisch begründet, insofern das Kind die Menschheitsentwicklung im Individuellen wiederhole.[22] Nicht das Abstrakte, sondern das Konkrete, sinnlich Erfahrbare und lebensweltlich Relevante entspreche entwicklungspsychologisch den Bedürfnissen des jüngeren Kindes, wie Henning anschaulich an der eigenen Erfahrung erläutert:

---

da ihm der Text nicht zugänglich war. Da sämtliche jüngere Forschung sich auf Mitzlaff bezieht, entsteht nach meinem Eindruck ein Missverhältnis in der historischen Darstellung.

17 Vgl. schon die emphatische Widmung an Pestalozzi in Henning 1812. Einen zentralen Einfluss haben außerdem die Geographen Carl Ritter und Johann Georg Tobler, Letzterer ebenfalls an Pestalozzis Institut tätig und der unmittelbare Vorgänger im Amt für den Geographieunterricht in Iferten (Tobler unterrichtet zwischen 1800 und 1808, Henning zwischen 1809 und 1812 Geographie in Iferten). Henning zitiert beide ausführlich in seinem *Leitfaden*.
18 Henning 1812, S. 12.
19 Alle Henning 1812, Vorrede S. 41.
20 Henning 1812, Vorrede S. 30.
21 Vgl. Henning 1812, Vorrede S. 17, S. 34.
22 Der Ansatz beruhe auf der Erkenntnis, „daß der Mensch den Anfang seiner Erdkunde bey *dem* Theil der Erdoberfläche gemacht habe, und noch immer machen müsse, der ihm vor Augen liegt, – daß der elementargeographische Unterricht also das Kind seine heimathliche Gegend kennen lehren [...] müsse." Henning 1812, Vorrede S. 19. In diesem Sinn führt der Autor aus, „daß der erste Haupttheil der Elementargeographie schicklicher heißen könnte: ‚Anweisung, wie Kinder in der Beobachtung und Erkenntniß der Natur ihrer heimathlichen Gegend zu führen sind, mit besondrer Beziehung, nicht etwa auf die Mineralogie oder Botanik etc., sondern auf die Kenntniß und Beschreibung des ihnen vor Augen liegenden Landes, als eines Theils der Erdoberfläche'." Henning 1812, Vorrede S. 30.

Ich mußte die Palmen und die Gewürzbäume beschreiben nach Beschreibungen, aber was Gerste und Hafer sey, wie die Eiche sich von der Tanne, die Buche von der Birke unterscheide, und welche Sträucher in den Wäldern und Gärten und an den Landstraßen ständen, das lehrte man mich nie. Ich kenne noch jetzt meine Heimath nicht; ich fühle den unersetzlichen Verlust; ich fühle und erkenne es klar, wie mein Geist leicht ohne Quaal für mich und den Lehrer und ohne Aufwand für die Eltern in rege frohe Thätigkeit hätte gesetzt werden können [...].[23]

Das Lernen durch selbständige Anschauung des Kindes[24] – im Umfeld der Pestalozzischule erprobt, revolutionär in Bezug auf die gängige Unterrichtspraxis der Zeit[25] – verbindet sich mit einem empirisch-rationalistischen Weltbild: Wahrheit, Wirklichkeit und Wissenschaftlichkeit werden ausdrücklich als Leitlinien genannt.[26] Die Natur wird zum „Stoff der selbstthätigen Erkenntniß" und ihre Erfahrung wird durch Wanderungen im Klassenverband gewährleistet.[27] Heimat ist zusammengefasst also das Fundament eines anschauungsbasierten Unterrichts, auf das man dann die Vermittlung des weiter Entfernten, Abstrakteren aufsatteln kann. Schon die Geschichte der Geographie lehre, dass diese mit „der Erkenntniß der Heimath anfing, daß jeder Mensch sein Wissen um die Erde mit der Erkenntniß desjenigen Theils der Erdoberfläche beginnen muß, der innerhalb seines Horizontes vor seiner Anschauung da liegt".[28]

Der Begriff Heimatkunde wird durch den Pädagogen Christian Wilhelm Harnisch (1787–1864) eingeführt, und zwar in seiner 1816/1817 veröffentlichten *Weltkunde*, deren erster Teil die sogenannte Heimathskunde bildet. Harnisch kennt Henning persönlich; beide nehmen 1812 ihre Lehrertätigkeit in Breslau auf und arbeiten eng zusammen;[29] der *Leitfaden* Hennings wird zum Teil wörtlich von Harnisch aufgegriffen.[30] Der Realunterricht für die Kleinsten wählt genau wie bei Henning aus entwicklungspsychologischen Gründen die nächste Umgebung zum

---

23 Henning 1812, S. 24.
24 Vgl. Henning 1812, S. 12–14.
25 Die Praxis des Auswendiglernens wird schon spätestens seit dem 17. Jahrhundert von Pädagogen beklagt und durch anschauungsbasierte Programmatiken kontrastiert, etwa bei Wolfgang Ratke, Johann Amos Comenius, Andreas Reyher, Johann Bernhard Basedow, August Herrmann Francke oder Christian Gotthilf Salzmann. Der Begriff der Heimat ist indes erst durch Henning, der Begriff der ‚Heimatkunde' erst durch Harnisch eingeführt worden.
26 Vgl. Henning 1812, Vorrede S. 41.
27 Henning 1812, Vorrede S. 20.
28 Henning 1812, S. 12.
29 1814 gründen Harnisch und Henning gemeinsam den Breslauer Schullehrerverein, wie aus dem *Handbuch der Berliner Vereine und Gesellschaften 1786–1815* hervorgeht, vgl. Motschmann 2015, S. 121.
30 Vgl. Singer 1914, S. 88.

Anschauungsgegenstand: Da „die Kinder nur eine kleine Welt haben", müsse „die Weltkunde auch mit dieser ihrer kleinen Welt anfangen".[31] Anschauung wird hier – radikaler noch als bei Henning – explizit gegen die Methoden des Auswendiglernens gestellt. Stattdessen sollen konkrete sinnliche Erfahrung und aktive Untersuchung das Lernen des Kindes befördern. Dazu verlässt man den Klassenraum, erkundet die Umgebung und ermutigt die Kinder zu selbständigem Forschen. Der konkrete Erfahrungshorizont des Kindes wird zum didaktischen Organisationsprinzip des Unterrichts, in dem die einzelnen Erkenntnisgegenstände auseinander folgen sollen. Die anschauungsbasierte Erkundung der Heimat, verstanden als unmittelbare lokale Umgebung, dient als Ausgangspunkt, um in den folgenden Schritten zur Weltkunde, zur Erkenntnis auch ferner, nicht mehr sinnlich erfahrbarer Gegenstände zu gelangen. Den Kindern solle gezeigt werden, „daß sich an die Heimath noch andere Länder anschließen, daß die Flüsse der Heimath in andere Länder hineinfließen, daß die Heimath nur ein kleiner Theil von dem Lande sei, in welchem man noch dieselbe Sprache spricht, daß dieses wieder ein kleiner Theil von der ganzen Erde sei etc.".[32]

Hatte Henning die Erweiterung von Heimat noch als Welt gefasst, differenziert Harnisch zwischen Heimat, Erde und Vaterland. Seine Weltkunde gliedert sich in drei Teile, die diese Reihenfolge einhalten: die Kunde von der Heimat, die Kunde von der Erde, die Kunde des Vaterlands. Und diese Reihenfolge ist durchaus als Steigerung gemeint: „Der Anfang der Weltkunde ist also die Heimath; das Ziel soll sein gottesfürchtiges Würken und Leben für das Vaterland."[33] Dieses Ziel des Wirkens und Lebens fürs Vaterland werde umso besser „erreicht werden, einen je

---

31 Beide Zitate Harnisch 1817, S. 5. Zuvor schon 1816 unter dem Titel „Leitfaden beim Unterricht in der Weltkunde" in der Zeitschrift *Der Schulrath an der Oder* veröffentlicht.
32 Harnisch 1817, S. 69.
33 Harnisch 1817, S. 5. Dem Zitat unmittelbar voran steht folgender erläuternder Absatz: „Aus dem menschlichen Wesen scheint sich in Hinsicht der Weltkunde Folgendes zu ergeben. Je enger und beschränkter des Menschen Wesen ist, desto enger ist auch seine Welt. Dem Bauer ist oft sein Dorf mit einigen daran gränzenden die Welt. Und sehr richtig sagte in dieser Hinsicht ein Mal ein märkischer Drescher: ‚Wie toll geht das jetzt nicht in der Welt her, wie mag dis nicht erst in Berlin sein!' Auch in allen Sprachen hat daher das Wort *Welt* einen sehr engen und einen sehr weiten Begriff nebst vielen dazwischen liegenden. Gerade aus diesem Grunde habe ich das Wort *Weltkunde* gewählt, weil sie soll allmälig dem Schüler die Welt in immer größern Umrissen kennen lehren. Zugleich ergibt sich aus den Vorigen, daß, da die Kinder nur eine kleine Welt haben, die Weltkunde auch mit dieser ihrer kleinen Welt anfangen muß. Denn jeder Unterricht muß ja an das Bekannte das Unbekannte schließen, damit es mit demselben verwachse als etwas Gleichartiges. Also nicht mit Allgemeinheiten, nicht mit der ganzen Erde kann die Weltkunde anfangen, sondern mit den nächsten Umgebungen des Schülers, mit des Schülers Welt und nicht mit der Welt des Lehrers." Harnisch 1817, S. 5.

weitern Weg man durch die ganze Erde nimt."³⁴ Heimat und Vaterland, so merkt Harnisch noch einmal eigens an, verwende er „scharf unterschieden": „Heimath ist die Geburtsgegend, als Geburtsort, Geburtskreis, Geburtsprovinz; das Vaterland geht so weit, als gemeinschaftliches Denken in gemeinschaftlicher Sprache reicht." Schon bei Harnisch kann damit die im späteren 19. Jahrhundert zentral werdende Idee gefunden werden, dass Heimatverständnis Fundament der Nationsbildung sei: „Der Schlesier, der Märker, der Würtemberger, der Westfale haben verschiedene Heimathen, aber nur ein Vaterland, nämlich Deutschland"³⁵ (vgl. I.2.2.1). Diese Idee ist hier allerdings auf eine Weise kosmopolitisch abgefedert, wie es im weiteren Verlauf des Jahrhunderts immer seltener der Fall sein wird.

Ein pädagogisches Lexikon von 1835 schlägt im Artikel ‚Erdbeschreibung' zum Geographieunterricht eine andere Reihenfolge von Heimat, Nation und Erde vor, nämlich die vom Kleinsten zum Größten – und wieder zurück. Der Elementarunterricht müsse „sich, wenn er zweckmäßig seyn soll, an die Heimath anschließen".³⁶ Dabei hat die Heimat hier eine rein methodische Funktion, insofern sie dem unmittelbaren Erfahrungsbereich und der altersgemäßen Auffassungsgabe des Kindes entspricht. Die langsame Erweiterung des Lehrbereichs von „Wohnort" zu „Amt", „Kreis", „Bezirk", „Provinz", „Vaterland" geht über Europa zur Welt: „Außer unserem Staate gibt es noch mehrere andere, die ebenfalls deutsche Staaten sind, und welche zusammengenommen Deutschland bilden. Nun gibt es wieder viele andere Staaten und Länder auf der Oberfläche der Erde, und diese wird in 5 Erdtheile eingetheilt."³⁷ Erst nach diesem mit der „Heimath" beginnenden und dem „Globus" endenden Elementarunterricht fange der eigentliche geographische Unterricht an. Dieser verfährt andersherum: Von der Erde als ganzer, den Weltteilen, Europa geht es wieder zurück zum „Heimathslande"³⁸ des lernenden Kindes, wobei damit dann nicht mehr die unmittelbare Umgebung, sondern der jeweilige deutsche (Klein-)Staat gemeint ist. Anders als bei Harnisch ist also nicht das – *alle* deutschen Staaten umfassende – Vaterland Zielpunkt der Didaktik, sondern das jeweilige Land, der jeweilige deutsche Staat.

---

34 Harnisch 1817, S. 6.
35 Alle Harnisch 1817, S. 5.
36 Anonym 1835, S. 263.
37 Anonym 1835, S. 264.
38 „Nach diesem hier aufgestellten Gang, knüpft sich also der Elementarunterricht an die Heimath an, und endet mit der Anschauung des Globus, um von dort aus erst ein eigentlicher geographischer Unterricht zu werden, das Nöthige aus der allgemeinen Geographie, dann die Kenntniß fremder Erdtheile und zuletzt die von Europa zu geben, und da bei dem Heimathslande ein nach dem Zwecke der Schule mehr oder weniger vollständige Heimathskunde zu werden." Anonym 1835, S. 266.

Entsprechend ist der Nationalstaat gewissermaßen nur eine von vielen Durchgangsgrößen zwischen Heimat und Globus.

In der ersten Jahrhunderthälfte ist eine große Zahl heimatkundedidaktischer Modelle in der Geographiepropädeutik entwickelt worden.[39] Vor allem Friedrich August Fingers (1808–1888) *Heimatskunde* von 1844 sticht durch die Radikalität des darin vertretenen Anschauungsprinzips heraus. Seine im Umfeld einer reformfreundlichen Weinheimer Real- und Bürgerschule entwickelte Methode basiert auf einem Unterrichtsverständnis, das sich am Kind orientiert und kausalanalytisches Denken auf der Grundlage selbständiger Erkenntnisprozesse fördern will.[40] Finger grenzt die Heimatkunde mit seiner ausdrücklichen Beschränkung der Unterrichtsmethoden auf empirische Weltaneignung und -beschreibung von religiöser ebenso wie von nationaler Gesinnungsbildung ab und interpretiert das Anschauungsprinzip für seine Zeit sehr weitgehend in der Art, dass nur wissenschaftskonforme Aussagen zugelassen werden. Heimat lasse sich, so heißt es wörtlich, nicht „nach politischen Rücksichten",[41] sondern ausschließlich nach geographischen erkunden, und so sei es selbstverständlich, dass der Heimatkundeunterricht beispielsweise in Saarbrücken auch französisches Gebiet umfasse. Heimat zeigt sich hier nicht als die kleinste Einheit des (National-)Staates, sondern als eine nicht an politische Grenzen gebundene Größe. Finger ist damit einer der ganz wenigen Autoren, gleich welcher Disziplin, der das subversive Potential, das Heimat eigentlich in Bezug auf nationalstaatliche Interessen hat, erkennt und auch explizit macht.[42]

---

39 Vgl. Mitzlaff 1985, Bd. 2, S. 751.
40 „Heimatskunde ist eine auf Anschauung begründete Bekanntmachung mit der heimatlichen Gegend." Finger 1876, S. 4.
41 Finger 1876, S. 4. Schon Henning verweist nachdrücklich darauf, dass sich die politische Erdbeschreibung der geographischen Erdbeschreibung unterzuordnen habe: „[...] warf er endlich die wenigen Bücher, die er sonst benutzt hatte, weg, und fasste die so reiche Natur seines schweizerischen Vaterlandes allein in's Auge. Hier fand er nun 1) eine über alle Willkühr und allen Wechsel erhabene physische Eintheilung des Landes durch Gebirge etc., die sich nicht nur in seinem bergigen Vaterlande bis auf den väterlichen Hügel, bis auf das heimathliche Thal hinab bewährte, sondern über die ganze Erde sich gleichartig aussprach, und welcher sich auch die politische Erdbeschreibung aller Zeiten leicht und sicher unterordnete." Henning 1812, S. 12–13.
42 Finger geht im zeitgenössischen Vergleich weit. Aber auch in anderen Heimatkunden der Zeit ist zumindest die Gewichtung zwischen pragmatischen Interessen und dem Interesse an der Entwicklung von Vaterlandsliebe eine deutlich andere als später, vgl. etwa Schulzes Heimatkunde: „Unter allen Ländern Europa's hat unser deutsches Vaterland für uns die größte Wichtigkeit. Darum ist es auch natürlich, daß wir demselben beim Unterrichte in der Geographie die größte Aufmerksamkeit widmen und mit seiner Beschaffenheit und Einrichtung uns gründlicher bekannt zu machen suchen, als mit der Beschaffenheit und Einrichtung anderer europäischer Länder. Unter den Staaten Deutschlands haben wir aus gleichem Grunde vorzüglich den kennen

Die ursprünglichen Konzeptionen von Heimatkunde enthalten nichts von dem, was sich ab dem letzten Jahrhundertdrittel mit ihr zu verbinden beginnt – sentimentale Erzählung, mythologisierende und antimodernistische Gesinnungsbildung des Nationalen. Heimat bedeutet im Kontext dieser geographiepropädeutischen Heimatkunden den konkreten Lebensort, nicht ein Surrogat des Nationalen. Harnischs und Fingers Heimatkunde haben in weiten Teilen einen aufklärerischen Ansatz, der von der Entwicklungspsychologie des Kindes ausgeht. Solche Ansätze waren von Anfang an Widerständen ausgesetzt.[43] Schon nach Ende der oktroyierten Liberalisierung während der napoleonischen Besatzung verstärkten sich die politischen Maßnahmen gegen den Real- und damit auch den Heimatkundeunterricht. In einem Rundschreiben des Preußischen Ministeriums für Unterrichtsangelegenheiten von 1829 wird der Volksschulunterricht auf christliche Religion, Ehrfurcht und Folgsamkeit und die basalsten Fähigkeiten im Lesen, Schreiben und Rechnen beschränkt, Anschauungs- und Realunterricht dagegen ausdrücklich untersagt. 1841 wird für Preußen eine Anordnung erlassen, nach der Landschullehrer in Naturkunde und Geographie nur nach Lehrbüchern und nicht nach dem Prinzip der Anschauung zu unterrichten haben, in einem Folgeerlass von 1844 wird reale Anschauung ausdrücklich untersagt, Real-Lehrbücher werden verboten. Frühere schulpolitische Maßnahmen zugunsten des Anschauungs- und Realunterrichts werden nach dem Scheitern der bürgerlichen Revolution wieder zurückgenommen. Der Höhepunkt des forcierten Kampfes gegen die als atheistisch diffamierte Realbildung sind die sogenannten Stielschen Regulative von 1854, durch die der Realunterricht völlig aus der

---

zu lernen, in welchem wir wohnen, oder der unsre besondere *Heimath*, unser besonderes Vaterland bildet. Solche Heimathskunde ist namentlich für Den unentbehrlich, dem das Vaterland zum bleibenden Aufenthalte dienen und der in demselben einst dem von ihm erwählten Berufe leben soll. Da nun die Kinder in Volksschulen der überwiegenden Mehrzahl nach innerhalb der Grenzen des Vaterlandes leben und wirken sollen, so müssen sie auch weit eher und weit gründlicher mit den Eigenthümlichkeiten ihres Vaterlandes bekannt gemacht werden, als mit denen anderer Länder. Wie könnten sie bürgerliche Gewerbe einst erfolgreich betreiben, wenn sie mit den Producten und Fabrikaten des Inlandes unbekannt wären? Wie könnten sie einst in Amt und Würden auf das Wohl ihrer Mitbürger heilsam einwirken, wenn sie nichts wüssten von den Landeseigenthümlichkeiten, von den gesetzlichen Vorschriften, von den Bedürfnissen und Leistungen der Einwohner […] von den zur Hebung des Volkswohles sich darbietenden Mitteln ihrer Heimath? / Für uns Gothaer hat aber eine genaue Kenntniß unsers Vaterlandes [d.i.: Gotha] noch den Nutzen, daß sie uns dasselbe achten und lieben lehrt. Denn so klein dasselbe im Verhältniß zu andern Ländern sein mag, so bietet es doch so viel des Guten dar, daß wir uns glücklich preisen können, ihm anzugehören." Schulze 1846, S. 1–2.
43 Ausführlicher vgl. Mitzlaff 1985, Bd. 2, S. 767–782.

Volksschule verbannt wird und an dessen Stelle wieder alternativlos der Religionsunterricht rückt.[44]

Mit der Reichsgründung setzt eine Wende in der Schulpolitik ein. Diese Wende steht u. a. auch im weiteren Kontext des sogenannten Kulturkampfes, in dem das Ringen zwischen Staat und Kirche um den vorherrschenden Einfluss auf das gesellschaftliche Leben und eben auch auf die Bildungspolitik eskaliert.[45] Mit den *Allgemeinen Bestimmungen* für die preußischen Volksschulen und Seminare von 1872 werden die Stielschen Regulative für Preußen revidiert. Vorgesehen ist nun die Anschauungsmethode für den Spracherwerb im Rahmen des Deutschunterrichts der Unterstufe, in der Mittel- und Oberstufe ein die ‚Heimathskunde' einschließender Realunterricht, der die Lehrgegenstände Geschichte, Geographie, Naturbeschreibung und Naturlehre umfasst.[46] Die *Allgemeinen Bestimmungen* legen fest: „Der geographische Unterricht beginnt mit der Heimathskunde; sein weiteres Pensum bilden das deutsche Vaterland und das Hauptsächlichste von der allgemeinen Weltkunde [...]." Bei der Aufstellung des Lehrplans sei es vorzuziehen, „nöthigenfalls den Umfang des Lehrstoffes zu beschränken, statt auf dessen Veranschaulichung zu verzichten und den Unterricht in Mittheilung bloßer Nomenclatur ausarten zu lassen".[47] Somit werden sowohl der Begriff der Heimatkunde als auch Teile ihrer Methode aus der ersten Jahrhunderthälfte schulpolitisch implementiert. Insgesamt bleibt das Programm aber weit hinter seinen Vorgängern zurück: Unter Veranschaulichung wird ausschließlich der Einsatz von Bild- und Kartenmaterial verstanden, Wanderungen oder andere Formen aktiver Weltaneignung, wie sie Henning, Harnisch und Finger schon vorsahen, werden ausgeschlossen.

Auch wenn also von einem relativen Fortschritt gegenüber den Stielschen Regulativen gesprochen werden muss, ist das aktive Anschauungsverständnis der früheren Heimatkundemodelle nicht annähernd erreicht. Ja, die Neuauflage der Heimatkunde stellt bezogen auf ihre ideellen Voraussetzungen eine diametrale Verkehrung der früheren Intentionen dar. Denn die Idee des Anschauungsunterrichts wird zwar partiell aufgegriffen, dies geschieht aber unter dem geänderten,

---

44 Zu den nach Ferdinand Stiehl benannten Regulativen und ihren Auswirkungen auf die literarische und schulische Praxis (hier mit Schwerpunkt auf dem ‚Klassikerverbot' der Regulative für die Volksschule) vgl. Parr/Wülfing 1996.
45 Im engeren Sinn bezieht sich der Begriff des Kulturkampfes auf die Auseinandersetzung zwischen Bismarck und Papst Pius IX., im weiteren Sinn wird er auch als Bezeichnung eines gesamteuropäischen Phänomens dieser Zeit verwendet, vgl. Clark/Kaiser 2003.
46 Einen Überblick über die Kontexte gibt Nipperdey 1990, S. 534; genauer vgl. Mitzlaff 1985, Bd. 2, S. 783–796; Frank 1976, Bd. 2, S. 487–494.
47 Alle Zitate: Anonym 1872, S. 596.

der Methode der wertfreien Empirie grundsätzlich entgegenstehenden Vorzeichen der Gesinnungsbildung.

Geht es um Gesinnungsbildung, ist es folgerichtig, dass das programmatische Bildungsziel der Heimatkunde sich schwerpunktmäßig vom Fach Geographie auf den Deutschunterricht verlagert.[48] In diese Richtung weist eine Preisschrift des Pädagogen Hugo Weber von 1872, die ein neues nationales Bildungsprogramm für die Volksschule ausruft. Zu ihren Leitthesen gehört, dass „jede auf Kosmopolitismus berechnete Bildung" entnationalisiere, dass sie „heimat- und ruhelos" mache und „dem Individuum den innern Halt" raube.[49] Heimat und Welt werden zu Widersprüchen. Das Lesebuch der Volksschule soll für Weber zur nationalen Erbauungsschrift werden, indem es eine Brücke zur Heimatkunde schlage; „in schönen Schilderungen" – mit anderen Worten mittels der Literatur – sollen der „deutsche Boden, die deutschen Kulturpflanzen, die deutschen Hausthiere, das einfache, friedliche und gemüthvolle Naturleben der Schäfer, Hirten und Jäger", ferner „der Wein-, Berg- und Ackerbau, vor allem der deutsche Wald"[50] dargestellt werden.

Nicht mehr Realien (wie im Realienteil des älteren vaterländischen Lesebuchs), sondern Literatur soll Heimat vermitteln; die Literatur selbst wird zur Heimatkunde. Das heißt, dass Heimat von den Schülern über literarische Darstellungen erfahren werden soll. Und Heimatkunde steht für Weber, auch dies diametral entgegengesetzt zu Fingers Intentionen, nicht mehr im Widerspruch zu religiösen und nationalen Ideen: „[E]s sei eine weltlich, eine nationale Bibel, die jeden Deutschen auf seinem Lebenswege begleite; es sei ein Buch, das, wie Bibel und Gesangbuch, ein jedes Haus besitze, aus dem ein jeder seine Sprache der Form nach bilden und veredeln, Herz und Gemüth erwärmen und erfrischen könne [...]."[51] Die soziale Wirklichkeit der im letzten Drittel des 19. Jahrhunderts vorwiegend städtischen Volksschüler mit ihren Mietskasernen, Fabriken, einer Arbeiterbewegung und einer Aktienbörse soll also gerade nicht beschrieben werden, vielmehr wird sie mit einer Ersatzwirklichkeit vertauscht.[52] In diesem

---

48 Im Artikel ‚Gesinnungsunterricht' des *Pädagogischen Lexikons* von Hermann Schwartz werden Religion, Deutsch und Geschichte zu den bevorzugten „Gesinnungsfächern" gezählt, Anonym 1929, Sp. 468. Zur Geschichte des Deutschunterrichts vgl. umfassend Frank 1976.
49 Alle Zitate Weber 1872, S. 9.
50 Alle Zitate Weber 1872, S. 111.
51 Weber 1872, S. 110–111.
52 Die Oppositionsbildung von Großstadt und Land innerhalb eines Heimatverständnisses, dem zufolge nur auf dem Land Heimat sein kann, findet sich ab dem letzten Jahrhundertdrittel und verstärkt dann zu Beginn des 20. Jahrhunderts; vgl. auch das Kapitel II.3.3. So heißt es in der Schrift des Schulrats Dr. A. Mollberg zu *Heimat und Charakterbildung. Richtlinien für bodenständige Erziehung* von 1916, „Erwerbssucht und äußerer Lebensgenuß" locke die Menschen in

Sinn kann hier von Heimat als Komplementärideologie gesprochen werden, einer die Realität verleugnenden Verheißung, die in manipulativer Absicht eingesetzt wird (vgl. I.1.3).[53]

Nicht nur im Volksschulbereich, sondern parallel auch hinsichtlich der höheren Schulen – Gymnasien, Oberrealschulen, Realgymnasien – ist diese didaktische Neusemantisierung von Heimat zu beobachten. So richtet sich etwa der Deutschlehrer und spätere Germanistikprofessor Rudolf Hildebrand in seiner erstmals 1867 erschienenen, nach 1871 in überarbeiteter Form große Verbreitung findenden Schrift *Vom deutschen Sprachunterricht in der Schule und von deutscher Erziehung und Bildung überhaupt* gegen die „Richtung zur Abstraktion" und das „Übersehen des Wirklichen, das uns nahe und täglich umgibt".[54] Er steht damit vermeintlich in einer Linie mit der Heimatkunde des Jahrhundertbeginns, füllt die Forderung nach Anschauung und die Ablehnung von Abstraktion aber mit ganz anderen Inhalten. Sich zur Wirklichkeit hinzuwenden, bedeutet für ihn, sich auf das spezifisch Deutsche zu besinnen und von allem Fremden abzukehren.[55] Aufgeklärter Kosmopolitismus wird als blutleere Abstraktion verworfen. „Aber im neunzehnten Jahrhundert ist die Zeit gekommen, daß wir von der weiten Lustreise wieder in die Heimat voll einziehen können, unsern Mittelpunkt wieder in uns

---

die Großstadt, deren Realität indes äußere und innere Verwahrlosung sei: „Das Familienleben mit seiner Leben erhaltenden Wärme ist gelockert, bald zerstört und verödet. Denn wo kein heimelnder Herd mehr ist, der Altar des Hauses von guten Geistern verlassen steht, da herrschen körperliches und sittliches Elend: Armut, hohle Wangen, Zank und Unfriede. – Und in der alten Heimat daheim gibt es Arbeit und Brot und ein eigen Häuschen am sonnigen, sauberen Garten. Da kann die Gesundheit spendende Sonne den ganzen Tag ins Zimmer, da erfreut die grüne Wiese das Auge und auch das kleinste Ährenfeld das Herz. Dort blüht das Leben. Da ist Gelegenheit geboten zu sparen und einzuheimsen, statt zu verschleudern, ein Stück Grund und Boden zu erwerben, einen Besitzstand zu sichern. Und ist das nicht ein edleres Vergnügen, wenn in trauter Feierstunde die Familie sich vor der Tür des Hauses zu friedlichem Gespräch versammelt, und wenn Sonntags Wald und Flur zu froher Wanderung laden? Wenn der Frühling zu unschuldigem Tanz unter der Linde und die Weihnachtsglocken zu beseligender Feier unter dem Christbaume die ganze Familie vereinigen?" Mollberg 1916, S. 7–8.

53 So definiert der Politologe Kurt Lenk die Komplementärideologie. Vgl. Lenk 1994. Hartmut Mitzlaff verweist auf die Funktion der Heimat als „Ersatz- und Gegenwelt" im pädagogischen Kontext, Mitzlaff 1985, Bd. 2, S. 794.

54 Beide Zitate Hildebrand 1910, S. 75. Zu Hildebrand vgl. auch Schneider 2005, S. 247–249.

55 „Das deutsche Volk ist ja förmlich dazu erzogen worden von dem Gange seiner Kultur, sich selbst und das Seine als im höhern Geistesleben der Welt nicht hoffähig anzusehen, sich seiner Ichheit nach Kräften zu entäußern und – sich ein neues, andres Ich weit draußen herzuholen auf einem Wege, der notwendig die ganzen schweren Gebrechen jener gelehrten und verkehrten Abstraktion an sich tragen mußte [...]." Hildebrand 1910, S. 75.

selbst versetzen [...]."⁵⁶ Das 19. Jahrhundert, so Hildebrand, sei das Jahrhundert der Heimat, und er versteht das als Ausdruck der nationalen Selbstbesinnung. Was an diesen an nationalen Idealen orientierter Vision von Schule anschaulich und nicht abstrakt sein soll, bleibt das Geheimnis Hildebrands.

Die Bildungstheoretiker, -praktiker und -politiker des Wilhelminischen Reiches kamen mit ihrer Neuauflage des Heimatkundeunterrichts dem gesellschaftlichen Bedürfnis nach Realwissen vermeintlich entgegen, das mit den technologischen und ökonomischen Entwicklungen gewachsen war und auch in der Gründung von Realschulen zum Ausdruck kam. So wird es möglich, dass der Heimatkundeunterricht erstmals 1876 nicht mehr als (propädeutisches) Fach, sondern als fächerübergreifendes methodisches Prinzip jedes anschauungsbasierten Unterrichts verstanden wird.⁵⁷ Zugleich wurde die Heimatkunde nicht mehr als wertneutrale Methode verstanden, sondern als Möglichkeit der Erziehung zu nationalen Anschauungen.⁵⁸

Eine neue Stufe des Verständnisses von Heimatkunde als Vermittlerin ideeller Werte wurde in den 1890er Jahren erreicht, eingeleitet durch den Erlass von 1889 zur Bekämpfung sozialistischer und kommunistischer Ideen durch die Schule im Rahmen der sogenannten Sozialistengesetze und die Ansprache Wilhelms II. auf der Berliner Schulkonferenz von 1890, fortgesetzt durch die Gymnasiallehrpläne von 1892, die den Deutschunterricht erklärtermaßen stärken, um das nationale Selbstbewusstsein als oberstes Bildungsziel der Schule durchzusetzen. Gerade unter den Deutschlehrern und Hochschullehrern der Germanistik fand die damit verbundene Heimatkundeidee begeisterte Gefolgsleute, etwa beim schon genannten Rudolf Hildebrand oder dessen Schüler Otto Lyon. Die radikalen völkischen Anschauungen, die Lyon neben anderen – etwa Hans Zimmer mit seiner „Volkstums-" bzw. „Deutschtumspädagogik"⁵⁹ (1904) – vertritt, entsprechen zu

---

56 Hildebrand 1910, S. 76.
57 Der Anschauungsunterricht, so der Leipziger Pädagogikprofessor Ziller, darf „nicht auf bestimmte Stufen und Jahre beschränkt sein [...] und ein besonderes Lehrfach kann er ebenso wenig bilden, weil er [...] bei Vorstellungen aller Art nothwendig ist. Er ist immer ein Theil der Analyse und schreitet an der Hand des Neuen fort, und so folglich auch der eine Zweig des Anschauungsunterrichts, der sich auf die äusseren Erfahrungsobjecte bezieht, die Heimathskunde." Ziller 1876, § 23, S. 219.
58 Das „konservative Dilemma: modernisieren zu müssen, aber die Folgen der Modernisierung auch begrenzen, einhegen und einbinden zu wollen", wird so gemeistert. Nipperdey 1990, S. 538.
59 Zimmer 1904, S. 7. Hans Zimmer spricht in seiner Schrift *Volkstumspädagogik* für den deutschen Sprachraum von Deutschtumspädagogik; vgl. auch Zimmer 1903. Hans Zimmer schreibt an anderer Stelle über seine „Deutschtumspädagogik": „Die geographische Bedingtheit der Pädagogik vom vaterländischen Boden wird zu beachten sein." Zimmer 1905, S. 55. Als Grundlage jeder Pädagogik will Zimmer nicht mehr wie Herbart die Philosophie, sondern das Prinzip des Volks-

diesem Zeitpunkt wohl noch nicht der mehrheitlichen Ansicht der Pädagogen seiner Zeit,[60] aber sie sind auch keine marginale Strömung. Schulrat Dr. A. Mollberg repräsentiert dann den pädagogischen Zeitgeist während des Ersten Weltkriegs, wenn er es 1916 in seiner Schrift *Heimat und Charakterbildung* als „heilige Aufgabe" der Pädagogik bezeichnet, das Wort „Am deutschen Wesen soll die Welt genesen" Wahrheit werden zu lassen.[61] „Heimatbildung" heißt für ihn: „Weniger *Bücher* und mehr *Heimat!*"[62]

Auf den Beginn des 20. Jahrhunderts lässt sich auch die zunehmende Ausrichtung der Deutschdidaktik auf die Disziplin der Volkskunde (II.3.2) datieren.[63] Für eine Zusammenführung von Volkskunde und Deutschunterricht plädiert der promovierte Germanist Walther Hofstaetter mit seiner „Deutschkunde" (1912 bzw. 1917),[64] die eine regelrechte Deutschkundebewegung auslöste.[65] Hofstaetters pädagogisches Programm will den Deutschunterricht nicht auf philologische und sprachliche Themen beschränkt, sondern als eine Erziehung zum ‚Deutschsein' verstanden wissen. Deutschkunde präsentiert sich sowohl als ein in Methoden

---

tums aufstellen. Pädagogische Methoden werden aus (so Zimmer) wissenschaftlich noch weiter zu fundierenden spezifisch deutschen Wesensmerkmalen abgeleitet. So ergebe sich aus der deutschen Naturliebe die Methode des Unterrichts in freier Natur, aus dem deutschen Freiheitsgefühl die Methode des unbeschränkten Fragerechts des Kindes. Vgl. Zimmer 1904, S. 18. Auch „die angeborene Anhänglichkeit an die heimische Scholle" fordere eine andere Stoffauswahl: „Weniger griechische und römische Geschichte – mehr deutsche! Weniger Geographie von Asien und Australien – mehr deutsche!" Zimmer 1904, S. 18.

60 Ein 45-spaltiger Lexikoneintrag zur Heimatkunde im *Enzyklopädischen Handbuch der Pädagogik* von 1896 etwa knüpft insbesondere an Friedrich August Fingers Verständnis des Anschauungsprinzips an und enthält sich nationalistischer oder völkischer Auslegungen der Heimatkunde. Aber auch hier wird selbstverständlich der ‚ganzheitliche', damit aber auch potentiell ideologieanfällige Ansatz vertreten: Über die methodische Bedeutung der Anschauung hinaus müsse es der Heimatkunde um die Entwicklung des Gemütslebens des Kindes und damit die „zukünftige sittliche Persönlichkeit des Zöglings" gehen. Scholz 1897, S. 401.
61 Beide Zitate Mollberg 1916, S. 1.
62 Beide Zitate Mollberg 1916, S. 4.
63 Schon früher lässt sich eine Annäherung von Volkskunde und Deutschdidaktik nachweisen; so wird in der von Hildebrand ab 1887 herausgegebenen *Zeitschrift für den deutschen Unterricht* über die Stellung der Volkskunde zum Deutschunterricht diskutiert.
64 Hofstaetter schreibt, er habe den Begriff 1912 „in die pädagogische Begriffssprache eingeführt", weist dies aber nicht nach, Hofstaetter 1930, S. 236. Bei Horst Joachim Frank findet sich dieselbe Datierung, aber ebenfalls ohne Nachweis, vgl. Frank 1976, Bd. 2, S. 527. Ich finde den ersten Nachweis bei Hofstaetter 1917; vgl. weiterhin Hofstaetter/Hofmann 1923; Hofstaetter/Panzer 1925.
65 Der 1912 gegründete *Deutsche Germanistenverband* (bzw. nach Umbenennung 1920 die *Gesellschaft für deutsche Bildung*) versammelte viele Vertreter der Deutschkunde, u.a. Friedrich Panzer, Johann Georg Sprengel, Julius Petersen. Vgl. Peters 1972; Blessing 1996.

und Stoffen erweiterter Deutschunterricht als auch als fächerübergreifende Methode.[66] Dabei werden Bezüge zur Heimatkunde[67] und zur Volkskunde[68] explizit hergestellt. Die Deutschkunde will Universalwissenschaft des Deutschen sein und dem Unterricht der einzelnen Fächer einen Zusammenhang geben,[69] und diesen Anspruch teilt sie, genauso wie den Bezug auf Heimat als Ausdruck dieses ganzheitlichen Ansatzes, mit der Volkskunde: „Erst die gemütvolle Erfassung des reichen Gutes unserer Vergangenheit, erst die gemütvolle Betrachtung aller der Heimatwerte, die auch die Gegenwart noch zu bieten hat, erzieht den deutschen Menschen, den wir brauchen, läßt ihn wirklich im Heimatboden, in der Mitte seines Volkes wurzeln."[70]

Spätestens mit den *Richtlinien für die Lehrpläne der höheren Schulen Preußens* von 1925 ist die Heimatkunde in ihrer engen Verbindung von Volkskunde und Deutschunterricht legitimiert und in weiten Kreisen durchgesetzt.[71] Das lässt der Professionalisierungsgrad der Publikationen zum Thema, etwa das Erscheinen von umfangreichen Handbüchern, vermuten, dem eine Professionalisierung in den Wissenschaften entspricht: Heimatkunde setzt sich als eigenständige Disziplin in den 1920er Jahren institutionell durch[72] und in der Hochschulgermanistik ist sie schon lange angekommen (II.3.3).[73] Auflistungen von ausgegebenen Auf-

---

66 Deutschkunde gilt dann „als Prinzip, das alle Fächer durchdringen soll". Hofstaetter 1930, S. 237. Schon 1921 heißt es: „Deutschkunde ist kein Fach, sie umfaßt – im weitesten Sinne – alle Erscheinungen des deutschen Lebens in Vergangenheit und Gegenwart, sofern sie für deutsche Art bezeichnend sind. [...] Sie verfolgt alle Fragen des deutschen Volkslebens im Reich und im Ausland, sie will alles beleuchten, was deutsche Herzen bewegt – soweit es deutsch." Hofstaetter 1921, S. 3.
67 „Daraus erhellt, daß die Deutschkunde vieles heranziehen muß, was zur Heimatkunde, Erdkunde, Geschichte, Religion, Geisteskunde und anderen Fächern gehört, aber mit den Ergebnissen des besonderen Deutschunterrichts zu einem großen Gesamtbild des deutschen Wesens vereinigt werden muß." Hofstaetter 1921, S. 3.
68 Der Deutschunterricht müsse „allerlei aufnehmen, wofür sich im Ausbau der Schule sonst nirgends ein Plätzchen findet: Volks- und Altertumskunde, Musik und Kunst und gar manches auch aus den Grenzgebieten zwischen Deutsch, Geschichte und Staatsbürgerkunde". Hofstaetter 1921, S. 4.
69 Vgl. Walther Hofstaetter: Vorwort, in: Hofstaetter 1917, S. 3.
70 Hofstaetter 1921, S. 5.
71 Vgl. dazu Held 1928, S. 7.
72 1926 entstand am Pädagogischen Institut der Technischen Hochschule Dresden ein ‚Seminar für wissenschaftliche Heimatkunde' und am Lehrstuhl für Landesgeschichte der Universität Leipzig das erste ‚Institut für Heimatforschung', in Leipzig konnten Pädagogen und Volksschullehrer im Fach Heimatkunde promovieren, vgl. Faehndrich 2010, S. 64.
73 Im 19. Jahrhundert sind die Grenzen zwischen Schul- und Hochschulgermanistik insgesamt fließend; nicht selten wechseln Gymnasiallehrer im Lauf ihrer Karriere in den Hochschuldienst. Von den hier genannten heimat- und zugleich volkskundlich affizierten Germanisten agiert ein

satzthemen legen nahe, dass die Programmatik der Heimatkunde auch tatsächlich in die Unterrichtspraxis Eingang fand.[74] Die Aufsatztitel zeigen, dass der Deutschunterricht als Ort der Vermittlung von Heimat- und Volkskunde galt. Eine Gleichsetzung von Deutsch-, Heimat- und Volkskunde nimmt etwa der Aufsatz *Volkskunde im Deutschunterricht* vor: „Das Kernstück der Heimatkunde ist die Volkskunde",[75] heißt es; Zweck der Schule insgesamt sei die „Bildung zum deutschen Menschen",[76] Volkskunde und „Heimatschulgedanke"[77] gelten als allgemeiner Unterrichtsgrundsatz. Daher müsse auch der Deutschunterricht die herkömmlichen Inhalte und Methoden weit überschreiten. Der Autor des Aufsatzes, Josef Klapper, definiert die intrinsische Motivation und innere Anteilnahme der Schüler als oberstes Ziel und will dies erreichen, indem „der Unterricht vom Eigenerlebnis, von der heimatlichen Anschauung"[78] auszugehen habe. Nur der „Pauker" mit seinem „Lehrbuch", heißt es in einem anderen Aufsatz, brauche

---

Großteil sowohl im Bereich der Schule als auch in dem der Hochschule: Rudolf Hildebrand ist zunächst Lehrer, später Professor für Neuere deutsche Literatur, Otto Lyon Oberlehrer am Gymnasium mit Professorentitel und Josef Klapper sowohl promovierter Oberstudienrat als auch außerplanmäßiger Universitätsprofessor. Walther Hofstaetter ist Mitbegründer des deutschen Germanistenverbandes, der Schul- wie Hochschullehrern offenstand, und die von ihm ausgelöste Deutschkundebewegung wurde maßgeblich von der Hochschulgermanistik mitgetragen.

74 Im *Handbuch der Heimaterziehung* werden über mehrere Seiten vergebene Aufsatzthemen von namentlich genannten Schulen und Klassenstufen verzeichnet, die mit „Heimatpflege" in Zusammenhang stehen, von „Warum können wir auf unsere engere Heimat stolz sein (Gymnasium und Oberrealschule Minden O II.)" über „Heimat und Vaterland, eine Begriffsentwicklung (Bismarckgymnasium Berlin-Wilmersdorf U II.)" bis zu „Wodurch können wir unser Interesse am Heimatschutz zeigen? (Oberrealschule Görlitz U II.)". Heinrich Deckelmann: Heimatkunde und Heimatpflege im deutschen Unterricht, in: Schoenichen 1924, S. 73–112, hier S. 106–107.

75 Klapper 1928, S. 22.

76 Klapper 1928, S. 22.

77 „Volkskunde ist mehr Unterrichtsgrundsatz als stofflicher Sonderinhalt. Die Beschäftigung mit der Volkskunde beherrscht somit alle Schulfächer; sie wird als Heimatschulgedanke ihr einigendes Band, ihr Konzentrationsgedanke." Klapper 1928, S. 24. „Die Volkskunde als Heimatkunde in der Schule weist über sich selbst hinaus. Sie will nicht nur klärend und gefühlsweckend wirken. Sie will mithelfen, aus den als wesensecht erkannten deutschen Grundzügen die deutsche Welt zu bauen, sie will richtungsweisend und zielsetzend wirken für die arbeitsfähigen, arbeitsfreudigen, sittlich gesund empfindenden Teile des deutschen Volkes." Klapper 1928, S. 25. „Die Gliederung volkskundlicher Arbeitsstoffe beschränkt sich nicht auf die deutschkundlichen Fächer im engeren Sinne, sie umspannt die gesamte Heimatüberlieferung. Die Verteilung der Einzelfächer kann je nach der Eignung und Neigung der Lehrer vorgenommen werden; jeder grundsätzliche Versuch der Verteilung würde bei einem innerlich so einheitlichen Ganzen willkürlich bleiben, wie ja auch die heutige Stoffverteilung auf Unterrichtsfächer in vielen Fällen Willkür ist." Klapper 1928, S. 28.

78 Klapper 1928, S. 26.

„die Heimat nicht zu kennen", aber jeder Lehrer, der seine Schüler gewinnen wolle, schon.[79] Bei aller ideellen Verbrämung, die auf Gesinnungsbildung zielte, schließt die Neuauflage der Heimatkunde der höheren Schulen des frühen 20. Jahrhunderts damit in einem wichtigen Punkt an die Idee des hundert Jahre zuvor entwickelten Heimatkundeunterrichts für die Volksschulen an: die Idee, dass ein Schüler überhaupt erst zu gewinnen sei, und zwar über anwendungsbezogene Methoden. Eben hierin liegt eine Erklärung für die Durchsetzungskraft des heimatkundlichen Ansatzes. Denn trotz aller komplementärideologischen Elemente schlossen die angewandten Methoden der Heimatkunde teils an die ‚Pädagogik vom Kinde her' an, wie sie Henning, Harnisch und Finger für die Geographie entwickelt hatten und wie sie dann in der Reformpädagogik der Jahrhundertwende intensiv diskutiert und erprobt wurde. In diesem zwischen 1800 und 1900 kompliziert gebliebenen Gefüge von aufklärerischen und gesinnungsbildenden Elementen der Heimatkunde haben freilich letztere immer mehr an Einfluss gewonnen (und die Geschichte der Heimatkunde geht auch nach 1945 zunächst in diesem Sinne weiter).[80] Der Artikel ‚Heimaterziehung' aus dem *Sachwörterbuch der Deutschkunde* von 1930 sieht die frühe, „rein sachlich[e]" Heimatkunde als geradezu schädlich an:

> Der methodische Ausgangspunkt von Erfahrung und Umgang des Zöglings, vom Nahen zum Entfernten, vom Bekannten zum Unbekannten, vom Besonderen zum Allgemeinen, ließ an die rein sachlich als die zufällige Umgebung des Kindes aufgefaßte Heimat des Kindes anknüpfen, die ebenso auch unabhängig von Herbart bei den Pestalozzianern und bei Schülern

---

[79] In einem Aufsatz über Heimatkunde im Deutschunterricht wird dem Lehrer empfohlen, sich Heimat durch Lektüre, den Besuch von Heimatmuseen und Wanderungen zu erschließen. Nur über diese Kenntnisse gewinne er den Schüler für sich: „Wer also [als versetzter Lehrer] in einen neuen Ort, in eine ihm unbekannte Landschaft kommt, der unterrichte sich sofort über das Schrifttum der neuen Heimat, das jede Lehrbücherei haben müßte. Er frage nach der geologischen, geschichtlichen Karte, er sehe sich statistische Aufstellungen an; er beschaffe sich die geschichtlichen, kunst- und kulturgeschichtlichen Werke; er besuche sofort die Heimatmuseen und sonstigen Bildungsmittel und mache sich bald daran, durch Wanderungen die Umgebung näher kennenzulernen. Nur so wird der Lehrer heimatvertraut und kann er den Forderungen neuzeitlicher Pädagogik, die so sehr den Wert der Anschauung und des Erlebnisses betont, die mit dem geistigen Besitz des Schülers wirtschaftet, gerecht werden. Nur so gewinnt er die Möglichkeit, das Mitteilungsbedürfnis des Schülers durch Anreizfragen und Hinweise auf das aus der Heimat Bekannte zu erschließen. Der ‚Pauker' freilich braucht die Heimat nicht zu kennen; er ist immer noch ohne sie ausgekommen; für ihn genügt das Lehrbuch mit seinem enzyklopädischen Inhalt." Held 1928, S. 8. Der Lehrer soll durch einen Bezug auf Heimat für möglichst erlebnisgesättigten Unterricht sorgen und die Schüler motivieren: „Das Heimaterlebnis drängt sich besonders freudig über die Lippen; es beschäftigt und fördert auch die Mitschüler und eint die Klasse am leichtesten zu einer Arbeitsgemeinschaft." Held 1928, S. 10.
[80] Vgl. Röhrich 1961; Haug 1969.

Humboldts in Geographie und Naturkunde, bei Biedermann für die Geschichte, zu Hilfe genommen wurde. Die daraus hervorgegangene „Heimatkunde" als besonderes Unterrichtsfach scheint dem Heimatgedanken eher geschadet zu haben.

Laut dem Artikel gehe es gerade nicht um eine methodische, sondern um eine ideelle Bedeutungsgebung von Heimat und erst „die große kulturelle Heimatbewegung um die Jahrhundertwende und heute nach den Erfahrungen des Zusammenbruchs hat dem Heimatgedanken in der Schule Tiefe und Hintergrund gegeben [...]." Die neue Tiefe des Heimatgedankens besteht darin, dass Heimat – folgt man der folgenden Formulierung – gleichzeitig Fundament, Mittel, Ziel und Ideal nationaler Erziehung ist:

> H. ist das große Mittel, das die Jugend heimisch macht in Volk und Vaterland und ihr den gemeinsamen geistigen Besitz des Volkes, die noch unerschütterten Fundamente des Volkstums überliefert. Heimat ist nicht mehr nur eine methodische Angelegenheit als von der Psychologie festzustellende Gegebenheit, sondern eine Aufgabe, eines der Bildungsziele unserer Schule, ein unverlierbarer Bestandteil des gegenwärtigen dt. Bildungsideals.[81]

Das vom Artikel als vermeintlich richtig identifizierte Verständnis von Heimatkunde, nämlich nicht nur als methodische, sondern als ideelle Bedeutungsgebung von Heimat, sei erst um die Jahrhundertwende und dann mit der Erfahrung des Ersten Weltkriegs möglich geworden. Heimat erscheint als „das große Mittel, das die Jugend heimisch macht in Volk und Vaterland" (vgl. I.2.1). Heimat, expliziter könnte es nicht mehr sein, ist Mittel der Ideologie, nicht mehr Ausdruck der Methode der Anschauung.

Der schon genannte Otto Lyon dürfte in die „große kulturelle Heimatbewegung um die Jahrhundertwende", von der im Artikel ‚Heimaterziehung' lobend die Rede ist, einzuordnen sein. Er ruft 1893 die neue Weltanschauung des ‚Germanismus' aus und fordert zu diesem Zweck, Deutschunterricht und Heimatkunde eng miteinander zu verbinden. Der Zeit des einseitigen Humanismus werde nun eine solche folgen, in der nicht mehr Italien oder Griechenland, sondern Deutschland zur wahren Heimat der Auszubildenden werden könne.[82] Für diesen Zweck empfiehlt Lyon unter anderem Gustav Freytags *Ahnen*.

---

[81] Weniger 1930, Bd. 1, S. 526–527.
[82] Lyon fordert, den Deutschunterricht der Realgymnasien „aufs innigste mit der Heimatkunde zu verknüpfen". Er fährt fort: „Dasselbe Gefühl, das der klassische Philolog und der klassisch Gebildete überhaupt empfindet, wenn er in Italien oder Griechenland auf dem Heimatboden der von ihm gepflegten klassischen Erinnerungen steht, wird mit seinem überwältigenden Zauber die junge Seele gefangen nehmen, wenn sie, ausgerüstet mit allen Mitteln einer deutschen Bildung, überall den Zeugen einer großen Vergangenheit in der deutschen Heimat begegnet." Lyon 1893, S. 720–721.

3.1.2 Freytags *Ahnen*-Zyklus

Im Jahr 1886 hatte die öffentliche Aufmerksamkeit für Gustav Freytag ihren Höhepunkt erreicht. Keine deutsche Zeitung, die den Autor nicht zu seinem 70. Geburtstag würdigte und eine Besprechung seiner eben erschienenen Autobiografie veröffentlichte. Die Zeitungswelt schätzt Freytag einhellig als einen der besten Historiker und Dichter der Gegenwart, erhebt ihn gar zum „bedeutendsten lebenden Dichter[ ]".[83] Seine *Lebenserinnerungen* gelten als die seit Jahren wichtigste literarische Novität[84] und gehören, so das breite Urteil, „fortan zu den Büchern, die im Hausschrein der deutschen Familie nicht fehlen dürfen".[85]

Fast immer wird dabei auch Freytags nationale Gesinnung hervorgehoben, ja, der eigentliche Grund der Auszeichnung scheint eben im nationalen Standpunkt Freytags zu bestehen. Zum „deutschen Klassiker" mache ihn seine „Vaterlandsliebe".[86] „Kein Dichter der Welt" sei „in gleichem Grade vom Bewußtsein des *Staatsbürgerthums* erfüllt".[87] Sein Werk ebenso wie seine Lebensführung seien eine „nationale That".[88] National ist diese Tat im Verständnis der Zeitgenossen doppelt: Für das Nationale werbend und zugleich auf die ganze Nation wirkend, ist es insbesondere die volkspädagogische Wirksamkeit, die man Freytag so hoch anrechnet. Ihm sei es, so wird im hegelschen Ton verkündet, zu verdanken, „das deutsche Volk zur Einkehr bei sich selbst gebracht [zu] haben".[89] Der Wertmaßstab für Werk und Persönlichkeit ist damit ganz und gar ein ideeller, erst sekundär werden aus diesem wissenschaftliche oder ästhetische Beurteilungskriterien abgeleitet: „Wir brauchen nicht mehr nach Griechenland zu gehen", so ist zu lesen,

---

83 o.A., o.T., in: Die Presse 297 (26. Oktober 1886), Wien. Im Goethe- und Schiller-Archiv in Weimar (GSA) sind um die einhundert Freytag gewidmete Zeitungsartikel aus dem Jahr 1886 zu finden. Alle hier und im Folgenden genannten Zeitungsartikel finden sich im GSA unter der Signatur 19/105, sie sind nicht noch einmal im Literaturverzeichnis aufgelistet. Sind Jahrgänge, Ausgabennummern oder Druckorte nicht angeben, handelt es sich um Zeitungsausschnitte ohne entsprechende Angaben. Dieses und das folgende Kapitel zu Freytags *Ahnen* und ihrer pädagogischen Rezeption basiert auf Oesterhelt: Heimatkunde, 2016.
84 Vgl. o.A., o.T., in: Der Westen 46, 32. Jg. (14. November 1886), Chicago, GSA 19/105.
85 Weisstein, Gotthilf: Gustav Freytags Lebenserinnerungen, in: Deutsches Montags-Blatt 45, 10. Jg. (8. November 1886), S. 4–5, hier S. 5, GSA 19/105.
86 o.A., o.T., in: Schlesische Zeitung 772 (4. November 1886), GSA 19/105.
87 Johannes Proelß, o.T., in: Wochenblatt der Frankfurter Zeitung 44 ,13. Jg. (31. Oktober 1886). Hervorhebung im Original, GSA 19/105.
88 o.A., o.T., in: Der Bund 312, 37. Jg. (12. November 1886), Bern, GSA 19/105.
89 o.A., o.T., in: Kölnische Zeitung 298 (27. Oktober 1886), GSA 19/105.

denn Freytags „Verherrlichung des deutschen Volksthums" sei von „einer wahrhaft klassischen Ruhe erfüllt".[90]

Aus der Presseschau des Jahres 1886 ergibt sich das Bild eines Mannes, der als herausragende Persönlichkeit des öffentlichen Lebens wahrgenommen wird. Person und Werk werden weitgehend analogisiert und nach dem Wertmaßstab des Nationalen beurteilt. Freytag erscheint als Repräsentant und zugleich als volkspädagogisch wirksamer Akteur eines nationalen Selbstbewusstseins. Popularität und Erziehungsfunktion von Freytags schriftstellerischem Werk stehen für die Zeitgenossen nicht im Widerspruch zur literarischen Qualität des Autors, selbstverständlich zählt Freytag für sie zu den Vertretern der hohen Literatur.

Freytag ist als promovierter und habilitierter Germanist, Bühnen- und Romanautor, populärer Historiograph, Journalist und leitender Redakteur in einer der wirkmächtigsten nationalliberalen Zeitschriften sowie als Abgeordneter der Nationalliberalen Partei und Vorstand eines Arbeiterwohlfahrtvereins ein ungewöhnlich vielseitig agierender Vertreter der Intelligenz seiner Zeit, der mit zahlreichen Protagonisten des Hochschul-, Literatur- und Politikbetriebs in engem Kontakt steht. Er begreift sich in all seinen Tätigkeiten als öffentlich wirksamer Vertreter der bürgerlichen Bildungselite und auch seine literarische Produktion entspricht diesem Selbstverständnis.[91] Engagement heißt für einen Nationalliberalen in der zweiten Hälfte des 19. Jahrhunderts die Verbreitung der Idee der nationalen Einheit und für einen Vertreter des repräsentativen Realismus[92] (mit einem seiner Schlagworte) deren objektivierende ‚Verklärung'. Selbstverständnis und zeitgenössische Rezeption stehen also in diesem Punkt durchaus im Einklang.

---

90 A.R., o.T., in: Erste Beilage zur ‚Post', 21. Jg. (27. Oktober 1886), GSA 19/105.
91 In seiner Autobiographie koppelt Freytag den Beginn seines Engagements an die Barrikadenkämpfe des Jahres 1848. Er habe seine Theaterarbeit sofort beiseitegelegt und sich dem Journalismus verschrieben (vgl. Freytag 1896, Bd. 1, S. 145). In einer den *Lebenserinnerungen* parallelen Läuterungsszene des letzten Helden seiner fiktiven Ahnengalerie heißt es in den *Ahnen*, nicht mehr der „Säbel", sondern „das gesprochene und gedruckte Wort" sei die zeitgemäße Form der Erhebung für die nationale Sache (Freytag: Ahnen, 1897, Bd. 13, S. 302). In beiden Szenen der Umkehr, der autobiographischen wie der fiktiven, steht das Schreiben fortan im Zeichen eines Sendungsbewusstseins, das die eigene Tätigkeit dem nationalen Kollektiv zugutekommen lassen will. Bezogen auf Freytags Biographie gilt das nicht nur für seine journalistische Arbeit, sondern auch für das gesamte weitere schriftstellerische und historiographische Œuvre.
92 So die Kategorisierung von Lothar Schneider. Schneider arbeitet heraus, dass für Freytag der „Bildungsimpetus im Zentrum der Poesie" stehe. Schneider 2005, S. 55. Nicht eine engagierte Literatur in der Tradition des Vormärz werde von ihm entworfen; Realismus nach Freytag bedeute vielmehr „einen ästhetisch-beschreibenden Nachweis der Realitätsfähigkeit des liberal-idealistischen Entwurfs bürgerlicher Subjektivität". Schneider 2005, S. 71.

3.1 Heimat und Pädagogik — 451

Die „stille Agitation"[93] für die nationale Sache gründet sich in Freytags literarischer, journalistischer und historiographischer Produktion unter anderem auf die Vermittlung von Werten, die für spezifisch deutsch gehalten werden. In Freytags literarischer Figurenwelt sind die Träger solcher Werte leicht zu identifizieren: Traugott Schröter und Anton Wohlfart bewähren sich in *Soll und Haben* durch Ehrbewusstsein, Arbeitsamkeit und Bürgerstolz, Sabine Schröter und Ilse, Letztere in der *Verlorenen Handschrift*, durch Pflichttreue gegenüber dem Ehemann. In den *Ahnen* verkörpern alle Vertreter der fiktiven Familiendynastie vom Vandalenkrieger Ingo bis zum Zeitungsredakteur Victor Tapferkeit und Fleiß, Freiheitsliebe, Ehrlichkeit, Treue, Willensstärke und Opferbereitschaft. Dieser ‚bürgerliche Wertehimmel'[94] wird zu einem spezifisch nationalen, insofern die durch stete Wiederholungsschleifen erzeugte Überlagerung der einzelnen Heldengestalten ein idealisiertes Subjekt der deutschen Geschichte zum Vorschein bringt.

Zu den Eigenschaften dieses ‚Ideal-Deutschen' gehört auch die Heimatliebe. Unverschuldete Heimatlosigkeit ist Schicksal des tragischen Helden, bewusst in Kauf genommene charakterisiert die Verwerflichen: Es sind „verlorene Menschen" und „Frevler", „welche sich von dem Segen der Heimat lös[]en",[95] es sind „Räuber, welche heimatlos über die Erde"[96] irren oder „zuchtlose Kreuzfahrer", die in Wahrheit nicht ihrem Glauben dienen, sondern sich als „heimatlose Abenteurer, nur auf den eigenen Vortheil bedacht"[97] erweisen. Um die Idee der Heimatliebe als eines nationalkonstitutiven Wertes in den *Ahnen* und deren Rezeption soll es hier nun gehen.

Seit dem Erscheinen des ersten Bandes 1872 bis zum Abschluss 1880 mit dem sechsten – verkaufsstrategisch geschickt immer kurz vor Weihnachten auf den

---

[93] Freytag 1896, Bd. 1, S. 213. Das Zitat bezieht sich auf die „Belehrung der Nation und eine allmähliche Erziehung der öffentlichen Meinung durch die Presse", lässt sich aber problemlos auch auf das Selbstverständnis als Belletristen übertragen. Auf die nationalpädagogische Wirksamkeit Freytags wird immer wieder hingewiesen, vgl. von Essen 2000, S. 165. Philipp Böttcher zeigt, dass Freytag sowohl als Journalist wie als Historiker in der Presse „nicht bloß eine Artikulationsinstanz des allgemeinen Willens, sondern immer auch ein Instrument, Einfluss auf diesen auszuüben" sah. Böttcher 2018, S. 249. Einfluss auszuüben, kam in Freytags Selbstverständnis ihm selbst und dem liberalen Journalismus als der Spitze der öffentlichen Meinung selbstverständlich zu. Gleichzeitig wurde dieser Einfluss auch auf die Gefahr von Repressalien hin gegen die staatliche Zensur erstritten; vgl. Böttcher 2018, S. 348–261. Gegen Freytag wurde in diesem Zusammenhang 1854 Haftbefehl durch Preußen erlassen; vgl. auch Mühlen 2016, S. 130.
[94] Vgl. Hettling/Hoffmann 2000.
[95] Alle Zitate Freytag: Ahnen, 1897, Bd. 8, S. 155.
[96] Freytag: Ahnen, 1897, Bd. 8, S. 348.
[97] Beide Zitate Freytag: Ahnen, 1897, Bd. 10, S. 137.

Markt gebracht – werden die *Ahnen* von den Zeitgenossen als „Nationalangelegenheit"[98] wahrgenommen, und zwar sowohl im Sinn der breiten Leserschichten, die der Romanzyklus erreicht – bis 1920 wurde der erste (und erfolgreichste) Teil über eine halbe Million mal verkauft –,[99] als auch im Sinn seines Gegenstands, der über einen Zeitraum von 357 v.Chr. bis 1848 anhand einer fiktiven Ahnengalerie ein Epos der Deutschen erzählt. Vom Vandalenkrieger Ingo, der in Thüringen ein Adelsgeschlecht begründet, über die Zeit der Christianisierung, die Reformationskriege bis in die eigene Zeitgenossenschaft wird die männliche Genealogie einer fiktiven Familie verfolgt, innerhalb derer sich immer wieder bestimmte Charaktere, Konstellationen und Ereignisse scheinbar schicksalhaft wiederholen. Zugleich flicht der Historiker Freytag reale Zeitgeschichte mit ein: Der römisch-deutsche Kaiser Friedrich II., Martin Luther und Friedrich II. von Preußen treten beispielsweise als Nebenfiguren auf.

Ein monumentales Nationalepos sind die *Ahnen* im Hinblick auf ihren Umfang – in der hier genutzten Werkausgabe umfassen die sechs Abteilungen mit zwölf Teilen über zweitausend Seiten –, aber auch im Hinblick auf die Ausdehnung der erzählten Zeit und die episch breite Erzählweise. Die Intellektuellen der Zeit von Wilhelm Scherer über Paul Lindau bis Berthold Auerbach bedenken die ersten Abteilungen der *Ahnen* mit ausführlichen Rezensionen und Stilanalysen; selbst Theodor Fontanes Verriss stellt die Bedeutung des Romans nicht in Frage.[100]

Die Auseinandersetzung mit den *Ahnen* ist nicht nur Sache der Literaturkritik und Literaturwissenschaft. Sie findet im letzten Jahrhundertdrittel auch innerhalb der Unterrichtsdidaktik statt. Dieser bisher nicht untersuchte Teil der Rezeption spricht dem Romanzyklus eine klare Funktion zu: die Ausbildung von Heimatliebe. Der Heimatliebe kommt seit der Reichsgründung 1871, wie dargestellt, eine schulpolitische Aufgabe zu. Sie wird von Bildungspolitikern und Pädagogen zugleich als Bildungsmethode, Bildungsgegenstand und Bildungsziel empfohlen, um auf diesem Weg Vaterlandsliebe und Staatstreue zu fördern. Die historischen Bedingungen dafür, dass Heimat und Heimatliebe diese Vermittlungsfunktion zugeschrieben werden konnte, sind mit der Vorgeschichte zu dieser Entwicklung schon skizziert worden. Freytags Schriften gehen, und dies zeichnet sie aus, nicht

---

98 Beim Erscheinen des fünften Bandes freut sich ein Rezensent, er verfolge das „Wachsthum" des Werkes „nun seit fünf Jahren wie eine Nationalangelegenheit". Kreyßig 1879, S. 314.
99 Genaueres zu Auflagenzahlen und -höhen für die einzelnen Bände vgl. Eggert 1971, S. 182.
100 Vgl. Lindau 1872; Auerbach 1981 (die Rezension erschien zuerst 1873); Scherer 1873; Lindau 1881; und Fontanes Rezension zum ersten bis dritten Band der Ahnen, die in der Sonntagsbeilage der *Vossischen Zeitung*, Nr. 7 und 8 vom 14. und 21.2.1875 erschien, vgl. Theodor Fontane: Die Ahnen, in: Fontane 1969, S. 308–325.

vollständig in der hier vorgestellten Rezeptionslinie auf. Auch wenn andererseits sicher nicht von einer gänzlichen Fehllektüre der Zeitgenossen gesprochen werden kann, ist davon auszugehen, dass Freytags Schriften bestimmte zeitgenössische Bedürfnisse bedienen, ohne sich in diesen zu erschöpfen. An dem Umgang mit Heimat im Romanzyklus selbst lässt sich das zeigen.

Pädagogische *Ahnen*-Rezeption 1872 – 1897
Als Quellen für die pädagogische Rezeption der *Ahnen* dienen hier Aufsätze in pädagogischen Zeitschriften und vor allem wissenschaftliche Abhandlungen in Schulprogrammschriften.[101] Ihre Autoren sind, so sieht es das Genre der Programmschrift vor, als Lehrer an den herausgebenden höheren Schulen tätig. Sie sind überwiegend promoviert, viele tragen den Professorentitel. Die Übergänge zwischen dem höheren Schulwesen und der Universität sind im 19. Jahrhundert fließend und viele der Gymnasiallehrer sind zugleich Privatdozenten an den Universitäten oder wechseln im Lauf ihrer Karriere in den Hochschuldienst. Die Aufsätze in den Programmschriften dienen der Reputation der höheren Schulen und sollen das öffentliche Interesse an ihnen wecken, sie dienen ihren Autoren aber auch dazu, sich wissenschaftlich zu profilieren.[102] Sie verbinden also die pädagogischen Interessen des Schulwesens mit der wissenschaftlichen universitären Forschung.[103]

Den Reigen des Lobs der Schulmänner auf Freytags erzieherischen Wert eröffnet ein Aufsatz des Gymnasiallehrers und späteren Professors Dr. Adalbert Heinrich Horawitz, in dem es über Freytags *Bilder aus der deutschen Vergangenheit* heißt, sie seien geeignet, die Nation zu erziehen.[104] Nach 1872 findet sich dieses Lob dann vor allem bezogen auf die im Erscheinen begriffenen *Ahnen*. In

---

101 Die Bedeutung der Textsorte Schulprogrammschrift für die Erforschung der Pädagogik- und Kanonisierungsgeschichte wurde besonders von Hermann Korte und Carsten Gansel erforscht, vgl. Korte/Zimmer/Jakob 2005 und Gansel/Ächtler/Siwczyk 2017.
102 Zu diesem Dilemma vgl. Ullrich 1908, S. 138–139.
103 Für den betreffenden Zeitraum können die Schulprogrammschriften zu Freytag geradezu in einer Vorreiterrolle für die universitäre Forschung zu Freytag gesehen werden, denn die Germanistik etabliert sich überhaupt erst seit der Reichsgründung als eine sich auch der Gegenwartsliteratur öffnende Literaturwissenschaft, mit Wilhelm Scherer als einem ihrer ersten Repräsentanten. Überblicksartig zu den historischen Kontexten vgl. Nipperdey 1990, S. 633–654. Eine rein universitäre germanistische Forschung entsteht im Rahmen von Dissertationen zu Freytag erst mit Beginn des 20. Jahrhunderts. Insofern können die hier vorgestellten Schriften zum geringeren Teil als pragmatisch-pädagogische Texte, zum größeren dagegen als wissenschaftsgeschichtlich der germanistischen Forschung zugehörig behandelt werden.
104 Vgl. Horawitz 1871, S. 13–14.

einer begeisterten Besprechung der ersten Abteilung durch den Gymnasiallehrer Dr. Otto Frick wird das Romanprojekt 1873 als „pädagogische That im höchsten Sinne des Wortes" bezeichnet; es trage „vielleicht mehr und Wirksameres zur Erziehung des Volkes bei, als bändereiche Werke über Culturgeschichte oder Pädagogik thun könnten". Einem Schulmeister springe das Herz vor Freude bei dem Gedanken, „dass der Jugend unserer höheren Schulen eine solche Gabe geboten wird, aus welcher ihr die Herrlichkeit unseres deutschen Volkes, seine Gesundheit, seine Tiefen, sein ethischer Gehalt in solchem Reichthum entgegentritt".[105] Die pädagogische Leistung wird also in der Vermittlung eines Nationalbewusstseins erblickt, ohne dass in diesem Zusammenhang aber das Stichwort Heimat fallen würde – das wird sich ändern, und zwar auch beim Pädagogen Frick selbst.

Dabei wird der herausragende Stellenwert des Motivs der Heimatliebe von Anfang an bemerkt, zunächst im Zusammenhang mit den vielfältigen Analogien zwischen dem heimatlosen Helden Ingo und dem homerischen Odysseus (vgl. II.1.3.1). Auf die Bezüge zur *Odyssee* hatte schon der Germanist und Hochschulprofessor Wilhelm Scherer aufmerksam gemacht.[106] Die pädagogische Literatur verweist immer wieder auf Scherers ausführliche Besprechung in den *Preußischen Jahrbüchern* von 1873, in der Ingo als ein „deutscher Odysseus, der heimatlos an den gastlichen Heerd kommt" gedeutet wird.[107] Wilhelm Scherer lobt in seiner motivgeschichtlichen Einordnung des Textes, die neben der *Odyssee* auch die *Nibelungen*, *Beowulf* und andere mythische Texte einbezieht, dass Freytags *Ahnen* die Heimatliebe als charakteristisches Gefühl der deutschen Stammväter darstelle: „Die größte Weichheit, die ein germanisches Männerherz in sich birgt, kommt gegenüber dem Gefolgsherren zu Tage. Und nur das Heimatgefühl kann an Intensität und Tiefe damit wetteifern."[108] Heimatgefühl und Gefolgstreue kommen im ersten Teil von Freytags Romanzyklus laut Scherer praktisch zur Deckung: „Heimat aber, das ist die Halle, in der sie um den Herrn versammelt waren, das sind die liebreichen Genossen, der Jubel und Gesang beim Trunk, der den Saal durchtönt, und der Hochsitz, der Thron des Herrn, von dem er die Gaben vertheilt."[109]

---

105 Alle Zitate Frick 1873, S. 154–155.
106 Zu den verschiedenen Stellungnahmen Scherers zu den *Ahnen* vgl. Schneider 2005. Zur Beziehung zwischen Scherer und Freytag vgl. auch Müller/Nottscheid 2015.
107 Scherer 1873, S. 485. Vgl. auch Heußner 1892, S. 25.
108 Scherer 1873, S. 492.
109 Scherer 1874, S. 19.

Zur volkspädagogischen Funktion der *Ahnen* wird in den Folgejahren viel geschrieben,[110] zur Bedeutung von Heimat in Bezug auf die *Ahnen* erst wieder 1882 – inzwischen liegt der ganze *Ahnen*-Zyklus vor – vom Pfarrer Wilhelm Daniel Friedrich Felgenträger. Für ihn stellt Heimat das zentrale verbindende Motiv des Zyklus dar:

> Unverkennbar ist die Bedeutung, welche der Heimath der Ahnen beigelegt wird. Ingo's Ansiedlung auf dem Idisberge, die Wiege des Geschlechtes, bleibt zwar nicht der Wohnort der Nachkommen, wohl aber ein Heiligthum, zu welchem sie Jahrhunderte hindurch in schweren Tagen wandern. Die späteren Enkel wissen nicht mehr, wo ihr Geschlecht seinen Ursprung genommen hat, doch führt sie immer wieder ein geheimnißvoller Zug dorthin zurück. Immo gewinnt auf der Idisburg Hildegard zur Braut. Marcus hat zornig die Heimath an der Weichsel verlassen, um in der Fremde zu sterben, und er schließt die Augen auf der alten Heimstätte seines eigenen Geschlechtes. Und Ernst König, der in grauem Haar zum ersten Male mit den Seinen die Koburg betritt, fühlt sich heimisch auf dem anmuthigen Stück Erde, als hätte er's immer geschaut.[111]

Im Verlauf des Zyklus sei allerdings zu beobachten, dass die Bindung an Heimat, Landschaft und Stamm gegenüber einer neuen Bindung in den Hintergrund trete, der Bindung an die Nation: „Der Grundgedanke der Dichtung fordert, daß die fortschreitende Entwickelung des Geschlechts nicht an die Schranken der Landschaft und des Volksstammes gebunden bleibt. In demselben Maße, wie die Beziehungen der Ahnen zur engeren Heimath und zur besonderen Stammesart sich lockern, wächst für sie die Bedeutung des gemeinsamen Vaterlandes und Volksthums."[112] Diesen Grundgedanken sieht Felgenträger dann in allen einzelnen Romanen des Zyklus verwirklicht, wie er in der Folge detailliert ausführt, immer wieder entfalte sich für die Helden im Handlungsverlauf „bei aller Anhänglichkeit an den heimischen Gau und Stamm ein stärkeres Nationalbewußtsein".[113] Heimat- und Vaterlandsliebe erweisen sich bei Felgenträger sowohl innerhalb der Logik des Romanzyklus als auch historisch gesehen als aufeinander aufbauende Prinzipien.

Mit der pädagogischen Funktion von Heimat, so wie sie in den *Ahnen* dargestellt sei, beschäftigt sich der Geheime Schulrat Oscar Adalbert Grüllich. Was

---

110 Die volkspädagogische, insbesondere die „Volksjugend zur Ehrfurcht gegen Staat und Monarch" erziehende Funktion der *Ahnen* hebt der Literaturhistoriker Franz Hirsch 1882 hervor, der ausdrücklich alle Teilbände zur ‚nationalen Erziehung' empfiehlt. Hirsch: Geschichte und nationale Erziehung, in: Der Salon 2 (1882), S. 1455–1461, hier zitiert nach Bucher/Hahl/Jäger/Wittmann 1981, S. 491–492.
111 Felgenträger 1882/1883, S. 605–606.
112 Felgenträger 1882/1883, S. 606.
113 Felgenträger 1882/1883, S. 606.

bei Scherer 1872 und Felgenträger 1882 schon formuliert ist, dass nämlich Heimatliebe bzw. -gefühl ein Kernmotiv des Ganzen sei, das ein spezifisch Deutsches zum Ausdruck bringe, das wird 1888 bei Grüllich zum Dreh- und Angelpunkt der Interpretation. Freytag habe in seinen *Ahnen* die „Grundstimmung des deutschen Wesens" darzustellen gesucht. Dieses deutsche Wesen zeichne sich aus als „deutsche Mannhaftigkeit und Hochherzigkeit", als „deutsche Treue und Hingebung", als „dem Zuge zur Freiheit und Ungebundenheit", als *„Liebe zu Heimat und Haus"*, als „die edle, zarte Minne" und als der „Zug des deutschen Gemüts zu wahrer, innerlicher Frömmigkeit".[114] Freytags ‚Sprache der Ahnen', zu der die Heimatliebe gehöre, so die Behauptung des Schulrats, sei eine spezifisch der deutschen Nation zugehörige und nur ihr verständliche. Auch er geht wie Scherer davon aus, dass Liebe zur Heimat zum archaischen Gefühlshaushalt der Deutschen zähle:

> Selbst in der *Wanderzeit der Deutschen* – so zeigt uns der Historiker – hatte der Deutsche eine *tiefe Anhänglichkeit an die Heimat*, an den heimischen Boden. Die Not trieb sie nur fort oder die rauhe Poesie der Gefolgschaften, aber rechtlich ließen sie auch in der Fremde den Anspruch auf den heimischen Boden sich nicht rauben. Wandersinn und Heimgefühl – beides kämpft im deutschen Gemüt seit Jahrtausenden. Diese Liebe zur Heimat und Seßhaftigkeit, die Liebe zum heimischen Herde weht uns auch allenthalben aus den Gestalten der Dichtung entgegen.[115]

Empfiehlt Grüllich die *Ahnen* noch vorrangig dem Lehrer selbst zur Lektüre, um sich „das Herz am Brunnquell der Poesie zu erfrischen, und zwar an einer Poesie, die in jedem Zuge deutsches Gemüt, das deutsche Wesen in seiner Edelart zum Ausdruck bringt", und sich so gestärkt seiner Aufgabe zu widmen, „den guten Geist der Ahnen in der Jugend weiter zu pflanzen",[116] so liefert der Gymnasialdirektor Dr. Friedrich Heußner 1892 einen regelrecht ausgearbeiteten Leitfaden zur schulischen Nutzung der *Ahnen* ab dem Ende der Obersekunda, in dem er „den didaktischen Wert und die didaktische Berechtigung des Romans"[117] erweisen will. Er formuliert Vorschläge, in welcher Klassenstufe und in Kombination mit welchen Lernstoffen der Text zu behandeln sei, gibt Handreichungen in Form von Inhaltsangaben und Hinweise zu intertextuellen Bezügen und den wichtigsten Besprechungen. Im ersten Teil der Schulprogrammschrift entwickelt er ausführlich die Verbindung von Heimatliebe und Nationalgefühl: „Welchen größern und würdigern Gedankenkreis können wir uns nun nächst dem religiösen denken, als

---

114 Alle Zitate Grüllich 1888, S. 21.
115 Grüllich 1888, S. 25.
116 Beide Zitate Grüllich 1888, S. 31.
117 Heußner 1892, S. 8.

die *Kenntnis unseres deutschen Volkslebens*, und welcher möchte unmittelbarer herauswachsen aus den die jugendliche Seele von früh auf nährenden Mächten, nämlich dem deutschen Familien-, Heimats- und Vaterlandsgefühle?" Der rhetorischen Frage folgt die Ausführung. „In der Tiefe der Seele" seien diese Gefühle „von früh unbewusst wirksam, brechen aus ihr hervor wie Quellen ursprünglichen Lebens und teilen allem, was sich mit ihnen verbindet, etwas mit von ihrer Ursprünglichkeit, ihrer Innerlichkeit, ihrem zeugungskräftigen Wesen". Über den didaktischen Wert speziell des Heimatgefühls heißt es im Folgenden:

> Das Heimatsgefühl [...] vermag auch eine gewaltige *erziehende Macht* zu üben. Darum sollen wir in die heimatliche Welt, den fruchtbaren Gehalt von Anschauungen, den Landschaft, Sage und Dichtung, Geschichte und Sitte der Heimat darbieten, die jugendlichen Gemüter auch in den höheren Schulen von früh auf bis zu den oberen Stufen recht allseitig, tief und ganz hineinsenken, daß dieselben für sie zu einer wirklichen Lebensmacht werden, Sinn und Verständnis für deutsches Wesen und deutsche Sitte recht allseitig wecken, bilden, kräftigen und pflegen, unserer Jugend und somit dem gesamten Volkstum selbst zu größtem Gewinn und Segen.[118]

Einerseits wird Heimatgefühl, zu dem Freytags *Ahnen* laut Heußner in hervorragender Weise anregen, mit den Begriffen der ‚Anschauung' und der ‚Wirklichkeit' assoziiert – andererseits mit den Begriffen des ‚Unbewussten', der ‚Innerlichkeit', des ‚Gefühls' und der ‚Tiefe der Seele'. Hinzu kommt die Metaphorik des Organischen („nährende Macht', ‚Quelle', ‚zeugungskräftiges Wesens', ‚Fruchtbarkeit'), deren Verwendung in Bezug auf Heimat auf Wilhelm Heinrich Riehl zurückgeht (vgl. II.3.2.1).[119] Heimat wird hier mittels zweier unterschiedlicher Sinnbereiche konzipiert, des Bereichs des Realen und seiner Anschauung einerseits, des Bereichs des Gefühls und der Innerlichkeit andererseits. Auf rhetorischer Ebene ist die zeitgenössische Wandlung des pädagogischen Heimatbegriffs ablesbar: Der Anschauungsbegriff erinnert an das frühe Verständnis der Heimatkunde, wird aber durch die irrationalen Komponenten überformt, so dass sich die Zielrichtung der neu verstandenen Heimatkunde nicht mehr mit der alten in Deckung bringen lässt.

Heußner entwickelt im Folgenden die Ausbildung von Heimatliebe als das Zentrum des Lehrplansystems überhaupt; Heimat sei „ein machtvolles, lebendig wirkendes *Centrum* des Unterrichts, von dem aus gleichsam unzählige Saugwurzeln und Arme den neu sich darbietenden Stoffen aus der Sinnen- und Geisteswelt

---

118 Heußner 1892, S. 3–4.
119 Der biologische Begriff des Organismus wird schon bei Rousseau auf Gesellschaftsmodelle übertragen; vgl. Metzger 2002 und Töpfer 2011; in Bezug auf Heimat aber erst in der zweiten Hälfte des 19. Jahrhunderts.

[...] sich entgegenrecken". Von Heimat ausgehend könne der Lehrer vordringen „zu vollerer, vertiefter und geläuterter Auffassung und zu vollerem Verständnis vaterländischen Lebens und Wesens".[120] Auffällig ist die aufsteigende Linie, die zwischen „Heimats- und Vaterlandsgefühlen" hergestellt wird. Das ‚Heimatgefühl' steht im Zentrum der pädagogischen Bemühung, deren Ziel die Entwicklung von Vaterlandsgefühl ist (vgl. I.2.1). Durch die Metaphorik des Spinnens, Streckens, Fassens und Saugens wird suggeriert, es handle sich um einen organischen, also natürlichen und sich zwingend vollziehenden Vorgang. Heußner bettet diese Überlegungen dann in sein pädagogisches Konzept der Heimatkunde ein und entwickelt ein ausgefeiltes Heimatkundeprogramm, das Naturkunde-, Geographie-, Geschichts- und Deutschunterricht umfasst.

Offensichtlich ist 1892, im Erscheinungsjahr von Heußners Text, ein Punkt erreicht, wo Heimat nicht mehr vorrangig als Romanmotiv wahrgenommen wird, wie bei Scherer, und nicht mehr als bloßer Erbauungsstoff für den Lehrer wie bei Grüllich. Jetzt wird sie Teil eines fächerübergreifenden pädagogischen Ansatzes, der sich Heimatkunde nennt und Zwecken dient, die sich weit von der konkreten Romanexegese entfernt haben.

Die pädagogische Rezeption der *Ahnen* in den ersten dreißig Jahren nach Erscheinen des Zyklus ist Teil einer Geschichte der Heimatkunde zwischen den 1870er und 1890er Jahren, wie sie in 3.1.1 skizziert wurde: Der Beginn des *Ahnen*-Projekts 1872 fällt ins gleiche Jahr wie der Erlass der *Allgemeinen Bestimmungen*, die den Heimatkundeunterricht fortan nicht mehr verboten, sondern unter modifizierten Bedingungen zuließen. Heimat wird seitens der Bildungspolitik somit nicht mehr als potentiell subversiv eingestuft – das neue Heimatkundeprogramm erzieht ohnehin vornehmlich den kaisertreuen und national gesinnten Untertanen und nicht den wissbegierigen Forscher.[121]

Die seit der Reichsgründung immer wieder eingeforderte Ausdehnung dieser neu verstandenen Heimatkunde auf den Deutschunterricht[122] erhält Anfang der

---

120 Beide Zitate Heußner 1892, S. 4.
121 Bis zur staatlichen Einführung als eigenständiges Schulfach dauert es noch einmal fast fünfzig Jahre: Seit 1921 gibt es das Fach Heimatkunde in der Grundschule; schon 1908 liegt eine Ministerialanweisung zur Pflege der Heimatkunde vor; vgl. Anonym: Heimatkunde, 1927, S. 209; wichtiger für Fragen der Ideologisierung sind aber die Versuche, die Heimatkundeidee als fächerübergreifendes Konzept zu etablieren.
122 Etwas später folgen die Geschichtsdidaktiker: August Tecklenburg, der Begründer der historischen Heimatkunde, sieht diese als Fundament des nationalerzieherischen Unterrichts: „National bilden auf und aus dem Grunde der Heimat!" Tecklenburg 1909, S. 20. Mit Tecklenburg, der mit der Heimatschutzbewegung und der Heimatkunstbewegung der Jahrhundertwende eng verknüpft war, eröffnen sich noch einmal neue Kapitel einer militarisierten, expansionistischen Heimatkunde, die davon träumt, so „in der Heimat und im Vaterlande wurzelnd [...] dauernd und

1890er Jahre einen neuen Schub. Dies korreliert mit einer deutlichen Horizontverschiebung der *Ahnen*-Rezeption: Spielte Heimat vorher für das als zentral angesehene Moment des Romanzyklus – die Entstehung der Nation – eine Rolle unter vielen, rückt Heimat, eingeleitet mit dem Aufsatz Grüllichs von 1888, ab 1892 mit den Schriften Heußners, Lyons und Fricks ins Zentrum der Auslegung.

Die Zuspitzung der pädagogischen Bemühungen um Heimat innerhalb von zwanzig Jahren lässt sich bei Otto Frick besonders gut beobachten: Frick ist jener Pädagoge, der 1873 die *Ahnen* emphatisch als „pädagogische Tat" im Sinn der Stärkung des Nationalbewusstseins begrüßt hatte, ohne aber die Heimatidee in diesem Zusammenhang besonders hervorzuheben. In verschiedenen Schriften von 1892 wird Heimat für Frick, der inzwischen zum Leiter der Franckeschen Stiftungen in Halle und laut *Neuer deutscher Biographie* zu einem der „bedeutendsten Schulmänner[ ] des ausgehenden 19. Jahrhunderts"[123] aufgerückt ist, zum zentralen pädagogischen Gegenstand.

Ein pädagogischer Text Fricks von 1892 verdeutlicht ein weiteres Mal die zeittypische begriffliche Annäherung an Heimat. Wieder lassen sich die unterschiedlichen, ineinandergreifenden Begriffskomplexe des Empirischen, der Innerlichkeit und des Organischen identifizieren:

> Jeder Punkt der heimatlichen Umgebung wird ein Anknüpfungs- oder Stützpunkt für die geistige Aneignung, ein Träger innerer Erfahrungen und Erlebnisse; an jede heftet sich eine kleine Welt von Vorstellungen und Empfindungen, ein Stück innerer Teilnahme des Gemüts, und der Niederschlag der an die Heimat sich knüpfenden Erfahrung und Teilnahme wird zum fruchtbarsten Grundstock des ganzen Innenlebens, vor allem des Gemütslebens. Und so bilden in der That die Eindrücke der Heimat vornehmlich den inneren Organismus des Menschen, ebenso wie die Speise seinen äußeren Organismus bildet. Anschauung und Phantasie, Vorstellung und Verstand, Gefühl und Gemüt – alle Seiten der geistigen Thätigkeit empfangen ihr erstes Werden und frühstes Wachstum aus der Heimat; diese wird die Geburtsstätte auch des geistigen Menschen.[124]

Die Begriffe Erfahrung, Verstand und Anschauung, die an das Vokabular der früheren Heimatkundemodelle aus der ersten Hälfte des 19. Jahrhunderts erinnern, werden auch hier bezogen auf Heimat verwendet. Aber sie dienen nicht

---

mit starkem Arm unsere Stellung unter den Völkern zu behaupten, neue Heimaten für unsere Volksgenossen in fremden Erdteilen zu begründen, Weltpolitik zu treiben und uns den gewünschten Platz an der Sonnenseite zu erwerben" (Tecklenburg 1909, S. 72). Für Tecklenburg ist die Heimatkunde keine Angelegenheit einzelner Fächer mehr; vielmehr solle der gesamte Schulunterricht den „Erdgeruch der Heimat" (Tecklenburg 1909, S. 199) an sich tragen. Zu Tecklenburg vgl. Mitzlaff 1985, Bd. 2, S. 830–843.
123 Asmus 1961.
124 Frick: Heimatgefühl, 1892, S. 14–15.

mehr vornehmlich der Idee eines anschauungsbasierten Realienunterrichts, sondern werden im Zeichen des (im Zitat dreimal genannten) „Gemüts" in eine Reihe mit den Begriffen Phantasie, Empfindung und Gefühl gestellt.

Die begriffliche Zusammenführung von Ratio und Emotion übernimmt in der Pädagogik und angewandten Psychologie schon Mitte des 19. Jahrhunderts das ‚Gemüt', in der zweiten Hälfte des 19. Jahrhunderts immer öfter das ‚deutsche Gemüt'.[125] Der Gemütsbildung und -erziehung kommt etwa in der *Allgemeinen Pädagogik* (1852) des Herbartianers Theodor Waitz noch vor der intellektuellen Bildung hervorragende Bedeutung zu, denn das Gemüt bezeichne die Gesamtheit der Gefühle, Interessen und Bestrebungen des Menschen, also sowohl die sinnlichen wie die intellektuellen Aspekte des Menschen:[126] „Laufen demnach alle Fäden des Erziehungsgeschäftes in der Gemütsbildung als ihrem gemeinsamen Mittelpunkte zusammen, so folgt, daß die Entwicklung der Intelligenz ebenso wie die Kultur des sinnlichen Vorstellungskreises sich jener unterzuordnen hat und ihr dienstbar werden muß."[127] Rudolf Hildebrand, Verfechter der gesinnungsformenden Funktion der Heimat für den Deutschunterricht und Verfasser des Artikels „Gemüt" im Grimmschen Wörterbuch, sieht als Ziel des Unterrichts „nicht die Entwicklung intellektueller Vermögen, sondern die Prägung der ganzen Person in ihrem intellektuellen wie affektiven Haushalt".[128] Und der Heimatkundeverfechter Otto Frick lässt keinen Zweifel, dass sich insbesondere die Deutschen durch ihre ‚Gemütstiefe' auszeichnen.[129]

Heimat ist, so lässt sich zusammenfassen, in der zweiten Jahrhunderthälfte ein Schlüsselbegriff der Pädagogik, insbesondere der Deutschdidaktik. In Verbund mit dem Begriff des Gemüts wird Heimat als Ziel- und Angelpunkt der erzieherischen Bemühungen aufgefasst, weil der Bezug auf sie eine personale Ganzheit zu bewahren bzw. wiederherzustellen verspricht, die laut der Modernekritik ihrer Verfechter zu verschwinden drohe.

Die Idee der frühen Heimatkunde, die konkrete Anschauung zu schulen, wird von der neuen Heimatkunde nach 1871 partiell adaptiert. Mit der Überlagerung des eher nüchternen Gehalts, den der Begriff der Heimat in den früheren Hei-

---

125 Vgl. Schneider 2007, besonders S. 226–231.
126 Waitz greift insbesondere auf die Schriften von Jakob Friedrich Fries zurück, vgl. Waitz 1910, S. 115.
127 Waitz 1910, S. 117–118.
128 Die Ganzheitsbestrebungen sind dabei mit klar benannten Inhalten besetzt: So wie durch den Lehrer vermeintlich deutsche Werte wie Pflichttreue, Opferbereitschaft und Ehrlichkeit in das Gemüt des Schülers zu senken seien, so ist das Gemüt selbst eine spezifisch deutsche Eigenschaft. Vgl. Schneider 2007, S. 231.
129 Frick: Naturgefühl, 1892, S. 3.

matkundemodellen hatte, durch emphatische und ideelle Qualitäten kann Heimat nun die angestrebte ‚Ganzheit' verkörpern, die auch in den *Ahnen* entdeckt wird. Eine zunehmende Zahl von Schulprogrammschriften und Aufsätzen in pädagogischen Zeitschriften zu Freytag belegen in den 1890er Jahren eine Verfestigung dieser Entwicklung. Neben pathetischen Gleichsetzungen der *Ahnen* mit der Bibel und Homer, nun eben nur für die Deutschen,[130] werden die *Ahnen* auch weiterhin für den Unterricht empfohlen, um mit ihrer Hilfe die Heimatliebe als deutsche Eigenschaft zu vermitteln.[131] Die Gabe zum „Lokalkolorit" in den *Ahnen* zeichne Freytag als Mann von „Heimatgefühl und Vaterlandsliebe" aus, die mit dem „nationalen Empfinden" der Deutschen so eng verbunden seien.[132] Und immer wieder wird die im *Ahnen*-Epos gefeierte „Anhänglichkeit an die Heimat" als vorbildlich hervorgehoben.[133]

Freytags *Ahnen*, so lässt sich resümieren, werden mit Beginn der 1890er Jahre massiv für eine Ausbildung von Heimat liebe als Gesinnung in Anspruch genommen. Die pädagogische Rezeption trifft auf einen Autor, der die nationalerzieherische Funktion seiner literarischen Produktion selbst immer wieder betont hat. So liegt es besonders nahe, auch das Heimatmotiv der *Ahnen* auf seinen Ort im Umfeld der Rede von Heimat nach 1871 zu befragen. Tatsächlich decken sich die *Ahnen* vielfach mit dem nach der Reichsgründung vorherrschenden Verständnis von Heimat.

---

130 Karl Landmann setzt die *Ahnen* auf eine Stufe mit der Bibel und Homer. Sie ragten deswegen aus der Gegenwartsliteratur heraus, „weil in ihnen deutsches Leben, deutsches Denken und Fühlen so ganz vortrefflich, so recht als Herzensgeheimnis des eignen Hauses zur Darstellung gebracht ist". Landmann 1892, S. 81.
131 Professor Lepp empfiehlt die *Ahnen* ausdrücklich für den Unterricht: „Unbegründet ist die Annahme, dass die Germanen nicht an ihrem heimischen Boden hingen und zäher Liebe zur Scholle der Ahnen ermangelten [...]." Lepp 1895, S. 9.
132 Schuldirektor a.D. Neubauer empfiehlt 1896 Freytag als einen Autor vom Rang Goethes und Schillers, die *Ahnen* als das wichtigste Werk. Neubauer 1896, S. 93 (zu den *Ahnen* vgl. insbesondere Neubauer 1896, S. 106–109).
133 Über Freytags *Ahnen* schreibt Prof. Dr. Roth: „In der Jugend hauptsächlich muss es die wärmste Vaterlandsliebe entzünden und das lebhafte Streben wecken, sich den Ahnen würdig anzureihen, wenn sie hier die edelsten Eigenschaften des deutschen Volks verkörpert sieht: Freiheitssinn, Furchtlosigkeit, Anhänglichkeit an die Heimat, Keuschheit in der Auffassung des Weibs und vor allem das in der mannigfaltigsten Weise sich äussernde Streben, die Welt mit dem Gemüte zu erfassen." Roth 1896/97, S. 42–43.

Heimat als historische Integrationsformel

Freytags Romanzyklus ist im Kontext seiner Zeit und der Gattungsgeschichte ein bemerkenswertes Dokument. Der zeittypische Wunsch nach einem deutschen Nationalepos[134] wird hier erstmals durch eine neu geschaffene Fiktion eingelöst. Für das Genre des historischen Romans sind die *Ahnen* in Bezug auf Reflexion und literarische Umsetzung des Verhältnisses von Historiographie und Dichtung ausgesprochen innovativ.[135] Neu ist etwa die Entscheidung, historisch verbürgte Personen nur am äußersten Rand der Erzählung auftreten zu lassen (so geschieht es mit Heinrich IV., Luther, Napoleon), die fiktiven Helden aber in einer historisch detailliert rekonstruierten Welt agieren zu lassen und auf diese Weise hohe historische Plausibilität innerhalb eines fiktionalen Rahmens herzustellen. Die Randstellung realer Personen hat den Effekt, historische Spekulation zu reduzieren, ist aber auch als Teil des freytagschen historiographischen Programms zu lesen, nicht mit dem Fokus auf die ‚großen Männer', sondern auf den ‚Durchschnittsmenschen' Geschichte zu erzählen, wie es auch in den *Bildern aus der deutschen Vergangenheit* sichtbar wird.[136] Der „Herold des deutschen Bürgerthums", zu dem die *Gartenlaube* Freytag erklärt,[137] wird von den Zeitgenossen seit *Soll und Haben* dafür geschätzt, das bürgerliche Leben poesiefähig gemacht zu haben,[138] und auch der historische Roman Freytags schreibt ja einen spezifisch bürgerlichen Werthorizont in die Vergangenheit ein.[139]

Bemerkenswert auf konzeptioneller Ebene ist auch der Versuch, die Sprache dem je erzählten Jahrhundert anzuverwandeln. Gezielt eingesetzte Anachronismen, Neologismen oder die auf dem Stabreim basierende Rhythmik der ersten Abteilungen verwandeln sich über die weiteren Abteilungen stufenweise in eine

---

[134] Zeittypisch ist dieser Wunsch europaweit, vgl. Detering/Hoffmann/Pasewalck/Pormeister 2011.

[135] Nicht Faktentreue, sondern die ästhetische Komposition habe den Romanaufbau zu leiten, so Freytag in seinen Kritiken der zeitgenössischen historischen Romane von Victor von Scheffel und Willibald Alexis, wobei dies nicht bedeute, dass man gegen historische Fakten verstoßen dürfe. Vgl. dazu auch Eggert 1971, S. 77–79.

[136] Zu „dem historiographischen Meisterwerk der *Bilder aus der deutschen Vergangenheit*" im Kontext der zeitgenössischen Kulturgeschichtsschreibung vgl. Maurer 2016, hier S. 88. Geschichte wird hier nicht als Galerie der großen Männer, sondern als Leistung der vielen Namenlosen dargestellt.

[137] Alberti 1886, S. 514.

[138] Vgl. dazu Böttcher 2018, S. 3–29, besonders S. 8–9.

[139] Im *Nest der Zaunkönige*, dessen Handlung um das Jahr 1000 spielt, ist es ebenfalls das höchste Ziel der Figuren, als „Herr auf freiem Eigen" zu stehen und nach Erwerb des eigenen Grund und Bodens dazu noch „die liebe Hausfrau" gewonnen zu haben. Beide Zitate Freytag: Ahnen, 1897, Bd. 9, S. 320.

moderne Erzählsprache.[140] Der inhaltliche Zusammenhang wird durch unterschiedlichste narrative Elemente der Wiederholung hergestellt. Durch variierende Wiederholungen biographischer Details und zwischenmenschlicher Konstellationen, durch Rekursionen von Geschehnissen in Traumsequenzen oder in mündlichen und schriftlichen Tradierungen werden zyklische Strukturen geschaffen und wird zugleich die Frage nach dem Status von verschütteten, um- und neuerzählten, ja falsch erzählten Erinnerungen innerhalb des fiktiven Tradierungsvorgangs reflektiert.

Heimat wird in den *Ahnen* von der ersten Abteilung an als eines der schon quantitativ wichtigsten Romanmotive entfaltet. Immer wird es in die Nähe von Innerlichkeit, Gefühl und Gemüt gerückt und zugleich dem Tragischen und Heroischen angenähert. Ihr Korrelat, die Heimatlosigkeit, ist meist mit Unehrenhaftigkeit, Falschheit und Schwäche assoziiert und deutlich negativ konnotiert, oder aber ein schicksalhafter Zustand, wie ihn der Urheld Ingo zur Zeit der Völkerwanderung in Analogie zum homerischen Odysseus (vgl. II.1.3.1) durchleiden muss. Die konsequente Heimatliebe führt mehrfach in die Katastrophe, etwa wenn die heimwehkranken, eben in die Heimat zurückkehrenden Liebenden in der fünften Abteilung an deren Schwelle und damit an der Schwelle zum erhofften gemeinsamen Glück in den Wirren des gerade endenden Dreißigjährigen Krieges umkommen.[141] Immer ist der Tod der auf ihrer Heimat Beharrenden aber mit dem Überleben des erstgeborenen Sohnes und damit der Aufrechterhaltung der männlichen Genealogie verbunden. Kriegerische Auseinandersetzungen oder der Tod werden als Beharren auf Heimat legitimiert und heroisiert.

Heimat motiviert sich darüber hinaus als ein wichtiges erzählstrategisches Moment. Die Heimatlosigkeit des Vandalenfürsten Ingo, seine Wanderschaft und Eroberung einer neuen Heimat sind die handlungsauslösenden und schließlich in den heroischen Tod führenden Momente der ersten Abteilung. Das unstillbare Heimweh des Priesteranwärters Immo und sein Entschluss, gegen den Willen des Klosters und der Mutter in die Heimat zurückzukehren und Krieger zu werden,

---

140 Am ausführlichsten hierzu Lindau 1872.
141 Nur in der „Heimat" glaubt Judith in *Der Rittmeister von Alt-Rosen* gesunden zu können. Zu ihrem Geliebten Bernhard sagt sie: „Seht dort in der Ferne die grauen Berge, dort liegt unser Hof. Seit ich den Knaben habe, träumt mir wieder von der Kinderzeit. Dann erfaßt mich die Sehnsucht. Ich sehe die Höhen im Morgenlicht und das Haus des Vaters, und ich hoffe, was mich jetzt krank macht und zur Last für meinen lieben Herrn, das wird schwinden, wenn ich dahin komme." Eine innere Stimme rufe ihr zu, dass sie „dort den Frieden wiederfinden werde" (Freytag: Ahnen, 1897, Bd. 12, S. 170). Dieser Wunsch erfüllt sich wenige Seiten später auf doppeldeutige Weise im Tod des Paares: „So kam den Liebenden der Friede. Und wer von ihnen erzählt, der weiß nicht, soll er sie glücklich preisen oder beklagen." Freytag: Ahnen, 1897, Bd. 12, S. 173.

initiieren die Handlung der dritten Abteilung; für fast alle Abteilungen ließen sich solche konfliktgenerierenden, -beschleunigenden und -lösenden Funktionen beschreiben und ließe sich damit zeigen, wie der Dramentheoretiker und Bühnenautor Freytag seine Romanthemen und -motive in Szene setzt.

Heimatliebe und die daraus hervorgehenden Konflikte gewährleisten im Romangefüge nicht nur den Fortgang der Handlung innerhalb der einzelnen Erzählungen, sondern auch die Kontinuität der Gesamterzählung. Indem das bis zur eigenen physischen Vernichtung reichende Beharren auf der Heimat die Familiengenealogie gefährdet, aber nie beendet (etwa, wenn Ingo im Kampf um seine Heimat stirbt, sein Sohn aber gerettet wird), wird zugleich das Erzählkontinuum gewährleistet. Die zugrundeliegende Behauptung ist, im Einklang mit der sich in der zweiten Hälfte des 19. Jahrhunderts etablierenden Volkskunde (vgl. II.3.2), dass Heimatgefühl, oder, synonym verwendet, Heimatliebe, eine ethnische Konstante der Deutschen sei. Ein Nationalbewusstsein hat sich in der Geschichtsauffassung sowohl der *Bilder aus der deutschen Vergangenheit* als auch der *Ahnen* demgegenüber erst über die Jahrhunderte herausgebildet. Heimat zeigt sich als überzeitliches, zugleich ethnisch spezifisches Kontinuum, in das historisch die daraus hervorgehende Vaterlandsliebe eingetragen werden kann – die zeitgenössische Vorstellung von Heimat als ‚Wurzelboden' der Nation also.

Die Kontinuitätsbildung geht, zunächst scheinbar widersprüchlich, mit einer Dezentrierung einher. In mehreren Hinsichten wird im Romanzyklus ein Standpunkt der Peripherie eingenommen, nicht einer des Zentrums: Nicht die großen historischen Persönlichkeiten stehen im Mittelpunkt, sondern Vertreter der vielen unbekannt Gebliebenen; nicht die großen historischen Ereignisse und Zentren der Macht, sondern der Blick auf sie vom Rand aus wird gewählt. Die Akzentuierung der provinziellen Heimat als jeweiliger Schauplatz des Geschehens, die Entscheidung für die regionale ‚Verwurzelung' der Charaktere und die detailliert geschilderte lokale Topographie lassen sich im Einklang mit Aussagen Freytags darstellungspragmatisch erklären. Über die Arbeitsweise beim historischen Roman schreibt er: „[...] so muß man sich nach meiner Ueberzeugung auf ein kleines Gebiet beschränken und durch Reichthum des Details zu fesseln suchen".[142] Darüber hinaus ist der forcierte Provinzialismus im Anschluss an Celia Applegate[143] wiederholt als Versuch gedeutet worden, einen gegenüber der Nationalidee potentiell widerständigen Regionalismus für die Nationalstaatsidee gefügig zu machen und aus der Zusammenschau der vielen Heimaten weniger das jeweils

---

[142] Freytag 1904, S. 256. Brief Gustav Freytags an Ernst II. vom 8.12.1873.
[143] Vgl. Applegate 1990. Auf Celia Applegate, in deren Studie *A Nation of Provincials. The German Idea of Heimat* Freytag freilich nicht vorkommt, beziehen sich Tatlock 2002, Woodford 2004, Griffiths 2004.

Einzigartige als vielmehr die universalen deutschen Werte aufscheinen zu lassen, um identitätsbildend zu wirken. Heimat wird zur Integrationsformel. Sie vermittelt zwischen dem Regionalen und dem Nationalen, zwischen dem Individuellen und dem Kollektiven, zwischen dem Konkreten und dem Abstrakten und zwischen dem Besonderen und dem Typischen. Dabei setzt Freytag Heimat und Nation keinesfalls gleich. So beharren einzelne positiv gezeichnete Figuren auf dem Regionalen, ohne sich der Idee des Nationalen zu öffnen. Der damit angedeutete Konflikt wird allerdings durch verschiedene erzählerische Verfahren harmonisiert, etwa indem sich die individuelle Figurenperspektive gegenüber der (den objektiven Gang der Geschichte repräsentierenden) Erzählerstimme als anachronistisch bzw. nicht zukunftsfähig erweist.[144] Die Wahl der Provinz als Ausgangspunkt kann als Strategie gedeutet werden, nationaler Integration eine affektive Grundlage zu geben, indem das Besondere mehr als das Allgemeine zur Identifikation herausfordert und auf diese Weise den gemeinsamen Grund des Nationalen zu etablieren hilft.[145]

Symptomatisch ist in diesem Zusammenhang, dass Thüringen als wichtigste aller Heimatregionen gewählt wurde – der Zyklus beginnt und endet dort und verschiedene Generationen kehren im Verlauf der Erzählung immer wieder dorthin zurück.[146] Wenn Freytag Thüringen im Romanzyklus als „Herzland"[147] bezeichnet, greift er einen Sprachgebrauch auf, der Thüringen mit seinen nationalen protestantischen Symbolen wie Wartburg und Lutherbibel, aber auch wegen seiner geographisch zentralen Lage als symbolische Verkörperung ganz

---

[144] „It undercuts the supposed dichotomy between nationalism and provincialism by showing how national feeling is born from the provinces." Griffiths 2004, S. 229. Laut Griffiths wird die Harmonisierung der Dichotomie erzählerisch erreicht, indem die das Regionale dem Nationalen vorziehenden Figuren zwar vordergründig mit Sympathie bedacht, durch den Erzählungsverlauf aber als unzeitgemäß disqualifiziert werden. Vgl. Griffiths 2004, S. 230.
[145] Diese These entwickelt Lynne Tatlock sowohl für die *Bilder* (vgl. Tatlock 2000) als auch für die *Ahnen* (vgl. Tatlock 2002, bes. S. 87–88).
[146] Als „Zufall" und darüber hinaus rein biographisch motiviert deutet Jürgen Matoni die auf Thüringen fallende Wahl, vgl. Matoni 1995, S. 16. Auch Charlotte Woodford erkennt trotz ihrer thematischen Fokussierung auf den Heimat- und Nationaldiskurs im Anschluss an Applegates These nur den Aspekt der Austauschbarkeit des Regionalen. Vgl. Woodford 2004, S. 259.
[147] Über Thüringen sagt der Held: „Denn wie ein Herzland liegt es in der Mitte und die größte Kraft ist hier gesammelt, ich darf das zum Lobe meiner Heimat wohl sagen." Freytag: Ahnen, 1897, Bd. 10, S. 137. Im unmittelbaren Anschluss wird die Nationalehre im Helden wach: „Zum erstenmal, seit er lebt, wurde er gerufen, weil er ein Deutscher war [...] er fühlte, daß eine Kränkung seines Volkes auch Kränkung seiner eigenen Ehre war [...]". Freytag: Ahnen, 1897, Bd. 10, S. 138.

Deutschlands auffasst und die Region so für den Nationalstaatsdiskurs funktionalisiert.[148]

Eine kontinuitätsstiftende Funktion von Heimat, die durchaus nicht ganz in der Nationalidee aufgeht, eröffnet sich in Bezug auf die zeitgenössische Volksidee (vgl. I.2.2 und II.3.2), die auch Freytags Denken bestimmt und in den *Ahnen* durch die Vorstellung einer überindividuellen und überhistorischen ‚Volksseele' Ausdruck findet. Die Gleichförmigkeit der Einzelschicksale, die Freytag durch wiederkehrende Handlungen und Konstellationen vorführt und mittels derer er das Erleben seiner Helden über Jahrhunderte abseits rationaler Erklärbarkeit miteinander verknüpft, konstruieren eine überindividuell wirksame, zwar nicht von den Romanfiguren, dafür aber von den Lesern als solche erkannte gemeinschaftsbildende Kraft. In der Verbindung von Individuellem und Allgemeinem hat Heimat eine ihrer zentralen Funktionen bei Freytag: Sie stiftet einen individuell und historisch konkret erfahrbaren, aber überindividuell und transhistorisch wirksamen gemeinschaftlichen Raum, der Kontinuität gewährleistet. Auf diese Weise erfährt die Idee des Nationalen eine Ergänzung, welche die Anbindung ans Konkret-Individuelle ermöglicht.

Die nationale Reichsgründung steht in einem mindestens ambivalenten Bezug zum Romanprojekt. Vordergründig ist sie Ursprung und Telos der *Ahnen*, beim zweiten Blick stellt sich ihre Bewertung zwiespältig dar. Schon der Entstehungsmythos, der von Freytag in seinen (insgesamt vor allem als Dokument der Auslassungen und Glättungen interessanten) *Erinnerungen* um die Textgenese gewoben wurde, erweist sich als brüchig. Denn die Eindrücke des preußischen Feldzuges gegen Frankreich von 1870 dürften für die Entstehung nicht so ausschlaggebend gewesen sein, wie Freytag behauptet.[149]

Uneindeutig in Bezug auf Freytags Stellung zur nationalen Reichsgründung ist auch der Schluss der *Ahnen*. Anders als in der Widmung von 1872 nahegelegt und allgemein bis zum Erscheinen des letzten Bandes angenommen, endet das scheinbar teleologisch auf die nationale Erfüllung in der Reichsgründung angelegte Epos nämlich nicht 1871, sondern, wie vielfach von den Zeitgenossen moniert, mit einem wenig herausragenden Helden in der mittelmäßigen Zeit nach 1848.[150] Freytag selbst gibt in seinen *Erinnerungen* nur wenig überzeugende

---

148 Vgl. Tatlock 2002, S. 89–92; vgl. zur Thematik insgesamt: Haufe/Gibas 2005, sowie Haufe 2008.
149 Die Grundidee ist vielmehr schon in der *Verlorenen Handschrift* (1864) zu finden, vgl. Sellmann 1906, S. 2–3. Gegenüber Moritz Haupt datiert Freytag die erste Konzeption auf das Jahr 1867, vgl. Eggert 1971, S. 77. Vgl. schon Dove 1879, S. 276 und Ulrich 1907, S. 15. Anders sieht das Pegiel 2000, S. 182–183.
150 Grundsätzlich zur zunehmend skeptischen Aufnahme vgl. Holz 1983, S. 104–113.

Gründe für diese Entscheidung an, wenn er behauptet, die Großartigkeit des Ereignisses lasse sich durch keine Fiktion überbieten und unmittelbare Gegenwartsdarstellung sei für den historischen Roman unangemessen.[151] Claus Holz nimmt Freytag diese Worte mit guten Gründen nicht ab und rekonstruiert biographisch, wie der nationalliberale Optimismus von 1848 bei Freytag zunehmend von Vorbehalten abgelöst wird. Zu Beginn des Romanprojekts hält Freytag die Gattung des historischen Romans noch für geeignet, dem mittlerweile skeptischen Verhältnis zur eigenen Gegenwart eine ideale historische Welt entgegenzuhalten.[152]

Die Reichsgründung konnte Freytag schon zu diesem Zeitpunkt nur sehr eingeschränkt als die Erfüllung seiner nationalpatriotischen Träume auffassen, da sie in seinen Augen unter falschen Vorzeichen durchgeführt wurde. Anders als viele Nationalliberale kann sich Freytag auch nach 1871 nicht mit Bismarcks Politik arrangieren, lehnt dessen politische Ziele genauso wie seinen autoritären Politikstil ab.[153] Bismarcks Revolution von oben schalte das Volk als treibende Kraft des Einigungsprozesses aus, kritisiert Freytag. Seine zunehmende Unzufriedenheit mit der Fortsetzung des Romanprojekts, so rekonstruiert Holz überzeugend, spiegele die politischen Frustrationen des Liberalen über die von Bismarck angeführte Hohenzollern-Nation und über die Korrumpierbarkeit des bürgerlichen Standes, der sein Selbstwertgefühl zugunsten der Kaiserhörigkeit aufzugeben bereit gewesen sei.[154] Die Niederschrift des Schlussbandes 1879 falle bezeichnenderweise zusammen mit dem endgültigen politischen Ende der Nationalliberalen.

Der von den Zeitgenossen als defizitär wahrgenommene Schluss ist als kalkulierte Leerstelle oder auch als fehlende Antwort des Autors lesbar, die das Verhältnis des Nationalliberalen zum Zeitgeschehen indirekt zum Ausdruck bringt: Die nationale Reichsgründung, so wie sie sich tatsächlich ereignet hat, kann demnach eben nicht als Telos von Freytags Epos fungieren, obwohl der ganze Romanzyklus darauf zuzulaufen schien.[155]

---

151 Eggert und von Essen schließen sich in ihrer Deutung des Endes weitgehend Freytags Selbstdarstellung an. Gesa von Essen fügt hinzu, dass das Identifizierungsangebot stärker sei, da sich der Leser durch die bewusst gesetzte Leerstelle selbst in die Geschichte einschreiben könne. Vgl. Eggert 1971, S. 82–83, von Essen 2000, S. 181–182.
152 Vgl. Holz 1983, S. 66.
153 Das zeigt Peter Sprengel. Insgesamt deutet Sprengel die *Ahnen* funktional als Wunsch- und Gegenbild zur aktuellen Erfahrung, vgl. Sprengel 1996, S. 153–181. Zu Freytags Ablehnung Bismarcks vgl. Herrmann 1974; Holz 1983, S. 185.
154 Vgl. Holz 1983, S. 76–87.
155 Vgl. Holz 1983, S. 99. Daniel Fulda schließt sich der Deutung von Holz an, vgl. Fulda 1993, S. 202–204. Auch Tatlocks und Griffiths' Deutungen basieren, anders als behauptet, wesentlich

Im Zusammenhang mit diesen Beobachtungen gewinnt Freytags Heimat eine gewisse Resistenz im Verhältnis zur Nation. Denn es fällt auf, dass in die Leerstelle des Schlusses Heimatliebe, Volkskraft, Volksseele, nicht Kaiser- und Staatstreue gesetzt werden. Heimat erweist sich in der Perspektive des Nationalliberalen Freytag als immer schon eingelöste Größe; die von Freytag erhoffte Nationenbildung, nämlich die durch das ‚Volk', bleibt für ihn aber ein offenes Projekt – deswegen der offene Schluss.

Vor diesem Hintergrund macht Freytags Text eine etwas andere Auslegung von Heimat möglich als die der zum großen Teil kaiser- und bismarcktreuen Bildungspolitiker und Pädagogen, von denen oben die Rede war. Heimat wäre dann nicht mehr nur als natürlicher ‚Wurzelboden' der Nation zu verstehen, sondern auch als stete Infragestellung der Realisierungsformen des Nationalen. Im zeitgenössischen kulturellen Klima des Historismus kann Heimat als Ursprungskonzept eigene Ordnungsvorstellungen legitimieren, ja wird selbst zur – vermeintlich historisch konstanten – Ordnungsgröße, die Orientierung für die eigene Gegenwart bietet. Heimat ist, so erzählt Freytag, immer schon da – um die Nation hingegen muss gerungen werden.

Die Erzählung von Heimat ist bei Freytag somit nicht in eine Verlustgeschichte eingebettet. Es geht nicht um die nostalgische Erinnerung an etwas Verlorenes, wie in vielen anderen Heimatentwürfen des 19. Jahrhunderts, sondern um die historisch je eigene Realisierung einer vermeintlich anthropologischen – oder eher, das gilt auch für den liberalen Freytag: einer spezifisch deutschen – Grundkonstante. Für die eigene Gegenwart entwirft Freytag entsprechend in seinem Bestsellerroman *Soll und Haben* ein Modell von Heimat, das sich weder mit dem Ländlich-Regionalen noch mit einem Vergangenen oder Vermissten verknüpft. Heimat erscheint vielmehr als fortschrittsoptimistisches Modell bür-

---

auf Holz. Tatlock akzentuiert stärker die kulturelle Signifikanz des offenen Endes, vgl. Tatlock 2002, S. 101–102. Griffiths streicht heraus, es handele sich weniger um eine Flucht vor als eine Antwort auf die für Freytag enttäuschende Realität des Kaiserreichs. Vgl. Griffiths 2004, S. 40. Sohns versucht einen Neuansatz mit seiner Deutung, das ‚fehlende Ende' stehe für das Ende der historischen Repräsentation schlechthin. „Erinnerungs-, Erkenntnis- und Darstellungskrise erscheinen ineinander verschränkt." Sohns 2004, hier S. 232. Im jüngsten Beitrag zur Frage arbeitet Daniel Fulda den engen „Zusammenhang zwischen politischer Motivation und ästhetischen Instrumenten im nationalliberalen Historismus" heraus. „Die Zukunft, in deren Dienst Freytags Erzählungen von der Herkunft durchweg stehen" kann demnach nicht dargestellt werden, „obwohl sie beim Erscheinen des Romans keine Projektion mehr gewesen wäre, sondern schon eingetreten war". Für die Frage des Verhältnisses von Vergangenheit, Gegenwart und Zukunft hätten demnach neue Antworten gefunden werden müssen, die der nationalliberale historische Roman insgesamt aber nicht bereitstellt. Alle Zitate Fulda 2016, S. 124–125.

gerlich-kapitalistischer Ordnung und findet im Handelskontor seinen Ort (vgl. II.3.2.2).

3.2 Heimat und Volkskunde

Die Transformationen des Heimat(kunde)begriffs in Literatur und Pädagogik wären ohne den parallel sich etablierenden Heimatbegriff der Volkskunde nicht denkbar. Als akademische Disziplin 1919 mit dem ersten Lehrstuhl für Volkskunde an der Universität Hamburg endgültig anerkannt, wird der wissenschaftliche Status volkskundlicher Bemühungen schon sehr viel früher diskutiert. In den späten 1850er Jahren wird die Volkskunde erstmals als akademisches Fach eingefordert, und schon hier ist Heimat ein Schlüsselbegriff.

Die jüngere volkskundliche Forschung, die mit der neuen Ausrichtung des Fachs seit dem letzten Drittel des 20. Jahrhunderts und der damit einhergehenden Aufarbeitung der eigenen Geschichte entstanden ist, stellt die Frage nach dem Zusammenhang von Volkskunde und Heimat bisher noch nicht mit dem Nachdruck, der seiner historischen Bedeutung angemessen wäre.[156] Allerdings lassen sich die zahlreichen volkskundlichen Forschungen zur Heimat, auch wenn sie nicht immer ausdrücklich auf die eigene Fachgeschichte eingehen, als indirekter Versuch einer fachlichen und terminologischen Neuverortung begreifen.[157]

---

[156] Einen unkritischen Zugriff auf den Anteil des eigenen Fachs an der Entwicklung des Heimatbegriffs bietet das 1996 unverändert nachgedruckte *Wörterbuch der deutschen Volkskunde* von 1974 mit seinen Artikeln zu „Heimat", „Heimatkunde, „Heimatmuseen" und „Heimatschutz", vgl. Oswald/Beitl 1996. Der historischen Aufarbeitung des eigenen Faches – damit aber auch der Idee von Volkskultur und Heimat – widmet sich dagegen Wolfgang Kaschuba (Kaschuba 1988; Kaschuba 2012). Zur österreichischen Fachgeschichte vgl. Jacobeit/Lixfeld/Bockhorn 1994; zur schweizerischen Fachgeschichte vgl. Schürch/Eggmann/Risi 2010.

[157] Ein breites wissenschaftliches Interesse am Thema begründet, nach soziologischen Arbeiten von Wilhelm Brepohl (Brepohl 1952/53, Brepohl 1954, Brepohl 1965), vor allem die Volkskunde der 1960er Jahre (Bausinger 1961, Treinen 1965, Wiegelmann 1965) und die Kulturanthropologie der 1970er und frühen 1980er Jahre (Greverus 1972, 1979, 1982). Insbesondere die Tübinger Empirische Kulturwissenschaft hat sich dem Thema von den 1970er Jahren an bis heute intensiv gewidmet (Bausinger 1977, 1984, 1990, Scheer 2014). Nicht nur hier ist eine der Hauptfragen die Funktion der Heimat für territoriale Identitätsbildung (Bausinger 1980, 1982, 1986, 1999, Dürrmann 1994, Gmür 1997, Kaschuba 1979, Köstlin 1989, 1991, 1996, Stark 1992, Seifert 2014). Insgesamt dominiert deutlich ein Forschungsinteresse, das sich auf die je unmittelbare Gegenwart richtet, zuletzt unter den Vorzeichen von Regionalisierung (Schilling 1995), von Spät- und Postmoderne (Seifert 2010, Huber 1999), von Globalisierung (Daxelmüller 2003, Klose/Lindner/Seifert 2012, Köstlin 2002, Seifert 2011/2012, 2012, Tauschek 2005) und Migration (Binder 2008, Fischer 2013, Scheer 2014). Neuerdings gibt es auch wieder phänomenologische Ansätze, die das ‚Heimatgefühl' als an-

Die ‚Väter der Volkskunde' werden, obwohl die Volkskunde terminologisch ihre Ursprünge in der aufklärerischen Statistik und Staatenkunde hatte (die Begriffe Volks- und Völkerkunde kommen um 1780 in diesem Kontext auf), meist um 1800 in diesem Sinn tätig: Herder mit seinem Aufruf zur Sammlung deutscher Volkslieder, die Grimms mit ihren vielfältigen Bemühungen um Märchen, Sagen und Volkslieder, auch Achim von Arnim und Clemens Brentano mit ihrer Volksliedersammlung *Des Knaben Wunderhorn*. Die Geburtsstunde des Fachs im engeren Sinn wird gewöhnlich in dem von Wilhelm Heinrich Riehl 1858 gehaltenen Vortrag „Volkskunde als Wissenschaft" gesehen, worin der studierte Theologe die Grundzüge einer Volkskunde als wissenschaftliche Disziplin entwirft.[158] Als Begründer der Volkskunde wird Riehl in den folgenden Kapiteln im Mittelpunkt der Frage nach dem Verhältnis von Volkskunde und Heimat stehen (II.3.2.1 und II.3.2.2). So wichtig die Impulse einzelner Männer wie Riehl waren, wichtiger noch im Zusammenhang mit der Entstehung der Volkskunde ist die Tatsache, dass sie auf eine breite, vornehmlich von einem heterogen professionalisierten Bildungsbürgertum (vgl. I.2.5) getragene Bewegung zurückgreift bzw. direkt aus ihr hervorgeht; sie lässt sich andererseits nicht von der Entstehung der Geschichtswissenschaft und hier insbesondere der Landesgeschichte[159] trennen, die ebenfalls ihren Weg hin zur Professionalisierung über die Museumskultur und das Ver-

---

thropologische Konstante untersuchen (Klose 2013). – Zur Herkunftsgeschichte von Heimat aus volkskundlicher Sicht vgl. (Kaschuba 1979, Zimmermann 1991, Treiber 2015). Auf die rechtliche Dimension von Heimat gehen eine größere volkskundliche Arbeit zur Situation der Armen im Westfalen des 19. Jahrhunderts (Lerche 2009) und eine Arbeit zur Geschichte der sozialen Fürsorge in schleswig-holsteinischen Städten ein (Sievers/Zimmermann 1994).
158 Vgl. Kaschuba 1988.
159 Landesgeschichtliche Aktivitäten historischer Vereine gab es seit dem frühen 19. Jahrhundert; ein Verwissenschaftlichungsschub trat nach 1871 in diesen auf über 250 angewachsenen Vereinen mit dem Zuwachs ihrer Mitglieder im Bereich universitär ausgebildeter Fachhistoriker ein. Regionale Forschung wurde, beginnend 1876 mit der *Historischen Kommission für die Provinz Sachsen*, auch von den zahlreichen Historischen Kommissionen betrieben. Als eigene historische Disziplin begann sich Landesgeschichte mit der Einrichtung erster Lehrstühle am Ende des 19. Jahrhunderts zu etablieren. Schon für Karl Lamprecht (1856–1915) heißt Landesgeschichte seit den 1890er Jahren die Analyse der „heimischen Zustände" (zitiert nach Werner 2018, S. 5); sein Schüler Rudolf Kötzschke (1867–1949) leitete in diesem Sinn seit 1906 das „Seminar für Landesgeschichte und Siedlungskunde" in Leipzig. Hermann Aubin (1885–1969) gründete 1920 ein landeskundliches Institut in Bonn, Adolf Herlbok (1883–1968) 1923 das *Insitut für geschichtliche Siedlungs- und Heimatkunde der Alpenländer*, viele weitere folgten in den 1920er und 1930er Jahren. Vgl. Werner 2018; zu Kötzschkes Beziehungen zum Heimatdiskurs vgl. auch Müller/Steber 2018, S. 654–655.

einswesen nahm.¹⁶⁰ 1852 wird das *Germanische Nationalmuseum* in Nürnberg von Hans von und zu Aufseß gegründet, 1889 von Rudolf Virchow und anderen Mitgliedern der *Berliner Anthropologischen Gesellschaft* das *Museum für deutsche Volkstrachten und Erzeugnisse des Hausgewerbes*.¹⁶¹ Diese in Umfang und öffentlicher Aufmerksamkeit herausragenden Projekte sind ab Mitte des 19. Jahrhunderts begleitet von zahllosen kleinen Regionalsammlungen zur eigenen Geschichte und Kultur, gegen Jahrhundertende als Heimatmuseen bezeichnet.¹⁶² Neben solchen Sammeltätigkeiten publizieren viele Geschichts- und Altertumsvereine für das gebildete Publikum. Ab Mitte des 19. Jahrhunderts tauchen in diesen Veröffentlichungen volkskundliche Themen auf¹⁶³ und der Begriff der Volkskunde findet in Vereinsnamen Verwendung¹⁶⁴ – zeitgleich mit dem ersten Verein für ‚Heimatkunde'.¹⁶⁵ Die Anzahl der Gründungen nun explizit so genannter volks- und heimatkundlicher Vereine und der von ihnen herausgegebenen Jahrbücher und Monatsschriften wird ab den späten 1880er Jahren unüberschaubar,¹⁶⁶ wobei der Begriff der Volkskunde meist den der Heimat im Schlepptau führt und andersherum: Das *Kränzchen für Gothaische Geschichte und Altertumsforschung* (gegr. 1894) gibt die Blätter *Aus der Heimat* heraus, der *Ba-*

---

160 Einer der ersten dieser Vereine ist der 1822 gegründete Verein für Vaterlandskunde in Stuttgart. Zu diesen und folgenden Informationen zum Vereinswesen vgl. den sogenannten ‚Vereinsmüller': Müller 1883–1917. Zur These der Vereine als Wegbereiter und direkten Einfluss ausübenden Partner der universitären Disziplin vgl. Brückner/Beitl 1983.
161 Die private Sammlung wird ab 1904 als „Königliche Sammlung für Deutsche Volkskunde" Teil der *Königlich Preußischen Museen* zu Berlin und ab 1929 Teil des *Staatlichen Museums für Deutsche Volkskunde*.
162 Vgl. Roth 1990, S. 32–33. Die Vorgeschichte des Heimatmuseums ist kaum erforscht. Roth gibt nur einzelne Hinweise, sein Schwerpunkt liegt auf der Zeit ab der Weimarer Republik. Vgl. auch Ringbeck 1991; als zeithistorische Quelle vgl. Lehner 1928, S. 1–25.
163 Vgl. Rumpf 1992, S. 245.
164 Mit der Gesellschaft für Beförderung der Geschichts-, Althertums- und Volkskunde von Freiburg, dem Breisgau und den angrenzenden Landschaften erstmals 1866 in Freiburg/Brsg., vgl. Rumpf 1992, S. 246.
165 1865 wurde ein *Verein für Heimatkunde* in Wittenberg und 1865 in Müncheberg gegründet; vgl. Müller 1883–1917.
166 Einen Überblick bietet Rumpf 1992; hier werden u. a. folgende Heimatschutzvereine für den Zeitraum 1886–1910 genannt: 1886 *Verein für Orts- und Heimatkunde in der Grafschaft Mark* mit Jahrbuch; 1890 *Verein zur Pflege der Natur- und Landeskunde in Schleswig-Holstein, Hamburg und Lübeck* mit Sitz in Kiel mit der Monatszeitschrift *Die Heimat*; 1897 *Verein für Naturkunde an der Unterweser* mit dem Jahrbuch *Aus der Heimat – für die Heimat*; 1902 *Verein für ländliche Wohlfahrtspflege auf dem Lande*, später *Deutscher Verein für ländliche Wohlfahrt und Heimatpflege*, mit der Schriftenreihe *Wegweiser für ländliche Wohlfahrts- und Heimatpflege* und der Buchreihe *Bücherschatz des deutschen Dorfboten*, in der u. a. Titel wie *Vom Heimatacker. Geschichten eines hessischen Bauersmannes* (²1904) erscheinen.

dische Verein für Volkskunde und ländliche Wohlfahrtspflege ab 1903 die Monatsblätter *Dorf und Heimat*, der *Bayerische Verein für Volkskunst und Volkskunde* 1912 die Schrift *Bayerischer Heimatschutz* und so weiter.[167] In den Gründungstexten der wissenschaftlichen Volkskunde um 1900 wird immer wieder über die das Fach gefährdenden Dilettanten geklagt,[168] teilweise aber auch anerkannt, dass das Fach auf diese angewiesen sei.[169]

Volks- und Heimatkunde ist vor allem Sache der gebildeten Laien, die Heimatmuseen und Vereine gründen und Heimat im Sammeln, Bewahren und Vermitteln erlebbar machen. Heimat ist in diesem Umfeld regelrecht als Summe von Praktiken zu verstehen. Es sind insbesondere unzählige Landschullehrer, die sich volkskundlich inspiriert mit Heimat beschäftigen. Symptomatisch ist etwa die Schrift *Der Lehrer auf der Heimatscholle* von dem bayerischen Volksschullehrer Hans Stieglitz, die sich als eine Anleitung versteht, wie der an einen neuen Wirkungsort versetzte Lehrer ‚Heimatkunde' vor Ort betreiben soll. Das Buch wolle zeigen, „wie es der Lehrer als Mensch und Lehrer anfangen kann, um auf der Heimatscholle wirklich daheim zu sein"[170] – nicht primär ein Lehrinhalt, sondern vor allem ein Erfahrungsinhalt soll also vermittelt werden. Heimat ist hier eine Sache der Praxis, nicht der Theorie. Der Lehrer müsse sich selbst Heimat aneignen, indem er die Heimatgeschichte, die Sitten und Bräuche, die Natur und alles andere, was die unmittelbare Umgebung betreffe, erforsche und sinnlich erlebe – Riehl wird als wichtigstes Vorbild genannt.[171] Nur wenn der Lehrer selbst durchdrungen sei von Heimatliebe, könne er diese auch seinen Schülern vermitteln und damit die Grundlage für jegliches Lernen ausbilden.

Ziel dieser vielfältigen Bemühungen ist das Sammeln, Bewahren und Beschreiben von Erzeugnissen der eigenen Kultur, die zumeist als gefährdet und deswegen schutzbedürftig betrachtet wird. Dies drückt sich symptomatisch in den Komposita der ‚Heimatpflege' und des ‚Heimatschutzes' aus, die um die Jahrhundertwende im Umfeld volks- und heimatkundlicher Vereine aufkommen. Die sogenannte ‚Heimatschutzbewegung', deren Gründungsaufruf u. a. von dem Komponisten und Professor für Klavier Ernst Rudorff, von dem Volkskundler Robert Mielke (1914 habilitiert über ein volkskundliches Thema), von den Architekten Paul Schultze-Naumburg und Oskar Hossfeld und auch von vielen

---

167 Vgl. Rumpf 1992, S. 246.
168 Vgl. Karl Weinholds Aufsatz *Was heißt Volkskunde?*, der zuerst 1890 im 20. Jg. der *Zeitschrift für Völkerpsychologie und Sprachwissenschaft* erschien: Weinhold 1937, S. 11; ähnlich Eduard Hoffmann-Krayer in *Die Volkskunde als Wissenschaft* von 1902, vgl. Hoffmann-Krayer 1946, S. 1.
169 Vgl. Hoffmann-Krayer 1946, S. 1.
170 Stieglitz 1909, S. V.
171 Vgl. Stieglitz 1909, S. 25 und S. 32.

Schriftstellern wie Heinrich Sohnrey, Peter Rosegger, Friedrich Lienhard, Ernst von Wildenbruch, Wilhelm Bölsche und Felix Dahn unterzeichnet wird, führt 1904 zur Gründung des „Bundes Heimatschutz" als eines Dachverbandes der Heimatvereine mit schätzungsweise 100.000 Mitgliedern.[172] Die Gründung reiht sich in eine gesamteuropäische Bewegung des Schutzes von Natur und Kultur vor den Auswirkungen der Industrialisierung und den durch sie bewirkten Transformationsprozessen ein.[173]

Ernst Rudorff, die zentrale Gründergestalt von 1904,[174] veröffentlicht 1897 in den *Grenzboten* – aus der liberalen Zeitschrift unter Gustav Freytag und Julian Schmidt ist zu diesem Zeitpunkt schon lange eine ausgeprägt konservative geworden – verschiedene Beiträge, in denen die Heimatschutzbewegung als volkskundliche deklariert wird.[175] ‚Deutsche Heimat' und ‚deutsches Volkstum' sind für Rudorff unzertrennliche Größen, die im Verein geschützt und erhalten, oder, wo sie schon verloren gingen, zurückerobert werden müssen.[176] Heimat ist

---

172 Als zeitgenössische Quelle vgl. Mielke 1906; zu neuerer Forschung vgl. Rumpf 1992, S. 252. Zur Rolle der Vereine im Kontext der Heimatbewegung im Kaiserreich vgl. Ditt 1990, S. 136–143. Das Programm des 1914 in *Deutscher Bund Heimatschutz* umbenannten Vereins wird hier beurteilt als „eine gegenwarts- und zukunftsorientierte kulturpolitische Konzeption aus neoromantischem Geist. Damit gehörten die Heimatvereine zu der breiten Reform- und Erziehungsbewegung, die in Gestalt von Dürerbund, Körperkultur-, Bodenreform-, Naturheilkunde- und anderen Vereinen seit der Jahrhundertwende in Reaktion auf die Kulturkrise entstand." Ditt 1990, S. 141. Ditt schlägt von der Jahrhundertwende um 1900 den historischen Bogen bis zur Eingliederung der regionalen Heimatbünde in die sogenannten ‚Gauheimatwerke' der NSDAP, vgl. Ditt 1990, S. 152. Zu den Verbindungslinien von Heimatschutzbewegung und Nationalsozialismus vgl. auch Koshar 1996. Willi Oberkrome verfolgt Heimatkonzepte in Naturschutz und Kulturpolitik von 1900 bis in die 1960er Jahre in Ost und West, vgl. Oberkrome 2004.
173 1895 wurde der *National Trust for Places of Historic Interest or Natural Beauty* in England gegründet, 1901 die *Societé pour la Protection des Paysages de France* in Frankreich, 1909 fand der erste internationale Heimatschutzkongress in Paris statt, 1912 der zweite in Stuttgart. Vgl. Sieferle 1985, S. 40 und Scharnowski: Heimat, 2019, S. 75. Zur gesamteuropäischen Perspektive vgl. auch Mai 2006.
174 Zu Rudorff als Protagonist der Heimatschutzbewegung vgl. Rollins 1996.
175 „Dem Pfarrer Hansjakob in Freiburg im Breisgau ist es gelungen, einen Verein zur Erhaltung der Volkstrachten ins Leben zu rufen, der offenbaren Erfolg aufzuweisen hat. Seine Schrift über diesen Gegenstand enthält eine Fülle goldner Worte. Von der Volkstracht aber zu den überkommnen Sitten und Gebräuchen des Volkes und zu volkstümlicher Bauart, deren Wiederbelebung die unerläßlichste Forderung ist, wenn von der Eigenart deutschen Landes überhaupt noch die Rede sein soll, ist nur ein Schritt." Rudorff 1897, S. 468. Vgl. auch Knaut 1991.
176 „Keine einzige Vereinigung aber würde in ihrer Bedeutung schwerer wiegen, ist dringender nötig als eine Zusammenscharung aller Gleichgesinnten, denen es darum zu thun ist, deutsches Volkstum ungeschwächt und unverdorben zu erhalten, und was davon unzertrennlich ist, die

bei Rudorff die Grundlage jeder deutschen Kultur, ‚Heimatschutz' ist ihre Verteidigung gegen die sozialen Fliehkräfte der sich industrialisierenden Gesellschaft:

> Es ist bezeichnend, daß die Vaterlandslosigkeit fast ausschließlich in den Fabrikbezirken großgezogen wird. Was giebt es auch an vaterländischen Gütern besondres zu schützen, wofür das Leben einzusetzen wäre, wenn jede Eigenart der Heimat in ihrem landschaftlichen und geschichtlich gewordenen Charakter, jede Volkstümlichkeit und Besonderheit in Wesen, Sitte und Erscheinung vertilgt wird?[177]

Rudorff geht es nicht nur um ein sammelndes und archivierendes Verhältnis zur Heimat, sondern darum, ihr Verschwinden aufzuhalten: Er wendet sich gegen die Begradigung der Flüsse und der Felder, gegen die Abholzung der Alleebäume, gegen die restlose Erschließung der Wälder für Forstwirtschaft und Tourismus, setzt sich für den Erhalt und die Wiederbelebung älterer Kulturlandschaften, Wirtschaftsmethoden und Bauweisen ein – später wird Letzteres in der sogenannten Heimatschutzarchitektur Paul Schultze-Naumburgs seine Fortsetzung finden.[178] Trotz der sehr konkreten Ansätze dieses frühen Naturschutzes (die Rudorff mit dem Kauf von bedrohtem Land auch tatsächlich im Kleinen umgesetzt hat)[179] und der ausführlichen Erörterung so pragmatischer Fragen wie der nach „Verkoppelung und Gemeinheitsteilung" und anderen Maßnahmen in der Landwirtschaft ist bemerkenswert, dass in den Texten Rudorffs nicht die Natur um ihrer selbst willen als schützenswert erscheint. Vielmehr ist der Naturschutz nur Teil eines größeren Kampfes gegen Materialismus und für Heimat als Ausdruck aller „Güter des Gemüts und des Geistes". Heimatschutz sei der Aufruf gegen eine materialistische Gesinnung, die „das Gefühl für das, was wir in dem Wort ‚Heimat' zusammenfassen, vernichten will".[180] Heimat impliziert einen ideellen Überbau, der weit über die Idee des Naturschutzes hinausgeht. Letztlich

---

deutsche Heimat mit ihren Denkmälern und der Poesie ihrer Natur vor weiterer Verunglimpfung zu schützen. Denn hier und nirgends anders liegen die Wurzeln unsrer Kraft." Rudorff 1897, S. 466.
177 Rudorff 1897, S. 466–467.
178 Zur Illustration der ambivalenten Bewertung der Heimatschutzarchitektur in der Gegenwart verweist Christiane Nowak auf die Diskussion um den Begriff der Moderne, den die Ausstellung *Moderne Architektur in Deutschland 1900 bis 1950. Reform und Tradition* auslöste. Der Kurator Vittorio Magnago Lampugnani hatte hier auch Bauprojekte im Umfeld der Heimatschutzbewegung von Heinrich Tessenow und Paul Schultze-Naumburg präsentiert, deren Rückgriff auf traditionelle Bauformen unter den Bedingungen moderner Produktionsbedingungen er ebenfalls als Antworten auf die Herausforderungen der Moderne begriff, stieß damit aber auf heftige Kritik. Vgl. Nowak 2013, S. 20–21. Zum Zusammenhang von Heimat und Architektur vgl. auch Umbach/Hüppauf 2005.
179 Rudorff selbst äußert sich dazu: Rudorff, Abermals zum Heimatschutz, 1897, S. 113.
180 Rudorff, Abermals zum Heimatschutz, 1897, S. 115.

geht es Rudorff zufolge um den Erhalt der ‚Schöpferkraft' eines ganzen Volkes: „Fahren wir fort, so zu wirtschaften, wie bisher, so werden wir bald ein ausgelebtes Volk sein, dessen religiöses Empfinden samt allen übrigen Kräften des Gemüts verdorrt oder verflacht, das keines geistigen Aufschwungs mehr fähig ist [...]." Keine „wahrhaft schöpferische Persönlichkeit" könne das Volk unter solchen Bedingungen mehr hervorbringen.[181] Die metaphorisch verstandene Gesundheit des Volkes lässt sich nicht an einem gesunden Wald messen, wie Rudorff es durch Analogiebildung suggeriert, sondern nur an einem ideellen Maßstab. In unzähligen volkskundlichen Arbeiten um 1900 findet sich die gleiche Argumentationsfigur: Heimat steht für Gesundheit und gesund ist das Ländliche, krank das Städtische, gesund der Bauer, krank der Städter vom Arbeiter über den Feuilletonisten bis zum Spekulanten. Oder: Gesund das einfache Volk, krank die Gebildeten, wie beim klassischen Philologen und Volkskundler Albrecht Dieterich:

> Wenn wir alle, die Gebildeten und Gebildetsten, wieder fühlen könnten, daß wir zum Volke mit Leib und Seele gehören, daß das Volk unserer Heimat Fleisch ist von unserem Fleisch, Blut von unserem Blut, dann fühlten wir es auch, daß aus dem Heimatboden und dem Heimatvolke jedem Sproß dieser Heimat neue gesunde Kraft kommt: allein von unten in diesem Sinne konnte von je nur gesunden die krank gewordene Bildung.[182]

Dieterichs in religiöse Metaphorik gekleidete Vorstellung, Heimat versöhne die gespaltene Gesellschaft, lasse das deutsche Volk gesunden, ist zentral für die Rede über Heimat um 1900: Heimat wird, wie bei Rudorff oder Dieterich, als spirituelle Kraftquelle der Deutschen aufgefasst und an einen Prozess der Gesundung gebunden.

‚Heimatliebe' soll der Kitt für die auseinanderdriftenden Gesellschaftsschichten sein. Die „nationalste und zugleich sozialste Aufgabe der Volkskunde" sei es, so Dieterich, „den Riß zwischen Volk und Gebildeten, zwischen den

---

181 Beide Rudorff 1897, S. 466–467.
182 Dieterich 1902, S. 3–4. Zum Begriffspaar ‚gesund – krank' als Wertungskriterium im Umfeld von Heimatschutz und Heimatkunst um 1900 vgl. Rossbacher 1975, S. 52–56 sowie mit weiteren Literaturverweisen das Kapitel dieser Studie zu Adolf Bartels. Heimat verbindet sich in diesem Kontext mit Gesundheit, Vitalität und Kraft – und auch schon um 1900 mit dem ‚Blut' – speziell des deutschen ‚Volkes', wie ein Zitat des einflussreichen Reformkatholiken, Langbehn-Apologeten und späteren Herausgebers der Zeitschrift *Hochland* Carl Muth veranschaulichen kann, der „die frische, unverbrauchte Kraft unseres Volksthums, die stillnährende Poesie unserer deutschen Heimatherde und die Erinnerung an jene hehren Sonn- und Feiertage unseres Nationallebens [...], da aus den herrlichsten Söhnen unseres Blutes die reckenhafte, frische, stählerne und gesunde Urwüchsigkeit des deutschen Genius sprach", als die Garanten zukünftiger deutscher Kunst erkennen will. Muth 1893, S. 366.

Ständen *eines* Volkes zu mildern".[183] Dieser Riss lasse sich durch Heimatliebe überwinden:

> Die treue und ehrliche Liebe zur engsten Heimat, deren Boden und Bäume und Wege und Wiesen und Menschen uns teuer sind, ist die tiefste und festeste Wurzel echter Vaterlandsliebe, fester als manches Nationalbewußtsein, das manchem wandernden Bureaukraten, dem weder Ost noch West eine Heimat ward, ein jammervoll abstraktes Ding geworden ist, und seinen Kindern, die nirgends von Herzen zu Hause sind, noch viel blasser und schemenhafter überliefert wird.[184]

Viele Vertreter der Volkskunde verstehen ihre Arbeit genau wie die ihrer ‚dilettantischen' Schwester, der Heimatschutzbewegung, als aktiven Beitrag zum Prozess dieser ‚Gesundung'. Volkskunde sieht sich aus dieser Perspektive als gesellschaftliche Kraft, die Antworten auf die Moderne geben, Gesellschaft mitgestalten will. Heimat ist das Schlüsselwort dieses alles andere als wertfreien Wissenschaftsverständnisses. Nicht nur mit Blick auf Rudorffs ‚Heimatschutz', auch mit Blick auf die Ansätze mit dezidiert wissenschaftlichem Anspruch kann diese aktive Gestaltungsfunktion als weiteres zentrales Element der Rede über Heimat gelten. So spricht etwa der Volksökonom und Volkskundler Robert Wuttke 1909 davon, dass es der ‚innerste Kern' von Volkskunde und Heimatschutz sei, „eine Gegenströmung gegen den Industrialismus" zu sein.[185] Und der Theologe Paul Drews, der Begründer der ‚Religiösen Volkskunde', geht davon aus, dass „die Pflege der Religion ohne eine ‚kirchliche Heimatpflege' nicht möglich" sei und dass es daher „bodenständiger Pfarrer" bedürfe.[186]

---

183 Beide Zitate Dieterich 1902, S. 4.
184 Dieterich 1902, S. 4.
185 „Volkskunde wie Heimatschutz arbeiten auf das gleiche Ziel hin: die von unseren Vorfahren geschaffenen Werte zu schätzen. [...] Es muß davor gewarnt werden, daß wir die volkstümliche alte Habe industriell in der Gegenwart verwerten und damit entwerten. Die Liebe zu der Vergangenheit soll geweckt werden, nicht aber die Nachahmung vergangener Formen. Gerade in dem Gegensatz des jederzeit wirtschaftlich Verwertbaren, mit dem Erhalten des Überlieferten liegt die Bedeutung der Volkskunde und des Heimatschutzes. Diese bedeuten in ihrem inneren Kern eine Gegenströmung gegen den Industrialismus." Wuttke 1909, S. 176.
186 So Paul Drews in seinem Artikel zur ‚Religiösen Volkskunde' im RGG (*Die Religion in Geschichte und Gegenwart. Handwörterbuch in gemeinverständlicher Darstellung*) von 1913, hier zitiert nach Drews 2016, S. 387–393, hier S. 393. Religion und Volkskunde sind Anfang des 20. Jahrhunderts eng verknüpft. Zur durch Heinrich Sohnrey mitinitiierten Dorfkirchenbewegung und weiterer Zusammenhänge von Volkskunde und evangelischer Theologie vgl. Treiber 2004. Der Artikel zu ‚Heimatkunst' in der zweiten Auflage des RGG von 1928 sieht die Kirche in der Pflicht, im Schulterschluss mit der Volkskunde Heimat zu pflegen und zu erhalten: „Schon die Verwandtschaft der Pietät mit der Religion und das darin beschlossene Gemeinschaftsband zieht die *Kirche zur Pflege der H.* Auch hat jedenfalls die evg. Kirche Heimatboden vor allem in dem

Als drittes zentrales Element der Rede über Heimat um 1900 gilt für den Wissenschaftsdiskurs der Volkskunde genauso wie für den pragmatisch orientierten Heimatschutz, dass Literatur sehr häufig eine legitimatorische Funktion für die Rede über Heimat übernimmt. Die Programmatik des Heimatschutzes Ernst Rudorffs etwa – der selbst auch literarisch tätig war[187] – beglaubigt ihren Gegenstand maßgeblich über literarische Texte. Schon als Motto seiner Programmschrift *Heimatschutz* von 1897 wählt er Verse Friedrich Rückerts: „Die Welt ist rauh und dumpf geworden, / Die Stimm' entfiel ihr nach und nach, / Die einst in tönenden Akkorden / Zum off'nen Ohr des Menschen sprach."[188] Die Verse sind dem Gedicht *Zum Schluß* entnommen, das eine Abstiegsgeschichte des menschlichen Weltverhältnisses erzählt. Darin erweist sich die ursprüngliche Beziehung von Mensch und Welt als vollendet harmonische: „Die Brust ein Spiegel ungetrübet / Gefühl ein reiner Widerhall / Gesang durch keine Kunst geübet, / Der Dichter eine Nachtigall". Diese Ganzheit in „jenen goldnen Tagen"[189] wandelt sich unter Einfluss des Verstandes in einen von Kampf, Leidenschaft, Zerstörung geprägten Weltbezug, innerhalb dessen der Dichter unter Qualen um Ausdruck ringen muss.

Interessant ist, dass hier dezidiert ein literarischer Text an die Spitze einer Programmatik der Heimatliebe und des Heimatschutzes gesetzt wird und dass dieser eine Ursprungs- und Verlustgeschichte erzählt, wie sie schon in der romantischen Begriffsbildung von Heimat enthalten ist (vgl. II.1.2). Der romantische Vorbehalt gegenüber der Wiederherstellbarkeit solcher Ursprungsphantasien wird dabei übersehen, wie sich dann im weiteren Verlauf des Textes erweist. Rudorffs beglaubigt seine Ausführungen durch fast ausschließlich der Romantik entnommene literarische Zitate: Mit Uhland, Schwab und Eichendorff, Tieck, Arnim und Brentano wird eine Heimat beschworen, die es so nicht mehr gebe – und damit angenommen, die romantischen Dichter hätten eine Realität der Hei-

---

Lebenskreis, den die H. widerspiegelt. Sie hat Bundesgenossen in dieser Arbeit in den Bestrebungen der Volkskunde, Ortsgeschichte, Sittengeschichte, Sagenkunde, (Natur-)Denkmalpflege, Heimatmuseen, dem Volksbildungswesen; die Dorfkirchenbewegung geht sie unmittelbar an, und das Laienspiel sowie die neue Singbewegung haben Beziehungen zu ihr. Die kath. Kirche hat in ihren Diözsanmuseen, die die heimische Kirchenkunst der Vergangenheit sammeln, eine bemerkenswerte Einrichtung getroffen." Günther 1928, Sp. 1768.
187 So Paul Schultze-Naumburg in seinem lobenden Vorwort zur Neuauflage von Rudorffs Texten (1926). Rudorff sei in Einigem romantisch, übertrieben und überholt und müsse an die Zeitforderungen angepasst werden. Vgl. Paul Schultze-Naumburg: Vorwort, in: Rudorff 1928.
188 Rudorff 1897, o.S.; wiedergegeben sind hier Teile von Friedrich Rückerts Gedicht *Zum Schluß*.
189 Alle Zitate Rudorff 1897, o.S.

mat abgebildet, die zu ihrer Zeit noch existiert habe.[190] Es werden auch Verse Hoffmann von Fallerslebens[191] und immer wieder Eichendorffs[192] zitiert. Auch sonst spielt Literatur eine wichtige Rolle für die Programmatik Rudorffs, allerdings nur deren vermeintlich volksnahe Varianten. So wird das „echte, treuherzige Volkslied" in drastischen Worten gegen die Operettenmelodie gehalten, die „das Gift der Entsittlichung in das Volk" trage.[193] Und Beispiele für die ursprüngliche Heimatliebe des einfachen Volkes entnimmt Rudorff den Texten der Schriftsteller Heinrich Hansjakob und Peter Rosegger, ohne die Belegkraft solcher Verweise zu reflektieren.[194] Andererseits zeigen Schriftsteller wie Wilhelm von Kügelgen, die über Heimatliebe spötteln, aus Rudorffs Perspektive nur, dass sie sich dem „Empfindungsleben des Landvolks" entfremdet haben.[195] Die Dichtung ist Rudorff auch Beleg, dass Heimatliebe etwas spezifisch Deutsches sei.[196]

Auch die wissenschaftliche Volkskunde ist ohne ihren Bezug zur Dichtung nicht zu denken: Karl Weinhold, der Herausgeber der *Zeitschrift des Vereins für Volkskunde*, zählt die Poesie und insbesondere die Volkspoesie zu den natürlichen Gegenständen der Volkskunde,[197] genauso der Schweizer Volkskundler Eduard Hoffmann-Krayer.[198] Hoffmann-Krayer verwendet, wie zahlreiche weitere Volkskundler, insbesondere die literarischen Texte Jeremias Gotthelfs als

---

190 „Was ist aus unserer schönen, herrlichen Heimat mit ihren malerischen Bergen, Strömen, Burgen und alten Städten geworden, seitdem sie Dichter wie Uhland, Schwab und Eichendorff zu unvergänglichen Liedern begeistert, seit Ludwig Tieck, Arnim und Brentano die Wunderwildnis des Heidelberger Schlosses gepriesen haben!" Rudorff 1897, S. 401.
191 Rudorff 1897, S. 407; vgl. auch: „Und der Winter war vergangen, / Und der Sommer ging herum, / Und es zog mich heiß Verlangen / Nach der Heimat wiederum." Rudorff 1928, S. 34–35.
192 Rudorff 1897, S. 456.
193 Beide Zitate Rudorff 1897, S. 466.
194 Vgl. Rudorff, Abermals zum Heimatschutz, 1897, S. 116.
195 „Und wenn Kügelgen in seinen Jugenderinnerungen von einer braven esthnischen Dienstmagd berichtet, die mit seiner Familie von Esthland nach Dresden übergesiedelt war, schließlich aber, trotz aller Annehmlichkeiten, trotz aller Güte und Freundlichkeit, die sie dort erfuhr, und obwohl ihre sämtlichen Angehörigen in der Heimat gestorben waren, dennoch vom ‚Bohrwurm ihres Heimwehs' getrieben nach dem ‚wilden, unfruchtbaren, abgelegnen' Lande ihrer Jugend zurückkehrte, so beweist der spöttelnde Ton, in dem er das vorträgt, nur, daß in der Bauernmagd ein tieferes, innigeres Heimatsgefühl steckte, als in dem gebildeten Allerweltsstädter, der das Empfindungsleben des Landvolks zu verstehen verlernt hatte." Rudorff, Abermals zum Heimatschutz, 1897, S. 116.
196 „Es ist nicht ohne Grund, wenn kein Volk der Erde Dichter der Landschaft, der Naturempfindung aufzuweisen hat von solcher Kraft und Innigkeit wie das deutsche." Rudorff, Abermals zum Heimatschutz, 1897, S. 116.
197 Vgl. Weinhold 1937, S. 13. Zu Weinhold vgl. Kaschuba 2012, S. 47–48.
198 Vgl. Hoffmann-Krayer 1946.

Grundlage ihrer Forschung.[199] Bei Albrecht Dieterich steht der Bezug auf die Dichtung darüber hinaus unter dem Vorzeichen seines Heimatverständnisses (s. o.), wenn er die Überwindung der Trennung von höheren und unteren Schichten, „die keinen Mittelpunkt mehr" hätten, als Aufgabe der Volkskunde ansieht. Die Volkskunde solle sich hierbei die Dichtung zum Vorbild nehmen: „An der Verschmelzung der beiden Mittelpunkte arbeite die Dichtung nun schon lange; die Wissenschaft beginne damit", zitiert Dieterich zustimmend den Germanisten Rudolf Hildebrand, den er als „Meister der echten Volkskunde"[200] verehrt. Die von Dietrich so bezeichnete Wiederentdeckung der Volkspoesie im 18. Jahrhundert ist ihm Keimzelle der Literatur und der Philologie; die herausragende Rolle Jacob und Wilhelm Grimms für die Entstehung der Volkskunde aus dem Geist der philologischen Beschäftigung mit der Volkspoesie wird gewürdigt.[201]

Wilhelm Heinrich Riehls Mitte des 19. Jahrhunderts entstandene Schriften stellen den Ausgangspunkt dieses wissenschaftlichen Verständnisses von Heimat in den hier skizzierten Positionen der Volkskunde um 1900 dar. Diese Schriften, ohne die auch zahlreiche literarische Produktionen der zweiten Jahrhunderthälfte nicht zu denken wären, sollen nun näher betrachtet werden.

3.2.1 Riehls volkskundliche Heimat

Den studierten Theologen Wilhelm Heinrich Riehl (1823–1897) prägten die Vorlesungen von Ernst Moritz Arndt am historischen Seminar der Universität Bonn mehr als die theologischen.[202] Und statt eine Dorfpfarre zu übernehmen, betätigt er sich seit 1841 schriftstellerisch und journalistisch. 1854 wird er (ohne Promotion und Habilitation) Honorarprofessor, 1859 ordentlicher Professor für Staatswissenschaft und Kulturgeschichte in München und Herausgeber der *Bavaria* – einer fünfbändigen *Landes- und Volkskunde des Königreiches Bayern* (1860–68) –, 1885 Direktor des Bayerischen Nationalmuseums und Generalkonservator der Kunst-

---

199 Hoffmann-Krayer 1914. Es handelt sich hierbei um eine Stellensammlung aus Gotthelfs Roman *Bauernspiegel* und seiner Erzählung *Wie fünf Mädchen im Branntwein jämmerlich umkommen*. Zur Rolle von Gotthelfs Werk für volkskundliche Untersuchungen u. a. bei Karl Geiser und Albert Brüschweiler vgl. Mettenleiter 1974, S. 195.
200 Alle Zitate Dieterich 1902, S. 4–5.
201 Vgl. Dieterich 1902, S. 10–12.
202 So Viktor von Geramb in seiner ausführlichen, allerdings hagiographischen Biographie, vgl. Geramb 1954. Zur jüngeren Forschungsliteratur zu Riehl vgl. Applegate 1990; Altenbockum 1994; Lövenich 1992; Mollenhauer 2002; Zinnecker 1996.

denkmäler und Altertümer Bayerns. Seine Karriere beruht auf der vierbändigen *Naturgeschichte des Volkes als Grundlage einer deutschen Socialpolitik* (1851–1869). In einer neuartigen Verbindung aus geographischen, kulturgeschichtlichen, alltagskulturellen und soziologischen Studien will Riehl das ‚deutsche Volk' erforschen, das er als individualisierbare, leibliche Einheit betrachtet, als „Organismus einer ganzen Volkspersönlichkeit".[203] Das aus Landschaft, Geschichte, Lebenswelt und Milieu destillierte Spezifikum dieses Volkskörpers erklärt Riehl zum Fundament der sozialpolitischen Neuordnung der Gesellschaft. Die große Popularität von Riehl in der gebildeten Öffentlichkeit – er hielt an die 500 Vorträge vor geschätzt 180.000 Zuhörern[204] und seine *Naturgeschichte* erreichte hohe Auflagen – basiert auf mehreren Aspekten. Alle hängen mit seiner Auffassung des Heimatbegriffs zusammen.

Narrative des Natürlichen

Riehl erklärt in seinem Vortrag *Volkskunde als Wissenschaft* das ‚Volk' zum Zentrum eines neuen wissenschaftlichen Erkenntnisinteresses.[205] Auch für den Nationaldiskurs, um den es vordergründig gar nicht geht, ist das Jahr des Vortrags, 1858, ein wichtiges Datum. Denn zwischen der Rede von ‚Nation' und der von ‚Volk' besteht ein wichtiger Unterschied: Die Nation ist eine politische Einheit, das Volk ein anthropologisch aufgefasstes Kollektiv (vgl. I.2.2). Riehl ersetzt mit seiner Idee des Volkes zehn Jahre nach den politischen Bewegungen von 1848 die politische Idee der Freiheit des selbstbestimmten Individuums durch die Idee der naturwüchsigen Gemeinschaft. Heimat wird in diesem Zusammenhang als zwar regional divergierend, aber zugleich als nur eine von vielen zusammengehörigen deutschen Heimaten verstanden.

Riehl macht mit dieser Bestimmung der spezifischen Heimat als Teil des gesamtnationalen Ganzen auch ein Angebot, den ‚deutschen Sonderweg' positiv zu deuten, und wird so zu einem der Wegbereiter einer zentralen Selbstbeschreibung der Deutschen. Heimatverbundenheit wird von Riehl als unterschiedlich ausgebildet beschrieben, je nach Region komme es zu großen Differenzen.[206] Er grenzt

---

203 Riehl 1859, S. 215.
204 „Bis 1885 hatte er während 14 Jahren in 487 Wandervorträgen und 106 deutschen Städten über 112 verschiedene Stoffe vor 180.000 Zuhörern gehandelt." Nadler 1928, S. 452. Nadler schreibt in seiner Literaturgeschichte über Wilhelm Heinrich Riehls *Kulturgeschichte der Deutschen*, sie habe beispiellos auf das Selbstbewusstsein des deutschen Bürgertums gewirkt.
205 Vgl. Riehl 1859, S. 206. Zum Volksbegriff bei Riehl vgl. Mollenhauer 2002.
206 Vgl. Riehls Schrift *Land und Leute* von 1853, hier zitiert nach der dritten Auflage 1856. Hier spricht er beispielsweise vom „Heimathsgefühl und Heimathsstolz des Westerwälders" (Riehl

sie aber vom politischen Partikularismus ab, deutet sie vielmehr als natürlichen, vorpolitischen, gleichsam kindlichen Gefühls- und Bewusstseinszustand, der nicht notwendig vom Bewusstsein eines Zusammenhangs mit dem größeren Ganzen begleitet sein muss, gleichwohl aber in diesem Zusammenhang steht.[207] Die notwendige Verbindung eines so verstandenen ‚natürlichen' Partikularismus (Riehl unterscheidet „naturwidriges Sondergelüste" und „naturnotwendige Besonderung"[208]) mit der zwingend daraus hervorwachsenden nationalen Einheit leitet Riehl aus der spezifisch deutschen politischen Situation ab. In der Ausbildung des Regionalbewusstseins, wie es Riehl mit seinen volkskundlichen Studien zu einzelnen Orten und Landstrichen befördern will, liegt nach seiner Meinung zugleich der Schlüssel für das Selbstbewusstsein, ja die Lebensfähigkeit der Nation.

Sozialpolitik und Ethik

Die Aufgabe der Volkskunde sieht Riehl nicht nur im Beschreiben, sondern im ‚Erhalten' und ‚Weiterbilden' des ‚Volkslebens', also einer aktiven Mitgestaltung von Gesellschaft. Seine Studien versteht er auch als sozialpolitische Handlungsanweisungen für die brennenden gesellschaftlichen Probleme seiner Zeit. Die Bewahrung von Heimat, die Besinnung auf die hergebrachte ständisch gegliederte Gesellschaft und patriarchalische Familienmodelle kennzeichnen den – vom Zeitgenossen Paul Heyse als ‚reaktionär' eingeschätzten – zugrundeliegenden Gesellschaftsentwurf. Heyse schreibt rückblickend:

> Damals hatte *Riehl* eben erst seine reiche Arbeitskraft entfaltet und große Erfolge gehabt. Seine Bücher über ‚Die Familie', ‚Die Arbeit', ‚Land und Leute', ‚Die Pfälzer' waren so voll geistreicher Paradoxen [sic], so reich an charakteristischen Zügen und so farbig im Stil, daß auch wir sie aufrichtig bewunderten und gern über gewisse ‚reaktionäre' Tendenzen darin hinwegsahen. Wohl wurden auch wir bald inne, wie wenig diese Bücher des Volkswirtschaftslehrers zur Lösung der schweren sozialen Probleme beitrugen, die damals die Zeit zu bewegen anfingen. Sein Ideal einer ‚Familie' paßte nicht in die von so ganz anderen, freieren Bedürfnissen erfüllte, an Verkehrsmitteln reichere Gegenwart hinein. Und wer von der ‚Arbeit' im Grunde nicht viel mehr zu sagen wußte, als daß sie einen sittlichen Wert habe, war nicht dazu geeignet, in die moderne Bewegung der breiten Volksschichten einzugreifen.[209]

1856, S. 237). Das „süddeutsche" Volk habe in Abweichung von anderen Regionen ein „fröhliches Heimatbewußtsein" (Riehl 1856, S. 151). Nord- und Süddeutsche hätten einen ausgeprägteren „Heimatstolz" (Riehl 1856, S. 170) als Mitteldeutsche; dies erklärt Riehl ausführlich unter Rückgriff auf geschichtliche Zusammenhänge (vgl. Riehl 1856, S. 170).
207 Vgl. Riehl 1856, S. 213–214.
208 Beide Zitate Riehl 1856, S. 304.
209 Heyse 1912, S. 222.

Während Marx und Engels schon 1848 im *Kommunistischen Manifest* die Entstehung des Vierten Standes als Produkt ökonomischer Prozesse analysieren, hält Riehl 1855 die soziale Ungleichheit für ein Naturgesetz und deren zeitgenössische Auswüchse für selbstverschuldet[210] – und vor allem: für reversibel. Die soziale Desintegration des Proletariats bezeichnet er mehrfach als ‚Heimatlosigkeit', der durch die Rückbesinnung auf familiärere Arbeitsverhältnisse entgegengearbeitet werden müsse, „damit der proletarische Arbeiter in dem beschränkten Kreise dieser Familie das finde, was er in dem Phantasiebild der socialistischen Familie der Menschheit vergeblich sucht". Gelinge es der Fabrik, nach Vorbild der alten zünftigen Werkstatt, Heimat für den Arbeiter zu schaffen, werde auch der ‚vaterländische Boden' nicht vergessen, auf dem sich diese Heimat befinde. Der Fabrikarbeiter sei „in der Regel familienlos […], heimathlos". Es gelte deswegen,

> ihm allmählich eine Geschichte zu schaffen, eine Heimath, eine sociale Schranke, und das alles findet sich von selber, wenn man ihm eine Familie schafft, nicht eine solche Familie, wie er sie wohl öfters leider besitzt, nämlich ein hungerndes Weib und verkümmernde Kinder, sondern ein Familienbewußtseyn, wie es auch der Handwerksbursche besitzt, der darum doch nicht mit Kinderschleppe durch die Welt zieht.

So wie der Handwerksbursche ein Stück Heimat in der Werkstatt und Familie seines Meisters finden könne, müsse auch die Fabrik diese Form der sekundären Beheimatung bieten:

> Der ewige Handwerksbursche […] wandert freilich heimathlos von Land zu Land, aber überall findet er in der Familie seines Meisters auch für sich ein Stück Familienleben wieder und in jeder Werkstatt ein Stück Heimath. Er vergißt darüber doch seinen ursprünglichen vaterländischen Boden nicht […]. Wenn dieses genossenschaftliche Leben der Familie auch in jeder Fabrik heimisch würde, dann könnte der Fabrikarbeiter nicht mehr um deßwillen proletarisch werden, weil er keine Familie, kein Vaterland, keine Geschichte besitzt.[211]

---

210 Vor allem im Ausland radikalisiere sich das deutsche Proletariat: „Die Auswanderung ganzer Massen verkommener Leute nach außerdeutschen europäischen Hauptstädten wirkt gar traurig auf die Heimath zurück. Diese Verstoßenen sind die Dolmetscher, welche die Theorien der auswärtigen Social-Demokraten dem gemeinen Manne in Deutschland erst verdeutscht haben." So Riehl in *Die bürgerliche Gesellschaft* von 1851, hier zitiert nach der dritten Auflage: Riehl 1855, S. 342–343. Entgegen der nachträglichen Systematik der vierbändigen *Naturgeschichte des Volkes*, zu der *Land und Leute* (als Teil 1), *Die bürgerliche Gesellschaft* (als Teil 2), *Die Familie* (als Teil 3) und *Das Wanderbuch* (als Teil 4) gehören, erschien *Die bürgerliche Gesellschaft* chronologisch zuerst (1851). Auch in *Die Familie* ist die Auswanderung für Riehl ein „heimathliches Unglück", das Volk fliehe vor sich selbst. Riehl 1862, S. 284.
211 Alle Zitate Riehl 1855, S. 350–351.

Heimat steht in Riehls Sprache für gelungene soziale Integration in die bürgerliche Gesellschaft, eine Gesellschaft indes, die er in ihrer Existenz gefährdet sieht. Riehl analysiert diese Gefährdung vor dem Hintergrund seines sich am vorindustriellen Zeitalter orientierenden Gesellschaftsmodells und will mit der Volkskunde ein Gegenmittel zur Verfügung stellen. Er versteht die Volkskunde als gesellschaftlich wirksame Wissenschaft, ja als ethische Handlung: „[J]ede ächte Volkskunde ist eine Sittenpredigt."[212] In der Rekonstruktion deutscher ‚Sitte' meint Riehl zugleich einen Beitrag zur ‚Sittlichkeit' zu leisten und sieht sich als Volkserzieher im Geist Justus Mösers. Heimat wird im Sinn dieser Volkserziehung zum ethischen Prinzip.

Anschauung und Zusammenschau

Als bahnbrechend ist Riehl aufgrund seiner Methode der Feldforschung und seines interdisziplinären Ansatzes anzusehen,[213] ohne den die Volkskunde nicht zur Leitwissenschaft um 1900 hätte aufsteigen können. In seinem *Wanderbuch* (1869) resümiert Riehl seine „Handwerksgeheimnisse des Volksstudiums",[214] die er schon im 1853 vorausgehenden Band *Land und Leute* angewandt hatte: Der Erforscher des Volkslebens müsse auf Reisen gehen. Dabei sollen nicht die Kutsche und die Eisenbahn, sondern nur die eigenen Füße benutzt werden. Gewandert werden solle allein: „Wandern heißt auf eigenen Füßen gehen, um mit eignen Augen zu sehn, mit eigenen Ohren zu hören."[215] Das Quellenstudium habe immer erst an zweiter Stelle zu stehen,[216] an erster die leibliche Erfahrung am Objekt. Der Ruf des Romantikers, der Riehl anhing, beruht zum Teil wohl auf der

---

212 Riehl 1859, S. 212.
213 Riehl entwickelt seine Fragestellung nicht aus einer innerdisziplinären Logik, sondern formiert um seine Fragestellung eine neue Disziplin. Indem er die hergebrachten Disziplinen vom Standpunkt des eigenen Erkenntnisinteresses als dienende Wissenschaften interpretiert, stellt er die Rangfolge der Wissenschaften in Frage (die Volkskunde sollte nach Riehl beispielsweise zur Grundlage der Staats- und Rechtswissenschaft werden) und formuliert zugleich einen interdisziplinären Ansatz, denn ohne historische, geographische oder germanistische Forschung ist für ihn auch keine Volkskunde zu denken. Volkskunde wird also als Integrationswissenschaft unter der Leitfrage des Volksbegriffs verstanden. Jasper von Altenbockum liest Riehl nicht als Volkskundler, sondern als interdisziplinär arbeitenden Kulturhistoriker (vgl. Altenbockum 1994). Er verdeckt mit dem Alternativbegriff das historische Selbstverständnis der Volkskunde als interdisziplinäre Leitwissenschaft.
214 Riehl 1869, S. 1.
215 Riehl 1869, S. 4.
216 Vgl. Riehl 1869, S. 5.

Assoziierung von Wanderung und Romantik,[217] tatsächlich aber weist Riehl die Romantik als Orientierungsmodell zurück. Er ziele nicht auf Subjektives, sondern auf Objektives, nicht auf Vergangenheit, sondern auf Gegenwart:[218] „[W]elch frischeren Stoff gäbe es als das eigene Volk, die eigene Heimath."[219] Riehl etabliert einen volkskundlichen Erkenntnisbegriff, der Anschauung an die erste Stelle setzt: „Durch's Wandern können uns Bücher und Acten nicht entbehrlich werden, aber wir lernen Bücher und Acten lesen durch's Wandern."[220] Es gehe um die „unmittelbare Anschauung des Lebens", heißt es schon in *Die Volkskunde als Wissenschaft*, und die Volkskunde ziele auf die Erfahrung von Heimat. Ein „Bild das Leben athmet" bedürfe „der unmittelbaren Quellen, zu deren Aufsuchung man auf den eigenen Beinen durch's Land gehen muß. Und gerade diese Neuheit eines noch nicht von Hunderten abgeschriebenen sondern zum erstenmale auf's Papier geworfenen Stoffes ist es, die der auf die heimische Gegenwart zielenden Volkskunde ein so jugendliches und frisches Gesicht verleiht."[221] Quellenforschung wird von Riehl dementsprechend nicht nur als Studium von überlieferten Schriften, sondern auch als das „aus der unmittelbaren Anschauung des Lebens mit nach Hause" Gebrachte verstanden.[222]

Analog zu den Entwicklungen in der Pädagogik richtet sich dieser Anschauungsbegriff auf das Naheliegende im wörtlichen Sinn des nahe Liegenden und folgt einem dezidiert (wissenschafts-)kritischen Impuls (vgl. II.3.1). Räumlich soll sich das Erkenntnisinteresse von der Ferne in die Nähe verlagern, zeitlich von der Vergangenheit in die unmittelbare Gegenwart.[223] Dabei wird das Fremde und Vergangene durchaus als wesentliches Konstitutionsmoment des Eigenen ge-

---

217 Wandern ist für Riehl mehr als Forschungsreise, es ist auch poetischer Vollzug eigener Innerlichkeit: „Vollends aber einen Führer mitzunehmen, zerstört alle Poesie des Wanderns, denn die tiefste Wander-Poesie ist Selbstsuchen, Selbstfinden, Selbstverfehlen, kurzum durchaus auf eigenen Füßen gehen und sein eigener Herr seyn." Riehl 1869, S. 8. Auch sonst sind die Anknüpfungspunkte an die Romantik zahlreich, von der Suche nach dem ‚Volksgeist' bis zum bewahrenden und poetisierenden Sammeln historischer Zeugnisse.
218 Vgl. Riehl 1869, S. 33.
219 Riehl 1869, S. 33.
220 Riehl 1869, S. 23.
221 Riehl 1859, S. 219.
222 „Doch meinen noch immer manche gelehrte Leute, wenn Einer etwa auf einem alten Schweinsleder eine neue Notiz über das Volksleben unserer Urahnen aufspürt, so sey das allerdings Quellenforschung; wenn aber Einer eine gleich wichtige und neue Notiz über das Volksleben unserer Zeitgenossen aus der unmittelbaren Anschauung des Lebens mit nach Hause bringt, so könne man dies doch nie und nimmer Quellenforschung heißen. Genau genommen finde ich aber zwischen Beidem doch eigentlich nichts Unterscheidendes als das Schweinsleder." Riehl 1859, S. 220.
223 Vgl. Riehl 1859, S. 217–218.

würdigt: „Wäre Amerika nicht entdeckt worden, – wir wüßten heute gewiß noch nicht halb so gut, wie es mitten in Deutschland aussieht."[224] Der „Entwicklungsgang der Volkskunde", so heißt es unmittelbar vorher, sei „durch die Erkenntniß fremder und vorzeitlicher Gegensätze erst zum Heimischen und Gegenwärtigen hindurchgedrungen". Diese historische Entwicklung habe auch jeder einzelne „Volksforscher" für sich persönlich zu vollziehen: „[D]er ächte Volksforscher reist, nicht blos um das zu schildern, was draußen ist, sondern vielmehr um die rechte Sehweite für die Zustände seiner Heimath zu gewinnen."[225] Die Einforderung von Gegenwärtigkeit auch im Wissenschaftsverständnis entspricht jener Öffnung gegenüber den Realitäten – und zwar auch gegenüber den profanen Alltagsrealitäten –, welche die eine Seite des zeitgleich mit Riehls Theorien entstehenden literarischen Realismus ausmacht.

Auch die andere unmittelbar damit zusammenhängende Seite des Selbstverständnisses der Programmatiker des Realismus findet sich bei Riehl: die Auffassung, der genaue Blick auf die empirischen Details müsse verklärend in eine sinnvolle und in diesem Sinn schöne Einheit überführt werden, das ungeordnete Chaos der Welt in ein wohlgeordnetes Ganzes. Der Realist stelle, so Gustav Freytag in seinem Nachruf auf das große Vorbild Charles Dickens, „modernes Leben [dar], im Grunde alltägliche Wirklichkeit [...] nur verklärt durch das liebevolle Gemüth eines echten Dichters".[226] Gelungene Dichtung habe „die ungeheure, furchtbare, unverständliche Welt ins Menschliche umgedeutet nach den Bedürfnissen eines edlen und sehnsuchtsvollen Gemüthes".[227] Der Weltentwurf der Realisten ist ein empirisch gesättigter, zugleich aber idealistisch überformter – genauso wie bei Riehl. Mit Beobachtung allein sei noch nichts erreicht, solange das Detail nicht in eine größere Ordnung eingebunden sei: „Zu beobachten was man findet, ist leicht, aber das zu finden, was man beobachten will, das ist die feinere Kunst. [...] Die feinste Kunst aber ist dann weiter das Beobachtete im Moment des Beobachtens selber schon zu ordnen, zu sichten, im Zusammenhang zu ahnen, vom Theil aufs Ganze, vom Ganzen auf den Theil zu schließen."[228] Die hier von Riehl skizzierte, an die divinatorische Hermeneutik Schleiermachers erinnernde Methode geht von einem prozesshaften Verstehen aus, das die Erkenntnis des Einzelnen immer an die zeitgleiche Erkenntnis des Ganzen bindet.

---

224 Riehl 1859, S. 218.
225 Beide Zitate Riehl 1859, S. 218.
226 Freytag: Dickens, 1897, S. 241.
227 Freytag: Dickens, 1897, S. 244.
228 Riehl 1869, S. 12–13.

Das Ganze mache erst den Blick fürs Einzelne, das Einzelne den fürs Ganze frei.[229] Dieses Ganze aber ist für Riehl die ‚Volkspersönlichkeit' und sein Verstehen eine ‚feine Kunst', die nicht jedem gegeben ist, eher einem schöpferischen, ja künstlerischen Akt gleichkommt, der eines Geistes bedarf, der ‚ahnen' können muss, statt zu wissen. Die große „Ueberschau",[230] der Rückbezug aufs große Ganze ist ein zugleich wissenschaftlicher und *poetischer* Akt, wie es explizit heißt: „Diese Studien über oft höchst kindische und widersinnige Sitten und Bräuche, über Haus und Hof, Rock und Kamisol und Küche und Keller [...] erhalten erst ihre wissenschaftliche wie ihre poetische Weihe durch ihre Beziehung auf den wunderbaren Organismus einer ganzen Volkspersönlichkeit [...]."[231] Während aber bei Schleiermacher die Vorstellung des Textsinns als eines Ganzen, auf welches das Verständnis des Einzelnen immer wieder rückbezogen werden muss, prinzipiell offen bleibt, ist das Ganze bei Riehl eine vorher schon festgelegte Größe – eben der ‚wunderbare Organismus einer ganzen Volkspersönlichkeit'. Aus dem Verstehensmodell der wechselseitigen Bedingtheit ist also eines geworden, in dem das sinnvolle Ganze immer schon feststeht: das deutsche Volk.

Eine weitere methodisch so problematische wie charakteristische Vorannahme von Riehls Volkskunde ist es, dass nur der liebende Blick Erkenntnis hervorbringen könne. Wer Heimat beschreiben und verstehen will, müsse, so heißt es immer wieder, ‚Heimatgefühl' haben.[232] Wird der Erkenntnisgegenstand Heimat geliebt, kann er erst verstanden werden, und wird er verstanden, vermag er sittlich zu erheben und geistige Heimat zu geben. Demselben Zirkelschluss unterliegt Riehls Heilsversprechen für den Volkskundler. Wer seine Heimat in der Volkskunde gefunden habe, könne geistig nicht mehr heimatlos sein:

> Allein die Wissenschaft, der wir dienen, ist unsere geistige Heimath, und jeder rechte Mann hält seine Heimath für die schönste der ganzen Welt und spricht gerne von ihr und meint, es müßten auch Andere gerne davon sprechen hören. Und weil wir die veredelnde, sittigende Kraft eines kräftigen und fröhlichen Heimathsbewußtseyns würdigen, hören wir ihm mit

---

229 Für Riehl gilt zugleich, dass das Ideal erst den Blick für die (entscheidenden) empirischen Tatsachen freimache, vgl. Riehl 1869, S. 24.
230 Riehl 1869, S. 19.
231 Riehl 1859, S. 215.
232 „Der forschende Wanderer [...] hat sich Muth und Kraft und Begeisterung erwandert, um selbst durch die pfadlose Wildniß solcher Abhandlungen zu dringen, weil er eben Heimathsgefühl mitbringt für das Land, dessen Geschichte der allzu gelehrte Monographist untersuchte, und in dem Heimathsgefühl zugleich die Geduld für das Kleine, Dürftige und Trockene und das Verständniß Verworrenes zu entwirren, ohne daß ihm, dem bloßen Wanderer, darum der unbefangene freiere Ueberblick verloren gegangen wäre, dessen Mangel den Eingeborenen so oft verführt Wichtiges und Nichtiges gleich zu achten und des Stoffes kein Ende zu finden." Riehl 1869, S. 30.

Nachsicht zu, mit derselben Nachsicht, welche ich mir von Ihnen erbitten möchte für diesen Vortrag, der Ihnen ja nur darthun wollte, daß, wer seine Heimath in der Volkskunde gefunden zu haben wähnt, doch nicht eigentlich wissenschaftlich heimathlos ist.[233]

Heimat ist hier also nicht mehr nur Gegenstand der Volkskunde, sondern darüber hinaus ihr Nukleus und Telos. Und auch die Methodik Riehls arbeitet daran, Heimat als objektivierbaren Gegenstand zugleich zu behaupten und zu untergraben.

Zwischen Wissenschaft und Literatur

Heimat ist bei Riehl nicht auf einen bestimmten Ort (der Herkunft oder des Wohnsitzes) oder eine bestimmte Praxis (der Alltagskultur, der Riten und Gebräuche) zu reduzieren. Sie weist bei Riehl – trotz seines Anspruchs, sie wissenschaftlich zu greifen – vielmehr eine Mehrdeutigkeit auf, die Ethisches, Emotionales, aber auch Schöpferisches umfasst, das Riehl mehrfach mit einem ‚Poetischen' assoziiert. Nicht nur seinen Gegenstand Heimat, sondern auch seine Untersuchungs- und Verstehensmethode begreift Riehl zugleich als objektivierbar und als spezifisch ästhetisch.

Riehl verbindet eine naturwissenschaftlich-empirische Methodik mit dem Ziel einer idealistischen Zusammenschau und ordnenden Fügung zu einem sinnvollen und in diesem Sinn auch schönen Ganzen. Was in der realistischen Literatur als ordnender Schöpfungsakt des Autors angesehen wird, ist in Riehls Auffassung der Volkskunde die außergewöhnliche Forscherpersönlichkeit, deren Freiheit es ist, im Akt des Erzählens zu einer höheren Wahrheit vorzudringen: „Und zuletzt kommt es bei derlei kleinen Geschichten" – Riehl meint hier die Berichte über Sitten und Bräuche in seinen volkskundlichen Schriften – „auch kaum darauf an, ob sie wirklich so vorgefallen sind, sondern vielmehr ob der Landeskundige zustimmend sagt, daß sie so und nicht anders einmal vorfallen müßten, wenn es gleich noch gar nicht geschehen wäre."[234] Riehls überaus einflussreiche Vorstellung von Heimat (vgl. 3.2.2 und 3.3) ist somit eine, die nicht nur ihren Untersuchungs*gegenstand*, sondern auch ihre Untersuchungs*methode* als spezifisch ästhetisch ansieht.

Vor diesem Hintergrund nimmt es kaum wunder, dass Riehl selbst passionierter Schriftsteller war und Heimat ein wesentlicher Bezugspunkt seiner literarischen Produktion ist. Er wird durch zeitgenössische Autoren rezipiert, die ihrerseits über Heimat schreiben: Theodor Fontane und Gustav Freytag gehören

---

233 Riehl 1859, S. 229.
234 Riehl 1869, S. 28.

neben Peter Rosegger, Berthold Auerbach und E. Marlitt[235] dazu. Einige Spuren dieses riehlschen Verständnisses von Heimat im *Literarischen* sollen im Folgenden rekonstruiert werden.

3.2.2 Heimat als soziale und ästhetische Integrationsformel

Heimat erhält in Riehls volkskundlichen Schriften unter anderem eine sozialpolitische Funktion. Heimat steht für die Befriedung der sozialen Frage, wobei Vergangenes unter den Bedingungen der Moderne erhalten bzw. rekonstruiert werden soll. Diese Dialektik von Bewahrung und Neuschöpfung von Heimat beinhaltet auch, dass die Neuschöpfung von Heimat eine Sache der Literatur ist.

Insgesamt, und insofern sind Riehl und die literarische Riehl-Rezeption eines Freytag und Fontane hier exemplarisch, wird die volkskundliche Idee von Heimat ab der Mitte des 19. Jahrhunderts zu einem Leitnarrativ, auch für die Literatur. Sich an der volkskundlichen Idee von Heimat zu orientieren, heißt mit Riehl immer auch, Heimat vor allem in Form von literarischen Texten zu zeigen und zu interpretieren. Peter Roseggers Monatsschrift *Heimgarten* ist dafür ein gutes Beispiel. Die 1877 von Rosegger gegründete und bis 1911 von ihm, danach von einem seiner Söhne geleitete Zeitschrift bietet eine Mischung aus fiktiven Erzählungen, Gedichten und volkskundlichen Beobachtungen; schon die Rubriken der Zeitschrift deuten das an: „Novellen und Erzählungen", „Alpines und Volksthümliches aus den Alpen", „Cultur- und Naturgeschichtliches, Essays, Plaudereien", „Land und Leute, Charakterbilder" – der Verweis auf Riehls Buchtitel ist sicher nicht zufällig[236] – „Kleine Geschichten, Sagen, Märchen, Schwänke" und so weiter. Die Grenze zwischen literarischer Fiktion und volkskundlicher Beobachtung wird hier ins Fließen gebracht. Die Zeitschrift will Brücken schlagen zwischen Gebildeten und Ungebildeten, Stadt und Land, Tradition und Moderne.[237]

---

235 Eugenie John (1825–1887) avancierte unter dem Pseudonym E. Marlitt zu einer der wichtigsten Autorinnen der *Gartenlaube* und zu einer der prominentesten Unterhaltungsschriftstellerinnen der zweiten Jahrhunderthälfte überhaupt. Tobias Klein vertritt in seiner dieser Autorin geltenden Studie *Von deutschen Herzen – Familie, Heimat und Nation in den Romanen und Erzählungen E. Marlitts* die These, dass sich in den marlittschen Romanen ein von Riehl geprägtes organisches Verständnis von Gesellschaft ausdrücke, in dem Familie und Heimat als ‚Wurzelgrund' der Nation dienten. Vgl. Klein 2012.
236 Rosegger hat das gleichnamige Buch von Riehl nachweislich gelesen, vgl. Wagner 1991, S. 96.
237 „Der Heimgarten nun soll eine Schrift für's Volk werden, zur Unterhaltung, Erhebung des Gemütes u. Belehrung. Er soll die Liebe zur Einfachheit, Häuslichkeit, zum Vaterlande fördern, u. den Glauben an die grossen Ideale der Menschheit überhaupt. Er soll aber so gehalten sein, daß er als Organ des Volksthumes in den Alpen auch den Gebildeten interessirt. Neugesamelte Volks-

Wie sehr dieser mit dem Ziel sozialer Integration antretende und sich zwischen volkskundlicher und literarischer Heimat vollziehende Brückenschlag mit Riehls Denken verbunden ist, zeigt sich etwa auch in dem zeitgenössischen Bestseller *Soll und Haben*.

Freytags *Soll und Haben*
Riehl hat sich aus sozialpolitischer Perspektive auch über die Aufgabe zeitgenössischer Literatur geäußert. In Form des ‚socialen Romans' sei Literatur unverzichtbar für die Analyse der eigenen Gegenwart, schreibt er 1851: „Die Zeit ist da, wo Staatsmänner zu ihrer Instruction auch Romane lesen müssen."[238] So wie zur Kenntnis sozialer Realitäten zukünftig auch die Romanlektüre beitragen werde, müsse sich andersherum die Literatur den sozialen Realitäten öffnen. Zeitgemäß sei es beispielsweise, das Bauerntum nicht mehr als Genrebild „private[r] Gemüthlichkeit" darzustellen, wie Hebel und Jung-Stilling, sondern als gesellschaftlichen Stand, wie bei Auerbach und Gotthelf.[239] Mit seinen Beispielen aus der europäischen Romanliteratur weist Riehl aber auch auf die im Deutschen noch weitgehend ausstehende literarische Darstellung der städtischen gesellschaftlichen Schichten hin, wie sie Dickens' und Sues Romane zu diesem Zeitpunkt schon leisteten.

Wenige Jahre nach Riehls Ausführungen zum sozialen Roman wird ein deutschsprachiger Text zum Bestseller,[240] der Riehls Ansprüchen in vielerlei Hinsichten entsprochen haben dürfte – gerade auch in seinen Abweichungen von Dickens und Sue.[241] Gustav Freytags Roman *Soll und Haben* (1855) will Antworten

---

sagen, Volksschwänke, Volksmärchen, Volkslieder, Schilderungen von Volkssitten u. Unsitten soll er bringen, usw. Dem Dorfe, dem schlichten Leser soll der ‚Heimgarten' die Vorzüge u. Errungenschaften der gebildeten Welt in einfacher Schreibweise offenbaren; dem Salon soll er die Ursprünglichkeit u. Kraft der Volksseele vermitteln. Der ungeschulte Leser soll im ‚Heimgarten' das finden, was ihn von der Welt; der Gebildete das, was ihn vom Volke, vom Dorfe, vom Walde u.s.w. interessirt." Rosegger an seinen Verleger Gustav Heckenast am 24.1.1876, hier zitiert nach Wagner 1991, S. 117–118.
238 Wilhelm Heinrich Riehl: Der sociale Roman, in: Beilage zur [Augsburger] Allgemeinen Zeitung Nr. 159 vom 8. Juni 1851, S. 2537–2538, zitiert nach: Adler 1990, S. 312.
239 Adler 1990, S. 313.
240 Schon im Jahr der Ersterscheinung, 1855, wurden fünf Auflagen in einer Auflagenhöhe von je tausend, teils tausendfünfhundert Exemplaren produziert, die erste preiswerte Volksausgabe erschien 1858 in der Erstauflage mit fünftausend Exemplaren; vgl. Mühlen 2016, S. 143–158.
241 Freytag hat sich nicht öffentlich zu Riehl geäußert, kannte aber dessen Schriften, die regelmäßig in *Die Grenzboten* gedruckt wurden. Zeitgenossen bringen Freytag und Riehl in Bezug auf ihre Auffassung der Kulturgeschichte immer wieder in Zusammenhang, vgl. Steinhausen 1898.

auf die sozialpolitischen Umwälzungen der eigenen Gegenwart geben und wird auch in diesem Sinn rezipiert, etwa in Theodor Fontanes überschwänglicher Rezension.[242]

Das städtische Handelsbürgertum ist das positive Wertezentrum des Romans. Gezeigt werden soll, wie Ökonomie und Soziales durch die Kraft dieses gesellschaftlichen Standes zusammenkommen können. Nicht die Schrecken des Proletarierdaseins werden wie im zeitgenössischen englisch- und französischsprachigen Realismus entworfen, sondern die Verheißungen einer auf ökonomischen Fortschritt bauenden Bürgerwelt, in der sich die soziale Frage lösen lässt.[243]

Heimat ist dabei, wie bei Riehl, eine zentrale Antwort auf das Problem der sozialen Frage. Und Heimat ist, wie bei Riehl, unter den Bedingungen der eigenen Gegenwart zu aktualisieren. Das heißt für Freytags Roman etwa, dass Heimat selbstgewählt sein und ihren Ort in der Stadt finden kann, und das heißt, dass sie Tradition und Fortschritt, Emotion und Ökonomie miteinander verbinden kann. Der Romanheld Anton Wohlfahrt, dessen Geburtsort in der schlesischen Provinz Nebensache bleibt, findet seine Heimat in einem Breslauer Kolonialwarengeschäft: „[E]r hatte jetzt eine Heimat, er gehörte in das Geschäft."[244] Heimat, Haus und Geschäft werden in *Soll und Haben* zu Synonymen, und zwar genau im Sinn von Riehls Ideal des patriarchalisch geführten Betriebes. Heimat ist nicht sentimentale Erinnerung, sondern gegenwärtig und pragmatisch, sie bindet sich zunächst an die Arbeit und über die Arbeit wird am Ende auch das private Glück gemacht. In Riehls Gesellschaftsutopie von 1851 ist es – nach dem Vorbild des

---

242 Fontanes Rezension erschien 1855 im *Literaturblatt des deutschen Kunstblattes*, Nr. 15 vom 26.7.1855. Vgl. Theodor Fontane: Soll und Haben. Ein Roman in drei Bänden, in: Fontane 1969, S. 293–308. Die aktuellste und umfassendste Studie zu Gustav Freytag legt Philipp Böttcher vor; neben den *Journalisten* und *Soll und Haben* steht die Literaturpolitik der *Grenzboten* im Zentrum der Studie, vgl. Böttcher 2018.
243 Diese Welt des Handels ist der bäuerlichen Welt aufgesattelt, die sich ihrerseits den ökonomischen Prinzipien der eigenen Gegenwart anpasst: Die „uralte Pflugschar" und der „neue Dampfkessel" werden in einem Erzählerkommentar von *Soll und Haben* ins Bild der „brüderlich" sich ergänzenden Arbeit gefasst, die die Menschen „reicher", aber auch „weiser" mache: Bäuerliche Arbeit und industrielles Zeitalter bilden eine harmonisch sich ergänzende Einheit, die ökonomischen und ideellen Fortschritt zur Folge hat. Während der Horizont des Bauern sich früher nur bis zu den Preisen „auf dem nächsten Wochenmarkt" erstreckte, beobachte der moderne Bauer nun „viele Strömungen des menschlichen Geistes auch außerhalb seiner Feldmark". Die immer weiteren Kreise, in die ihn sein ökonomisches Interesse zieht, weiten seine Welt. Und die industrielle Landwirtschaft birgt die Lösung des sozialen Problems: „Neben dem ländlichen Tagelöhner baut ein neues Geschlecht arbeitsamer Menschen seine Hütten auf den Ackerboden, in jeder Abstufung von Wissen und Bildung; allen kann er gerecht und allen zum Heil werden." Freytag 1896, Bd. 4, S. 463.
244 Freytag 1896, Bd. 4, S. 42.

Handwerks, wo „in jeder Werkstatt ein Stück Heimath" zu finden sei – die Arbeit, die Heimat geben soll.[245] Bei Freytag ist es das Handelshaus T. O. Schröter. Dieses repräsentiert zugleich Arbeits- und Privatwelt: Im Haus befindet sich das Geschäft, zugleich wohnen die Familie und sämtliche (unverheiratete) höhere Angestellte dort. Das Handelshaus ist „Heimat" der „Herzen" und zugleich der „Geschäfte";[246] es nimmt den Protagonisten am Ziel- und Endpunkt seiner Entwicklung und seiner Bewährung in der Fremde als moralisch, sozial und ökonomisch gefestigten Bürger, Kaufmann und Ehemann auf. „‚Willkommen in der Heimat!' ‚Willkommen im Hause!' rief Sabine. Da sagte er leise: ‚Ich habe eine Heimat, ich habe ein Haus, in dem ich mich wohl fühle. Durch Ihre Güte habe ich Beides gewonnen.'"[247]

Der Held des Entwicklungsromans muss sich freilich erst bewähren, bis ihn das Haus endgültig aufnimmt, denn dieses Haus ist eine über Arbeit – und eben auch Arbeit an sich selbst – definierte Heimat. Erst die Erfahrung der Fremde lehrt ihn diese arbeitsame Heimat schätzen: „Ich habe gute Gesellen auch in der Fremde gefunden, und doch ist mir bei Vielem, was ich erlebte, die Ueberzeugung gekommen, daß es kein größeres Glück gibt, als sich in seiner Heimat mitten unter seinen Landsleuten tüchtig zu rühren."[248] Diese in das Strukturmodell des Bildungsromans eingebundene Bewegung von der Heimat in die Fremde und zurück in die Heimat ist bei Freytag eine spezifisch national ausgerichtete: Weltgewandtheit und Weltoffenheit sind Ideale des Kaufmanns, aber sie gründen in der Heimat- und Vaterlandsliebe und festigen diese. Der Erkenntnisgewinn des Zurückgekehrten besteht vor allem darin, das Verlassene noch besser schätzen zu können; seine ‚Männlichkeit' beweist er darin, sich nicht der Fremde anverwandelt zu haben:

> Wer immer in den gebahnten Wegen des Lebens fortgegangen ist, begrenzt durch das Gesetz, bestimmt durch Ordnung, Sitte und Form, welche in seiner Heimat als tausendjährige Gewohnheit von Geschlecht zu Geschlecht vererbt sind, und wer plötzlich als Einzelner unter Fremde geworfen wird, wo das Gesetz seine Rechte nur unvollkommen zu schützen vermag, und wo er durch eigene Kraft die Berechtigung zu leben sich alle Tage erkämpfen muß, der erst erkennt den Segen der heiligen Kreise, welche um jeden einzelnen Menschen Tausende der Mitlebenden bilden, die Familie, seine Arbeitsgenossen, sein Volksstamm, sein Staat. Ob er in der Fremde verliere oder gewinne, er wird ein Anderer. Ist er ein Schwächling, so wird er die eigene Art den fremden Gewalten opfern, in deren Bannkreis er getreten ist. Hat er Stoff

---

245 Riehl 1855, S. 350–351.
246 Freytag 1896, Bd. 5, S. 313.
247 Freytag 1896, Bd. 4, S. 492.
248 Freytag 1896, Bd. 4, S. 508–509.

zu einem Manne, jetzt wird er einer. [...]. Erst im Auslande lernt man den Reiz des Heimatdialekts genießen, erst in der Fremde erkennt man, was das Vaterland ist.[249]

Der Roman endet mit der Aussicht, dass Anton Ehemann von Sabine Schröter und zugleich Kompagnon ihres Bruders Traugott und damit zum Vorstand des Hauses wird, in dem Privat- und Geschäftsleben eins sind. Das Haus agiert dabei als eine über das einzelne Menschenleben hinaus wirksame Kraft, in der Familiarität und Geschäftstüchtigkeit, Tradition und Fortschritt eine ideale Einheit eingehen. In der Prosaik des Hauses liegt der Grund seiner Beständigkeit: „Dies Haus ist ein gutes Haus, aber es ist keins, wo man poetisch fühlt und sich leicht rühren läßt, die Arme schnell öffnet und den ans Herz drückt, der gerade kommt, um herein zu fallen. Es ist ein nüchternes, prosaisches Haus! [...] Und es ist ein stolzes und strenges Haus."[250] Mit dieser prosaischen Heimat verbindet sich Anton nun geschäftlich und privat, Ausdruck des höchsten Glücks innerhalb des freytagschen ‚bürgerlichen Wertehimmels'.

Heimat ist selbstgewählt und das Ergebnis der eigenen Arbeit. Das streng patriarchal geführte städtische Handelshaus ist, wie bei Riehl, eine sozial integrierende Heimat unter den ökonomischen Bedingungen der Moderne. Sie versichert sich ihrer Wurzeln nicht im Regionalen oder Ruralen, sondern im bürgerlichen Wertekodex von Arbeit, Ehre und Verlässlichkeit, den der Roman als spezifisch deutsch ausweist. Der Antisemitismus[251] des Romans ist Teil eines ‚kulturellen Codes' (Shulamit Volkov), der sich zeitgenössisch zu etablieren beginnt. Er spielt den ‚Deutschen' gegen den ‚Juden' aus und stärkt so die Vorstellung von Heimat als spezifisch ‚deutsch' und das Gegenteil des ‚Jüdischen' (vgl. II.1.3.2). Das dem Handelshaus T. O. Schröter negativ kontrastierende Haus des Wucherers Ehrental wird in seinem Interieur als Luxusimitat beschrieben, unter deren glänzender Oberfläche der Dreck hervorschimmert. Der heimatlose Jude, diese Schlussfolgerung will Freytag dem Leser wohl nahelegen, kann Heimat höchstens schlecht kopieren. Bernhard, der beste, aber lebensunfähige Bewohner des Hauses, wohnt zwischen Bücherregalen voll orientalischer Poesie, seine schöne Schwester spielt im Salon Klavier, aber ohne eigentliches Gefühl. Der Vater geht in dunklen Zimmern ebenso dunklen Geldgeschäften nach. Die negativste jüdische Figur, Veitel Itzig, hat schließlich nicht einmal mehr ein Haus, er treibt sich überall und nirgends herum und lebt, ohne ‚ehrlicher' Arbeit nachzugehen, in zwielichtigen Herbergen. Diese ‚Wurzellosigkeit' entspricht seiner Unfähigkeit,

---

249 Freytag 1896, Bd. 5, S. 19–20.
250 Freytag 1896, Bd. 5, S. 311.
251 Über literarischen Antisemitismus bei Gustav Freytag vgl. Gubser 1998, Hopp 2016 und Stenzel 2016.

Ideale wie Aufrichtigkeit und Treue überhaupt nur zu verstehen. Die ab Beginn des 19. Jahrhunderts neu semantisierte Heimat und ihr Korrelat, die ‚Heimatlosigkeit', das lässt sich auch hier beobachten, muss somit auch im Kontext eines neuen, zeitgleich entstehenden Antisemitismus gelesen werden (vgl. II.1.3.2).

Fontanes Wanderungen durch die Mark Brandenburg und Der Stechlin
Freytags Roman fasst Riehls Idee von Heimat als Synthese des Sozialen und Ökonomischen in das markante Bild des Handelshauses T. O. Schröter. Fontane geht weiter: Er übernimmt in seinen *Wanderungen durch die Mark Brandenburg* Riehls Programm des Erwanderns und, damit verbunden, der poetischen Schöpfung von Heimat. Heimat ist dabei gleichzeitig Gegenstand und Produkt der literarischen Darstellung.

Das Rezeptionsverhältnis zwischen Fontane und Riehl, die sich 1859 in München trafen, ist – anders als in der Fontane-Forschung teilweise behauptet – klar.[252] Denn obwohl Fontanes *Wanderungen* in Buchform schon ab 1862 (bis 1889) erscheinen, Riehls *Wanderbuch* dagegen erst 1869 auf den Markt kommt,[253] ist das *Wanderbuch* eine methodische Explikation dessen, was bereits Riehls Buch *Land und Leute* (1853) vorführt. Der erste Teil der insgesamt vierbändigen *Naturgeschichte* Riehls, zu der *Land und Leute* und das *Wanderbuch* gehören, geht sogar schon 1851 in Druck. *Land und Leute* hat Fontane nachweislich zur Kenntnis genommen.[254] Fontanes *Wanderungen* sind also vor dem Hintergrund von Riehl zu lesen, nicht umgekehrt.

Das erzählende Ich der *Wanderungen* steht im Dienst der kulturhistorischen Archivierung einer Welt, die dabei ist, sich zu verändern. Dabei gilt die Sympathie deutlich der verschwindenden, nicht der neu entstehenden Welt. Diese alte Welt ist eine scheinbar zeit- und bewegungslose, in dem Ort und Mensch eine Einheit bilden. Interesse wecke gerade „die poetische, beinahe absolute Stille" und „die stillste Stelle dieses stillen Landes". „*Durchreisende gibt es hier nicht*, und jeder dem man begegnet, der ist hier zu Haus [...]. Noch einmal also, keine ‚Passanten'. Es legt hier nur an, wer landen will".[255] An solchen nicht von Eisenbahnlinien

---

252 „Fast zeitgleich zu Fontanes erstem *Wanderungen*-Band hat Wilhelm Heinrich Riehl in seinem *Wanderbuch* von 1869 ähnliche Absichten programmatisch expliziert", heißt es etwa bei Wolfgang Albrecht. Mit dem Bezug auf die Erscheinungsdaten der beiden Bücher wird suggeriert, Fontane sei Riehl vorangegangen, was nicht stimmt. Albrecht 2003, S. 103.
253 Der Inhalt beider Bücher ist teilweise schon vorher, im Fall Fontanes in Zeitungsvorabdrucken (ab 1859), im Fall Riehls in Form von Aufsätzen erschienen (ab 1864).
254 Vgl. Heinrich 2003, S. 17.
255 Fontane: Wanderungen, 2002, S. 44–45.

gekreuzten Orten wird der „Zauber des Natürlichen und Lebendigen"[256] gesucht. Wie bei Riehl kann dieses Authentische nur gefunden werden, indem es abseits der ausgetretenen Pfade aufgesucht wird, indem es leiblich erfahren und nicht nur den Büchern entnommen wird – nicht das auswendig Gelernte zähle.[257] Das Wandern ist die bevorzugte Reiseform des erzählenden Ich (tatsächlich, man weiß es, hat Fontane viel mehr von Eisenbahn und Kutsche Gebrauch gemacht, als er zugab) und auch andere Fortbewegungsformen lassen sich in eine alte und eine neue Welt teilen:

> [S]o werden sich die beiden Passagierboote, die jetzt das Bedürfnis decken, noch längere Zeit mit *dem* Publikum behelfen müssen, das jetzt zu ihnen hält. Dies Publikum, wenn auch nicht zahlreich, ist immerhin mannigfach genug. Tagelöhner, die auf die Güter, Handwerker, die zu Markte ziehen, dazu Kaufleute und Gutsbesitzer, auch gelegentlich Badereisende, besonders solche, die in den schlesischen Bädern waren. Nur *eine* Klasse fehlt, der man sonst wohl auf den Flußdampfern unserer Heimat, besonders im Westen und Süden, zu begegnen pflegt: der *Tourist von Fach*, der eigentliche Reisende, der keinen andern Zweck verfolgt, als Land und Leute kennenzulernen.[258]

Die feine Ironie der Textpassage sagt nichts Schlechtes über den Touristen – allein deswegen nicht, weil das Gros der Leserschaft von Fontanes *Wanderungen* unter Zeitgenossen eben touristisch interessiert war (und bis heute ist). Aber der Fortgang macht deutlich, dass die Authentizität der folgenden Erlebnisse dem ‚Touristen von Fach' auf seinen ausgetretenen Pfaden nicht auffindbar gewesen wäre. Gleichwohl ist auch hier die alte Welt schon im Verschwinden, wie das Gespräch mit einem ehemaligen Glockengießer ergibt, der die Zeiten des „reellen Glockenguß[es]" zur Vergangenheit zählt: Jetzt herrsche Profitgier, billigere Materialien würden verwendet, die Qualität leide, die Glocken klängen nicht mehr schön.[259]

Anliegen Fontanes ist es nicht, die alte Welt zu rekonstruieren, sondern ihr Verschwinden zu dokumentieren, neutraler, den Transformationsprozess selbst zum Gegenstand der Beschreibung zu erheben. Heimat hat an diesem Transformationsprozess teil, ist aktualisierbar und kann daher auch unter den Bedingungen der Gegenwart Bestand haben – im Zitat oben wird Heimat eben auch mit den Touristen auf den modernen Flussdampfern assoziiert.[260]

---

256 Fontane: Wanderungen, 2002, S. 14.
257 Vgl. Fontane: Wanderungen, 2002, S. 14.
258 Fontane: Wanderungen, 2002, S. 553–554.
259 Fontane: Wanderungen, 2002, S. 556.
260 Walter Erhart liest die *Wanderungen* insgesamt unter der Perspektive des touristischen Blicks, vgl. Erhart 2000, S. 840–843. Zur Spannung zwischen touristischem und historischem Interesse des Textes, die zumindest teilweise auch für die Widersprüchlichkeit des Umgangs der Forschung mit den *Wanderungen* verantwortlich ist, vgl. auch Erhart 1992.

Wie Riehls ist es auch Fontanes methodischer Anspruch, das heterogene Material des Chronisten und des Archivars in ein Ganzes zu überführen und auf diese Weise ästhetisch zu transzendieren; beide verstehen sich als Grenzgänger zwischen Wissenschaft und Kunst.[261] Dieses Programm wird von beiden ausführlich reflektiert. In diesem Sinn versteht sich Riehl nicht als detailversessener Gelehrter, sondern als „wissenschaftlicher Schriftsteller", der aus Fragmenten ein „harmonisch gefügtes Ganzes" zu formen versteht. Er strebe eine „Doppelkunst" an, deren Resultat „nicht blos der Wissenschaft, sondern auch der Literatur"[262] angehöre.

Fontanes *Wanderungen* stehen ihrerseits auf der Grenze zwischen enzyklopädischem Archiv und historischer Materialsammlung auf der einen, essayistischer, episodischer und anekdotischer Reiseprosa auf der anderen Seite und wollen beides, das Enzyklopädische und das Anekdotische, in ein literarisches Ganzes überführen.[263] Fontane schreibt über die „Grundidee" der *Wanderungen*: „Es ist alles auf ein *Ganzes* hin angelegt", es komme ihm auf die „Belebung des Lokalen, die Poetisierung des Geschehnen" an. Aber „nicht Verherrlichung des Einzelnen, sondern Liebesweckung für das Ganze" sei das Ziel.[264] Die ‚Liebe', die Fontane hier als intendierten Leseeffekt angibt, ist zugleich Bedingung der Produktion. Ausdrücklich ist es die „Liebe und Anhänglichkeit an die Heimat",[265] die es ermöglicht, die Heterogenität der einzelnen Reisebeobachtungen zum Ganzen hin zu transzendieren.

In der Passage über den Freienwalder Lokaldichter Karl Weise (1813–1888), der wohl insbesondere aufgrund von Fontanes Porträt bis heute nicht ganz vergessen ist, verdichten sich diese Überlegungen. Schon die Wohnung des Hei-

---

261 So auch bei Lepenies 2002, S. 239–243 und Kalazny 2003. Kalaznys Thesen zur Landschaftsauffassung Riehls passen gut zu den hier entwickelten. Entgegen dem Titel „Zum Sehen und Wandern in Wilhelm Heinrich Riehls *Wanderbuch* im Vergleich mit Fontanes *Wanderungen durch die Mark Brandenburg*" bleibt Kalaznys vergleichende Bezugnahme auf Fontane allerdings marginal. Zum Vorwurf der Ästhetisierung in der *Naturgeschichte*, den Heinrich von Treitschke erhoben hat, vgl. Kalazny 2002.
262 Alle Zitate Riehl 1873, S. 4.
263 Den Anspruch des Literarischen stellen schon die Motti aus, die u. a. von Goethe, Uhland, Heine, Platen, Wilhelm Müller, Mörike, Storm und Heyse stammen.
264 So Fontane an Ernst von Pfuel in einem Brief vom 18. Januar 1864, in: Fontane 1909, S. 239–240.
265 „Es ist ein Buntes, Mannigfaches, das ich zusammengestellt habe: Landschaftliches und Historisches, Sitten- und Charakterschilderung, – und verschieden wie die Dinge, so verschieden ist auch die Behandlung, die sie gefunden. Aber wie abweichend in Form und Inhalt die einzelnen Kapitel voneinander sein mögen, darin sind sie sich gleich, daß sie aus Liebe und Anhänglichkeit an die Heimat geboren wurden." Fontane: Wanderungen, 2002, S. 11. Der liebende Blick wird mehrfach als Erkenntnisvoraussetzung benannt, vgl. Fontane: Wanderungen, 2002, S. 12–13.

matdichters verkörpert die Einheit von Heimatliebe und Poesie (vgl. I.2.5).[266] Die Lebensgeschichte Weises lässt keine sentimentalisierende Heimat-Reminiszenz aus, von der armen, gleichwohl glücklichen und von Gesang erfüllten Kindheit[267] bis zur Wanderschaft, die mit der Rückkehr in die Heimat endet.[268]

Das literarische Porträt Karl Weises übernimmt in Fontanes Text die Funktion, zwei verschiedene Schreibweisen – den akribischen Detailrealismus und die verklärende Synthese – biographisch zu erproben. Weise scheitert dabei nach Fontanes Darstellung an dem Versuch, „jeder Kuppe, jedem landschaftlichen Punkt einen poetischen Zettel umzuhängen".[269] In welchem Maß Fontanes Text in der Gefahr stand, in derselben Weise in die Schilderung von Details zu zerfallen, zeigt sein zeitweiliger Plan, die überbordenden Textmassen alphabetisch anzuordnen. Es schien keinen Standpunkt jenseits des Alphabets zu geben, der es erlaubt hätte, die Tendenz des Textkonvoluts zum Enzyklopädischen zu bändigen (in der Werkausgabe umfassen alle den *Wanderungen* zugehörigen Texte ohne Kommentare ca. 2700 Seiten). Zum genauen Blick aufs Einzelne muss also eine bewusste Beschränkung hinzukommen.

Bezogen auf Karl Weises dichterisches Schaffen entfaltet Fontane solch eine gelingende Schreibtechnik. Sie geht ebenfalls vom Einzelnen aus, verbindet dieses aber mit den Werten des Häuslichen, der Liebe und der Einfachheit – mit einer thematischen Beschränkung also, die gleichwohl auf ein Ganzes zielt. „*Geh vom Häuslichen aus* und verbreite dich so gut du kannst über die Welt." Dies sei der „Leitstern" von Weises poetischem Schaffen: „Alles, was uns ein Menschenherz

---

266 „Das Ganze hat das Anheimelnde einer Poetenwohnung alten Stils und wir treten guten Mutes ein." Fontane: Wanderungen, 2002, S. 617.
267 „Er beginnt mit Schilderungen aus seiner Heimat, seiner Kindheit. Am Giebichenstein spielt er herum; er singt und klettert unter Felsen und Trümmern, und tut unbewußt seinen ersten Trunk aus Romantik und Märchenwelt. Er singt ‚des Knaben Berglied', er hat eine klare Kinderstimme; aber was frommt ‚armer Leute Kind' Lied und Gesang, wenn beide nicht zu erwerben verstehen? [...] Glückliche Jahre waren das [...]." Fontane: Wanderungen, 2002, S. 619.
268 „Er wanderte mit Lust, und seine Lieder selbst haben uns ein paar Klänge davon aufbewahrt. Er zog weit umher, arm, glücklich, liederfroh, bis er plötzlich, wie mancher vor ihm, eine Leere und eine Sehnsucht in seinem Herzen wachwerden und wachsen fühlte, die ihn nun wieder heimwärts trieb." Fontane: Wanderungen, 2002, S. 620.
269 „Es handelt sich in diesen Liedern um eine Verherrlichung der Freienwalder Natur, und die ursprüngliche Absicht des Dichters scheint auf nichts Geringeres ausgegangen zu sein, als in einem wahrhaft beängstigenden Drange nach Vollständigkeit jeder Kuppe, jedem landschaftlichen Punkt einen poetischen Zettel umzuhängen. Das glückt aber nie. Eine solche Aufgabe ist unpoetisch in sich, und in derselben Weise wie es unmöglich ist, auf sämtliche Schiffe der englischen Flotte, oder auf sämtliche Regimenter der preußischen Armee einen Sonettenzyklus zu machen, so verbietet es sich auch, die weitausgespannte Freienwalder Landschaft Nummer für Nummer zu besingen." Fontane: Wanderungen, 2002, S. 621.

lieb und wert machen kann, das klingt hier zusammen: Genügsamkeit, kindlich-einfacher Sinn, Liebe, Pietät und Gottvertrauen."[270] Häuslichkeit steht hier für das Bei-sich-Sein des Poeten und für die Authentizität seiner Dichtung. Die Erzählerfigur der *Wanderungen* ist außenstehender Beobachter des naiven Poetenidylls, an dem sie selbst nicht teilhat.

Entsprechend ist die Stelle auch nicht eins zu eins als poetologisches Programm von Fontanes *Wanderungen* lesbar. Analogisierbar sind beide Schreibweisen, insofern das Häusliche bzw. regional Beschränkte beschrieben wird, insofern die Darstellung auf tatsächlicher Beobachtung und akribischer Detailgenauigkeit beruht und insofern die Heimatliebe zum einheitsbildenden Modus der Schöpfung und zugleich zum Rezeptionseffekt wird. Die Syntheseleistung, die Heimat hier erbringt, steht im Einklang mit dem Prinzip der Verklärung, wie es Fontane in seinem Aufsatz *Unsere lyrische und epische Poesie seit 1848* (1853) entwickelte, dem zufolge der Literatur die Funktion zukomme, Wirklichkeit poetisch zu überhöhen.[271] Die *Wanderungen* unterscheiden sich allerdings von der Dichtung Karl Weises und auch von den riehlschen Intentionen in ihrem Umgang mit ‚Welt'.[272] Indem sie Heimat und ‚Welt' in ein Spannungsverhältnis setzen, ermöglichen sie Distanz zu eben der Heimatliebe, die im Vorwort so hochgehalten wird.

Auch bei Riehl wird die Bedingtheit von Heimat und Fremde thematisiert (vgl. I.2.3) – wäre Amerika nicht entdeckt worden, so heißt es bei ihm, hätte sich nie ein Interesse für das Naheliegende ausgebildet. Nur wer in der Fremde gewesen sei, vermöge die Heimat objektiv zu erfassen, und der echte Volksforscher reise nicht

---

270 Alle Zitate Fontane: Wanderungen, 2002, S. 622.
271 Vgl. Theodor Fontane: Unsere lyrische und epische Poesie seit 1848, in: Fontane 1969, S. 236–260. Zur realistischen Programmatik der Verklärung vgl. Plumpe 1996, S. 50–57; Becker 2003, S. 103–110; sowie einführend Stockinger 2010, S. 10–11. Besonders Becker pointiert die Doppelgesichtigkeit realistischer Verklärung: Als Leistung der Realisten ist demnach herauszustellen, dass sie ‚prosaische' Gegenstände mithilfe der Verklärungsidee literaturfähig machten. Zugleich führt das Verklärungspostulat aber auch zu einem selektiven Verfahren, das bestimmte Sujets als nicht literaturfähig ausschließt. Für Fontane war die Darstellung „eines sterbenden Proletariers, den hungernde Kinder umstehen" nicht literaturfähig (Fontane, Unsere lyrische und epische Poesie, 1969, S. 241).
272 Es ist typisch, dass Fontane unter den romantischen gerade ein Heimat-Gedicht Adelbert von Chamissos auswählt, des Deutschen mit französischen Wurzeln also, der sein Gedicht bei seiner Rückkehr von der „Reise um die Welt" verfasste. Fontane zitiert das 1818 entstandene Gedicht Chamissos vollständig: „Heimkehret fernher, aus den fremden Landen, / In seiner Seele tief bewegt der Wanderer; / Er legt von sich den Stab und kniet nieder, / Und feuchtet deinen Schoß mit stillen Tränen, / O deutsche Heimat! – Woll' ihm nicht versagen / Für viele Liebe nur die eine Bitte: / Wann müd' am Abend seine Augen sinken, / Auf *deinem* Grunde laß den Stein ihn finden, / Darunter er zum Schlaf sein Haupt verberge." Fontane: Wanderungen, 2002, S. 723–724.

bloß, um das zu schildern, was draußen sei, sondern vielmehr um die richtige Sehweise für die Zustände seiner Heimat zu gewinnen.[273] Was bei Riehl anklingt, wird zum zentralen Thema und Darstellungsmodus bei Fontane. Denn von Anfang an spricht immer auch der Kosmopolit, der englische Redensarten genauso selbstverständlich in den Text flicht,[274] wie seine Motti der europäischen Literatur entstammen.

Schon der Entstehungskontext der *Wanderungen* steht im Zeichen des Kosmopolitischen. Unmittelbar vorangegangen waren den *Wanderungen* die England- und Schottlandstudien – *Ein Sommer in London* und *Jenseit des Tweed*. Fontanes Vorwort zur ersten Auflage der *Wanderungen* weist darauf hin: „‚Erst die Fremde lehrt uns, was wir an der Heimat besitzen.' Das hab' ich an mir selber erfahren und die ersten Anregungen zu diesen *Wanderungen durch die Mark* sind mir auf Streifereien in der Fremde gekommen." Auf der Wasserfläche des schottischen Sees *Loch Leven* sei es gewesen, als die „Einbildungskraft" einsetzte und „plötzlich unsre Phantasie weiter in ihre Erinnerungen zurückgriff und ältere Bilder vor die Bilder dieser Stunde schob. Es waren Erinnerungen aus der Heimat, ein unvergessener Tag [...]."[275] Die Eindrücke vom *Loch Leven Castle* und vom Rheinsberger Schloss überlagern sich und diese imaginäre Synthese lässt den Wunsch entstehen, auch die eigene Heimat zu beschreiben.[276]

Die ausführliche Künstlerbiographie des Orient-Malers Wilhelm Gentz (1822–1890) im Abschnitt zur Grafschaft Ruppin ist in diesem Sinn als Kontrapunkt zur Passage über den Heimatdichter Karl Weise zu lesen. Gentz erscheint vorbildlich in seiner Lebenshaltung und als Künstler, er gehöre, so Fontane, zu den wenigen, die ihn ermutigten.[277] Zitiert werden aus Gentz' Briefen mehrfach diejenigen Passagen, in denen ihm die Welt zusammenzurücken scheint. In Schweden „ist vor allem interessant [...] zu beobachten, wie wenig Unterschied zwischen hier und bei uns besteht".[278] Die Kenntnis großer kultureller und geographischer Differenzen relativiert die europäischen Unterschiede, und so zeigt sich ihm nach

---

273 Vgl. Riehl 1859, S. 218.
274 Vgl. Fontane: Wanderungen, 2002, S. 536.
275 Alle Zitate Fontane: Wanderungen, 2002, S. 9–10.
276 Stefan Neuhaus betont in seiner Interpretation von Fontanes Vorwort die Phantasie als eigentliche Konstrukteurin von Heimat: „Es wird nicht, wie es der Topos der Forschung will, eine Rekonstruktionsarbeit begonnen, sondern eine Konstruktionsarbeit. Es ist nicht die Erinnerung, die sich Bahn bricht – das Vergangene ist vergangen und von begrenztem Wert für die Gegenwart, wenn nicht ‚die Phantasie' dazu kommt, die eine Adaption im Hier und Jetzt überhaupt erst möglich macht." Neuhaus 2018, S. 65.
277 Vgl. Fontane: Wanderungen, 2002, S. 168.
278 Fontane: Wanderungen, 2002, S. 168, zitiert ist ein Brief von Wilhelm Gentz.

seiner Rückkehr aus Afrika selbst Spanien als „Heimat".²⁷⁹ Gentz verbindet auf natürliche Weise die Liebe zur eigenen Nation mit Kosmopolitismus.²⁸⁰ Dieser Standpunkt hat direkte Auswirkungen auf sein Verständnis vom künstlerischen Sujet. Gentz' bekannte Bilder stellen denn auch alles andere als Naheliegendes dar, zu ihnen zählen *Nillandschaft mit Flamingos, Schlangenbeschwörer, Sklaventransport durch die Wüste*: „Es ist natürlich, daß ein Künstler das Naheliegende, das Heimatliche, das Vaterländische vollendeter als das Fremde zu schildern vermag. Sollte aber nicht, wie die Wissenschaft, so auch die Kunst dazu berechtigt sein, den ganzen Erdball in ihr Gebiet zu ziehen?"²⁸¹

‚Welt' wird also zum einen in Form von Porträts kosmopolitisch gesinnter Brandenburger in die *Wanderungen* hineingetragen. Wichtiger noch ist der humorvolle Darstellungsmodus, in dem sich die Liebe zum Ländlichen immer auch als liebenswerte Provinzialität erweist. Etwa, wenn es um den Badeort Freienwalde geht, in den sich kein Fremder verirrt:

Freienwalde ist ein Badeort, eine Fremdenstadt und trägt es auf Schritt und Tritt zur Schau; was ihm aber ein ganz eigentümliches Gepräge gibt, das ist das, daß alle Bade- und Brunnengäste, alle Fremden, die sich hier zusammenfinden, eigentlich keine Fremden, sondern märkische Nachbarn, *Fremde aus nächster Nähe* sind. [...] Der breite Stempel, den die echten und unechten Engländer seit fünfzig Jahren allen europäischen Badeörtern aufzudrücken wußten, *hier* fehlt er noch, hier ist der komplizierte „Breakfast-Tisch" noch ein kaum geahntes Geheimnis, hier wird noch *gefrühstückt*, hier sucht noch kein grüner und schwarzer Tee die alte Herrschaft des Morgenkaffees zu untergraben, hier herrscht noch die vaterländische Semmel und weiß nichts von Buttertoast und Muffin, des Luftbrodes (aërated bread) und anderer Neuerungen von jenseits des Kanals ganz zu geschweigen. [...] Während überall sonst ein gewisser Kosmopolitismus die Eigenart jener Städte, die das zweifelhafte Glück haben „Badeörter" zu sein, abzuschwächen oder ganz zu verwischen wußte, ist Freienwalde eine *märkische* Stadt geblieben. Kein Wunder. Nicht der Welttourismus, *nur die Mark selber kehrt hier zum Besuche bei sich ein*.²⁸²

---

279 „Nach Spanien zurückgekehrt, glaube ich mich in meine Heimat versetzt, so groß war der Unterschied zwischen europäischem und afrikanischem Leben." Fontane: Wanderungen, 2002, S. 156.
280 „Ich halte es für selbstverständlich, daß jeder, der unter bestimmten Einflüssen seines Lebens groß geworden ist, dies Land und seine Nation mehr liebt als andere Nationen. Ich hasse aber die Kirchturmpolitik. Da andere Völker die leuchtendsten Vorbilder hervorgebracht haben: Homer, Äschylus und Phidias, Christus, Shakespeare, Michelangelo und Tizian, so kann ich nicht einsehen, warum man das Fremde geringer achten soll." Fontane: Wanderungen, 2002, S. 156.
281 Fontane: Wanderungen, 2002, S. 188.
282 Fontane: Wanderungen, 2002, S. 591–592.

Die „vaterländische Semmel" ist eine Idee, die auch vom alten Stechlin aus Fontanes letztem Roman *Der Stechlin* (1897/98) hätte stammen können. Hier ist das Verhältnis von Provinz und Welt noch einmal das Zentrum eines fontaneschen Textes und Heimatliebe wird ganz ähnlich im Stil humorvoll-kosmopolitischer Reserve behandelt.

Die sich zwischen Berliner Hauptstadt und brandenburgischer Provinz bewegenden Figuren in *Der Stechlin* unterhalten sich ständig über die Vorzüge und Nachteile des Lebensortes. Die einen finden es traurig, abseits der Stadt „versauern zu müssen",[283] die anderen fühlen sich vom Ländlichen ‚angeheimelt',[284] teilweise, so wie hier der Superintendent Koseleger, beides zugleich. Gleich das erste längere Gespräch (zwischen Rex, Katzler und Lorenzen) behandelt die Frage kontrovers, ob dem „Globetrotter" und dessen „Leben draußen in der Welt" oder der „Stabilisierung", dem „Sichzurückziehen aus der Welt" der Vorzug zu geben sei. Der Gesprächsverlauf gibt schon die Antwort des Romans vor: Es ist der (wie immer bei Fontane ambivalente) Sympathieträger Lorenzen, der dem Vorurteil widerspricht, dass sich im engeren Kreis notwendig auch der Sinn verengen müsse.[285]

Es sind gerade die weltoffenen Charaktere, die der Provinz etwas abgewinnen können: „In unsrer sogenannten großen Welt gibt es so wenig, was sich zu sehen und zu hören verlohnt; das meiste hat sich in die stillen Winkel der Erde zurückgezogen",[286] sagt die vielgereiste Melusine. Und der alte Stechlin erinnert sich gern der Zeit, in der er „Fühlung mit der großen Welt" gehabt hat, und ist doch seinem Landgut verhaftet: „Es heißt immer, der Adel gehöre auf seine Scholle, und je mehr er mit der verwachse, desto besser sei es. Das ist auch richtig. Aber etwas ganz Richtiges gib es nicht."[287] Woldemar charakterisiert den alten Stechlin entsprechend als „echten alten Junker" und zugleich als „Weltmann": „Er weiß – was sie hierzulande nicht wissen oder nicht wissen wollen –, daß hinterm Berge auch noch Leute wohnen. Und mitunter noch ganz andre."[288]

Die zwiespältigen Bedürfnisse zwischen Dableiben und Reisen werden vom Grafen Barby als Effekt einer zunehmend zusammenrückenden Welt beschrieben: „Jeder lebt zu Hause mehr oder weniger wie in einem Gefängnis und will weg. Und doch bin ich eigentlich gegen das Reisen überhaupt. [...] Und wozu denn auch? [...]

---

283 Fontane: Stechlin, 2002, S. 172.
284 Fontane: Stechlin, 2002, S. 173.
285 Alle Zitate Fontane: Stechlin, 2002, S. 29–30; Lorenzen will dem „Weltfremde[n]" Vorzüge abgewinnen.
286 Fontane: Stechlin, 2002, S. 136.
287 Beide Zitate Fontane: Stechlin, 2002, S. 305.
288 Alle Zitate Fontane: Stechlin, 2002, S. 117.

Das Beste vom Parthenon sieht man in London und das Beste von Pergamum [sic] in Berlin [...]."²⁸⁹ Symbolisch wird diese neue Welthaltung repräsentiert durch den Stechlinsee, der, „wenn's sein muß, mit Java telephoniert".²⁹⁰ Der See als Inbegriff des Unverrückbaren ist nach einer Sage der Gegend mit dem anderen Ende der Welt verbunden: „wenn es in Java oder auf Island rumort [...] dann springt auch in unserm Stechlin ein Wasserstrahl auf".²⁹¹ Auch im vermeintlich unbedeutenden See ist also ein Geheimnis zu finden. Dass der See nach Java „telephoniert", ist ebenfalls wichtig. Die modernen Kommunikationsmedien schaffen eine neue Konstellation von Nähe und Distanz, An- und Abwesenheit, Region und Welt.²⁹² Wie der Graf Barby, der nicht mehr reisen will, weil die Kunstschätze sich zu ihm bewegen, kann auch in der Provinz der Kosmopolit sitzen.

Der See „hat Weltbeziehungen",²⁹³ so wird mehrfach nicht ganz ernsthaft gesagt. Ganz unironisch führt Melusine dann aus: „Alles Alte, soweit es Anspruch darauf hat, sollen wir lieben, aber für das Neue sollen wir recht eigentlich leben. Und vor allem sollen wir, wie der Stechlin uns lehrt, den großen Zusammenhang der Dinge nie vergessen. Sich abschließen, heißt sich einmauern, und sich einmauern ist Tod."²⁹⁴ Abgesetzt wird dieses kosmopolitische Bekenntnis zur Provinzialität von der wirklichen Provinzialität, die auch beim Großstädter gefunden werden kann. Gerade dem Berliner sei „die Gabe wirklichen Vergleichenkönnens völlig versagt".²⁹⁵ Die Ironie, die gegenüber solcher Großstadt-Provinzialität gutmütig bleibt, stößt mit der Figur der Adelheid an ihre Grenzen und wird beißend gegenüber einer Selbstgerechten, die sich zugutehält, dass ihr alles Fremde widerstehe. Aus der Perspektive des Romans spricht das entschieden gegen sie.²⁹⁶ Gerade ihr, die geistige Beschränktheit und moralische Enge repräsentiert, wird dann mehrfach der – sonst sehr sparsam verwendete – Begriff der Heimat in den

---

289 Fontane: Stechlin, 2002, S. 308.
290 Fontane: Stechlin, 2002, S. 57.
291 Fontane: Stechlin, 2002, S. 136.
292 Vgl. Vogl 2010.
293 Fontane: Stechlin, 2002, S. 135.
294 Fontane: Stechlin, 2002, S. 270–271.
295 „Wie beinah jedem hierlandes Geborenen, war auch ihr die Gabe wirklichen Vergleichenkönnens völlig versagt, weil jeder echte, mit Spreewasser getaufte Berliner, männlich oder weiblich, seinen Zustand nur an seiner eigenen kleinen Vergangenheit, nie aber an der Welt draußen mißt, von der er, wenn er ganz echt ist, weder eine Vorstellung hat noch überhaupt haben will. Der autochthone ‚Kellerwurm', wenn er fünfzig Jahre später in eine Steglitzer Villa zieht, bildet – auch wenn er seiner Natur nach eigentlich der bescheidenste Mensch ist – eine gewisse naive Krösusvorstellung in sich aus und glaubt ganz ernsthaft, jenen Gold- und Silberkönigen zuzugehören, die die Welt regieren." Fontane: Stechlin, 2002, S. 121.
296 Vgl. Fontane: Stechlin, 2002, S. 283.

Mund gelegt. In der Heiratsfrage gibt sie ihrem Neffen Woldemar den Rat: „[G]ib auch in dieser Frage die Heimat nicht auf, halte Dich, wenn es sein kann, an das Nächste";[297] und noch einmal: „[H]eirate heimisch und heirate lutherisch."[298] Woldemar hält sich nicht an den Rat. Aber er zieht am Ende mit seiner Frau von Berlin auf das Schloss Stechlin und bereut seine Entscheidung nicht: „Die Scholle daheim, die dir Freiheit gibt, ist doch das Beste."[299] Es steht also am Ende eins zu eins für und gegen die Heimat.

Riehls *Die Dichterprobe* und *Ein ganzer Mann*
Über Wilhelm Heinrich Riehls – heute so gut wie unbekanntes – schriftstellerisches Werk[300] fällte selbst der sonst dem Deutsch-Redlichen durchaus aufgeschlossene Fritz Martini ein deutliches Urteil: „Das Gemüthaft-Tüchtige, Deutsch-Redliche, Humoristisch-Genrehafte führte künstlerisch zu populärer Anspruchslosigkeit."[301] Riehls von ihm selbst so betitelte *Kulturgeschichtliche Novellen* sind hier gleichwohl interessant, und zwar deswegen, weil sie eng mit seinem volkskundlichen Heimatprogramm zusammenhängen.[302] Eine dezent humoristische, teilweise selbstironische Figurengestaltung des Heimatforschers geht dabei mit einem gesellschaftliche Friktionen harmonisierenden Anspruch an Heimat einher.

Die ‚Heimatforscher', die auch in Riehls literarischen Texten immer wieder auftauchen, sind meist ein wenig weltfremd und wunderlich, wie der Schulmeister Philipp Balzer in *Burg Neideck*. Er wird von seiner Umgebung als „halber Narr"[303] wahrgenommen und erscheint „mitunter komisch, wenn er recht ernst-

---

297 Fontane: Stechlin, 2002, S. 160.
298 Fontane: Stechlin, 2002, S. 162.
299 Fontane: Stechlin, 2002, S. 387.
300 Riehl als Schriftsteller wurde in der Literaturwissenschaft nur vereinzelt behandelt, vgl. Janke 1910; Schrott 1944; MacCort 1974; Schwarz 1997; Wiese 2007. Wiese behandelt Riehls *Wanderbuch* mit mehr kultur- als literaturwissenschaftlichem Interesse.
301 Martini 1974, S. 451. Die nach dem Nationalsozialismus bruchlos fortgesetzte Karriere des einflussreichen Germanisten Fritz Martini harrt noch der Aufarbeitung. Der im Nachkriegsdeutschland u. a. für die Realismusforschung bedeutsame Germanist war bei den beiden eng mit der völkischen Ideologie verbundenen Germanisten Julius Petersen und Robert Petsch mit einer Arbeit zu Wilhelm Raabe promoviert und der Arbeit *Das Bauerntum im deutschen Schrifttum* (1944) habilitiert worden; vgl. König 2003, Bd. 2, S. 1164–1166.
302 Anna Schrott liest die späte Novellistik Riehls im Kontext seiner volkskundlichen Studien, vgl. Schrott 1944, S. 92. Dieser sinnvolle Ansatz wurde in der Folge nicht mehr aufgenommen.
303 Riehl: Burg Neideck (1876), in: Riehl 1937, Bd. 3, S. 165–204, hier S. 198.

haft sein wollte".³⁰⁴ Am Ende ist es aber seine selbstverfasste Regionalchronik, die dazu führt, dass eine gelangweilte Prinzessin überhaupt an etwas Interesse entwickelt. Bisher war sie von ihrer Erzieherin Martigny nur mit französischen Büchern über ferne Orte traktiert worden; „es tat der Prinzessin so wohl, zum erstenmal auch über die nächste Heimat, über das Rätsel, welches vor ihrem Fenster lag, Gedrucktes zu lesen".³⁰⁵ Das Buch des Schulmeisters zeigt der Prinzessin die Möglichkeit des Perspektivwechsels und ein „ganz neuer Geist der Widersetzlichkeit erwachte in ihr";³⁰⁶ am Ende führt dies dazu, dass sie den richtigen Mann heiratet (der ebenfalls die Schrift des Schulmeisters kennt und schätzt) und sogar die Burg Neideck vor dem Abriss bewahrt. Es ist also gerade der etwas wunderliche ‚Heimatpfleger', der für den guten Ausgang der Novelle sorgt.

Die Dichterprobe (1865), die chronologisch letzte Novelle aus Riehls zyklisch konzipierter Novellensammlung³⁰⁷ (und als letzte im Zyklus topischer Ort für poetologische Reflexionen) beleuchtet Heimat als Motiv und Telos der Novellensammlung. In der Rahmenhandlung unterhalten sich mehrere Freunde über Volksdichtung und die Frage, wie „große Poeten [...] eigentlich in den Volksmund kommen?"³⁰⁸ Die sich anschließende Erzählung Richard Märkers bietet eine Antwort auf diese Frage. Märker erzählt, dass er eine Chronik seiner eigenen Herkunftsgegend verfasst habe. Diese Chronik soll seine „schönsten Jugenderinnerungen verklären und verewigen."³⁰⁹ Dabei habe er seiner Phantasie ziemlich freien Lauf gelassen und beruft sich mit dieser Auffassung von dichterischer Freiheit auf Berthold Auerbach,³¹⁰ Heinrich Heine und Heinrich von Kleist.³¹¹

---

304 Riehl 1937, Bd. 3, S. 190.
305 Riehl 1937, Bd. 3, S. 190.
306 Riehl 1937, Bd. 3, S. 191.
307 Die fünfzig Novellen, die vom 9. bis zum 19. Jahrhundert deutsche Kulturgeschichte behandeln, sind vom Autor als Gesamtwerk konzipiert, aber erst nach seinem Tod in der von ihm gewünschten chronologischen Reihung als Sammlung erschienen, so dass sie, wie von ihm erhofft, auch „als ein Ganzes beurteilt" werden können. Vgl. das Nachwort in Riehl 1937, Bd. 3, S. 355–369, hier S. 369. Das Zitat von Riehl ist dort nicht näher nachgewiesen. Riehl selbst nahm auch die Einteilung der Novellen in sieben Zeitepochen vor; so zählt die hier besprochene Novelle *Vergelt's Gott* etwa zum Abschnitt „Reformation und Renaissance", die Novelle *Burg Neideck* zum Abschnitt „Rokokozeit" und *Die Dichterprobe* zum Abschnitt „Das 19. Jahrhundert".
308 „Wenn nämlich der gemeine Mann spricht, so sagt der Demokrat: das ist die Stimme des Volkes, und wenn der Gebildete einen Dichter liest, so sagt der Literat: dieser Glückliche wird vom Volke gelesen. Der eine blickt von unten hinauf und merkt nicht, was oben geschieht, der andere von oben hinab und ahnt nicht, was unten vorgeht." Riehl: Die Dichterprobe. Als Epilog (1865), in: Riehl 1937, Bd. 4, S. 301–327.
309 Riehl 1937, Bd. 4, S. 304.
310 Er hatte das Hohen-Isenecker Tal „durch die Poesie geographisch berühmt machen wollen wie Auerbach sein Nordstetten, ich hegte eine volle Jugendfreundschaft für Hohen-Iseneck und

Nachdem er durch einen Brief des Hohen-Isenecker Pfarrers erfährt, dass seine Geschichten im ‚Hinterbrunner Wochenblatt' gedruckt und von den Talbewohnern gelesen würden, macht er sich auf den Weg ins Tal, „um zu erforschen, wie weit ich bereits ins Volk gedrungen".[312] Die Pointe der Geschichte besteht nun in einer gänzlichen Desillusionierung dieses Vorhabens: Auf seine Geschichten angesprochen, kennen die Talbewohner diese gar nicht, solche Geschichten seien nur „für die alten Weiber".[313] Die Heimatliebe, die er zunächst unter den Talbewohnern zu erkennen glaubt, hat ihre Ursachen nicht in der Lektüre seiner Texte. Den ersten Menschen, dem er begegnet und der sein Bedauern über den bevorstehenden Abbruch einer alten Burgruine äußert, denkt er sich sogleich als Leser seiner Geschichten:

> Der Mann scheint ein Herz zu haben für die Denkmale seiner Heimat, und die Sagen der Burg waren ihm gewiß nicht fremd; vielleicht hatte er sogar meine Geschichte von Herrn von Hohen-Iseneck und seinen zwei Kartaunen im Hinterbrunner Wochenblatt gelesen. Also frage ich ihn, warum er denn den Abbruch des alten Gemäuers bedauere.[314]

Es stellt sich heraus, dass das Gegenüber ein Landstreicher ist, der die Burgruine bisher als Unterschlupf benutzt hat: „Jetzt wußte ich klar, daß dieser Freund der Burgruinen dennoch kein eigentlicher Romantiker sei und meine Geschichte des tollen Herrn von Hohen-Iseneck schwerlich gelesen habe."[315] Wie wenig der volkskundlich-poetisierende Blick auf Heimat mit den Realitäten zu tun hat, zeigt auch, wie Märker, der fortwährend Poetisches sieht, wo nur Schmutz und Un-

---

hatte meine Novellenstaffagen fast nur gezeichnet, um die Landschaft malen zu dürfen. Denn mit Naturheimweh und Naturpoesie beginnt der Jüngling, mit Menschenheimweh und Menschenpoesie schließt der reife Mann." Riehl 1937, Bd. 4, S. 305.
311 „Und wenn nun gar jene Geschichten, die ich eigens der Landschaft auf den Leib geschrieben und neu erfunden hatte, dort sich einpflanzten, umbildeten, vom Volksmund aufgenommen, selbst wieder Volkssage wurden, war das nicht ein seltenerer Ruhm, als ihn die größte Leserschar und das lauteste Lob der Kritik zu bieten vermag? Gibt es einen beneidenswerteren Nachruhm für Heine, als daß er seine Loreley, von welcher vordem nicht einmal die St. Goarshäuser das mindeste gewußt, dem ganzen deutschen Volke so fest in den Mund gedichtet, daß man diesem literarischen Gespenste sogar schon einmal eine überlebensgroße Statue hat setzen wollen? Und mit welchem Stolze müßte es Heinrich von Kleist erfüllen, wenn er jetzt nach Heilbronn käme und sähe, wie man dem Fremden das Haus seines Kätchens von Heilbronn zeigt, welches doch niemals woanders hauste als in seinem Buch und auf den Brettern?" Riehl 1937, Bd. 4, S. 306.
312 Riehl 1937, Bd. 4, S. 305.
313 Riehl 1937, Bd. 4, S. 312.
314 Riehl 1937, Bd. 4, S. 308.
315 Riehl 1937, Bd. 4, S. 310.

wirtlichkeit herrscht,[316] selbst die Grobheiten des Wirts als erforschenswerte Authentizität umdeutet: „Der Wirt empfing mich zwar etwas grob, allein seine Mundart war so echt, daß man die halb gebrummten, halb gesprochenen Antworten sogleich als Sprachproben für Firmenichs deutsche Völkerstimmen hätte aufschreiben können."[317] Der Wirt erweist sich schließlich als einziger Leser von Richard Märkers Heimatchronik, verwünscht sie allerdings aufgrund ihrer Unwahrheit, so dass sich Märker lieber als deren Autor verleugnet, um nicht „die volkstümlichsten Grobheiten"[318] vom Wirt erfahren zu müssen. Durchaus selbstironisch wird hier also die poetisierende Heimatauffassung des gebildeten Städters aufs Korn genommen (vgl. I.2.4). Es findet aber auch eine Läuterung Richard Märkers während seiner Reise durchs Hohen-Isenecker Tal statt: Ein von ihm miterlebter Totschlag und die Begegnung mit einer schillerschen Karl-Moor-Gestalt in einer Umgebung, in der niemand den Namen Schillers kennt, zeigen ihm den wahren Stoff für seine Dichtung, die der Erfindung gar nicht bedarf. In einer zweiten Rahmenerzählung räsoniert die Erzählinstanz, ein Freund Richard Märkers, über Märkers Veranlagung zum Dichter, denn das „Rohe und Wüste" habe sich ihm „im Goldschimmer des Humors verklärt" und „die tatsächliche Ironie des wirklichen Lebens auf sein ideales Streben ward ihm sogar wieder zum dichterischen Motiv".[319] Das dichterische Potential liegt hier in der Verklärung des Gegenstandes. Das ideale Streben muss sich mit dem wirklichen Leben verbinden, und dies gelingt über den Humor. Heimat wird also durch die Binnengeschichte des selbstironisch die eigene Naivität eingestehenden Heimatdichters nicht desavouiert, vielmehr gehen Humor und Heimat durch die rahmende Invektive am Ende eine harmonische Allianz ein.[320]

Genauso verhält es sich noch in Riehls letztem Roman *Ein ganzer Mann* (1897), der „den Leser auf gewinnendste Weise für die Gedanken der Heimatpflege und für die Wertschätzung der Denkmäler erzieht", wie 1954 Riehls Biograph

---

316 Vgl. Riehl 1937, Bd. 4, S. 315, S. 317.
317 Riehl 1937, Bd. 4, S. 314.
318 Riehl 1937, Bd. 4, S. 318.
319 Riehl 1937, Bd. 4, S. 327.
320 Es ist symptomatisch für die realistische Literatur insgesamt, dass dieser auf Verklärung zielende Humor die einzige Spielart des Komischen ist, mit der sich Heimat verbindet. Wilhelm Raabes Texte sind ein weiteres Beispiel dafür. Heimat als Gegenstand von Parodie, Satire, Witz, Ironie oder anderen Spielformen der Komik (vgl. Wirth 2017) sucht man in der Literatur des 19. Jahrhunderts in Bezug auf Heimat (auch vor dem Realismus) fast vergeblich; eine Ausnahme ist E.T.A. Hoffmanns *Goldener Topf* (vgl. II.1.3). Zur Ironiefreiheit von Heimat vgl. auch Blickle 2002, S. 40–42.

Viktor von Geramb meint.[321] Wie von Geramb diesen Roman, dessen programmatischer Auftakt sich deutlich genug von den literarischen Entwicklungen seiner Zeit absetzt,[322] als ‚packend'[323] bezeichnen kann, bleibt schleierhaft, von Interesse ist hier aber die Darstellung von Heimat als heilender Kraft, die es vermag, Tourismus und antiquarische Interessen genauso zu versöhnen wie den Ewigen Juden (vgl. II.1.3.2) zu überwinden.

Der Konflikt des Romans entspinnt sich um den Haderturm des Städtchens Frankenfeld – es ist symptomatisch, dass es sich hier um eine Kleinstadt handelt[324] – und die Frage, ob er zugunsten der Ansprüche der neuen Zeit abgerissen oder aber erhalten werden soll. Der ‚Verein zur Hebung des Fremdenverkehrs' kämpft für seinen Abriss. Dieser Verein wird durch den Entwurf eines Reklamebildes charakterisiert, welches das Stadtbild für den touristischen Geschmack veredelt, etwa indem sie mit einer Bergsilhouette umgeben wird, obwohl die Berge von der Stadt aus nicht zu sehen sind: „Wir dürfen unsere Stadt rühmen: das ist kein Selbstlob sondern Heimatliebe."[325] Die hier in polemischer Absicht gezeigte ‚falsche' Heimatliebe, die eigentlich ökonomische Absichten verfolgt, wird im Romanverlauf in eine ‚echte' Heimatliebe überführt: Der Haderturm wird in Friedensturm umbenannt und die der Heimat bisher Entfremdeten geraten über die Errichtung eines Heimatmuseums wieder in Kontakt mit ihr; zudem wird eine Ehe gestiftet und dem sich bisher „heimatlos"[326] fühlenden Fräulein von Rohda ein Zuhause gegeben. Der Konflikt zwischen ökonomisch motivierter und richtig verstandener Heimatliebe wird im rahmenden Endkapitel noch einmal aufge-

---

321 Geschildert wird in diesem „Museumsroman", wie der Großindustrielle Alfred Saß zum „Schöpfer und Gestalter eines feinen" Museums „und gleichzeitig zu einem überzeugten Freund und Hüter heimatlichen Lebens heranreift. Alle Erfahrungen, die Riehl als Direktor des Bayerischen Nationalmuseums und als Generalkonservator der bayerischen Altertümer durch zwölf Jahre gewonnen hatte, sind in diesem Roman in packender Weise dargelegt." Alle Zitate Geramb 1954, S. 524–525.
322 Das Ideal eines Romans ist hier charakterisiert durch „gemütliche Stimmung" und „ein behagliches Lächeln", eine Kunst, „die mehr anregt als aufregt" und die mehr „das Sonntagsgesicht der Menschen" als „Marterbilder" zeigt; kurz, ein „gesunder Roman, bei dessen Lektüre es dem Leser recht von Herzen wohl wird", sei „der zeitgemäßeste". Alle Zitate Riehl: Aus dem Begleitschreiben bei Uebersendung des Buches an eine Freundin, in: Riehl 1897, S. V–VIII.
323 Vgl. Geramb 1954, S. 525.
324 Christiane Nowak arbeitet in ihrer Studie zum Topos Kleinstadt zwischen 1900 und 1933 die enge Verbindung von Heimat- und Kleinstadtbildern in der deutschen Literatur heraus. Die Kleinstadt verbindet sich, wie Nowak anhand von Autoren im Umfeld der Zeitschrift *Der Kunstwart* zeigt, mit einem Sozialmodell des Zusammenhalts und einem Wertemodell des spezifisch Deutschen, vgl. Nowak 2013, S. 133–140.
325 Riehl 1897, S. 28.
326 Riehl 1897, S. 271.

nommen, als der Erzähler, „Professor Wilhelm Heinrich Riehl aus München",[327] der das Städtchen Frankenfeld besucht, vom Wirt für den inkognito reisenden Karl Baedeker gehalten wird. Dass jemand sich für Frankenfeld interessieren könne, kann der Wirt sich höchstens so erklären. Riehl will aber, genau wie Fontane, nicht als Baedeker missverstanden werden. Die latente Aporie, die das anachronistische Heimatbegehren in Zeiten des modernen Tourismus in sich birgt und die Fontane in seinen *Wanderungen* reflektiert, wird auch von Riehl thematisiert, aber gleich wieder in harmloses Wohlgefallen überführt.

Diese starke Harmonisierungstendenz des Romans kann auch die Art und Weise zeigen, wie die Ahasver-Geschichte verarbeitet wird. Es ist ein Jude und genauer die ihm anhaftende Geschichte des Ewigen Juden, die der Verwirklichung des Heimatmuseums zunächst im Weg steht. Der Roman besteht zu einem guten Teil aus der Entwirrung der Intrige, die die jüdische Figur spinnt, um das Heimatmuseum zu verhindern.

Im Zuge der Sichtung historischer Akten für das zukünftige Museum entdeckt der Ratsdiener Kaspar Zuckmeyer, dass er Nachfahre des wandernden „Trödeljuden Levi"[328] ist, der sein Geld damit verdiente, „als der wahrhaftige Ewige Jude den dummen Bauern zu erscheinen",[329] um von der Mischung aus Mitleid und Entsetzen, das er damit produzierte, zu profitieren. Levi „spielte meisterlich Ahasver, den Ewigen Juden",[330] wurde schließlich doch überführt und zum Tod verurteilt, behielt sein Leben aber, weil er die Richter überzeugen konnte, Christ geworden zu sein. Kaspar Zuckmeyer ist entsetzt, genealogisch mit einem Juden und dazu mit einem solchen in Verbindung gesetzt zu werden, verbrennt die Akten und spinnt Intrigen, um die Verwirklichung des Museums und damit auch die Sichtung der Akten und die mögliche Entdeckung seiner Tat zu verhindern. Am Ende wird er von Hermine von Rohda und Alfred Saß überführt, sie versprechen aber, sein Geheimnis nicht preiszugeben.

Der Jude sorgt bei Riehl für einige böse Verwirrungen – nicht für den tödlich endenden Ruin wie in Freytags *Soll und Haben* oder Polenz' *Büttnerbauern* –, am Ende fungiert er aber auch als Katalysator für den glücklichen Ausgang. Er selbst stirbt am Ende, wie es die literarischen Ausgestaltungen des Ahasver-Mythos im 19. Jahrhundert immer vorsehen; aber die eigentliche Versöhnung hat schon vor seinem Tod stattgefunden. Kaspar Zuckmeyer sei durchs Heimatmuseum erzogen worden und habe indirekt dafür gesorgt, dass Vergangenheit und Gegenwart, Altes und Modernes, Mann und Frau in harmonische Verbindung getreten seien,

---

[327] Riehl 1897, S. 399.
[328] Riehl 1897, S. 153.
[329] Riehl 1897, S. 158.
[330] Riehl 1897, S. 159.

wie Alfred Saß, der Gründer des Museums, gegenüber der Erzählerfigur ‚Professor Wilhelm Heinrich Riehl aus München' resümiert. Der Jude Zuckmeyer wird dem Museum in der Bildlichkeit von Saß einverleibt, er sei zum „Inventarstück des Museums" geworden. Die integrierende Kraft des Heimatmuseums ist zugleich eine erzieherische: „Nachdem er eine einzige große Untreue begangen, deren wir ihn, Fräulein von Rohda und ich, ebenso sanft als zwingend überführten, wurde er der tadellos treueste Diener, der für uns Beide durchs Feuer gegangen wäre."[331] Auch Alfred Saß selbst, so führt er weiter aus, sei durch das Museum erzogen worden:

> „Das Museum übte an ihm eine erziehende Kraft; – es hat sie auch an mir geübt. Es lehrte mich Gerechtigkeit. Früher nur für neueste Kunst und neues Schrifttum begeistert, wurde ich's jetzt auch für unserer Väter Werke. Als Hüter meiner Altertümer wurde ich zuletzt so gerecht gegen die alte Zeit, daß ich auf dem Punkte war, ungerecht zu werden gegen die neue. Da trat meine Hermine dazwischen, ein echtes Kind der Gegenwart wie die meisten Frauen, und indem ich für sie schwärmte, begann ich auch wieder für die Gegenwart zu schwärmen, ohne meiner Freude am Alten untreu zu werden."[332]

Das Heimatmuseum wird in Riehls Roman damit zum Ort der Integration: Das Alte und das Neue, Frau und Mann, das Erhaltende und das Zukunftsweisende verbinden sich hier.[333] Die jüdische Figur dagegen, wie so oft in literarischen Darstellungen des 19. Jahrhunderts, kann noch Läuterung erfahren, muss am Romanende aber sterben.

Auch wenn Riehls literarische Produktion somit als ein Beispiel für die soziale und politische Friktionen verharmlosende, ja negierende Funktion von Heimat

---

[331] Riehl 1897, S. 404.
[332] Beide Zitate Riehl 1897, S. 404–405.
[333] Diese integrative Funktion hat – und nur insofern vergleichbar – auch das in der Literatur des 20. Jahrhunderts berühmt gewordene Heimatmuseum Siegfried Lenz' in dessen gleichnamigem Roman von 1978. Der Protagonist Zygmunt Rogalla widmet sein ganzes Leben dem Heimatmuseum eines masurischen Städtchens und muss es doch am Ende in Flammen aufgehen lassen, um es vor seiner fortwährenden ideologischen Vereinnahmung zu bewahren. Der Kern des im Heimatmuseum lebenden Gedankens bleibt davon aber unangetastet. Über das Wort ‚Heimat' sagt Rogalla: „Ein schlimmes Wort? Ein belastetes Wort? [...] ich gebe zu, daß dies Wort in Verruf gekommen ist, daß es mißbraucht wurde, so schwerwiegend mißbraucht, daß man es heute kaum ohne Risiko aussprechen kann [...] was spricht gegen den Versuch, dieses Wort von seinen Belastungen zu befreien? Im seine Unbescholtenheit zurückzugeben? [...] Heimat, das ist für mich nicht allein der Ort, an dem die Toten liegen; es ist der Winkel vielfältiger Geborgenheit, es ist der Platz, an dem man aufgehoben ist, in der Sprache, im Gefühl, ja selbst im Schweigen aufgehoben, und es ist der Flecken, an dem man wiedererkannt wird; und das möchte doch wohl jeder eines Tages: wiedererkannt, und das heißt: aufgenommen werden [...]." Lenz 1978, S. 119–120. Zu Lenz vgl. Fries 1987, Schaal 2006, McIsaac 2007, S. 223–254.

gelten muss und sie auch die Tragweite der von ihm selbst eröffneten Frage nach dem Verhältnis von objektivierbarer und literarischer Heimat nicht einholen kann, bleiben seine volkskundlichen Arbeiten auch im historischen Rückblick die wichtigste zeitgenössische Referenz für eben diese Fragen. Freytags *Soll und Haben* zeigt sich als Versuch, Antworten auf die sozialpolitischen Umwälzungen der eigenen Gegenwart mit dem Mittel einer Aktualisierung von Heimat als Sitz eines sich über Arbeit und Ehrenkodex definierenden Bürgertums zu geben und schließt damit vielfältig an Riehls Ideen an. Und Fontane greift in seinen *Wanderungen durch die Mark Brandenburg* Riehls Programm des Erwanderns und, damit verbunden, der poetischen Schöpfung von Heimat auf. Denn Riehls Verstehensmethode der Zusammenschau und Fiktionalisierung will zu einer Wahrheit vordringen, die das Objektivierbare übersteigt, und so lässt sich für ihn auch Heimat nur mit einer von ihm als spezifisch poetisch ausgewiesenen Untersuchungsmethode erfassen. Kein Wunder, dass sich Wissenschafts- und Literaturgeschichte in Bezug auf Heimat hier kaum mehr trennen lassen.

3.3 Heimatkunst und Literaturgeschichte

Die Germanistik integriert Heimat ab dem letzten Drittel des 19. und stärker noch mit Beginn des 20. Jahrhunderts in ihre Wissenschaftssprache, zeitgleich mit ihrer neuerlichen Ausrichtung auf volkskundliche Ansätze. Schon im Verlauf des 19. Jahrhunderts sind Germanistik und Volkskunde eng miteinander verbunden: Die deutsche Sprachforschung und die germanische Altertumskunde als Teilgebiete der Hochschulgermanistik sind personell mit der Volkskunde verknüpft.[334] Die Arbeiten von Jacob und Wilhelm Grimm wurden als Vorläufer volkskundlicher Forschung verstanden.[335] Und der Wissenschaftler Karl Weinhold, habilitierter germanistischer Mediävist, trug mit der Gründung des *Vereins für Berliner Volks-*

---

334 Vgl. Weber-Kellermann 1969; vgl. Emmerich 1972. Emmerichs Studie erschien unter dem Titel *Germanistische Volkstumsideologie. Genese und Kritik der Volksforschung im Dritten Reich* 1968 als Dissertation, die überarbeitete Fassung von 1972 dann unter dem Titel *Zur Kritik der Volkstumsideologie*.
335 So etwa bei Riehl: Neben anderen Wissenschaften wie der Statistik, der Nationalökonomie, Geographie, Ethnographie, Geschichte, der Staats- und Rechtskunde greife die Volkskunde „ganz besonders auf die mythologischen, antiquarischen und philologischen Forschungen der sogenannten Germanisten" zurück, wo „nur die Namen der Gebrüder Grimm" ausreichend seien, um „unmittelbar zu veranschaulichen, daß wir von einer neuen Wissenschaft der Volkskunde selbst dann reden könnten, wenn wir auch gar nichts weiteres besäßen, als was diese beiden Männer zur Erkenntniß des deutschen Volkes ausgesonnen und ausgearbeitet haben." Riehl 1859, S. 228.

kunde und der Herausgabe der *Zeitschrift des Vereins für Volkskunde* (ab 1891) mit zur Institutionalisierung des Faches Volkskunde bei.[336]

Wie für die Philologien schon des 19. Jahrhunderts insgesamt typisch in Bezug auf Volk und Nation[337] wird auch Heimat ab dem letzten Drittel des 19. Jahrhunderts zugleich zum zentralen historischen Gegenstand und wertgeleiteten Telos des germanistischen Wissenschaftsverständnisses. Die Deutschdidaktik forderte, wie gezeigt, seit den 1870er Jahren heimatkundliche Konzepte für den Deutschunterricht, in denen Heimat zugleich Objekt, Methode und Ziel der Didaktik ist: Germanisten wie Rudolf Hildebrand (1871), Hugo Weber (1872) und Otto Lyon (1893) beziehen sich dabei stets auf die Volkskunde (vgl. II.3.1.1).

Für die literaturgeschichtliche Forschung gilt es dann um die Jahrhundertwende als innovativ, sich der volkskundlichen Forschung zu öffnen und dabei deren holistisches Heimatverständnis in Anspruch zu nehmen. Der österreichische Germanist August Sauer fordert in *Literaturgeschichte und Volkskunde* (1907), den „Zusammenhang der deutschen Literatur mit dem deutschen Volkstum als solchem, also die eigentlich nationale Seite unserer Literaturgeschichte" stärker zu beleuchten und dabei insbesondere auf die volkskundliche Forschung zurückzugreifen,[338] wobei er auf eine reiche Auswahl an schon vorliegenden lokalen und mundartlichen Anthologien und regionalen Literaturgeschichten der vergangenen Jahrzehnte verweisen kann. Letztes Ziel der Germanistik sei es, „die wissenschaftliche Formel für den Begriff Volksseele zu finden".[339] Es sei evident, dass die sich an einen bestimmten „Heimatsboden" knüpfenden „Stammesmerkmale" das Fundament bildeten, auf dem dann alle anderen Einflüsse aufsattelten, ohne die auch ein literaturhistorisches Verständnis nicht möglich sei.[340] Sauer will einer Auffassung entgegenarbeiten, der zufolge die Nähe zur Heimat

---

336 Auch der als Professor für deutsche Literatur tätige germanistische Mediävist Karl Müllenhoff beeinflusste mit seiner *Deutschen Altertumskunde* die Volkskunde.

337 Vgl. Dehrmann 2015; dort insbesondere das Kapitel „Konkurrenz um den ‚Volksgeist'", S. 67–79.

338 Sauer 1907, S. 20. Sauer verweist u. a. auf Adolf Hauffens Einführung in die deutsch-böhmische Volkskunde (1896), Alfred Kirchhoffs *Die deutschen Landschaften und Stämme* (1903) und Gustav Meyers *Essays und Studien zur Sprachgeschichte und Volkskunde* (1885).

339 Sauer 1907, S. 33. Sauer zitiert hier aus Adolf Hauffens *Einführung in die deutsch-böhmische Volkskunde* von 1896.

340 Beide Zitate Sauer 1907, S. 21: „[...] darf man doch an die ganz unverkennbaren, deutlich ersichtlichen Merkmale anknüpfen, die jeder mit seinem Volksstamm gemeinsam hat und welche die demselben Heimatsboden entstammenden Menschen der verschiedensten Lebens- und Berufskreise sowie aller Altersstufen einander näherücken. Diese Stammesmerkmale bilden die älteste und festeste Schicht, auf welcher alle anderen Einflüsse und Eindrücke, wie sie Erziehung, Bildung und Leben mit sich bringen, sich aufbauen [...]."

eine Rangfolge der Dichter bezeichne. Denn „je höher [...] ein Dichter steht, desto mehr meint man ihn dem Nährboden der Heimat entwachsen zu sehen". Dies sei falsch: Auch das Genie, so versucht er ausführlich an Goethe zu belegen, sei „mit tausend Wurzeln in dem Boden seiner Heimat verankert" und habe daher „mit den übrigen Stammesangehörigen zahlreiche völkische Merkmale gemein, die ihn erst zum nationalen Dichter stempeln".[341]

Sauers Schüler Josef Nadler setzt dessen Forderung nach einer neuen Literaturgeschichtsschreibung auf der ‚wissenschaftlichen' Grundlage der Volkskunde um. In seiner *Literaturgeschichte der deutschen Stämme und Landschaften* von 1912 – zwei Jahre später wird Nadler wohl auch aufgrund dieser ersten Fassung seiner später weiter ausgebauten Literaturgeschichte zum Professor in Fribourg/Schweiz – geht es ihm um angewandte Philologie, um „Dialektforschung, Stammeskunde, Familiengeschichte, Anthropologie" und „eine Literaturgeographie, die die Erde nach unsern Bedürfnissen suchend abgeht".[342] Der Raum müsse neben der Zeit ein neues Gewicht bekommen.[343] Um den einzelnen Dichter zu verstehen, müsse man die „Menschen seiner Heimat zur Erklärung heranziehen".[344] Denn Heimat sei der Nährboden für alles andere. Literatur und Kunst könnten „nur dort erklärt und begriffen werden, wo der Mensch mit tausend Fasern an einem bestimmten Erdfleck festgewachsen ist, wieder nur aus der Gesamtheit aller Wirkungen, die zwischen Heimat und Abkunft spielen."[345]

---

341 Beide Zitate Sauer 1907, S. 28. „[D]ass sie mit den besten und höchsten Schöpfungen ihrer Muse im heimatlichen Boden wurzeln und ohne diesen Heimatsduft und -dunst nicht zu denken sind", gelte nicht nur für Keller, Eichendorff, Pichler, Reuter, Storm, sondern auch für „Kleist, Hebbel, Grillparzer, Schiller und selbst Goethe". Sauer 1907, S. 28.
342 Beide Zitate Nadler 1912, S. VII und VIII. Zu Nadlers Literaturgeschichte hat Irene Ranzmaier eine Monographie vorgelegt, in der u. a. auch der Einfluss der Volkskunde auf Nadlers Wissenschaftsverständnis behandelt wird, vgl. Ranzmaier 2008.
343 „Raum und Zeit! Zum zweiten auch das erste! Nicht eine Landschaft als Tummelplatz zufällig zusammengewürfelter Einzelner, sondern als Nährboden, als Materielles, als Trägerin eines ganz bestimmten Menschenschlages, von der aus beidem, aus Blut und Erde, das Feinste, das Geistigste wie in goldnen Dämpfen aufsteigt. Es gibt auch in den Geisteswissenschaften eine Spektralanalyse." Nadler 1912, S. VIII.
344 Nadler 1912, S. VII. Stamm, Sippe, Landschaft als „Zwischenglieder", „Zwischeneinheit" „zwischen dem Einzelnen und der letzten Einheit"; „Mit dem ererbten Blute rollt eine Fülle erblicher Güter von Geschlecht zu Geschlecht. Neben den Einzelnen tritt Fluch und Segen der Sippe. Und weil sich die Geschichte der Abfolge nur in seltenen Fällen lückenlos feststellen läßt, müssen wir zur unvollkommenen Auskunft greifen, die nächst Verwandten dieses Einzelnen, seinen Stamm, seine Umgebung, den Menschen seiner Heimat zur Erklärung heranziehen, falls wir wissen, daß er wenigstens in weiterer Folge mit ihm verwandt ist."
345 Nadler 1912, S. VI.

Heimat steht bei Nadler im Einklang mit der Nation – oder, um die Terminologie der Zeit aufzunehmen, zum ‚Völkischen': „Der große Reichtum unserer Literatur", so paraphrasiert Nadler zustimmend Sauer, hänge damit zusammen, „daß die einzelnen Landschaften nach fruchtbaren Sonderentwicklungen im rechten Augenblick in die Gesamtbewegung einträten".[346] Regionale Verschiedenheiten sind die systematische Größe seiner Literaturgeschichte, mit dem Anspruch, das je Spezifische der ‚Landschaften' als individuelle Ausformung einer Gesamtheit des deutschen Volkes zu begreifen. Die ‚Landschaft' ist dabei ein zeitgenössisch viel verwendetes Schlagwort in der Debatte um Metropole und Provinz,[347] und das eigentlich Deutsche wird von Vertretern wie Nadler eben gerade nicht in den Metropolen gesucht. Zu begreifen, „was in dem allen deutsch ist",[348] das ist die drängende Frage der Zeit, von der man annimmt – immer mit dem Zugeständnis, erst auf dem Weg dahin zu sein und nur Vorläufiges leisten zu können –, man könne sie analytisch-wissenschaftlich lösen. Der zentrale Heimatbegriff, das fällt bei Sauer und Nadler auf, wird dabei als wissenschaftlich gesättigter Begriff etabliert, als einer, der von der volkskundlichen Forschung abgesichert und zu dessen Erforschung nun auch aus literarhistorischer Perspektive beizutragen sei. Auch Riehl wird als Ahnherr dieses Ansatzes gewürdigt.[349]

Nadlers Literaturgeschichte setzt mit einer alttestamentliche Züge tragenden Schöpfungsgeschichte der deutschen Nation ein, in der eine chaotische Phase der Heimatlosigkeit in einen Zustand der Harmonie übergeht, sobald Heimat sich herausbildet:

---

346 Nadler 1912, S. VI.
347 Zum Landschaftsbegriff bei Josef Nadler vgl. Apel 1998, S. 187–196. Zum Schlagwort der Landschaft innerhalb der zeitgenössischen Debatte um Metropole und Provinz, die sich auch noch in der Weimarer Republik als Debatte um Berlin versus ‚Landschaft' entfaltete, vgl. Oschmann 2008. *Aufstand der Landschaft gegen Berlin* ist der Titel eines programmatischen Textes von Wilhelm Stapel von 1930, der sich explizit auf Friedrich Lienhard als Ahnherrn des Gedankens bezieht. Vgl. Oschmann 2008, S. 305. Vgl. weiterhin Haß 1995, Werner 2003 und die Studie von Christiane Nowak zum Topos Kleinstadt, der die Dichotomie von Metropole und Provinz in Frage stellt, vgl. Nowak 2013. Zum Verhältnis von Metropole und Provinz in der österreichischen Literatur vgl. Dusini/Wagner 1994.
348 „So fehlt unseren Gebildeten nur zu oft der klare Überblick über unsere Gesamtentwicklung, es fehlen die inneren Zusammenhänge und die Erkenntnis, was in dem allen deutsch ist." Walther Hofstaetter: Vorwort, in: Hofstaetter 1917, S. 3.
349 Vgl. Nadler 1912, S. 451. Nadler vereinnahmt ihn für sein eigenes Projekt: „Denn tatsächlich war ihm Grundaufgabe der Volkskunde die Naturgesetze des Volkslebens zu erhellen und es in seiner Notwendigkeit zu begreifen. Volk ist ihm die Ganzheit aus Stamm, Sprache, Sitte, Siedlung." Nadler 1912, S. 451.

> Im ersten Jahrhundert vor Beginn unserer Zeitrechnung war der Germane noch heimatlos; denn wie in unruhigen Morgenträumen suchten die Stämme, sich drängend und in überreicher Fruchtbarkeit, Wohnsitz um Wohnsitz; er war noch einsam, denn wie Schneeflocken wirbelten die Völker und Sippen durcheinander, oft losgerissen vom großen Verbande, heute noch uralter Kulturgemeinschaften sich bewußt, und über Nacht Todfeinde um ein Stück Erde. Ein halbes Jahrtausend später hat sich das Angesicht der deutschen Lande verwandelt; jedem war eine Heimat geworden; die Landschaft, so charakteristisch jede und nur für einen ganz bestimmten Stammestypus geschaffen, hat nun ihren Menschen erhalten, der durch Jahrhunderte mit seiner Seele an dieser Scholle festwachsen sollte. Und aus den zahllosen Einzelnen waren Einheiten geworden, aus Gegensätzen vom Schicksal zusammengeschweißt; aus Verwandtem und Gleichem erwachsen, wie wohl zwei, drei Stämme im tiefen Forst sich zu einer Krone verschlingen; oder nach weiser Fügung sich trennend was verwandt war und doch so verschieden. / Wen aber einmal die Scholle ernährt, der hängt an ihr, der reißt sich von ihr nur mit blutendem Herzen. Der Germane begann mit seiner Landschaft zu verwachsen. Ein neues Gefühl ward ihm vertraut, ein neues Wort: Vaterland, Heimat.[350]

Die Verknüpfung der Erzählung vom Ursprung der Nation mit derjenigen von der Entstehung des Heimatgefühls der Deutschen – vorgestellt als gleichsam pflanzenhaftes Verwachsen mit Boden und Landschaft – ist der Zeit vertraut, etwa durch Freytags und Riehls kulturhistorische Entwürfe. Und sowohl Sauer als auch Nadler beziehen sich, wie nicht anders zu erwarten, positiv auf Riehl,[351] auch Freytag widmet Nadler in späteren Auflagen seiner Literaturgeschichte sehr positive Passagen. Nadler ergänzt seine Ursprungserzählung um die Ideen der neueren Rassenforschung. Heimat dient demnach als Vergegenwärtigung des eigenen ‚Volkstums' insbesondere dort, wo dieses ‚Volkstum' mit anderen „Rassen, Sprachsippen und Einzelstämme[n]" in Berührung komme. Heimat ist im Sinn solcher Rassenlehre keine Frage der Wahl, sondern biologisch feststellbar und unhintergehbar: „Das macht die Heimat, und wir können nicht anders."[352]

---

350 Nadler 1912, S. 3–4.
351 Vgl. Sauer 1907, S. 34; Nadler 1912, S. 451.
352 Über die starke Wirkung von Sauers „Literaturgeschichte und Volkskunde" auf ihn und seine Kommilitonen der Prager Germanistik berichtet Nadler: „Die Beziehungen der Stadt [gemeint ist Prag] und der weiteren Heimat zu diesem Buche waren uns selbstverständlich. Es war der Geist, der wie ein Weggenosse von Fleisch und Blut mit jedem über die alte Prager Brücke wandert, der Geist des Volkstums, dessen Nähe nicht überall, weil ihn kein Gegensatz weckt, so unmittelbar anschaulich ist. Wer wie wir alle Not, allen Schmerz und jede Freude geistigen Lebens aus dem Drängen, Stoßen und Reiben der Rassen, Sprachsippen und Einzelstämme schöpft, die in eine Welt für sich in den Bergkesseln von Orsowa bis zur Elbpforte, bis Trient und bis zur Adria geworfen sind, all denen bedeutet das Volkstum den Schlüssel zu jeder Offenbarung, ein täglich neues Erlebnis, eine dauernde Gegenwart. Das macht die Heimat, und wir können nicht anders." Nadler 1912, S. V–VI. Im Luther-Gestus vorgetragen, erscheint die Berufung auf Heimat als eine Art ‚Reformation' der Literaturgeschichtsschreibung.

Weiter noch als Nadler geht der völkische Literaturhistoriker Adolf Bartels in der Amalgamierung von Heimat und Rasse. Insbesondere mit seiner populären, erstmals 1901/02 und dann in vielen weiteren Auflagen erschienenen *Geschichte der deutschen Literatur* fand diese Idee Verbreitung. Der polarisierende Bartels wurde von der völkischen Bewegung zur Führergestalt stilisiert und seine Ideen fanden durch eine Unzahl von Publikationen und Vorträgen große Verbreitung. 1905 wurde er durch Großherzog Wilhelm Ernst von Weimar mit dem Professorentitel ausgezeichnet; er hielt einen guten Teil seiner zahlreichen Vorträge in Universitäten. Legt man die Pressestimmen als Maßstab für die öffentliche Meinung zugrunde, fällt hingegen auf, dass er von liberalen Blättern als nicht satisfaktionsfähiger Extremist eingestuft wurde. Als Privatgelehrter ohne akademische Laufbahn wurde er auch von Teilen des Wissenschaftsestablishments abgelehnt. Andererseits beziehen sich einschlägige wissenschaftliche Arbeiten der Zeit selbstverständlich auf Bartels' Arbeiten.[353] Trotz seiner ambivalenten Stellung im Wissenschaftsbetrieb kann gerade der Blick auf Bartels das historische Verhältnis von Literaturgeschichtsschreibung und Literatur in Bezug auf Heimat klären helfen, und das aus mehreren Gründen. Denn auch wenn Bartels' literaturhistorische Arbeiten zeitgenössisch im wissenschaftlichen Zwielicht stehen – sie wurden spätestens ab 1933 als seriöse wissenschaftliche Forschung behandelt. Vor 1933 stellen sie eine zwar radikalisierte, im Kern aber der engeren Fachgermanistik vergleichbare Form der Literaturgeschichtsschreibung dar, wie Nadlers Literaturgeschichte zeigt. Aus heutiger Perspektive werden Bartels' Texte gern als „pseudo-scholarly"[354] bezeichnet, bei Nadler wird dagegen eher von einem zeittypischen Wissenschaftsverständnis gesprochen. Dabei lässt sich Nadlers von Bartels' Wissenschaftsverständnis höchstens graduell unterscheiden – als Nadlers Literaturgeschichte 1912 erscheint, liegt schon seit sechs Jahren Bartels' *Handbuch zur Geschichte der deutschen Literatur* mit demselben Ordnungsprinzip vor, das Dichter nach Herkunftsregionen präsentiert.[355]

Eine zentrale Funktion kommt Bartels in Bezug auf die sogenannte Heimatkunstbewegung zu. Es ist Bartels, der diese Strömung zuerst beschreibt und damit, so die hier vertretene These, als literaturhistorisch bis heute beschriebene ‚Epoche' überhaupt erst hervorbringt. Durch die Vereinnahmung unterschiedlichster Autoren als Vertreter der von ihm ‚entdeckten' Bewegung konstruiert Bartels eine homogene ‚Heimatliteratur' als vorläufigen Höhepunkt einer litera-

---

353 Vgl. etwa das ausführliche Lemma ‚Heimatkunst' in der zweiten Auflage von *Die Religion in Geschichte und Gegenwart* (RGG) von 1928, in dem in den insgesamt drei Spalten neben Friedrich Lienhard ausschließlich (positiv) auf Adolf Bartels Arbeiten referiert wird; vgl. Günther 1928.
354 Kater 2014, S. 173.
355 Vgl. Bartels: Handbuch, 1906.

turhistorischen Entwicklung, die er minutiös aus den Anfängen der deutschsprachigen Literatur herleitet. Bartels schreibt die gesamte deutschsprachige Literaturgeschichte neu als Bewegung auf ein Telos – die Heimatkunst –, in dem die deutsche Literatur gleichsam zu sich selbst findet. Er ist nicht nur literarhistorischer Chronist, sondern zugleich tageskritischer Kommentator und programmatische Autorität der ‚Bewegung', in die er sich auch selbst als Autor literarischer ‚Heimatkunst' einordnet. In diesen vielfältigen Funktionen beschreibt und erschafft er zugleich ein literarisches Feld, auf das die zeitgenössischen Schriftstellerkollegen Bezug nehmen, sei es durch Abgrenzung, sei es durch Zugehörigkeitserklärungen. Die Proklamation der ‚Heimatkunstbewegung' hatte direkte Auswirkungen auf die Produktion von Literatur, genauso wie auf ihre Distribution (etwa in Form von Heimatverlagen und Heimat-Reihen, die wiederum einen Bedarf an entsprechender Literatur erzeugten)[356] und ihre Rezeption – ein Text wird als der ‚Heimatkunstbewegung' zugehörig oder nicht zugehörig wahrgenommen, auch gegen den Willen seiner Autoren (II.3.3.1).

Was dies für die Literatur um 1900 heißt, kann exemplarisch an der seinerzeit bekannten und viel gelesenen Schriftstellerin Clara Viebig gezeigt werden. Viebig fühlte sich der Heimatkunst auf ambivalente Weise zugehörig. In einem Brief Viebigs an Bartels ist es ihr wichtig, sich selbst in die Nähe der Heimatkunst zu stellen; ihr eigenes Werk bezeichnet sie als „in erster Linie aus der Liebe zur Heimat geboren[ ]".[357] Der Programmatiker und Historiograph der ‚Heimatliteratur' verwehrt ihr aber diese Zuordnung, jedenfalls zu diesem Zeitpunkt. Angesichts der alles andere als heimattümelnden Texte von Viebig stellt sich die Frage, inwieweit die Kriterien einer Heimatkunstbewegung, die teils mehr private Idiosynkrasie Bartels als Beschreibung einer real existierenden Literatur war, Geltung beanspruchen dürfen, um Texte wie die Viebigs zu erfassen. Viebigs Texte be-

---

356 Vgl. etwa den *Heimatverlag* von Georg Heinrich Meyer (Leipzig/Berlin). Mehrere Texte von Friedrich Lienhard und Adolf Bartels wurden hier veröffentlicht, u. a. in der Reihe *Flugschriften der Heimat*; auch die erstmals im Jahr 1900 erschienene Zeitschrift *Heimat. Blätter für Litteratur und Volkstum* (später umbenannt in *Deutsche Heimat*) wurde in Meyers Verlag herausgebracht. Auch Heinrich Sohnreys 1907 in Berlin gegründeter Verlag *Deutsche Landbuchhandlung* verstand sich mit seinem Verlagsprogramm als Organ der Heimatkunstbewegung; Sohnrey brachte Belletristik wie Heinrich Naumanns *Vom Heimatacker. Geschichten eines hessischen Bauersmannes* (1909) heraus, vor allem aber auch eigene Schriften wie *Wegweiser für Ländliche Wohlfahrts- und Heimatpflege* (1908), *Osterfeuer. Ein Ostergruß für Heimat und Heer* (1917) oder *Herzen der Heimat. Geschichten aus Groß-Berlin und Kleinen Dörfern* (1919). Zu Sohnreys Anteil an der Heimatbewegung und dem *Verein für ländliche Wohlfahrts- und Heimatpflege* vgl. Hartung 1991 und Stöcker 2011.
357 Viebig 1900, o.S. Der unveröffentlichte Brief stammt vom 9.12.1900 und befindet sich unter der Signatur GSA 147/863 im Goethe- und Schiller-Archiv in Weimar.

schreiben unter anderem das Regionale und Ländliche und bedienen sich der Mundart, aber sie zeigen keine intakte Welt, und genauso oft wie das Dorf wird die Großstadt Berlin beschrieben. Der Begriff der Heimat wird in ihren Texten stets gleichsam experimentell auf diese literarischen Welten angewandt, doch die Versuche gehen immer zuungunsten dessen aus, der ihn benutzt: Heimat zeigt immer nur ein Bedürfnis an, das nicht befriedigt werden kann (II.3.3.2).

3.3.1 Bartels' völkische Heimat

Adolf Bartels ist einer der bekanntesten Propagandisten der völkischen und antisemitischen Ideen in der wilhelminischen Ära; er verbreitet sie in der Rolle als Literaturhistoriker und -kritiker, Schriftsteller und Pamphletist.[358] Immer Person des öffentlichen Interesses, wird er den einen zum völkischen Hoffnungsträger, den anderen zum „bestgehaßte[n] Mann Deutschlands".[359] Zu einem solchen Gehassten stilisieren ihn jedenfalls die deutschnationalen Zeitungen. Tatsächlich überwiegt in den liberalen Zeitungen eher der Spott über einen lächerlichen Eiferer.[360] In den 1920er Jahren ist der angeschlagene Ton ein schärferer: Von Kurt Tucholsky wird er in einer Rezension einer seiner Literaturgeschichten als ein „im Irrgarten der deutschen Literatur herumtaumelnde[r] Pogromdepp" und „Hakenkreuzpolichinell" mit „leicht angekümmelte[m] Antisemitismus"[361] bezeichnet.

Die Ablehnung von Bartels' Person durch die journalistische Kritik, die es sich auch nicht nehmen lässt, auf das fehlende Abitur (der Vater konnte das Schulgeld

---

[358] Zu Adolf Bartels vgl. Rösner 1996; Fuller 1996; Brändle 1997; Ulbrich 1998, S. 160–162; Kater 2014; sowie verschiedene problematische Veröffentlichungen von Manfred Stoppel, die aufgrund ihrer revisionistischen Haltung nicht als seriöse Forschungsliteratur zu behandeln sind, vgl. etwa Manfred Stoppel: Adolf Bartels' Weg zur Heimatkunst. Eine revisionistische Betrachtung nebst einem Band von ‚Adolf Bartels Auswahlbibliographie'. Innsbruck 1989. Bartels' Nachlass ist meines Wissens nur von Thomas Neumann in seiner Studie zur völkisch-nationalen Hebbelrezeption bearbeitet worden (vgl. Neumann 1997).
[359] Anonym: o.T., in: *Das Land* (1. Dezember 1921) (GSA 147/41). Das Goethe- und Schiller-Archiv in Weimar (GSA) beherbergt ein großes Konvolut von Zeitungsartikeln zu Adolf Bartels. Sind hier und im Folgenden Jahrgänge, Ausgabennummern oder Seitenzahlen nicht angegeben, handelt es sich um Zeitungsausschnitte ohne entsprechende Angaben. Die hier zitierten Artikel der Signatur GSA 147 sind nicht noch einmal im Literaturverzeichnis aufgelistet.
[360] Vgl. einen Artikel über Adolf Bartels im Hamburger Fremdenblatt vom 8. Juli 1910, GSA 147/41.
[361] Alle Zitate Tucholsky 1922. Tucholsky veröffentlichte die Rezension unter seinem Pseudonym Ignaz Wrobel.

nicht aufbringen) und den fehlenden Hochschulabschluss des (später gleichwohl mit dem Professorentitel ausgezeichneten) Autodidakten hinzuweisen, ist eine nicht unwichtige Prämisse für Bartels unermüdliche Produktion in Sachen ‚Heimatkunst': Sie erfolgt in der Selbstwahrnehmung Bartels' aus der Opposition gegen das journalistische und wissenschaftliche Establishment heraus und kann sich auf diese Weise als eine vom herrschenden System unterdrückte, angeblich den eigentlichen Interessen des ‚Volkes' aber näherstehende erneuernde Kraft darstellen. Die deutsch-völkischen Netzwerke, an denen der ab 1896 von Weimar aus wirkende Bartels wesentlich teilhat,[362] arbeiten am Sturz dieses vermeintlichen Establishments. Die Errichtung des NS-Staats wird von Bartels als Wiedergutmachung für die erlittenen Demütigungen empfunden.[363]

Die von Bartels beschriebene und protegierte oder, wie zu zeigen sein wird, in Teilen durch ihn überhaupt erst generierte ‚Heimatkunstbewegung'[364] macht

---

[362] In Bartels' Weimarer Jahre bis zum Ersten Weltkrieg gehören seine Mitgliedschaften im Deutschbund und im Werdandi-Bund ab 1907 sowie im Deutsch-völkischen Schriftstellerverband mit Sitz in Weimar ab 1910. 1913 organisiert Bartels maßgeblich den sogenannten Deutschen Tag in Eisenach, eine Art Heerschau völkischer Vereinigungen und Verbände. Er wird einer der Vorsitzenden der in der Folge entstehenden *deutsch-völkischen Vereinigung* und Mitglied der von 1914 bis 1918 bestehenden *Deutsch-völkischen Partei*. Er gehört zum sogenannten *Judenausschuss* des *Alldeutschen Verbandes*, eines der größten Agitationsverbände des deutschen Kaiserreiches, der die Gründung des *Deutschvölkischen Schutz- und Trutzbundes* betreibt, dessen Mitglied Bartels dann ebenfalls ist. Bartels ist ein gefragter Redner vor Studentenbünden und Germanisten-Vereinen von Berlin bis Wien, vor allem mit der Bitte um Beiträge „über germanische Weltanschauung in der Literatur" wird er überhäuft (Brief der Schriftleitung der Ostdeutschen Rundschau an Adolf Bartels, 16. März 1914, GSA 147/1183). Fritz Stern bezeichnet Bartels 1961 als eine der „bedeutendsten und zugleich widerlichsten Gestalten der völkischen Bewegung". Stern 2005, S. 232.
[363] Vgl. Oesterhelt: Große deutsche Heimat, 2014. Zum soziologischen Profil der Heimatkunstprogrammatiker und -autoren vgl. Rossbacher 1975, S. 65–90. Sie gehören zum größten Teil „ins ländliche wirtschaftende Kleinbürgertum" (Rossbacher 1975, S. 74). Sie sind „nicht Bauern, aber auch nicht etwa zivilisationsmüde Großbürgernachkommen; man kann sie als Bildungsaufsteiger innerhalb des Mittelstandes bezeichnen" (Rossbacher 1975, S. 72), wobei sie von diesem Bildungsaufstieg – typischerweise zum Volksschullehrer – kaum ökonomisch profitieren und die „Abstiegserfahrung ihrer Herkunftsschicht" mit sich tragen (Rossbacher 1975, S. 77). Isolationserfahrung, das Bewusstsein der Existenzbedrohung der eigenen (kleinbürgerlichen) Herkunftsschicht und Ressentiment aufgrund der als nicht angemessen anerkannt empfundenen eigenen sozialen Position gehören daher nach Rossbacher zum Profil der Gruppe.
[364] Karlheinz Rossbachers *Heimatkunstbewegung und Heimatroman. Zu einer Literatursoziologie der Jahrhundertwende* von 1975 eröffnet eine Reihe sehr guter literaturwissenschaftlicher Studien, die sich mit der Heimat- bzw. Regionalkunst im Spannungsfeld der Moderne um 1900 beschäftigen, vgl. Rossbacher 1975; Mecklenburg 1982; Werner 2003; Kramer 2006 und die Studie von Christiane Nowak, welche die langfristige Wirkung herausarbeitet, die die Heimatkunstbewegung

Heimat zum inhaltlichen wie ästhetischen Paradigma ihres Schreibens. Bartels verwendet den Begriff der Heimatkunst erstmals 1898, um Entwicklungen der neuesten Gegenwartsliteratur zu beschreiben.[365] Mit seiner Literaturgeschichte, verschiedenen ‚Gründungstexten' und eigenen literarischen Arbeiten wird Bartels zu einem Initiator der neuen Bewegung und stilisiert sich selbst als Gründerfigur,[366] auch in Abgrenzung von Friedrich Lienhard, einem weiteren Programmatiker der Heimatkunst.[367] Auch wenn Lienhard des Gegenteil behauptet, ist tatsächlich Bartels der Erste, der den Begriff verwendet – zwei Jahre vor Lienhard.[368] Das Verhältnis zwischen Bartels und Lienhard scheint von Beginn an gespannt; die Zusammenarbeit an der Zeitschrift *Heimat*, in deren erster Ausgabe vom Januar 1900 die beiden die einleitenden programmatischen Aufsätze verfassen, wird schon mit der zweiten Nummer beendet, als Lienhard die Leitung der Zeitschrift niederlegt.[369] Bartels versteht sich in der Folge als legitimer Historiker und Repräsentant der Heimatkunstbewegung und äußert sich öffentlich negativ über Lienhard.[370]

Der Großteil der unzähligen in der Folge erscheinenden Programmschriften (Abb. 38), literaturgeschichtlichen Abhandlungen und Beiträge zur Heimatkunst ist von Adolf Bartels verfasst – ohne Bartels, so könnte man es etwas überpoin-

---

auch noch auf die 1930er Jahre hatte, vgl. Nowak 2013. Geschichtswissenschaftliche Beiträge zur Heimatkunstbewegung versammelt der Band *Antimodernismus und Reform. Beiträge zur Geschichte der deutschen Heimatbewegung* von Edeltraut Klueting, vgl. Klueting 1991. Zur Malerei der Heimatkunstbewegung vgl. zuletzt Laufer 2019.
365 Vgl. Bartels: Neue Erzählende Literatur, 1898; hier heißt es noch „Heimatskunst", S. 104.
366 Vgl. Bartels 1938, S. 263–265. „Den Ausdruck ‚Heimatkunst' brachte ich auf (2. Auflage meiner *Deutschen Geschichte der Gegenwart*, 1898), doch hatten schon Julius Langbehn in seinem *Rembrandt als Erzieher* (1890) und Caesar Flaischlen in seinem *Neuland* (1894) den Wunsch nach ihr ausgesprochen, und mir stand zunächst Fritz Lienhard, der Verfasser der Schrift *Los von Berlin!*, zur Seite." Bartels 1938, S. 264.
367 Vgl. Bartels 1938, S. V. Zu Friedrich Lienhards Heimatbegriff und seinem Anteil an der Heimatkunstbewegung vgl. Krauß-Theim 1992; Kramer 2006, S. 43–47 und 65–82 (hier zu Friedrich Lienhards Einfluss auf René Schickeles literarisches Programm); Nowak 2013, S. 124–133; Oesterhelt 2019.
368 Andreas Kramer irrt, wenn er mit Verweis auf Lienhards *Wasgaufahrten* Lienhard zum Erfinder des Begriffs macht (vgl. Kramer 2006, S. 43). Kramer zitiert die dritte Auflage der *Wasgaufahrten* von 1902, in der das Wort im Vorwort und in einer Fußnote fällt (vgl. Lienhard 1902, S. 179). In der ersten Auflage von 1895 vermisst man das Wort aber an der entsprechenden Stelle (vgl. Lienhard 1895, S. 161). Lienhards Schriften, die explizit von ‚Heimatkunst' sprechen, erscheinen ab dem Jahr 1900 (z. B. Lienhard: Hochland, 1900) und lassen von Anfang an Vorbehalte gegenüber der ‚Bewegung' erkennen. Vgl. Lienhard 1901, S. 193.
369 Vgl. dazu Bülow 1923, S. 155.
370 Vgl. etwa Bartels 1912, S. 95.

tieren, hätte es die bis heute in der Literaturgeschichte als literarische Strömung behandelte Heimatkunstbewegung[371] gar nicht gegeben. Natürlich gab es unabhängig von Bartels die vielfältigen Phänomene einer Literatur, die teils bis heute als ‚Heimatliteratur' subsumiert werden: Es gab die aufs Regionale setzende Literatur, solche, die die Mundart literaturfähig machte, es gab die Literatur, die das ‚einfache Volk' zum Gegenstand (seltener zum Adressaten) ihres Schreibens machte. Das alles lässt sich als zeitcharakteristische, teilweise gesamteuropäische literarische Phänomene im Spannungsfeld von Regionalismus und Moderne beschreiben.[372] Aber in diesen Kriterien erschöpft sich nicht die Bewegung, die Bartels ausrief. Das, was er als Strömung der zeitgenössischen Literaturproduktion erkennen wollte, war mehr als das Regionale, Einfache, Volksnahe, und mit diesem ‚Mehr', mit dem er den Begriff der Heimat versah, konstruierte er eine Bewegung, die vorrangig von seiner eigenen Programmatik ihren Ausgang nahm und dauerhaft in einem Spannungsverhältnis zur Breite der tatsächlich produzierten Literatur stand.

Die ‚Heimatkunstbewegung' beruht somit erstens auf Bartels' Agieren im zeitgenössischen Feld der Literatur mittels programmatischen Schriften, Literaturkritik und eigener Literaturproduktion, aber auch eigener Zeitschriften, Hausverlage etc., und zweitens auf einer literaturhistorischen Konstruktion, die er vor allem durch seine Literaturgeschichte popularisiert.[373] Diesem zweiten Aspekt gilt hier die Aufmerksamkeit.

---

371 Vgl. Sprengel 2004, S. 103–107.
372 In dieser Perspektive gehören dann auch viele gewöhnlich der Moderne zugerechnete Autoren zum Phänomen, wie Andreas Kramer überzeugend zeigt: „Moderne Autoren wie Heinrich und Thomas Mann oder Rilke partizipieren am Regional-Diskurs. Lienhard wird zum Anreger und Förderer des jungen René Schickele, dessen Autorengruppe aus dem Elsass kurz nach 1900 ein regionalistisches Kulturerneuerungsprogramm formuliert, das paradigmatische Bedeutung in der literarischen Moderne haben wird." Kramer 2006, S. 40. Kramers Studie zu *Regionalismus und Moderne. Studien zur deutschen Literatur 1900–1933* erforscht die Heimatkunstbewegung der Jahrhundertwende im Kontext von expressionistischen und avantgardistischen Regionalismen und zeigt die Verwobenheit von Regionalismus und Moderne auf. Der „Diskurs des Regionalen" trage sich „in eine doppelte Matrix ein. Auf einer horizontalen Achse ist das Regionale dabei gegen die großstädtische Moderne gerichtet, gegen die es eine ‚landschaftliche' Gegen-Moderne konstituieren möchte, [...]. Auf einer vertikalen Achse ist der Regional-Diskurs aber stets auf nationalkulturelle Gedanken, d.h. auf die Gesundung und Erneuerung deutscher Kultur und deutschen Volkstums bezogen. Innerhalb dieser doppelten Matrix wird der Diskurs des Regionalen äußerst vielgestaltig. Das macht ihn für die literarisch-ästhetischen Bewegungen attraktiv" (Kramer 2006, S. 33–34). „Die Heimatkunstbewegung gilt als antimoderne Bewegung, doch hat ihr Diskurs entscheidenden Anteil an der kulturellen Moderne" (Kramer 2006, S. 40).
373 Organe für Bartels' Beiträge waren u.a. die 1900 gegründete und von ihm herausgegebene Zeitschrift *Heimat. Blätter für Literatur und Volkstum*, die auflagenstarke Zeitschrift *Der Kunstwart*,

Abb. 38: Heimat. Zweiter Band, Heft 1 (1900), Zeitschrift hg. von Adolf Bartels und Fritz Lienhard (Klassik Stiftung Weimar)

Bartels ist als enorm produktiver Literaturkritiker ausgezeichneter Kenner der Literatur des 19. Jahrhunderts bis hin zu seiner unmittelbaren Gegenwart, und das unterscheidet ihn von der institutionalisierten Germanistik seiner Zeit. Mit Recht kann er deswegen selbstbewusst im Vorwort seiner *Geschichte der deutschen Literatur* hervorheben, erstmals sei die Literatur des 19. Jahrhunderts literaturgeschichtlich angemessen gewürdigt.[374] Tatsächlich widmet die zweibändige Literaturgeschichte den ersten Band der gesamten Literatur bis zum 19. Jahrhundert. Der zweite Band beschäftigt sich mit der Literatur des 19. Jahrhunderts. Während die zeitgenössischen Literaturgeschichten mit Goethe endeten, wolle er selbst vom „Standpunkte der Gegenwart" aus schreiben und auch jüngere Literaturgeschichte als wissenschaftswürdig erklären.[375] Daran, dass er seine Literaturgeschichte als Beitrag zur Wissenschaft versteht, lässt Bartels keinen Zweifel, und sie ist mitunter auch in diesem Sinn rezipiert worden.[376]

Bartels beschreibt die deutsche Literaturgeschichte ab Ende des 18. Jahrhunderts in den Epochen der Klassik und Romantik, der Nachklassik und Nachromantik, des Jungen Deutschland, des Realismus, des Eklektizismus, der Décadence, des Symbolismus, des Naturalismus und der Heimatkunst. All diese literaturhistorischen Epochen gewinnen an Wert und Unwert durch ihren Bezug zur Heimatkunst, die zum Telos der gesamten Literaturgeschichte wird. Anhand dieses Bewertungsmaßstabs konstruiert Bartels drei große Perioden deutscher Heimatdichtung: Die Heimatkunst beginnt nach Bartels mit Jeremias Gotthelf.[377] Vorbereitet durch Johann Heinrich Pestalozzi[378] und Johann Peter Hebel[379] über-

---

in der Bartels Mitarbeiter für die Abteilung Literatur war, und die ab 1909 von Bartels in Weimar vertriebene und von ihm in den ersten Jahren allein geschriebene Zeitschrift *Deutsches Schrifttum* sowie die Reihe *Grüne Blätter für Kunst und Volkstum*. Zum Verhältnis von Heimatkunstbewegung und Publizistik vgl. Rossbacher 1975, S. 16–19. Die wichtigsten literaturgeschichtlichen Schriften Bartels' sind seine erstmals 1901/1902 erschienene *Geschichte der Deutschen Literatur*, im Folgenden zitiert in der fünften Auflage: Bartels 1909; sowie seine *Thüringische Literaturgeschichte* von 1938/42: Bartels 1942.
374 Vgl. Bartels 1909, Bd. 1, S. VI.
375 Bartels 1909, Bd. 1, S. VII.
376 Vgl. Adolf Bartels: Vorwort zur dritten und vierten Auflage, Bartels 1909, Bd. 1, S. VIII–XI.
377 Zur Gotthelf-Renaissance ab Mitte der 1880er Jahre und der Rolle Adolf Bartels' bei dieser Wiederentdeckung vgl. Mettenleiter 1974, S. 344. Auch Mettenleiter attestiert Gotthelfs Bauernromanen, wenn auch auf der Grundlage gänzlich anderer Kriterien, „vollendete Beispiele gültiger *Heimatdichtung*" zu sein (Mettenleiter 1974, S. 348). Die „Implikationen des Heimatlichen" – bei Mettenleiter ist damit u. a. die regionale Begrenzung und Darstellung des bäuerlichen Lebens gemeint – seien Mittel der „Welterhellung": „Heimatdichtung wird hier legitimes Beispiel dichterischer Weltgestaltung." Mettenleiter 1974, S. 349.
378 Pestalozzi habe mit *Lienhard und Gertrud* „den ersten wahren Volksroman" geschaffen. Bartels 1909, Bd. 1, S. 525.

winde Gotthelf die tendenziösen Züge des einen und die idyllisierenden des anderen. Gotthelfs Literatur sei „Heimatkunst", weil er fast vierzig Jahre unter den Menschen und Zuständen gelebt habe, die er schildert. Unter allen Volksschriftstellern habe er die größte Kenntnis des Volkes gehabt, mit ihm beginne der Naturalismus, insofern „nicht die Poesie der Dinge, sondern die Dinge selbst" gezeigt würden, mit ihm beginne auch „die ernst zu nehmende soziale Dichtung".[380] Bartels kürt Gotthelf zum germanischen Tolstoi und Balzac, und Gotthelfs Konkurrent Berthold Auerbach habe unverdient jenen Ruhm in Anspruch genommen, der eigentlich Gotthelf hätte zukommen müssen.[381] Auerbachs jüdische Abstammung verhindere notwendig einen qualifizierten Beitrag zur Heimatliteratur (zu Auerbach vgl. II.2.2.2).

Die zweite Periode der Heimatdichtung bilden Bartels zufolge die Realisten. Alle realistischen Dichter und Dichterinnen des 19. Jahrhunderts seien immer auch Heimat- oder Stammesdichter, wobei Heimat und Stamm (wie bei Sauer und Nadler) teils synonym verwendet werden:[382] Annette von Droste-Hülshoff, Willibald Alexis, Adalbert Stifter, Wilhelm Raabe,[383] Theodor Fontane, Gerhart Hauptmann.[384] Der Thüringer Otto Ludwig stehe in der vorderen Reihe der großen „Stammesdichter", u. a. weil er die Dorfgeschichte „wahrhaft zum Kunstwerk erhöht" habe.[385] Der Nordfriese Theodor Storm sei „ein echter Heimatdichter", denn das Heimweh sei „die Seele seiner Poesie".[386] Der Dithmarscher Klaus Groth wird immer wieder als idealer Vertreter der Heimatdichtung gepriesen.[387] Auch der Schweizer Gottfried Keller ist „Stammesdichter", der sich „vom heimischen We-

---

379 Hebels Schriften entsprängen „dem engen Anschluß an die Natur und das Volksleben seiner Heimat", Bartels 1909, Bd. 1, S. 528.
380 Alle Zitate Bartels 1909, Bd. 2, S. 315.
381 Vgl. Bartels 1909, Bd. 2, S. 418.
382 August Sauer führt die Kategorie des Stammes in die akademische Literaturgeschichtsschreibung ein, sein Schüler Josef Nadler folgt diesem Weg in seiner Literaturgeschichte von 1912 (vgl. II.3.3). Schon 1901/02 druckt die Zeitschrift *Deutsche Heimat* in sechs aufeinanderfolgenden Nummern Ernst Otto Eichlers *Die deutschen Stämme im Hausgewande*, den Versuch, den Schlesiern, Niedersachsen, Mecklenburgern etc. bestimmte Stammesmerkmale zuzuordnen.
383 In einem höheren Sinn sei selbst Wilhelm Raabe der Heimatdichtung zuzuordnen: „In gewisser Beziehung kann man Raabe den deutschesten unserer Dichter nennen; kein bloßer Heimatdichter, ist er doch der Dichter der deutschen Heimat." Bartels 1909, Bd. 2, S. 415.
384 Zu allen Genannten vgl. komprimiert: Bartels 1920, S. 45.
385 Beide Zitate Bartels 1909, Bd. 2, S. 359.
386 Beide Zitate Bartels 1909, Bd. 2, S. 378.
387 „Klaus Groth gehörte seinem Volke und seiner Heimat, er schritt auch mit festen Füßen über die Fluren der Heimat hin, und seine Augen sahen alles, aber seine zugleich männliche und weiche, stolze und liebeerfüllte Seele hatte doch nur für das Reine, Schöne und Tüchtige Raum, er konnte nur mit Herz und Gemüt erfassen und darstellen." Bartels 1909, Bd. 2, S. 388.

sen nie gelöst und den sichern Grund heimischen Lebens nie verlassen"[388] habe, ein „Sohn des Volkes"[389] zudem. Als andere große Talente des 19. Jahrhunderts, „die ihre beste Kraft aus dem Heimatboden gesogen, örtliche Kunst, die wirkliche Kunst, oft Kunst großen Stils war",[390] werden zudem der Mecklenburger Fritz Reuter und die Österreicher Ludwig Anzengruber und Peter Rosegger genannt. Für alle Aufgezählten gilt aber einschränkend, dass bei ihnen Heimat typisiert werde und „Mittel zum Zweck" sei, insofern sie „individuell-ästhetische Zwecke"[391] befriedige.

Die Heimatkunst im engen Sinn ist der dritten von Bartels identifizierten Periode vorbehalten. Seit der Jahrhundertwende, so Bartels, sei eine neue „Unmittelbarkeit" in der Literatur zum Durchbruch gelangt, die „ästhetischem Spiel und subjektiver Willkür" ein Ende mache.[392] Diese neue Tendenz verbinde Heimatkunst und Naturalismus. In seinem Kampf um die Hoheit der Avantgarde erklärt Bartels den Naturalismus zum bloßen Teilbereich der übergeordneten Heimatkunst. Guter Naturalismus ist nach der bartelsschen Logik eigentlich Heimatkunst, schlechter Naturalismus bloß Naturalismus. Außerhalb der Schnittmenge von Naturalismus und Heimatkunst sei der Naturalismus nicht zukunftsfähig.[393]

Die Heimatkunst überbiete den Naturalismus, so Bartels, insofern sie den genauen Blick des Naturalismus und die Wahrhaftigkeit seiner Darstellung mit dem ‚liebenden Blick' zu verbinden verstehe. Nicht mehr die verklärende Liebe des Realismus, aber auch nicht der lieblose Blick von Teilen des Naturalismus,

---

388 Beide Zitate Bartels 1909, Bd. 2, S. 394.
389 Bartels 1909, Bd. 2, S. 395.
390 Bartels 1904, S. 10.
391 Beide Zitate Bartels 1904, S. 11.
392 Beide Zitate Bartels 1904, S. 11.
393 „Wir können es schon heute bestimmt aussprechen, daß die wahre und dauernde Bedeutung des Naturalismus nicht, wie man es zuerst glaubte, auf seiner neuen Technik, sondern auf seinem volkstümlichen (nicht in dem Sinne von populär gemeint) Lebensgehalt beruht, daß nur das von ihm leben wird, was wahrhafte Stammes- und Heimatkunst geworden, und daß er also, vom Standpunkte der deutschen Gesamtliteratur aus gesehen, weiter nichts als die dritte Periode deutscher Volks-, Stammes- und Heimatdichtung seit Pestalozzi und J. P. Hebel ist, trotz seiner hohen ‚Allüren'. Man wird dies natürlich heute noch bestreiten, aber die Zukunft wird es ausweisen, Gerhart Hauptmann beispielsweise wird vor allem als schlesischer Stammespoet, nicht anders wie Reuter als mecklenburgischer und Anzengruber als österreichischer, leben." Bartels 1909, Bd. 2, S. 545. Auch Arthur Moeller van den Bruck arbeitet in seinem Buch *Unser aller Heimat* an einer Verhältnisbestimmung von Heimatkunst und Naturalismus, und er kommt zu anderen Ergebnissen; ihm gelten Johannes Schlaf, Max Halbe, Wilhelm Schäfer und Hermann Stehr als vorbildliche moderne Heimatdichter. Vgl. Moeller-Bruck 1900.

sondern die ‚sehende' Liebe bezeichne das neue Weltverhältnis.[394] Heimat erhält damit bei Bartels eine Heilungsfunktion, Heimatkunst kann die Moderne heilen.

Als Vertreter werden – je nach Veröffentlichungszeitpunkt seiner vielfältigen Schriften zur Heimatkunst und dem gerade gepflegten Verhältnis zu den Genannten – u. a. Helene Böhlau, Gabriele Reuter, Friedrich Lienhard und Ludwig Ganghofer (alle veröffentlichen ihre ersten Texte in den 1880er Jahren) sowie Wilhelm von Polenz, Hans Nikolaus Krauß, Julius Petri, Clara Viebig, Gustav Frenssen (diese veröffentlichen ihre ersten Texte in den 1890er Jahren) behandelt. Auch sein eigenes Œuvre im Zusammenhang mit der Heimatkunstbewegung wohlwollend zu erwähnen, vergisst Bartels nie. Er muss zugeben, dass es keine überragenden ‚Großen' unter den Genannten gibt,[395] die Unterhaltungskunst überwiege.[396] Einigen Rezensionen des Literaturkritikers Bartels ist die Enttäuschung über die Erzeugnisse ‚seiner' Bewegung anzumerken.[397] Es gibt verschiedene Strategien von Bartels, mit diesem Befund umzugehen, die je nach dem Zeitpunkt seiner Äußerungen variieren.

Eine immer wieder angewendete Argumentationsfigur besagt, die Heimatkunst sei nur Durchgangsstadium für eine Entwicklung, an deren Ende die Nationalkunst stehe. Heimatkunst helfe demnach nur, den Boden für die höhere nationale Kunst zu bereiten: „Heimatkunst ist nicht große Kunst, das haben wir

---

394 Vgl. Bartels 1904, S. 13.
395 Vgl. Bartels 1909, Bd. 2, S. 588.
396 Bartels 1909, Bd. 2., S. 587–588.
397 Immer wieder muss Bartels konstatieren, dass es noch keinen repräsentativen Vertreter der Bewegung gebe, und anlässlich der Besprechungen verschiedener Heimatautoren kann er nicht selten die Enttäuschung über die unbefriedigenden Ergebnisse der Heimatkunst und damit über die Differenz von eigener Programmatik und tatsächlichen Resultaten nur schlecht verhehlen. So kann Bartels Walther Siegfrieds Novelle *Um der Heimat willen* „nur lokale Bedeutung zusprechen [...]. Ich habe, notabene, durchaus nichts dagegen, daß jedes deutsche Nest *seinen* Dichter hat, doch muß man ihm die wahre Empfindung anmerken, und in der Form muß er einigermaßen auf der Höhe der Zeit stehen." Bartels: Kritischer Kehraus, 1898, S. 363, oder in einer anderen Besprechung: „Daraus folgt, dass man zwar Ernst Muellenbach Glück wünschen darf, wenn er auf dem betretenen Wege, dem deutschen Volke gesunde Unterhaltungsliteratur zu liefern, fortschreitet, daß man aber zugleich die Olga Januszcka oder Marie Janitscheck oder irgend einen Modernen oder eine Moderne nicht aus den Augen verlieren soll. Denn vielleicht kommt bei der ‚intimen Feinheit moderner Neurotik und Psychologie' doch einmal etwas heraus, was Ernst Muellenbach nicht machen kann und was doch wahre Kunst oder wenigstens für die Entwicklung der Kunst wertvoll ist. Gesundheit *allein* thut es eben auch nicht, die Gesundheit ist ja überhaupt keine ästhetische Eigenschaft, sie ist nur die Grundlage vieler, aber nicht anders als wie sie zugleich die Grundlage der Lebensbethätigung eines Goethe und eines beliebigen Bauernknechtes ist. So viel, um keine Irrtümer aufkommen zu lassen; mir persönlich ist die Weise E. M.s sympathischer als die von O. J. und Genossen." Bartels: Neue Erzählende Literatur, 1898, S. 105–106.

immer gesagt, aber sie kann der großen Kunst den Boden bereiten."[398] Die Heimatkunst an sich wirke „national sehr günstig",[399] insofern sie „gesunde Lebensdarstellung für alle"[400] biete. Dies sei „eine neue Grundlegung für ein von der Zukunft zu errichtendes stolzes Kunstgebäude".[401] Bartels glaubt, dass sich, „wenn wir durch eine Periode der Heimatkunst hindurchgegangen sein werden, eine neue *deutsche* Menschheitskunst entwickeln wird".[402] Von dieser ‚Höhenkunst', wie Friedrich Lienhard sie nannte, wird noch zu sprechen sein.

Die andere wiederholt angewandte Argumentationsstrategie besteht darin, die Heimatkunst-Literatur einer Vergleichbarkeit und damit auch Marginalisierbarkeit zu entziehen, indem sie als über alle literarischen Richtungen erhaben erscheint: ‚Heimatkunst' sei „im Grunde keine Richtung", keine spezifische literarische Strömung, keine literarische Partei, sondern vertrete die gesamte ‚wertvolle' literarische Produktion der Zeitgenossenschaft – also insbesondere sämtliche ‚wertvolle' naturalistische Dichtung.[403] Damit zusammenhängend zielt die Argumentationsstrategie auf Selbstnobilitierung durch Vereinnahmung. Dem Vorwurf der Enge und Beschränktheit wird durch die Aneignung der ‚Großen' des 19. Jahrhunderts entgegengearbeitet. Denn die Literatur des 19. Jahrhunderts zeichne sich insgesamt dadurch aus, stärker aus dem Regionalen hervorgewachsen zu sein: „[V]on nun an ist fast jeder große deutsche Dichter Heimatdichter."[404] Dem möglichen Einwand gegen diese Inbesitznahme der deutschen Literatur für die eigene Programmatik begegnet Bartels offensiv:

> Ja, höre ich nun die modernen Literaturweisen reden, wenn du alle Dichter, die sich auf dem Heimatboden bewegen, ganz abgesehen von ihrer sonstigen Bedeutung, Heimatdichter nennst! Was haben wir denn mit eurer engen, beschränkten Heimatkunst gemein? Meine verehrungswürdigsten Literaturweisen, die enge beschränkte Heimatkunst hat immer nur in Ihren engen beschränkten Schädeln existiert – wir, die Vorkämpfer der Heimatkunst, haben allezeit sehr deutlich erklärt, daß wir die Kunst Jeremias Gotthelfs und Otto Ludwigs, Ludwig Anzengrubers und Theodor Fontanes meinten, nur freilich diese Kunst noch „intimer" ausgestaltet, gemäß der durch die neueste Literaturentwicklung noch stärker ausgebildeten Fähigkeit des Sehens und der ebenfalls durch sie reicher entwickelten Technik, die freilich keineswegs immer die schulmäßig naturalistische zu sein braucht.[405]

---

398 Bartels 1904, S. 17.
399 Bartels 1909, Bd. 2, S. 587.
400 Bartels 1909, Bd. 2, S. 588.
401 Bartels 1909, Bd. 2, S. 589.
402 Bartels 1920, S. 47.
403 Bartels 1904, S. 1.
404 Bartels 1920, S. 45.
405 Bartels 1920, S. 45–46.

Auch wenn die zeitgenössische Heimatkunst – also alles, was laut Bartels zur Periode nach Gotthelf und Fontane zu zählen ist – nichts Gleichrangiges zu bieten habe: Für die „Gegner", wie Bartels alle Literaturströmungen nennt, die sich nicht der Heimatkunst zuordnen lassen, gelte das schließlich ebenso.[406] Zu dieser Strategie der Selbstnobilitierung gehört es schließlich auch, die Heimatkunstbewegung als europäisches Phänomen zu würdigen: Maxim Gorki, Selma Lagerlöf, Gabriele d'Annunzio werden genannt.[407] Dies steht allerdings im offenen Widerspruch zur rhetorischen Strategie, Heimat als spezifisch deutschen Gemütswert, der gleichwohl nicht auf Regionalismus, sondern auf Nationalismus ziele, darzustellen. Heimat sei das „deutsche Urgefühl", das aber immer „das ganze Deutschland" meine.[408] Eine dritte Argumentationsfigur, die begründen soll, warum die Heimatkunst keine ‚Großen' zu bieten habe, besagt, dass die Juden den Aufstieg der Heimatkunst verhindert hätten.[409]

Bis hierher lässt sich resümieren: Bartels sichtet als erster Literaturhistoriker die Geschichte der deutschsprachigen Literatur unter dem Gesichtspunkt der Heimat und kommt dabei teilweise zu Ergebnissen, die noch heute standhalten. Dazu gehört die Feststellung, dass für die Aufklärung und Klassik Heimat noch eine untergeordnete Rolle gespielt habe (Schiller wird geradezu als „Anti-Heimatdichter" bezeichnet, viel mehr als Goethe sei er noch „Sohn des 18. Jahrhun-

---

406 Bartels bezeichnet Gotthelf und Fontane als ‚größte' Heimatdichter. Bei anderen Autoren wie Detlev von Liliencron und Gerhart Hauptmann differenziert er in Werkgruppen, die zur Heimatkunst, und solche, die nicht dazu zählen. Vgl. Bartels 1904, S. 15–16.
407 Vgl. Bartels 1920, S. 47.
408 Bartels argumentiert, „der Deutsche" sei immer „ein großer Individualist" gewesen, „immer verstand er es, das Besondere aus dem Allgemeinen herauszubauen, niemals konnte er trotz Wanderlust und Wagemut glücklich sein, wenn er nicht eine Heimat hatte. An dies deutsche Urgefühl schließt sich unsere Heimatkunst an, aber sie will doch das ganze Deutschland, sie will die Einheit über der Mannigfaltigkeit, in der Mannigfaltigkeit die Einheit." Alle Zitate Bartels 1904, S. 19.
409 „Darüber wollen wir uns freilich nicht verhehlen, daß ein vollständiger Sieg der Heimatkunst trotz der großen Erfolge, die einzelne Werke errangen, nicht erfolgt ist: Das Judentum hatte in ihr den gefährlichen Feind seines dekadenten Literaturtreibens recht wohl erkannt, und es gelang ihm, die öffentliche Meinung gegen sie einzunehmen und selbst manche Vorkämpfer einzuschüchtern, so daß sie bescheiden nur noch von der ‚sogenannten Heimatkunst' zu reden wagten." Bartels 1909, Bd. 2, S. 588–589. Antisemitismus, wenn auch etwas verbrämter, findet sich auch in Friedrich Lienhards Äußerungen zur Heimatkunst. Friedrich Lienhards ‚idealistischer Antisemitismus' besagt, dass es nur ein ‚geistiges Judentum' zu bekämpfen gelte. Vgl. Puschner 2001, S. 54–57; zu Lienhards Rassentheorie der ‚großen Seelen' vgl. Puschner 2001, S. 71–76; Oesterhelt 2019. Antisemitismus als Teil der Heimatkunstbewegung weist Karlheinz Rossbacher auch bei Julius Langbehn, Ernst Wachler, Gustav Frenssen und Carl Muth nach, vgl. Rossbacher 1975, S. 36–40.

derts"[410]), Herder sei der erste „Prophet der Heimatdichtung",[411] bei Bürger, Hölty, Voß und in Goethes Jugenddichtung (*Götz, Werther*) und bei Jung-Stilling fänden sich Anfänge der Heimatdichtung; auch Vossens Homer-Übersetzung wird genannt. Die Romantik würdigt er bezüglich ihres neuen Verhältnisses zu Heimat, verzeichnet aber auch eine qualitative Differenz zur Heimatdichtung desjenigen Typs, wie er von Pestalozzi und Hebel ausgeht und dann das 19. Jahrhundert charakterisiert. Man sei berechtigt, „das 19. Jahrhundert wesentlich als Zeitalter der dezentralisierten, der Stammes- und Heimatpoesie aufzufassen".[412] Bei allen Vorbehalten gegenüber Bartels' Ideologie und Terminologie muss zur Kenntnis genommen werden, dass er ein zentrales Motiv und Charakteristikum der deutschen Literaturgeschichte des 19. Jahrhunderts als Erster benannt und damit durchaus ins Schwarze getroffen hat. Freilich werden diese literaturhistorischen Bemühungen durch seine unhaltbaren Wertungen, seine Behauptung einer teleologischen Entwicklung der Literaturgeschichte zur ‚Heimatkunst', seine Vermischung von objektivierender Beschreibung und forciert subjektivem literaturästhetischem Ideal sowie durch seinen aggressiven Antisemitismus vollständig diskreditiert. Mit der zweifelhaften ‚Periodisierung' nach dem Kriterium der Heimatkunst werden zudem andere literarische Entwicklungen vollständig übersehen oder auf groteske Weise marginalisiert.

Welches ist nun aber Bartels' ästhetisches Ideal der Heimatkunst? Kurz gesagt: Es gibt bei Bartels nur eine sehr widersprüchliche Ästhetik und diese Widersprüchlichkeit ist Ausdruck der vielfältigen Funktionen, welche die Heimatkunst übernehmen soll: eine integrative Funktion (nämlich bezogen auf die ‚Moderne'), eine Funktion der Platzhalterschaft (in Bezug auf die ‚Nation'), eine nach innen ausgrenzende (bezogen auf alles ‚Undeutsche', Jüdische oder Fremdländische) und nach außen expansionistische Funktion (deutsche Heimat als Exportmodell).

Heimat als Versöhnung der Moderne
Heimat ist bei Bartels zunächst der Geburtsort oder die Geburtsregion und die mit ihr assoziierte Landschaft beziehungsweise der mit ihr verbundene Volksstamm.[413] Einerseits hebt Heimat das Individuelle hervor, insofern sich jeder Einzelne durch seinen Geburtsort unterscheidet, andererseits nivelliert sie das Individuelle, insofern sie den Einzelnen als Teil einer Landschaft und als Teil

---

410 Bartels 1920, S. 43.
411 Bartels 1920, S. 42.
412 Bartels 1920, S. 44.
413 Vgl. Bartels 1909, Bd. 2, S. 544–545 sowie Bartels 1914, S. 8–16.

eines als Gesamtkörper vorgestellten Volksstammes, gleichsam als Gewächs eines bestimmten Bodens betrachtet.[414] Solch ein durch die Heimat gekräftigter Volkscharakter ist nur in der Besinnung auf die eigenen „Wurzeln"[415] zu erhalten beziehungsweise wiederzugewinnen. Schon hier zeigt sich zum einen die Funktion von Heimat als Synthese von Gegensätzen (hier: individuell – überindividuell) und zum anderen die – zeittypische – metaphorische Umsetzung dieser Funktionalisierung im Bildkomplex des Vegetativen, mit der Rede von der Heimat als ‚Nährboden', in dem der Deutsche wurzele. Diese Metaphorik schließt etwa an diejenige des ‚Rembrandtdeutschen' Julius Langbehn an, der von der „Quelle" und vom „Boden" als Ursprung des deutschen „Volkscharakters" spricht[416] und findet sich in der völkischen Literatur zu Hauf.[417]

Die Heimatkunst greift Bartels zufolge dieses – Einzelnes und Ganzes verbindende – Heimatverständnis auf. Sie ist in Bartels' Verständnis erst durch den Naturalismus möglich geworden, von dem man sie aber auch abgrenzen müsse. Nicht der mit Radikalismus und Sozialismus in Verbindung gebrachte Naturalismus, nicht der Naturalismus der „hohen ‚Allüren'"[418] wird von Bartels als positive literaturgeschichtliche Entwicklung angesehen, wohl aber derjenige Naturalismus, der das Gegengewicht zur Décadence bilde und nicht wie diese in Ästhetizismus und Individualismus aufgehe, sondern eine „schärfere Beobachtung des Lebens" lehre.[419] Bartels kehrt mit der Behauptung, die Heimatkunst sei ein „gesunder" Naturalismus, das literarhistorische Verhältnis zwischen Hei-

---

414 „Wie die einzelne heimatliche Mundart ein steter Jungbrunnen bleibt, aus dem unserer hochdeutschen Schriftsprache immer neues Leben zuquillt, so bleibt auch die engere Heimat mit ihrer Stammeseigenart der stete Nährboden, aus dem sich unser ganzer deutscher Volkscharakter zu immer neuer Kraft, zu immer reicheren Entfaltungen und zu immer vielseitigerer Einheit emporgestaltet." Bartels 1909, Bd. 2, S. 545. Bartels gibt hier zustimmend den mit Gedichten in Mundart und Romanen wie *Jost Seyfried* (1905) bekannt gewordenen Schriftsteller Cäsar Flaischlen wieder.
415 Bartels 1904, S. 18.
416 Langbehn fordert die Wiederherstellung eines „organischen Zusammenhang[s]" (Langbehn 1890, S. 17) in allen Lebensbereichen, sucht von „der lebendigen Quelle des heutigen deutschen Volkscharakters" (Langbehn 1890, S. 18) und glaubt, die „irrende Seele der Deutschen" müsse „sich wieder an den heimatlichen Boden binden" (Langbehn 1890, S. 19).
417 Vgl. exemplarisch Hans Grimms im Nationalsozialismus zur Schulbuchlektüre aufgestiegenen Roman *Volk ohne Raum* von 1926: „Sinn und Seele nähren sich" hier „aus dem Wurzelboden der Heimat", Grimm 1933, S. 16. Heimat ist bei Grimm aber mit ‚Enge' konnotiert: Volk und Nation sind insoweit der Heimat überlegen; um ihrer Expansion willen gelte es diese Verwurzelung zu übersteigen.
418 Bartels 1909, Bd. 2, S. 545.
419 Bartels 1909, Bd. 2, S. 570.

matkunst und Naturalismus kurzerhand um, so dass der Naturalismus als Teil der neuen Heimatkunstbewegung erscheint.[420]

An anderer Stelle wird die Heimatkunstbewegung eher als Vermittlerin zwischen den gegensätzlichen Entwicklungen der zeitgenössischen Literatur präsentiert. Sie vermittle zwischen dem zu Sozialen des Naturalismus und dem zu Individualistischen der Décadence.[421] Sie verbinde „altes Volkstum" und „alte Landschaft" mit modernem Geist und modernen Darstellungsmitteln, verbinde Land und Stadt, Vergangenheit und Moderne.[422] Einerseits wird die Heimatkunst durch die Abgrenzung von anderen literarischen Strömungen charakterisiert, insofern sie ‚gesünder', ‚natürlicher' und ‚authentischer' sei, andererseits ist sie Bartels zufolge gar nicht als eine Vertreterin irgendwelcher „Richtungen" zu verstehen.[423] Heimatkunst, so legt Bartels immer wieder nahe, soll alle Literatur umfassen, jedenfalls alle ‚gesunde' Literatur.[424]

Dementsprechend bleibt auch die Charakterisierung der Formen und Inhalte der Heimatkunst denkbar offen: Die Art des Stoffs sei nicht bestimmbar, heißt es, auch Sprache und Darstellungstechnik seien nicht festlegbar, aber Stoff, Sprache und Darstellungstechnik gingen Hand in Hand, und mit ihnen das ganze Wesen des Dichters: Auf dessen „Wesens-Erneuerung" und „Geistes-Auffrischung" komme es an.[425] So diffus wie die Anforderungen an den Künstler, er solle einfach nur ‚er selbst', gesund und natürlich sein, so diffus ist auch das ästhetische Programm, das keines sein will.

Zwei Begriffsfelder tauchen sehr häufig im Zusammenhang mit Fragen nach der Behandlung des Stoffs und in der Beschreibung des ‚Wesens' des Heimatdichters auf: das der scharfen Beobachtung und das der Liebe – Gegensätze also, insofern das erste Distanznahme, das zweite Zuwendung erfordert. An dieser Verbindung von Distanz und Zuwendung habe schon der poetische Realismus gearbeitet, nach Bartels aber mit zu viel verklärendem und zu wenig scharfem Blick. Gefordert wird eine „schärfere Beobachtung des Lebens und eine charakteristischere Darstellung", diese sei möglich „dank dem Naturalismus, der wieder den Respekt vor dem Leben gelehrt" habe.[426] Wiederholt wird der durch den

---

420 Vgl. Bartels 1909, Bd. 2, S. 545. Zum Verhältnis von Naturalismus und Heimatkunst vgl. Beßlich 2011.
421 Vgl. Bartels 1909, Bd. 2, S. 568.
422 Beide Zitate Bartels 1909, Bd. 2, S. 569.
423 Bartels 1904, S. 3 und S. 20. Vgl. auch Bartels 1909, Bd. 2, S. 569.
424 Vgl. Bartels 1909, S. 3.
425 Beide Zitate Lienhard: Tagebuch, 1900, S. 182.
426 Beide Zitate Bartels 1909, Bd. 2, S. 570.

Naturalismus erneut gestiftete „Zusammenhang mit dem Leben" beschworen.[427] Das Kunstwerk solle dem Leben abgerungen werden, Natur und Leben gälten mehr als die Individualität des Dichters. Dies kann man zum einen im Kontext der lebensphilosophischen Ideen der Jahrhundertwende lesen (zeittypische Topoi des Organischen verweisen auf einen Lebensbegriff, der sein metaphysisches Bedürfnis nicht mehr im Christentum befriedigt; bei Bartels verbindet sich der Lebensbegriff zudem mit einem darwinistisch interpretierten ‚Leben', das nur dem ‚Gesunden' Überlebensrecht einräumt), zum anderen im Kontext der vielfältigen zeitgenössischen Bemühungen um Theorien und Techniken der exakten Wahrnehmung und des genauen Blicks. Heimatdichtung wolle nicht sentimental sein, betont Bartels. Dem Ideal des Unsentimentalen wird nun aber der Begriff der Liebe an die Seite gestellt, ohne dass Bartels auf mögliche Widersprüche zwischen beiden eingeht: Er bestimmt an mehreren Stellen das „Prinzip" der Heimatkunst geradezu als „die Liebe, das Mitfühlen",[428] teilweise in Abgrenzung zur Kunst der Décadence, teilweise in Abgrenzung zum Naturalismus. Diese gerade beim besessenen Antisemiten und erklärten Humanismusverächter Bartels, der das Christentum durch einen „germanischen Transzendentismus"[429] ersetzt sehen möchte, diese für Bartels also bemerkenswerte Vokabel der Liebe hatte schon bei Julius Langbehn, dem Ideengeber eines „Lokalismus der Kunst", eine Umdeutung erfahren, die die Reichweite der Liebe auf das als richtig Befundene einschränkte.[430] Die aus christlicher Perspektive abwegige Idee einer aufs Gesunde beschränkten Liebe findet sich auch im Umfeld von Bartels wieder.[431]

Hier mag einer der Gründe für den Erfolg der Idee der Heimatkunst bei vielen zeitgenössischen Autoren liegen: Sie ist nicht einfach antimodernistisch, sondern sie vermag es, moderne ästhetische Programme zu integrieren, etwa die naturalistisch inspirierte Ästhetik des präzisen Blicks. Sie besetzt diese Ästhetik der Naherfahrung zugleich mit positiven Emotionen. Indem sie mit der Zusammenführung gegensätzlicher Charakteristika Widersprüche scheinbar überwindet

---

427 Bartels 1909, Bd. 2, S. 571.
428 Bartels 1909, Bd. 2, S. 544 und S. 569.
429 Bartels: Das Weimarische Hoftheater, 1906, S. 32.
430 Langbehn 1890, S. 15. „Keine Liebe ohne Haß; zu dem sanften gehört stets der strenge Christus; sonst ist das Bild nicht vollkommen. Mögen darum auch die jetzigen Deutschen lernen, zu hassen. Wer Haß sät, kann Liebe ernten." Langbehn 1890, S. 305.
431 Programmatisch etwa in einer Besprechung des zur Heimatkunst gezählten Schriftstellers Timm Kröger in der Zeitschrift *Heimat*. Vgl. Berger 1900. Karl Berger hebelt aber mit dem Paradigma von Gesundheit und Krankheit das christliche Konzept der unterschiedslosen Liebe aus, indem er es nur auf das Gesunde angewendet wissen will. Diese These lässt sich auf den Heimatgebrauch der Literatur und Literaturkritik um 1900 insgesamt ausweiten, vgl. auch Moeller-Bruck 1900, S. 5–6.

oder aufhebt, stellt sie ein Integrationsangebot für die gegenläufigen Tendenzen der ‚Moderne' dar. Heimatkunst sei als Garant gegen das „Bazar- und Modewort" ‚modern' zu verstehen, heißt es ausdrücklich – und zugleich, Heimatkunst beanspruche, „noch ‚moderner' zu sein als der modernste [Hermann] Bahr",[432] womit eine charakteristische Überbietungsfigur der ‚Modernen' um 1900 bedient wird. Gegenwart soll nicht rückgängig gemacht, sondern transformiert werden, Oberflächenkultur soll in Tiefenkultur verwandelt werden.[433] Heimat ist eine Vokabel, die solche Vorstellungen von ‚Tiefenkultur' auch in dem Sinn als Überwindung von Gegensätzen versteht, als sie sich in ihrer literarischen Darstellung zugleich dem Irdischen und dem Geistig-Transzendenten zugehörig zeigt. „Vor der Einfalt und Einheit solcher volksmäßigen Dichtung verschwindet Bekenntnis, Partei und Bildung, trennende Gewalten, die der künstlerische Ausdruck deutscher Weltsicht in der durchgeistigten Darstellung irdischen, zumal heimatlichen Lebens bezwingt."[434] So formuliert Ernst Wachler, Begründer des als neuheidnische ‚Weihestätte' konzipierten Bergtheaters Thale und Mitglied der völkisch orientierten ‚Germanischen Glaubensgemeinschaft'.[435] Auch Julius Langbehn verwendet Heimat als Integrationsformel zur Überwindung der Gegensätze zwischen den gesellschaftlichen Klassen, aber auch zwischen Nähe und Ferne, Realität und Ideal: „Künstler Bauer König stehen und fallen gemeinsam mit dem, was der Mensch Heimath nennt; und was ihm das Theuerste auf der Welt ist. Kranke Naturen halten es für eine Eigenthümlichkeit des Ideals, daß es unendlich fern sei; und es ist doch unendlich nah: die Heimath ist das Ideal."[436]

Festzuhalten bleibt, dass die völkische und antisemitische Heimatkunst eines Bartels nicht als reaktionär einzustufen ist in dem Sinn, dass Moderne hier schlicht rückgängig gemacht werden soll. Vielmehr wird in einer wie scheinhaft auch immer einzuschätzenden Synthesebemühung ein Versöhnungs- und Harmonisierungsangebot an diejenigen gemacht, die unter den Widersprüchen der Moderne leiden. Damit reiht sich Bartels ‚Heimatkunst' zeittypisch in eine ganze

---

432 Lienhard: Hochland, 1900, S. 3. Vgl. auch Lienhard: Vorherrschaft Berlins, 1900, S. 20 oder Bartels 1904, S. 19. Zu Lienhards Modernitätsanspruch der Heimatkunst mit vielen weiteren Nachweisen vgl. Kramer 2006, S. 43–47.
433 „Kein Flüchten vor dem Geiste der Gegenwart, aber seine Nationalisierung, seine Konkret-, seine Heimischmachung, die Verwandlung der Oberflächenkultur in Tiefkultur ist die Aufgabe, und ihr dient auch, und sei es zunächst noch in bescheidener Weise, unsere Heimatkunst." Bartels 1904, S. 19–20.
434 Wachler 1897, S. 27–28.
435 Ernst Wachler wird in Karlheinz Rossbachers Studie als Programmatiker der Heimatkunstbewegung besprochen, vgl. Rossbacher 1975; allerdings hat sich Wachler nicht explizit als solcher verstanden.
436 Langbehn 1890, S. 128.

Reihe von kulturtheoretischen Entwürfen, die in Antinomien dachten und diese in Synthesen zu überführen suchten.[437]

Heimat als Platzhalter der Nation

Man kann die aporetischen Argumentationsmuster Bartels' als Versuch der Synthese lesen, wie oben entwickelt. Man kann sie auch als den Versuch lesen, eine Leerstelle zu schaffen, die als Platzhalter für etwas anderes fungieren kann. Diese Lesart soll hier ergänzend zur obigen angeboten werden. Denn es bleibt zu konstatieren, dass Heimatkunst vorrangig als Negation erscheint. Sie wird als das charakterisiert, was sie nicht ist: Sie sei nicht notwendig Literatur mit örtlichem Charakter, denn solche Regionalliteratur könne durchaus im Gegensatz zum Allgemein-Nationalen stehen und sei dann nicht mehr im Sinn der Heimatkunst zu verstehen.[438] Sie sei nicht gleichzusetzen mit der Volkskunst, denn diese mache Heimat nur zu einem Mittel pädagogischer Zwecke.[439] Man solle sie auch nicht mit der Dorfgeschichte verwechseln, da hier Heimat ebenfalls nur Mittel zum Zweck, wenngleich einem ästhetischen, sei.[440] Die Beobachtung, dass Heimat sich über das Prinzip der Negation charakterisiert, heißt nicht, dass sie in ihrem Selbstverständnis das Gegenteil des Abgelehnten wäre. Sie opponiert gegen die Großstadt, will aber auch nicht einfach mit dem Ländlichen identifiziert werden: Auch die Stadt, sogar die Großstadt könne Heimat sein.[441] Heimat meine gerade nicht Enge und Beschränktheit, meine nicht Rückwärtsgewandtheit und Weltfremdheit, meine nicht Idylle oder ein simples ‚Zurück zur Natur'.[442] Insofern versteht sich Bartels ähnlich wie Friedrich Lienhard nicht als Verfechter einer

---

437 Vgl. etwa Hein 1992, S. 88.
438 Vgl. Bartels 1904, S. 6.
439 Vgl. Bartels 1904, S. 7.
440 Vgl. Bartels 1904, S. 8.
441 Vgl. Bartels 1904, S. 15; Bartels 1909, Bd. 2, S. 569. Vgl. auch Lienhard: Vorherrschaft Berlins, 1900, S. 20–21 und dessen Vorwort zur zweiten Auflage. Ein eher seltenes Beispiel für den literarischen Versuch, Großstadt und Heimat zu assoziieren, ist Ernst Schurs Gedicht *Heimat* in seinem Gedichtband *Die steinerne Stadt* (1905), das so beginnt: „Heimat! / Ist Heimat nur Dorf und Land? / Nur die kleinen Städte? // Auch über dem Meer der Mietskasernen / wölbt sich der Nachthimmel mit all den Sternen." Schur 1905, S. 27–29, hier S. 27. Karlheinz Rossbacher interpretiert das (allerdings bei ihm nicht ganz korrekt wiedergegebene) Gedicht überzeugend als den scheiternden Versuch, Vorstellungen organischer Verwurzelung und eines biologisierten Lebenskreislaufs vom ländlichen in den städtischen Raum zu übertragen, ohne Bewusstsein dafür, dass die Metaphern nicht mehr stimmen; vgl. Rossbacher 1975, S. 33–34.
442 Vgl. Bartels 1900, S. 14.

Antimoderne, sondern als Kämpfer gegen „die ‚schlechte' Moderne".[443] Ist Heimatkunst nicht positiv bestimmbar, dann bleibt ein weiter Raum für das, was sie sein könnte. In jede Leerstelle will etwas eingetragen werden. Im Falle von Bartels' Heimatbegriff ist es die Utopie der nationalen Größe.

Bartels greift deswegen dankbar den von Friedrich Lienhard in die Heimatkunstprogrammatik eingebrachten Begriff der sogenannten Höhenkunst auf.[444] Die Höhenkunst wird als der noch uneingelöste, utopische Zielpunkt einer literaturgeschichtlichen Bewegung entworfen, die in der Zeitgenossenschaft Lienhards und Bartels mit der Heimatkunst ihren Anfang genommen habe. Mit organologischer Rhetorik wird eine literaturhistorische Teleologie entworfen, nach der aus dem ‚gesunden' Boden der Heimatkunst die ‚stolze' nationale Höhenkunst erwachse, Heimatkunst also Vorbereitungsstufe für eine höhere, noch zu erwartende Stufe der Literatur sei. Lienhard gestaltet dieses Prinzip der sich ergänzenden Pole von hoch und tief geradezu programmatisch auch in seiner dramatischen *Wartburg*-Trilogie (1903–06).[445] Dabei ist, im Anschluss an einen seit Beginn des 19. Jahrhunderts topischen Antagonismus von Heimat und Nation (vgl. I.2.1), die regionale Heimatkunst dem Leiblichen, Vegetativen, Weiblichen oder auch Kindlichen, dem Boden, der Landschaft zugeordnet, während die nationale

---

443 Bartels 1909, Bd. 2, S. 516.
444 Vgl. Bartels 1904, S. 19–20 oder Bartels 1909, Bd. 2, S. 592. Gleichwohl ist das Verhältnis von Höhen- und Heimatkunst nicht immer so harmonisch, wie die Programmatik nahelegt. So wollte Lienhard die Zeitschrift *Heimat. Blätter für Literatur und Volkstum* eigentlich unter dem Titel *Hochland* erscheinen lassen, konnte sich aber gegenüber dem Verleger nicht durchsetzen. Schon nach Erscheinen des ersten Heftes zieht sich Lienhard aus der Leitung zurück, da er die vertretene Konzeption nicht mittragen will. Er selbst äußert sich dazu in Lienhard 1901, S. 193. Vgl. auch Châtellier 1996, S. 121. Die 1903 vom Reformkatholiken Carl Muth gegründete Münchner Monatsschrift *Hochland* nimmt Ideen von Lienhard auf.
445 Lienhards *Wartburg-Trilogie* (1903–06), bestehend aus *Heinrich von Ofterdingen*, *Die heilige Elisabeth* und *Luther auf der Wartburg*, enthält in allen Teilen eine auffällige Hoch-tief-Metaphorik, die zwischen Burg und Volk vermittelt. Ofterdingen muss die Burg mit seinem Gesang erobern, ohne seine Verbindung mit dem Volk zu verraten. Elisabeth holt die Armen und Aussätzigen erst zu sich in die Burg und steigt dann ganz hinab, um dem Volk zu dienen. Und Luther bringt seine Bibelübersetzung in Lienhards Version als Erstes den Eisenacher Bürgern, von der Burg hinab ins Tal. Alle drei Heldenfiguren werden durch ihre Nähe zum einfachen Volk charakterisiert. Während die Bewegung von Ofterdingen im Stückverlauf von unten nach oben verläuft, ist die Bewegung von Elisabeth und Luther eine von oben nach unten. Wichtig ist, dass alle drei eine Verbindung von beiden Polen herstellen. Alle drei, so Lienhard, „sind voll von Geistesbildung der Zeit und halten sich gleichwohl zum natürlichen Empfinden des Volkes. [...] So stellen sie die Verbindung zwischen Höhenkultur und Wurzelkräften der Volksseele dar." Lienhard 1918, S. III. Vgl. dazu Oesterhelt 2019.

Höhenkunst vaterländisch, geistig, heldisch, männlich konnotiert ist.[446] Beide stehen also in einem Bedingungsverhältnis, das die (potentiell unendlich erweiterbare) Scheindialektik von Heimat auf eine weitere Stufe transponiert. So wie die Heimatkunst aus weiblichem und männlichem Anteil besteht, bleibt sie doch immer noch Frau und bedarf des vaterländischen Prinzips der Höhenkunst, das seinerseits ebenfalls beide Anteile in sich birgt (vgl. I.2.3).

Bartels muss nach dieser Logik dann auch keine herausragenden Repräsentanten der Heimatkunstbewegung benennen, vielmehr kann er eingestehen: „[Z]u hoher Kunst kam es nur selten." Verhehlen könne er nicht, „daß ein vollständiger Sieg der Heimatkunst trotz der großen Erfolge, die einzelne Werke errangen, nicht erfolgt ist".[447] Mit diesem Eingeständnis stellt er die von ihm proklamierte Bewegung aber nicht in Frage, insofern sie sich aus ihrem vorbereitenden Charakter rechtfertigt. Die stets Leerstellen produzierende Rede über Heimat findet in der Erwartung einer nationalen Höhenkunst einen Platzhalter für das Charakteristische, Herausragende, Bestimmte, das ihr selbst fehlt. Heimat und Nation, Heimatkunst und nationale Höhenkunst funktionieren also bei Bartels ähnlich, insofern beide auf etwas noch Einzulösendes verweisen. Dabei enthalten beide Antagonisten jeweils selbst ihr gegenteiliges Prinzip: Heimat bedeutet Konkretion und doch soll die Heimatkunst den allgemeinen Nährboden bilden für die nationale Höhenkunst; Nation bedeutet Abstraktion und doch soll die vaterländische Höhenkunst gerade die exzeptionellen, einzigartigen Dichter hervorbringen. Den Widerspruch, in den sich die gesamte auf ein Nationales zielende Rede von Heimat im beginnenden 20. Jahrhundert begibt, dass nämlich gerade ein forcierter Regionalismus zum Bürgen für die Größe der geeinten Nation wird, löst der Verweis auf die Verwobenheit von allem mit allem nur scheinbar auf.

Heimat, Kulturkritik und Kolonialismus

Das Prinzip der Negation erschöpft sich bei Bartels allerdings nicht im Platzhalterprinzip für ein abstrakt Nationales, sondern besitzt auch eine sehr konkrete, aggressiv-abgrenzende Implikation. Denn wenn Heimat bei Bartels alles ‚Gesunde' einschließt, so muss in der Konsequenz gleichzeitig alles ‚Kranke' abgetrennt werden.[448] Ist Heimat aber alles, was gesund ist, so gibt es das aus der Sicht der

---

446 Vgl. Lienhard: Hochland, 1900, näher nachgewiesen in Oesterhelt 2019.
447 Beide Zitate Bartels 1909, Bd. 2, S. 588–589.
448 Vgl. Bartels 1904, S. 17–19. Heimat und Gesundheit bzw. Nicht-Heimat und Krankheit gehen um 1900 eine topische Verbindung ein; vgl. exemplarisch die andernorts in dieser Studie zitierten Passagen aus Langbehn 1890, S. 128; Dieterich 1902, S. 3–4. Auch in Heinrich Manns begeisterter Besprechung von Friedrich Lienhards *Liedern eines Elsässers* (1895) und seinem Plädoyer für

zivilisationskritischen Heimat-Fraktion kaum noch. Denn die Gegenwart sei bestimmt von Rationalismus, Nüchternheit, Materialismus, Großstadt, Kapital, Dekadenz, Feuilleton, Sensationsgeist, Internationalismus, Ästhetizismus – um einige besonders häufig angeführte Schlagworte zu nennen. Diese Erscheinungen der Moderne sind in Bartels' von Anfang an völkisch gefärbter Kulturkritik[449] eng assoziiert mit dem Jüdischen: Dieses sei die Verkörperung des materialistischen Denkens, des geistreichen, aber kalten Witzes, des kapitalistischen Kalküls, des sensationsgierigen Journalismus und so fort. Die Juden werden nicht nur als eine fremde Rasse aufgefasst, sondern auch als minderwertige, weil sie – ganz in der Tradition des Ahasver-Mythos – keine eigenen ‚Wurzeln' habe, selbst heimatlos sei und deswegen in einem parasitären Verhältnis zum deutschen Volk stehe (vgl. II.1.3.2). Die dem Juden zugeordnete Heimatlosigkeit verbindet sich hier unlösbar mit einer Modernekritik, die durchaus auch ganz anderen Motivationen und Weltanschauungen entspringen konnte als dem Antisemitismus: einer Kritik am Kapitalismus, einer Kritik an den Entfremdungserscheinungen der Moderne, die Georg Lukács 1914 als ‚transzendentale Obdachlosigkeit' oder auch als ‚transzendentale Heimatlosigkeit'[450] bezeichnete (vgl. I.2.4). Während Lukács allerdings alle Menschen dieser Situation ausgesetzt sieht, behaupten zeitgleich nicht nur die Deutschvölkischen, sondern etwa auch der kapitalismuskritische Soziologe Werner Sombart Heimatlosigkeit in Analogie zur Logik des beweglichen Kapitals als spezifisches Charakteristikum der Juden.[451] Bartels und die

---

„Heimathsliebe" und „Bauerngeist" (Mann 1895, S 351) in der Literatur argumentiert Mann mit einer „Provinzgesundheit", die wie eine Naturgewalt „über die Hauptstadt" hereinbrechen und zur Reinigung führen solle (Mann 1895, S. 352). Zu Heinrich Manns Rolle in der Heimatkunst vgl. Kramer 2006, S. 40–43 und 47–51; auch zu Thomas Mann, der für die vom Bruder Heinrich redigierte Zeitschrift *Das Zwanzigste Jahrhundert* zwischen 1895 und 1896 verschiedene affirmative Rezensionen zu belletristischen Neuerscheinungen „aus dem Umkreis der völkisch-nationalen Heimatliteratur" verfasst, vgl. Kramer 2006, S. 52–57, hier S. 52. Kramers Fazit: „Deutschnationale Heimatkunst wird damit zum Zentrum von Thomas Manns früher politischer Ästhetik." Kramer 2006, S. 56.
449 Barbara Beßlich zeigt, dass die wilhelminische Zivilisationskritik keinesfalls immer mit den völkischen Ideologien in Zusammenhang stehen musste, wie es etwa Fritz Sterns einflussreiche Studie *Kulturpessimismus als politische Gefahr* nahegelegt hatte. Vgl. Beßlich 2000, S. 16.
450 Vgl. Lukács 1920, S. 51–52.
451 In *Die Juden und das Wirtschaftsleben* (1911) entwickelt Werner Sombart die behauptete Affinität der Juden zum Geld als historische Folge ihres althergebrachten „Nomadendasein[s]". Durchs fortwährende Exil seien die Juden „von aller etwa noch vorhandenen Bodenständigkeit und Wurzelfestigkeit abgedrängt" worden. Im Gegensatz zu anderen unter Zwang auswandernden Völkern hätten die Juden nie „eine Ackerbaukolonie" gegründet (alle Zitate Sombart 1911, S. 411) und die Juden seien auch vor ihrer vollständigen Diaspora nie „zur heimatlichen Scholle zurückgekehrt, nachdem sie sich ein kleines Vermögen erworben hatten", wie andere Völker

Deutschvölkischen gehen so weit nahezulegen, die u. a. durch den Kapitalismus gefährdete Heimat sei wiederherstellbar, wenn man sich von den Juden befreit habe.[452]

Heimat zurückzugewinnen heißt dann, ‚Gesundheit' zurückzugewinnen. In die antisemitisch grundierten Reinigungsphantasien mischt sich schon 1904 die Vokabel des „Lebensrecht[s]", das der Heimatkunst zu-, der „decadente[n] Kunst" dagegen abgesprochen wird.[453] Die Aggression geht dabei in zwei Richtungen: nach innen, insofern sich das deutsche Volk von seinen ‚kranken' Mitgliedern zu ‚reinigen' habe, nach außen, insofern der gesundende ‚Volkskörper' notwendig auf nationale Expansion dränge. Der Heimatkunst fällt die Aufgabe zu, die „nationale Widerstands- und Expansionskraft"[454] zu heben und die deutsche Kultur „durch die Welt [zu] tragen".[455]

Somit zeigt sich auch in Bartels' Heimatprogrammatik jene Verkopplung mit dem Kolonialdiskurs, die Rolf Parr für die Zeit um 1900 in seiner Studie zu *Heimatkunst, Kolonialismus, Expeditionen* beschrieben hat.[456] Die Affinität zwischen

---

(Sombart 1911, S. 412). Zum Zusammenhang von Kapitalismusdebatten und Antisemitismus um 1900 vgl. Berg 2011.

452 Zur Verbindung von Kapitalismuskritik und Antisemitismus bei Adolf Bartels vgl. Bartels 1913, S. 10–11 und S. 29.

453 „[U]nsere Heimatkunst […] hat […] ganz anderes Lebensrecht als die zeitgenössische decadente Kunst, die denn zuletzt doch auf falscher Genialitätssucht, ja, auf einer bestimmten Unverschämtheit beruht. Was gehen denn ein großes Volk die Nervenzuckungen und unnatürlichen Gelüste seiner kranken Individuen an? […] Nun können wir zwar die Decadents, wenn sie einmal da sind, nicht einfach totschlagen, aber sie allzu sänftiglich anzufassen, haben wir auch gar keine Veranlassung, wir glauben eben, daß unser Volk noch gesund ist oder es doch sehr rasch wieder werden kann, und sprechen den kranken Leuten einfach ihre nationale Existenzberechtigung ab." Bartels 1904, S. 17–18.

454 Bartels 1904, S. 18.

455 Die Heimatkunst sei „Teil jener großen nationalen Heimatbewegung, […] die das Nationalgefühl auf ein starkes Heimatgefühl gründen, also dem modernen Menschen die Heimat erhalten oder sie ihm wiedergeben will, die die europäische Mischkultur entschieden ablehnt, aber mit der allgemeinen deutschen autochthonen Kultur endlich ernst macht und sie, soweit es möglich, durch die Welt tragen will." Bartels 1904, S. 19.

456 Vgl. Parr 2014. Zum Zusammenhang von Kolonial- und Heimatdikurs vgl. auch das Kapitel ‚Creating a German Heimat in the African Landscape' in Sandler 2018, S. 236–242. Das komplexe Gefüge lässt sich an so wirkmächtigen völkischen Kolonialromanen wie Hans Grimms *Volk ohne Raum* (1926) erahnen, die für die völkische Idee des angeblichen Kolonisierungsauftrags der Deutschen bereit ist, ‚Heimat' zu verlassen, um dem ‚Volk' zu dienen. Im ersten, *Heimat und Enge* überschriebenen Romanteil werden zwei Optionen für den Umgang mit Heimat im völkischen Sinn eröffnet: „Für die Männer, die hinaus müssen und weg und fort aus dem Tale […] kann dies auf zweierlei Weise geschehen. Sie können ein Handwerk gelernt haben, damit sie zeitweilig im Tale Beschäftigung finden; dann ist die Fremde ein Zwischenspiel, und Sinn und Seele nähren

Kolonial- und Heimatkunstliteratur etwa bei Gustav Frenssen, dessen norddeutsche Regionalromane (der erfolgreichste war *Jörn Uhl*) mit seinem Kolonialroman *Peter Moors Fahrt nach Südwest* auffällig konfliktfrei zusammengehen, erklärt Parr damit, dass das, was als Heimatkunstprogramm in Deutschland schon lange nicht mehr verwirklichbar gewesen sei – Bauerntum, Bodenständigkeit, ein authentisches Leben jenseits der industrialisierten Welt – in der ein ‚besseres Deutschland' in Übersee imaginierenden Kolonialliteratur eingeholt worden sei.[457] In einer im Exotischen möglich werdenden Doppelperspektivierung wird zugleich ein Blick zurück in die vorindustrielle Vergangenheit und ein Blick voraus auf die koloniale Zukunft geworfen, Industrialisierungskritik mit Kolonialisierungsphantasien verbunden.[458] Modernekritik und imperiale Ambitionen können auf diese Weise in der auf den exotischen Raum übertragenen Heimatkunst zusammengehen. Obwohl diese Allianz von Heimat- und Kolonialliteratur mit dem Ende der kurzen Geschichte des Deutschen Reiches als Kolonialmacht ihre Funktionalität verliert, werden auch noch später Titel gedruckt wie *Du meine Heimat Deutschsüdwest. Ein afrikanisches Farmerleben* (Bernhard Voigt, 1925).

Heimat und aggressiver Expansionismus gehen auch jenseits der literarischen Phantasien, die sich um die afrikanischen Kolonien ranken, eine Allianz ein. Im ‚Krieg der Geister', der den Ersten Weltkrieg mit vorbereitete und begleitete, ist Heimat allerorten zu finden,[459] und auch nach dem Krieg ändert sich das nicht. Der Schriftleiter der Zeitschrift *Die Heimatkunst* des *Deutschen Bunds für Heimatkunst*, 1922 umbenannt in *Germanische Heimat und Heimatkunst*, glaubt, dass nur Vaterlands- und Heimatvergessenheit zur Kriegsniederlage geführt habe.

---

sich weiter aus dem Wurzelboden der Heimat. [...] Die zweite Weise [...] ist also, daß er sich völlig von seinem Wurzelboden scheidet und fortmacht in die Fremde." Grimm 1933, S. 16–17. Dass diese Fremde im Kolonialdiskurs der NS-Zeit aber auch immer Heimat sein kann, zeigen Titel wie Ilse Steinhoffs *Deutsche Heimat in Afrika. Ein Bildbuch aus unseren Kolonien* (1939).

457 Zu Frenssen als Vertreter der Heimatliteratur vgl. Rossbacher 1975, S. 82–84 und Dohnke 1996, S. 678. Parr bietet in seiner Darstellung des Bedingungsgefüges von Kolonialismus, Exotismus und Heimatdiskurs ein überzeugendes Deutungsangebot für die Burenbegeisterung der Deutschen während der sogenannten Burenkriege zwischen 1899 und 1902. Die Buren werden im Kolonialdiskurs zu ‚niederdeutschen Bauern' erklärt und dienen einem in die Ferne gerichteten Heimatbegriff, der Exotismus und Heimat miteinander verbindet. Zugleich geht es nach Parrs Deutung um die Etablierung einer neuen imperialistischen Diskursposition in Abgrenzung zu England. Nach dem Verlust der Kolonien finde ein radikaler Wandel des Gefüges Exotismus-Fremde-Beheimatung statt. Vgl. Parr 2014.

458 Vgl. Parr 2014, S. 76.

459 Bartels prognostiziert schon 1909, „daß uns Deutschen nach außen und im Innern schwere Kämpfe bevorstehen, und nicht bloß geistige" (Bartels 1909, Bd. 2, S. 589). Im Januar 1913 macht er explizit, dass nur ein Krieg zur Gesundung des eigenen Volkes führen könne (vgl. Bartels 1913, S. 42–43). Vgl. auch den Ausstellungskatalog *Krieg der Geister*. Holler/Wendermann/Püschel 2014.

„Die Lehre, die ihm jetzt dafür zuteil geworden, sollte ihm endlich vollkommen zeigen, daß die Heimat sein höchstes Gut bildet, das zu verteidigen bis zum letzten Tropfen Blutes eines jeden Willen sein müßte."[460] Ein Volk, „das sich stark genug fühlt, von seinem Überflusse abzugeben",[461] will ab den 1920er Jahren wohl endgültig nicht mehr (nur) Richtung Afrika expandieren, sondern hat gleich die ganze Erde im Blick. Und im Sinn dieser Steigerung wird auch gern nicht mehr nur von Heimat, sondern gleich von Urheimat gesprochen – ein Begriff, der sich seit Ende des 19. Jahrhunderts findet und aus dem Umfeld der Indogermanistik, Volkskunde und Linguistik stammt[462] –, etwa 1933 in Josef Nadlers Rede *Der zeitliche und der ewige Deutsche*. Über die Deutschen heißt es in Nadlers expansionistischer Rhetorik: „Sie ergreifen Besitz von der bunten Vielfalt der Erde. Sie unterwerfen sich den gemeinschaftstrennenden Schicksalen eines neuen Lebens. Aber sie halten die ewige Erinnerung an die Urheimat und die Gemeinschaft ihrer Abkunft fest."[463] Die Urheimat der Deutschen liegt also nicht wie in den indogermanischen Forschungen in Asien, sondern umgekehrt liegt sie für den die Welt erobernden Deutschen in Deutschland selbst.

3.3.2 Viebigs Heimaten zwischen Milieu und Scholle

Clara Viebig, geboren 1860 in Trier, gestorben 1952 in West-Berlin, gehörte um 1900 vor allem als Autorin von Romanen und Erzählungen – weniger als Dramatikerin und Feuilletonistin, die sie auch war – zu den vielgelesenen Autorinnen des Bürgertums.[464] Die ‚deutsche Zolaide'[465] erlangte durch ihre epischen, teil-

---

460 Schellenberg 1922. Ernst Ludwig Schellenberg, der Schriftleiter der Zeitschrift, legt den maschinenschriftlichen Durchschlag dieser Annonce einem Brief an Adolf Bartels bei. Der Brief stammt vom 12. März 1922 und enthält auch die Bitte um einen Beitrag zur Zeitschrift.
461 Schellenberg 1922.
462 Vgl. Hermann Hirts Aufsatz „Die Urheimat und die Wanderungen der Indogermanen", Hirt 1895.
463 Josef Nadler in seiner am 20. Januar 1933 gehaltenen Rede „Der zeitliche und der ewige Deutsche", Nadler 1937. Ina-Maria Greverus verortet die Idee der ‚Urheimat' im Kontext der „Minderheitenpolitik seit dem ersten Weltkrieg", sie sei dann durch die „nationalsozialistische ‚Heim-ins-Reich'-Politik verstärkt" worden. Greverus 1972, S. 208. Bernhard Waldenfels unterscheidet zwischen „Wahlheimat" und „Urheimat" als Herkunftsort, Waldenfels 1994, S. 200.
464 Nach Elizabeth Boa und Rachel Palfreyman, die Viebig in ihrem Buch *Heimat. A German Dream* ein ganzes Kapitel widmen, gehört sie phasenweise zu den drei meistverkauften Autoren überhaupt: „In the first decade of the century she was consistently among the top three bestselling German authors and up to the mid-1920s her work was published and reprinted in impressions of between 20.000 to 60.00 copies." Boa/Palfreyman, S. 41.
465 Vgl. Durand 2004, S. 7.

weise zyklisch angelegten Milieuromane als sozialpolitische Chronistin ihrer Gegenwart Bekanntheit. Anders als etwa die Schriftstellerkollegin Gabriele Reuter, die mit Romanen wie *Aus guter Familie* vor allem die bürgerliche Schicht beschrieb, widmete sie sich ausgiebig dem proletarischen Milieu. Zugleich schrieb sie viele mundartliche Texte, die im ländlichen Raum spielen, etwa die hier schon behandelte Novelle *Die Heimat*, Teil einer Novellensammlung mit dem Titel *Heimat* (vgl. II.2.2.1). In heutigen Literaturgeschichten wird Viebig daher sowohl dem Naturalismus als auch der Heimatkunst zugeordnet.

Ein Brief von Clara Viebig an Bartels wirft ein Schlaglicht darauf, dass sich diese Zuordnung schon zeitgenössisch in Bewegung befand. Er zeigt, dass Viebig sich als Heimatdichterin sieht und gegenüber Bartels ihre – von ihm zu diesem Zeitpunkt bereits bestrittene – Zugehörigkeit zur Heimatkunst ausdrücklich reklamiert: „[E]s hat mir immer leid getan, daß ich bei einem Hauptvorkämpfer der Heimatkunst für meine, in erster Linie aus der Liebe zur Heimat geborenen Werke nur Ablehnung gefunden habe."[466] Viebigs Brief nimmt Bezug auf drei Besprechungen ihres Romans *Das Weiberdorf*, eine durch Bartels im *Litterarischen Centralblatt* und zwei durch Hermann Anders-Krüger in der *Westdeutschen Zeitung* und in *Kürschners Jahrbuch*. Anders-Krüger hatte die Prognose Bartels', nach der Viebigs *Weiberdorf* als Skandal wirken würde, in seiner eigenen Rezension zu der Aussage verkürzt, der Roman sei ein Skandal. Viebig bittet Bartels um eine Distanzierung von der ihm durch Anders-Krüger in den Mund gelegten Äußerung.

Viebigs Brief führt offensichtlich nicht zu einer Annäherung. In seiner Literaturgeschichte von 1909 kommt Bartels zwar nicht umhin, sie unter der Rubrik der Heimatkunst zu behandeln, aber nur, um ihre Zugehörigkeit zur Heimatkunstbewegung anzuzweifeln: Viebig wird unter anderem Berechnung vorgeworfen (also das Gegenteil der geforderten Natürlichkeit) und zu viel Brutalität in der Darstellung des Volkslebens – mithin zu viel Naturalismus: „Ihr liegt oder lag der Zolaische Naturalismus im Blute, und ihr nächster Roman *Das Weiberdorf* (1900) ist denn wohl das stärkste, was eine Schriftstellerin, die literarisch ernst genommen sein will, bei uns gewagt hat."[467]

Den Umstand, dass Viebig selbst nicht zu denen gehörte, die sich abfällig über die Heimatkunst äußerten[468] – und hier gibt es genug einprägsame Äußerungen, wie etwa Karl Bleibtreus „Höre ich nur ‚Heimathkunst', so vomire ich schon" –, rechnet Bartels ihr nicht positiv an, sondern macht daraus im Rückblick

---

466 Viebig 1900, o.S. Der unveröffentlichte Brief stammt vom 9.12.1900 und befindet sich im Goethe- und Schiller-Archiv in Weimar.
467 Bartels 1909, Bd. 2, S. 549.
468 Unveröffentlichter Brief Karl Bleibtreus an Friedrich Lienhard vom 22. August 1904. GSA 57/296, zitiert nach Beßlich 2011, S. 413.

noch ein Argument gegen sie. In seiner *Thüringischen Literaturgeschichte* von 1938/42 behauptet er, die Heimatkunst habe sich nicht durchsetzen können, weil die „Judenheit die Herrschaft über die Presse und das Theater" gehabt habe. Nur dann sei Heimatkunst nicht „heruntergemacht" worden, wo, „wie z. B. bei Klara Viebig, Beziehungen zum Judentum bestanden".[469] In der Logik Bartels' soll dies wohl bedeuten, dass die der Heimatkunst affinen Texte Viebigs von einer jüdisch dominierten Kritik nur deswegen nicht negativ beurteilt worden sind, weil ihr Ehemann der deutsch-jüdische Verleger Friedrich Theodor Cohn war. Damit würde er allerdings zugestehen, dass Viebigs Texte doch der Heimatkunst zuzurechnen wären.

Viebigs Brief an Bartels zeugt zunächst von dessen Einfluss: Die von großen Teilen der Kritik anerkannte und bis in die 1920er Jahre viel besprochene, in hohen Auflagenzahlen (in ihrem Berliner Hausverlag *Egon Fleischel & Co* auch in nummerierten und signierten Luxusausgaben auf Bütten) verlegte und in fast alle europäische Sprachen übersetzte[470] Autorin erachtet es als notwendig, Bartels' Äußerungen über ihre Romane öffentlich durch ihn selbst richtigstellen zu lassen. Der Brief Viebigs darf aber wohl nicht nur als Zeugnis für die literaturpolitische Bedeutung Bartels gelten, die es Viebig geraten scheinen ließ, sich der Heimatkunst zuzuordnen.[471] Der Heimat(kunst)begriff war darüber hinaus tatsächlich auch für Autorinnen wie Viebig attraktiv, allerdings in einem ästhetisch und ideell gänzlich anderen Verständnis als demjenigen Bartels'. Es bleibt deshalb fraglich, welchen Gewinn heutige Literaturgeschichten daraus ziehen, den bartelsschen Begriff der Heimatkunst überhaupt als epochale Kategorie zu verwenden. Und es ist kein Zufall, dass sich Studien zu einzelnen bis heute der Heimatkunst zugerechneten Autorinnen, wie etwa zu Helene Voigt-Diederichs, explizit gegen eine

---

469 Alle Zitate Bartels 1942, S. 264.
470 Vgl. Richards 1968, S. 236–237, für weitere Nachweise vgl. Krauß-Theim 1992, S. 29.
471 Bartels betreibt Literaturpolitik – als Literaturhistoriker, indem er die gesamte deutsche Literaturgeschichte quasi als Vorgeschichte der Heimatkunst deutet, als Programmatiker einer Bewegung, die er zu beschreiben vorgibt, deren Existenz aber auch Produkt seiner Programmatik ist. Auch als Literaturkritiker charakterisiert und kreiert er zugleich eine Bewegung der ‚Heimatkunst', und das nicht nur in seinen publizierten Kritiken, sondern auch in seinen durch schriftliche Korrespondenzen gut rekonstruierbaren Netzwerken. Der umfangreiche Briefnachlass belegt sein weit verzweigtes Netzwerk in völkische Kreise und seinen Kontakt zur rechten Intelligenz oder deren Umfeld wie Houston Stewart Chamberlain, Paul Schultze-Naumburg oder Elisabeth Förster-Nietzsche. Auch mit vielen zeitgenössischen Schriftstellern pflegt er Briefwechsel, zu den Korrespondenten zählen Wilhelm Raabe, Arno Holz, Peter Rosegger, Rudolf Alexander Schröder, Christine Hebbel (die Ehefrau Friedrich Hebbels), Ernst Wachler, Timm Kröger, Friedrich Lienhard und Clara Viebig.

Diskussion der Werke in Bezug auf die Heimatkunst entscheiden.[472] Für Viebig gilt wie für viele andere Autoren der Zeit, dass Heimat eine zentrale Rolle für ihr Werk spielt, sich diese aber nicht sinnvoll in die Programmatik der Heimatkunst überführen lässt. Denn Viebig ist in ihren Erzählungen und Romanen an den Ambivalenzen von Heimat interessiert.

Clara Viebigs heute kaum noch bekanntes, wenn auch nie gänzlich vergessenes schriftstellerisches Werk[473] trägt Züge der Regionalliteratur, etwa bezogen auf das Idiom ihrer Figuren. Aber im Gegensatz zu anderen Mundartdichtungen sind es jeweils nur die Figuren und nicht die Erzählerstimme, die sich des regionalen Dialekts bedienen, und anders als bei Fritz Reuter, Timm Kröger oder Gustav Frenssen, die mit ihrem Gesamtwerk fürs Niederdeutsche stehen, verwandelt sich die Sprache von Viebigs Figuren verschiedenen deutschsprachigen Regionen an. Insbesondere sind das die ländliche Eifelregion (*Das Kreuz in Venn, Eifelnovellen, Das Weiberdorf*), die ländliche preußische Provinz Posen (*Die Rosenkranzjungfer. Novellen, Das schlafende Heer*)[474] sowie die Städte Düsseldorf (*Rheinlandstöchter, Die Wacht am Rhein*) und Berlin (*Die vor den Toren*). Der Bezug auf diese Regionen ist autobiographisch motiviert. Viebig schreibt: „Also von *mir* möchte ich nicht reden, wohl aber von dem, was meinem Herzen teuer ist: von meiner Heimat. Vielmehr: von meinen *Heimaten*. Mir geht's, wie es Onkel Bräsig ging – ich habe ‚drei Bräuten'."[475] Diese (auf Fritz Reuters *Ut mine Stromtid* anspielenden) ‚Bräuten' sind Eifel, Düsseldorf und Posen. „[U]nd wenn ich's recht bedenke, bin ich Bräsigen doch noch über, ich habe eigentlich vier. Die vierte

---

472 So Meike G. Werner in ihrem Kapitel über Helene Voigt-Diederichs, für die sie im Kapitel „Heimatkunst und Neue Weiblichkeit" zwar auf Schnittstellen zur Heimatkunstbewegung hinweist, einen Zugriff auf die literarischen Texte aber unter dieser Perspektive nicht für sinnvoll hält. Denn Heimatkunst ist zum einen eher (ideologische) Programmatik als Beschreibung von Literatur, zum anderen kann man damit selten ein ganzes literarisches Werk fassen: „Da eine Diskussion der Einbindung ihrer Werke in die Heimatkunstbewegung zum einen auf die Instrumentalisierung durch deren Ideologen abheben und zum anderen durch die stoffliche Konzentration auf Schleswig-Holstein von Jena wegführen würde […]", entscheidet sich Werner daher gegen diesen Zugriff (Werner 2003, S. 205).
473 Clara Viebig verlor ab den 1930er Jahren öffentliche Aufmerksamkeit. Mit ihrem jüdischen Mann in NS-Deutschland gänzlich bedeutungslos geworden, wurde sie als sozialkritische Dichterin in den 1950er Jahren zunächst in der DDR gewürdigt, geriet aber hier wie auch in der BRD in Vergessenheit. Seit den späten 1960er Jahren, verstärkt in den 1970er und 80er Jahren wurde sie teils im polnisch- und englischsprachigen Raum, teils im deutschsprachigen Raum durch volkskundlich und regionalgeschichtlich motivierte Arbeiten wiederentdeckt. Zu neueren Untersuchungen vgl. Krauß-Theim 1992 (hier auch ein ausführlicher Forschungsüberblick bis 1992); Boa/Palfreyman 2000, Neuhaus/Durand 2004; Werner 2009; Aretz/Kämmereit 2010; Bland 2019.
474 Vgl. Wojtczak 2004.
475 Viebig 1920, S. 3.

Braut ist Berlin. Aber nein, was sage ich denn?! Keine Braut! Mit Berlin bin ich – verheiratet."[476] Heimat ist in Viebigs Äußerung emotional und positiv besetzt, sie ist regional lokalisierbar, steht aber im Plural und kann sich auch auf die Großstadt beziehen – und das auch schon vor 1900, als ihre ersten Berlin-Romane zu erscheinen beginnen. Viebig gehört zu den wenigen Autoren, welche die im letzten Jahrhundertdrittel einsetzende Polarisierung von Metropole und Provinz überwinden, die sich um 1900 auch literarisch einerseits im neuen Genre Großstadtliteratur und andererseits in dem der Regionalliteratur spiegelt.[477] Als Heimatschriftsteller werden zeitgenössisch in der Regel diejenigen Schriftsteller bezeichnet, die gerade nicht über die Großstädte schreiben und auch nicht in ihnen wohnen (auch, wenn Letzteres für viele gar nicht zutraf), wie Hermann Löns, der mit seinen im Ländlichen angesiedelten Romanen wie *Dahinten in der Haide. Niedersächsischer Roman* (1909) zu einem der erfolgreichsten Autoren dieser Jahre überhaupt avancierte.[478]

Viebig gehört im Gegensatz zu Löns zu den wenigen Autoren der Zeit, die gleichermaßen Großstadtromane und Regionalliteratur (also Literatur, die in ländlichen Regionen spielt und mundartliche Sprache integriert) schreiben. Und auch die Regionalliteratur in Viebigs Verständnis ist anders, wirft sie doch ein Licht auf das, was in der Dorfgeschichte des 19. Jahrhunderts und auch noch des beginnenden 20. Jahrhunderts in der Regel absent blieb: das Leben des Industrieproletariats. Denn wärend die so prominente Gattung der Dorfgeschichte im Jahrhundert der Industrialisierung dem Bürgertum der Städte von einem harten, in irgendeiner Weise aber traditionsverhafteten und authentischen Dorfleben erzählt, blendet sie in der Regel die reale Lebensform immer größer werdender Teile der unteren Schichten aus, eines städtischen Proletariats, dem man

---

476 Viebig 1920, S. 8.
477 Diese Polarisierung spiegelt sich auch in den zeitgenössischen literarischen Debatten in Deutschland und in Österreich. Für Österreich vgl. die beiden unter demselben Titel – *Die Entdeckung der Provinz* – in den Jahren 1899 und 1900 erscheinenden Beiträge von Peter Rosegger und Hermann Bahr: Rosegger 1899, Bahr 2010. Zum Verhältnis von Großstadtliteratur, Heimatliteratur und regionaler Literatur um 1900 und Anfang des 20. Jahrhunderts vgl. Nowak 2013, S. 107–162.
478 Hermann Löns' äußerst erfolgreiche Romane spielen größtenteils in der Lüneburger Heide. Großstädte kommen nur vor, insofern sie als Orte der Verfehlung überwunden werden, wie das Ende von *Dahinten in der Haide* zeigt: Der geläuterte Held Lüder Volkmann hat erkannt, worauf es ankommt: die „Füße fest auf der Heimaterde" zu haben, statt „wie so mancher treffliche Mann in dem Wirrwarr der großen Stadt" in Kauf zu nehmen, „mit der Zeit abgestanden und schal" zu werden. Löns 1909, S. 210–211. In späteren Auflagen wurde die Schreibweise abgewandelt: *Dahinten in der Heide*. Zu Hermann Löns vgl. die Arbeit von Thomas Dupke zum *Mythos Löns. Heimat, Volk und Natur im Werk von Hermann Löns*. Dupke 1993.

schwerlich Authentizität andichten konnte. Viebigs Dorfroman *Das Weiberdorf* (1900), der kurz nach 1871 in der Eifel in dem verarmten Dorf Eisenschmitt spielt, konfrontiert den Leser mit diesen Realitäten, denn das Dorfleben ist dadurch geprägt, dass die Männer abwesend sind: Sie verdingen sich als Arbeiter in der Schwerindustrie und kehren nur zweimal im Jahr für wenige Tage zurück.

Es verwundert nicht, dass der reale Dorfname in der zweiten Auflage in den fiktiven Namen Eisendorf abgewandelt wurde. Dabei gelangte die Romanautorin sicher nicht nur in den Ruf der ‚Nestbeschmutzerin' und wurde unter anderem von Vertretern der katholischen Kirche angefeindet, weil die Figur des katholischen Pfarrers nicht gut wegkommt, sondern auch, weil Dorfleben hier in einer Drastik des Drecks, der Verrohung, Gewalt und Sexualität, zudem weiblicher Sexualität, geschildert wird, wie es für die deutschsprachige Literatur der Zeit untypisch ist und auch jenseits katholischer Befindlichkeiten Anstoß erregen musste.[479]

Das Dorfleben des *Weiberdorfs* ist eine Anti-Idylle: Eine Schlägerei geht in die andere über; man könnte sagen, nahezu alle wichtigen Charaktere des Romans werden mit einer Prügelszene eingeführt und es sind angesichts der meist abwesenden Männer vor allem die Frauen, die schlagen. Gewalt gehört zu den nicht weiter kommentierungsbedürftigen Alltagsszenen und zählt in einer Reihe mit Waschen und Nähen zu den gewöhnlichen Verrichtungen, wie diese dörfliche Abendszene nahelegt:

> Hier wusch noch eine, hinter dem mit alten Fetzen verhängten Fensterchen. Da prügelte eine ihren Kindern das ‚Artigsein' für den Vater ein und erstickte das Geschrei, indem sie ihnen das bleischwere Deckbett über die Köpfe zog. Dort saß eine ganz Junge bei unruhig flackerndem Kerzenschein und nähte sich rote Strumpfbändel zum Tanz.[480]

Wenn sich die Dorfbewohner inmitten des allgegenwärtigen Schmutzes[481] nicht betrinken oder verprügeln, beschlafen sie einander und die christlichen Symbole

---

479 Dass dieser Roman quer zu den Erwartungen steht, die an ihn herangetragen wurden und werden, mag Teil der Erklärung für die Geschichte seines Vergessens sein. Obwohl ein bemerkenswertes Dokument der Literaturgeschichte, wird er bis heute entweder ignoriert oder für eigene Zwecke vereinnahmt. Wie Marlene Kück beispielsweise darauf kommt, im Roman ein „auf Unabhängigkeit basierendes Emanzipationskonzept" zu entdecken, bleibt erklärungsbedürftig. Kück 1998, S. 41. Auch die gegenteilige Einordnung des Romans durch Karlheinz Rossbacher als antiemanzipatorisch – das Frauenbild des Romans reduziere die Frau auf ein „Naturwesen" – erfasst den Roman nicht adäquat. Rossbacher 2000, S. 312. Vgl. auch schon Rossbacher 1975, S. 142. Im gleichen Sinn verurteilt auch Gisela Ecker die Frau bei Viebig als „Figur des zufriedenen Opfers". Ecker 1997, S. 131.
480 Viebig 1993, S. 160.
481 Vgl. Viebig 1993, S. 40 oder S. 148.

werden derweil buchstäblich mit den Füßen getreten, etwa während eines „Schäferstündchen[s] in der schmutzigen Stube": „Das Herrgöttchen lag am Boden, achtlos trat Tinas Fuß darauf."[482] Oft, ebenfalls ungewöhnlich für die zeitgenössische Literatur, stehen gerade die Frauenfiguren für aktive Sexualität.

Der antiidyllischen Darstellung geht es aber nur zum Teil um drastische Milieuschilderung.[483] Die Darstellung zielt mindestens ebenso auf ein durchaus lustvolles Anarchisches, das die Dorfbewohner von den gebildeten Figuren absetzt. Auch die Sprache der Eifler transportiert diese anarchische Potenz, ja zeigt sie gegenüber den hochdeutsch sprechenden ‚Auswärtigen' als überlegen: Der detailgenaue Dialekt,[484] der den über weite Strecken in direkter Rede verfassten Roman beherrscht, unterscheidet die Eifler von allen Repräsentanten der gebildeteren Schichten, vom reisenden Händler, der sich über die „arme[n] Teufel" aus „dieser zurückgebliebenen, unkultivierten Gegend" amüsiert,[485] über den Pfarrer, dessen verlogen-weihevolle Sprache das Hochdeutsche ist,[486] bis zum Gendarmen, der die Eifler für „viel zu dämlich"[487] zum Betrügen hält. Dabei ist der Gendarm der Dumme, weil er die Mundart der Gegend nicht versteht und deshalb handlungsunfähig ist.[488] Auch dem Obergendarmen rücken die obrigkeitsresistenten Dorfbewohnerinnen physisch und mit ihrem Dialekt zu Leibe; auf dessen Forderung „Platz für die Obrigkeit" erfolgt schallendes Gelächter und es wird geschrien: „‚O dau Lappes [...] gieh nor on laoß der dein Rotznaos wischen. Mir peifen uf dein ‚Platz for de Obrigkeit'!' [...] Ein ohrenbetäubendes Gekreisch der Weiber erhob sich, in drohender Haltung rückten sie näher und näher."[489] Die Darstellung des widerständigen Frauenpulks weckt archaische Assoziationen: Ein ‚kreischender', erinnyengleicher „Weiberchor" vermehrt sich, zunehmend unbeherrschbar, von allen Seiten und setzt schließlich seinen Willen durch.

Gleichgültig, ob man die Trostlosigkeit oder die Anarchie der Dorfdarstellung betont – anti-idyllisch ist sie allemal. Innerhalb dieses Rahmens kann Heimat

---

482 Viebig 1993, S. 40.
483 Zur Belletristik Viebigs als volkskundlicher Quelle vgl. Neft 2004.
484 Vgl. Macha 2004. Zum provokativen Potential der Sprache im Roman vgl. auch Chambers 2007, S. 144: Das Fluchen und Spotten der Figuren sei „a sign of their subjecthood, and identity that is characterized by banter and direct and spontaneous provocativeness".
485 Viebig 1993, S. 79.
486 Vgl. Viebig 1993, S. 89, S. 145.
487 Viebig 1993, S. 148.
488 „Der Gendarm verstand den Dialekt noch nicht und witterte immer gleich eine Verhöhnung der Obrigkeit. / Tappert, das war ungefähr das einzige Eiflerische, was er bis jetzt gelernt; es war gleichbedeutend mit dem hochdeutschen Dummes Luder und wurde hier bei den ‚dämlichen Bauern' mit Vorliebe von ihm angewendet." Viebig 1993, S. 62–63.
489 Viebig 1993, S. 169.

deswegen, selbst wo sie Idylle repräsentieren soll, nur mehr gebrochen als solche wahrgenommen werden – Elisabeth und Rachel Palfreyman bezeichnen *Das Weiberdorf* daher als „almost an anti-Heimat novel".[490] Die Funktion der Brechung zeigt sich an allen drei Spielarten, die Heimat im *Weiberdorf* durchläuft.

Heimat taucht aus drei Figurenperspektiven auf – nie (bzw. nur einmal mit Einschränkung) aus der Perspektive derer, die Heimat repräsentieren, also der Dorfbewohnerinnen. Sie erscheint erstens aus der Perspektive der fortgegangenen und immer nur kurzzeitig wiederkehrenden Männer, zweitens aus der Perspektive des zugezogenen Städters, drittens aus der Perspektive der Hauptfigur Bäbbi, die fortgehen will.

Die Männer des Eifeldorfes können auf den kargen Böden nicht mehr ihren Lebensunterhalt verdienen, überlassen das Dorfleben deshalb gänzlich den Frauen, Alten und Kindern und verdingen sich in der rheinischen Eisenindustrie als Fabrikarbeiter. Die hergebrachten patriarchalen Strukturen haben sich durch die Industrialisierung, ganz wie es bei Karl Marx und Friedrich Engels beschrieben wurde, aufgelöst. Unter den neuen ökonomischen Bedingungen, so Engels, entstehe eine „heimathlose[ ] Bevölkerung".[491] – In Viebigs Roman sind die Männer nur für wenige Tage im Jahr dort, wo ihre Frauen und Kinder leben: „Zweimal im Jahr – im Winter zu Weihnachten, im Sommer zu Peter und Paul – kamen sie heim ins enge Salmtal."[492] Ihr Leben findet fern des Geburtsdorfes im Rheinland statt, „umglüht von Flammen, eingeengt von Mauern, sehnsüchtig des Heimathimmels gedenkend".[493] Der Roman wird von der Ab- und Anwesenheit der Männer strukturiert, er beginnt und endet mit der Heimkehr der sonst meist abwesenden Männer. Die Handlung setzt mit einer eindringlichen Schilderung

---

490 Boa/Palfreyman 2000, S. 43. Boa und Palfreyman konzentrieren sich in ihren Textanalysen dann aber auf *Kinder der Eifel* (1897) und *Das Kreuz in Venn* (1907).
491 Friedrich Engels schreibt 1877/78 in seinem als *Anti-Dühring* bekannt gewordenen Text über die frühe Industrialisierung in England: „Mit stets wachsender Schnelligkeit vollzog sich die Scheidung der Gesellschaft in große Kapitalisten und besitzlose Proletarier, zwischen denen, statt des früheren stabilen Mittelstandes, jetzt eine unstäte Masse von Handwerkern und Kleinhändlern eine schwankende Existenz führte, der fluktuirendste Theil der Bevölkerung. Noch war die neue Produktionsweise erst im Anfang ihres aufsteigenden Asts; noch war sie die normale, die unter den Umständen einzig mögliche Produktionsweise. Aber schon damals erzeugte sie schreiende soziale Mißstände: Zusammendrängung einer heimathlosen Bevölkerung in den schlechtesten Wohnstätten großer Städte – Lösung aller hergebrachten Bande des Herkommens, der patriarchalischen Unterordnung, der Familie – Ueberarbeit besonders der Weiber und Kinder in schreckenerregendem Maß – massenhafte Demoralisation der plötzlich in ganz neue Verhältnisse geworfenen arbeitenden Klasse." Engels 1988, S. 430.
492 Viebig 1993, S. 16.
493 Viebig 1993, S. 16–17.

des Einzugs der Männer in die Täler ihrer Herkunft ein: „Derhäm!"[494] brüllen sie schon lange bevor die Frauen sie hören können, „se sein hei, se sein hei"[495] die Frauen, als sie der Männer gewahr werden. „[L]eichter Rauch [kräuselt sich] vom heimischen Herd"[496] und „nur der Schatz in der Heimat"[497] küsst so gut – so die sich der Perspektive der heimkehrenden Männer anverwandelnde Erzählerstimme. Es ist dieselbe Erzählinstanz, von welcher der Leser kurz darauf erfährt, wie schmutzig der ‚Herd' ist und welche Geliebten der ‚Schatz' in der Abwesenheit des Ehemannes geküsst hat. Der Effekt dieses Kontrastes ist kein ironischer. Das Pathos der Ankunft wird durchaus nicht beschädigt. Der Kontrast der Außenperspektive der abwesenden Männer, aus der heraus Heimaterfahrung möglich ist, und der Innenperspektive der dableibenden Frauen, die den Begriff der Heimat nie verwenden, bildet zugleich das Verhältnis von rahmender und gerahmter Handlung. Denn zwischen dem kurzen Aufenthalt der Männer und ihrer erneuten Rückkehr ein halbes Jahr später liegt die eigentliche Erzählung – die Zeit, in der die Frauen allein ihr Leben im Dorf auf so wenig idyllische Art führen.

Die zweite Perspektive, in der Heimat gezeigt wird, ist die des zugezogenen Pensionärs Schmitz – eine weitere männliche Außenperspektive also. Er ist „ein reicher Herr"[498] nach Ansicht der Dörfler, aus der Eifel stammend, als Knabe ausgewandert und zum Gerbereibesitzer in Köln aufgestiegen, der sich im Salmtal, das in ihm „Heimatsgefühl"[499] weckt, zur Ruhe setzen will.

> Da stand er nun in seinen grasgrünen Pantoffeln, die Hände in den Schlafrocktaschen vergraben, einen Schal um den Hals, mächtige Tabakwolken in den hellen Morgen hinausqualmend. Mit behaglicher Rührung musterte er die Umgebung. So waren ihm die Heimatberge mit ihren runden Buckeln und den daranhängenden, winzigen Äckerchen manchmal im Traum erschienen! Und da dachte er an das Mus, an Kabes met Grombieren on Griewen, die er sich für heut Mittag beim Krumscheid bestellt, und sein Eifeler Magen knurrte in süßer Erinnerung.[500]

Die ihn umgebende Lebensrealität hat allerdings wenig mit diesen biedermeierlichen Reminiszenzen von Pantoffel und Schlafrock, Tabak und Mus gemein, und so schließt an die zitierte Szene auch unmittelbar eine andere, konterkarierende an: Zeih, die Frau, die Schmitz so anziehend erotisch findet, erscheint mit ihrem

---

494 Viebig 1993, S. 7.
495 Viebig 1993, S. 10.
496 Viebig 1993, S. 8.
497 Viebig 1993, S. 13.
498 Viebig 1993, S. 131.
499 Viebig 1993, S. 132.
500 Viebig 1993, S. 134.

3.3 Heimatkunst und Literaturgeschichte — 547

„elenden", kranken Kind und berichtet von ihrem trinkenden und prügelnden Mann. Wieder wird das ‚Heimatsgefühl' einer Romanfigur, die nicht zum eigentlichen Dorfleben dazugehört, mit antiidyllischer Realität konfrontiert.

Die dritte Perspektive auf Heimat eröffnet sich am Ende der Erzählung und ist parallel zur Eröffnungsszene lesbar. Ging der Blick der Figuren am Handlungsbeginn in Richtung Dorf und ‚heimischem Herd', geht sie jetzt von der Dorfbewohnerin Bäbbi Richtung Stadt. Wie am Anfang wird eine figurenbezogene Perspektive gewählt, mit der die Erzählinstanz sympathisiert:

> „Wuh ons Pappa es, lao sein mir aach zu Haus, gäl, Lorenzche?" Sie dachte an die eingeengten Straßen, an die graue Luft, an das Gestampf und Geächz der Maschinen, und für Augenblicke irrte ein Bangen über ihr Gesicht; aber gleich darauf lächelte sie freudig. „Wann hän ons ruft, mir kommen, gäl? Mir giehn zu onsem Pappa on bringen ihm sein Heimat!"[501]

Heimat ist beweglich, so die Botschaft der Textstelle. Aber der Entschluss, dem Mann in die Stadt zu folgen, wird als heroisches Opfer dargestellt und die Reinheit der Natur wird in deutlich wertender Absicht gegen die ‚graue Luft' der Stadt gehalten. Die Zukunft mag in der Stadt liegen, aber die Kraft – auch die Kraft, das Geburtsdorf zu verlassen – wird aus dem ländlichen Boden geschöpft. Es sind nicht die Menschen des Dorfes, die Bäbbi Kraft geben, sondern es ist die Natur, genauer noch die besessene und bewirtschaftete Natur – der zitierten Textstelle unmittelbar voran geht die Beschreibung, wie Bäbbi ihren Acker bestellt. Die Bildlichkeit des Wurzelns in der Heimaterde und des Sich-in-die-Höhe-Reckens wird in ein nun ganz aus der Perspektive der heterodiegetischen Erzählinstanz vorgetragenes symbolistisch-pathetisches Bild überführt, wie es aus der Malerei der Jahrhundertwende (Abb. 39) vor Augen steht:[502] „Ihre ernsten Augen erhellten sich, ein heiliges Feuer schien sich darin zu entzünden. Höher und höher reckte

---

501 Beide Zitate Viebig 1993, S. 142.
502 Vgl. exemplarisch folgende Bilder des Symbolismus: Fidus (d.i. Hugo Höppener): *Lichtgebet* (1894), Max Klinger: *Und doch!* (1898), Sascha Schneider: *Die Glut* (1904), Ludwig von Hofmann: *Opferschalen* (1910). Fidus' *Lichtgebet*, als Postkarte, Kohledruck und großformatiger Farbdruck um 1900 weit verbreitet, ist eine Ikone der Lebensreformbewegung, aber auch „Leitbild" des George-Kreises. Hermand 1972, S. 86. Das Bild zeigt in Rücken- bzw. Seitenansicht einen nackten Jüngling, der, auf einem Felsen stehend, mit ausgebreiteten Armen die Sonne begrüßt. Mit den kultischen Zügen eines Naturgottesdienstes, in dem eine unvermittelte Beziehung zwischen Mensch und Natur möglich ist und in dem unten und oben, dunkel und hell, Fels/Boden und Himmel/Sonne in eine Einheit verschmolzen werden, ist die Bildidee ebenso anschlussfähig an Friedrich Lienhards Programm der ‚Höhenkunst', vgl. Rossbacher 1975, S. 59–60. Auch bei Clara Viebig ist es ‚Felsboden', auf dem die hochgereckte Gestalt der Protagonistin steht, und auch hier werden dieser Felsboden und die Höhe und Weite darüber in ein kultisch-religiöses Bild der Verbundenheit von Mensch und Kosmos gefasst.

sich ihre aufrechte Gestalt; wie die Wurzeln eines starken Baumes standen ihre Füße fest im heimischen Felsboden, aber ihr offener Blick ging ins Weite."[503] Mit der Beschreibung der Figur Bäbbi, die hier zur Priesterin überhöht wird, wechselt Viebig den Ton in einer Weise, der zu den drastisch-beschreibenden Zügen ihres Romans quer steht. Die kritische Korrektur der bisher nur von einzelnen Figuren formulierten positiven Einstellung zu Heimat (der heimkehrenden Männer, des Pensionärs Schmitz) bleibt an dieser Stelle aus. Stattdessen wird eine Vorstellung von Heimat entworfen, die Natur, genauer noch den bewirtschafteten, ländlichen Grund und Boden zur Urzelle menschlicher Kraft erklärt.[504] Diese dem ‚Heimatboden' entspringende Kraft strebt hinaus, in die Höhe, ins Weite. Bäbbis ‚Schollengebundenheit' wird so zugleich überhöht und vertieft und partizipiert am um 1900 weitverbreiteten Topos eines Heimatverständnisses zwischen ‚Erde und Himmel'.[505] Die damit einhergehende positive Assoziation von Heimat mit der solchermaßen aufgewerteten ‚Scholle' – als Begriff erst später in Viebigs Romanen zu finden – ist ein werkimmanentes Motiv der Schriften Viebigs, das sich verstärken wird – auch und gerade in ihren Berlin-Romanen.

Zwischen 1897 und 1935 hat Viebig sechsundzwanzig Romane geschrieben; die Hälfte davon spielt in Berlin.[506] So auch *Das tägliche Brot* (1900), das im selben Jahr wie *Das Weiberdorf* erscheint. *Das tägliche Brot* erzählt die Geschichte von den ungleichen Mecklenburger Dorfmädchen Mine und Bertha, die in den 1890er Jahren ihre Familien verlassen, um in Berlin Arbeit als Dienstmädchen zu finden. Die ungebildete, unansehnliche und phlegmatische, dabei aber redliche und bis zur Selbstaufgabe arbeitsame Mine kann trotz aller Anstrengungen und völliger Anspruchslosigkeit kaum die eigene physische Existenz sichern und bleibt auch Jahre später als Ehefrau und Mutter von zwei Kindern von Armut und Hunger bedroht.

Die hübsche und agile Bertha, die es zunächst besser zu treffen scheint, treibt die Sehnsucht nach einem besseren Leben schließlich in Alkoholismus und Prostitution. Das Scheitern beider Frauen wird nicht moralisiert. Berthas Verderben ergibt sich nicht aus sittlicher Verkommenheit, sondern aus einer unglücklichen Mischung charakterlicher und milieubedingter Dispositionen, ihrer

---

503 Viebig 1993, S. 144.
504 Zur Rolle der Natur bei Viebig und speziell im *Weiberdorf* vgl. Guntermann 2004.
505 Langbehn über den idealen Künstler: „Sein Fuß haftet fest auf der Erde; aber sein Blick richtet sich dabei frei gen Himmel." Langbehn 1890, S. 20. Lienhard über den Heimatkünstler: „Aus der Heimaterde gen Himmel wachsend, in Sturm und Sonnenfreude!" Lienhard: Vom Reichtum deutscher Landschaft, 1900, S. 140.
506 Zur Einordnung Viebigs innerhalb des Genres Berlin-Roman um 1900 vgl. Durand 2004.

Abb. 39: Fidus: *Lichtgebet*, Farblithographie. 1913 (gemeinfrei über Wikimedia commons)

„Gier nach Leben",[507] die nicht zu ihrer gesellschaftlichen Stellung und ihren ökonomischen Voraussetzungen passt.

Mine ist fleißig, anspruchslos und selbstlos; dies bewahrt sie aber nicht davor, nach den moralischen Kategorien ihrer Zeit schuldig zu werden. Die Aussicht auf eine bessere Zukunft, die sich für sie am Ende zu eröffnen scheint, bleibt mehr als zweifelhaft. Der Leserin des Romans *Eine Handvoll Erde*, der Fortsetzung von Mines Geschichte, bestätigt sich dieser Zweifel. Nicht eine moralische Absicht strukturiert die Handlung wie bei den Realisten Dickens oder Freytag, sondern eine durch die Milieutheorie beeinflusste Versuchsanordnung wie bei Hauptmann oder Zola, innerhalb derer soziale und ökonomische Verhältnisse die Spielräume des Einzelnen derart eingrenzen, dass die Möglichkeit autonomen Handelns grundsätzlich fraglich wird.

Als Produkt ihrer Verhältnisse erweist sich in *Das tägliche Brot* auch die Familie Reschke mit ihrem ‚Grünkramladen', die mit vier Kindern in einem feuchten und dunklen Berliner Keller haust: Arthur, der nach dem Willen seiner Mutter etwas Besseres werden soll und an dieser Überforderung scheitert, Trude, die von den Eltern an eine vermeintlich gute Partie verschachert wird und schließlich in die Prostitution abgleitet, die fidele Elli, deren Zukunft am Ende des Romans ebenfalls in düsteres Licht getaucht wird, und die von ihrer Familie vernachlässigte behinderte Grete, die noch als Kind stirbt. Familie Reschke ist entfernt mit Mine verwandt und nimmt sie zunächst auf, bis sie eine Dienstbotenstelle bekommt – nicht aus Menschenfreundlichkeit oder familiären Bindungen, wie sich bald herausstellt. Die Figurendarstellung arbeitet präzise die Ambivalenzen der Handelnden heraus, die in ihrer Gehässigkeit und Gleichgültigkeit genauso wie in ihrer – meist nur kurzfristig aufwallenden – Herzlichkeit und Mitmenschlichkeit gezeigt werden. Nur Mine und Grete fallen aus diesem Darstellungsmodus heraus. Sie scheinen mit ihrem mangelnden Egoismus nicht ganz dieser Welt zuzugehören.

Heimat übernimmt im Roman verschiedene Funktionen: die der Selbstversicherung, die der Versorgung und die des Glücks-, ja Erlösungsversprechens. Im Lauf des Romans erweisen sich diese Erwartungen – verstanden als soziale und religiöse Kategorien – als nichtig. Jenseits einer Heimatvorstellung, die sich an Menschen oder an einen Glauben knüpfen würde, hat eine andere Vorstellung von Heimat für die Figur Mine bis zum Ende Bestand, nämlich die der seelischen Verbundenheit mit der kultivierten, ökonomisch versorgenden Erde: ein „Stück-

---

[507] Viebig 1950, S. 327.

chen Acker, an dem die Seele hängt".[508] Die Fortsetzung des Romans, *Eine Handvoll Erde*, trägt diese Idee dann schon im Titel.

Überwiegend benutzen Mine und Bertha das Wort Heimat, wenn sie sich ihrer selbst und der Beziehung zueinander versichern wollen. Bertha ist für Mine „ein Stück Heimat".[509] Mine rechtfertigt ihren Besuch bei Bertha mit den Worten: „Ich bin aus ihre Heimat."[510] Als Mine bedrückt darüber ist, dass sie Berthas Mutter keine Nachricht von deren Tochter bringen kann, kommt es ihr so vor, „als wenn man gar nicht ein und dieselbe Heimat hätte!"[511] Als sie aber Bertha bei einer neuen Herrschaft einführt, fungiert der Verweis auf die gemeinsame Heimat als eine Art Empfehlungsschreiben: „Vor der brauchen Se keene Bange zu haben, die is aus meine Heimat."[512] Und nichts hat zwischen den beiden größeren Verpflichtungscharakter als die gemeinsame Heimat: „Du, Mine, verlaß mer nich, wir sind ja aus einer Heimat!"[513] Die komplementären Figuren werden also zusammengehalten über ihre Rede von der gemeinsamen Heimat – einer Heimat, mit der sie andererseits nichts Gutes verbinden und nach der sie sich nicht sehnen: „Noch nie hatte Bertha der Heimat gedacht." Berthas alleinstehende Mutter trinkt und ist selten in der angemieteten Wohnung. Mines Familie besitzt, was Berthas Mutter vermisst, das „Stückchen Acker, an dem die Seele hängt".[514] Aber im beengten Bauernhaus der Familie kann auch Mine nicht bleiben, da es zu viele Mäuler zu stopfen gibt.[515] Im Romanverlauf gibt es vier charakteristische Bezugnahmen auf Heimat durch Mine, die zeigen, dass die Funktion der Selbstversicherung, jedenfalls als soziale Kategorie, keinen Bestand hat.

Unmittelbar bevor Mine ihren ersten Dienst antritt, unterhält sie sich im Keller der Reschkes mit Grete. Heimat ist hier für die frisch in Berlin Eingetroffene ein Inbegriff des Versprechens, immer satt zu werden:

> „Du solltest mal bei uns kommen, Grete, da wirste groß un dick!" Und von einer Sehnsucht ohnegleichen gepackt, erzählte sie dem still zuhörenden Mädchen von dem Vaterhaus mit dem Strohdach, drauf alle Frühjahr ein Storch nistete, von den Pantoffelblumen am Kam-

---

508 Viebig 1950, S. 353.
509 Viebig 1950, S. 82
510 Viebig 1950, S. 135.
511 Viebig 1950, S. 232.
512 Viebig 1950, S. 316.
513 Viebig 1950, S. 353.
514 Beide Zitate Viebig 1950, S. 353.
515 „Was willste denn ooch derheeme?' sprach der Vater. [...] Es waren der Mäuler gar zu viele für Barthel Heinzes Acker; das Haus war eng, man konnte doch nicht so aufeinander hocken. Wenn nicht der Peter und die Lisa, die nach ihr im Alter kamen, schon als Kinder miteinander im Entenpfuhl ertrunken wären, hätte sie längst fortgemußt." Viebig 1950, S. 7.

merfenster, dem Schweinekoben, den Hühnern auf dem Mist, von dem Dorf mit dem Entenpfuhl, von dem Kartoffelacker und dem Roggenfeld. Die dunklen Kellerwände wichen auseinander, sie sah weit über hellbeglänzte Fluren. [...] „Aber derheeme, da sollste kucken! Un en Butterschmier" – sie zeigte vier Finger – „so dick! Ju, ju, da hammers sehr gutt!"[516]

Was hier vermeintlich in Erinnerung gerufen wird – immerhin war der Grund, das Vaterhaus zu verlassen, dass es nicht alle Kinder ernähren konnte –, ist die bäuerlich genutzte Natur, sowohl in Form von kultivierter Landschaft (‚hellbeglänzte Fluren') als auch in Form ihrer Produkte (‚Butterschmier') – der Boden also, der seinen Besitzer ernährt. Die dazugehörigen Menschen spielen keine oder doch nur eine sehr abstrakte Rolle (‚Vaterhaus'). Auch die sich in die Perspektive der zuhörenden Grete versetzende Erzählerstimme betont diesen Aspekt – Grete habe „noch nie grünende Saat, noch nie ein wogendes Kornfeld gesehen". Es geht in der Heimaterinnerung von Mine also um ein glückhaftes Naturerlebnis, aber auch um den Aspekt der Versorgung. Das Schwelgen in der Heimat wird unterbrochen, weil die Ökonomie der Armen in der Stadt anderen Regeln unterliegt; Miene sucht Herrschaften, bei denen sie als Dienstmädchen arbeiten kann: „,'s is eene da, die dir mieten will.' Fort war die Heimat mit einem Schlag!"[517]

Am einzigen unbeschwerten Tag Mines, den der Roman schildert, verbindet sich Heimat mit einem Naturerlebnis, in dem sich Erinnerung und Glückserfahrung überlagern. In dieser Szene wird ihr Kind gezeugt. Drastisch assoziiert Viebig hier Heimat und Koitus miteinander. Mines und Arthurs Ausflug in einen Vergnügungspark in Wilmersdorf, dem damaligen Rand der Stadt, endet aus Scham, kein Geld fürs Amüsement zu besitzen, außerhalb der Vergnügungsanlage: „Eine unabsehbare Fläche breitete sich aus; keine Wiese, kein Wald. Brachliegende Felder, schon zu Bauplätzen bestimmt, rechts und links."[518] Keine schöne Natur also, aber die freie Weite beglückt Mine: „Eine große Freude machte ihr Herz zittern; sie wähnte sich daheim auf der grünen Golmützer Flur, daheim und – mit ihm! Sie hätte jubeln mögen."[519] Die Erinnerung an die Heimat wird überblendet mit der gegenwärtigen Zweisamkeit, weitere Überblendungen dieser Art folgen: Mine „dachte an daheim; und doch hätte sie jetzt nicht mehr dort sein mögen, um alles in der Welt nicht, denn – sie lächelte und seufzte leise und strich mit ungeschickter Zärtlichkeit über die schön pomadisierten Haarwellen an Arthurs Hinterkopf."[520] Als Arthur sie küsst, tat sie „ihm den Willen, sie selbst war ganz

---

516 Viebig 1950, S. 43–44.
517 Viebig 1950, S. 43–44.
518 Viebig 1950, S. 114.
519 Viebig 1950, S. 115.
520 Viebig 1950, S. 117–118.

willenlos. Immer die schöne Musik, und der Hauch von den Feldern, der sie gedankenlos froh machte wie ein Kind auf der Heimatflur."[521] Wieder wird Heimat mit Natur und Ackerbau verbunden – Erde, Felder und Kartoffelkraut –, nicht mit Menschen. Aber in der eigenen Gegenwart wird noch etwas anderes, Schöneres gefunden, Zweisamkeit, und Mine möchte ‚um alles in der Welt nicht' daheim sein. An diesem Tag wird sie schwanger.

Das dritte Mal wird Heimat für den Erzählverlauf wichtig, als die werdende Mutter ahnt, dass ihr Kind von den Eltern nicht anerkannt werden wird. Die positiven Gefühle zur Heimat werden durch eine Vorahnung überschattet. „Einer Vision gleich sah sie durch die frühlingsfeuchten Äste hindurch, die Laternenschein silbrig beglänzte, weit, weit die Heimatflur. Da tat die Erde jetzt ihren Schoß auf, da roch der Acker kräftig nach Nahrung und Gedeih'n."[522] Wieder wird das Kompositum der Heimatflur gewählt und wieder übernimmt es die Funktion, zwischen einer sozialen Heimat, die in Frage gestellt wird, und einer Heimat des Ackers, der kultivierten, ökonomisch versorgenden Natur, zu unterscheiden. Nicht an die Familie, sondern an die Flur binden sich positive Gefühle: ‚Erde', ‚Acker', ‚Saat' als Symbole der Fruchtbarkeit werden hier mit der eigenen Schwangerschaft verknüpft. Heimat ist damit weiblich konnotiert als Gebärende (vgl. I.2.3). Das Gebären ist als natürlicher Vorgang gedacht – menschliche Empathie und Solidarität schließt das nicht ein, wie sich bestätigen wird, denn „*ihre* Saat würde niemand mit Freuden begrüßen".[523]

Das vierte und letzte Mal im Romanverlauf verknüpft sich für Mine der Ort der Herkunft mit Hoffnung und Freude, als sie sich entschließt, das inzwischen geborene Kind zu den Eltern zu bringen: „Es war an einem schönen Septembermorgen, als Mine, das fest in ein Tuch gepackte Fridchen auf dem Schoß, der Heimat zufuhr. Jetzt regte sich doch ein Gefühl der Freude in ihr, und eine lebhafte Neugier dazu [...]."[524] Ohne anerkannten Vater muss sie ihre Mutterschaft vor ihrer Herrschaft verheimlichen, das Neugeborene in Kost geben und kann das Kind nur zwei Mal im Monat für einige Stunden sehen. Sie möchte ihr Kind deswegen zu ihrer Familie nach Mecklenburg geben. Aber Mine stößt in ihrer Familie auf Ablehnung und gänzliches Desinteresse. Das uneheliche Kind wiegt dabei weniger schwer als die ausgebliebenen Geldsendungen, die sich die Familie erhofft hatte. Die Familie weigert sich, das Kind aufzunehmen. „Und dann ging sie plötzlich, ohne Adieu, ohne der Mutter die Hand zu bieten, zum Hause hinaus. Draußen sah

---

521 Viebig 1950, S. 119.
522 Viebig 1950, S. 172.
523 Viebig 1950, S. 172.
524 Viebig 1950, S. 230.

sie nicht mehr zurück – sie hatte ihre Heimat verloren."⁵²⁵ Ab diesem Zeitpunkt, dem zweiten Drittel des Romans, ist Heimat keine Bezugsgröße mehr für Mine, sie nimmt das Wort nicht mehr in den Mund. Als soziale Kategorie der Selbstversicherung und der Versorgung hat sich Heimat nicht bewährt.

Auf eine andere Heimat, die Einheit mit Gott, hofft das zurückgebliebene und ungeliebte Kind Grete, das bei der Heilsarmee Trost findet: „Ich habe die joldene Heimat jesehn und das lichthelle Land – komm, laß uns dahin jehn!"⁵²⁶ Grete hat sich ganz dem Jenseits verschrieben und stirbt schließlich. Die vorher durchlebten ekstatischen Visionen des Kindes sind ins traurige Licht der Verzweiflung gehüllt, mehr Ausdruck des Scheiterns am Leben als der Spiritualität. Ihr Tod steht für das Versagen ihrer Umwelt, nicht für eine Einkehr in Gott, und so ist Gretes ‚joldene Heimat' nicht nur eine persönliche Illusion, sondern Ausdruck einer Gesellschaft, die nicht für ihre Armen sorgt und in der die Religion mit Marx das ‚Opium des Volks' ist. Der Glaube an eine himmlische Heimat (vgl. II.1) wird somit aus sozialer Perspektive der Kritik unterzogen.

Auch wenn Heimat als soziale und Heimat als religiöse Kategorie im Romanverlauf scheitern, hat ein anderes Glücksversprechen von Heimat Bestand: das der seelischen Verbundenheit mit der kultivierten, also ökonomisch versorgenden Erde. Der Roman entwirft ein weit über die einzelne Figurenperspektive hinausgehendes Positivmodell von Heimat, das auf den bäuerlichen ‚Grund und Boden' setzt. Es ist hierbei nicht ein beliebiges Naturerlebnis, es ist nicht einfach die *Landschaft* der Kindheit, sondern der bewirtschaftete Boden, der zum kraftspendenden Erinnerungsbild für Mine wird. Berthas Beziehungslosigkeit zur Heimat wird von der Erzählinstanz unter anderem damit erklärt, dass ihre Mutter eben nicht „ein Stückchen Acker, an dem die Seele hängt" habe.⁵²⁷ Auch Gretes Verhalten wird von der Erzählerstimme dahingehend kommentiert, sie habe „noch nie grünende Saat, noch nie ein wogendes Kornfeld gesehen". Im Moment des Glücks verbindet sich Mines Natur- und Liebeserlebnis mit der Erinnerung an

---

525 Viebig 1950, S. 240.
526 Viebig 1950, S. 51–52.
527 „Noch nie hatte Bertha der Heimat gedacht. Berlin war ja so viel schöner. Aber als sie jetzt so einsam am zugigen Tor stand und mit unruhigen Blicken die Straße hinauf und hinab spähte, dachte sie an daheim. Aber hatte sie denn ein ‚Daheim'? Kein Stückchen Acker, an dem die Seele hängt, zu eigen; im Häuschen wohnten sie zur Miete. Die Mutter, halb Bäuerin, halb Städterin, war ewig aus dem Haus! Und wenn sie wiederkam und überwacht, angestrengt, durchfroren, durchgerüttelt vom Bauernwägelein stieg, mußte sie eins trinken zur Beruhigung, und dann schlief sie ein, und dann trank sie nach dem Erwachen abermals, um sich wieder zu beleben, ‚Mumm' zu kriegen für eine neue Verantwortlichkeit, die ihr Gewerbe mit sich brachte. Bertha schüttelte sich; nein, nicht nach Haus! Aber wohin denn, was wollte sie denn eigentlich?!" Viebig 1950, S. 353.

die ‚Heimatflur'. Es findet keine Verklärung einer ländlichen Heimat im Sinne des Sozialen statt: Die Familie von Mine ist arm, aber deswegen nicht natürlich-menschlich, im Gegenteil ist sie roh, selbstsüchtig und ohne Erbarmen. Auch das Dorf wird nicht als funktionierende menschliche Gemeinschaft dargestellt. Es bleibt die gewissermaßen menschenlose ‚Heimatflur'. Es ist aber wichtig, dass der Begriff der Heimat, nachdem Mine von ihrer Familie verstoßen wurde, kein einziges Mal mehr im Roman verwendet wird. Ohne das Soziale, so kann man schließen, bedarf die seelische Verbundenheit mit der Erde auch nicht mehr des Begriffs der Heimat.

Dies bestätigt die fünfzehn Jahre nach *Das tägliche Brot* erscheinende Fortsetzung der Geschichte von Mine Reschke mit dem Titel *Eine Handvoll Erde* (1915). Mines Sehnsucht nach einem Stückchen Grund und Boden ist das Handlungszentrum des Romans. Die ‚Scholle' (anders als in den zuvor besprochenen Romanen nun als Begriff präsent), die ‚Handvoll Erde', ist das zentrale Motiv und zugleich das Surrogat von Heimat. Das Wort Heimat wird demgegenüber kein einziges Mal im ganzen Roman verwendet, denn Langbehns Diktum – „Eine wahre Heimat hat der Mensch erst, wenn er Grundbesitz und insbesondere Landbesitz hat"[528] – kann in der Großstadt nicht mehr gelten.

Der Roman *Eine Handvoll Erde* spielt um 1910, etwa zwanzig Jahre nach *Das tägliche Brot*. Zwei Kinder Mines sind gestorben, zwei groß geworden, die Eheleute Reschke wie eh und je ohne feste Stelle. Reschkes pachten Boden für eine kleine Laube, um der Mietskaserne wenigstens in der kurzen freien Zeit zu entkommen. Das Laubengrundstück liegt in einer armseligen, trüben Gegend vor den Toren Berlins; hier laufen die dunklen Handlungsfäden eines Kriminalplots zusammen, in dem es um einen falschen Liebhaber und einen Doppelmord, Bodenspekulation[529] und Raub geht – am Ende wird ein Irrenhaus an diesem Ort errichtet. Das Bedürfnis von Mine nach „dem Stückchen Erde, dieser armen Scholle" kann das aber nicht brechen, auch wenn das Grundstück nur gepachtet ist: „,'ne Handvoll Erde, wo ich zu sagen kann: ‚du bist mein'."[530]

Korreliert wird der im Schrebergarten gewonnene Lebensmut mit den Auswanderungsplänen des Sohnes Max nach Amerika: „Eine Handvoll Erde genügt da oft schon, um reich zu werden."[531] Die Hoffnung des ausgewanderten Sohnes bestätigt sich nicht und die Hoffnung von Mine auf eigenen Grund und Boden

---

528 Langbehn 1890, S. 128.
529 Der Bodenspekulant Hippelt beutet das Bedürfnis der kleinen Leute nach „eigenem Grund und Boden" aus: „Hippelt rieb sich die Hände: nur auf eigenem Grund und Boden fühlt sich der Mensch glücklich." Viebig 1952, S. 221.
530 Beide Zitate Viebig 1952, S. 255.
531 Viebig 1952, S. 241.

wird bis zum Äußersten auf die Probe gestellt. Ihre Pacht läuft aus und die Verzweiflung über das Scheitern des Sohnes vermischt sich mit der über den Verlust der Laube: „Ach, sie war ja hier schon so angewachsen – nein, sie konnte, sie konnte hier nicht fort! Ihre Finger krallten sich förmlich ins Erdreich, wie Wurzeln, die eindringen, die tief hinabgreifen."[532]

Der Deus ex machina, der im Folgenden in Gestalt des Dr. Hirsekorn auftritt, verspricht Mine, ihr die ‚Handvoll Erde' zu erhalten und ihr ein Häuschen mit Garten in der Gegend zu kaufen. Wie schon beim hoffnungsvollen Romanende von *Das tägliche Brot* wird die hier hergestellte ‚poetische Gerechtigkeit' allerdings deutlich als Abkehr vom realistischen Szenario markiert. So ist es Mine, als sie Hirsekorn trifft, „als blicke sie in Gottes Angesicht".[533] Der Roman endet melancholisch mit einem inneren Zwiegespräch des Doktors mit seiner verstorbenen Frau Marianne: „Eine Handvoll ist's, um die wir ringen, wir mühen uns darum unser Leben lang: eine Handvoll Erde. Aber siehe, einzig die letzte, sie, die uns deckt, macht uns ganz glücklich – nur sie allein! Und sie nur gehört uns ganz!"[534]

Auch mit dieser letzten Wendung der Metapher zeigt sich die ‚Handvoll Erde' als Surrogat einer Heimat, die sich nicht jeder leisten kann: So wie die ‚Handvoll Erde', die bewirtschaftet wird, Heimat ersetzt – aber eben nur unter den ärmlichen Bedingungen der gepachteten Laube in einer trüben Gegend –, ersetzt die das Grab deckende ‚Handvoll Erde' die Vorstellung der ‚himmlischen Heimat'. Die Jenseitsvorstellung wird vermittels der physisch-materiellen Bildlichkeit der Erde in die Immanenz überführt. Umgekehrt gilt aber auch, dass die ‚Erde' im Roman immer wieder emotionalisiert wird, etwa in der Szene, in der die alte Mine sich auf ihr Stück Boden fallen lässt und „ihr heißes Gesicht in die kühle Erde" drückt. Die eigene Scholle ist in Viebigs Texten die Urzelle menschlicher Kraft, die auch in der industriell geprägten Moderne nichts von ihrer Bedeutung verliert, im *Weiberdorf* repräsentiert durch die in die Stadt ziehende Bäbbi, in *Eine Handvoll Erde* durch die zur Städterin gewordene Mine. Während Heimat als soziale Kategorie in den behandelten Texten in Frage gestellt wird, fungiert die menschenleere ‚Scholle'

---

532 Viebig 1952, S. 252.
533 Viebig 1952, S. 253. Der Bruch des Romanendes wird genauso wenig wie die Tatsache in Rechnung gestellt, dass das Wort ‚Heimat' hier gar nicht vorkommt, wenn Gisela Ecker das Frauen- und Heimatbild des Romans mit Bezug auf diese Textstelle aus feministischer Sicht verurteilt: „,Heimat' ist für Heldinnen wie sie ein Ort, an dem frau wartet, mehr als alle anderen arbeitet, Kinder bekommt, sich für alle aufopfert und die entsprechenden Zeichen sichtbar am Körper trägt. Die paradoxe Figur des zufriedenen Opfers enthält sowohl die Leistung, die zu erbringen ist, damit ein so stabiler, begehrter Ort (vor allem für Männer, aber auch für Frauen) erhalten bleibt, als auch die Gratifikation und partielle Macht durch Idealisierung, die nötig ist, um die Bewahrerin von ‚Heimat' an diesem Ort zu halten." Ecker 1997, S. 124.
534 Viebig 1952, S. 260.

als pathetisches Gegenprogramm.[535] Aber die Scholle wird bei Viebig nicht, wie zeitgenössisch üblich – etwa bei Hermann Kurz (vgl. II.2.2.3), Theodor Herzl (vgl. II.1.3.2) oder Josef Nadler (vgl. II.3.3) – mit dem Begriff der Heimat verbunden.

Viebig wurde von der zeitgenössischen Literaturgeschichtsschreibung entweder nur dem Naturalismus oder nur der Heimatkunst zugeordnet.[536] Dass es eher um eine Verbindung von beidem geht,[537] hat sich inzwischen – vor dem Hintergrund der Annahme eines Stilpluralismus in der Zeit um 1900 – als Einschätzung durchgesetzt.[538] Fraglich bleibt allerdings, wie sinnvoll überhaupt von ‚Heimatkunst' als literaturhistorischer Bezugsgröße ausgegangen werden sollte. Die ‚Heimatkunst' ist, jedenfalls zum Teil, ein literaturpolitisch äußerst wir-

---

535 Die Rede von der ‚Scholle' war im späten 19. Jahrhundert oft, aber nicht notwendig mit der völkischen Ideologie verknüpft, die sich ab Anfang der 1920er Jahre dann mit dem Begriff von ‚Blut und Boden' verband. Oswald Spengler gebraucht die Begriffe von Blut und Boden im *Untergang des Abendlandes* als Gegensatzpaar. Max Wundts Verwendung des Begriffspaars in seiner Schrift *Was heißt völkisch?* ist dann einschlägig, vgl. Wundt 1924, S. 32. Schon Ende des 19. Jahrhunderts tritt die Scholle als völkisches Konzept im fiktiven Rahmen etwa in Wilhelm von Polenz' Roman *Der Büttnerbauer* in Erscheinung: Mit sozial- und ökonomiekritischer Präzision wird die zeitgenössische Umstrukturierung der extensiven in eine intensive Landwirtschaft und werden ökonomische Abhängigkeiten der Landbevölkerung in eine panoramatisch-analytische, an Zola erinnernde Gesellschaftsdarstellung gefasst: „Das Verpfänden und Belasten des Grund und Bodens ward in ein System gebracht, das den Urgrund aller menschlichen Verhältnisse, die Scholle, einem Handelsartikel gleichstellte" (Polenz 1895, S. 278). Die Kapitalismuskritik wird völkisch gewendet, indem sie das Leiden an den Umstrukturierungen an die vermeintlich erdverbundene germanisch-nordische ‚Rasse' bindet, während die kapitalistische Logik durch die Juden vollzogen wird, die bei Polenz nicht nur unfähig zur Erdverbundenheit sind, sondern diese durch Spekulation in ihren Grundfesten untergraben. Am Ende nimmt sich der seines Landes enteignete Büttnerbauer das Leben; von der Scholle kann er nur über seine Leiche lassen: „Die weit aus ihren Höhlen hervorquellenden Augen starren die Scholle an; die Scholle, der sein Leben gegolten, der er Leib und Seele verschrieben hatte" (Polenz 1895, S. 427). Der erhängte Körper hat dann auch im wörtlichen Sinn den Boden unter den Füßen verloren. – Auch in Viebigs Texten wird Bodenspekulation als Ausdruck inhumaner wirtschaftlicher Interessen gegen die Bodenverbundenheit des einfachen Volkes gesetzt, aber die völkischen und antisemitischen Motive eines Polenz fehlen in den hier besprochenen Romanen völlig. Für Viebigs Texte ab den 1920er Jahren mag gelten, dass zunehmend konservative Wertmaßstäbe mit ästhetischer Mittelmäßigkeit korrelieren und Heimat dort dem völkischen Verständnis als ‚deutscher Scholle' bedenklich nahe rückt, so Krauß-Theim 1992, S. 249.
536 Vgl. Gubisch 1921; Scheuffler 1927; Mahrholz 1931, S. 145–147; Meyer 1921, S. 554.
537 Dies wurde schon von Zeitgenossen so gesehen, etwa von dem Schriftsteller und Publizisten Ludwig Jacobowski; vgl. Jacobowski 1897, S. 717.
538 Die Annahme, Literatur ‚um 1900' sei als Entfaltungszusammenhang nicht diachron sich ablösender, sondern sich nebeneinander entfaltender und sich wechselseitig beeinflussender Strömungen zu verstehen, wird so diskutiert seit Rasch 1967. Vgl. auch Krauß-Theim 1992, S. 38 mit einem Forschungsüberblick zum Verhältnis von Heimatkunst und Naturalismus.

kungsvoll installiertes Privatprogramm Adolf Bartels', der sie als literaturhistorische ‚Epoche' überhaupt erst einführte. Die sich zur ‚Heimatkunst' bekennende Viebig ist, schaut man auf die ästhetisch innovativen Texte um 1900, denkbar weit von dem entfernt, was Bartels mit der Heimatkunst verband: Viebigs Texte setzten aufs Regionale, aber nicht nur aufs Ländliche, sondern auch aufs Städtische. Sie bedienen sich der Mundart, aber dazu gehört auch der Berliner Dialekt. Sie haben das ‚einfache Volk' zum Gegenstand, aber die Schilderungen des Landlebens zeigen nie eine intakte oder gar idyllische Welt. Sie führen den Begriff der Heimat mit sich, er zeigt aber nur ein Bedürfnis an, das nicht befriedigt werden kann. In welcher Weise überhaupt sinnvoll von Heimatkunst um 1900 als einer in sich kohärenten literarischen Bewegung gesprochen werden kann, bleibt, wie man an Clara Viebigs Texten sieht, fragwürdig. In dieser Perspektive wäre die Literaturgeschichtsschreibung einem mehr oder weniger solitär stehenden Programmatiker wie Adolf Bartels bis heute in gewisser Weise aufgesessen. Die Existenz von Heimatkunst erweist sich als genauso zweifelhaft wie ihr Gegenstand.

III Schlussbemerkungen: Heimat und kein Ende

Die Hypertrophierung des Heimatbegriffs um 1900 kulminiert im Ersten Weltkrieg in der „Parole Heimat" (Abb. 20) und setzt sich weiter durch das gesamte 20. Jahrhundert und bis heute fort. In unterschiedlicher Gestalt und unter sehr verschiedenen gesellschaftlichen Rahmenbedingungen hat sich die Rede über Heimat bis heute nicht erschöpft.

Seit 1900 sind die verschiedenen Heimat-Konjunkturen allerdings immer auch von Gegenbewegungen begleitet. Dazu gehört zunächst die positive Neuinterpretation der Heimatlosigkeit und mit ihr die Kritik an einer bürgerlichen Kultur, die sich den Begriff der Heimat zu eigen gemacht hatte. So wie sich das Bürgertum mit Heimat nach unten und nach oben abgegrenzt hatte – dem Adel wird Kosmopolitismus unterstellt, den Armen droht real wie symbolisch Heimatlosigkeit –, so gewinnt das anti-bürgerliche Denken den Begriff der Heimatlosigkeit für sich. Friedrich Nietzsche schreibt in *Die fröhliche Wissenschaft* (1887), sein Werk richte sich insbesondere an die „in einem abhebenden und ehrenden Sinne" als „*Heimatlose*" zu bezeichnenden, und bezieht sich selbst ausdrücklich in die Gruppe der Heimatlosen mit ein.[1] Der Heimatlose ist nach Nietzsche radikal, er will nicht konservieren, nicht in eine Vergangenheit zurück, teilt aber auch nicht den Fortschrittsoptimismus und dessen liberale, soziale oder nationale Werte.[2] Auch die oft zitierten Schlussverse des Gedichts *Vereinsamt* (1894) – „Weh dem, der keine Heimat hat" – werden ja aus der Perspektive des Heimatlosen, dem die Identifikation des Gedichts gilt, gesprochen. Heimatlosigkeit ist demnach eine Bürde, aber die notwendige und bewusst aufgenommene Bürde des Modernen. An Ernst Toller und Georg Lukács wurde gezeigt, dass dieses selbstbewusste In-

---

[1] „Wir *Heimatlosen*. – Es fehlt unter den Europäern von Heute nicht an solchen, die ein Recht haben, sich in einem abhebenden und ehrenden Sinne Heimatlose zu nennen, ihnen gerade sei meine geheime Weisheit und gaya scienza ausdrücklich an's Herz gelegt!" Nietzsche 1980, Bd. 3, S. 628. Die philosophische positive Bewertung von Heimatlosigkeit nimmt Nietzsche vom amerikanischen Dichter Ralph Waldo Emerson auf, dieser plädiert in seinen ‚Essays' für ein ‚geistiges Nomadentum'. Nietzsche exzerpiert 1847 aus den Essays. Zu Emersons Einfluss auf Nietzsches Denken vgl. Baumgarten 1957, S. 38.

[2] Vgl. Nietzsche 1980, Bd. 3, S. 629–631 (Die fröhliche Wissenschaft, § 377): „Das Eis, das heute noch trägt, ist schon sehr dünn geworden: der Thauwind weht, wir selbst, wir Heimatlosen, sind Etwas, das Eis und andre allzudünne ‚Realitäten' aufbricht... Wir ‚conserviren' Nichts, wir wollen auch in keine Vergangenheit zurück, wir sind durchaus nicht ‚liberal', wir arbeiten nicht für den ‚Fortschritt', wir brauchen unser Ohr nicht erst gegen die Zukunfts-Sirenen des Marktes zu verstopfen – das, was sie singen, ‚gleiche Rechte', ‚freie Gesellschaft', ‚keine Herrn mehr und keine Knechte', das lockt uns nicht! [...] Wir Heimatlosen, wir sind der Rasse und Abkunft nach zu vielfach und gemischt, als ‚moderne Menschen', und folglich wenig versucht, an jener verlognen Rassen-Selbstbewunderung und Unzucht theilzunehmen, welche sich heute in Deutschland als Zeichen deutscher Gesinnung zur Schau trägt und die bei dem Volke des ‚historischen Sinns' zwiefach falsch und unanständig anmuthet."

sistieren auf der Heimatlosigkeit um 1900 neue Dringlichkeit erlangte (vgl. II.1.3.2). So wie Toller den Aufruf zur Revolution mit dem Aufruf zur Verbrüderung aller Heimatlosen verbindet, solidarisiert sich auch in Ilse Frapans frauenemanzipatorischem Roman *Wir Frauen haben kein Vaterland* (1899) die Protagonistin mit allen Heimatlosen, wenn sie gegen die herrschenden Verhältnisse aufbegehrt: „Brechen mit allem und mit allen: Hinunter in das Namenlose, zu den Rechtlosen, zu den Enterbten. Dorthin gehör' ich ja, ich und alle Frauen, Heimatlose, Vaterlandslose."[3] Heimatlosigkeit kann auch im Kontext von Bohéme und Avantgarde positiv konnotiert sein, etwa bei Else Lasker-Schüler.[4] Die linken Intellektuellen der Weimarer Republik setzen diesen Gedanken fort. Carl von Ossietzky schreibt 1929, dass gerade „die Besten der deutschen Linken" sich durch „das Gefühl der Heimatlosigkeit" auszeichneten.[5] Helmuth Plessner diagnostiziert 1928 die „konstitutive Heimatlosigkeit" des Menschen und verweist jedes Heimatbegehren an die Religion.[6]

Die Erfahrung von Diktatur, Holocaust und Exil führt zu einer wahren Flut an ästhetischen Thematisierungen von Heimatlosigkeit, innerhalb deren Heimatlosigkeit vor allem Ausdruck von Leidenserfahrung ist, aber diese Heimatlosigkeit den Leidenden zugleich adelt. Dies lässt sich beispielsweise an den Veränderungen in den literarischen Ausgestaltungen des Odysseus-Mythos (vgl. II.1.3.1) beobachten: War Odysseus im Jahrhundert Hegels bürgerlicher Held, der zu Heimat, Haus und Herd zurückkehrte, wird er nun zur Identifikationsfigur der Exilanten, die ihre Hoffnung auf Rückkehr begraben.[7] Max Horkheimer und Theodor W. Adorno deuten im Rahmen ihrer *Odyssee*-Interpretation Heimat als einen Zustand, der, wenn überhaupt, auf das „nomadische Zeitalter" folgt: „Heimat ist das Entronnensein."[8] An anderer Stelle deutet Adorno die jüdische Erfahrung der Heimatlosigkeit angesichts des Holocausts als Menschheitserfahrung: „Heute, nachdem das Schicksal, das Heine fühlte, buchstäblich sich er-

---

3 Frapan 1899, S. 153.
4 Else Lasker-Schüler schreibt in *Das Peter-Hille-Buch* (1906): „Wer seine Heimat nicht in sich trägt, dem wächst sie doch unter den Füssen fort." Vgl. dazu Körner 2017, S. 182.
5 Ossietzky 1929, S. 81.
6 Plessner 1981, S. 419. Wolle der Mensch eine endgültige „Bindung und Einordnung", bleibe „ihm nur der Sprung in den Glauben", schreibt Plessner. „Letzte Bindung und Einordnung, den Ort seines Lebens und seines Todes, Geborgenheit, Versöhnung mit dem Schicksal, Deutung der Wirklichkeit, Heimat schenkt nur Religion. [...] Wer nach Hause will, in die Heimat, in die Geborgenheit, muß sich dem Glauben zum Opfer bringen. Wer es aber mit dem Geist hält, kehrt nicht zurück." Plessner 1981, S. 419–420.
7 Vgl. das Sonett *Odysseus* (1936) und das Langgedicht „Ithaka" (1940) von Johannes R. Becher oder das Epigramm *Heimkehr des Odysseus* (1936) von Bertolt Brecht.
8 Horkheimer/Adorno 1989, S. 95.

füllte, ist aber zugleich die Heimatlosigkeit die aller geworden; alle sind in Wesen und Sprache so beschädigt, wie der Ausgestoßene es war."⁹ Stefan Zweig schreibt 1946: „Gerade der Heimatlose wird in einem neuen Sinne frei, und nur der mit nichts mehr Verbundene braucht auf nichts mehr Rücksicht zu nehmen."¹⁰ Und Wolfgang Hildesheimer notiert anlässlich seiner Entscheidung, nach Jahren des Aufenthalts in Palästina nach Europa zurückzukehren:

> Ich habe also gewissermaßen die Heimat verschmäht auf Kosten jener Heimatlosigkeit, die, von außen betrachtet, ein Merkmal der Juden ist und für mich, also von innen betrachtet, jene Heimatlosigkeit symbolisiert, in der wir – Jude oder nicht – alle heimisch sind. Sie ist die Quelle all meiner kreativen Aktivität. Ich will auf der Erde keine Heimat haben: vielleicht offenbart sich nicht zuletzt in dieser Versagung mein Judentum. Ich will sie allerdings, im Gegensatz zu den frommen Juden, auch im Himmel nicht haben.¹¹

Die jüdische Heimatlosigkeit, die zur Erfahrung des modernen Menschen und immer wieder auch zur Erfahrung des modernen Dichters und Intellektuellen erhoben wird, dient topisch der Identitätsbestimmung der ersten und auch noch der zweiten Generation Holocaust-Überlebender. Für George Steiner wird die Exterritorialität des Exilanten zum universalen Kennzeichen des modernen Künstlers: „In einer quasi barbarischen Zivilisation, die so viele heimatlos gemacht [...] hat, müssen die, die Kunst hervorbringen, wohl selbst unbehauste Dichter und Wanderer quer durch die Sprachen sein."¹² Und bei Vilém Flusser ist Heimat geradezu Gegensatz von Freiheit, „Wurzellosigkeit" dagegen „schöpferische Sinngebung".¹³ Flusser schlägt vor, „Wohnung [zu] beziehen in der Heimatlosigkeit".¹⁴ Und auch noch für Barbara Honigmann bleibt die jüdische Exil- und Diasporaerfahrung konstitutives Modell der eigenen literarischen Existenz: „Ich begriff, dass Schreiben ein Getrenntsein heißt und dem Exil sehr ähnlich ist,

---

9 Adorno: Heine, 1981, S. 100. Adorno setzt Heimat mit einer zukunftsgerichteten Utopie der versöhnten und befreiten Gesellschaft gleich: „Sein Wort steht stellvertretend ein für ihr Wort: es gibt keine Heimat mehr als eine Welt, in der keiner mehr ausgestoßen wäre, die der realen befreiten Menschheit. Die Wunde Heine wird sich schließen erst ein einer Gesellschaft, welche die Versöhnung vollbrachte." Adorno: Heine, 1981, S. 100.
10 Zweig 1946, 9–10. Zum Zusammenhang von jüdischer Identität und Mythos der Heimatlosigkeit im Werk Stefan Zweigs vgl. Mittelmann 2007.
11 Hildesheimer 1991, S. 160.
12 Steiner 1974, S. 27.
13 Flusser 2000, S. 109.
14 Flusser 1992, S. 247. Zu Konzeptionen von Heimat und Heimatlosigkeit in der deutschsprachigen Exilliteratur nach 1933 und hier auch zu Flusser vgl. Streim 2016, S. 239.

und dass es in diesem Sinne vielleicht wahr ist, dass Schriftsteller sein und Jude sein sich ähnlich sind."[15]

Die positive Neubesetzung der Heimatlosigkeit verbindet sich im 20. Jahrhundert vor allem mit der jüdischen Diaspora, aber nicht ausschließlich: Ilse Frapan und Carl von Ossietzky sind Beispiele für eine im eigenen Selbstverständnis linke Aneignung des Begriffs und auch die feministische Theorie der zweiten Hälfte des 20. Jahrhunderts bezieht sich positiv auf Konzepte des Nomadentums und der Heimatlosigkeit (vgl. I.2.3).

Ob im Kontext von deutsch-jüdischer Diaspora oder von anti-bürgerlicher Kritik: Den Verfechtern der Heimatlosigkeit haftet oft ein Pathos an, das dem der Heimatapologeten ausgesprochen ähnlich sieht, so dass sie einmal mehr eher als Komplementärbegriffe denn als wirkliche Gegensätze erscheinen. Auch die generalisierte Heimatlosigkeit verweist noch auf den religiösen Ursprung des Begriffs. So wie christliche Heimatlosigkeit die aller Menschen ist, die zu Gott heimkehren wollen, so werden sie in der Epoche, die den Tod Gottes ausruft, alle wieder zu Heimatlosen. Zwar fehlt ihnen die Aussicht auf eine wenigstens metaphysische Erfüllung ihres Heimatbedürfnisses, doch ist der Begriff ihrer unhintergehbaren Heimatlosigkeit nur sinnvoll, wenn Heimat als deren Gegenteil mitgedacht wird, und die ist hier wie da auf Erden nicht zu finden.

Eine Zurückweisung von Heimat auf den Bereich der Religion und eine damit einhergehende gänzliche Metaphysiklosigkeit auch der Heimatlosigkeit wie bei Plessner ist genauso singulär wie jene pathosfreie Infragestellung von Heimat, die Dolf Sternberger 1947 formuliert; mit zwei Sätzen wischt er die omnipräsente Verwurzelungsmetaphorik eines ganzes Jahrhunderts weg: „[D]er Mensch ist gerade keine Pflanze", er sei vielmehr „beweglich geschaffen". Heimat sei das, wovon der Mensch ausgehe, aber es liege dann in seiner Freiheit, überallhin zu gehen.[16]

Vorbehalte gegenüber der auch nach 1945 im sogenannten Heimatfilm[17] oder in Neuauflagen von Luis-Trenker-Büchern[18] ungebrochenen Heimatfreudigkeit

---

15 Honigmann 1999, S. 47. Andreas B. Kilcher zeigt die Kontinuität solcher Diasporakonzepte bis in die Gegenwartsliteratur auf: „In einer Lage also, wo keine physische Bedrohung mehr das Exil zur Überlebensnotwendigkeit macht, wo vielmehr Emigration als exterritorialer Ort gegen bürgerliche Sicherheiten und kulturelle Normalitäten und Dominanzen bewusst gewählt wird, behält das Modell der Diaspora seine nachhaltige Bedeutung." Kilcher: Diasporakonzepte, 2016, S. 149.
16 Sternberger 1995, S. 29. Sternbergers Aufsatz über den *Begriff des Vaterlands* erscheint zuerst in der Zeitschrift *Die Wandlung* im Jahr 1947.
17 Zum Heimatfilm nach 1945 vgl. Höfig 1973; Bliersbach 1985, Rippey/Sundell/Townley 1996, Boa/Palfreyman 2000, Koebner 2005, Moltke 2005, Ludewig 2011, Scharnowski 2019.
18 In der Originalfassung von Luis Trenkers Buch *Berge und Heimat* (1933) dominiert eine Heimat-Rede mit Blut-und-Boden-Versatzstücken: Die alpine Heimat bringe einen vorbildlichen

der Populärkultur richteten sich in den ersten Jahrzehnten nach Kriegsende vor allem gegen einen Begriff, der auch zur Sprache des faschistischen Staates gehört hatte und nach 1945 teils in diesem Sinn weitergebraucht wurde.[19] Die sogenannte Antiheimatliteratur und der sogenannte Antiheimatfilm[20] – von Gert F. Jonke (*Geometrischer Heimatroman*, 1969)[21] bis Franz Xaver Kroetz (*Heimat. Ein Stück in 2 Akten*, 1987) und von Rainer Werner Fassbinder (*Wildwechsel* 1972) bis Peter Turrini (*Alpensaga*, Fernseh-Mehrteiler 1974–1979) – wurde von denjenigen gesellschaftlichen Schichten und Kreisen rezipiert, die sich gegen die versteckten Fortschreibungen belasteter Heimatideologien in der Bundesrepublik und in Österreich wandten.

Während die ersten wissenschaftlichen Publikationen zu Fragen der Heimat in den 1950er und 1960er Jahren vor allem in Bezug auf die Situation der sogenannten Heimatvertriebenen entstehen,[22] setzt eine kritische Revision des Umgangs mit Heimat auf wissenschaftlicher Seite Ende der 1960er Jahre ein. Ab den 1970er Jahren bringt jedes Jahrzehnt eine große Anzahl von Publikationen hervor,

---

Menschentypus hervor, dessen „Lebenskampflosung" (Trenker 1933, S. 42) der „Kampf um die Scholle" (ebd., S. 5) und um die eigene ‚Arterhaltung' (vgl. ebd., S. 5) sei: „Heimaterde" fessele stärker als „jedes Blutband" (ebd., S. 39). Zum Vorbild wird hier „deutsche Politik", die „Weltraum" beansprucht „und doch in der gefestigten eigenen Scholle verankert" ist (Trenker 1933, S. 36). – In den Buchfassungen nach 1945 werden solche Passagen teils gestrichen und wird Heimat ins Private gezogen: Trenker stellt sich nun als kosmopolitischer Weltenbummler dar. Nicht mehr nationale Größe, sondern ganz persönliches Glücksverlangen lässt ihn nach der Heimat suchen.

19 Ein literarisches Beispiel für solchen historischen Revanchismus stellt beispielsweise die Anthologie *Heimat im Herzen. Wir von der Weichsel und Warthe* (1950) dar, deren Vorwort von der „völkischen Selbstbehauptung" deutschen Lebens innerhalb des „deutsch-polnischen Schicksalsraumes" spricht (Wittek 1950, S. 8) und das mit dem nationalsozialistischen Gedicht *Lied der Deutschen in Polen* von Heinrich Gutberlet eröffnet: „Was auch daraus werde, / steh' zur Heimaterde, / bleibe wurzelstark! / Kämpfe, blute, werbe / für dein höchstes Erbe! / Siege oder sterbe, / deutsch sei bis ins Mark!" (Wittek 1950, S. 11). Zu Kontinuitäten von und Brüchen mit Heimatvorstellungen nach 1945 vgl. Knoch 2001.

20 Der Begriff der ‚Anti-Heimat'-Literatur wurde in verschiedenen Kontexten verwendet, beispielsweise schon von Adolf Bartels in Bezug auf Schiller (vgl. Bartels 1920, S. 43), hat sich jedoch vornehmlich für eine bestimmte Richtung der österreichischen Nachkriegsliteratur durchgesetzt, vgl. Schmidt-Dengler 1969 und Ludewig 1997.

21 Zu Jonkes meist als ‚Anti-Heimat-Roman' eingestuftem Text vgl. Hillach 1986, Düsing 1989. Dass Heimat- und Antiheimatliteratur zwei Seiten derselben Medaille bilden, glaubt Wilhelm Solms. Antiheimatliteratur ist demnach eine Literatur, „die sich nicht gegen Heimat, sondern gegen traditionelle Heimatliteratur wendet und die damit womöglich zu einem neuen Verhältnis zur Heimat beiträgt". Solms 1989, S. 173.

22 Vgl. Lemberg 1957, Rabl 1958, Rabl 1959, Rabl 1965; fortgesetzt wird diese Linie durch Blumenwitz 1987.

die sich vorrangig als kritische Auseinandersetzungen verstehen. Aber auch wenn jeder Aufsatzband mit einer Rechtfertigung des Themas beginnt und feststellt, dass der Begriff auf die eine oder andere Art problematisch ist: Die schiere Anzahl an Publikationen, aber auch ihr inhaltlicher Umgang mit dem Thema weist in eine andere Richtung, nämlich die, dass Heimat ein anhaltendes Faszinosum darstellt und der kritische Impuls keinesfalls zu einer Verabschiedung des Themas führt. Den „Schwierigkeiten, mit Heimat von links her umzugehen", werden ganze Bücher gewidmet.[23]

Wichtige Referenzen für das ambivalente Faszinationsverhältnis der Linken zum Heimatbegriff sind aus ihrer Perspektive unverdächtige Autoren, die sich positiv auf ihn berufen, vor allem Ernst Bloch und Jean Améry. Ernst Blochs *Prinzip Hoffnung* (geschrieben 1938–1947, erschienen 1954–1959) verbindet nicht nur im immer wieder zitierten Schlusssatz Gesellschaftsutopie und Heimatbegriff miteinander. Schon auf den ersten Seiten heißt es über das eigene philosophische Projekt: „Das Grundthema der Philosophie, die bleibt und ist, indem sie wird, ist die noch ungewordene, noch ungelungene Heimat, wie sie im dialektisch-materialistischen Kampf des Neuen mit dem Alten sich herausbildet, heraufbildet."[24] Zielpunkt der eigenen Philosophie ist „das positive Utopikum: die Heimat oder das Alles".[25] Dass Heimat eine religiöse Semantik in sich trägt, die auch noch im 20. Jahrhundert versteckt weiter Bestand hat, sieht man an Blochs verkappt metaphysischem Materialismus besonders gut, und dies ist ein Grund für seinen Erfolg. Jean Amérys 1965/66 zunächst als Radiobeitrag verfasster und 1966 publizierter Text *Wieviel Heimat braucht der Mensch?* wird aus anderen Gründen zur zentralen Referenz von bundesrepublikanischen Heimatbezügen. Améry ist nicht nur jüdischer Exilant, wie Bloch, sondern darüber hinaus Auschwitz-Überlebender. Dass selbst vor dem Hintergrund dieser Erfahrung ein zudem linker Intellektueller am Heimatbegriff festhalten will, erschien als stärkstes Argument gegen alle Vorbehalte.[26]

Die bundesrepublikanische Gegenwartsliteratur bot über die Jahrzehnte eine reiche Auseinandersetzung mit Fragen der Heimat, die auch schon in den 1970er Jahren weit über die sogenannte Anti-Heimatliteratur hinausgeht.[27] Von Uwe

---

23 „[H]olt uns das von links Verdrängte unvorhergesehen wieder ein, mit neukonservativen Untertönen; oder besetzen wir von links her ein Terrain Heimat, das wir so lange und folgenschwer den Rechten und Konservativen überlassen haben?" Moosmann 1980, S. 30.
24 Bloch 1990, S. 8.
25 Bloch 1990, S. 11.
26 Vgl. Fetscher 1992. Noch bei Thea Dorn (2018) und Ulrich Wickert (2019) ist Améry Gewährsmann eines positiven Heimatbegriffs.
27 Vgl. Timm 1987.

Johnsons *Jahrestagen* (1970–83)[28] bis zu Siegfried Lenz' *Heimatmuseum* (1978)[29] entstehen Romane über die verlorene Herkunft, die mit dem Begriff der Heimat arbeiten. Autoren wie Max Frisch oder Martin Walser halten in den 1970er Jahren Reden und schreiben Essays über Heimat, Walsers Prosawerk der 1970er Jahre kann als ganzes als Auseinandersetzung mit ‚Heimat' gelten;[30] ähnliches gilt für Peter Handke.[31] Genauso wie die seit den 1970er Jahren zahlreich erscheinenden literarischen Anthologien zum Thema wollen sie eine kritische Auseinandersetzung mit dem Begriff anregen, statt ihn zu verabschieden.[32]

Die andauernde intensive intellektuelle und literarische Auseinandersetzung über den angemessenen Umgang mit Heimat verharrt über Jahrzehnte in einem Zustand des Staunens über die selbst angezettelte Debatte. In jedem Jahrzehnt seit 1970 wird überrascht bemerkt, dass es gegenwärtig gerade eine Konjunktur von Heimat gebe: 1974 wird eine „überraschende Erneuerung" des Begriffs Heimat „aus oppositionellem Geist" diagnostiziert.[33] 1981 wird eine „Renaissance des Heimatgefühls" festgestellt und ergänzt: „Heimat ist wieder modern geworden."[34] 1986 wird die „Konjunktur eines Wortes"[35] diagnostiziert, 1990 dann „eine überraschende Konjunktur" und eine „Renaissance des Heimatbegriffs".[36] 1995 wird konstatiert: „Heimat kommt wieder in Mode. Filmemacher und Literaten setzen sich mit ihr auseinander, für die bundesdeutsche Kulturszene ist sie wieder salonfähig. In den Feuilleton-Teilen der Presse ist bisweilen vom ‚Heimattrip' die Rede."[37] 1997 heißt es, der „gegenwärtige Boom" sei „nicht zu übersehen".[38] 2007

---

28 Zur Funktion des Heimatbegriffs in Uwe Johnsons *Jahrestagen* vgl. Brude-Firnau 1987; vgl. im weiteren Sinn zur Thematik Herkunft und Region außerdem Neumann 1985 und Mecklenburg 1985.
29 Zu Grass und Lenz vgl. Schaal 2006.
30 Vgl. Max Frischs Rede *Die Schweiz als Heimat* von 1974 und Martin Walsers Essay *Heimatbedingungen* von 1972. Eine Studie zum Konzept ‚Heimat' im deutschsprachigen Roman in den 1970er Jahren beschäftigt sich im Schwerpunkt mit Walser, vgl. Prahl 1993.
31 Vgl. Mecklenburg 1989 und auch Nägele 1986.
32 So schreibt Wilhelm Solms im Vorwort seiner Anthologie mit Prosatexten der Gegenwart, die Autoren setzten sich „kritisch und produktiv" mit Heimatvorstellungen auseinander, Solms 1990, S. 9. Literarische Anthologien mit Gedichten, Erzählungen oder Essays zum Thema Heimat sind zahlreich erschienen. Vgl. Brandstetter 1973; Kluge 1989; Oberhuber 1996; Kübler 2001; Beutner/Rossbacher 2008.
33 Das Zitat entstammt einem Artikel aus dem Magazin *Der Spiegel* von 1974 und ist zitiert nach Bredow/Foltin 1981, S. 7.
34 Bredow/Foltin 1981, S. 7.
35 Pott 1986, S. 7.
36 Cremer/Klein 1990, S. 34 und S. 35.
37 Vgl. Schmieder 1995.
38 Ecker 1997, S. 8.

wird die „Wiederkehr eines verpönten Wortes" diagnostiziert,[39] 2012 „seine überraschend breite Renaissance im öffentlichen Diskurs"[40] und 2016 eine gegenwärtige „Renaissance des Heimatgefühls" ausgerufen,[41] auch 2017 wird eine „überraschende Renaissance"[42] von Heimat und 2018 noch einmal eben diese „Renaissance der Heimat" festgestellt.[43] 2019 heißt es: „Heimat hat wieder Konjunktur"[44] und 2020: „‚Heimat' hat nicht nur Konjunktur, sondern erlebt geradezu eine Renaissance".[45] Erst allerjüngst ist das fortwährende Erstaunen über die prominente Rolle von Heimat im öffentlichen Diskurs in ‚Ermattung' über diese Tatsache übergegangen: Armin Nassehi beginnt das Editorial des Kursbuches *Heimatt* von 2019 mit: „Es heimatet sehr. [...] Das ganze Gerede von Heimat ermattet uns langsam – deshalb heißt dieses *Kursbuch Heimatt*."[46] Die immer wieder auftauchende Behauptung, es habe nach 1945 und bis in die eigene Gegenwart unter linken Intellektuellen oder gar insgesamt im öffentlichen Diskurs ein Redeverbot zu Heimat gegeben,[47] ist vor diesem Hintergrund kaum haltbar.

Neben dem kritischen Impuls gab es seit 1945 immer das Bestreben, den Begriff für die eigene Gegenwart zurückzugewinnen: Der Psychoanalytiker Alexander Mitscherlich verwendet 1965 für seine ‚Konfession zur Nahwelt' gegen die ‚Unwirtlichkeit der Städte' den Begriff Heimat,[48] der Essayist und Literaturkritiker François Bondy befindet 1975, Heimat sei rehabilitiert,[49] der Phänomenologe Bernhard Waldenfels diagnostiziert 1985 einen zeitgenössischen „*Heimatschwund*" und verordnet einen Weg zwischen „Universalisierung" und „Neoprovinzialismus", um „Heimischwerden" wieder zu ermöglichen.[50] 1996 vermerken die Literaturwissenschaftler Jost Hermand und James Steakley, dass der sich als farblos erweisende Begriff der Region wieder durch den der Heimat ergänzt werden könne: „It therefore ought to be complemented by the positive values associated with *Heimat*, which evokes a stronger sense of cultural and

---

39 So der Aufsatztitel bei Hüppauf 2007.
40 Klose/Lindner/Seifert 2012, S. 7.
41 Costadura/Ries 2016, S. 17.
42 Schreiber 2017, S. 31–32.
43 So der Titel bei Schüle 2018.
44 Michael 2019, S. 5.
45 Nitzke/Koch 2020.
46 Nassehi 2019, S. 3
47 „Über Heimat, so scheint es, darf wieder geredet werden." Bienek 1985, S. 7. Der Begriff Heimat sei „nach dem Zweiten Weltkrieg fast oder ganz geächtet" gewesen, sagt Karl Konrad Polheim 1989, S. 16.
48 Vgl. Mitscherlich 1965.
49 Vgl. Bondy 1975.
50 Waldenfels 1985, S. 210.

ecological responsibility, even a striving for democratic participation and codetermination for a certain region."[51] In den 1990er Jahren veröffentlicht die Bundeszentrale für politische Bildung ein umfangreiches Buch zum Thema und es erscheinen Arbeitstexte für den Unterricht zum Thema Heimat bei Reclam[52] – weitere Indikatoren, dass Heimat als relevantes Thema der politischen und didaktischen Bildung verstanden wird.

Die 2000er Jahre bringen einen neuen Ton in solche Aneignungsversuche. Heimat wird nun sehr viel zweifelsärmer zum Gegenstand öffentlicher Suche nach Identität. Symptomatisch sind schon zwei Veröffentlichungen aus dem Jahr 2000, Martin Hechts *Das Verschwinden der Heimat. Zur Gefühlslage der Nation*, in der Verlust von Heimat im Zuge der Globalisierung beklagt wird,[53] und Bernhard Schlinks Essay *Heimat als Utopie*, in dem er die „Ortlosigkeit"[54] als maßgebliche intellektuelle Erfahrung der Nachkriegsjahrzehnte eintauschen möchte gegen eine positiven Heimatbegriff, der sich harmonisch zur globalisierten Welt verhält. Heimat ist auch bei österreichischen Intellektuellen „die schönste Utopie"[55] und fügt sich scheinbar immer widerstandsloser in ein europäisches, multikulturelles und aufgeklärtes Verständnis von Gesellschaft. Die essayistischen Heimat-Aneignungen in den letzten Jahrzehnten des 20. Jahrhunderts waren meist ostentativ subjektive Annäherungen ans Thema.[56] Diese betonte Subjektivität reißt bis heute nicht ab.[57] Neu hinzugekommen ist die Vehemenz, mit der nun auch Forderungen in Bezug auf einen Umgang mit Heimat gestellt werden, Forderungen nach einem neuen Heimatbewusstsein und nach einem Ende einer vorgeblich immer noch vorherrschenden Heimatkritik, die allerdings kaum noch in Erscheinung tritt (zu den wenigen bemerkenswerten Ausnahmen der letzten Jahre gehört der enga-

---

51 Alle Zitate Hermand/Steakley 1996, S. VIII.
52 Vgl. Bundeszentrale für politische Bildung 1990 und Lindemann 1992.
53 Vgl. Hecht 2000.
54 Schlink 2000, S. 13.
55 So der Titel bei Robert Menasse: Menasse 2014.
56 Vgl. exemplarisch Krockow 1989.
57 Vgl. etwa Jörn Klares Buch *Nach Hause gehen. Eine Heimatsuche* (Klare 2016), Lucas Vogelsangs *Heimaterde. Eine Weltreise durch Deutschland* (Vogelsang 2017) oder Nora Krugs *Heimat. Ein deutsches Familienalbum* (Krug 2018). Daniel Schreibers Essay *Zuhause. Die Suche nach dem Ort, an dem wir leben wollen* fällt aus dieser Reihe heraus, da er sich kritisch über den Heimathype der Gegenwart äußert. „Heimatgefühle, mit dem Schwerpunkt auf einer kollektiven, angeblich von allen geteilten Identität" (Schreiber 2017, S. 33) sind für ihn vor allem kritisch zu bewertende Kompensationsversuche gesellschaftlicher Krisenerfahrungen. Er bevorzugt den Begriff des „Zuhauseseins", den er unter anderem Villém Flussers Philosophie entnimmt. Diese Suche nach einem wie modern oder postmodern auch immer bestimmten „Zuhause" ist dann aber das zentrale Thema des Essays.

gierte Einspruch durch Solvejg Nitzke und Lars Koch gegen die „Naturalisierungsstrategien"[58] des derzeitigen Heimatdiskurses, vor dessen normativer Macht sie warnen).

Christoph Türcke plädiert für eine „Rehabilitierung" von Heimat und Verena Schmitt-Roschmann ruft zur „Neuentdeckung eines verpönten Gefühls" auf.[59] Die Literaturkritikerin und Fernsehmoderatorin Thea Dorn beantwortet in ihrem „Leitfaden für aufgeklärte Patrioten" die Frage „Dürfen wir unser Land lieben? Dürfen wir es gar ‚Heimat' nennen?"[60] mit einem klaren Ja. Der „speziellen Aura des deutschen Wörtchens ‚Heimat'"[61] gewinnt sie vor allem Positives ab und sie glaubt, dass die Deutschen gerade mit diesem Begriff zu ihrer kulturellen Identität zurückfinden könnten – natürlich einer zeitgemäßen Identität, mit der man „den syrischstämmigen Förster ebenso willkommen heißen [könne] wie den urdeutschen".[62] Der SPD-nahe Journalist Ulrich Wickert fordert in seinem Buch *Identifiziert Euch! Warum wir ein neues Heimatgefühl brauchen* ein „zeitgemäße[s] Heimatgefühl",[63] das Deutschland als „Heimat für alle, die unter den Bedingungen des humanen Staates leben und dafür haften wollen"[64] begreife. Heimat ist für Wickert ein die drohende gesellschaftliche Spaltung verhindernder, kittender Gefühlswert, der Identifikation erst ermögliche: „Es sind weniger bewusst durch Vernunft gesteuerte Einsichten, wie etwa das Bekenntnis zum Verfassungspatriotismus, als tief verankerte Gefühle, die einen Menschen dazu veranlassen, sich mit einer Nation zu identifizieren."[65] Heimatgefühle stiften gewissermaßen wieder ein ganzheitliches Verhältnis zur abstrakten Lebenswelt und entsprechend fügt sie auch der Soziologe Hartmut Rosa in sein Programm der Resonanz ein: „Heimat ist die Hoffnung und das Versprechen, eine Resonanzbeziehung zur Welt einzugehen".[66]

Die wenigen wütenden Gegenstimmen wie die von Isolde Charim,[67] Fatma Aydemir und Hengameh Yaghoobifarah[68] oder Tamer Düzyol und Taudy Path-

---

58 Nitzke/Koch 2020, S. 2.
59 Die Zitate entstammen den Buchtiteln von Türcke 2006 und Schmitt-Roschmann 2010.
60 Dorn 2018, S. 7.
61 Dorn 2018, S. 130.
62 Dorn 2018, S. 8.
63 Wickert 2019, S. 205.
64 Wickert 2019, S. 207.
65 Wickert 2019, S. 111.
66 Rosa 2019, S. 153.
67 Charim setzt naturalisierende und ausschließende Tendenzen des Heimatgebrauchs in Beziehung: „Denn Heimat ist nur den Ähnlichen, den ‚von Natur aus' Gleichen vorbehalten. Diese Ähnlichkeit kann man nicht erreichen. Man kann sie nicht erwerben. Man kann sie sich nicht

manathan,[69] die den Begriff Heimat ablehnen, weil er in ihrer Perspektive aus-, nicht einschließe, laufen ins Leere, weil die neuen Heimatentwürfe ja gerade die maximale Inklusion propagieren: Der syrischstämmige Förster im deutschen Wald ist das perfekte Bild für den angestrengten Harmonisierungswillen, der sich in den neuen Heimat-Apologien ausdrückt.

Der Verve, mit dem in den letzten zwanzig Jahren mit zunehmender Intensität ein neues Heimatbewusstsein eingefordert wird, bezieht seine Energie aus dem Widerstand gegen eine vermeintliche Heimatkritik, die tatsächlich kaum noch nachzuweisen ist. So erscheint die Behauptung einer anhaltenden Abwehr der Linken gegenüber dem Begriff – „für die politische Linke ist Heimat ein Reizwort, das zuverlässig Abwehrreaktionen auslöst"[70] – eher als Popanz, um das eigene Anliegen, die Vorzüge des Heimatbegriffs herauszustellen, rhetorisch zu legitimieren. Die Diagnose, „dass es fatale politische und gesellschaftliche Konsequenzen hat, wenn Journalisten, Politiker, Schriftsteller und Wissenschaftler ein Wort unter Generalverdacht stellen, mit dem die überwältigende Mehrheit der Bevölkerung ausschließlich Positives verbindet",[71] stimmte historisch eigentlich nie, seit Beginn des 21. Jahrhunderts aber umso weniger, denn es sind tatsächlich alle genannten Instanzen – Journalisten, Politiker, Schriftsteller und Wissenschaftler –, die ganz überwiegend das Gegenteil tun: Sie arbeiten an einer Rehabilitierung des Begriffs.

Der Fehleinschätzung der eigenen Gegenwart, in der man entgegen der Behauptung ganz und gar nicht in einer revanchistischen Ecke steht, wenn man sich an dem ‚schönen' Wort Heimat erfreut (Dorn, Menasse), entspricht eine teils verschobene Wahrnehmung von Geschichte, die mit der Fixierung der bundesrepublikanischen Heimatkritik auf den Nationalsozialismus zusammenhängt. Obwohl der Heimatdiskurs im Nationalsozialismus bis heute nicht eingehend untersucht worden ist, wurde Heimat seit 1945 vor allem wegen seiner Korrumpierung durch den Nationalsozialismus als schwieriges Wort angesehen. Kompromittiert schien „das Wort Heimat" immer wieder einzig „durch die Gleichset-

---

erarbeiten. In diese kann man sich nicht integrieren. Sie ist einem ‚von Natur aus' gegeben, man könnte auch sagen: Man hat sie ohne Leistung erhalten." Charim 2018, S. 106.

68 In ihrer Textanthologie *Eure Heimat ist unser Albtraum* verbinden die Herausgeberinnen Heimat – ihrerseits wenig differenziert – mit dem „Ideal" einer „homogenen, christlichen weißen Gesellschaft, in der Männer das Sagen haben". Aydemir/Yaghoobifarah 2019, S. 9.

69 Dem „(Alltags)Rassismus" setzen die Autoren ihre Gedichtanthologie „HAYMATLOS" entgegen, die für sie Schutzraum und Selbstermächtigung darstellt, Düzyol/Pathmanathan 2018, S. 10–11.

70 Scharnowski: Heimat, 2019, S. 9.

71 Scharnowski: Heimat, 2019, S. 9.

zung mit ‚Blut und Boden'",[72] gründlich diskreditiert war es durch „seine Verwendung seitens des Nationalsozialismus".[73] Aus diesem historischen Kurzschluss, dem ein Großteil der Kritik am Begriff seit 1945 entsprang, leitet sich heutzutage die Leichtigkeit seiner Rehabilitation ab – denn dann ist es tatsächlich nur eine kurzfristige ‚Vereinnahmung' und ‚Ideologisierung', ein kurzfristiger ‚Missbrauch', der ein an sich natürliches Bedürfnis und positiv zu bewertendes Konzept gestört habe. Heute ist es gesellschaftlich konsensfähig, Heimat als etwas anzusehen, das nur temporär das Opfer einer spezifisch deutschen Geschichte wurde. Das ist die Bedingung dafür, dass der Begriff in den letzten zwanzig Jahren so massiv aufgewertet werden konnte.

Der genauere historische Blick kann helfen, diese historische Kurzsichtigkeit zu beheben. Denn der Nationalsozialismus bringt gar keinen originären Heimatbegriff hervor, sondern knüpft an völkische Auslegungen an, die allesamt schon am Ende des 19. Jahrhunderts ausgebildet waren. In der Diktatur konnten solche Auslegungen zur Staatssprache werden, so dass der vorher vielgestaltige Heimatdiskurs vereinseitigt wurde – die Vorstellungen und Semantiken von Heimat, deren sich die Staatssprache bediente, waren aber an sich nicht neu.

Nicht nur die heute als problematisch angesehenen Assoziationen wie die Verbindung mit Volk und Vaterland, die der Begriff auslöst, sind zum großen Teil im langen 19. Jahrhundert geprägt worden und nicht erst im Nationalsozialismus. Auch Argumente, wie sie jüngst Ulrich Wickert vorträgt, dass Heimatliebe das notwendige Komplement des Verfassungspatriotismus sei, haben ihren historischen Ursprung im frühen 19. Jahrhundert. Wenn Wickert schreibt: „Nur nach Heimat kann man sich sehnen, nicht nach der Nation",[74] greift er einen der zentralen politischen Topoi des 19. Jahrhunderts auf, ohne dies zu reflektieren. Es scheint daher angeraten, das historische Bewusstsein, das sich mit der Reanimation des Begriffs verbindet, wieder zu schärfen.

So sollte bewusst gehalten werden, wie stark das bürgerliche Heimatverständnis des mittleren und späten 19. Jahrhunderts, das den heimischen Herd zum Altar machte und damit gewissermaßen zum Surrogat der Religion, bis heute im Heimatbegriff enthalten ist. Dieses Erbe der bürgerlichen Privatexistenz erlebt derzeit in der post-biedermeierlichen *Landlust*-Kultur eine neue Blüte. Heimat bedeutete schon im 19. Jahrhundert immer auch Zugehörigkeit zu einer Klasse, wie diese Studie gezeigt hat. – Die Frage ist daher, an welche Aspekte man im Rekurs

---

[72] Solms 1990, S. 10.
[73] Cremer/Klein 1990, S. 33.
[74] Wickert 2019, S. 112.

auf einen tief mit dem Selbstverständnis des Bürgertums verwobenen Begriff anknüpfen will.

Wer heute davon spricht, Heimat sei für ihn ein subjektiver, höchst individueller Bezug (worauf auch immer), der steht genau wie diejenige, die sich als Heimatlose bezeichnet, und genauso wie derjenige, der glaubt, Deutschsein und Heimatliebe gehörten zusammen, in einer inzwischen über zweihundertjährigen Tradition. Es ist gut, sich diese Geschichte bewusst zu machen und sich zu entscheiden, ob und wie man sie fortsetzen möchte.

Literaturverzeichnis

Abbt, Thomas: Vom Tode für das Vaterland, Berlin 1761
Adelung, Johann Christoph: Grammatisch-kritisches Wörterbuch der Hochdeutschen Mundart, Zweite, vermehrte und verbesserte Ausgabe Leipzig 1793. Nachdruck mit einer Einführung und Bibliographie von Helmut Henne, 4 Bde., Hildesheim, Zürich und New York 1990
Adler, Hans (Hg.): Der deutsche soziale Roman des 18. und 19. Jahrhunderts (= Wege der Forschung 630), Darmstadt 1990
Adorno, Theodor W.: Zum Gedächtnis Eichendorffs (1958), in: ders., Noten zur Literatur, hg. von Rolf Tiedemann, Frankfurt a. M. 1981, S. 69–94
Adorno, Theodor W.: Die Wunde Heine, in: ders., Noten zur Literatur, Frankfurt a. M. 1981, S. 95–100
Adorno, Theodor W.: Minima Moralia (= Gesammelte Schriften 4), Frankfurt a. M. 1997
Ahrens, Jörg: The Enigma of Origin. The Notion of *Leitkultur* as a Contemporary Paradigm of *Heimat*, in: Beate Althammer, Anja Oesterhelt (Hg.), German ‚Heimat' in the Age of Migration. Special Issue. The Germanic Review 96/3 (2021), S. 313–330
Alberti, Conrad: Gustav Freytag, in: Die Gartenlaube 1886, H. 29, S. 514
Albrecht, Tim: Turmalin, in: Christian Begemann und Davide Giuriato (Hg.), Stifter-Handbuch. Leben – Werk – Wirkung, Stuttgart 2017, S. 87–91
Albrecht, Wolfgang: Kulturgeschichtliche Perspektivierung und Literarisierung des Regionalen in den ‚Wanderungen durch die Mark Brandenburg', in: Hanna Delf von Wolzogen (Hg.), „Geschichte und Geschichten aus Mark Brandenburg". Fontanes ‚Wanderungen durch die Mark Brandenburg' im Kontext der europäischen Reiseliteratur (= Fontaneana 1), Würzburg 2003, S. 95–110
Albrecht-Birkner, Veronika / Wolfgang Breul, Joachim Jacob, Markus Matthias, Alexander Schunka, Christian Soboth (Hg.), Pietismus. Eine Anthologie von Quellen des 17. und 18. Jahrhunderts, Leipzig 2017
Albrecht-Birkner, Veronika: Nachwort, in: Johann Heinrich Jung-Stilling: „... weder Calvinist noch Herrnhuter noch Pietist". Fromme Populartheologie um 1800, hg. von Veronika Albrecht-Birkner (= Pietismustexte 11), Leipzig 2017, S. 256–288
Alewyn, Richard: Eichendorffs Symbolismus, in: ders., Probleme und Gestalten, Frankfurt a. M. 1974, S. 232–244
Alker, Ernst: Die deutsche Literatur im 19. Jahrhundert. 1832–1914. Unveränderter Nachdruck der 3. Auflage von 1969, Stuttgart 1981
Altenbockum, Jasper von: Wilhelm Heinrich Riehl. 1823–1897. Sozialwissenschaft zwischen Kulturgeschichte und Ethnographie (= Münstersche Historische Forschungen 6), Köln, Weimar und Wien 1994
Althammer, Beate: Bettler in rheinischen Städten des 19. Jahrhunderts – Aachen und Düsseldorf, in: dies. (Hg.), Bettler in der europäischen Stadt der Moderne. Zwischen Barmherzigkeit, Repression und Sozialreform (= Inklusion / Exklusion. Studien zu Fremdheit und Armut von der Antike bis zur Gegenwart, hg. für den Sonderforschungsbereich 600 ‚Fremdheit und Armut' von Andreas Gestrich, Lutz Raphael und Herbert Uerlings, Bd. 4), Frankfurt a. M. 2007, S. 151–191
Althammer, Beate / Christina Gerstenmayer (Hg.): Bettler und Vaganten in der Neuzeit (1500–1933). Eine kommentierte Quellenedition, Essen 2013

Althammer, Beate: Verfassungsstaat und bürgerliches Recht. Die Stellung von Fremden im Europa des langen 19. Jahrhunderts (1789–1914), in: Altay Coşkun, Lutz Raphael (Hg.), Fremd und rechtlos? Zugehörigkeitsrechte Fremder von der Antike bis zur Gegenwart. Ein Handbuch, Köln u. a. 2014, S. 301–330

Althammer, Beate: Vagabunden. Eine Geschichte von Armut, Bettel und Mobilität im Zeitalter der Industrialisierung (1815–1933), Essen 2017

Althammer, Beate: Von Pfahlbürgern und Zugvögeln. Kontroversen um das deutsche Heimatrecht im 19. Jahrhundert, in: dies., Anja Oesterhelt (Hg.), German ‚Heimat' in the Age of Migration. Special Issue. The Germanic Review 96/3 (2021), S. 235–255

Althammer, Beate / Anja Oesterhelt: German ‚Heimat' in the Age of Migration. An Introduction, in: dies. (Hg.), German ‚Heimat' in the Age of Migration. Special Issue. The Germanic Review 96/3 (2021), S. 221–234

Ameis, Karl Friedrich: Homers Odyssee. Für den Schulgebrauch erklärt von Dr. Karl Friedrich Ameis, Professor und Prorector am Gymnasium zu Mühlhausen in Thüringen 1/2 (1856). Dritte vielfach berichtigte Auflage, Leipzig 1865

Ameis, Karl Friedrich: Homers Odyssee. Für den Schulgebrauch erklärt von Dr. Karl Friedrich Ameis, fünfte vielfach berichtigte Auflage, besorgt von Dr. C. Hentze, Oberlehrer am Gymnasium zu Göttingen, Leipzig 1872

Ameis, Karl Friedrich: Homers Odyssee. Für den Schulgebrauch erklärt von Dr. Karl Friedrich Ameis, achte, berichtigte Auflage, besorgt von Dr. C. Hentze, Leipzig 1884

Amend-Traut, Anja: Heimatzuflucht [Lexikonartikel], in: Handwörterbuch zur deutschen Rechtsgeschichte (HRG), 2., völlig überarbeitete und erweiterte Auflage, hg. von Albrecht Cordes u. a., Bd. 2, Berlin 2012, Sp. 894–895

Améry, Jean: Wieviel Heimat braucht der Mensch?, in: ders., Jenseits von Schuld und Sühne. Unmeisterliche Wanderjahre. Örtlichkeiten (= Werke Bd. 2, hg. von Gerhard Scheit), Stuttgart 2002, S. 86–117

Anderson, Benedict: Imagined Communities. Reflections on the Origin and Spread of Nationalism. Revised and extended edition, London und New York 1993

Anderson, George Kumler: The Legend of the Wandering Jew, Hanover/NH u. a. 1965

Anonym [= Johann Jakob Bülau oder Heinrich Wilhelm von Bülow]: Noch etwas zum Deutschen Nationalgeiste, Lindau am Bodensee 1766

Anonym: Odyssee [Lexikonartikel], in: Allgemeine Encyclopädie der Wissenschaften und Künste, hg. von Johann Samuel Ersch, Johann Gottfried Gruber u. a., Leipzig ab 1818, 3. Sektion, 1. Teil, Leipzig 1830, S. 384–409

Anonym: Erdbeschreibung [Lexikonartikel], in: Encyklopädisch-pädagogisches Lexikon oder vollständiges, alphabetisch geordnetes Hand- und Hilfsbuch der Pädagogik und Didaktik; zum Behuf des praktischen Lehrfachs, so wie zu Conferenz-Aufsätzen und Examina für Volks-Lehrer und Seminaristen, nach den besten Quellen und dem neuesten Standpunkt der Literatur mit einem Andern bearb. und hg. von J. G. C. Wörle, Heilbronn 1835, S. 263–266

Anonym: o.T. [Zeitungsnotiz], in: Der Schweizer-Bote, Nr. 26, 1. April 1837, S. 108

Anonym: Heimat [Lexikonartikel], in: Allgemeine deutsche Real-Encyklopädie für gebildete Stände. Conversations-Lexikon in fünfzehn Bänden. Neunte Originalauflage, Bd. 7, Leipzig 1845, S. 2

Anonym: Auch ein Auswandererbild, in: Unterhaltungen am häuslichen Herd 4 (1852), S. 63–64

Anonym: Des Herzens wahre Heimat, in: Unterhaltungen am häuslichen Herd 32 (1852), S. 512
Anonym: Deutsche Sitten in Böhmen, in: Unterhaltungen am häuslichen Herd 33 (1852), S. 520–523
Anonym: Schweizerheimweh, in: Unterhaltungen am häuslichen Herd 7 (1852), S. 111–112
Anonym: Alexander von Humboldt, in: Die Gartenlaube 37 (1853), S. 397–399
Anonym: Deutsches Evangelisches Kirchen-Gesangbuch. In 150 Kernliedern, Stuttgart und Augsburg 1854
Anonym: Aus Holstein, in: Morgenblatt für gebildete Leser 52 (1858), S. 117–120
Anonym (= F.H.): ‚Sie gehen nach Amerika', in: Die Gartenlaube (1864), H. 6, S. 84–87
Anonym: Charakterköpfe aus der deutschen Abgeordneten-Versammlung in Frankfurt, in: Die Gartenlaube (1864), H. 6–7, S. 93–96 und S. 104–107
Anonym: Theodor Oelckers: Was Georg seinen deutschen Landsleuten über Brasilien zu erzählen weiß. Schilderungen eines in Südbrasilien wohlhabend gewordenen Proletariers. Ein Beitrag zur Länder- und Völkerkunde. Mit 25 Holzschnitten etc. Leipzig, 1863 [Rezension], in: Die Gartenlaube (1864), H. 22, S. 350–351
Anonym: Heimat [Lexikonartikel], in: Meyers Neues Konversations-Lexikon, 2. Auflage, Bd. 8, Hildburghausen 1867, S. 214
Anonym: Die travestierte Odyssee oder des Odysseus Irrfahrten zu Wasser und zu Lande. Zum Wohle germanischer Menschheit verteutschet und auf's Artigste in lieblichen Reimlein neuerzählt von W. v. D., Coblenz. Gedruckt in diesem Jahr, als der Kohl gerathen war [1871]
Anonym: Allgemeine Bestimmungen des Königl. Preuß. Ministers der geistlichen, Unterrichts- und Medicinal-Angelegenheiten, vom 15. Oct. 1872, betreffend das Volksschul-, Präparanden- und Seminarwesen, in: Centralblatt für die gesammte Unterrichts-Verwaltung in Preußen, hg. in dem Ministerium der geistlichen, Unterrichts- und Medicinal-Angelegenheiten, No. 10. Berlin, 31. October 1872, S. 585–646
Anonym: Zum bayerischen Verehelichungsrechte. Erkenntniß des bayerischen Verwaltungsgerichtshofes vom 10. Oktober 1890, in: Annalen des Deutschen Reichs für Gesetzgebung, Verwaltung und Statistik. Staatswissenschaftliche Zeitschrift und Materialiensammlung, hg. von Georg Hirth und Max Seydel, München und Leipzig 1891, S. 61–71
Anonym: Gemüt [Lexikonartikel], in: Brockhaus' Konversationslexikon. Vierzehnte vollständig neubearb. Auflage in sechzehn Bänden, Bd. 7, Leipzig, Berlin und Wien 1893, S. 762
Anonym: Heimat [Lexikonartikel], in: Brockhaus' Konversations-Lexikon. Vierzehnte vollständig neubearb. Auflage in sechzehn Bänden, Bd. 8, Leipzig, Berlin und Wien 1893, S. 970
Anonym: Die gesetzlichen Bestimmungen über das Erlangen der Zuständigkeit in österreichischen Gemeinden für In- und Ausländer. Auf Grund des am 1. Jänner 1901 in Kraft tretenden neuen Heimatgesetzes gemeinfasslich dargestellt und mit allen nöthigen Gesuchsformularen versehen, Wien 1900
Anonym: Vom Deutschtum im Auslande. Der ‚Deutsche Baumwolltag' der Stadt Waco in Texas, in: Kolonie und Heimat. Unabhängige koloniale Zeitschrift. Organ des Frauenbundes der Deutschen Kolonialgesellschaft 5/19 (1911/12), S. 4
Anonym: Evangelischer Psalter für Haus und Gemeinschaft, Elberfeld 1914
Anonym: Heimatkunde [Lexikonartikel], in: Lexikon der Pädagogik, Bd. 2, Freiburg i.Br. 1927, S. 209

Anonym: Heimat [Lexikonartikel], in: Staatslexikon, hg. von der Görres-Gesellschaft, Freiburg ⁵1927, Bd. 2, S. 57
Anonym: Gesinnungsunterricht [Lexikonartikel], in: Pädagogisches Lexikon, in Verbindung mit der Gesellschaft für evangelische Pädagogik und unter Mitwirkung zahlreicher Fachmänner hg. von Hermann Schwartz, 2. Bd., Bielefeld und Leipzig 1929, Sp. 467–470
Anonym: Heimat [Lexikonartikel], in: Deutsches Rechtswörterbuch. Wörterbuch der älteren deutschen Rechtssprache, hg. in Verbindung mit der Deutschen Akademie der Wissenschaften zu Berlin von der Heidelberger Akademie der Wissenschaften, Bd. 5, unter Mitwirkung von Hans Blesken bearb. von Otto Gönnenwein und Wilhelm Weizsäcker, Weimar 1960, Sp. 587–588
Anz, Thomas: Heimat und Unheimliches im Werk Franz Kafkas, in: Carme Bescansa, Mario Saalbach, Iraide Talavera, Garbiñe Iztueta (Hg.), Unheimliche Heimaträume. Repräsentationen von Heimat in der deutschsprachigen Literatur seit 1918 (= Jahrbuch für Internationale Germanistik 138), Bern 2020, S. 21–38
Apel, Friedmar: Deutscher Geist und deutsche Landschaft. Eine Topographie, München 1998
Applegate, Celia: A Nation of Provincials. The German Idea of Heimat, Berkeley 1990
Applegate, Celia: Zwischen Heimat und Nation. Die pfälzische Identität im 19. und 20. Jahrhundert. Aus dem Englischen übersetzt von Susanne Hagemann, Kaiserslautern 2007
Arailza, Adolf von: Das österreichische Heimatrecht, Wien 1889
Aras, Muhterem / Hermann Bausinger: Heimat. Kann die weg? Ein Gespräch, eingeleitet und moderiert von Reinhold Weber, Tübingen 2019
Arendt, Dieter: Das romantische Heimweh nach der blauen Blume oder der Traumweg ‚nach Hause', in: Études germaniques 51/2 (1996), S. 261–281
Aretz, Christel / Peter Kämmereit (Hg.): Clara Viebig. Ein langes Leben für die Literatur. Dokumentation zum 150. Geburtstag, Zell/Mosel 2010
Argast, Regula: Le modèle juridique et social de la citoyenneté suisse dans le cadre de la formation de L'Etat national (1848–1903), in: Integration und Ausschluß. Studien und Quellen 29, Bern 2003, S. 137–148
Argast, Regula: Staatsbürgerschaft und Nation. Ausschließung und Integration in der Schweiz 1848 bis 1933, Göttingen 2007
Arndt, Ernst Moritz: Versuch einer Geschichte der Leibeigenschaft in Pommern und Rügen. Nebst einer Einleitung in die alte teutsche Leibeigenschaft, Berlin 1803
Arndt, Ernst Moritz: Arndts Werke. Auswahl in zwölf Teilen, hg., mit Einleitung und Anmerkungen versehen von August Leffson und Wilhelm Steffens, Erster Teil: Gedichte, Berlin, Leipzig, Wien und Stuttgart 1912
Arndt, Ernst Moritz: Von dem Wort und dem Kirchenliede, Bonn 1819, Neudruck Hildesheim 1970
Arndt, Ernst Moritz: Gedichte. Faksimiledruck der Ausgabe Leipzig 1850, Hildesheim 1983
[Arnim, Bettina von]: Tagebuch, Berlin 1835
Arnim, Bettina von: Dies Buch gehört dem König, in: Werke und Briefe in vier Bänden, Bd. 3: Politische Schriften, hg. von Wolfgang Bunzel, Ulrike Landfester, Walter Schmitz und Sibylle von Steinsdorff, Frankfurt a. M. 1995, S. 9–368
Arnold, Gottfried: Gottfried Arnolds sämmtliche geistliche Lieder mit einer reichen Auswahl aus den freieren Dichtungen, hg. von K. C. E. Ehmann, Stuttgart 1856

Asmus, Walter: Frick, Otto Paul Martin, in: Neue Deutsche Biographie 5 (1961), S. 431 f. [Onlinefassung]. URL: http://www.deutsche-biographie.de/pnd116788801.html (zuletzt abgerufen am 18.11.2015)
Auerbach, Berthold: Der Viereckig oder die Amerikanische Kiste, in: Unterhaltungen am häuslichen Herd 1 (1853), Nr. 27 (S. 417–423), Nr. 28 (S. 433–438), Nr. 29 (S. 453–461), Nr. 30 (S. 467–472), Nr. 31 (S. 481–485)
Auerbach, Berthold: Gottfried Keller von Zürich [Rezension], in: Beilage zu Nr. 108 der [Augsburger] Allgemeinen Zeitung, 17. April 1856, S. 1721–1723
Auerbach, Berthold: Schwarzwälder Dorfgeschichten 1 (= Berthold Auerbach's gesammelte Schriften. Erste, neu durchgesehene Gesammtausgabe, Bd. 1), Stuttgart und Augsburg 1857
Auerbach, Berthold: Der Viereckig oder die amerikanische Kiste, in: Schwarzwälder Dorfgeschichten 6 (= Berthold Auerbach's gesammelte Schriften. Erste, neu durchgesehene Gesammtausgabe, Bd. 6), Stuttgart und Augsburg 1858, S. 183–264
Auerbach, Berthold: Spinoza, in: Berthold Auerbach's gesammelte Schriften, Erste, neu durchgesehene Gesammtausgabe, Bd. 11, Stuttgart und Augsburg 1858
Auerbach, Berthold: Barfüssele, in: Berthold Auerbach's gesammelte Schriften. Erste, neu durchgesehene Gesammtausgabe, Bd. 9, Stuttgart und Augsburg 1858
Auerbach, Berthold: Bemerkungen zu Gustav Freytags ‚Ingo und Ingraban' [Rezension zum ersten Teil der *Ahnen*, Teilabdruck], in: Max Bucher, Werner Hahl, Georg Jäger, Reinhard Wittmann (Hg.), Realismus und Gründerzeit. Manifeste und Dokumente zur deutschen Literatur 1848–1880. Mit einer Einführung in den Problemkreis und einer Quellenbibliographie, 2 Bde., Bd. 2: Manifeste und Dokumente, Stuttgart 1981, S. 493–496
Auerbach, Berthold: Schriften zur Literatur, hg. von Marcus Twellmann, Göttingen 2014
Auerbach, Berthold: Briefe an seinen Freund Jakob Auerbach. Neuedition der Ausgabe von 1884 mit Kommentaren und Indices, hg. von Hans Otto Horch, 3 Bde., Berlin, München und Boston 2015
Auerochs, Bernd: Die Entstehung der Kunstreligion, Göttingen 2006
Aydemir, Fatma / Hengameh Yaghoobifarah (Hg.): Eure Heimat ist unser Albtraum, Berlin 2019
Bade, Klaus J.: Europa in Bewegung. Migration vom späten 18. Jahrhundert bis zur Gegenwart. München 2000
Bade, Klaus J.: Migration in European History, translated by Allison Brown, Malden 2003
Bade, Klaus J. / Pieter C. Emmer, Leo Lucassen, Jochen Oltmer (Hg.): Enzyklopädie Migration in Europa. Vom 17. Jahrhundert bis zur Gegenwart, München ²2008
Bahr, Hermann: Die Entdeckung der Provinz (1900), in: ders., Kritische Schriften VII: Bildung. Essays, hg. von Gottfried Schnödl, Weimar 2010, S. 141–147
Baleanu, Avram Andrei: Die Geburt des Ahasver, in: Menora. Jahrbuch für deutsch-jüdische Geschichte 2 (1991), hg. von Julius H. Schoeps u. a., München und Zürich, S. 15–43
Barboza, Amalia / Barbara Krug-Richter, Sigrid Ruby (Hg.): Heimat verhandeln? Kunst- und kulturwissenschaftliche Annäherungen, Göttingen 2019
Bartels, Adolf: Neue Erzählende Literatur, in: Der Kunstwart 11 (1898), S. 103–107
Bartels, Adolf: Kritischer Kehraus, in: Der Kunstwart 11 (1898), S. 361–363
Bartels, Adolf: Heimatkunst, in: Heimat 1 (1900), S. 10–19
Bartels, Adolf: Heimatkunst. Ein Wort zur Verständigung (= Grüne Blätter für Kunst und Volkstum 8), München und Leipzig 1904

Bartels, Adolf: Handbuch zur Geschichte der deutschen Literatur, Leipzig 1906
Bartels, Adolf: Das Weimarische Hoftheater als Nationalbühne für die deutsche Jugend. Eine Denkschrift, Weimar ²1906
Bartels, Adolf: Geschichte der deutschen Literatur in zwei Bänden, Leipzig ⁵1909
Bartels, Adolf: Gegenwart und nächste Zukunft der deutschen Literatur, in: Deutsches Schrifttum 14 (1912), S. 17–24
Bartels, Adolf: Der deutsche Verfall. Vortrag, gehalten am 21. Januar 1913 zu Berlin, Leipzig 1913
Bartels, Adolf: Kinderland. Erinnerungen aus Hebbels Heimat, Frankfurt a. M. 1914
Bartels, Adolf: Der Dichter und seine Heimat [zuerst in: Deutsche Welt, 13.9.1913], in: Rasse und Volkstum, Gesammelte Aufsätze zur nationalen Weltanschauung, Weimar 1920, S. 41–48
Bartels, Adolf: Geschichte der thüringischen Literatur, 2 Bde., Bd. 1: Von den Anfängen bis zum Tode Goethes, Jena 1938, Bd. 2: Vom Tode Goethes bis zur Gegenwart, Jena 1942
Barth, Ulrich: Aufgeklärter Protestantismus, Tübingen 2004
Barth, Ulrich: Friedrich Schleiermacher, in: Klassiker der Theologie. Zweiter Band: Von Richard Simon bis Karl Rahner, hg. von Friedrich Wilhelm Graf, München 2005, S. 58–88
Bastian, Andrea: Der Heimat-Begriff. Eine begriffsgeschichtliche Untersuchung in verschiedenen Funktionsbereichen der deutschen Sprache, Tübingen 1995
Bauer, Franz J.: Das ‚lange' 19. Jahrhundert. 1789–1917. Profil einer Epoche, Stuttgart ³2010
Bauer, Jenny / Claudia Gremler, Niels Penke (Hg.): Heimat – Räume. Komparatistische Perspektiven auf Herkunftsnarrative (= Studia Comparatistica 3), Berlin 2014
Baumgarten, Eduard: Das Vorbild Emersons im Werk und Leben Nietzsches, Teil 1, Heidelberg 1957
Bausinger, Hermann: Volkskultur in der technischen Welt, Stuttgart 1961
Bausinger, Hermann: Zur kulturellen Dimension von Identität, in: Zeitschrift für Volkskunde 73 (1977), S. 210–215
Bausinger, Hermann: Heimat und Identität, in: ders. / Konrad Köstlin (Hg.), Heimat und Identität. Probleme regionaler Kultur 22. Deutscher Volkskunde-Kongress in Kiel vom 16. bis 21. Juni 1979 (= Studien zur Volkskunde und Kulturgeschichte Schleswig-Holsteins 7), Neumünster 1980, S. 9–24
Bausinger, Hermann: Kulturelle Identität, Bonn 1982
Bausinger, Hermann: Auf dem Weg zu einem neuen, aktiven Heimatverständnis. Begriffsgeschichte als Problemgeschichte, in: Hermann Bausinger, Hans-Georg Wehling (Hg.), Heimat heute, Stuttgart 1984, S. 11–27
Bausinger, Hermann: Heimat in einer offenen Gesellschaft. Begriffsgeschichte als Problemgeschichte, in: Jochen Kelter (Hg.), Die Ohnmacht der Gefühle. Heimat zwischen Wunsch und Wirklichkeit, Weingarten 1986, S. 89–115
Bausinger, Hermann: Identität, in: ders. u. a. (Hg.), Grundzüge einer Volkskunde, Darmstadt ⁴1999, S. 204–263
Becher, Johannes R.: Schöne deutsche Heimat, Berlin 1952
Becher, Johannes R.: Gedichte 1942–1948, mit Nachwort und Sacherläuterungen von Ernst Stein (= Gesammelte Werke, Bd. 5), Berlin und Weimar 1967
Becker, Hansjakob u. a. (Hg.): Geistliches Wunderhorn. Große deutsche Kirchenlieder, München 2001

Becker, Sabine: Bürgerlicher Realismus. Literatur und Kultur im bürgerlichen Zeitalter 1848–1900, Tübingen und Basel 2003
Beghin, Marc / Ursula Bernard, Christian Eggers u.a. (Hg.): Heimat. La petite patrie dans les pays de langue allemande (= Chroniques allemandes 13), Grenoble 2009
Behringer, Wolfgang: Tambora und das Jahr ohne Sommer. Wie ein Vulkan die Welt in die Krise stürzte, München 2015
Belgum, Kirsten L.: ‚Wie ein Mensch sich selbst bilden kann'. Zur Funktion von Amerika in Auerbachs ‚Landhaus am Rhein', in: Christof Hamann u. a. (Hg.), Amerika und die deutschsprachige Literatur nach 1848. Migration – kultureller Austausch – frühe Globalisierung, Bielefeld 2009, S. 59–82
Belschner, Wilfried u. a. (Hg.): Wem gehört die Heimat? Beiträge der politischen Psychologie zu einem umstrittenen Phänomen, Opladen 1995
Benecke, G[eorg] F[riedrich] / W[ilhelm] Müller, F[riedrich] Zarncke: Mittelhochdeutsches Wörterbuch, Bd. 1: A–L, bearb. von Wilhelm Müller, Stuttgart 1990
Berg, Nicolas: Kapitalismusdebatten um 1900. Über antisemitisierende Semantiken des Jüdischen, Leipzig 2011
Berger, Karl: Heimaterzähler und ‚moderne' Schriftsteller, in: Heimat 1 (1900), S. 61–62
Berger, Rupert: Gesangbuch [Lexikonartikel], in: ders., Pastoralliturgisches Handlexikon. Das Nachschlagewerk für alle Fragen zum Gottesdienst. Völlig überarbeitete Neuausgabe, Freiburg, Basel und Wien 2013, S. 140
Beringer, Joseph August: Einleitung, in: Thoma. Der Malerpoet. Ausgewählt und eingeleitet von J. A. Beringer (= Kleine Delphin-Kunstbücher Bd. 9), München 1922, S. 3–10
Bernhard, Marie: Heimatluft, in: dies, Die Glücklichen. ‚Onkel Zigeuner'. Heimatluft. Drei Novellen, Neuausgabe, hg. von Karl-Maria Guth, Berlin 2018, S. 117–168
Bernhertz, Michael: Exequiae Lothiniane, Nürnberg 1615
Bescansa, Carme / Mario Saalbach, Iraide Talavera, Garbiñe Iztueta (Hg.): Unheimliche Heimaträume. Repräsentationen von Heimat in der deutschsprachigen Literatur seit 1918 (= Jahrbuch für Internationale Germanistik 138), Bern 2020
Beßlich, Barbara: Wege in den ‚Kulturkrieg'. Zivilisationskritik in Deutschland 1890–1914, Darmstadt 2000
Beßlich, Barbara: „Höre ich nur ‚Heimathkunst', so vomire ich schon." Naturalistischer Schulterschluss und poetische Rüpelei zwischen Friedrich Lienhard und Karl Bleibtreu, in: Ralf Bogner, Ralf Georg Czapla, Robert Seidel, Christian von Zimmermann (Hg.), Realität als Herausforderung. Literatur in ihren konkreten historischen Kontexten. Festschrift für Wilhelm Kühlmann zum 65. Geburtstag, Berlin und New York 2011, S. 413–426
Bettelheim, Anton: Berthold Auerbach. Der Mann. Sein Werk – Sein Nachlaß, Stuttgart, Berlin 1907
Beutin, Wolfgang / Matthias Beilein, Klaus Ehlert u. a.: Deutsche Literaturgeschichte. Von den Anfängen bis zur Gegenwart, Stuttgart ⁹2019
Beutner, Eduard/ Karlheinz Rossbacher (Hg.): Ferne Heimat – Nahe Fremde. Bei Dichtern und Nachdenkern, Würzburg 2008
Bialik, Chaim Nachman: Das hebräische Buch, in: Neue jüdische Monatshefte 4 (1919), S. 25–36
Bickelmann, Agnes / Hartmut Bretting: Auswanderungsagenturen und Auswanderungsvereine im 19. und 20. Jahrhundert (= Von Deutschland nach Amerika. Zur Sozialgeschichte der

Auswanderung im 19. und 20. Jahrhundert, hg. von Günter Moltmann, Bd. 4), Stuttgart 1991

Biehl, Peter: Heimat in theologischer und religionspädagogischer Perspektive. Plädoyer für ein eschatologisch gebrochenes Heimatverständnis, in: Heimat – Fremde. Jahrbuch der Religionspädagogik, Bd. 14 (1997), hg. von Peter Biehl, S. 29–64

Biemann, Asher D. / Richard I. Cohen, Sarah E. Wobick-Segev: Introduction, in: dies. (Hg.), Spiritual Homelands. The Cultural Experience of Exile, Place and Displacement among Jews and Others (= Perspectives on Jewish Texts and Contexts 12), Berlin und Boston 2019, S. 1–8

Bienek, Horst (Hg.): Heimat. Neue Erkundungen eines alten Themas, München und Wien 1985

Binder, Beate: Beheimatung statt Heimat. Translokale Perspektiven und Räume der Zugehörigkeit, in: Manfred Seifert (Hg.), Zwischen Emotion und Kalkül. ‚Heimat' als Argument im Prozess der Moderne, Leipzig 2000, S. 189–204

Binder, Beate: Beheimatet-Sein in einer globalisierten Welt. Plädoyer für ein verändertes Verständnis von Heimat, in: Karin Hanika, Wiebke Trunk (Hg.), ‚... und grüßen Sie mir die Welt' – reflektierte Heimaten. Texte zu Heimat, Identität und visueller Kultur, Stuttgart 2007, S. 40–53

Binder, Beate: Heimat als Begriff der Gegenwartsanalyse? Gefühle der Zugehörigkeit und soziale Imaginationen in der Auseinandersetzung um Einwanderung, in: Zeitschrift für Volkskunde 104 (2008), S. 1–17

Binder, Wolfgang: Sinn und Gestalt der Heimat in Hölderlins Dichtung (1953), in: ders., Hölderlin-Aufsätze, Frankfurt a. M. 1970, S. 76–111

Binder, Wolfgang: Hölderlin. Theologie und Kunstwerk, in: Hölderlin-Jahrbuch 17 (1971/1972), S. 1–29

Binswanger, Ludwig: Grundformen und Erkenntnis menschlichen Daseins (= Ausgewählte Werke Bd. 2, hg. von Max Herzog und Hans-Jürg Braun), Heidelberg 1993

Birken, Sigmund von: Heiliger Sonntags-Handel und Kirch-Wandel, Oder: Anweisung, wie man den Sonntag mit Andacht zubringen, und in der Kirche sich GOTT-gefällig verhalten solle: Nach den Hauptstücken Christlicher Lehre eingerichtet, auch mit Sinnbild- und Geschicht-Kupfern neben neuen Liedern gezieret durch Sigmund von Birken, Com. Pal. Cæf. in dem Durchl. Palmen-Orden den Erwachsenen. Samt den gewöhnlichen Kirch-Lieder-Büchlein. Mit Churfl. Sächs. gnädigsten Privilegio, Nürnberg 1681

Bland, Caroline: From near and far. Aesthetic Distance in the Representation of Heimat by Lena Christ and Clara Viebig, in: Caroline Bland, Catherine Smale, Godela Weiss-Sussex (Hg.), German Life and Letters, Special Number: Women Writing Heimat in Imperial and Weimar Germany, 72/1 (2019), S. 28–39

Bland, Caroline / Catherine Smale, Godela Weiss-Sussex (Hg.): Introduction, in: German Life and Letters, Special Number: Women Writing Heimat in Imperial and Weimar Germany, 72/1 (2019), S. 1–13

Blessing, Reiner: Schule der nationalen Ethik. Johann Georg Sprengel. Die Deutschkundebewegung und der deutsche Germanistenverband, Frankfurt a. M. 1996

Blickle, Peter: Heimat. A Critical Theory of the German Idea of Homeland, Rochester, NY und Woodbridge, Suffolk 2002

Bliersbach, Gerhard: So grün war die Heide ... Der deutsche Nachkriegsfilm in neuer Sicht. Weinheim und Basel 1985

Blitz, Hans-Martin: Aus Liebe zum Vaterland. Die deutsche Nation im 18. Jahrhundert. Hamburg 2000
Bloch, Ernst: Das Prinzip Hoffnung. In fünf Teilen (= Werkausgabe Bd. 5), Frankfurt a. M. ³1990
Blum, Joachim Christian: Ode auf Abbts Tod. 1767, in: Göttinger Musenalmanach (1775), S. 14–15
Blumenbach, Johann Friedrich: Handbuch der Naturgeschichte, Bd. 1, Göttingen 1779
Blumenwitz, Dieter: Flucht und Vertreibung und ihre vermögensrechtlichen Folgen, in: ders. (Hg.), Flucht und Vertreibung, Köln u. a. 1987
Blumenwitz, Dieter (Hg.): Flucht und Vertreibung. Vorträge eines Symposions, veranstaltet vom Institut für Völkerrecht der Universität München, Köln u. a. 1987
Blumenwitz, Dieter (Hg.): Recht auf Heimat im zusammenwachsenden Europa. Ein Grundrecht für nationale Minderheiten und Volksgruppen, Frankfurt a. M. 1995
Boa, Elizabeth / Rachel Palfreyman: Heimat – a German Dream. Regional Loyalties and National Identity in German Culture 1890–1990, Oxford 2000
Bodenheimer, Alfred: Wandernde Schatten. Ahasver, Moses und die Authentizität der jüdischen Moderne, Göttingen 2002
Bodmer, Johann Jakob: Homers Werke, 2 Bde., Zürich 1778
Böckmann, Paul: Hölderlin und seine Götter, München 1935
Böhme, Franz Magnus: Altdeutsches Liederbuch, Leipzig 1877
Böhme, Jakob: Aurora oder Morgen-Röthe im Auffgang. Das ist: Die Wurtzel oder Mutter der Philosophiae, Astrologiae und Theologiae [...] oder Beschreibung der Natur, Amsterdam 1676
Böhme, Jakob: Mysterium magnum, oder Erklärung über das erste Buch Mosis, in: Jakob Böhme's sämmtliche Werke, hg. von Karl Wilhelm Schiebler, 5. Bd., Leipzig 1843
Böning, Holger / Reinhart Siegert: Volksaufklärung. Biobibliographisches Handbuch zur Popularisierung aufklärerischen Denkens im deutschen Sprachraum von den Anfängen bis 1850, 3 Bde., Stuttgart-Bad Cannstatt 1990, 2001 und 2015
Börne, Ludwig: Der Ewige Jude (zuerst 1821), in: ders., Sämtliche Schriften. Neu bearb. und hg. von Inge und Peter Rippmann, Bd. 2, Düsseldorf 1964, S. 495–539
Böschenstein, Bernhard: ‚Frucht des Gewitters'. Zu Hölderlins Dionysos als Gott der Revolution, Frankfurt a. M. 1989
Böschenstein, Renate: Idylle, Todesraum und Aggression. Beiträge zur Droste-Forschung, Bielefeld 2007
Bossle, Lothar (Hg.): Heimat und Frömmigkeit. Festschrift für Arthur Maximilian Miller, Würzburg 1981
Böttcher, Philipp: Gustav Freytag. Konstellationen des Realismus (= Deutsche Literatur. Studien und Quellen 27), Berlin 2018
Böttner, Konrad: I. N. J. Das Nach Gottes Willen seelig entschlaffenen Gott und Tugend ergebenen Jungfer, Lauban [1733]
Bogdal, Klaus-Michael: Europa erfindet die Zigeuner. Eine Geschichte von Faszination und Verachtung, Berlin 2011
Bollnow, Otto Friedrich: Mensch und Raum, Stuttgart ¹¹2010
Bolten, Jürgen: Heimat im Aufwind. Anmerkungen zur Sozialgeschichte eines Bedeutungswandels, in: Hans-Georg Pott (Hg.), Literatur und Provinz. Das Konzept ‚Heimat' in der neueren Literatur, Paderborn 1986, S. 23–38

Bommersheim, Paul: Heimat und All (= Philosophische und pädagogische Forschungen in der Heimat 1), Leipzig 1936
Bommersheim, Paul: Mensch und Heimat (= Philosophische und pädagogische Forschungen in der Heimat 2), Leipzig 1938
Bommersheim, Paul: Von der Einheit der Wirklichkeit in der Heimat. Untersuchungen zur Philosophie der Länderkunde (= Sonderschriften der Akademie gemeinnütziger Wissenschaften zu Erfurt 14), Erfurt 1940
Bomski, Franziska: System in Bewegung. Bilder der Bildung bei Novalis, in: Franziska Bomski, Jürgen Stolzenberg (Hg.), Genealogien der Natur und des Geistes. Diskurse, Kontexte und Transformationen um 1800 (= Schriftenreihe des Zentrums für Klassikforschung 4), Göttingen 2018, S. 311–332
Bondy, François: Die rehabilitierte Heimat, in: Neue deutsche Hefte 22/1 (1975), S. 107–112
Bone, Heinrich: Cantate! katholisches Gesangbuch nebst einem vollständigen Gebet- und Andachtsbuche, Paderborn 1851
Bonhoeffer, Dietrich: Illegale Theologen-Ausbildung. Sammelvikariate 1937–1940, hg. von Dirk Schulz (= Werke Bd. 15), Gütersloh 1998
Bonsels, Waldemar: Die Heimat des Todes. Empfindsame Kriegsberichte, Berlin ^{9}1918
Bonsels, Waldemar: Die Biene Maja und ihre Abenteuer, Stuttgart und Berlin 1949
Borchmeyer, Dieter: Richard Wagner. Ahasvers Wandlungen, Frankfurt a. M. und Leipzig 2002
Borchmeyer, Dieter / Stephan Kohler (Hg.): Wagner Parodien. Parodien auf Richard Wagner. Ausgewählt und mit einem Nachwort versehen von Dieter Borchmeyer und Stephan Kohler, Frankfurt a. M. 1998
Bormann, Alexander von (Hg.): Volk – Nation – Europa. Zur Romantisierung und Entromantisierung politischer Begriffe, Würzburg 1998
Born, Stefan: Realismus oder Manierismus? Über den Maßstab der Kritik an den Auerbach'schen Dorfgeschichten im bürgerlichen Realismus, in: Katja Mellmann, Jesko Reiling (Hg.), Vergessene Konstellationen literarischer Öffentlichkeit zwischen 1840 und 1885, Berlin und Boston 2016, S. 275–293
Boym, Svetlana: The Future of Nostalgia, New York 2001
Brändle, Rainer: Antisemitische Literaturhistorik. Adolf Bartels, in: Renate Heuer, Ralph-Rainer Wuthenow (Hg.), Antisemitismus, Zionismus, Antizionismus 1850–1940 (= Campus Judaica 10), Frankfurt a. M. und New York 1997, S. 35–53
Bräuner, Johann Jacob: Pest-Büchlein, Frankfurt a. M. 1714
Braidotti, Rosi: Nomadic Subjects. Embodiment and Sexual Difference in Contemporary Feminist Theory, New York 1994
Brandstetter, Alois (Hg.): Daheim ist daheim. Neue Heimatgeschichten, Salzburg 1973
Brantzen, Hubertus: Gemeinde als Heimat. Integrierende Seelsorge unter semiotischer Perspektive (= Praktische Theologie im Dialog 7), Freiburg/Schweiz 1993
Braungart, Wolfgang / Joachim Jacob, Jan-Heiner Tück: Einleitung, in: dies. (Hg.), Literatur / Religion: Bilanz und Perspektiven eines interdisziplinären Forschungsgebietes (= Studien zu Literatur und Religion / Studies on Literature and Religion 1), Stuttgart 2019, S. V–XIV
Bredow, Wilfried von / Hans-Friedrich Foltin: Zwiespältige Zufluchten. Zur Renaissance des Heimatgefühls, Berlin und Bonn 1981
Brenner, Peter J.: Neue deutsche Literaturgeschichte. Vom ‚Ackermann' zu Günter Grass, Tübingen 1996

Brentano, Clemens: Gedichte 1816–1817, hg. von Michael Grus (= Sämtliche Werke und Briefe, Historisch-kritische Ausgabe veranstaltet vom Freien Deutschen Hochstift, Bd. 3,1), Stuttgart, Berlin und Köln 1999

Brentano, Clemens: Briefe V, 1813–1818, hg. von Sabine Oehring (= Sämtliche Werke und Briefe, Historisch-kritische Ausgabe veranstaltet vom Freien Deutschen Hochstift, Bd. 33), Stuttgart, Berlin und Köln 2000

Brentano, Clemens: Gedichte 1818–1819, hg. von Michael Grus u. a. (= Sämtliche Werke und Briefe, Historisch-kritische Ausgabe veranstaltet vom Freien Deutschen Hochstift, Bd. 3,2), Stuttgart, Berlin und Köln 2001

Brentano, Clemens: Gedichte 1784–1801, hg. von Bernhard Gajek (= Sämtliche Werke und Briefe, Historisch-kritische Ausgabe veranstaltet vom Freien Deutschen Hochstift, Bd. 1), Stuttgart 2007

Brentano, Clemens: Gedichtbearbeitungen 2, hg. von Sabine Gruber (= Sämtliche Werke und Briefe, Historisch-kritische Ausgabe veranstaltet vom Freien Deutschen Hochstift, Bd. 5,2), Stuttgart 2009

Brentano, Clemens: Gedichtbearbeitungen 1, hg. von Sabine Gruber (= Sämtliche Werke und Briefe, Historisch-kritische Ausgabe veranstaltet vom Freien Deutschen Hochstift, Bd. 5,1), Stuttgart 2011

Brentano, Clemens: Briefe VII, 1824–1829, hg. von Sabine Oehring (= Sämtliche Werke und Briefe, Historisch-kritische Ausgabe veranstaltet vom Freien Deutschen Hochstift, Bd. 35), Stuttgart 2012

Brepohl, Wilhelm: Die Heimat als Beziehungsfeld. Entwurf einer soziologischen Theorie der Heimat, in: Soziale Welt. Zeitschrift für sozialwissenschaftliche Forschung und Praxis 4 (1952/53), S. 12–22

Brepohl, Wilhelm: Heimat, in: Friedrich Karrenberg (Hg.), Evangelisches Soziallexikon, Stuttgart 1954, S. 481–484

Brepohl, Wilhelm: Heimat und Heimatgesinnung als soziologische Begriffe und Wirklichkeiten, in: Kurt Rabl (Hg.), Das Recht auf die Heimat. Vorträge, Thesen, Kritik (=Studien und Gespräche über Heimat und Heimatrecht, Sammel- und Ergänzungsband), München 1965, S. 42–58

Brinkmann, Frank Thomas / Johanna Hammann (Hg.): Heimatgedanken. Theologische und kulturwissenschaftliche Beiträge (= pop.religion: lebensstil – kultur – theologie), Wiesbaden 2019

Brinkmann, Richard: Wirklichkeit und Illusion. Studien über Gehalt und Grenzen des Begriffs Realismus für die erzählende Dichtung des neunzehnten Jahrhunderts, Tübingen 1957

Brintzinger, Ottobert L.: Heimat – Gemeinde – Staat, in: Wolfgang Riedel (Hg.), Heimatbewußtsein. Erfahrungen und Gedanken. Beiträge zur Theoriebildung, Husum 1981, S. 14–34

Brockmann, Doris: Heimat – Himmel – Mutter. Feministisch–theologische Miszelle zum vierten Mariendogma, in: Gisela Ecker (Hg.), Kein Land in Sicht. Heimat – weiblich? München 1997, S. 81–91

Brückner, Wolfgang / Klaus Beitl (Hg.): Volkskunde als akademische Disziplin. Studien zur Institutionenausbildung. Referate eines wissenschaftsgeschichtlichen Symposions vom 8.–10. Oktober 1982 in Würzburg (= Mitteilungen des Instituts für Gegenwartsvolkskunde 12), Wien 1983

Brude-Firnau, Gisela: Zur Funktion des Heimatbegriffs in Uwe Johnsons Tetralogie ‚Jahrestage',
 in: Helfried W. Seliger (Hg.), Der Begriff ‚Heimat' in der deutschen Gegenwartsliteratur.
 The Concept of ‚Heimat' in Contemporary German Culture, München 1987, S. 29 – 38
Brunnert, Klaus: Nostalgie in der Geschichte der Medizin, Düsseldorf 1984
Bucher, Max / Werner Hahl, Georg Jäger, Reinhard Wittmann (Hg.): Realismus und Gründerzeit.
 Manifeste und Dokumente zur deutschen Literatur 1848 – 1880. Mit einer Einführung in
 den Problemkreis und einer Quellenbibliographie, 2 Bde., Bd. 2: Manifeste und
 Dokumente, Stuttgart 1981
Buchholz, Margot: ‚Die Heimatlosen' von Justinus Kerner. Eine alchemistische Dichtung.
 Skizze, in: Reinhard Breymayer (Hg.), In dem milden und glücklichen Schwaben und in
 der Neuen Welt. Beiträge zur Goethezeit. Festschrift für Hartmut Fröschle (= Suevica.
 Beiträge zur schwäbischen Literatur- und Geistesgeschichte 9; Stuttgarter Arbeiten zur
 Germanistik 423), Stuttgart 2004, S. 209 – 231
Buchholz, Margot: Nachwort, in: Justinus Kerner: Die Heimatlosen, mit einem Nachwort und
 Materialien zum Text hg. von Margot Buchholz, Weissach i.T. 2003, S. 47 – 92
Bühler, Benjamin / Stefan Rieger: Bunte Steine. Ein Lapidarium des Wissens, Frankfurt a.M.
 2014
Bülow, Paul: Friedrich Lienhard. Der Mensch und das Werk. Mit vielen ungedruckten und
 seltenen Proben seiner Dichtung, Leipzig 1923
Bütfering, Elisabeth: Frauenheimat Männerwelt. Die Heimatlosigkeit ist weiblich, in:
 Bundeszentrale für politische Bildung (Hg.), Heimat. Analysen, Themen, Perspektiven
 (= Diskussionsbeiträge zur politischen Didaktik, Bd. 294/I), Gesamtkonzeption: Will
 Cremer, Ansgar Klein, Bonn 1990, S. 416 – 436
Bundeszentrale für politische Bildung (Hg.), Heimat. Analysen, Themen, Perspektiven
 (= Diskussionsbeiträge zur politischen Didaktik, Bd. 294/I), Gesamtkonzeption: Will
 Cremer, Ansgar Klein, Bonn 1990
Bunke, Simon: Heimweh. Studien zur Kultur- und Literaturgeschichte einer tödlichen Krankheit,
 Freiburg i.Br., Berlin und Wien 2009
Burckhard, Gottfried: Himmlische Johanna Elisabeth. Das ist einer gläubigen Seele
 Allerholdseligste Ruhe in GOtt. Bey hochansehnlichem Leichbegängnüß Der weiland
 Hochgebohrnen Frauen Fr. Johanna Elisabeth, Breslau 1673
Burckhardt, Walther: Kommentar der Schweizerischen Bundesverfassung vom 29. Mai 1874,
 Bern [3]1931
Burgdorf, Wolfgang: ‚Reichsnationalismus' gegen ‚Territorialnationalismus'. Phasen der
 Intensivierung des nationalen Bewußtseins in Deutschland, in: Dieter Langewiesche,
 Georg Schmidt (Hg.), Föderative Nation. Deutschlandkonzepte von der Reformation bis
 zum Ersten Weltkrieg, München 2000, S. 157 – 189
Burger, Hannelore: Heimatrecht und Staatsbürgerschaft österreichischer Juden. Vom Ende des
 18. Jahrhunderts bis in die Gegenwart, Wien 2014
Busch, Wilhelm: Kritik des Herzens, in: Wilhelm Busch Gesamtausgabe, Bd. 2, Wien 2002,
 S. 71 – 112
Buschmeier, Matthias: Poesie und Philologie in der Goethe-Zeit. Studien zum Verhältnis der
 Literatur und ihrer Wissenschaft, Tübingen 2008
Busse, Eckart: Die Eichendorff-Rezeption im Kunstlied, Würzburg 1975
Butzer, Günter / Joachim Jacob: Metzler Lexikon literarischer Symbole, Stuttgart und Weimar
 2008

[Calvi, François de]: Beutelschneider, oder newe warhaffte vnd eigentliche Beschreibung der Diebs Historien, [Bd. 1], Frankfurt a. M. 1627
Campenhausen, Hans von: Die Asketische Heimatlosigkeit im altkirchlichen und frühmittelalterlichen Mönchtum (= Sammlung gemeinverständlicher Vorträge und Schriften aus dem Gebiet der Theologie und Religionsgeschichte 149), Tübingen 1930
Carl, Horst: ‚Die Aufklärung unsers Jahrhunderts ist ein bloßes Nordlicht ...'. Konfession und deutsche Nation im Zeitalter der Aufklärung, in: Heinz Gerhard Haupt, Dieter Langewiesche (Hg.), Nation und Religion in der deutschen Geschichte, Frankfurt a. M. 2001, S. 105–141
Carré, Valérie: Schabbach au fil des ans: évolution et transformation de la notion de Heimat au XXe siècle dans la trilogie d'Edgar Reitz, in: Marc Beghin, Ursula Bernard, Christian Eggers u.a. (Hg.): Heimat. La petite patrie dans les pays de langue allemande (= Chroniques allemandes 13), Grenoble 2009, S. 515–528
Celan, Paul: Die Niemandsrose, Frankfurt a. M. 1976
Chamisso, Adelbert von: Gedichte. Leipzig 1831
Chambers, Helen: Humor and Irony in Nineteenth-Century Women's Writing. Studies in Prose Fiction 1840–1900, Rochester 2007
Charim, Isolde: Ich und die Anderen. Wie die neue Pluralisierung uns alle verändert, Wien 2018
Châtellier, Hildegard: Friedrich Lienhard, in: Uwe Puschner, Walter Schmitz, Justus H. Ulbricht (Hg.), Handbuch zur ‚Völkischen Bewegung' 1871–1918, München u. a. 1996, S. 114–130
Clark, Christopher / Wolfram Kaiser (Hg.): Kulturkampf in Europa im 19. Jahrhundert, Leipzig 2003
Confino, Alon: The Nation as a Local Metaphor. Württemberg, Imperial Germany, and National Memory, 1871–1918, Chapel Hill und London 1997
Confino, Alon: Konzepte von Heimat, Region, Nation und Staat in Württemberg von der Reichsgründungszeit bis zum Ersten Weltkrieg, in: Dieter Langewiesche, Georg Schmidt (Hg.), Föderative Nation. Deutschlandkonzepte von der Reformation bis zum Ersten Weltkrieg, München 2000, S. 345–359
Conze, Werner / Jürgen Kocka (Hg.): Bildungsbürgertum im 19. Jahrhundert. Teil I: Bildungssystem und Professionalisierung in internationalen Vergleichen, Stuttgart 1985
Costadura, Edoardo / Klaus Ries (Hg.): Heimat gestern und heute. Interdisziplinäre Perspektiven, Bielefeld 2016
Costadura, Edoardo / Klaus Ries, Christiane Wiesenfeldt (Hg): Heimat global. Modelle, Praxen und Medien der Heimatkonstruktion, Bielefeld 2019
Crawford, Heide: ‚[M]it Märchen und mit Träumen / Erinn'rung zu mir schwebt!' Regional Identity and the Concept of ‚Heimat' in Ernst Moritz Arndts Märchen, in: Walter Erhart, Arne Koch (Hg.), Ernst Moritz Arndt (1769–1860). Deutscher Nationalismus, Europa, Transatlantische Perspektiven, Tübingen 2007, S. 137–145
Cremer Will / Ansgar Klein: Heimat in der Moderne, in: Bundeszentrale für politische Bildung (Hg.), Heimat. Analysen, Themen, Perspektiven (= Diskussionsbeiträge zur politischen Didaktik, Bd. 294/I), Gesamtkonzeption: Will Cremer, Ansgar Klein, Bonn 1990, S. 33–55
Curtius, Ernst: Alterthum und Gegenwart. Gesammelte Reden und Vorträge, Bd. 1, Berlin, 1875
Cusack, Andrew: The Wanderer in Nineteeth-Century German Literature. Intellectual History and Cultural Criticism, Rochester, New York 2008
Czezior, Patricia: Die Heimatlosigkeit im Werke zweier romantischer Grenzgänger. Joseph von Eichendorff und Heinrich Heine, Berlin 2004

Dahlke, Karin: Äußerste Freiheit. Wahnsinn / Sublimierung / Poetik des Tragischen der Moderne. Lektüren zu Hölderlins *Grund zum Empedokles* und zu den *Anmerkungen zum Oedipus* und *zur Antigonä*, Würzburg 2008

Daiber, Karl-Fritz / Ingrid Schoberth: Heimat [Lexikonartikel], in: Religion in Geschichte und Gegenwart. Handwörterbuch für Theologie und Religionswissenschaft, Bd. 3, vierte, völlig neu bearb. Auflage, Tübingen 2000, Sp. 1593–1595

Damm, Christian Tobias: Des Homerus Werke, 4 Bde., Lemgo 1769–1771, Bd. 1, Lemgo 1769

Dannhauer, Johann Conrad: Catechismus Milch, Oder Der Erklärung deß Christlichen Catechismi Vierdter Theil, Begreiffend den Ersten Articul deß Uralten Apostolischen, auch Nicenischen Glaubens. Zu Straßburg im Münster geprediget, und auff inständig begern in Truck gegeben, Bd. 4, Straßburg 1653

Daxelmüller, Christoph: ‚Heimat'. Volkskundliche Anmerkungen zu einem umstrittenen Begriff, in: Bayerische Blätter für Volkskunde 18/4 (1991), S. 223–241

Daxelmüller, Christoph: Zwischen Biergarten und Internet. Heimat in einer globalisierten Welt, in: Bayerische Blätter für Volkskunde, N.F. 3/2 (2003), S. 143–156

Dehmel, Richard: Gesammelte Werke in drei Bänden, Bd. 1, Berlin 1913

Dehrmann, Mark-Georg: Studierte Dichter. Zum Spannungsverhältnis von Dichtung und philologisch-historischen Wissenschaften im 19. Jahrhundert, Berlin, München und Boston 2015

Demantowsky Marko: Public History auf Abwegen. Heimatgeschichte als Einladung, in: Merkur 72/834 (2018), S. 30–44

Detering, Heinrich: Herkunftsorte. Literarische Verwandlungen im Werk Storms, Hebbels, Groths, Thomas und Heinrich Manns, Heide 2001

Detering, Heinrich / Thorsten Hoffman, Silke Pasewalck, Eve Pormeister (Hg.): Nationalepen zwischen Fakten und Fiktionen. Beiträge zum komparatistischen Symposium 6. bis 8. Mai 2010 (= Humaniora: Germanistica 5), Tartu 2011

Deuser, Hermann / Markus Kleinert, Magnus Schlette (Hg.): Metamorphosen des Heiligen. Struktur und Dynamik von Sakralisierung am Beispiel der Kunstreligion (= Religion und Aufklärung 25), Tübingen 2015

Deutscher Kulturbund, Bezirksleitung Gera (Hg.): Sozialistische Heimat. Beiträge zum sozialistischen Heimatbegriff, [Gera] 1959

Dieterich, Albrecht: Über Wesen und Ziele der Volkskunde. Vortrag, gehalten in der ersten Generalversammlung der Hessischen Vereinigung für Volkskunde zu Frankfurt a. M. am 24. Mai 1902. Sonderabdruck aus den Hessischen Blättern für Volkskunde, Bd. 1, H. 3, Leipzig 1902

Ditt, Karl: Die deutsche Heimatbewegung 1871–1945, in: Bundeszentrale für politische Bildung (Hg.), Heimat. Analysen, Themen, Perspektiven (= Diskussionsbeiträge zur politischen Didaktik, Bd. 294/I), Gesamtkonzeption: Will Cremer, Ansgar Klein, Bonn 1990, S. 135–154

Dohnke, Kay: Völkische Literatur und Heimatliteratur 1870–1918, in: Uwe Puschner, Walter Schmitz, Justus H. Ulbricht (Hg.), Handbuch zur ‚Völkischen Bewegung' 1871–1918, München u. a. 1996, S. 651–684

Doll, Jürgen: ‚Wieviel Heimat braucht der Mensch?' Verfolgung, Heimat und Exil bei Jean Améry, in: ders. (Hg.), Exils, migrations, creations, Vol. 3, Paris 2008, S. 181–191

Donner, Johann Jakob Christian: Homer's Odyssee. Deutsch in der Versart der Urschrift von Johann Jakob Christian Donner. Erster Band. 1. bis 12. Gesang, Stuttgart ²1865

Dorn, Thea: deutsch, nicht dumpf. Ein Leitfaden für aufgeklärte Patrioten, München 2018
Dove, Alfred: ‚Gustav Freytag', in: Nord und Süd. Eine deutsche Monatsschrift 10 (1879), S. 260–278
Drewitz, Ingeborg: Der Vaterlandbegriff bei Hölderlin, in: Areopag 1981. Jahrbuch für Kultur und Kommunikation, hg. von Gottfried Edel, Pfullingen 1981, S. 267–294
Drews, Paul: Religiöse Volkskunde und religiöse Psychologie. Schriften zur Grundlegung einer empirisch orientierten Praktischen Theologie, hg. von Andreas Kubik (= Praktische Theologie in Geschichte und Gegenwart 20), Tübingen 2016
Droste-Hülshoff, Annette von: Prosa. Text, bearb. von Walter Huge (= Historisch-kritische Ausgabe, Bd. V,I), Tübingen 1978
Droste-Hülshoff, Annette von: Briefe 1805–1838. Text, bearb. von Walter Gödden (= Historisch-kritische Ausgabe, Bd. VIII,I), Tübingen 1987
Droste-Hülshoff, Annette von: Geistliche Dichtung. Dokumentation, bearb. von Winfried Woesler (= Historisch-kritische Ausgabe, Bd. IV,2), Tübingen 1992
Droste-Hülshoff, Annette von: Gedichte (= Sämtliche Werke in zwei Bänden, hg. von Bodo Plachta und Winfried Woesler, Bd. 1), Frankfurt a. M. und Leipzig 2004
Droste-Hülshoff, Annette von: Prosa, Versepen, Dramatische Versuche, Übersetzungen (= Sämtliche Werke in zwei Bänden, hg. von Bodo Plachta und Winfried Woesler, Bd. 2), Frankfurt a. M. und Leipzig 2004
Dupke, Thomas: Mythos Löns. Heimat, Volk und Natur im Werk von Hermann Löns. Wiesbaden 1993
Durand, Michel: Clara Viebig als Autorin von ‚Berliner Romanen', in: Volker Neuhaus, Michel Durand (Hg.), Die Provinz des Weiblichen. Zum erzählerischen Werk von Clara Viebig / Terroirs au Féminin. La province et la femme dans les récits de Clara Viebig, Bern, Berlin und Brüssel 2004, S. 3–37
Dürrenmatt, Hans Ulrich: Die Kritik Jeremias Gotthelfs am zeitgenössischen bernischen Recht. Dissertation der Juristischen Fakultät der Universität Bern zur Erlangung der Würde eines Doctor juris utriusque, Zürich 1947
Dürrmann, Peter: Heimat und Identität. Der moderne Mensch auf der Suche nach Geborgenheit. Tübingen, Zürich und Paris 1994
Düsing, Wolfgang: Avantgardistische Experimente mit einer konservativen Gattung. Gert Jonkes ‚Geometrischer Heimatroman', in: Karl Konrad Polheim (Hg.), Wesen und Wandel der Heimatliteratur. Am Beispiel der österreichischen Literatur seit 1945. Ein Bonner Symposion, Bern 1989, S. 87–104
Düzyol, Tamer / Taudy Pathmanathan: Vorwort, in: dies. (Hg.): Haymatlos. Gedichte, Münster 2018, S. 10–11
Dusini, Anton / Karl Wagner (Hg.): Metropole und Provinz in der österreichischen Literatur des 19. und 20. Jahrhunderts, Wien 1994
Echternkamp, Jörg: Der Aufstieg des deutschen Nationalismus (1770–1840), Frankfurt a. M., New York 1998
Ecker, Gisela (Hg.): Kein Land in Sicht. Heimat – weiblich? München 1997
Ecker, Gisela: Wo alle einmal waren und manche immer bleiben wollen. Zum Beispiel Viebig, Beig und Walser, in: dies. (Hg.), Kein Land in Sicht. Heimat – weiblich? München 1997, S. 129–142
Ecker, Hans-Peter: Poetisierung als Kritik. Stefan Heyms Neugestaltung der Erzählung vom Ewigen Juden, Tübingen 1987

Egger, Simone: Heimat. Wie wir unseren Sehnsuchtsort immer wieder neu erfinden, München 2014
Eggert, Hartmut: Studien zur Wirkungsgeschichte des deutschen historischen Romans 1850–1875, Frankfurt a. M. 1971
Ehmer, Josef: Bevölkerungsgeschichte und historische Demographie 1800–2000, München 2004
Ehrich-Haefeli, Verena: Vaters Haus und weite Welt. Heimat und Fremde. Zur Ausfahrt des Helden im ‚Wilhelm Meister' und im ‚Grünen Heinrich', in: Yoshinori Shichiji (Hg.), Begegnung mit dem ‚Fremden'. Grenzen – Traditionen – Vergleiche, Bd. 9: Erfahrene und imaginierte Fremde, München 1991, S. 352–360
Eichendorff, Joseph von: Sämtliche Gedichte. Versepen. Text und Kommentar, hg. von Hartwig Schultz (= Werke in sechs Bänden, Bd. 1), Frankfurt a. M. 2006
Eichendorff, Joseph von: Ahnung und Gegenwart. Sämtliche Erzählungen 1. Text und Kommentar, hg. von Wolfgang Frühwald und Brigitte Schillbach (= Werke in sechs Bänden, Bd. 2), Frankfurt a. M. 2007
Eichmanns, Gabriele: Introduction. ‚Heimat' in the Age of Globalization, in: dies., Yvonne Franke (Hg.): Heimat goes mobile: hybrid forms of home in literature and film, Newcastle upon Tyne 2013, S. 1–12
Eichmanns, Gabriele / Yvonne Franke (Hg.): Heimat goes mobile: hybrid forms of home in literature and film, Newcastle upon Tyne 2013
Eigler, Friederike / Jens Kugele (Hg.): Heimat. At the Intersection of Memory and Space, Berlin und Boston 2012
Eigler, Friederike: Critical Approaches to Heimat and the 'Spatial Turn', in: New German Critique 115 (2012), S. 27–48
Eigler, Friederike: Einleitung, in: Post-nationale Vorstellungen von ‚Heimat' in deutschen, europäischen und globalen Kontexten, betreut und bearb. von Friederike Eigler, unter Mithilfe von Neeti Badwe und Wolfgang Emmerich (= Vielheit und Einheit der Germanistik weltweit 9), Frankfurt a. M. 2012, S. 13–15
Eigler, Friederike: ‚Heimat', Space, Narrative. Toward a Transnational Approach to Flight and Expulsion, Rochester 2014
Elberfelder Bibel, Witten und Dillenburg ²2009
Emmerich, Wolfgang: Zur Kritik der Volkstumsideologie, Frankfurt a. M. 1972
Engel, Ernst Johann Jakob: Homers Lied vom Odysseus (Neunter Gesang) im Gewande der Nibelungen-Strophe, vom Oberlehrer Dr. Engel, in: Programm des Realgymnasiums zu Stralsund, Stralsund 1884, S. 1–19
Engel, Ernst Johann Jakob: Homers Odysseuslied. In der Nibelungenstrophe nachgedichtet, Leipzig 1885
Engelmann, Emil: Homers Odyssee in freier Umdichtung für das deutsche Haus von Emil Engelmann, mit vielen Bildern nach Zeichnungen von Tischbein, Genelli, Preller, Häberlin, Kepler, Cloß, Hoffmann u. a., Stuttgart 1890
Engels, Friedrich: Herrn Eugen Dührings Umwälzung der Wissenschaft (Anti-Dühring), in: Karl Marx und Friedrich Engels Gesamtausgabe (MEGA), Erste Abteilung, Bd. 27, Berlin 1988
Erdmann, Christian Friedrich David: Schmolck, Benjamin [Lexikonartikel], in: Allgemeine Deutsche Biographie, hg. von der Historischen Kommission bei der Bayerischen Akademie der Wissenschaften, Bd. 32, Leipzig 1891, S. 53–58

Erhart, Walter: ‚Alles wie erzählt'. Fontanes ‚Wanderungen durch die Mark Brandenburg', in: Jahrbuch der Deutschen Schillergesellschaft 36 (1992), S. 229–254

Erhart, Walter: Die Wanderungen durch die Mark Brandenburg, in: Christian Grawe, Helmuth Nürnberger (Hg.): Fontane-Handbuch, Tübingen 2000, S. 818–850

Erhart, Walter / Arne Koch: Eine Amnesie mit Folgen. Transnationale Wiederentdeckungen Ernst Moritz Arndts im Kontext von Werk- und Zeitgeschichte, in: dies. (Hg.), Ernst Moritz Arndt (1769–1860). Deutscher Nationalismus, Europa, Transatlantische Perspektiven, Tübingen 2007, S. 1–14

Erhart, Walter (Hg.): Ernst Moritz Arndt (1769–1860). Deutscher Nationalismus, Europa, Transatlantische Perspektiven, Tübingen 2007

Essen, Gesa von: Hermannsschlachten. Germanen- und Römerbilder in der Literatur des 18. und 19. Jahrhunderts, Göttingen 1998

Essen, Gesa von: Die Rückgewinnung der Geschichte in Gustav Freytags ‚Ahnen'-Galerie, in: Gesa von Essen, Horst Turk (Hg.), Unerledigte Geschichten. Der literarische Umgang mit Nationalität und Internationalität, Göttingen 2000, S. 162–186

Faber, Richard / Renger, Almut-Barbara: Religion und Literatur. Konvergenzen und Divergenzen, Würzburg 2017

Faehndrich, Jutta: Entstehung und Aufstieg des Heimatbuchs, in: Mathias Beer (Hg.), Das Heimatbuch. Geschichte. Methodik. Wirkung, Göttingen 2010, S. 55–83

Fahrmeir, Andreas: Das Bürgertum des ‚bürgerlichen Jahrhunderts'. Fakt oder Fiktion?, in: Bernd Kauffmann, Joachim Fischer, Heinz Bude (Hg.), Bürgerlichkeit ohne Bürgertum. In welchem Land leben wir? München 2010, S. 23–32

Fahrmeir, Andreas: Migratorische Deregulierung durch Reichseinigung, in: Jochen Oltmer (Hg.), Handbuch Staat und Migration in Deutschland seit dem 17. Jahrhundert, Berlin 2016, S. 319–339

Felgenträger, Wilhelm Daniel Friedrich: Das vaterländisch-religiöse Element in Freytag's ‚Ahnen', in: Deutsch-evangelische Blätter 7 (1882), S. 23–39, 73–87, 311–329 und 597–615 und in: Deutsch-evangelische Blätter 8 (1883), S. 455–468, 541–562 und 600–613

Fetscher, Iring: Heimatliebe – Brauch und Mißbrauch eines Begriffs. In: Rüdiger Görner (Hg.), Heimat im Wort. Die Problematik eines Begriffs im 19. und 20. Jahrhundert, München 1992, S. 15–35

Feuerbach, Ludwig: Das Wesen des Christentums, Leipzig 1841

Fichte, Johann Gottlieb: Zur Politik, Moral und Philosophie der Geschichte (= Sämmtliche Werke, hg. von J. H. Fichte, Bd. 7), Berlin 1846

Finger, Friedrich August: Anweisungen zum Unterrichte in der Heimatskunde, gegeben an dem Beispiele der Gegend von Weinheim an der Bergstraße, Berlin ⁴1876

Fischer, Helmut (Hg.): Migration, Heimat, Identität. Beiträge zum Bewußtsein der Begriffe. Rheinisches Jahrbuch für Volkskunde, Bonn 2013

Fix, Andrea: Das Theatrum Mundi des Justinus Kerner. Klebealbum, Bilderatlas, Collagenwerk. Marbacher Magazin 130, Marbach 2010

Flemming, Thomas / Bernd Ulrich: Heimatfront. Zwischen Kriegsbegeisterung und Hungersnot. Wie die Deutschen den Ersten Weltkrieg erlebten, München 2014

Flusser, Vilém: Wohnung beziehen in der Heimatlosigkeit, in: ders., Bodenlos. Eine philosophische Autobiographie, Bernsheim/Düsseldorf 1992, S. 247–264

Flusser, Vilém: Von der Freiheit des Migranten. Einsprüche gegen den Nationalismus, Berlin und Wien 2000
Fontane, Theodor: Theodor Fontane an Ernst von Pfuel, 18. Januar 1864, in: ders., Gesammelte Werke, Zweite Serie, Bd. 10: Theodor Fontane's Briefe, zweite Sammlung, Bd. 1, hg. von Otto Pniower und Paul Schlenther, Berlin 1909, S. 239–240
Fontane, Theodor: Aufsätze und Aufzeichnungen, hg. von Jürgen Kolbe (= Sämtliche Werke, hg. von Walter Keitel, Abt. III, Bd. 1), München 1969
Fontane, Theodor: Wanderungen durch die Mark Brandenburg, hg. von Walter Keitel und Helmuth Nürnberger (= Werke, Schriften und Briefe, Abt. II, Bd. 1), Darmstadt 2002
Fontane, Theodor: Der Stechlin, hg. von Walter Keitel und Helmuth Nürnberger (= Werke, Schriften und Briefe, Abt. I, Bd. 5), Darmstadt 2002
Fornaro, Sotera: Homer in der deutschen Literatur, in: Antonio Rengakos, Bernhard Zimmermann (Hg.), Homer-Handbuch. Leben – Werk – Wirkung, Stuttgart und Weimar 2011, S. 358–370
Forster, Georg: Entdeckungsreise nach Tahiti und in die Südsee 1772–1775, neu hg. von Hermann Homann, Stuttgart und Wien 1988
Foucault, Michel: Die Ordnung der Dinge. Eine Archäologie der Humanwissenschaften. Übersetzt von Ulrich Köppen, Frankfurt a. M. ^{8}1989
Foucault, Michel: Archäologie des Wissens. Übersetzt von Ulrich Köppen, Frankfurt a. M. ^{8}1997
Fouqué, Friedrich de la Motte: Der Refugié oder Heimat und Fremde. Ein Roman aus der neuern Zeit. Gotha und Erfurt 1824. Nachdruck der Ausgaben Berlin 1824 und Gotha und Erfurt 1824, 3 Teile, Hildesheim, Zürich und New York 1990
Francisci, Erasmus: Das eröffnete Lust-Haus Der Ober- und Nieder-Welt, Nürnberg 1676
François, Etienne / Hagen Schulze (Hg.): Deutsche Erinnerungsorte, 3 Bde., München 2003
Frank, Horst Joachim: Dichtung, Sprache, Menschenbildung. Geschichte des Deutschunterrichts von den Anfängen bis 1945, 2 Bde., München 1976
Frantz, Constantin: Ahasverus oder die Judenfrage. Neudruck der Ausgabe Berlin 1844 mit fünf Briefen des Verfassers an Arnold Ruge 1840–1842 sowie Frantz' Aufsatz ,Über die Stellung der Fabrikarbeiter' von 1841, hg. von Hans Elmar Onnau, Siegburg 1994
Franzos, Karl Emil: Der Stumme mit dem bösen Blick, Freiburg i.Br. 1980
Frapan, Ilse: Wir Frauen haben kein Vaterland. Monologe einer Fledermaus, Berlin 1899
Freud, Sigmund: Das Unheimliche, in: Werke aus den Jahren 1917–1920, hg. von Anna Freud u. a. (= Gesammelte Werke. Chronologisch geordnet, Bd. 12), Frankfurt a. M. ^{6}1986, S. 229–268
Frevert, Ute: Frauen-Geschichte zwischen Bürgerlicher Verbesserung und Neuer Weiblichkeit, Frankfurt a. M. 1986
Freytag, Gustav: Erinnerungen aus meinem Leben, in: ders., Gesammelte Werke, Bd. 1, Leipzig ^{2}1896
Freytag, Gustav: Soll und Haben, in: ders., Gesammelte Werke, Bd. 4–5, Leipzig ^{2}1896
Freytag, Gustav: Die Ahnen, in: ders., Gesammelte Werke, Bd. 8–13, Leipzig ^{2}1897
Freytag, Gustav: Ein Dank an Charles Dickens, in: ders., Gesammelte Werke, Bd. 16: Aufsätze zur Geschichte, Literatur und Kunst, Leipzig ^{2}1897, S. 239–244
Freytag, Gustav: Gustav Freytag und Herzog Ernst von Coburg im Briefwechsel 1853 bis 1893, hg. von Eduard Tempeltey, Leipzig 1904
Frick, Otto: Die Ahnen, in: Zeitschrift für G.W. (1873), S. 154–160

Frick, Otto: Bemerkungen über das Wesen des Naturgefühls und seine Pflege im Unterricht, in: Lehrproben und Lehrgänge aus der Praxis der Gymnasien und Realschulen 29 (1892), S. 1–14

Frick, Otto: Bemerkungen über das Wesen und die unterrichtliche Pflege des Heimatgefühls, in: Lehrproben und Lehrgänge aus der Praxis der Gymnasien und Realschulen 29 (1892), S. 14–22

Friedländer, Max: Einführung, in: Volksliederbuch für gemischten Chor, hg. auf Veranlassung seiner Majestät des deutschen Kaisers Wilhelm II., Leipzig 1915, o.S.

Fries, Marilyn Sibley: Der implizierte Gesprächspartner und die narrative Überlieferung der Vergangenheit. Über Siegfried Lenz' ‚Heimatmuseum', in: Helfried W. Seliger (Hg.), Der Begriff ‚Heimat' in der deutschen Gegenwartsliteratur. The Concept of ‚Heimat' in Contemporary German Culture, München 1987, S. 51–69

Frisch, Max: Die Schweiz als Heimat? Rede zur Verleihung des Großen Schillerpreises, in: Gesammelte Werke in zeitlicher Folge, hg. von Hans Mayer unter Mitwirkung von Walter Schmitz, Bd. 6/2, Frankfurt a. M. 1976, S. 508–517

Frühwald, Wolfgang: Heimat ist mehr als ein Ort. ‚Heimat' und ‚Fremde' in der Literatur, Geistesgeschichte und Gegenwart, in: Forschung und Lehre 11 (2011), S. 96–98

Führ, Eduard (Hg.): Worin noch niemand war: Heimat. Eine Auseinandersetzung mit einem strapazierten Begriff. Wiesbaden und Berlin 1985

Fulda, Daniel: Telling German History. Forms and Functions of the Historical Narrative against the Background of the National Unifications, in: Walter Pape (Hg.), 1870/71–1989/90. German Unifications and the Change of Literary Discourse, Berlin 1993, S. 195–230

Fulda, Daniel: Herkunft im Dienst der Zukunft. Gustav Freytag als Poetologe einer Geschichtsschreibung und -erzählung, die zur deutschen Einheit führen soll, in: Hans-Werner Hahn, Dirk Oschmann (Hg.), Gustav Freytag (1816–1895). Literat – Publizist – Historiker (= Veröffentlichungen der Historischen Kommission für Thüringen, Kleine Reihe, Bd. 48), Köln, Weimar und Wien 2016, S. 103–126

Fuller, Steve Nyole: The Nazis' Literary Grandfather. Adolf Bartels and Cultural Extremism 1871–1945, New York, Washington D.C. und Baltimore 1996

Fülleborn, Ulrich: ‚… die sich gebar im Verlust.' Heimat in Rilkes Dichtung, in: Rüdiger Görner (Hg.), Heimat im Wort. Die Problematik eines Begriffs im 19. und 20. Jahrhundert, München 1992, S. 90–105

Füssel, Stephan: Luther und die ‚Biblia Deutsch', in: Horst Albert Glaser (Hg.), Deutsche Literatur. Eine Sozialgeschichte, Bd. 2, Reinbek bei Hamburg 1991, S. 329–342

Gaier, Ulrich: Hölderlins vaterländische Sangart, in: Hölderlin-Jahrbuch 25 (1986–1987), S. 12–59

Gaier, Ulrich: Kommentar, in: Johann Gottfried Herder: Volkslieder, Übertragungen, Dichtungen, hg. von Ulrich Gaier (= Werke in zehn Bänden, Bd. 3), Frankfurt a. M. 1990, S. 841–1495

Gailus, Manfred / Hartmut Lehmann (Hg.): Nationalprotestantische Mentalitäten. Konturen, Entwicklungslinien und Umbrüche eines Weltbildes, Göttingen 2005

Gall, Ludwig: Meine Auswanderung nach den Vereinigten Staaten in Nord-Amerika, im Frühjahr 1819 und meine Rückkehr in die Heimath im Winter 1820. Erster Theil, meine Beweggründe und mein Wirken zur Erleichterung der Auswanderung nach den Vereinigten Staaten und mein Reisetagebuch enthaltend, Trier 1822

Ganghofer, Ludwig: Der Jäger von Fall, in: ders., Bergheimat. Erlebtes und Erschautes, Berlin o. J. [ca. 1940], S. 95–314

Gansel, Carsten / Norman Ächtler, Birka Siwczyk (Hg.): Gotthold Ephraim Lessing im Kulturraum Schule. Aspekte der Wirkungsgeschichte im 19. Jahrhundert (= Gotthold Ephraim Lessing im kulturellen Gedächtnis. Materialien zur Rezeptionsgeschichte, Bd. 4), Göttingen 2017

Gebhard, Gunther / Oliver Geisler, Steffen Schröter: Heimatdenken. Konjunkturen und Konturen. Statt einer Einleitung, in: dies. (Hg.), Heimat. Konturen und Konjunkturen eines umstrittenen Konzepts, Bielefeld 2007, S. 9–56

Geiger, Ludwig: Berthold Auerbach, in: ders., Die deutsche Literatur und die Juden, Berlin 1910, S. 231–249

Geise, Heinrich Anton: Teutsches Corpus Juris. Oder Verfassung derer/ des Heil. Röm. Reich[s] Teutscher Nation Käyserl. Bürgerl. Peinlichen/ Lehn/ Geistlichen/ See/ Land- und Kriegs-Rechten, Hannover 1703

Geiser, Karl: Geschichte des Armenwesens im Kanton Bern von der Reformation bis auf die neuere Zeit, Bern 1894

Geller, Leo: Gesetze und Verordnungen über Heimatrecht, Freizügigkeit und Staatsbürgerschaft. Mit Erläuterungen aus den Materialien und der Rechtsprechung, Wien 1897

Gemoll. Griechisch-deutsches Schul- und Handwörterbuch von W. Gemoll, K. Vretska. Zehnte, völlig neu bearb. Auflage. Bearb. und durchgesehen von Therese Aigner, Josef Bedrac, Renate Oswald u. a., München, Düsseldorf und Stuttgart ^{10}2006

George, Stefan: Muenchen, in: ders., Der siebte Ring (= Gesamtausgabe der Werke. Endgültige Fassung, Bd. 6/7), Berlin ^{2}1941, S. 204

Geramb, Viktor von: Wilhelm Heinrich Riehl. Leben und Wirken (1823–1897), Salzburg 1954

Gerhardt, Paul: Ich bin ein Gast auf Erden (Der 119. Psalm), in: ders., Dichtungen und Schriften, hg. und textkritisch durchgesehen von Eberhard von Cranach-Sichart, München 1957, S. 367–370

Gerstäcker, Friedrich: Der Heimathschein, in: Die Gartenlaube 19–22 (1864), S. 289–292, 305–308, 321–324, 337–343

Gervinus, Georg Gottfried: Geschichte der deutschen Dichtung, Bd. 5, hg. von Karl Bartsch, Leipzig ^{5}1874

Geuen, Vanessa: Kneipen, Bars und Clubs. Postmoderne Heimat- und Identitätskonstruktionen in der Literatur, Berlin 2016

Geulen, Eva: Adalbert Stifters Kinder-Kunst. Drei Fallstudien, in: Deutsche Vierteljahrsschrift für Literaturwissenschaft 67 (1993), S. 648–668

Geulen, Eva: Habe und Bleibe in Kellers ‚Romeo und Julia auf dem Dorfe', in: Eva Geulen, Stephan Kraft (Hg.), Grenzen im Raum. Grenzen in der Literatur. Sonderheft der Zeitschrift für Deutsche Philologie 129 (2010), S. 253–263

Giegl, Julius: Österreichisches Heimatrecht, Wien 1901

Gmür, Wolfgang: Region, Heimat, Beheimatung. Konzeptionalisierung sozialräumlicher Einflussfaktoren im Kontext individueller Identitätsarbeit, in: Mitteilungen des SFB 333, 10 (1997), S. 59–78

Goethe, Johann Wolfgang: Die Leiden des jungen Werthers, in: Der junge Goethe 1757–1775, hg. von Gerhard Sauder (= Sämtliche Werke nach Epochen seines Schaffens, Münchner Ausgabe, hg. von Karl Richter u. a., Bd. 1,2), München und Wien 1987, S. 196–299

Görner, Rüdiger (Hg.): Heimat im Wort. Die Problematik eines Begriffs im 19. und 20. Jahrhundert, München 1992

Görner, Rüdiger: Im Widerspruch zu Hause. Zu Hölderlins Heimat-Bild, in: ders. (Hg.), Heimat im Wort. Die Problematik eines Begriffs im 19. und 20. Jahrhundert, München 1992, S. 50–62

Gosewinkel, Dieter: Einbürgern und Ausschließen. Die Nationalisierung der Staatsangehörigkeit vom Deutschen Bund bis zur Bundesrepublik Deutschland, Göttingen 2001

Gottfried, Johann Ludwig: Newe Welt Vnd Americanische Historien, Frankfurt a. M. 1631

Gotthard, Axel: Vormoderne Lebensräume. Annäherungsversuch an die Heimaten des frühneuzeitlichen Mitteleuropäers, in: Historische Zeitschrift 276 (2005), S. 37–73

Gotthelf, Jeremias: Erlebnisse eines Schuldenbauers, Berlin 1854

Grant, Oliver: Migration and Inequality in Germany 1870–1913, Oxford 2005

Gravenhorst, Carl Theodor: Odysseus' Heimkehr. Ein Heldengedicht in fünfzig Liedern. Nach den Grundlinien der homerischen Dichtung ausgeführt und den deutschen Frauen gewidmet von C. Th. Gravenhorst, Hannover ²1868

Greverus, Ina-Maria: Heimweh und Tradition, in: Schweizerisches Archiv für Volkskunde 61 (1965), S. 1–31

Greverus, Ina-Maria: Der territoriale Mensch. Ein literaturanthropologischer Versuch zum Heimatphänomen, Frankfurt a. M. 1972

Greverus, Ina-Maria: Auf der Suche nach Heimat, München 1979

Greverus, Ina-Maria / Heinz Schilling: Heimat Bergen-Enkheim. Lokale Identität am Rande der Großstadt. Inst. f. Kulturanthropologie und Europäische Ethnologie, Frankfurt 1982

Griffiths, Elystan: A nation of provincials? German identity in Gustav Freytag's novel cycle ‚Die Ahnen', in: Monatshefte für deutschsprachige Literatur und Kultur 96 (2004), Nr. 2, S. 220–233

Grillparzer, Franz: Gedichte, Epigramme, Dramen I, hg. von Peter Frank und Karl Pörnbacher (= Sämtliche Werke Bd. 1), München 1960

Grimm, Hans: Volk ohne Raum. Ungekürzte Ausgabe in einem Band. München 1933

Grimm, Jacob: o.T. [deutschsprachige Kurzfassung seiner Antrittsvorlesung De desiderio patriae], in: Göttingische gelehrte Anzeigen, Bd. 1830,3; 201. Stück (20. December 1830), S. 2001–2006

Grimmelshausen, Hans Jakob Christoffel von: Trutz Simplex, Utopia [= Nürnberg] 1670

Grizelj, Mario: Problemskizze, in: ders., Wunder und Wunden. Religion als Formproblem von Literatur (Klopstock – Kleist – Brentano), Paderborn 2018, S. 7–11

Gröf, Siegfried: Diagnose: Heimweh. Begriffsgeschichtliche Betrachtungen zu einem Phänomen zwischen Wissenschaft und Literatur, in: Thomas Lange, Harald Neumeyer (Hg.), Kunst und Wissenschaft um 1800, Würzburg 2000, S. 89–107

Gruber, Sabine: Die Seherin von Prevorst. Romantischer Okkultismus als Religion, Wissenschaft und Literatur, Paderborn und München 2000

Gruber, Sabine: Ein ‚schönes Beispiel von Gebetserhörung in der neuen Zeit'. Die ‚Gottesmauer' bei Brentano, Rückert, Fouqué und als geistliches Lied, in: Jahrbuch für Liturgik und Hymnologie 44 (2005), S. 184–198

Grüllich, Oscar Adalbert: Was können wir aus Freytags ‚Ahnen' lernen? Vortrag, gehalten im Bezirks-Lehrerverein Dresden-Land, Meißen 1888

Grüsser, Otto-Joachim: Justinus Kerner. 1786–1862. Arzt – Poet – Geisterseher, Berlin und Heidelberg 1987
Grywatsch, Jochen / Jens Kloster (Hg.): Sehnsucht in die Ferne. Reisen und Landschaften der Annette von Droste–Hülshoff [Ausstellungskatalog], Bielefeld 2017
Gubisch, Walter: Untersuchungen zur Erzählkunst Clara Viebigs. Unter besonderer Berücksichtigung der Heimaterzählungen [Diss.], Münster 1921
Gubser, Martin: Literarischer Antisemitismus. Untersuchungen zu Gustav Freytag und anderen bürgerlichen Schriftstellern des 19. Jahrhunderts, Göttingen 1998
Güll, Friedrich: Kinderheimath in Bildern und Liedern. Mit einem Vorwort von Gustav Schwab, Reprint der ersten Ausgabe von 1836, hg. und mit Nachwort von Hubert Göbels, Dortmund 1978
Günther, R.: Heimatkunst [Lexikonartikel], in: Die Religion in Geschichte und Gegenwart. Handwörterbuch für Theologie und Religionswissenschaft, Bd. 2, zweite, völlig neu bearb. Auflage, Tübingen 1928, Sp. 1767–1770
Günzel, Stephan: Heimat und Raum. Die Herkunft des Ortsprimats im Raumdiskurs aus der Heimatkunde, in: Jenny Bauer, Claudia Gremler, Niels Penke (Hg.), Heimat – Räume. Komparatistische Perspektiven auf Herkunftsnarrative (= Studia Comparatistica 3), Berlin 2014, S. 27–43
Guntermann, Georg: Zur Rolle der Natur im ‚Weiberdorf' und anderen Eifelgeschichten, in: Volker Neuhaus, Michel Durand (Hg.), Die Provinz des Weiblichen. Zum erzählerischen Werk von Clara Viebig / Terroirs au féminin. La province et la femme dans les récits de Clara Viebig, Bern, Berlin und Brüssel 2004, S. 185–217
Gustafsson, Lars: Mein Computer (aus dem Schwedischen von Verena Reichel), in: Gunhild Kübler (Hg.): Daheim & Daneben. Wo Schriftsteller zu Hause sind, München 2001, S. 143–149
Hackmann, Jörg: Deutsche Ostsiedlung, in: Michael Fahlbusch, Ingo Haar, Alexander Pinwinkler (Hg.), Handbuch der völkischen Wissenschaften. Akteure, Netzwerke, Forschungsprogramme, Bd. 2, zweite, grundlegend erweiterte und überarbeitete Auflage Berlin und Boston 2017, S. 876–997
Haedrich, Martina: Heimat denken im Völkerrecht. Zu einem völkerrechtlichen Recht auf Heimat, in: Edoardo Costadura, Klaus Ries (Hg.), Heimat gestern und heute. Interdisziplinäre Perspektiven, Bielefeld 2016, S. 51–75
Hagemann, Karen: ‚Männlicher Muth und Teutsche Ehre'. Nation, Militär und Geschlecht zur Zeit der Antinapoleonischen Kriege Preußens, Paderborn u. a. 2002
Hahn, Hans-Werner: Gustav Freytag und der deutsche Liberalismus der Reichsgründungszeit, in: ders., Dirk Oschmann (Hg.), Gustav Freytag (1816–1895). Literat – Publizist – Historiker (= Veröffentlichungen der Historischen Kommission für Thüringen, Kleine Reihe, Bd. 48), Köln, Weimar und Wien 2016, S. 49–66
Hahn, Otto W.: Jung-Stilling zwischen Pietismus und Aufklärung. Sein Leben und sein literarisches Werk 1778 bis 1787, Frankfurt a. M., Bern, New York und Paris 1988
Hahn, Otto W.: Jung-Stillings ‚Heimweh', in: Michael Frost (Hg.): Blicke auf Jung-Stilling. Festschrift zum 60. Geburtstag von Gerhard Merk, Kreuztal 1991, S. 115–134
Hahn, Sylvia: Fremd im eigenen Land. Zuwanderung und Heimatrecht im 19. Jahrhundert, in: Pro Civitate Austriae. Informationen zur Stadtgeschichtsforschung in Österreich, N.F. 10 (2005), S. 23–44

Hamann, Christof: Anormales Amerika. Auerbachs Volkskonzept im Kontext des Auswanderungsdiskurses um 1850, in: Christoph Hamann, Michael Scheffel (Hg.), Berthold Auerbach. Ein Autor im Kontext des 19. Jahrhunderts, Trier 2013, S. 129–147

Hamann, Christof / Michael Scheffel (Hg.): Berthold Auerbach. Ein Autor im Kontext des 19. Jahrhunderts, Trier 2013

Hamann, Christof: Zwischen Normativität und Normalität. Zur diskursiven Position der ‚Mitte' in populären Zeitschriften nach 1848 (= Diskursivitäten. Literatur. Kultur. Medien 18), Heidelberg 2014

Hammer, Julius (Hg.): Leben und Heimath in Gott. Eine Sammlung Lieder zu frommer Erbauung und sittlicher Veredelung. Siebte Auflage, Leipzig o. J. [ca. 1880, erste Auflage 1861]

Häntzschel, Günter: Johann Heinrich Voß. Seine Homer-Übersetzung als sprachschöpferische Leistung, München 1977

Häntzschel, Günter: Der Deutsche Homer im 19. Jahrhundert, in: Antike und Abendland. Beiträge zum Verständnis der Griechen und Römer und ihres Nachlebens 29/1 (1983), S. 49–89

Häntzschel, Günter: Der deutsche Homer vom 16. bis zum 19. Jahrhundert, in: Übersetzung, Translation, Traduction. Ein internationales Handbuch zur Übersetzungsforschung, hg. von Harald Kittel u. a., 3. Teilband, Berlin und Boston 2011 (= Handbücher zur Sprach- und Kommunikationswissenschaft 26/3), S. 2423–2427

Häntzschel, Günter: Säkularisierung und Sakralisierung in deutschen Lyrikanthologien des 19. Jahrhunderts, in: Hermann Deuser, Markus Kleinert, Magnus Schlette (Hg.), Metamorphosen des Heiligen. Struktur und Dynamik von Sakralisierung am Beispiel der Kunstreligion (= Religion und Aufklärung 25), Tübingen 2015, S. 255–267

Hanuschek, Sven: Zur Einführung: Waldemar Bonsels' Statur als Schriftsteller, in: ders. (Hg.), Waldemar Bonsels. Karrierestrategien eines Erfolgsschriftstellers (= Buchwissenschaftliche Beiträge 82), Wiesbaden 2012, S. 1–25

Härle, Wilfried: Dogmatik, Berlin und Boston ^{5}2018

Harnisch, Christian Wilhelm: Die Weltkunde. Ein Leitfaden bei dem Unterricht in der Erd-, Miner- [sic], Stoff-, Pflanzen-, Thier-, Menschen-, Völker-, Staaten- und Geschichtskunde, Breslau ^{2}1817

Härtling, Peter: Vorwort. Hermann Kurz – ein verleugneter Rebell, in: Hermann Kurz: Der Sonnenwirt. Eine schwäbische Volksgeschichte (1855), der von Hermann Fischer 1904 hg. Ausgabe in den ‚Sämtlichen Werken in zwölf Bänden' folgend, hg. von Jürgen Schweier, Kirchheim/Teck 1980, S. V–X

Hartmann, Alfred: Der deutsch-amerikanische Romantiker, in: Die Gartenlaube (1864), H. 4, S. 53–55

Hartung, Barbara / Werner Hartung: Heimat – ‚Rechtsort' und Gemütswert. Anmerkungen zu einer Wechselbeziehung, in: Edeltraud Klueting (Hg.), Antimodernismus und Reform. Beiträge zur Geschichte der deutschen Heimatbewegung, Darmstadt 1991, S. 157–170

Hartung, Werner: ‚Das Vaterland als Hort von Heimat'. Grundmuster konservativer Identitätsstiftung und Kulturpolitik in Deutschland, in: Edeltraud Klueting (Hg.), Antimodernismus und Reform. Beiträge zur Geschichte der deutschen Heimatbewegung, Darmstadt 1991, S. 112–156

Hartung, Werner: Konservative Zivilisationskritik und regionale Identität. Am Beispiel der niedersächsischen Heimatbewegung 1895 bis 1919, Hannover 1991

Haß, Ulrike: Vom ‚Aufstand der Landschaft gegen Berlin', in: Bernhard Weyergraf (Hg.): Literatur der Weimarer Republik 1918–1933, München und Wien 1995, S. 340–370
Hasse, Jürgen: Heimat. Anmerkungen über nie erreichte Ziele. Schule vor neuen Aufgaben? Oldenburg 1987
Haufe, Rüdiger / Monika Gibas (Hg.): ‚Mythen der Mitte'. Regionen als nationale Wertezentren. Konstruktionsprozesse und Sinnstiftungskonzepte im 19. und 20. Jahrhundert, Weimar 2005
Haufe, Rüdiger: Das ‚Grüne Herz Deutschlands'. Eine Metapher im Spannungsfeld von Regionalismus, Nationalismus und Tourismus, in: Detlef Altenburg, Lothar Ehrlich, Jürgen John (Hg.), Im Herzen Europas. Nationale Identitäten und Erinnerungskulturen, Köln, Weimar und Wien 2008, S. 219–250
Haug, Jörg: Heimatkunde und Volkskunde, Tübingen 1969
Haumann, Heiko: ‚Das Land des Friedens und des Heils.' Rußland zur Zeit Alexander I. als Utopie der Erweckungsbewegung am Oberrhein, in: Pietismus und Neuzeit, Bd. 18, Göttingen 1992
Hauptmann, Gerhart: Der Bogen des Odysseus, in: Sämtliche Werke, hg. von Hans-Egon Hass, Bd. 2: Dramen, Frankfurt a. M. und Berlin 1965, S. 833–942
Hausen, Karin: Die Polarisierung der ‚Geschlechtscharaktere'. Eine Spiegelung der Dissonanzen von Erwerbs- und Familienleben, in: Werner Conze (Hg.), Sozialgeschichte der Familie in der Neuzeit Europas. Neue Forschungen, Stuttgart 1977, S. 376–393
Häusser, Ludwig: Geschichte der Rheinischen Pfalz nach ihren politischen, kirchlichen und literarischen Verhältnissen, Heidelberg 1856
Hawel (Hg.): Die Verfassung des Deutschen Reiches vom 11. August 1919 mit Bildern und Skizzen, hg. von Dr. Hawel, Köln [1930]
Hayn, Johann: Liebliches Seelen-Gespräch, Lissa 1649
Hebel, Johann Peter: Schatzkästlein des rheinischen Hausfreundes, Tübingen 1811
Hecht, Martin: Das Verschwinden der Heimat. Zur Gefühlslage der Nation, Stuttgart 2000
Hegel, Georg Wilhelm Friedrich: Vorlesungen über die Ästhetik I, hg. von Eva Moldenhauer und Karl Markus Michel (= Werke in 20 Bänden, Bd. 13), Frankfurt a. M. 1986
Hegel, Georg Wilhelm Friedrich: Vorlesungen über die Ästhetik III, hg. von Eva Moldenhauer und Karl Markus Michel (= Werke in 20 Bänden, Bd. 15), Frankfurt a. M. 1986
Hegel, Georg Wilhelm Friedrich: Vorlesungen über die Geschichte der Philosophie I, hg. von Eva Moldenhauer und Karl Markus Michel (= Werke in 20 Bänden, Bd. 18), Frankfurt a. M. 1986
Heidegger, Martin: Sprache und Heimat, in: ders., Aus der Erfahrung des Denkens, Frankfurt a. M. 1983, S. 155–180
Heidegger, Martin: Erläuterungen zu Hölderlins Dichtung [1944], Frankfurt a. M. ^{6}1996
Hein, Jürgen: Dorfgeschichte, Stuttgart 1976
Hein, Jürgen: Literaturdidaktische Überlegungen zu Sinn und Bild der Heimat, in: Herbert Hönig, Raimund Drommel (Hg.), Beiträge zur Didaktik und Erziehungswissenschaft, Bd. 2, Paderborn 1980, S. 243–255
Hein, Peter Ulrich: Die Brücke ins Geisterreich. Künstlerische Avantgarde zwischen Kulturkritik und Faschismus, Reinbek bei Hamburg 1992
Heine, Heinrich: Briefe 1815–1831, bearb. von Fritz H. Eisner (= Heinrich Heine Säkularausgabe, Bd. 20), Berlin und Paris 1970

Heine, Heinrich: Briefe 1842–1849, bearb. von Fritz H. Eisner (= Heinrich Heine Säkularausgabe, Bd. 22), Berlin und Paris 1972

Heine, Heinrich: Ludwig Börne. Eine Denkschrift und Kleinere politische Schriften, bearb. von Helmut Koopmann (= Historisch-kritische Gesamtausgabe der Werke, Bd. 15), Hamburg 1978

Heine, Heinrich: Reisebilder III/IV, Teil 1, bearb. von Alfred Opitz (= Düsseldorfer Heine Ausgabe Bd. 7/1), Hamburg 1986

Heine, Heinrich: Sämtliche Schriften, hg. von Klaus Briegleb, 6 Bde., Bd. 4, München 1995

Heinrich, Gerd: ‚Ein nicht verächtlicher Schatz'. Fontane und die Historische Landschaft, in: Hanna Delf von Wolzogen (Hg.), „Geschichte und Geschichten aus Mark Brandenburg". Fontanes ‚Wanderungen durch die Mark Brandenburg' im Kontext der europäischen Reiseliteratur (= Fontaneana 1), Würzburg 2003, S. 15–38

Heinze, Martin / Dirk Quadflieg, Martin Bühring (Hg.): Utopie Heimat, Berlin 2006

Helbich, Wolfgang: ‚Amerika ist ein freies Land …'. Auswanderer schreiben nach Deutschland, Darmstadt und Neuwied 1985

Helbich, Wolfgang: ‚Alle Menschen sind dort gleich …'. Die deutsche Amerika-Auswanderung im 19. und 20. Jahrhundert (=Historisches Seminar 10), Düsseldorf 1988

Helbich, Wolfgang / Walter D. Kamphoefner, Ulrike Sommer: Einführung, in: dies. (Hg.), Briefe aus Amerika. Deutsche Auswanderer schreiben aus der Neuen Welt 1830–1930, München 1988, S. 11–39

Held, Otto: Heimatkunde in der Arbeitsschule, in: Heimatkunde und Volkskunde, Bildende Kunst und Musik in Verbindung mit dem Deutschunterricht (= Der deutsche Arbeitsunterricht. Arbeitsverfahren. Klassenpläne. Unterrichtsbeispiele, 4. Heft), Leipzig 1928, S. 5–22

Heller, Thomas / Michael Wermke (Hg.): Thüringer evangelische Parochialpublizistik. Im Spiegel der ‚Mitteilungen für die Thüringer Heimatglöckner' (1917–1919) (= Religiöse Bildung im Diskurs 1), Leipzig 2013

Henning, Johann Wilhelm Matthias: Leitfaden beim methodischen Unterricht in der Geographie. Besonders für Eltern und Lehrer in Elementarschulen; bearb. u. hg. von J. W. M. Henning, Königl. Preuß. Eleven für die Pestalozzische Methode, Lehrer der Geographie am Pestal. Institut zu Iferten, der schweizerischen Erziehungsgesellschaft Mitglied, Iferten 1812

Henscheid, Eckhard: Joseph von Eichendorff. Aus der Heimat hinter den Blitzen rot. Ein Lesebuch mit Eichendorff-Gedichten, München und Wien 1999

Hensel, Luise: Lieder, hg. von Christoph B. Schlüter. Paderborn 1869

Hentges, Gudrun: Staat und politische Bildung. Von der Zentrale für Heimatdienst zur Bundeszentrale für politische Bildung, Wiesbaden 2013

Herder, Johann Gottfried: Über die neuere deutsche Literatur. Fragmente, als Beilagen zu den Briefen, die neueste Literatur betreffend. Dritte Sammlung (1767), in: ders., Frühe Schriften, hg. von Ulrich Gaier (= Werke in zehn Bänden, Bd. 1: Frühe Schriften 1764–1772, hg. von Martin Bollacher u. a.), Frankfurt a. M. 1985, S. 367–539

Herder, Johann Gottfried: Alte Volkslieder, 1774 (Vorreden), in: ders., Volkslieder, Übertragungen, Dichtungen, hg. von Ulrich Gaier (= Werke in zehn Bänden, Bd. 3), Frankfurt a. M. 1990, S. 11–68

Herder, Johann Gottfried: Volkslieder. Vorrede zum zweiten Teil (1779), in: Volkslieder, Übertragungen, Dichtungen, hg. von Ulrich Gaier (= Werke in zehn Bänden, Bd. 3), Frankfurt a. M. 1990, S. 231–232

Herder, Johann Gottfried: Briefe, das Studium der Theologie betreffend, in: Theologische Schriften, hg. von Christoph Bultmann und Thomas Zippert (= Werke in zehn Bänden, Bd. 9/1), Frankfurt a. M. 1994, S. 139–607

Herding, Klaus und Hans-Werner Schmidt (Hg.): Heimat? [Bildband zu einer Ausstellung der Galerie Hübner + Hübner], Bonn 2016

Hermand, Jost: Der Schein des schönen Lebens. Studien zur Jahrhundertwende, Frankfurt a. M. 1972

Hermand, Jost: Judentum und deutsche Kultur. Beispiele einer schmerzhaften Symbiose, Köln, Weimar und Wien 1996

Hermand, Jost / James Steakley: Preface, in: dies. (Hg.), Heimat, Nation, Fatherland. The German Sense of Belonging, New York, Washington, D.C. u. a. 1996, S. VII–IX

Herms, Eilert: Das ewige Leben Gottes. Unsere ursprüngliche und bleibende Heimat (§ 54), in: ders., Systematische Theologie, Bd. 1, Tübingen 2017, S. 1114–1120

Herrmann, Renate: Gustav Freytag. Bürgerliches Selbstverständnis und preußisch-deutsches Nationalbewusstsein. Ein Beitrag zur Geschichte des national-liberalen Bürgertums der Reichsgründungszeit [Diss.], Würzburg 1974

Herzl, Theodor: Der Judenstaat. Versuch einer modernen Lösung der Judenfrage. Neudruck der Erstausgabe von 1896. Mit einem Vorwort von Henryk M. Broder und einem Essay von Nike Wagner, Augsburg 1986

Herzog, Franz Tobias: Sammlung der Gesetze über das politische Domizil im Kaiserthume Österreich, Wien 1837

Herzog, Rudolf: Gesammelte Werke. Zweite Reihe in sechs Bänden, Bd. 6, Stuttgart und Berlin 1928

Hettinger, Franz: Der Kampf der Kirche in der Gegenwart. Zwei Predigten, gehalten in der deutschen Nationalkirche Sancta Maria de Anima zu Rom, Freiburg i. Br. 1869

Hettling, Manfred / Stefan-Ludwig Hoffmann (Hg.): Der bürgerliche Wertehimmel. Innenansichten des 19. Jahrhunderts, Göttingen 2000

Heußner, Friedrich: Freytags Ingo und Ingraban im Unterrichte der Prima, in: Königliches Wilhelms-Gymnasium zu Cassel. Jahresbericht über das Schuljahr Ostern 1891 bis Ostern 1892, durch welchen zugleich zu der am 8. und 9. April d.J. stattfindenden öffentlichen Prüfung der Osterklassen ergebenst einladet der Direktor Dr. Friedrich Heußner, Cassel 1892, S. 3–27 (GSA Konvolut 19/39)

Heyse, Paul: Jugenderinnerungen und Bekenntnisse, Fünfte Auflage, neu durchgesehen und stark vermehrt, Erster Band: Aus dem Leben, Stuttgart und Berlin 1912

Hildebrand, Rudolf: Vom deutschen Sprachunterricht in der Schule und von deutscher Erziehung und Bildung überhaupt, Leipzig 1910

Hildesheimer, Wolfgang: Mein Judentum, hg. von Christiaan Lucas Hart Nibbrig und Volker Jehle (Gesammelte Werke in sieben Bänden, Bd. 7), Frankfurt a. M. 1991, S. 159–169

Hillach, Ansgar: Beheimatung im Medium. Gert Jonkes ‚Geometrischer Heimatroman', in: Hans-Georg Pott (Hg.), Literatur und Provinz. Das Konzept ‚Heimat' in der neueren Literatur, Paderborn 1986, S. 131–151

Hirt, Hermann: Die Urheimat und die Wanderungen der Indogermanen, in: Geographische Zeitschrift, 1/12 (1895), S. 649–665

Hitzer, Bettina: Freizügigkeit als Reformergebnis und die Entwicklung von Arbeitsmärkten, in: Jochen Oltmer (Hg.), Handbuch Staat und Migration in Deutschland seit dem 17. Jahrhundert, Berlin und Boston 2016, S. 245–289

Hobsbawm, Eric: Das imperiale Zeitalter. 1875–1914. Aus dem Englischen von Udo Rennert (= Das lange 19. Jahrhundert, Bd. 3), Darmstadt 2017

Hochstadt, Steve: Mobility and Modernity. Migration in Germany. 1820–1989, Ann Arbor 1999

Hoffmann, Ernst Theodor Amadeus: Fantasiestücke in Callot's Manier. Werke 1814, hg. von Hartmut Steinecke (= Sämtliche Werke in sechs Bänden, Bd. 2/1), Frankfurt a.M. 1993

Hoffmann, Ernst Theodor Amadeus: Das fremde Kind, in: ders., Die Serapionsbrüder, hg. von Wulf Segebrecht (= Sämtliche Werke in sechs Bänden, Bd. 4), Frankfurt a.M. 2001, S. 570–612

Hoffmann-Krayer, Eduard: Volkskundliches aus Jeremias Gotthelf, in: Schweizerisches Archiv für Volkskunde 18 (1914), S. 113–116 und S. 185

Hoffmann-Krayer, Eduard: Die Volkskunde als Wissenschaft (zuerst Zürich 1902), in: ders., Kleine Schriften zur Volkskunde, hg. von Paul Geiger (= Schriften der Schweizerischen Gesellschaft für Volkskunde 30), Basel 1946, S. 1–23

Hoffmannswaldau, Christian Hoffmann von: Herrn von Hoffmannswaldau und anderer Deutschen auserlesene und bißher ungedruckte Gedichte, 6 Bde., Bd. 1, Leipzig 1695

Hoffmannswaldau, Christian Hoffmann von: Herrn von Hofmannswaldau und anderer Deutschen auserlesener und bißher ungedruckter Gedichte, 6 Bde., Bd. 3, Leipzig 1703

Höfig, Willi: Der deutsche Heimatfilm 1947–1960, Stuttgart 1973

Hofmeister, Klaus / Lothar Bauerochse (Hg.): Wissen, wo man hingehört. Heimat als Lebensgefühl, Würzburg 2006

Hofstaetter, Walther (Hg.): Deutschkunde. Ein Buch von deutscher Art und Kunst, Leipzig und Berlin 1917

Hofstaetter, Walther: Einleitung, in: ders. (Hg.), Forderungen und Wege für den Deutschunterricht (= Zeitschrift für Deutschkunde, Ergänzungsheft 17), Leipzig und Berlin 1921, S. 3–5

Hofstaetter, Walther / Walter Hofmann: Kleine Deutschkunde. Grundzüge deutscher Lebensgestaltung, Leipzig 1923

Hofstaetter, Walther / Friedrich Panzer: Grundzüge der Deutschkunde, 2 Bde., Leipzig und Berlin 1925

Hofstaetter, Walther: Deutschkunde [Lexikonartikel], in: Sachwörterbuch der Deutschkunde, hg. von Walther Hofstaetter u. Ulrich Peters, 2 Bde., Bd. 1, Leipzig 1930, S. 236–237

Höhn, Hans-Joachim: Fremde Heimat Kirche. Glauben in der Welt von heute. Freiburg i.Br. 2012

Hönghaus, Richard: Die deutschen Reichsgesetze über Bundes- und Staatsangehörigkeit, Paßwesen, Freizügigkeit, Armenwesen und Unterstützungswohnsitz sowie über Eheschließungen. Nebst dem preußischen Gesetz vom 8. März 1871 betreffend die Ausführungen des Gesetzes über den Unterstützungswohnsitz, Berlin 1871

Hönghaus, Richard: Die deutschen Reichsgesetze über Armenwesen und Unterstützungswohnsitz in der Fassung des Gesetzes vom 12. März 1894. Nebst den gesetzlichen Bestimmungen über Staatsangehörigkeit, Paßwesen und Freizügigkeit, 3. Auflage, Berlin 1894

Holder, August: Die Ortschroniken, ihre kulturgeschichtliche Bedeutung und pädagogische Verwertung. Ein Beitrag zur richtigen Beurteilung des idyllischen Chronikenkults, Stuttgart 1886

Hölderlin, Friedrich: Brief an den Bruder, Homburg, 1. Jan. 1799, in: Sämtliche Werke und Briefe, hg. von Günter Mieth, Bd. 4, Berlin ²1995, S. 336–341
Hölderlin, Friedrich: Hyperion oder Der Eremit in Griechenland, in: Sämtliche Werke und Briefe, hg. von Günter Mieth, Bd. 2, Berlin ²1995, S. 99–268
Hölderlin, Friedrich: Sämtliche Gedichte, hg. von Jochen Schmidt (= Sämtliche Werke und Briefe in drei Bänden, Bd. 1), Frankfurt a. M. 2005
Holler, Wolfgang / Gerda Wendermann, Gudrun Püschel (Hg.): Krieg der Geister. Weimar als Symbolort deutscher Kultur vor und nach 1914 [Ausst.-Kat.], Dresden 2014
Holz, Claus: Flucht aus der Wirklichkeit. ‚Die Ahnen' von Gustav Freytag. Untersuchungen zum realistischen historischen Roman der Gründerzeit 1872–1880 (= Europäische Hochschulschriften, Reihe 1: Deutsche Sprache und Literatur 624), Frankfurt a. M. 1983
Homer: Odyssee. Griechisch und deutsch. Übertragen von Anton Weiher. Mit Urtext, Anhang und Registern. Einführung von A. Heubeck (= Sammlung Tusculum), Düsseldorf und Zürich ¹¹2000
Hommel, Friedrich: Geistliche Volkslieder, Leipzig 1864
Honigmann, Barbara: Damals, dann und danach, München 1999
Honold, Alexander: Vermittlung und Verwilderung. Gottfried Kellers ‚Romeo und Julia auf dem Dorfe', in: Deutsche Vierteljahrsschrift für Literaturwissenschaft 78 (2004), S. 459–481
Honold, Alexander: Hölderlins Kalender. Astronomie und Revolution um 1800, Berlin 2005
Hopp, Andrea: Gustav Freytag und die Juden, in: Hans-Werner Hahn, Dirk Oschmann (Hg.), Gustav Freytag (1816–1895). Literat – Publizist – Historiker (= Veröffentlichungen der Historischen Kommission für Thüringen, Kleine Reihe, Bd. 48), Köln, Weimar und Wien 2016, S. 233–247
Horawitz, Adalbert Heinrich: Gustav Freytag als Dichter und Historiker, in: Jahres-Bericht der k.k. Ober-Realschule am Schottenfelde in Wien für das Studienjahr 1870–71, Wien 1871, S. 1–15
Horch, Hans Otto: Heimat und Fremde. Jüdische Schriftsteller und deutsche Literatur oder Probleme einer deutsch-jüdischen Literaturgeschichte, in: Julius H. Schoeps (Hg.), Juden als Träger bürgerlicher Kultur in Deutschland (= Studien zur Geistesgeschichte 11), Stuttgart und Bonn 1989, S. 41–65
Horch, Hans Otto: Enthusiasmus und Resignation. Berthold Auerbach und die Reichsgründung 1871, in: Klaus Amann, Karl Wagner (Hg.), Literatur und Nation. Die Gründung des Deutschen Reiches 1871 in der deutschsprachigen Literatur. Wien u. a. 1996, S. 127–152
Horch, Hans Otto: Heimat – Fremde – ‚Urheimat'. Zur Funktion jüdischer Nebenfiguren in Berthold Auerbachs Dorfgeschichten, in: Mark H. Gelber (Hg.), Confrontations / Accomodations. German-Jewish Literary and Cultural Relations from Heine to Wassermann, Tübingen 2004, S. 149–171
Horkheimer, Max und Theodor W. Adorno: Dialektik der Aufklärung. Philosophische Fragmente, Leipzig 1989
Huber, Andreas: Heimat in der Postmoderne, Zürich 1999
Huch, Ricarda: Die Romantik. Blütezeit, Ausbreitung, Verfall. Tübingen 1951
Hüppauf, Bernd: Heimat – die Wiederkehr eines verpönten Wortes. Ein Populärmythos im Zeitalter der Globalisierung, in: Gunther Gebhard, Oliver Geisler, Steffen Schröter (Hg.), Heimat. Konturen und Konjunkturen eines umstrittenen Konzepts, Bielefeld 2007, S. 109–140

Iber, Christian: Frühromantische Subjektkritik, in: Wolgang H. Schrader (Hg.), Fichte und die Romantik. Hölderlin, Schelling, Hegel und die späte Wissenschaftslehre (= Fichte-Studien 12), Amsterdam und Atlanta 1997, S. 111–126

Igl, Natalia / Julia Menzel (Hg.): Illustrierte Zeitschriften um 1900. Mediale Eigenlogik, Multimodalität und Metaisierung, Bielefeld 2016

Ingarden, Roman: Das literarische Kunstwerk, Tübingen ⁴1972

[Iselin, Isaac]: Philosophische und Patriotische Träume eines Menschenfreundes. Zweyte und vermehrte Auflage, Zürich 1758

Israel, Jürgen: ‚Wir schätzen sie, weil sie dem Volke gehört'. Zum Heimatbegriff in der DDR, in: Fabienne Liptay, Susanne Marschall, Andreas Solbach (Hg.), Heimat. Suchbild und Suchbewegung. Remscheid 2005, S. 131–143

Jacob, Joachim: Heilige Poesie. Zu einem literarischen Modell bei Pyra, Klopstock und Wieland, Tübingen 1997

Jacob, Joachim: Sprache und Erfahrung. Zur pietistischen Sprachästhetik am Beispiel August Hermann Franckes und Nikolaus Ludwig Graf von Zinzendorfs, in: Christian Soboth, Udo Sträter (Hg.), ‚Aus Gottes Wort und eigener Erfahrung gezeiget'. Erfahrung – Glauben, Erkennen und Handeln im Pietismus. Beiträge zum III. Internationalen Kongress für Pietismusforschung 2009 (= Hallesche Forschungen, Bd. 33/1 und 33/2, hier Bd. 33/2), Halle a. d. Saale 2012, S. 495–504

Jacob, Joachim: Unterwegs zur Kunstreligion? Kunstlose Kunst, heiliger Ernst. Zur Heiligung der Kunst im deutschen Pietismus, in: Hermann Deuser, Markus Kleinert, Magnus Schlette (Hg.), Metamorphosen des Heiligen. Struktur und Dynamik von Sakralisierung am Beispiel der Kunstreligion (= Religion und Aufklärung 25), Tübingen 2015, S. 171–189

Jacob, Joachim / Johannes Süßmann (Hg.): Das 18. Jahrhundert. Lexikon zur Antikerezeption in Aufklärung und Klassizismus (= Der Neue Pauly, Supplemente 13), Stuttgart und Weimar 2018

Jacobeit, Wolfgang / Hannjost Lixfeld, Olaf Bockhorn (Hg.): Völkische Wissenschaft. Gestalten und Tendenzen der deutschen und österreichischen Volkskunde in der ersten Hälfte des 20. Jahrhunderts, Wien, Köln und Weimar 1994

Jacobi, Friedrich Heinrich: Eduard Allwills Papiere. Faksimiledruck der erweiterten Fassung von 1776 aus Chr. M. [= Christoph Martin] Wielands ‚Teutschem Merkur'. Mit einem Nachwort von Heinz Nicolai, Stuttgart 1962

Jacobowski, Ludwig: Neue Romane und Novellen, in: Blätter für literarische Unterhaltung (1897), S. 716–718

Jahn, Friedrich Ludwig: Deutsches Volksthum, Lübeck 1810

Janke, Marzell: Wilhelm Heinrich Riehls Kunst der Novelle [Diss.], Breslau 1910

Janke, Wolfgang: Archaischer Gesang. Pindar – Hölderlin – Rilke. Werke und Wahrheit. Würzburg 2005

Jaspers, Karl: Heimweh und Verbrechen, in: ders., Gesammelte Schriften zur Psychopathologie, hg. von Chantal Marazia (= Gesamtausgabe Bd. I/3), Basel 2019, S. 11–105

Jay, Martin: The Uncanny Nineties, in: Salmagundi 108 (1995), S. 20–29

Jean Paul: Selina oder über die Unsterblichkeit der Seele, in: Sämtliche Werke, Abt. 1, Bd. 6, hg. von Norbert Miller, München 1996, S. 1105–1236

Jegierek, Johann: Das Heimatrecht, dann das Aufenthalts-, beziehungsweise Abschaffungsrecht, die Armenversorgungspflicht und der Verpflegs-, Transports- und Beerdigungskosten-Ersatz in Österreich. 2., vermehrte Auflage, Wien 1894

Jennings, Lee Byron: Zur Symbolik in Justinus Kerners ‚Die Heimatlosen', in: Beiträge zur schwäbischen Literatur- und Geistesgeschichte 3 (1985), S. 35–53

Jens, Walter: Nachdenken über Heimat. Fremde und Zuhause im Spiegel deutscher Poesie, in: Horst Bienek (Hg.), Heimat. Neue Erkundungen eines alten Themas, München und Wien 1985, S. 14–26 (zuerst in: Frankfurter Allgemeine Zeitung, Nr. 134, 9.6.1984)

Joisten, Karen: Philosophie der Heimat, Berlin 2003

Joisten, Karen: Heimat [Lexikonartikel], in: Stephan Günzel (Hg.), Lexikon der Raumphilosophie, Darmstadt 2012, S. 170–171

Jones, Gareth Stedman: Das Kommunistische Manifest von Karl Marx und Friedrich Engels. Einführung, Text, Kommentar. Aus dem Englischen von Catherine Davies, München 2012

Jugendpsalter. Eine Sammlung ausgewählter Lieder für Sonntagsschulen und Familien. Neue revidierte und erweiterte Ausgabe, Zürich 1896

Jung-Stilling, Johann Heinrich: Tägliche Bibelübungen, hg. von Gustav Adolf Benrath, Gießen und Basel 1989

Jung-Stilling, Johann Heinrich: Das Heimweh. Vollständige, ungekürzte Ausgabe nach der Erstausgabe von 1794–96, hg., eingeleitet und mit Anmerkungen und Glossar versehen von Martina Maria Sam. Im Anhang: Jung-Stillings ‚Schlüssel zum Heimweh', Dornach 1994

Jung-Stilling, Johann Heinrich: ‚… weder Calvinist noch Herrnhuter noch Pietist'. Fromme Populartheologie um 1800, hg. von Veronika Albrecht-Birkner (= Pietismustexte 11), Leipzig 2017

Kaempfer, Engelbert: Geschichte und Beschreibung von Japan, hg. von Christian Wilhelm von Dohm, Bd. 2, Lemgo 1779

Kaergel, Hans Christoph: Volk ohne Heimat. Ein Schauspiel in 3 Aufzügen, Frankfurt a. M. 1922

Käfer, Anne: ‚Die wahre Ausübung der Kunst ist religiös'. Schleiermachers Ästhetik im Kontext der zeitgenössischen Entwürfe Kants, Schillers und Friedrich Schlegels (= Beiträge zur historischen Theologie 136), Tübingen 2006

Kaiser, Gerhard: Pietismus und Patriotismus im literarischen Deutschland. Ein Beitrag zum Problem der Säkularisation, Wiesbaden 1961

Kaiser, Gerhard: Sündenfall, Paradies und himmlisches Jerusalem in Kellers ‚Romeo und Julia auf dem Dorfe', in: Euphorion 65 (1971), S. 21–48

Kalazny, Jerzy: Zur Ästhetisierung des Politischen bei Wilhelm Heinrich Riehl, in: Joanna Jablkowska, Malgozata Potrola (Hg.), Engagement, Debatten, Skandale. Deutschsprachige Autoren als Zeitgenossen, Lodz 2002, S. 113–121

Kalazny, Jerzy: ‚Das landschaftliche Auge'. Zum Sehen und Wandern in Wilhelm Heinrich Riehls ‚Wanderbuch' im Vergleich mit Fontanes ‚Wanderungen durch die Mark Brandenburg', in: „Geschichte und Geschichten aus Mark Brandenburg". Fontanes ‚Wanderungen durch die Mark Brandenburg' im Kontext der europäischen Reiseliteratur, hg. von Hanna Delf von Wolzogen, Würzburg 2003, S. 159–174

Kant, Immanuel: Anthropologie in pragmatischer Hinsicht, in: ders., Werke in 12 Bänden, Bd. 12: Schriften zur Anthropologie, Geschichtsphilosophie, Politik und Pädagogik 2, hg. von Wilhelm Weischedel, Frankfurt a. M. 2004, S. 397–690

Kanzian, Erich: Das Heimatrecht. Gesetzgebung, Rechtsprechung des
    Verwaltungsgerichtshofes seit 1919. Erläuterungen, Graz 1934
Kaschuba, Wolfgang: Arbeiterbewegung – Heimat – Identität. Einige Anmerkungen zu einer
    historischen gesellschaftlichen Semantik des Heimatbegriffs, in: Tübinger
    Korrespondenzblatt 20 (1979), S. 11–15
Kaschuba, Wolfgang: Volkskultur zwischen feudaler und bürgerlicher Gesellschaft. Zur
    Geschichte eines Begriffs und seiner gesellschaftlichen Wirklichkeit, Frankfurt a. M. und
    New York 1988
Kaschuba, Wolfgang: Einführung in die Europäische Ethnologie, München ⁴2012
Kater, Michael H.: Weimar. From Enlightenment to the Present, New Haven und London 2014
Kathöfer, Gabi: Auszug in die Heimat. Zum Alteritäts(t)raum Märchen (= Germanistische Texte
    und Studien 78), Hildesheim, Zürich und New York 2008
Keller, Gottfried: Der grüne Heinrich. Erste Fassung, in: Sämtliche Werke in sieben Bänden,
    Bd. 2, hg. von Thomas Böning und Gerhard Kaiser, Frankfurt a. M. 1985
Keller, Gottfried: Romeo und Julia auf dem Dorfe, in: Sämtliche Werke in sieben Bänden, Bd. 4:
    Die Leute von Seldwyla, hg. von Thomas Böning, Frankfurt a. M. 1989, S. 69–144
Keller, Gottfried: Martin Salander, in: Sämtliche Werke in sieben Bänden, Bd. 6: Sieben
    Legenden, Das Sinngedicht, Martin Salander, hg. von Dominik Müller, Frankfurt a. M.
    1991, S. 383–699
Kelter, Jochen (Hg.): Die Ohnmacht der Gefühle. Heimat zwischen Wunsch und Wirklichkeit,
    Weingarten 1986
Kemper, Hans-Georg: Aufklärung und Pietismus (= Deutsche Lyrik der frühen Neuzeit 5/1),
    Tübingen 1991
Kerner, Justinus: Blätter aus Prevorst. Originalien und Lesefrüchte für Freunde des innern
    Lebens, mitgeteilt von dem Herausgeber der Seherin aus Prevorst, 5. Sammlung,
    Karlsruhe 1834
Kerner, Justinus: Ausgewählte Werke, hg. von Gunter Grimm, Stuttgart 1981
Kerner, Justinus: Die Heimatlosen [1816], mit einem Nachwort und Materialien zum Text hg.
    von Margot Buchholz, Weissach i. T. 2003
Kilcher, Andreas B.: Jüdische Renaissance und Kulturzionismus, in: Hans Otto Horch (Hg.),
    Handbuch der deutsch-jüdischen Literatur, Berlin und Boston 2016, S. 99–121
Kilcher, Andreas B.: Diasporakonzepte, Hans Otto Horch (Hg.), Handbuch der deutsch-
    jüdischen Literatur, Berlin und Boston 2016, S. 135–150
Kilchmann, Esther: Das Westfalen-Projekt, in: Cornelia Blasberg, Jochen Grywatsch (Hg.),
    Annette von Droste-Hülshoff Handbuch, Berlin und Boston 2018, S. 490–497
Killy, Walther: Der Roman als romantisches Buch. Eichendorff: ‚Ahnung und Gegenwart', in:
    ders., Wirklichkeit und Kunstcharakter. Neun Romane des 19. Jahrhunderts, München
    1963, S. 36–58
Kimminich, Otto: Das Recht auf die Heimat, Bonn ³1989
Kimminich, Otto: Heimat [Lexikonartikel], in: Lexikon für Theologie und Kirche, Bd. 4, Freiburg
    u. a. 1995, Sp. 1364–1365
Kinkel, Gottfried: Handwerk errette Dich! Oder Was soll der deutsche Handwerker fordern und
    thun, um seinen Stand zu bessern? Bonn 1848
Kinkel, Gottfried: Die Heimatlosen. Erzählung aus einer armen Hütte, in: Gottfried und Johanna
    Kinkel: Erzählungen, Stuttgart, Tübingen 1849, S. 371–464

Kittler, Friedrich A.: De Nostalgia, in: Hans-Georg Pott (Hg.), Literatur und Provinz. Das Konzept ‚Heimat' in der neueren Literatur, Paderborn 1986, S. 153–168
Kitzbichler, Josefine: Homer übersetzen nach Voß. Zum Epigonalitätsproblem in Homer-Übersetzungen des 19. und 20. Jahrhunderts, in: Anne Baillot u. a. (Hg.), Voß' Übersetzungssprache. Voraussetzungen, Kontexte, Folgen. Berlin, München und Boston 2015, S. 141–159
Klahr, Detlef: C.J. Philipp Spitta, in: Wolfgang Herbst (Hg.), Komponisten und Liederdichter des Evangelischen Gesangbuchs (= Handbuch zum Evangelischen Gesangbuch, Bd. 2), Göttingen 1999, S. 308–310
Klapper, Josef: Volkskunde im Deutschunterricht, in: Heimatkunde und Volkskunde, Bildende Kunst und Musik in Verbindung mit dem Deutschunterricht (= Der deutsche Arbeitsunterricht. Arbeitsverfahren. Klassenpläne. Unterrichtsbeispiele, 4. Heft), Leipzig 1928, S. 22–38
Klare, Jörn: Nach Hause gehen. Eine Heimatsuche, Berlin 2016
Klausnitzer, Ralf: Leib, Geist, Seele. Ernst Moritz Arndts Verbindungen mit geschichtsphilosophischen und völkerpsychologischen Spekulationen der Romantik und ihre Rezeption in der NS-Zeit, in: Dirk Alvermann, Irmfried Garbe (Hg.), Ernst Moritz Arndt. Anstöße und Wirkungen, Köln, Weimar und Wien 2011, S. 73–120
Kleeberg-Hörnlein, Sylvia E. / Gregor Reimann, Michael Wermke: Zwischen ‚irdischer' und ‚ewiger Heimat'. Der Heimatbegriff in systematisch-theologischen Kontexten und als Thema religionspädagogischer Bildungsforschung, in: Edoardo Costadura, Klaus Ries (Hg.), Heimat gestern und heute. Interdisziplinäre Perspektiven, Bielefeld 2016, S. 145–160
Klein, Tobias: Von deutschen Herzen – Familie, Heimat und Nation in den Romanen und Erzählungen E. Marlitts, Hamburg 2012
Kleist, Ewald Christian von: Der Frühling. Ein Gedicht, Berlin 1749
Klippel, Diethelm: Politische Freiheit und Freiheitsrechte im deutschen Naturrecht des 18. Jahrhunderts, Paderborn 1976
Klippel, Diethelm / Gregor Dehmer: Freizügigkeit, in: Enzyklopädie der Neuzeit, Bd. 3, Stuttgart und Weimar 2006, Sp. 1221–1223
Klopstock, Friedrich Gottlieb: Der Messias, Bd. 3, Halle 1769
Klopstock, Friedrich Gottlieb: Der Messias, Bd. 4, Halle 1773
Klopstock, Friedrich Gottlieb: Hermanns Schlacht. Ein Bardiet für die Schaubühne, in: ders., Hermann-Dramen, Bd. 1: Text, hg. von Mark Emanuel Amtstätter (= Werke und Briefe. Historisch-kritische Ausgabe, begründet von Adolf Beck u. a., hg. von Horst Gronemeyer u. a., Abt. Werke VI,I), Berlin und New York 2009, S. 1–154
Klopstock, Friedrich Gottlieb: Oden, Bd. 1: Text, hg. von Horst Gronemeyer und Klaus Hurlebusch (= Werke und Briefe. Historisch-kritische Ausgabe, begründet von Adolf Beck u. a., hg. von Horst Gronemeyer u. a., Abt. Werke I,I), Berlin und New York 2010
Klose, Joachim / Ralf Lindner, Manfred Seifert (Hg.): Heimat heute. Perspektiven und Reflexionen, Dresden 2012
Klose, Joachim (Hg.): Heimatschichten. Anthropologische Grundlegung eines Weltverhältnisses, Wiesbaden 2013
Klueting, Edeltraut (Hg.): Antimodernismus und Reform. Beiträge zur Geschichte der deutschen Heimatbewegung, Darmstadt 1991
Kluge, Friedrich: Heimweh, in: Zeitschrift für deutsche Wortforschung 2 (1902), S. 234–251

Kluge, Manfred (Hg.): Heimat. Ein deutsches Lesebuch, München 1989
Knaut, Andreas: Ernst Rudorf und die Anfänge der deutschen Heimatschutz-Bewegung, in: Edeltraut Klueting (Hg.), Antimodernismus und Reform. Zur Geschichte der deutschen Heimatbewegung, Darmstadt 1991, S. 20–49
Knoch, Habbo (Hg.): Das Erbe der Provinz. Heimatkultur und Geschichtspolitik nach 1945, Göttingen 2001
Koch, Arne: Parameters of Low German Identity. Ernst Moritz Arndt's Other Fatherland, in: Walter Erhart, Arne Koch (Hg.), Ernst Moritz Arndt (1769–1860). Deutscher Nationalismus – Europa – Transatlantische Perspektiven, Tübingen 2007, S. 99–111
Koch, Heinz: Folgen der Aufhebung der Leibeigenschaft für das Heimatrecht in Mecklenburg-Schwerin, in: Institute for Migration and Ancestral Research e.V. (Hg.), Back to the Roots. Wanderungen von und nach Mecklenburg. Gründe, Richtungen und Folgen mecklenburgischer Migration, Rostock 1997, S. 79–85
Koch, Manfred: Die pfingstliche Schlacht, in: Interpretationen. Gedichte von Friedrich Hölderlin, hg. von Gerhard Kurz, Stuttgart 1996, S. 60–75
Koch, Manfred: Der Dichter-Sänger. Antikes Modell und spätere Adaptionen, in: Handbuch Literatur & Musik, hg. von Nicola Gess und Alexander Honold, Berlin und Boston 2017, S. 217–245
Kocka, Jürgen: Bürgertum und bürgerliche Gesellschaft im 19. Jahrhundert. Europäische Entwicklungen und deutsche Eigenarten, in: ders. (Hg.), Bürgertum im 19. Jahrhundert. Deutschland im europäischen Vergleich, 3 Bde., München 1988, Bd. 1, S. 11–76
Kocka, Jürgen: Das lange 19. Jahrhundert. Arbeit, Nation und bürgerliche Gesellschaft (= Gebhardt. Handbuch der deutschen Geschichte, 10., völlig neu bearb. Auflage, Bd. 13), Stuttgart 2001
Koebner, Thomas: Gottfried Keller, Romeo und Julia auf dem Dorfe. Die Recherche nach den Ursachen eines Liebestods, in: Interpretationen. Erzählungen und Novellen des 19. Jahrhunderts, Stuttgart 1990, S. 203–234
Koebner, Thomas: ‚Auf der Alm, da gibt's koa Sünd.' Anmerkungen zum Heimatfilm, in: Fabienne Liptay, Susanne Marschall, Andreas Solbach (Hg.), Heimat. Suchbild und Suchbewegung, Remscheid 2005, S. 103–130
Köhler, Oskar: Heimat [Lexikonartikel], in: Staatslexikon, hg. von der Görres-Gesellschaft, Bd. 4, Freiburg i.Br. 1959, Sp. 56–59
Köllmann, Wolfgang: Bevölkerungsgeschichte 1800–1970, in: Hermann Aubin, Wolfgang Zorn (Hg.), Handbuch der deutschen Wirtschafts- und Sozialgeschichte, Bd. 2, Stuttgart 1976, S. 9–50
Kommerell, Max: Der Dichter als Führer in der deutschen Klassik. Klopstock, Herder, Goethe, Schiller, Jean Paul, Hölderlin. Mit einem Geleitwort von Eckhard Heftrich, Frankfurt a. M. ³1982
König, Christoph (Hg.): Internationales Germanistenlexikon 1800–1950, 3 Bde., Berlin und New York 2003
Königswinter, Wolfgang Müller von: Das Sanct Martinsfest am Rhein, in: Die Gartenlaube (1864), H. 46, S. 734–735
Koopmann, Helmut: Heimat, Fremde und Exil im 19. Jahrhundert, in: Hans-Jörg Knobloch und ders. (Hg.), Das verschlafene 19. Jahrhundert? Zur deutschen Literatur zwischen Klassik und Moderne, Würzburg 2005, S. 25–41

Korfkamp, Jens: Die Erfindung der Heimat. Zu Geschichte, Gegenwart und politischen Implikationen einer gesellschaftlichen Kontruktion, Berlin 2006

Körner, Birgit M.: Hebräische Avantgarde. Else Laskar-Schülers Poetologie im Kontext des Kulturzionismus, Köln, Weimar und Wien 2017

Korte, Hermann / Ilonka Zimmer, Hans-Joachim Jakob (Hg.): ‚Die Wahl der Schriftsteller ist richtig zu leiten.' Kanoninstanz Schule. Eine Quellenauswahl zum deutschen Lektürekanon in Schulprogrammen des 19. Jahrhunderts, Frankfurt a. M. 2005

Korte, Hermann: Die literarische Konstruktion der Ferne bei Joseph von Eichendorff, in: Christoph Parry, Liisa Voßschmidt (Hg.), ‚Kennst Du das Land ...?' Fernweh in der Literatur. Beiträge auf der 14. Internationalen Arbeitstagung ‚Germanistische Forschungen zum Literarischen Text' Vaasa 15.–16.5.2008, München 2009 (= Perspektiven 6), S. 11–25

Korte, Hermann (Hg.): Homer und die deutsche Literatur, Text und Kritik, München 2010

Körte, Mona / Robert Stockhammer (Hg.): Ahasverus Spur. Dichtungen und Dokumente vom ‚Ewigen Juden', Leipzig 1995

Koselleck, Reinhart: Begriffsgeschichten. Studien zur Semantik und Pragmatik der politischen und sozialen Sprache. Mit zwei Beiträgen von Ulrike Spree und Willibald Steinmetz sowie einem Nachwort zu Einleitungsfragmenten Reinhart Kosellecks von Carsten Dutt, Frankfurt a. M. 2006

Koshar, Rudy: The Antinomies of Heimat. Homeland, History, Nazism, in: Jost Hermand, James Steakley (Hg.), Heimat, Nation, Fatherland. The German Sense of Belonging, New York, Washington, D.C. u. a. 1996, S. 113–136

Köstlin, Konrad: Heimatgefühl, Heimatbedürfnis und sozialer Wandel, in: Gerhard Hacker, Gerhard Lippert (Hg.), Heimat und Schule. Fortbildungsmodell. Akademie für Lehrerfortbildung Dillingen, Donauwörth 1989, S. 160–169

Köstlin, Konrad: Heimat geht durch den Magen. Oder: Das Maultaschensyndrom. Soul-Food in der Moderne, in: Beiträge zur Volkskunde in Baden-Württemberg 4 (1991), S. 147–164

Köstlin, Konrad: ‚Heimat' als Identitätsfabrik, in: Österreichische Zeitschrift für Volkskunde 99 (1996), S. 312–338

Köstlin, Konrad: Heimat als Konstruktion zwischen Globalisierung und Regionalisierung, in: Edwin Hamberger (Red.): Gestern, heute, morgen. Heimat ohne Geschichte? Symposium im Haberkasten, Mühldorf am Inn, 27. Oktober 2001, Mühldorf 2002, S. 26–33

Kötzschke, Rudolf: Über den Ursprung und die geschichtliche Bedeutung der ostdeutschen Siedlungen, in: Wilhelm Volz (Hg.), Der ostdeutsche Volksboden. Aufsätze zu den Fragen des Ostens, Breslau 1924, S. 7–26

Kötzschke, Rudolf: Die deutsche Wiederbesiedlung der ostelbischen Lande, in: Wilhelm Volz (Hg.), Der ostdeutsche Volksboden. Aufsätze zu den Fragen des Ostens, Breslau ²1926, S. 152–179

Kramer, Andreas: Regionalismus und Moderne. Studien zur deutschen Literatur 1900–1933 (= Amsterdamer Publikationen zur Sprache und Literatur 165), Berlin 2006

Kramer, Anke: Im Moose, in: Cornelia Blasberg, Jochen Grywatsch (Hg.), Annette von Droste-Hülshoff Handbuch, Berlin und Boston 2018, S. 276–279

Krämer, Felix: Das unheimliche Heim. Zur Interieurmalerei um 1900, Köln, Weimar und Wien 2007

Kramer, Philipp Walburg: Der Sonnenwirth. Schauspiel in 4 Aufzügen. Mit Benutzung der gleichnamigen schwäbischen Dorfgeschichte des Hermann Kurz für die Bühne bearb., Heilbronn 1855

Kranixfeld, Michael: Aufmerksamkeit für das Unverständliche. Der Heimatbegriff als Herausforderung für künstlerische Projekte, in: Heimat-Pflege als Theater-Programm? Die Kunst, soziale Zugehörigkeit zu ermöglichen. Ixypsilonzett. Jahrbuch für Kinder- und Jugendtheater der ASSITEJ Deutschland (2019), S. 28–29

Krauß-Theim, Barbara: Naturalismus und Heimatkunst bei Clara Viebig. Darwinistisch-evolutionäre Naturvorstellungen und ihre ästhetischen Reaktionsformen (= Studien zur Deutschen Literatur des 19. und 20. Jahrhunderts 19), Frankfurt a. M., Berlin und Bern 1992

Krech, Johannes: Das Reichsgesetz über den Unterstützungswohnsitz vom 6. Juni 1870, erläutert nach den Entscheidungen des Bundesamtes für das Heimathwesen von Wilhelm Wohlers, achte vermehrte Auflage, bearb. von Dr. Johannes Krech, Kaiserl. Geh. Regierungsrath, Mitglied des Bundesamtes f. d. Heimathwesen, Berlin 1898

Kreß, Hartmut: Heimat [Lexikonartikel], in: Theologische Realenzyklopädie, Bd. 14, Berlin und New York 1985, S. 778–781

Kretzschmann, Hermann (Hg.): Bausteine zum Dritten Reich. Lehr- und Lesebuch des Reichsarbeitsdienstes. Im Auftrag der Reichsleitung des Reichsarbeitsdienstes bearb. und hg. von Oberstarbeitsführer Hermann Kretzschmann, Leipzig ^{5}[1933]

Kreutzer, Hans Joachim: Kolonie und Vaterland in Hölderlins später Lyrik, in: Hölderlin-Jahrbuch 22 (1980–1981), S. 18–46

Kreyßig, Friedrich: Der fünfte Band der ‚Ahnen', in: Deutsche Rundschau 18 (1879), S. 314–317

Kristeva, Julia: Fremde sind wir uns selbst. Aus dem Französischen von Xenia Rajewsky, Frankfurt a. M. 1990

Krockow, Christian Graf von: Heimat. Erfahrungen mit einem deutschen Thema, Stuttgart 1989

Krug, Nora: Heimat. Ein deutsches Familienalbum, München 2018

Kübler, Gunhild (Hg.): Daheim & Daneben. Wo Schriftsteller zu Hause sind, München 2001

Kück, Cornelia: Kirchenlied im Nationalsozialismus. Die Gesangbuchreform unter dem Einfluß von Christhard Mahrenholz und Oskar Söhngen (= Arbeiten zur Kirchen- und Theologiegeschichte 10), Leipzig 2003

Kück, Marlene: Clara Viebig und das Weiberdorf, in: dies. (Hg.), Macht und Ohnmacht von Geschäftsfrauen, Berlin 1998, S. 39–45

Kugele, Jens: Kafkas Heimat-Topographien. Nation, Religion, Kultur und Schrift. Washington D.C., May 15, 2011 https://repository.library.georgetown.edu/handle/10822/557970

Kuhlmann, Anne: Das Exil als Heimat. Über jüdische Schreibweisen und Metaphern, in: Claus-Dieter Krohn, Erwin Rotermund, Lutz Winckler, Wulf Köpke u. a. (Hg.), Sprache – Identität – Kultur. Frauen im Exil (= Exilforschung. Ein internationales Jahrbuch 17), München 1999, S. 197–213

Kultermann, Udo: Bildformen in Kellers Novelle ‚Romeo und Julia auf dem Dorfe', in: Der Deutschunterricht 8/3 (1956), S. 86–100

Künneth, Walter: Die Frage des Rechts auf die Heimat in evangelischer Sicht, in: Kurt Rabl (Hg.), Das Recht auf die Heimat. Vorträge und Aussprachen, Erste Fachtagung (= Studien und Gespräche über Heimat und Heimatrecht 1), München 1958, S. 11–26

Küppers, Kurt: Diözesan-Gesang- und Gebetbücher des deutschen Sprachgebietes im 19. und 20. Jahrhundert, Münster 1987

Kurz, Gerhard: Höhere Aufklärung. Aufklärung und Aufklärungskritik bei Hölderlin, in: Christoph Jamme, Gerhard Kurz (Hg.), Idealismus und Aufklärung, Stuttgart 1988, S. 259–282

Kurz, Gerhard: Metapher, Allegorie, Symbol, Göttingen 1997

Kurz, Gerhard: Heideggers Hölderlin, in: Friedrich Vollhardt (Hg.), Hölderlin in der Moderne. Kolloquium für Dieter Henrich zum 85. Geburtstag, Berlin 2014, S. 93–113

Kurz, Hermann: Der Sonnenwirt. Eine schwäbische Volksgeschichte (1855), der von Hermann Fischer 1904 hg. Ausgabe in den ‚Sämtlichen Werken in zwölf Bänden' folgend hg. von Jürgen Schweier, Kirchheim/Teck 1980

Kurz, Isolde: Hermann Kurz. Ein Beitrag zu seiner Lebensgeschichte, München und Leipzig 1906

Kutzer, Theodor: Das bayrische Heimatrecht mit dem einschlägigen Rechte der Verehelichung und des Aufenthalts, München 1904

Lächele, Rainer: Pietismus und Patriotismus im protestantischen Kirchenlied des 19. Jahrhunderts. Das Beispiel Württemberg, in: Richard Faber (Hg.), Säkularisierung und Resakralisierung. Zur Geschichte des Kirchenlieds und seiner Rezeption, Würzburg 2001, S. 41–60

Lachner, Raimund: Wir sind nur Gast auf Erden? Heimat als theologischer Begriff, in: Heimat – Baustein der Zukunft. Beiträge zum 4. Studientag des Geschichtsausschusses im Heimatbund für das Oldenburger Münsterland (= Beiträge zur Geschichte des Oldenburger Münsterlandes, Blaue Reihe 9), Cloppenburg 2002, S. 27–36

Landfester, Manfred: Griechen und Deutsche: Der Mythos einer ‚Wahlverwandtschaft', in: Mythos und Nation, hg. von Helmut Berding, Frankfurt a. M. 1996, S. 198–219

Landmann, Karl: Deutsche Liebe und deutsche Treue in Gustav Freytags Ahnen, in: Zeitschrift für den deutschen Unterricht 6 (1892), H. 2, S. 81–104 und H. 3, S. 145–167

[Langbehn, Julius]: Rembrandt als Erzieher. Von einem Deutschen, Leipzig ⁹1890

Langen, August: Der Wortschatz des deutschen Pietismus. Zweite, ergänzte Auflage, Tübingen 1968

Langewiesche, Dieter: Liberalismus in Deutschland, Frankfurt a. M. 1988

Langewiesche, Dieter: Föderativer Nationalismus als Erbe der deutschen Reichsnation. Über Föderalismus und Zentralismus in der deutschen Nationalgeschichte, in: ders., Georg Schmidt (Hg.), Föderative Nation. Deutschlandkonzepte von der Reformation bis zum Ersten Weltkrieg, München 2000, S. 215–245

Langewiesche, Dieter: ‚Nation', ‚Nationalismus', ‚Nationalstaat' in der europäischen Geschichte seit dem Mittelalter. Versuch einer Bilanz, in: ders., Georg Schmidt (Hg.), Föderative Nation. Deutschlandkonzepte von der Reformation bis zum Ersten Weltkrieg, München 2000, S. 9–30

Langhoff, Lukas: Staatsbürgerschaft und Heimatrecht in Österreich, Wien 1920

Laufer, Aaron: Heimatkunst(-geschichte). Raumtheoretische Überlegungen zu Funktion und Motivik von Heimatkunst am Beispiel saarländischer Landschaften von Otto Weil und Fritz Zolnhofer, in: Amalia Barboza, Barbara Krug-Richter, Sigrid Ruby (Hg.), Heimat verhandeln? Kunst- und kulturwissenschaftliche Annäherungen, Göttingen 2019, S. 147–159

Lehmann, Florian (Hg.): Ordnungen des Unheimlichen. Kultur – Literatur – Medien, Würzburg 2016

Lehmann, Hartmut: Friedrich von Bodelschwingh und das Sedanfest. Ein Beitrag zum nationalen Denken der politisch aktiven Richtung im deutschen Pietismus des 19. Jahrhunderts, in: Historische Zeitschrift 202 (1966), S. 542–573

Lehmann, Hartmut: (Hg.): Geschichte des Pietismus, Bd. 4: Glaubenswelt und Lebenswelten, Göttingen 2004

Lehmann, Jürgen: ‚Bauernroman', ‚Dorfgeschichte' und ‚Dorfprosa'. Anmerkungen zu Theorie und Geschichte, zu Formen und Funktionen von Landlebenliteratur, in: Danubiana Carpathica 52/5 (2011), S. 119–136
Lehner, Hans: Das Heimatmuseum. Seine Aufgaben und Ziele, Formen und Organisationen, in: Heimatmuseen. Wesen und Gestaltung, Berlin-Lichterfelde 1928
Lemberg, Eugen: Umdenken in der Verbannung. Ein neues Verhältnis zu Ostmitteleuropa? (= Schriftenreihe der Bundeszentrale für Heimatdienst 13), Bonn ⁴1957
Lenau, Nikolaus: Gedichte bis 1834, hg. von Herbert Zeman und Michael Ritter (= Historisch-kritische Gesamtausgabe, Bd. 1), Wien 1995
Lenau, Nikolaus: Neuere Gedichte und lyrische Nachlese, hg. von Antal Mádl (= Historisch-kritische Gesamtausgabe, Bd. 2), Wien 1995
Lenk, Kurt: Zum Strukturwandel politischer Ideologien im 19. und 20. Jahrhundert. Begriff und Phänomen des ideologischen Bewußtseins, in: ders., Rechts, wo die Mitte ist. Studien zur Ideologie, Baden-Baden 1994, S. 27–42
Lenz, Siegfried: Heimatmuseum, Hamburg 1978
Lepenies, Wolf: Die drei Kulturen. Soziologie zwischen Literatur und Wissenschaft (1985), Frankfurt a. M. 2002
Lepp, Edwin: Die deutsche Art und der protestantische Geist in Gustav Freytags Werken. Beilage zum Programm des Gymnasiums zu Pforzheim 1894/95, Progr. Nr. 626, Pforzheim 1895
Lerche, Eva Maria: Alltag und Lebenswelt der heimatlosen Armen. Eine Mikrostudie über die Insassinnen und Insassen des westphälischen Landarmenhauses Benninghausen (1844–1891), Münster, New York, München und Berlin 2009
Leschnitzer, Adolf: Der Gestaltwandel Ahasvers, in: Hans Tramer (Hg.), In zwei Welten. Siegfried Moses zum fünfundsiebzigsten Geburtstag, Tel Aviv 1962, S. 470–505
Leyen, Friedrich von der: Der Dichter Ganghofer in der deutschen Literatur, in: Festschrift zur Ganghofer-Feier in Berchtesgaden vom 4.–7. Juli 1925, Berchtesgaden 1925, S. 16–18
Liebermann, Ernst: Heimaterde. Der Heimat Lob in Liedern mit Bildern von Ernst Liebermann [Anthologie], Berlin 1901
Lienhard, Friedrich: Wasgaufahrten. Ein Zeitbuch, Berlin 1895
Lienhard, Friedrich: Die Vorherrschaft Berlins. Litterarische Anregungen (= Flugschriften der Heimat 4), Leipzig und Berlin 1900
Lienhard, Friedrich: Hochland. Einleitende Bemerkungen, in: Heimat. Blätter für Litteratur und Volkstum 1/1 (1900), S. 3–10
Lienhard, Friedrich: Tagebuch, in: Heimat. Blätter für Litteratur und Volkstum 1/1 (1900), S. 182–184
Lienhard, Friedrich: Vom Reichtum deutscher Landschaft, in: Heimat. Blätter für Litteratur und Volkstum 1/1 (1900), S. 140
Lienhard, Friedrich: Heimatkunst? (1900), in: ders., Neue Ideale. Gesammelte Aufsätze, Leipzig und Berlin 1901, S. 188–200
Lienhard, Friedrich: Wasgaufahrten. Ein Zeitbuch. Dritte Auflage, Leipzig und Berlin 1902
Lienhard, Friedrich: Einführung, in: ders., Wartburg. Drei dramatische Dichtungen, Stuttgart o. J. [1918], S. III–VI
Lienhard, Friedrich: Meister der Menschheit. Beiträge zur Beseelung der Gegenwart, Bd. 1: Die Abstammung aus dem Licht. Stuttgart ²1923

Lindau, Paul: Gustav Freytags neuester Roman ‚Die Ahnen'. ‚Ingo und Ingraban' und ‚Das Nest der Zaunkönige' [Rezension], in: Die Gegenwart, Nr. 2 (1872), S. 344–347 und S. 372–374

Lindau, Paul: Die Ahnen. Ein Roman von Gustav Freytag [Rezension], in: Nord und Süd, Monatsschrift, Nr. 16 (Februar 1881), S. 218–284

Lindemann, Klaus (Hg.): ‚Heimat'. Gedichte und Prosa (= Arbeitstexte für den Unterricht), Stuttgart 1992

Lippold, Ernst / Günter Vogelsang (Hg.): Konkordanz zum Evangelischen Gesangbuch. Mit Verzeichnis der Strophenanfänge, Kanons, mehrstimmigen Sätze und Wochenlieder, erarbeitet und hg. im Auftrag der Evangelischen Kirche in Deutschland (= Handbuch zum Evangelischen Gesangbuch, Bd. 1), Göttingen ²1997

Loewen, Matthias: Der Heimat ins Garn. Zu einem Gedicht von Paul Celan, in: Germanisch-Romanische Monatsschrift 32 (1982), S. 315–332.

Löhe, Wilhelm: Zuruf aus der Heimat an die deutsch-lutherische Kirche Nordamericas, Stuttgart 1845

Löns, Hermann: Dahinten in der Haide. Roman, Hannover o. J. [1909]

Lövenich, Friedhelm: Verstaatlichte Sittlichkeit. Die konservative Konstruktion der Lebenswelt in Wilhelm Heinrich Riehls ‚Naturgeschichte des Volkes' (= Neue Deutsche Forschungen 160; Neuere Geschichte 5), Opladen 1992

Lübcke, Sebastian: Erfüllungspoetiken. Nachleben des ewigen Lebens bei Klopstock, Hölderlin, Rückert, George und den Surrealisten, Stuttgart 2019

Lucius, Samuel: Das Schweizerische Von Milch und Honig fliessende Canaan, Bern 1731

Ludewig, Alexandra: Heimat- und Anti-Heimatliteratur in Österreich, in: Seminar. A Journal of Germanic Studies 33/3 (1997), S. 238–258

Ludewig, Alexandra: Screening Nostalgia. 100 Years of German Heimat Film, Bielefeld 2011

Ludovici, Carl Günther: Eröffnete Akademie der Kaufleute, oder vollständiges Kaufmanns-Lexicon, Bd. 5, Leipzig 1756

Ludwig, Otto: Zwischen Himmel und Erde, Frankfurt a. M. 1856

Lukács, Georg: Die Theorie des Romans. Ein geschichtsphilosophischer Versuch über die Formen der großen Epik, Berlin 1920

Luther, Martin: D. Martin Luthers Werke. Kritische Gesamtausgabe, Bd. 14, Weimar 1895

Luther, Martin: D. Martin Luthers Werke. Kritische Gesamtausgabe, Bd. 34, Weimar 1908

Luther, Martin: D. Martin Luthers Werke. Kritische Gesamtausgabe, Bd. 52, Weimar 1915

Luther, Martin: D. Martin Luthers Werke. Kritische Gesamtausgabe, Bd. 21, Weimar 1928

Lutz, Samuel: Warnung An Die liebe Jugend, Schaffhausen 1747

Lyon, Otto: Der deutsche Unterricht auf dem Realgymnasium, in: Zeitschrift für den deutschen Unterricht 7 (1893), S. 705–734

MacCort, Dennis: Perspectives on music in German fiction. The music-fiction of Wilhelm Heinrich Riehl, Bern u. a. 1974

Macha, Jürgen: Clara Viebigs Eifelerzählungen. Anmerkungen aus der Sicht des Sprachwissenschaftlers, in: Volker Neuhaus, Michel Durand (Hg.), Die Provinz des Weiblichen. Zum erzählerischen Werk von Clara Viebig / Terroirs au féminin. La province et la femme dans les récits de Clara Viebig, Bern, Berlin und Brüssel 2004, S. 239–251

Mädler, Inken: Ästhetik, in: Schleiermacher Handbuch, hg. von Martin Ohst, Tübingen 2017, S. 295–300

Mähl, Hans Joachim: Die Idee des goldenen Zeitalters im Werk des Novalis. Studien zur Wesensbestimmung der frühromantischen Utopie und zu ihren ideengeschichtlichen Voraussetzungen. Heidelberg 1965

Mahling, Friedrich: Heimatfremdenfürsorge [Lexikonartikel], in: Die Religion in Geschichte und Gegenwart. Handwörterbuch für Theologie und Religionswissenschaft, Bd. 2, zweite, völlig neu bearb. Auflage, Tübingen 1928, Sp. 1765–1767

Mahrholz, Werner: Deutsche Dichtung der Gegenwart. Probleme, Ereignisse, Gestalten. Berlin 1926

Mahrholz, Werner: Deutsche Literatur der Gegenwart. Probleme, Ergebnisse, Gestalten, durchges. und erw. von Max Wieser, Berlin 1931

Mai, Gunther: Agrarische Transition und industrielle Krise. Anti-Modernismus in Europa in der ersten Hälfte des 20. Jahrhunderts, in: Journal of Modern European History, 4/1 (2006), S. 5–38

Manemann, Jürgen: Exil und Heimat. Theologische Reflexionen im Zeitalter der Migration, in: Claudia Kraft, Eberhard Tiefensee (Hg.), Religion und Migration. Frömmigkeitsformen und kulturelle Deutungssysteme auf Wanderschaft. Vorlesungen des Interdisziplinären Forums Religion der Universität Erfurt, Bd. 7, Münster 2011, S. 63–78

Mann, Thomas: Ansprache im Goethejahr, in: ders., Essays IV. 1945–1950 (= Große kommentierte Frankfurter Ausgabe, Bd. 19.1), Frankfurt a. M. 2009, S. 670–688

Maron, Monika: Die Zumutung, eine Heimat haben zu müssen, in: dies., Nach Maßgabe meiner Begreifungskraft. Artikel und Essays, Frankfurt a. M. 1995, S. 29–32

Martens, Wolfgang (Hg.): Der Patriot, nach der Originalausgabe Hamburg 1724–26 in drei Textbänden und einem Kommentarband kritisch hg. von Wolfgang Martens, 4 Bde., Berlin 1969–1984

Martini, Fritz: Deutsche Literatur im bürgerlichen Realismus. 1848–1898, Stuttgart ³1974

Martus, Steffen: Die Brüder Grimm. Eine Biographie, Berlin 2009

Marx, Karl und Friedrich Engels: Deutsche Ideologie. Manuskripte und Drucke. Text, bearbeitet von Ulrich Pagel, Gerald Hubmann und Christine Weckwerth (= Gesamtausgabe MEGA, Erste Abteilung, Bd. 5), Berlin und Boston 2017

Matoni, Jürgen: ‚Ingo und Ingraban', der erste Band der ‚Ahnen'. Zum 100. Todestag von Gustav Freytag, in: Palmbaum. Literarisches Journal aus Thüringen 3/1 (1995), S. 6–19

Matuschek, Stefan: Mythologie [Lexikonartikel], in: Joachim Jacob, Johannes Süßmann (Hg.), Das 18. Jahrhundert. Lexikon zur Antikerezeption in Aufklärung und Klassizismus (= Der Neue Pauly, Supplemente 13), Stuttgart und Weimar 2018, Sp. 604–612

Matz, Klaus-Jürgen: Pauperismus und Bevölkerung. Die gesetzliche Ehebeschränkung in den süddeutschen Staaten während des 19. Jahrhunderts, Stuttgart 1980

Maunz, Theodor: Verwaltung, Hamburg 1937

Maurer, Alfred: Bayerisches Heimatrecht und Unterstützungswohnsitz [Diss.], Heidelberg 1911

Maurer, Michael: Neuzeitliche Geschichtsschreibung, in: ders. (Hg.), Aufriß der Historischen Wissenschaften, Bd. 5: Mündliche Überlieferung und Geschichtsschreibung, Stuttgart 2003, S. 281–499

Maurer, Michael: Kulturgeschichte, in: ders. (Hg.), Aufriß der Historischen Wissenschaften, Bd. 3: Sektoren. Stuttgart 2004, S. 339–418

Maurer, Michael: Gustav Freytag und die Kulturgeschichte, in: Hans-Werner Hahn, Dirk Oschmann (Hg.), Gustav Freytag (1816–1895). Literat – Publizist – Historiker

(= Veröffentlichungen der Historischen Kommission für Thüringen, Kleine Reihe 48), Köln, Weimar und Wien 2016, S. 85–101

Mauthner, Fritz: Der neue Ahasver. Roman aus Jung-Berlin, Dresden und Leipzig 1886

McIsaac, Peter M.: Museums of the Mind. German Modernity and the Dynamics of Collecting, Pennsylvania 2007

Mecklenburg, Norbert: Erzählte Provinz. Regionalismus und Moderne im Roman, Königstein 1982

Mecklenburg, Norbert: Ein Stück Herkunft, kenntlich gemacht. Realismus und Regionalismus in Uwe Johnsons ‚Jahrestagen', in: Michael Bengel (Hg.), Johnsons ‚Jahrestage', Frankfurt a. M. 1985, S. 227–250

Mecklenburg, Norbert: Provinzbeschimpfung und Weltandacht. Peter Handkes ambivalente Heimatdichtung, in: Karl Konrad Polheim (Hg.), Wesen und Wandel der Heimatliteratur. Am Beispiel der österreichischen Literatur seit 1945. Ein Bonner Symposion, Bern 1989, S. 105–134

Meier, Albert / Alessandro Costazza, Gérard Laudin (Hg.): Kunstreligion. Ein ästhetisches Konzept der Moderne in seiner historischen Entfaltung, Berlin und Boston 2012

Meier, Thomas Dominik / Rolf Wolfensberger: ‚Eine Heimat und doch keine'. Heimatlose und Nicht-Sesshafte in der Schweiz (16.–19. Jahrhundert), Zürich 1998

Mellmann, Katja / Jesko Reiling (Hg.): Vergessene Konstellationen literarischer Öffentlichkeit zwischen 1840 und 1885, Berlin und Boston 2016

Menasse, Robert: Heimat ist die schönste Utopie. Reden (wir) über Europa, Berlin 2014

Mettenleiter, Peter: Destruktion der Heimatdichtung. Typologische Untersuchung zu Gotthelf, Auerbach, Ganghofer (= Untersuchungen des Ludwig-Uhland-Instituts der Universität Tübingen 34), Tübingen 1974

Metzger, Stefan: Die Konjunktur des Organismus. Wahrscheinlichkeitsdenken und Performanz im späten 18. Jahrhundert. München 2002

Meyer, Ludwig: Der Wahnsinn aus Heimweh, in: Deutsche Klinik I (1855), S. 7–8, 20–22, 31–32

Meyer, Richard Moritz: Geschichte der deutschen Literatur (1860–1904), Bd. 2: Die deutsche Literatur des 19. und 20. Jahrhunderts, hg. u. fortges. von Hugo Bieber, Berlin ⁶1921

Michael, Christoph M.: Heimat plural, in: Heimatkunden. Berliner Debatte Initial 30/3 (2019), S. 5–16

Micraelius, Johann: Ander Buch Deß Alten Wendischen Pommerlandes, Bd. 2, Stettin 1639

Middelhoff, Frederike: R/Emigration verhindern. 'Heimat' im Kontext der Auswanderung von 1816/17, in: Beate Althammer, Anja Oesterhelt (Hg.), German ‚Heimat' in the Age of Migration. Special Issue. The Germanic Review 96/3 (2021), S. 256–275

Mielke, Robert: Heimatschutz und Heimatpflege [Lexikonartikel], in: Enzyklopädisches Handbuch der Pädagogik, hg. von W. Rein, 2. Auflage, Bd. 4, Langensalza 1906, S. 175–179

Minkmar, Nils: In deutschen Wäldern, in: Heimat. Annäherung an ein schwieriges Gefühl. Spiegel Wissen 6 (2016), S. 91–93

Mitscherlich, Alexander: Konfession zur Nahwelt. Was macht eine Wohnung zur Heimat?, in: ders., Die Unwirtlichkeit der Städte. Frankfurt a. M. 1965, S. 123–139

Mitscherlich, Alexander / Gert Kalow (Hg.): Hauptworte, Hauptsachen: Heimat, Nation, München 1971

Mittelmann, Hanni: Jüdische Identität und der Mythos der Heimatlosigkeit im Werk von Stefan Zweig, in: Wolfgang Treitler (Hg.): Zwischen Hiob und Jeremias. Stefan Zweig und Joseph Roth am Ende der Welt, Frankfurt a. M. u. a. 2007, S. 268–278

Mittelstädt, Fritz-Gerd: Die Grenzen der Heimat, in: Merkur, 72/834 (2018), S. 18–29

Mitzlaff, Hartmut: Heimatkunde und Sachunterricht. Historische und systematische Studien zur Entwicklung des Sachunterrichts – zugleich eine kritische Entwicklungsgeschichte des Heimatideals im deutschen Sprachraum, 3 Bde., Dortmund 1985

Mitzscherlich, Beate: ‚Heimat ist etwas, was ich mache'. Eine psychologische Untersuchung zum individuellen Prozeß von Beheimatung, Pfaffenweiler 1997

Mitzscherlich, Beate: Heimat als subjektive Konstruktion. Beheimatung als aktiver Prozess, in: Edoardo Costadura, Klaus Ries, Christiane Wiesenfeldt (Hg.), Heimat global. Modelle, Praxen und Medien der Heimatkonstruktion, Bielefeld 2019, S. 183–195

Moch, Leslie Page: Moving Europeans. Migration in Western Europe since 1650, Bloomington ²2003

Moebus, Gerhard: Heimat und Heimatbewußtsein als psychologische Begriffe und Wirklichkeiten, in: Kurt Rabl (Hg.), Das Recht auf die Heimat. Vorträge und Aussprachen Zweite Fachtagung (= Studien und Gespräche über Heimat und Heimatrecht 2), Bd. 2, München 1959, S. 40–50

Moeller-Bruck, Arthur: Unser aller Heimat (= Die moderne Literatur in Gruppen- und Einzeldarstellungen 7), Berlin und Leipzig 1900

Mollberg, Albert: Heimat und Charakterbildung. Richtlinien für bodenständige Erziehung, Leipzig und Wien 1916

Mollenhauer, Daniel: Den Volksgeist beschwören. Wilhelm Heinrich Riehls ‚Wissenschaft vom Volke' und die Konstruktion eines deutschen ‚Nationalcharakters', in: Michael Einfalt, Joseph Jurt, Daniel Mollenhauer, Erich Pelzer (Hg.), Konstrukte nationaler Identität. Deutschland, Frankreich und Großbritannien (19. und 20. Jahrhundert), Würzburg 2002, S. 155–170

Moltke, Johannes von: No Place Like Home. Locations of Heimat in German Cinema, Berkeley 2005

Moosmann, Elisabeth (Hg.): Heimat. Sehnsucht nach Identität, Berlin 1980

Mörike, Eduard: Werke und Briefe in zwei Bänden, hg. und eingeleitet von Hans-Heinrich Reuter, Leipzig 1957

Moritz, Adalbert: Die Verordnung über die Fürsorgepflicht vom 13. Februar 1924 im Verhältnis zum Reichsgesetz über den Unterstützungswohnsitz in der Fassung vom 30. Mai 1908 [Diss. Jena], Dingelstädt (Eichsf.) 1929

Moritz, Karl Philipp: Vorlesungen über den Stil, in: Werke, Bd. 3, hg. von Horst Günther, Frankfurt a. M. 1981, S. 585–756

Moritz, Karl Philipp: Popularphilosophie, Reisen, Ästhetische Theorie (= Werke in zwei Bänden, hg. von Heide Hollmer und Albert Meier, Bd. 2), Frankfurt a. M. 1997

Moritz, Karl Philipp: Anton Reiser, in: ders., Dichtungen und Schriften zur Erfahrungsseelenkunde (= Werke in zwei Bänden, hg. von Heide Hollmer und Albert Meier, Bd. 1), Frankfurt a. M. 2006, S. 85–518

[Moser, Friedrich Carl von]: Von dem Deutschen national-Geist, o.O. 1765

Möser, Justus: Patriotische Phantasien. Erster Theil. Neue verbesserte und vermehrte Auflage, Frankfurt und Leipzig 1780

Möser, Justus: Osnabrückische Geschichte, in: Sämtliche Werke. Historisch-kritische Ausgabe in 14 Bänden, Abt. 3: Osnabrückische Geschichte und historische Einzelschriften, Bd. 12,1, bearb. von Paul Göttsching, Osnabrück 1964

Möser, Justus: Friedrich Karl v. Moser, Von dem deutschen Nationalgeiste [Rezension], in: ders., Sämtliche Werke. Historisch-kritische Ausgabe in 14 Bänden, Abt. 1: Dichterisches Werk, philosophische und kritische Einzelschriften, Bd. 3: Vermischte Schriften, Teil 2, bearb. von Oda May, Osnabrück 1986, S. 247–249

Mosse, Georg L.: Die völkische Revolution. Über die geistigen Wurzeln des Nationalsozialismus, Frankfurt a. M. 1991

Motschmann, Uta (Hg.): Handbuch der Berliner Vereine und Gesellschaften 1786–1815, Berlin, München und Boston 2015

Mügge, Theodor: Die Schweiz und ihre Zustände. Reiseerinnerungen, 3 Bde., Bd. 1, Hannover 1847

Mühlen, Bernt Ture von zur: Gustav Freytag. Biographie. Göttingen 2016

Mulack, Christa: Natürlich weiblich. Die Heimatlosigkeit der Frau im Patriarchat, Stuttgart 1990

Müller, Alexander: Die deutschen Auswanderungs-, Freizügigkeits- und Heimaths-Verhältnisse. Eine vergleichende Darstellung der darüber in den Staaten des deutschen Bundes besonders in Oestreich, Preußen und Sachsen bestehenden Verträge, Gesetze und Verordnungen, zugleich mit literärischen Nachweisungen und Bemerkungen für die Gesetzgebungs-Politik. Zur Selbstbelehrung für deutsche und ausländische Staatsbürger jeden Standes. Leipzig 1841

Müller, Hans-Harald / Mirko Nottscheid: Gustav Freytag und Wilhelm Scherer. Gelehrtenkultur zwischen Dichtung und Wissenschaft, in: Rafal Biskup (Hg.), Gustav Freytag. Leben – Werk – Grenze (= Schlesische Grenzgänger 7), Leipzig 2015, S. 39–57

Müller, Johannes: Die wissenschaftlichen Vereine und Gesellschaften Deutschlands im neunzehnten Jahrhundert, Bd. 1, Berlin 1883–87, Bd. 2, Teil 1 1914, Teil 2 1917

Müller, Winfried / Martina Steber: ‚Heimat'. Region und Identitätskonstruktionen im 19. und 20. Jahrhundert, in: Handbuch Landesgeschichte, hg. von Werner Freitag, Michael Kißener, Christine Reinle und Sabine Ullmann, Berlin 2018, S. 646–676

Müller-Funk, Wolfgang (Hg.): Neue Heimaten. Neue Fremden. Beiträge zur kontinentalen Spannungslage, Wien 1992

Münch, Amtsrichter Dr.: Von der Heimat über den Wohnsitz zum Aufenthalt. Eine Betrachtung zur VO. der Reichsregierung über die Fürsorgepflicht v. 13. Febr. 1924, in: Zeitschrift für Rechtspflege in Bayern 9 (1924), S. 85–87

Muth, Carl: Wem gehört die Zukunft?, in: Frankfurter zeitgenössische Broschüren, Neue Folge 14/5 (1893), S. 26–28, 29–32, 33–35, 36–37, 40, hier zitiert nach: Literarische Manifeste der Jahrhundertwende 1890–1910, hg. von Erich Ruprecht und Dieter Bänsch, Stuttgart 1970, S. 364–373

Nadler, Josef: Literaturgeschichte der deutschen Stämme und Landschaften. Erster Bd.: Die Altstämme (800–1600), Regensburg 1912

Nadler, Josef: Literaturgeschichte der deutschen Stämme und Landschaften. Vierter Bd.: Der deutsche Staat (1814–1914). Erste und zweite Auflage, Regensburg 1928

Nadler, Josef: Deutscher Geist. Deutscher Osten. Zehn Reden, München und Berlin 1937

Nägele, Rainer: Simili Modo. Zeiträume der Heimat. Zu Peter Handkes ‚Langsame Heimkehr', in: Hans-Georg Pott (Hg.), Literatur und Provinz. Das Konzept ‚Heimat' in der neueren Literatur, Paderborn 1986, S. 113–130

Nassehi, Armin / Peter Felixberger (Hg.): Kursbuch 198: Heimatt, Hamburg 2019

Naumann, Friedrich: Die Heimkehr, in: ders., Gotteshilfe. Gesammelte Andachten von Pfarrer Fr. Naumann, 2. Bd., Andachten aus dem Jahre 1896, 2., durchgesehene Auflage, Göttingen 1900, S. 87–88

Neft, Maria-Regina: Clara Viebigs Eifelwerke (1897–1914). Belletristik als volkskundliche Quelle?, in: Volker Neuhaus, Michel Durand (Hg.), Die Provinz des Weiblichen. Zum erzählerischen Werk von Clara Viebig / Terroirs au féminin. La province et la femme dans les récits de Clara Viebig, Bern, Berlin und Brüssel 2004, S. 169–183

Negt, Oskar: Wissenschaft in der Kulturkrise und das Problem der Heimat, in: Bundeszentrale für politische Bildung (Hg.), Heimat. Analysen, Themen, Perspektiven (= Diskussionsbeiträge zur politischen Didaktik, Bd. 294/I), Gesamtkonzeption: Will Cremer, Ansgar Klein, Bonn 1990, S. 185–195

Nell, Werner / Marc Weiland (Hg.): Imaginäre Dörfer. Zur Wiederkehr des Dörflichen in Literatur, Film und Lebenswelt, Bielefeld 2014

Nell, Werner: Heimat als Ruhepunkt? Populäre Lesestoffe am Beispiel der Heimatjahrbücher 1961–2014. Teil 1, in: 50 Jahre Heimatjahrbuch. Landkreis Alzey-Worms. 1961–2015, Alzey 2015, S. 8–20

Nelle, Wilhelm: Zur Geschichte des gottesdienstlichen-musikalischen Lebens unserer Kirche im letzten Menschenalter, in: Kirchliches Jahrbuch 45 (1918), S. 1–32

Nemes, Balász J.: Das lyrische Oeuvre von Heinrich Laufenberg in der Überlieferung des 15. Jahrhunderts. Untersuchung und Editionen, Stuttgart 2015

Neubauer, Heinrich: Zur Erinnerung an Gustav Freytag. Vortrag gehalten in der ordentlichen Sitzung der Königlichen Akademie gemeinnütziger Wissenschaften zu Erfurt am 29. Mai 1895, in: Jahrbücher der Akademie Gemeinnütziger Wissenschaften zu Erfurt. Neue Folge, H. XXII (1896), S. 89–111

Neuhaus, Stefan: Provinz als Welt. Fontanes Mark Brandenburg als exemplarische Herkunfts-Heterotopie, in: Nimbus. Australisches Jahrbuch für germanistische Literatur- und Kulturwissenschaft, Bd. 11: Herkunft/Origin (2018), S. 59–74

Neuhaus, Stefan / Helga Arendt (Hg.): Fremde Heimat – Heimat in der Fremde. Clemens Brentano und das Heimatgefühl seit der Romantik, Würzburg 2020

Neuhaus, Volker / Michel Durand (Hg.): Die Provinz des Weiblichen. Zum erzählerischen Werk von Clara Viebig / Terroirs au féminin. La province et la femme dans les récits de Clara Viebig, Bern, Berlin und Brüssel 2004

Neumann, Bernd: ‚Heimweh ist eine schlimme Tugend'. Über Uwe Johnsons Gedächtnis-Roman ‚Jahrestage. Aus dem Leben von Gesine Cresspahl', von seinem vierten Band her gesehen, in: Michael Bengel (Hg.), Johnsons ‚Jahrestage', Frankfurt a.M. 1985, S. 263–280

Neumann, Thomas: Völkisch-nationale Hebbelrezeption. Adolf Bartels und die Weimarer Nationalfestspiele, Bielefeld 1997

Neumeyer, Michael: Heimat. Zu Geschichte und Begriff eines Phänomens (= Kieler Geographische Schriften 84), Kiel 1992

Niemeyer, Hermann Gustav Emil (Hg.): Große Missionsharfe. Christliches Liederbuch für gemischten Chor, sowie für Klavier- oder Harmonium-Begleitung. Mit den sämtlichen Melodien der ‚kleinen Missionsharfe'. Dritte, ganz umgearbeitete und sehr vermehrte Auflage, Gütersloh ³1882

Nietzsche, Friedrich: Die fröhliche Wissenschaft, § 377, in: ders.: Sämtliche Werke, Kritische Studienausgabe in 15 Bänden, hg. von Giorgio Colli und Mazzino Montinari, Bd. 3, München 1980, S. 343–651.
Nietzsche, Friedrich: Der Fall Wagner, in: ders.: Sämtliche Werke, Kritische Studienausgabe in 15 Bänden, hg. von Giorgio Colli und Mazzino Montinari, Bd. 6, München 1980, S. 9–53
Nipperdey, Thomas: Arbeitswelt und Bürgergeist (= Deutsche Geschichte 1866–1918, Bd. 1), München 1990
Nipperdey, Thomas: Machtstaat vor der Demokratie (= Deutsche Geschichte 1866–1918, Bd. 2), München 1992
Nitzke, Solvejg und Lars Koch: Prekäre Heimat. Programmatik und Scheitern eines Entstörungsversuchs, in: Kulturwissenschaftliche Zeitschrift 5/1 (2020), S. 1–14 (https://sciendo.com/article/10.2478/kwg-2020-0021)
Novalis [= Georg Philipp Friedrich von Hardenberg]: Werke, Tagebücher und Briefe, hg. von Hans-Joachim Mähl und Richard Samuel, 3 Bde., Darmstadt 1999
Nowak, Christiane: Menschen, Märkte, Möglichkeiten. Der Topos Kleinstadt in deutschen Romanen zwischen 1900 und 1933 (= Moderne Studien 13), Bielefeld 2013
Oberhuber, Bernd (Hg.): Heimat bist du? 24 Auseinandersetzungen jenseits von Blut und Boden, Almrausch und Musikantenstall, Wien 1996
Oberkrome, Will: „Deutsche Heimat". Nationale Konzeption und regionale Praxis von Naturschutz, Landschaftsgestaltung und Kulturpolitik in Westfalen-Lippe und Thüringen (1900–1960), Paderborn 2004
Oesterhelt, Anja: Plastische und sprachliche Form in Bewegung. Konzepte des belebten Kunstwerks bei Herder, A. W. Schlegel und Brentano, in: Textbewegungen 1800/1900, hg. von Till Dembeck und Matthias Buschmeier, Würzburg 2006, S. 184–203
Oesterhelt, Anja: Perspektive und Totaleindruck. Höhepunkt und Ende der Multiperspektivität in Christoph Martin Wielands ‚Aristipp' und Clemens Brentanos ‚Godwi', München 2010
Oesterhelt, Anja: Zwischen Autonomieästhetik und Populärkultur. Johann Wolfgang Goethes ‚Die Leiden des jungen Werthers', in: Matthias Buschmeier, Kai Kauffmann (Hg.), Sturm und Drang. Epoche, Autoren, Werke, Darmstadt 2013
Oesterhelt, Anja: Kein Allgemeines ohne Individuelles – Nichts Universales ohne Allgemeines. Friedrich Schleiermachers ‚Hermeneutik und Kritik' als Antwort auf die Frage nach den Universalien des Verstehens, in: Endre Hárs, Márta Horváth, Erzsébet Szabó (Hg.), Universalien. Über die Natur der Literatur, Trier 2014, S. 237–246
Oesterhelt, Anja: ‚Große deutsche Heimat'. Adolf Bartels, die Heimatkunst und Weimar, in: Ilm-Kakanien. Weimar am Vorabend des Ersten Weltkriegs. Jahrbuch der Klassik Stiftung, hg. von Franziska Bomski, Hellmut Th. Seemann und Thorsten Valk, Göttingen 2014, S. 55–71
Oesterhelt, Anja: Topographien des Imaginären. Thesen zum Konzept der ‚Heimat' in der deutschsprachigen Literatur des 19. Jahrhunderts, in: Edoardo Costadura, Klaus Ries (Hg.), Heimat. Disziplinäre und historische Perspektiven, Bielefeld 2016, S. 201–211
Oesterhelt, Anja: Heimatkunde. Gustav Freytags ‚Ahnen' und die pädagogische Konzeptualisierung von ‚Heimat' nach der deutschen Reichsgründung, in: Hans-Werner Hahn, Dirk Oschmann (Hg.), Gustav Freytag (1816–1895). Literat – Publizist – Historiker (= Veröffentlichungen der Historischen Kommission für Thüringen, Kleine Reihe 48), Köln, Weimar und Wien 2016, S. 207–232

Oesterhelt, Anja: Kosmopolitismus [Lexikonartikel], in: Das 18. Jahrhundert. Lexikon zur Antikerezeption in Aufklärung und Klassizismus, hg. von Joachim Jacob und Johannes Süßmann (= Der Neue Pauly, Supplemente 13), Stuttgart und Weimar 2018, Sp. 448–453

Oesterhelt, Anja: Sängerkrieg und völkische Ästhetik um 1900. Friedrich Lienhards Drama ‚Heinrich von Ofterdingen', in: Cordula Kropik, Nikolas Immer (Hg.), Sängerliebe – Sängerkrieg. Lyrische Narrative im ästhetischen Gedächtnis des Mittelalters und der Neuzeit, Frankfurt a.M. 2019, S. 218–246

Oesterhelt, Anja: ‚Doppelheimweh' und ‚fremde Heimath'. Clemens Brentano und die Genese des modernen Heimatbegriffs, in: Stefan Neuhaus, Helga Arendt (Hg.), Fremde Heimat – Heimat in der Fremde. Clemens Brentano und das Heimatgefühl seit der Romantik, Würzburg 2020, S. 23–39

Oesterhelt, Anja: Neue Heimat Amerika. Briefe deutscher Ausgewanderter im 19. Jahrhundert. Mit Überlegungen zum literarischen Auswandererbrief bei Berthold Auerbach, in: Beate Althammer und Anja Oesterhelt (Hg.), German ‚Heimat' in the Age of Migration. Special Issue. The Germanic Review 96/3 (2021), S. 293–312

Ölke, Martina: ‚Heimweh' und ‚Sehnsucht in die Ferne'. Entwürfe von ‚Heimat' und ‚Fremde' in der westfälischen und orientalischen Lyrik und Prosa Annette von Droste-Hülshoffs, St. Ingbert 2002

Olbrich, Heinrich Otto: Heimatkunde [Lexikonartikel], in: Pädagogisches Lexikon. In Verbindung mit der Gesellschaft für evangelische Pädagogik und unter Mitwirkung zahlreicher Fachmänner hg. von Hermann Schwartz, 2. Bd., Bielefeld und Leipzig 1929, Sp. 740–748

Oltmer, Jochen: Migration vom 19. bis zum 21. Jahrhundert (Enzyklopädie Deutscher Geschichte 86), Berlin ³2016

Oltmer, Jochen: Migration: Geschichte und Zukunft der Gegenwart, Darmstadt 2017

Oschmann, Dirk: ‚Aufstand der Landschaft gegen Berlin'. Zur geistigen Topographie am Ende der Weimarer Republik, in: Dieter Burdorf, Stefan Matuschek (Hg.), Provinz und Metropole. Zum Verhältnis von Regionalismus und Urbanität in der Literatur, Heidelberg 2008 S. 295–307

Ossietzky, Carl von: Alexanderschlacht, in: Die Weltbühne 25/1/3 (1929), S. 81

Oswald, A. Erich / Richard Beitl (Hg.): Wörterbuch der deutschen Volkskunde, begründet von Oswald A. Erich und Richard Beitl, 3. Auflage neu bearb. von Richard Beitl unter Mitarbeit von Klaus Beitl, Stuttgart 1974, unveränderter Nachdruck 1996

Ott, Günther: Ernst Moritz Arndt, Religion, Christentum und Kirche in der Entwicklung des deutschen Publizisten und Patrioten, Düsseldorf 1966

Pabst, Stephan: Anonymität und Autorschaft. Ein Problemaufriss, in: ders. (Hg.), Anonymität und Autorschaft. Zur Literatur- und Rechtsgeschichte der Namenlosigkeit, Berlin und Boston 2011, S. 1–34

Pade, Werner: Mecklenburgische Emigranten im 19. und 20. Jahrhundert, in: Nikolaus Werz (Hg.), Abwanderung und Migration in Mecklenburg und Vorpommern, Wiesbaden 2004, S. 61–75

Palfreyman, Rachel: Gender, Migration, and Magical Naturalism in Edgar Reitz's ‚Die andere Heimat', in: Caroline Bland, Catherine Smale, Godela Weiss-Sussex (Hg.), German Life and Letters, Special Number: Women Writing Heimat in Imperial and Weimar Germany, 72/1 (2019), S. 112–123

Parr, Rolf / Wulf Wülfing: Literarische und schulische Praxis (1854–1890), in: Edward McInnes, Gerhard Plumpe (Hg.), Bürgerlicher Realismus und Gründerzeit 1848–1890 (= Hansers Sozialgeschichte der deutschen Literatur, Bd. 6), München und Wien 1996, S. 176–210
Parr, Rolf: Die Fremde als Heimat. Heimatkunst, Kolonialismus, Expeditionen, Konstanz 2014
Paschek, Carl: Novalis und Böhme. Zur Bedeutung der systematischen Böhmelektüre für die Dichtung des späten Novalis, in: Jahrbuch des Freien Deutschen Hochstifts, hg. von Detlev Lüders, Tübingen 1976, S. 138–167
Patrut, Iulia-Karin: Phantasma Nation: ‚Zigeuner' und Juden als Grenzfiguren des Deutschen, Würzburg 2014
Paumgartten, Karl: Juda. Wesen und Wirken des Judentums, Leipzig und Graz [1921]
Peeters, Florent: Naturrecht im Recht auf Heimat, in: Joseph Höffner, Alfred Verdross, Francesco Vito (Hg.), Naturordnung in Gesellschaft, Staat und Wirtschaft, Festschrift für Johannes Messner, Innsbruck 1961
Pegiel, Piotr: Das Bild der Germanen in Gustav Freytags ‚Ingo', in: Historisches Jahrbuch 120 (2000), S. 182–198
Pernthaler, Peter: Das Recht auf Heimat, in: ders., Allgemeine Staatslehre und Verfassungslehre (= Springers Kurzlehrbücher der Rechtswissenschaften), Wien und New York 1986, S. 49–50
Peters, Elke: Nationalistisch-völkische Bildungspolitik in der Weimarer Republik: Deutschkunde und höhere Schule in Preußen, Darmstadt 1972
Pfeifer, Annie: Between Hysteria and ‚Heimweh'. Heidi's Homesickness, in: Caroline Bland, Catherine Smale, Godela Weiss-Sussex (Hg.), German Life and Letters, Special Number: Women Writing Heimat in Imperial and Weimar Germany, 72/1 (2019), S. 52–63
Piltz, Eric: Verortung der Erinnerung. Heimat und Raumerfahrung in Selbstzeugnissen der Frühen Neuzeit, in: Gunther Gebhard, Oliver Geisler, Steffen Schröter (Hg.), Heimat. Konturen und Konjunkturen eines umstrittenen Konzepts, Bielefeld 2007, S. 57–79
Pinsker, Leo [= Jehuda Löb Pinsker oder Leon Pinsker]: Autoemanzipation. Mahnruf an seine Stammesgenossen von einem russischen Juden [zuerst 1882], Brünn ²1903
Pitsch, Ludwig: In den Schloßräumen Ludwigs des Vierzehnten, in: Die Gartenlaube (1870), H. 45, S. 747–750
Plaß, Uwe: Überseeische Massenmigration zwischen politischem Desinteresse und Staatsintervention, in: Jochen Oltmer (Hg.), Handbuch Staat und Migration in Deutschland seit dem 17. Jahrhundert, Berlin und Boston 2016, S. 291–315
Plessner, Helmuth: Die Stufen des Organischen und der Mensch. Einleitung in die philosophische Anthropologie (= Gesammelte Schriften, hg. von Günter Dux u. a., Bd. 4), Frankfurt a. M. 1981
Plessner, Helmuth: Die verspätete Nation. Über die politische Verführbarkeit bürgerlichen Geistes, in: ders., Die Verführbarkeit des bürgerlichen Geistes. Politische Schriften (= Gesammelte Schriften, hg. von Günter Dux u. a., Bd. 6), Frankfurt a. M. 1982, S. 7–223
Plumpe, Gerhard: Einleitung, in: Edward McInnes, Gerhard Plumpe (Hg.), Bürgerlicher Realismus und Gründerzeit 1848–1890 (= Hansers Sozialgeschichte der deutschen Literatur, Bd. 6), München und Wien 1996, S. 17–83
Podewski, Madleen: Abbilden und veranschaulichen um 1900. Verhandlungen zwischen Texten und Bildern in der ‚Gartenlaube. Illustrirtes Familien-Blatt', in: Natalia Igl, Julia Menzel (Hg.), Illustrierte Zeitschriften um 1900. Mediale Eigenlogik, Multimodalität und Metaisierung, Bielefeld 2016, S. 219–230

Podewski, Madleen: Mediengesteuerte Wandlungsprozesse. Zum Verhältnis von Text und Bild in illustrierten Zeitschriften der Jahrhundertmitte, in: Katja Mellmann, Jesko Reiling (Hg.), Vergessene Konstellationen literarischer Öffentlichkeit zwischen 1840 und 1885, Berlin und Boston 2016, S. 61–79

Pohlheim, Edda: ‚Da ward es mir bewußt, was Heimat heißt und Vaterland'. Zum Bedeutungswandel des Heimatbegriffes im deutschen Gedicht zwischen Klopstock und Weinheber, in: Bis zum Lorbeer versteig ich mich nicht. Festschrift für Jürgen Hein, hg. von Claudia Meyer, Münster 2007, S. 237–249

Polaschegg, Andrea / Daniel Weidner: Einleitung, in: dies. (Hg.), Das Buch der Bücher. Wechselwirkungen von Bibel und Literatur, München 2012, S. 9–35

Polenz, Wilhelm von: Der Büttnerbauer, Berlin 1895

Polheim, Karl Konrad: Einleitung, in: ders. (Hg.), Wesen und Wandel der Heimatliteratur. Am Beispiel der österreichischen Literatur seit 1945. Ein Bonner Symposion, Bern 1989, S. 15–21

Polko, Elise: Unsere Pilgerfahrt von der Kinderstube bis zum eignen Heerd. Lose Blätter, Leipzig ⁶1877

Pott, Hans-Georg (Hg.): Literatur und Provinz. Das Konzept ‚Heimat' in der neueren Literatur, Paderborn 1986

Pott, Hans-Georg: Der ‚neue Heimatroman'? Zum Konzept ‚Heimat' in der neueren Literatur, in: ders. (Hg.), Literatur und Provinz. Das Konzept ‚Heimat' in der neueren Literatur, Paderborn 1986, S. 7–21

Pott, Hans-Georg: Die Entfernung der Heimat. Magische Gedächtnisorte bei Eichendorff, in: Der Deutschunterricht 58 (2006/2), S. 23–28

Potthast, Barbara (Hg.), unter Mitarbeit von Stefan Knödler: Provinzielle Weite. Württembergische Kultur um Ludwig Uhland, Justinus Kerner und Gustav Schwab (= Beihefte zum Euphorion 71), Heidelberg 2014

Prahl, Eckhart: Das Konzept ‚Heimat'. Eine Studie zu deutschsprachigen Romanen der 70er Jahre unter besonderer Berücksichtigung der Werke Martin Walsers, Frankfurt a. M. 1993

Prangel, Matthias: Die Pragmatizität ‚fiktionaler' Literatur. Zur Rezeption der Romane und Erzählungen Ludwig Ganghofers. Amsterdam 1986

Prignitz, Christoph: Der Gedanke des Vaterlands im Werk Hölderlins, in: Jahrbuch des Freien Deutschen Hochstifts, hg. von Detlev Lüders, Tübingen 1976, S. 88–113

Proelß, Johannes: o.T., in: Wochenblatt der Frankfurter Zeitung 13/44 (31. Oktober 1886)

Puschner, Uwe: Die völkische Bewegung im wilhelminischen Kaiserreich. Sprache. Rasse. Religion, Darmstadt 2001

Raabe, Wilhelm: Stopfkuchen. Eine See- und Mordgeschichte, in: Sämtliche Werke, Bd. 18, bearb. von Karl Hoppe, Göttingen ²1969, S. 5–207

Raabe, Wilhelm: Die Akten des Vogelsangs, in: Sämtliche Werke, Braunschweiger Ausgabe, Bd. 19, bearb. von Hans Finck und Hans J. Meinerts, Göttingen ²1970, S. 211–408

Raabe, Wilhelm: Die Leute aus dem Walde, in: Sämtliche Werke, Braunschweiger Ausgabe, Bd. 5, bearb. von Kurt Schreinert, Göttingen ²1971

Raabe, Wilhelm: Zum Wilden Mann, in: Sämtliche Werke, Braunschweiger Ausgabe, Bd. 11, bearb. von Gerhart Mayer und Hans Butzmann, Göttingen ²1973, S. 159–256

Raabe, Wilhelm: Alte Nester, in: Sämtliche Werke, Braunschweiger Ausgabe, Bd. 14, bearb. von Karl Hoppe, Göttingen ³2005, S. 7–269

Rabl, Kurt (Hg.): Das Recht auf die Heimat. Vorträge und Aussprachen, Erste Fachtagung (= Studien und Gespräche über Heimat und Heimatrecht 1), München 1958
Kurt Rabl (Hg.), Das Recht auf die Heimat. Vorträge und Aussprachen. Zweite Fachtagung (= Studien und Gespräche über Heimat und Heimatrecht 2), München 1959
Rabl, Kurt (Hg.): Das Recht auf die Heimat. Vorträge, Thesen, Kritik (=Studien und Gespräche über Heimat und Heimatrecht, Sammel- und Ergänzungsband), München 1965
Ramb, Martin W. / Holger Zaborowski (Hg.) Heimat Europa? Göttingen 2019
Ranzmaier, Irene: Stamm und Landschaft. Josef Nadlers Konzeption der deutschen Literaturgeschichte, Berlin 2008
Rasch, Wolfdietrich: Aspekte der deutschen Literatur um 1900, in: ders., Zur deutschen Literatur seit der Jahrhundertwende. Gesammelte Aufsätze, Stuttgart 1967, S. 1–57
Ratzel, Friedrich: Deutschland. Einführung in die Heimatkunde. Mit vier Landschaftsbildern und zwei Karten, fünfte Auflage mit einem Begleitwort von Erich von Drygalski, Berlin und Leipzig 1921
Reeves, Nigel: Heimat aus der Ferne. Gedanken zu einem Leitmotiv in Heines Dichtung, in: Rüdiger Görner (Hg.), Heimat im Wort. Die Problematik des Begriffs im 19. und 20. Jahrhundert, München 1992, S. 72–89
Rehm, Herman / Hans Nawiasky: Heimatrecht [Handwörterbuchartikel], in: Ludwig Elster, Adolf Weber, Friedrich Wieser (Hg.), Handwörterbuch der Staatswissenschaften, 4., gänzlich umgearbeitete Auflage, 5. Bd., Jena 1923, S. 214–216
Rehm, Walter: Brentano und Hölderlin, in: ders., Begegnungen und Probleme. Studien zur deutschen Literaturgeschichte, Bern 1957, S. 40–88
Reich, Christa: Ich wollt, dass ich daheime wär' (EG 517), in: Handbuch zum evangelischen Gesangbuch, Bd. 3: Liederkunde zum Evangelischen Gesangbuch: Ausgabe in Einzelheften / im Auftr. der Evangelischen Kirche in Deutschland gemeinschaftl. mit Hans-Christian Drömann u. a. hg. von Gerhard Hahn und Jürgen Henkys, Heft 9, Göttingen 2004, S. 63–68
Reiling, Jesko (Hg.): Berthold Auerbach (1812–1882). Werk und Wirkung, Heidelberg 2012
Reiling, Jesko: Der Volksschriftsteller und seine verklärte Volkspoesie. Zu einem vergessenen Autormodell um 1850, in: Katja Mellmann, Jesko Reiling (Hg.), Vergessene Konstellationen literarischer Öffentlichkeit zwischen 1840 und 1885, Berlin und Boston 2016, S. 203–222
Reiner, Johann Jakob (Hg.): Liederkranz für die Jugend namentlich für Sonntagsschulen mit 224 sowohl für zwei- als auch für dreistimmigen Gesang eingerichteten Liedern. Im Einverständnis mit dem Kantonalkomite [sic] der Zürcherischen Sonntagsschulen (1879), Basel, 2. Auflage 1882
Reuß, Eleonore Fürstin von: ‚Das Jahr geht still zu Ende', in: Hamburgisches Gesangbuch, Hamburg o. J.
Reuter, Fritz: Ein Heimatloser in Mecklenburg, in: Fritz Reuters sämtliche Werke. Vollständige, kritisch durchgesehene Ausgabe in 18 Bänden. Mit einer Biographie des Dichters und mit Einleitung, hg. von Carl Friedrich Müller, Bd. 18: Kleinere Schriften, Leipzig o. J. [1904], S. 25–30
Reuter, Fritz: Kein Hüsung, in: Fritz Reuters sämtliche Werke. Vollständige Ausgabe in 18 Teilen, hg. von Carl Friedrich Müller, Bd. 7: Kein Hüsung, Leipzig o. J. [1904]
Richards, Donald Ray: The German Bestseller in the 20th Century. A Complete Bibliography and Analysis 1915–1940 (= German Studies in America 2), Bern 1968

Riedel, Emil von: Commentar zum Bayerischen Gesetze über Heimat, Verehelichung und Aufenthalt, in 5. Auflage bearb. von Ludwig August von Möller, Nördlingen 1881

Riedel, Wolfgang (Hg.): Heimatbewußtsein. Erfahrungen und Gedanken. Beiträge zur Theoriebildung, Husum 1981

Riedl, Joachim (Hg.): Heimat. Auf der Suche nach der verlorenen Identität, Wien 1995

Riedmann, Gerhard: Heimat. Fiktion – Utopie – Realität. Erzählprosa in Tirol von 1890 bis heute, Innsbruck 1991

Riehl, Wilhelm Heinrich: Die bürgerliche Gesellschaft (= Die Naturgeschichte des Volkes als Grundlage einer deutschen Social-Politik, 2. Bd.), Stuttgart und Augsburg ³1855

Riehl, Wilhelm Heinrich: Land und Leute (= Die Naturgeschichte des Volkes als Grundlage einer deutschen Social-Politik, 1. Bd.), Stuttgart und Augsburg ³1856

Riehl, Wilhelm Heinrich: Die Volkskunde als Wissenschaft. Ein Vortrag (1858), in: Culturstudien aus drei Jahrhunderten, Stuttgart 1859, S. 205–229

Riehl, Wilhelm Heinrich: Die Familie, Stuttgart und Augsburg ⁶1862 (zugleich: Die Naturgeschichte des Volkes als Grundlage einer deutschen Social-Politik, Bd. 3)

Riehl, Wilhelm Heinrich: Wanderbuch. Als zweiter Theil zu ‚Land und Leute', Stuttgart 1869 (zugleich: Die Naturgeschichte des Volkes als Grundlage einer deutschen Social-Politik, Bd. 4)

Riehl, Wilhelm Heinrich: Der Kampf des Schriftstellers und des Gelehrten, in: ders., Freie Vorträge. Erste Sammlung, Stuttgart 1873, S. 4–30

Riehl, Wilhelm Heinrich: Ein ganzer Mann. Roman, Stuttgart 1897

Riehl, Wilhelm Heinrich: Durch tausend Jahre. Fünfzig kulturgeschichtliche Novellen. In der vom Dichter selbst gewünschten Anordnung zum ersten Male hg. von Hans Löwe, 4 Bde., Merseburg am Bodensee o.J. [1937]

Rilke, Rainer Maria: Gedichte I, mit Nachworten von Manfred Engel (= Gesammelte Werke in fünf Bänden, hg. von Manfred Engel, Ulrich Fülleborn u. a., Bd. 1), Frankfurt a. M. und Leipzig 2003

Ringbeck, Birgitta: Dorfsammlung – Haus der Heimat – Heimatmuseum. Aspekte zur Geschichte einer Institution seit der Jahrhundertwende, in: Edeltraut Klueting (Hg.), Antimodernismus und Reform. Zur Geschichte der deutschen Heimatbewegung, Darmstadt 1991, S. 288–319

Rippey, Ted / Melissa Sundell, Suzanne Townley: ‚Ein wunderbares Heute'. The Evolution and Functionalization of ‚Heimat' in West German ‚Heimat' Films of the 1950s, in: Jost Hermand, James Steakley (Hg.), Heimat, Nation, Fatherland. The German Sense of Belonging, New York, Washington, D.C. u. a. 1996, S. 137–160

Rische, August: Geistliches Volkslied. Sammlung geistlicher Lieder für außergottesdienstliche Kreise, Leipzig und Bielefeld ⁵1870

Ritter, Gerhard A.: Der Sozialstaat. Entstehung und Entwicklung im internationalen Vergleich, München ²1991

Rohde, Carsten: Heimat und Fremdheit. Deutsch-jüdische Existenzproblematik im 19. Jahrhundert am Beispiel von Berthold Auerbach, in: Chilufim. Zeitschrift für jüdische Kulturgeschichte 16 (2014), S. 61–90

Röhr, Johann Friedrich: Der Wechsel der Heimath und des Vaterlandes, welchen das Leben für viele Menschen mit sich führt. Eine Predigt beim ersten feierlichen Kirchgange Ihro Königlichen Hoheit der neuvermählten Erbgroßherzogin von Sachsen-Weimar-Eisenach

Wilhelmine Marie Sophie Luise geb. Prinzessin der Niederlande am 22. Sonntage nach dem Trin. Feste 1842 in der Haupt- und Stadt-Kirche zu Weimar gehalten, Weimar o. J. [1842]

Röhrich, Lutz: Deutschunterricht und Volkskunde, in: Der Deutschunterricht 13/1 (1961), S. 77–112

Röhrig, Herbert: Der Heimatgedanke in unserer Zeit, in: Jahrbuch Deutscher Heimatbund 1959, S. 27–37

Rollins, William: Heimat, Modernity, and Nation in the Early Heimatschutz Movement, in: Jost Hermand, James Steakley (Hg.), Heimat, Nation, Fatherland. The German Sense of Belonging, New York, Washington, D.C. u. a. 1996, S. 87–112

Rönne, Ludwig von: Das Verfassungsrecht des deutschen Reiches, historisch-dogmatisch dargestellt, in: Annalen des Deutschen Reichs für Gesetzgebung, Verwaltung und Statistik. Staatswissenschaftliche Zeitschrift und Materialiensammlung, hg. von Georg Hirth und Max Seydel, München und Leipzig 1871, Sp. 2–310

Rosa, Hartmut: Heimat als anverwandelter Weltausschnitt. Ein resonanztheoretischer Versuch, in: Costadura, Edoardo/ Klaus Ries, Christiane Wiesenfeldt (Hg.), Heimat global. Modelle, Praxen und Medien der Heimatkonstruktion, Bielefeld 2019, S. 153–172.

Roscher, Wilhelm: Heimathsrecht und Unterstützungswohnsitz, in: System der Armenpflege und Armenpolitik. Ein Hand- und Lesebuch für Geschäftsmänner und Studierende (= System der Volkswirtschaft. Ein Hand- und Lesebuch für Geschäftsmänner und Studierende 5), Stuttgart 1894, S. 106–109

Rosegger, Peter: Bismarck, der Alleinzige. Gespräch zwischen dem Einen und dem Andern, in: Heimgarten 13 (1889), S. 701–703

Rosegger, Peter: ‚Wenn du noch eine Heimath hast …‘, in: Die Gartenlaube (1893), H. 35, S. 589–591

Rosegger, Peter: Die Entdeckung der Provinz, in: Die Zeit (Wien), Nr. 234, 25.3.1899, S. 184

Rösner, Thomas: Adolf Bartels, in: Uwe Puschner, Walter Schmitz, Justus H. Ulbricht (Hg.), Handbuch zur ‚Völkischen Bewegung' 1871–1918, München 1996, S. 874–894

Rossbacher, Karlheinz: Heimatkunstbewegung und Heimatroman. Zu einer Literatursoziologie der Jahrhundertwende, Stuttgart 1975

Rossbacher, Karlheinz: Heimatkunst der frühen Moderne, in: York-Gothart Mix (Hg.), Naturalismus. Fin de siècle. Expressionismus. 1890–1918. München, Wien 2000 (= Hansers Sozialgeschichte der deutschen Literatur vom 16. Jahrhundert bis zur Gegenwart, Bd. 7), S. 300–313

Roth, Joseph: Juden auf Wanderschaft, in: ders., Werke 2: Das journalistische Werk 1924–1928, hg. und mit einem Nachwort von Klaus Westermann, Köln und Amsterdam 1990, S. 827–902

Roth, Martin: Heimatmuseum. Zur Geschichte einer deutschen Institution, Berlin 1990

Roth, Michael: Returning to Nostalgia, in: Suzanne Nash (Hg.), Home and its Dislocations in Nineteenth-Century France, New York 1993, S. 25–45

Roth, Wilhelm Paul Karl: Gustav Freytag, in: Schulprogramm des Königl. Realgymnasiums in Stuttgart am Schlusse des Schuljahres 1896/97, S. 1–43

Rottschäfer, Nils: Heimat und Religiosität. Studien zum Werk Arnold Stadlers (= Studien zu Literatur und Religion 3), Stuttgart 2021

Rückert, Friedrich: Zeitgedichte und andere Texte der Jahre 1813 bis 1816, Bd. 1, bearb. von Claudia Wiener und Rudolf Kreutner (= Friedrich Rückerts Werke. Historisch-kritische Ausgabe, Werke 1813–1816, 2 Bde.), Göttingen 2009

Rudorff, Ernst [anonym veröffentlicht]: Heimatschutz, in: Die Grenzboten 56/22 und 56/23 (1897), S. 401–414 und 455–468, sowie Ernst Rudorff [veröffentlicht unter E.R.]: Abermals zum Heimatschutz, in: Die Grenzboten 56/42 (1897), S. 111–117
Rudorff, Ernst: Heimatschutz. Im Auftrage des Deutschen Bundes Heimatschutz neu bearb. von Professor Dr. Paul Schultze-Naumburg (= Naturschutz Bücherei, Bd. 4), Berlin-Lichterfelde o. J. [1928]
Rühling, Christine: Spekulation als Poesie. Ästhetische Reflexion und literarische Darstellung bei Schiller und Hölderlin, Berlin, München und Boston 2015
Rumpf, Marianne: Von der Altertumskunde zur Volkskunde und zum Heimatschutz, in: Dieter Harmening, Erich Wimmer (Hg.), Volkskultur – Geschichte – Region. Festschrift für Wolfgang Brückner zum 60. Geburtstag (= Quellen und Forschungen zur europäischen Ethnologie 7), Würzburg ²1992, S. 225–256
Rutschmann, Verena: ‚Das ganze Bett war angefüllt mit Heimweh'. Bilder von Heimat in der Kinderliteratur der deutschen Schweiz, in: Heimat. Landschaft in Kinder- und Jugendliteratur. kjl&m (Kinder- / Jugendliteratur und Medien in Forschung, Schule und Bibliothek), 60/4 (2008), S. 3–12
Sachße, Christoph / Florian Tennstedt: Vom Spätmittelalter bis zum 1. Weltkrieg (= Geschichte der Armenfürsorge in Deutschland, Bd. 1), Stuttgart 1980
Sachße, Christoph / Florian Tennstedt, Elmar Roeder: Armengesetzgebung und Freizügigkeit (= Quellensammlung zur Geschichte der deutschen Sozialpolitik 1867 bis 1914, Abt. 1: Von der Reichsgründungszeit bis zur Kaiserlichen Sozialbotschaft (1867 bis 1881), Bd. 7), 2. Halbbd., Mainz 2000
Sagmo, Ivar: ‚Der Schmerz ist das Auge des Geistes.' Deutschsprachige Exilschriftsteller zum Thema Heimat- und Sprachverlust nach 1933, in: Heinrich Detering, Herbert Krämer (Hg.), Kulturelle Identitäten in der deutschen Literatur des 20. Jahrhunderts, Frankfurt a. M. u. a. 1988, S. 35–43
Sahmland, Irmtraut: Christoph Martin Wieland und die deutsche Nation. Zwischen Patriotismus, Kosmopolitismus und Griechentum, Tübingen 1990
Salis-Seewis, Johann Gaudenz von: Lied eines Landmanns in der Fremde, in: Musen-Almanach, hg. von Johann Heinrich Voß, Neustrelitz 1788, S. 201–203
Salis[-Seewis], Johann Gaudenz von: Gedichte. Gesammelt durch seinen Freund Friedrich Matthisson, Zürich 1793
Samerski, Stefan: Die theologische Dimension des Begriffes ‚Heimat', in: Dieter Blumenwitz (Hg.), Recht auf Heimat im zusammenwachsenden Europa. Ein Grundrecht für nationale Minderheiten und Volksgruppen, Frankfurt a. M. 1995, S. 29–40
Sandler, Willeke: Empire in the Heimat. Colonialism and Public Culture in the Third Reich, Oxford 2018
Sandrart, Joachim von: ICONOLOGIA DEORUM oder Abbildung der Götter, welche von den Alten verehret worden, Nürnberg 1680
Sauer, August: Literaturgeschichte und Volkskunde. Rektoratsrede gehalten in der Aula der k. k. deutschen Karl-Ferdinands-Universität in Prag am 18. November 1907, o.O.
Saul, Nicholas: Keller, Romeo und Julia auf dem Dorfe, in: Peter Hutchinson (Hg.), Landmarks in German Short Prose, Oxford, Bern u. a. 2003, S. 125–140
Schaal, Björn: Jenseits von Oder und Lethe. Flucht, Vertreibung und Heimatverlust in Erzähltexten nach 1945 (Günter Grass – Siegfried Lenz – Christa Wolf), Trier 2006

Schaefer, Albert: Kleiner deutscher Homer. Ilias und Odyssee im Auszuge. Verdeutscht, mit Anmerkungen und Zusätzen von Albert Schaefer, wissenschaftlicher Lehrer an der höheren Mädchenschule in Mittel-Barmen (1896). Zweite, durchgesehene Auflage, Hannover 1899

Schäfer, Karl Heinz: Ernst Moritz Arndt als politischer Publizist. Studien zu Publizistik, Pressepolitik und kollektivem Bewußtsein im frühen 19. Jahrhundert, Bonn 1974

Schaidenreisser, Simon: Odyssea. Das sind die aller zierlichsten und lustigsten vier und zwanzig Bücher des eltisten Kunstreichesten Vatters aller Poeten Homeri, von der zehen järigen irrfart des weltweisen Kriechischen fürstens Vlysses, Augsburg 1537

Scharnowski, Susanne: Heimat. Geschichte eines Missverständnisses, Darmstadt 2019

Scharnowski, Susanne: Escaping from Heimat and Longing for Heimat in Wilhelmine von Hillern's ‚Die Geier–Wally', in: Caroline Bland, Catherine Smale, Godela Weiss-Sussex (Hg.), German Life and Letters, Special Number: Women Writing Heimat in Imperial and Weimar Germany, 72/1 (2019), S. 40 – 51

Schäublin, Johann Jacob: Lieder für die Knaben in den Sonntagssälen zu Basel, Basel 1850

Scheda, Julius: Das Heimatrecht in den deutschen und nichtungarischen, slavischen Ländern Österreichs. Ein practisches Handbuch für die Unterbehörden und Gemeinden, Wels 1861

Scheer, Monique (Hg.): Bindestrich-Deutsche? Mehrfachzugehörigkeit und Beheimatungspraktiken im Alltag, Tübingen 2014

Scheitler, Irmgard: ‚... aber den lieben Eichendorff hatten wir gesungen'. Beobachtungen zur musikalischen Rezeption von Eichendorffs Lyrik, in: Aurora 44 (1984), S. 100 – 123

Scheitler, Irmgard (Hg.): Geistliches Lied und Kirchenlied im 19. Jahrhundert. Theologische, musikologische und literaturwissenschaftliche Aspekte, Tübingen und Basel 2000

Schellenberg, Ernst Ludwig: Brief an Adolf Bartels vom 12. März 1922. Goethe- und Schiller-Archiv, GSA 147/966

Schelling, Hermann von: Die Odyssee, nachgebildet in achtzeiligen jambischen Strophen von Hermann von Schelling (1896). Zweite, verbesserte Auflage, München und Berlin 1905

Scherer, Wilhelm: Aus dem deutschen Alterthum. Dichtung und Wahrheit. Gustav Freytag, die Ahnen. I. Ingo und Ingraban [Rezension], in: Preußische Jahrbücher 31/5 (1873), S. 481 – 502

Scherer, Wilhelm: Über den Ursprung der deutschen Nationalität. Vortrag gehalten im Rathhaussaale zu Straßburg am 25. Februar 1873, in: ders., Vorträge und Aufsätze zur Geschichte des geistigen Lebens in Deutschland und Österreich, Berlin 1874, S. 1 – 20

Scheuffler, Gottlieb: Clara Viebig. Zeit und Jahrhundert, Erfurt 1927

Schian, Martin: Die Arbeit der evangelischen Kirche in der Heimat (= Die deutsche evangelische Kirche im Weltkriege, Bd. 2), Berlin 1925

Schiller, Friedrich: Gedichte, hg. von Georg Kurscheidt (= Werke und Briefe in zwölf Bänden, Bd. 1), Frankfurt a. M. 1992

Schiller, Friedrich: Über naive und sentimentalische Dichtung, hg. von Rolf-Peter Janz (= Werke und Briefe in zwölf Bänden, Bd. 8), Frankfurt a. M. 1992, S. 706 – 810

Schiller, Friedrich: Verbrecher aus Infamie, in: ders., Werke und Briefe in zwölf Bänden, Bd. 7: Historische Schriften und Erzählungen II, hg. von Otto Dann, Frankfurt a. M. 2002, S. 562 – 587

Schilling, Heinz (Hg.): Region. Heimaten der individualisierten Gesellschaft, Frankfurt a. M. 1995

Schinkel, Dirk: Heimat und Identität – kulturhistorische und theologische Perspektiven, in: Der Schlüssel 53/2 (2008), S. 128–138
Schlaepfer, Rudolf: Die Ausländerfrage in der Schweiz vor dem Ersten Weltkrieg, Zürich 1969
Schlegel, Friedrich: Kritische Schriften und Fragmente [1794–1797], hg. von Ernst Behler und Hans Eichner (= Kritische Schriften und Fragmente. Studienausgabe in sechs Bänden, Bd. 1), Paderborn, München, Wien und Zürich 1988
Schlegel, Julius Heinrich Gottlieb: Das Heimweh und der Selbstmord, Hildburghausen 1835
Schleiermacher, Friedrich Daniel Ernst: Kritische Gesamtausgabe (KGA), Im Auftrag der Berlin-Brandenburgischen Akademie der Wissenschaften und der Akademie der Wissenschaften zu Göttingen hg. von Hermann Fischer u. a., Berlin 1980 ff. (noch nicht abgeschlossen)
Schlink, Bernhard: Heimat als Utopie. Frankfurt a. M. 2000
Schlosser, Horst Dieter: Die Macht der Worte. Ideologien und Sprache im 19. Jahrhundert, Köln, Weimar und Wien 2016
Schlosser, Johann Georg: Politische Fragmente, in: Deutsches Museum 2 (1777), S. 97–120
Schlüter, Petra: Berthold Auerbach. Ein Volksaufklärer im 19. Jahrhundert, Würzburg 2010
Schmid-Bortenschlager, Sigrid: Besinnung auf Traditionen. Heimat und Geschichte im Roman des frühen 20. Jahrhunderts, in: Gisela Brinker-Gabler (Hg.), Deutsche Literatur von Frauen, Bd. 2, München 1988, S. 235–249
Schmid-Cadalbert, Christian: Heimweh oder Heimmacht. Zur Geschichte einer einst tödlichen Schweizer Krankheit, in: Schweizerisches Archiv für Volkskunde 89 (1993), S. 69–85
Schmidt, Alexander: Vaterlandsliebe und Religionskonflikt. Politische Diskurse im Alten Reich (1555–1648), Leiden, Boston 2007
Schmidt, Alexander: Ein Vaterland ohne Patrioten? Die Krise des Reichspatriotismus im 18. Jahrhundert, in: Georg Schmidt (Hg.), Die deutsche Nation im frühneuzeitlichen Europa (= Schriften des Historischen Kollegs 80), München 2010, S. 35–63
Schmidt, Burghart: Am Jenseits zu Heimat. Gegen die herrschende Utopiefeindlichkeit im Dekonstruktiven. Ein Essay mit Anhang, Darmstadt 1994
Schmidt-Dengler, Wendelin: Die antagonistische Natur. Zum Konzept der Anti-Idylle in der neueren österreichischen Prosa, in: Literatur und Kritik 40/4 (1969), S. 577–585
Schmieder, Arnold: Nur neue Innerlichkeit – oder: Ein radikalisiertes Bedürfnis nach Heimat, in: Wilfried Belschner, Siegfried Grubitzsch, Christian Leszczynski, Stefan Müller-Doohm (Hg.), Wem gehört die Heimat? Beiträge der politischen Psychologie zu einem umstrittenen Phänomen, Wiesbaden 1995, S. 141–149
Schmitt, Pascal: Sehnsuchtsort – Sehnsuchtswort. Heimat als theologisch anschlussfähiger Begriff bei Arnold Stadler, Ostfildern 2014
Schmitt-Roschmann, Verena: Heimat. Neuentdeckung eines verpönten Gefühls, Gütersloh 2010
Schmolling, Jan / Lars Zumbansen: Jugend Fotografie Heimat. Bildnerische Verortungsprozesse, in: Jugend Fotografie Heimat. Kunst+Unterricht 431/432 (2019), S. 4–9
Schnabel, Johann Gottfried [= Gisander]: Wunderliche Fata einiger See-Fahrer, Bd. 4, Nordhausen 1743
Schnädelbach, Herbert: Was ist Ideologie? Versuch einer Begriffsklärung, in: Das Argument 50/2 (1969), S. 71–92
Schneider, Lothar L.: Realistische Literaturpolitik und naturalistische Kritik. Über die Situierung der Literatur in der zweiten Hälfte des 19. Jahrhunderts und die Vorgeschichte der Moderne (= Studien zur deutschen Literatur 178), Tübingen 2005

Schneider, Lothar L.: Gemüt – eine deutsche Eigenschaft, in: Sascha Feuchert, Joanna Jabłkowska, Jörg Riecke (Hg.), Literatur und Geschichte. Festschrift für Erwin Leibfried (= Gießener Arbeiten zur Neueren Deutschen Literatur und Literaturwissenschaft 28), Frankfurt a. M. 2007, S. 215–231

Schniedewind, Karen: Migrants Returning to Bremen. Social Composition and Motivations. 1850–1914, in: Journal of American Ethnic History 12/2 (1993), S. 35–55

Schoenichen, Walther (Hg.): Handbuch der Heimaterziehung (= Zweiter Teil zu: H. Conwentz: Heimatkunde und Heimatschutz in der Schule), Berlin 1923

Schoeps, Julius H.: Deutsch-jüdische Symbiose oder Die mißglückte Emanzipation, Darmstadt 1996

Schoeps, Julius H.: Deutschlands Juden und ihr Anpassungsbemühen. Der Versuch, Bilanz in einer nach wie vor kontrovers geführten Debatte zu ziehen, in: Christina von Braun (Hg.), Was war deutsches Judentum? 1870–1933, Berlin, München und Boston 2015, S. 277–294

Scholz, Edmund: Heimatkunde [Lexikonartikel], in: Wilhelm Rein (Hg.), Encyklopädisches Handbuch der Pädagogik, Bd. 3, Langensalza 1897, S. 400–422

Schönberger, Christoph: Unionsbürger. Europas föderales Bürgerrecht in vergleichender Sicht, Tübingen 2005

Schöne, Albrecht: Säkularisation als sprachbildende Kraft. Studien zur Dichtung deutscher Pfarrersöhne. Zweite, überarbeitete und ergänzte Auflage, Göttingen 1968

Schönert, Jörg: Berthold Auerbachs ‚Schwarzwälder Dorfgeschichten' der 40er und 50er Jahre als Beispiel eines ‚literarischen Wandels'?, in: Michael Titzmann (Hg.), Zwischen Goethezeit und Realismus. Wandel und Spezifik in der Phase des Biedermeier, Tübingen 2002, S. 331–345

Schopenhauer, Arthur: Parerga und Paralipomena. Kleine philosophische Schriften. Zweiter Band, Erster Teilband: Zur Rechtslehre und Politik [zuerst 1851], in: ders., Zürcher Ausgabe. Werke in zehn Bänden, Bd. 9, Zürich 1977, § 132, S. 284–287

Schrader, Hans-Jürgen: Die Sprache Canaan. Pietistische Sonderterminologie und Spezialsemantik als Auftrag der Forschung, in: Hartmut Lehmann (Hg.), Geschichte des Pietismus, Bd. 4: Glaubenswelt und Lebenswelten, Göttingen 2004, S. 404–427

Schreiber, Daniel: Zuhause. Die Suche nach dem Ort, an dem wir leben wollen, Berlin 2017

Schrickel, Leonhard: Weimar. Eine Wallfahrt in die Heimat aller Deutschen, Weimar o. J. [1926]

Schrott, Anna: W. H. Riehls Novellen im Dienste der Volkserziehung (= Pädagogik in Geschichte, Theorie und Praxis 8), Halle a. d. S. 1944

Schubert, Ernst: Mobilität ohne Chance: Die Ausgrenzung des fahrenden Volkes, in: Winfried Schulze (Hg.), Ständische Gesellschaft und soziale Mobilität, München 1988, S. 113–164

Schubert, Gotthilf Heinrich: Ansichten von der Nachtseite der Naturwissenschaft, Dresden 1808

Schüle, Christian: Heimat. Ein Phantomschmerz, München 2017

Schüle, Christian: Sehnsucht nach Geborgenheit. Die Renaissance der Heimat, in: heimat? los! Jahrbuch der Zeitschrift *tanz. Zeitschrift für Ballett, Tanz und Performance* (2018), S. 56–64

Schultz, Hartwig: Eichendorffs Lyrik, in: Joseph von Eichendorff: Sämtliche Gedichte. Versepen, hg. von Hartwig Schultz, Frankfurt a. M. 2006, S. 715–800

Schultze-Naumburg, Paul: Vorwort, in: Ernst Rudorff: Heimatschutz. Im Auftrage des Deutschen Bundes Heimatschutz neu bearb. von Professor Dr. Paul Schultze-Naumburg, Berlin-Lichterfelde o. J. [handschriftlich 1928, Vorwort von Schultze-Naumburg Frühjahr 1926]

Schulze, Adolf Moritz: Heimathskunde für die Bewohner des Herzogthums Gotha. Erster Bd.: Geographie des Herzogthums Gotha nebst Gesetzkunde, Gotha 1846

Schulze, Hagen: Staat und Nation in der europäischen Geschichte, München 1994

Schumann, Andreas: Heimat denken. Regionales Bewußtsein in der deutschsprachigen Literatur zwischen 1815 und 1914, Köln, Weimar und Wien 2002

Schur, Ernst: Die steinerne Stadt, Berlin 1905

Schürch, Franziska / Sabine Eggmann, Marius Risi (Hg.): Vereintes Wissen. Die Volkskunde und ihre gesellschaftliche Verankerung, Münster 2010

Schütz, Erhard: Berlin. A Jewish Heimat At the Turn of the Century?, in: Jost Hermand, James Steakley (Hg.), Heimat, Nation, Fatherland. The German Sense of Belonging, New York, Washington, D.C. u. a. 1996, S. 57–86

Schwab, Gustav: Odyssee, in: ders., Die schönsten Sagen des klassischen Alterthums. Nach seinen Dichtern und Erzählern, 3 Bde., Bd. 3, Stuttgart 1840, S. 67–290

Schwalbach, Nicole: Ein Staat kann nicht nur gute Bürger haben, er muss auch mit den schlechten fertig werden. Die politische Aberkennung des Bürgerrechts. Behördliche Diskurse, Praktiken und individuelle Erfahrungen in den 1940er Jahren unter besonderer Berücksichtigung des weiblichen Schweizer Bürgerrechts [Diss.], Basel 2016

Schwarz, Christiane: Wilhelm Heinrich Riehls kulturgeschichtliche Novellen, in: Literatur in Bayern 50 (1997), S. 9–25

Schwarz, Sandra: ‚Kunstheimat'. Zur Begründung einer neuen Mythologie in der klassisch-romantischen Zeit, Paderborn 2007

Schweichel, Robert: Heimathlos, in: ders., Im Hochland. Novellen aus der romanischen Schweiz. Dritte Sammlung, Berlin 1868, S. 1–158

Schweizer, Rainer J.: Bürgerrecht [Lexikonartikel], in: Historisches Lexikon der Schweiz. URL: http://www.hls-dhs-dss.ch/textes/d/D8969.php; Artikel vom 23.03.2011, zuletzt abgerufen am 23.3.2019

Schwencken, K. P. T.: Aktenmäßige Nachrichten von dem Gauner- und Vagabunden-Gesindel, sowie von einzelnen professionirten [sic] Dieben, in den Ländern zwischen dem Rhein und der Elbe, nebst genauer Beschreibung ihrer Person. Von einem Kurhessischen Criminal-Beamten, Cassel 1822. Fotomechanischer Neudruck der Originalausgabe, Leipzig 1981

Schwinge, Gerhard: Jung-Stilling als Erbauungsschriftsteller der Erweckung. Eine literatur- und frömmigkeitsgeschichtliche Untersuchung seiner periodischen Schriften 1795–1816 und ihres Umfeldes, Göttingen 1994

Schwinge, Gerhard: Jung-Stilling und seine Verleger, in: Archiv für Geschichte des Buchwesens, hg. von der Historischen Kommission des Börsenvereins des Deutschen Buchhandels e.V., Bd. 56, Frankfurt a. M. 2002

Sebald, Winfried Georg: Unheimliche Heimat. Essays zur österreichischen Literatur, Frankfurt a. M. ³2004

Sedlezki, Johann Balthasar: Homers Odyssee, Augsburg 1784

Seeba, Hinrich C.: Zeitgeist und deutscher Geist. Zur Nationalisierung der Epochentendenz um 1800, in: Jürgen Fohrmann, Wilhelm Voßkamp (Hg.), Von der gelehrten zur disziplinären Gemeinschaft. Deutsche Vierteljahrsschrift für Literaturwissenschaft, Sonderheft 1987, S. 188–215

Seebaß, Friedrich: Hölderlin-Bibliographie, München 1922
Seifert, Manfred (Hg.): Zwischen Emotion und Kalkül. ‚Heimat' als Argument im Prozess der Moderne, Leipzig 2010
Seifert, Manfred: Heimat und Spätmoderne. Über Suchbewegungen nach Sicherheit angesichts von Mobilität, Migration und Globalisierung, in: Rheinisches Jahrbuch für Volkskunde 39 (2011/2012), S. 199–221
Seifert, Manfred: Heimat in Bewegung. Zur Suche nach soziokultureller Identität in der Spätmoderne, in: Joachim Klose, Ralph Lindner, Manfred Seifert (Hg.), Heimat heute. Reflexionen und Perspektiven, Dresden 2012, S. 15–34
Seifert, Manfred: Identifikationsangebot und Folie für Selbstbehauptung. Heimat als Spiegel der Gesellschaft, in: Kunstforum Ostdeutsche Galerie Regensburg (Hg.), Heimat? Osteuropa in der zeitgenössischen Fotografie, Bielefeld und Berlin 2014, S. 25–33
Seliger, Helfried W. (Hg.): Der Begriff ‚Heimat' in der deutschen Gegenwartsliteratur. The Concept of ‚Heimat' in Contemporary German Culture, München 1987
Sellmann, Adolf: Die Entstehung von Freytags ‚Ahnen', in: Hamburger Nachrichten, 1906, Nr. 21, Belletrist.-Literar. Beil.
Sengle, Friedrich: Biedermeierzeit. Deutsche Literatur im Spannungsfeld zwischen Restauration und Revolution 1815–1848, Bd. 1, Stuttgart 1971
Senkel, Christian: Patriotismus und Protestantismus. Konfessionelle Semantik im nationalen Diskurs zwischen 1749 und 1813, Tübingen 2014
Seuse, Heinrich: Geistliche Blüten aus Heinrich Suso, hg. von Gerhard Chryno Hermann Stip, Bonn 1834
Seuse, Heinrich: Deutsche mystische Schriften. Aus dem Mittelhochdeutschen übertragen und hg. von Georg Hofmann. Mit einer Hinführung von Emmanuel Jungclaussen, Düsseldorf 1986
Seydel, Max: Das Reichs-Armenrecht, in: Annalen des Deutschen Reichs für Gesetzgebung, Verwaltung und Statistik. Staatswissenschaftliche Zeitschrift und Materialiensammlung, hg. von Georg Hirth, München und Leipzig 1877, Sp. 545–630
Seydel, Max: Das bayerische Heimatrecht, in: Annalen des Deutschen Reichs für Gesetzgebung, Verwaltung und Statistik. Staatswissenschaftliche Zeitschrift und Materialiensammlung, hg. von Georg Hirth und Max Seydel, München und Leipzig 1886, S. 719–741
Seydel, Max: Gothaer Vertrag und Eisenacher Uebereinkunft, in: Annalen des Deutschen Reichs für Gesetzgebung, Verwaltung und Statistik. Staatswissenschaftliche Zeitschrift und Materialiensammlung, hg. von Georg Hirth und Max Seydel, München und Leipzig 1890, S. 178–194
Seydel, Max: Die bayerische Heimatgesetzgebung und das Reichsrecht, in: Annalen des Deutschen Reichs für Gesetzgebung, Verwaltung und Statistik. Staatswissenschaftliche Zeitschrift und Materialiensammlung, hg. von Georg Hirth und Max Seydel, München und Leipzig 1891, S. 72–79
Seydel, Max: von Riedel, Commentar zum bayerischen Gesetze über Heimat, Verehelichung und Aufenthalt vom 16. April 1868 [Rezension], in: Kritische Vierteljahrsschrift für Gesetzgebung und Rechtswissenschaft 36/17 (1894), S. 256–258
Seyferth, Alexander: Die Heimatfront 1870/71. Wirtschaft und Gesellschaft im deutsch-französischen Krieg, Paderborn 2007
Seyferth, Sebastian: Bibelübersetzungen in Renaissance und Reformation: die Lutherbibel, in: Harald Kittel u. a. (Hg.), Übersetzung, Translation, Traduction. Ein internationales

Handbuch zur Übersetzungsforschung, 3. Teilband, Berlin und Boston 2011, S. 2379–2389

Sieferle, Rolf-Peter: Heimatschutz und das Ende der romantischen Utopie, in: Arch+, August 1985, S. 38–42

Siegert, Reinhart: Aufklärung im 19. Jahrhundert. ‚Überwindung' oder Diffusion? Mit einer kritischen Sichtung des Genres ‚Dorfgeschichte' auf seinen volksaufklärerischen Gehalt hin von Holger Böning (= Böning, Holger / Reinhart Siegert: Volksaufklärung. Biobibliographisches Handbuch zur Popularisierung aufklärerischen Denkens im deutschen Sprachraum von den Anfängen bis 1850, Bd. 3), Stuttgart-Bad Cannstatt 2015

Siegmund, Georg: Die Frage des Rechts auf Heimat in katholischer Sicht, in: Kurt Rabl (Hg.), Das Recht auf die Heimat. Vorträge und Aussprachen, Erste Fachtagung (= Studien und Gespräche über Heimat und Heimatrecht 1), München 1958, S. 40–51

Sievers, Kai / Harm-Peer Zimmermann: Das disziplinierte Elend. Zur Geschichte der sozialen Fürsorge in schleswig-holsteinischen Städten 1541–1914, Neumünster 1994

Singer, Oskar Johannes: Harnischs ‚Weltkunde', ihre wissenschaftlichen und pädagogischen Voraussetzungen [Diss. Leipzig], Halle a.S. 1914

Sloterdijk, Peter: Der gesprengte Behälter. Notiz über die Krise des Heimatbegriffs in der globalisierten Welt, in: Spiegel Spezial 06/1999, S. 24–29

Smith, Graeme: Heimatmission [Lexikonartikel], in: Religion in Geschichte und Gegenwart. Handwörterbuch für Theologie und Religionswissenschaft, Bd. 3, vierte, völlig neu bearb. Auflage, Tübingen 2000, Sp. 1595

Sohns, Jan-Arne: An der Kette der Ahnen. Geschichtsreflexion im deutschsprachigen historischen Roman 1870–1880 (= Quellen und Forschungen zur Literatur- und Kulturgeschichte 32), Berlin und New York 2004

Solms, Wilhelm: Zum Wandel der Antiheimatliteratur, in: Karl Konrad Polheim (Hg.), Wesen und Wandel der Heimatliteratur. Am Beispiel der österreichischen Literatur seit 1945. Ein Bonner Symposion, Bern 1989, S. 173–189

Solms, Wilhelm (Hg.): Dichtung und Heimat. Sieben Autoren unterlaufen ein Thema, Marburg 1990

Sombart, Werner: Die Juden und das Wirtschaftsleben, Leipzig 1911

Sonnenfels, Joseph von: Ueber die Liebe des Vaterlandes, Wien 1771

Spee, Fridericvm: Lob deß Schöpffers / darin ein kleines / wercklein seiner weißheit / nemblich die wunder liebliche handthierung der Immen oder Bienen beschrieben wird, in: ders., Trvtz Nachtigal, Oder Geistlichs-Poetisch Lvst-VValdlein, Deßgleichen noch nie zuvor in Teutscher sprach gesehen, Cöllen 1654, S. 94–105

Spitta, Carl Johann Philipp: Psalter und Harfe. Eine Sammlung christlicher Lieder zur häuslichen Erbauung. Erste Sammlung, Leipzig ^{21}1857

Spranger, Eduard: Der Bildungswert der Heimatkunde. Rede zur Eröffnungssitzung der Studiengemeinschaft für wissenschaftliche Heimatkunde am 21. April 1923, in: ders., Der Bildungswert der Heimatkunde. Mit einem Anhang ‚Volkstum und Erziehung', Leipzig 1943, S. 5–46

Sprengel, Peter: Der Liberalismus auf dem Weg ins ‚Neue Reich'. Gustav Freytag und die Seinen 1866–1871, in: Klaus Amann, Karl Wagner (Hg.), Literatur und Nation. Die Gründung des Deutschen Reiches 1871 in der deutschsprachigen Literatur, Köln, Weimar und Wien 1996, S. 153–181

Sprengel, Peter: Geschichte der deutschsprachigen Literatur 1870–1900. Von der Reichsgründung bis zur Jahrhundertwende (= Geschichte der deutschen Literatur von den

Anfängen bis zur Gegenwart, hg. von Helmut de Boor und Richard Newald, Bd. IX/1), München 1998

Sprengel, Peter: Geschichte der deutschsprachigen Literatur 1900–1918. Von der Jahrhundertwende bis zum Ende des Ersten Weltkriegs (= Geschichte der deutschen Literatur von den Anfängen bis zur Gegenwart, hg. von Helmut de Boor und Richard Newald, Bd. IX/2), München 2004

Spyri, Johanna: Am Silser- und am Gardasee, in: dies., Heimatlos. Zwei Geschichten für Kinder und auch für solche, welche die Kinder lieb haben, Gotha 1920, S. 1–128

Stahl, Stefanie: Das Kind in dir muss Heimat finden. Der Schlüssel zur Lösung (fast) aller Probleme, Gütersloh 2015

Stamm-Kuhlmann, Thomas: Ernst Moritz Arndt und der Begriff der ‚Nation', in: Walter Erhart, Arne Koch (Hg.), Ernst Moritz Arndt (1769–1860). Deutscher Nationalismus, Europa, Transatlantische Perspektiven, Tübingen 2007, S. 17–29

Stammen, Theo: Geborgenheit als anthropologisches Bedürfnis. Die politischen und kulturellen ‚Kosten' der Kommunal- und Gebietsreform, in: Klaus Weigelt (Hg.), Heimat. Tradition. Geschichtsbewußtsein (= Studien zur politischen Bildung 11), Mainz 1986, S. 78–92

Stark, Joachim: Heimat und territoriale Identität im Rahmen einer kritischen Theorie des Ethnischen, in: Jahrbuch für ostdeutsche Volkskunde 34 (1992), S. 11–33

Starobinski, Jean: La nostalgie. Théories médicales et expression littéraire, in: Studies on Voltaire and Eighteenth Century 27 (1963), S. 1505–1518

Stauf, Renate: Justus Mösers Konzept einer deutschen Nationalidentität. Mit einem Ausblick auf Goethe, Tübingen 1991

Stavenhagen, Kurt: Heimat als Grundlage menschlicher Existenz, Göttingen 1939

Steiger, Lothar: Dichterisch wohnet der Mensch. Hölderlins theologische Heimat und Fremde, in: Gerhard vom Hofe, Peter Pfaff, Hermann Timm (Hg.), Was aber bleibet stiften die Dichter? Zur Dichter-Theologie der Goethezeit, München 1986, S. 139–156

Stein, Lorenz: Die Verwaltungslehre. Zweiter Theil: Die Lehre von der Innern Verwaltung, Stuttgart 1866

Steiner, George: Exterritorial, in: ders., Exterritorial. Schriften zur Literatur und Sprachrevolution, Frankfurt a. M. 1974, S. 17–27

Steinhausen, Georg: Freytag, Burckhardt und Riehl und ihre Auffassung der Kulturgeschichte, in: Neue Jahrbücher für das klassische Altertum I (1898), S. 448–458

Stenzel, Burkhard: Gustav Freytag und der literarische Antisemitismus. Zur Rezeption der Werke eines bürgerlichen Schriftstellers in Deutschland 1933 bis 1945, in: Hans-Werner Hahn, Dirk Oschmann (Hg.), Gustav Freytag (1816–1895). Literat – Publizist – Historiker (= Veröffentlichungen der Historischen Kommission für Thüringen, Kleine Reihe, Bd. 48), Köln, Weimar und Wien 2016, S. 249–266

Stephan, R.: Handbuch des gesammten Rechts. Eine Rechtsencyklopädie für Studirende und zum Selbstunterricht. Als dritte Auflage von Strützki und Genzmer, Leitfaden des preußischen Rechts, bearb. von Dr. jur. R. Stephan, Berlin 1903

Stern, Fritz: Kulturpessimismus als politische Gefahr. Eine Analyse nationaler Ideologie in Deutschland. Aus dem Amerikanischen von Alfred P. Zeller. Mit einem Vorwort von Norbert Frei, Stuttgart 2005

Sternberger, Dolf: Begriff des Vaterlands, in: ders., ‚Ich wünschte ein Bürger zu sein'. Neun Versuche über den Staat. Frankfurt a. M. 1995

Stieglitz, Hans: Der Lehrer auf der Heimatscholle, München und Berlin 1909

Stifter, Adalbert: Die Mappe meines Urgroßvaters, in: Studien, mit einem Nachwort von Fritz Krökel (= Sämtliche Werke in fünf Einzelbänden), München 1966, S. 381–578

Stifter, Adalbert: Bunte Steine. Journalfassungen, hg. von Helmut Bergner (= Werke und Briefe. Historisch-kritische Gesamtausgabe, hg. von Alfred Doppler und Wolfgang Frühwald, Bd. 2,2), Stuttgart, Berlin, Köln und Mainz 1982

Stiftung Jüdisches Museum Berlin und Stiftung Haus der Geschichte der Bundesrepublik Deutschland (Hg.), Heimat und Exil. Emigration der deutschen Juden nach 1933, Frankfurt a. M. 2006

Stöcker, Georg: Agrarideologie und Sozialreform im Deutschen Kaiserreich. Heinrich Sohnrey und der Deutsche Verein für ländliche Wohlfahrts- und Heimatpflege 1896–1914, Göttingen 2011

Stockinger, Claudia: Das 19. Jahrhundert. Zeitalter des Realismus, Berlin 2010

Stockinger, Claudia: An den Ursprüngen populärer Serialität. Das Familienblatt ‚Die Gartenlaube', Göttingen 2018

Stolberg-Stolberg, Friedrich Leopold zu: Mein Vaterland, an Klopstock, in: ders., Christian zu Stolberg-Stolberg: Gedichte, hg. von Heinrich Christian Boie, Leipzig 1779, S. 60–63

Stolp, Hermann: Der Unterstützungswohnsitz. Zusammenstellung des Reichsgesetzes vom 6. Juni 1870 mit dem preußischen Armenpflege-Gesetz vom 8. März 1871, mit erläuternden Anmerkungen von Hermann Stolp, in: Annalen des Deutschen Reichs für Gesetzgebung, Verwaltung und Statistik. Staatswissenschaftliche Zeitschrift und Materialiensammlung, hg. von Georg Hirth und Max Seydel, München und Leipzig 1871, Sp. 395–470

Storm, Theodor: Unter dem Tannenbaum, in: ders., Gedichte. Novellen. 1848–1867, hg. von Dieter Lohmeier (= Sämtliche Werke in vier Bänden, Bd. 1), Frankfurt a. M. 1987, S. 594–618 (Kommentar S. 1166–1178)

Streim, Gregor: Deutschsprachige Literatur 1933–1945. Eine Einführung (= Grundlagen der Germanistik 60), Berlin 2015

Streim, Gregor: Konzeptionen von Heimat und Heimatlosigkeit in der deutschsprachigen Exilliteratur nach 1933, in: Edoardo Costadura, Klaus Ries (Hg.), Heimat gestern und heute. Interdisziplinäre Perspektiven, Bielefeld 2016, S. 219–241

Strzelczyk, Florentine: Un-heimliche Heimat. Reibungsflächen zwischen Kultur und Nation, München 1999

Stürmer, Michael: Das ruhelose Reich. Deutschland 1866–1918, Berlin 1994

Sudermann, Hermann: Heimat. Schauspiel in vier Akten, Stuttgart ^{9}1893

Süßmann, Johannes: Griechen-Römer-Antithese, in: Joachim Jacob, Johannes Süßmann (Hg.), Das 18. Jahrhundert. Lexikon zur Antikerezeption in Aufklärung und Klassizismus (= Der Neue Pauly, Supplemente 13), Stuttgart und Weimar 2018, Sp. 298–306.

Susteck, Sebastian: Amerika findet nicht statt. Die realistische Poetik Amerikas und Berthold Auerbachs Lehrgeschichte ‚Neues Leben', in: Euphorion 102 (2008), S. 163–186

Suter, Christoph: Das religiöse Kirchenlied des 19. Jahrhunderts. Ein Ausdruck seiner Zeit. Beobachtungen am Liedgut im deutschsprachigen reformierten Raum der Schweiz, Bern 1995

Swieceny, Friedrich: Das Heimathsrecht in den kais. kgl. österr. Kronländern mit konstituierten Ortsgemeinden, 2. Auflage, Wien 1861

Sybel, Heinrich von: Über die Emancipation der Frauen. Vortrag vom 12. Februar 1870, Bonn 1870

Szlezák, Thomas Alexander: Was Europa den Griechen verdankt. Von den Grundlagen unserer Kultur in der griechischen Antike, Tübingen 2010

Szondi, Peter: Überwindung des Klassizismus. Der Brief an Böhlendorff vom 4. Dezember 1801, in: ders., Schriften, hg. von Jean Bollack, Frankfurt a. M. 1978, Bd. 1, S. 345–366

Tatlock, Lynne: Regional Histories as National History. Gustav Freytag's ‚Bilder aus der deutschen Vergangenheit' (1859–67), in: Nicholas Vazsonyi (Hg.), Searching for common ground. Diskurse zur deutschen Identität 1750–1871, Köln 2000, S. 161–178

Tatlock, Lynne: ‚In the Heart of the Heart of the Country'. Regional Histories as National History in Gustav Freytag's ‚Die Ahnen' (1872–1880), in: Todd Kontje (Hg.), A Companion to German Realism, 1848–1900, Rochester NY 2002, S. 85–108

Tauschek, Markus: Zur Relevanz des Begriffs Heimat in einer mobilen Gesellschaft, in: Kieler Blätter zur Volkskunde 37 (2005), S. 63–85

Tecklenburg, August: Schule und Heimat. Wegweiser zur Umgestaltung des Unterrichts von der Heimat aus. Unter besonderer Berücksichtigung des Geschichtsunterrichts, Hannover und Berlin 1909

Tennstedt, Florian: Peitsche und Zuckerbrot oder ein Reich mit Zuckerbrot. Der deutsche Weg zum Wohlfahrtsstaat 1871–1881, in: Zeitschrift für Sozialreform 43/2 (1997), S. 88–101

Tersteegen, Gerhard: Geistliches Blumen-Gärtlein Inniger Seelen; Oder kurtze Schluß–Reimen und Betrachtungen Uber allerhand Warheiten des Inwendigen Christenthums, Frankfurt 1729

Thürmer-Rohr, Christina: Vagabundinnen. Feministische Essays, Berlin 1987

Thust, Karl Christian: Die Lieder des Evangelischen Gesangbuchs. Kommentar zu Entstehung, Text und Musik, Bd. 2, Kassel 2015

Tieck, Ludwig und Wilhelm Heinrich Wackenroder: Herzensergießungen eines kunstliebenden Klosterbruders, Berlin 1797

Timm, Eitel: Heimat in der Literatur der Alternativen, in: Helfried W. Seliger (Hg.), Der Begriff ‚Heimat' in der deutschen Gegenwartsliteratur. The Concept of ‚Heimat' in Contemporary German Culture, München 1987, S. 173–182.

Timms, Edward: Citizenship and ‚Heimatrecht' after the Treaty of Sain-German, in: The Habsburg Legacy. National Identity in Historical Perspective, ed. by Ritchie Robertson (= Austrian Studies 5), Edinburgh 1994, S. 158–168

Toepfer, Georg: Organismus, in: ders., Historisches Wörterbuch der Biologie. Geschichte und Theorie der biologischen Grundbegriffe, Bd. 2, Stuttgart und Weimar 2011, S. 777–842

Toller, Ernst: Die Wandlung. Das Ringen eines Menschen, Potsdam 1919

Tomuschat, Christian: Das Recht auf Heimat. Neue rechtliche Aspekte, in: Jürgen Jekewitz (Hg.), Des Menschen Recht zwischen Freiheit und Verantwortung. Festschrift für Karl Josef Partsch zum 75. Geburtstag, Berlin 1989, S. 183–212

Train, Josef Karl von: Chochemer Loschen. Wörterbuch der Gauner- und Diebs- vulgo Jenischen Sprache, nach Criminalacten und den vorzüglichsten Hülfsquellen für Justiz-, Polizei- und Mauthbeamte, Candidaten der Rechte, Gendarmerie, Landgerichtsdiener und Gemeindevorsteher bayr. quittirt. Hauptmann, Regensburg 1832

Traven, B.: Das Totenschiff (= Werkausgabe B. Traven, hg. von Edgar Päßler), Frankfurt a. M. u. a. 1978

Treiber, Angela: Volkskunde und evangelische Theologie. Die Dorfkirchenbewegung 1907–1945, Köln 2004

Treiber, Angela: Heimat und Religion. Deutungen und Bedeutungen in Kontexten volkskundlich, kulturanthropologischer Analysen, in: Theologie und Glaube 105 (2015), S. 139–161

Treinen, Heiner: Symbolische Ortsbezogenheit. Eine soziologische Untersuchung zum Heimatproblem, in: Kölner Zeitschrift für Soziologie und Sozialpsycholgie 17 (1965), S. 73–92 und S. 254–297
Trenker, Luis: Berge und Heimat. Das Buch von den Bergen und ihren Menschen, von Luis Trenker und Walter Schmidkunz, mit 258 Bildern in Kupfertiefdruck, Berlin 1933
Troeltsch, Ernst: Schriften zur Theologie und Religionsphilosophie (1888–1902), hg. von Christian Albrecht in Zusammenarbeit mit Björn Biester, Lars Emersleben und Dirk Schmid (= Kritische Gesamtausgabe, Bd. 1), Berlin und New York 2009
Trost, Karl: Heimat in der Literatur, in: Bundeszentrale für politische Bildung (Hg.), Heimat. Analysen, Themen, Perspektiven (= Diskussionsbeiträge zur politischen Didaktik, Bd. 294/I), Gesamtkonzeption: Will Cremer, Ansgar Klein, Bonn 1990, S. 867–883
Tucholsky, Kurt (Ignaz Wrobel): ‚Herr Adolf Bartels', in: Die Weltbühne, 23.03.1922, Nr. 12, S. 291
Tucholsky, Kurt: Deutschland, Deutschland über alles. Ein Bilderbuch von Kurt Tucholsky und vielen Fotografen. Montiert von John Heartfield, Berlin 1929
Türcke, Christoph: Heimat. Eine Rehabilitierung, Springe 2006
Ueding, Gert (Hg.), in Zusammenarbeit mit Klaus Rettner: Karl-May Handbuch, Würzburg ³2001
Uerlings, Herbert: ‚Diesen sind wir entflohen, aber wie entfliehen wir uns selbst?' ‚Zigeuner', Heimat und Heimatlosigkeit in Kellers ‚Romeo und Julia auf dem Dorfe', in: Stefani Kugler, Ulrich Kittstein (Hg.), Poetische Ordnungen. Zur Erzählprosa des deutschen Realismus, Würzburg 2007, S. 201–231
Uhland, Ludwig: Sämtliche Gedichte, hg. von Walter Scheffler (= Werke, hg. von Hartmut Fröschle und Walter Scheffler, Bd. 1), München 1980
Ulbricht, Justus H.: ‚Transzendentale Obdachlosigkeit'. Ästhetik, Religion und neue soziale Bewegung um 1900, in: Wolfgang Braungart, Gotthard Fuchs, Manfred Koch (Hg.), Ästhetische und religiöse Erfahrungen der Jahrhundertwenden, 3 Bde., Bd. 2: um 1900, Paderborn u. a. 1998, S. 47–67
Ullrich, Richard: Programmwesen und Programmbibliothek der Höheren Schulen in Deutschland, Österreich und der Schweiz. Übersicht der Entwicklung im 19. Jahrhundert und Versuch einer Darstellung der Aufgaben für die Zukunft, Berlin 1908
Ulrich, Paul: Gustav Freytags Romantechnik, Marburg 1907
Ulrichs, Hans-Georg: Reformierter Protestantismus im 20. Jahrhundert. Konfessionsgeschichtliche Studien, Göttingen 2018
Umbach, Maiken / Bernd Hüppauf (Hg.): Vernacular Modernism. Heimat, Globalization and the Build Environment, Stanford 2005
Urbich, Jan: ‚Heimwärts kam ich spät gezogen'. Das Subjekt der Heimkehr in Dichtung und Philosophie der Moderne. Eine kurze Problemgeschichte, Göttingen 2020
Vidler, Anthony: The Architectural Uncanny. Essays in the Modern Unhomely, Cambridge, London 1992
Viebig, Clara: Brief an Adolf Bartels [handschriftliches Original], Berlin, 9.12.1900, Goethe- und Schiller Archiv, GSA 147/863
Viebig, Clara: Mutter Clara, in: Heimat. Novellen von Clara Viebig, Berlin ⁷1915, S. 85–120
Viebig, Clara: Die Heimat, in: Heimat. Novellen von Clara Viebig, Berlin ⁷1915, S. 219–243
Viebig, Clara: West und Ost. Novellen, Leipzig 1920
Viebig, Clara: Das tägliche Brot. Roman, Berlin ²1950
Viebig, Clara: Eine Handvoll Erde. Roman, Berlin 1952

Viebig, Clara: Das Weiberdorf. Roman aus der Eifel (Nachdruck der 3. Auflage Berlin 1900). Mit einem Nachwort von Hermann Gelhaus, Briedel/Mosel 1993

Viel, Bernhard: Der Honigsammler. Waldemar Bonsels, Vater der Biene Maja. Eine Biografie, Berlin 2016

Vierhaus, Rudolf: ‚Patriotismus'. Begriff und Realität einer moralisch-politischen Haltung, in: ders. (Hg.), Deutschland im 18. Jahrhundert, Göttingen 1987, S. 96–109

Vinke, Reiner: Jung-Stilling-Forschung von 1983 bis 1990, in: Pietismus und Neuzeit. Jahrbuch zur Geschichte des neueren Protestantismus 17 (1991), S. 178–228

Vogelsang, Lucas: Heimaterde. Eine Weltreise durch Deutschland, Berlin 2017

Vogl, Joseph: Telephon nach Java: Fontane, in: Stephan Braese, Anne-Kathrin Reulecke (Hg.), Realien des Realismus. Wissenschaft – Technik – Medien in Theodor Fontanes Erzählprosa, Berlin 2010, S. 117–128

Vöhler, Martin: ‚Danken möcht' ich, aber wofür?' Zur Tradition und Komposition von Hölderlins Hymnik, München 1997

Völkel, Martin: Jung-Stilling. Ein Heimweh muß doch eine Heimat haben. Annäherungen an Leben und Werk 1740–1817, Nordhausen 2008

Volkmann, Uwe: Wertedämmerung, in: Merkur 72/834 (2018), S. 5–17

Voß, Heinz-Jürgen: Making Sex Revisited: Dekonstruktion des Geschlechts aus biologisch-medizinischer Perspektive, Bielefeld 2010

Voß, Johann Heinrich: Briefe nebst erläuternden Beilagen, hg. von Abraham Voß, 3 Bde., Halberstadt 1829–1833

Voß, Johann Heinrich: Ilias / Odyssee. Homer. In der Übertragung von Johann Heinrich Voß. Vollständige Ausgabe nach dem Text der Erstausgaben (Ilias Hamburg 1793, Odyssee Hamburg 1781), mit einem Nachwort von Wolf Hartmut Friedrich, München 1964

Voß, Johann Heinrich: Werke in einem Band, ausgewählt und eingeleitet von Hedwig Voegt, Berlin und Weimar ⁴1983

Voß, Johann Heinrich: Ausgewählte Werke, hg. von Adrian Hummel, Göttingen 1996

Voßkamp, Wilhelm: ‚Grundrisse einer besseren Welt'. Messianismus und Geschichte der Utopie bei Ernst Bloch, in: Stéphane Moses, Albrecht Schöne (Hg.), Juden in der deutschen Literatur. Ein deutsch-israelisches Symposion, Frankfurt a. M. 1986, S. 316–329

Wachler, Ernst: Mangel und Notwendigkeit einer Nationalpoesie, in: ders., Läuterungen deutscher Dichtkunst im Volksgeiste. Eine Streitschrift, Berlin 1897

Wackernagel, Philipp: Kleines Gesangbuch geistlicher Lieder für Kirche, Schule und Haus, Stuttgart 1860

Wackernagel, Philipp: Das deutsche Kirchenlied von der ältesten Zeit bis zu Anfang des XVII. Jahrhunderts, 5 Bde., Leipzig 1864–77

Wagner, Christoph: Inszenierte Heimat in der Fremde. Alpenländische Auswanderermusik in den USA, in: Heimat. Neue Zeitschrift für Musik 6 (2017), S. 14–17

Wagner, Karl: Die literarische Öffentlichkeit der Provinzliteratur. Der Volksschriftsteller Peter Rosegger, Tübingen 1991

Wagner, Richard: Sämtliche Werke, Bd. 24: Dokumente und Texte zu ‚Der fliegende Holländer', hg. von Egon Voss, Mainz 2004

Wagner, Richard: Das Judenthum in der Musik [1850], in: Frank Piontek: Richard Wagners ‚Das Judenthum in der Musik'. Text, Kommentar und Wirkungsgeschichte (= Leipziger Beiträge zur Wagner-Forschung 6), Beucha 2017

Wagner, Tamara S.: Longing. Narratives of Nostalgia in the British Novel. 1740–1890, Lewisburg 2005
Wagner-Egelhaaf, Martina (Hg.): Hermanns Schlachten. Zur Literaturgeschichte eines nationalen Mythos, Bielefeld 2008
Waitz, Theodor: Allgemeine Pädagogik, in: ders., Allgemeine Pädagogik und kleinere pädagogische Schriften, Mit einer Einführung über das Verhältnis der Waitzschen Pädagogik zu seiner Ethik, Psychologie, Anthropologie und Persönlichkeit und einem Bildnis des Verfassers, hg. von Dr. Otto Gebhardt (= Friedrich Mann's Bibliothek pädagogischer Klassiker, 44. Band), Langensalza 1910, S. 1–342
Walcher, Bernhard: Vormärz im Rheinland. Nation und Geschichte in Gottfried Kinkels literarischem Werk, Heidelberg 2009
Waldenfels, Bernhard: Heimat in der Fremde, in: ders., In den Netzen der Lebenswelt, Frankfurt a. M. 1994, S. 194–211
Walker, Mack: German Home Towns. Community, State, and General Estate, 1648–1871, Ithaca und London 1971
Walser, Robert: An die Heimat, in: Aufsätze (= Kritische Ausgabe sämtlicher Drucke und Manuskripte, Bd. I.5, hg. von Barbara von Reibnitz und Caroline Socha-Wartmann), Basel 2020, S. 15
Weber, Hugo: Die Pflege nationaler Bildung durch den Unterricht in der Muttersprache. Zugleich eine Darstellung der Grundsätze und der Einrichtung dieses Unterrichts, Leipzig o. J. [1872]
Weber, Klaus: Heimat [Lexikonartikel], in: Historisch-kritisches Wörterbuch des Marxismus, hg. von Wolfgang Fritz Haug, Bd. 6/I, Berlin 2004, Sp. 45–55
Weber, Leopold: Die Odyssee Deutsch, München 1936
Weber, Markus R.: Phantomschmerz Heimweh. Denkfiguren der Erinnerung im literarischen Werk W.G. Sebalds, in: Walter Delabar, Werner Jung, Ingrid Pergande-Kaufmann (Hg.), Neue Generation – neues Erzählen. Deutsche Prosa-Literatur der achtziger Jahre, Essen 1993, S. 57–67
Weber-Kellermann, Ingeborg: Deutsche Volkskunde zwischen Germanistik und Sozialwissenschaften, Stuttgart 1969
Wegener, F. W.: Der kaiserliche Thiergarten in Schönbrunn, in: Unterhaltungen am häuslichen Herd, hg. von Karl Gutzkow (1853), Nr. 19, S. 289–295
Wegner, Matthias: Exil und Literatur. Deutsche Schriftsteller im Ausland 1933–1945, Frankfurt a. M. 1967
Wehler, Hans-Ulrich: Nationalismus. Geschichte, Formen, Folgen, München 2001
Weidner, Daniel: Vorwort, in: ders. (Hg.), Handbuch Literatur und Religion, Stuttgart 2016, S. VII–VIII
Weigelt, Klaus: Heimat – Der Ort personaler Identitätsfindung und sozio-politischer Orientierung, in: ders., Rüdiger Altmann (Hg.), Heimat und Nation. Zur Geschichte und Identität der Deutschen (= Studien zur politischen Bildung 7), Mainz 1984, S. 15–25
Weigelt, Klaus / Rüdiger Altmann (Hg.): Heimat und Nation. Zur Geschichte und Identität der Deutschen (= Studien zur politischen Bildung 7), Mainz 1984
Weigelt, Klaus (Hg.): Heimat. Tradition. Geschichtsbewußtsein (= Studien zur politischen Bildung 11), Mainz 1986
Weik, Lea: Jüdische Künstler und das Bild des Ewigen Judens. Vom antijüdischen Stereotyp zur jüdischen Identifikationsfigur, Heidelberg 2015

Weinberg, Manfred: Heimat in der Prager deutschen Literatur und bei Franz Kafka, in: Carme Bescansa, Ilse Nagelschmidt (Hg.), Heimat als Chance und Herausforderung. Repräsentationen der verlorenen Heimat, Berlin 2014, S. 155–176

Weinhold, Karl: Was heißt Volkskunde? [gekürzte Fassung des Aufsatzes, der zuerst unter dem Titel ‚Was soll die Volkskunde leisten?' erschien in der Zeitschrift für Völkerpsychologie und Sprachwissenschaft 20 (1890)], in: Carl Puetzfeld (Hg.), Brauch und Glaube. Weinholds Schriften zur deutschen Volkskunde, Gießen 1937, S. 11–13

Weiske, Julius (Hg.): Sammlung der neueren teutschen Gemeindegesetze. Nebst einer Einleitung: Die Gemeinde als Corporation, Leipzig 1848

Weiß-Dasio, Manfred: Heidewelt. Eine Einführung in das Gedichtwerk der Annette von Droste-Hülshoff, Bonn 1996

Wendelin, Harald: Schub und Heimatrecht, in: Waltraud Heindl, Edith Saurer (Hg.), Grenze und Staat. Paßwesen, Staatsbürgerschaft, Heimatrecht und Fremdengesetzgebung in der österreichischen Monarchie 1750–1867, Wien 2000, S. 173–343

Weniger, E.: Heimaterziehung [Lexikonartikel], in: Walther Hofstaetter, Ulrich Peters (Hg.), Sachwörterbuch der Deutschkunde, 2 Bde., Bd. 1, Leipzig und Berlin 1930, S. 526–527

Wenrich, Rainer / Josef Kirmeier, Henrike Bäuerlein (Hg.): Heimat(en) und Identität(en). Museen im politischen Raum (= Kommunikation, Interaktion, Partizipation. Kunst- und Kulturvermittlung im Museum am Beginn des 21. Jahrhunderts 3), München 2019

Werner, Charlotte Marlo: Schreibendes Leben. Die Dichterin Clara Viebig, Dreieich bei Frankfurt a. M. 2009

Werner, Matthias: Zur Geschichte des Faches, in: Handbuch Landesgeschichte, hg. von Werner Freitag, Michael Kißener, Christine Reinle und Sabine Ullmann, Berlin 2018, S. 3–23

Werner, Meike G.: Moderne in der Provinz. Kulturelle Experimente im Fin de Siècle, Jena und Göttingen 2003

Westerfeld, Johann Marcellus: Christliche Leichpredigt, Straßburg 1613

Wezel, Johann Karl: Belphegor, oder die wahrscheinlichste Geschichte unter der Sonne, Bd. 1, Leipzig 1776

Wezel, Johann Karl: Lebensgeschichte Tobias Knauts, des Weisen, sonst der Stammler genannt. Faksimiledruck nach der Ausgabe von 1774. Mit einem Nachwort von Victor Lange, Stuttgart 1971

Wickert, Ulrich: Identifiziert Euch! Warum wir ein neues Heimatgefühl brauchen, München 2019

Wiegelmann, Günter: Probleme einer kulturräumlichen Gliederung im volkskundlichen Bereich, in: Rheinische Vierteljahresblätter 30 (1965), S. 95–117

Wieland, Christoph Martin: Geschichte des Agathon, Bd. 1, Frankfurt a. M. und Leipzig 1766

Wiese, Kirsten: Erwanderte Kulturlandschaften. Die Vermittlung von Kulturgeschichte in Theodor Fontanes ‚Wanderungen durch die Mark Brandenburg' und Wilhelm Heinrich Riehls ‚Wanderbuch', München 2007

Wild, Bettina: Topologie des ländlichen Raums. Berthold Auerbachs ‚Schwarzwälder Dorfgeschichten' und ihre Bedeutung für die Literatur des Realismus. Mit Exkursen in die englische Literatur, Würzburg 2011

Wilhelms, Günter: Heimat. Sozialethische Reflexionen über einen modernen Begriff, in: Zeitschrift für Evangelische Ethik 39 (1995), S. 207–221

Wirth, Uwe (Hg.): Komik. Ein interdisziplinäres Handbuch, Stuttgart 2017

Wittek, Erhard (Hg.) Heimat im Herzen. Wir von der Weichsel und Warthe, hg. in Zusammenarbeit mit Karlheinz Gehrmann und Hanns von Krannhals von Erhard Wittek. Salzburg 1950

Wittich, Engelbert / Louis Günther: Jenische Sprache, in: Archiv für Kriminal-Anthropologie und Kriminalistik, hg. von Hans Gross (Leipzig), 63. Bd. (1915), S. 1–46, 97–133, 372–396, 64. Bd. (1916) 127–183, 297–355, 65. Bd. (1917), S. 33–89

Wohlleben, Joachim: Die Sonne Homers. Zehn Kapitel deutscher Homer-Begeisterung von Winckelmann bis Schliemann, Göttingen 1990

Wojtczak, Maria: ‚Dichtung und Wahrheit'. Clara Viebig und die Provinz Posen, in: Volker Neuhaus, Michel Durand (Hg.), Die Provinz des Weiblichen. Zum erzählerischen Werk von Clara Viebig / Terroirs au féminin. La province et la femme dans les récits de Clara Viebig, Bern, Berlin und Brüssel 2004, S. 219–237

Wollbold, Andreas: Kirche als Wahlheimat. Beitrag zu einer Antwort auf die Zeichen der Zeit, Würzburg 1998

Woodford, Charlotte: Contrasting discourses of nationalism in historical novels by Freytag and Fontane, in: Papers from the Conference ‚The Fragile Tradition', Cambridge 2002, Vol. 2: German literature, history and the nation, hg. von Christian Emden und David Midgley (= Cultural history and literary imagination 2), Bern 2004, S. 253–276

Wortmann, Thomas: Literatur als Prozess. Drostes ‚Geistliches Jahr' als Schreibzyklus, Konstanz 2014

Wortmann, Thomas: Biedermeier, Vormärz, in: Daniel Weidner (Hg.), Handbuch Literatur und Religion, Stuttgart 2016, S. 164–169

Wundt, Max: Was heißt völkisch? (= Schriften zur politischen Bildung 16), Langensalza 1924

Wuttke, Robert: Heimatschutz in Sachsen, in: Heimatschutz in Sachsen (= Dresdner Volkshochschulkurse), Leipzig 1909, S. 172–180

Zahn, Johannes: Triller, Valentin [Lexikonartikel], in: Allgemeine Deutsche Biographie, hg. von der Historischen Kommission bei der Bayerischen Akademie der Wissenschaften, Bd. 38 (1894), S. 615–618

Zechner, Johannes: Der deutsche Wald. Eine Ideengeschichte, Darmstadt 2016

Ziekow, Jan: Über Freizügigkeit und Aufenthalt. Paradigmatische Überlegungen zum grundrechtlichen Freiheitsschutz in historischer und verfassungsrechtlicher Perspektive, Tübingen 1997

Ziller, Tuiskon: Vorlesungen über Allgemeine Pädagogik, Leipzig 1876

Zimmer, Hans: Die deutsche Erziehung und die deutsche Wissenschaft, in: Hans Meyer (Hg.), Deutsches Volkstum, Bd. 2, Leipzig und Wien 1903, S. 279–406

Zimmer, Hans: Volkstumspädagogik, Langensalza 1904

Zimmer, Hans: Anthropologische Pädagogik, in: Politisch-anthropologische Revue. Monatsschrift für das soziale und geistige Leben der Völker 4/1 (1905), S. 55

Zimmer, Hasko: Auf dem Altar des Vaterlands. Religion und Patriotismus in der deutschen Kriegslyrik des 19. Jahrhunderts, Frankfurt a. M. 1971

Zimmermann, Harm-Peer: Das Heimatrecht im System der Gemeindeangehörigkeit am Beispiel Schleswig-Holsteins 1542 bis 1864. Ein Beitrag zur rechtlichen Volkskunde, in: Silke Göttsch, Kai Detlev Sievers (Hg.), Kieler Blätter zur Volkskunde 23 (1991), S. 67–102

Zimmermann, Harro: Erleuchtete Vernunft. Jung-Stillings Roman ‚Das Heimweh' und die Französische Revolution, in: ders., Aufklärung und Erfahrungswandel. Studien zur Literaturgeschichte des späten 18. Jahrhunderts, Göttingen 1999, S. 113–146

Zimmermann, Harro: Auswanderung ist Heimkehr. Die Emigranten der Französischen Revolution in der deutschen Erzählliteratur und Publizistik um 1800, in: ders., Aufklärung und Erfahrungswandel. Studien zur Literaturgeschichte des späten 18. Jahrhunderts, Göttingen 1999, S. 243–305

Zimmermann, Johann Georg: Vom Nationalstolz, hg. und eingeleitet von Konrad Beste, Braunschweig 1937 (Neudruck der Erstausgabe Zürich 1758)

Zinnecker, Andrea: Romantik, Rock und Kamisol. Volkskunde auf dem Weg ins Dritte Reich. Die Riehl-Rezeption, Münster 1996

Zirus, Werner: Der ewige Jude in der Dichtung, vornehmlich in der englischen und deutschen, Leipzig 1928

Zoepfl, Heinrich: Grundsätze des gemeinen deutschen Staatsrechts, mit besonderer Rücksicht auf das allgemeine Staatsrecht und auf die neuesten Zeitverhältnisse. Zweiter Theil. 5., vermehrte Auflage, Leipzig und Heidelberg 1863

Zuberbühler, Rolf: Hölderlin: ‚Heimkunft', in: Hölderlin-Jahrbuch 19/20 (1975/1977), S. 56–75

Zuberbühler, Rolf: Die Sprache des Herzens. Hölderlins Widmungsdichtung, Göttingen 1982

Zweig, Stefan: Die Welt von Gestern. Erinnerungen eines Europäers, Frankfurt a. M. 1946

Quellen der Abbildungen von Seite 5 und 6

Abb. 1 http://best-of-agunforhire.com/landtagswahlkampagne-gruene-hessen/
Abb. 2 https://www.shz.de/regionales/schleswig-holstein/politik/doris-von-sayn-wittgenstein-deutschland-ist-so-unbeliebt-wie-nie-zuvor-id17265076.html
Abb. 3 (Foto von Anja Oesterhelt)
Abb. 4 https://www.severint.net/wp-content/uploads/2019/05/starke-stimme-europa-wahlplakat.jpg
Abb. 5 https://www.hanna-witte.de/wahlplakate-fotografie-fuer-die-spd-gelsenkirchen/
Abb. 6 (Foto von Anja Oesterhelt)
Abb. 7 https://www.originalsozial.de/politik/aktuelles/detail/news/unser-anspruch-heimat-ist-dort-wo-familie-ist-plakataktion-zur-weihnachtszeit/
Abb. 8 https://www.diepresse.com/5401153/salzburger-grune-werben-mit-heimat-beschutzen
Abb. 9 (Foto von Anja Oesterhelt)
Abb. 10 https://die-rechte.net/lv-baden-wuerttemberg/wahlkampf-in-baden-wuerttemberg-neue-wahlplakate-eingetroffen/
Abb. 11 https://www.sueddeutsche.de/leben/aktuell-laptop-lederhose-1.4144242
Abb. 12 http://www.demokratiezentrum.org/wissen/bilder.html?index=1933
Abb. 13 https://bezirkperg.gruene.at/themen/demokratie-kontrolle/alexander-van-der-bellen-garant-fuer-freiheit-und-demokratie-in-einem-starken-europa
Abb. 14 https://digitaler-lesesaal.kas.de/archiv/search/Zwan%2C%20S.%20van%20der?item_paging=4541&item_order=fascicule&item_order_direction=asc

Personenverzeichnis

Abbt, Thomas 75–77
Adenauer, Konrad 254
Adorno, Theodor W. 52, 146, 204, 243, 246 f., 253, 259, 288, 307, 378, 561 f.
Agamben, Giorgio 392
Aichinger, Ilse 113
Aischylos 499
Alberti, Conrad 462
Albrecht-Birkner, Veronika 180, 186, 188, 193
Alewyn, Richard 245 f., 253
Alexis, Willibald 462, 522
Alker, Anders Ernst 404
Altenbockum, Jasper von 479, 483
Althammer, Beate 315, 336
Améry, Jean 136, 565
Anders-Krüger, Hermann 539
Andersen, Hans-Christian 291
Annunzio, Gabriele d' 526
Anzengruber, Ludwig 141, 523, 525
Applegate, Celia 464 f.
Arany, János 291
Aristoteles 62
Arndt, Ernst Moritz 31, 34, 81, 89, 107, 168, 171, 185, 225–233, 257–259, 267, 325, 479
Arnim, Achim von 97, 204, 291, 470, 477 f.
Arnim, Bettina von 21, 32
Arnold 1856 163
Aubin, Hermann 470
Auerbach, Berthold 20, 29, 56, 118, 120, 131–133, 289 f., 306, 313, 316, 346 f., 358, 369–386, 417, 422 f., 432, 452, 488 f., 503, 522
Auerbach, Jakob 372
Aufseß, Hans von und zu 471
Augustinus, Aurelius 43
Aurbacher, Ludwig 291
Aydemir, Fatma 569

Bachofen, Johann Jakob 111
Baedeker, Karl 507
Bahr, Hermann 531, 542
Balzac, Honoré de 522
Bartels, Adolf 24, 56, 264, 430 f., 514–519, 521–540, 558, 564
Barth, Christian Gottlob 171
Basedow, Johann Bernhard 435
Bastian, Andrea 12, 45–47, 315
Bausback, Winfried 340
Bausinger, Hermann 19, 31, 35 f., 39, 57, 238, 469
Bebel, August 399
Becher, Johannes R. 126, 561
Becker, Sabine 497
Beig, Maria 113
Beißner, Friedrich 203
Bender, August 28
Benjamin, Walter 125
Berger, Karl 530
Beringer, Joseph August 266
Berlepsch, Goswina von 27
Bernhard, Marie 25
Bernhertz, Michael 164
Beßlich, Barbara 529, 535
Bialik, Chaim Nachman 136
Biemann, Asher D. 49
Bienek, Horst 567
Binder, Wolfgang 195, 198, 203
Birken, Sigmund von 162
Bismarck, Otto von 336 f., 440, 467
Bland, Caroline 114 f.
Bleibtreu, Karl 539
Bley, Fritz 27
Blickle, Peter 17, 52 f., 108, 112–114
Bloch, Ernst 61, 126, 218, 288, 291, 308, 565
Blum, Anna 27
Blumenbach, Johann Friedrich 14
Blumenberg, Hans 60
Blumenwitz, Dieter 564
Böckmann, Paul 194, 198
Bodelschwingh, Wilhelm von 324
Bodemer, Horst 27
Bodenheimer, Alfred 291, 301–303
Bodmer, Johann Jakob 270, 273 f., 280

Böhlau, Helene 524
Böhme, Jakob 167, 187, 218, 220 f.
Böhmer, Johann Friedrich 211
Boie, Heinrich Christian 73
Bölsche, Wilhelm 473
Bondy, François 567
Bone, Heinrich 107
Bonhoeffer, Dietrich 167
Bonin, Gustav von 326
Bonsel, Waldemar 38
Bonsels, Waldemar 89, 99–102
Boré, Fritz 27
Börne, Ludwig 124 f., 292 f.
Böttcher, Philipp 451, 462, 490
Böttner, Konrad 163
Boym, Svetlana 59
Brahms, Johannes 242
Bräuner, Johann Jacob 13
Brecht, Bertolt 35, 561
Breitinger, Johann Jakob 273, 280
Breitzmann, Agnes 27
Brentano, Clemens 31, 97, 106, 117, 137, 184–186, 202, 204–213, 239, 254, 262, 267, 313, 470, 477 f.
Brepohl, Wilhelm 469
Brinkmann, Hartmuth 140
Brockes, Barthold Heinrich 93
Brockhaus, Carl 170
Brockmann, Doris 106 f.
Brunner, Otto 58
Brunnert, Klaus 59
Brüschweiler, Albert 479
Büchner, Georg 125, 404
Bunke, Simon 59, 105, 190
Bunyan, John 186
Bürger, Gottfried August 185, 274, 527
Busch, Wilhelm 261
Bütfering, Elisabeth 112–114
Byron, George Gordon 293

Calvi, François de 14
Campenhausen, Hans von 179
Camus, Albert 43
Chamberlain, Houston Stewart 540
Chamisso, Adelbert von 123, 258, 291, 497
Charim, Isolde 569
Child, Francis James 62

Claudius, Matthias 185
Cohen, Richard I. 49
Cohn, Friedrich Theodor 540
Comenius, Johann Amos 435
Confino, Alon 50, 87 f.
Conze, Werner 58
Crawfort, Heide 233
Cremer, Will 566, 571
Curtius, Ernst 85, 428
Cusack, Andrew 62
Czezior, Patricia 247

Dahn, Felix 473
Dahrendorf, Ralf 302
Damm, Christian Tobias 270, 273
Dehmel, Richard 116
Derrida, Jacques 310
Detering, Heinrich 145
Dickens, Charles 432, 485, 489, 550
Dieterich, Albrecht 98, 475 f., 479, 534
Ditt, Karl 473
Donner, Johann Jakob Christian 271, 276
Döring, Karl August 171
Dorn, Thea 565, 569 f.
Droste-Hülshoff, Annette von 17, 30, 122, 126 f., 149, 185, 234–241, 522
Drygalski, Erich von 261
Düzyol, Tamer 569

Ebeling, Johann Georg 160
Ebner-Eschenbach, Marie von 325
Ecker, Gisela 53, 113 f., 566
Ehrenstein, Albert 36
Ehrich-Haefeli, Verena 424
Eichendorff, Joseph von 11, 17, 30, 52, 115, 122, 149, 184 f., 234, 241, 243–247, 249, 251–254, 258–261, 263 f., 303, 477 f., 511
Eichendorff, Wilhelm von 251, 258
Eichler, Ernst Otto 522
Eigler, Friederike 114
Eliot, George 62
Emerson, Ralph Waldo 560
Emmerich, Wolfgang 509
Engel, Ernst Johann Jakob 277, 279
Engelmann, Emil 278
Engels, Friedrich 482, 545

Erhart, Walter 494
Essen, Gesa von 467

Fallersleben, Hoffmann von 115, 125
Fassbinder, Rainer Werner 564
Faulhaber, Michael 175
Felgenträger, Wilhelm Daniel Friedrich 455 f.
Ferdinand II [Erzherzog, Kaiser] 318 f.
Fetscher, Iring 565
Feuerbach, Ludwig 18 f., 119 f.
Fichte, Johann Gottlieb 33, 194, 216
Finger, Friedrich August 84, 438–440, 444, 447
Flaischlen, Caesar 518, 528
Fleißer, Marieluise 113
Flusser, Vilém 43, 562
Fogowitz, Andrä Heinrich 27
Fontane, Theodor 35 f., 53, 431, 452, 487 f., 490, 493–502, 507, 509, 522, 525 f.
Forster, Georg 123, 130
Förster-Nietzsche, Elisabeth 540
Foucault, Michel 57 f.
Fouqué, Friedrich de la Motte 123
Francisci, Erasmus 105
Francke, August Herrmann 435
Frantz, Constantin 293 f.
Franzos, Karl Emil 297–302, 305, 310
Frapan, Ilse 112, 116, 561
Freiligrath, Ferdinand 125, 369
Frenssen, Gustav 261, 524, 526, 537, 541
Freud, Sigmund 81, 114, 122, 161, 200, 238, 292
Freytag, Gustav 26, 30, 85, 98, 120, 140, 264, 288–290, 350, 354, 385, 430–433, 448–454, 456 f., 461–468, 473, 485, 487–493, 507, 509, 513, 550
Frick, Otto 454, 459 f.
Friedländer, Max 89
Friedrich II. [dt. Kaiser] 452
Friedrich II. [König von Preußen] 74, 452
Friedrich Wilhelm IV. [König von Preußen] 332
Fries, Jakob Friedrich 460
Frisch, Max 63, 566
Frommel, Emil 27
Fukuyama, Francis 310
Fulda, Daniel 467 f.

Gaier, Ulrich 203
Ganghofer, Ludwig 27, 56, 314, 346, 524
Gansel, Carsten 453
Ganzhorn, Wilhelm 36
Gebhard, Gunther 58 f.
Gebhardt, Ernst 171
Geibel, Emanuel 115, 185, 252
Geiger, Max 193
Geiser, Karl 479
Geissler, Oliver 58
Gentz, Wilhelm 498 f.
George, Stefan 116
Geramb, Viktor von 479, 506
Gerhardt, Paul 107, 160, 162, 165, 168, 172
Gerstäcker, Friedrich 20, 29, 314, 346 f., 365–369, 373, 386, 416
Gervinus, Georg Gottfried 193, 271
Gillhoff, Friedrich 28
Giseke, Bernhard 291
Goedeke, Karl 251 f.
Goeking, Leopold Friedrich Günther von 256
Goethe, Johann Wolfgang von 17, 52, 243, 252, 257, 274, 281–283, 285, 287, 384, 424, 449, 461, 495, 511, 521, 524, 526 f.
Goll, Claire 115
Goll, Yvann 36
Gorki, Maxim 526
Görner, Rüdiger 197, 203 f.
Görres, Joseph von 204
Gottfried, Johann Ludwig 14
Gotthelf, Jeremias 19, 56, 185, 346, 432, 478 f., 489, 521 f., 525 f.
Gottsched, Johann Christoph 273
Gradl, Emilie 338
Grass, Günter 566
Gravenhorst, Carl Theodor 276
Greverus, Ina-Maria 39–41, 105, 111, 252, 256, 469, 538
Griffiths, Elystan 464 f., 467 f.
Grillparzer, Franz 121 f., 511
Grimm, Hans 101, 528
Grimm, Jacob 63
Grimm, Jacob und Wilhelm 97, 470, 479, 509
Grimmelshausen, Hans Jakob Christoffel von 13

Gröf, Friedrich   59
Groth, Klaus   142 f., 522
Grüllich, Oscar Adalbert   290, 455 f., 458 f.
Güll, Friedrich   38
Gutzkow, Karl   29, 252, 254, 261, 291, 303, 346, 379

Habermas, Jürgen   52, 54
Hagen, Friedrich Heinrich von der   293, 301
Hahn, Otto W.   190
Hahn, Silvia   326
Halbe, Max   523
Halden, Elisabeth   27
Hamerling, Robert   291
Hammer, Julius   165, 174
Hamsun, Knut   62
Handke, Peter   122, 566
Hansjakob, Heinrich   473, 478
Häntzschel, Günter   185, 270 f., 280
Hanuschek, Sven   102
Hardenberg, Friedrich von   siehe Novalis
Harnisch, Wilhelm   433, 435–437, 439 f., 447
Härtling, Peter   404
Hartung, Barbara   315
Hartung, Werner   315
Hauff, Hermann   405
Hauff, Wilhelm   291, 405
Hauffen, Adolf   510
Haupt, Moritz   466
Hauptmann, Gerhart   522 f., 526, 550
Haushofer, Max Jr.   291
Häusser, Ludwig   29, 428
Hawel, Rudolf   27
Hayn, Johann   163
Hebbel, Friedrich   511, 540
Hebel, Johann Peter   17, 118, 371 f., 382–385, 489, 521–523, 527
Hecht, Martin   568
Heckenast, Gustav   489
Hedenstjerna, A. von   27
Hegel, Georg Wilhelm Friedrich   15, 35, 62, 118, 134, 146, 194, 286–288, 290, 561
Heidegger, Martin   28, 42, 122, 198, 204
Heine, Heinrich   35, 52, 124–126, 133, 135 f., 252, 292 f., 306, 404, 495, 503 f., 561

Heinrich IV. [dt. Kaiser]   462
Held, Otto   23
Heller, Seligman   291
Hemsterhuis, Frans   216
Henning, Johann Wilhelm Matthias   433–436, 438, 440, 447
Henscheid, Eckhard   243, 245, 253
Hensel, Luise   209–211
Herbart, Johann Friedrich   443, 447
Herder, Johann Gottfried   17, 95–98, 117 f., 180, 280 f., 470, 527
Herlbok, Adolf   470
Hermand, Jost   300, 567
Herrig, Hans   291
Herwegh, Georg   125
Herzl, Theodor   302 f.
Herzog, Rudolf   110 f.
Hesiod   216
Heußner, Friedrich   85 f., 290, 454, 456–459
Heym, Georg   36
Heyse, Paul   404 f., 481, 495
Hildebrand, Rudolf   442–444, 446, 460, 479, 510
Hildesheimer, Wolfgang   562
Hillern, Wilhelmine von   36, 56
Hirsch, Franz   455
Hirt, Hermann   538
Hobsbawm, Eric   11, 137 f.
Hofers, Johannes   105
Hoffmann, E.T.A.   30, 32, 122, 262 f., 267 f.
Hoffmann-Krayer, Eduard   472, 478 f.
Hoffmann von Fallersleben, August Heinrich   478
Hoffmann von Hoffmannswaldau, Christian   105 f.
Hofmann, Ludwig von   547
Hofstaetter, Walther   429, 444–446, 512
Holder, August   429 f.
Hölderlin, Friedrich   17, 31 f., 35 f., 52 f., 62, 106, 149, 185 f., 194–205, 207 f., 213, 218 f., 239, 254, 258–260, 262, 266 f.
Hölty, Ludwig   185, 527
Holz, Arno   540
Holz, Claus   467
Homer   96, 257, 266, 270, 272–274, 280–285, 288, 290, 461, 499, 527

Honigmann, Barbara   562
Höppener, Hugo   547
Horawitz, Adalbert Heinrich   453
Horaz   284
Horch, Hans Otto   133 f.
Horkheimer, Max   52, 146, 288, 561
Horn, Franz Christoph   291
Hossfeld, Oskar   472
Huch, Ricarda   260
Hugendubel, H.   28
Humboldt, Alexander von   427, 448
Hummel, Adrian   281
Hummel, B.   28
Hüppauf, Bernd   567

Iber, Christian   216
Ingarden, Roman   60
Iselin, Isaac   67 f., 71
Iselin, Margareta   28

Jacobi, Friedrich Heinrich   158, 180, 282
Jacobowski, Ludwig   557
Jaffé, Robert   291
Jahn, Friedrich Ludwig   33 f., 82 – 84
Janitscheck, Marie   524
Januszcka, Olga   524
Jaspers, Karl   59, 105, 312, 374
Jean Paul   171 f., 185
Jens, Walter   31, 35 f., 53, 315
Jentsch, Ernst   122
Jesus von Nazareth   151
John, Friederike Henriette Christiane Eugenie   siehe Marlitt, E.
Johnson, Uwe   566
Joisten, Karen   42 f.
Jonke, Gert F.   564
Jörgens, Friedrich Ludwig   169
Jung, Carl Gustav   111
Jung-Stilling, Johann Heinrich   17, 30 – 32, 149, 171, 185 – 193, 213, 217, 257 f., 260, 266, 413, 489, 527

Kaempfer, Engelbert   14
Kaergel, Hans Christoph   102
Kafka, Franz   122, 134
Kaiser, Gerhard   226
Kalazny, Jerzy   495

Kant, Immanuel   15, 180
Karl Eugen [Herzog]   404
Kaschuba, Wolfgang   469 f.
Katharina die Große [Zarin]   367
Kathöfer, Gabi   120
Keller, Gottfried   21, 120, 122, 264, 313, 316, 346 f., 357 f., 362, 364, 380, 387 f., 393, 410, 412, 415 – 426, 431 f., 511, 522
Keller, Paul   27
Kerner, Justinus   30 f., 185, 193, 213, 219 – 222, 224 f., 262
Kerner, Theobald   291
Kilcher, Andreas B.   563
Kilchmann, Esther   238
Killy, Walter   246
Kinkel, Gottfried   314, 346 f., 393 – 399, 403, 425
Kirchhoff, Alfred   510
Kittler, Friedrich A.   59
Kitzbichler, Josefine   270
Klapper, Josef   446
Klare, Jörn   568
Kleeberg-Hörnlein, Sylvia E.   150 – 152, 175
Klein, Ansgar   571
Klein, Tobias   488
Kleist, Ewald Christian von   78, 94 f., 117 f.
Kleist, Heinrich von   17, 503 f., 511
Klingemann, August   291
Klinger, Max   547
Klopstock, Friedrich Gottlieb   76 – 78, 82, 96, 107, 186 f., 202
Kluge, Friedrich   59
Knortz, Karl   62
Koch, Lars   569
Köhler, Ludwig   291
Köhler, Oskar   112
Kohlschmidt, Werner   246
Koopmann, Helmut   34 f.
Korfkamp, Jens   12, 53 f.
Körner, Theodor   226
Korte, Hermann   247, 274, 453
Kosch, Wilhelm   252
Koselleck, Reinhart   58
Kötzschke, Rudolf   470
Kramer, Andreas   517 – 519
Kramer, Philipp Walburg   405 – 407
Krauß, Hans Nikolaus   27, 518, 524

Krause, Eva Maria 329
Kreutzer, Hans Joachim 203
Krockow, Christian Graf von 568
Kroetz, Franz Xaver 564
Kröger, Timm 530, 540 f.
Kronauer, Brigitte 243
Krug, Nora 568
Krüger, Helene 59
Kück, Cornelia 167
Kück, Marlene 543
Kuffner, Christoph 291
Kügelgen, Wilhelm von 478
Kurz, Hermann 20, 264, 313, 390, 393, 404–407, 410, 412, 415
Kurz, Isolde 405

Lagerlöf, Selma 62, 526
Lamprecht, Karl 470
Lampugnani, Vittorio Magnago 474
Landau, Elisabeth 115
Landmann, Karl 461
Langbehn, Julius 88 f., 475, 518, 526, 528, 530 f., 534, 548, 555
Langewiesche, Dieter 66, 88, 428
Laplanche, Jean 62
Lasker-Schüler, Else 561
Laufenberg, Heinrich von 156 f., 160 f., 165, 167–169
Lemberg, Eugen 564
Lenau, Nikolaus 115, 121, 259, 291
Lenk, Kurt 442
Lenz, Jakob Michael Reinhold 185
Lenz, Siegfried 566
Lepp, Edwin 461
Lerche, Eva Maria 315
Lessing, Gotthold Ephraim 96, 185
Levinas, Emmanuel 62
Lichtenberg, Georg Christoph 185
Liebermann, Ernst 102, 104, 115 f.
Liebknecht, Karl 399
Liebknecht, Wilhelm 399
Liebrich, F.W. 28
Lienhard, Friedrich 110, 137, 264, 291, 473, 512, 515, 518 f., 524–526, 529, 531–534, 539 f., 547
Liliencron, Detlev von 526
Lindau, Paul 452, 463

Linder, Emilie 209
Löhe, Wilhelm 173
Löns, Hermann 542
Lucius, Samuel 163
Ludovici, Carl Günther 14
Ludwig, Otto 115, 119 f., 370, 522
Lukács, Georg 134–136, 218, 288, 306, 535, 560
Lüpke, Hans von 175
Luther, Martin 152, 155, 157–160, 172, 271, 452, 462, 533
Lutz, Samuel 163
Lyon, Otto 443, 446, 448, 459, 510

Magenau, Rudolf Friedrich Heinrich 170
Mähl, Hans Joachim 216
Mahrholz, Werner 111
Mann, Erika 115
Mann, Heinrich 519, 534
Mann, Thomas 125 f., 519, 535
Maria Theresia [Kaiserin] 367
Marlitt, E. 488
Marperger, Bernhardt Walther 171
Martini, Fritz 404, 414, 502
Marx, Karl 36 f., 125, 146, 310, 482, 545
Matoni, Jürgen 465
Maturin, Charles Robert 291
Maurer, Michael 431
Mauthner, Fritz 300–302, 309
May, Karl 369
Mecklenburg, Norbert 51, 60, 62, 517, 566
Meier, Thomas Dominik 315
Menasse, Robert 568, 570
Mendelssohn, Moses 180
Mendelssohn-Bartholdy, Felix 252
Menken, Gottfried 171
Merkens, David 28
Mettenleiter, Peter 56
Meyer, Conrad Ferdinand 115
Meyer, Georg Heinrich 515
Meyer, Gustav 510
Meyer, Ludwig 374
Michelangelo [=Buonarroti, Michelangelo] 499
Micraelius, Johann 14
Mielke, Robert 472
Miller, Johann Martin 185

Mitscherlich, Alexander 567
Mitzlaff, Hartmut 433f., 442
Mitzscherlich, Beate 44
Moebus, Gerhart 112
Moeller van den Bruck [auch: Moeller-Bruck], Arthur 101, 523, 530
Mollberg, A. 428, 441f., 444
Moosmann, Elisabeth 32, 565
Mörike, Eduard 239, 495
Moritz, Karl Philipp 16f., 31, 284f.
Mosen, Julius 291
Mosenthal, Salomon 313
Moser, Friedrich Carl von 70–74, 76
Möser, Justus 69, 72, 78, 313, 344f., 483
Mozart, Wolfgang Amadeus 392
Muellenbach, Ernst 524
Müllenhoff, Karl 510
Müller, Ernst 303
Müller, Johann Ludwig Wilhelm 291, 495
Müller-Guttenbrunn, Adam 28
Münch [Amtsrichter] 343
Münch [Assessor] 342
Münchhausen, Börries Freiherr von 101
Munkelt, Paul 28
Muth, Carl 475, 486, 526, 533

Nadler, Josef 24, 246, 430, 480, 511–514, 522, 538, 557
Nägele, Rainer 566
Napoleon I. [frz. Kaiser] 123, 462
Nassehi, Armin 567
Naumann, Friedrich 174f.
Nawiasky, Hans 343
Nestroy, Johann 291
Neubauer, Heinrich 461
Neuhaus, Stefan 498, 541
Neumann, Thomas 516
Neumeyer, Michael 32, 45
Niebelschütz, Sophie von 27
Niemeyer, Gustav Emil 169
Nietzsche, Friedrich 62, 112, 185, 309, 560
Nitzke, Solvejg 567, 569
Novalis 30, 34, 184f., 193, 202, 213–219, 225, 228, 254, 257, 259f., 262, 267
Nowak, Christiane 474, 506, 512, 517f., 542

Ölke, Martina 237, 239

Ompteda, Georg Freiherr von 28
Oranien-Nassau, Sophie von 173
Ossietzky, Carl von 561, 563
Ott, Günter 226

Panzer, Friedrich 444
Parr, Rolf 440, 536f.
Pathmanathan, Taudy 570
Patrut, Iulia-Karin 393
Paulus von Tarsus [Apostel] 152f., 157–160, 162
Payne, John Howard 169
Perthes, Clemens 324
Pestalozzi, Johann Heinrich 429, 434, 521, 523, 527
Petersen, Julius 444, 502
Petri, Julius 524
Petrich, Hermann 27
Petsch, Robert 502
Pfizer, Gustav 252
Pfuel, Ernst von 495
Phidias [gr. Bildhauer] 499
Pichler, Adolf 511
Pietsch, Ludwig 141
Piltz, Eric 63
Pinsker, Leo 295–297, 301f., 310
Pitsch, Ludwig 89
Pius IX. [Papst] 440
Pius XII. [Papst] 106
Platen, August von 495
Plessner, Helmuth 83, 137f., 561, 563
Polaschegg, Andrea 151
Polenz, Wilhelm von 110, 507, 524, 557
Polheim, Karl Konrad 567
Polko, Elise 108–110
Potocki, Jan 291
Pott, Hans-Georg 258, 566
Prignitz, Christoph 203

Raabe, Wilhelm 36, 131f., 314, 346f., 364f., 390, 522, 540
Rabl, Kurt 340, 564
Radewell, Friedrich 291
Ranzmaier, Irene 511
Rasch, Wolfdietrich 557
Ratke, Wolfgang 435
Ratzel, Friedrich 262

Raw, Johann Philipp 187
Reimann, Gregor 150–152, 175
Reimer, Helene 27
Reiner, Johann Jakob 165
Reitz, Edgar 131
Reuß, Eleonore Fürstin von 172
Reuter, Fritz 20, 30, 313, 327, 346–352, 349f., 358, 360–362, 367, 369, 386, 416, 511, 523, 541
Reuter, Gabriele 524, 539
Reyher, Andreas 435
Richter, Johann Paul Friedrich siehe Jean Paul
Riedel, Emil von 315, 341
Riehl, Wilhelm Heinrich 35f., 85, 295, 314, 347, 352–354, 358, 360–362, 386, 416, 429, 431, 470, 472, 479–495, 497f., 502–509, 512f.
Riesser, Gabriel 293
Rilke, Rainer Maria 36, 137, 261, 519
Ritter, Carl 434
Ritterhaus, Emil 430
Rohde, Carsten 417
Röhrig, Herbert 112
Rohrscheidt, Georg von 28
Rönnefahrt, J. G. 291
Rosa, Hartmut 569
Rosegger, Peter 27, 35f., 89, 141, 143–145, 473, 478, 488f., 523, 540, 542
Rossbacher, Karlheinz 56, 111, 475, 517, 526, 532, 543
Roth, Martin 471
Roth, Michael 59
Roth, Wilhelm Paul Karl 461
Rückert, Friedrich 82, 477
Rudorff, Ernst 472–478
Rumpf, Marianne 471–473
Runge, Philipp Otto 204

Sachs, August 23
Salis-Seewis, Johann Gaudenz von 17, 31, 33, 79f., 107, 241, 255–257
Salzmann, Christian Gotthilf 435
Sand, George 369
Sandrart, Joachim von [der Ältere] 136
Sauer, August 24, 430, 510–513, 522
Saul, Nicholas 421

Schäfer, Albert 278
Schäfer, Wilhelm 523
Schaidenreisser, Simon 270, 272f.
Schanz, Pauline 28
Scharnowski, Susanne 26, 33, 36, 47f., 64, 175, 254, 570
Scheffel, Victor von 115, 462
Scheffer, Th. 91
Schellenberg, Ernst Ludwig 89f., 538
Schelling, Hermann von 278
Schenkendorf, Max von 173, 226
Scherer, Wilhelm 290, 452–454, 456, 458
Schian, Martin 176
Schickele, René 518f.
Schikaneder, Emanuel 392
Schiller, Friedrich 17, 52, 285f., 404–406, 449, 511, 526, 564
Schirach, Baldur von 253
Schlaf, Johannes 523
Schlegel, August Wilhelm 184f., 291
Schlegel, Friedrich 32, 185
Schlegel, Johann Elias 78
Schlegel, Julius Heinrich Gottlieb 313
Schleiermacher, Friedrich Daniel Ernst 149, 181–184, 193, 219, 226, 257
Schlink, Bernhard 568
Schlosser, Johann Georg 74
Schmid-Cadalbert, Christian 59
Schmidt, Alexander 66f., 73
Schmieder, Arnold 566
Schmitt-Roschmann, Verena 569
Schmolck, Benjamin 168
Schnabel, Gottfried 14
Schnädelbach, Herbert 37
Schneider, Lothar 450
Schneider, Sascha 547
Schock, Helene 27
Schoenichen, Walther 24
Schöll, Adolf 252
Schönaich, Christoph Otto Freiherr von 78
Schöne, Albrecht 186
Schönherr, Karl 28
Schopenhauer, Arthur 294f., 301
Schreiber, Aloys 291
Schreiber, Daniel 567f.
Schrickel, Leonhard 86
Schröder, Rudolf Alexander 540

Schröter, Steffen 58f.
Schrott, Anna 502
Schubart, Arthur 27
Schubart, Christian Friedrich Daniel 30
Schubert, Gotthilf Heinrich 219f., 222–225, 262, 266
Schück, Johann Peter 171
Schücking, Levin 291
Schüle, Christian 567
Schultz, Hartwig 246f.
Schultze-Naumburg, Paul 472, 474, 477, 540
Schulze, Adolf Moritz 438
Schumann, Andreas 23, 50–53, 61, 86, 233
Schumann, Robert 242, 252
Schur, Ernst 532
Schurz, Carl 394
Schwab, Gustav 204, 271, 275, 405, 477f.
Schwahn, Friedrich 405
Schwarz, Sandra 52
Schweichel, Robert 314, 346f., 393, 399–403, 416, 425
Schwencken. K.P.T. 389f.
Sealsfield, Charles 122, 365
Sebald, W. G. 122, 292, 297, 420
Seckendorf, Leo von 204
Sedlezki, Johann Balthasar 270, 275
Seeber, Josef 291
Seidel, Heinrich 27
Seidl, Johann Gabriel 291
Sengle, Friedrich 32
Seuse, Heinrich von 154–156, 160
Seydel, Max 315
Shakespeare, William 417, 499
Siebel, Carl 109
Siegfried, Walther 524
Sloterdijk, Peter 63
Smale, Catherine 114f.
Sohnrey, Heinrich 175, 473, 476, 515
Sohns, Jan-Arne 468
Solms, Wilhelm 564, 566, 571
Sombart, Werner 535
Sonnenfels, Joseph von 69, 77f.
Spee, Friedrich 92–95, 97, 117, 208
Spengler, Oswald 557
Spitta, Carl Johann Philipp 169f., 172
Spranger, Eduard 264

Sprengel, Johann Georg 444, 467, 519
Spyri, Johanna 105, 416
Stahl, Stefanie 39
Stapel, Wilhelm 512
Starobinski, Jean 59
Steakley, James 567
Stehr, Hermann 523
Steiger, Lothar 194
Stein, Armin 27
Stein, Lorenz von 328
Steiner, George 562
Stern, Fritz 517, 535
Sternberger, Dolf 563
Sterne, Laurence 190f.
Stieglitz, Hans 472
Stiehl, Anton Wilhelm Ferdinand 439f.
Stieler, Karl 27
Stifter, Adalbert 21, 122, 291, 313, 346f., 354–358, 360–362, 386, 522
Stirner, Max 37
Stockinger, Claudia 145
Stolberg-Stolberg, Friedrich Leopold zu 78–80, 89, 107, 274
Stoppel, Manfred 516
Storch, August 28
Storm, Theodor 27, 125f., 138–141, 430, 495, 511, 522
Streim, Gregor 562
Strzelczyk, Florentine 122
Sudermann, Hermann 28, 109f.
Sue, Eugène 291, 489
Sybel, Heinrich von 108
Sylva, Carmen 291
Szlezák, Thomas Alexander 269

Tatlock, Lynne 464–466, 468
Tecklenburg, August 458f.
Tennstedt, Florian 339
Tersteegen, Gerhard 165, 189
Tessenow, Heinrich 476
Thode, Henry 266
Thoma, Hans 264, 266
Thoms, William John 62
Thumann, Paul 89
Thürmer-Rohr, Christina 112
Tieck, Ludwig 31f., 184, 477f.
Tiemann, Hermann 27

Tizian 499
Tobler, Johann Georg 434
Toland, John 180
Toller, Ernst 134, 304–306, 560f.
Tolstoi, Lew 62, 369, 432, 522
Traeger, Albert 144f.
Trakl, Georg 36
Traven, B. 364
Treinen, Heiner 469
Treitschke, Heinrich von 495
Trenker, Luis 563f.
Triller, Valentin 172
Troeltsch, Ernst 109
Trümpelmann, M. 28
Tucholsky, Kurt 516
Türcke, Christoph 44, 569
Turrini, Peter 564

Uerlings, Herbert 417, 421, 423, 425
Uhland, Ludwig 33, 115, 221, 369, 477f., 495
Ulbricht, Justus H. 135
Urbich, Jan 62

Varnhagen, Rahel 204
Verga, Giovanni 62
Vergil 280, 284
Viebig, Clara 56, 116, 128, 264, 314, 346f., 358–360, 362, 431, 515, 524, 538–548, 550–558
Viel, Bernhard 101
Vierhaus, Rudolf 67
Vieweg, Wilhelm 87
Villinger, Hermine 27
Virchow, Rudolf 471
Vischer, Friedrich Theodor 185
Vogelsang, Lucas 568
Voigt, Bernhard 537
Voigt-Diederichs, Helene 116, 540f.
Volkov, Shulamit 492
Voß, Johann Heinrich 18, 31, 41, 80f., 257, 269–272, 274–276, 278, 280f., 290, 527

Wachler, Ernst 526, 531, 540
Wackenroder, Wilhelm Heinrich 31f.
Wackernagel, Philipp 156f., 167

Wagner, Richard 18, 108, 110, 125f., 268, 307–310, 392
Wagner, Tamara S. 59
Waitz, Theodor 460
Waldenfels, Bernhard 42, 567
Walser, Martin 566
Walser, Robert 116
Wassermann, Jakob 133
Weber, Hugo 441, 510
Weber, Leopold 277
Wegmann, Nikolaus 257
Wehrli, Amalie 387
Wehrmann, Johannes 27
Weidner, Daniel 151
Weinhold, Karl 472, 478, 509
Weise, Karl 495–498
Weiss-Sussex, Godela 114f.
Wendelin, Harald 315
Wendelmeyer, Anton 388
Wermke, Michael 150–152, 175
Werner, Franz 27
Werner, Meike G. 517, 541
Westerfeld, Johann Marcellus 162
Wettstein, Heinrich 432
Wezel, Johann Karl [auch Carl] 14, 74, 76
Wickert, Ulrich 565, 569, 571
Wiegelmann, Günter 469
Wieland, Christoph Martin 15, 17, 67, 73f., 77f., 185
Wiese, Kirsten 502
Wildenbruch, Ernst von 473
Wilhelm Ernst von Sachsen-Weimar-Eisenach [Großherzog von Sachsen] 514
Wilhelm II. [dt. Kaiser] 443
Wimschneider, Anna 113
Winckelmann, Johann Joachim 274, 280
Wittek, Erhard 564
Wobick-Segev, Sarah E. 49
Wolf, Friedrich August 281
Wolf, Hugo 252
Wolfensberger, Rolf 315
Wolff, Gustav 291
Wolff, Johanna 291
Woodford, Charlotte 465
Wörmann, Karl 430
Worms, Carl 261
Wortmann, Thomas 234

Wundt, Max 557
Wuttke, Robert 476

Yaghoobifarah, Hengameh 569

Zedlitz, Joseph Christian von 291

Ziller, Tuiskon 443
Zimmer, Hans 443f.
Zimmermann, Harm-Peer 315
Zimmermann, Johann Georg 70f.
Zola, Émile 539, 550, 557
Zweig, Stefan 125, 562

Gelesen und geraten haben...

...immer wieder, alle Versionen, über viele Jahre: Stephan Pabst, Joachim Jacob; kapitelweise: Christian Wilke, Franziska Bomski, Philipp Böttcher, Christiane Nowak; in letzter Minute: Hella Dietz; gutachterlich: Joachim Jacob, Uwe Wirth, Claudia Stockinger, Philipp David; mit feiner Akkuratesse: Norbert Axel Richter, Anne Hehl. Nicht zu vergessen die Sammlung eines ganzen Jahrzehnts ‚Heimat'-Zeitungsartikel: Peter Oesterhelt; die Erörterung der Frage nach Sinn und Zweck des Ganzen: Ulrike Karbjinski, Julia Weber, Elham Khatamzas, Tanja Rauch, Christiane Holm, Lothar Schneider – und die Mahnung, dass es jetzt auch mal gut sei: Diete Oesterhelt.

www.ingramcontent.com/pod-product-compliance
Lightning Source LLC
Chambersburg PA
CBHW070253240426
43661CB00057B/2548